ALBERT HARDENBERG ALS THEOLOGE

PROFIL EINES BUCER-SCHÜLERS

STUDIES IN THE HISTORY

OF

CHRISTIAN THOUGHT

EDITED BY

HEIKO A. OBERMAN, Tucson, Arizona

IN COOPERATION WITH

HENRY CHADWICK, Cambridge

JAROSLAV PELIKAN, New Haven, Connecticut

BRIAN TIERNEY, Ithaka, New York

ARJO VANDERJAGT, Groningen

VOLUME LVII

WIM JANSE

ALBERT HARDENBERG ALS THEOLOGE

Brustbildnis Albert Hardenbergs, Teilkopie eines wohl unmittelbar
nach dessen Tod gemalten Porträts. Gemälde von Martin Faber,
um 1620, aus dem Besitz der J. a Lasco Bibliothek, Emden.

ALBERT HARDENBERG ALS THEOLOGE

PROFIL EINES BUCER-SCHÜLERS

VON

WIM JANSE

E.J. BRILL

LEIDEN · NEW YORK · KÖLN

1994

The paper in this book meets the guidelines for permanence and durability of the Committee on Production Guidelines for Book Longevity of the Council on Library Resources.

Library of Congress Cataloging-in-Publication Data

Janse, Wim
    Albert Hardenberg als Theologe : Profil eines Bucer-Schülers / von Wim Janse
        p.   cm. — (Studies in the history of Christian thought, ISSN 0081-8607 ; v. 57)
    Thesis (doctoral)—Theologische Universiteit der Christelijke Gereformeerde Kerken in Nederland, Apeldoorn, Netherlands, June 1994.
    Includes bibliographical references and index.
    ISBN 9004100717 (alk. paper)
    1. Hardenberg, Albert, ca. 1510-1574.   2. Reformation-
-Netherlands—Biography.   3. Theologians—Netherlands—Biography.
4. Netherlands—Church history—16th century.   I. Title.
II. Series.
BR350.H37J36   1994
270.6'092—dc20
[B]   94-16218
                                              CIP

Die Deutsche Bibliothek - CIP-Einheitsaufnahme

Janse, Wim:
Albert Hardenberg als Theologe : Profil eines Bucer-Schülers / von Wim Janse. – Leiden ; New York ; Köln : Brill, 1994
    (Studies in the history of Christian thought ; Vol. 57)
    ISBN 90–04–10071–7
NE: GT

ISSN 0081-8607
ISBN 90 04 10071 7

PRINTED IN THE NETHERLANDS

FÜR JOLIEN

INHALT

Vorwort XV
Einleitung 1

ERSTER ABSCHNITT
HARDENBERGS BIOGRAPHIE

1 Erziehung und Ausbildung, ca.1510-1544 5
1.1 Hardenberg, Groningen, Aduard, ca.1510-1530 5
1.2 Löwen, Mainz, Löwen, Aduard, 1530-1543 8
1.3 Wittenberg, 1543-1544 14
2 Erste reformatorische Tätigkeit, 1544-1547 16
2.1 Speyer, 1544 16
2.2 Strassburg, die Schweiz und Oberdeutschland, 1544 17
2.3 Bonn, 1544-1545; Worms, 1545 20
2.4 Linz am Rhein, Kempen, Wesel, 1545-1546 22
2.5 Einbeck, 1546-1547 30
3 Bremen, 1547-1561 32
3.1 Erste Treffen, 1547-Januar 1548 32
3.2 Konsolidierung, 1548-1554 35
  3.2.1 Das Interim 35
  3.2.2 Innerprotestantische Lehrstreitigkeiten 41
  3.2.3 Die mittlere Linie 43
3.3 Timanns *Farrago* und Hardenbergs Defensive,
    1554-September 1556 45
3.4 Die Lehrfrage: Hardenbergs Offensive und deren
    Fehlschlag, Oktober 1556-Januar 1557 52
3.5 Die Bekenntnisfrage: der Streit um die Bindung an die
    Augustana, Januar 1557-1558 63
3.6 Die Kompetenzfrage. Heshusen, Melanchthons Tod und
    der Sieg der Gnesiolutheraner, 1559-1561 77
4 Spätes Wirken: Bremen, Rastede, Sengwarden und Emden,
  1561-1574 90
4.1 Bremen, ab 1561 90
4.2 Rastede, 1561-1564/65 92
4.3 Sengwarden, 1565-1567 97
4.4 Emden, 1567-1574 101
5 Rückblick und Perspektive 110

Zweiter Abschnitt
HARDENBERGS THEOLOGIE

1 Offenbarung 118
Ergebnisse 121
2 Trinitätslehre und Christologie 123
Ergebnisse 126
3 Soteriologie 128
3.1 Sünde, Busse, Wiedergeburt, Glaube und Rechtfertigung . . 128
Ergebnisse 131
3.2 Das Gutachten zu Osianders *Von dem einigen Mittler* 131
Ergebnisse 137
3.3 Prädestination 138
Ergebnisse 144
3.4 Heiligung 145
Ergebnisse 149
3.5 Das christliche Leben 150
3.5.1 Die sichtbare Welt 150
3.5.2 Gedächtnis der Heiligen und das Fasten 150
3.5.3 Die christliche Ehe 151
1 Die christliche Ehe 151
2 Die *clandestina cohabitatio* 152
3 Ehescheidung 156
Ergebnisse 158
4 Ekklesiologie 160
4.1 Die christliche Gemeinde 160
Ergebnisse 162
4.2 Die Ämter 163
Ergebnisse 165
4.3 Kirche und christliche Obrigkeit (1): der Staat 165
Ergebnisse 172
4.4 Kirche und christliche Obrigkeit (2): die Kirchenzucht . . . 173
4.4.1 Die kirchliche Zucht 173
4.4.2 Kirche und christliche Obrigkeit: die Praxis 177
Ergebnisse 179
5 Sakramentslehre. Die Taufe 181
5.1 Sakramentslehre 181
Ergebnisse 188
5.2 Die Taufe 189
Ergebnisse 193

6 Das Abendmahl 194
   6.1 *Glaubensbekenntnis plattdeutsch*, 1556 194
       Ergebnisse 200
   6.2 *Sententia de praesentia*, [14.1.]1548 200
       Ergebnisse 203
   6.3 Sonstige Äusserungen vor dem Ausbruch des Ubiquitäts-
       streits, 1551 und 1556 204
       6.3.1 *Gutachten bezüglich der Täufer*, [1551] 204
       6.3.2 Bekenntnisse auf dem Bremer Rathaus, um
             Ostern 1556 205
       6.3.3 *Bekentenisse met korten worden*, gegen
             Ostern 1556 208
       Ergebnisse 209
   6.4 Die Schriften um das *Bremer Bekenntnis* vom 21.10.1556 . 210
       6.4.1 Das *Abendmahlsbekenntnis* der Bremer Stadt-
             prediger, 21.10.1556 211
       6.4.2 *Confessio*, 9.11.1556 212
       6.4.3 *Causae quae me absteruerunt ne confessioni
             collegarum meorum subscriberem*, [Dez.1556] 214
       6.4.4 *Iudicium*, November 1556 219
       6.4.5 *Positiones collectae*, 14./15./28.11.1556;
             Accusatio*, [Nov.?1556] 220
       6.4.6 *Hos sequentes Articulos*, [Dez.1556] 221
       Ergebnisse 230
   6.5 Konsolidierung in den Jahren 1557-1559 232
       Ergebnisse 237
   6.6 Die Schriften aus den Jahren 1560 und 1561 238
       Ergebnisse 245
   6.7 *De Ubiquitate, Scripta Duo*, 1564 246
       Ergebnisse 250
   6.8 Ergebnisse 250

DRITTER ABSCHNITT
DIE DOGMENGESCHICHTLICHE STELLUNG DER
THEOLOGIE HARDENBERGS. KONTAKTE UND EINFLÜSSE

1 Das humanistische Klima der *Devotio moderna* in Groningen
   und des *Collegium Trilingue Lovaniense* 256
   1.1 Die herkömmlichen Beweise 257
   1.2 Hardenbergs eigene Geständnisse 261

1.3 Sonstige Zeugnisse humanistischer Gesinnung 264
1.4 Inhaltlich-theologische Koherenz 273
    1.4.1 Wessel Gansforts mystische Reformtheologie 274
    1.4.2 Der erasmische Spiritualismus 284
Ergebnisse 291
2 Wittenberg 294
2.1 Luther 294
2.2 Melanchthon 301
    2.2.1 Rechtfertigung und Heiligung. *Melanchthons*
         Antwort auff das Buch Herrn Andreae Osiandri
         von der Rechtfertigung des Menschen, 1552 304
    2.2.2 Abendmahl 306
    2.2.3 Christologie 315
2.3 Chyträus und Brenz 319
    2.3.1 Chyträus 319
    2.3.2 Brenz 325
Ergebnisse 338
3 Zürich 341
3.1 A Lasco 341
3.2 Die Radikalen 349
    3.2.1 Friesland, 1542-1544 349
    3.2.2 Bonn, 1544-1545 352
    3.2.3 Kempen, 1545 355
    3.2.4 Bremen, 1547-1551. *Gutachten für den Rat von*
         Bremen bezüglich der Taüfer, [1551] 358
    3.2.5 Einflüsse: Humanismus, a Lasco, Bucer und
         Bullinger 367
3.3 Zwingli, Bullinger und das Züricher Ministerium 374
    3.3.1 Kontakte 374
    3.3.2 Einflüsse 385
        1 Gotteserkenntnis und Seligkeit der Heiden 386
        2 Abendmahlslehre 389
        3 Prädestinationslehre 397
        4 Die Radikalen 398
3.4 Erastus und Klebitz 399
    3.4.1 Erastus 401
    3.4.2 Klebitz 408
Ergebnisse 412
4 Strassburg: Bucer 416
4.1 Kontakte 418
    4.1.1 Treffen 418

4.1.2 Briefwechsel 423
4.2 Wirkung 429
4.2.1 Kenntnis von Bucers Schriften 429
4.2.2 Hardenbergs eigene Geständnisse; der Wert
      seiner Bezugnahmen 441
4.2.3 Anonyme Inanspruchnahmen 448
4.2.4 Systematischer Vergleich beider Abendmahlslehren . 456
4.3 Schluss 459
Ergebnisse 460
5 Genf: Calvin 463
5.1 Das Urteil der Literatur 463
5.2 Kontakte 464
5.3 Briefwechsel: Würdigung und Distanz 466
5.4 Das theologische Verhältnis 471
Ergebnisse 478

VIERTER ABSCHNITT
SCHLUSS   481

ANHANG

Bibliographie 489
Korrespondenz 503
    Verzeichnis der Absender und Adressaten 533
Quellen und Literatur 537
    Quellen 537
    Siglen 543
    Literatur 548
Namen-, Orts- und Sachregister 576
Bibelstellenregister 605

VORWORT

Die vorliegende Arbeit wurde im Juni 1994 von der Theologischen Universität der Christelijke Gereformeerde Kerken in Nederland in Apeldoorn als Dissertation angenommen. Für ihre wohlwollende Aufnahme in die *Studies in the History of Christian Thought* gebührt deren Herausgeber, Herrn Prof.Dr.H.A.Oberman, mein grosser Dank, wie auch Herrn Dr.A.J.Vanderjagt für seine diesbezügliche Vermittlung.

Den Gegenstand dieser Studie reichte mir mein verehrter Lehrmeister und Doktorvater Herr Prof.Dr.W. van 't Spijker. Ihm verdanke ich die Liebe für die Geschichte der Kirche und ihren Dogmas, sowie die Einführung in die Theologie des Strassburger Reformators Martin Bucers. Mich als van 't Spijker-Schüler bezeichnen zu dürfen, ist mir eine freudvolle Ehre. Vielen Dank schulde ich Herrn Prof.Dr.W.H.Neuser (Münster) dafür, dass er als einer der Hauptgesprächspartner in diesem Buch *sine ira et studio* meiner Untersuchung eingehend kritische Beachtung schenken und als Kopromotor hat auftreten wollen.

Die diesem Werk zugrunde liegende Forschung ist neben der täglichen Berufsarbeit ausgeführt worden. Mit der Gewährung von Studienurlaub im Sommer von 1991 und 1992 schuf die Nederlands Gereformeerde Kerk in Oegstgeest die unentbehrliche Voraussetzung dazu, die Ergebnisse dieser Forschung zu Papier zu bringen, wofür ich ihr zu besonderem Dank verpflichtet bin.

Für die gründliche Durchsicht—von Teilen—des Manuskripts und manchen Wink danke ich den Freunden R.Henrich und K.J.Rüetschi (Bullinger-Briefwechsel-Edition, Zürich), Dr.M.de Kroon (Ochten), Dr.F.Postma (Groningen) und B.J.Spruyt (Leiden). Sprachwissenschaftliche Hilfe empfing ich seitens Frau U.Hillers-Nagel (Hannover) und Frau C.Junginger-Arns (Rijnsburg), vor allem aber von meinem Schwager B.D.Balzer, Musiker in Ihrhove, der dem Wohllaut des Ganzen sein Sprachtalent zugute kommen liess. Voller Hingabe fertigten J.J.Vonk und Frau D.M.Vonk-Klein Haneveld die Register, und J.H.Sanders die *camera-ready-copy* an. Frau M.G.E.Venekamp und W.P.J.Rietbroek des Verlags E.J.Brill in Leiden begleiteten die Drucklegung. Ihnen allen danke ich herzlich für die wertvolle Unterstützung.

Mein endgültiger Dank und Respekt gilt meiner Frau, die als Weg-
gefährtin während der langen und meistens einsamen Reise, nicht nur die
Höhen, sondern vor allem auch die Tiefen engagiert mit mir durch-
gestanden hat.

Leiden   Wim Janse

EINLEITUNG

Das Erscheinen einer theologischen Monographie über den niederländischen Theologen Albert Hardenberg (ca.1510-1574) ist aus drei Gründen berechtigt.

Die bisherige Biographie B.Spiegels, *D.Albert Rizäus Hardenberg. Ein Theologenleben aus der Reformationszeit* (Bremen, 1869) bedarf schon im Hinblick auf die neuaufgefundenen Dokumente der Berichtigung und Ergänzung. Namentlich die umfangreiche Korrespondenz—die hier vorliegende Schrift führt 340 Briefe von und an Hardenberg auf—ist bis jetzt nicht erforscht, geschweige denn ausgewertet worden. Die erste Aufgabe wird daher die Feststellung der Biographie Hardenbergs sein.

Dazu ist Hardenberg und sein Anteil am zweiten Abendmahlsstreit in den bisherigen Darstellungen nur von historischem,[1] biographischem,[2] kirchenrechtlichem[3] oder dogmengeschichtlichem,[4] aber kaum systematisch-theologischem Interesse gewesen. Wenn Spiegel schon Hardenbergs theologischen Äusserungen seine Aufmerksamkeit widmet, so nützt es eben nur der Profilierung von Hardenbergs Persönlichkeit,[5] wobei die apologetisch-moralisierenden und hagiographischen Züge seiner Hardenberg-Biographie Spiegel als ein Kind des neunzehnten Jahrhunderts kennzeichnen.[6] Seitdem hat nur W.H.Neuser, in seinem Aufsatz *Hardenberg und Melanchthon. Der Hardenbergische Streit (1554-1560)* (1967),[7] die Theologie Hardenbergs, genauer seine Abendmahlslehre,

---

[1] Zu den wichtigsten Darstellungen gehören: Düsing, *Anmerkungen zur Bremischen Geschichte*, in: SUB Bremen, Brem.a.588; Gerdes, *HM*; Rottländer; von Bippen, *Bremen* 2, 174-194; Schwarzwälder, *Bremen* 1, 231-252.

[2] Wagner; Schweckendieck; Spiegel.

[3] Engelhardt, *Irrlehreprozess*; ders., *Irrlehreverfahren*; ders., *Irrlehrestreit*.

[4] Salig, *Vollständige Historie* 3, 715-763; Planck, *Lehrbegriff*, 138-328; Walte, *Mittheilungen* 1; Spiegel, *Hardenberg's Lehre vom Abendmahle*; Neuser; Barton, *Umsturz*; Mahlmann, 49-59, 190-193; Schröder, *Erinnerung*; Pollet, *Martin Bucer* 1, 264-279 und 2, 184-198.

[5] Spiegel, Vorrede, III; 91. Die Abendmahlsbekenntnisse Hardenbergs sind ihm alle wesentlich gleich: 171, Anm.1.

[6] Vgl. Spiegel, Vorrede, IV. Vgl. die kritische Rezension von Spiegels Dissertation, *Hermann Bonnus*, Göttingen, 1892² in: *ZHT* 36, 1866, 435-450 (L.Grote) und Spiegels Panegyrikus Luthers, *Luther auf dem Höhenpunkte seiner Wirksamkeit*, Osnabrück, 1879.

[7] In *JbGNKG* 65, 1967, 142-186.

wesentlich analysiert, allerdings bloss mit Bezug auf die melanchthoni-
sche. Die Fülle der im Original vorhandenen Schriften und Bekenntnisse
Hardenbergs ist einer ausführlicheren theologischen Darlegung würdig.
Die Darstellung der Systematik seiner Theologie ist daher die zweite
Aufgabe dieser Untersuchung.

Darüber hinaus ist eine Lokalisierung der Theologie Hardenbergs im
grösseren Rahmen der gesamten theologischen Anschauungen des
sechzehnten Jahrhunderts erforderlich. Die Historiographie zeugt von der
konfessionellen Befangenheit der älteren Forschung und einmal mehr von
der Vieldeutigkeit des schwer greifbaren Theologen. Betrachtet die
gesamte ältere Literatur Hardenberg als milden Melanchthonianer,[8]
sprechen J.Moltmann und—auf seiner Spur—die neuere Literatur ihm als
reformhumanistischem, „erasmianisch-zwinglianisch" lehrendem
Bullingerschüler eine Schlüsselstellung in der Bewegung des Kryptocalvinismus—„jenes Überganges von Melanchthonschülern zum Calvinismus
und zum deutschreformierten Kirchentum"—zu.[9] Auch Neuser nennt den
hardenbergischen Streit ein Glied in der konfessionellen Entwicklung
vom Melanchthonianismus zum deutschen Reformiertentum,[10] charakterisiert Hardenberg aber wiederum als Melanchthonschüler.[11] J.V.Pollet
hingegen weist auf den Einfluss Martin Bucers hin.[12] Die präzise
dogmengeschichtliche Ortsbestimmung der hardenbergischen Anschauungen ist die dritte und eigentliche Aufgabe dieser Studie, die damit einem
dringenden und mehrfach geäusserten Wunsch[13] entgegenkommen
möchte.

Mit diesen Aufgaben ist die Gliederung der vorliegenden Arbeit
gegeben. Sie umfasst drei Teile: einen (knappen, theologisch orientierten)
biographischen (Abschnitt I), einen theologischen (Abschnitt II) und einen
dogmengeschichtlichen Teil (Abschnitt III). Eine Schlussfolgerung
(Abschnitt IV), eine Bibliographie, eine Übersicht der Korrespondenz,
Verzeichnisse und Register runden die Studie ab.

---

[8] Vgl.nur Gerdes, *HM*, 11, 88-90; Wagner, 12f., 83, 191f., 217, 302; Schweckendieck, 29, 62; Walte, *Mittheilungen* 1, 5, 56; Spiegel, 327; von Bippen, *Bremen* 2,
148f.; Bertheau, *Hardenberg*, 412, 416; neuerdings u.a. auch: Achelis, *Streitigkeiten*,
254; Bartel, *Laski*, 186; Jedin, Hrsg., *Handbuch* 4, 371.

[9] Moltmann, *Pezel*, 5, 9-22. Zu dem von Moltmann inaugurierten Trend in der
Historiographie: s.*infra*, I.5, Anm.12-16; vgl.III.1, Anm.5; III.3, Anm.1f., 240-242.

[10] Neuser, 143.

[11] Neuser, 148; ders., in *HDThG* 2, 284.

[12] Pollet, *Bucer correspondance* 1, 208f., 219; ders., *Martin Bucer* 1, 264-279;
2, 184-198.

[13] Moltmann, *Pezel*, 16; Neuser, 142; Schröder, *Erinnerung*, 25; Pollet, *Martin
Bucer* 1, 277f. und 2, 198; Elsmann, *Zwei Humanisten*, 199, Anm.26.

ERSTER ABSCHNITT

HARDENBERGS BIOGRAPHIE

KAPITEL 1

ERZIEHUNG UND AUSBILDUNG, CA.1510-1544

1.1 *Hardenberg, Groningen, Aduard, ca.1510-1530*

Das Geburtsjahr Albert Hardenbergs ist unbekannt, wird aber üblicher-
weise auf 1510 festgesetzt. Als einziges Indiz dafür könnte die Tatsache
gelten, dass Hardenbergs Zimmer- und Schlafgenosse im Groninger
Bruderhaus Regnerus Prädinius war,[1] dessen Geburtsjahr 1510 ist.[2] Als
Beweis scheint mir das jedoch nicht ausreichend zu sein.

Seinen Zunamen verdankt Hardenberg seinem gleichnamigen Geburts-
ort in der niederländischen Provinz Overijssel.[3] Dass sein Familienname
Rizaeus lauten sollte, wissen wir nicht von ihm selbst, sondern von dem
von Johannes Molanus[4] verfassten Epitaph Hardenbergs,[5] wobei Rizaeus
ausser einer Latinisierung von Ritzes[6] (Sohn von Ritze) auch eine
Gräzisierung von Stütze ('riza') sein könnte.[7] Hardenberg selber nennt

---

[1] HB 51, *Vita Wesseli*, 1614, **6ᵃ.

[2] Diest Lorgion, *Praedinius*, 19f. Zu ihm auch: Lindeboom, *Bijbels humanisme*,
167-172; de Vocht, *History* 3, 254-257; Akkerman, *Onderwijs*, 21-23; Postma,
Praedinius.

[3] *Vita Wesseli*, **8ᵇ. Der Zusatz „Frisius" bezieht sich auf seine Bildung in den
Groninger Ommelanden, die damals auch mit „Friesland" bezeichnet wurden; s.
Nauta, *Groningers*, 178; van der Velden, *Agricola*, 30.

[4] Nicht Johann Esich; so SUB Bremen, Brem.b.264, Nr.5: Johann Esich,
Epitaphium auf A.Hardenbergs Tod, 1574 (O).

[5] Abgedruckt in: Meiners, *Oostvrieschlandt* 1, 455-457 und Schweckendieck, 69f.

[6] Van Schelven, *Hardenberg*, 1023; oder Ritzer, so Post, *Modern Devotion*, 598.
Die Taufbücher des Ortes Hardenberg im RA Overijssel in Zwolle fangen erst 1708
an. In dem ältesten Protokoll der freiwilligen und kontentiösen Prozesse des
Stadtgerichtes Hardenberg—vom Jahre 1545—wird der Name Ritzes oder Rizaeus
nicht erwähnt.

[7] Hardenberg gräzisierte seinen Namen in 'Sklèrorios' oder 'Paermanios', s. die
Inschriften in seinen Büchern in: BGK Emden; vgl. E.F.Harkenroth in *Bibliotheca
Bremensis* 5, 1, 105; Kochs, *Bibliothek* 2, 27, 34. Den Namen Paermannus kann ich
nicht unterbringen. Der Latinismus Durimontanus oder Duraemontanus zuerst in:
Peter Bokelmann-Westphal, 29.11.1556, in: Sillem, *Westphal* 1, 252.

einmal als Familiennamen Modenkar.[8] Dieser Name ist jedoch ebenfalls nicht weiter belegt.

Über seine Familie erfährt man nur, dass sie von angesehenen Vorfahren abstammte, deren Familienwappen der mit ihr verwandte Papst Hadrian VI. wieder aufgenommen hatte, während sie selber das Wappen nicht mehr führte.[9] Hardenbergs durch Kriege und Unglück verarmte[10] Eltern hatten neben ihm noch einen Sohn Gerhard.[11] Die vaterlose Familie wurde 1543 von dem gleichfalls verwandten[12] Aduarder Abt Johannes Reekamp ernährt.[13] Der Name der Mutter, deren Spuren[14] sich ab Ende 1544 verlieren, mag Noetvelt oder Noetvild gewesen sein. Wenigstens wurde ihrem Sohn Albert testamentarisch einmal eine Pariser Bibel von dem Aduarder Mönch Nicolaus Noetvelt vermacht, einem Verwandten Hardenbergs,[15] den er zugleich mit dessen Bruder Johannes schon als Knabe in Aduard zu besuchen pflegte.[16]

Seine Erziehung und Ausbildung empfing Hardenberg in dem humanistischen Klima der Groninger *Devotio moderna*, zunächst unter der Leitung vom Wessel- und Erasmus-Schüler Goswijn van Halen (ca.1468-1530)[17] im Konvikt des Groninger Bruderhauses,[18] wo

---

[8] Nr.219, Hardenberg-Rudolph Kampferbecke, 1.4.1557, 51[r]: „Includam in hanc cartam dalerum unum quem rogo uti fratri meo Germano Gerhardo Modenkar transmittas Hardenbergam".

[9] Bemerkung Hardenbergs aus 1539 in *Adriani Sexti Pontificis Magni Quaestiones in quartum librum sententiarum, ubi sacramentorum materia tractatur*, Parisiis, 1530 in: BGK Emden, Theol 8° 392, abgedruckt in: *Bibliotheca Bremensis* 5, 1, 105-109, und (übers.) Kochs, *Bibliothek* 2, 35f.

[10] Nr.16, Hardenberg-NN, Juli 1544.

[11] S.*supra*, Anm.8. Vgl.Nr.101, Hardenberg-Henricus [Buscoducensis?], April 1549, 25[f]. Kuyper 2, 582, Anm.1, 593, Anm.2 hält einen „Johannes tuus" für einen Bruder Hardenbergs. Das Possessivpronomen kommt mir als ein zu unsicherer Grund für diese Annahme vor.

[12] Nr.16, Hardenberg-NN, Juli 1544.

[13] Nr.12, Hardenberg-[a Lasco?], [vor 6.].1543, 135[r]. Zu Reekamp: Post, *Bernardsklooster* 2, 30-35.

[14] Nr.35, Hardenberg-Bullinger/Ministerium Clerici Zürich, 23.3.1545, 1411[v]; Nr.39, Hardenberg-Pellikan, 25.3.[1545], 687.

[15] Bemerkung (aus dem Jahre 1529?) in der dreibändigen *Biblia*, Parisiis, 1526, in: BGK Emden, Theol 8° BIBLIA 1520, abgedruckt in: Kochs, *Bibliothek* 2, 31f.

[16] *Vita Wesseli*, [**]8[b]f.

[17] *Vita Wesseli*, [**]3[a]; Diest Lorgion, *Praedinius*, 36. Zu ihm: van der Velden, *Agricola*, 13-16; Lindeboom, *Bijbels humanisme*, Reg.; van Rhijn, *Gansfort*, 129f.; noch immer grundlegend: van Rhijn, *Studiën*, 137-159.

[18] *Vita Wesseli*, [**]6[a]—und wahrscheinlich auch einige Stunden täglich an der Stadtschule, der St.Maartenschool, unter der Leitung des Rektors Nicolaas Lesdorp, wie Goswijn ein Schüler von Alexander Hegius, s.Postma, *Praedinius*, 156f. Zu dem Verhältnis zwischen dem Bruderhaus und der St.Maartensschule: Delprat, *Verhande-*

Hardenbergs Eltern ihren Sohn schon mit sieben Jahren einwiesen,[19] also ab etwa 1517. Darauf ab 1527[20] im Bernardinerkloster in Aduard[21] unter der Aufsicht und auf Kosten[22] von Johannes Reekamp, zu dessen Nachfolger er bestimmt wurde.[23] In diesen Kreisen lernte er Männer wie Hiëronymus Frederiks[24] (vielleicht auch dessen Vater Willem)[25] kennen, und auch Herman Abbringhe, einer der Wortführer des fiktiven Groninger Religionsgespräches 1523.[26] Hier verkehrte er mit Schülern und Geistesverwandten Wessel Gansforts[27] und wurde zur Lektüre des

---

ling, 138-145; Feith, *Fraterhuis*; Diest Lorgion, *Beschrijving* 1, 225-230; ders., *Fraterhuis*; Zuidema, *Frederici*, 18-22; van Rhijn, *Gansfort*, 30, Anm.5, 250; ders., *Studiën*, 148, Anm.1; Roelfsema, *Fraterhuis*; Post, *Moderne Devotie²*, 84f., 91-104; Schuitema Meijer/van Dijk, *Fraterhuis*; Akkerman, *Onderwijs*, 22f.; Postma, *Praedinius*, 156f.

[19] Nr.16, Hardenberg-NN, Juli 1544; HB 20, *Causae* [Dez.1556], 79ʳ. Hardenberg nennt neben Prädinius noch einen Nicolaus Petrus als Mitschüler: Nr.86, Hardenberg-Hiëronymus Frederiks, 20.10.1548, vgl. Nr.87, Hardenberg-[Germerus] (Bürgermeister von Groningen), 10.11.1548.

[20] Nr.16, Hardenberg-NN, Juli 1544; Nr.212, ders.-Domkapitel, 18.2.1557, 2.

[21] Dazu: *Vita Wesseli*, sparsim; Brucherus, *Gedenkboek*, 173-175; Delprat, *Verhandeling*, 313-315; Nanninga Uitterdijk, *Aduard*; Brugmans, *Aduard*; Feith, *Rijkdom*, 3-11; Lindeboom, *Bijbels humanisme*, 46-49; van Rhijn, *Gansfort*, 122-133; Post, *Bernardsklooster*; IJsewijn, *The Coming of Humanism*, 228f., 252f.; Akkerman/-Santing, *Agricola*; Akkerman, *Onderwijs*, 24-27. Die Bemerkung Hardenbergs in Nr.30, Hardenberg-Syburg, 15.3.1545, er sei im Bistum Münster erzogen worden, trifft zu (im Gegensatz zu Schweckendieck, 64, Anm.3), da die Groninger Ommelanden kirchlich zu Münster gehörten, s.Zuidema, *Frederici*, 15, Anm.3, 107, Anm.2; Joosting, *Indeeling*.

[22] Nr.12, Hardenberg-[a Lasco?], [vor Juni] 1543, 135ʳ.

[23] Nr.16, Hardenberg-NN, Juli 1544.

[24] Nr.86, Hardenberg-Hiëronymus Frederiks, 20.10.1548 (vgl.nach Nr.89); Nr.215, Hiëronymus [Frederiks]-Hardenberg, 15.3.1557; Nr.187, Hardenberg-Medmann, 8.8. 1556, 155ʳ-156ᵛ; Nr.253, thom Camp-Hardenberg, 28.3.1559; vgl.Nr.7, a Lasco-Hardenberg, 29.12.1540. Zu ihm: Hofstede de Groot, *Broederenkerk*, 28; Diest Lorgion, *Praedinius*, 78, 90f.; Mellink, *Voorgeschiedenis*, 146-153.

[25] Randbemerkung Hardenbergs aus 1525 in Gansforts *De causis incarnationis*. *De magnitudine et amaritudine Dominicae passionis libri duo*, s.a., in: BGK Emden, Theol 8° 659; vgl. Kochs, *Bibliothek* 2, 28; Diest Lorgion, *Praedinius*, 39. Zu ihm: Zuidema, *Frederici*; Lindeboom, *Bijbels humanisme*, 163-167; van Rhijn, *Gansfort*, 127, Anm.5; ders., *Studiën*, 148ff.; Wolfs, „*Religionsgespräch*", Reg.; Mellink, *Voorgeschiedenis*; Akkerman/Santing, *Agricola*, 19f.

[26] Bemerkung Hardenbergs aus dem Jahre 1530 in Solinus' *Memorabilia mundi*, 1503, in: BGK Emden, Hist 4° 182; vgl.Kochs, *Bibliothek* 2, 33f. und Diest Lorgion, *Praedinius*, 38f. Zu ihm: Joosting, *Stadsambtenaren*, 86; Wolfs, „*Religionsgespräch*", Reg.; Schuitema Meijer, *Archief*, 33, 36f.; Mellink, *Voorgeschiedenis*, sparsim.

[27] *Vita Wesseli*, ⁎⁎8ᵇf., wie Gerhardus à Cloester (⁎⁎1ᵃff.) (zu ihm: van Rhijn, *Studiën*, 39, 63); Hermannus Torrentinus (⁎⁎1ᵇ) (zu ihm: Delprat, *Verhandeling*, 141f.; Leitsmann, *Wirksamkeit*, 61; Diest Lorgion, *Praedinius*, 14ff., 36; van Rhijn,

ganzen Spektrums reformhumanistischer Gelehrsamkeit angespornt,[28] kurz, hier wurden ihm „die Grundregeln der wahren Religion" eingetropft, wofür er lebenslang dankbar sein würde.[29]

1.2 Löwen, Mainz, Löwen, Aduard, 1530-1543

Von Karel van Egmond, Herzog von Gelre, angeregt,[30] begann Hardenberg um 1530[31] auf Kosten des Abtes[32] (nicht zusammen mit

---

Studiën, 39, 169; IJsewijn, The Coming of Humanism, 299); Christoph van Ewsum ([**]6[a]; vgl.Nr.215, Hiëronymus [Frederiks]-Hardenberg, 15.3. 1557) (zu ihm: Hartgerink-Koomans, Ewsum; Kochs, Bibliothek 1, 46); Johannes van Halen ([**]6[a]) (zu ihm: van Rhijn, Studiën, 159); Hinne Rode ([**]7[b]) (zu ihm: RGG 5, 1135; Spruyt, Hinne Rode); Willem Sagarus ([**]8[a]; Nr.3, Sagarus-Hardenberg, 25.12.1529) (zu ihm: van Rhijn, Studiën, 163-169; Kochs, Bibliothek 2, 23); Gerlach van Casteren ([**]8[b]) (zu ihm: van Rhijn, Studiën, 39, 63); Johannes und Nicolaus Noetvild ([**]8[b]); Andreas Munter ([***]1[a]); Johannes Gallus de Valeta ([***]1[b]) „et alios non paucos" im Augustinerkloster auf dem Agnietenberg bei Zwolle, im Zisterzienserkloster in Sibculo in Overijssel und in anderen Klostern in Groningen und West-Friesland ([**]8[b], [***]1[a]). Auch Jan de Bakker (Johannes Pistorius) (Nr.68, Hardenberg-Theodor NN, [1547?], 129[v]) (zu ihm: BLGNP 2, 40f.). Zu diesen: Lindeboom, Bijbels humanisme, Reg.; van Rhijn, Gansfort, Reg.
    [28] Nr.1, Goswijn van Halen-Hardenberg, 23.11.1528; Nr.2, ders.-dens., 14.5.1529; Vita Wesseli, [**]8[a]; Nr.212, Hardenberg-Domkapitel, 18.2.1557, 2: „() yn der Kerkeschen lerhe darinne ick nu Ja (ane rom gesecht) van den 27 Jaren bet up dit 57 mit guden vlite belesen hebbe". Vgl. die zahlreichen in diesen Jahren in Hardenbergs Besitz gelangenen Werke in BGK Emden, wozu: Feith, Aduard; Post, Bernardsklooster 2, 150f.; Kochs, Bibliothek 2.
    [29] Causae, 79[r]: „et sum in ea vicinia (scil.Æmbde) a septenni puero educatus et ago deo gratias quod illic mihi installavit rudimenta verae religionis"; Vita Wesseli, [**]5[b].
    [30] Nr.16, Hardenberg-NN, Juli 1544. Die Groninger Ommelanden gehörten damals zum Machtbereich Karels, „quicum nostris intercedebat quaedam necessitudinis ratio", a.a.O.
    [31] Nr.16, Hardenberg-NN, Juli 1544: „et post paucos inde annos Louanium missus sum in Academiam (). Factum est hoc ad imperium Ducis Caroli Geldriae (). Mortuo Duce vidi mihi omnia Louanii plena esse periculi, itaque profectus sum () cum iam plus minus octo annis fuissem Louanij". Karel van Egmond, Herzog von Gelre, starb den 30.Juni 1538. Frühere Datierung: Diest Lorgion, Praedinius, 41f. Immatrikulation erfolgte erst am 14.Juli 1536: Schillings, Matricule 4, 139, Anm.117.
    [32] Bemerkung Hardenbergs in C.Molinaeus, Commentarius ad edictum Henrici II adversus abusum Curiae Romanae, 1552, in: BGK Emden, Jur 4° 96; vgl. Kochs, Bibliothek 2, 27. Abel Eppens, Chronicon 1, 144: auf Kosten „des Klosters"; so auch Gerdes, HM, 3; Nauta, Groningers, 173; Post, Bernardsklooster 2, 168f.

Prädinius)[33] das Studium der „freien Künste und Wissenschaften und der scholastischen Theologie" an dem 1517 unter Erasmus' Leitung gegründeten *Collegium Trilingue* der anti-reformatorisch gesinnten Löwener Universität.[34] Von den damaligen Theologen[35] findet man bei Hardenberg die Spur zurück zu Nicolas Coppin,[36] Tiletanus,[37] Ruard Tapper und Franciscus Sonnius.[38] In Löwen wurde er den „Sophisten" verdächtig, als er sich durch die Schriften „unseres Erasmus und anderer Deutschen" von der scholastischen Theologie zum Evangelium führen liess.[39] Namentlich Tapper und Sonnius wurden neidisch, als er nach dem Bakkalaureat begann „Christus zu predigen".[40]

Hardenbergs in dieser Periode erworbene und zuweilen mit anti-scholastischen Marginalien versehene Büchersammlung zeugt von reformatorischen Einflüssen.[41] Ebenso von reformatorischem Einfluss zeugt der Anschluss, den er an Panthaleon Blasius fand[42] und—zwar erst 1540— an Francisco (und Jaime?) de Enzinas[43] und an Eustachius von Knob-

---

[33] Wie Brucherus, *Kerkhervorming*, 100f. meint. Prädinius studierte 1526-1530 in Löwen: Postma, *Praedinius*, 158-160; vgl.de Vocht, *History* 3, 254. Das sogenannte Zitat aus Hardenbergs Brief Nr.16 an NN vom Juli 1544 („mit einem Freunde") bei Spiegel, 15 ist falsch.

[34] Nr.16, Hardenberg-NN, Juli 1544. Zur Löwener Universität: Molanus, *Quatorze livres*; Diest Lorgion, *Praedinius*, 40-51; Reusens, *Analectes*; de Jongh, *L'ancienne faculté*; van Santbergen, *Procès*, V, Anm.1 (Lit.); de Vocht, *History*.

[35] De Jongh, *L'ancienne faculté*, 148-186.

[36] Inschrift Hardenbergs aus 1535 in Johannes Despauterius, *Ars versificatoria*, Argentorati, 1512, in: BGK Emden, Philol 4° 39; vgl.Kochs, *Bibliothek* 2, 34.

[37] Nr.130, Eber-Hardenberg, 11.10.1551. Zu ihm: de Vocht, *History*, Reg.

[38] Nr.130, Eber-Hardenberg, 11.10.1551: Inschrift Hardenbergs in dem in Anm.32 erwähnten Werk; Tiletanus-Margaretha van Parma, 31.1.1565, in: Gachard, *Philippe II* 2, 540. Zu Tapper: Molanus, *Quatorze livres*, Reg.; Etienne, *Tapper*. Zu Sonnius: Molanus, *a.a.O.*; van Veen, *Sonnius*; Goossens, *Sonnius*; *NNBW* 2, 1347f.; Beghyn, *Sonnius*.

[39] Nr.16, Hardenberg-NN, Juli 1544.

[40] Bemerkung Hardenbergs in dem in Anm.32 erwähnten Werk.

[41] In BGK Emden: [Berthold von Chiemsee], *Onus ecclesiae*, 1531, Theol 2° 230; *Collectanea ex () librorum Aur.Augustini*, Daventriae, 1529, Theol 8° 337 (1531 als Eigentum bekommen); Melanchthon, *Compendaria dialectices ratio*, 1522, Philos 8° 275 (1532 in Hardenbergs Besitz); ders., *Institutiones rhetoricae*, 1532, Philos 8° 275; Frid.Naesea Blancicampianus, *Fragmenta homiliarum*, Coloniae, 1536, Theol 2° 200; Oecolampadius, *In postremos tres prophetas, nempe Haggaeum, Zachariam, & Malachiam, commentarius*, Basileae, 1527, Theol 4° 39 (1536 in Hardenbergs Besitz); Budaeus, *De transitu*, Parisiis, 1535, Theol 8° 228 (*donum auctoris* 1539). Vgl.*infra*, Anm.43 u.Kochs, *Bibliothek* 2.

[42] Nr.275, Erastus-Hardenberg, 4.2.1560. Zu ihm: Biundo, *Geistliche*, 36f.

[43] Campan, *Enzinas* 1, 11-13, 105; Enzinas-a Lasco, 10.5.1541, in: Gabbema, *Clarorum virorum epistolae*, 37-43 und Gerdes, *Historia Reformationis* 3, (81-86), vgl.168, Anm.(f); vgl.de Vocht, *History* 4, 146; Boehmer, *Spanisch Reformers* 1, 135; falsch: *CO* 12, 126, Anm.1 und Bauer, *Poullain*, 30. Zu Enzinas: Gilly,

belsdorf,[44] an Johannes Cavonius, seinen künftigen Famulus,[45] an Friedrich III., den späteren Kurfürsten von der Pfalz[46] und womöglich an Jean Crespin.[47] Wahrscheinlich gehen auf die Löwener Zeit auch seine Kontakte zurück mit Jacques de Bourgogne,[48] Justus Velsius,[49] Jan Utenhove,[50] Andreas Hyperius,[51] Georg Cassander,[52] Johannes Sleidanus,[53] Valérand Poullain[54] und Hadrianus Antwerpiensis.[55] Nach

---

Spanien, 326-353; auch: *Enciclopedia universal* 20, 222 (Lit.); *RGG* 2, 516; Boehmer, *a.a.O.* 1, 131-184; Gilmont, *Crespin,* 35f.; Pollet, *Martin Bucer* 1, 50-55. Francisco schenkte ihm 1541 Calvins *Catechismus, sive Christianae religionis institutio,* Basileae, 1538, in: BGK Emden, Theol 8° 528, und—wahrscheinlich 1543, als er ihn in Aduard besuchte—Alfonsus Virvesius' *Disputationes adversus Lutherana dogmata per Philippum Melanchthonem defensa,* Coloniae, 1542, in: BGK Emden, Theol 4° 180, und 1546 von Wittenberg her P.de Malvenda's *Propositiones in colloquio Ratisponensi,* 1546, in : BGK Emden, Theol 8° 376; vgl. Kochs, *Bibliothek* 2, 40, 46. A Lasco und Melanchthon halten Hardenberg über Enzinas' Wohlergehen auf dem laufenden: Nr.65, Melanchthon-Hardenberg, 1.11.1547; Nr.76, a Lasco-Hardenberg, 19.7.1548; Nr.82, [Hardenberg]-Melanchthon, [13.8.1548]; Nr.114, Melanchthon-Hardenberg, 24.7.1550; Nr.138, ders.-dens., 1.5.1552.

[44] De Vocht, *History* 4, 131. Zu ihm: idem, 128-134.

[45] Bemerkung Hardenbergs in *Auscultationes Joan. Cavonii* (HS), in: BGK Emden, Hs 8° 19, abgedruckt in: Schweckendieck, 65f. und Kochs, *Bibliothek* 2, 38.

[46] Nr.265, Hardenberg-Melanchthon, 21.12.1559.

[47] Gilmont, *Crespin,* 36.

[48] Denis, *Églises d'étrangers,* 148, 154. Hardenberg war im März 1545 sein Gast in Köln, Nr.28, Hardenberg-Utenhove, 9.3.1545, 6. Vgl.Nr.42, Bucer-Hardenberg, 10.6.1545; Nr.37, Hardenberg-Calvin, 24.3.1545, 50 (dazu Herminjard, *Correspondance* 9, 285f.); Nr.187, Hardenberg-Medmann, 8.8.1556, 153[f]. Zu ihm: Hessels 2, 2, Anm.2, 6, Anm.2; Denis, *Jacques de Bourgogne.*

[49] Nr.300, Hardenberg-[Erastus], 30.10.1560; Nr.302, Erastus-Hardenberg, 11.11.1560; vgl.Nr.275, Erastus-Hardenberg, 4.2.1560. Zu ihm: Sepp, *Studiën,* 91-179; de Vocht, *History* 4, 134-143; *ML* 4,409; *ME* 4, 806; Wilkens, *Hesshusius,* 54f.; Séguenny, Hrsg., *Bibliotheca dissidentium* 1; Pollet, *Martin Bucer* 1, 321-341; 2, 199-343.

[50] Vgl.Nr.28, Hardenberg-Utenhove, 9.3.1545; Nr.238, Brassius-Hardenberg, 11.5.1558. Zu ihm: Pijper, *Utenhove; RGG* 6, 1216; *BLGNP* 2, 427-430.

[51] Krause, *Hyperius. Leben,* 68. Vgl.Korrespondenz, Verzeichnis der Absender und Adressaten, s.v. Hyperius; de Vocht, *History* 2, 195f.; 3, 158, Anm.1; 253f.

[52] Auf jeden Fall traf Hardenberg ihn und dessen Freund Cornelius Gualtherus (Wouters) in Köln, 1544: Bullinger lässt sie von Hardenberg grüssen, Nr.20, Bullinger-Hardenberg, 5.9.1544. Zu ihnen: de Vocht, *History* 3, 296-303; *RGG* 1, 1625f.; Decavele, *Dageraad* 1, 60-64; Pollet, *Martin Bucer* 2, 241f.

[53] De Vocht, *History* 3, 158, Anm.1, 572. Hardenberg begegnete ihm in Strassburg 1544: Nr.32, Hardenberg-Sextus a Donia, 19.3.1545. Zu Hardenbergs von Medmann verlangter Mitarbeit an Sleidanus' geplanter Biographie Bucers: Nr.187, Hardenberg-Medmann, 8.8.1556, 150[r], vgl. 156[v], 157[r].

[54] Poullain kam im Dezember 1545 als Berater der Weseler wallonischen Flüchtlingsgemeinde zu seiner Unterstützung nach Hardenberg in Kempen: Nr.48, Bucer-Hardenberg, 4.12.1545; Nr.49, ders.-Hardenberg u.[Val.Poullain?],

dem Tode des Herzoges von Gelre schien es Hardenberg angebracht, sich—im Herbst 1538—davonzumachen.[56]

Auf der Durchreise nach Italien in Frankfurt am Main erkrankt, zog er sich nach Mainz zurück, las dort, auf Fürsprache von Löwener Freunden als Student immatrikuliert,[57] über Lombardus und Paulus und erlangte im Dezember 1539 auf Veranlassung des Doktoren Caspar Cuno aufgrund öffentlicher Disputationen die Doktorwürde.[58]

In der Annahme, dieser Grad gewähre ihm mehr Freiheit, kehrte Hardenberg Ende 1539 nach Löwen zurück, wo er in der St.Michielskirche[59] „mit äusserster Offenheit und Freimütigkeit" die Lehre des Paulus predigte und weitergab.[60] Das Wirtshaus „De Palmboom" von Jan Bosverken an der Ecke der Mechelsestraat und der Jodenstraat wurde der Treffpunkt eines Kreises evangelischer Dissidenten,[61] für dessen Stifter

---

22.12.1545. Möglicherweise trafen sie sich auch im Herbst 1544 bei Bucer in Strassburg und im März 1545 bei Jacques de Bourgogne, Herr von Falais. Zu Poullains Aufenthalt in Löwen, Strassburg und Köln: Bauer, *Poullain*, 28-34, 37ff. u.70f.; weitere Literatur zu ihm bei Gassmann, *Ecclesia Reformata*, 443 und Pollet, *Martin Bucer* 1, 72, Anm.8.

[55] De Vocht, *History* 4, 508. Vgl. Nr.31, a Lasco-Hardenberg, 18.3.1545; Nr.34, Hardenberg-Vadianus, 22.3.1545; Nr.61, [Hardenberg]-Hadrianus [Antwerpiensis?], [1546]; Nr.62, [ders.]-[dens.], [1546?]; Nr.91, [ders.]-dens., [1548?]. Vgl.zu ihm noch: *DB* 5, 17 und *infra*, II.3, Anm.167.

[56] Nr.16, Hardenberg-NN, Juli 1544; Spiegel, 15f. Vgl.*supra*, Anm.31. Ungewöhnlich ist Hardenbergs Bemerkung über Herzog Karel, Nr.16., *a.a.O.*: „Ibi dira minari Sophistae, nihil tamen audere viuo Duce Geldriae, cui nihil tale de me persuasum erat, et mei defensionem haud segnem adsumpserat". Der Herzog soll sich Hardenbergs Ansichten nicht bewusst gewesen sein, denn er war ein erklärter Gegner der Reformation, s.Frijhoff, *Antichrist-tractaat*.

Die Kölner Urkunde der Freimaurerei, nach welcher Hardenberg am 24.6.1535 in Köln als Meister der Maurerei aufgetreten sei (s.*CR* 28, 47-51; Janssen, *Praepositus*, 159-171; Spiegel, 77f.), ist eine Fälschung des späten 18.Jahrhunderts (Mitteilung des Deutschen Freimaurer-Museums mit Bibliothek und Archiv in Bayreuth).

[57] „Da die Matrikel der Universität Mainz im letzten Kriege im SA Darmstadt verbrannt ist, lässt sich leider über Hardenberg nichts mehr feststellen"—Mitteilung von A.Ph.Brück vom Oktober 1955, in: Bouwmeester, *à Lasco*, 35, Anm.63.

[58] Nr.16, Hardenberg-NN, Juli 1544. Vgl.Spiegel, 18f.; Moltmann, *Hardenberg*, *RGG* und *NDB*. Ein Bildnis seines bei der Promotion erhaltenen Wappens (dazu: *supra*, Anm.9; Schweckendieck, 4; Spiegel, 18f.) in: SUB Bremen, Brem.b.680: *Concionatorum Bremensium Nomina & Insignia quae haberi potuerunt ab Ao MDXXII ad MDCXC*, [Bremen], 1690, 5[b].

[59] Campan, *Enzinas* 1, 580, 620; van Santbergen, *Procès*, 97f.; van Uytven, *Sociale geschiedenis*, 9; Bax, *Protestantisme*, 201.

[60] Nr.16, Hardenberg-NN, Juli 1544.

[61] Campan, *Enzinas* 1, 322; van Uytven, *Sociale geschiedenis*, 9; vgl.Bax, *Protestantisme*, 170-216; de Bruin, *Ketterproces*..

er sich hielt.[62] Dort traf er sich u.a.mit a Lasco, dessen Zimmerwirtin Antoinette van Roesmals,[63] Pierre du Val, Paul de Rovere, Goris Stockx, Joost van Honsbergen und Dirk Gheylaerts.[64] Über diese soll sich ein starker zwinglischer Einfluss in Löwen geltend gemacht haben, der sich unter anderem in einem ziemlich weitverbreiteten Spiritualismus in der Abendmahlslehre zeigte.[65]

Seine unorthodoxe Verkündigung verschaffte Hardenberg seitens Tausender von Studenten und Bürgern zwar Begeisterung, seitens der Theologen aber eine Klage beim Hofe von Brabant in Brüssel, Verhaftung[66] und einen Ketzerprozess durch Tapper.[67] Nach langwieriger Gerichtsverhandlung, die dank des Einsatzes seiner Anhänger[68] und des Löwener Amtmannes[69] in Löwen selbst erfolgte, erkaufte sich Hardenberg seine Freiheit[70] mit Zahlung der Prozesskosten und dem Verlust fast

---

[62] Nr.20, Bullinger-Hardenberg, 5.9.1544, 3.

[63] Campan, *Enzinas* 1, 105, 299, 322; van Santbergen, *Procès*, 96f.

[64] Campan, *Enzinas* 1, 322; van Santbergen, *Procès*, 47, 50, 82, 84, 97f., 108; van Uytven, *Sociale geschiedenis*, 9, 27. Die letzten Vier waren Angeklagte im Prozess von 1543. Interessant ist in diesem Zusammenhang das Vorkommen eines Bändchens *Souter Liedekens* aus Antwerpen, 1540, in Hardenbergs Bibliothek, in: BGK Emden, Theol 8° 795. Die Ansicht, es wären verfolgte evangelische *conventicula* der Brüder vom gemeinsamen Leben, denen Hardenberg sich anschloss (Bartel, *Laski*, 86; Gassmann, *Ecclesia Reformata*, 188; Locher, *Zwinglische Reformation*, 629, Anm.55; so ebenfalls die geläufige Literatur zu a Lasco, vgl.*LThK* 6, 804; *NDB* 13, 657; *TRE* 20, 448, 44f. (M.Smid)), geht vermutlich auf die Romantisierung Daltons, *a Lasco*, 189-195 zurück.

[65] Van Uytven, *Sociale geschiedenis*, 27f.; vgl.de Bruin, *Ketterproces*, 254-257; s.auch *infra*, S.264f. und 295.

[66] In „de Sterre, de vroente" in der Muntstraat, ein als Gefängnis verwendetes Wirtshaus, wurde er gefangengesetzt; Campan, *Enzinas* 1, 322; van Santbergen, *Procès*, 33, 48; van Uytven, *Sociale geschiedenis*, 9, 33.

[67] Nr.16, Hardenberg-NN, Juli 1544; Judocus Tiletanus-Margaretha van Parma, 31.1.1565, in: Gachard, *Philippe II* 2, 540.

[68] Nr.16, Hardenberg-NN, Juli 1544.

[69] Als man Hardenberg ins Gefängnis in Vilvoorde bringen wollte, protestierte der „meier" (Amtmann), da die Bürger von Löwen nach kaiserlichen und päpstlichen Privilegien das Recht hatten, ausschliesslich durch die Löwener Schöffenbank verurteilt zu werden: van Santbergen, *Procès*, 89; van Uytven, *Sociale geschiedenis*, 9, 16.

[70] Nr.16, Hardenberg-NN, Juli 1544; Spiegel, 21-23. Campan, *Enzinas* 1, 304, 580, fand auf dem Umschlag einiger Akten des Prozesses von 1543 folgende Notiz: „Dominus Albertus Horenberch, doctor Friso, ord^{is} S.Benedicti abjura^{t}. a^{no} 1539, Lovanii". Hardenberg leugnet eine Widerrufung seinerseits *in margine* in: Martinus Kempen Duncanus-Theodoricus Huijskens, Karfreitag 1545, und: ders.-Jo.Wimmarius, 14.9.1545, A in: BSB München, Clm 10351, n.39, 173^r-174^v; vgl. Spiegel, 23.

seiner gesamten Bibliothek,[71] obgleich der Hof ihn 1547 noch beim Kaiser verklagte.[72] Die „lebensgefährliche Gefangenschaft" machte einen tiefen Eindruck auf Hardenberg.[73]

Die Löwener Misere verdankte Hardenberg möglicherweise seinen Beziehungen zu Johannes a Lasco, mit dem er sich schon in Frankfurt am Main und in Mainz 1539 befreundet hatte[74] und den er dort und in Löwen, wie er behauptet, mittels Unterredungen über die Schrift „in Christo gezeugt" hatte, „wenn nicht völlig, so doch zum Teil".[75] Das stellt die geläufige Vorstellung, Hardenberg habe in Mainz 1539 über a Lasco den Weg zur Reformation gefunden[76] auf den Kopf, gewinnt aber im Lichte seines ersten Löwener Aufenthaltes an Wahrscheinlichkeit. Hardenberg meldet jedenfalls, er habe in Löwen viel um a Lasco zu leiden gehabt, vielleicht dessen übereilter Ehe wegen, wonach sich a Lasco „um eine Zeitlang geborgen zu sein" im Frühherbst 1540 in Emden niederliess.[77]

---

[71] Nr.21, Hardenberg-A.Blarer, 28.10.1544. Die Bücher wurden ihm teils abgenommen (Nr.30, Hardenberg-Syburg, 15.3.1545, 685), teils von einem Freunde verbrannt „um mich vor dem Feuertode zu retten, der mir drohte, wenn man mich im Besitze solcher Bücher traf" (Bemerkung Hardenbergs in Melanchthons *Commentarius in V.librum Aristotelis*, 1545 (datiert 1568), in: BGK Emden, Philol 8° 23 , zitiert in Kochs, *Bibliothek* 2, 27).

[72] Medmann-Bullinger, 4.2.1547, in: Pollet, *Martin Bucer* 2, 179f.

[73] *Vita Wesseli*, **6^b; Nr.5, [Hardenberg]-Dionisus NN, [1540?], 236^r; Nr.98, Hardenberg-Melanchthon, 12.4.1549; Bemerkungen Hardenbergs in a Lasco, *Responsio ad Westphali epistolam*, 1560, in: BGK Emden, Theol 8° 474, und in den *supra* in Anm.32 und 71 erwähnten Werken, vgl.Kochs, *Bibliothek* 2, 27.

Löwen kannte schon 1519, 1532 und 1535 seine „lutherischen" Märtyrer, s. van Uytven, *Sociale geschiedenis*. Hardenberg wusste von dem Martertode Jan de Bakkers (Johannes Pistoris') 1525 in den Händen der „Sophistae Louanienses": Nr.68, Hardenberg-Theodor NN, [1547?], 129^v; zu ihm: *BLGNP* 2, 40f. Dessen Inquisitoren Coppin und Tapper kannte Hardenberg persönlich, s.*supra*, Anm.36, 38 und 67.

[74] Nr.187, Hardenberg-Medmann, 8.8.1556, 147^v; Nr.267, [ders.]-[Bremer Stadtprediger], [1559?], 116^r. Zu der Festgabe a Lascos an Hardenberg anlässlich seiner Promotion, Mainz 1539, s.Hardenbergs Bemerkung in Reuchlin, *Rudimenta hebraica*, Pforzheim, 1506, in: BGK Emden, Theol 2° 54; Spiegel, 19; Kochs, *Bibliothek* 2, 22, 37.

[75] Nr.187, Hardenberg-Medmann, 8.8.1556, 147^v: „Ego enim si non totum, ex parte tamen in Christo illum genui".

[76] Spiegel, 25; Steitz, *Westerburg*, 181f.; Moltmann, *Hardenberg*, *RGG* und *NDB*; ders., *Pezel*, 17; Barton, *Umsturz*, 68; Locher, *Zwinglische Reformation*, 629, Anm.55; *TRE* 20, 123, 47 (H.Junghans, Art.*Kryptocalvinisten*).

[77] Nr.16, Hardenberg-NN, Juli 1544. Vgl. Bartel, *Laski*, 87. Pascal, *Lasco*, 253 glaubt, aufgrund a Lascos Bemerkung über Hardenbergs „peculiara quadam in me officia", dass Hardenberg a Lascos Ehe einsegnete.

Hardenberg fand etwa zu gleicher Zeit einen Zufluchtsort im Aduarder Kloster, wo er den willfährigen aber zugleich eigennützigen[78] Abt dazu bewegte, „dem Evangelium nicht im Wege zu stehen, sondern den vom Brabanter Hof gelassenen Spielraum so weit wie möglich auszunutzen".[79] Den jungen Mönchen erklärte er „unverzagt" die Psalmen, das Volk „lehrte" er „Christum", der unterdrückten Bauernschaft kam er zu Hilfe, kurz, er strebte die Bekehrung des Vaterlandes an,[80] bis die Verfolgung des von den Löwener Theologen und Aduarder Papisten soufflierten Hofes einen längeren Aufenthalt in Aduard gefährlich machte und seine Sinne auf eine erneute „Wanderschaft" richtete.[81]

Noch abgesehen von den Gefahren waren es sowohl die brieflichen und mündlichen Anregungen a Lascos[82] und Francisco de Enzinas',[83] wie der Briefwechsel mit Melanchthon und „unzähligen anderen trefflichen Männern",[84] wie schliesslich auch sein „Unvermögen die Abgötterei noch länger zu verwischen", die ihm sein Zögern zum Austritt überwinden liessen,[85] „weil ich sah, dass meine Lehre dort nicht fruchtlos blieb".[86]

1.3 *Wittenberg, 1543-1544*

Während sich a Lasco, zwar anfänglich vergebens, bemühte, seinem Freunde zum Ehestand—dem Nachweis seiner Glaubensänderung—zu verhelfen,[87] kam Hardenberg 1542[88] oder wahrscheinlicher 1543[89] auf

---

[78] Nr.12, Hardenberg-[a Lasco?], [vor Juni 1543], 135ʳ, 136ʳ.
[79] Nr.16, Hardenberg-NN, Juli 1544.
[80] Nr.12, Hardenberg-[a Lasco?], [vor Juni 1543], 135ʳ.
[81] Nr.16, Hardenberg-NN, Juli 1544.
[82] Nr.6, a Lasco-Hardenberg, Mitte 1540 („(Lege) novum Philippi Melanchthonis libellum, qui continet antitheses Pap.et Evang.doctrinae!", 552) bis zu Nr.11, a Lasco-Hardenberg, 26.7.[1542] („Exite de medio illorum! Amo te, () sed tuam istam haesitantiam non amo", 557). Man traf sich Ende 1540 in Emden (Nr.7, a Lasco-Hardenberg, 29.12.1540).
[83] Campan, *Enzinas* 1, 11-13; Enzinas-a Lasco, 10.5.1541, in: Gabbema, *Clarorum virorum epistolae*, 37-43. Vgl.Boehmer, *Spanish Reformers* 1, 135; Spruyt, *Humanisme*, 45f.
[84] Beide nicht erhalten.
[85] Nr.16, Hardenberg-NN, Juli 1544.
[86] Dazu Nr.12, Hardenberg-[a Lasco?], [vor Juni 1543]; Spiegel, 26-30.
[87] Spiegel, 91-105, 377f.; Pascal, *a Lasco*, 147-159: „Hardenberg et Drusille". Die zwischen Juli 1543 und Juni 1547 geführte Korrespondenz a Lascos mit Truytje Syssinge, ihrem Bruder Frans und Hardenberg in: Kuyper 2, 557-610. Hardenberg heiratete die Groninger Begine Truytje zwischen 7.6 und 11.10.1547; sie starb

Veranlassung Melanchthons, über Emden,[90] für einen Winter nach Wittenberg.[91] Dort hörte er Vorlesungen bei Melanchthon, Paul Eber, Kaspar Cruciger d.Ä., Georg Major und Luther.[92] Mit Letztgenanntem soll er über das Abendmahl „vake mondelic () geredet" und ihn „ock na syner grondeliker sententia und meninghe gevraget" haben.[93] Zu dem „ungestümen Perikles" oder „Perikleischen Blitz" fand er trotzdem kein rechtes Verhältnis.[94]

---

kinderlos im Februar 1580. Zu ihr: *Bibliotheca Bremensis* 7, 310; SUB Bremen, Brem.b.698, 1 (aus: Hollandsche Boekzaal, 1779, 82); Kochs, *Bibliothek* 1, 48; Schilling, *Kirchenratsprotokolle* 2, 582 (19.12.1575), 585 (25.12.1575), 592 (16.1.1576). Zu Hardenbergs vergeblicher Anfechtung ihrer Enterbung: Nr.86, Hardenberg-Hiëronymus Frederiks, 20.10.1548; Nr.87, ders.-[Germerus], 10.11.1548; Nr.187, ders.-Medmann, 8.8.1556, 156ʳ⁻ᵛ; Nr.215, Hiëronymus [Frederiks]-Hardenberg, 15.3.1557. Zu einer anderen, von Tido von Kniphausen vorgeschlagenen, seiner Frau Eva von Rennenberg bekannten Heiratskandidatin: Peters, *von Rennenberg*, 148/153.

[88] Bemerkung Hardenbergs aus dem Jahre 1556 in Euclides' *Elementa* (HS), in: BGK Emden, Hs 4° 14; abgedruckt in: Schweckendieck, 66 Anm.25.

[89] Nr.12, Hardenberg-[a Lasco?], [vor Juni 1543], 136ʳ; a Lasco-Truytje Syssinge, 23.7.1543, in: Kuyper 2, 557f.

[90] Nr.17, a Lasco-Hardenberg, 26.7.1544, 577. Vgl. Nr.57, a Lasco-Hardenberg, 30.9.1546, 609; Spiegel, 34f.

[91] A Lasco-Truytje Syssinge, 23.7.1543, in: Kuyper 2, 558; Nr.16, Hardenberg-NN, Juli 1544. Immatrikulation im Juni 1543 unter den „Pauperes gratis inscripti": Foerstemann, *Album* 1, 207. Hardenbergs Name fehlt in: Nauta, *Groningers*.

[92] Eine teilweise Übersicht der Kolleghefte in BGK Emden, Hs 4° 9; 4° 15 u.16; 8° 19, 20 u.21; Philol 8° 159, Nr.7 u.8, bei: Schweckendieck, 65f. und Kochs, *Bibliothek* 2, 38. Überdies: Nr.82, [Hardenberg]-Melanchthon, [13.8.1548] und Nr.13, ders.-Rudger NN, [zw.6.1543 u.3.1544], 121ᵛ (zu Major), s.*infra*, II.4, Anm.33.

[93] HB 10, *Glaubensbekenntnis plattdeutsch*, [Mitte 1556], 26ʳ.

[94] Nr.21, Hardenberg-A.Blarer, 28.10.1544; Nr.187, ders.-Medmann, 8.8.1556, 157ʳ.

KAPITEL 2

ERSTE REFORMATORISCHE TÄTIGKEIT, 1544-1547

2.1 *Speyer, 1544*

Im Februar oder März 1544[1] trat Hardenberg auf Empfehlung Melanchthons[2] und anderer als theologischer Berater auf dem Speyerer Reichstag (20.2-10.6.1544) in Hermanns von Wied Dienste,[3] des Kölner Erzbischofs und Kurfürsten, den er 1541 schon auf Veranlassung des Münsteraner Bischofs Franz von Waldeck besucht hatte.[4] Womöglich war Hardenbergs vom Reformhumanismus bestimmte Neigung zur *via media* der Grund, dem Ruf dieses Befürworters einer gemässigten Reformation Folge zu leisten.[5] Seine Aufgabe war es, wo nötig, den von Bucer und Melanchthon für von Wied verfassten Reformations-Entwurf des Erzstiftes Köln, das *Einfaltigs bedenken* (September 1543)[6] wider die Opposition des kölnischen Domkapitels und Klerus zu verfechten.[7] Hier trat er in Verbindung mit Hermanns Sekretären Petrus Medmann und Theodor von Buchell, und zum erstenmal[8] mit Martin Bucer.[9]

---

[1] Nr.14, Melanchthon-Hardenberg, 25.3.[1544].

[2] Nicht Bucers; so Varrentrapp, *von Wied*, 215, Anm.3; Forsthoff, *Kirchengeschichte*, 220; Eells, *Bucer*, 503, Anm.27; Köhn, *Entwurf*, 60, aufgrund Bucers (auch von Pollet, *Martin Bucer* 1, 265, Anm.4) ein Jahr zu früh datierten Briefes an von Wied vom 3.11.1544, O in: AST 153/48, 135 (zur Datierung s. Nr.22, Hardenberg--Blarer, 29.10.1544).

[3] Nr.16, Hardenberg-NN, Juli 1544; Nr.33, ders.-Beatus Rhenanus, 22.3.1545, 530; Melanchthon-Eber, 13.7.1543, in: *CR* 5, 142f.

[4] S.*supra*, I.1, Anm.88; Spiegel, 25. Zu Franz' Interesse an der Kölner Reform: Dankbaar, *Frans van Waldeck*; Postma, *Viglius*, 153f.

[5] Pollet, *Martin Bucer* 1, 265: „sans doute".

[6] Stupperich, *Bibliographia Bucerana*, Nr.74: *Von Gottes genaden unser Hermans Ertzbischoffs zu Cöln, unnd Churfürsten etc.einfaltigs bedenken* (), Bonnae, 1543. Übersetzte Neuauflage 1972: von Wied, *Einfältiges Bedenken*.

[7] Nr.16, Hardenberg-NN, Juli 1544. Zu von Wied und seinem Reformationsversuch: Drouven, *Reformation*; Varrentrapp, *von Wied*; Klugkist Hesse, *Medmann*; Oebels, *Gropper*; Niessen, *Reformationsversuch*; Lipgens, *Gropper*; ders., *Neue Beiträge*; Müller, *von Wied*; Hatzfeld, *Gropper*; Jedin, *von Wied*; Schlüter, *Publizistik*; Schüler, *Reformation*; Mülhaupt, *Reformation*; Köhn, *Entwurf*; Franzen, *Bischof*; Pollet, *Martin Bucer* 1, 96-234; 2, 33-162.

[8] Nicht erst in Strassburg; so Pollet, *Martin Bucer* 1, 265.

Hardenberg war in Speyer auch als Prediger tätig. Als solcher erregte er den Widerspruch des Hildesheimer Bischofes Valentin Teutleben.[10] Anzunehmen ist, dass er der Prediger war, den von Wied am 19.Februar in seine Herberge, das Augustinerkloster in Speyer, berief, als die evangelischen Stände des kaiserlichen Widerstandes wegen beschlossen, dort ihren Gottesdienst abzuhalten.[11] Er war vielleicht auch der „Kölnische Prediger", wegen dessen Anspielungen auf seine Doppelehe sich Philipp von Hessen bei Bucer beklagte, und den Bucer dem Landgrafen gegenüber zu Zurückhaltung zu ermahnen versprach.[12]

2.2 Strassburg, die Schweiz und Oberdeutschland, 1544

Seinem offenbaren Bedürfnis nach theologischer Vertiefung soll es entgegengekommen sein, als von Wied nach Beendung des Reichstages Hardenberg gestattete, auf seine Kosten in das Elsass, die Schweiz und nach Oberdeutschland zu reisen,[13] um einige Reichstagssachen zu besprechen,[14] sich in der Kirchenverfassung („formas Ecclesiarum") zu orientieren[15] und näher mit berühmten Theologen—namentlich Bucer—bekannt zu werden.[16] Diese Reise brachte ihm neue theologische Verbindungen und Freunde ein. Sie führte ihn zwischen Juni und Dezember 1544 zu Bucer,[17] Johann Sturm,[18] Martyr Vermigli[19] und

---

[9] Vgl. Nr.14, Melanchthon-Hardenberg, 25.3.[1544]; Nr.16, Hardenberg-NN, Juli 1544; Eells, *Bucer*, 345f. und *infra*, Korrespondenz, Verzeichnis der Absender und Adressaten, s.v.Medmann, von Buchell und Bucer. Zu dem humanistisch gesinnten Medmann, mit dem Hardenberg sein Leben lang verbunden blieb: Klugkist Hesse, *Medmann*; Pollet, *Martin Bucer* 1, 254-263 (Lit.: 254, Anm.1); 2, 165-184. Zu von Buchell: Pollet, *Martin Bucer* 2, 64, Anm.4.

[10] S.*supra*, I.1, Anm.88. Vgl.Justus Jonas-Fürst Georg von Anhalt, 1.3.1544: „() narravit mihi, quendam iam Spirae esse doctum olim monachum, qui iam etiam in comitiis non prohibente Caesare pure docet 'to hagion euangelion' et synaxin celebrat iuxta institutionem Christi", in: Kawerau, *Briefwechsel Jonas*, 115.

[11] Nr.14, Melanchthon-Hardenberg, 25.3.[1544]; Lenz 2, 247, Anm.4.

[12] Bucer-Philipp von Hessen, 2.3.1544, in: Lenz 2, 247.

[13] Nr.16, Hardenberg-NN, Juli 1544.

[14] S.*supra*, I.1, Anm.88.

[15] Nr.33, Hardenberg-Beatus Rhenanus, 22.3.1545, 530. Vgl.Nr.336, ders.-Bullinger, 15.8.1571, 540ʳ: „ut addiscerem rationem et usum verae Religionis".

[16] Nr.16, Hardenberg-NN, Juli 1544.

[17] Nr.16, Hardenberg-NN, Juli 1544; und *infra* III.4. Bei Bucer mag er—neben Valérand Poullain, s.*supra*, I.1, Anm.54—Gerard thom Camp wiedergesehen haben (Nr.19, a Lasco-Hardenberg, 31.8.1544, 582), den Emdener Ältesten, dem er schon 1542 in Aduard begegnet war (Nr.10, a Lasco-Hardenberg, 12.5.1542); vgl.Nr.35, Hardenberg-Bullinger/die Prediger von Zürich, 23.3.1545 und Nr.80, ders.-a Lasco,

Sleidanus[20] in Strassburg; zu Beatus Rhenanus in Schlettstadt,[21] Myconius in Basel,[22] Sulzer in Bern;[23] zu Bullinger,[24] Gwalther,[25] Bibliander,[26] Pellikan,[27] Megander,[28] Felix Frei[29] und Johannes Fries[30] in Zürich;[31] zu Vadianus in Sankt Gallen,[32] den beiden Blarern in

---

12.8.1548.

[18] Nr.32, Hardenberg-Sextus a Donia (ein befreundeter Friese in Strassburg, Student von Sturm), 19.3.1545. Zu Joh.Sturm: Schmidt, *Sturm*; Kückelhahn, *Sturm*; *ADB* 37,21-38; *RE* 19, 109-113; 24, 536; *RGG* 6, 438f.; Rott, *Investigationes* 2, 471-559; van 't Spijker, *Moderne Devotie*, 138-140, 145f. (mit Literatur).

[19] Nr.161, Martyr Vermigli-[Hardenberg?], 29.10.[1554]; Nr.172, ders.-dens., 25.9.1555; s.*infra*, III.5, Anm.50f., 58. Zu ihm: *RGG* 6, 1361f.; Stupperich, *Reformatorenlexikon*, 214f.

[20] Nr.32, Hardenberg-Sextus a Donia, 19.3.1545. Zu ihm: *RGG* 6, 110.

[21] Bucer-Beatus Rhenanus, 14.9.1544, in: Horawitz/Hartfelder, 518f.; Nr.33, Hardenberg-Beatus Rhenanus, 22.3.1545; Nr.34, ders.-Vadianus, 22.3.1545, 408. Zu ihm: *RGG* 1, 952.

[22] Vadianus-Blarer, 2.10.1544, in: Arbenz/Wartmann 7, 110; vgl.die Widmung Myconius' an Hardenberg 1546 in Hardenbergs Handexemplar von Myconius' Herausgabe des Briefwechsels Oecolampadius-Zwinglis, *Ioannis Oecolampadii et Huldrichi Zvinglii epistolarum libri quatuor* etc., Basileae, 1536, in: BGK Emden, Theol fol 264. Zu ihm: *RGG* 4, 1230; *HDThG* 2, 202f.; Stupperich, *Reformatorenlexikon*, 153f.

[23] Nr.37, Hardenberg-Calvin, 24.3.1545, 48. Zu ihm: *ADB* 37, 154f.; *RE* 19, 159-162; *RGG* 6, 523; Stupperich, *Reformatorenlexikon*, 205f.; Burnett, *Simon Sulzer*.

[24] Anm.31. Zu ihm: Locher, *Zwinglische Reformation*, 584-602; Gäbler/Herkenrath, Hrsg., *Bullinger*; *TRE* 7, 375-387.

[25] Anm.31. Zu ihm: *RGG* 2, 1899f.; Stupperich, *Reformatorenlexikon*, 92; Rüetschi, *Gwalther*.

[26] Anm.31. Zu ihm: *ADB* 2,612; *RE* 3, 185-187; Egli, *Analecta* 2, 1-144; *LThK* 2, 416; *NDB* 2, 215; Pollet, *Bucer correspondance* 2, 309-334; *RGG* 1, 1251; Locher, *Zwinglische Reformation*, 606f.; Stupperich, *Reformatorenlexikon*, 37f.

[27] Anm.31. Zu ihm: Stupperich, *Reformatorenlexikon*, 164.

[28] Anm.31. Zu ihm: *ADB* 21, 176f.; *RE* 12, 501-503; *LThK* 7, 238; *RGG* 4, 828; Locher, *Zwinglische Reformation*, 580f.; Stupperich, *Reformatorenlexikon*, 141.

[29] Anm.31. Zu dem Grossmünsterstifts-Propst Frei oder Frey: *HBLS* 3, 246.

[30] Anm.31. Zu ihm: *ADB* 8, 105-107; *HBLS* 3, 338.

[31] Hardenberg-Bullinger, 6.8.1544, E in: Nr.20, Bullinger-Hardenberg, 5.9.1544; Bucer-Bullinger, 9.9.1544, O in: SA Zürich, E II 348, 442; thom Camp-Bullinger, 7.10.1544, O in: SA Zürich, E II 355, 108ʳ-109ᵛ; Nr.25, Gwalther-Hardenberg, 5.12.1544; Nr.29, Ministerium Clerici Zürich-Hardenberg, 14.3.1545; Nr.35, Hardenberg-Bullinger/Ministerium Clerici Zürich, 23.3.1545; Nr.36, ders.-Bullinger, 23.3.[1545]; Nr.38, ders.-Ministerium Clerici Zürich, 25.3.1545; Georg Cassander--Ministerium Clerici Zürich, 10.7.1545, O in: SA Zürich, E II 338, 1484b.

[32] Bullinger-Vadianus, 5.und 28.9.1544, in: Arbenz/Wartmann 6, 337f., 349; Vadianus-Blarer, 2.10.1544, in: Arbenz/Wartmann 7, 109f.; Nr.34, Hardenberg--Vadianus, 22.3.1545. Zu ihm: Stupperich, *Reformatorenlexikon*, 216-218.

Konstanz,[33] und via Memmingen, Augsburg, Ulm, Reutlingen[34] und Johann Hiltebrand in Tübingen[35] wieder zurück zu Bucer in Strassburg.[36] Besonders die Kontakte mit Ambrosius Blarer, Bullinger und Bucer—die in III.3.3 und III.4 weiter ausgeführt werden— wurden ihm wichtig.

In Bucers Hause (vom Juni bis zum 9. oder 10.September,[37] und vom 28.Oktober bis zum 3.November 1544)[38] arbeitete Hardenberg an der lateinischen Übersetzung[39] des *Einfaltigs bedenkens*, des Kölner Reformationsentwurfs: *Simplex deliberatio*,[40] und der Erwiderung Bucers von Groppers *Gegenberichtung*,[41] seiner *Bestendige Verantwortung*: *Constans defensio*.[42] In Bonn besorgte er 1545 die Drucklegung der

---

[33] Bucer-Blarer, 9.und 12.9.1544, in: Schiess 2, 289f., 291; Bullinger-Blarer, 28.9.1544, in: Schiess 2, 301; Vadianus-Blarer, 2.10.1544, in: Arbenz/Wartmann 7, 109f. (Schiess 2, 303); Blarer-Bullinger, 18.10.1544, in: Schiess 2, 311; Nr.21, 22 und 23, Hardenberg-Blarer, 28.und 29.10.1545 und [zw.7.u.19.].11.[1545]. Zu Ambrosius Blarer: *TRE* 6, 711-715; Stupperich, *Reformatorenlexikon*, 39f.

[34] Vadianus-Blarer, 2.10.1544, in: Arbenz/Wartmann 7, 110 (Schiess 2, 303); Blarer-Bullinger, 8.10.1544, in: Schiess 2, 304; Nr.21, s.vorige Anm.; Nr.34, Hardenberg-Vadianus, 22.3.1545, 408.

[35] Nr.21 und 22, Hardenberg-Blarer, 28.und 29.10.1544. Zu ihm: Schiess 1, 652 und wahrscheinlich Nr.5, [Hardenberg]-Dionisus NN, [1540?].

[36] Nr.21-23, Hardenberg-Blarer, 28., 29.10.1544 und [zw.7.u.19].11.[1544]; *infra* III.4.

[37] Bucer-Bullinger, 9.9.1544, O: SA Zürich, E II 348, 442[r]; ders.-Blarer, 9.9.1544, in: Schiess 2, 289f. Pollet, *Martin Bucer* 1, 265, Anm.14 datiert seine Abreise falsch auf 10.7.1544.

[38] Nr.21-23, s.*supra*, Anm.36; Bucer-von Wied, 3.11.1544, O in: AMS, AST 153/48, 135[r-v].

[39] Nr.16, Hardenberg-NN, Juli 1544: „Facile milito sub tanto duce (Bucerum dico)"; Nr.21, s.*supra*, Anm.36; Nr.30, ders.-Syburg, 15.3.1545, 684. Vgl.Bucer--Myconius, 20.9.1544, E: in Köhn, *Entwurf*, 63; Bucer-von Wied, 3.11.1544, s.vorige Anm.

[40] Für das *Bedenken* (vgl.Schlüter, *Publizistik*, Nr.25, vgl.161f.) s.*supra*, Anm.6. Ein Hardenberg durch von Wied 1547 geschenktes Exemplar der zweiten Auflage von 1544, mit der *Bestendigen Verantwortung* (1545) in einem Einband, in: BGK Emden, Theol fol 177. Die Übersetzung, HB 2, *Simplex deliberatio*, 1545: Stupperich, *Bibliographia Bucerana*, Nr.74c: *Nostra Hermanni ex gratia Dei Archiepiscopi Coloniensis, et Principis Electoris, et simplex ac pia deliberatio* etc., Bonnae, 1545; Schlüter, *a.a.O.*, Nr.104. Eine handschriftliche Übersetzung des Vorwortes (von Hardenberg?) mit stilistischen Korrekturen Bucers befindet sich nach Pollet, *Martin Bucer* 2, 41 im Fürstlich Wiedischen Archiv in Neuwied, Band 64-5-1, Nr.3.

[41] Lipgens, *Gropper*, 226, 137ff.; Schlüter, *Publizistik*, Nr.29.

[42] Stupperich, *Bibliographia Bucerana*, Nr.86: *Bestendige Verantwortung ()* des *Bedenckens vonn Christlicher Reformation* etc., [Bonn], 1545; Schlüter, *Publizistik*, Nr.66. Die Übersetzung, HB 50, *Constans defensio*, 1613: Stupperich, *a.a.O.*, Nr.86a: *Constans defensio () Deliberationis de Christiana Reformatione* etc., Genevae, 1613 (Nr.86b: Basileae, 1618). A Lasco (und nach seinem Vorgang u.a.Wagner, 18 und Drouven, *Reformation*, 169, 289, Anm.2) macht Hardenberg zum Mitautor der

Simplex deliberatio[43] und der *Verantwortung*,[44] gerade vor Anfang des bevorstehenden Wormser Reichstages im März, auf dem der Reformationshandel erledigt werden sollte.

2.3 *Bonn, 1544-1545; Worms, 1545*

Nur ungern erhielt Hardenberg—dem Hofleben und dem Treiben der Opposition abgeneigt[45]—seine unsichere Stellung bei von Wied auf dessen Wunsch aufrecht.[46] Er lehnte eine Superintendentur in Braunschweig ab (wegen des dortigen Lutheropapismus, März 1544);[47]

Verantwortung (mit der Bucer Anfang August 1544 noch beschäftigt war, Köhn, *Entwurf*, 63): Nr.17, a Lasco-Hardenberg, 26.7.1544, 577. Nach Bucer selber habe er das Werk aber „solus" geschrieben, s.: Bucer-Johann Kenkel, 31.1.1551, in: Timann, *Farrago*, 369 (Fragment), und in: Schweckendieck, 66, Anm.28 und Pollet, *Martin Bucer 2*, 198. Dass Hardenberg der Autor des Anhanges der *Bestendige Verantwortung*, 287-293: *Von der Beruffung Buceri zum Dienst des Heiligen Evangelij in dem Stifft Cöllen* sei—nach M.Deckers, *Hermann von Wied, Erzbischof und Kurfürst von Köln*, Köln, 1840, 115, zitiert von Spiegel, 57—lässt sich nicht verifizieren.

[43] Vgl.Schlüter, *Publizistik*, 90.

[44] Nr.26, Bucer-Hardenberg, 28.1.1545, 210f.; Nr.27, Bucer-Hardenberg, 21.2.1545; vgl. Schlüter, *Publizistik*, 94: „in aller Eile (), was die durch die dabei unterlaufenen vielen Druckfehler notwendig gewordene Korrektur des stehenden Satzes und die später beigegebene entschuldigende Vorrede des Druckers verständlich macht". Ein Exemplar mit Eigentumsvermerk Hardenbergs, durch ihn an Hermann Clüver (nicht „Cluvex", so Piel, *Bonner Buchdruck*, 83) geschenkt in: UB Bonn, Gg 65[rara] (1545); das Emdener Exemplar (s.Anm.40) fehlt in Schlüter, *a.a.O.*, 206.

Hardenbergs Übersetzung der *Verantwortung* war erst am 15.3.1545 (Nr.30, Hardenberg-Syburg, 15.3.1545) fertig und wurde erst 1613 gedruckt (s.Anm.42; vgl.Schlüter, *Publizistik*, 94; Köhn, *Entwurf*, 63), „angeblich aus dem Manuskripte des Verfassers", das ein „clarissimus quidam" dem Drucker zur Verfügung gestellt habe (Mentz, *Bibliographische Zusammenstellung*, Nr.66[a]; Piel, *Bonner Buchdruck*, 52, Anm.2). Handschriftliche Vorentwürfe Hardenbergs zu dieser Übersetzung in: BGK Emden, Fol 4. Eine handschriftliche (für die Ausgabe 1613 nicht benutzte) Übersetzung von Bucers Famulus Martin Brem in: CCC Cambridge, s.Hopf, *Bucer's letter*, 54. Eine handschriftliche (in einigen Passagen der Ausgabe 1613 *verbatim* identische) Übersetzung von Thomas Sampson: in einer Kopie von Groppers *Antididagma* in der Bodleian Library, s. Hopf, a.a.O.

[45] Nr.32, Hardenberg-Sextus a Donia, 19.3.1545.

[46] Nr.21-23, Hardenberg-Blarer, 28.und 29.10.1544 und [zw.7.u.19].11.[1544]. Lieber sah er a Lasco seine Stelle einnehmen, worum Bucer a Lasco demzufolge —vergebens—bat, Nr.17, a Lasco-Hardenberg, 26.7.1544, 575; Spiegel, 44f., 51-54.

[47] Nr.14 und 15, Melanchthon-Hardenberg, 25.3.[1544] u.[30.4.1544]; Nr.21, Hardenberg-Blarer, 28.10.1544; Bucer-von Wied, 3.11.1544, O in: AMS, AST 153/48, 135[r-v].

gleichfalls eine Stelle in Emden („jener allerelendsten Brutstätte alles Bösen, die so viele Ketzereien, Sekten und Schismen zählt wie Köpfe", Juli 1544);[48] eine Professur in Greifswald (ebenfalls wegen der Starrheit der Lehre, August 1544);[49] einen Ruf nach Konstanz (dem er gerne Folge geleistet hätte, Oktober 1544);[50] und ein Angebot des Münsteraner Bischofs (das er mit Widerwillen ausschlug, März 1545).[51]

Kaum aus Strassburg heimgekehrt, erwiderte er im Auftrag von Wieds[52] die Appellation des Kapitels an den Papst vom 9.Oktober 1544.[53] Das bedeutet, dass Hardenberg für den Autor gehalten werden soll entweder der *Responsio ad Appellationem praedictam; Una cum Confutatione, eiusdem Hermanni Archiepiscopi* ([Bonn?], 1544, nach dem 9.Oktober)[54]—aber das wäre unwahrscheinlich, falls die allerdings undatierte, zusammen mit der *Appellatio* gedruckte *Responsio* logischerweise kurz nach dem 9.Oktober veröffentlicht wurde, als Hardenberg noch verreist war—oder der *Protestatio et Apostolorum Responsio reverendissimi Archiepiscopi Coloniensis ad Appellationem Cleri et Universitatis* vom 18.November 1544 (Köln).[55]

Im Dezember 1544 reiste er nach Drenthe, darauf der Drohung des Brabanter Hofes wegen nach Emden, von wo er vor dem 9.März 1545 mit a Lasco nach Köln zurückkehrte.[56] Von Bucer angeregt,[57] unter-

---

[48] Nr.17, a Lasco-Hardenberg, 26.7.1544, 576; Nr.21, Hardenberg-Blarer, 28.10.1544: „illa malorum omnium calamitosissima Ierna qua tot sunt Hereses, sectae, schismata quot capita".

[49] Nr.18, Melanchthon-Hardenberg, [11.]8.[1544]; Bucer-Melanchthon, 9.9.1544, in: Linde, *Brief Bucer's an Melanchthon*, 314; ders.-von Wied, 3.11.1544, O in: AMS, AST 153/48, 135.

[50] Nr.21-23, Hardenberg-Blarer, 28.und 29.10.1544 und [zw.7.u.19].11.[1544].

[51] Nr.27, Bucer-Hardenberg, 21.2.1545; Nr.30, Hardenberg-Syburg, 15.3.1545; Nr.32, ders.-Sextus a Donia, 19.3.1545; vgl.Nr.29, Zürich-Hardenberg, 14.3.1545, 131[r]; Nr.31, a Lasco-Hardenberg, 18.3.1545.

[52] Nr.34, Hardenberg-Vadianus, 22.3.1545, 406f.; Nr.39, ders.-Pellikan, 25.3.[1545], 687.

[53] Schlüter, *Publizistik*, Nr.35.

[54] Schlüter, *Publizistik*, Nr.36, vgl.S.96 und (fehlerhaft) 97.

[55] HB 1, *Protestatio ad Appellationem*, 18.11.1544; Schlüter, *Publizistik*, Nr.53, vgl.S.96-99. Die Urheberschaft Hardenbergs bei dieser Schrift war bisher unbekannt. Vgl.zu den Appellationen: Varrentrapp, *von Wied*, 234f., 253-256; Schlüter, *a.a.O.*, 95-107.

[56] Bucer-von Wied, 3.11.1544, O in: AMS, AST 153/48, 135[r-v]; Nr.28, Hardenberg-Utenhove, 9.3.1545, 8; Nr.30, ders.-Syburg, 15.3.1545; Nr.32, ders.-Sextus a Donia, 19.3. 1545; Nr.33, ders.-Beatus Rhenanus, 22.3.1545; Nr.34, ders.-Vadianus, 22.3.1545, 406s.; Nr.39, ders.-Pellikan, 25.3.[1545], 687. Nr.187, ders.-Medmann, 8.8.1556, 147[v]-148[r]: in Köln sollten Hardenberg und a Lasco drei Monate das Schlafzimmer geteilt haben „et nullo non die contulimus".

stützte er von Wied auf dem Wormser Reichstag (ab März 1545).[58] Ob er dabei wieder schriftstellerisch tätig war, ist unbekannt.[59]

2.4 *Linz am Rhein, Kempen, Wesel, 1545-1546*

Im Zuge der Reformationsverbreitung wurde Hardenberg von dem Kurfürsten im Jahre 1545 als Prediger in Linz am Rhein und in Kempen angestellt.[60] Bekanntlich hatte von Wied mehrere evangelische Prediger herangezogen,[61] und diese erscheinen auch in Hardenbergs Briefwechsel, wie Johann Meinertzhagen,[62] Franz Bock[63] und Martin Faber[64] in Bonn, Erasmus Sarcerius in Andernach[65] und Johann Pistorius in Deutz.[66]

---

[57] Nr.27, Bucer-Hardenberg, 21.2.1545; Nr.40, ders.-dens., 17.4.1545; vgl.ders.-von Wied, 3.11.1544, s.vorige Anm.

[58] S.u.a.die in Anm.56 erwähnten Briefe ab Nr.30.

[59] Vgl.*Scriptum Reverendissimi D.Hermanni de Weda Archiepiscopi Coloniensis in Synodo publicatum anno MDXLV die xxiij Februarij*, vom Domkapitel veröffentlicht mit Antwort des Kapitels vom 25.Februar darauf (Köln, 1545) (Schlüter, *Publizistik*, Nr.67). Eine erneute Erwiderung der *Appellatio* vom 9.Oktober 1544 wurde nötig, als Karl V. im Juni 1545 die Appellation der Kölner offiziell annahm: die *Appellatio contra certos ex Capitulo Coloniensi* vom 10.Juli 1545 (Bonn, 1545) (Schlüter, *Publizistik*, Nr.75-77).

[60] Die einschlägige Literatur: Spiegel, 65-75; ders., *Zwei Bemerkungen*; Niepoth, *Evangelische*, 14-18; Peters, *von Rennenberg*, 113f.; Pollet, *Martin Bucer* 1, 187-191, 268f.; 2,143-150. Zur Reformation in Linz und Kempen: Forsthoff, *Kirchengeschichte* 1; van Laak, *Linz*, 43-46; Zeimet, *St.Katharinen*, 25; Müller-Diersfordt, *Calvinismus*.

[61] Forsthoff, *Kirchengeschichte* 1, 236-241; Mühlhaupt, *Kirchengeschichte*, 157f.; Pollet, *Martin Bucer* 1, 125.

[62] Nr.26, Bucer-Hardenberg, 28.1.1545; Nr.52, Bucer-Hardenberg, 10.4.1546.

[63] Nr.187, Hardenberg-Medmann, 8.8.1556, 137ᵛ, 159ʳ. Vgl.Hessels 2, 8, Anm.2; Pollet, *Martin Bucer* 2, 102, Anm.5.

[64] Nr.187, Hardenberg-Medmann, 8.8.1556, 137ᵛ-138ʳ, 139ʳ, 142ᵛ, 144ʳ-145ʳ, 147ʳ⁻ᵛ, 148ᵛ-149ᵛ, 152ᵛ-153ʳ, 159ʳ; vgl.Martin Faber-Johann Timann, 20.8.1556, A in: DSB Berlin, Ms. Boruss.fol.1165, 136f. und in SA Bremen, ad 2-T.1.c.2.b.2.c. 2.b (N°.2), 74ᵛ-75ʳ.

[65] Nr.121, Sarcerius-Hardenberg, 20.4.1551; Nr.147, Sarcerius-Hardenberg, 25.4.1553. Vgl. Nr.136, Chyträus-Hardenberg, 31.1.1552; Nr.205, Slungrave--Hardenberg, 25.1.1557; Nr. 251, Melanchthon-Hardenberg, 6.2.1559; Nr.256, ders.-dens., 29.5.1559; Nr.258, Hardenberg-Eber, 11.7.1559. Zu Sarcerius: Diesner, *Sarcerius*.

Vorsteher der lateinischen Schule in Andernach war seit 1543 Johann Cnipius Andronicus (Steitz, *Cnipius*), der ab 1550 in demselben Amt in Frankfurt am Main seitens Superintendenten Hartmann Beyer dasselbe Schicksal erlitt wie später in Bremen Hardenberg, „quo nemo unquam plures ad me scripsit literas" (Cnipius--Bullinger, 16.9.1560, O in: SA Zürich, E II 347, 724; vgl.Cnipius-Claus Bromm, 4.3.1557: „Nemo mortalium saepius et copiosius ad me scripsit quam ille", in: Steitz,

Hardenberg wurde entweder gleichzeitig in Linz und Kempen angestellt
oder zuerst in Linz und dann in Kempen, jedenfalls in Kempen nicht erst
im September.[67]
Schon vor Karfreitag 1545 war die Nachricht seiner Anstellung an den
aus Kempen gebürtigen Pastor zu Wormer (Holland), Martinus Kempen
Duncanus, gelangt.[68] Am 10.Juni 1545 gratulierte Bucer ihm zu „dieser
Stelle" (Linz oder Kempen).[69] Als Pfarrer in Linz ist Hardenberg erst ab
dem 15.Juni 1545 belegt,[70] als Pfarrer in Kempen ab dem 25.August
1545.[71]

Cnipius, 231). Hardenbergs Beziehung zu ihm stammte zweifellos aus seiner
rheinländischen Zeit.
[66] Nr.49, Bucer-Hardenberg u.[Poullain?], 22.12.1545. Aus dieser Zeit stammen
auch Hardenbergs Beziehungen zu Christoph von Oldenburg, Domherr des Kölner
Erzstiftes, sowie zu Bullingers Lehrer in Köln, Johann Caesarius (Nr.36, Hardenberg-
-Bullinger, 23.3.[1545]) und wahrscheinlich die zu Gerhard Westerburg, der im
Oktober 1545 in Bonn war (Steitz, *Westerburg*; *ADB* 42, 182; *ME* 4, 930f.):
s.Hardenbergs Inschriften in Euclides' *Elementa* (*supra*, I.1, Anm.88) und in einigen
Westerburg'schen Schriften in BGK Emden, Theol 4° 225; vgl.Kochs, *Bibliothek* 2,
43-46. Zu Westerburgs Besuchen bei Hardenberg in Kempen 1546 und Bremen 1548:
Nr.55, a Lasco-Hardenberg, 15.6.1546; Nr.57, ders.-dens., 30.9.1546; Nr.80,
Hardenberg-a Lasco, 12.8.1548. Steitz' Annahme (*Westerburg*, 215, aufgrund Simlers
Narratio de ortu, vita et obitu () Bullingeri, 1575, 21a), Hardenberg sei unmittelbar
vor Übernahme seines Pfarramtes in Kempen mit Westerburg (im Juli: Bullinger,
Diarium, 33q) nach Zürich gereist, lässt sich nicht nachweisen und beruht m.E. auf
einer Verwechslung Simlers mit Hardenbergs Züricher Aufenthalt im Jahre 1544.
Ob Hardenberg bei von Wied auch den Prediger Nikolaus Rollius (Forsthoff,
Kirchengeschichte 1, 313f.) kennengelernt hat, wie Goeters, *Abendmahlsstreit*, 120,
vgl.144, annimmt, kann ich nicht verifizieren. Ist der in Nr.303, Molanus-Hardenberg, 6.12.1560, 576 erwähnte Rollius mit ihm identisch?
[67] So Krafft, *Bullinger*, 130; ders., *Reformationsgeschichte*, 161; Forsthoff,
Kirchengeschichte, 236; Bax, *Protestantisme*, 62; Niepoth, *Evangelische*, 15; Pollet,
Martin Bucer 1, 188 (Anm.2: „1543" soll ein Druckfehler sein).
[68] Martinus Kempen Duncanus-Theodoricus Huijskens, die exaltationis filij crucis
1545, A in: BSB München, Clm 10351, n.39, 173[v]: „Accepistis, intellexi ex Louanio
() novum pastorem ab archiepiscopo vestro, qui vocari doctor phrisius, quem
Universitas Louaniensis non ita multis adhuc annis ob haeresim captivum habuit, et
coëgit fidem recantare. Is nunc ad ingenium redijt, et caecus caecorum fid[elium] est
dux scilicet". Vgl.ders.-Joannus Wimmarius, 14.9.1545, A in: BSB München, Clm
10351, n.39, 173[r-v]. Zu Duncanus (1506-1590): Krafft, *Reformationsgeschichte*, 161.
[69] Nr.42, Bucer-Hardenberg, 10.6.1545.
[70] LHA Koblenz, F.A.213, Repertorium des Pfarrarchivs Linz, Nr.251.
Vgl.Nr.43, a Lasco-Hardenberg, 7.7.1545, 593: „Aen Alb.Hardenberg. Te Lyns drie
uren boven Bonn".
[71] Nr.45, Hardenberg-NN (Priester einer Tochterkirche der Kempener Pfarrkirche), 25.8.[1545]: „Princeps Elector Archiepiscopus Coloniensis, clementissimus
dominus noster dedit mihi ecclesiae Kempinensis curam et proventum". Medmann
berichtete Bucer das Eintreffen Hardenbergs in Kempen (22.1.1546, P in: Pollet,

In Linz, wo ein Bruder oder Neffe von von Wied Pfandherr war und
1544 ein Niclas van Bergh und ein Heinrich Kruys als Pastor arbeite-
ten,[72] war Hardenbergs Arbeit nur von kurzer Dauer. Schon im
November 1545 sah Hardenberg sich nach einem Nachfolger um,[73]
womit er wenn auch nicht auf der Stelle,[74] so doch anscheinend innerhalb
eines Jahres Erfolg hatte, so dass er sich spätestens ab November 1546
völlig seinem Amt in Kempen widmen konnte.[75]

Wenn Bucers Glückwunsch vom 10.Juni 1545 sich auf die Anstellung
in Linz bezieht, wie wir annehmen, brachte die Arbeit ihm dort von
Anfang an wenig Freude, zudem ordentlichen Widerstand ein. Bucer
mahnte damals seinen Freund, die Niedrigkeit der Stelle nicht zu
verachten („Du weisst, wo der Sohn Gottes geboren und aufgezogen
ist"), die Undankbarkeit der Menschen zu ertragen, und nicht anmassend
auf Besoldung zu drängen.[76] Bald darauf wurden Bedenken gegen
Hardenbergs Vorgehen angemeldet.[77] Fraglos bezogen die sich auf die
Abschaffung des Messopfers, der Heiligenverehrung und Bilder-
anbetung,[78] die er gründlich durchgeführt haben soll. Bucer jedenfalls,
der ihm Rückhalt gab,[79] lobte ihn wegen seiner Kühnheit: „Ich schätze
Deinen frommen Wagemut; es gibt mehr Bilder als genug".[80] Ist
Hardenberg als Bilderstürmer tätig gewesen?[81] Der Kaiser klagte in

---

Martin Bucer 2, 139-142), als dieser schon monatelang darüber informiert war (Nr.46,
Bucer-Hardenberg, 4.11.1545; Nr.47, ders.-dens., 27.11.1545).

[72] Van Laak, *Linz*, 41; Pollet, *Martin Bucer* 1, 188, Anm.2; 2, 102. Vgl.Bucer-
-Philipp von Hessen, 24.3 und 5.4.1543, in: Lenz 2, 135, 142; Hedio-Matthias Erb,
20.11.1543, in: Krafft, *Briefe und Documente*, 93.

[73] Nr.47, Bucer-Hardenberg, 27.11.1545.

[74] Hardenberg ist unter Nr.254 des Repertoriums des Pfarrarchivs Linz (LHA
Koblenz, F.A. 213) noch zum 14.Dezember 1545 als Pfarrer in Linz belegt.

[75] Nr.58, Hardenberg-Theodor von Buchell, 26.11.[1546]: „Valde sollicitum me
tenet Ecclesia Lyncensis in qua etsi facile careatur nunc mea persona, et parum etiam
grati quidam reperiuntur fidelissimis meis laboribus (quod te audivisse statuo), tamen
ego (pro officio meo) non desinam de illa esse solicitus"; vgl.Spiegel, 72.

[76] Nr.42, Bucer-Hardenberg, 10.6.1545.

[77] Nr.47, Bucer-Hardenberg, 27.11.1545.

[78] Martin Kempen Duncanus-Theodor Huijskens, Karfreitag 1545, 174[r] (s.*supra*,
Anm.68), in der Annahme, dass der Adressat in Linz lebte.

[79] Nr.42 und 46 bis 49, Bucer-Hardenberg, 10.6, 4.und 27.11, 4.und 22.12.1545.

[80] Nr.42, Bucer-Hardenberg, 10.6.1545.

[81] So E.Kochs, der die Emdener Abschrift herstellte (BGK Emden, Hs fol 37,
Nr.19) in bezug auf Kempen. Vgl.Seckendorf, *Commentarius*, 554 (über das
Kolloquium zwischen Karl V. und von Wied in Köln, 15.8.1545): „(Caesar) objecit
tamen, quae Lincii et Campenae per tumultum in destruendis imaginibus gesta erant,
inscio licet Hermanno"; vgl.Pollet, *Martin Bucer* 1, 191, Anm.1. Van Laak, *Linz*, 43:
„Damals mögen die Bildenstürmer ihre Wut an der Grablegungsgruppe in der

seinem Kolloquium mit von Wied in Köln am 15.August 1545, „es wheren mitler weil zu Linss und Kempten die heiligen ausgeworfen, das gemehl ausgethan, der Pastor zu Lins wider Kaisserliche process und andere mehr Jrer pfarkirchen endsetzt, die alten Ceremonien, auch angbeutung der sacramenten geendert etc.".[82] Die Beanstandungen der Linzer Bevölkerung, ihre fürchterlichen Klatschgeschichten[83] und sein Abschied konnten Hardenberg dennoch nicht davon abhalten, die Gemeinde ein Jahr darauf im November 1546 von Kempen her visitieren zu wollen—hätte nicht das Übermass an Arbeit wegen einer Krankheit seines Kempener Kollegen Vollebier ihn daran gehindert.[84]

In Kempen, wo sich Wilhelm von Rennenberg als Amtmann (1540- -9.1.1546) stetig um die Reformation bemühte[85] und wo seit 1543 auf Verlangen des evangelischen Teiles der Bürgerschaft[86] und auf Drängen Bucers[87] ein evangelischer Pfarrer eingestellt war namens Dietrich Vollebier,[88] war Hardenbergs Auftreten gekennzeichnet von einer ähnlichen Gründlichkeit wie in Linz—wie schon die angeführte Be- schwerde Karls V. zeigt—und es erregte ähnliche Bedenken.[89] „Zu meinem schmerzlichen Bedauern habe ich gehört, dass Ihre Bürgerschaft

---

Pfarrkirche ausgelassen haben".

[82] *Summari erczelung, was mein gnedigster her Churfurst und ertzbischof zu Collen* etc., 15.8.1545, in: Pollet, *Martin Bucer* 2, 133. Vgl.ders., *a.a.O.*, 1,191, Anm.1; Zeimet, *St. Katharinen*, 25.

[83] Nr.58, Hardenberg-von Buchell, 26.11.[1546].

[84] Idem; vgl.Spiegel, 72; Pollet, *Martin Bucer*, 1, 190. 1556 suchten die Bewohner von Linz jedoch mit ihren Beschwerden bei Hardenberg Zuflucht (Nr.187, Harden- berg-Medmann, 8.8.1556, 139ᵛ; Spiegel, 75), möglicherweise weil Linz, wo 1550 die Wied'sche Verwaltung verschwand, infolge des Augsburger Religionsfrieden 1555 vergeblich religiöse Selbstbestimmung forderte (vgl.van Laak, *Linz*, 46).

[85] Niepoth, *Evangelische*, 11-16; Peters, *von Rennenberg*; (nicht herangezogen von) Pollet, *Martin Bucer* 2, 105, Anm.2.

[86] Die evangelisch gesinnten Bürger Kempens-von Wied, Ende 1542/Anfang 1543, Ü in: Krafft, *Briefe Melanthons*, 43f. Vgl.Niepoth, *Evangelische*, 12f.

[87] Bucer-von Buchell, 4.4.1543, in: Pollet, *Martin Bucer* 2, 64f.

[88] Klerus und Universität von Köln-Antoine de Granvelle, [Anfang.12.1544], in: Pollet, *Martin Bucer* 2, 102; Krafft, *Reformationsgeschichte*, 163-165; Niepoth, *Evangelische*, 13.

[89] Vgl. Karl V.-von Rennenberg, 13.8.1545, in: Schlüter, *Publizistik*, 327f.; auch: Bucer-Philipp von Hessen, 10.10.1545: „Mein guter herr von Cöllen hat ein stat, grenzet mit Gellern, Kempen genandt, dahin die leut mit thausenten auss Gellern gelaufen, der keiser aber hat's abgestaldt bei den seinen und den gubernator auss Gellern mit dem von Naves zun bischove geschickt und abermal hefftig umb abschaffung des h.Evangeli angehalten und sonderlich klagt, das des orts etlich götzen sind abgethon.", in: Lenz 2, 378. Befremdlich ist die Ansicht von Niepoth, *Evangelische*, 16: „Hardenberg hat mit Milde und Entgegenkommen gewirkt".

durch diese neuen Gebräuche und einige neue Glaubensregeln täglich mehr bedrängt wird", so meinte Martinus Kempen Duncanus,[90] der die Kempener (?) Einwohner Theodor Huijskens, Johann Wimmarius, Gerard Simons und Peter Hutter vor Hardenberg warnte.[91] Hardenberg gab nicht nach. Er nahm sich vor, Martinus Duncanus gerichtlich verfolgen zu lassen.[92] Einem säumigen Pastor versicherte er, dass die Hoffnung, dass sein Kempener Aufenthalt nur kurz sei, eitel sei,[93] trotz „jener Windbeutel, die überall herum toben".[94]

Hardenbergs Arbeit blieb zunächst nicht ohne Erfolg. Zu Tausenden liefen die Leute aus Geldern nach Kempen.[95] „Alle preisen den Erfolg und die wunderbare Frucht deiner Evangelisation", meldete ihm Bucer,[96] der dankbar einen „von Saulus zu Paulus gewordenen" Kempener aufführte, dem Latomus das Konkubinat gestattet haben sollte: „Gepriesen sei der Herr in Ewigkeit, dass er Dich als sein treffliches Werkzeug so segensreich gebraucht".[97] Besonders von den stillen Täufern gewann Hardenberg durch mündliche und schriftliche Überredung eine ansehnliche Zahl zurück;[98] in III.3.2.3. schenken wir diesem Umstand mehr Beachtung.

Hardenbergs Zuständigkeitsbereich beschränkte sich anfänglich nicht auf Kempen. Vielleicht auf Veranlassung seines ehemaligen Famulus Cavonius, der sich als Schullehrer von Linz aus in Wesel niedergelassen hatte,[99] ergriff Hardenberg im November 1545 die Initiative zur Arbitrage im Konflikt zwischen den wallonischen Flüchtlingen und den lutherischen Autochthonen in Wesel hinsichtlich des dort üblichen Gebrauchs von Messgewändern bei der Abendmahlsfeier.[100]

---

[90] Martin Kempen Duncanus-Joannus Wimmarius, 14.9.1545, A in: BSB München, Clm 10351, n.39, 173[r].

[91] Idem, 173[r-v]; ders.-Theodoricus Huijskens, Karfreitag 1545, A in: BSB München, Clm 10351, n.39, 174[v].

[92] Urschriftliche Unterschrift Hardenbergs unter den in voriger Anm. erwähnten Briefen, 174[v].

[93] Nr.45, Hardenberg-NN, 25.8.[1545]; vgl.Spiegel, 65.

[94] Nr.46, Bucer-Hardenberg, 4.11.1545.

[95] Bucer-Philipp von Hessen, 10.10.1545, in: Lenz 2, 378, s.*supra*, Anm.89.

[96] Nr.46, Bucer-Hardenberg, 4.11.1545.

[97] Nr.47, Bucer-Hardenberg, 27.11.1545.

[98] Idem; Nr.58, Hardenberg-von Buchell, 26.11.[1546].

[99] S.*supra*, I.1, Anm.45.

[100] Nr.47, Bucer-Hardenberg, 27.11.1545. Zu diesem Konflikt: Wolters, *Wesel*, 107-112; Bauer, *Poullain*, 71-74; Forsthoff, *Kirchengeschichte* 1, 397-413; Schilling, *Exulanten*, 88 und die in Pollet, *Martin Bucer* 1, 72, Anm.9 erwähnte Literatur.

Bucer, der vergebens den Superintendenten Nicolaus Buscoducensis zu Menschlichkeit und die Wallonen zu Kompromissbereitschaft und Gehorsam gegen den Rat[101] gemahnt hatte, begrüsste Hardenbergs Initiative freudig; er beanstandete die spiritualisierende Abendmahlsauffassung einiger Wallonen und lobte Hardenbergs Wahrung der „Einfalt in der Abendmahlslehre unter den Brüdern".[102] Am 4.Dezember sandte Bucer Calvins Nachfolger in der Strassburger französischen Fremdlingsgemeinde, Valérand Poullain, mit einem Empfehlungsschreiben zu Hardenberg mit der Bitte, mit ihm zusammenzuwirken; am 22.Dezember holte er diesbezüglich Auskunft bei Hardenberg ein.[103] Möglicherweise lässt sich auf diese Periode der Abendmahlsbrief datieren, den Hardenberg von Calvin empfing, welcher ebensosehr wie Bucer mit der Weseler Sache zu tun hatte.[104] Am 10.April 1546 erinnerte Bucer Hardenberg ausführlich an seine Abendmahlslehre gegenüber den „Spitzfindigkeiten der Züricher" wegen „eines Gerüchtes, dass der Satan aufs neue Verwirrung in Euren Kirchen stiften soll"[105] —entweder in Wesel oder in Kempen.

Zwinglischer Einfluss lässt sich in Kempen jedoch nicht aufdecken. Vielmehr war hier gegen den zähen Katholizismus der Ortsgeistlichkeit Front zu machen.

Zwei Briefe von Hardenberg aus dem Jahre 1546 an Hermann von Wied und seinen Sekretär Theodor von Buchell[106] verschaffen einen

---

[101] Zu der staatsrechtlichen Dimension der konfessionellen Bindung der Wallonen, s.Forsthoff, *Kirchengeschichte* 1, 403-407; Schilling, *Exulanten*, 89, Anm.33.

[102] Nr.47, Bucer-Hardenberg, 27.11.1545: „Quod de Wesaliensibus cogitas, te vehementer rogo, ne praetermittas. Valde enim metuo inde aliquod grave offendiculum. Dominus N. dicitur esse satis durus: fratres Galli autem nimis lenes et contentiosi. Scripseramus ad illos, ut galli fratres contenti S.Coenam in sua lingua peragere non gravarentur ornatu illo uti, quo reliqua Ecclesia illic uteretur, siquidem ita Senatus posceret. D.N. rogaveramus, ut humanius tractaret infirmos. Nemo nobis respondit. Inter Gallos sunt quidam malis occupati opinionibus et qui Coenam plane contemnant nec de ea credant, quae professi sunt. Quod quale piaculum sit utinam considerarent. Sancta et salutaris est haec tua cogitatio illo ut proficiscaris. Et valde me recreavit, quod simplicitatem illam de Eucharistia tueris inter fratres. Nihil profecto tutius et utilius Ecclesiis facere possumus hac in re". Pollet, *Martin Bucer* 1, 269 spricht zu Unrecht Bucer die Initiative zur Arbitrage zu.

[103] Nr.48, Bucer-Hardenberg, 4.12.1545; Nr.49, ders.-dens. und [Poullain?], 22.12.1545. Zu Poullain: s.*supra*, I.1, Anm.54.

[104] Nr.50, Calvin-Hardenberg, [1545?]; vgl.Bauer, *Poullain*, 73f.; Neuser, *Wesel*.

[105] Nr.52, Bucer-Hardenberg, 10.4.1546.

[106] Nr.56, Hardenberg-von Wied, [27.7 oder bald darauf].1546; Nr.58, ders.-von Buchell, 26.11.[1546].

guten Einblick in das verzwickte „simultaneum" (Pollet)[107] der beiden Konfessionen. Die Briefe sind von der einschlägigen Literatur schon bearbeitet.[108]

Kurz, obwohl letztlich die Mehrheit seiner Leitung folgte, traten manche Priester und einige Mitglieder des Rates mit ihrem, „sei es durch Gewalt, Täuschung oder ihre Autorität" erschlichenen Anhang Hardenberg hindernd in den Weg.[109] Sie wahrten den altgläubigen Kultus, hielten das „unglückliche Volk im Irrtum",[110] zahlten ihm seine Gebühren nicht[111] und verklagten ihn beim Erzbischof wegen Verachtung der Sakramente.[112] Die Untersagung der Beichte bereitete Hardenberg von Seiten einiger Frauen und eines Ratsmitglieds fast den Tod.[113] Besonders schwer fiel ihm die Immoralität der Priester und der von ihnen und dem Pastor zu St.Tönis-in-der-Gagelfläche[114] zugelassenen Mönche, die sogar von höherer Stelle beschirmt wurden: „Hierdurch kommt es, dass das gesamte Gebiet fürchterlich den leichten Mädchen nachläuft, Ehebruch treibt und im Überfluss schwelgt".[115]

Hardenberg, der von Wied anflehte, die Kirche nach der am 1.Juli 1546 in Kempen erlassenen Kempener Kirchenordnung leiten zu dürfen,[116] litt darunter, dass der Kurfürst nicht energischer einschritt,[117]

---

[107] Pollet, *Martin Bucer* 1, 189: „Véritable imbroglio".

[108] Spiegel, 66f., 69-73; Niepoth, *Evangelische*, 16f.; Pollet, *Martin Bucer* 1, 188-190.

[109] Nr.58, Hardenberg-von Buchell, 26.11.[1546].

[110] Nr.56, Hardenberg-von Wied, [27.7 oder bald darauf].1546. Ein treffendes Beispiel des Aberglaubens (die Ausschwitzung des Taufwassers im Todeskampfe als Zeichen der Verdammung) in: Nr.59, [Hardenberg]-[von Wied?], [1546?]; vgl. Spiegel, 67f.

[111] Nr.45, Hardenberg-NN, 25.8.[1545]; Nr.56, s.vorige Anm.

[112] Nr.56, s.vorvorige Anm.

[113] Bucer-Philipp von Hessen, 12.5.1546: „Diese fasten haben dorffen etliche frembde barfüssermönch zu Cempen—ist die underste stadt des stiffts—offentlich beicht hören wider des ordentlichen pfarrers willen, und da sie der auss der kirchen gefürt, haben etliche weiber, und under denen ein rathherre, den frommen pfarrer, der ein trefflich gelerter doctor ist und gantz gottseliger man, dorffen zu boden reissen, schlahen, rauffen und tretten, das er kaum mit dem leben ist darvon komen. Das befulcht man dem herren: das wol des doctors halben recht ist, die oberkeit aber tregt das schwerdt von Gottes wegen und nit vergeblich.", in: Lenz 2, 433 und Pollet, *Martin Bucer* 1, 190, Anm.1.

[114] Zillesen, *Rundfragen* 2, in: *MRhKG* 4, 1910, 256.

[115] Nr.58, Hardenberg-von Buchell, 26.11.[1546].

[116] Nr.56, Hardenberg-von Wied, [27.7 oder bald darauf].1546. Die Ordnung in Krafft, *Reformationsgeschichte*, 154-160; vgl.ders., *Reformationsordnung von Kaiserswerth*, 101, 103. Nach Forsthoff, *Kirchengeschichte* 1, 236, machte diese Reformationsordnung Hardenberg zum alleinigen Pfarrherrn und ordnete ihm das

und dass ihm keine Strafe gestattet wurde gegen die Übertreter des Dekretes, die sich doch des Ungehorsams gegen die Behörden schuldig machten. „Du weisst, dass es nicht genügt", so klagte er dem Sekretär des Kurfürsten seine Lage, „das Wort zu verkündigen ohne die Übeltäter auch tatsächlich zu strafen, damit die anderen, die die Liebe nicht haben wollen, Furcht haben. Lass es für den Bischof in seiner Eigenschaft als Hirte genügen, mit dem Wort zu unterrichten, zu mahnen, zu tadeln, zu strafen,—aber wo bleibt bei ihm die Aufgabe des Magistrates, wo die eines Führers, wo die eines Fürsten, der eingesetzt ist zur Furcht der Missetäter?". Würde der Kurfürst nur eine Untersuchung nach Ungehorsam einleiten, den Dissidenten Mass und Ziel setzen, oder eine Synode einberufen, so würde Hardenberg innerhalb einiger Monate das ganze Hoheitsgebiet gewinnen. Falls nicht, so müsste die Reformation scheitern.[118]

So kam es dann auch. Schon bevor von Wied am 25.Januar 1547 abdankte—Ende 1546[119]—schied Hardenberg aus, von den Löwener Inquisitoren beim Kaiser verklagt und von Karls V. Statthalter in Geldern, Philipp von Lalaing, bedrängt.[120] Angeblich wurde er von von Wieds Nachfolger Adolf von Schaumburg verjagt.[121] Heinrich Winhemius folgte ihm als Pfarrer nach.[122]

---

gesamte Kirchenwesen der Stadt unter. Nach Johann Cnipius(-Claus Bromm, 4.3.1557, in: Steitz, *Cnipius*, 231) war Hardenberg „Superintendens in Archiepiscopatu Coloniensi".

[117] Nr.58, Hardenberg-von Buchell, 26.11.[1546]: „Oro autem te ut haec oportuno tempore principi optimo modo communices, horterisque ne propter favorem aut timorem alicuius nimium diu deliberet. Oportet nos quam primum in offitio nostro progredi: tunc demum Deus nos ab adversariis liberos faciet. Alioqui futurum forte ut illos ipsos nos puniat in quorum gratiam nos restitimus in media via. () Adeo () scribo, ut meo nomine respondeas principi. Sepe rogavi et monui, video autem parum fuisse successum".

[118] Nr.58, s. vorige Anm. Das Zitat: „Scis non esse satis si verbum predicetur nisi in rebelles animadversio fiat ut ceteri habeant timorem qui nolunt amorem [vgl.1.Tim 5,20]. Sit sane satis Episcopo (ut pastori) si doceat moneat increpet et arguat verbo [vgl.2.Tim 4,16], sed ubi illic persona magistratus? ubi Ducis? ubi principis qui positus est ad timorem malorum? [vgl.Röm 13,4; 1.Petr 2,14]".

[119] Crome, *Einbeck*; 10; Ebertrein, *Correspondent*; Rotermund, *Lexikon* 1, 158 und eine Mitteilung des Stadtarchivars der Stadt Einbeck, Dr.E.Plümer, vom 3.10.1984.

[120] Medmann-Bullinger, 4.2.1547, in: Pollet, *Martin Bucer* 2, 179f.; vgl.a.a.O., 174, Anm.4.

[121] Wilmius, *Chronicon*, 62.

[122] Wilmius, *Chronicon*, 61f.; Zillesen, *Kleine Mitteilungen*, in: MRhKG 4, 1910, 251; Niepoth, *Evangelische*, 18.

2.5 *Einbeck, 1546-1547*

Zwischen dem 3. und 15.Mai 1547 treffen wir Hardenberg in Braunschweig im Gespräch mit den sich vor dem Schmalkaldischen Krieg
dahin zurückgezogenen Melanchthon und Georg Major an.[123] Zwischenzeitlich soll er als Prediger an der Marktkirche St.Jacobi in Einbeck tätig
gewesen sein, soll aber diese Stelle (mehr oder weniger freiwillig)
verlassen haben wegen einer Meinungsverschiedenheit mit seinem
Kollegen Dietrich und des Zwinglianismus in der Abendmahlslehre
beschuldigt.[124]

Nachdem er ein Angebot, sich für die Reformation in England zur
Verfügung zu stellen, ausgeschlagen hatte,[125] schloss Hardenberg sich als
Feldprediger dem Heer Christophs von Oldenburg an, den er 1545 in
Köln kennengelernt hatte.[126] Zusammen mit Albrecht von Mansfeld
befehligte der Graf ein Ersatzheer des Schmalkaldischen Bundes zur
Entsetzung der durch die kaiserlichen Truppen belagerten Stadt
Bremen.[127]

In der Schlacht bei Drakenburg am 23.Mai 1547 verwundet, zog
Hardenberg mit dem siegreichen Heer in Bremen ein, wo er vom
Domkapitel auf Vorschlag des Seniors Christoph von Oldenburg zum
ersten evangelischen Domprediger erwählt wurde.[128] Er willigte ein,

---

[123] Nr.63, a Lasco-Hardenberg, 7.6.1547; *CR* 6, 534-538; vgl.Spiegel, 77.

[124] Crome, *Einbeck*, 10 u. 29, ein Schulbuch der Rathsschule in Einbeck zitierend:
„Infelici fato, Lutheranis hisce luminibus sublatis Albertus quidam Hardenbergius
(Doct.a.T.) Zwinglicans, non pure Ecclesiae huic verbum Dei proponavit; ideoque
(cum consentire nollet cum reliquis Ministerii membris ()) anno sequente vid.1547
urbe sive egressus, sive ejectus est"; zitierend aus der *Commonefactione M.Georgii
Fathschildi*: „Tristes hinc passa est cineres Einbeca, diuque adversae fortis tristia fata
tulit. Hinc Hardenbergium, qui Zwinglica vanus amabat, ejecit templo, () et urbe
sua"; Ebertrein, *Correspondent*; Nr.79, Hardenberg-a Lasco, 12.8.1548: „volui ()
hos (sc.in Bremen) non scire quod Embecae mihi fuisset controversia de ea re".
Vgl.Spiegel, 76. Nicht erwähnt in Hamelmann, *Opera genealogico-historica*, pars 2,
Historiae Ecclesiasticae renati Evangelii in Urbe Eimbeccensi, 914-919.

[125] Van Schelven, *Vluchtelingenkerken*, 59; ders., *Hardenberg*, 1024; ders.,
Kerkeraads-Protocollen, 281.

[126] S.*supra*, Anm.66. Vgl.Spiegel, 79; Storkebaum, *Christoph von Oldenburg*,
184; Engelhardt, *Irrlehreprozess*, 18. Beschreibung seiner Rüstung in Nr.101,
Hardenberg-Henricus [Buscoducensis?], 4.1549.

[127] Storkebaum, *Christoph von Oldenburg*, 91-111.

[128] Nr.212, Hardenberg-Domkapitel, 18.2.1557, 2f.; HB 34, *Notitiae*, [nach
30.10.1560], 20ʳ; HB 36, *De controversia*, [gegen 25.11.1560], 704; HB 46,
Summarischer Bericht, 22.3.1566, 860; Spiegel, 79, 86-89; Storkebaum, *Christoph
von Oldenburg*, 107-111. Zu Drakenburg: von Bippen, *Drakenburg*; von Bothmer,
Drakenburg. Zu der im späteren Abendmahlsstreit wichtigen Frage nach der

obwohl der streng lutherische Albrecht von Mansfeld seiner Anstellung beim Bremer Rat entgegenzuwirken gesucht haben soll,[129] und ihm am 7.Juni seitens Gräfin Anna die Superintendentur in Ostfriesland angeboten wurde.[130]

Beteiligung des Rates bei Hardenbergs Einsetzung: Wagner, 27-31; Rottländer, 8-10; Engelhardt, *Irrlehreprozess*, bes.50-54.

[129] Rottländer, 9.

[130] Nr.63, a Lasco-Hardenberg, 7.6.1547; Spiegel, 87.

KAPITEL 3

BREMEN, 1547-1561

3.1 *Erste Treffen, 1547-Januar 1548*

Im Bremer Pfarrerkreis, wo die Reformatoren der ersten Stunde, Superintendent Jakob Probst und Johann Timann, Luthers Erbe bewahren wollten,[1] ergaben sich innerhalb eines Jahres Unstimmigkeiten, die das eigenständige theologische Anliegen Hardenbergs ans Licht brachten. Neid[2] gegen den neuen, erfolgreichen, volksverbundenen Kanzelredner[3] und Argwohn wegen Hardenbergs Einbecker Debakels und seiner Freundschaft mit den Schweizern und insbesondere mit a Lasco im benachbarten Emden mögen dazu beigetragen haben.[4]

Die Uneinigkeit entbrannte an der Frage nach der entweder medialen (so Hardenberg) oder kausalen Funktion (so Timann) des Glaubens in der Justifikation.[5] Das Feuer wurde angefacht, als Hardenberg es in einem Tischgespräch wagte, ein Augustinzitat auf Sokrates zurückzuführen,

---

[1] Zu der Reformation in Bremen: *TRE* 7, 156-159 (O.Rudloff, Art.*Bremen*) und die dort angeführte Literatur auf 165-168; ausserdem: Rudloff, *Bonae litterae*.

[2] *De controversia*, 704f.; Nr.66, Hardenberg-Johann Selst, [1547]: „Deinde te oro te aut illum (scil.Timann) aut me graves talibus comparationibus quales ex te nuper auditae sunt, quae etiam tibi possunt nocivae esse (). Quid ego et illi studioso et bono viro quid tibi et aliis omnibus non permitto? Memini diem quo et mihi Biblia erant longe magis familiaria, et possim adhuc per gratiam dei illis uti si addam magnam diligentiam. Quid mihi derogat quod ipse centuplo me sit doctior. Utinam omnes auditores nostri me sint doctiores, non modo praedicatores. Hec scribo quod quaedam de verbis tuis in conniviis liberis prolatis audiverim, quae quidem me non offendunt sed alios quosdam".

[3] Heshusius, *Das Jesu Christi warer Leib*, E4ᵃ; Kenkel, *Kurtze, klare und warhafftige Histori*, A4ᵃ; Salig, *Vollständige Historie* 3, 720; Barton, *Umsturz*, 69.

[4] *De controversia*, 705 (bezüglich eines Vorfalls im Jahre 1547): „her Johan () reep aver dyssch, hoert leven ffrunde, horet nu selver Dit isset dat ick Iu nu *langhe tyt* gesecht hebbe dat dees eyn ertz swermer und swinglianer iss".

[5] *De controversia*, 705: „ter tyt dat wy tho her Herbardss huyss tho der Collation quemen, daer disputeerden se met my van der Justification und den geloven und seden, de geloven make unss rechtverdech durch sick selvest umme datter soe eyne duegede [= Tugend] in unss iss. Ick antworde Neen, averst umme dat he uns Christum tho voeret, de allene unse gerechticheit iss, soe wy den durch den geloven ontfangen". Vgl.Spiegel, 122.

weswegen ihn Timann der Sympathie für Zwinglis Lehre der Gottes-
erkenntnis und der Seligkeit erwählter Heiden verdächtigte.[6] Eine am
nächsten Tage von Hardenberg abgefasste Pazifikation war eher eine
Bestätigung als eine Entkräftung dieser Bezichtigung.[7] Der durch
Hardenberg zur Ordnung gerufene Kollege Johann Selst kam einer
Anklage beim Rat zuvor.[8]

Der Streit kam zum Ausbruch, als Hardenberg—seinem Auftrag, am
Mittwochmittag eine lateinische Lektion auf dem Kapitelhause zu halten,
gemäss[9]—im Januar 1548 bei der Erklärung des Römerbriefes zu Röm
4,11 einen Unterschied zwischen den alten und neuen Sakramenten und
zwischen dem sakramentalen Essen in Joh 6 und den übrigen Evangelien
machte.[10] Von den anderen Predigern beim Rat verklagt und von diesem
aufgefordert, den vier Bürgermeistern sein Abendmahlsbekenntnis
einzureichen, stellte Hardenberg am 14.Januar seine *Sententia* auf, in der
er „den ganzen Christus, Gott und Mensch, mit all seinen Gütern" als
Inhalt und Wesen („materia et substantia") des Abendmahls bezeichnete.[11] Auf Anraten des Bürgermeisters Dietrich Vasmer sandte er das
Bekenntnis zur Approbation an Melanchthon.[12] Dieser billigte es, mit der
Bemerkung, es sei „massvoll und gottesfürchtig" geschrieben, „und
wünsche, die andern übten Sanftmut beim Urteilen und erregten keinen
Streit".[13] Der Rat war zufrieden,[14] sogar Timann unterschrieb[15] und
Hardenberg sah von seinem Vorhaben, Bremen zu verlassen, ab.[16]
„Noch vermochte ein Wort Melanchthons einen Streit zu beenden".[17]

Doch war das Feuer nicht gelöscht, sondern schwelte im Untergrund.[18]
Es flackerte auf, als Hardenberg Joh.6 auslegte,[19] und immer wieder,

---

[6] *De controversia*, 705f.; Kenkel, s.Anm.3, A4[b]. Die Szene bei Klose, *Probst*,
297; Wilkens, *Kirchengeschichte*, 47f.; Spiegel, 122f.

[7] Nr.67, Hardenberg-[Timann], [1547]; vgl.(anders) Spiegel, 123-125. S.hierzu:
infra, II.3.3 und III.3.3.2.1.

[8] *De controversia*, 706; Nr.66, Hardenberg-Johann Selst, [1547].

[9] Wagner, 32. Vgl.HB 34, *Notitiae*, [nach 30.10.1560], 22[r-v].

[10] Nr.196, Hardenberg-Domkapitel, 9.11.1556, 24[r-v]; *De controversia*, 706; HB
35, *Declaratio*, [gegen 25.11.1560], 39[r]; Spiegel, 125.

[11] HB 3d, *Sententia de praesentia*, [14.1.]1548, 89.

[12] Nr.69, Hardenberg-Melanchthon, [nach 14.1.]1548; *De controversia*, 706;
Declaratio, 39[r].

[13] Nr.72, Melanchthon-Hardenberg, [6.2.1548].

[14] *Declaratio*, 41[v].

[15] Moltmann, *Pezel*, 19; Barton, *Umsturz*, 69.

[16] Nr.70, a Lasco-Hardenberg, 29.1.1548, 612 u.614; Nr.196, s.Anm.10, 24[v].

[17] Neuser, 145.

[18] Nr.196, s.Anm.10, 25[r]. Vgl.Neuser, 148.

[19] *De controversia*, 706; *Declaratio*, 41[v]; vgl.Spiegel, 128.

wenn seine Verbindung mit a Lasco zutage trat. Als dieser 1549 auf
Bitten Hardenbergs den Bremer Pfarrern brieflich seine Abendmahlslehre
ausführte und sie bewog, Hardenberg in Frieden zu lassen, ignorierten
sie den Brief zunächst eine Woche, liessen ihn darauf unbeantwortet „und
scholden up my dat ick se accuseert hadde by den heren van Lasko, dat
doch nicht en wass".[20] Obgleich man a Lasco während seines Aufenthalts
in Bremen Oktober 1549/März 1550 wohlwollend begegnete und Probst
ihm sogar das Abendmahlsbrot reichte—das er nach reformierter Weise
mit der Hand zum Mund geführt haben soll[21]—„scholden se hem", als
er im Dezember 1553, als Sakramentierer abgestempelt, aus Dänemark
auf der Durchreise Bremen besuchte, „und noch alle daghe, unde witen
my dat iick em geharberget hedde".[22] Auch wegen seines Kontakts mit
dem mit a Lasco befreundeten Jan Utenhove, der ebenfalls aus England
hatte flüchten müssen, stand Hardenberg im Verdacht.[23] Probst, „de olde
kindessche man", sollte Hardenbergs Gastfreundschaft ausgenutzt haben,
„umme my uth tho halen und tho bestricken".[24]

Obwohl Hardenberg berichtete, „die andere Prediger zu Bremen mit
mir wol zu frieden gewesen seijn",[25] ist es offensichtlich, dass der
Abendmahlskonflikt nur schlummerte und nur ein Streichholz zur
Explosion reichen würde. Johann Timann zündete es 1554[26] an.

---

[20] *De controversia*, 707; Nr.267, [Hardenberg]-[Bremer Stadtprediger], [1559?],
116[r]. Über den Brief: Kuyper 1, LXXX-LV; Nr.157, a Lasco-Hardenberg, 28.3.1554,
699; vgl.Spiegel, 140.
[21] Kenkel, *Kurtze, klare und warhafftige Histori*, A4[b]-B1[a]. Vgl.Wagner, 46-50;
Neuser, 148; a Lasco überwinterte bei Hardenberg: Bartel, *Laski*, 130.
[22] *De controversia*, 707; Nr.204, Hardenberg-[von Büren], [12.1556]: „Dicebant
(scil. Senatores) me a domino a Lasco depravatum quod mendatum est"; Nr.267,
[ders.]-[Stadtprediger], [1559?], 116[r-v].
[23] *De controversia*, 707; vgl.*supra*, I.1, Anm.50.
[24] Bedenkliche Information: *De controversia*, 707: „Her Jacob averst de olde
kindessche man quam stedess tho my then eten und helt sick vaderlick tho my; alss
ik meende de sick nu alder v[r]innlikest tegen my holt, und dit spil gedreven hefft und
noch, soe he idt doch met my alle tyt frinnlick heelt, und wie de gemene sprake iss
nu sick schal verluden laten he hebbet man gedaen umme my uth tho halen und tho
bestricken welker em dan nicht gelucken en wolde; der halven he ock nicht langer
harren en mochte dan apentlick viant wort und hefft bet dat he nicht meer en konde
geropen und gedanct wie en onsynnich mensche".
[25] *Summarischer Bericht*, 860.
[26] Idem.

3.2 *Konsolidierung, 1548-1554*

Inzwischen tat Hardenberg alles Mögliche, um einer Eskalation vorzubeugen. Externen Drohungen gegenüber zog er mit den Kollegen am
gleichen Strang, und zwar hinsichtlich des Interims (I.3.2.1), des
Aepinschen und osiandrischen Streits, der Täuferfrage (I.3.2.2) und der
Beziehung zu a Lasco (I.3.2.3).

3.2.1 *Das Interim*

Namentlich gegen die Durchführung des Augsburger Interims in Bremen
erklärte er seine scharfe Ablehnung. Die „Augsburger Sphinx, d.h.der
Antichrist selber" oder die „Formel von Eisleben",[27] der „Interitus" oder
das „Interimtiosum libellum", wie er ironisierte,[28] beherrscht sogar
seinen Briefwechsel in den Jahren 1548/49.[29]

Agricola aus Eisleben hätte wohl—so verspottete Hardenberg das
Interim—zwei Traktätchen abgeschrieben, die der Antitrinitarier Johannes
Campanus[30] einmal dem Kölner Erzbischof von Wied gegeben hatte und
woraus Gropper und Billick noch ihren Vorteil gezogen hatten.[31]
Hardenberg tadelte gleichermassen die am 18.Juli 1548 in Augsburg
verlesene *Formula Reformationis*: diese könnte völlig dem *Rationale
divinorum officiorum* des Wilhelm Durandus, „des beklagenswertesten
aller Sophisten", entnommen sein.[32]

Bildhaft schilderte Hardenberg seinen Freunden eine Karikatur des
Interims, die aus Hamburg dem Grafen Albrecht III. von Mansfeld
übermittelt worden war mit der Zusicherung, dass die hansischen und

---

[27] Johann Agricola aus Eisleben war der einzige evangelische Mitverfasser des
Interims, Stupperich, *Reformatorenlexikon*, 18f.

[28] Bzw. Nr.187, Hardenberg-Medmann, 8.8.1556, 145ᵛ; Nr.98, ders.-Melan-
chthon, 12.4.1549; (z.B.) Nr.80, ders.-a Lasco, 12.8.1548; Nr.86, ders.-Hiëronymus
Frederiks, 20.10.1548.

[29] Vgl.Spiegel, 128-134; Pollet, *Martin Bucer* 2, 189-193.

[30] Zu ihm: *infra*, III.3, Anm.104.

[31] Nr.82, [Hardenberg]-Melanchthon, [13.8.1548]. S.zu Agricola auch Nr.90,
Hardenberg-[Joh.Rolwagen], [1548], über—nach Hardenbergs Vermutung—eine
Schrift Agricolas, die Hardenberg auf Verlangen des Bremer Bürgermeisters gelesen
hatte und mit Kritik zurückschickte.

[32] Nr.80, Hardenberg-a Lasco, 12.8.1548; Nr.82, s.vorige Anm. Vgl.Jedin,
Hrsg., *Handbuch* 4, 304.

baltischen Städte samt dem dänischen König das Interim nie annehmen würden.[33]

Als die Stadt Bremen selbst vom Kaiser mit Kriegssteuer belegt wurde, rieten Hardenberg und Probst dem uneinheitlichen Rat, sie nicht zu zahlen.[34] Bürgermeister Johann Rolwagen[35] hatte versucht, die Zahlungsverbindlichkeit der Stadt biblisch zu untermauern mit der Geschichte des jüdischen Königs Hiskia. Nach 2.Kön 18,15f. hatte dieser sich nach Auflösung seines Vasallenvertrags wieder bereiterklärt, dem assyrischen Herrscher Tribut zu zahlen, mit der Bemerkung: „Ich habe gesündigt". Hardenberg lehnte diesen „Beweis" aus der Schrift entschieden ab. Nicht Hiskia, sondern seine gottlosen Vorgänger hätten die vasallischen Verpflichtungen übernommen. Nicht gegen Gott hätte Hiskia deshalb gesündigt, als er Assur den Tribut verweigerte, sondern im politischen Sinne. Und ausserdem: „Was hat diese Geschichte mit dem Pakt zu tun, den einige jetzt eingegangen sind?", so fragte Hardenberg den Bürgermeister. „Kamen unsere Väter etwa mit Karl überein (), geradeso wie die Könige von Juda mit dem König von Assur, um ihn viel Geld zu bezahlen?" Durchaus nicht! „Ausserdem: Damals ging es schlicht um Macht, nicht um Religion. Mehr noch: Die Bibel lobt den frommen König gerade eben für sein Ausscheiden aus dem Vertrag. Unser (d.h.Hardenbergs und des Probstes) Rat ist eindeutig: Lasst uns bei dem alten Vertrag mit den Kaisern bleiben. Hiskia ging auch keinen neuen Pakt ein. Und wenn er weiterhin auf Gott vertraut hatte, statt sich dem gottlosen Assur zu unterwerfen, hätte Gott ihn sicher nicht in die Bedrängnis gebracht, von der wir ausführlich bei Jesaja [36-38] lesen".[36] Hardenbergs Anraten hatte Erfolg: „Ein für allemal hat sie (d.h.unsere Stadt) geantwortet, den geforderten Betrag nicht zu bezahlen".[37]

---

[33] Nr.80 u.82, s.vorige Anm. Vgl.Spiegel, 133f. Laut Nr.84, Hardenberg-a Lasco, [nach.5.9.1548], wollte Hardenberg dem Grafen auch ein Bild des Antichrists von Bernardino Ochino schicken, das ein gewisser Cleberdus ins Lateinische übersetzt hatte.

[34] Nr.83, Hardenberg-[Joh.Rolwagen], [vor 5.9.1548]; vgl.Nr.90, ders.-[dens.], [1548].

[35] Laut *De controversia*, 736: „(Rollewagen) iss voer hen tho my komen und my angelecht, ick scholde dat Interim in dem Dome prediken he woldess my eyn her wesen, welker he nicht benemen en kan, und ick en verwonder mij dess nicht, wente de Raet hefft an unser g.sten heren gescreven se underwerpen den rike und den Concilio ere religion". Zu diesem späteren Gegner: u.a. *Notitiae*, 22[r], 23[r]; Lappenberg, *Geschichtsquellen*, XXVIII.

[36] Nr.83, s.vorvorige Anm.

[37] Nr.84, Hardenberg-a Lasco, [nach 5.9.1548].

Das Interim selbst wurde von Bremen schon gar nicht akzeptiert.[38] Schon Mai 1548 berichtete Hardenberg, „dat wy allenthalven gewarnet werden alss die gene die noch dessen sommer solden liden moten", aber „wy hebbent gestalt in godss gewalt".[39] „Die Unsrigen leisten energisch Widerstand" (August),[40] „erwarten demnach Feindschaft von der Welt" (September):[41] wenn nicht eine Blockade, dann gewiss „das Misfallen des Kaisers", das das Weiterbestehen des Geschäftsverkehrs bedroht (Oktober).[42] Aber „einstimmig ruft Bremen: Möge unsere Seele den Tod des Gerechten sterben. Und dies: Es ist besser in die Hand des Feindes zu fallen, als das Gesetz unseres Gottes zu verlassen" (Daniel 13,23);[43] „Lasst uns sterben für das Gesetz und die Gemeinde".[44] „Denn wir sind die glücklichsten aller Deutschen, wenn es an uns ist, entweder in unserer Standfestigkeit für den Herrn zu sterben, oder zum Vorbild und zur Unterstützung anderer in ihr auszuharren", denn Gott hat Bremen zum „frommen Hospiz" für viele Verfolgte bestimmt.[45]

Sorgfältig verfolgte Hardenberg den Gang der Ereignisse in Braunschweig,[46] Magdeburg,[47] Danzig,[48] Ostfriesland,[49] Lüneburg,[50] Strassburg und England. Der Gemeinde von Lemgow stand er beratend bei.[51]

---

[38] Nr.86, Hardenberg-Hiëronymus Frederiks, 20.10.1548. S.die in *DB* 5,16f. erwähnte Schrift von Timann, *Was vor grosse mannichfaltige Sünde, Unehre und Fertikeit, alle diejenigen, so das Interim oder Adiaphora annemen, oder einigerlei weise bewilligen auf sich laden*, 1549.

[39] Nr.74, Hardenberg-NN (in Danzig), [nach 8.5.1548], 164[r].

[40] Nr.82, [Hardenberg]-Melanchthon, [13.8.1548].

[41] Nr.84, Hardenberg-a Lasco, [nach 5.9.1548].

[42] Nr.86, Hardenberg-Hiëronymus Frederiks, 20.10.1548.

[43] Idem; vgl.Nr.81, Hardenberg-NN, [12.8.1548].

[44] Nr.92, Hardenberg-Melanchthon, 21.1.1549, 3[r]; Nr.98, ders.-dens., 12.4.1549: „Moriamur pro lege et grege".

[45] Nr.98, s.vorige Anm.

[46] Nr.80, Hardenberg-a Lasco, 12.8.1548; Nr.82, s.Anm.40; Nr.103, Hardenberg-[Christoph von Oldenburg], 7.[1549].

[47] Nr.80, s.vorige Anm.

[48] Nr.84, Hardenberg-a Lasco, [nach 5.9.1548].

[49] Nr.98, Hardenberg-Melanchthon, 12.4.1549.

[50] Nr.103, Hardenberg-[Christoph von Oldenburg], 7.[1549].

[51] Idem; anscheinend zusammen mit Probst und Timann: Janssen, *Praepositus*, 179.

Über Strassburg hielt u.a. Bucer ihn auf dem Laufenden.[52] „So steyt die sake daer noch wonderlick", hiess es im Mai 1548.[53] Im Juli: „Die Strassburger haben ihren Standpunkt nicht geändert. Sie haben jenes Interim nicht angenommen, und wollen dies auch in Zukunft nicht tun".[54] Und im August: „Bucer hat mir diese Woche geschrieben, dass er Strassburg betreffend guten Mutes sei, denn bis jetzt halt sich die Stadt vortrefflich standhaft und verspricht nicht nachzugeben",[55] und ein wenig bedenklicher: „Bucer schrieb mir gestern einen sehr freundlichen, jedoch äusserst schmerzlichen Brief. Er sagt, dass es unter den gegebenen Umständen keine andere Möglichkeit gibt, als sich entweder zu Christus zu bekennen und zu leiden, oder ihn zu verleugnen und zur Abgötterei zurückzukehren. Mittlerweile ist er in bezug auf seine Strassburger Kirche zuversichtlich; auf keinen Fall ist zu fürchten, dass sie jenes Interim annimmt".[56] Aber im Dezember berichtete Bucer: „Hier wird ängstlich daran gearbeitet, dass wir uns für Christus bewahren, ohne bei der Welt anzustossen, aber wem ist das je geglückt? () So steht mir nichts anderes bevor, als dass ich diesen Ort mit einem andern vertauschen muss".[57] Und im April 1549 liess der ausgewichene Bucer sich von einem Lübecker Freund zum Besuch in Bremen ansagen.[58]

Mit England war Hardenberg verbunden über a Lasco und Konrad (Weichart).[59] Jener meldete ihm im Juli 1548, man erwarte Bucer, Francisco de Enzinas wäre schon dort, „und mit Calvin zögert man, weil er Franzose ist".[60] Als Cranmer auch Melanchthon einzuladen suchte, wurde Hardenberg von jenem und von a Lasco gebeten, diese Einladung bei Melanchthon zu unterstützen, womit er einverstanden war.[61] In einer positiven Skizze der englischen Reformation wies Hardenberg Melanchthon im August 1548 auf die Möglichkeit hin, Gott wolle durch

---

[52] Vgl.nach Nr.73, NN (in Strassburg)-Hardenberg, [vor 8.5.1548]; Nr.79, Bucer-dens., [vor 12.8.1548]; Nr.88, ders.-dens., 16.12.1548; nach Nr.93, ders.-dens. (mehrere Briefe), [zwischen 5.1547-1.3.1549].

[53] Nr.74, Hardenberg-NN (in Danzig), [nach 8.5.1548], 164^v.

[54] Nr.78, a Lasco-Hardenberg, 28.7.1548.

[55] Nr.82, [Hardenberg]-Melanchthon, [13.8.1548].

[56] Nr.81, Hardenberg-NN, [12.8.1548].

[57] Nr.88, Bucer-Hardenberg, 16.12.1548.

[58] Nr.97, Hardenberg-Melanchthon, 12.4.1549; Nr.98, ders.-dens., 12.4.1549.

[59] Vgl.nach Nr.78, Konrad [Weichart]-Hardenberg, [vor 12.8.]1548; nach Nr.91, NN (in England)-Hardenberg, [kurz vor 21.1.1549] und Hardenberg-NN (in England), [21.1.1549].

[60] Nr.76, a Lasco-Hardenberg, 19.7.1548.

[61] Nr.77, Cranmer-Hardenberg, 28.7.1548; Nr.78, a Lasco-dens., 28.7.1548; Nr.82, [Hardenberg]-Melanchthon, [13.8.1548].

Melanchthon, wie durch Joseph in Ägypten, den Opfern des Interims in England Quartier machen lassen.[62] Als im März 1549—wahrscheinlich infolge einer Bitte der niederländischen Flüchtlingsgemeinde in London um Hardenbergs Herüberkommen[63]—ein englischer Gesandter bei ihm zu Gast war, der ihm goldene Berge versprach, wiederholte Hardenberg die Bitte: „Jene Nation hat bereits vollständig Gottes Evangelium zugestimmt. Nur über das Abendmahl gibt es noch einige Diskussionen, aber man hofft, dass diese durch Gottes Gnade heute oder morgen im Einklang mit den Worten des Herren beendet werden".[64] Als Hardenberg im nächsten Monat wieder ein Gesuch Cranmers an Melanchthon weiterleitete, liess er die Bitte gleichwohl mit der Bemerkung einhergehen: „Dennoch würde ich Dich lieber für unser eigenes Deutschland behalten, das Deines Engagements auch in Zukunft sicher wert ist".[65] Womöglich war in dieser Bemerkung ein Unterton von Eigennutz herauszuhören. Die Protektion, die Melanchthon ihm in der Abendmahlsfrage Anfang 1548 gewährt hatte, würde Hardenberg ja auch in Zukunft nicht entbehren können. Melanchthons nachgiebige Haltung zum Interim bereitete Hardenberg in diesem Zusammenhang dann auch Unannehmlichkeiten.

Lobte er zunächst (August 1548)—zwar nur Melanchthon selbst gegenüber—dessen *Consilium* zum Interim wegen seiner „vorzüglichen

---

[62] Nr.82, s.vorige Anm.: „In Anglia causa religionis bene procedit. Cautum est publico edicto ne controversia sacramentaria ullo modo in contionibus attingatur, et usus et finis coenae populo inculcentur. Vocatur etiam eo Musculus qui cum Brentio nunc Basilaeae heret. Vocabuntur et alii modo tua pietas eo proficiscatur. Noster Franciscus Hispanus ducta uxore nobili iuxta Argentinam iam in Angliam salve pervenit, ut et Petrus Martur et Rodigius et Bernardinus Senesis. Vocandus erat et Calvinus, sed quidam abhorrent a Gallo, nam Galli Scotis coniuncti () ad quattuor Anglorum milia occiderunt. () Erit autem candoris tui respondere ad Dominum a Lasco, qui te unice veneratur et amat. Si videas tibi non futurum locum in tua schola, tunc non verebor tibi author esse ut Cantuariensi gratificeris. Nam is ex animo videtur agere rem Ecclesiae. Quis scit an Dominus Deus noster velit nobis ibi hospitia parare ut te veluti sanctum Josephum permittemus qui sedes pares et metum suppedites exulibus nobis. Sed utinam interim sit incolumis tua Vitebergensis schola".

[63] Cranmer-Melanchthon, 10.2.1549, in: *Epistolae Tigurinae*, 13f. Am 14.8. und 22.10.1549 bat Bucer Hardenberg wiederholt, einen Prediger für die Exulantengemeinde zu suchen: Nr.105 und 107: Bucer-Hardenberg, 14.8. und 22.10.1549. Sowohl zwischen Februar oder Oktober 1549 und April 1550 als auch im August 1550 reiste Hardenberg—wahrscheinlich in diesem Zusammenhang—nach England: Nr.109, Bucer-Hardenberg, 24.4.1550; Nr.117, Hardenberg-Bucer, 7.9.1550, s.weiter *infra*, III.4.1.1. Vgl.auch Brigden, *London*, 460.

[64] Nr.92, Hardenberg-Melanchthon, 21.1.1549, 1ʳ.

[65] Nr.97, Hardenberg-Melanchthon, 12.4.1549; vgl.Nr.98, ders.-dens., 12.4.1549.

Mässigung",[66] so änderte sich Hardenbergs Verhalten nach der Mitarbeit Melanchthons an der Herstellung des bezüglich der *adiaphora* noch extremeren Leipziger Interims vom 22.12.1548. Nach aussen hin verteidigte er Melanchthon,[67] aber unter vier Augen machte er ihm die Hölle heiss, sei es auch nur indirekt, indem er ihm die Kritik Anderer zuspielte.[68] Hardenberg warf ihm Vogel-Strauss-Politik und Doppeldeutigkeit vor. Melanchthons Konzessionsbereitschaft in den *adiaphoris* zur Aufrechterhaltung der reinen Lehre sei zu servil und würde nie die wahre *concordia* herbeiführen: die Papisten riefen ja unverhohlen, sie würden nicht aufhören, „bevor sie all das Ihre ein für allemal wiederhergestellt hätten"? Die Lehre könne nicht verschont bleiben, wenn die päpstlichen Zeremonien damit verbunden würden. Auch solle man hier nicht den Schwachen entgegenkommen, denn es handele sich nicht um Schwache, sondern um jämmerliche Heuchler. Melanchthon würde so mit seiner Mässigung zur Wiederherstellung des Papsttums und vor allem zur Diffamation seines guten Namens beitragen.[69]

Melanchthon erwiderte mannhaft, aber freundlich: wichtiger als der Streit über alte Bräuche—die überdies grösstenteils nie abgeschafft worden waren—sei ihm der Streit um das Messopfer. Das *Poëma aulicum* (das „Hofgedicht": das Interim) zerstöre den Glauben nicht; eher würde ein Streit über die *adiaphora* die Kirchen zerstören, indem die kaiserliche Armee die Prediger vertreiben würde. Von Hardenberg erwarte er ein angemessenes Urteil.[70]

---

[66] Nr.82, [Hardenberg]-Melanchthon, [13.8.1548]. Hardenberg gegenüber hatte a Lasco kurz zuvor das *Consilium* wegen dessen Zurückhaltung getadelt (Nr.78, a Lasco-Hardenberg, 28.7.1548). In seiner Antwort stimmte Hardenberg dieser Kritik weder zu (so Pollet, *Martin Bucer* 2, 189) noch entkräftete er sie: Nr.80, Hardenberg--a Lasco, 12.8.1548.

[67] Nr.95, Hardenberg-Melanchthon, [zw.18.u.29.3].1549, 691f.: „...aliis, coram quibus te tuaque defendenda sumsi"; „Volo enim ingenue tecum agere, sed tecum; apud alios alia mihi de te vox"; Nr.98, Hardenberg-Melanchthon, 12.4.1549: „Pugno, quantum licet, pro innocentia tua". Hardenberg widerlegte dem Grafen Albrecht III.von Mansfeld gegenüber das Gerücht, Melanchthon sei von Julius Pflug bestochen worden, um dem Interim zuzustimmen: Nr.94, Melanchthon-Hardenberg, 18.3.[1549]; Nr.95, Hardenberg-Melanchthon, s. *supra*; Nr.97 u.98, ders.-dens., beide vom 12.4.1549. Vgl.Pollet, *Pflug* 3, 61.

[68] Nr.95, s.vorige Anm.; vgl.Spiegel, 129-131.

[69] Nr.95, s.vorvorige Anm. Vgl.Nr.98, Hardenberg-Melanchthon, 12.4.1549.

[70] Nr.94, Melanchthon-Hardenberg, 18.3.[1549]; Nr.96, ders.-dens., 29.3.[1549]; vgl.Nr.93, ders.-dens., 25.1.1549. Vgl.Pollet, *Pflug* 3, 54, 150. Zu Melanchthons Haltung zum Interim: Stupperich, *Melanchthons Gedanken zur Kirchenpolitik*, 88-92.

Dieser lenkte sofort ein:[71] er hätte nicht behaupten wollen, Melanchthon hätte gesündigt; an dessen Beharrlichkeit hätte er nie gezweifelt. Die Bedenken wären nur leichtgewichtige Argumente („plumarea argumenta"), die als kostbare Edelsteine am Jüngsten Tage Melanchthons Krone schmücken sollten. Hardenberg schäme sich wegen seines vertraulichen Geschreibes: „Tatsächlich habe ich niemandem von den anderen zu schreiben gewagt (), aber Ihr, mein Herr, habt mich ermutigt". Mit den Bremer Bürgermeistern hätte er verabredet, Melanchthon „ehrenvoll" in Bremen aufzunehmen, für den Fall, dass er aus Wittenberg verbannt werden sollte: „All das meine gehört Euch, solange ich lebe". Gerne verteidige er Melanchthon in Bremen; ein guter Ruf wäre ja von äusserster Wichtigkeit für Melanchthon[72]—und für Hardenberg selber... „Ich will, dass das Wohlwollen zwischen uns auf Dauer erhalten bleibt", antwortete Melanchthon.[73]

3.2.2 Innerprotestantische Lehrstreitigkeiten

Die Sicherung seiner Lage im Bremer Pfarrerkreis muss Hardenberg allerdings wichtig gewesen sein. Der Widerstand gegen die Annahme des Interims war ein erster unifizierender Faktor. Als der Bremer Rat die Stadtpfarrer um theologische Gutachten bezüglich einiger innerprotestantischen Lehrstreitigkeiten bat, verschaffte das Hardenberg eine zweite Möglichkeit, der Einheit mit seinen Kollegen Gestalt zu geben. Im Namen der Prediger—Indiz seiner theologischen Überlegenheit?—brachte Hardenberg Gutachten heraus[74] zum Aepinschen Streit über Christi Höllenfahrt (1550/1551?),[75] zum osiandrischen Streit über die Gerechtigkeit Gottes und die Rechtfertigung des Menschen (Dezember 1551/Ja-

---

[71] Nr.97, Hardenberg-Melanchthon, 12.4.1549. Eine unrichtige Beurteilung dieses Briefes bei Spiegel, 131.
[72] Nr.97, s.vorige Anm.
[73] Nr.102, Melanchthon-Hardenberg, 4.5.[1549].
[74] Wagner, 33, 43; Spiegel, 106-112.
[75] Nr.224, Hardenberg-Domkapitel, 23.6.1557, 729: „so scholden se ersten mede mi dartoe getogen hebben, als se deden, do se schreven tegen der Hamborger opinion van de hellefart Christi, ende tegen den Osiander, welker ick em stellen mosse". Zum Aepinschen Streit: Seeberg 4, 526f.; HDThG 2, 158f.

nuar 1552)[76] und zur Frage, welche Haltung den Täufern gegenüber eingenommen werden sollte (1551).[77]

Das Ergebnis des ersten, nicht erhaltenen, Gutachtens ist nicht bekannt, muss jedoch den Aepinschen Positionen[78] gegenüber abweisend gewesen sein—aber nicht, weil man annehmen darf, „dass er sich hierbei der Ansicht seines Freundes a Lasco angeschlossen haben wird, der an ihn (23. August 1551) schrieb: 'Ich liebe und verehre D. Aepin wie einen Bruder, aber ich hätte es gern gesehen, dass die Streitfrage, ob Christus nach seinem Tode die Höllenstrafen erlitten, nicht angeregt worden wäre'". [79] Denn Hardenberg schrieb schon früher, am 21.3.1549, an Melanchthon, der Hamburger Streit sollte beendet werden.[80] Ausserdem fielen die Gutachten, die er selber einholte[81] und die Lektüre, die er dazu empfing,[82] nicht zu Aepins Gunsten aus.[83] Und zum Schluss war Hardenberg—anders als Aepin—der Meinung, der *descensus ad inferos*

---

[76] HB 5, *Osiander* I, 31.12.155[1]; HB 6, *Osiander* II, [Ende 1551?]; HB 7, *Osiander* III, 8.1.1552; vgl. vorige Anm. Herzog Albrecht von Preussen hatte um das Gutachten gebeten: Nr. 136, Chyträus-Hardenberg, 31.1.1552. Stupperich, *Osiander*, 290, vermutet, dass der Bremer Rat es für ungeeignet hielt, das Gutachten als offizielle Stellungnahme nach Preussen abzusenden, da es einräumte, dass man Osianders Buch nicht völlig verstanden habe, und man wolle Osiander daher keinerlei Nachteile verschaffen. Stupperichs Meinung stimme ich nicht ohne weiteres zu. Das Gutachten war eine durchaus gründliche Ablehnung der osiandrischen Ansicht. Die zurückhaltenden Bemerkungen Hardenbergs sollten im Rahmen seines Konkordienwillens verstanden werden. „Wir hoffen", so erklärte Hardenberg, „dass diese Sache noch leicht geschlichtet werden kann, damit nicht den Leidenschaften freien Lauf gelassen würde, die in solchen Angelegenheiten unterbleiben sollten", *Osiander* III, 120[r]; vgl. *infra*, II.3.2.

[77] HB 4, *Gutachten bez. d. Täufer*, [1551].

[78] „Für Aepin gehörte die Höllenfahrt Christi zur Vollständigkeit seines satisfaktorischen Gehorsams hinzu", *HDThG* 2, 158.

[79] Spiegel, 107. Nr. 128, a Lasco-Hardenberg, 23.8.1551.

[80] Nr. 92, Hardenberg-Melanchthon, 21.1.1549, 3[r].

[81] Bei Melanchthon: s. vorige Anm., und in Hamburg: Nr. 120, NN (in Hamburg)-[Hardenberg?], 20.12.1550, 183[r] (wenn ich bezüglich des Adressaten nicht fehlgehe). Letzter Brief ist ein ausführliches Schreiben eines in der Theologie beschlagenen calvinfreundlichen Kaufmannes in Hamburg über den Dekalog, die Niederfahrt zur Hölle und das Abendmahl.

[82] Eine Schrift von Tylomannus Eppingus für den Rat von Hamburg: Nr. 120, s. vorige Anm., 188[v].

[83] Nr. 114, Melanchthon-Hardenberg, 24.7.1550, („Certe sic fuit apud inferos, ut victor. () Et mortui multi exuscitati sunt, et Christus docuit exuscitatos perspicuam doctrinam de Messia", 635); Nr. 120, s. vorvorige Anm., 186[r]-188[v] („Est () infernum () nihil aliud, quam sepulchrum", 187[r]).

gehöre nicht zu Christi Erniedrigung,[84] „dardurch ick ahne twivel bi den Hamborger op mi den ersten onwillen geladen hebbe".[85]

Auch in der Osiander- und Täuferfrage hielt sich Hardenberg an die herkömmlichen Anschauungen. Den betreffenden Gutachten werden wir in II.3.2 und III.3.2.4 einzeln Beachtung schenken.

3.2.3 *Die mittlere Linie*

Seinem Bestreben, das Wiederaufflammen des Abendmahlskonflikts in Bremen zu vermeiden, opferte Hardenberg sogar seine Freundschaft mit a Lasco. Als a Lasco, dessen *De Sacramentis tractatio* (1552) Westphal veranlasst hatte, zur Feder zu greifen und den zweiten Abendmahlsstreit zu eröffnen,[86] im Dezember 1553 über Bremen nach Emden zurück-kehrte, war Hardenberg sich des Risikos von a Lascos Anwesenheit in der Nähe bewusst. Mit Melanchthons Hilfe versuchte er „Ostfriesland auf eine gemässigtere Lehre zu verpflichten und seinen Freund a Lasco kaltzustellen".[87]

Anlass zu Hardenbergs Eingriff war a Lascos Entrüstung über das Unternehmen von Gellius Faber in Emden, zur Herstellung der Lehr-einheit, den grossen Emder Katechismus von 1546 durch einen anderen, an Bucer anlehnenden, zu ersetzen, womit die Ostfriesen praktisch auf eine mittlere Linie in der Lehre einschwenkten.[88] Als a Lasco nach seiner Rückkehr nach Emden sofort versuchte, durch Hardenberg den in Bremen stattfindenden Druck zu unterbrechen,[89] wies dieser seinen Freund darauf hin, der neue Katechismus stimme mit dem früheren überein, und er mahnte ihn zum Frieden, selbst mit Westphal.[90]

---

[84] HB 19, *Hos sequentes Articulos*, [Dez.1556], 86ᵛ.

[85] Nr.224, Hardenberg-Domkapitel, 23.6.1557, 729.

[86] Neuser, 149; vgl.Nr.157, a Lasco-Hardenberg, 28.3.1554, 699. Die *Tractatio* in: Kuyper 1, 97-232.

[87] Neuser, 150. Neuser hat diese Episode übersichtlich dargestellt, 149-154. Folgendes teils nach ihm. Vgl.Spiegel, 145-151; Pascal, *Lasco*, 251-254; Kruske, *Sacramentsstreit*, 97-104; Bartel, *Laski*, 166-168; Smid, *Ostfriesische Kirchen-geschichte*, 177-179; Rauhaus, *Emder Katechismus*, bes.40-86.

[88] Nr.154, a Lasco-Hardenberg, 25.12.1553; Nr.155, ders.-dens., 1.1.1554; Nr.157, ders.-dens., 28.3.1554; vgl.Rauhaus, *Emder Katechismus*, 32f., 84.

[89] Nr.154, 155 u.157, s.vorige Anm.

[90] Nach Nr.155, Hardenberg-a Lasco (drei Briefe), [Jan.-März 1554]; Nr.157, s.vorvorige Anm.

Gemeinsam mit dem Bremer Domherrn Herbert von Langen beriet sich Hardenberg im Juli 1554 mit Melanchthon in Wittenberg[91] über die Mässigung in der Lehre, die Hardenberg bei a Lasco erwartete, und über die wünschenswerte Vereinigung in der Lehre mit Wittenberg.[92] Hardenberg stimmte sogar hinter dem Rücken seines polnischen Freundes dem der Gräfin Anna gemachten Vorschlag zu, in das während a Lascos Abwesenheit vakante Superintendentenamt statt a Lasco den eher verständigungsbereiten Melanchthon einzusetzen.[93] Damit betrieb Hardenberg faktisch a Lascos Fortgang aus Ostfriesland.

A Lasco antwortete ihm, auf die Befriedung der Kirchen sei er begierig, aber nicht auf Kosten der Wahrheit, und mit streitsüchtigen Leuten, wie Westphal, wünsche er nicht viel zu tun zu haben.[94] Melanchthon, dessen geplante Berufung sich übrigens zerschlug, warf er 'mikropsychia' vor.[95]

A Lasco war entsetzt, als er darauf erfuhr, dass Hardenberg Melanchthons Kandidatur unterstützt hatte.[96] Eine kurze, „gezähnte" Korrespondenz entspann sich zwischen beiden.[97] Hardenberg beschuldigte er, sein Amt in Emden umgestürzt und Melanchthon in Ostfriesland „ad doctrinae moderationem", d.h. „ad doctrinae mutationem" bestimmt zu haben. Er fordere, dass Hardenberg den Beteiligten gegenüber seine Worte zurücknehme. Und obwohl a Lasco ihm versicherte, er wünsche,

---

[91] In Leipzig beriet Hardenberg sich—gleichfalls mit von Langen im Juli 1554—mit Joachim Camerarius und Alexander Alesius über das Abendmahl und die Ubiquität (wozu *infra*, Anm.129): Nr.162, Hardenberg-Camerarius/Alesius, 23.12.1554; Nr.164, Camerarius-Hardenberg, [5.1.1555]; Nr.165, ders.-dens., 9.1.1555; Nr.178, Alesius-dens., [um Ostern 1556]; s.auch Melanchthon-Camerarius, 10.7.1554, in: *CR* 9,317. Camerarius schenkte Hardenberg (zu dieser Gelegenheit?) seinen *Commentarius orationis Ciceronis pro Murena*, 1542, in: BGK Emden, Philol 8° 95. Spiegel, 114-116, 156, klassifiziert Hardenbergs Reisen im Juli 1554 als „Wanderlust". Zu Camerarius: *RGG* 1, 1602; zu Alesius: *RGG* 1, 225f.

[92] Nr.159, Melanchthon-Hardenberg, 29.8.1554; ders.-Camerarius, 7.7.1554, in: *CR* 8, 315; ders.-Eber, [7.1554], *a.a.O.*, 316; ders.-Camerarius, 10.7.1554, *a.a.O.*, 317; ders.-G.Fabricius, 10.7.1554, *a.a.O.*, 318; vgl.Spiegel, 156; Neuser, 152.

[93] Nr.157, a Lasco-Hardenberg, 28.3.1554; Neuser, 152. Auch Hardenberg selbst, so hiess es in Emden, stand auf der Vorschlagsliste für das Amt: Nr.153, a Lasco-Hardenberg, 12.12.1553; Nr.154, ders.-dens., 25.12.1553.

[94] Nr.157, a Lasco-Hardenberg, 28.3.1554.

[95] Nr.160, a Lasco-Hardenberg, [Sept.1554].

[96] Nr.167, a Lasco-Hardenberg, [5.1555]; a Lasco-Molanus, [vor August 1556], von Hardenberg angeführt in: Nr.187, Hardenberg-Medmann, 8.8.1556, 152[r], vgl.Spiegel, 151.

[97] Nach Nr.165, Hardenberg-a Lasco, zwei Briefe, und *vice versa*, [bis April 1555]. Das Epitheton in Nr.167, s.vorige Anm.

dass auch nicht die geringste Verstimmung zwischen ihnen zurück-
bliebe,[98] bedeutete dies das Ende der Korrespondenz zwischen beiden.
Mit Bitternis verliess a Lasco im April 1555 Ostfriesland.

3.3 Timanns „Farrago" und Hardenbergs Defensive, 1554-September 1556

Hardenbergs Opfer zur Vermeidung des Abendmahlsstreites—sein Bruch
mit a Lasco—war vergebens gebracht. Mitte Mai 1554 hatte a Lasco
erneut seine Abendmahlsauffassung im Druck verbreiten lassen und damit
eine lutherische Erwiderung ausgelöst.[99] Johann Timann ergriff die
Initiative. Er sandte a Lascos Schrift zu Bugenhagen in Wittenberg[100]
und gab Westphals Angriffssignal aus dem Jahre 1552 weiter, indem er
dessen „Farrago" *confuseanarum et inter se dissidentium opinionum* am
1.November 1555 eine *Farrago sententiarum consentientium* zur Seite
stellte.[101] Den ersten Teil dieses—gegen Schweizer und Schwärmer
gerichteten—Mischmasches („farrago") patristischer und reformatori-
scher Zitate hatte Timann bereits am 15.Mai 1554 abgeschlossen und
nach Hamburg und Dänemark gesandt. Im zweiten Teil griff er a Lascos
Confessio von 1554 an und führte die „fast vergessene Ubiquitätslehre
Luthers" für die lutherische Abendmahlslehre ins Feld.[102] Nach
Hardenberg hatte er öffentlich erklärt, „dass unsere Grundlage ganz
erschüttert würde, wenn wir einem Schwärmer erlaubten, gegen die
Ubiquität zu lehren".[103]
Hat Timann mit seiner Sentenzensammlung auch Hardenberg angreifen
wollen? „Direkt gewiss nicht, indirekt vielleicht", meint Neuser. „Wenn
er Johann a Lasco angriff, musste ihm bewusst sein, dass dessen Freund
Hardenberg in seiner eigenen Stadt lebte und sich in der Abendmahls-

---

[98] Nr.167, s.vorvorige Anm.

[99] Neuser, 149. Die Schrift a Lascos: *Confessio de nostra cum Christo Domino communione, et corporis sui item in Coena sua exhibitione: ad Ministros Ecclesiarum Frisiae Orientalis*, o.O.u.J., in: Kuyper 1, 235-241.

[100] Bugenhagen-Timann, 1.9.1554, in: Timann, *Farrago*, 176ff.; vgl.Neuser, 149, Anm.31.

[101] Neuser, 148f.; Kruske, *Sacramentsstreit*, 106.

[102] Neuser, 148f. Vier in der *Farrago* (176ff., 186ff., 198ff., 213ff.) abgedruckte Briefe aus dem Sommer 1554 u.a. über a Lasco decken, nach Neuser, 149 den Anlass zur Abfassung der *Farrago* auf. Vgl.Kruske, *Sacramentsstreit*, 106f. und dagegen Hein, *Sakramentslehre*, 169f.

[103] *Declaratio*, 41^v: „et palam dixit si Swarmero concederemus doctrinam contra Vbiquitatem iam totum nostrum fundamentum turpatum esset".

lehre verdächtig gemacht hatte".[104] Allem Anschein nach hat Timann
jedoch direkt auch seinen Bremer Kollegen verdächtigen wollen. Seit
dem ersten Treffen im Jahre 1548 stand der Abendmahlskonflikt in
Bremen immer noch im Raum:
Bereits im Februar 1548 hatte Melanchthon Hardenberg geraten, „auf
den Abendmahlsstreit zu verzichten, lieber als in dieser turbulenten Zeit
darüber mit Kollegen zu streiten".[105] Gerade deshalb hatte Hardenberg
erwogen Bremen zu verlassen und Bucer um eine ausführlichere
Darstellung seiner Abendmahlslehre gebeten (Februar 1550).[106] Im Mai
1550 war die Lage in Bremen unverändert, und waren „die Gefahren
gross",[107] eben des Abendmahlsstreites wegen.[108] Im September
desselben Jahres hatte Hardenberg wiederum Grund gehabt zu einer
dringlichen Bitte um Bucers Darlegung der Abendmahlslehre „mit
Augenmerk auf die nötige Standfestigkeit und Gottesfürchtigkeit";[109] auf
eine vergleichbare Frage war Bucer schon zwei Jahre früher eingegangen.[110] Im Dezember erging eine ähnliche Bitte an einen Freund in
Hamburg.[111] Die Lage blieb auch im nächsten Jahre „äusserst düster";
Katastrophen drohten,[112] so dass Melanchthon sich nicht traute,
Hardenberg auf dessen Verlangen über die Brotverehrung zu schreiben.[113]
Im Jahre 1554 fing Timann an, über die Ubiquität zu predigen und
„schlug wie von Sinnen Radau, schimpfte und lästerte über die Zwinglianer, Schwärmer, Nestorianer und Ketzer, welche die Naturen in Christus
teilten und schieden, ja völlig auseinanderrissen".[114] „Und lehrte er erst
noch so im allgemeinen, begann er später gegen mich persönlich zu
wüten".[115] Als Hardenberg schwieg—„damit weder der Herr Johann
[Timann] noch die anderen mich irgendwo zu fassen kriegten"—und er

---

[104] Neuser, 150. Spiegel, 162f. meint, dass Timann über a Lasco Hardenberg
angriff; vgl. Schmid, *Kampf der lutherischen Kirche*, 186f.
[105] Nr.71, Melanchthon-Hardenberg, 6.2.[1548].
[106] Nach Nr.107, Hardenberg-Bucer, 18.2.1550; Nr.109, Bucer-Hardenberg,
24.4.1550.
[107] Nr.111, Hardenberg-Melanchthon, 10.5.1550, 308.
[108] Nr.114, Melanchthon-Hardenberg, 24.7.1550, 634.
[109] Nr.117, Hardenberg-Bucer, 7.9.1550.
[110] Nr.79, Bucer-Hardenberg, [vor 12.8.1548].
[111] Nr.120, NN (in Hamburg)-[Hardenberg?], 20.12.1550, 183^{r-v}.
[112] Nr.125, Hardenberg-Melanchthon, 26.7.1551.
[113] Nr.140, Melanchthon-Hardenberg, 3.7.[1552].
[114] *De controversia*, 707f. Vgl.*Summarischer Bericht*, 860; Nr.168, Melanchthon-
-Hardenberg, 21.6.1555.
[115] HB 43, *Contra Ubiquitatem*, 1564, 3^a.

Elard Segebade, den Bräutigam des Dienstmädchens seiner Frau, zu sich nahm, entpuppte sich dieser als Spitzel Timanns; „men secht averst, idt sy gemaket werck gewest, dat se durch em an my komen mochten".[116] Im Sommer 1555 nahm der Dissenz überhand; Hardenberg ging Melanchthon und Martyr Vermigli um eine „Formel zur Beschwichtigung oder zum Konsenz" an.[117] Und als an Allerheiligen 1555 die *Farrago* erschien, seufzte Hardenberg, man schrie „nu itlike iaren vaste up den predickstolen () van swermen und ketteren".[118] All diese „etlichen Jahre" hindurch schien Timann also Hardenberg im Auge behalten zu haben.[119] Es liegt nahe, dass auch seine *Farrago* den Rivalen zu treffen beabsichtigte. Hardenberg selber empfand sie jedenfalls als eine persönliche Provokation.[120]

Anders als 1548 vermochte jetzt das Eingreifen Melanchthons nicht mehr den Brand zu löschen. Von dem Schreiben Timanns an Bugenhagen alarmiert, bat Melanchthon Hardenberg und Timann den Abendmahls-streit aus Bremen herauszuhalten und nicht über die *inclusio extra usum* zu disputieren: *in vero usu* sei Christus im Abendmahl tröstend wirksam und substantiell gegenwärtig, wie in der *Wittenberger Konkordie* 1536 vereinbart worden war;[121] ausserdem fordere unsorgfältige Quellen-verwendung nur neue Kontroversen heraus.[122]

Für Timann hingegen bedurfte diese Lehrnorm der Ergänzung. Von allen Bremer Predigern forderte er die Unterschrift seiner am 1.11.1555

---

[116] *De controversia*, 708, 710f. Vgl.Spiegel, 152-154, 166.

[117] Nr.168, Melanchthon-Hardenberg, 21.6.1555; nach Nr.169, Hardenberg-Ver-migli, 29.8.1555; nach Nr.169, Hardenberg-Melanchthon, [vor 14.9.1555]; Nr.170, Melanchthon-Hardenberg, 14.9.1555; Nr.172, Vermigli-Hardenberg, 25.9.1555. Vermigli meldete Hardenberg den in Frankfurt stattfindenden Druck der *Farrago* und ging inhaltlich auf ihre Ubiquitätslehre ein. Informierte auch Johann Cnipius, Hardenbergs Freund in Frankfurt, ihn über die Veröffentlichung der *Farrago* (nach Nr.173, Cnipius-Hardenberg, 1555)?

[118] *De controversia*, 712.

[119] Vgl.Nr.203, Hardenberg-Bugenhagen, 20.12.1556, 46ʳ: „licet magnis clamoribus me his quidam iam totis decem annis ad hoc Certamen non sine summa iniuria prouocauerint".

[120] *Declaratio*, 54ᵛ; Spiegel, 163, Anm.1; Neuser, 150, Anm.33. Hardenberg sollte Timann gemahnt haben, das Werk nicht zu verbreiten: *Notitiae*, 20ʳ.

[121] Nr.159, Melanchthon-Hardenberg, 29.8.1554; ders.-Timann, 1.9.1554, in: *CR* 8, 337 (der Begriff „substantialiter" nur im Schreiben an Timann!). Vgl.noch Melanchthons Aufruf zur *moderatio* nach der Erscheinung der *Farrago*: Nr.173, Melanchthon-Hardenberg, *die brumae*.12. 1555, 627. Die *Konkordie* in: *BDS* 6,1, 114-134.

[122] Nr.168, Melanchthon-Hardenberg, 21.6.1555. Anscheinend richtete sich dies gegen das billige Konsensverfahren Timanns.

veröffentlichten *Farrago*. Das traf den wunden Punkt bei Hardenberg:
zusammen mit den Stadtpredigern Grevenstein und Quakenbrügge
verweigerte er sie und löste damit eine Aneinanderreihung von Verket-
zerung und Abfordern von Abendmahlsbekenntnissen aus—kurz: den
Bremer Abendmahlsstreit.[123] Im Zusammenhang dieses biographischen
Abschnitts ist nicht auf das gesamte Ausmass dieses Konflikts einzugehen. Er wird nur in grossen Zügen angedeutet.

Der Bremer Rat, vor allem Bürgermeister Belmer,[124] mischte sich in den
Streit, als die Bremer Kanzel und damit die Gemeinde zum Ort der
Polemik gemacht wurden. Seit dem Fasten 1556 predigte Timann
öffentlich gegen Hardenberg.[125] Dieser rief die Hilfe von Melanchthon
an, der sich darauf beschränkte, ihn auf eine bevorstehende Synode oder
einen Fürstentag zu verweisen.[126] Hardenberg, wie es scheint über
Melanchthon im Ungewissen,[127] wartete nicht ab und warnte „von wegen
meines Eidtes, damit mir in meiner Promotion eingebunden, falsche und
irrige Leer zu strafen" die Bremer Gemeinde anhand des Athanasianums
vor der „wiewol durch Eutijches, und andere etwa auch geregte, aber
doch von den alten Leerern der Heiligen Kirchen einhelliglich verworfenen" Ubiquitätslehre.[128]

Darin war er wohl von dem Leipziger Theologe Alexander Alesius
bestärkt worden, der ihm auf seine Bitte zu Hilfe gekommen war. „Ich
bedaure, dass Du in Gefahr gekommen bist wegen der Verteidigung
meiner Lehre, dass Christus zur Rechten Gottes sitze", schrieb dieser,[129]
„aber noch viel mehr würde ich es bedauern, wenn ich diesen Artikel des
Glaubensbekenntnisses anders erklärt hätte als die Griechen, die Lateiner

---

[123] Gerdes, *HM*, 53; Spiegel, 165.

[124] *Notitiae*, 20^{r-v}.

[125] Wagner, 65ff.

[126] Nach Nr.174 u.175-177: zwei Briefe Hardenbergs an Melanchthon und drei
vice versa, [vor 5.3.1556]-19.3.1556.

[127] Nr.174, Melanchthon-Hardenberg, 20.2.[1556?].

[128] *Summarischer Bericht*, 860f.; Nr.323, Hardenberg-Kaiser Maximilian II.,
22.3.1566, 851f.

[129] Nr.178, Alesius-Hardenberg, [um Ostern 1556]: „Doleo te venisse in
periculum propter defensionem doctrinae meae, De sessione Christi ad dexteram
Patris, et multo magis dolerem, si ego aliter hunc Articulum symboli exposuissem,
quam Graeci, Latini, & Scholastici quoque. NEMO enim unquam ante haec tempora
ac ne Lutherus quidem dixit, corpus Christi esse ubique etiamsi affirmaret illud inesse
sacramento. () Si de hoc q[ueri]tur, id est, De ubiquitate tantum contenditur, iubeo [te]
bono animo esse, etiamsi coram Caesare aut Pontifice sis dicendum". Vgl.*supra*,
Anm.91.

und auch die Scholastiker. NIEMAND hat nämlich—auch Luther
nicht—bis heute je gesagt, dass der Leib Christi allgegenwärtig wäre,
auch wenn versichert wird, dass er im Sakrament gegenwärtig sei. Wenn
der Streit nur hierüber geht, d.h. wenn er nur die Ubiquität betrifft, dann
sei guten Mutes, müsstest Du auch sogar vor dem Kaiser oder Papst
sprechen".

Der Bremer Rat erliess vergebens ein Schweigegebot und zitierte
Probst und Hardenberg gegen Ostern 1556 in das Rathaus.[130] Hardenberg erklärte, nur die unbesonnene Lehre der Ubiquität sei ihm zuwider;
er protestiere, „dass ich damit die reine in der Heiligen Kirchen
angenommene Leer vom Heiligen Abentmal gahr nicht angefochten haben
wolte, mit dienstlicher Bitt, mich in die verfassete *Controversiam de
Coena Domini* () nicht zu ziehen".[131] Er äusserte, auftragsgemäss
entsprechend der Kölner Reformationsschrift von 1543 gelehrt zu haben,
der Herr gebe durch den Diener seinen wahren Leib und sein wahres
Blut, doch müsse man, da es ein „handel des gelovenss" sei, alle
fleischlichen Gedanken fahren lassen und mit der Sehnsucht des Herzens
die himmlischen Gaben empfangen.[132] Hardenberg bat, von einem Eid
auf die *Augustana* samt *Apologia* verschont zu bleiben, da die Heilige
Schrift ihm genug sei, und berief sich auf das Geständnis Luthers an
Melanchthon, wobei jener für eine Milderung der Abendmahlslehre
eintrat: „Lieber Philippus, ich muss zugeben, dass an der Sache mit dem
Abendmahl viel zu viel getan worden ist. Philippus antwortete: Herr
Doktor, so lasst uns eine Schrift aufstellen, worin die Sache gelindert
wird (). Darauf Doktor Luther: Ja lieber Philippus, ich habe das oft und
häufig überlegt, aber so würde die ganze Lehre verdächtig werden. Ich
will es dem allmächtigen Gott anbefehlen. Tut Ihr auch etwas nach
meinem Tode".[133] Auf Verlangen legte Hardenberg in der nächsten
Predigt am Sonnabend ein (mit seiner *Sententia* von 1548 in groben
Zügen übereinstimmendes) Abendmahlsbekenntnis ab.[134]

Gleich darauf, auf den Palmdienstag, wurde Hardenberg zum
zweitenmal auf dem Rathaus nach seinem Bekenntnis befragt, jetzt im

---

[130] *Notitiae*, 20^(r-v); *Declaratio*, 46^r; *Summarischer Bericht*, 861; Spiegel, 166, 168.
[131] *Summarischer Bericht*, 861.
[132] *De controversia*, 714f.; Spiegel, 168f.; Bucer, *Einfaltigs bedenken*, 96^b
(Ausgabe 1972: 144).
[133] *De controversia*, 715f.; Spiegel, 169-171; ders., *Hardenberg's Lehre vom
Abendmahle*, 91-98; Diestelmann, *Letzte Unterredung*; Haussleiter, *Letzte Unterredung*; Grass, *Abendmahlslehre*, 164f.; Neuser, 154f.
[134] HB 8, *Bekentenisse met korten worden*, [gg.Ostern 1556]. *De controversia*,
716.

Beisein Timanns.[135] „Nun hatte ich im Ärmel meiner Jacke Timanns *Farrago* mitgenommen, worin er viele Dinge zusammengeschlagen hat, die nichts mit der Ubiquität zu tun haben, um die es ihm ging. So zeigte ich den Bürgermeistern und den Ratsherren aus der *Farrago* viele gute Bekenntnisse, wie die von Luther, Philippus, Brenz, Bucer, Musculus und anderen,[136] mit der freundlichen Bitte, sie mögen damit zufrieden sein und mich nicht behelligen".[137] „Es rächte sich nun, dass Timann mehr Wert auf Quantität als auf Qualität gelegt hatte. Sein Buch erwies sich nicht als 'Farrago sententiarum consentientium'. () Die Ankläger waren mit ihren eigenen Waffen geschlagen".[138] Der Rat, vor allem Bürgermeister Kenkel, war zufrieden,[139] die Prediger umso weniger. Ein neues Schweigegebot traten sie mit Füssen, vor allem „das milchweisse Rhetorchen" Timann, „der Geflügelhändler" („fartor").[140]

Hardenberg schwieg sechs Monate lang[141]—also bis Oktober 1556— wie Melanchthon es wünschte.[142] Das Silentium muss ihm schwer gefallen sein, wie aus einem äusserst leidenschaftlichen und bitteren, 50 Folien langen Brief an Petrus Medmann vom August desselben Jahres hervorgeht.[143] Unterdessen beriet er sich mit Eber, Melanchthon und Maior über die Konsubstantiation, die Ubiquitätslehre und den erwarteten Theologenkonvent.[144]

---

[135] *Confessio*, 107; Nr.208, Hardenberg-Domkapitel, 30.1.1557, 19 (= Gerdes, *HM*, 124); *Notitiae*, 20ᵛ. Die Chronologie ist hier überaus verwickelt: in Nr.224, ders.-dens., 23.6.1557, 725f., in *Declaratio*, 44ᵛ-47ʳ sowie in *Contra Ubiquitatem*, 3ᵇ scheint sie in Unordnung geraten zu sein; so auch bei Schweckendieck, 30ff. und Rottländer, 16.

[136] Und zwar das *Strassburger Bekenntnis* 1530 (in: Timann, *Farrago*, 420f.): *Declaratio*, 45ʳ-46ʳ (dort auch zitiert); vgl.*infra*, II.6.3.2.

[137] *De controversia*, 717. Vgl.Nr.196, Hardenberg-Domkapitel, 9.11.1556, 25ᵛ-26ʳ; *Confessio*, 107; Spiegel, 172.

[138] Neuser, 155.

[139] Nr.208, Hardenberg-Domkapitel, 30.1.1557, 1f.; Nr.211, ders.-dens., 4.2.1557, 2 u.11; Nr.225, ders.-dens., [6?.1557]; *De controversia*, 717. Als weiterer Beleg für Hardenbergs Rehabilitation darf schon das Schreiben Tileman Heshusens gelten, mit dem er Hardenberg um einen Arbeitsplatz anging: Nr.181, Heshusen--Hardenberg, Pfingstmontag 1556.

[140] Nr.187, Hardenberg-Medmann, 8.8.1556, 148ᵛ-149ʳ.

[141] *De controversia*, 717.

[142] Nr.180, Melanchthon-Hardenberg, 23.4.1556: „Te autem oro, ne properes ad certamen cum collegis. Oro etiam ut multa dissimules. Precatione () primum nos armemus"; Nr.184, ders.-dens., 20.6.1556: „Et ut ad id tempus differas consilia tua, te adhortor".

[143] Nr.187, Hardenberg-Medmann, 8.8.1556, 137ʳ-162ᵛ.

[144] Nach Nr.181 u.Nr.182-185; nach Nr.187 u.Nr.188-190.

Neue Briefpartner tauchten in dieser Periode—einmalig—auf:
Lambertus, Holstenius, Theodor, Bernardus Gymnasiarcha, Martin Fabri,
Georg Lauterbeck.[145] Anscheinend hat Hardenberg sich in breiterem
Kreis einen Halt sichern wollen.[146] Martin Fabri versuchte er vergebens
unter Zuhilfenahme seiner Bucer-Korrespondenz von seiner Lehre zu
überzeugen.[147] Einige Bucer-Briefe nahm Hardenberg ungekürzt auf in
eine breiter angelegte systematische Darstellung seiner Theologie, das
Glaubensbekenntnis plattdeutsch,[148] zu derer Veröffentlichung es jedoch
nicht kam.

Denn inzwischen, d.h. im Herbst 1556, „trieb [Timann] die Ubiquität
so heftig, dass deswegen Herr Daniel von Büren anfing, es verdächtig zu
finden". Auf Hardenbergs Verlangen bat von Büren Timann um den
Beweis aus der Heiligen Schrift für seine Ubiquitätslehre.[149] Dieser
erbrachte ihn nicht, schickte von Büren nur ein Manuskript des Johannes
Brenz[150] mit der Bemerkung: „Hören Sie ihn nicht, so werden Sie auch
mich nie hören".[151]

---

[145] Nach Nr.185, [vor 8.8.1556]; nach Nr.201, [vor 14.12.1556].

[146] Vgl.Nr.196, Hardenberg-Domkapitel, 9.11.1556, 28^v.

[147] Nach Nr.185, Hardenberg-Martinus Fabri, [vor 8.8.1556], und *vice versa*, [vor
8.8.1556]. Hardenberg ist rasend, dass Fabri (den er bei dem Kölner Reformationsversuch als massvoll kennengelernt hat und 1549 von Bucer positiv beurteilt wurde,
s.Nr.105, Bucer-Hardenberg, 14.8.1549, 352) von Bucer fort ins lutherische Lager
übergewechselt ist (s.Fabri-Timann, 20.8.1556, in: SA Bremen, 2-ad T.1.c.2.b.2.
c.2.b (N°.2), 74^v-75^r), und dass Fabri ihn, Hardenberg, bei Medmann angeschwärzt
und als Anstifter des Bremer Konflikts angeprangert hat: Nr.187, Hardenberg-
-Medmann, 8.8.1556, 137^v-138^r, 144^r-147^r, 148^r, 149^{r-v}, 159^r.

[148] HB 10, *Glaubensbekenntnis plattdeutsch,* [Mitte 1556]. Die Schrift wird *infra*
in Abschnitt II. erörtert. Zur Datierung auf Mitte 1556: *terminus a quo* ist Bucers
Brief an Johann Kenkel vom 31.1.1551 (18^r-19^v) und der Anfang des Abendmahlsstreits im November 1555 (25^r, 27^r-28^r). *Terminus ad quem*: der Angriff auf die
christologische Grundlage der Ubiquitätslehre ist noch nicht aufgenommen (Oktober
1556, s.*infra*), die Abendmahlslehre wird weit ausgesponnen (13^v-28^v); Hardenberg
erwartet ein Kolloquium (27^r); die Inanspruchnahme von Bucers Autorität (17^v-25^v)
und dessen Übereinstimmung mit Luther 1536/37 für Hardenbergs Abendmahlsauffassung (26^r-27^r) ist noch sinnvoll (vgl.*infra*).

[149] *De controversia,* 717f. Von Büren-Timann, [Okt./Nov.1556], in: SUB Bremen,
Ms.a.10, n.53; *Contra Ubiquitatem,* 5, 7^{a-b}.

[150] Wahrscheinlich die Einleitung des Kapitels *De eucharistia* in Brenzens
Verteidigung der *Confessio Virtembergica: Apologia Confessionis illustrissimi principis
ac domini d.Christophori Wirtenbergensis etc.,* davon die *Posterior pars secundae
pericopes: De eucharistia,* in: Brenz, *Opera* 8, 507-512 (= Köhler, *Bibliographia,* Nr.
571). S.*infra*: III.2.3.2.

[151] Timann-von Büren, [Okt./Nov.] 1556, in: Planck, *Lehrbegriff,* 155, Anm.221
und Wagner, 69, Anm.d. Vgl.Spiegel, 173-175.

Das Manuskript wurde Timann zum Verhängnis. Anscheinend erfuhr Hardenberg von dem Briefwechsel von Bürens mit Timann und stellte fest, dass Timann—sei es vorerst auch nur privat—seiner Ubiquitätslehre die neue Christologie Brenzens zugrunde legte.[152] Da brach Hardenberg das Schweigen. Die brenzische Christologie war ihm nämlich *in nuce* schon lange bekannt, und zwar aus dem Brief, den Brenz ihm zwischen Ende 1544 und Ende 1546 geschrieben hatte.[153] Indem Timann, der die Ubiquität das Fundament der Abendmahlslehre genannt hatte, von Büren gegenüber die Abendmahlsschrift Brenzens ins Feld führte, war Hardenberg ein Angriffspunkt gegeben, um Timanns Abendmahlslehre in ihrer impliziten (von diesem weder begriffenen noch entfalteten)[154] christologischen Grundlage zu entwurzeln. Dazu brauchte Hardenberg nur den Defekt der expliziten brenzischen Christologie gegen Timann *cum suis* auszunützen.[155] Dass Timann die *brentiana ubiquitas* aufführte, war der eigentliche Grund dafür, dass Hardenberg den Kampf wieder aufnahm. Hatte er sich bis dahin noch zu Bekenntnissen über das Abendmahl herausfordern lassen, verschob er, sich der Chance bewusst, ab jetzt den *status controversiae* von der Realpräsenz zu ihrer christologischen Voraussetzung. Bis dahin war er in der Defensive geblieben, jetzt ergriff er die Offensive.

3.4 Die Lehrfrage: Hardenbergs Offensive und deren Fehlschlag, Oktober 1556-Januar 1557

An zwei aufeinanderfolgenden Sonntagen predigte Hardenberg nun gegen die Ubiquität, zunächst „gemässigt und verschleiert", dann „offen".[156] Die Stadtprediger beschuldigten ihn sofort des Friedensbruchs und verklagten ihn beim Rat. Dieser bat den Domprediger Anfang Oktober durch Vermittlung der Bürgermeister von Büren und Arend von Bobert, über die Ubiquität zu schweigen und schriftlich die Abendmahls-anschauung von Probst und Timann zu konsentieren. Hardenberg erwiderte jetzt, über das Abendmahl hätte er mit keinem Streit, nur die Ubiquitätslehre stehe zur Diskussion. Über diese wolle er nur schweigen,

---

[152] Nr.191, Hardenberg-von Büren, [Okt./Nov.1556].
[153] Nr.60, Brenz-Hardenberg, [zw.Ende 1544 u.Ende 1546].
[154] Mahlmann, 48.
[155] Hierzu ausführlicher *infra*, III.2.3.2.
[156] *Contra Ubiquitatem*, 3ᵇ; Nr.224, Hardenberg-Domkapitel, 23.6.1557, 725. Melanchthons Reaktion: Nr.194, Melanchthon-Hardenberg, 27.10.1556: „Nequaquam velim te in concionibus pugnare".

wenn ihm eine Disputation gewährt würde. Andernfalls wolle er einige Thesen gegen die Ubiquität verfassen. Dazu wolle er „vonn dem Amsterdamo (= Timann) neine Theologie lehrenn, he bewise dann sinne erdichtete Ubiquitet erstenn". Der Rat sei ihm „suspect"; diesen erkenne er nicht länger als Schiedsrichter an.[157]

Hardenberg beharrte auf seiner Einstellung, als der Rat ihm darauf das Abendmahlsbekenntnis zur Unterschrift vorlegte, das die Stadtprediger dem Rat am 21. Oktober 1556 auf Anforderung eingereicht hatten.[158] In diesem wurde festgestellt, dass—„an allen Orten" wo das Abendmahl rechtlich gefeiert wurde—„in und unter" dem Brot und im Wein der wahrhaftige, wesentliche, gegenwärtige Leib und das Blut Christi nicht nur geistlich sondern auch „mündlich" („oretenus"), also auch von den Ungläubigen, genossen würden, und dass die Einsetzungsworte ohne jeden *tropus* zu verstehen wären.[159] Die Ubiquitätslehre war unerwähnt geblieben.[160] Hardenberg liess sich jedoch zunächst nicht dazu verleiten, anzubeissen und damit seine Beute preiszugeben. Er verweigerte die Unterschrift mit dem juristischen Argument, der bürgerlichen Obrigkeit sei er keine Verantwortung schuldig, da nicht der Rat, sondern das

---

[157] Nr.193, Hardenberg-Domkapitel, [kurz vor 21.10.1556], 18^r-20^v; *Notitiae*, 22^r; *De controversia*, 718f.; *Contra Ubiquitatem*, 3^b, 4^a; von Büren-Melanchthon, 23.11.1556, in: Gerdes, *MG* 3, 378f.; Spiegel, 176f. Hardenberg beharrte sein Leben lang darauf, der Streit handele nur von der Ubiquitätslehre; s.z.B. *Summarischer Bericht*, 883.

[158] *Causae*, 74^r; *Declaratio*, 45^r; *De controversia*, 719. Das *Bekandtnis* in Abschrift, lateinisch (21.10.1556) in: SA Bremen, 2-T.1.c.2.b.2.c.2.a.1; deutsch (27.10.1556) in: SA Bremen, 2-ad T.1.c.2.b.2.c.2.b (N°.2), 1^r-3^v; P in: Heshusius, *Das Jesu Christi warer Leib*, D4^b-E1^b; Salig, *Vollständige Historie* 3, 725f. und *DB* 5, 194-199. Vgl.Wagner, 103-105; Spiegel, 180f.; Neuser, 164f.

[159] Heshusius, *Das Jesu Christi warer Leib*, D4^b-E1^b

[160] Vgl.Wilkens, *Hesshusius*, 76, unter Hinweis auf Kenkel, *Gespräche vom Bremischen Lermen*, in: SUB Bremen, Brem.b.521: „Den Pastoren ward ein Bekenntnis ohne Ubiquität abgefordert, damit Hardenberg seine Polemik gegen dieselbe nicht als Mäusedreck in den Pfeffer streuen könne"; vgl.auch Neuser, 159. Hardenberg dagegen insistierte darauf, das Bekenntnis der Stadtprediger lehre die Ubiquität, s.*infra*, II.6.4.2; s.auch: HB 16, *Iudicium*, Nov.1556, VII. Auch von Büren war dieser Meinung, s.seine am 24.12.1556 verhandelte Eingabe an den Rat, in: SA Bremen, 2-ad T.1.c.2.b.2.c.2.b (N°.1).

Domkapitel ihn angestellt hatte.[161] Indem er sich dem Kapitel unterstellte, entging er ebenfalls einem Predigtverbot.[162]

Der Rat gab nicht nach und ergriff öffentlich Partei gegen Hardenberg.[163] Er drang ihn via das Domkapitel nachträglich zur Unterschrift
und drohte mit Verbannung, falls er ein schriftliches Bekenntnis
verweigern würde.[164] Hardenberg reichte darauf dem Domkapitel seine
Entlassung ein.[165] Es bedeutete eine Niederlage für Hardenberg, als diese
abgelehnt wurde.[166] Jetzt sah er sich gezwungen, sich in einem schlichten
Bekenntnis („tenuis confessio") zur Abendmahlslehre der Stadtprediger
zu bekennen,[167] statt unter dem Schutz des Kapitels ihr Fundament, die
Ubiquitätslehre, angreifen zu können.

Er kehrte nun zu seiner bisherigen Taktik zurück, sich auf seine
Übereinstimmung mit Bekenntnissen anerkannter Theologen zu berufen.
Er schickte dem Rat Ausschnitte von Melanchthon, Brenz und am
1.November von Luther zu.[168] Der Rat wies dies zurück: Luther hätte
seine Abendmahlslehre inzwischen angepasst; wollte Hardenberg „unter
der Kappe spielen" oder das Licht fliehen?[169] Um das etwaige Argument
zu entkräften, er lehre gegen das *Augsburger Bekenntnis*, schrieb
Hardenberg am 7.November an den Rat—vorläufig zum letztenmal
geradewegs—, er könne der Konfession der Prediger nicht zustimmen,
weil sie sich auf die Ubiquität gründe, die er verwerfe.[170] Probst griff
diese Konsensbeweisführung Hardenbergs (und Timanns) an.[171] In seiner

---

[161] Nr.195, Hardenberg-Bremer Rat, [7.11.1556]. Auch: *De controversia*, 720;
Summarischer Bericht, 862; Wagner, 27ff.; Spiegel, 181f.; Engelhardt, *Irrlehreprozess*, 60; s.*supra*, I.2, Anm.128.
[162] Die Verweigerung der Unterschrift kostete seinen geistesverwandten Kollegen
Johann Slungrave die Entlassung aus dem Predigtamt: *Notitiae*, 21[r]; *De controversia*,
719f. Von Büren, der sich nach dem Besuch bei Hardenberg gegenüber von Bobert
in einer Ratssammlung gegen die Ubiquität erklärt hatte, wurde bei der Behandlung
kirchlicher Angelegenheiten ausgeschlossen: *De controversia*, 720f.; Rottländer, 17;
Spiegel, 177f.
[163] *Notitiae*, 22[r].
[164] *De controversia*, 721; von Büren-Melanchthon, 23.11.1556, in: Gerdes, *MG*
3, 380; Spiegel, 182.
[165] Nr.196, Hardenberg-Domkapitel, 9.11.1556, 28[v]-29[v]; *De controversia*, 721,
Melanchthons Rat befolgend: Nr.194, Melanchthon-Hardenberg, 27.10.1556.
[166] *De controversia*, 721.
[167] Von Büren-Melanchthon, 23.11.1556, in: Gerdes, *MG* 3, 380.
[168] HB 12c, *Confessio*, 9.11.1556, 107f.; *De controversia*, 722; Spiegel, 182.
[169] Nr.196, s.Anm.165, 28[r]. Vgl.(anders): von Büren-Melanchthon, s.Anm.167,
381.
[170] Nr.195, Hardenberg-Bremer Rat, [7.11.1556]. Vgl.Wagner, 111f.
[171] Neuser, 162.

Predigt am 8.November protestierte der Superintendent, „he en frage nha
Luthero nicht, nha Bucero nicht, nha Schwinglio nicht, ja nha nenen
Doctoren gantz nicht, will ock nenen annemen".[172]

Am nächsten Tage gab Hardenberg letztlich ein schriftliches Bekenntnis (die „tenuis confessio") ab[173]—sein erstes seit 1548.[174] Darin
bekannte er sich lediglich zu dem „worde unde meininge Jhesu Christi
unses einigen Doctors, so alse he van sinen Sacramenta redet" in
Matthäus 26, Markus 14, Lukas 22 und 1.Korinther 10 und 11, ausgelegt
durch 1.Korinther 10,16, das Nizäische Konzil und Bucers *Einfaltigs
bedenken* (1543). Nur diese Worte,[175] hiess es bedeutungsvoll, seien das
„Fundament unde Grunde van dessem seligen Geheimnis".[176] Er
forderte, diese *Confessio* sollte Wittenberg vorgelegt werden, und zwar
zusammen mit den 18 *Themata adversus Ubiquitatem*, die er inzwischen
abgefasst hatte (5.11.1556).[177] Mit dem Predigerbekenntnis sollten sie in
Wittenberg beurteilt und dann zusammen veröffentlicht werden. Notfalls
würde er die *Themata* selber drucken lassen. Aber vor der Abendmahlslehre sollte zuerst die Ubiquitätsfrage geklärt werden. „Sie müssen den
Streit mit mir erst vom Fundament her führen".[178] Natürlich weigerte
sich der Rat.

Doch kam nun Hardenberg zum Zuge. Die Falle stellte er am 14.und
15.November.[179] Bereits im August hatte er Medmann berichtet, die
Gegner warteten den Augenblick ab, dass er in seinen Predigten über den
1.Korintherbrief das 10.und 11.Kapitel auszulegen hätte, „um die
Tragödie zu erneuern".[180] Als es am 14.und 15.November 1556 soweit
war, verlas Hardenberg ohne Quellennachweis Wolfgang Musculus'

---

[172] *Confessio*, 108. Probst soll eine Sonderstellung unter den Bremer Predigern
eingenommen haben. Nach Hardenberg (Nr.225, Hardenberg-Domkapitel, [Juni?
1557]) lehnte er die Termini „essentialiter" und „essentiale" im Bremer *Bekandtnis*
ab.

[173] HB 12, *Confessio*, 9.11.1556. Vgl.*supra*, Anm.167.

[174] So HB 32, *Contentio*, [8.8.1560], 44ᵛ, im Gegensatz zu Neuser, 162, der die
Confessio (wie Rottländer, 19, Anm.2) für einen Brief hält. Nach Neuser, 163f., ist
mit dem „schlichten Bekenntnis" Hardenbergs *Iudicium* vom Ende November 1556
(s.*infra*) gemeint, was im Widerspruch steht zu von Büren-Melanchthon, 23.11.1556,
in: Gerdes, *MG* 3, 381 und zu *De controversia*, 721f.

[175] Und nicht die Ubiquität!

[176] *Confessio*, 108f.

[177] HB 11, *Themata*, 5.11.1556.

[178] Nr.197, Hardenberg-[Domkapitel], [nach 9.11.1556], 69ʳ: „Sze mothen am
erstenn vam grunde mit mij stridenn". Auch: Nr.196, ders.-dens., 9.11.1556, 30ᵛ-31ʳ;
von Büren-Melanchthon, 23.11.1556, in: Gerdes, *MG* 3, 380; *Contentio*, 69ᵛ.

[179] *De controversia*, 722f.

[180] Nr.187, Hardenberg-Medmann, 8.8.1556, 137ʳ; Spiegel, 182f.

Erklärung von Matthäus 14 und 26 und von Psalm 68, wie sie in Timanns *Farrago* abgedruckt war,[181] und wie Bürgermeister Kenkel ihr im Frühjahr Hardenberg gegenüber noch zugestimmt hatte.[182] Als Timann in seiner Predigt vom 30.November ankündigte, die 19 „arianischen, nestorianischen, zwinglianischen, Münsterschen, wiedertäuferischen, aufrührerischen, montanistischen" Irrlehren aufzulisten, die Hardenberg am 14.und 15.November (aus Musculus) und am 28.November dargelegt hatte,[183] schrieb Hardenberg den Passus aus Musculus wortwörtlich ab und legte ihn zusammen mit den vorangestellten *Themata sive Positiones* am 1.Dezember 1556 über das Domkapitel dem Rat als seine *Summa Doctrinae* vor.[184] Jetzt hatte der Rat das Nachsehen.[185]

In den *Themata*, in denen er seine Abendmahlschristologie erklärte und die Zweinaturenlehre im Chalcedonensischen Sinne auslegte, verwarf Hardenberg die „neuerdings erfundene 'pantitopia' (Ubiquität)" bis die Akademien Deutschlands ihn aus Gottes Wort und in Übereinstimmung mit der alten Kirche von dem Gegenteil überzeugt hätten.[186] Als Disputationsort schlug er Wittenberg vor,[187] wo er sich der Zustimmung Melanchthons gewiss sein konnte.[188] Er bestand darauf, der Ubiquitätslehre würde der Vorrang gegeben, da diese in der *Farrago* ja als

---

[181] Timann, *Farrago*, 731f.

[182] HB 18, *Fragmentum de eucharistia*, [Dez.1556/1557]; Nr.225, Hardenberg--Domkapitel, [6?.1557]; *Contra Ubiquitatem*, 4ᵃ; *De controversia*, 717, 722; *Summarischer Bericht*, 862.

[183] Nr.199, Hardenberg-[Domkapitel], [1.12.1556]; Nr.225,. ders.-dens., [6?. 1557]. Die Irrlehren Hardenbergs: HB 13, *Positiones collectae*, 14./15./28.11.1556; mit zwei der vier Irrlehren aus seiner Predigt vom 28.11 und mit dessen Anmerkungen ergänzt in: HB 19, *Hos sequentes Articulos*, [Dez.1556]; eine zusätzliche 20. Beschuldigung an Hardenbergs Adresse (von Johann Hondeman) in HB 14, *Accusatio*, [Nov.? 1556].

[184] Nr.199, s.vorige Anm. Das Musculus-Zitat: HB 17, *Summa Doctrinae*, 1.12.1556. Für den Rat übersetzte Hardenberg die *Summa* ins Deutsche (*De controversia*, 722f.; *Declaratio*, 47ᵛ-51ᵛ).

[185] Nr.224, Hardenberg-Domkapitel, 23.6.1557, 729: „ende schloch se mit eren egenen swerde, dat isset, dat eme weh doth. Wente nemand kann mine Confession verdomen, he mot dan den *farraginem* erst verdomen"; *De controversia*, 723.

[186] *Themata*, XIV, 99.

[187] *Themata*, XVIII, 100.

[188] Nr.188, Melanchthon-Hardenberg, 1.9.1556. Melanchthon nannte die Bremer Prediger „indocti" und „rabiosi", Nr.194, Melanchthon-Hardenberg, 27.10.1556.

Fundament der Abendmahlslehre bezeichnet worden war.[189] Die *Themata* schickte er selber Ende November an Melanchton und Eber.[190]

Die Behauptung Neusers, dass sich Hardenberg mit dieser Forderung nicht im Angriff, sondern schon längst in der Verteidigung befand,[191] trifft nicht ganz zu. Hardenbergs oben erwähnter Brief an von Büren über die von Timann herbeigerufene *brentiana ubiquitas* vom Okt./Nov. 1556 gibt hier Aufschluss.[192] Zwar genügte den Predigern zur Begründung der Realpräsenz die Berufung auf den wörtlichen Sinn der Einsetzungsworte,[193] doch dachte Hardenberg die Realpräsenz niederreissen zu können, indem er die von Timann als *fundamentum* proklamierte (und von Hardenberg im brenzischen Sinne als *generalis* interpretierte)[194] *ubiquitas* abzureissen vermochte.

Hardenbergs Forderung nach einer Disputation in Wittenberg und die Kopplung des Aufbaus mit dem Fundament lagen dem Rat offensichtlich schwer im Magen. Hardenberg hatte sich Ende November 1556 auf erneutes Drängen des Domkapitels, zwar unter Protest, unzweideutig (ablehnend) zum Abendmahlsbekenntnis der Prediger geäussert, dabei aber wiederum ihre Ubiquitätslehre angeschnitten und sich auf Wittenberg berufen.[195] Am 1.12.1556 erneuerte Hardenberg seine Berufung und wiederholte die Forderung, „dass die Untersuchung bei der Ubiquität beginne".[196] Der Rat war in Verlegenheit. Das Domkapitel und von Büren unterstützten Hardenbergs Forderung;[197] das Kapitel kam mit dem Rate überein, dass Hardenbergs Einlagen zusammen mit der Konfession

---

[189] *Themata*, XVII, 100: „Corpus Christi est ubique, eo, quod verbum caro factum est, et quod sedet ad dexteram patris, Et, quoniam Farrago hanc sententiam nimirum tricies octies ponit, dicitque, eam esse fundamentum doctrinae de coena dominica, ut hic illam docent, et tradunt in sua ad Senatum confessione: Testor, me illam non antea recipere, quam suam mihi ubiquitatem contra has propositiones approbaverint"; XVIII, 100: „Rursum testor, me, quoniam invitus pertractus ad hanc contentionem sum, non ferre censuram de doctrina mea, quatenus meam illam hic facio, circa coenam dominicam, nisi prius de ubiquitate judicatum sit, Neque volo has duas materias separari, aut disjungi ab invicem". Vgl. *Contra Ubiquitatem*, 4ᵃ.

[190] Nach Nr.198, Hardenberg-Eber/Melanchthon, [vor 23.11.1556].

[191] Neuser, 159.

[192] Nr.191, Hardenberg-von Büren, [Okt./Nov.1556]; s.*supra*, Anm.152.

[193] Neuser, 159.

[194] *Themata*, XVI, 100; *Causae*, 77ʳ⁻ᵛ.

[195] HB 16, *Iudicium*, [11.1556]. Von Büren-Melanchthon, 23.11.1556, in: Gerdes, *MG* 3, 381. Zum *Iudicium* und dessen Entgegnung (von Timann?, in: SA Bremen, 2-ad T.1.c.2.b.2.c.2.b (Nᵒ.1)): Wagner, 108-111; Neuser, 165f.

[196] Nr.199, Hardenberg-[Domkapitel], [1.12.1556], 10: „dat men erst van den ubiquitet de vorhoringe angripe".

[197] Von Büren-Melanchthon, 23.11.1556, in: Gerdes, *MG* 3, 381; Spiegel, 185f.; Rottländer, 19.

der Prediger nach Wittenberg geschickt werden sollten;[198] Melanchthon
und Eber stimmten—privat—Hardenbergs *Themata* gegen die Ubiquität
zu,[199] und von Büren strebte mit Melanchthon einen allgemeinen
Gelehrtenkonvent an.[200] *Dennoch* beschloss der Rat am 19.12.1556 nur
das Abendmahlsbekenntnis der Stadtprediger nach Wittenberg und
ausserdem an die benachbarten niedersächsischen Städte zu senden.[201]
Offiziös hoffte man so—von Bürens Protesten zum Trotz—Hardenbergs
Forderung zu entgehen, vor der Abendmahlsfrage müsse die Ubiquitätslehre verhandelt werden.[202] Offiziell hiess es, Hardenberg habe sich zum
Bekenntnis der Prediger nicht klar geäussert, sondern sich nur auf
Musculus berufen.[203] An Melanchthon, Bugenhagen und Georg Maior
schrieb der Rat am 22.Dezember, mit Hardenbergs *Positiones* gegen die
Ubiquität habe man gar nichts zu tun, wolle „uns auch derselben in
keinem wege theilhafftig machen, können aber wol leiden, das van
solchen hohen sachen ohne unsere beförderung in hohen schulen disputirt
werde". Die Abendmahlslehre gründe man „auff nichts anders, dan auff
das Almechtige wort unsers Herrn Jesu Christi und seine einsetzung",
d.h. da, wo die lutherische Theologie traditionell die Realpräsenz
verwurzelt sah.[204]

War der Rat ehrlich, als er die Ubiquitätslehre zu umgehen versuchte?
Ja und nein. Ja, insoweit er in seinem Schreiben die *ubiquitas corporis
Christi* explizit in dem von Hardenberg (von Brenz aus) interpretierten
Sinne als *generalis ubiquitas* verstand: „wie dann solchs new wort gantz
odiose in die weitlufftigkeit ausserhalb dem waren gebrauch des
H.Abendmals des Herrn gedeutet wird".[205] Diese Ubiquität *extra coenae*

---

[198] Nr.224, Hardenberg-Domkapitel, 23.6.1557, 726; *Notitiae*, 21[r]; *Summarischer
Bericht*, 863.

[199] Nr.200, Eber-Hardenberg, 5.12.1556; Nr.201, Melanchthon-dens., 6.12.1556
(übrigens mit der kennzeichnenden Bemerkung: „Te oro, ut de negotio omnium
maximo cunctanter agas", 918). Hardenberg gab die Briefe an von Büren weiter,
Nr.204, Hardenberg-[von Büren], [12.1556].

[200] Von Büren-Melanchthon, s.*supra*, Anm.197, 381f.; Nr.201, s.vorige Anm.

[201] „Non sine gravissimo praeiuditio meo"; Hardenbergs Einlagen wurden an das
Kapitel zurückgeschickt, *Declaratio*, 51[v]-52[r]. Vgl.Nr.224, Hardenberg-Domkapitel,
23.6.1557, 726; *De controversia*, 723; Spiegel, 185.

[202] Nach einer am 24.12.1556 verhandelten Eingabe von Bürens an den Rat:
supra, Anm.160; Spiegel, 185f. Nach von Büren floh nicht Hardenberg, sondern der
Rat das Licht, vgl. *supra*, Anm.169. Vgl.*De controversia*, 723: „se mystruweden der
sake derhalven myner positiones willen".

[203] Bremer Rat-Wittenberg, 22.12.1556, in: Gerdes, *HM*, 111 u.*CR* 8, 929.

[204] Idem, in: Gerdes, *HM*, 112/*CR* 8, 929; vgl.Mahlmann, 51f.

[205] Idem, in: Gerdes, *HM*, 112f./*CR* 8, 929.

usum war tatsächlich in der Konfession der Prediger mit keinem Wort angegeben worden. Unaufrichtig war der Rat jedoch, insoweit Timann in seiner *Farrago* die als Illokalität (Überräumlichkeit) verstandene Ubiquität des Jesusleibes mehr als 38 Mal aufgeführt hatte, und zwar als Begründung der Realpräsenz.[206] Dennoch wurde Hardenberg mit diesem Brief sein Trumpf aus den Händen geschlagen.[207] Überdies waren die Wittenberger nun durch das Vorgehen des Rates der Wahl zwischen zwei Bekenntnissen enthoben,[208] wenn sie auch anders urteilen konnten als die Theologen der benachbarten Städte, die der Bremer Konfession ausnahmslos zustimmten.[209]

Als sein eigener Anwalt reiste Hardenberg Ende Dezember 1556 nach Wittenberg.[210] Dort stellte sich heraus, dass der von Timann aufgestellte Katalog von 15 Irrlehren, um vier Punkte aus Hardenbergs Predigt vom 28.11.1556 ergänzt,[211] ihm vorausgegangen war. Hardenberg widerlegte sofort all diese Bezichtigungen ausführlichst[212] und fügte nicht weniger eingehend die (sieben) Gründe hinzu, die ihm die Unterschrift der Abendmahlsbekenntnis vom 21.Oktober verwehrt hatten.[213]

Melanchthon sah sich der Beantwortung des Bremer Lösungsgesuchs ausgesetzt.[214] Im Konzept versuchte er noch, Hardenberg in seine Beurteilung einzubeziehen, indem er die Zusammenfassung der *Wittenberger Konkordie*, mit der Luther am 23.5.1536 die Oberdeutschen als Brüder angenommen und auf deren Zustimmung zur *manducatio impiorum* verzichtet hatte, als Eintrachtsformel vorschlug.[215] Auf diese hatte Hardenberg sich Bugenhagen gegenüber berufen, als er von den

---

[206] *Themata.*

[207] Vgl.*Declaratio*, 51ᵛ.

[208] Neuser, 167.

[209] SA Bremen, 2-ad T.1.c.2.b.2.c.2.b (N°.2): Magdeburg, 20.12.1556 u.15.1.1557, 27ʳ-34ᵛ, 35ʳ-38ᵛ; Braunschweig, 29.12.1556, 38ᵛ-39ʳ (der Rat); 30.12.1556, 39ʳ-42ʳ (die Prediger), P: *DB* 5, 204-206; Lübeck, 9.1.1557, 22ᵛ-24ʳ; Celle, 12.1.1557, 43ʳ-45ᵛ; Hamburg, 13.1.1557, 24ʳ-26ᵛ, P: *DB* 5, 194, 199-204; Lüneburg, o.J., 42ᵛ-43ʳ. Vgl.*De controversia*, 724.

[210] Nr.204, Hardenberg-[von Büren], [12.1556]. Auch: *Notitiae*, 21ʳ; *Declaratio*, 52ʳ; *De controversia*, 723; vgl.Spiegel, 201.

[211] S.*supra*, Anm.183 und *infra*, II.6.4.5.

[212] HB 19, *Hos sequentes Articulos*, [12.1556]. S.*infra*, II.6.4.6.

[213] HB 20, *Causae*, [12.1556]. S.*infra*, II.6.4.3.

[214] HB 21e, *Explanatio*, [1.1557], 12, 123. S.*infra*, II.6.5.

[215] Nr.210, Hardenberg-Hinke, 3.2.[1557], 169ᵛ. Der Schluss der Rede Luthers zitiert bei Bizer, *Abendmahlsstreit*, 107f. Vgl.Neuser, 168f., 177f.; *infra*, Anm.275; III.2, Anm.29.

Bremer Kollegen in Wittenberg angeschwärzt worden war.[216] Doch konnte diese Zusammenfassung nicht den offiziellen Text der *Konkordie* ersetzen, die von Melanchthon noch im *Weseler Gutachten* als Unionsformel empfohlen, von Hardenberg aber abgelehnt wurde.[217] Daher musste Melanchthon sich ausschliesslich mit der Bremer Einlage befassen.[218]

Das *Wittenberger Gutachten* (10.1.1557) mahnte den Bremer Rat, keine „fremde disputationes" in den Abendmahlsartikel zu „mengen", und sich daher der *Confessio Augustana 1530* gemäss an die „gewohnliche form zureden" zu halten: „cum pane sumitur Corpus" und „panis est Communicatio Corporis".[219] Die Bremer Formel „panem et vinum esse essentiale Corpus et sanguinem Christi" wurde abgelehnt, sowie die Gültigkeit des Sakraments ausser dem verordneten Brauch. Der von Melanchthon und von von Büren angestrebte Gelehrtenkonvent wurde nun öffentlich als Desiderat benannt.[220]

Faktisch bedeutete das Gutachten die Legitimation der Abendmahlsauffassung Hardenbergs, wenn auch nicht die Ablehnung der in der Bremer Abendmahlslehre impliziten Christologie. Bugenhagen, dem Timann 1554 den ganzen Handel angetragen hatte, fügte jedoch einen eigenhändigen Zusatz hinzu. Zwar mahnte er darin die Bremer Kollegen zum Frieden, aber „die gewohnliche form zureden" hielt er für massgebend, nur insofern sie auf das Vorbild der Schrift zurückgehe.[221] Mahlmann hat recht mit der Bemerkung, dass das nicht ganz identisch war mit dem, was Melanchthon meinte, „weil Bugenhagen den Sinn des Redens der Schrift durch eben das Argument begründete, das Melanchthon gerade vermieden sehen wollte, durch das christologische in einer bewusst unbestimmt gelassenen Weite: ... Tunc cum gaudio et sancta fiducia *invertemus* adversariis hoc argumentum et *similia*: Christus sedet ad dexteram patris, ergo non potest dare super terram in coena sua suum

---

[216] Nr.203, Hardenberg-Bugenhagen, 20.12.1556, 46^r; Nr.210, s.vorige Anm., 169^r; Nr.211, ders.-Domkapitel, 4.2.1557, 10f.; Nr.219, ders.-Kampferbecke, 1.4.1557, 50^r. Vgl. Schweckendieck, 36; Neuser, 168f.

[217] Nr.211, s.vorige Anm., 4.2.1557, 10f. Die *Konkordie* in: *BDS* 6,1, 114-134.

[218] Neuser, 169. Neuser fragt, warum Melanchthon seinen hardenbergfreundlichen Entwurf im Gutachten nicht berücksichtigte. Hardenberg meldet in der *Contentio*, 12^v: „persuasu D.Pomera.".

[219] Wittenberg-Bremer Rat, 10.1.1557, in: Gerdes, *HM*, 113f.; *CR* 9, 16. Neuser, 169: „Man bekommt allerdings den Eindruck, Melanchthon habe nicht die Invariata, sondern die Variata im Blick. () Das Brot wird—in dieser Form—nur in der Variata genannt". S.*Bekenntnisschriften*, 64f.

[220] Wittenberg-Bremer Rat, 10.1.1557, in: Gerdes, *HM*, 113f.; *CR* 9, 16.

[221] In: Gerdes, *HM*, 115f.; *CR* 9, 17; Vogt, *Briefwechsel*, 572f.

corpus etc., quae vera ecclesia detestatur".²²² Bugenhagen mengte hier—sich eines Widerspruches gegen Melanchthon nicht bewusst—doch an zweiter Stelle christologische Argumente in die Sicherstellung der Realpräsenz, und stand damit „trotz scheinbarer Abwehr den Bremern in der Sache nahe, trotz scheinbarer Billigung Melanchthons Antwort an die Bremer in der Tendenz fern. Selbst innerhalb der Wittenberger Fakultät macht(e) sich also eine unklare Differenz in der Beurteilung der Realpräsenz bemerkbar".²²³

Dies hinderte Hardenberg nicht daran, sich nach seiner Heimkehr aus Wittenberg am 21.1.1557 als Sieger anzusehen, im Gegenteil, er legte grossen Wert auf die Wittenbergische Schuldlosigkeitserklärung.²²⁴ In 14 Punkten legte er dem Rat das allzu summarisch gehaltene Wittenberger Antwortschreiben zu seinen eigenen Gunsten aus.²²⁵ Mit ihrer Verwarnung, „men schall fremde disputationes von dem aventmahle laten", hätten die Wittenberger nach Hardenberg die Ubiquitätslehre verurteilt.²²⁶ Überdies hätte Melanchthon seine *Themata* gegen die Ubiquität approbiert.²²⁷

Die Stadtprediger widerlegten die *Explanatio* Hardenbergs Punkt um Punkt, wobei sie das Gutachten gleichermassen für sich in Anspruch nahmen.²²⁸ In der geforderten Trennung von Realpräsenzlehre und Christologie sahen sie gerade eine Bestätigung des Wunsches des Rates, die These der Ubiquität der wissenschaftlichen Diskussion zuzuweisen.²²⁹ Beide Auslegungen waren möglich, die der Stadtprediger aber höchst unwahrscheinlich.²³⁰

---

²²² Mahlmann, 58; *CR* 9, 17f. Übersetzt: „Dann sollen wir mit Freude und heiligem Vertrauen gegenüber den Gegnern diesen und ähnliche Beweise umkehren: 'Christus sitzt zur Rechten des Vaters, darum kann er uns auf Erden in seiner Mahlzeit seinen Leib nicht geben, usw.', was die wahre Kirche verwirft".

²²³ Mahlmann, 58f.

²²⁴ Nr.208, Hardenberg-Domkapitel, 30.1.1557, 3-6; Nr.219, ders.-Kampferbecke, 1.4.1557, 50ʳ („retuli () praeclara meae innocentiae Testimonia"); Nr.226, ders.-deutsche Prediger in Norwegen [Bergen?], [6?.1557], 222; Nr.224, ders.-Domkapitel, 23.6.1557, 729f.; Nr.269, ders.-dens., 5.1.1560, 127; *Contentio*, 71ʳ; *Summarischer Bericht*, 863.

²²⁵ HB 21e, *Explanatio*, [1.1557]. Vgl.Neuser, 171f.

²²⁶ *Explanatio*, I, 116f.; Nr.208, s.vorvorige Anm., 4: „Ja ick sin darbi gewest dat se dat antwordt mer dar tegen merkeden unde dudden mi dat erste stucke () darhen, dat die predicanten hir de ubiquiteet dar tho mengen".

²²⁷ *Explanatio*, X, 122.

²²⁸ *Replica Concionatorum Bremensium*, in: Gerdes, *HM*, 116-124.

²²⁹ *Explanatio*, I, 116f. und X, 122. Vgl.Neuser, 171f.; Mahlmann, 56.

²³⁰ Vgl.(anders) Mahlmann, 57.

Wenn übrigens Prediger und Rat sich wirklich getrauten, die Frage der Ubiquität der Beantwortung durch Universitäten und Gelehrten zu überlassen, war dann damit nicht die Autorität von Melanchthon und Eber in Frage gestellt, die Hardenbergs Propositionen gegen die Ubiquität zunächst privat, jetzt über Hardenbergs *Explanatio* auch öffentlich gebilligt hatten?[231] In der Tat erlitt Melanchthons Ansehen Schaden. Die niedersächsischen Städte hatten der Bremer Konfession beigestimmt. Hardenberg hatte sich fast in jedem Punkt seiner *Explanatio* auf den Melanchthon der *Variata* berufen; die Stadtprediger sahen sich in ihrer *Replica* zur *Explanatio* gezwungen von ihm abzurücken, sich auf den frühen Melanchthon zu berufen und gegen ihn andere Autoritäten, vor allem Luther, anzurufen.[232] „Selbst Melanchthons Zurückhaltung musste seiner Autorität abträglich sein".[233] Vielsagend ist Hardenbergs beiläufige Bemerkung, dass die Wittenberger „unse praeceptores heten, und gewest sint, ende noch billig geholden scholden werden".[234] Schon früher, als der Bremer Rat sich überlegt hatte Wittenberg zu konsultieren, hatte Jakob Louwe, der Bremer Stadtsekretär, Melanchthon „dat gecksken" (den Idioten) genannt: „Wat scholl dat gecksken, schal men tho den Narren wat senden?".[235]

Wittenberg brachte keine Rettung für den Rat. Dieser berief unter Bürgermeister Kenkels Leitung am 26.1.1557 die Bürgerschaft zu einer Versammlung in das Rathaus. Als Kenkel die eingegangenen Gutachten verlesen liess, wurde aus der Anhängerschaft Hardenbergs eingebracht, das *Wittenberger Gutachten* sei falsch verlesen worden und billige tatsächlich die Bremer Konfession nicht. Hardenbergs *Explanatio* des Gutachtens könnte das beweisen.[236] „So ging die ganze herrliche Gesandtschaft [nach Wittenberg] zunichte".[237] Die Bremer Konfession hatte ihre Rolle ausgespielt.[238] Doch wurde Hardenberg wiederum in die

---

[231] *Supra*, Anm.199 u.227.

[232] Neuser, 173.

[233] Idem.

[234] Nr.224, Hardenberg-Domkapitel, 23.6.1557, 732.

[235] Nr.204, Hardenberg-[von Büren], [12.1556].

[236] *Acta in Curia Bremae 26.1.1557*, in: SA Bremen, 2-ad T.1.c.2.b.2.c.2.b (N°.2), 52^r-55^r; *Notitiae*, 22^{r-v}; *Declaratio*, 52^{r-v}; *Summarischer Bericht*, 863; Spiegel, 204-206.

[237] *De controversia*, 724.

[238] Spiegel, 205f.; Neuser, 175: „Jedenfalls hört man nichts mehr von ihr. Das hatte immerhin das Wittenberger Gutachten vermocht". Nach dem *Summarischen Bericht*, 864, gelobte der Rat die *Confessiones* beider Parteien nochmals nach Wittenberg zu schicken oder ihre Verfasser in der Wittenberger Pfarrkirche disputieren zu lassen; der Rat kam seinem Versprechen nicht nach, „wie sie für Gott

Opposition gedrängt, da es dem Rat gelang, die Diskussion von der Lehr-
auf die Bekenntnisfrage zu verschieben.[239]

3.5 Die Bekenntnisfrage: der Streit um die Bindung an die „Augustana", Januar 1557-1558

Bereits Ostern 1556 hatte Hardenberg dem Rat zu erkennen gegeben,
dass er sich nicht auf die *Confessio Augustana* und ihre *Apologia*
verpflichten lassen wollte, da ihm die Heilige Schrift genug sei.[240] Als
er in seiner *Explanatio* des *Wittenberger Gutachtens* vom Januar 1557 die
Apologie der *Augsburger Konfession* faktisch als zweitrangig klassifi-
zierte, und erklärte, die *Augustana, Apologia, Confessio Saxonica* und
Loci communes seien nach der *Augsburger Konfession* („mit dem Brot"),
d.h. nach 1.Kor.10,16 („Das Brot ist die Gemeinschaft des Leibes
Christi") und *in sensu autoris* auszulegen,[241] beschuldigten die Stadt-
pfarrer ihn, er wolle die *Apologie* unter den Teppich kehren.[242]
Hardenberg riskierte mit diesem Verhalten seine Vertreibung aus
Bremen, weil er die politische Stellung der Stadt gefährdete. Würde die
Stadt die Anerkennung als Augsburger Religionsverwandter verlieren,
dann hätte sie den Schutz des Religionsfriedens verspielt.[243] Bei der
Versammlung vom 26.Januar wies der Rat nachdrücklich darauf hin.[244]
Am Ende jener Versammlung wurde Hardenberg explizit aufgefordert,
Augustana und *Apologie* zu unterschreiben. Er erwiderte, er habe nie
gegen beide gelehrt und sei nicht gewillt, das zu tun—sich aber auf beide
zu verpflichten, „das stünde nicht in meiner Macht".[245] Eine Disputation
sei ihm aber recht.[246] Faktisch unterschrieb er damit sein (politisch
begründetes) Verbannungsurteil.

() zu veranthworten".
[239] *Declaratio*, 52^v; Neuser, 175.
[240] *Supra*, I.3, Anm.133.
[241] *Explanatio*, XII, XIII, 122f.
[242] *Replica Concionatorum Bremensium*, XII, in: Gerdes, *HM*, 122f.: „dat Dr.
Albert mit der *Apologia* gehren under de banck wolde".
[243] Wilkens, *Kirchengeschichte*, 55; Moltmann, *Hardenberg*, in: *RGG* 3, 74;
Engelhardt, *Irrlehreprozess*, 28, 30, 33f.; Neuser, 175.
[244] S.Anm.236.
[245] *Declaratio*, 52^v: „id mihi integrum non esse"; Nr.211, Hardenberg-Domkapitel, 4.2.1557, 7.
[246] Nr.208, Hardenberg-Domkapitel, 30.1.1557, 23.

Mehrere Beschwerden führte Hardenberg gegen die Bekenntnisbindung an:[247]

1. Die Heilige Schrift sei die alleinige Norm, so schrieb er dem Domkapitel; der *Augsburger Konfession* sei zuzustimmen, nur insoweit sie der Schrift gemäss sei.[248] Das Gelübde bei seiner Promotion verwehre ihm, sich auf etwas anderes zu verpflichten als auf die Bibel und die „alte wahre christliche Lehre der Kirchen".[249] Da ihm in Bremen das Lehramt aufgetragen sei, sei er nicht auf die *Augsburger Konfession* und ihre *Apologie* berufen.[250] Übrigens streite er überhaupt nur gegen die Ubiquität und dafür, „dasz dat Brodt nicht *Essentiale sed Sacramentale Corpus* sey".[251]

2. *Augustana* und *Apologia*, und namentlich ihr 10. Artikel, seien abgefasst, um Kaiser und Papst zu gewinnen, und deshalb als Lehrgrundlage ungeeignet.[252] Ihr Verfasser hatte sie selber für unvollkommen erklärt, „warum auch die Konfession der sächsischen Kirchen [1551] folgte, die man nach Trente senden sollte".[253] Dazu seien *Konfession* und *Apologie* in verschiedenen voneinander abweichenden Fassungen vorhanden: auf welche sei man zu verpflichten?[254]

3. Der Religionsfriede sei auf Grund der *Confessio* geschlossen, nicht der *Apologie*, in der den Altgläubigen u.a. die Brotverwandlung nachgegeben war.[255] Nur Bugenhagen habe in seinem Zusatz zum Gutachten auf die *Apologie* verwiesen, was nach Melanchthon und Eber seiner geistigen Verwirrung zuzuschreiben sei.[256] Unter Heinrich von Zütphen habe Bremen sechs oder sieben Jahre lang das Evangelium gehört, „ehe die *Apologie* oder die *Konfession* gemacht wurde". Jetzt sei die *Apologie* der Gemeinde überhaupt unbekannt.[257] Überdies wollte Bugenhagen die

---

[247] Vgl.Kenkel, *Kurtze, klare und warhafftige Histori*, C1[a-b]; Wagner, 159-163; Spiegel, 205-207; Engelhardt, *Irrlehreprozess*, 28-31; Neuser, 175f.

[248] Nr.211, Hardenberg-Domkapitel, 4.2.1557, 1; Nr.212, ders.-dens., 18.2.1557, 5f.

[249] Nr.212, s.vorige Anm., 2; *Declaratio*, 52[v]: auf den „consensus veteris ecclesiae"; Nr.293, ders.-dens., 10.8.1560.

[250] Nr.212, s.vorvorige Anm., 2f.

[251] Nr.208, Hardenberg-Domkapitel, 30.1.1557, 19 = Gerdes, *HM*, 125.

[252] Nr.187, Hardenberg-Medmann. 8.8.1556, 154[r]; Nr.208, s.vorige Anm., 18 = Gerdes, *HM*, 124; Nr.212, ders.-Domkapitel, 18.2.1557, 5f.

[253] Nr.208, s.Anm.251, 17.

[254] Nr.208, s.Anm.251, 13; Nr.211, Hardenberg-Domkapitel, 4.2.1557, 4.

[255] Nr.208, s.Anm.251, 13, 19f. = Gerdes, *HM*, 125. Nr.224, Hardenberg-Domkapitel, 23.6.1557, 738: „so schmacket die Apologie ja gantz na Transsubstantiatio".

[256] Nr.208, s.Anm.251, 21.

[257] Idem.

Apologie nach Auslegung der *Confessio Saxonica* und der *Loci cummunes* verstanden haben. „Nun bin ich mit den *Loci* und der *Confessio Saxonica* wohl zufrieden und weiss nichts dagegen zu lehren".[258] „Es besteht also kein Anlass, die Stadt Bremen ernsthaft zu verdächtigen, als wäre hier eine andere Lehre". Denn dem 10. Artikel der *Augustana* stimme er zu, jedoch „laut Erklärung und Auslegung" des *Wittenberger Gutachtens*, dass „mit Brot und Wein" der wahre Leib gegeben wurde, nach 1. Kor. 10,16, welches nach Melanchthon besagte: „Est societas in corpore Christi".[259] Das sei schon immer seine Meinung gewesen, „obwohl es in der *Konfession* so nicht verstanden wird. Wenn sie aber so verstanden werden soll, ist die *Konfession* mir umso lieber, und ich sage davon: wo sie der heiligen Schrift gemäss ist, nehme ich sie an; so sie aber fehlgeht—was ich noch nicht sagen kann—so halte ich sie nicht". In den anderen Artikeln stimme er der *Augustana* vorbehaltlos bei.[260]

Im 2. und 3. Punkt hatte Hardenberg sicherlich recht, doch beeinträchtigten sie die reichsrechtliche Gültigkeit der *Confessio* nicht.[261] Nach Neuser überzeugt auch die Berufung auf die alleinige Verbindlichkeit der Heiligen Schrift nicht, da sie die Verpflichtung auf ein Bekenntnis nicht ausschliesse. Dann wäre mit Neuser zu fragen, was Hardenbergs wirklicher Grund war für die Verweigerung der Unterschrift, die wegen der reichsrechtlichen Bedeutung der *Augustana* „fast noch folgenschwerer als seine spiritualistische Abendmahlslehre" war.[262] Dass eine Unterschrift mit dem Zusatz „Wie es der Verfasser versteht" vermutlich keinen Anstoss erregt hätte,[263] stimmt nicht, denn in ihrer *Replica* (Jan. 1557) hatten die Prediger Hardenbergs Berufung auf den *sensus autoris Confessionis* bereits als subjektiv verworfen.[264] Nach Neuser müssen alle Einwände, die Hardenberg machte, zweitrangige Gründe gewesen sein. „Das wirkliche Hindernis nannte er nicht. So war es sicherlich die corporalis praesentia Christi in der Apologie (Art. 10), die sein Missfallen erregte".[265]

---

[258] Nr. 208, s. Anm. 251, 22; vgl. Nr. 211, Hardenberg-Domkapitel, 4.2.1557, 3f.
[259] Nr. 208, s. Anm. 251, 16f.
[260] Nr. 208, s. Anm. 251, 16f. Vgl. *Contentio*, 97ᵛ-98ʳ.
[261] Neuser, 176; vgl. Engelhardt, *Irrlehreprozess*, 120f.
[262] Neuser, 175f., nach Moltmann, *Pezel*, 21 bei Engelhardt, *Irrlehreprozess*, 30.
[263] Wie Neuser, 176 meint.
[264] *Replica Concionatorum Bremensium*, III, XIII, in: Gerdes, *HM*, 118, 123.
[265] Neuser, 176; *Bekenntnisschriften*, 247f. Das stimmt insoweit, als Hardenberg Vulgarius' (Theophylaktos') in *Apologie* X angeführte „mutatio in carnem" (*Bekenntnisschriften*, 248, 20f.) ablehnte, da mit ihr—nach Hardenberg—eine *mutatio* „substantie et elementi" gemeint wurde statt eine *mutatio* „offitij et usus": Nr. 211, Hardenberg-Domkapitel, 4.2.1557, 11f.

Und doch war das wirkliche Hindernis ein anderes. Schon trifft es zu, dass Hardenberg die körperliche Gegenwart missbilligte. Aber wenn der Rat auch auf den 10.Artikel der *Apologie* verzichtet hätte, würde Hardenberg die Unterschrift verweigert haben wegen der Zweideutigkeit der *Augustana*. Denn die Bremer Prediger hatten die von Hardenberg im Bremer Bekenntnis (21.10.1556) getadelte *essentialis praesentia*[266] nicht als Widerspruch zur *Augustana* empfunden.[267] Abgesehen davon, dass der deutsche Text des 10.Artikels der *Augustana* in Anlehnung an die katholische Formel „unter der Gestalt des Brots und Weins" nach Transsubstantiation rieche, weshalb er dem lateinischen Wortlaut folge[268]—die *Augustana* sei ihm ein Weg „da man sträuchelen mochte".[269] Vermochten die Bremer Prediger sie auf eine *essentialis praesentia corporis Christi* hin zu interpretieren, beharrte Hardenberg dagegen darauf, sie nur *in sensu autoris* verstehen zu wollen (d.h.

Ob hier an eine Beeinflussung Hardenbergs von Zürich aus zu denken sei (Neuser, 176: „In der Tat hatte Hardenberg () mit den Zwinglianern Klebitz und Thomas Erastus in Heidelberg im Briefwechsel gestanden", unter Hinweis auf Moltmann, *Pezel*, 18f.; vgl.Neuser, *Hardenberg*, 443), steht dahin, ist aber nicht unmöglich. Es könnte sein, dass Hardenberg die Verbindung zu seinen Schweizer Freunden nicht habe belasten wollen durch die Unterzeichnung einer von ihnen nicht anerkannten Bekenntnisschrift. „Es ist anzunehmen", meint Neuser, 177, „dass jene (sc.Gwalther, Klebitz und Erastus, WJ) Hardenberg abgeraten haben, die Augsburger Konfession anzuerkennen. Ihre Zweideutigkeit auszunützen,—sie kann im Sinne einer Spiritual-präsenz verstanden werden—mochte ihnen als Rückzug erscheinen. Da ihre Abendmahlslehre gegen Zwingli gerichtet war, mochten die Züricher auch jetzt ihre Zustimmung nicht geben". Dass Gwalther, Klebitz und Erastus dem Bremer Freund die Unterschrift abgeraten hätten, ist fraglich, findet jedenfalls in der Korrespondenz dieser Drei mit Hardenberg keinen Halt. Mit Klebitz und Erastus knüpfte Hardenberg übrigens erst *1560* Beziehungen an, s.*infra*, III.3.4.

[266] *Declaratio*, 45^r.

[267] *Replica Concionatorum Bremensium*, II, III, in: Gerdes, *HM*, 117f.; Nr.208, Hardenberg-Domkapitel, 30.1.1557, 16; Bremer Rat-Christian III., 28.4.1557, in: *DB* 5, 185-193. Vgl. Nr.242, Hardenberg-Domkapitel, 9.6.1558: „und dat is ock de orsake gewesen, dat ick mij up de Augsborgische Confession nicht belaven noch sweren en konde noch en wolde averst mijne oersaken dargegen moste scrifftlich setten, dar se *sub praetextu Augustanae Confessionis* de Ubiquiteet () mij andragen wolden".

[268] Nr.219, Hardenberg-Kampferbecke, 1.4.1557, 51^r („nam species uocant Accidencia sine subiecto"); Nr.224, ders.-Domkapitel, 23.6.1557, 738. *CA* X deutsch und lateinisch in: *Bekenntnisschriften*, 64. So auch *Apologie* Art.X, mit Vulgarius: Nr.210, ders.-Hinke, 3.2.[1557], 169^v-170^r; Nr.211, ders.-Domkapitel, 4.2.1557, 11f.; Nr.212, ders.-dens., 18.2.1557, 5f. *Apologie* X in: *Bekenntnisschriften*, 247f.

[269] Nr.208, Hardenberg-Domkapitel, 30.1.1557, 19 = Gerdes, *HM*, 125.

faktisch im Sinne der *Variata*)[270], „so wie sie die Wittenberger Schule (die sie aufgestellt hat) ausgelegt hat".[271] „Womit ich die *Augsburger Konfession* nicht getadelt, geschweige denn verworfen oder der biblischen Schrift ungemäss geachtet haben will, wenn sie recht verstanden wird nach der Auslegung und Deutung dessen, der sie gemacht hat".[272] Die offenkundige Existenzberechtigung der Bremer Interpretation der *Augustana* hinderte ihn daran, sich mit ihr zu verbinden, „denn so sollte man bald sagen können, dass ich dagegen gelehrt hätte, was ich wohl weder gedacht, noch gewusst, noch gewollt hätte".[273]

Doch dies galt nicht nur für die *Augustana*, sondern jede Form menschlichen Bekennens. Als der Rat versuchte, Hardenbergs Widerstand gegen die Bekenntnisverpflichtung zu widerlegen, indem er dem Domprediger den Passus verlesen liess, womit dieser selber sich Bugenhagen gegenüber auf die *Wittenberger Konkordie* 1536 berufen hatte,[274] erklärte Hardenberg, damit habe er sich nicht der Konkordien-formel angeschlossen, sondern nur den Worten Luthers „womit er die Oberländischen Prediger akzeptiert".[275] Weder könne noch dürfe er es sich erlauben, sich auf eine andere Schrift zu verpflichten als auf die Heilige Schrift.[276]

Damit war das wirkliche Hindernis genannt: seine Ansicht, sich nur der Heiligen Schrift als Gottes Wort verbinden zu wollen, ja zu dürfen. Ob hier—mehr noch als seine Abendmahlslehre—eine unlutherische Anschauung des Verhältnisses von Schrift und Bekenntnis (als die eines

---

[270] Nr.212, Hardenberg-Domkapitel, 18.2.1557, 4: „de twe boeke () setten, dat uns durch dat wordt unde des Heren Christi, de dar jegenwardich, jnsettinge mit Brode unde wine dar gegeven werde en entfangen".

[271] Nr.208, Hardenberg-Domkapitel, 30.1.1557, 23.

[272] Nr.211, Hardenberg-Domkapitel, 4.2.1557, 1. Im gleichen Sinne: *Summaria Doctrina mea*, 115^r; *Ad interr.Responsio*, 166; Nr.323, Hardenberg-Maximilian II., 22.3.1566, 852.

[273] Nr.211, s.vorige Anm., 1.

[274] Nr.211, s.Anm.272, 10; der fragliche Brief: Nr.203, ders.-Bugenhagen, 20.12.1556.

[275] Nr.211, s.Anm.272, 10f. Vgl.Nr.210, ders.-Hinke, 3.2.[1557], 169^{r-v}; Nr.213, ders.-Domkapitel, [2.1557]; vgl.Bizer, *Abendmahlsstreit*, 107f.; Neuser, 177f.; *BDS* 6,1, 31f., 154; *supra*, Anm.215, und *infra*, III.2, Anm.29.

[276] Nr.211, s.Anm.272, 1: „So en mach ick iuw Erw.darup nicht bergen, dat ick mi niet vorseggen noch vorlaven en kan noch mach up enich boeck darna tho leren dan up de Bibell, und moth mi in allen anderen boken tho lessen holden unde richten na den regell S.Augustini *Solis canonicis Scripturis* alleine den bibelschen schrifften unde boeken geve ick de erhe dat se nergens feilen"; Nr.212, Hardenberg-Domkapitel, 18.2.1557, 1; Nr.187, ders.-Medmann, 8.8.1556, 154^r; Bremer Rat-Christian III., 28.4.1557, in: *DB* 5, 189f.

Gegensatzes von göttlich und menschlich) eine entscheidende Rolle spielte,[277] steht dahin. In Hardenbergs Briefen von Anfang 1557 ist tatsächlich die alleinige Verbindlichkeit der Heiligen Schrift das Leitmotiv. Er dürfte „nicht ruhen, es sei denn auf dem Boden der Heiligen Schrift, wohin uns alle Erklärungen weisen müssen, wie auch die Taube keinen Platz zum Ruhen finden konnte oder durfte, als nur die vom Herrn verordnete Arche Noahs".[278]

Möglicherweise hat die Hoffnung auf den Sieg seiner Lehre in Bremen Hardenberg in der Weigerung der Unterschrift noch bestärkt.[279] In der Tat hatte die Konsultation vom 26.1.1557 einen beachtlichen Anhang Hardenbergs im Volk aufgedeckt; der Tod Timanns stand bevor (17.2.1557);[280] bei von Büren und Melanchthon fand Hardenberg Rückhalt; noch immer machte er sich Hoffnungen auf ein Kolloquium, wozu nicht nur die Augsburgischen Religionsverwandten eingeladen werden sollten, sondern alle Kirchen „reiner Lehre".[281]

Doch Hardensbergs Hoffnung war vergebens. Die Propaganda der Gegenpartei war ihm zuvorgekommen.[282] In einem Versuch, den Streit aus seiner lokalen Beschränkung zu befreien, hatten Hardenbergs Hausgenosse Elard Segebade und Timann bereits in der Palmwoche 1556 Hardenberg bei Westphal in Hamburg verdächtigt, und zwar anhand des Abendmahlsartikels eines „Strassburger Bekenntnisses"—tatsächlich Bucers *Ein summarischer vergriff*, 1548—, das Hardenberg auf Verlangen Christophs von Oldenburg kopiert und dessen Segebade sich bemächtigt hatte.[283] Das hatte Erfolg: Hamburg verteilte die Schrift in grossem

---

[277] Engelhardt, *Irrlehreprozess*, 29f.

[278] Nr.211, Hardenberg-Domkapitel, 4.2.1557, 6: „und laten uns so () nicht berusten dan up den boden der hilligen schrifft, dar uns alle commentarien hen wisen moten, wie dan de duve nene stede en vant dar se uppe rosten en konde off mochte dan allene de van den heren vorordende arca Nohe". Vgl.Nr.208, ders.-dens., 30.1.1557: „is dat de alderbeste meninge die ich up de welt weth, dat wi mit allen boken hen up den Text faren, unde brucken nene uthleggunge wider, dan dat se uns up den Text voeren. So wi dat an beiden siden don, so is de sake gehulpen".

[279] Vgl.Neuser, 177. Laut Nr.219, Hardenberg-Kampferbecke, 1.4.1557, 50[v] rechnete Hardenberg mit der Möglichkeit seines Sieges.

[280] Nr.212, Hardenberg-Domkapitel, 18.2.1557, 7; Nr.219, s.vorige Anm., 50[r-v].

[281] Nr.208, Hardenberg-Domkapitel, 30.1.1557, 5; Nr.218, [ders.]-NN, 31.3.1557.

[282] Vgl.Spiegel, 187. Zu den Auseinandersetzungen innerhalb der Wittenberger Theologie im allgemeinen: Koch, *Philippismus*.

[283] Nr.197, Hardenberg-[Domkapitel], [nach 9.11.1556], 70[v]; *Notitiae*, 21[v]-22[r]; *De controversia*, 711, 713; Nr.187, ders.-Medmann, 8.8.1556, 147[v], 154[v]; *Iudicium*, I; Nr.224, ders.-Domkapitel, 23.6.1557, 725. Der Artikel: vgl.*BDS* 17, (121-150) 136, „Zum xix", s.*infra*, II.6.3.3. Nicht gemeint ist HB 25d, *Confessio nach der*

Umfang.[284] Um ein Haar wäre Hardenberg kurz darauf auf Bremens Betreiben von einem niedersächsischen Predigerkonventchen in Mölln verketzert worden.[285] Die Gesandtschaften Ende 1556 und die Beteiligung Wittenbergs brachten den Stein ins Rollen.[286] Hardenberg meinte in ganz Sachsen, Thüringen, Meissen, Preussen, an der Ostsee,[287] Mansfeld,[288] in der Grafschaft Bentheim,[289] ja in fast ganz Europa um seinen Ruf fürchten zu müssen.[290] Die Prediger des niedersächsischen Kreises mahnten den Bremer Rat, den Sakramentierer zu entfernen, allen voran Flacius Illyricus,[291] der sogar Melanchthon seiner Freundschaft mit Hardenberg wegen verwarnt hatte.[292] Im Januar 1557 nahmen Gesandte aus Lübeck, Hamburg, Braunschweig und Lüneburg sich in Wittenberg der Bremer Sache an[293] und man steuerte in Magdeburg auf Hardenbergs Verurteilung zu.[294] In demselben Monat ging eine anonyme Schrift—mutmass-lich von Mörlin[295]—in Bremen um, in der Hardenbergs Ansicht über die *communicatio idiomatum* und die Realpräsenz attackiert wurde, ebenso wie das „zwinglianische" Gleichnis der Gegenwart der Sonne, das bei Hardenbergs Verurteilung im Kreistag 1561 eine entscheidende Rolle spielen würde.[296]

---

straesbergeschen bekanteniss, [nach 13.4.1557], vgl.*infra*, II.6.3.2.

[284] Nr.196, Hardenberg-Domkapitel, 9.11.1556, 25ʳ.

[285] Nr.187, Hardenberg-Medmann, 8.8.1556, 154ᵛ („conciliolum"); *De controversia*, 713f. Vgl. Nr.175, Melanchthon-Hardenberg, 5.3.1556.

[286] Vgl.Nr.224, Hardenberg-Domkapitel, 23.6.1557, 727.

[287] Nr.187, s.vorvorige Anm., 147ʳ, 154ᵛ.

[288] Nr.202, Georg Lauterbeck-Hardenberg, 14.12.1556; wegen „Marten Schutte in siner Mannsfeldischen Reise", Nr.224, s.vorvorige Anm., 727. Schutte unter-zeichnete als Prediger das Bremer *Bekandtnis* vom 21.10.1556: *Contentio*, 7ᵛ.

[289] Nr.219, Hardenberg-Kampferbecke, 1.4.1557 (der Adressat war Pfarrer in Walsum, Grafschaft Bentheim, und mit Hardenberg befreundet: vgl.Nr.113, Eber--Hardenberg, 28.5.1550, 707; Hamelmann, *De ambiguitatibus Sacramentariorum*, E7aᵃ). Hardenbergs Befürchtungen wurden bestätigt: laut Nr.230, Melanchthon--Hardenberg, 3.8.1557, schrieb Kampferbecke an Melanchthon einen unerfreulichen Brief über die Ubiquität.

[290] *Declaratio*, 56ʳ.

[291] S.*supra*, I.3, Anm.209.

[292] Nr.189, Melanchthon-Hardenberg, 7.9.1556.

[293] Schwarz Lausten, *Religion*, 252, Anm.9; Nr.207, Eber-Hardenberg, 26.1. 1557, 713f. Vgl.Nr.222, ders.-dens., 12.5.1557, 716 zu Hamburgs Bitte an Bugen-hagen um Billigung ihres Abendmahlsbekenntnisses.

[294] Nr.211, Hardenberg-Domkapitel, 4.2.1557, 4f.

[295] So eine Anmerkung *in margine* (von kurz nach 1562) in der in nächster Anm. erwähnten Schrift.

[296] Die Schrift in A in: SA Bremen, 2-ad T.1.c.2.b.2.c.2.b (N°.2), 17ʳ-19ᵛ.

Die politische Dimension, die die Bekenntnisfrage dem Streit bereits
verliehen hatte, wurde noch verstärkt, als der König von Dänemark in
ihn hereingezogen wurde.[297] Von den Bremer Predigern[298] zu Hilfe
gerufen, suchte der stark konfessionsbewusste lutherische[299] Christian
III. auf zwei Wegen zu erreichen, dass der zwinglische „Wolf"[300]
beseitigt wurde: einmal geradewegs über den Bremer Rat,[301] dem er
handelspolitische Sanktionen androhte,[302] und dann über Melanchthon,[303]
den er zwang, im Abendmahlsstreit Farbe zu bekennen.[304]
Vom Rat forderte der König die Aufrechterhaltung der *Augustana*.[305] Ein
Kolloquium—das er auf Verlangen des Rates befördern sollte[306]—hielt
er für einen Zeitverlust, da die Einsetzung des Abendmahls „mit solchen

[297] Gerdes, *HM*, 38-40; Wagner, 170-174; Rottländer, 29-32, 35; Spiegel,
210-217; Engelhardt, *Irrlehreprozess*, 35f.; Neuser, 178-185; Schwarz Lausten,
Religion, 250-274.
[298] Nr.226, Hardenberg-deutsche Prediger in Norwegen, [6?.1557], 221f.;
Declaratio, 52ᵛ; *De controversia*, 725. Vgl.Nr.222, Eber-Hardenberg, 12.5.1557, 716
(via den Hofprediger Henrik Buscoducensis); Nr.224, Hardenberg-Domkapitel,
23.6.1557, 727; Nr.293, ders.-dens., 10.8.1560; *Notitiae*, 22ᵛ; Gerdes, *SA* 4, 716,
Anm.a., 723. So mit Recht auch Spiegel, 210 und Schwarz Lausten, *Religion*, 252f.,
255f.
[299] Schwarz Lausten, *Christian III.*, 153.
[300] Christian III.-Bremer Rat, 13.4.1557, in: *DB* 5, 182.
[301] Christian III.-Bremer Rat: 13.4, 17.5, *16.6, *25.7.1557 und 18.1.1558;
Bremer Rat-Christian.III: 28.4, *27.6, *5.7 und *28.12.1557; s.Schwarz Lausten,
Religion, 250, 252, der die mit * vermerkten Briefe neu aufgefunden hat. Vgl.*infra*,
Anm.309-311.
[302] S.Engelhardt, *Irrlehreprozess*, 35f.; Neuser, 180; *infra*, Anm.304.
[303] Briefe vom 5.5, 18.6, 14.9.1557 (und 17.2.1558), in: Wegener, *Aarsberetninger* 1, 279f., 281-284, 287-290; von Melanchthon an Buscoducensis und an
Christian III. vom 22.5.1557, in: *CR* 9, 156-158; vgl.Neuser, 182-184.
[304] Schwarz Lausten, *Religion*, 250-273, 347, hat die Motive des Königs näher
untersucht. Unter Verwendung des Briefwechsels zwischen Christian und Bremen,
seinen Brüdern, den Herzogen Adolf und Hans, Melanchthon, Hamburg, Lüneburg
und Lübeck zeigt er den Fehlschlag der bisherigen Forschung in ihrer Auffassung vom
Zusammenhang zwischen den Sundzollprivilegien und dem Bremer Abendmahlsstreit.
Der König habe vielmehr religiöse Motive gehabt: „Es besteht ebenfalls kein Zweifel
darüber, dass der Kern der hardenbergschen Sache, die Deutung des Abendmahls, ein
sehr wesentliches Motiv für den Eingriff des Königs ausmachte, und () dass er hier
mit den flazianischen norddeutschen Kräften auf einer Seite stand" (*a.a.O.*, 347).
Daneben habe er auch gewisse territorialpolitische Motive gehabt. Dass es den
Gnesiolutheranern nicht gelang, den König gänzlich auf ihren Flügel zu ziehen, habe
als Grund, dass Christian III. sich darüber im klaren war, wie sehr das Auftreten der
flazianischen Theologen von den sächsischen Fürsten in ihrem politischen Kampf
gegen Kursachsen verwandt wurde.
[305] Christian III.-Bremer Rat, 13.4.1557, in: *DB* 5, 179, 181.
[306] Bremer Rat-Christian III., 28.4.1557, in: *DB* 5, 192.

deutlichen und hellen Worten geschehen, dass sie keiner fremden Deutung und keines Zusatzes von Menschen bedürfe".[307] Entweder sollte man Hardenberg, nach dessen Belehrung in Wittenberg, loswerden, oder den Bremer Dom schliessen oder ihn „zum Steinhaufen" machen, dem Domkapitel zum Trotz.[308] Der Rat war unentschlossen,[309] machtlos,[310] aber durchaus nicht von einem Kolloquium abzubringen.[311]

Der König übergab Melanchthon den Streitfall zur Entscheidung.[312] Christian forderte von ihm ein Gutachten über eine Abendmahls-Tabula seiner Hoftheologen, in der die Realpräsenz und die *manducatio impiorum* und *oralis* gelehrt wurden. Da das Gutachten dem Sturz Hardenbergs dienen sollte, schob Melanchthon trotz wiederholter Ermahnungen sein Urteil bis zu einem Theologenkonvent auf.

Melanchthon riet Hardenberg, den König gleichfalls um eine unparteiische Synode oder um dessen Beteiligung am bevorstehenden Wormser Kolloquium zu bitten. Zur Vorbereitung auf die Disputation solle Hardenberg unter Hinzuziehung von Väterzitaten ein klares Bekenntnis aufstellen.[313] Und: er, Albert, solle sich nicht übereilen.[314]

Der Rat ging noch einen Schritt weiter. Hardenbergs Übereinstimmung mit dem Abendmahlsbekenntnis, das Christian III. in seinem ersten Brief an Bremen abgelegt hatte—was Hardenberg mit Freude dem Kapitel zur Kenntnis gebracht hatte—, hatte nicht vermocht, den Rat zu beschwichtigen.[315] Da drang dieser[316] den Prediger—über das Kapitel—, er sollte

---

[307] Christian III.-Bremer Rat, 13.4.1557, in: *DB* 5, 179, vgl.182.

[308] Christian III.-Bremer Rat, 17.5.1557, in: *DB* 5, 206-214.

[309] Christian III.-Bremer Rat, 16.6.1557, A in: RA København, TKUA Tyskland Bremen A I, 29, Ausl.Reg.1556/57, 334[r-v]; Henrik Buscoducensis-Bremer Prediger, 27.6.1557, in: *DB* 5, 214-216.

[310] Bremer Rat-Christian III., 27.6.1557, O in: RA København, TKUA Tyskland Bremen A I, 29, Ausl.Reg.1556/57.

[311] Bremer Rat-Christian III, 5.7.1557, O in: s.vorige Anm.; Christian III.-Bremer Rat, 25.7.1557, A in: idem, 360[r]-361[r].

[312] Folgendes nach Neuser, 181f.

[313] Nr.221, Melanchthon-Hardenberg, 9.5.1557; vgl.Nr.220, ders.-dens., 18.4.1557.

[314] Nr.223, Melanchthon-Hardenberg, 11.6.1557. Vgl.Nr.221, s.vorige Anm.: „velim, te in concionibus non saepe ad hanc quaestionem digredi".

[315] *Declaratio*, 52[v]-53[r]: „Accidit autem divina providentia ad mei misserrimi et desolatissimi consolationem, ut Regia Maiestas in unam Epistolarum suarum inscriberet suam confessionem de praesentia corporis in Coena, quam simul atque legissent mox hilaris amplexus sum, quod etiam scripto ad dominos capitulares testatus sum (). Confessio autem haec est: (dann folgt ein Zitat aus Christian III.-Bremer Rat, 13.4.1557, in: *DB* 5, 183) 'Es ist ock aus godtliker gnaden, der hilligen kyrchen unverhalten, das Christus der heilandt, warer godt und mensch, zu himel gefaren unde van dannen her zu seyner herlicheit kunfftig yst, zurichten de lebendigen und die

sich persönlich beim König in Dänemark entschuldigen. Hardenberg lehnte diese Bitte—vom Kapitel unterstützt[317]—als sinnlos und des herrschenden Fanatismus wegen als lebensgefährlich[318] ab. Er wiederholte seine alte Forderung, seine und der Stadtprediger Bekenntnisse sollten Wittenberg und den anderen Universitäten zur Beurteilung vorgelegt werden.[319]

Ein darauf auf Initiative des Domkapitels zur Schlichtung aufgestellter *Radtslach*[320] empfahl den Bremern, sich an die *Variata* zu halten, unter Beibehaltung der *manducatio indignorum*. Hardenberg sollte dazu seine Abendmahlsgleichnisse den Theologen überlassen, da sie das gemeine Volk zur Verspottung des Sakraments verführten;[321] die Stadtprediger sollten die Ubiquitätsfrage den „Sorbanisten" (den Theologen der

---

todten, damit aber ist seyn Almechticheyt und heilsam Testament und zusage nicht erschofft, das er ym abendmhal zu eigen und uns sein waren leib und bludt zum hogesten trost zu essen und zutrinken dargibt. Wie aber und welcher gestalt von seyner almechtigheyt solches geschieht und zugeht, ist uns ausserhalben des godtlyken wordes nicht zu erforschen befahlen und ist auch sulchs der vornunfft, wie yn meren hohen artykeln, die glauben erfurdern unmuglich'. Nihil profuit acceptasse hanc regiam confessionem sed magis ac magis coeperunt quotidie adversum me furere antachonistarum meorum odia et praeiuditia"; vgl. Neuser, 181; Schwarz Lausten, *Religion*, 260, 253. Auch HB 24, *Collectanea Buceriana*, [zw.13.4.u.23.6.1557], 34ᵛ und Nr.224, Hardenberg-Domkapitel, 23.6.1557, 737: „und doch, sine Bekentnis ende mine schir avereinstimmet, so he se achter in sinen ersten breff settet, dar nicht eine sententz inne is, oft ick stade mede vor Godt, engelen ende menschen bekandt, rede, lere ock jo so, ende is mine Confession der nicht ungemeten".

[316] Nicht das Kapitel (entgegen der landläufigen Ansicht). Das Kapitel nahm den Vorschlag des Rates allerdings anfangs „wohlmeinender wise" an, Nr.224, s.vorige Anm., 736.

[317] *Declaratio*, 56ᵛ: „non permiserunt hoc Dominos (sic) capitulares, quemadmodum nec antea admiserant (per omnia) ut ad Regiam Maiestatem in Daniam proficiscerer excusatam me Regi et Academiae Hafniensi licet hoc magnopere urgeret Senatus enim (?) et eodem tempore Philippus Melanth. eo vocaretur (!), sed non ignorabamus consilia adversariorum, ut ergo tunc non sumus progressi in Daniam".

[318] Hardenberg vermeldet u.a. einen versuchten Hausfriedensbruch und Bedrohung mit Mord; man bewarf seine Wohnung mit Kadavern (*Contentio*, 97ᵛ); er musste bewacht werden und untertauchen (*Notitiae*, 22ᵛ); er klagt, er schlafe schon ein ganzes Jahr nicht mehr (Nr.219, Hardenberg-Kampferbecke, 1.4.1557, 50ᵛ-51ʳ).

[319] Nr.224, Hardenberg-Domkapitel, 23.6.1557, 732-739; Nr.225, ders.-dens., [6?.1557].

[320] *Radtslach*, [zw.23.6.u.3.7.1557], A lateinisch und deutsch in: SA Bremen, 2-T.1.c.2.b.2.c.2.b.1; A deutsch in: *Contentio*, 124ʳ-129ʳ. Ich halte Christoph von Oldenburg, den Senior des Kapitels, für den Autor des Ratschlages.

[321] *Radtslach*, s.vorige Anm., 3:„wente ick hore dat hir nach idtlicke van den popel darhen geraden sint, dat se spotzsicher wise in eren secchen vragen offt men ehne gestevelt edder ane hasen ete" (d.h. ob man ihn—Christus—gestiefelt oder ohne Hosen esse).

Sorbonne) überlassen. Über den *modus praesentiae* wäre bis zum Kolloquium zu schweigen.[322] Hardenberg war einverstanden, auch in bezug auf die *manducatio indignorum*.[323] Der Rat und die Prediger lehnten sowohl den Ratschlag, als auch Hardenbergs *Declaration* ab.[324]

In Hardenbergs Augen wirkte die dänische Einmischung vor allem als Katalysator im Prozess seiner Vertreibung. Die Agitation steigerte sich: Die Universität von Kopenhagen verurteilte ihn—nach Aussage Hardenbergs auf Veranlassung der Bremer.[325] Der dänische König, der sächsische Kurfürst und die Herzöge von Sachsen, Mecklenburg und Württemberg wurden von den Magistraten von Lübeck, Hamburg und Lüneburg zur Intervention aufgefordert.[326] Ein Konvent wendischer Städte in Hamburg plante, den Domprediger abzusetzen „mit Gelehrten oder anderem Volke".[327] Ein Landtag in Stade berief einen Hansetag in Bremen ein, wo die hanseatischen Delegierten vom Domkapitel Hardenbergs Entlassung begehrten, allerdings vergebens, da dieser sich auf ein unparteiisches Verhör berufen hatte.[328] Die alarmierten Herzöge von Sachsen drangen auf Hardenbergs Entlassung wegen Gefährdung des Religionsfriedens.[329] Tief gekränkt war Hardenberg von der Diffamierung in der *Confessio fidei de eucharistiae sacramento* (1557), nach welcher er mit Calvin bezüglich der Lokalität des Leibes Christi lehren würde, Christus irre als eine Art achter Planet am Firmament herum und teile die Kraft seines Leibes und Blutes wie die Sonne „durch die Strahlung des Geistes" („irradiatione spiritus") sogar den fremdsten Völkern mit.[330]

---

[322] *Radtslach*, s.Anm.320, 2-5.

[323] Nr.227, Hardenberg-[Domkapitel], 3.7.1557 (*Declaration*).

[324] *Contentio*, 124ʳ.

[325] Nr.226, Hardenberg-deutsche Prediger in Norwegen [Bergen?], [6?.1557], 222; vgl.HB 22, *De Scheldinge*, Febr.1557.

[326] Ihr undatiertes Schreiben in: Greve, *Eitzen*, Additamenta 122-126.

[327] *De controversia*, 725; vgl.Lübeck, Hamburg, Lüneburg-Bremer Domkapitel, o.J., in: Greve, *Eitzen*, Additamenta, 121f.

[328] *De controversia*, 726f.

[329] Herzöge von Sachsen-Bremer Rat, 13.6.1557, A in: SA Bremen, 2-ad T.1.c. 2.b.2.c.2.b (Nᵒ.1); vgl.Planck, *Lehrbegriff*, 212, 218f.

[330] Nr.226, Hardenberg-deutsche Prediger in Norwegen (Bergen?), [6?.1557]; Nr.228, ders.-[Domkapitel], 3.7.1557; Nr.289, ders.-dens., 25.7.1560; Nr.291, ders.-dens., 3.8.1560; *Declaratio*, 53ᵛ-54ᵛ. Der fragliche Passus (in Westphal, *Confessio fidei de eucharistiae sacramento, in qua ministri ecclesiarum Saxoniae solidis argumentis sacrarum literarum astruunt corporis et sanguinis domini nostri Jesu Christi praesentiam in coena sancta et de libro Jo.Calvini ipsis dedicato respondent*, Magdeburg, 1557) war ein Zitat aus einem Brief von Peter Bokelmann (Prediger in Husum) an Westphal, 29.11.1556, in: Sillem, *Westphal* 1, 251-254.

Einem vom Rat in Bremen geplanten „amicum colloquium" von Theologen aus Dänemark, Holstein, Mecklenburg und den Hansestädten kam Hardenberg in letzter Sekunde zuvor. „Ich protestierte dagegen:[331] Wohl musste ich ertragen, dass sie als Partei gegen mich zusammenkamen, aber nicht als Richter".[332] Als Schiedsrichter sollten nach Hardenberg nicht Prediger auftreten, sondern Professoren der Theologie, und freilich zwei von jeder evangelischen Universität.[333] „So vereitelte der liebe Gott den Anschlag".[334] Der Rat empfahl dem König, die Sache dem Kolloquium in Worms zu übergeben.[335]

In der Zwischenzeit hatte auch Hardenberg versucht, sich auswärtigen Beistand zu sichern, und zwar aus Groningen und Kopenhagen und aus Bucers Schriften:

In Groningen, das ihm als einer der letzten Zufluchtshäfen erschien, falls er verbannt wurde,[336] klopfte er vergebens bei Hiëronymus Frederiks und Prädinius um ihren Beistand bei seiner Verteidigung an.[337] Doch nach Beratschlagung mit Christoph van Ewsum, Christoph von Oldenburg und Tido von Kniphausen, empfahl Frederiks ihm wärmstens den Emder Ältesten Gerard de Mortaigne aus Gent.[338] Als nun eine „herrliche Gesandschaft" der niedersächsischen Städte (darunter Mörlin, Flacius, Westphal) in Holstein versuchte, mit Christian III. und August von Sachsen die Reihen gegen Hardenberg zu schliessen, rief dieser (wahrscheinlich über den Emder Kirchenrat) Mortaignes Hilfe an.[339]

---

[331] Und zwar mit Nr.228, Hardenberg-[Domkapitel], 3.7.1557. Vgl.(anders) Rottländer, 32.

[332] *De controversia*, 727.

[333] Auch von den gnesiolutherischen: Wittenberg, Leipzig, Frankfurt a/d Oder, Rostock, Greifswald, Regensburg, Jena, Erfurt, Marburg, Heidelberg, Tübingen und (!) Basel: Nr.228, s.Anm.331.

[334] *De controversia*, 727. „Chytreus hefft my gesecht idt wort em allen upgesecht bet tho wider bescheidt", *a.a.O.*; *Declaratio*, 53^v. Vgl.Schwarz Lausten, *Religion*, 261f.

[335] S.*supra*, Anm.311.

[336] Nr.187, Hardenberg-Medmann, 8.8.1556, 155^r.

[337] Nr.215, Hiëronymus [Frederiks] (nicht: Hiëronymus „Besolt", so *Catalogus bibliothecae monacensis*)-Hardenberg, 15.3.1557: „quod cupis non video quomodo ulla ratione possit fieri". Besold war Prediger in Nürnberg.

[338] Nr.215, s.vorige Anm.: „cum magnis viris comparandum putem in ijs certaminibus quae ad sacras res pertinent. Quod consilium [-] si tibi probabitur groningam venitur (?) collatisque consilijs et omnibus Westphali argumentis et si quae sint eius generis alia, singulatim constituet". Zu ihm: Mellink, *Voorgeschiedenis*, 151; Decavele, *Dageraad* 1, Reg.; Postma, *Praedinius*, 175f.

[339] Nr.216, [Hardenberg]-Emder [Ministerium?], [nach 15.3.1557], 93^r: „Ita queso facite viri clarissimi, conferte argumenta cum Mortanga ut in tempore vel ipse adsit vel saltem collecta sua ad me mittat"; *De controversia*, 727f.

Bemerkenswertes Detail: dabei bat Hardenberg ihn, die Lehre der Züricher nicht zu rigoros zu verfechten, solange die Hindernisse der Ubiquitäts- und der Konsubstantiationslehre noch nicht überwunden waren.[340] Ob und wie Mortaigne seiner Bitte Folge leistete, wissen wir nicht.

In Kopenhagen suchte Hardenberg Rückhalt zu finden bei dem schottischen Theologen John McAlpine. Durch die Vermittlung der deutschen Prediger in Norwegen (vermutlich Bergen) sandte er ihm sein Abendmahlsbekenntnis mit der Bitte um ein Gutachten darüber.[341] Auch hier kennen wir die Antwort nicht.

Gleichzeitig soll Hardenberg sich wiederum bei den Abendmahlsäusserungen Bucers einen Rückhalt gesucht haben. Jedenfalls legte er zwischen April und Juni 1557 eine Sammlung *Buceriana* an, offensichtlich mit apologetischem Zweck.[342]

Wer sollte den Sieg davontragen? Sowohl der Bremer Rat als auch Melanchthon hatten den dänischen König mit ihrer Forderung nach einem Kolloquium kaltzustellen gewusst. Christian III. war gebunden durch seine Loyalität gegenüber Melanchthons Landesherrn, seinem Schwiegersohn Kurfürst August von Sachsen, und dessen Wittenberger Theologen.[343] Der Rat war gebunden durch Domkapitel und Erzbischof, die Hardenberg schützten;[344] dazu war er innerlich gespalten.[345] Melanchthon riskierte Kopf und Kragen. Und Hardenberg? Dieser erwartete von dem—von König Ferdinand zum Ausgleich zwischen Protestanten und Katholiken veranstalteten—Wormser Religionsgespräch (September 1557)[346] eine Verurteilung.[347] Doch es ging zu seinem Vorteil aus.[348]

---

[340] Nr.216, s.vorige Anm., *a.a.O.*: „Oporteret autem D.Mortangam admonere ut non nimium dure et rigide Tygurinorum sententiam propugnaret. Nam illam non poterimus obtinere nisi contingat prius excuti illis ubiquitatem et consubstantiationem. Ego hactenus tutatus sum sententiam quam D.Bucerus mihi () adscripsit".

[341] Nr.226, Hardenberg-deutsche Prediger in Norwegen [Bergen?], [6?.1557]. Zu John McAlpine (Johannes Macchabaeus): Schwarz Lausten, *Religion*, Personreg.s.v.

[342] HB 24, *Collectanea Buceriana*, [zw.13.4.u.23.6.1557]. Davon zeugt ebenfalls der Brief Nr.216, s.Anm.339, in dem Hardenberg einige Bucerbriefe aufnahm.

[343] Schwarz Lausten, *Christian III.*, 180f.

[344] Engelhardt, *Irrlehreprozess*, 55, 69f.

[345] Vier der achtundzwanzig Mitglieder nebst einem der vier Bürgermeister, von Büren, waren auf Hardenbergs Seite: Barton, *Umsturz*, 73, Anm.28.

[346] Hardenbergs Informanten waren Eber und Melanchthon: Nr.229, 231, 233-236.

[347] Nr.232, Hardenberg-Melanchthon, 21.10.1557, 348, 350. Spiegel, 217 ist hier unrichtig. Hardenberg befürchtete, die Bremer Gesandten hätten nicht ihr Bekenntnis vom 21.10.1556 in Wittenberg abgegeben—mit eingeschlossen die Behauptung der Essentialität und der Ubiquität („in omnibus locis", „an allen Orten")—sondern ein

Christians Forderung an die Wormser Theologen vom 15.September nach Entscheidung der Abendmahlsfrage wurde die Spitze abgebrochen durch die Abreise der Gnesiolutheraner am 2.Oktober. Somit verurteilte die *Protestatio Wormatia*[349] vom 21.des Monats nur die Lehre Zwinglis und Roms; Hardenberg wurde nicht genannt. Christians Versuch vom 18.1.1558, in Bremen unter Zuhilfenahme der *Protestatio* die Verurteilung der Lehre Zwinglis auf Hardenberg auszudehnen,[350] schlug fehl. Noch fehlte dem Rate die Macht. Hardenberg atmete auf.[351]

Eine weitere Komplikation für den Rat war es, dass Hardenberg dem Abendmahlsparagraphen des *Frankfurter Rezesses* (18.3.1558) wider Erwarten beipflichtete, als der ihm auf Veranlassung des Rates durch das Domkapitel vorgelegt wurde.[352] Diese in Melanchthons Sinne („mit Brot und Wein", kein *extra usum*) formulierte protestantische Unifikationsformel war nämlich kurz zuvor vom Rat „mit grossem Frohlocken" begrüsst worden und sollte auch von den Stadtpredigern angenommen werden.[353] Beide lehnten den *Rezess* nun im Grunde ab—der Rat mit der Behauptung, dessen Abendmahlslehre sei auch für Schwärmer annehmbar.[354]

---

anderes, d.h. gemässigteres. Er sandte Melanchthon seine eigene *Korte Confession* (HB 25q, [vor 23.6.1557]) mit der Bemerkung: „curate, ne ab illis damnemur non auditi".

[348] Folgendes nach Neuser, 183-185.

[349] *CR* 9, 349-354.

[350] Christian III.-Bremer Rat, 18.1.1558, A in: RA København, TKUA 1, Ausl.Reg.1558/59, 25ᵛ-29ᵛ.

[351] Vgl.Nr.238, Hermann Brassius-Hardenberg, 11.5.1558: „Speramus res tuas quietiori iam esse loco quam hactenus, id enim inter caeteros publicus vester nuntius affirmavit, cum summo gaudio ac gratulatione fratrum nostrorum, muliercularum praecipue quae in aedibus sunt Joachimi Backhusij".

[352] Melanchthon-Philipp von Hessen, 16.5.1558, in: *CR* 9, 556; Nr.242, Hardenberg-Domkapitel, 9.6.1558: „und wil darbij leven und sterven"; *Declaratio*, 56ᵛ-57ʳ, vgl.62ʳ⁻ᵛ; *Contentio*, 137ʳ; *De controversia*, 728f. Vgl.Spiegel, 220ff. Der Rezess in: *CR* 9, 489-507; der Abendmahlsparagraph auch in: *Declaratio*, 58ʳ-59ʳ; *Contentio*, 136ᵛ-140ᵛ; Gerdes, *HM*, 45f. Hardenberg hatte sich im voraus über den Rezess ein Urteil bilden können: Nr.236, Eber-Hardenberg, Palmsonntag 1558; Nr.240, Peucer-dens., 16.5.[1558]; vgl.Nr.237, Melanchthon-dens., 2.4.1558; Nr.239, ders.-dens., 16.5.1558.

[353] Nr.269, Hardenberg-Domkapitel, 5.1.1560, 128f.; *Contentio*, 137ʳ-138ʳ; *Summarischer Bericht*, 864f.

[354] *Declaratio*, 56ᵛ-57ᵛ; *Der Prediger in Bremen Bedencken über den Franckfurdischen Rezess*, o.J., A in: SA Bremen, 2-ad T.1.c.2.b.2.c.2.b (Nᵒ.1). Vgl.Rottländer, 34f.; Spiegel, 222f.; Hauschild, *Theologiepolitische Aspekte*, 43.

Für Hardenberg war der *Rezess* der angemessene Ausdruck der *Augusta-na in sensu autoris*,[355] und er blieb der Inbegriff seiner Abendmahls-anschauung, wie er es zum Abschluss seiner *Contentio* (8.8.1560) ausdrückte: „Ich bleibe () bei der Frankfurter Lehre, wonach uns mit Brot und Wein der Leib und das Blut Christi wahrhaftig gegeben werden".[356] Flacius Illyricus nahm dies um so mehr zum Anlass, Hardenberg verfolgen zu lassen.[357]

3.6 *Die Kompetenzfrage. Heshusen, Melanchthons Tod und der Sieg der Gnesiolutheraner, 1559-1561*

Auf jeden Fall war es dem Rat gelungen, die Hardenberg'sche Sache von der Lehrfrage auf die Bekenntnis- oder Lehr*norm*frage zu verlagern. Die Bremer waren nicht länger an ihrer schwachen Stelle—der christologi-schen Grundlage der Realpräsenz—dem Angriff Hardenbergs ausgesetzt. Als zwei ihrer Prediger, Elard Segebade und Christian Havemann, den Ubiquitätsstreit zu erneuern drohten, wurde Ersterem sogar von seiten der Obrigkeit—Bürgermeister Kenkel—die Drucklegung seiner gegen Hardenberg gerichteten Ubiquitätsthesen verwehrt (21.5.1558).[358]

---

[355] *Declaratio*, 57^v: „et iudico eam esse veram sententiam Augustanae Confessio-nis"; *Summaria Doctrina mea*, 115^r: „() ad Augustanam Confessionem iuxta interpretationem eius qui illam conscripsit et mentem Electorum ac principum qui Francoforti illam exposuerunt".

[356] *Contentio*, 198^v-199^r; vgl.196^v: „et spero omnes (sc.meae confessiones) convenire in eam sententiam quam Recessus Francfordiensis de Coena domini pronuntiat, ad quem me et mea omnia refero, et relata volo".

[357] Melanchthon-Philipp von Hessen, 16.5.1558, s.Anm.352; Nr.240, Peucer--Hardenberg, 16.5.[1558].

[358] Nr.241, Hardenberg-Hinke, [nach 21.5.1558]; Nr.242, ders.-Domkapitel, 9.6.1558; Nr.244, ders.-Eber, 4.7.1558; *Contra Ubiquitatem*, 7^b. Segebades Schrift: *Argumenta sive Positiones aliquot, De Christi Iesu veri et hominis in omni loco praesentia, Contra falsam illam Monotopiam, quam D.Albertus Hardenbergius defendit (), quas omnibus piis pie per totam Germaniam diiudicandas subiicit*, in MS auf 21.5.1558 datiert, A: SUB Bremen, Clm 10351, n.28, 111^r-113^v, P: in HB 42, *De Ubiquitate, Scripta Duo*, 8^a-13^b. Melanchthon hatte Segebade in Worms 1557 getroffen, „quem cum viderem mutatum, gemens dimisi sine longiore disputatione", Nr.234, Melanchthon-Hardenberg, 26.12.1557. Hardenberg verfasste eine Gegen-schrift: HB 44, *Ad Farraginem Segebadii*, und wurde gleichfalls zum Schweigen über die Ubiquität gemahnt, Nr.242, s.*supra*. Winshemius berichtete Hardenberg, Melanchthon möchte seine *Ad Farraginem Segebadii* für seine geplante Widerlegung von Flacius Illyricus verwenden: Nr.246, Winshemius-Hardenberg, 20.7.1558.

Aber mit der Frage der Lehrnorm war zugleich die der Lehr*zucht* gestellt,[359] d.h. konkret, die Frage nach der Zuständigkeit und dem Kräfteverhältnis zwischen Rat und niedersächsischem Kreis einerseits und Domkapitel und Erzbischof andererseits. Eigentlich war es nur eine Frage der Zeit, wie lange sich Domkapitel und Bischof halten konnten. Die Kraftprobe würde noch zwei Jahre beanspruchen. Ihr Ausgang sollte mit vom Tode Melanchthons am 19.4.1560 zugunsten der Gnesiolutheraner entschieden werden. Eine Grenze würde überschritten sein, wenn der Erzbischof als formeller Landesherr Bremens (aus politischem Interesse?) die Sache vor den niedersächsischen Kreis brachte. Damit sollte sie eine Angelegenheit rein kirchenrechtlicher Problematik werden, deren Verlauf im Detail nachzuzeichnen hier nicht der Ort ist.[360] Uns interessiert sie nur, insofern sie für die beabsichtigte Würdigung Hardenbergs als Theologe unentbehrlich ist.

Die Wahl Georgs von Braunschweig-Lüneburg zum Erzbischof Bremens (4.4.1558) hatte die Kräfteverhältnisse zunächst noch ungestört gelassen. Der Erzbischof führte die Politik seines am 22.Januar verstorbenen Bruders Christoph weiter. Seinen Vorschlag, die Angelegenheit zum Richterspruch den Theologen zuzuweisen, wies der Rat ab.[361]

Auf Vorschlag des Braunschweiger Superintendenten Mörlin berief der Rat im Dezember 1559 den ultra-orthodoxen ehemaligen Generalsuperintenden der Pfalz Tileman Heshusen zum Nachfolger des Superintendenten Probst.[362] Heshusen machte die Annahme der Berufung von einer Disputation mit Hardenberg—nach diesem: einer Ketzerprüfung[363]—ab-

---

[359] Zu der Entwicklung zur Lehrgesetzlichkeit, s.Hauschild, *Theologiepolitische Aspekte.*

[360] Der Jurist Engelhardt hat diese Problematik gewürdigt. S.*supra*, Einleitung, Anm.3. Das Folgende hat daher meist einen zusammenfassenden Charakter. Für die Einzelheiten besonders der Kreistagsverhandlungen sei auf die einschlägige Literatur verwiesen.

[361] Wagner, 202; Spiegel, 228-232; Rottländer, 36.

[362] Nr.265, Hardenberg-Melanchthon, 21.12.1559; Nr.266, ders.-Eber, 21.12.1559; *De controversia*, 730 (zu Mörlin); *Notitiae*, 23ʳ: „Heshusium qui Albertum debebat opprimere". Vgl.Wagner, 204ff., Rottländer, 36ff., Spiegel, 234ff., Barton, *Heshusius*, 30f. Dass Mörlin der Urheber des Ganzen gewesen sei, mag Hardenberg von Melanchthon haben: Nr.279, Melanchthon-Hardenberg, 29.2.1560; Mörlin wies die Bezichtigung Melanchthons zurück: Mörlin-Flacius Illyricus, 24.6.1560, in: *CR* 9, 1063.

[363] *De controversia*, 730: „soe versprach de onrouwighe heshusen sick voert, und sede: 'menet de ule, de nachtrave, de esel, de ketter, de swermer, de gügelsack dat wy met em disputeren willen und em antwort geven up syne vragen, he en denkess man nicht; wy willen em vragestucke slicht voer stellen, daer schal he ia edder neen

hängig. Mörlin und dessen Kollegen von Eitzen aus Hamburg und Konrad Becker aus Stade sollten Heshusen sekundieren.[364] Hardenberg war zerschmettert.[365] Er weigerte sich, sich in einen Disput mit diesem „zur Lästerung geschaffenen Manne"[366] einzulassen, falls der Rat als Schiedsrichter mit den Predigern und Heshusen „voer eynen man staen" und die Ubiquität nicht zurückziehen wollten.[367] Er flehte Winshemius in Wittenberg um Rat an,[368] und—als dieser schwieg—auch Eber und Melanchthon,[369] sowie Michael Diller, Hofprediger in Heidelberg.[370] Wäre es geraten, den geforderten Disput an der Universität in Heidelberg abzuhalten, wo Heshusen gerade entlassen worden war? Man sagte, Heshusen wollte die Ubiquität nicht verteidigen. Aber gerade darum ging der Konflikt![371] Sowohl Melanchthon als auch Diller (dieser über den Heidelberger Professoren Thomas Erastus) wiesen Hardenbergs Plan zurück. Kurfürst Friedrich III. würde keinen neuen Streit ertragen; Hardenberg bedinge kompetente Schiedsrichter,[372] fordere statt einer *disputatio* eine *collatio*, ja eine *collectio testimoniorum* lateinischer und griechischer Kirchenväter: diese falle mehr ins Gewicht als Argumente.[373]

---

tho seggen; wy willen den ketter men examineren und em eynen halven dach respyt geven, daer nha schal de Raet em eynen meninghe seggen', und snorkede grüwsam dinck".
[364] Idem. Nach Bruchsal-Westphal, 23.12.1559, in: Sillem, *Westphal* 2, 408: Mörlin und Westphal.
[365] Nr.265, s.Anm.362, 995: „afflictus", „fere totus emortuus".
[366] *Declaratio*, 59ᵛ-60ʳ.
[367] Nr.264, Hardenberg-Domkapitel, 14.12.1559; vgl. *De controversia*, 730. Der Rat erwiderte am 16.12. mündlich, Heshusen erkenne keine Ubiquität ausserhalb des Abendmahls an und die Sache sei den Universitäten zu überlassen: NsSA Stade, Rep.5b Fach.140, Nr.9, 7-10, 107ʳ-114ʳ (A). Hardenbergs Antwort darauf: Nr.269, Hardenberg-Domkapitel, 5.1.1560. Vgl.Rottländer, 40.
[368] Nach Nr.264, Hardenberg-Winshemius, [um 14.12.1559].
[369] Nr.265 u.266, s.Anm.362. Hardenberg warf dem *Praeceptor* „contationem seu moderationem" vor: „Quale quaeso est, quod unus ego debeam de tota hac causa solus agere! Interim qui hanc causam agere possent et deberent, quiescunt et silent", 994. Melanchthon erwiderte verärgert (Nr.273, 12.1.1560): „Oro te, ut veniam mihi des, qui solus non volui formulam de re tanta componere. () Cumque videas, qualis rabies sit in his, qui ediderunt in illo littore centurias suffragiorum, existimes, me contationis meae causas habere". Eber antwortete Hardenberg (Nr.274, 13.1.1560, 719): „vero credas mihi, nos hic non minus premi et urgeri, cum hac ipsa causa, quae te adfligit, tum aliis quoque et iis subinde novis".
[370] Nach Nr.274, Hardenberg-Diller, [1.1560]. Zu Diller: s.*infra*, III.3, Anm.313.
[371] Nr.265, Hardenberg-Melanchthon, 21.12.1559, 995.
[372] Nr.268, Melanchthon-Hardenberg, 1.1.1560; Nr.273, ders.-dens., 12.1.1560; Nr.275, Erastus-dens., 4.2.1560.
[373] Nr.268 u.Nr.273, s.vorige Anm.; Nr.278, ders.-dens., 28.2.1560.

Melanchthon kam dem desolaten Freund zu Hilfe. Er versprach, den
Bremer Rat mahnen zu lassen, eine *theatrica disputatio* zu vermeiden.[374]
Im gleichen Sinne schrieb er an Chyträus, von Eitzen u.a.[375] Zugunsten
seines Freundes verfasste er ein—sich Hardenbergs Ansicht annähern-
des—Traktat *De coena Domini* [März/April 1560],[376] bot sich Hardenberg selbst zum Beistand an und riet ihm, auch Petrus Martyr und andere
Freunde zu seinen Helfern zu beauftragen.[377] Das war eine „Sensation"
(Neuser).[378] „Melanchthon beabsichtigte, zusammen mit einem Schweizer an der Bremer Disputation teilzunehmen, das heisst, er wollte sich
Heshusen, Westphal und Mörlin stellen, den Kampf gegen die Abendmahlslehre der Gnesiolutheraner offen führen und seine Sympathie für
die Schweizer öffentlich dokumentieren".[379] Melanchthons Tod am
19.März kam der Durchführung dieses riskanten[380] Vorsatzes zuvor.

Hardenberg war verdutzt.[381] Auf Anraten des Propstes des Anschariuskapitels bat er wider besseres Wissen die Wittenberger, sich in den Streit
einzumischen und das Kolloquium nach Wittenberg verlegen zu lassen.[382]
Der Wittenberger Antwort war ausweichend, wenn nicht sogar feige.[383]
Winshemius lehnte die Bitte ab und riet ihm, er solle in kein einziges
Kolloquium einwilligen, falls dies in Bremen abzuhalten wäre, sondern
jede mögliche Ausrede ergreifen. Als Disputationsort wäre Marburg zu
bevorzugen: in jener Gegend gäbe es mehr Helfer, und Philipp von

---

[374] Nr.270, Melanchthon-Hardenberg, 5.1.1560; Nr.273 u.Nr.278, s.vorige Anm.
[375] Melanchthon-Chyträus, 5.3.1560, in: *CR* 9, 1065f.; ders.-von Eitzen,
29.3.1560, in: *CR* 9, 1080. S.Neuser, 186.
[376] In Abschrift in AMS, AST 181/10, 99^r-101^r: „D.Alberto Hardebergo
Witeberga missum sub mortem Domini Philippi Melanthonis"; 101^v-108^r: „De coena
Domini" (bisher nicht veröffentlicht; anscheinend war dieser Schwanengesang
Melanchthons bis jetzt nur Pollet, *Martin Bucer* 1, 276, Anm.6 bekannt). Für eine
Besprechung dieser Schrift: s.*infra*, III.2.2.2.
[377] Nr.279, Melanchthon-Hardenberg, 29.2.1560. Als solche waren von Heshusen
bereits Calvin, Bullinger und die Emdener genannt worden: Alexander Bruchsal-
-Westphal, 23.12.1559, in: Sillem, *Westphal* 2, 408.
[378] Vgl.Mörlins Schreiben, *supra*, Anm.362. Mörlin stellte Flacius eine Abschrift
von Melanchthons Brief zu.
[379] Neuser, 186. Vgl.die Bemerkung *in margine* in Nr.279, Melanchthon-Hardenberg, 29.2.1560 (in: HAB Wolfenbüttel, Cod-Guelf.8.6.Aug.2°, 398^r (O)): „Philippus
hic manifeste se declarat Cinglianum".
[380] Vgl.Nr.281, Melanchthons letzter Brief an Hardenberg, 30.3.1560: „Crescunt
pericula taxantibus, quamvis verecunde, 'tèn artolatreian'".
[381] Nr.282, Hardenberg-Segebade ab Huda, Propst des Anschariuskapitels,
[26.4.1560]: „Fui enim perplexus neque potui statim discernere quid in hac causa utile
esset".
[382] Idem. Dieser Brief und der folgende blieben bisher unbenutzt bzw.unbekannt.
[383] Nr.284, [Winshemius]-Hardenberg, 7.5.1560.

Hessen sollte für kooperativer gehalten werden als der sächsische Kurfürst oder der Pfalzgraf. Hardenberg solle dort seine mit *testimoniis antiquitatis* untermauerte Ansicht anbringen. Würde sie gebilligt, „soll es Dir willkommen sein"; wenn nicht, dann wäre er mit seiner Entlassung auch ihrer Rage entzogen! Zweifellos wäre er in Wittenberg willkommen. Gerne! Ein guter Freund hätte sogar geraten, Hardenberg solle—lieber als zu disputieren—sich insgeheim zu Christoph von Oldenburg begeben, um sich von ihm (!) nach Wittenberg senden zu lassen. Der Wittenberger Pastor, Eber, wäre mitfühlend. Dessen Schweigen solle Hardenberg nicht missdeuten: täglich sei er mit Korrespondenz überschüttet. Vielleicht könne er, Winshemius, in Leipzig etwas für Hardenberg tun. Hardenberg gedenke seiner im Gebet, so schrieb der Wittenberger.[384]

Für Hardenberg war damit seinen Beziehungen zu Wittenberg nahezu ein Ende gesetzt. Nur noch einmal schrieb er an Eber, über ... eine Buttersendung.[385] Nur noch einmal schrieben Eber und Peucer an ihn, über eine angebliche Berufung nach Heidelberg: „Ich sehe nicht, warum Du da nicht auf eingehen solltest", so letzterer.[386] Mit Recht klagte Hardenberg—gegenüber Erastus, der für ihn Melanchthons Stelle als Vertrauensmann einzunehmen schien[387]—, was solle bloss aus Kirche und Gesellschaft werden, wenn alle Universitäten schwiegen und beide Augen zudrückten?[388] Melanchthons Tod muss ihn schwer getroffen haben.

Die Lage war also bedenklich. Den Einspruch, den der Senior des Domkapitels, Christoph von Oldenburg, und seine Schwester Gräfin Anna gegen eine parteiische Disputation erhoben,[389] bedeutete nur eine

---

[384] Idem.
[385] Nr.288, Hardenberg-Eber, 24.6.1560.
[386] Nr.297, Eber-Hardenberg, 6.10.1560: „Id si fieret, profecto tibi occasionem dari putarem discedendi es isto periculo"; Nr.298, Peucer-Hardenberg, 7.10.[1560]: „Hince te cedere quam confligere cum vicinis malim. Heidelbergam te vocatum esse audio, quem locum cur recuses non video". Freilich verfasste Eber noch für Hardenberg ein Begleitschreiben an den Magdeburger Erzbischof: Eber-Paul Pretorius, 9.1.1561, A in: FB Gotha, Chart.A 125, 56r-57r.
[387] *Infra*, III.3.4.
[388] Nr.300, Hardenberg-[Erastus], 30.10.1560.
[389] *Kurzer Bericht, was Mgr.Wilhelm Gnapheus, Dr.Johann Reinerss (), Jost Pollitz, Lange Harmen und Mgr.Hans von Essen () zu Bremen vorgetragen und zur Antwort bekommen haben, den 29. und 30.April 1560*, in: SA Bremen, 2-T.1.c.2.b. 2.c.2.b.2, Conv.de 1560, n.2d (vgl.*De controversia*, 734); nach Nr.282: Hardenberg/ von Büren-Christoph von Oldenburg, [2.5.1560]; Nr.283, Christoph von Oldenburg-

Galgenfrist. Der Disput wurde, um eine Woche verzögert, am Montag, den 20.Mai eröffnet.[390] Hardenberg protestierte und appellierte an Erzbischof und Universitäten.[391] Er wurde fünfmal, zuletzt *peremptorie*, geladen. Da sein Leben in Gefahr war, verboten Domkapitel und Erzbischof ihm sich darauf einzulassen.[392] Die von Heshusen vorgeschlagenen Fragen, die ihm vorgelegt wurden, beantwortete er konsequent mit „Ja, Sacramentlick".[393] Von Büren führte das Wort für seinen Freund[394] und wurde von Heshusen als „grauer Esel, Tölpel, Pfeifer der den Takt verdirbt" (Mt 11,17) beschimpft.[395] Hardenberg wurde zum Zwinglianer erklärt (21.Mai).[396]

Auf der Bremer Kanzel „brach Heshusen wie ein gewaltiger Donnerschlag gegen Albert los".[397] In seiner Himmelfahrtspredigt vom 23.Mai griff er den Zwinglianer heftig an.[398] Am darauffolgenden Sonntag attackierte er den Domprediger aufs neue,[399] beschuldigte ihn sogar des Irrtums in der Tauflehre.[400] Sofort hiess es im Rat, Hardenberg verwerfe die Kindertaufe.[401] Nach Hardenberg kam Heshusen, so lange dieser auf der Bremer Kanzel stand, noch nicht einmal dazu, die Hälfte des zweiten Psalms auszulegen, so sehr tobte er gegen die angeblichen Sakramentarier.[402]

Der Rat bat den Erzbischof vergebens um Hardenbergs Entlassung.[403] Hardenberg verteidigte sich geschickt, entzog sich dabei dem Vorwurf

---

-Hardenberg/von Büren, 2.5.1560; Graf Anton von Oldenburg-Bremer Rat, 3.5.1560, O in: SA Bremen, 2-T.1.c.2.b.2.c.2.b.2, Conv.de 1560, n.4. Vgl. Storkebaum, *Christoph von Oldenburg*, 186f.

[390] Wagner, 22f.; Rottländer, 42ff.; Spiegel, 246f.

[391] HB 26: *Appellation an die Universitaeten*, 20.5.1560.

[392] *De controversia*, 730f.; *Declaratio*, 60ʳ.

[393] HB 27, *Responsio ad art.Heshusii*, [22.5.1560]. Vgl.*infra*, II.6, Anm.268.

[394] Von Büren-Johann von Borken, 15.12.1560, O in: SA Bremen, 2-T.1.c.2.b. 2.c.2.b.2, Conv. 5, n.17; Wagner, 228ff.; Wilkens, *Hesshusius*, 81-83; ders., *Kirchengeschichte*, 58-60; Rottländer, 40, Anm.3, 43-47; Spiegel, 248-258; Barton, *Umsturz*, 73; Engelhardt, *Irrlehreprozess*, 68.

[395] Nach Hardenberg, *De controversia*, 731.

[396] Engelhardt, *Irrlehreprozess*, 68.

[397] *Notitiae*, 23ʳ.

[398] Predigtfragment in: HB 29, *Conquestio de Heshusio*, [27.5.1560].

[399] Predigtfragment in: HB 28, *Predigtfragment Heshusens*, 26.5.1560.

[400] Predigtfragment in Nr.286, Hardenberg-Domkapitel/Erzbischof. Georg, 27.5.1560, (FÄe), 91ʳ⁻ᵛ.

[401] Nr.300, Hardenberg-Erastus, 30.10.1560, 426ʳ; *De controversia*, 733f.; *Notitiae*, 23ʳ⁻ᵛ. Vgl.Planck, *Lehrbegriff*, 237, Anm.324.

[402] *Notitiae*, 23ʳ.

[403] Erzbischof Georg-Bremer Gesandte, 22.5.1560, in: Gerdes, *HM*, 130-136 (24.5. nach O in: SA Bremen, 2-T.1.c.2.b.2.c.2.b.2, Conv.de 1560, n.7).

des Spiritualismus.[404] Georg wies ein erneutes Entlassungsgesuch[405] zurück und verwarnte den Rat, dem bedrängten[406] Domprediger kein Haar zu krümmen.[407] Heshusen nahm dies zum Anlass, von Bremen nach Magdeburg zu wechseln.[408] Als Denkmal seiner Bremer Wirksamkeit verfasste er seine Schrift gegen den „Rottengeist".[409]

Letztlich brachte der Erzbischof die Angelegenheit im Juni 1560 zur Lösung auf den Kreistag des Bremer Erzbistums in Braunschweig.[410] Er mag dabei aus politischem Interesse gehandelt haben, allerdings brachte es ihm andere Ergebnisse ein, als er sich versprochen hatte.[411] Da Hardenberg und das Kapitel das Urteil den Universitäten Wittenberg, Leipzig, Heidelberg und Marburg überlassen wollten,[412] der Rat dagegen es nur den Theologen des niedersächsischen Kreises vorzulegen wünschte,[413] forderten die Kreistagsgesandten von beiden Parteien ein kurzes, klares Abendmahlsbekenntnis und ein Bedenken auf das der Gegenpartei.[414] Über diese sollte der nächste Kreistag entscheiden.[415]

---

[404] Nr.286, Hardenberg-Domkapitel/Erzbischof Georg, 27.5.1560, 697: „Credo item totum hominem, interius Spiritu per fidem, exterius autem per Sacramentum seu sacramentaliter, corpus Domini percipere".

[405] Bremer Rat-Erzbischof Georg, 10.6.1560, in: Gerdes, *HM*, 138-143.

[406] Hardenberg zitterte vor Angst, einem Meuchelmord zum Opfer zu fallen, und musste untertauchen, s.: *De controversia*, 732f.; *Notitiae*, 23ʳ; die erschütternde Nr.287, Hardenberg-Ludeloff von Varendorff, 20.6.1560 („Nu sye ich in dods perikel") und Nr.288, ders.-Eber, 24.6.1560 („In me enim nihil est neque vitae, neque spei").

[407] Erzbischof Georg-Bremer Rat, 13.6.1560, in: Gerdes, *HM*, 143-149; *Declaratio*, 60ʳ⁻ᵛ. Nr.288, s.vorige Anm.: „Episcopus se interposuit, sed contemnitur".

[408] Hyperius-Bullinger, 27.9.1560, in: Krause, *Hyperius. Briefe*, 134.

[409] Heshusen, *Das Jesu Christi warer Leib*, 1560; vgl.Rottländer, 52.

[410] NsHSA Hannover, Stade Br.6 Fach 1 Nr.5 u.6: *Abschied des Braunschweiger Kreistages*, 20.6.1560 (O); *Summarischer Bericht*, 866; Wagner, 267f.; Spiegel, 263ff.; Engelhardt, *Irrlehreprozess*, 92-95.

[411] Engelhardt, *Irrlehreprozess*, 69f., 114.

[412] Nr.289, Hardenberg-Domkapitel, 25.7.1560. Die Universitäten Tübingen, Frankfurt a/d Oder, Jena und Rostock lehnte Hardenberg jetzt ab; vgl.*supra*, Anm.333.

[413] Bremer Rat-Erzbischof Georg, 23.7.1560, A in: SA Bremen, 2-ad T.1.c.2. b.2.c.2.b (Nᵒ.1).

[414] Nr.290, Hardenberg-Domkapitel, [3?.8.1560]; Nr.291, ders.-dens, 3.8.1560; *De controversia*, 735.

[415] *Rezess der Kreisgesandten zum Kreistag*, 4.8.1560, A in: SA Bremen, 2-T.1.c.2.b.2.c.2.b.2, Conv.5 (12).

Hardenberg bestand darauf, die Stadtprediger sollten ihre von ihm gerügte Konfession vom 21.10.1556 abgeben.[416] Doch brachten sie eine „etwas lindere", von Heshusen neu verfasste *Confessio* ein.[417] Hardenberg reichte einen Grundriss des ganzen Bremer Abendmahlsstreits ein, in dem alle seine Bekenntnisse aufgenommen waren.[418] Er fügte die Bitte hinzu, auch andere Fürsten[419] möchten zum Kreistage eingeladen werden, da es sich um eine alle Kirchen betreffende Angelegenheit handele: die rechte Interpretation der *Augustana*. Die Sache bedürfe zur Verhütung einer Spaltung einer Entscheidung aller Kirchen Augsburgischer Konfession (und nicht nur des niedersächsischen Kreises) samt ihren Theologen und Universitäten.[420]

---

[416] Nr.290, s.vorvorige Anm.; HB 30, *Bedencken*, 3.8.1560; Nr.293, Hardenberg-
-Domkapitel, 10.8.1560; nähere Bedingungen in Nr.291, s.vorvorige Anm. u.Spiegel, 269f. Die Ablehnung dieser Bedingungen vom Rate: *Resolution des Erbaren Rades tho Bremen up der verordneten des Neddersaxischen Kreises gegeven gestelleten Afscheth*, 5.8.1560, in: Greve, *Eitzen*, Add., 126-128.

[417] „() wodurch also meine Gegentheile den Vortheil erlanget, dass ihre vorige (sc.vom 21.10.1556) vor den Wittenbergischen Theologen gestrafete (sc.am 10.1.1557) Confession undergeschlagen, und sie min eine andere etwas lindere, nach Rahte Dr Morlini und Heshusii herfür gen bracht", *Summarischer Bericht*, 867; vgl.Nr.293, Hardenberg-Domkapitel, 10.8.1560. Die Konfession: *Der Predigern zu Bremen Bekantnis vom heiligen Nachtmal des Herrn Jesu Christi den Fürsten Graven und Stedten des Niedersechsischen Kreisses zu uberantworten*, 2.8.1560, in: Heshusen, *Das Jesu Christi warer Leib*, Aiᵃ-Civᵃ.
Die der Konfession hinzugefügten *Fürnembste Punct und Artickel Darin der Heubstreit ist zwischen den predigern der Stadt Bremen und Doct.Albert Hardenberg* (Heshusen, *a.a.O.*, Ciiiᵃ-Civᵃ; vgl.SB Bamberg, J.H.Msc.Theol.6, 385/81, Nr.XXXVII, 163ʳ-164ᵛ (A) und NsSA Wolfenbüttel, 2 Alt 1962, 1ʳ-2ᵛ, [4.8.1560] (A)) sind den Inquisitionsartikeln Heshusens fast ähnlich, HB 27, *Responsio ad art.Heshusii*, [22.5.1560], die Hardenberg lakonisch alle mit „Ja, Sacramentlick" beantwortet hatte, s.*supra*, Anm.393. Dass diese Artikel den Gesandten des Niedersächsischen Kreises zugeschickt wurden (s.Titel in HAB Wolfenbüttel) zeigt, wie sehr Hardenbergs *Sakramentsbegriff* als „fürnembste Punct darin der Heubstreit ist" betrachtet wurde.

[418] Diese bis heute unbemerkt gebliebene umfangreiche Schrift habe ich im NsHSA Hannover wieder auffinden können: HB 32, *Contentio*, [8.8.1560]. Vgl.Nr.293, Hardenberg-Domkapitel, 10.8.1560: „Bidde ock deinstlick () dat mine positiones contra Vbiquitatem unde Confessiones de coena Domini, sampt den andern minen schrifften, so ick im anfange dusses twistes vor und nah avergegeven, neffens itzt gedachter erster Confession der Bremer predicanten (welck alle J.Erw. ick hir bi unvoranderdt, *in ein bokeschen thosamen uthgeschreven*, thostelle) an de Kreissesstende mogen hen gesandt werden".

[419] Der Kurfürst von der Pfalz, der Landgraf von Hessen u.a., die dem *Frankfurter Rezess* zugestimmt hatten: Nr.291, Hardenberg-Domkapitel, 3.8.1560; HB 30, *Bedencken*, 3.8.1560.

[420] Nr.293, Hardenberg-Domkapitel, 10.8.1560; *Declaratio*, 55ʳ-56ʳ, 61ᵛ-62ʳ.

Der Rat versuchte die Entscheidung zu beschleunigen. Auf dem Münztag des niedersächsischen Kreises in Braunschweig im August 1560 wusste Bürgermeister Rolwagen zu erreichen, dass Herzog Heinrich von Braunschweig und Erzbischof Sigismund von Magdeburg den Bremer Erzbischof aufforderten, er solle den Domprediger ohne weiteres „van der hant scaffen".[421] Georg weigerte sich, da es sich nicht um einen ordentlichen Kreistag handelte, und schrieb einen neuen für den 25.November in Halberstadt aus.[422]

In der Zwischenzeit bat Hardenberg um sein Recht auf eine unparteiische Untersuchung. Dem Kapitel, und über dieses dem Erzbischof, reichte er die Schriften und Bekenntnisse ein, um welche Letzterer gebeten hatte.[423] Die Abfassung dieser als *testimonia puritatis doctrinae* gedachten autobiographischen Bittschriften[424] hatte Monate beansprucht.[425] Hardenberg hätte sie bestimmt drucken lassen, falls ihm der Zugang zu den Druckereien in Bremen nicht verwehrt worden wäre.[426]

Gleichzeitig rief Hardenberg die Autorität des verstorbenen Melanchthons an. Anfang September 1560 war in Heidelberg dessen Gutachten bezüglich des Heidelberger Abendmahlskonflikts für Kurfürsten Friedrich III. (1.11.1559) erschienen,[427] in dem er sich eindeutig gegen Heshusen

---

[421] *De controversia*, 736.

[422] Engelhardt, *Irrlehreprozess*, 95.

[423] Nach Nr.284, Erzbischof Georg-Hardenberg, [10.oder 11.5.1560].

[424] HB 35, *Declaratio*, [gegen 25.11.1560]; HB 36, *De controversia*, [gegen 25.11.1560]. Möglicherweise war HB 34, *Notitiae*, [nach 30.10.1560] die Vorübung zu einer Autobiographie. HB 32, *Contentio*, [8.8.1560] hatte er bereits im August 1560 übergeben.

[425] Nr.285, Hardenberg-Erzbischof Georg, 11.5.1560 (bisher unbeachteter Brief), 149[r]: „itaque mox properavi, quantum omnino potui diebus et noctibus, et absolvi fere omnia sed non potui, secundo describere nam valde multa sunt". Hardenberg erwähnt vier Schriften, 149[r]: „Est unum scriptum confessionum mearum ad senatum cum intercurrentibus historijs, ut quotquot hic acciderunt (= HB 35, *Declaratio*, [gegen 25.11.1560]). Deinde est scriptum unum quod continet nudas confessiones meas (= in dieser Form nicht vorhanden). Est et aliud scriptum quod continet plus quam duos libros papiri ubi ex partibus et doctrina veteris ecclesiae oppugno falsam Ubiquitatem, quam hic abstinatissime (sic; obstinatissime) docent (= HB 56, *Testimonia vet.eccl.*, [1560], bis heute unauffindbar). Postea accedit alius liber quo impugno propositionem nostrorum qua asserunt, quod panis ipse sit essentiale Corpus Christi quo utimur in sacra coena. Et quod dicunt verba consecrationis sine ulla processus expositione intelligenda esse (= HB 32, *Contentio*, [8.8.1560])".

[426] Nr.300, Hardenberg-[Erastus], 30.10.1560, 427[r]: „Nam hic omnes Typographias sibi obstrictas habent neque nobis ad illas aditus patet. Horrendam servitutem patimur".

[427] *Iudicium de controversia de coena Domini*, in: *CR* 9, 960-963; *MWA* 6,482-486.

erklärt hatte. Auf seinen Antrag wurde die Schrift Hardenberg vom Heidelberger Arzt und Theologe Thomas Erastus zugesandt, in dem er einen hilfsbereiten und begeisterten, aber wirklichkeitsfremden Befürworter einer Koalition mit den Schweizern fand.[428] Unterstützung begegnete ihm auch seitens der Bremer Domgemeinde, die mit einer Veröffentlichung theologischen Gehalts an Rat und Stadtprediger Hardenbergs *puritas doctrinae* ins Licht zu stellen versuchte.[429] Geistige Unterstützung erfuhr er gleichfalls aus Marburg,[430] Duisburg,[431] Emden[432] und Genf.[433]

Das alles fruchtete nichts. Kompetenzprobleme des Halberstädter Kreistages (25.11.1560)[434]—die Kreisgesandten erachteten sich *in theologicis* nicht zuständig—verschleppten die Entscheidung der Hardenberg'schen Sache bis zum Braunschweiger Kreistages vom 3.bis 8.Februar 1561. Laut dem Halberstädter Abschied[435] sollte jede Partei innerhalb eines Monats ein neues Bekenntnis abgeben.[436] Zum nächsten Kreistag sollte jeder Stand einen Theologen mitbringen. Mit den Kreisgesandten sollten diese in Braunschweig entweder die Parteien mittels eines ordentlichen Kolloquium zur Einigung führen, oder die

---

[428] Nach Nr.295, Hardenberg-Erastus, [Aug./Sept.1560]; Nr.300, ders.-[dens.], 30.10.1560; Nr.302, Erastus-Hardenberg, 11.11.1560; s.*infra*, III.3.4.

[429] *Der Christlichen Gemene*, [Emden?], 1560. Die anonyme Schrift wäre „van velen vromen guethertigen anhörers tho samen gedragen undde durch etlike verstendige in dusse forme gestellet": HB 33, *Dem vromen Leser*, 30.10.1560. Vgl.Löscher, *HM 2*, 205; Spiegel, 280-284.

[430] Nach Nr.295, Hyperius-Hardenberg, [um 27.9.1560]. Vgl.*infra*, Korrespondenz, Verzeichnis der Absender und Adressaten.

[431] Nr.296, Molanus-Hardenberg, 1.10.1560; Nr.303 und 304, ders.-dens., 6.und 28.12.1560.

[432] Nr.294, Klebitz-Hardenberg, [8.1560]; Nr.295, ders.-[dens.], [1560].

[433] Nr.301, Calvin-Hardenberg, 5.11.1560. Calvin schickte eine „*summa controversiae de eucharistia breviter collecta*" an ihn—nach den Herausgebern der *CO* (*CO* 18, 237; 9, LI) möglicherweise: *Breve et clarum doctrinae de coena Domini compendium*, in: *CO* 9, 680-688.

[434] Engelhardt, *Irrlehreprozess*, 95-98.

[435] *Extract des abschiedes zu Halberstadt anno 60 wegen der bremischen Religionspaltung*, 28.11.1560, A in: SA Bremen, 2-T.1.c.2.b.2.c.2.b.2, Conv.de 1560, No.39-43.

[436] Hardenbergs Bekenntnis, HB 37, *Summaria Doctrinae mea*, 14.12.1560, enthielt das bekannte Sonnengleichnis, 152. Das Bekenntnis der Stadprediger war eine Zusammenfassung ihrer vorigen von Heshusen verfassten Konfession vom 2.8.1560 (s.*supra*, Anm.417): *Bremensium Concionatorum Confessio, Statibus Saxoniae inferioris exhibita*, 22.12.1560, in: Gerdes, *HM*, 153f.

Sache vier Universitäten Augsburgischer Konfession zur endgültigen Entscheidung vorlegen.[437]

Auf beiden Seiten traf man Vorbereitungen. Hardenberg begab sich am 9.1.1561 höchstpersönlich nach Magdeburg, dem Sitz des Erzbischofes Sigismund, eines der Fürsten, die mit der Ausführung des Halberstädter Abschieds betraut worden waren.[438] Dessen Berater Paul Pretorius bat er—offensichtlich erfolglos—um ein erzbischöfliches freies Geleit zum bevorstehenden Kreistage, um Aufschub dieses Kreistages in Anbetracht einer angemessenen Vorbereitung, sowie um ein Urteil, das seine Nachfolger schonen würde.[439]

In Mölln und Celle kamen am 16. und 21.1.1561 die Vertreter der hanseatischen und der braunschweig-lüneburgischen Theologen im Auftrag ihrer städtischen Obrigkeiten zusammen zur Vorbesprechung der theologischen Entscheidung. Sie erklärten Hardenberg für einen Sakramentierer und verwarfen seinen Zwinglianismus. Das Lehrurteil war gefällt. Dessen Wirksamkeit im staatlichen Bereich bedurfte nur der Anerkennung und Übernahme durch die staatlichen Behörden.[440]

In Braunschweig (3-8.2.1561)[441] erschienen ausser den Gesandten neun Theologen, unter welchen die Superintendenten Curtius von Lübeck, von Eitzen aus Hamburg und der Rostocker Professor Chyträus waren. Als Beistände der Stadtprediger traten Mörlin, Heshusen und Chemnitz auf. Von Hardenbergs Helfern von Büren, Hermann Schomaker[442] und Rudolf Mönkhausen wurde letzterer von den Verhandlungen ausgeschlossen, als man erfuhr, dass die Universität Rostock ihn als Zwinglianer eben entlassen hatte.[443]

Zunächst wurde beschlossen, in Abweichung vom Halberstädter Abschied kein Kolloquium zu veranstalten, sondern die streitenden

---

[437] Zur Interpretation des Abschieds: Engelhardt, *Irrlehreprozess*, 112-115.

[438] Eber-Paul Pretorius, 9.1.1561, A in: FB Gotha, Chart.A 125, 56ʳ-57ʳ.

[439] Idem, 57ʳ.

[440] Engelhardt, *Irrlehreprozess*, 98-101. Der Möllner Rezess, 16.1.1561, in: *DB* 5, 231-236.

[441] *DB* 5, 236-248; Löscher, *HM* 2, 188-205; Wagner, 308ff.; Spiegel, 264-310; Rottländer, 61-63; Engelhardt, *Irrlehreprozess*, 101-122. Die *Acta* sind hier und dort vorhanden, z.B. im Mecklenburgischen LHA Schwerin, Acta Eccl., Generalia, Nr.1544; UB København, E.don.var. 123, 40, 53ᵛ-56ᵛ. Zusätzliche Quellen: *Acta Brunswigae in Controversia Bremensi conscripta a D.Davide Chytraeo die 4-8 febr.1561*, A in: SA Bremen, 2-T.1.c.2.b.2.c.2.a.1; *Summarischer Bericht*, 867-883.

[442] Neffe des Bürgermeisters Belmer, vgl.Löscher, *HM* 2, 194; *infra*, I.4, Anm.109.

[443] Zu Mönkhausen: *infra*, III.2, Anm.217f.

Parteien und die Kreistheologen nach ihren schriftlichen Bedenken zu fragen, womit eine gegenüber Halberstadt sehr zum Hardenbergs Nachteil veränderte Situation eintrat.[444] Darauf wurden die Unterlagen überreicht:

Hardenberg beschwerte sich darüber, in dem vorliegenden Bekenntnis vom 22.12.1560 hätten die Bremer Prediger die drei eigentlichen Streitfragen „in gewissem Sinne retuschiert", nämlich 1. die wörtliche Interpretation der Einsetzungsworte, 2. die Behauptung, dass die Zeichen der *essentiale* Leib und das *essentiale* Blut seien und 3. freilich *in omnibus locis*, wo das Abendmahl gefeiert würde.[445] Übrigens tadle er die Vorstellung, das Brot solle „unione sacramentali" der wesentliche Jesusleib sein.[446]

Die Bremer erachteten, Hardenbergs Vergleich der *praesentia Christi* mit der der Sonne am Himmel und auf Erden, sowie sein Schweigen über die *manducatio impiorum*, stellten ihn als Lügner gegen die Heilige Schrift, die *pia vetustas* und die *Augustana* hin.[447]

Die Kreistagstheologen waren derselben Meinung, Hardenberg verleugne die *praesentia substantialis*. Sie billigten die Bremer *Censura*, verwarfen Hardenbergs Appellation an die Universitäten, verlangten dass die Sache in Braunschweig abgewickelt wurde und baten die Stände um Hardenbergs Entfernung auf der Grundlage der Heiligen Schrift, der *Augsburger Konfession* und *Apologie*, der *Schmalkaldischen Artikel* und Luthers *Catechismus*.[448] Hardenbergs schriftliche Beantwortung[449] fünf ergänzender Fragen der Kreistagstheologen,[450] sowie seine Zustimmung

---

[444] Engelhardt, *Irrlehreprozess*, 103. Der Beschluss stellte jedoch keinen Rechtsbruch dar, Engelhardt, *a.a.O.*

[445] HB 39, *In Conf.Brem.censura*, 5.2.1561, 155; 2, 14, 156f.: „sed res mihi est cum () supra dictis tribus propositionibus, quas ipsi probare tenentur. Nam, licet dissimulent, tamen in his suis positionibus illas quodammodo pingunt". Die Bremer Konfession: *supra*, Anm.436.

[446] *In Conf.Brem.censura*, 5-7, 156.

[447] *Declaratio in qua probatur Doctoris Alberti propositiones dissentire a Nativa Sententia Augustanae Confessionis de Coena Dominj*, 5.2.1561 (= Titel der A in NsSA Wolfenbüttel, 2 Alt 14878, 15^r-16^v; vgl.FB Gotha, Chart.A 93, 59^r-60^v (A)), in: Gerdes, *HM*, 157-161 (Titel: *Bremensium in Hardenbergii Confessionem censura*).

[448] *Brunsvicensium Theologorum Censura in Hardenbergii Confessionem*, [5.2.1561], in: Gerdes, *HM*, 161-163; vgl.FB Gotha, Chart.A 276, 129^r-131^r (A).

[449] HB 40, *Ad interr.Responsio*, 7.2.1561.

[450] *Ordinum Circuli Saxoniae Inferioris Interrogata Alberto proposita*, 6.2.1561, in: *DB* 5, 241; Gerdes, *HM*, 164. HB 41, *Appellation an Kaiserl.Majestaet*, 15.2.1561, 16^r-v: „viff Frage (), de so wydtlopig, dat (mijnes Erachtens) ock myne Jegendele sulvest de ahne Underschedt (und sunderlick de erste) nicht wol affirmeren konden, Jde were dan dat sse de vermeinde Ubiquitet () gedachte tho bestedigen".

zur *Augustana in sensu* Melanchthons und des *Frankfurter Rezesses*, wie auch seine Berufung auf den Halberstädter Abschied[451] waren vergeblich. Die Kreistheologen erklärten ihn zum „subsannator" (Spötter und Beleidiger) der *Augsburger Konfession* und verurteilten ihn als Sakramentierer, Calvinisten und Zwinglianer. Sie verliessen den kirchlichen Bereich, als sie darauf den Kreisständen konkret vorschlugen Hardenberg als *turbator publicae pacis* „abzuschaffen".[452]

Dementsprechend mahnten die Stände das Domkapitel am 8.2.1561, Hardenberg binnen 14 Tage wegen Abweichung von der *Augustana* und Störung des Landfriedens seines Amtes zu entheben, ein Predigtverbot aufzuerlegen und ihn aus dem niedersächsischen Kreis zu entfernen. Die Entlassung sollte „citra infamiam et condemnationem" erfolgen, seine Ausweisung „ohne Verletzung seiner Ehre und allein zur Verhütung ferneren Zwiespaltes, Unruhe und Empörung".[453] Die Wendung besagte nicht, dass der Beschluss eine reine Polizeimassregel wäre[454] und die Lehrfrage ausklammerte.[455] Der Beschluss setzte die Verurteilung durch die kirchliche Instanz ausdrücklich voraus und baute auf ihr auf. „Es wurde nur vermieden, aus dem theologischen Dissens einen moralischen Vorwurf abzuleiten" (Engelhardt). Übrigens war es gut lutherisch, dass der Landesherr—in diesem Fall der Erzbischof, der das Kreisverfahren in Gang gebracht hatte—den öffentlichen Irrlehrer des Landes verwies.

Hardenberg erhob förmlichen Protest gegen den Beschluss und appellierte—„nach dem Exempel des heiligen Paulus"—an das Reich, an den nächsten Kreistag und an „ein allgemeines, freies christliches Konsilium".[456] Der Entscheidung des Kreistags leistete er jedoch keinen tätlichen Widerstand: er verliess Bremen am 18.Februar.[457]

Rottländer, 62: „So war aus dem 'ordentlichen Colloquium' schon ein Verhör geworden". Die Stände hatten sogar die Theologen um Vorschläge zur Beendigung des Streites nachgesucht, Engelhardt, *Irrlehreprozess*, 107f.

[451] HB 40c, *Ad interr.Responsio*, 7.2.1561, 166f.

[452] Löscher, *HM* 2, 197f.; Engelhardt, *Irrlehreprozess*, 108.

[453] *Abschiedt*; vgl. *Brunsvicense decretum in causa A.Hardenbergii*, 8.2.1561, in: Gerdes, *HM*, 168-171.

[454] So Spiegel, 304; Rottländer, 63.

[455] Engelhardt, *Irrlehreprozess*, 121. Folgendes nach ihm, *a.a.O.*, 118-121.

[456] HB 41, *Appellation an Kaiserl.Majestaet*, 15.2.1561, 17^{r-v}.

[457] Spiegel, 309f.; Engelhardt, *Irrlehreprozess*, 122-124.

KAPITEL 4

SPÄTES WIRKEN: BREMEN, RASTEDE, SENGWARDEN
UND EMDEN, 1561-1574

4.1 *Bremen, ab 1561*

Der erste Teil des obigen Titels will zum Ausdruck bringen, dass der
Umsturz in Bremen von 1562 als eine Frucht von Hardenbergs Wirken
zu bewerten ist. Im eigentlichen Sinne gehört dieses Ereignis nicht der
Biographie Hardenbergs, sondern der von Bürens an. Denn dieser
„gewiegte Agitpropexperte"[1] war es, der die Stadt in einer Volksbewe-
gung am 19.1.1562 endgültig aus dem lutherischen Lager führte. In ihm,
dem ehemaligen Melanchthonschüler, lebte aber das Gedankengut
Hardenbergs fort, wie auch in dem Rektor der Lateinschule Johannes
Molanus, der seinerseits dazu beitrug, unter Christoph Pezel ab 1580
dem Übergang Bremens zum reformierten Kirchentum den Boden zu
bereiten. Die Grundzüge dieses doppelten Übergangs—aus dem orthodoxen Luthertum in den sechziger Jahren, zum Calvinismus in den
achtziger Jahren—werden hier kurz angedeutet.[2]

Im Oktober 1561 wurde der Gnesiolutheraner Simon Musaeus zum
Superintendenten Bremens berufen. Die Exkommunikationsordnung, die
dieser zur Austreibung des Sakramentierertums schaffen wollte, wurde
ihm zum Verhängnis. Binnen eines Vierteljahres beging „König Daniel"
seinen Putsch.[3] Musaeus, die lutherischen Bürgermeister und Ratsherren,
Prediger und Bürger wanderten aus. Das Einschreiten der niedersächsi-

---

[1] Barton, *Heshusius*, 30.
[2] Die einschlägige Literatur: Planck, *Lehrbegriff*, 295-328; Walte, *Mittheilungen*;
Wilkens, *Hesshusius*, 91-94; ders., *Kirchengeschichte*, 63-68; Spiegel, 329-345;
Rottländer, 64-88; von Bippen, *Bericht*; ders., *Bremen 2*, 155-194; Moltmann,
Molanus; ders., *Pezel*; Barton, *Umsturz*. Folgendes nach: Krumwiede, *Kirchenge-
schichte*, 78; Schwarzwälder, *Bremen 1*, 241-252; Barton, *a.a.O.*; TRE 7, 158f.
(O.Rudloff, Art.*Bremen*; Lit.: *a.a.O.*, 165-168).
[3] Barton, *Umsturz*, 69.

schen Landstände, Handelssperre und Ausschluss aus der Hanse blieben vergeblich: Bremen ging dem Luthertum endgültig verloren.[4]

Um in den Genuss des Augsburger Religionsfriedens zu kommen, band der Rat sich im Verdener Vertrag von 1568 an die *Augsburger Konfession* und den *Kleinen Katechismus* Luthers, daneben aber auch an den von Hardenberg immer bevorzugten *Frankfurter Rezess*. Die *Konkordienformel* (1580), die vom neuen Superintendenten Marcus Mening sowie vom Rat nicht gebilligt wurde, brachte die Trennung vom konfessionellen Luthertum. In Bremen galt fortan das *Corpus doctrinae Philippicum*. Gutachterinstanz war nicht mehr Wittenberg, wo der Philippismus gestürzt worden war, sondern die theologische Fakultät in Heidelberg,[5] auf die von Büren sich seit Hardenbergs Hilferuf an Erastus im Jahre 1560[6] auszurichten begonnen hatte.[7]

1579 bat der Rat den Grafen Johann von Nassau um die Entsendung von Christoph Pezel. Dieser führte, ab 1584 als Superintendent, unter Beteiligung des Rates (vor allem von Bürens) Bremen endgültig zum reformierten Kirchentum. Der *Consensus Bremensis* von 1595, der an die *Augsburger Konfession* und das *Helvetische Bekenntnis* band, bedeutete als neue Lehr- und Kirchenordnung die Konsolidierung des Reformwerks.

Der mit Bremens Übergang verbundene Ausbau der handelspolitischen und wissenschaftlichen Beziehungen zu den Niederlanden führte letztendlich zur Teilnahme an der Dordrechter Synode 1618/19. Obwohl die Vertreter Bremens die Beschlüsse unterschrieben, gewannen diese in Bremen nie symbolische Bedeutung. Die Stadt aber bezeichnete sich seither offiziell als reformiert.

---

[4] Barton, *Umsturz*, 75f.: „Sicher, es gab noch manche Rückzugsgefechte und es sollte noch jahrzehntelanger Kämpfe und mancher Kompromisse bedürfen, bis Bremens reformiertes Kirchentum sich endgültig konsolidierte. Aber mit diplomatischer Gewandtheit ging 'König Daniel' daran, in Bremen ein staatskirchlich beherrschtes, nach aussen hin philippistisch scheinendes, kryptozwinglianisches und später kryptocalvinistisches Kirchentum zu installieren, indem er zunächst in allen Kirchen (mit Ausnahme des Domes, der geschlossen blieb) 'hardenbergisch' predigen liess".

[5] Krumwiede, *Kirchengeschichte*, 78. Vgl.Koch, *Philippismus*.

[6] Nr.275, Erastus-Hardenberg, 4.2.1560; s.*infra*, III.3.4.1.

[7] Nr.311, von Büren (nicht David Mus (= „Daniel tuus"), so Pollet, *Martin Bucer* 2, 188)-Hardenberg, 10.7.1561: Bitte an Hardenberg um Unterlagen aus der Pfalz oder Wittenberg in Anbetracht der Untersuchung von dem Bremer Prediger Anton Grevenstein; vgl.Spiegel, 332-334.

4.2 Rastede, 1561-1564/65

Hardenberg fand Asyl bei seinem Gönner, Christoph von Oldenburg, in dem Oldenburger Kloster Rastede.[8] Die ersehnte *vita monastica*[9] eröffnete ihm wieder Zeit für Lektüre und schriftstellerische Arbeit. Jenes lässt bereits der erste Brief aus dieser Periode erkennen, der mit ungewöhnlich vielen klassischen und biblischen Zitaten gespickt ist.[10] Fraglos stand Hardenberg die beträchtliche Klosterbibliothek[11] zur Verfügung. Zu der schriftlichen Erwiderung von Heshusens Schmähschrift,[12] wozu Erastus Hardenberg geraten hatte[13] und wozu Klebitz ihm Material verschaffte,[14] kam es nicht. Vor Aufregung[15] konnte Hardenberg das Thema erstmal nicht anschneiden.[16] 1564 allerdings publizierte er eine einleuchtende Darstellung seiner Abendsmahlslehre,[17] der er u.a. die Schrift Segebades über die Ubiquität von 1558[18] samt deren Widerlegung aus demselben Jahr[19] vorangehen liess.[20] Zu der Rasteder

---

[8] Hubert Languet-Ulrich Mordeisen, 17.3.1561, in: Languetus, *Epistolae*, 106. Spiegel, 314.

[9] Nr.187, Hardenberg-Medmann, 8.8.1556, 155ᵛ: „Itaque cogito de instituenda vita prorsus monastica, profugiam quo in abditum locum, ubi neminem mortalium sim cognitus, et ibi ignotus in praecibus et lectione quod vitae reliquum potest cum uxorcula exigam"; vgl. Spiegel, 179f.

[10] Nr.310, Hardenberg-von Büren, [6].1561; vgl.Spiegel, 314-316.

[11] Von der Bibliothek des Grafen in Rastede und von der gräflich-oldenburgischen Bibliothek, in die die Bibliothek Christophs übernommen wurde, sind 9 ältere Kataloge vorhanden im NsSA Oldenburg unter Best.20-6 B Nr.1-9. Laut Nr.2, *Inventar über den zu Rastede vorgefundenen Nachlass des Grafen Christopher, insbesondere Bücher*, waren vertreten: das klassische Altertum, Kirchenväter, die wichtigsten mittelalterlichen Historiker, Humanismus und Reformation: bes.Calvin, Luther, Bucer, Oecolampadius, Martyr, Brenz, Agricola, Sleidanus, Beza, Bugenhagen. Vgl.Merzdorf, *Unterhaltungen*, XVII-XLII; Rottländer, 64, Anm.2; Storkebaum, *Christoph von Oldenburg*, 188.

[12] Heshusen, *Das Jesu Christi warer Leib*, 1560; s.*supra*, I.3, Anm.409.

[13] Nr.302, Erastus-Hardenberg, 11.11.1560.

[14] Nr.307, Klebitz-[Hardenberg?], [vor 25.3.1561]; Nr.308, ders.-dens., 25.3.1561. Der in Zwolle untergetauchte Klebitz wusste nichts von Hardenbergs Ausweisung aus Niedersachsen: Klebitz-von Büren, 27.4.61, O in: BSB München, Clm 10359, n.79.

[15] Nr.310, Hardenberg-von Büren, [6].1561; vgl.Spiegel, 316f.

[16] Nr.320, Hardenberg-[von Büren], [1562]; vgl.Spiegel, 321.

[17] HB 45, *Brevis explicatio*, 1564.

[18] Segebade, *Argumenta sive Positiones contra Monotopiam*, 21.5.1558, *supra*, I.3, Anm. 358.

[19] HB 44, *Ad Farraginem Segebadii*, 1564 (Datum des MS: [Juni/Juli 1558?]), s.vorige Anm.

Periode gehört wohl auch der Anfang der Abfassung seiner *Vita Wesseli*.[21] Die Forschung hat den Zeitpunkt der Abfassung auf den Rasteder, Sengwarder oder Emder Aufenthalt festgesetzt;[22] sie kann hier nicht endgültig abgeschlossen werden, ist aber auch nicht wesentlich. Dass Hardenberg jedenfalls in Rastede den Anfang gemacht hat, zeigt seine Bemerkung, dass Goswijn van Halen—der von etwa 1517 bis 1527 sein Betreuer war—„vor mehr als 30 Jahren" sein Gewährsmann gewesen sei.[23]

Während seines Aufenthalts in Rastede bemühte sich nicht nur der Heidelberger Freund Erastus um Hardenbergs Wiederkehr nach Bremen,[24] auch Hardenberg selber gab sich von Anfang an der Hoffnung hin, dass man ihn zurückrufen würde.[25] Nach dem Bremer Umsturz soll er seinem Freund Molanus, Schulvorsteher in Duisburg, den Wunsch offen geäussert haben.[26] Dieser berichtete ihm nämlich,[27] die Bremer Scholarche hätten ihn, Molanus, zurückgerufen, und zwar einen Tag nachdem er sich aufs neue für ein Jahr für die Duisburger Schule verpflichtet hatte, weswegen er dankend hatte ablehnen müssen. Drei Tage darauf (die Bremer waren bereits abgereist) war Hardenbergs Schreiben eingegangen. „Hätte ich von deinem Wunsch und deiner Hoffnung gewusst", so Molanus, „ich hätte den Bremern grössere Hoffnung gemacht. Denn, um ganz ehrlich zu sein: wenn Gott dich in Frieden dorthin zurückbringt, möchte ich nichts lieber als den Rest meines Lebens mit dir zusammen verbringen".[28]

Aber schon früher, vor der Umwälzung der Stadt, muss Hardenberg auf seine Rehabilitation gehofft haben. Als Hubert Languet und Peucer ihm im März 1561 einen Lehrstuhl in Wittenberg anboten, lehnte er ab.[29]

---

[20] Zusammen mit HB 43, *Contra Ubiquitatem*, 1564 bildeten diese Schriften die Publikation HB 42, *De Ubiquitate, Scripta Duo*, 1564. Vgl.Spiegel, 321-326.

[21] HB 51, *Vita Wesseli*, 1614.

[22] Ullmann, *Reformatoren* 2, 682f.: Rastede; Spiegel, 351f.: Rastede, Sengwarden, eventuell Emden; Clemen, *Rode*, 350 und ders. in *WA* 10/2, 315, Anm.1: bis in Emden; vgl.van Rhijn, *Gansfort*, XVf.

[23] *Vita Wesseli*, **3ª.

[24] Nr.313, Erastus-Hardenberg, 23.3.1562; Nr.315, ders.-dens., 10.12.[1562]; s.*infra*, III.3.4.1.

[25] Im Gegensatz zu Spiegel, 345: „Was Hardenberg bis zum Schlusse des Jahres 1564, bis wohin er in Rastede war, davon gedacht habe, darüber fehlen uns alle Nachrichten".

[26] Nach Nr.313, Hardenberg-Molanus, [vor 15.7.1562].

[27] Nr.314, Molanus-Hardenberg, 15.7.1562. Der Brief war Spiegel nicht bekannt.

[28] Idem. Vgl.Molanus-von Büren, 11.9.1562, in: Cassel, *Bremensia* 2, 579-581.

[29] Hubert Languet-Ulrich Mordeisen, 17.3.1561, 107, in: Languetus, *Epistolae*, 107. Übrigens sollte Hardenberg nach Languet gemeint haben, er würde zum Narren gehalten.

Und wie sonst sollte man Hardenbergs Brief—den ersten von Rastede aus—an von Büren interpretieren, in dem er sein zurückgebliebenes Sprachrohr hoch und heilig beschwor, nicht die Mauer von Bremen zu verlassen (um die Lüneburger Versammlung im Juli 1561 besuchen zu können), damit nicht die Feinde durch die Tore hineinträten?[30] Cicero, Horatius, Vergilius, Alcibiades, einen gewissen Rudolphus Camerinensis und Samuel spannte er ein, um den Bürgermeister zu bereden, (wie einst König David) nicht mit auszuziehen in den Streit, „damit Du nicht die Leuchte in Israel auslöscht" [2.Sam 21,17], „weil Du von uns zehntausend aufwiegst: so ist's also besser, dass Du uns von der Stadt aus helfen kannst" [2.Sam 18,3].[31] Doch so wie die *Protestation* erfolglos geblieben war, die er noch in Bremen erhoben hatte,[32] so blieb auch diese Hoffnung vorerst eitel.[33]

Unterdessen wurde sein Blick von Bremen auf das Ausland gelenkt, und zwar auf die englische, hugenottische und südniederländische Kirche und auf die Bündnispolitik der englischen Königin Elisabeth I. zur Abwehr der Gegenreformation.

Anlass war der Wunsch der niederländischen Flüchtlingsgemeinde in London, Hardenberg als zweiten Prediger neben Petrus Delenus zu berufen (8.1.1562).[34] Zwei Deputierte des Kirchenrates, der Goldschmied Hendrik Kule und Mozes Fockinck, sollten bei Hardenberg vorfühlen, während Delenus selber die Bitte brieflich bei dem alten Freund[35] unterstützen würde.[36] Ob der Brief geschrieben wurde, ist nicht bekannt. Wohl wurde Hardenberg im Sommer 1562 in Rastede von Hendrik Kule besucht,[37] aber Hardenberg lehnte die Berufung ab.[38]

---

[30] Nr.310, Hardenberg-von Büren, [6].1561. Vgl.(anders) Spiegel, 314-316.
[31] Idem.
[32] S.*supra*, I.3, Anm.456.
[33] Nach Engelhardt, *Irrlehreprozess*, 134 (mit Spiegel, 362), hätte eine Rehabilitierung Hardenbergs „so eindeutig im Widerspruch zu dem Braunschweiger Abschied gestanden, dass ein neuer, schwererer Konflikt Bremens mit dem niedersächsischen Kreis unvermeidlich geworden wäre".
[34] Van Schelven, *Kerkeraads-Protocollen*, 281. Bereits Anfang 1547 war er nach England eingeladen worden, s.*supra*, I.2, Anm.125.
[35] S.nach Nr.173, Delenus-Hardenberg, [Ende 1.1556]; Hardenberg-Delenus, [Ende 1.1556]; Nr.179, Delenus-Hardenberg, 20.4.1556.
[36] Van Schelven, *Kerkeraads-Protocollen*, 281.
[37] Nr.316, [Hardenberg]-[Cecil], 16.12.1562. S.Storkebaum, *Christoph von Oldenburg*, 174f. („Heinrich Cuk"); Krumwiede, *Glaube und Politik*, 26; ders., *Kirchengeschichte*, 84f.
[38] Am 25.5.1562 schrieb Delenus an Nic.Carineus, Prediger in Jennelt, der die Berufung im November 1562 übernahm: *BLGNP* 3, 92.

Kule jedoch informierte Hardenberg darüber, dass die englische Königin die Hugenotten unterstützen wolle.[39] Christoph von Oldenburg, Söldnerführer mit Leib und Seele, zeigte sofort Interesse an einer englischen Bestallung. Der Goldschmied teilte es Utenhove mit, dem Leiter der Flüchtlingsgemeinde, und über den Bischof von London wurde der Staatssekretär Cecil informiert.[40] Auf dem Frankfurter Reichstag 1562 verhandelte Christoph mit dem Hugenottenführer Condé und mit dem Strassburger Rektor Johann Sturm, einem der bedeutendsten Fürsprecher der Hugenotten im deutschen Reichsgebiet.[41] Christoph empfing Sturm auch in Rastede, zusammen mit dem Strassburger Senator und Ritter Claudius Buchlinus.[42] Gesprächsthema war eine gesamteuropäische militärische Entlastungsaktion für die Hugenotten.

Um den Angriff zu beschleunigen schickte Christoph Hardenberg mit einem gewissen Johann Drosto nach London. Am 16.12.1562 wandten die beiden Gesandten sich schriftlich an Cecil mit dem Angebot Christophs, 6000-7000 Reiter und Knechte anzuwerben bei gleichem Jahrgeld für sich, wie es die Königin ihren eigenen militärischen Ratgebern zahlte.[43] Am 19.12—unter Zeitdruck—wiederholte Hardenberg seine Anfragen;[44] auf Verlangen verschaffte er Cecil militärische und finanzielle Details,[45] doch anscheinend vergebens: zu festen Abmachungen scheint es nicht gekommen zu sein.[46]

Im Jahre 1563 wurde noch von einem grossen Kriegsunternehmen gesprochen: unter Christophs Leitung und unter Mitwirkung „vieler grosser Häupter, die zwinglisch seien", sollten durch die Eroberung von Metz, Toul und Verdun die Hugenotten entlastet werden. Zu greifbaren Ergebnissen kam es jedoch nicht.[47] Vielsagend ist allerdings, dass Hardenberg, bei welchem auch Friedrich III. politische Informationen

---

[39] S.Anm.37.
[40] Utenhove-Bischof von London, [6.8.]1562, R: *Calendar, 1562*, 5, 227, Nr.441; Bischof Grindall-Cecil, 6.8.1562, R: *a.a.O.*, Nr.442; vgl.Hardenbergs Brief, *supra*, Anm.37.
[41] Vgl.Nr.317, Hardenberg-Cecil, 19.12.1562.
[42] Nr.320, Hardenberg-[von Büren], [1562].
[43] S.Anm.37.
[44] S.Anm.41.
[45] Nr.318, [Hardenberg/Joh.Drosto]-Cecil, [Ende.12.]1562; Nr.319, ders.-dens., idem.
[46] Storkebaum, *Christoph von Oldenburg*, 175.
[47] Krumwiede, *Kirchengeschichte*, 85: „Da die Hugenotten durch das Edikt von St.Germain (1562) eine beschränkte Duldung erreicht hatten, wurden diese Pläne nicht weitergetrieben".

einzuholen versuchte,[48] sich an den konfessionspolitischen Verhandlungen seines „zum Zwinglianismus tendierenden"[49] Grafen Christoph beteiligen wollte. Eine eventuelle neue Einstellung als Feldprediger Christophs[50] sollte jedoch sein Alter verhindert haben.

Anfang der Sechzigerjahre—wahrscheinlich Ende 1562 oder Anfang 1563—soll Hardenberg in den südlichen Niederlanden gepredigt haben. Ein gewisser Joris Valcke aus Belle immerhin gestand dem Rat von Flandern am 3.7.1563 ein, er hätte „Albertus uut Vrieslandt" zusammen mit Gaspar van der Heyden aus Mecheln in einem Konventikel im Westhof zwischen Nieuwkerke und Belle[51] predigen gehört.[52] Dieser Valcke weilte 1561 in London, wurde am 4.5.1562 in Belle in Abwesenheit verurteilt und meldete sich freiwillig in Belle im Frühjahr 1563.[53] Es ist glaubhaft, dass Hardenbergs Auftreten in Flandern mit seiner Reise nach London im Dezember 1562 zusammenfiel. Die Fluchtroute vom flämischen Westkwartier aus nach England lief nämlich über Nieuwkerke und Nieuwpoort,[54] wo Hardenberg das Konventikel besucht hatte. Andere Prediger in dieser Gegend waren Pieter Hazaert, Willem Damman und Lowijs de Zomere,[55] von welchen man bei Hardenberg jedoch keine Spur vorfindet, was auch auf van der Heyden zutrifft.

Gleichfalls vereinzelt steht die Mitteilung da, dass man im März 1564 Hardenberg in Marburg als Nachfolger von Andreas Hyperius vorgeschlagen hatte.[56] Man muss vermuten, dass er sich diesem Auftrag

---

[48] Nr.315, Erastus-Hardenberg, 10.12.[1562].

[49] Krumwiede, *Glaube und Politik*, 29.

[50] Wie Anfang 1547: *supra*, I.2.5.

[51] Belle (Bailleul) beherbergte eine calvinische Gemeinde, von deren Mitgliedern 1560 einer hingerichtet und 1562 209 mit einer Strafe belegt wurden: Janssen, *Vlaanderen*, 91f.; de Moreau, *Histoire* 5, 119; vgl.Verheyden, *Martyrologe Protestant*, 109 und (auch zu Nieuwkerke) Decavele, *Dageraad* 1, 404-407.

[52] De Coussemaker, *Troubles réligieux* 1, 102f.: „De vierde reyse heeft hy Jooris duer den raedt van Clays de Schildere ende van een Heynken hem ghevonden (d.h.: befand er, Joris, sich) in t conventicle ende secrete vergarynghe in t Westof, elft staende tusschen Belle en Nyeukerke, aldaer eenen Jaspar vander Heyden ende Albertus uut Vrieslandt, predicanten waren van de voorseide leeringhe", d.h. „de leerynghe van Calvinus"; vgl.*a.a.O.*, 12-14. Vgl.Van Schelven, *Hardenberg*, 1025; de Moreau, *Histoire* 5, 119; Decavele, *Dageraad* 1, 405f., 633.

[53] Decavele, *Dageraad* 1, 405, Anm.484. Leider ist nicht genau bekannt, wann er nach Flandern zurückkehrte und Hardenberg hörte.

[54] Vgl.Decavele, *Dageraad* 1, 407.

[55] Decavele, *Dageraad* 1, 633.

[56] Moltmann, *Pezel*, 22, Anm.24, der auf einen Brief von Joh.Pincier an Joh.Wolph (Zürich) vom 25.3.1564 verweist.

nicht gewachsen fühlte. Ende 1564 oder Anfang 1565[57] folgte er dem Ruf des Freiherrn Tidos von Kniphausen und trat das Pfarramt in Sengwarden an.[58]

4.3 Sengwarden, 1565-1567

Hardenbergs Pfarrerschaft in Sengwarden ist nur mit wenigen Unterlagen belegt. In seiner Eigenschaft als Pfarrer („unser Pastor tho Senwarden") besiegelte oder unterschrieb er einige Urkunden,[59] zusammen mit den Sengwarder Kollegen Aggeus Simonides und Gelmerus Petri[60] oder mit Balduinus Nordenus, Pastor in Ackum.[61]

Nur ein von Sengwarden aus versandter Brief Hardenbergs ist vorhanden: die Supplik an Maximilian II. vom 22.3.1566. Hierin bat er den Kaiser (zweifellos im Hinblick auf den Augsburger Reichstag vom 23.3. bis zum 30.5.1566) ihm wieder zu seinem Bremer Amt oder wenigstens zu seinen damals bezogenen Pfründen bei dem Anscharius-kapitel zu verhelfen und ein Konzil einzuberufen.[62] Hardenberg wurde in seinem Bestreben von Erastus ermuntert. Dieser war über den Bremer Buchhändler Gerhard Davemann mit Bremen verbunden[63] und mag Hardenberg allerdings Hoffnungen gemacht haben mit der Bemerkung, die Bürger würden ihn gern wieder in Bremen aufnehmen.[64] Der

---

[57] Erastus-Bullinger, 24.4.[1565], O in: SA Zürich, E II 361, 52: „Fuit hic bibliopola Bremensis et literas mihi attulit etiam a D.Alberto Hardenberg, qui vivit et pastor est in Orient.Frisia".

[58] Spiegel, 345-347; 328: auf Vorschlag von Christoph von Oldenburg.

[59] NsSA Oldenburg, Best.120 Urkunden. Abschriften: Best.296-13 Nr.2 S.49-58: 16.11.1566: Verkauf von Land durch Tade Meiners und Katharina von der Witz an die Witwe Eva von In- und Kniphausen-von Rennenberg; Best.296 Nr.2 S.65-71: 15.3.1567: Vermietung von Land und einer Wohnung von Eva von Kniphausen an Hillert und Tomme zu Tammhausen; Best.296 Nr.2 S.77-85: 25.5.1567: Vergleich von Eva von Kniphausen mit ihrer Schwägerin Hebrich von Gödens-von Kniphausen wegen der Erbansprüche von Letzterer.

[60] 15.3.1567.

[61] 16.11.1566 und 21.5.1567.

[62] Nr.323, Hardenberg-Maximilian II., 22.3.1566, „nebst beigefügter Species facti der Verhandlungen vor den Nieders.Kreistagen" = HB 46, Summarischer Bericht, 22.3.1566.

[63] Erastus-Bullinger, 24.4.[1565], s.Anm.57; Nr.321, ders.-Hardenberg, 3.6.1565, 112ᵛ.

[64] Nr.322, Erastus-Hardenberg, 8.9.1565; vgl.Spiegel, 347. Vgl.Nr.321, s.vorige Anm.: „Concepi nonnihil spei, si futura sint Comitia, fore etiam ut revoceris Bremam".

Reichstag enttäuschte.[65] Kurz darauf, am 4.August, starb Hardenbergs Gönner Graf Christoph, mit welchem er immer in finanzieller Verbindung gestanden hatte.[66] Wäre es verfehlt, aus diesen spärlich vorhandenen Unterlagen[67] zu schliessen, dass Hardenberg sich nach dem Bremer Debakel nicht mehr wohl an dem Platz gefühlt hat? Korrespondenz aus 1568 und 1569 wird zeigen, dass er tatsächlich verbittert und über die „'Heuchelei' der Bremer Führungsgarnitur" vergrämt war.[68]

In Ostfriesland soll Hardenbergs Name allerdings noch stets seinen guten Klang behalten haben. Als der Emder Drost Unico Manninga, anlässlich einer Klage über einige Pastoren im allgemeinen und über den Pastor von Woltzeten[69] insbesondere, am 11.5.1565 die Grafen Edzard II. und Johann bat, ihre Zusage zu einer Kirchenvisitation einzulösen, schlug er Hardenberg als Visitator vor.[70] „Dann meins erachtens, were

---

[65] Erastus-von Büren, 3.6.[1566], O in: SUB Bremen, Ms.a.10, n.46.

[66] Genannt wird Hardenberg in den Feldrechnungen des Grafen von März und April 1552: Oncken, *Christoph von Oldenburg*, 66f.; vgl.Storkebaum, *Christoph von Oldenburg*, 122. NsSA Oldenburg, Best.296-2 Nr.6 S.657 beurkundet eine Quittung, nach welcher Hardenberg dem Gläubiger Claus von Rottorf am 5.6.1553 ein von diesem dem Grafen Christoph gegebenes Darlehen von 1000 Gulden zurückzahlt. In seinem zweiten Testament vom 1.3.1566 wurden für Hardenberg und seine Frau vom Grafen 2000 Taler Rentsumme bestimmt; das Testament in: NsSA Oldenburg, Best.20-3 Nr.34 Bl.1^v-2^r; der vollständige Text dieses Artikels in: *Corpus Constitutionum Oldenburgicarum* 1, Nr.6, 4 (Mitteilung von Dr.Schieckel des genannten Archivs). Das Testament wurde von Graf Anton sofort angefochten und ist erst 1584 vollstreckt worden, als Hardenberg und seine Frau bereits gestorben waren, vgl.Storkebaum, *Christoph von Oldenburg*, 195. Hardenbergs Bitte an den Kaiser um den Genuss der St.Anscharii Präbende mag auf Geldnot hindeuten, aber finanzielle Sorgen hatte Hardenberg fast immer.

[67] Aus der Sengwarder Periode stammt noch Nr.324, Molanus-Hardenberg, 1.7.1567, in dem Molanus von dem Tod seiner Frau berichtet. In den Kirchengemeinden Sengwarden und Rastede sollten sich über Hardenberg noch Eintragungen befinden, ab 1610 (Mitteilung von W.F.Meyer, beauftr. landeskirchl. Archivar des Ev.-luth.Oberkirchenrats Oldenburg), wass ich bis heute noch nicht bekräftigen konnte.

[68] Barton, *Umsturz*, 74, Anm.34; s.*infra*, S.103.

[69] Johann Adolph Fusipedius; vgl. Schilling, *Kirchenratsprotokolle* 1, 224, (27.12.1565).

[70] Unico Manninga-Grafen Edzard II. und Johann, 11.5.1565, A in: NsSA Aurich, Rep.135, Nr. 21, 1^{r-v}. Vgl.Erastus-Bullinger, 24.4.[1565], s.*supra* Anm.57: „Vocatus est (Hardenberg) Embdam ut inspector sit totius Frisiae". Deutet das Wort „inspector" auf die Superintendentur hin? [Kochs], *Coetus*, 40f., berichtet tatsächlich, dass 1565 eine Gruppe Adliger und Theologen den Versuch machte, Hardenberg als Superintendenten nach Ostfriesland zu bekommen. Kochs gibt keine Quelle an. Hardenberg kannte Manninga („adolescens Nobilis") schon 1549: Nr.101, Hardenberg-Henricus [Buscoducensis?], April 1549.

Doctor Alberdt, de nu temlich[71] starck is, wann J.Gn. öne einen oder
twe, up J.Gn.gnedigs gefallent togeföeget, dar ganz nütte to. Jn fall dit
nicht geschüet, is to befrüchten, dat in veele Gemeinten, ein grosse
verstoeringe entstaen müchte".[72]
Ein Jahr später, am 10.6.1566, drang der Drost bei den Grafen auf
„Inquisition unnd Examination der predikanten und pastoren",[73] „deweill
hir Jtz noch fast Expectanten sind, dat alle daghe, alhir, wth de
westersche lannden, umb predicanten geschreven werdt".[74] Die Prüfung
wäre kurzfristig notwendig, damit kein Mangel an Predigern entstehen
würde. Als Ersatz für die unfähigen Pastoren sollten die Grafen andere
gelehrte und gottesfürchtige Männer schicken. Doctor Albertus wäre
„hirto erbödig unnd güetwillich"[75]—d.h.wohl, zur Übernahme eines
Pfarramtes und damit zur Beteiligung an der Prädikantenprüfung durch
den Coetus. Man bekommt sogar den Eindruck, der Doktor schwebte
dem Drost als künftiger Coetuspräsident bzw.faktischer Superintendent
vor. Nach dem Protokoll des Emder Kirchenrats vom 16.9.1566 soll er
in der Tat als Prediger vorgeschlagen worden sein, vor allem von
Manninga und dem Ratsherrn Johan Kuyll,[76] was sich jedoch aus
finanziellen Gründen zerschlug, da Hardenberg um Befreiung von der
Krankentröstung gebeten hatte.[77]

Auf jeden Fall war er bereit, sich kurz darauf als Hilfsprediger in die
Niederlande schicken zu lassen. Im Oktober 1566 finden wir ihn in
Elburg, allem Anschein nach auf einen diesbezüglichen Antrag aus den
Niederlanden an Frau Eva von In- und Kniphausen.[78] In Elburg hatte am

---

[71] „Ziemlich"?
[72] Unico Manninga-Grafen Edzard II. und Johann, s.vorvorige Anm., 1[r].
[73] Gemeint ist wohl das Examen oder die Untersuchung vom ostfriesischen Coetus
der kürzlich zum Amt berufenen Prediger.
[74] Unico Manninga-Grafen Edzard II, Christoph und Johann, 10.6.1566, O in:
NsSA Aurich, Rep.135, Nr.21, 2[r]-3[r].
[75] Idem, 2[v].
[76] Hardenberg zedierte am 23.3.1570 für dessen Sohn Evert sein Vikariat St.
Johannes Evangelistae in Bremen: HB 47, *Zeugnis f.E.Kühl*, 23.3.1570; vgl.Spiegel,
363f.
[77] Schilling, *Kirchenratsprotokolle* 1, 259: „welcker nhu derhalven niet so seer
begeret worde, omme dat he niet den krancken visiteren noch ock ein ander by en
dorch feill van besoldinge kunde gevoeget werden, de dhomals in so groten sterffthe
am meisten van noeden was".
[78] Quelle war hier seit langem Brandt, *Historie der Reformatie* 1, 334, der sich
seinerseits auf Information aus erster Hand stützte, die *Memoriën* von Laurens Jacobsz
Reael, damals Prediger in Emden; vgl.Meiners, *Oostvrieschlandt* 2, 72; Rutgers,
Calvijns invloed, 234f. Rutgers bezog sich freilich auf Brandts Passage über Reaels

21.September der Bildersturm getobt.[79] Ob Hardenberg bereits damals in der Stadt war, ist nicht bekannt.

Von Elburg aus kam Hardenberg etwa in der letzten Oktoberwoche per Schiff nach Harderwijk, begleitet von dem Harderwijker Bürgermeister Gerrit Maurissen.[80] Auch in Harderwijk war einen Monat zuvor der Konflikt zwischen Altgläubigen und Neueren zum Ausbruch gekommen. Man hatte die Bilder in der Minrebroederskerk und der Grote Kerk zerstört und begehrte einen neuen Prediger.[81] Hardenberg war der vierte Gastprediger seit dem Umsturz. Er predigte in der Grote Kerk,[82] war zu Gast bei dem Bilderstürmer Hendrik Haze und dinierte mit den Ratsmitgliedern, bei denen er mehr Gefallen fand als die anderen „ungebildeten und unfähigen" Gastprediger.[83] Zugleich mit ihm trafen aus der Pfalz Otto von Heteren und Anastasius Veluanus in Harderwijk ein, von denen Ersterer endgültig als Prediger berufen wurde.[84] Näheres über Harden-

---

Bitte an den nach Emden ausgewichenen Prediger von Alkmaar, Cornelis Cooltuyn, um zur Unterstützung der niederländischen Kirchen einige Prediger nach Amsterdam zu schicken (Brandt, *ibid.*). Nach dieser Angabe sollte Hardenberg dann in Amsterdam gewesen sein (so Rutgers, *ibid.*). Brandt fährt aber fort, *ibid.*: „Men had ook Willem Floris, Ruige Florensoon, van Haerlem, aan de Vrou tot Kniphuisen gesonden, met versoek, dat se doch haeren Prediker Baldewijn, die van Naerden was, ten dienste der kerke herwaerts wilde stieren, 't welk sij terstondt en gaerne gedaen heeft. Cornelis Bakker Pastoor tot Bremen, () begaf sich insgelijks naer Amsterdam. Die van Elburg bequemen Dr.Albertus Hardenberg", was eine Bitte an die Witwe von Hardenbergs Gönner voraussetzt. Auf einen Amsterdamer Aufenthalt Hardenbergs ist daraus nicht zu schliessen.

Bezüglich Hardenbergs (von Spiegel, 349, bezweifelten) Anwesenheit in Elburg wurde Brandt 1890 bestätigt von Hille Ris Lambers, *Kerkhervorming*, 149, auf Grund von Rapporten eines Untersuchungsausschusses bezüglich der Unruhen in Elburg und Hattem 1566. Seit Hille Ris Lambers u.a.: van Schelven, *Hardenberg*, 1025; *BWPGN* 3, 507; Roosbroeck, *Emigranten*, 92f. Nach Rutgers hielt Hardenberg sich, bevor er nach Elburg kam, in Elbing in West-Preussen auf (Rutgers, *ibid.*, unter Bezug auf M.Schoock, *Liber de bonis vulgo Ecclesiasticis dictis* etc., Groningae, 1651, 483: „ad quos Elbinga paulo post accessit Albertus Hardenbergius"). Ich halte „Elbinga" für einen Fehldruck von „Elburga".

[79] Hille Ris Lambers, *Kerkhervorming*, 144-148, 155.

[80] Hille Ris Lambers, *Kerkhervorming*, 149, 162; Maurissen leugnete dies: Beilage 297.

[81] Hille Ris Lambers, *Kerkhervorming*, 155, 157f., 161 (Bildersturm am 21.und 25.oder 26.9.1566).

[82] Hille Ris Lambers, *Kerkhervorming*, Beilage 259, 262.

[83] Hille Ris Lambers, *Kerkhervorming*, 162f.; Geständnisse der Schöffen Johan Voet (290), Reinier Wolf (291, der Hardenberg in Löwen gehört hatte), Ernst Witte (295) und Jacob Hegeman (300).

[84] Hille Ris Lambers, *Kerkhervorming*, 163f., 295; er forderte zum Bildersturm auf.

bergs Aufenthalt ist nicht bekannt.[85] Am 16.11.1566 befand er sich
wieder in Kniphausen.[86] Deutet die Kürze seines Aufenthalts auf eine
Abweisung aufrührerischer Kirchlichkeit hin?[87] Allerdings wird die
Dienstreise sein Ansehen noch gehoben haben.

4.4 Emden, 1567-1574

Im August oder Anfang September 1567 wurde Hardenberg zum zweitenmal um Übernahme des Emder Pfarramtes gebeten.[88] Er willigte nur
in ein befristetes Arbeitsverhältnis ein, „sowohl um seine Gemeinde nicht
plötzlich zu verlassen, als auch damit beide Seiten sich gegenseitig umso
gewissenhafter erproben können".[89] Heinrich Schöneberg (Starckenborch), den Hardenberg im Jahre 1551 als Student in Wittenberg
empfohlen hatte,[90] sollte ersucht werden die Hausvisitation und Krankentröstung von „dem Doktor" zu übernehmen.[91] Hardenberg, der bereits
an der Kirchenratsversammlung vom 18.September teilnahm und sofort
an der pastoralen Lösung eines Wirtschaftsproblems beteiligt wurde,[92]

---

[85] Hier ergibt sich ein biographisches Desideratum. Folgende Archivalien sollten
(teils) nochmals erforscht werden: im RA Gelderland, Arnhem: 1. Archief van het
Hof van Gelre en Zutphen, 1543-1811, 1299, Unterlagen zur Arbeit des Untersuchungsausschusses bezüglich der Unruhen in Elburg und Hattem, 1566; 2. Idem,
657, 658, 989, 1111, 1112, 1114, Korrespondenz des Hofes, 1565-1566; 3.
Oud-Archief van Elburg, 1320-1813, 146, 147, 370, Unterlagen zum Bildersturm in
der eingehenden und (Minuten der) ausgehenden Post (der Name Hardenberg wird
hier übrigens nicht erwähnt); und sonst: Gemeente Harderwijk, Oud-Archief; RA
Brussel, Archief van de Raad van Beroerten, das viel Material zu den Ereignissen in
Elburg und Harderwijk erhalten soll (Mitteilung des RA Gelderland, Arnhem).
[86] S.supra, Anm.59.
[87] In Emden mussten Bilderstürmer wohl mit Bestrafung rechnen, vgl.van
Roosbroeck, Emigranten, 86.
[88] Nach Klugkist Hesse, Medmann, 333, wird dies der Verdienst des Bürgermeisters Medmann gewesen sein. Zu Emden und der Reformation im allgemeinen,
s.Pettegree, Emden.
[89] Schilling, Kirchenratsprotokolle 1, 285 (4.9.1567).
[90] Nr.133, [Hardenberg]-Melanchthon, [Nov./Dez.1551]: „Rogant me multi
pauperes scholastici avide discendi in schola tua sacras disciplinas. Quorum nunc
unum ad te mitto Henrichum Sconebergum Gronegensem qui in mea Abbata vixit
aliquam multis annis et didicit mediocriter textis sacrarum litterarum. Legit et veteros
et Neothericos Theologos, pro eo autem illic licuit". Pollet, Martin Bucer 2, 194,
Anm.1 sieht in diesem Heinrich aus Groningen irrtümlicherweise den im Oktober
1550 immatrikulierten Adamus Petris Schenebergensis (Foerstemann, Album 1, 260).
[91] S.Anm.89.
[92] Schilling, Kirchenratsprotokolle 1, 286 (18.9.1567); 287 (25.9.1657) (eine
Pfandfrage zwischen Schneidern und Flüchtlingen).

trat einen Monat später, am 16.Oktober, unter Zustimmung von Frau
Eva von Kniphausen das Amt an.[93]
    Mehreres mag ihn dazu veranlasst haben. Mit Emden war Hardenberg
bereits vor seinem ersten Besuch im Jahre 1540 verbunden über a
Lasco.[94] Wiederholt erging aus Emden ein Ruf an ihn oder wurde einer
erwogen.[95] Befreundet oder bekannt war er mit den Bürgermeistern
Herman Lenth[96] und Petrus Medmann,[97] mit den Predigern Gellius
Faber,[98] Hermann Brassius[99] und Petrus Delenus,[100] mit den Ältesten
Jan Utenhove,[101] Gerard thom Camp[102] und Gerard de Mortaigne,[103]
von denen Letztgenannter und Medmann 1567 noch in Emden amtierten.
Dazu fühlte Hardenberg sich von der Vermittlerrolle Emdens innerhalb
der nicht-lutherischen Reformation[104] angezogen, wie er einst in Bremen
gestand.[105]

---

[93] Schilling, *Kirchenratsprotokolle* 1, 288 (16.10.1567); vgl.Schweckendieck, 57.
[94] *Supra*, I.1, Anm.82.
[95] Nr.17, a Lasco-Hardenberg, 26.7.1544 (*infra*, III.3, Anm.75); Nr.63,
ders.-dens, 7.6.1547 (*supra*, I.2, Anm.130); Nr.253, thom Camp-Hardenberg,
28.3.1559, 54f. (an der Stelle des verstorbenen Hermann Brass).
[96] S.Korrespondenz, Verzeichnis der Absender und Adressaten.
[97] S.Korrespondenz, Verzeichnis der Absender und Adressaten. Ab 1553
Bürgermeister in Emden. Zu ihm: *supra*, Anm.88.
[98] S.*supra*, I.3.2.3. 1537-1564 in Emden. Zu ihm: *BLGNP* 2, 90f.
[99] S.Korrespondenz, Verzeichnis der Absender und Adressaten, 1543-1559 in
Emden. Zu ihm: de Boer/Ritter, *Molanus*, bes.216f.
[100] S.Korrespondenz, Verzeichnis der Absender und Adressaten, 1554-1560 in
Emden. Zu ihm: *BLGNP* 3, 91f. Der Inhalt von Hardenbergs nicht erhaltenem Brief
an ihn vom [Ende Januar 1556] (nach Nr.173) ist zusammengefasst in Nr.187,
Hardenberg-Medmann, 8.8.1556, 139ʳ: „Petrus ille bis ad me scripsit. Audio esse
doctum et maximis donis preditum. Spero quod aetas et rerum experientia illi iuditium
et moderationem addent. Ego illum diligenter admonuj per literas et respondit ille
quidem docte et acute de offitio veri Apostoli et prophetae, sed aut me omnia fallunt
aut opus erit alijs formis in restituenda disciplina Ecclesiarum. Quid per illum
persuasus dicatur [-]nyp[-]sis (?) ad diruendes aras (opus per se laudabile et
necessarium) id deum immortalem quantam hic mihi invidiam movit. Statuj eo
proficisci, conferre, videre ordinem, audire genus doctrinae, postea conferemus nos
de talibus rebus".
[101] S.Korrespondenz, Verzeichnis der Absender und Adressaten. 1553-1556 in
Emden. Zu ihm: *BLGNP* 2, 427-430; *supra*, I.1, Anm.50; I.3, Anm.23.
[102] S.Korrespondenz, Verzeichnis der Absender und Adressaten. Zu ihm: Ritter,
Enno Cirksena; Weerda, *Reformierte Kirche*, 24-37, 64, 102.
[103] S.*supra*, I.3, Anm.338.
[104] Van 't Spijker, *Stromingen*, 57.
[105] [Kenkel], *Chronicon*, A in: NsSUB Göttingen, Hs 4°, Hist.388, auch bei
Gerdes, *HM*, 12, Anm.a: „Eins dede he (Hardenberg) sich hören, in einer latinischen
lection, de predigers disses orts deden nicht woll, dat se sich sonderden van den
Switserschen, und Emdischen Kercken, de schölde man so nicht verdömen, de feyl

Für seinen Freund Molanus in Bremen war Hardenbergs Antritt Anlass
zu einem überschwenglichen Glückwunsch an Emdens Adresse, einem
Lobgesang auf Hardenberg und einer Anklage gegen die Stadt Bremen,
die sich dem Schwanengesang (!) ihres Predigers verschlossen hatte.[106]
Doch fiel ihm die Arbeit in dem von Exulanten überlaufenen Emden[107]
überaus schwer. In angsterfüllter Besorgnis ächzte und stöhnte Hardenberg „so heftig" über seine so komplizierte, konfuse Aufgabe („tam
multiplex tamque confusum onus"), dass Molanus bestürzt war.[108] Vor
allem war es die Einsamkeit, die Hardenberg deprimierte.[109] Es quälte
ihn, dass „der oberste Schenk" (d.h. von Büren) seines Traumdeuters
nicht gedacht hatte [Gen 40,23]:[110] „Der Berg kreist und gebährt eine
winzige Maus" [Horaz].[111] Gerüchte eines „Stimmungsumschwungs" in
Bremen, der die Abendmahlstragödie wiederbelebt hätte, machten ihn
mürbe: er lebe in „den letzten Tagen" und ertrage die „Schlachtung"
nicht länger.[112]

Zu Hardenbergs Depression trug Molanus übrigens mit alarmierenden
Berichten über sein gespanntes Verhältnis zu der lutherischen Geistlich-
keit selber bei. In Bremen habe man die Förderung der Wahrheit und die
„Entäusserung Christi" [Phil 2,7] aufgegeben, wodurch man Schule und
Kirche spalte; von Büren heule mit den Wölfen; Herbert von Langen sei
lieber fortgezogen, als in dem berühmten Bremen bei den Verächtern des
Evangeliums das Gute zu geniessen.[113] Letztlich sah Hardenberg von
seiner Wiedereinsetzung in Bremen ab.[114] Wiederholt in Geldnot,[115]

---

de twischen uns wehre, de hadde nichts an sich, met widern". Vgl.Kenkel, *Kurtze,*
klare und warhafftige Histori, A4ᵇ. S.auch: *supra*, I.3, Anm.377.

[106] Nr.325, Molanus-Hardenberg, 31.10.1567; Nr.326, ders.-dens., 13.1.1568.

[107] Vgl.Schilling, *Exulanten*, 65-71.

[108] Nr.326, s.vorvorige Anm.; Nr.327, ders.-dens., 5.2.1568; Nr.331,
ders.-dens., 17.9.1568.

[109] Nr.332, Hardenberg-Hermann Schomaker (Bremer Ratsherr, Sohn der
Schwester des ehemaligen Bürgermeisters Belmer), 16.2.1569; Nr.333, ders.-dens.,
12.3.1569. Vgl.Spiegel, 360f.

[110] Nr.328, Hardenberg-Molanus, 26.4.1568; Nr.333, ders.-Schomaker,
12.3.1569.

[111] Nr.333, s.vorige Anm.; vgl.Spiegel, 361.

[112] Nr.328, s.vorvorige Anm.

[113] Nr.330, Molanus-Hardenberg, 16.5.1568; Nr.331, ders.-dens., 17.9.1568. Zu
Molanus' reformierter Auffassung vom „purus cultus", vgl.Moltmann, *Molanus*, 139f.

[114] Nr.334, Hardenberg-Schomaker, 12.8.1569; vgl.Spiegel, 363.

[115] Nr.334, s.vorige Anm.; Nr.337, ders.-dens., 17.1.1572; vgl.Spiegel, 363,
365f.

verkrüppelt und „halbtot"[116] soll er die letzten Jahre in zunehmenden Masse zu Hause verbracht haben. Laut der Protokolle wurden mehrere Kirchenratsgeschäfte abgewickelt „in des Doktors Haus".[117]

Hardenbergs Tätigkeit—neben der Predigtarbeit in der Grossen Kirche— bewegte sich auf der gesamten Breite des Arbeitsfeldes des Emder Presbyteriums, so wie dieses von Schilling[118] aufgeteilt worden ist auf die vier einzelnen Aktionsfelder (1) „Staat, Politik, Gesellschaft", (2) „res mixtae" (Sozialfürsorge und Gesundheitswesen; Ehe und Familie), (3) „Calvinistische Gemeinde und Kirchenverband" und (4) „Kirchen- zucht". In dem von Schilling erforschten Jahrfünft 1557-1562 nahm der Anteil der einzelnen Aktionsfelder an der Tätigkeit des Kirchenrates 5, 15, 25 und 55 % ein.[119]

Ein Vergleich dieser Zahlen mit der Verteilung der Gesamtaktivitäten Hardenbergs in den Jahren 1567-1574 zeigt bemerkenswerte Abweichun- gen. Die erwähnten Aktionsfelder besassen in seinem Fall einen Anteil von etwa 15, 10, 50 und 25 %.[120] In dem Emder Kirchenrat kam —allerdings während Schillings Untersuchungsjahrfünfts[121]—der Kirchenzucht das grösste Gewicht zu. Hardenberg konzentrierte sich vor allem auf das dritte Feld „Calvinistische Gemeinde und Kirchenverband", d.h. auf Fragen der Gemeindeverwaltung (Berufungsangelegenheiten)[122], Erörterung theologischer und kirchenrechtlicher Themen,[123] Versorgung der Schwestergemeinden mit Prädikanten,[124] Angelegenheiten des internationalen Reformiertentums[125] und um inneres Gemeindeleben.[126]

---

[116] Nr.336, Hardenberg-Bullinger, 15.8.1571, 540^r: „Certe talis quod nihil mihi expectandum sit nisi sepulchrum... et vix semivivum corpus non patitur me perscribere".

[117] Schilling, *Kirchenratsprotokolle* 1, 416ff. (ab 16.7.1571). Schon am 15.12.1567 wurde erwähnt, dass „de doctor () umme syne swackheit halven niet konde in de vorsamlinge komen", *a.a.O.*, 294.

[118] Schilling, *Kirchenzucht*.

[119] Idem, Graphik I, 281.

[120] In absoluten Zahlen: 6, 4, 20 und 11 Begebenheiten.

[121] Das wohl als ziemlich repräsentativ gelten sollte; vgl.die Periode 1645-1649 (Schilling, *Kirchenzucht*, 281): damals erreichten die Aktionsfelder des Emder Presbyteriums einen Anteil von 13, 27, 14 und 46 % (gegen 5, 15, 25 und 55 % von 1557-1562).

[122] 22.12.1567; 29.12.1567; 12.1.1568; 31.5.1568; 7.6.1568; 23.8.1568; 30.8.1568; 8.11.1568; 27.12.1568; 17.1.1569 (vgl.24.1.1569); 7.2.1569; 14.3.1569. Die Daten verweisen auf Schilling, *Kirchenratsprotokolle* 1.

[123] 12.4.1568; 28.12.1570.

[124] 23.9.1568; 8.10.1568; 14.3.1569.

[125] 29.12.1567 (Groningen); 7.6.1568 (Norwich); 14.3.1569 (Antwerpen).

Diese Tatsache sowie der beträchtlich geringere Anteil der Kirchenzucht an Hardenbergs Aktivität[127] deuten wohl auf eine überwiegend
verwaltungsmässige und beratende Funktion des Doktors hin. Die Rolle
einer allgemeinen kirchlichen Beratungs- und Appellationsinstanz, die der
Emder Kirchenrat—gegeben die geringe Funktionstüchtigkeit des
Coetus—innerhalb der Grafschaft innehatte,[128] scheint Hardenberg
seinerseits innerhalb des Emder Presbyteriums und damit in dem Coetus
übernommen zu haben.

Vor allem schien der bewanderte Senior (und Freund des Bürgermeisters Medmann) der geeignete Kontaktmann zu der Obrigkeit zu sein: zu
dem Rat,[129] der Landesregierung,[130] den Grafen Edzard II und Johann[131]
und der Gräfin Anna[132] selbst. Dabei handelte es sich um die Berufung
der Prediger, aber auch um politische Angelegenheiten im engeren Sinne,
was die stärkere Ausprägung des politischen und gesellschaftlichen
Aktionfeldes[133] erklärt. Die Sozialfürsorge („res mixtae")[134] und die
Sittenzucht wurden in höherem Masse den anderen Predigern und den
Ältesten überlassen.

Als führender Prediger soll Hardenberg bald nach seinem Antritt die
Funktion des Coetusvorsitzenden von Cornelis Cooltuyn († Oktober
1567) übernommen haben.[135] Es fällt auf, und dies schliesst sich den
obigen Beobachtungen an, dass er öfters die Funktion eines Superinten-

---

[126] 23.5.1569.
[127] 20.11.1567*; 17.12.1567*; 22.12.1567*; 6.2.1568*; 6.12.1568 (Ehe; * =
dieselbe Sache); 29.12.1567; 19.1.1568?; 16.7.1571; 17.3.1572 (Lehrzucht); 6.2.1570
(individuelle Lebensführung); 23.7.1571 (Trunkenheit).
[128] Schilling, *Kirchenzucht*, 295.
[129] 29.12.1567; 12.1.1568; 30.8.1568; 13.12.1568; 7.2.1569; 27.2.1570.
[130] 8.10.1568; 16.1.1570; 23.1.1570.
[131] 31.5.1568; 7.6.1568; 24.1.1569 (vgl.17.1.1569).
[132] 27.12.1569; 20.11.1570.
[133] 18.9.1567 (vgl.25.9.1567; Wirtschaft); 13.12.1568; 16.1.1570 (vgl.23.1.
1570); 27.2.1570; 20.11.1570; 23.6.1572 (Schlichtungsverfahren).
[134] Eheberatung: 17.12.1567 und 26.4.1568; Unterstützung einer diakonalen
Kollekte: 9.5.1569 und 30.5.1569.
[135] Vgl.Smid, *Ostfriesische Kirchengeschichte*, 211. Hardenberg hielt übrigens die
Grabrede bei Cooltuyns Beerdigung, s.Nr.329, Henricus Paulinus-Hardenberg und die
ostfriesischen Prediger, 5.5.1568, A2ᵇ. Den Hinweis auf diesen Brief verdanke ich
Herrn B.J.Spruyt. Zu Cooltuyn: *BLGNP* 2, 138-140

denten wahrnahm, wie vorher a Lasco und Gellius Faber, obwohl er ebenso wenig wie Faber offiziell zu diesem Amt bestellt wurde.[136]

Ein erster Beweis datiert vom 7.6.1568, als Hardenberg, wohl als Coetuspräsident, dem Grafen Edzard II. gegenüber „etliche unordentliche Predikanten im Lande" verklagte, wie auch den Hofprediger Johann Franke in Aurich, „welcher über unsere Lehre lästert und schilt".[137] Edzard antwortete, „dass *Herr Doktor* die unordentlichen Prediger Seiner Gnaden schriftlich angeben müsse, und dass—wenn sie sich inzwischen nicht bessern—Seine Gnaden sie dann des Landes verweisen solle". Dem Hofprediger würde er, Edzard, selber den Mund stopfen.[138] Faktisch mass der Graf hier, indem er den Coetus überging, Hardenberg die Bedeutung eines Superintendenten bei, während er sich selber das Summepiskopat anzueignen schien.[139]

Coetus und Präses billigten beide diese Sachlage. Als der Prediger Martin van Hinte *in coetu concionatorum* mitteilte, über seine Ablehnung einer Berufung „*nur mit Herrn Doktor*" reden zu wollen, wurde seinem Wunsch von beiden Seiten entsprochen.[140]

Das gleiche galt für den Emder Drost Manninga. Im Oktober 1568 versprach dieser dem Kirchenrat, die selbständige Erwählung eines Predigers durch die Ortsgemeinden zu verwehren und den Grafen um ein Mandat zu bitten, „auf dass alle neuen Predikanten mit dem Auge auf die Eintracht der Lehre *dem Herrn Doktor* vorgestellt würden".[141] Im

---

[136] Smid, *Ostfriesische Kirchengeschichte*, 190; Schilling, *Kirchenratsprotokolle* 1, 325, Anm.11. Vgl.[Kochs], *Coetus*, (39-41), 40: „Tatsächlich ist nach Laskis Abgang kein Superintendent wieder ernannt worden, und das war möglich, weil der Aufgabenkreis des Superintendenten sich mit dem des Coetus so völlig deckte, dass eine Verschmelzung beider Organe auf keine Schwierigkeit und Bedenken stiess. Die Regierung hat kein Bedenken gehabt, jetzt nicht mehr mit einer beamteten Einzelperson, sondern nur noch mit einem synodalen Kollegium zu verhandeln, sodass also der Praeses des Coetus, auch ohne vom Landesherrn anerkannt oder gar bestätigt zu sein, faktisch als Superintendent fungierte, ohne den Titel zu führen. Dieser einzigartige Zustand hat bis zur Neuordnung der gesamten kirchlichen Verfassung im Jahre 1599 zu Recht bestanden. Der Coetus aber erblickt in diesem Zustand erst die volle Verwirklichung der göttlichen Vorschrift, die Selbstregierung der Kirche in Verantwortlichkeit vor dem Träger des Schutzamtes".

[137] Schilling, *Kirchenratsprotokolle* 1, 312 (7.6.1568); vgl. Schweckendieck, 57.
[138] Schilling, *Kirchenratsprotokolle* 1, 313 (7.6.1568).
[139] Vgl.Smid, *Ostfriesische Kirchengeschichte*, 190. Vgl.Schilling, *Kirchenratsprotokolle* 1, 333 (27.12.1568): als die Gräfin Anna in einer Berufungsangelegenheit Hardenberg um Rat fragte, wurde Hardenberg vom Kirchenrat beauftragt u.a. die Gräfin darauf hinzuweisen „dat unsse olde vryicheit in de erwelinge der deneren uut dat lant hyrmyt nicht vorkortet werde".
[140] Schilling, *Kirchenratsprotokolle* 1, 321 (23.8.1568).
[141] Schilling, *Kirchenratsprotokolle* 1, 325 (8.10.1568).

gleichen Sinne regte der Drost am 8.2.1569 den Grafen an, Hardenberg in eine Kommission zur Schlichtung eines Konflikts zwischen der Gemeinde von Klein-Midlum und ihrem Pastoren einzusetzen. Die Gemeinde begehrte den Prediger von Jemgum oder Larrelt, „welchen *dennoch Doktor Albertus* dafür nicht besonders geeignet hält".[142]

Das eigene Presbyterium förderte dies alles noch. Im März 1569 rügte es einen Johannes bezüglich der Unregelmässigkeiten um die Berufung eines Prädikanten in Larrelt, er habe „nicht an Herrn Doktor, *als seinen eigenen Ratgeber* in dieser Sache geschrieben, und das Schreiben der Gemeindeglieder um ein Zeugnis *vom Doktor* zu empfangen, habe er inzwischen zu seiner eigenen Zeit zuwege gebracht".[143]

Diese Begebenheiten belegen sowohl die Bemühungen des Grafen um die absolute Gewalt im Lande, als auch die relativ geringe Leistungsfähigkeit des damaligen Coetus, wie auch die Autorität Hardenbergs, der von Kirchenrat, Coetus und Drost problemlos Raum gegeben wurde—die vom Grafen aber wohl zum Instrument seines landesherrlichen Kirchenregiments gedacht war. Freilich fehlte Hardenberg die Energie und auch die Einstellung, um aus dem Coetus das dem calvinischen Grundsätzen entsprechende kirchenleitende Organ zu machen, wozu Menso Alting ihn 1576 ausbaute.[144] Hardenberg teilte wohl die Reserviertheit des Gesamtpresbyteriums gegenüber der Synodalverfassung, wie diese z.B. in beider Abwesenheit bei der Emder Synode von 1571 zutage trat.[145]

---

[142] Bei Smid, *Ostfriesische Kirchengeschichte*, 189f.

[143] Schilling, *Kirchenratsprotokolle* 1, 343 (14.3.1569); vgl.die Beschuldigung von Johannes Fusipedius von Woltzeten, Hardenberg habe *in coetu concionatorum* erklärt, er sei der Stelle in Larrelt unwert: *a.a.O.*, 348 (9.5.1569), 352 (13.6.1569), 363 (19.9.1569).

[144] Zum Coetus in der Periode 1555-1575: [Kochs], *Coetus*, 35-41; zur Mensos Coetusordnung von 1576: [Kochs], *a.a.O.*, 41ff.; Smid, *Ostfriesische Kirchengeschichte*, 211-213.

[145] Van 't Spijker, *Stromingen*, 57. Nach [Kochs], *Coetus*, 40, hatte man vielleicht Besorgnis, den Rechtsschutz der *Augustana* zu verlieren, wenn man die Verpflichtung auf die *Gallicana* und *Belgica* übernahm. „Auch fühlte man sich unter der Kirchenhoheit des reformierten Landesherrn sicher genug, und in der Ausübung der *vices superintendentales* hatte man das Mass von Selbstregierung, das man wünschte, ohne allerdings zu bedenken, dass es einmal von einem lutherischen Landesherrn bestritten werden könnte".

Die Protokolle zeigen—wie für den Kirchenrat im allgemeinen[146]—eine flexible, konfessionell relativ offene Grundhaltung Hardenbergs auf. In der Verwaltung der Kirchenzucht war er mild[147] und bereit zwei Meilen mitzugehen,[148] wobei er auf Gespräch und Überredung zusteuerte. Angeklagte sprachen ihm das Vertrauen aus und beriefen sich auf ihn oder auf ein vertrauliches Gespräch mit ihm.[149]

Unbeugsam war er in Berufungsangelegenheiten. Er, der Grundgelehrte, der eine mangelnde wissenschaftliche Bildung verabscheute,[150] stellte hohe Ansprüche an die Prüfung der Predigtamtskandidaten.[151] Bei vermeintlicher Unfähigkeit eines Prädikanten war er nicht oder kaum von seinen Bedenken abzubringen.[152]

Zur weltlichen Obrigkeit wahrte Hardenberg weniger Distanz, als es das Presbyterium gewohnt gewesen sein soll.[153] Er erinnerte die Behörden an ihre Pflicht, auf die Wahrung des Gottesdienstes achtzugeben.[154] Und er forderte sie auf, „dass sie sich als gottselige Vorbilder

---

[146] Schilling, *Kirchenzucht*, 323. Klugkist Hesse, *Medmann*, 333, redet von einer herrschenden „mildreformierten" Richtung und einer „Ablehnung des strengeren puritanistischen Geistes und des herrschwilligen Calvinismus", die auch unter Hardenbergs Führung in der Emder Kirche gewahrt wurden.

[147] Anscheinend bisweilen milder als das Presbyterium, s.Schilling, *Kirchenratsprotokolle* 1, 295 (22.12.1567): die Brüder sollen den Doktor überreden, hinsichtlich einer Zuchtangelegenheit „genssyns () van de voerige gemodererde sententie affthostaen, umme dat () de vornyringe gar unstichtich sy in de kerckenordinge, welcker der consistorii authoriteit sulde vorringeren" (!); 373f. (6.2.1570): wider Willen der drei Prediger gestatten Hardenberg und die Mehrheit des Presbyteriums dem „blinden Willum" in „'t warschup" (einer Schenke) zu spielen um seinen Lebensunterhalt bestreiten zu können.

[148] Vgl.sein Auftreten in der Sache von Sara Stevens bezüglich der Art ihrer Busse, vom November 1567 bis zum Februar 1568: *supra*, Anm.127, die mit * vermerkten Daten.

[149] Schilling, *Kirchenratsprotokolle* 1, 321 (23.8.1568); 450 (23.6.1572).

[150] Wie die Konfrontation mit den Radikalen zeigen wird: *infra*, III.3.2.

[151] Schilling, *Kirchenratsprotokolle* 1, 323 (23.9.1568).

[152] Schilling, *Kirchenratsprotokolle* 1, 297f. (12.1.1568, Berufung von Sixtus und Heinrich Schöneberg; Hardenbergs Urteil über Letzteren: *supra*, Anm.90); *supra*, Anm.142 u.143 (Hardenbergs Bedenken gegen den Prediger von Woltzeten, Johannes Fusipedius).

[153] Schilling, *Kirchenzucht*, 283; 324: Man wahrte „eine auffällige Distanz". „Die Zucht war eine reine Mitgliederzucht. Eine Verchristlichung der Gesamtstadt im reformierten Sinne—wie damals in Genf durchgeführt wurde—lag nicht in der Absicht der Emder Presbyter".

[154] Schilling, *Kirchenratsprotokolle* 1, 372: „dem kerckendenst hanthavinge tho dhonde" (16.1.u.23.1.1570, Bitte an den Drosten Manninga bezüglich Trunkenheit der Kirchenvögte in Midlum und Travestie eines Schneiders während des Gottesdienstes; der Drost versprach, Letztgenannten zu verhaften „um en thut ein werninge van

der gemeinen Bürgerschaft doch zum Gottesdienst begeben wollten",
wenn dies auch gegen die Kirchenverfassung verstossen würde: „Sollte
jemand darin irgendwelche Verletzung der Kirchenverfassung sehen, so
soll er das doch sagen, aus Wohlwollen und treuer Sorgfalt für das
Gemeinwohl. Wir wären stets erbötig, dem Besten und Erbaulichsten
nachzukommen".[155] Hardenberg zeigte sich hier allerdings reformierter
—im Bucerschen oder Calvinschen Sinne—als der Kirchenrat.

Gleichfalls reformiert war sein Bewusstsein der kirchlichen Eigenständigkeit dem weltlich-politischen Bereich gegenüber. Ein schönes Beispiel
einer politischen Aussage Hardenbergs war sein mit aus christlicher (und
wirtschaftlicher?)[156] Toleranz geborener Protest gegen die Weigerung des
Rats, auf Antrag des Presbyteriums Juden in Emden anzusiedeln. Die
Protokolle berichten: „Herr Doktor hat jedoch dagegen ernsthaft
Einspruch erhoben, und zwar wie folgt: wenn die Herren [Ratsmit-
glieder] die grossen Beschwerden, die wir zuvor bei ihnen gegen gewisse
Artikel vorgebracht haben, nicht tatsächlich berücksichtigen wollen, so
müssen die Diener das notgedrungen öffentlich kenntlich machen".[157] Ob
dieser Protest Gehör fand, ist nicht bekannt. Allerdings setzte sich hier
eine neue, mehr ausgeprägt reformierte, Anschauung vom Verhältnis
zwischen Kirche und Obrigkeit im Emder Kirchenrat durch.

Hardenberg starb am 18.5.1574 und wurde am Himmelfahrtstag im
Chor der Grossen Kirche begraben, „myt bedroeffenisse der gemene, um
dat he de verde gewesen ys, de in ein yar uns alsse getruve dienaren
untfallen synnen".[158] Die Bibelstelle in dem von Molanus verfassten
Epitaph spielte wohl auf Bremen an: „Der Gerechte ist umgekommen,
und niemand ist da, der es zu Herzen nimmt".[159] Auf Hardenbergs
Pfarrstelle wurde 1575 der Calvinist Menso Alting gewählt.[160]

---

anderen suilckes afftholeren"); 375 (27.2.1570: Versprechen des Rats „um alle quade
misbruken nha hoer vormoegen tho vorbeteren").

[155] Schilling, *Kirchenratsprotokolle* 1, 332 (13.12.1568).

[156] Zu den wirtschaftlich-sozialen Friktionen im damaligen Emden: Schilling,
Exulanten, 65-71.

[157] Schilling, *Kirchenratsprotokolle* 1, 375 (27.2.1570): „Unde van den Joeden in
de stadt myt de woninge thotholaten, ys van hoer (scil.dem Ersamen Radt) overall niet
bewilliget. Jodoch heft D.doctor suylcken protestation darmijt ernstlick voergestelt,
alsse, so de heren (scil.des Rates) de grote beswaringe in seker articulen, thovoeren
hoer van uns (scil.den dieneren) vorgestelt, niet tho wercke myt erenst willen stellen,
so moten de dieneren suylckes uut nodt opentliken vorklaren".

[158] Schilling, *Kirchenratsprotokolle* 1, 504 (18.5.1574).

[159] Jesaja 57,1; s.*supra*, I.1, Anm.4.

[160] Smid, *Ostfriesische Kirchengeschichte*, 208.

KAPITEL 5

RÜCKBLICK UND PERSPEKTIVE

Es ist jetzt festzustellen, wie sich die Ergebnisse der zurückliegenden biographischen Erforschung zum herkömmlichen Hardenberg-Bild verhalten, und welche neuen Perspektiven im theologischen und dogmengeschichtlichen Bereich dieser Vergleich eröffnet.

Das herkömmliche Bild ist grundlegend von der einseitigen, aber bisher unumgänglichen Hardenberg-Biographie von B.Spiegel (1869) bestimmt worden. Diese ergänzte Bekanntes—die Arbeiten von Wagner (1779) und Schweckendieck (1859)—um neuere Daten aus der a Lasco-Briefwechsel-Edition von Kuyper (1866) und aus Münchener und Bremer Archiven, wobei sie sich vor allem auf die „Selbstbiographie Hardenbergs" stützte (die *De controversia*, [gegen 25.11.1560]).[1] Wie die gesamte ältere Literatur, von D.Gerdes (1756) bis hin zu C.Bertheau (1899),[2] kam Spiegel aufgrund seiner biographischen Wahrnehmungen zum theologisch unscharfen Bild des friedfertigen Vertreters der „mehr geistigen Anschauung Melanchthons" im Unterschied zu „der mehr materialistischen Luthers",[3] dabei überdies einen dogmengeschichtlich unrichtigen Unterschied zwischen einem calvinisch-schweizerischen und einem melanchthonisch-deutschen Protestantismus konstruierend.[4] Er folgte darin H.Heppe.[5] Getrübt wurde die Darstellung darüber hinaus durch eine romantisch-antikonfessionalistische Aktualisierung, wodurch die Biographie „zu einem geschichtlichen Zeugnisse" wurde „wider die, die den Protestantismus zu einem dogmatischen Formelcomplex zu erniedrigen trachten":[6] „Wir sehen den Helden kämpfen für evangelische

---

[1] Spiegel, Vorrede, V.
[2] S.*supra*, Einleitung, Anm.8.
[3] Spiegel, 196; vgl.ders., *Hardenberg's Lehre vom Abendmahle*, 92.
[4] So mit Recht van 't Spijker, *Stromingen*, 57. S.Spiegel, 364; vgl.ders., *Hardenberg's Lehre vom Abendmahle*, 102.
[5] Heppe, *Dogmatik* 1, 3-204.
[6] Spiegel, Vorrede, VI; idem: „Möchten diese in Hardenbergs Gegnern ihr eigenes Bild erkennen und zugleich inne werden, welch frevelhaftes Spiel sie treiben, und wohin zuletzt solch katholisirendes Gebahren führt".

Freiheit gegen eine herzlose und buchstabengläubige Orthodoxie, und das
macht ihn uns werth".[7]

Das Bild wurde von J.Moltmann (1958) erheblich revidiert, als dieser
aufgrund eines Teils des Briefwechsels Hardenbergs mit den oberdeutschen und Schweizer Theologen und den Heidelberger Zwinglianern
Erastus und Klebitz Hardenberg kaum reflektiert als „Kryptozwinglianer"
bezeichnete,[8] der seine „erasmianisch-zwinglianischen"[9] oder „humani-
stisch-kryptocalvinistischen"[10] Gedanken vertuschte, um seine Deckung
aus Wittenberg nicht zu verlieren. Einer gewissen Inkonsequenz zum
Trotz—bald hiess Hardenberg wiederum „ein typischer Vertreter der
Reformation im Sinne Melanchthons"[11]—wurde diese Kennzeichnung
Moltmanns unwidersprochen in die neuere Literatur übernommen.[12] So
war Hardenberg für P.F.Barton (1972) der kryptozwinglianische
Vertreter der „melanchthonischen Rechten",[13] die „keineswegs nur
philippistisch gesinnte Melanchthonschüler" vereinigte, sondern „viel
mehr ein Sammelbecken auch für kryptozwinglianische, kryptocalvini-
stische, spiritualistische, reformhumanistische, staatskirchliche und selbst
reformkatholische Kräfte" war.[14] Auch O.Rudloff (1985)[15] und zuletzt
noch Th.Elsmann (1993)[16] nahmen Moltmanns Inanspruchnahme von
Hardenberg für den Zwinglianismus kritiklos hin.

Dennoch hatte inzwischen theologische Überprüfung des vorhandenen
Materials Neuser (1967, 1985, 1988) zur wohl mehr nuancierten
Folgerung geführt, im ganzen sei die Nähe zu Melanchthon ebenso
bemerkenswert wie Hardenbergs eigenständige theologische Denkweise,[17]
die ihren Platz zwischen der Melanchthons und Calvins habe.[18] Die

---

[7] Spiegel, Vorrede, IV.
[8] Moltmann, *Pezel*, 10, vgl.16-22.
[9] Moltmann, *Pezel*, 19.
[10] Moltmann, *Hardenberg*, in: *RGG* 3, 74.
[11] Moltmann, *Hardenberg*, in: *NDB* 7, 663.
[12] U.a. in Engelhardt, *Irrlehreprozess*,19-24; Gassmann, *Ecclesia Reformata*, 247;
Schröder, *Erinnerung*, 20; Locher, *Zwinglische Reformation*, 634; Staedtke, *Bullingers
Bedeutung*, 19; Meckseper, Hrsg., *Stadt im Wandel* 1, 581-583; Stupperich,
Reformatorenlexikon, 95.
[13] Barton, *Umsturz*, 67. Mit Gollwitzer, *Coena Domini*, 88, möchte ich diese
Rechte gemäss dem üblichen Sprachgebrauch wegen ihrer radikaleren Haltung gerade
als die melanchthonische *Linke* bezeichnen.
[14] Barton, *Umsturz*, 67f.; vgl.ders., *Um Luthers Erbe*.
[15] Rudloff, *Bonae litterae*, 11.
[16] Elsmann, *Zwei Humanisten*.
[17] Neuser, 165, übrigens unter Aufrechterhaltung der Ansicht, Hardenberg sei
„Schüler Melanchthons" gewesen: Neuser, 148; ders., in *HDThG* 2, 284.
[18] Neuser, *Hardenberg*, 443.

teilweise Erforschung von Hardenbergs Briefwechsel mit Bucer durch J.V.Pollet (1958,[19] ausführlicher 1985)[20] führte schliesslich zur—noch kaum von anderen übernommenen—Charakterisierung Hardenbergs als Bucerschüler.[21]

Die jetztige Erschliessung der Hardenberg-Quellen, vor allem im Bereich seiner Schriften und der ausgedehnten Korrespondenz, deckt allein schon auf biographischer Ebene eine Reihe von neuen Daten auf, die das herkömmliche Bild ergänzen, nuancieren und korrigieren. So erscheint der Domprediger weniger als der friedliche Charakter, der allen Angriffen ängstlich ausweicht[22] und aus taktischen Gründen Geduld übt,[23] als vielmehr als der selbstbewusste Theologe, der ab Ende 1556 mit seinem Angriff auf die christologische Grundlage von Timanns Ubiquitätslehre den zweiten Abendmahlsstreit beschleunigt und dem Gnesioluthertum die christologische Diskussion aufdrängt.[24]

Vor allem aber zeigt die Auswertung von bisher unbenützten Quellen—wie der Korrespondenz mit humanistischen *sodalitates*, sowie mit Bucer, Brenz, Bullinger und den Schweizern, Erastus, Klebitz und dem englischen Staatssekretär Cecil—neue Verbindungslinien mit Groningen/ Aduard, Strassburg, Wittenberg, Zürich, Heidelberg und London auf. Sein evangelisches Dissidententum in Löwen 1539/1540[25] und sein Werben um Beistand aus Groningen zum Bremer Abendmahlsdisput 1557[26] deuten auf Hardenbergs Verwurzelung im Groninger Reformhumanismus hin. Die Beziehungen zu Bucer bestimmen Hardenberg —auch nach dem Strassburger Aufenthalt Ende 1544—in seinem Reformationswerk in Köln, Linz, Kempen und Wesel, wo er sich als Bucers Vorposten um eine Union mit Zürich bemüht.[27] Auch späterhin, während des Abendmahlsstreites, ist es Bucer, dessen Formel und Autorität sich Hardenberg bedient.[28] Der Briefkontakt mit Brenz aus den vierziger Jahren ist ab 1556 von wesentlichem Einfluss auf die Formierung der sogenannten zweiten Phase[29] der Reformation.[30] Bemerkenswert

---

[19] Pollet, *Bucer correspondance* 1, 208-218.
[20] Pollet, *Martin Bucer* 1, 264-279; 2, 184-198.
[21] Pollet, *Bucer correspondance* 1, 209.
[22] Beuys, *Glaube*, 312; vgl.Schröder, *Erinnerung*, 20.
[23] Barton, *Umsturz*, 69.
[24] *Supra*, I.3.4.
[25] *Supra*, S.11-13.
[26] *Supra*, S.74f.
[27] *Supra*, S.20-30.
[28] *Supra*, S.49-51, 55, 74f.
[29] So mit Neuser, „*Zweite Reformation*", 385: zweite *Phase* statt zweite *Reformation*.

ist Hardenbergs Bruch mit Wittenberg nach Melanchthons Tod (19.4. 1560) und seine Ausrichtung auf Erastus in Heidelberg, der sich bis zum Augsburger Reichstag 1566 seiner Sache annimmt und ihn für einen Propagandisten der reformierten Konfessionalisierung in Norddeutschland hält.[31] Kaum bekannt war Hardenbergs Verwicklung in die internationale Bündnispolitik 1562/1563, die ihn mit London und der südniederländischen und hugenottischen Kirche in Berührung bringt.[32] Ganz neu ist die Darstellung von Hardenbergs Auftreten als faktischer Superintendent in Emden,[33] wo der Calvinist Menso Alting ihm nachfolgt, und wo Hardenberg bis zum letzten Moment nicht der deutschnationale Held von B.Spiegel ist, sondern der international orientierte Theologe, der—auf Bucers Spur—einen Mittelweg zwischen den Fronten zu gehen versucht.

Es sind diese Verbindungslinien, die das neue, allerdings vorläufige Bild eines Theologen erkennen lassen, der vom Reformhumanismus herkommend sich nach seinem Studium in Löwen weniger nach Wittenberg als vielmehr nach Strassburg und in geringerem Masse nach Zürich und später Heidelberg ausrichtet.

Es sind ebenso viele Verbindungen, die nach einer theologischen Untersuchung (vergl.II: „Hardenbergs Theologie") unter Heranziehung wieder neuer Quellen historisch-theologisch befragt werden sollen und auf eine dogmengeschichtliche Lokalisierung von Hardenbergs Denken Ausblick bieten (vergl.III: „Die dogmengeschichtliche Stellung der Theologie Hardenbergs. Kontakte und Einflüsse"). Diese Forschung nach der „eigenständigen theologischen Denkweise" Hardenbergs (Neuser) wird dann zu einer völlig neuen Interpretation seiner theologischen und intellektuellen Stellung und Bedeutung führen, und zwar im Sinne des Untertitels unserer Studie.

---

[30] *Supra*, S.51-63.
[31] *Supra*, S.79-81, 85f., 91-93, 97f.
[32] *Supra*, S.94-96.
[33] *Supra*, I.4.4.

ZWEITER ABSCHNITT

HARDENBERGS THEOLOGIE

Ein systematisch-theologisches Werk von Format hat Hardenberg nicht hervorgebracht. Der weitaus grösste Teil seiner Schriften entstand im Rahmen des zweiten Abendmahlsstreits und befasst sich dementsprechend mit der Abendmahls- und der Ubiquitätslehre. Neben der *Protestatio* für Hermann von Wied gegen die Appellation des Klerus und der Universität von Köln[1] und dem Gutachten zur Täuferfrage[2] und zum osiandrischen Streit über die Rechtfertigung[3] hinterliess Hardenberg nur eine systematisch geordnete Schrift: das unpublizierte *Glaubensbekenntnis plattdeutsch*, [Mitte 1556].[4] Dieses bisher unbeachtet gebliebene[5] Bekenntnis geht in 25 kurzgefassten Abschnitten ein auf die Offenbarung, die Trinitätslehre und die Christologie, die Soteriologie, die Ekklesiologie und die Sakramentslehre.[6] Sie bildet das Gerüst der vorliegenden Besprechung, in welche einzelne Aussagen aus Hardenbergs sonstigem Schrifttum und Briefwechsel eingearbeitet werden. Der Abendmahlslehre wird spezielle Beachtung geschenkt.

---

[1] HB 1, *Protestatio ad Appellationem*, 18.11.1544.

[2] HB 4, *Gutachten bez.d.Täufer*, [1551].

[3] HB 5-7, *Osiander* I-III, bzw.31.12.155[1], [Ende 1551?] und 8.1.1552.

[4] HB 10, *Glaubensbekenntnis plattdeutsch*, [Mitte 1556]; s.*supra*, I.3, Anm.148.

[5] Von Schweckendieck, 60f.(„ist uns nichts besonderes aufgefallen") und Spiegel, 199, 378, nur im Vorbeigehen erwähnt.

[6] Inhaltsangabe:

I. Woe her alle leer tho nemen sy.
II. Die erkantenisse gotss und Christj.
III. Erkentenisse des menschen.
IV. Ware row weder de Sunde.
V. Unse Rechtferdinghe und verloesinghe.
VI. De ware geloue.
VII. Dat vertrauwent op got.
VIII. Doedinghe dess olden Adammess.
IX. Gebreck an aller unser gerechticheit.
X. Beloninge der güeden werke.
XI. De christelike gemeende.
XII. Van den erwelen der deneren in der gemente.
XIII. Episkopos et presbyteros.
XIV. Die dieners hebben euen groet gewalt.
XV. Doepe.
XVI. Wat de doepe sy beide olden und kinderen.
XVII. Hant üp leggen den jongen lüeden.
XVIII. Vom hilligen auentmale Christi.
XIX. Wat dat Sacrament in sick seluen sij.
XX. Boettucht der christen.
XXI. Van den h.ehestant.
XXII. Dagelike versamlinge.
XXIII. Sonnendagss feyr.
XXIV. Gedechtenisse der hilgen.
XXV. Van waren christeliken vasten.

KAPITEL 1

OFFENBARUNG

Quelle und Norm der Theologie ist nach Hardenberg die göttliche
Schrift, das heisst, was in ihr „ausdrücklich geschrieben ist, oder daraus
wahr und sicher gefolgert werden kann".[7] Als Belegstellen dienen Joh
5[,39] und Luk 24[,43ff.]—die allerdings traditionellerweise das
christologische Verständnis des Alten Testaments beweisen—, Röm
15[,4] („Was zuvor geschrieben ist, das ist uns zur Lehre geschrieben,
damit wir durch Geduld und den Trost der Schrift Hoffnung haben") und
2.Tim 3[,15-17], der klassische Beleg der Inspiration.[8]

Die Einheit der Schrift ist fundiert in Jesus Christus und in dem
Heiligen Geist, der die Schrift gegeben hat und nicht zu sich selbst in
Widerspruch steht.[9] Altes und Neues Testament verhalten sich nicht wie
Gesetz und Evangelium, obwohl von den Figuren und dem Fluch des
Gesetzes die Rede ist.[10] Es gibt aber einen Bund Gottes: den Bund der
Gnade mit Abraham und seinen Nachkommen und mit den Christen und
ihren Kindern.[11] Der Einheit des Gnadenbundes entspricht die Einheit
der Testamente. Das Alte Testament zeugt von Christus. Das Alte
Testament wird von dem Neuen ausgelegt, das Neue vom Alten
bewährt.[12]

Das Wort der Schrift ist wirksam durch den Heiligen Geist und durch
den wahren Glauben.[13] Es vermittelt wahre und lebendige Kenntnis von
Gott und von Jesus Christus.[14] Durch die Allmacht des Wortes werden

---

[7] *Glaubensbekenntnis plattdeutsch*, I, 3[r]: „Tum eersten bekenne und lere ick, dat
man van gotliken saken nichtss aver as leren schal, dan dat in gotliker scrifft
wtdruckelic gesettet iss, edder daer wth mach warer und gewysser volge ghesloten
werden".

[8] Idem. 2.Petr 1,20f. fehlt.

[9] *Glaubensbekenntnis plattdeutsch*, XIX, 27[v]-28[r].

[10] *Gutachten bez.d.Täufer*, 83[v].

[11] *Gutachten bez.d.Täufer*, 81[v], 83[v].

[12] *Gutachten bez.d.Täufer*, 83[v]: „(dat olde testament,) soe doch unse lieue here
unde de apostelen al ere lere daer wth bewered hebben unde dat olde durch dat nije
wthgelecht, dat Nye durch dat olde beweret wert, Unde Christus unss noch hedigen
daghe op die scrifft wyset, daermede he dat olde testament menet, dat van hem tuget.
Ja he wyset se alle op Mosem unde die propheten".

[13] *Glaubensbekenntnis plattdeutsch*, II, 3[r].

[14] Idem.

unter Mitwirkung des Heiligen Geistes im Abendmahl Christi Leib und Blut gegeben und empfangen.[15] Christus gibt sich „durch Wort und Geist".[16] So ist das Wort „ein enige middell um thor salicheit tho komen".[17]

Diese Aussagen zielen auf die Unterscheidung von äusserem Wort und innerer Erleuchtung des Heiligen Geistes hin. Nur an einer Stelle jedoch wird diese Unterscheidung *expressis verbis* gelehrt, und zwar im Rahmen von Hardenbergs privater Erörterung mit Timann 1547 über die Seligkeit erwählter Heiden.[18] Weist Röm 1,19 („Alles was man von Gott wissen und erkennen kann, hat Gott ihnen offenbart"), so fragt Hardenberg, nicht auf eine Wirkungsmöglichkeit Gottes „interna suggestione", „durch innere Eingebung" hin?[19] So könnte auch Jes 55,11 („Mein Wort wird nicht wieder leer zurückkommen") verstanden werden „nicht allein vom Gesetz und den Propheten, sondern von jeder Methode, jedem Verfahren und jeder Eingebung des Geistes Gottes". Allerdings scheint Hardenberg zu fürchten, das äussere Wort werde ausgeklammert, denn er fügt hinzu: „vorausgesetzt jedoch, dass man das Wort nicht ausschliesst".[20] Trotz der Hinneigung zu einem gewissen Offenbarungsuniversalismus hat es den Anschein, dass Hardenberg eine allgemeine Offenbarung ohne die Heilige Schrift, anders als im üblichen Sinne von Röm 1,19, nicht wahrhaben will. Er beabsichtigt nicht so sehr die Heiden für gerettet zu erklären,[21] als vielmehr gegenüber der Geradlinigkeit Timanns[22] die

---

[15] HB 25d, *Confessio nach der straesbergeschen bekanteniss*, [nach 13.4.1557], Anhang, 34[r]: „bekenne doch dat unss () dat ware lyff unde bloet in dem auentmale gegeuen unde van unss ontfangen werde durch dess wordss almechticheyt unde mede werkinghe dess hillighen geistess".

[16] *Declaratio*, 61[r].

[17] Schilling, *Kirchenratsprotokolle* 1, 439 (17.3.1572).

[18] *Supra*, I.3.1; *infra*, II.3, Anm.79, 80; III.3.3.2.1.

[19] Nr.67, Hardenberg-[Timann], [1547], 132[r], 133[r].

[20] Idem, 133[v]: „non tantum de lege et prophetis sed omni methodo, ratione et suggestione spiritus dei"; „modo ut tamen verbum non excludat".

[21] Idem, 132[r]: „Absit autem ut ego eos salvos dicam sed Deo suum juditium relinquam, quatenus illud occultum esse voluit".

[22] Idem: „Et adhuc oro te ut expendas an absolute debeat intelligi quod dominus dicit 'qui non credit iam condemnatus est, et qui non crediderit condemnabitur'. Ego quidem illud negare non audeo, tamen neque certo asserere possum, nam poterit intelligi de his qui audito Evangelio credere noluerunt. Quod Christus dicit: 'Si non venissem et locutus eis non fuissem, peccatum non haberent' [Joh 15,22]. Non ad solos pharizeos pertinet, sed ad omnes qui quoquomodo auditum verbum contempserunt". Idem, 133[r-v] (zu 1.Petr 3,19 über die Predigt an die Geister im Gefängnis): „Tu dicis omnes illos damnatos esse per Doc.Mart. (scil.Luterum), id cum discretione tibi erat dicendum. () Quoniam hoc incertum mihi est (scil.an in totum cognoraverunt rationem salutis per Christum), etiam damnatio illorum mihi incerta est. () Malo itaque

Freiheit Gottes zu wahren. Wenn Joh 1,9 besagt, dass das wahre Licht *alle* Menschen erleuchtet, „wer sollte seine verborgenen Urteile verurteilen"?[23] Allerdings stossen wir hier auf eine leichte, aber unleugbare spiritualistische Tendenz in Hardenbergs Denken.

Dennoch springt in der oben angeführten Definition von der Quelle und der Norm der Theologie die Hinzufügung ins Auge: was „in der göttlichen Schrift ausdrücklich geschrieben ist, oder daraus wahr und sicher gefolgert werden kann" („daer wth mach warer und gewysser volge ghesloten werden"). Das setzt eine pneumatische Urteilsfähigkeit voraus und deutet freilich auf eine hohe Bewertung des äusseren Wortes und auf die Notwendigkeit eines vernünftigen Umgangs („ausdrücklich", „warer und gewysser volge") mit dem Text der Heiligen Schrift hin.

Zweifellos ist damit der naive Biblizismus der Sekten, wie der Davidjoristen,[24] zurückgewiesen, wie auch der massive Konfessionalismus der ultra-orthodoxen Lutheraner, wie der Bremer Stadtprediger. Gegen beide hegt Hardenberg die gleichen Bedenken. Erstere lesen die Schrift ohne Sinn und Verstand, nur nach dem Buchstaben („na der bloten letter"), und lassen keine „bewährte Auslegung" zu oder „eine Redeweise, die auf dem Grund der Schrift fusst".[25] Letztere meinen gleichfalls die Schrift „absque ulla interpretatione", „ahne Jenige bedudinghe" verstehen zu müssen, sind aber tatsächlich konfessionell befangen.[26] Diesen stellt Hardenberg die „wissenschaftliche"[27] Schriftauslegung gegenüber, die dem grammatischen Sinne und dem Buchstaben des Textes[28] sowie dem Grundsatz *Scriptura ipsius interpres*[29] folgt, wie diese von den altkirchlichen Vätern getrieben und von dem religiösen Humanismus wieder aufgenommen wurde. Gegenüber dem lutherischen

---

scepticus in ista re esse quam asseverator".

[23] Idem, 133ᵛ: „quis occulta eius iuditia damnaret?".

[24] Vgl.z.B.Nr.133, [Hardenberg]-Melanchthon, [Nov./Dez.1551]: „Si quis Scripturam negabit velutj nunc Davidiani...". Vgl.(im gleichen Kontext, gegen den Antitrinitarier Campanus) Nr.54, Hardenberg-[von Wied], [Mai? 1546?], 145: „Nos verbo domini expresso et simpliciter iuxta analogiam fidei intellecto contenti, non sumus admodum soliciti de prophetiis ipsius".

[25] *Gutachten bez.d.Täufer*, 80ʳ⁻ᵛ.

[26] *Causae*, 76ᵛ; vgl.*De controversia*, 737: „dat unse predicanten ganss nene exposition liden en willen" (freilich „in verbis coene domini").

[27] Hardenberg war dem theologischen Selbstunterricht abgeneigt: *infra*, III.3, Anm.82, und bevorzugte als Appellant Professoren der Theologie vor Predigern: *supra*, I.3, Anm.333.

[28] Nr.187, Hardenberg-Medmann, 8.8.1556, 158ʳ.

[29] *Der Christlichen Gemene*, A2ᵇ: „Wy horen dath he den eynen text dorch den andernn, wie es sich geböret, vorklaret"; A3ᵃ: „Ock also, dath he dem eynen text dorch dem anderen (wie dan ock die hillige Patres in dusser sake gedaen) uppet ardigeste wtlecht".

Konfessionalismus, der seine eigenen Kirchenväter hegt, zieht Hardenberg sich zurück auf die alleinige Verbindlichkeit der Heiligen Schrift,
allerdings wiederum unter Verwendung autoritativer patristischer
Auslegung.[30]
Eine treffende Bestätigung dieses wohl humanistisch gefärbten
Ausgangspunktes bilden die vielen Verweise am Ende jeglichen
Abschnittes des *Glaubensbekenntnis plattdeutsch* auf die Heilige Schrift
und, in geringerem Masse, auf die „heiligen Märtyrer und die alten
apostolischen Kirchen und Väter".[31] Letzteren wird ein gewisses Mass
an Autorität neben der Schrift zuerkannt. Kennzeichnend ist die
Wendung: „Auf Grund des deutlichen Wortes Gottes und der Autorität
der alten Apostolischen Kirche".[32] In diesem Sinne soll Hardenberg im
Bremer Dom gepredigt haben.[33] Von den Vätern—von welchen er ein
(verlorengegangenes) *Florilegium* anlegte[34]—werden am meisten zitiert:
Augustin, Chrysostomus, Ambrosius, Irenäus, Hilarius, Cyprian,
Gelasius, Cyrillus, Hieronymus, Gregorius I., Athanasius, Basilius
d.Gr., Epiphanius, Leo I., Theodoret, Justinus Martyr, Origenes,
Tertullian und Theophylaktos.

Ergebnisse II.1

1. Regel des Glaubens und der Theologie ist die Heilige Schrift und was
sachlich aus ihr deduziert werden kann.
2. Inhaltlich massgebend für diese dogmatische Deduktion ist namentlich
die Patristik.
3. Die Bezugnahme auf die altkirchliche Literatur gilt allen voran
Augustin, und darauf besonders Chrysostomus, Ambrosius, Irenäus,
Hilarius und Cyprian.
4. Die Einheit der Schrift ist in Christus (als dem Gehalt der Schrift) und
im Heiligen Geist (als dem Autor der Schrift) begründet. Diese Einheit
entspricht derjenigen des Gnadenbundes.

---

[30] S.*supra*, I.3, Anm.276 und 278.
[31] *Glaubensbekenntnis plattdeutsch*, XVIII, 15ᵛ.
[32] Nr.54, Hardenberg-[von Wied], [Mai? 1546?], 148: „aperto Dei verbo et veteris
Apostolicae Ecclesiae autoritate".
[33] *Der Christlichen Gemene*, A2ᵇ: „Dan, wat hören wy ym Dhome anders,
dann Gades hillige wordt, () welcker he uns ane alle vorwerrunge, slicht, recht, klaer,
apenbaer, upt alder vorstendichste und lustichste uthlecht. () Bywylen ock de Schriffte
der Olden kercken tho merer vorklarunghe der materien darby gebruket".
[34] HB 56, *Testimonia vet.eccl.*, [1560].

5. Das Wort der Schrift ist wirksam durch Geist und Glauben. Die Schrift ist Gnadenmittel.

6. Die Wirkung des Geistes geschieht durch das Wort und mit dem Wort, anscheinend manchmal auch ohne das Wort, nämlich „durch innere Eingebung". Letztere (zum Offenbarungsuniversalismus hinneigende) Feststellung dient als Wahrung der Freiheit Gottes und deckt einen bestimmten Spiritualismus auf.

7. Einem links- und rechtsradikalen Biblizismus gegenüber wird die Notwendigkeit eines vernünftigen Umgangs mit dem Text der Heiligen Schrift vorgezogen.

KAPITEL 2

TRINITÄTSLEHRE UND CHRISTOLOGIE

Der ewige Gott ist aus der Heiligen Schrift erkennbar. So auch Jesus Christus. Gott ist „enich in den gotliken wesende unde dreuoldich in den personen, Mat 28[,19]".[1] Obwohl Hardenberg mit Zwinglis Lehre der Seligkeit erwählter Heiden übereinstimmt, wird dessen philosophischen Begriff von Gott als „summum bonum", „das höchste Gut"[2] nicht übernommen.

Die Zweinaturenlehre wird im altkirchlichen Sinne dargelegt. Jesus Christus ist wahrer Gott aus Gott dem Vater und, durch den Heiligen Geist, wahrer Mensch aus Maria seiner Mutter, der immer heiligen Jungfrau (Mat 1, Luk 1 u.3, Joh 1, Röm 3 u.4). Die beiden Naturen hat er in der Einheit seiner göttlichen Person „ganz und gar untrennbar" vereinigt.[3] Hardenbergs Satisfaktionslehre ist Wiedergabe des Evangeliums: Christus ist um unsrer Sünden willen gestorben und um unsrer Gerechtigkeit willen wieder auferstanden (Röm 4). Er ist zur Rechten des Vaters erhöht, „auf dass er ein Fürst und Heiland sei, der allen auserkorenen Kindern Gottes Reue und Verzeihung der Sünden gebe (Gal 3, Röm 5)".[4]

In den *Themata* gegen Timanns Ubiquitätslehre hat Hardenberg die Christologie näher ausgeführt.[5] Ausgangspunkt—„die Grundlage des Glaubens und des Sakraments unserer Erlösung"—ist die Tatsache, dass unser Mittler und Fürsprecher Christus, wahrer und natürlicher Mensch, „so mit dem ewigen Wort in Einheit der Person gesetzt ist, dass die Eigenschaft jeder Natur in ihm unvermischt und unverletzt geblieben ist". Zu dem Menschen Christus gehört nicht alles, was Gottes ist; und

---

[1] *Glaubensbekenntnis plattdeutsch*, II, 3^r.
[2] *HDThG* 2, 180-183.
[3] *Glaubensbekenntnis plattdeutsch*, II, 3^{r-v}.
[4] *Glaubensbekenntnis plattdeutsch*, II, 3^v.
[5] HB 11p, *Themata*, 5.11.1556. Dasselbe ausführlicher in HB 44, *Ad Farraginem Segebadii*, 1564.

umgekehrt: zu Gott gehört nicht das, was des Menschen Christi ist.[6] Cassiodorus wird zugestimmt, dass das Fleisch Christi nicht die Gottheit ist, obwohl es Gottes Fleisch wurde, und dass das Wort Gottes Gott und nicht Fleisch ist, obwohl es sich das Fleisch zu eigen gemacht hat.[7] Hardenberg wiederholt die Chalcedonensischen Formeln: die zwei Naturen sind *inseparabiliter* (ungesondert), *indivise* (ungetrennt) in dem einen Christus *unitae* (vereinigt), *non confusae* (nicht gemischt); dieser ist dem Vater wesensgleich als wahrer Gott und uns Menschen als wahrer Mensch. Die Lehre von Nestorius, Eutyches und Severus wird abgelehnt.[8]

Hardenberg lehrt das „Extra Patristicum" und übernimmt dieses „Extra" in seine Abendmahlslehre. Er lehrt also das „Extra Calvinisticum". Besser wäre es, diese Lehre als „Extra Hardenbergianum" zu bezeichnen—wenn Hardenberg auch die Extraformel nicht gebraucht—denn früher als Calvin und früher noch als Melanchthon verwertet Hardenberg das altkirchliche „Extra" für die Abendmahlslehre. Darauf ist in III.2.2.3 näher einzugehen.[9] Aufgrund der Überlegenheit des ewigen Wortes über die von ihm angenommene menschliche Natur ist es nach Hardenberg der göttlichen Natur gewährt, allmächtig, ungeschaffen und unermesslich zu sein, wie auch „esse et adesse ubique substantiae praesentia": mit der Gegenwart seines Wesens allgegenwärtig zu sein. Dagegen ist es der menschlichen Natur eigen, geschaffen, begrenzt, sterblich und an einem bestimmten Ort zu sein.[10]

Da die zwei Naturen in einer Person vereinigt sind, werden die Eigenschaften beider Naturen *per communicationem idiomatum* „in concreto" der Person selbst zuerkannt.[11] Beweis ist Joh 3,13: „Und niemand ist gen Himmel aufgefahren ausser dem, der vom Himmel

---

[6] *Themata*, I, 96f.: „nec sit hominis Christi totum, quod Dei est, nec contra, Dei, quod est hominis Christi" - eine Reminiszens an Lombardus (Sent.III dist.22, c.3, in: *MSL* 192, 804): „Quod Christus ubique totus est, sed non totum". Eine Besprechung dieses Lombardus-Zitats: *Ad Farraginem Segebadii*, 20ᵃ-21ᵇ.

[7] *Themata*, I, 97.

[8] *Themata*, II, III, 97.

[9] Auf Grund von Melanchthons Vorlesungsdiktat zu Kol 3,1 vom Juni 1557 (dazu: Sturm, *Ursin*, 73-82; die spätere „Enarratio" in *CR* 15, 1269ff.), das Calvin bekannt wurde, möchte Neuser, in *HDThG* 2, 249, dem Namen „Extra Melanchthonianum" den Vorzug geben vor dem „Extra Calvinisticum", wäre es nicht so, dass der Wittenberger den direkten Bezug auf das Abendmahl vermieden hatte. Es wird sich *infra* in III.2.2.3 herausstellen, dass Melanchthons Ansichten des Kol 3-Diktats, zuweilen *verbatim*, auf Hardenbergs *Themata* vom 5.11.1556 fussen.

[10] *Themata*, I, IV, 96f.

[11] *Themata*, V, 97.

herabgekommen ist, nämlich der Menschensohn". So kann man, aufgrund der gegenseitigen Mitteilung der Eigenschaften in der einen Person sagen, dass Gott geboren ist, Gottes Sohn gelitten hat, oder der Herr der Herrlichkeit gekreuzigt wurde.[12] Und umgekehrt, dass der Menschensohn allmächtig ist und vom Himmel herabgekommen ist; dass er sich mit Nicodemus auf Erden unterhält und doch gleichzeitig im Himmel ist; dass der Menschensohn gen Himmel auffährt, wo er zuvor war.[13]

Was jedoch „per concretum" über die eine Person gesagt werden kann, darf nicht „per abstractum" auf die einzelnen an sich betrachteten Naturen übertragen werden. Denn die Personalunion hebt den Unterschied zwischen der Natur des Wortes und der des Fleisches nicht auf. Die abstrakte Redeweise ist daher falsch.[14] Nicht Christi Gottheit (die leidensunfähig ist), sondern Christus hat gelitten und ist im Fleisch gestorben. Und umgekehrt, nicht die Menschheit Christi ist von Ewigkeit her, nicht Christi Leib ist vom Himmel herabgekommen, und nicht sein Fleisch war vor der Himmelfahrt oder sogar vor der Geburt im Himmel, sondern Christus.[15]

Wer darum (wie Timann) sagt: „Der Menschensohn ist überall, also ist seine Menschheit überall", oder: „Christus, der gleichsam Gott und Mensch ist, ist ebenso auf der Erde wie im Himmel; also ist seine Menschheit nicht weniger als seine Gottheit mit der Gegenwart seines Wesen an allen Orten gegenwärtig",[16] lässt sich den Fehler der Eutychianer zuschulde kommen, die folgerten: „Gott hatt gelitten, also hat die Gottheit gelitten". Die Anabaptisten argumentieren (und wir verwerfen das mit Recht): „Der Menschensohn ist vom Himmel herabgekommen, also sind Christi Menschheit und Fleisch vom Himmel und ist sein Leib himmlisch". An demselben Stein jedoch stossen sich, die schliessen: „Der Menschensohn, der sich mit Nicodemus unterhielt, war zugleich im Himmel, also: Christi Menschheit ist durch Himmel und Erde hindurch ausgebreitet, und sein Leib und menschliches Fleisch ist überall". Denn von beiden Seiten ist der Schluss von der

---

[12] *Themata*, VI, 97.
[13] *Themata*, VIII, 98.
[14] *Themata*, VII, IX, X, 98. Vgl.*Ad Farraginem Segebadii*, 23[b].
[15] *Themata*, VI-VIII, 97f.
[16] *Themata*, XI, 98f.: „Filius hominis ubique est, Ergo humanitas ubique est. Christus, qui Deus pariter et homo est, tam in terra, quam in coelo est, Ergo non minus eius humanitas, quam Divinitas est in omni loco substantiae suae praesentia". Oder, *a.a.O.*, XV, 99: „ideo corpus Christi esse ubique, quod verbum caro factum sit et quod sedeat ad dexteram patris".

Person auf die Natur unrichtig.[17] Die Ubiquitätslehre vermischt also die Naturen und macht Christi Tod und seine und unsere Auferstehung unsicher und verdächtig.[18]

Dasselbe macht Hardenberg bereits fünf Jahre früher, im Jahre 1551, *in nuce* gegen Osiander geltend, der das „Christus ubique est" auf Christi Einwohnung in den Gläubigen bezieht.[19] Das Wort in Joh 6,55, „Mein Fleisch ist die wahre Speise" bezieht Osiander auf die Gottheit Christi („Das Brot ist Gott")[20], während nach Hardenberg die ganze Person Christi, „der eine Christus, Gott und Mensch", uns lebendig macht.[21] Fehlerhaft sei auch Osianders Auslegung des Weinstockgleichnisses aus Joh 15, nach welcher der hölzerne Weinstock Christi Menschheit bedeute und der Wein seine Gottheit. Besser wäre es, sich an die „simplicitas apostolica", die apostolische Schlichtheit, zu halten, die vor gefährlichen Irrtümern bewahre.[22]

Ergebnisse II.2

1. Die Erkenntnis Gottes und Christi erfolgt aus der Heiligen Schrift.
2. Trinitäts- und Zweinaturenlehre sind im Anschluss an das altkirchliche Dogma formuliert. Der philosophische Gottesbegriff (Gott als das „höchste Gut") fehlt.
3. Das „Extra Patristicum" wird gelehrt und zur Ablehnung der Ubiquitätslehre in die Abendmahlslehre übernommen, d.h. Hardenberg lehrt das „Extra Calvinisticum". Es wäre historisch berechtigt, letzteren Terminus durch „Extra Hardenbergianum" zu ersetzen (wozu näher: III.2.2.3).
4. Aufgrund der Personalunion werden die Eigenschaften beider Naturen *per communicationem idiomatum* „in concreto" der Person zuerkannt.

---

[17] *Themata*, XI, XII, 98f.; *a.a.O.*, XI, 99: „Utrobique enim a persona ad naturam viciosa est collectio".

[18] *Themata*, XIV, 99.

[19] *S.infra*, II.3.2; Mahlmann, 93-124.

[20] Nr.170, Melanchthon-Hardenberg, 14.9.1555, 538; Nr.219, Hardenberg-Kampferbecke, 1.4.1557.

[21] HB 7, *Osiander* III, 8.1.1552, 119ᵛ: „Sunt autem in primis ea nobis suspecta, quae affingit verbis christi cum dicit: 'Caro mea vere est cibus', quod illi sonat divinitas per carnem. Nos hactenus non ita christum didicimus neque discimus, sed unum christum deum et hominem dicimus nobis per fidem esse uiuificum".

[22] Idem.

5. Was „per concretum" über die eine Person gesagt werden kann, darf nicht „per abstractum" auf die einzelnen Naturen übertragen werden, da die Personalunion den Unterschied zwischen den Naturen nicht aufhebt.
6. Da also nicht von der Person auf die Natur Christi geschlossen werden darf, ist die Ubiquitätslehre Timanns sowie die Christologie Osianders falsch.

KAPITEL 3

SOTERIOLOGIE

3.1 *Sünde, Busse, Wiedergeburt, Glaube und Rechtfertigung*

Wahre und lebendige Selbsterkenntnis entsteht durch das Gesetz Gottes und durch „die Lehre, das Leben und Sterben unseres Herrn Jesu Christi", d.h. wohl durch das Evangelium.[1] Diese Erkenntnis des Menschen ist zweigliedrig. Sie setzt sich zusammen aus seiner Gottesebenbildlichkeit und seiner Sündhaftigkeit und Verlorenheit. Wir sind „nach dem göttlichen Ebenbild, das heisst zur göttlichen Weisheit und Gerechtigkeit" geschaffen. Durch Adams Übertretung ist uns diese Gottesebenbildlichkeit jedoch verloren gegangen: wir sind in eine „grausige Verderbnis und Verkehrung unserer Natur" geraten und „daher, was Gott und alle göttlichen Dinge angeht, in solchen Unglauben und in solche Unwissenheit, sowie in solche Widerspenstigkeit gegen Gott und seinen göttlichen Willen (), dass wir Feinde Gottes und Kinder des ewigen Zorns geworden sind (Röm 5)".[2]

Die Erbsünde und die Erbschuld werden gelehrt. Die angeborene Sünde (der Unglaube, die Unwissenheit der göttlichen Dinge und die verstockte Widerspenstigkeit gegen den guten Willen Gottes) ist menschliche Schuld und bedarf der Vergebung (Röm 3). Was nach der (Kinder)Taufe von der angeborenen Sünde in den Gläubigen übrigbleibt, „das wird ihnen wegen der Gnade nicht zur Verdammnis zugerechnet, wenn sie den bösen Begierden dieser Süchten nicht stattgeben (Röm 6)".[3] Neben den angeborenen Sünden gibt es die Tatsünden: alle bösen Gedanken, Worte und Werke, die wir „aus solcher Verkehrung unserer Natur von Adam her" allezeit gegen das gute Gesetz Gottes haben, reden und tun.[4] Die Tatsünden begehen wir aus freiem ungezwungenen Willen,

---

[1] *Glaubensbekenntnis plattdeutsch*, III, 3^v.
[2] *Glaubensbekenntnis plattdeutsch*, III, 3^v-4^r.
[3] *Glaubensbekenntnis plattdeutsch*, IV, 4^{r-v}; XVI, 12^v-13^r.
[4] *Glaubensbekenntnis plattdeutsch*, IV, 4^v.

„denn Gott zwingt niemanden zum Bösen".[5] Nach der Wiedergeburt ist
der Wille auch frei zum Glauben und zu den guten Werken.[6]

Die Busse entsteht durch den Heiligen Geist und resultiert aus (1.) der
wahren Erkenntnis Gottes, Jesu Christi und des Menschen, (2.) aus der
Erkenntnis der göttlichen Herrlichkeit, zu welcher wir geschaffen sind,
und welche Gott in seinem Gesetz von uns fordert und (3.) aus der
wahren Erkenntnis unseres Elends, in das wir durch die Sünde gekommen sind.[7] Durch diese Erkenntnis erweckt der Geist in uns „eine recht
herzliche Reue und ein recht herzliches Leid" über die angeborenen
Sünden und über die Tatsünden.

Die Wiedergeburt geschieht in Christus, durch das Evangelium und
den Heiligen Geist, aus Gottes Barmherzigkeit.[8] Hardenberg lehrt die
totale Erlösungsbedürftigkeit des Menschen, Joh 3[,5]. Von dem
angeborenen Verderben, so bekennt er, können wir weder, noch dürfen
wir befreit werden, „wenn nicht der allmächtige Gott sich unser
erbarmt". Gott erlöst uns aus „lauterer, freier Barmherzigkeit", nur um
seines Sohnes Willen, „dazu nicht veranlasst durch irgendwelche von
unseren guten Werken" (Eph 2[,3f.]; Tit 3[,4f.]; Röm 9[,22 f.]). Er
sendet uns das Evangelium von der Gnade und der Erlösung Jesu Christi,
sowie den Heiligen Geist, damit wir dem Evangelium wahrhaftig und
herzlich Glauben schenken (Apg 16[,31]).[9] So ist es letztlich „der Geist
des Glaubens", der durch den Glauben die Wiedergeburt bewirkt (Röm
8; Eph 3[,16f.]).[10]

Der vom Geist bewirkte Glaube umfasst das ganze Heil und berührt
den ganzen Menschen. Glauben ist für Hardenberg zunächst ein Synonym
für überzeugt sein, für wahr halten, bekennen.[11] Der Glaube ist Glaube
an das Evangelium, an Christus.[12] Als solcher ist der Glaube mehr als
ein Akt der Vernunft: er enthält das Element des Vertrauens. Glaube ist

---

[5] Idem. *In margine:* „frier wille to den argen nicht van got gedrongen noch de
dwongen".

[6] *Glaubensbekenntnis plattdeutsch*, X, 9[r] *in margine:* „Die Wille woe ffrij und
eygen in den gelouigen Ny gebornen kinder"; 9[r]: „Want offte wij mal met unsen
willen und nicht gedwongen geloeuen, und alle unse guet doen, so iss (blyfft ock) he
dennoch de gene de dit guet willen, und doen, in unss werket und uss daer tho driuet,
durch sinen hilligen geist".

[7] *Glaubensbekenntnis plattdeutsch*, IV, 4[r-v].

[8] *Glaubensbekenntnis plattdeutsch*, IV, 4[v]; V, 4[v]-5[r].

[9] Idem.

[10] *Glaubensbekenntnis plattdeutsch*, VII, 5[v]-6[r]; IX, 9[v].

[11] Vgl.der Anfang der Artikel des *Glaubensbekenntnis plattdeutsch*: Ich „loue unde
lere", „lere und bekenne", „erkenne unde lere".

[12] *Glaubensbekenntnis plattdeutsch*, V, 5[r]; VI, 5[v].

vor allem Christusgemeinschaft: durch den Glauben „thuet" Gott uns „tho sinen leuen Soene", bindet uns an seinen Sohn, durch den Heiligen Geist.[13] Glaube ist personale und aktive Beziehung zu Christus, ist „ganz und gar an Christum glauben", ihm zugehören, sein Glied sein, kurz, ein Christ sein (Röm 8; Joh 15).[14] Bemerkenswert ist es, dass Hardenberg dennoch zwischen Glaube und Vertrauen unterscheidet. Der Glaube ist nicht Vertrauen, sondern er bewirkt Vertrauen. „Mit und durch" diesen Glauben als Personalbezug zu Christus—„womit sie an unseren Herrn Jesus Christus ganz und gar glauben"—bewirkt der Heilige Geist ein „herzliches Vertrauen" zu Gott, zu dem Vater, der uns endlos liebt, mehr als ein einziger menschlicher Vater; und zu Jesus Christus, zu dem einzigen Heiland, unserem Fürsprecher.[15] Anders gesagt: durch den Glauben bindet Gott uns so an seinen Sohn, dass wir „ein festes Vertrauen fassen" zu der Gnade und der Erlösung.[16]

Die Gnade und die Erlösung sind allumfassend. Sie beziehen sich auf Rechtfertigung, Heiligung und Vollendung: auf die Sündenvergebung, die Kindschaft Gottes, die Erneuerung der Gottesebenbildlichkeit durch Christus (Ef 4[,24]) und das ewige Leben.[17] Dies alles wird durch den Glauben erworben.[18]

Fragt sich Hardenberg als Aduarder Mönch noch, ob es eine *expiatio animarum* nach diesem Leben gebe, welche das Gebet der Kirche unterstützen könne,[19] betont er danach die Vollständigkeit der Satisfaktion durch das Opfer Christi am Kreuz. All ihre Hoffnung sollen die Gläubigen „setzen, allein, pur und lauter auf unseren Herrn Jesus Christus, der allein die Versöhnung unserer Sünden ist, und uns von Gott gemacht ist zur Weisheit, Gerechtigkeit, Heiligung und Erlösung (1.Joh 2[,2], 1.Kor 1[,31])".[20] Das *sola fide* wird betont: es ist nur der Glaube, „durch den wir vor Gott von allen Sünden und zum ewigen Leben gerechtfertigt und zur Kind- und Erbschaft Gottes neu geboren werden, ohne irgendeinen Verdienst unserer Werke (Apg 10[,43]; 4[,12]; 5[,31]; Luk 7[,50]; Joh 5[,24]; 6[,40]; Eph 2[,8 f.]".[21] Fragt sich derselbe 1543 noch, ob Christus den Werken der Gläubigen rechtfertigende Kraft

---

[13] *Glaubensbekenntnis plattdeutsch*, V, 5[r].
[14] *Glaubensbekenntnis plattdeutsch*, VIII, 7[r].
[15] *Glaubensbekenntnis plattdeutsch*, VII, 5[v]-6[r].
[16] *Glaubensbekenntnis plattdeutsch*, V, 5[r].
[17] *Glaubensbekenntnis plattdeutsch*, VII, 5[v]-6[r].
[18] *Glaubensbekenntnis plattdeutsch*, VI, 5[v].
[19] Nr.12, Hardenberg-[a Lasco?], [vor 6.1543], 136[r].
[20] *Glaubensbekenntnis plattdeutsch*, IX, 8[r].
[21] *Glaubensbekenntnis plattdeutsch*, VI, 5[v].

verleihe wegen ihres Glaubens,[22] betont er im Jahre 1547, der Glaube habe in der Rechtfertigung eine mediale, nicht eine kausale Funktion: wir werden *per fidem* gerechtfertigt, „weil er (scil.der Glaube) uns Christus zuführt, der allein unsere Gerechtigkeit ist".[23] Besonders bei der Widerlegung der osiandrischen Rechtfertigungslehre tritt diese Ansicht in den Vordergrund.

Ergebnisse II.3.1

1. Durch Gesetz und Evangelium lehrt der Mensch sich als Sünder kennen, dem durch den Sündenfall die Gottesebenbildlichkeit verloren gegangen ist.
2. Der Mensch ist nur zum Bösen frei, bis ihn der Heilige Geist (durch Evangelium, Gesetz und Erkenntnis seines Elends) zur Reue und Busse führt und aus freier Barmherzigkeit Gottes in Christus durch das Evangelium der Erlösung Jesu Christi *sola fide* wiedergebärt, erlöst und rechtfertigt.
3. Glaube ist: Überzeugung und Vertrauen, Personalbezug zu Christus, sein Glied sein, Christ sein. Frucht des Geistbewirkten Glaubens ist das herzliche Vertrauen zu Gott dem Vater und zu Jesus dem Heiland, zu der Gnade und der Erlösung.
4. Der Vollständigkeit der Satisfaktion Christi am Kreuz entspricht die nur mediale, nicht kausale Funktion des Glaubens in der Rechtfertigung und der Heiligung. Sündenvergebung, Gotteskindschaft, Erneuerung der Gottesebenbildlichkeit und ewiges Leben werden nur *per fidem* erworben.

3.2 *Das Gutachten zu Osianders „Von dem einigen Mittler"*

Die auf Antrag des Herzogs Albrecht von Preussen für den Bremer Rat von Hardenberg verfasste Stellungnahme der bremischen Kirche zu Osianders *Von dem einigen Mittler* (1551)[24] greift die osiandrische Anschauung der Justifikation[25] in drei Punkten an.[26]

---

[22] Nr.12, Hardenberg-[a Lasco?], [vor 6.1543], 136ʳ.
[23] S.*supra*, I.3, Anm.5.
[24] Seebass, *Bibliographia Osiandrica*, Nr.56.1/2.
[25] Dazu: Hirsch, *Osiander*, 52-79; 172-272; Niesel, *Osianders Rechtfertigungslehre*; Mahlmann, 93-124; Stupperich, *Osiander*, besonders 195-203; *HDThG* 2, 125-129.

(1.) Gegenüber Osianders Ansicht der Gerechtigkeit als einer essentiellen statt äusserlichen Gerechtigkeit („iustitia essentialis" statt „formalis") erbringt Hardenberg den exegetischen Nachweis, rechtfertigen sei für gerecht erklären, nicht gerecht machen.

(2.) Gegenüber der Anschauung, wir würden gerechtfertigt wegen der Einwohnung der göttlichen Natur Christi in uns durch den Glauben, betont Hardenberg die Imputation des Leidens, Sterbens und Gehorsams des ganzen Christus und beanstandet die Trennung der beiden Naturen in Christus.

(3.) Er wirft Osiander eine Romanisierung der Rechtfertigung und damit eine Verletzung der Glaubensgewissheit vor, indem dieser Rechtfertigung und Heiligung verwechselt.

Dem *doctor theologiae*—drei Jahre zuvor, 1548, selber Objekt kirchlicher Beanstandung—scheint die Rolle des Beurteilers kaum zu gefallen. Er will sie aber im Lichte der christlichen Verantwortungsbereitschaft nach 1.Petr 3,15 nicht abschlagen.[27] Er fürchtet eine leichtfertige Verurteilung: Osianders hochdeutsches Idiom ist ihm und seinen Kollegen gelegentlich unverständlich;[28] dazu sind die bei ihm eingegangenen Begutachtungen über Osianders Buch zu unterschiedlich.[29] Obendrein würdigt er die „vielen sehr gewichtigen theologischen Arbeiten, in den Osiander seine Gabe reichlich beweist".[30] Zwar sei ihm das Buch ungelesen schon „verdächtig".[31] Habe Luther nicht gesagt: „Es werden noch viele Sekten kommen und Osiander wird auch noch eine anrichten"? Überdies sei etlichen Bremer Predigern, die dem Wormser

---

[26] HB 5-7, *Osiander* I-III, 31.12.155[1], [Ende 1551?], 8.1.1552. Vgl.*supra*, I.3, Anm.76.

[27] *Osiander* I,1; *Osiander* III, 117^r.

[28] *Osiander* I, 1; *Osiander* II, 1; *Osiander* III, 117^r.

[29] *Osiander* III, 117^r: „Tum et doctorum quorundam () sententiae variant: alijs asserentibus illum docere nos iam esse pl[-] (?) iustos coram deo: sola essentiali divinae Christj naturae iustitia, neg[are] autem passionem, mortem ac totam obedientiam Christi dei et hominis esse imputationem. Legit ita et iustitiam nostram in hac vita coram deo, imputatione non per fidem donatam. Alijs vero quod non omnino neget iustitiam per Christum imputativam sed quod illa ad salutem non sufficiat nisi et essentialis illa dei iustitia per fidem nobis infundatur et re ipsa inhereat". Es schrieben über Osianders Buch a Lasco und Melanchthon an Hardenberg, allerdings nur Melanchthon auch inhaltlich ablehnend: Nr.128, a Lasco-Hardenberg, 23.8.1551, 663; Nr.131, Melanchthon-dens., [7.oder] 12.10.1551: Osiander verwerfe die Imputation und verdunkele den notwendigen Trost, den auch die Wiedergeborenen brauchten, der aber auf dem Verdienst des Mittlers beruhe, und nicht auf der „novitas in nobis".

[30] *Osiander* II, 1.

[31] *Osiander* III, 117^{r-v}.

Religionsgespräch 1540/41[32] beiwohnten, bekannt, dass Osiander in der Rechtfertigungslehre von der Bremer *ratio docendi* abweiche. Diese sei in Anlehnung an die „apostolische Schlichtheit" nur ein Wissen um Jesus Christus, den Gekreuzigten, uns von Gott gemacht zur Weisheit, zur Gerechtigkeit, zur Erlösung und zur Heiligung [1.Kor 2,2; 1,30]. Letztlich soll es ein böses Vorzeichen sein, dass das Buch von den Davidjoristen so jubelnd aufgenommen wird.[33]

Was Osianders Buch selbst anbelangt, soviel ist gewiss: das Wesentliche lässt sich in keinem Katechismus, bei keinem Theologen, weder bei Luther noch bei Kirchenvätern wie Augustin und Chrysostomus auffinden, obschon Osiander mehrere ihrer Schriften „darauf hindeuten will".[34]

(1.) Erstens negiert Osiander, dass das Verb „rechtfertigen" in der Heiligen Schrift „quasi forensi modo" freisprechen („absolvere"), für gerecht erklären („iustum pronuntiare") bedeute.[35] Paulus[36] stellt [in Röm 8,33f.] der *iustificatio* die Rechtsbegriffe *accusatio* („Beschuldigung") und *condemnatio* („Verurteilung") gegenüber: „Gott ist der, der gerecht spricht. Wer ist, der die Verurteilung aussprechen wird?". Dass könnte man paraphrasieren als: „Wer will beschuldigen, die Gott freispricht? Wer will diejenigen verdammen, für die Christus bei seinem Vater eintritt?". In Eph [1,5f.] wird die *iustificatio* bezeichnet als eine *acceptio* („Begnadigung") oder *absolutio* („Freisprechung"): „Wir sind dazu bestimmt, seine Kinder zu sein durch Christus, nach dem Wohlgefallen Gottes, zum Lob seiner herrlichen Gnade, mit der er uns begnadet hat ('quae nos acceptos vel gratiosos habuit')". Dass die *gratuita iustificatio* in der Sündenvergebung besteht, gehe aus Röm 4[,6-8] hervor: „Selig der, dem die Sünden vergeben sind, und selig der, dem er die Gerechtigkeit zurechnet ('cui accepto fert iustitiam')". Damit sei bestimmt nicht ein „vollständig gerecht machen" durch eine „ein-

---

[32] Wo Osiander und Melanchthon miteinander kollidierten: Seebass, *Osiander*, 147-151.
[33] *Osiander* III, 117[v]; vgl.*infra*, III.3., Anm.115f. S.auch: Nr.133, [Hardenberg]-Melanchthon, [Nov./Dez.1551], zu Osianders Psalmenkommentar (*deest* in Seebass, *Bibliographia Osiandrica*; vgl.*MBW* 6269: ein Psalmkommentar Osianders als separate Schrift ist nicht bekannt): „Nihil causae habet Osiander cur bonis viris Anabaptistis obijciat cui sunt viciniores qui hic statuunt propriam iustitiam cuius ne apicem quidem assequutj sunt".
[34] *Osiander* II, 1f.
[35] *Osiander* III, 117[v].
[36] *Osiander* III, 118[r].

gegossene Gerechtigkeit" gemeint: der Zöllner [aus Luk 18,13f.] ging gerechtfertigt hinab, nur weil er empfangen hatte, was er begehrte: die Vergebung der Sünden. Ambrosius hatte recht: „Die wahrhaftige Rechtfertigung ist das Sündenbekenntnis".

(2.) Damit weist Hardenberg Osianders Unterscheidung zurück zwischen der Erlösung oder Sündenvergebung, wie sie durch Christi Leiden vor 1500 Jahren geschah, und der je neu geschehenen Versöhnung oder eigentlichen Rechtfertigung wegen der Einwohnung von Christi Gerechtigkeit bzw. von Christi göttlicher Natur im Menschen.[37] Hardenberg betont die Imputation. Unsere Gerechtigkeit ist eine „iustitia imputativa", sie ist die „uns zugerechnete Gerechtigkeit Christi". Die Gerechtigkeit Christi ist zunächst nicht seine Gegenwärtigkeit im Menschen (die ist ihre Folge), sondern sein Verdienst für uns. Hardenberg definiert: „Wir sagen (), dass die zugerechnete Gerechtigkeit aus der Gehorsamkeit und Genugtuung von Gottes Sohn besteht, der an unserer Stelle dem Gesetz Genüge getan und den Vater mit uns versöhnt und uns zu Erben Gottes und Miterben Christi gemacht hat, welche Annahme wir zusammen mit der Freisprechung von unseren Sünden so bezeichnen: Die Gerechtigkeit Christi, uns zugerechnet".[38]

Biblischer Beweis ist das von Osiander nicht berücksichtigte Röm 5, wo Paulus die Bedeutung des Verbes „imputieren" erläutert.[39] Hardenberg folgt einer gedrängten verwickelten Beweisführung, womit er auf den—von ihm allerdings nicht so bezeichneten—Unterschied zwischen analytischer und synthetischer Rechtfertigung anzuspielen scheint. Seine These ist: „Rechtfertigen" ist „zurechnen", nicht „eingiessen" („infundere") oder „einpflanzen" („inserere")—freilich der essentiellen Gerechtig-

---

[37] Vgl.Stupperich, *Osiander*, 196; *HDThG* 2, 127. *Osiander* III, 118ʳ; 119ᵛ: „Aliam (scil. similitudinem) ponit de homine a Turcis capto qui se et suos liberos facere potest, sed non justos. An non idem in authorem retorqueat? Si enim in ordine naturae, homo qui se redimit liberum facit, non se solum sed et progeniem suam liberam facit, quanto magis primogenitus frater qui licet diuina N[atu]ra sit semper iustus tamen homo factus (legem (?) perficiens) [non] se modo sed et progeniem suam iustam facit; quemadmodum et A[bra]ham non se tantum sed et Leui et suam progeniem totam quam in lubis ipsius erat uno facto decimauit. Si in rebus humanis libertas ab uno compare in multos pertingit quibus imputatur, si nobiles imputatione non infusione filios nobiles gignunt, quid injustus ille et justificans imputatione per fidem gignat justos".

[38] *Osiander* III, 118ᵛ: „Justitiam imputativam () dicimus constare obedientiam et satisfactionem filij Dej qui loco nostro satisfecit legi et patrem nobis reconciliavit fecitque heredes dei coheredes Christj, quam acceptionem una cum absolutione a peccatis nos vocamus iustitiam Christi nobis imputatam".

[39] *Osiander* III, 118ʳ⁻ᵛ.

keit, so dass die Justifikation ein analytisches Verfahren wäre. Denn von Adam bis Mose herrschte der Tod, jedoch nicht infolge der „präsenten" Tatsünden der Menschheit (sondern infolge Adams Übertretung): die Tatsünden wurden nicht zur Verdammnis imputiert. So herrscht von Christus an die Gnade, zwar ebenfalls nicht infolge der uns angeeigneten vorhandenen Gerechtigkeit, sondern durch Imputation von einer abwesenden, d.h. von Christi Gerechtigkeit [vgl.5, 18f.].[40] Anders gesagt: sowie Gott seit dem ersten Adam nicht analytisch, sondern synthetisch vorging, indem er die nicht vorhandene Übertretung Adams anrechnete und die „einwohnenden" Sünden der Menschen ignorierte („posse non imputari"), so gibt es auch seit Christus eine *non imputatio* des Vorhandenen (der „infusa iustitia Christi"), hingegen eine *imputatio* der uns vorausgegangenen Tat des zweiten Adams. Damit ist Osiander allerdings der Vorwurf des Nomismus gemacht.

(3.) Tatsächlich ist von Nomismus die Rede. Da nach Hardenberg unsere Gerechtigkeit in Christi Verdienst für uns besteht, wird sie uns nicht, wie Osiander will, durch (die Einwohnung von) Christi Gottheit zuteil, sondern durch (den Glauben an) die konkrete Person von Christus, Gott und Mensch: „Wir bekennen, dass sie uns nicht nur durch die Gottheit, sondern in der konkreten Person Christi zugerechnet wird".[41] Ganz abgesehen davon, dass Osiander die Naturen in Christus trennt,[42] stellt er die Glaubensgewissheit in Frage, indem er Rechtfertigung und Heiligung verwechselt. Die Heiligung oder Christi Gegenwärtigkeit im Menschen („die heilige Verschiedenheit der Güter, die durch Christus empfangen werden") wird von Hardenberg nicht abgestritten, „aber wir lassen die Imputation ihr vorangehen, wegen der Schrift und der Sicherheit unseres Gewissens".[43]

Nach der Heiligen Schrift rühren sowohl Gerechtigkeit als auch Heiligung von Gott her, und gehören beide untrennbar zusammen, sind aber nicht zu verwechseln. Paulus unterscheidet Gnade und Gabe. Die

---

[40] *Osiander* III, 118[r-v]: „Quod si iam presens peccatum potuit non imputari, poterit ut Justitia e contra non presens imputari. Et ut tunc regnabat mors, sine imputatione peccati, ad condemnationem, ita idem gratia per imputationem justitiae ad vitam eternam [Röm 5,16]. Tria tempora constituit paulus, primum mortis sine imputatione peccati, tamen non aberat [scil.peccatum]. Secundum peccati simpliciter sub Lege. Tertium just[ificationis?] gratiae per imputationem justitie, quae tamen, in hac quidem ratione non tota adest, sed imputatur ad vitam aeternam. Et eam sententiam videtur Paulus dicere scripturam previdisse quod Deus iustificet gentes ex fide".

[41] *Osiander* III, 118[v].

[42] S.*supra*, S.126.

[43] *Osiander* III, 118[v].

Gnade ist die „Gunst von Gott dem Vater uns gegenüber um Christus des Sohnes willen"; sie ist unsere Gerechtigkeit. Der Gnade folgen notwendigerweise die Gaben, aber diese sind nicht die Gnade selbst, durch welche wir vor dem Richterstuhl Gottes erscheinen können. „Es stellt sich aber heraus, dass Osiander den Begriff 'Heiligung' im uneigentlichen Sinne für 'Rechtfertigung' verwendet".[44] Osiander beruft sich für die Rechtfertigung auf Stellen in der Schrift und bei Luther, die sich auf die Heiligung beziehen, obwohl Osiander weiss, dass auch bei Luther wirkende Ursache („effectio") und Trost („consolatio") unterschieden werden.[45] Osianders Behauptung, dass wir erst durch die hineingegossene essentielle Gerechtigkeit Gottes gerechtfertigt werden, gleicht der Aussage, dass wir durch die Liebe als die Gestalt des Glaubens gerechtfertigt werden.[46] Osiander verwechselt also den Glauben mit den Früchten des Glaubens.

Osianders Vorwurf, dass man in den Predigten Wiedergeburt und Heiligung unterlasse, ist „läppisch". Gnade und Gabe, Rechtfertigung und Heiligung, Erlösung und Einwohnung Christi gehören zusammen. Die Einwohnung folgt der Zurechnung, 1.Joh 4,13, Eph 3,16f. Beide werden durch den Glauben, und zwar durch denselben Glauben, erworben.[47] In dem jetzigen Leben ist die Heiligung jedoch noch unvollkommen. Sollte daher unsere Rechtfertigung unvollständig sein,[48] solange wir noch Gottes Barmherzigkeit anrufen und Christi Schutz, Opfer und Fürbitte brauchen?[49] Bei Anfechtungen und Todesgefahr

---

[44] Idem.

[45] *Osiander* III, 118^v-119^r.

[46] *Osiander* III, 119^r: „Cum vero Osiander dicit nos essentiali divina iustitia eaque infusa tantum iustificari, tunc videtur fere idem dicere quod hi qui charitate (fidei forma) nos justificari dicunt. Osiander deo iustus esse dicit, illi charitate dicunt, alij deus est charitas ergo qui charitate justificatur iuxta pontificios, an non et deo iustificari videbatur iuxta Osiandrum? Parum enim hic iuvabit ille quod pontificii ad fructus ipsos charitatem fere referunt".

[47] *Osiander* III, 118^v: „Constituta autem imputationem iam omnino admittimus ex eadem fide nos quoque renasci, qua nobis christi justitia imputata est"; 119^v: „Sed per eandem fidem quae Christi iustitia nobis est imputata, Christi etiam Spiritum, vim, vivificationem et operationem in nobis efficacem esse docemus".

[48] *Osiander* III, 119^r: „Quin et haec quantum possumus urgemus: frustra scilicet eos de Justitia presumere qui regeneratj et sanctificatj non sunt".

[49] *Osiander* III, 118^v: „Ne videamur alieno esse nimium liberales si in plenam eandemque essentialem dei iustitiam ita nobis arrogemus ut videamur iam ad summum pervenisse qui adhuc imploramus misericordiam dei et agnoscimus patrocinium ac sacrifitium ipsamque adeo intercessionem filij dei et gemimus inter nos etiamsi primitias spiritus habeamus [Röm 8,23], requiremus politeuma nostrum in celo [Phil 3,20] et spiritu ex fide spem iustitiae expectemus (Gal 5[,5])".

mache ein Vertrauen auf eine präsente und anhaftende Gerechtigkeit erst recht verzweifelt. „So stellen wir fest, dass notwendigerweise die Zurechnung der Gerechtigkeit Christi beibehalten werden muss".[50] Unser Vertrauen beruht auf seinem Verdienst, „welcher ist um unsrer Sünden willen dahingegeben und um unsrer Rechtfertigung willen auferweckt" [Röm 4, 25].[51]

Ergebnisse II.3.2

1. Nach Hardenberg sei die osiandrische Ansicht der Gerechtigkeit als eine essentielle statt äusserliche Gerechtigkeit exegetisch unhaltbar: *iustificatio* wird als Rechtsbegriff der *accusatio* und der *condemnatio* gegenübergestellt (Röm 8,33f.), bezeichnet Begnadigung („acceptio") oder Freisprechung („absolutio") (Eph 1,5f.) und besteht in der Sündenvergebung (Röm 4; der Zöllner aus Luk 18). Rechtfertigen heisst: freisprechen, nicht: gerecht machen („iustum facere"), sondern für gerecht erklären („iustum/acceptum pronuntiare").
2. Osianders Unterscheidung zwischen Erlösung (vor 1500 Jahren) und Rechtfertigung (die Einwohnung von Christi göttlicher Natur) verletzt die Personalunion und leugnet den imputativen Charakter der Justifikation.
3. Die Imputation wird von Röm 5 belegt: sowie Gott seit Adam nicht „analytisch", sondern „synthetisch" vorging, indem er die nicht vorhandene Übertretung Adams zurechnete und die „einwohnenden" Sünden der Menschen ignorierte, so gibt es seit Christus die *non imputatio* der vorhandenen eingegossenen Gerechtigkeit Christi, hingegen die *imputatio* der uns vorausgegangenen Tat des zweiten Adams.
4. Osiander verwechselt Rechtfertigung und Heiligung, Erlösung und Einwohnung Christi, Gnade und Gaben, Glauben und Früchte des Glaubens, wirkende Ursache und Wirkung (Luther). Mit diesem—sich dem täuferischen Radikalismus annähernden—Nomismus vergewaltigt Osiander die Heilige Schrift und die Glaubensgewissheit, denn der Trost, den auch die Wiedergeborenen brauchen, beruht nicht auf ihrer Heiligung, sondern auf dem Verdienst Christi.
5. In dem Gutachten wird Hardenberg dem reformatorischen *extra nos* völlig gerecht. Die Gerechtigkeit der Gläubigen ist eine äusserliche. Sie ist der Gehorsam und die stellvertretende Satisfaktion des ganzen Christus, die *sola fide* zugerechnet werden.

---

[50] *Osiander* III, 119r.
[51] *Osiander* III, 120r.

3.3 *Prädestination*

Die systematische Einordnung der Prädestinationslehre in den Gesamt-
zusammenhang der Theologie Hardenbergs ist nicht selbstverständlich.
Im *Glaubensbekenntnis plattdeutsch* wird der Lehre über die Vorherbestimmung keine besondere Aufmerksamkeit gewidmet. Sie wird im
Vorbeigehen erwähnt in Verbindung mit der Christologie,[52] der Rechtfertigung[53] und der Heiligung.[54] Ausserdem ist nur ein bisher unbeachte-
tes Fragment vorhanden, anscheinend eines Kommentars zu 1.Tim 2,4
(„welcher will, dass alle Menschen errettet werden"),[55] wonach die
Prädestination eine Erwählung in Christus, auf den Glauben und die
Heiligung hin sei.[56] Dem Gehalt der Anschauung Hardenbergs von der
Prädestination nach sind mehrere Anordnungsmöglichkeiten vertretbar:
innerhalb der Gotteslehre, innerhalb der Christologie oder im Zusammenhang mit der Soteriologie. Ihrer Bezugnahme auf den Glauben und die
Heiligung wegen, wird Hardenbergs Lehre der Vorherbestimmung hier
in II.3.3 erörtert, auf der Grenze zwischen Glaube und Rechtfertigung
einerseits, und Heiligung andererseits.

Nach Hardenberg ist die Prädestination nicht ein neutrales absolutes
Dekret, sondern ein Akt des Erbarmens Gottes in Christus, dem
Heilscharakter zukommt.[57] Deutet die systematische Einordnung der
Prädestinationslehre schon darauf hin, der terminologische Befund
bekräftigt dies. Der Begriff *decretum* oder „Ratschluss" fehlt bei
Hardenberg. Vorherbestimmung („praedestinatio") und Erwählung
(„electio") sind Wechselbegriffe,[58] wobei letzterer weitaus bevorzugt
wird.[59] Synonymer Ausdruck für vorherbestimmen ist: erlösen („salvum

---

[52] *Glaubensbekenntnis plattdeutsch*, II, 3^v; V, 4^v; IX, 7^v; X, 8^v-9^r.
[53] *Glaubensbekenntnis plattdeutsch*, V, 4^v.
[54] *Glaubensbekenntnis plattdeutsch*, IX, 7^v; X, 8^v-9^r.
[55] HB 9, *Praelectio de praedest.*, [1.Hälfte der 50.Jahre?]. Der Titel in dem
Catalogus bibliothecae monacensis, Collectio Cameriana, Vol.I, n.41, lautet:
*Praelectionis, ut videtur, fragmentum de peccato originali et de praedestinatione,
Hardenbergii manu.* Es könnte sich um eine der lateinischen Lektionen handeln, die
Hardenberg am Mittwoch mittags in dem Bremer Kapitelhause zu halten gewohnt war,
s.*supra*, I.3, Anm.9.
[56] *Praelectio de praedest.*, 176^v-177^r.
[57] Vgl.Koch, *Confessio Helvetica Posterior*, 88, in bezug auf Bullinger.
[58] *Glaubensbekenntnis plattdeutsch*, X, 8^v, Marginale: „praedestination/gotss
erwelinge".
[59] Der Begriff *praedestinatio* kommt nur vor in: *Glaubensbekenntnis plattdeutsch*,
X, 8^v; *Praelectio de praedest.*, 177^v; *praedestinare* nur in: *Praelectio de praedest.*,
177^{r-v}.

facere"),[60] tatsächlich ziehen („trahere efficaciter").[61] Verwerfung („reprobatio") als Gegenbegriff zu Erwählung fehlt; dafür gibt es Verblendung („excecatio") oder Verdammung („damnatio").[62] Das *excecare* durch Gott wird definiert als „zurecht unseren durch Treulosigkeit entstandenen Ungehorsam strafen, mit Verzweiflung und Verblendung".[63] Einmal findet sich der Ausdruck „creare et praedestinare ad damnationem"; auf die Frage, ob dieses *creare* zur Aufgabe Gottes gehöre, schliesst Hardenberg sofort und ausdrücklich die Vorhänge: „Hic ego vela contraho".[64] Es widerstrebt ja dem—hier bereits begriffsmässig aufgedeckten—aposteriorischen Charakter der Erwählungslehre Hardenbergs. Wie sieht diese im einzelnen aus?

Das *Glaubensbekenntnis plattdeutsch* stellt—ganz kurz—die *electio* als eine Erwählung in Christus dar, als eine Erwählung auf den Glauben und auf die Heiligung hin.[65] Die Darlegung umfasst kaum mehr als eine Paraphrase von Eph 1,4 und 2,10: „weil wir durch den Glauben ein Werk Gottes sind, geschaffen in Christus Jesus zu allen guten Werken"; in seinem lieben Sohn, „in dem er uns zum ewigen Leben erwählt hat, ehe der Welt Grund gelegt war, und uns dann auch zu den guten Werken geschaffen hat".[66]

Die *Praelectio de praedestinatione* bietet eine weitere Ausführung. Ausgangspunkt des Vortrags ist die—augenscheinlich im Zusammenhang mit 1.Tim 2,4 gestellte—Frage: „Wenn Gott will, dass alle Menschen errettet werden, wie ist es dann möglich, dass nicht alle Menschen erettet werden?". Lavierend zwischen der Skylla des Determinismus, der Gott sogar an den Sünden die Schuld gibt, und der Charibdis des Pelagianismus, zieht Hardenberg die Ansichten der „Alten" vor, die dem Menschen das Menschliche und Gott das Göttliche überlassen wollen.[67] Ambrosius[68] und Augustin[69] werden herangezogen.

---

[60] *Praelectio de praedest.*, 177^r.
[61] *Praelectio de praedest.*, 177^v.
[62] Idem.
[63] Idem: „merito punire inobedientiam nostram per perfidiam, desperatione et cecitate".
[64] Idem.
[65] Vgl.*supra*, Anm.52-54.
[66] *Glaubensbekenntnis plattdeutsch*, IX, 7^v und X, 8^v-9^r; vgl.V, 4^v: „und reddet uns, die he daertoe verkoren hefft (eer der werlde gront gelecht wart)".
[67] *Praelectio de praedest.*, 176^r.
[68] *Praelectio de praedest.*, 176^{r-v}; Ambrosius, *De vocatione omnium gentium*.

Nach Ersterem soll beides offen und mit sicherem und ruhigem Glauben verkündigt werden: sowohl der Universalismus des göttlichen Heilswillens nach 1.Tim 2,4, wie auch die gnädige Erwählung Gottes, welche besagt, dass man nicht durch eigene Verdienste, sondern durch die Wirkung der göttlichen Gnade zur Erkenntnis der Wahrheit und zur *perceptio salutis* gelangt. Vor dem Gegensatz zwischen beiden soll die Vernunft Halt machen [Röm 11,33], im Bewusstsein, dass Gott nicht unbillig, sondern barmherzig ist und als guter Schöpfer und gerechter Führer niemanden unverdientermassen verurteilt oder befreit, damit allen der Mund gestopft werde, und Gott recht behält in seinen Worten und siegt, wenn man mit ihm rechtet [Röm 3,4.19]—so Hardenberg mit Ambrosius.[70]

Im Anschluss an eine Darstellung Augustins über den freien Willen und den Glauben[71] betont Hardenberg den gratuiten Charakter des Heils und die eigene Verantwortlichkeit des Menschen für sein Unheil. Die Gnade Gottes ist das eigentliche Motiv der Prädestinationslehre: „Das Heil und die Rechtfertigung liegen nicht an menschlichem Wollen oder Laufen, sondern an Gottes Erbarmen" [vgl.Röm 9,16].[72] Das Heil liegt in Christus; die Erwählung geschieht in ihm: „(Gott) hat uns erwählt, ehe der Welt Grund gelegt war, aber in Christus und auf Heiligkeit hin" [vgl.Eph 1,4].[73] Wir sind erwählt „um des Blutes Christi willen".[74]

Diesem christologischen Motiv entspricht ein anthropologisches.[75] Da die Erwählung in Christus geschieht, ist sie erkennbar. Sie wird angeeignet durch den Glauben bzw.das Vertrauen auf Christus und

---

[69] *Praelectio de praedest.*, 176^v-177^r; Augustin, *De dono perseverantiae*, c.XIX; *Tractatus 53 super Johannem*.

[70] *Praelectio de praedest.*, 176^{r-v}.

[71] Augustin, *Tractatus 53 super Johannem*; *Praelectio de praedest.*, 176^v: „() Audiamus Dominum dicentem: Rogauj pro te Petre ne deficiat fides tua [Luk 22,31]. Nec sic existimemus fidem nostram esse in libero arbitrio ut divino non egeat adiutorio. Audiamus et evangelistam dicentem: Dedit eis potestatem filios dei fieri [Joh 1,12]. () Jpsa est fides quae per dilectionem operatur sicut eius mensuram cuique Dominus partitus [Röm 12,3] ut qui gloriatur non in se ipso sed in domino glorietur [1.Kor 1,31]".

[72] *Praelectio de praedest.*, 176^v: „Ex quibus liquet quod bonam illam dei voluntatem attinet, ipsum quidem velle omnes homines salvos esse fieri, et ad agnitionem veritatis venire et proinde quod alij veniunt non esse humani meritj sed divinae voluntatis et gratiae, quod vero alij non veniunt esse humanae malitiae et corruptionis. Salus igitur et iustificatio non erit (humanae) neque volentis neque currentis sed miserentis dei".

[73] Idem.

[74] *Praelectio de praedest.*, 177^r.

[75] Vgl.Koch, *Confessio Helvetica Posterior*, 91f., 100, in bezug auf Bullinger.

manifestiert sich in der Heiligung. Prägnant formuliert Hardenberg: „Es sollen so viele glauben, wie zum ewigen Leben bestimmt sind. Zum ewigen Leben sind jedoch diejenigen bestimmt, die Christus glauben. () Darum: Diejenigen, die auf Christus vertrauen und sich um Heiligung bemühen, sind erwählt und zum Leben bestimmt": „Credentque quotquot ordinatj sunt ad vitam aeternam. Sunt autem ad vitam ordinatj quicumque in Christum credunt. () Jtaque qui Christo fidunt et student sanctimoniae electj et ad vitam ordinatj sunt".[76] Das trifft auch für die „guten Menschen" und die heidnischen Philosophen zu. Sollten manche von ihnen wie Sokrates, Plato, Hermes Trismegistos[77] und die Sibyllen[78] für Auserwählte gehalten werden,[79] dann nur, weil sie eine gewisse, vom barmherzigen Gott geschenkte, Kenntnis von Christus besassen.[80]

Die *fides* ist also das anthropologische Korrelat zu dem von Gott geordneten Medium Christus. Der Glaube ist aber nicht Verdienstursache der Erwählung, die ja aus Gnaden geschieht.[81] Der Glaube ist die gottgeschenkte Aneignungsmöglichkeit der Erwählung, und die Heiligung ist ihr Ergebnis. Beide sind in der Heilsordnung inbegriffen, und „Gott führt ja alles nach seinem wahrhaften Gesetz und gerechter Ordnung aus". „Die Erwählung darf nicht von (Gottes) Willen getrennt und allein ausser der Ordnung und gegen die Mittel behandelt werden".[82] Beweisstellen sind 1.Petr 1,2 und Röm 8,29, nach welchen Petrus an die Auserwählten schrieb, die Gott der Vater ausersehen hatte durch die Heiligung des Geistes zum Gehorsam und zur Besprengung mit dem Blut Jesu Christi; und wonach Gott die, die er zuvor erkannte, auch vorherbestimmt hat, dem Bild seines Sohnes gleichgestaltet zu sein.[83] Offensicht-

---

[76] *Praelectio de praedest.*, 176^v-177^r.

[77] *RGG* 3, 265.

[78] *RGG* 6, 14f.

[79] Nr.67, Hardenberg-[Timann], [1547], 132^r-133^r.

[80] Nr.67, s.vorige Anm., 132^r-v: „'Miserebor eius (sic) cui miseritus ero'. Et 'Est miserentis Dei'. Non certe hoc ad Christi evacuationem videtur facere, sed etiam ad gloriam eius si quos ex gentibus ad se traxit. Nemo enim ad deum alia via pervenire potest quam per eum qui est via, veritas et vita. Sed quid si deus aliqua miserabili via ad aliquam Christi eos cognitionem traxisset, qui tamen non totum misterium de incarnatione ipsius sciverint. () Certe potuisset deus Christi sui fructum et salutem illis aliis modis exponere'.

[81] *Praelectio de praedest.*, 177^r: „gratia dej electj sumus ad vitam, non propter opera nostra sed propter sanguinem Christi". Vgl.Koch, *Confessio Helvetica Posterior*, 100, in bezug auf Bullinger.

[82] *Praelectio de praedest.*, 176^v-177^r: „Deus enim omnia lege agit certa et ordine iusto. () Electio enim a voluntate non est separanda neque sola preter ordinem et contra media est iactanda".

[83] *Praelectio de praedest.*, 177^r.

lich will Hardenberg mit dieser ausgesprochen aposteriorischen Ausarbeitung der Erwählungslehre—wonach also von dem Glauben und der
Heiligung auf die Erwählung geschlossen wird—alle theoretische
Spekulation verhindern, Gewissheit der Erwählung erwirken und auf den
göttlichen *ordo iustus* und auf die Mittel verweisen.[84]

Diese aposteriorische Vorgehensweise gilt auch dem Gegenstück der
Erwählung, der Verdammung. Eine doppelte Prädestination wird weder
gelehrt noch verneint. Die *damnatio* ist—ebenso wie die *electio*—nicht an
einem ewigen Dekret, sondern an dem Glauben orientiert: wer gottlos ist,
wird nicht gerettet, „denn die Gottlosen werden ausdrücklich nicht
errettet, sondern allein die Frommen".[85] Das Unheil ist also menschliche, nicht göttliche Schuld. „Die [in Röm 8,29 erwähnte] Präscienz
fesselt uns nicht an die Sünden, so dass wir die Schuld auf Gott
abschieben könnten".[86] „Gott zwingt einen nicht zum Sündigen, indem
er die zukünftigen Sünden der Menschen schon kennt. () Judas verriet
den Herrn nicht, weil es über ihn geschrieben war [Matth 26,56],
sondern dies war über ihn geschrieben worden, da Gott zuvor erkannte,
dass seine Seele durch Habgier und Verzweiflung verdorben werden
sollte".[87] Nach dieser Argumentation wäre—umgekehrt—aufgrund der
Präscienz (im Sinne des Pelagianusmus) die Erwählung auf unsere
Verdienste zurückzuführen.[88] „So ist es nicht. Denn die Sünden, die
durch die Verderbtheit und den Fall unserer ersten Eltern tatsächlich die
unsrigen sind, werden in uns bestraft durch die göttliche Gerechtigkeit,

---

[84] Vgl.*Praelectio de praedest.*, 177^v: „ut credam praedestinationem in hoc tantum
nobis proponj primum ut confirmemus fidentiam autem nostri in adversis".
[85] *Praelectio de praedest.*, 177^r: „nam impij plane non salvuntur sed tantum pij".
[86] Idem: „Non enim sequitur praescientiam dej ad res impias nos affigere ut
culpam peccatj in deum reijcere possimus".
[87] Idem: „Nam recte iterum Aug[ustinus] Tract.sup.Jo 53. Non propterea Deus ad
peccandum quemquam cogit, quia futura hominum peccata iam novit. Ipsorum enim
praenovit peccata non sua, non cuiusquam alterius sed ipsorum. Fecerunt ergo
peccatum Judei quod eos non compulit facere cui peccatum non placet, sed facturos
esse praedixit quem nihil latet. Et Iudas non ideo prodidit Dominum quoniam hoc de
ipso scriptum esset, sed ideo de eo scriptum erat quod Deus avaritia et desperatione
praesciret animum eius fore corrumpendum".
[88] Idem: „Atqui pari ratione consequeritur ut quia viderit Deus fidelium bona
opera, praedestinarit eos ad vitam eternam unde sequitur electionem dej pendere ex
nostris meritas (sic!)."

aber durch die Gnade Gottes sind wir erwählt zum Leben, nicht auf Grund unserer Werke, sondern um des Blutes Christi willen".[89] So ist auch die *damnatio* nicht deterministisch, sondern theologisch zu verstehen als bedingt von dem menschlichen Ungehorsam gegenüber der Gnade: „Dass es aber heisst, dass Gott verblendet, ist seiner Gerechtigkeit zuzuschreiben, kraft der er zurecht unseren durch Treulosigkeit verursachten Ungehorsam mit Verzweiflung und Verblendung straft".[90] Es ist blasphemisch und gegen die Heilige Schrift, Gott die Schuld unserer Sünden zur Last zu legen, sowie auf menschliches Konto kommen zu lassen, was Wirkung der göttlichen Gnade ist.[91] „Also bestehen das Licht und das Heil nur dank Gottes Gnade. Verblendung und Verurteilung kommen aus unserer Verderbtheit".[92]

Auf die Frage, ob es eine aktive *creatio et praedestinatio ad damnationem* gebe, will sich Hardenberg nicht einlassen. Gott ist frei, einem jeden das Seine zuzuteilen, wie er will.[93] Hier zieht Hardenberg die Vorhänge zu und verweist auf Röm 11,33.36.[94] Ausgangspunkt bleibt das Evangelium von der Liebe Gottes zu allen Menschen, nach 1.Tim 2,4: „Er will, dass alle Menschen errettet werden", wobei sich das „alle" nicht nur auf „die Gesamtheit der Teile" bezieht, sondern auch auf „jedes Teil der Gesamtheit".[95] Nur so ist die Prädestinationslehre

---

[89] Idem: „Non est Jta. Nam mala quae ex corruptione et labe primaria vere nostra sunt puniuntur in nobis iustitia divina, sed gratia dej electj sumus ad vitam non propter opera nostra sed propter sanguinem Christi".

[90] *Praelectio de praedest.*, 177^v: „Quod autem Deus excecare dicitur iustitiae eius est secunduam quam merito punit inobedientiam nostram per perfidiam, desperatione et cecitate".

[91] Idem: „Cavendum ergo nobis ne deus blasphemetur et in illum culpa scelerum nostrorum reijciatur aut rursum nostris viribus tribuatur quod revere illius gratiae est. Dominus enim per Oseem dicit 'Perditio tua Israel sed in me auxilium tuum' [Hos 13,9]. Et [dicit Christus] 'Hier[usalem Hierusalem] Quoties voluj te cong[regare] et noluistj' [Matth 23,37]. Jtem Daniel 'Tibi' inquit 'iustitia, nobis confusio facierum' [Dan 9,7]. Et David 'Ne intres [in iudicium cum servo tuo]' [Ps 143,2]. Et 'Non nobis domine non nobis', scil. [Ps 115,1]. Jtem 'Justus dominus in omnibus viis suis' [Ps 145,17]. Jtem 'Si velatum est Euangelium' [2.Kor 4,3]".

[92] Idem: „Lux ergo et salus a sola dei gratia est. Excecatio et damnatio a corruptione nostra".

[93] Idem: „quod autem alium non trahit (scil.Deus) vel non ita trahit ut alium est arbitrij illius quare liber est et dat unicui ut vult [vgl.1.Kor 12,11]".

[94] Idem: „Hic ego vela contraho et cum Paulo dico 'o altitudinem divitiarum scientiae et sapientiae eius, quam incomprehensibilis sunt viae eius et inscrutabilis iuditia eius. Jlli gloria in eternum'".

[95] Idem: „Ut ingenue enim dicam ego pro tenuitate donj mei: Non tantum ad genera singulorum vel ad ordines et conditiones status nationumque et gentium refero, quod hic dicit 'Vult omnes homines salvos fieri', sed etiam ad singula generum ut

anzuwenden: vor allem zur Stärkung der Zuversicht in Widerwärtigkeiten: „Ich halte mich innerhalb dieser Grenzen, nämlich dass ich
glaube, dass die Prädestination uns einfach mit diesem Ziel vorgestellt
wird, um in erster Linie unsere Zuversicht in Widerwärtigkeiten zu
verstärken".[96]

Ergebnisse II.3.3

1. Hardenbergs Prädestinationslehre ist Erwählungslehre.
2. Dies ist schon terminologisch indiziert: vorherbestimmen und erwählen
sind Wechselbegriffe; *praedestinare* ist *salvum facere* („erlösen");
decretum und *reprobare* fehlen; Gegenbegriffe zu *eligere* sind *damnare*
und *excecare* („verblenden"); *excecare* heisst „merito punire inobedientiam nostram" („zurecht unseren Ungehorsam strafen").
3. Mit Ambrosius und Augustin wird der gratuite Charakter des Heils
betont. Erwählung ist freie Erwählung aus Gnaden ohne Ansehen der
menschlichen Verdienste.
4. Hardenbergs Erwählungslehre ist christologische (4.a.), teleologische
(4.b.) und aposteriorisch gestaltete (4.c.) Erwählungslehre.
   a. Erwählung ist Erwählung in Christus. Christus ist das Mittel der
      Erwählung.
   b. Erwählung ist Erwählung auf den Glauben und die Heiligung hin. Der
      Glaube ist das anthropologische Korrelat zu dem von Gott geordneten
      Mittel Christus, wodurch die Erwählung angeeignet wird. Glaube ist
      fides zu Christus; Heiligung ist Gleichgestaltung zum Bild des Sohnes.
      Christus ist also auch das Ziel der Erwählung.
   c. Diese Erwählungslehre hat eine seelsorgerliche Funktion: sie dient zur
      Verhütung aller Spekulation, zur Verweisung auf den göttlichen *ordo
      iustus* und die Mittel, und zur Stärkung der Zuversicht in Widerwär-
      tigkeiten.
5. Die Erwählungsgewissheit besteht im Lebensvollzug des Christusvertrauens und der Heiligung: „Diejenigen, die Christus glauben und sich
um Heiligung bemühen, sind erwählt und zum ewigen Leben bestimmt".

---

loquuntur".
[96] Idem: „intra has metas me contineo ut credam praedestinationem in hoc tantum
nobis proponj, primum ut confirmemus fidentiam autem nostri in adversis". Hier
bricht die *Praelectio* leider ab.

6. Die *damnatio* ist ebenfalls an dem Glauben orientiert: „Die Gottlosen werden nicht gerettet". Der Determinismus einer als Präscienz verstandenen Verurteilung wird abgelehnt.

7. Ausgangspunkt bleibt das Evangelium von der Liebe Gottes zu allen Menschen nach 1.Tim 2,4: „Gott will, dass alle Menschen errettet werden".

3.4 *Heiligung*

Die Heiligung[97] wird von Hardenberg vor allem unter dem Gesichtspunkt der Pneumatologie betrachtet. Die Heiligung ist Wirkung des Heiligen Geistes, nicht Leistung des Menschen. Nirgendwo wird das Wirken des Heiligen Geistes häufiger erwähnt als hier.[98] Das Wirken des Geistes bezieht sich auf Busse, Rechtfertigung und Erwerbung der Kindschaft Gottes,[99] führt aber immer zur Heiligung.[100]

Die Heiligung gehört ihrerseits in den grösseren Rahmen der Erwählung, obwohl Hardenberg dies nur vorübergehend streift. Ziel der Erwählung ist die Heiligung: ein Wandel in guten Werken, zu denen wir in Christus Jesus geschaffen sind.[101] Ziel der Erwählung und der Heiligung ist letztendlich die Ehre Gottes. Denn alles Gute, das Gott uns schenkt, „schenkt er uns aus lauterer Gnade—damit wer sich rühmt, sich des Herrn rühme (1.Kor [1, 31])".[102]

Der Wandel zum Lob Gottes wird durch den Heiligen Geist ermöglicht. Dieser bewirkt Glauben und Vertrauen und auch „eine feste, unverrückbare Hoffnung" auf Gottes Gnaden und seinen Beistand und auf das ewige Leben. Aus und mit dem Glauben, dem Vertrauen und der Hoffnung bewirkt der Geist eine herzliche Liebe zu Gott und ausserdem ein „freudiges Bekenntnis", die Heiligung seines Namens mit Wort und Tat, die Bereitschaft zum Leiden und zum Martyrium um Christi willen,

---

[97] Den Begriff verwendet Hardenberg selten.
[98] *Glaubensbekenntnis plattdeutsch*, V-X, 5ʳ-9ᵛ.
[99] *Glaubensbekenntnis plattdeutsch*, VIII, 6ᵛ.
[100] *Glaubensbekenntnis plattdeutsch*, VII, VIII, 5ᵛ-7ᵛ.
[101] *Glaubensbekenntnis plattdeutsch*, IX, 7ᵛ: „wente wy durch den gelouen ein werck gotss sint, gescapen in Christo Jesu tho allen güeden werken (Eph 2[,10])"; X, 8ᵛ-9ʳ: „(umme synss leuen Soenss willen) in welkeren he unss tho den ewygen leuende erwelet hefft, eer de werlde grunt gelecht wass, unde dan ock tho den gueden werken gescapen hefft, die hem de ewighe barmhertige got, ock in unss werket, und soe ock en rikelick belonet"; *in margine*: „praedestination/gotss erwelinge".
[102] *Glaubensbekenntnis plattdeutsch*, X, 9ʳ⁻ᵛ.

den eifrigen Gehorsam gegenüber all seinen Geboten und die Liebe zum
Nächsten.[103]

Die Heiligung ist die Erneuerung des Ebenbildes Gottes im Menschen,
d.h. der göttlichen Weisheit, Heiligkeit und Gerechtigkeit.[104] Sie
geschieht allmählich ("stetich und immer mehr")[105] und enthält das
Absterben des Alten Adams, das Kreuztragen und das Anziehen des
Neuen Menschen Jesus Christus. Hardenbergs Worte: "(Ich glaube und
lehre), dass eben derselbe Geist der göttlichen Kindschaft auch—in allen,
die von Christus sind, mit dem und durch den besagten Glauben—ein
ständiges Töten und Kreuzigen bewirkt, ihres Fleisches und des alten
Adams mit all seinen bösen Lüsten, Begierden und Taten. Ebenso
bewirkt er, dass sie es gerne erdulden, dass der Herr ihnen hierzu hilft
mit seiner Züchtigung, sei es durch Krankheit des Leibes oder durch
andere Widerwärtigkeiten dieser Zeit und dieses Lebens, damit sie ihn,
den Herrn Jesus Christus, den neuen Menschen, der nach Gott geschaffen
ist in der Gerechtigkeit und wahrer Heiligkeit, immer mehr anziehen und
sich in allen guten Werken um so mehr üben".[106]

Der Gedanke eines Heilsprozesses (Busse, Glaube, Rechtfertigung,
Heiligung) findet sich bei Hardenberg nicht. Busse, Glaube und
Rechtfertigung sind in der Heiligung nicht überholt, denn die Heiligung
ist in diesem Leben eine teilweise Heiligung. Unsere Gerechtigkeit ist
mangelhaft.[107] "Zwar ist der wahre Glaube, wie gesagt, allerwegen und
notwendig durch die Liebe zu allen guten Werken eifrig (Gal 5[,6]), denn
wir sind durch den Glauben ein Werk Gottes, geschaffen in Christus
Jesus zu allen guten Werken (Eph 2[,10]). Dennoch ist die Sünde, die
durch das angeborene Verderben in unserem Fleisch wohnt, solange wir
hier leben in uns noch so gewaltig (Röm 7, 1.Joh 1), dass weder unser
Glaube oder unsere Hoffnung oder Liebe noch ein einziges gutes Werk
so vollkommen ist, wie der allmächtige Gott es recht und billig in seinem
Gesetz von uns fordert".[108] Trotz der Wirklichkeit des durch die Taufe

---

[103] *Glaubensbekenntnis plattdeutsch*, VII, 6^{r-v}.

[104] *Glaubensbekenntnis plattdeutsch*, V, 5^r.

[105] Idem; "stedich", "alle tyt meer", VIII, 7^r; "ummer meer und meer", X, 8^v;
"doegelic (= täglich) meer", XVI, 13^r.

[106] *Glaubensbekenntnis plattdeutsch*, VIII, 6^v-7^r; *in margine*: "doedinge dess olden
Adammess", "Tuchtinghe gotss antonemen Jm Cruce", "Christum anteen".

[107] Vgl. *Glaubensbekenntnis plattdeutsch*, IX, 7^v, *in margine*: "Gebreck an aller
unser gerechticheit".

[108] Idem. *In margine*: "wy en werck gotss ton goeden werken; de sunde iss noch
gewaldich"; "nicht loeuen noch hapen noch leuen genochsam koene wij"; "vele
sunden doen wy noch ock nha der wedergeborte".

vermittelten Empfangs der Gnade und des Geistes Christi[109] ist es offenbar, dass wir „daneben noch viel Übles tun, wider die Gebote Gottes".[110]

Es fällt auf, dass Hardenberg an diesem Punkt weniger zum Busskampf als zum Gebet und zur Demut anspornt, freilich zur Abwehr jeglicher Werkgerechtigkeit. Neben der Rechtfertigung bleibt auch die Heiligung Geschenk Gottes. Hardenberg: Für alle Heiligen[111] ist es erforderlich, dass sie noch immer Gott durch Jesus Christus bitten um Erlass der Schuld ihrer lebenslangen Pflichtverletzung und um die Vergebung ihrer immer wieder begangenen Sünden. Überdies soll ihre Unzulänglichkeit sie dazu führen, dass sie „für nichts und für Kot erachten, was sie alles noch jemals Gutes getan haben (Phil 3[,8])".[112] Damit wäre nicht auf Passivität abgezielt. „Auf dem Weg des Herrn bedeutet Stillstand Rückgang".[113] Letztlich sollen die Heiligen sich um so mehr ausstrecken nach dem vorgesteckten Ziel „und nach Besserem trachten (Phil 3[,13f.])"—und zwar „in Christus", denn auch in der Heiligung bleibt er „der ganze Trost und die Hoffnung ihres Heils (vgl.1.Kor 1[,30])".[114] Die übrigbleibenden Sünden, „über die der Heilige Paulus so bange klagt in Röm 7", werden nicht der Verdammnis zugerechnet, wenn ihnen nicht nachgegeben wird (Röm 6 und 8).[115] Wer das Wort Gottes aber verachtet, ruft seine Strafe auf sich herab.[116]

Dennoch ist das neue Leben eine Realität, die schon in der Jetztzeit ihren konkreten Ausdruck findet. Vollauf wird die Notwendigkeit der guten Werke bejaht.[117] Wahrer Glaube an Christus bleibt nicht ohne Vertrauen auf Gott, nicht ohne Hoffnung zum ewigen Leben, nicht ohne herzliche

---

[109] *Glaubensbekenntnis plattdeutsch*, IX, 8ʳ.

[110] *Glaubensbekenntnis plattdeutsch*, IX, 7ᵛ.

[111] Reminiszens an das *simul* von Luthers „simul iustus ac simul peccator"?

[112] *Glaubensbekenntnis plattdeutsch*, IX, 8ʳ.

[113] Nr.54, Hardenberg-[von Wied], [Mai? 1546?], 148; vgl.idem, 148f.: „Quid autem proderit bene cepisse, nisi in studio pietatis bene radicati et immoti ad finem usque perseveremus, ita ut ab illa nullis queamus a[d]versis divelli nec ullis pollicitis avocari. Qui perseveraverit usque in finem, hic salvus erit. In via Domini non progredi regredi est. Et revera qui pericula vult vitare, non faciat id deserendo, sed amplectando Christum".

[114] S.vorvorige Anm.

[115] *Glaubensbekenntnis plattdeutsch*, IX, 8ʳ⁻ᵛ.

[116] Nr.61, [Hardenberg]-Hadrianus [Antwerpiensis?], [1546], 171ᵛ; Nr.62, [ders.]-[dens.], [1546?], 220ʳ (bezüglich einer Ehescheidung aus untauglichen Gründen).

[117] *Glaubensbekenntnis plattdeutsch*, X, 8ᵛ-9ᵛ.

Liebe zu Gott und den Menschen und nicht ohne stetigen Eifer zu allen guten Werken.[118] Richtschnur sind die Gebote Gottes und Christi.

Der Ausdruck „zweifacher oder dreifacher Brauch des Gesetzes" begegnet uns bei Hardenberg nicht, wohl aber die Idee des ersten und des dritten Brauchs. Das Gesetz bewirkt die Busse, und zwar zusammen mit dem Evangelium durch den Heiligen Geist,[119] aber nicht als Anfang eines Heilsprozesses, indem die Busse sich mit auf die Heiligung bezieht.[120] Der dritte Brauch des Gesetzes wird mit Joh 14,21 begründet: „Denn wer mich liebt, der hält meine Gebote, spricht der Herr".[121] Zu der Heiligung gehört der vom Geist bewirkte „eifrige Gehorsam gegen all Gottes Gebote und Reden",[122] derer Erfüllung die Nächstenliebe ist.[123] Die Nächstenliebe soll nach Joh 13,35 Zeugnis davon ablegen, dass die Gläubigen Christi Jünger sind. Doch ist die Liebe nicht um ihrer selbst willen da: sie dient selbstlos zum zeitlichen und ewigen Wohl des Nächsten.[124]

Ausserdem scheint die Liebe als ein Hinweis auf die Glaubensgewissheit zu fungieren. Hardenberg verweist auf Mt 25 und Joh 15[,5.8.16], wonach das „in Christus bleiben" sich in den Früchten manifestiert.[125] Glaube, Hoffnung, Liebe, und alle Tugenden „hängen aneinander".[126] Hardenberg lehrt den *syllogismus practicus*—den Rückschluss von den guten Werken auf den Glauben (und auf die Erwählung, s.II.3.3)—und zwar im *Glaubensbekenntnis* vor allem negativ: „Unde by welken menschen desse düegede und ifer tho allen güeden werken sick nicht en vinden, de en hebben ock nenen waren gelouen an Christum, gehoeren en nicht an, sint nicht sine geleder, und daer umme ock nicht christen. Unde wat gelouess se sick ummer ruemen moegen, iss doch de seluighe

---

[118] *Glaubensbekenntnis plattdeutsch*, VIII, 7ʳ.
[119] S.*supra*, Anm.1 und 7.
[120] *Supra*, Anm.107.
[121] *Glaubensbekenntnis plattdeutsch*, VII, 6ᵛ.
[122] Hardenberg verwendet die Begriffe „Gesetz", „Rede", „des Herrn neues Gebot", „Ordnung des Herrn", „Befehl des Hl.Geistes" und „Gesetz" als Synonyme, was auf ein nicht striktes Verständnis des Gesetzbegriffes hindeutet.
[123] *Glaubensbekenntnis plattdeutsch*, VII, 6ᵛ.
[124] Idem: „(Der Geist wirkt) unde ock alsoe eyne ware, getruwe, hillige leue tho allen menschen woe se sick ia umme unss holden, und dat an unss verdenen wol edder oevel, Wente dat is des heren nye gebot: und bi der leue erkennet man unss dat wy sine junger sint. Welker leue eyne sulke verfullinghe iss gotliken gesettes dat de mensche durch de gedreuen weet allet tho leren, tho liden, tho doen, tho laten und miden, daer he medem verhapen moege und kan sinen negesten tho titliken und ewigen heile tho dienen (Luk 6)".
[125] *Glaubensbekenntnis plattdeutsch*, VIII, 7ᵛ.
[126] *Glaubensbekenntnis plattdeutsch*, VIII, 7ʳ, *in margine*.

ein doet geloue und daer umme neen waer geloue, alsoe weinich alss de dode mensch eyn waer mensche iss (Jak [2])".[127]

Die guten Werke sind kein Verdienst des Menschen. Gott belohnt sie, nicht ihrer Gerechtigkeit wegen, sondern aus freier Barmherzigkeit, nur weil er es ist, der uns zu ihnen geschaffen hat, und weil er es ist, der das gute Wollen und das Vollbringen durch seinen Geist in uns wirkt (Phil 2[,13]). Nach Augustins Worten sind es Gottes eigene Werke und Gaben, die er krönt, wenn er sie belohnt, denn wir sind unnütze und gebrechliche Knechte (Luk 17[,10]). Bernard wird beigestimmt: unsere Gerechtigkeiten sind im Lichte der Wahrheit „wie ein schmutziges Kleid einer schwachen Frau"[128] (Jes 64[,5]). Gottes Belohnung soll uns aber trösten und zu guten Werken mehr und mehr anreizen. Es bleibe aber so: „Wer sich rühmt, der rühme sich des Herrn!" (1.Kor [1,31]).[129]

Ergebnisse II.3.4

1. Heiligung ist nicht menschliche Leistung, sondern Wirkung des Heiligen Geistes.
2. Heiligung ist Ziel der Erwählung, zeigt sich in Glaube, Hoffnung und Liebe und zielt selbst auf die Verherrlichung Gottes.
3. Heiligung ist fortschreitende Erneuerung der Gottesebenbildlichkeit im Menschen; sie vollzieht sich allmählich in Abtötung des Alten Adams, in Kreuzigung und in Aneignen des Neuen Menschen Jesus Christus.
4. Es gibt keinen Heilsprozess: Busse, Glaube und Rechtfertigung sind in der Heiligung nicht überholt. Da die Heiligung in diesem Leben wegen der Mangelhaftigkeit der eigenen Gerechtigkeit nur unvollkommen ist, bleiben Gottes Gnade und somit Gebet, Demut, Beharrung und Heiligungseifer unentbehrlich.
5. Das neue Leben findet konkreten Ausdruck in den guten Werken, die die notwendigen Früchte des Glaubens und der Befolgung des göttlichen Gesetzes sind. Die guten Werke sind kein menschliches Verdienst, sondern von Gott aus Gnade gegeben. Wenn er sie belohnt, krönt Gott seine eigenen Gaben; deswegen soll man sich allein des Herrn rühmen.

---

[127] *Glaubensbekenntnis plattdeutsch*, VIII, 7[r-v]. Vgl. *Gutachten bez.d.Täufer*, II, 81[r]: „unde waer nene guede werke en volgen dat daer neen gelouen en sy". Hardenberg verwendet den Ausdruck „syllogismus practicus" freilich nicht.

[128] „Wie eyn unfeledich doeck einer bloeden frouwen". Bernhard von Clairvaux, *In dedicatione Ecclesiae. Sermo 5,3*, in: *MSL* 183, 531.

[129] *Glaubensbekenntnis plattdeutsch*, X, 8[v]-9[v].

6. Hardenberg lehrt den *syllogismus practicus*, bevorzugt aber seine negative Form: fehlen die guten Werke, so gibt es keinen Glauben.

3.5 Das christliche Leben

Über Hardenbergs Ansichten zu konkreteren Themen des christlichen Lebens sind nur wir bruchstückweise informiert.[130] Es finden sich Angaben zur Würdigung der sichtbaren Welt, zum Gedächtnis der Heiligen und zum Fasten, zur Ehe und Ehescheidung.

3.5.1 Die sichtbare Welt

Der täuferischen Zwei-Reiche-Lehre gegenüber verteidigt Hardenberg das Recht auf privates Eigentum, auf das Innehaben eines Obrigkeitsamtes und auf den Gebrauch des Schwertes im Dienste der Obrigkeit. Er erkennt die christliche Pflicht zu der von der Obrigkeit geforderten Eidesablegung an, sowie die Freiheit zur Forderung und Bezahlung von Schulden, Zins und Zoll.[131]

3.5.2 Gedächtnis der Heiligen und das Fasten

Im Rahmen einer Darlegung der Bräuche der christlichen Gemeinde befürwortet Hardenberg das Gedächtnis der Heiligen und die Abhaltung von Fastentagen.

Mit Ersterem sei keine Heiligenverehrung gemeint. Auf die den Verstorbenen von Gott gewährten Gnade und Gaben sei hinzuweisen. Das Gedächtnis der Heiligen dient somit zum Lob Gottes, zur Tröstung und als Ansporn zur Nachfolge ihres Glaubens.[132]

Das christliche Fasten führt Hardenberg zurück auf Christi Wort in Mark 2,20: „Es wird die Zeit kommen, dass der Bräutigam von ihnen genommen wird; dann werden sie fasten, an jenem Tage". Damit sei auf

---

[130] Zu Selbstverleugnung, Kreuztragen, *vivificatio* und Nächstenliebe, s.*supra*, Anm.106.

[131] *Gutachten bez.d.Täufer*, XVI, XVIII, XX-XXII, 83ʳ-84ʳ; vgl.*infra*, III.3.2.4.

[132] *Glaubensbekenntnis plattdeutsch*, XXIV, 33ʳ⁻ᵛ: „Van der gedechtenisse der lieuen hilligen, de bi unsen heren Christo leuen, unde deren wy scrifftlike, edder sinss geloffwerdeghe historien hebben".

die Zeit der Trübsal hingezielt, „wenn er, unser Heiland und einziger
Trost, sich eine Zeit mit zeitlichem Frieden und Segen () von uns
wendet", um uns „dadurch zu züchtigen und besser zu sich zu treiben".
Fasten und Bittgebet seien alsdann die geeigneten Mittel, Gott um Gnade
und Hilfe anzuflehen.[133]

3.5.3 Die christliche Ehe

3.5.3.1 Die christliche Ehe

Die christliche Ehe findet Beachtung bei der Besprechung der Kirchenzucht.[134] Hardenberg betont die Heiligkeit der Ehe (Hebr 13[,4]). Als
Gottes Ordnung bedarf sie des Unterrichts der Eheleute und der ganzen
Gemeinde (1.Kor 10). Der Bund der Ehe soll „in dem Herrn" eingegangen werden. Er fügt Mann und Frau in einen Leib zusammen (Kol
3[,15]). Der Mann ist Haupt und Heiland[135] der Frau, die Frau ist Leib
und Gehilfin des Mannes (Eph 5[,23.28]; Gen 2[,18]). Wegen der
Heiligkeit des Ehebundes soll er durch Wort und Gebet in der christlichen Gemeinde bestätigt, geheiligt und durch Gottes Gnaden lebenslang
bis zum Tode (1.Kor 7[,39]) in unauflöslicher Liebe und Gemeinschaft
gehalten werden.[136]
Bei der Ehescheidung soll man sich allenthalben an die Worte des
Herrn halten, an die Haltung der apostolischen Kirche und an die
„christlichen Satzungen der gottseligen Kaiser". Beweistexte sind Mt
19[,1-12], Deut 24[,1-5], Mal 2[,10-16] und Ambrosius zu 1.Kor 7.[137]

---

[133] *Glaubensbekenntnis plattdeutsch*, XXV, 33ᵛ-34ʳ. Vgl.zur Konkretisierung in
Emden: Schilling, *Kirchenratsprotokolle* 1, 333 (20.12.1568) und 398f. (20.11.1570).
[134] *Glaubensbekenntnis plattdeutsch*, XXI, 31ʳ: „Tum xxi loue und lere ick Dat,
nha deme de christen alle dinck nha gotss worde, und in sinen namen anvangen und
dohen, ock alles durch syn wort und gebet hilligen schoelen, Dat der haluen de
gemene gotlike tucht und ordeninghe der kerken Christj geholden werden scholde ock
der hilligen ehe haluen".
[135] Oder „tutor", Beschützer: Nr.86, Hardenberg-Hiëronymus Frederiks,
20.10.1548.
[136] *Glaubensbekenntnis plattdeutsch*, XXI, 31ʳ⁻ᵛ.
[137] *Glaubensbekenntnis plattdeutsch*, XXI, 31ᵛ.

3.5.3.2 Die „clandestina cohabitatio"

An der Trauung sind Hardenberg die Elemente der Öffentlichkeit und des Bestimmtseins durch das Wort Gottes wichtig. In einer traktathaften, bis jetzt unbeachteten, 13 Folien langen, Beantwortung der Frage eines unverheiratet zusammenlebenden Priesters, was Hardenberg von seinem „heimlichen Zusammenleben" halte, betont dieser unaufhörlich die Sichtbarkeit oder Öffentlichkeit der Ehe und die göttliche Zuführung („divina adductio") der Ehefrau.[138] Die Ehe wird „aus Mose und anderen" definiert als „diejenige Verbindung zwischen Mann und Frau, die durch Gott nach seinem Wort und den heiligen Gesetzen, mit beiderseitigem Einverständnis, zum lebenslangen Bund und Umgang und zur höchsten Gemeinschaft zustande gebracht wird, sei es zur Zeugung von Nachkommenschaft oder zur Vermeidung von Unzucht oder zur gegenseitigen Hilfe wegen Widerwillens gegen die Einsamkeit".[139]

Konstitutiv nach dieser Definition ist die Vollziehung der Ehe „durch Gott nach seinem Wort und den heiligen Gesetzen" (den Sitten und bewährten Bräuchen der Kirche).[140] Anhand der ersten, für normativ erachteten,[141] Ehe zwischen Adam und Eva wird das zur Anschauung gebracht. Diese Ehe war eine öffentliche Ehe, wie die Schöpfung selbst eine „res apertissima" war. Aus dem unsichtbaren Nichts schuf Gott die sichtbare Erde, und aus der sichtbaren Erde schuf er den sichtbaren Menschen. Das Wort „Und Gott schuf den Menschen als Mann und Weib" [Gen 1,27] besagt: „Er hat gewollt, dass die Ehen ebenso sichtbar und öffentlich dargelegt werden sollen, wie auch die Körper aus der Erde sichtbar geschaffen worden sind". Ps 33,9 beweist es: „Denn wenn er

---

[138] Nr.68, Hardenberg-Theodor NN, [1547?].
[139] Nr.68, s.vorige Anm., 125^{r-v}.
[140] Nr.68, s.Anm.138, 127^v.
[141] Nr.68, s.Anm.138, 130^r, unter Bezugnahme auf die Vorsehung und die Unwandelbarkeit Gottes: „Deus ut primum creavit celum ita in eo cursu illud servat hactenus idem sit in cursu terrae et omnium creatarum rerum, nam pater adhuc operatur et filius operatur [Joh 5,18]. Neque enim ita semel sua creavit ut illa postea deserat sinatque uagari in incertum aut mutari rationem suae institutionis. Omnia in eo sunt cursu quo primum creata, quomodo ergo deus in uno matrimonio modum ac ordinem suum mutasset? aut novasset rationem eius. Nam deus est immutabilis sed ille ipse deus in prima institutione matrimonij omnia aperta fecit et constare uoluit"; vgl.128^v: „(Adam) caput est maritorum, et ipsius matrimonium () exemplumque omnium matrimoniorum".

spricht, so steht 's da" („venit res mox in apertum"). Das heimliche Zusammenleben entbehrt dieser Öffentlichkeit.[142] Diese Öffentlichkeit wird bestimmt—vor allem—von der göttlichen Zuführung („adductio"): Gott brachte das Weib zu Adam [Gen 2,22]. D.h.: als der „pronubus"[143] sprach Gott das Wort und verband Mann und Weib miteinander. Er selber vollzog die Trauung.[144] Daher heisst es nach biblischem Sprachgebrauch nicht, dass ein Mann eine Frau „nimmt" („accipere", wie Lamech, Ismael und Esau), sondern dass man eine Frau „heiratet" („'ducere', d.h. mit einem öffentlichen Vertrag eine Ehe bestätigen").[145] Die heimliche *acceptio* entbehrt auch dieser göttlichen Zuführung, oder, neutestamentlich ausgedrückt, des „mysterii Christi et Ecclesiae" [Eph 5].[146]

Das Bild des Mysteriums von Eph 5 fungiert merkwürdigerweise als Musterbeispiel der Legitimität des Liebesverhältnisses zwischen Mann und Frau, und zwar wegen der *adductio* durch den Vater.[147] Freilich wurzelt die Ehe in der natürlichen Zuneigung und Begierde,[148] und sind Einvernehmen und Liebe („consensus et amor") der Anbeginn der Ehe, doch bedarf dieses Einvernehmen der Legitimierung.[149] „Nicht nur

---

[142] Nr.68, s.Anm.138, 125^v-126^r. Das Zitat: „voluit ut quemadmodum corpora ex terra sunt visibilia facta, ita matrimonia sint visibilia aperta exposita".

[143] *Auspex*, Leiter einer Heiratsfeier.

[144] Nr.68, s.Anm.138, 126^r: „Quid vero verbi dei est in clandestinis illis cohabitationibus? Quis illis loquitur, quis loco dei coniungit? Sed esto non dixerit homo, dixit tamen deus et facta sunt. Quis de semet certum Deum fuisse pronubum tuum in illis congressibus? In matrimonio stet una sententia: Quos scilicet Deus coniunxit homo non separet [Mt 19,6]. Quis est coniungere? An non est alius tercius qui duos coniungit. Sed habui inquis deum coniunctorem, quo indicio quaeso? Quis tibi locutus est verbum? Quis adhibuit consuetam ab initia ceremoniam? Nemo. Sed quae ceremoniae, inquis in prima adami coniunxtione cum Eua? Dicam Ceremonia magna est quod Deus somnum inmisit an hoc nihil est? Quod extraxit costam an hoc nihil est? Quod illam aduxit ipse ad Adam. An hoc nihil est? Certe ex illo facto dei semper mansit in populo dei imo et inter gentes cordatiores quod ductae sint uxores".

[145] Nr.68, s.Anm.138, 126^{r-v}: „Quare non dicimus etiam accipere uxorem sed ducere, id est publica lege matrimonium confirmare. Illi qui acceperunt sibi uxores in scripturis plerique homines fuerunt impij ut Esau, Jsmael, Lamech et alij. Et sicubi de pijs legimus quod acceperint uxores id intelligendum est non de clandestinis acceptionibus sed de tota rei competentia (). Jta angelus dicit ad Josephum: Joseph fili dauid noli timere accipere Mariam coniugem tuam etc., et tamen premissam erat: cum desponsata esset Maria etc. [Mt 1,10.18]. Vides illud accipere totum negotium complecti".

[146] Nr.68, s.Anm.138, 126^v.

[147] Nr.68, s.Anm.138, 126^v-127^v.

[148] Nr.68, s.Anm.138, 131^r.

[149] Nr.68, s.Anm.138, 126^v.

meine ich das Einvernehmen und das Vertrauen, den Ehepartner nicht zu
verlassen, sondern dieses Einvernehmen, welches Gott gegeben haben
soll, in Übereinstimmung mit den Gesetzen und Sitten, kein einfaches
Einverständnis, sondern einen legitimen Konsens, der durch die Gesetze
qualifiziert ist". Dass jeder Mann seine eigene Frau haben soll, um
Unzucht zu vermeiden [1.Kor 7,2], gibt nicht jeglicher Eheschliessung
„aus eigenem Gefühl" Raum. Die „leges et mores" sind einzuhalten.[150]
Schon der Heide Sichem, der Sohn des Hiwiters Hamor, ordnete sich,
nachdem er sich an Jakobs Tochter Dina vergangen hatte, den Ehegesetzen
unter. Er bat seinen Vater, ihm das Mädchen zur Frau zu geben und
beschnitt sich, lieber als „mit Gewalt oder gegen die allgemeinen Gesetze
Jakobs Tochter festzuhalten" [Gen 34].[151]
Der Inbegriff des legitimen Ehebündnisses ist jedoch die Beziehung
zwischen Christus und seiner Gemeinde. Hardenberg: „Wer gab Christus
seine Braut? Er mass nicht sich selber diese Ehre an, sondern derjenige
sicherte ihm seine Braut zu, der sagt: 'Bitte mich, so will ich dir Völker
zum Erbe geben' [Ps 2,8]. Und alle Propheten sind vollen Herzens von
dem Band, wodurch Gott der Vater seinem Sohn die Kirche zur Braut
gegeben hat. () Selbst der Sohn Gottes wollte nur eine öffentliche Ehe
mit seiner Kirche (). Du weisst also wer gesagt hat: 'Wer mich verleug-
net vor den Menschen, den will ich auch verleugnen vor meinem
himmlischen Vater' [Mt 10,33]".[152] Das Geheimnis von Eph 5,32—die
sich in der Ehe abbildende Liebesgemeinschaft zwischen Christus und
seiner Gemeinde—wird von Hardenberg also, in einem im Epheser-Text
abwesenden *secretus/apertus*-Kontrast, auf den von Gottes Handeln
bedingten *Anfang* des Eheverhältnisses bezogen. „So wie Adam nicht sich
selbst eine Frau nahm, sondern Gott sie ihm—dem Schlafenden—zuberei-
tete und zuführte", so wurde auch dem Bräutigam Christus, ehe der Welt
Grund gelegt war, wie einem Schlafenden seine Braut vom Vater
zubereitet.[153]
Mit dieser einigermassen gezwungenen Erklärung beabsichtigt Hardenberg allerdings die biblische Untermauerung der väterlichen Zustimmung
und der öffentlichen Trauung zu erbringen, wie diese in der Kirche
gebräuchlich und im Staat sogar gefordert werden. Gott der Vater selbst
vollzog damals die Trauung, im Falle Adams und Christi.[154] Jetzt

---

[150] Idem.
[151] Nr.68, s.Anm.138, 127[r].
[152] Nr.68, s.Anm.138, 126[v]-127[r].
[153] Nr.68, s.Anm.138, 127[r-v].
[154] Nr.68, s.Anm.138, 127[v].

„vereinigt er mittelbar" („coniungit per media"): „Was Gott einmal selbst getan hat, das geschieht in der Kirche immer durch dazu verordnete Personen".[155]

Diese öffentliche Zuführung („aperta adductio") der Ehefrau von Seiten Gottes bedingt ein öffentliches Bekennen („aperte fateri") der Ehe von Seiten des Ehemannes.[156] So bekannte Adam: „Das ist doch Bein von meinem Bein und Fleisch von meinem Fleisch" [Gen 2,23]. „Oder ist das vielleicht keine offene Feststellung einer offenen Ehe?".[157] So soll der Mann, wie einst Simson,[158] den Willen der beiderseitigen Eltern sondieren[159] und seinen Vater und seine Mutter verlassen, d.h. er soll seine Ehe in die Öffentlichkeit bringen.[160] Schliesslich soll er seine Braut „pro publico concessu" in den Gebeten dem Herrn empfehlen.[161] Auf eine Formel gebracht: „Dieses ist mir als eine Mauer und ein Schild: Gott hat zugeführt, Adam hat gesprochen und geheiratet, da ist nichts geheimes".[162]

---

[155] Nr.68, s.Anm.138, 130^v, 130^r: „quod deus semel fecit, id in Ecclesia semper per ordinarias personas fiat". Vgl.128^r: „Hic deus primo per seipsum, postea per ordinarias personas, pronubus erat; adeo ab eius (ceu tradentis manu) pij pias uxores acceperunt, et hae illis nupserunt in domino".

[156] Nr.68, s.Anm.138, 129^{r-v}.

[157] Nr.68, s.Anm.138, 127^v-128^r.

[158] Nr.68, s.Anm.138, 131^r: „sed exemplum est in Samsone qui vidit puellam quae oculis ipsius placuit cepitque diligere eam sed mox rem ad parentes detulit ut eam parentes ipsi filio acciperent. Jd enim verum est quod ex naturali affectu et appetentia deus hunc virum ad hanc mulierem adducit perinde atque suam Evam Adam illo uno adduxit. Sed si vis scire an affectus ille ex deo est per naturalem influentiam tunc vide an habeat progressum et adstipuletur voluntas illorum in quorum ire tu et illa est et si ita sortiatur effectum suum tuus affectus tunc non dubita illum a Deo esse qui eam tibi adduxit per naturalem affectum ut per tuos tua fiat; exemplum apertum est in Samsone et pluribus alijs".

[159] Auch weil das Mädchen „pars substantiae paternae" ist, Nr.68, s.Anm.138, 130^v.

[160] Nr.68, s.Anm.138, 128^r: „Quomodo possit relinquere patrem et matrem propter uxorem si non fateretur se habere uxorem. () Debet enim tam apertum esse ut ne quidem propter patrem aut matrem occultetur sed omnia potius deseri quam illam non fateri quam Deus tibi adduxerit".

[161] Nr.68, s.Anm.138, 128^v. Interessant ist die Ausnahme die Hardenberg macht, womöglich auch a Lascos Ehe in Löwen 1540 eingedenk (*supra*, I.1, Anm.77), 129^r: „Non facile negaverim posse fieri ut vir aliquis pius in papatu sacerdos ducat definitis verbis coram amicis aliquot testibus piam aliquam puellam cum qua per omnia iura matrimonij transigat ea intentione ut postea illam adhuc coram Ecclesia ducat aut certe aperte fateatur coram omnibus illam sibi uxorem esse".

[162] Nr.68, s.Anm.138, 130^r: „Deus adduxit, Adam dixit ac duxit, nihil ibi occultum".

Hardenberg führt Jan de Bakker aus Woerden als Vorbild an.[163] Dieser Priester verheiratete sich heimlich (1524) und starb (1525) durch Zutun von Löwener Inquisitoren den Feuertod, nur weil er gestand, verheiratet zu sein. Lieber als seine Heuchelei beim Jüngsten Gericht vor Gott verteidigen zu müssen, schenkte de Bakker Gottes Wort Gehör: „Ein Mann verlasse seinen Vater und seine Mutter" und „Gott brachte sie zu ihm" [Gen 2,24.22].[164] „Warum man feststellen muss, dass—wenn es das Beste ist, wenn zwei Menschen eine Verbindung eingehen in Anwesenheit zuverlässiger Zeugen—, sie dies doch nachher nicht verschweigen oder verheimlichen müssen".[165]

3.5.3.3 Ehescheidung

Die Heiligkeit der Ehe bedingt zugleich die Schwere der Ehescheidung.[166] Hardenberg mischt sich 1546 und 1548 (?) auf Wunsch in die Scheidung eines reformfreudigen Mitglieds der katholischen Kirche, eines gewissen Petrus Segerus, dessen katholische Frau seit 1541 „sub praetextu diversitatis religionis" bei ihrem Bruder Hadrianus (Antwerpiensis?)[167] wohnt.[168]

---

[163] Zu ihm: *BLGNP* 2, 40f.; vgl.*supra*, I.1, Anm.27 und 73.

[164] Nr.68, s.Anm.138, [1547?], 129ᵛ: „Novi (!) virum omnium longe sanctissimum M.Joannem Pistorium Wordenatem quem in curia hollandie Sophistae Louanienses adiudicabant ignibus propter eam solam caussam quod eam quam prius clam habuerat uxorem postea tamen aperte fateretur uxorem legitimam et voluit etiam aperte coniungi cum illa. Id solum fecit illum martirem Christi de quo ego fortasse ad has Nundinas curabo mirabilem disputationem et constantiam viri[-] (ein Verweis auf Willem Gnapheus' *Een suverlicke en de seer schoone disputacie. Welcke geschiet is in den Haghe in Hollant* (), o.O.u.J., Nachdr.in: *CDI* 4, 453-495; die lateinische Übersetzung (*CDI* 4, 406-452) ist vom Jahre 1546, s.*BLGNP* 2, 41). Si ille putavisset talem simulationem posse coram Deo Defendi (in illo die) certe stulte profudisset sanguinem suum, sed per spiritum Dei intelligebat quid sit dictum prophetae hoc relinquat homo Et: Deus Adduxit illam ad Adam, Deus extraxit illam de se (?) facto publico scilicet quia publice Deus hoc voluit recitare in Ecclesiam et recitabitur seculum seculi".

[165] Idem.

[166] Vgl.*supra*, II.3.5.3.1.

[167] Hadrianus Antwerpiensis war 1545 Buchhändler in Frankfurt am Main: Nr.34, Hardenberg-Vadianus, 22.3.1545; Dalton, *a Lasco*, 181 (schon 1538). Vgl.zu ihm: *supra*, I.1, Anm. 55. Hardenberg spricht den jetzigen Hadrianus an als „doctissime Magister".

[168] Nr.61, [Hardenberg]-Hadrianus [Antwerpiensis?], [1546]; Nr.62, [ders.]--[dens.], [1546?]; Nr.91, [ders.]-dens., [1548?]. Hardenberg schreibt anlässlich eines Briefes von Hadrianus an Petrus' Bruder Franciscus von Anfang 1546, den er gesehen

Hardenberg reitet scharfe Attacken gegen Hadrianus. Dieser hält seines
Erachtens die Scheidung aufrecht. Darf Hadrianus sich ergeben in die
Entscheidung der Juristen, die sich haben blenden lassen durch das Urteil
der katholischen Kirche, Segerus sei ein Ketzer?[169] Wer hat diesen
Satanswerkzeugen eingeredet, dass man nur auf die Romana—diesen
Antichristen![170]—hören soll? Die Alleinherrschaft in der Kirche hat das
Wort Gottes. Und dieses erkenne nur Ehebruch als Scheidungsgrund an
[Mt 19,9].[171] Segerus' abweichende Ansichten belangen die *administratio*
der Eucharistie und der Taufe und das Pontifikat, aber diese rechtfertigen
eine Scheidung in keiner Weise.[172] Wenn er auch ein Häretiker wäre,
dann noch liegt keine Scheidung *religionis causa* vor, da Segerus nach
1.Kor 7,13 bei seiner Frau zu wohnen begehrt.[173] Mit seiner Zustimmung zu dem von der altgläubigen Kirche gerechtfertigten Scheidungs-
urteil, lässt sich Hadrianus selber die Scheidung dieses in dem Herrn
legitim verheirateten Ehepaares zuschulden kommen.[174]
    Ausser für den biblischen Aspekt hat Hardenberg auch für den
menschlichen Aspekt dieser Scheidung Verständnis, aber nur aus dem
Blickwinkel des im Stich gelassenen Partners. Hadrianus berücksichtige
die Bedrängnis, die Schwäche, die Tränen, die Seufzer, die Wehklagen
aus tiefstem Herzen von diesem allerelendsten der Elenden! Hadrianus
habe aus nichtsbedeutenden Gründen die Kinder um ihren Vater und
diesen um sein Heim und Erbgut, um seine Kinder und liebste Frau und
Seele gebracht.[175] Dem Zölibat ist Segerus offensichtlich nicht gewachsen, anscheinend im Gegensatz zu seiner Frau. Wenn sie auch keusch
leben will, so verfügt sie doch nicht selbst über ihren Leib, sondern ihr
Mann [1.Kor 7,4].[176] Indem Hadrianus so ein Glied des Leibes Christi

---

hat.
[169] Nr.61, [Hardenberg]-Hadrianus [Antwerpiensis?], [1546].
[170] Nr.61, s.vorige Anm., 171^v; diese Qualifikation begegnet nur an dieser Stelle
in Hardenbergs Schrifttum.
[171] Idem.
[172] Nr.62, [Hardenberg]-[Hadrianus [Antwerpiensis?]], [1546?], 219^v; Nr.91,
[ders.]-dens., [1548?], 221^v-223^r.
[173] Nr.61, [Hardenberg]-Hadrianus [Antwerpiensis?], [1546], 171^v; Nr.91,
[ders.]-dens., [1548?], 221^r.
[174] Nr.62, [Hardenberg]-[Hadrianus [Antwerpiensis?]], [1546?], 219^r; Nr.91,
[ders.]-dens., [1548?], 221^r.
[175] Nr.91, [Hardenberg]-Hadrianus [Antwerpiensis?], [1548?], 221^r, 223^v.
[176] Nr.91, s.vorige Anm., 223^v. Ungebührlich ist die Bemerkung, *a.a.O.*: „Non
dubitem sane optimam mulierem caste vivere sed exterior homo non solum satis est
coram deo. Si examines intrinsecos affectus quos illa pro matronali putore non audet
fortasse tibi fateri, aliud invenies".

betrübt, sündigt er gegen Christus selber und ruft das Gottesurteil auf
sich herab.[177]

Diese Schreiben an Hadrianus bestätigen Hardenbergs Ansicht über die
Heiligkeit der Ehe. Mit der Ehescheidungsproblematik geht er alles
andere als leichtfertig um. Hardenbergs linearer Gebrauch der Heiligen
Schrift erweist sich als kompromisslos. Das *religionis causa* wird nicht
zu einem *confessionis causa* verschmälert. Faktisch ist die Schrift hier
der alleinige Schiedsrichter. Als solche fällt sie sogar mehr ins Gewicht
als der weltliche Gerichtsbeschluss.

Ergebnisse II.3.5

1. Hardenberg bejaht—einem täuferischen Dualismus gegenüber—die
sichtbare Welt (Eigentum, Obrigkeitsamt, Schwert und Eid im Dienste
der Obrigkeit, Zins, Zoll).
2. Das Gedächtnis der Heiligen dient nicht zur Verherrlichung von
Menschen, sondern von Gottes Gnade, sowie zur Tröstung und als
Ansporn zur Nachfolge für die Lebenden.
3. In Zeiten der Trübsal sind Fasten und Bittgebet geeignete Mittel, Gott
um Gnade und Hilfe anzuflehen.
4. Die Ehe ist eine heilige Ordnung Gottes, die des Unterrichts bedarf,
und die in Gottes Namen eingegangen, durch Wort und Gebet in der
Gemeinde bestätigt und in lebenslanger Liebe gehalten werden soll, und
zwar zur Zeugung von Nachkommenschaft, zur Vermeidung von Unzucht
oder zur Hilfe gegen Einsamkeit.
5.a. Die Ehe soll nach der Heiligen Schrift und der kirchlichen Tradition
vollzogen werden.
   b. Nach der für normativ erachteten Ehe zwischen Adam und Eva sind
   für die christliche Eheschliessung grundlegend: ihre Öffentlichkeit
   („visibilitas") (gegenüber der Heimlichkeit der *clandestina cohabitatio*); die göttliche Zuführung („divina adductio") der Braut (gegenüber der *clandestina acceptio* durch den Mann), nach dem Muster
   des Geheimnisses von (dem sinnwidrig interpretierten) Eph 5,32; die
   divina coniunctio, damals durch Gott selbst, jetzt mittelbar in der
   Kirche („per media in ecclesiam"); das entsprechende öffentliche
   Bekenntnis („aperta confessio") des Bräutigams.

---

[177] Nr.91, s.vorige Anm., 223^v-224^r.

c. Mit b. ist das Wort Gottes gegeben, die Zeugen und ihr Zeugnis, kurz: die Kirche.[178] Zweck ist die Aufrechterhaltung der Heiligkeit der Ehe.

6. Massgebend bei der Ehescheidung ist vor allem die Heilige Schrift, dazu die kirchliche Tradition und die kaiserlichen Gesetzen.

7. Es charakterisiert seine Hermeneutik, dass Hardenberg in bezug auf die Ethik der Ehe problemlos, unter Bezugnahme auf die Unwandelbarkeit Gottes, die alttestamentlichen Angaben (Adam, Lamech, Ismael, Esau, Sichem, Simson, Ps 2 und 33) ebenso schwer mitzählen lässt wie die neutestamentlichen (Mt 19, 1.Kor 7, Eph 5).

---

[178] Vgl.noch Nr.68, Hardenberg-Theodor NN, [1547?], 130^r: „Hinc satis erit modo tu certifices Ecclesiam de adductione illa et testes huius habeas, quemadmodum Ecclesiam est certificata de adducta a Deo uxore Adamo. Sed quomodo potes dicere a Deo tibi tuam adductam cum non habeas certitudinem, non verbum, non testes aut testimonium, non quietam mentem".

KAPITEL 4

EKKLESIOLOGIE

Das *Glaubensbekenntnis plattdeutsch* bietet keine ausgearbeitete
Ekklesiologie im üblichen Sinn, sondern äussert sich kurz zu den
Themen: christliche Gemeinde (4.1), Amt (4.2) und Kirche und
christliche Obrigkeit (Kichenzucht) (4.4). Den sonstigen Schriften
Hardenbergs entnehmen wir einige Gedanken zum Verhältnis zwischen
Kirche und Staat (4.3).

4.1 *Die christliche Gemeinde*

Die Erörterung über die Kirche folgt dem Abschnitt über die Heiligung
und die guten Werke. Diese Gliederung ist aufschlussreich. Die
Heiligung steht nach Hardenberg in ekklesiologischem Kontext. Die
Erneuerung zur Gottesebendbildlichkeit vollzieht sich nicht ausserhalb der
Kirche und den Gnadenmitteln, sondern durch Gottes Wort und Geist „in
seiner Gemeinde".[1] Der Wiedergeborene ist ein Glied von Christi Leib
und lebt und bleibt in ihm, d.h. in der christlichen Gemeinde.[2] Kirche,
Amt, Sakrament, Kirchenzucht und Sonntagsfeier[3] stehen im Dienste der
„Erbauung der Gottseligkeit".[4] Mit ebensoviel Recht kann man daher
von einem soteriologischen Kontext der Lehre von der Kirche und ihrer
Ordnung sprechen. Die Kirche ist zu der Heiligung ihrer Mitglieder da,
ist Heilsanstalt. Sie ist der Ort, wo das Haupt Christus seine Glieder
durch Unterricht und Zucht zu seinem Bild transformiert.[5] Christus
„erbaut, stärkt und fördert" sie dort zum Glauben, Vertrauen, zur
Hoffnung, Liebe und Heiligkeit, „bis sie zu vollkommenem Glauben und
zu ihrem Alter hingelangen, in aller Gottseligkeit" (Eph 4[,13]).[6]

---

[1] *Glaubensbekenntnis plattdeutsch*, V, 5^r.
[2] *Glaubensbekenntnis plattdeutsch*, XI, 9^v.
[3] *Glaubensbekenntnis plattdeutsch*, XI-XXIII, 9^v-33^r.
[4] *Glaubensbekenntnis plattdeutsch*, XXIII, 33^r.
[5] *Glaubensbekenntnis plattdeutsch*, XI, 9^v.
[6] Idem.

Das Instrument dazu ist die Gemeinde als Ganzes. Vor den Ämtern nennt Hardenberg die einzelnen Gemeindemitglieder als diejenigen, durch die Christus das neue Leben in den Seinen erbaut. Hintergrund ist der Gedanke des Priestertums aller Gläubigen. Die auf die Heiligung ausgerichtete Seelsorge ist Aufgabe der ganzen Gemeinde. Nicht nur „Lehre unde Zucht", sondern die Gemeinschaft der Heiligen als solche—die Berufung und Gaben aller—macht Christus dem Darreichen seiner Kraft an seinen Gliedern dienstbar. „Dieses Erbauen des neuen Lebens in ihm schafft er und bewirkt er auch durch alle und jeden seiner Glieder, die er darum wie Glieder eines Leibes in ihm selbst zusammen-fügt und aneinander heftet, durch allerlei Fügung oder Gelenk seiner Berufung und Gaben, durch die sie einander seine Kraft darreichen, wie des einigen Hauptes". Hardenberg verweist auf Röm 12, 1.Kor 12 und 14, Eph 4[,16] und auf die Ausgiessung des Heiligen Geistes in Apg 2.[7]

Sogar die Zusammenkünfte der Gemeinde haben nicht so sehr eine liturgische als vielmehr eine soteriologische Funktion. Der Begriff „Kultus" fehlt; statt dessen redet Hardenberg von „Gottesdienst- oder Andachtsübung". Der Gottesdienst ist eine „gotlike oeffinghe", eine „uvinghe der gotsalicheit".[8] Die vertikale Dimension bleibt nahezu unerwähnt. Wort Gottes, Sakrament, Gebet und Zucht sind auf die gegenseitige Erbauung der Gemeindeglieder gerichtet. Christus treibt seine Glieder dazu an, „dass, wo sie mögen, leiblich zusammenkommen und einmütig einander lehren, weisen, trösten und ermahnen durch das Wort Gottes und die heiligen Sakramente, Gebet und Zucht des Herrn" (Kol 3[,16]; Apg 2[,41ff.] und 4[,32ff.]).[9]

Hardenberg unterscheidet dreierlei Zusammenkunft: die sonntägliche, die werktägliche und die am christlichen Feiertag.[10] Am Tage der Auferstehung Christi sollen die Andachtsübungen „herrlicher als sonst" gehalten werden. Man soll die Sonntagsheiligung beobachten, damit „der ganze Tag in Übung der Frömmigkeit verbracht werden kann" gemäss der Forderung der Propheten (Jes 46—ist 56[,2] oder 58 gemeint?; Jer 17[,19-27] und Ezech 20).[11]
Die täglichen Versammlungen sind vom Heiligen Geist verordnet für „die Gesegneten, die sich dafür Zeit nehmen können". Sie umfassen die

---

[7] *Glaubensbekenntnis plattdeutsch*, XI, 9ᵛ-10ʳ. *In margine*: „He werket durch sine gemende, Syn lyf, daervan he dat houet iss"; „Die kerke alss eyne kede van lederen tho samen gesettet".

[8] *Glaubensbekenntnis plattdeutsch*, XXIII, 31ᵛ-33ʳ.

[9] *Glaubensbekenntnis plattdeutsch*, XI, 10ʳ.

[10] *Glaubensbekenntnis plattdeutsch*, XXIIf., 31ᵛ-33ʳ.

[11] *Glaubensbekenntnis plattdeutsch*, XXIII, 32ᵛ-33ʳ.

Vorlesung und Ermahnung aus der Heiligen Schrift in verständlichem Deutsch, und die gesamte Übung von Gebet, Psalm- und Lobgesang. Sie tragen ebenfalls den Charakter von Erbauungsstunden „zu aller Gottseligkeit" (Apg 1[,14] und 2[,1.41ff.]).[12] Selbst die kirchlichen Feste, wie Weihnachten, Ostern und Himmelfahrt, dienen—neben ihrem Wesen als Dankfest—zur „opbouwinghe deer gotselicheit".[13]

Der soteriologischen Bedeutung der Kirche entspricht das spirituelle Moment in Hardenbergs Kirchenbegriff. Dieser wird von dem Wirken des Heiligen Geistes, von der Wiedergeburt und dem rechtfertigenden Glauben bestimmt.[14] Die Erwählung wird nicht genannt. Obwohl Hardenberg in seinem *Glaubensbekenntnis* keine ausgewogene Definition der Kirche gibt, ist es doch bemerkenswert, dass sich die Kirche seiner Meinung nach aus Wiedergeborenen zusammensetzt: „Alle diejenigen, die durch den Heiligen Geist und den Glauben in Christus wiedergeboren sind und den rechtfertigenden Glauben empfangen haben, sind Glieder von Christi Leib".[15] Anscheinend wird hier suggeriert, dass die Erwählung sich in der Heiligung, d.h. in der *Kirche* als Leib Christi, vollzieht bzw. konkretisiert.[16]

Ergebnisse II.4.1

1. Die Ekklesiologie steht bei Hardenberg ganz in soteriologischem Kontext. Die Kirche ist Heilsanstalt; sie ist der Ort, wo das Haupt Christus durch Wort, Sakrament, Zucht und Amt seine Glieder zu seinem Bild erbaut, stärkt und fördert.
2. Die Gemeinde ist als Ganzes Instrument zur Heiligung. Aufgrund des Priestertums aller Gläubigen sind Lehre, Seelsorge und Zucht Aufgaben der ganzen Gemeinde.
3. Die werktäglichen, sonntäglichen und feiertäglichen Zusammenkünfte der Gemeinde haben eher eine soteriologische als eine liturgische Funktion: sie sind—mit Wort, Sakrament, Ermahnung, Gebet, Zucht und Lobpreisung—vor allem Übung der Gottseligkeit, Stärkung der Frömmigkeit.

---

[12] *Glaubensbekenntnis plattdeutsch*, XXII, 31^v-32^r.
[13] *Glaubensbekenntnis plattdeutsch*, XXIII, 33^r.
[14] *Glaubensbekenntnis plattdeutsch*, XI, 9^v.
[15] Idem.
[16] Vgl.HB 45, *Brevis explicatio*, 1564, 33^a: „Ut enim omnes salvandos oportet corpori huic mystico [scil.Ecclesiae] insitos esse...".

4. Der Kirchenbegriff ist christologisch, pneumatologisch und soteriologisch bestimmt: die Kirche ist die Versammlung der durch den Geist und den Glauben wiedergeborenen Glieder von Christi Leib, in welcher sich die Erwählung konkretisiert.

4.2 Die Ämter

Der Erneuerung der Gottesebenbildlichkeit im Menschen dient ebenfalls das kirchliche Amt. Im Anschluss an Eph 4,11 wird gelehrt, dass Christus selbst einige als Hirten und Lehrer, einige als Aufseher und Diener und einige als Haushalter über Gottes Geheimnisse („wthspenderen siner geheimenissen") eingesetzt hat, zu dem Zweck der Festigung des neuen Lebens.[17] Der Reihe nach werden das Wesen des Amtes, die Wahl der Diener, die Zahl der Ämter und die Gewalt des Amtes gestreift.

Des Amtes Aufgabe ist es, auf die ganze Herde zu achten, und sie zu weiden (Apg 20[,28]), oder, in einem Wort: sie ist Seelsorge.[18] Ziel ist das Wachstum des Glaubens zu dem Haupt, Christus, hin: „damit niemand von der göttlichen Gnade wieder abfalle, sondern immer mehr und mehr zu allem Guten erbaut werde und wachse zu dem hin, der das Haupt ist, in allem Guten" (u.a.Eph 4[,15]; Joh 20[,22f.]; Hebr 12[,14f.]).[19]

Die Wahl der Diener wird geradewegs auf das Neue Testament zurückgeführt („der Herr will"). Die Diener sollen aus und von der Gemeinde erwählt und geprüft werden und mit Gebet und Handauflegung in Christi Namen verordnet, geheiligt und zum Dienst bestellt werden (Apg 6[,3-6]). An sie sind die Massstäbe von 1.Tim 3 und Tit 1 anzulegen: Untadeligkeit in Lehre und Leben, ein guter Ruf bei dem Volk Christi, und ein Hervorragen in geistlicher Einsicht und in Willen und Eifer, um die Gemeinde zu erbauen.[20] Eine etwaige Beteiligung der (christlichen) Obrigkeit an der Wahl der Kirchendiener wird mit keinem Wort erwähnt.

---

[17] *Glaubensbekenntnis plattdeutsch*, XI, 10ʳ.
[18] *Glaubensbekenntnis plattdeutsch*, XIII, 11ʳ.
[19] *Glaubensbekenntnis plattdeutsch*, XI, 10ʳ.
[20] *Glaubensbekenntnis plattdeutsch*, XII, 10ᵛ.

Hardenberg kennt zweierlei „Grad der Seelsorge":[21] den Grad der Aufseher und Ältesten[22] und den Grad der Helfer oder Diener.[23] Der erste Grad, die „oberste Seelsorge", enthält den Dienst der Lehre und der Sakramente und die christliche Zucht, d.h. „den ganzen Dienst der Seelsorge". Der Diener ist zunächst Hilfsältester und dann auch Armenpfleger. Das Diakonat wird somit beim Pastorat eingeordnet: „Den anderen Grad von Seelsorgern bilden diejenigen, die den oben erwähnten in allem Dienste der Seelsorge und des Weidens der Schafe Christi beistehen und helfen sollen, und daneben die Betreuung und Versorgung der Armen und Bedürftigen ausführen (1.Tim 3; Tit 1; Apg 6, 14[,23] und 20[,28])".[24]

Unter der Überschrift „Die dieners hebben euen groet gewalt" stellt Hardenberg letztlich die Gleichberechtigung der Ämter in Gewalt und Vollmacht her. Damit wird die Hierarchie abgewiesen und faktisch die presbyteriale Kirchenverfassung bejaht: „Sulke ware diener Christj, se sint in wat kerke se wilt, hogen edder legen, groter edder kleinen, hebben van den heren geliken gristeliken gewalt und beuel ontfangen, den gantzen kerken denst tho verrichten".[25] Hardenberg bemüht sich, diese Ablehnung der Hierarchie—Ansatz zum späteren *canon aureus* der Presbyterialverfassung—auf einen erschöpfenden Textbeweis zu gründen. Er bezieht sich auf 1.Kor 3[,6-9] (der pflanzende Paulus und der begiessende Apollos sind eins); 1.Kor 4[,1.6] („Dafür halte uns jedermann: für Diener Christi", „damit sich keiner für den einen gegen den andern aufblase"); Gal 2 [,6.8] („Gott achtet das Ansehen der Menschen nicht"; „Der in Petrus wirksam gewesen ist zum Apostelamt unter den Juden, der ist auch in mir wirksam gewesen unter den Heiden"); Gal 2[,10] (als wesentliches, verbindendes Element des Amtes: „nur dass wir an die Armen dächten"); 1.Petr 5[,3.5] („Weidet die Herde Gottes... nicht als Herren über die Gemeinde"; „Alle miteinander haltet fest an der Demut"); Phil 1 [,1] (Nebenordnung von Aufsehern und Diakonen); Apg 10[,26] (Petrus richtet den knieenden Kornelius auf:

---

[21] *Glaubensbekenntnis plattdeutsch*, XIII, 10ᵛ-11ʳ: „Tum xiij Loue und lere ick dat de H.geist tweierleye graet unde underscheit dess kerkendenstes verordenet heft"; *in margine*: „Twyerleije seelsorger".

[22] *Glaubensbekenntnis plattdeutsch*, XIII, 10ᵛ: „upseer und olderen", *in margine*: „episkopos et presbyteros". Der Begriff „Bischof" begegnet bei Hardenberg nicht.

[23] Der Name „Diakon" begegnet bei Hardenberg nicht.

[24] *Glaubensbekenntnis plattdeutsch*, XIII, 11ʳ.

[25] *Glaubensbekenntnis plattdeutsch*, XIV, 11ʳ.

„Steh auf, ich bin auch nur ein Mensch") und Apg 16 [,4] (Nebenordnung von Aposteln und Ältesten).[26]

Die Gleichheit der Diener ist prinzipiell gegeben mit der Beteiligung der beiden Ämter an dem einen Auftrag des Amtes: an der Seelsorge, die der Seelsorge des guten Hirten dienstbar ist (Joh 10). Sowohl Aufseher und Ältester als Helfer sind beauftragt, um mit der Verwaltung der Lehre, der Sakramente, der Zucht und der Armenfürsorge, „de herde Christj na aller noetdrufft () (zu) weyden, tho den ewigen leuende".[27]

Ergebnisse II.4.2

1. Das Amt ist von Christus eingesetzt als Instrument zur Heiligung seiner Glieder (Eph 4,11).
2. Als „Dienst der Seelsorge" bezweckt das Amt das Glaubenswachstum zu dem Haupt Christus hin (Eph 4,15).
3. Die Diener sollen unter Berücksichtigung der neutestamentlichen Bestimmungen (Apg 6; 1.Tim 3; Tit 1) durch die Ortsgemeinde ohne Beteiligung der Obrigkeit gewählt und mit Gebet und Handauflegung ordiniert werden.
4. Der Heilige Geist hat zweierlei Seelsorger oder „Grade des Kirchendienstes" verordnet: den „obersten Seelsorger", d.h.den Aufseher und Ältesten, den die Verwaltung der Lehre, der Sakramente und der Zucht anvertraut ist; und den Helfer oder Diener, dem die Hilfe des Ältesten und die Armenpflege befohlen ist.
5. Nach dem Neuen Testament sind beide Ämter, wegen ihrer Beteiligung an dem einen Auftrag der Seelsorge, gleichberechtigt in Gewalt und Vollmacht. Damit wird die Hierarchie abgelehnt und ist ein Ansatz zu der späteren goldenen Regel der Presbyterialverfassung gegeben.

4.3 *Kirche und christliche Obrigkeit (1): der Staat*

Die Themenstellung der vorliegenden Paragraphen wurde bereits berührt, als sich im Vorhergehenden herausstellte, dass Hardenberg die Zucht, als Bestandteil der christlichen Seelsorge, der Kirche zuteilt, und nicht der

---

[26] Ausserdem auf Mt 8[,9?]; 11[,11?]; 16[,18f.]; 18[,4.18]; Apg 2 und 20[,17.28]: *Glaubensbekenntnis plattdeutsch*, XIV, 11[r-v].
[27] *Glaubensbekenntnis plattdeutsch*, XIV, 10[r].

Obrigkeit.[28] Es ist hilfreich, der Besprechung von Hardenbergs Anschauung über die Kirchenzucht diejenige von seiner Auffassung der Obrigkeit voranzustellen.

Zwei Schriftstücke stehen uns hier zur Verfügung: einmal ein traktathafter Brief von 1543/44, in dem sich Hardenberg ablehnend zur Frage äussert, ob die Obrigkeit eine von Gott gesetzte Ordnung sei,[29] und dann ein bejahendes Schreiben von 1546 an Hermann von Wied u.a. über das Recht zum bewaffneten Widerstand gegen eine tyrannische Obrigkeit.[30] Ein drittes, in den *Hardenbergiana* der Münchener Camerarischen Sammlung erhaltenes, anonymes Schriftstück, dass ein erastianisch angehauchtes Plädoyer für eine staatskirchliche Reform enthält,[31] ist aufgrund des brüsken Stils und des der Gelehrtenwelt feindlichen Inhalts nicht Hardenberg zuzuschreiben.[32]

Der erste—bisher unbeachtete—Brief lässt sich identifizieren als eine zwischen Juni 1543 und März 1544 an seinen Wittenberger Kommilitonen gerichtete[33] Entschuldigung für eine tags zuvor ausser Kontrolle geratene Diskussion über den Ursprung des Staates. Darin behauptet Hardenberg, dass die Obrigkeit („imperia", „regna", „principatus") anfangs nicht von Gott verordnet oder eingesetzt, sondern von Menschen angefangen und von Gott ertragen ist und hernach von ihm aus Erbarmen zum Guten gewendet wurde.[34] Für diesen Standpunkt bezieht er sich auf die kurz vorher besuchten Lektionen Georg Majors.[35]

---

[28] S.*supra*, Ergebnisse II.4.1, *sub* 2.

[29] Nr.13, Hardenberg-Rudger NN, [zw.6.1543 u.3.1544].

[30] Nr.54, Hardenberg-[von Wied], [5?.1546?].

[31] BSB München, Clm 10351, n.46, 215^r-217^v: „Noch ene vormaninge an Koningen, Forsten und herenn", o.O.u.J.

[32] Sondern eher irgendeinem Zwinglianer, wie z.B. Wilhelm Klebitz. BSB München, Clm 10351, n.51-56, 226^v-235^r enthält eine Sammlung *Klebitziana*, s.*infra*, III.3, Anm.312.

[33] Nr.13, Hardenberg-Rudger NN, [zw.6.1543 u.3.1544], 121^r: „tibi et reliquis conscriptis fratribus"; „te et nostros omnes"; 121^v: „Ego cum nuper [-](?) in lectiones Domini Geor.Maioris certo audivi illum dicere ut...". Georg Major wurde 1537 Schlossprediger und am 31.5.1545 Professor der Theologie in Wittenberg, also nach Hardenbergs Abgang von der Universität. Zwischenzeitlich fielen Major jedoch die theologischen Lektionen des nach Halle entlassenen Justus Jonas zu: *TRE* 21, 726; vgl.*TRE* 17, 236.

[34] Nr.13, s.vorige Anm., 121^r. Zur Erörterung seines zweiten Themas (121^v: „duo tractabimus: Primo utrum ipsa Regna a Deo sint. Deinde an liceat Christianis [-] Regibus?") gelangt er nicht: der Brief bricht ab.

[35] Nr.13, s.vorige Anm., 121^v: „Ego cum nuper [-] in lectiones Domini Geor.Maioris certo audivi illum dicere ut Regnorum institutionem et urbium edificationes et hoc genus omnia alia [non] esse instituta a deo, sed inuenta a malis hominibus, tamen per clementiam dei humano generi versa esse in bonum".

Die obrigkeitliche Gewalt als solche lehnt Hardenberg nicht ab. Er unterscheidet drei Staatsformen: die Monarchie, die Aristokratie und die 'Isonomia' (die Demokratie). Von diesen gibt er der zweiten und der dritten den Vorzug, (ungern?) zugestehend, dass diese eine Ordnung Gottes seien und von Christen vertreten werden könnten.[36] Die Monarchie hält er, wegen ihres gewaltsamen Ursprungs und ihrer Entartung zur Tyrannei, mit Daniel [7] für das allerverderblichste aller Ungeheuer („bestia pernitiosissima").[37] Die Obrigkeit ist dennoch von Gott zugelassen worden, wegen der Sündhaftigkeit der Welt, nur zur Bestrafung der Gottlosen.[38] Doch steht für Hardenberg fest, dass die Obrigkeiten selbst „von Anfang an nichts anders als eine kräftige Schelmerei gewesen seien".[39] In einer ebenso breit ausgesponnenen wie auch kuriosen Beweisführung aus der Heiligen Schrift und der profanen Geschichte streitet er die göttliche Einsetzung der Obrigkeit ab. Die Hauptlinien werden hier kurz hervorgehoben.

Ausgangspunkt ist das Wort Christi in Mt 20,25f.: „Die Herrscher halten ihre Völker nieder und die Mächtigen tun ihnen Gewalt an. So soll es nicht sein unter euch". Dies könnte kaum auf eine gottgefällige Herkunft der Herrschaft hindeuten.[40] Melanchthons Zurückführung der göttlichen Einsetzung des Magistrats auf Gen 9,6 („Wer Menschenblut vergiesst, dessen Blut soll auch durch Menschen vergossen werden")[41] ist ihm dubios. Es lässt die Frage unbeantwortet, wer denn vor der Sintflut den Kain und die Riesen der Vorzeit an der noch nicht vom Magistrat besetzten Stelle anstellte. Der Brudermörder Kain und irgendjemand wie Lamech [Gen 4,23] vergossen nicht amtlich, sondern als Privatpersonen Blut. Gen 9,6 ist eher ein „Fluch auf den Mörder" als eine „institutio

---

S.Anm.33.

[36] Nr.13, s.vorige Anm., 121ʳ.

[37] Nr.13, s.vorige Anm., 124ʳ, vgl.122ᵛ-124ʳ. Hardenbergs Erfahrungen in Löwen und den nördlichen Niederlanden mit der Gewaltherrschaft der habsburgischen Monarchie mögen mit schuld an diese Abneigung sein.

[38] Nr.13, s.vorige Anm., 123ᵛ: „quare Deo non placuit nisi ad punitionem impiorum hominum"; 124ʳ: „Ut mihi certe aliquo modo videatur hec imperia a deo admissa propter peccata mundi ut vere vocantur (). Et ita a deo ordinata quod voco admissa".

[39] Nr.13, s.vorige Anm., 121ᵛ: „nihil fuisse ab initio quam robustam improbitatem".

[40] Nr.13, s.vorige Anm., 121ʳ.

[41] Melanchthon, *Philosophia Moralis* (die Ausgabe 1539 in Hardenbergs Nachlass in BGK Emden, Philos 8° 89), in: *MWA* 3, 255 (Ausgabe 1546) und *CR* 16, 117.

magistratus"; die Stelle bezieht sich mit Berossos[42] auf die Blutrache durch die Verwandten.[43]

Falsch ist nach Hardenberg die herrschende Ansicht, dass Gott die Obrigkeit einsetzte mit der Anrede an Kain, den Erstgeborenen: „Nach dir hat er, Abel, Verlangen; du aber herrsche über ihn" [Gen 4,7].[44] Kains Verfluchung und Umherstreifen widersprechen einem angeblichen Königtum über Abel. Freilich hätte die Herrschaft dann mit einem Verbrecher begonnen. Tatsächlich ist das der Fall, aber nicht von Gottes wegen, sondern dadurch, dass sich Kain durch Brudermord selbst eine Machtstellung aneignete.[45]

Ab Kain führt die Linie des *regnums*—markiert von Blutvergiessen, Verachtung Gottes und Tyrannei—über die hochberühmten Riesen aus der Urzeit und die Söhne Noahs,[46] zu den gewaltigen Jägern aus Gen 10. Sie kulminiert in Nimrod, dem gewaltigen, rabiaten Jäger gegen[47] den Herrn, der sich als erster die Monarchie, die schlimmste aller Herrschaften („super omnia regna dominatricem"), anmasste.[48] Dieser Erbauer von Babel und dem Turm verführte alle Menschen zur Sünde, veranlasste die babylonische Verwirrung und erschuf die Grundlagen der Staatsführung. Diesen Vorfahren entstammen *per successionem* alle Fürsten der Völker![49]

Auch beim auserwählten Volk entsteht die Herrschaft an der Seite der Abtrünnigen, bei dem Bastard Ismael, dem wilden Bogenschützen. Laut des Gotteswortes in Gen 16,12[50] wird sie von Gott nicht eingesetzt, sondern nur geduldet. Hardenberg stellt die Entwicklung möglichst ungünstig dar. Auf Ismael folgt der Gotteslästerer Esau, Fürst der Idumäer, „der sein Reich auf das Schwert gründet". Der fromme Josef war zwar Unterkönig in Ägypten, „aber weil er allzusehr die erste Geige

---

[42] Mehrfach von Hardenberg zitierter Babylonischer priesterlicher Verfasser (345-270 v. Chr.) der *Babyloniaca*, derer 2.Buch die Geschichte von der Urzeit bis 750 v.Chr. behandelt, *RGG* 1, 1069.

[43] Nr.13, Hardenberg-Rudger NN, [zw.6.1543 u.3.1544], 121^r.

[44] Der Text lautet: „Bist du aber nicht fromm, so lauert die Sünde vor der Tür, und nach dir hat *sie* Verlangen; du aber herrsche über *sie*". Hardenberg: „ad te erit appetitus ipsius Abel et tum dominaberis illius", Nr.13, s.vorige Anm., 121^v.

[45] Idem.

[46] Idem: „qui rursum priori seculo similes edificarunt urbes muratas et constituerunt imperia more priscorum Gigantum".

[47] Gen 10,9: „*vor* dem Herrn" („coram deo").

[48] Gen 10,8: „der erste, der Macht gewann auf Erden".

[49] Nr.13, Hardenberg-Rudger NN, [zw.6.1543 u.3.1544], 121^v-122^r.

[50] In Hardenbergs Wiedergabe: „Seine Hand wird gegen alle und aller Hand wird gegen ihn sein, und gegen seine Brüder wird er sein Zelt aufschlagen".

spielte, ausgerechnet in Ägypten", wurde er aus dem Weg geräumt („expunctus"), d.h.: keiner der zwölf Stämme wurde nach ihm benannt. Sein Vater Jakob gab ihm im Gelobten Land bloss das Stück, dass dieser sich mit seinem Bogen und Schwert, „das heisst, mit Mord und Totschlag", von den Amoritern erobert hatte [Gen 48,22]. „Siehst Du, was für ein Erbteil der erste unter seinen Brüdern bekam?".[51] Der Führer Mose starb in der Wüste. Erst nach dem Tode des Anführers Josua gab es Raum „unter der Demokratie", bis wiederum ein Bastard und Brudermörder aufstand: Abimelech (aus Manasse!) [Ri 9].[52]

Die Könige Israels wurden von Gott im Zorn gegeben [Hos 13,11]. Ihre Geschichte ist eine Kette von Sünden und Verderb—von dem Belialskind Saul und dem Heiligschänder, Ehebrecher und Mörder David,[53] über den Sohn der Ehebrecherin und den Mörder seines älteren Bruders Adonia König Salomo und über den allerschlechtsten Jerobeam (die Schlange, die das Pferd in die Fersen beisst, [Gen 49,17]), bis zum letzten, ins Exil geführten Fürsten. Die drei oder vier guten Könige waren nur „wegen des Geheimnisses Christi" da.[54] Erst nach dem Exil gab es, unter gottesfürchtigen Priestern und einem Volksmagistrat, ein glückliches Gemeinwesen—bis letztlich „wegen der Sünden des Volkes, die den Zorn des Herren herabriefen" die verbrecherischen Könige Aristobul und Archelaus den Zusammenbruch des Reiches durch Titus und Vespasian einläuteten. „Dies habe ich so von der Heiligen Schrift her behandeln wollen, mein bester Rudger, damit Du sehen sollst, dass es seit dem Beginn der Welt keine Herrschaft gegeben hat, die keinen verbrecherischen Ursprung gehabt hat, selbst bei Gottes Volk (), (und dass) die Obrigkeit von Anfang an nicht so sehr von Gott eingesetzt worden ist, sondern eher von ihm toleriert".[55]

Die Weltgeschichte zeigt ähnliches auf.[56] Schöpfend aus Mythen und Sagen, aus Dionysios (von Halikarnassos?), Paulus Orosius, Lactantius und Agrippa von Nettesheim,[57] lässt Hardenberg die vier Reiche von

---

[51] Nr.13, s.vorvorige Anm., 122^r; bizarre Argumentation: „(ut non ferret nomen tribus Jsrael) sed datum in Ephraim et Manasse qui et ipsi non habuerunt prophetam in suis tribibus et omnium minima benedictione benedicuntur".

[52] Nr.13, s.vorige Anm., 122^{r-v}.

[53] Nr.13, s.vorige Anm., 122^v: „illum propter typum Christi servavit deus".

[54] Nr.13, s.vorige Anm., 122^v-123^r.

[55] Nr.13, s.vorige Anm., 123^r: „Hec ita literis sacris prosequi uolui, mi amantissime Rudgere, ut videres ab initio inde mundi nullum fuisse Regnum quod non sceleratum initium habuerit etiam in Dei populo () (et quod) Regna ab initio non tam institutionem quam tolerantiam esse divinam".

[56] Nr.13, s.vorige Anm., 123^r-124^r.

[57] S.bzw. *RGG* 4, 1703; 4, 196f.; 1, 189.

Daniel [2 und 7] Revue passieren: das Assyrische von Ninus bis
Assurbanipal, das Medisch-Persische von Kyrus, das Griechisch-Mazedo-
nische von Alexander dem Grossen und, als das allergrausamste, das
Römische. Auf dem Weg durch die Zeitgeschichte bricht Hardenbergs
Abhandlung beim Westgotischen König Alarich II. (†507) ab. All diese
Reiche und Herrscher sind von Anfang bis Ende von Gewalttätigkeit
gekennzeichnet. Im Römerreich wiederholte sich sogar die Urgeschich-
te.[58] Nur Alexander der Grosse war ein Ausnahmefall. Wie Josef wurde
ihm im Traum von Gott die Herrschaft zugesichert, zwar zur Bestrafung
der Gottlosen, wie Darius, Kyrus und Nebukadnezar, die Gottes Knechte
und seines Zornes Rute waren [Jer 25,9; vgl.Jes 10,5]. „So meine ich,
dass Gott von Anfang an die Obrigkeiten nur zugelassen hat", im Sinne
von Dan [2,21]: „Er setzt Könige ab und setzt Könige ein".[59]

Anscheinend hat Hardenberg diese Resignation in Beziehung auf die
Staatsgewalt in der Praxis abgeschwächt. Der täuferischen Herabwürdi-
gung der Obrigkeit gegenüber, hält er 1551 allerdings die Daseinsberechtigung der—christlichen—Obrigkeit aufrecht. Dass das Obrigkeitsamt eine
christliche Berufung sei, zeigt er in Wort[60] und Tat.[61]
    Zu dem Aufgabenkreis der christlichen Obrigkeit gehört der Schutz der
Bürger[62] und die Bestrafung der Frevler.[63] Unter dem landesherrlichen
Kirchenregiment sollen die Behörden auch die Übertreter der Kirchenord-

---

[58] Nr.13, Hardenberg-Rudger NN, [zw.6.1543 u.3.1544], 123ᵛ: Kains/Romulus'
Brudermord; die Ehen der Gottessöhne mit den Menschentöchtern/der Raub der
Sabinerinnen; die Geburt der Riesen/das Emporkommen der römischen „gigantes orbis
vastatores"; „et quemadmodum successio Cain in septima generatione perijt diluvio
aquarum sic et isti Romuli successores in septenario Regum numero a populo oppressi
sunt".
[59] Nr.13, s.vorige Anm., 123ᵛ.
[60] Gutachten bez.d.Täufer, XVIII, 83ʳ.
[61] Man könnte an seine Feldpredigerschaft denken, 1547 im Dienste des Grafen
Christoph von Oldenburg; an seine Kontakte mit den Bürgermeistern Rhenanus,
Blarer, Germerus, Lenth und Medmann; mit dem Rat von Bremen, von Harderwijk
und von Emden; mit Grafen und Behörden im allgemeinen, vom Drost Manninga bis
zum englischen Staatssekretär Cecil und dem Kaiser Maximilian II. (s.Reg.). Vgl.auch
Nr.187, Hardenberg-Medmann, 8.8.1556, 154ʳ: „Jtaque spirituali prudentia hic opus
esse videmus, quam vobis ego et opto et semper optavj, qui ad gubernacula
Reipublicae sedetis".
[62] Gutachten bez.d.Täufer, XXI, 84ʳ: „Soe leren wy der geliken dat der
christeliker ouericheyt behoren die onderdanen tho schutten unde schermen voer alle
gewalt unde onrecht, soe vele eer moegelick [iss]".
[63] Nr.54, Hardenberg-[von Wied], [Mai? 1546?], 147: „tamen Deus approbat et
dicit potestatem ministram esse Dei vindicem in malefactores et gladium non frustra
portare" [Röm 13,4].

nung strafen[64] und als *custodes utriusque tabulae* die *cura religionis* wahren.[65] Mit Lezterem passt sich Hardenberg der vorhandenen Situation an. Eine theoretische Untermauerung des landesherrlichen Kirchenregiments fehlt bei ihm.[66]

Über das Recht zum Töten der Häretiker—die theologische Konsequenz der Lehre von der um die Religion sorgenden Obrigkeit[67]— schwankt Hardenberg dementsprechend zwischen Zuerkennung und Ablehnung. Das eine könnte zu rückhaltloser Tyrannei führen, das andere zu zügellosem Getobe der Sektarier.[68]

Der Obrigkeit ist der Untertan zum Gehorsam verpflichtet,[69] auch in Form von Eidesleistung.[70] Auflehnung gegen die legitime Obrigkeit läuft dem Wort Gottes zuwider,[71] es sei denn, dass sie ihr Amt missbraucht. Dann kann Gott sie durch nachgeordnete Behörden strafen lassen. Der Besitz der *potestas ordinaria* gewährt dem Gewaltherrscher dabei keinerlei Schutz.[72]

Der Tyrannenmord ist in der Hl.Schrift keine Seltenheit. Jehu wurde von Gott selbst durch einen Propheten beauftragt, das Haus Ahabs zu

---

[64] Wie unzüchtige Priester und unbekehrbare Täufer in Kempen 1546, s.*infra*, S.177f. und III.3.2.3.

[65] In Bremen und Emden, s.*infra*, S.178f.

[66] S.nächsten Paragraphen II.4.4.1, S.173ff.

[67] Vgl.Koch, *Helvetica Posterior*, 375.

[68] Nr.187, Hardenberg-Medmann, 8.8.1556, 154[r] (anlässlich der Meinungsverschiedenheit in diesem Punkt zwischen Melanchthon und Castellio): „Si enim id permittitur temere cuilibet magistratuj mox est metuenda Tyrannis, et iustificabimus etiam eos qui sanguinem martyrum fratrum nostrorum hactenus profuderunt, quos satis constat etiam pro defensione suae religionis hoc fecisse, quam putant veram et piam esse. Si porro Magistratuj munus (?) claudantur, iam nihil manebit ab Sectarijs incorruptum". Vgl.Kenkel, *Kurtze, klare und warhafftige Histori*, A4[b]: „Zuzeiten disputirete er (Hardenberg), obs besser were, dass man die Zauberer und Zauberinnen duldete, und mit heilsamer Vermanung wider auff den rechten weg brechte, dann dass man sie tödte, oder des lands vertriebe". 1559 wurde in Bremen die Urgicht einer Hexe aufgenommen, die wegen Teufelsbuhlschaft im Gericht Meyenburg verurteilt worden war, s.Schwarzwälder, *Zauber- und Hexenglauben*, 202-206.

[69] *Gutachten bez.d.Täufer*, XVIII, 83[r]: „Soe leren wy mit waerheyt dat eyne christelike ouerricheyt nicht allene wesen en mach, sunder ock met gueder conscientie unde dat men [er] gehoersam wesen sal na sant peter unde paulus lere, Ia na Christj lere seluest" [1.Petr 2,13; Röm 13,1; Mt 22,21]. Nach Heshusen, *Das Jesu Christi warer Leib*, B3b, hat Hardenberg in Bremen „auffrhürisch wider die Oberkeit" gepredigt und gelehrt, „die Unterthanen seien keinen gehorsam schuldig der Oberkeit zu leisten, in Religions Sachen"; vgl.Salig, *Vollständige Historie* 3, 763 und Wagner, 344.

[70] *Gutachten bez.d.Täufer*, XX, 83[v].

[71] Nr.54, Hardenberg-[von Wied], [Mai? 1546?], 145.

[72] Nr.54, s.Anm.71, 146.

schlagen, obwohl dieser der rechtmässige König war [2.Kön 9,6-8].
Wegen Abgötterei wurde das Königtum aus der Hand Salomos und
Rehabeams gerissen [1.Kön 11,31]. Jorams Haus fiel von Athalja ab und
tötete sie [2.Kön 11,2.16]. Obwohl Antiochus IV.Epiphanes Jerusalem
„iure belli" eroberte, rächten die Makkabäer sich für das Elend des
Volkes an ihm [1.Makk 1,20; 6,7f.].[73] Im Bereich der Weltgeschichte
sei zu verweisen auf Maximus' Aufstand gegen Gratianus, Phocas' Mord
an Mauritius und Konstantins Sieg über Maxentius; und auf den Kampf
von den Kaisern Heinrich IV., Friedrich I. Barbarossa und Ludwig dem
Bayer gegen die Päpste.[74]

Nicht jeder beliebige Krieg ist erlaubt, aber wenn man angegriffen
wird, darf man zu den Waffen greifen, auch gegen „Knechte Gottes" wie
die Türken.[75] So führt Hardenberg 1547 selber das Schwert und
unterstützt 1562 die Vorbereitung der militärischen Entlastungsaktion für
die bedrängten Hugenotten.[76] Mt 26,52 („Wer das Schwert nimmt, der
soll durchs Schwert umkommen") untersagt der Obrigkeit das Schwert
nicht. Christus sagte es dem Petrus, „der nur Apostel war, kein
weltlicher Fürst". Petrus' Auftrag lautete: „'Pasce' [Joh 21,17], nihil
aliud". Das Schwert der Kirche ist ein geistliches: das Wort Gottes.[77]
Damit ist übrigens wenigstens ein Unterschied zwischen Staat und Kirche
angedeutet. Ihr Verhältnis wird im nächsten Paragraph noch näher zu
bestimmen sein.

Ergebnisse II.4.3

1. Die Obrigkeit („imperia", „regna", „principatus") ist nicht eine
göttliche, sondern eine menschliche Einsetzung, die Gott dennoch wegen
der Sündhaftigkeit der Welt und zur Bestrafung der Gottlosen zulässt.
2. Von den drei Staatsformen—die Monarchie, die Aristokratie und die
Demokratie—sind letztere für Christen vertretbar; die Monarchie ist „das

---

[73] Idem.
[74] Nr.54, s.Anm.71, 146f.; vgl.die Anmerkungen Pollets, ebd.
[75] Nr.54, s.Anm.71, 147: „An non licuit pijs principibus pugnare contra Turcas?
Atqui talis est potestas, qualis olim Nabugodonosor, quem servum suum Deus in
prophetis vocat [Jer 25,9]. Ita et Turcha Dei servus ad iram et vindictam delinquenti-
bus, quis vero sanae mentis neget sumenda contra ipsum arma, ubi capitibus nostris
imminet?".
[76] S.*supra*, S.30f., 94-96.
[77] Nr.54, s.Anm.71, 147f.

allerverderblichtste aller Ungeheuer" („bestia pernitiosissima") wegen ihres gewaltsamen Ursprungs und ihrer Entartung zur Tyrannei. 3. Beweis ist die Heilige Schrift, die das *regnum* mit dem Brudermörder Kain, und die Monarchie mit dem Erbauer des Turms zu Babel, Nimrod, anfangen lässt. Auch in bezug auf Israel führt sie die Herrschaft auf Abtrünnige zurück (wie Ismael, Abimelech); die Könige Israels bezeichnet sie, bis auf einige 'Typoi' Christi, als „Geschenke von Gottes Zorn". Nur die Demokratie unter Josua und das nach-exilische Gemeinwesen unter Priestern und Volksmagistrat würdigt sie. Entscheidend ist das Jesuwort in Mt 20,25f.: „Die Herrscher halten ihre Völker nieder und die Mächtigen tun ihnen Gewalt an". 4. Auch die Profangeschichte bezeugt die Gewalttätigkeit der Herrschaft. 5. Unter Berücksichtigung des Charakters der vorliegenden Quelle—ein sich auf eine Vorlesung Georg Majors beziehender etwas studentischer Ausgleich nach einer Meinungsverschiedenheit aus der Wittenberger Periode, 1543/44—sollten obige Ermittlungen nicht überbewertet werden. 6. In der Praxis erkennt Hardenberg die Daseinsberechtigung der christlichen Obrigkeit an. 7. Zur Pflicht der christlichen Obrigkeit gehört der Schutz der Bürger, die Bestrafung der Frevler und unter dem landesherrlichen Kirchenregiment auch die *cura religionis*, freilich nicht ohne weiteres die Häretikerverfolgung. 8. Der Untertan ist zum Gehorsam und zur Eidesleistung verpflichtet. Nur gegen Tyrannen ist bewaffnete Auflehnung, sogar Mord, erlaubt, und zwar durch nachgeordnete Behörden. Das Schwert der Kirche ist bloss geistlich.

4.4 *Kirche und christliche Obrigkeit (2): die Kirchenzucht*

4.4.1 *Die kirchliche Zucht*

Die Kirchenzucht hält Hardenberg für eine Verordnung Gottes, einen „Befehl des Heiligen Geistes". Ihr wird dementsprechend im *Glaubensbekenntnis plattdeutsch* gesonderte Beachtung geschenkt.[78] Bereits 1551, in seiner Stellungnahme gegen die Täufer, zeigt Hardenberg, dass er auf eine unabhängige kirchliche Zucht nebst einer obrigkeitlichen—wie 1546 in Kempen[79]—Wert legt.[80]

---

[78] *Glaubensbekenntnis plattdeutsch*, XX, 28ᵛ-30ᵛ.
[79] Nr.58, Hardenberg-von Buchell, 26.11.[1546], s.*supra*, S.28f.

Im *Glaubensbekenntnis* von 1556 steht die Darstellung der Kirchenzucht ganz im Zeichen der auf die Heiligung hinzielende Seelsorge. Die
Zucht—Hardenberg redet über Busse, „boettucht"—ist eine Medizin
gegen das Sündigen. Obwohl der Begriff bei ihm so nicht erscheint,
funktioniert die Kirchenzucht als Gnadenmittel. „Nachdem in unserem
Fleisch, so lange wir hier leben, noch immer die Sünde und nichts Gutes
wohnt und uns oft so überfällt, dass wir—auser den täglichen Verfehlun-
gen, die uns aus Schwachheit und Unwissenheit widerfahren—uns auch
oft mit frevelhafter und wohlbewusster Übertretung der göttlichen Gebote
und Ärgernis unseres Nächsten greulich vergreifen, () (hat) der gütige
Gott uns dagegen auch wiederum eine Medizin der Busse (eyne medecine
der boeten) verordnet und befohlen".[81]
Subjekt der Kirchenzucht sind die Seelsorge treibende Gemeinde als
Ganzes, der die Schlüssel des Himmelreiches anvertraut sind,[82] sowie
ihre beauftragten Seelsorger.[83] Die Zucht ist Äusserung einer wechsel-
seitigen Aufsicht. Die Gemeindeglieder sollen brüderlich aufeinander
achtgeben. „Ein jeder soll über seinen Bruder, und die Seelsorger
(sollen) über die ganze Gemeinde eine christliche Aufsicht führen".[84]
Zwar verwendet Hardenberg den Begriff *nota ecclesiae* nicht, aber
unverkennbar ist die Zucht eine solche, nebst der Lehre und den
Sakramenten.[85]
Die Kirchenzucht bezieht sich sowohl auf die Lehre als auch auf das
Leben.[86] Bei verborgenen Sünden soll die Regel von Mt 18 verfolgt
werden. Öffentliche Sünder sollen in aller Öffentlichkeit ermahnt werden.
Immer soll man die Barmherzigkeit walten lassen; denn die Zucht ist
darauf angelegt, den Nächsten für den Herrn zu gewinnen.[87] Folgt der

---

[80] *Gutachten bez.d.Täufer*, IX, 82^r; *s.infra*, S.178f., und III.3.2.4. An Medmann
schreibt Hardenberg 1556 über die Wichtigkeit einer *restitutio disciplinae Ecclesiarum*,
Nr.187, Hardenberg-Medmann, 8.8.1556, 139^r.
[81] *Glaubensbekenntnis plattdeutsch*, XX, 28^v.
[82] *Glaubensbekenntnis plattdeutsch*, XV, 11^v: „van wegen der gantzen gementen,
welkerer unse her Jesus Christus die slutel dess hemmelrikess, und de macht gegeuen
hefft de sünden tho vertien und tho beholden".
[83] Die Diener heissen „diener gotss *und der gemenen*" und treten auf „van wegen
der gantzen gementen", idem.
[84] *Glaubensbekenntnis plattdeutsch*, XX, 28^v; *in margine*: „gemeen bruderlic
opseen und straffen der sunde".
[85] *Glaubensbekenntnis plattdeutsch*, XI, 9^v, 10^r; XIV, 11^r.
[86] Vgl.zu Hardenbergs Verhalten in Emden 1567-1574: *supra*, S.105, 108.
[87] *Glaubensbekenntnis plattdeutsch*, XX, 28^v-29^r; 29^r: „Doch schal man sulke
guede und barmherticheit bewusen gegen den sundigenden bruderen, dat man se den
heren gewynnen moege, soe he ummer daer genade tho geuen wil, Het sy ock in den
besonderen geheyn (= geheim), edder met tügen, offten in der apentliken straffe schal

Ermahnung keine Reue, dann wird der hartnäckige Sünder „von Seiten der ganzen Gemeinde" bestraft und zur Besserung gemahnt.[88] Eine dabei einzuhaltende Verfahrensweise fehlt. Womöglich wäre an Ausschluss vom Abendmahl zu denken. Die Stellung der Besprechung der Kirchenzucht im *Glaubensbekenntnis*—nach der der Sakramente—könnte darauf hinweisen. Ebenso die Praxis, die, wie es scheint, 1551 in Bremen und auf jeden Fall 1567-1574 in Emden[89] durchgeführt wurde.

Im Jahre 1551 funktioniert die Zucht in Bremen tatsächlich beim Abendmahl. Im *Gutachten bezüglich der Täufer* von diesem Jahre wird freilich der Ausschluss vom Abendmahl als Zuchtmassnahme nicht erwähnt. Doch heisst es, dass niemand zum Abendmahl zugelassen werde, es sei denn, er bekennt, dass seine Sünden ihm von Herzen leid tun, und er Gottes Gnade begehrt und sich bessern will. Einem solchen kann das Testament des Herrn nicht verweigert werden.[90] Der Zorn Gottes wird ihm dennoch nicht verschwiegen, „für den Fall er unwürdig darauf drängt, unbewährt und ungeprüft in seinem Herzen".[91]

Hört der Betroffene—so wieder das *Glaubensbekenntnis*—„zur Besserung seiner öffentlichen Laster und Ärgernisse" auch auf die Gemeinde nicht, dann wird zur Exkommunikation übergegangen.[92] Diese sei mit Mt 18,17 („so sei er für dich wie ein Heide und Zöllner") für ein Gebot des Herrn zu halten. Der Bann beabsichtigt die Erhaltung der Heiligkeit der Gemeinde (1.Kor 5[,6], „damit nicht ein wenig Sauerteig den ganzen Teig der christlichen Gemeinde durchsäuert und verdirbt"), sowie die Rettung (Einkehr, Reue und Besserung) des Sünders.[93]

---

man altyt barmherticheit bewysen".

[88] *Glaubensbekenntnis plattdeutsch*, XX, 29[r].

[89] Unter Hardenbergs Beteiligung: Schilling, *Kirchenratsprotokolle* 1, 290 (20.11.1567): mit öffentlicher Namensnennung und Erwähnung des Vergehens, vgl.294f. (17. und 22.12.1567); 295 (29.12.1567): Absolution bei der Abendmahlsfeier; 298 (19.1.1568): „examinatie voer 't nachtmall"; 307 (12.4.1568): „Ock ys besproken um de grote mysbruck ijn dat affwerent van 't nachtmall, dat D.doctor (= Hardenberg) des sondages voer 't nachtmall datsuylvijge sall reppen unde vorklaren, dat, so emant wat up ein ander heft, worum he meent, ein ander unwerdich tho syn thon nachtmall thotholaten, dat sulckes by tijden dem consistorio sall angegeven werden, unde so sulves, up syn eigen hant, nemant affholde"; 331 (6.12.1568); 439 (17.3.1572).

[90] Also manchen anderen offensichtlich wohl.

[91] *Gutachten bez.d.Täufer*, IX, 82[r].

[92] *Glaubensbekenntnis plattdeutsch*, XX, 29[r-v].

[93] Idem; 29[v]: „se daer mede in erenstlike erkentenisse und row der sunden, und tho herteliken sueken der genaden gotss, und beteringhe eress leuendess, tho bewegende und tho driuende".

Wiederum fehlt jede Einzelheit des Exkommunikationsverfahrens.[94] Diejenigen, die schwere Sünden begehen, womit sie die Gemeinde oder andere Leute frevelhaft ärgern,[95] sollen ebenfalls eine Zeitlang zur Einkehr „zur Busse gebunden werden". „In welchen Banden man sie halten soll, bis dass sie der Gemeinde Christi ihr Bereuen der Sünden und ihr Begehren und Sehnen nach der Gnade Gottes und Gemeinschaft Christi, samt ihren festen Vorsatz sich zu bessern, durch wahre Frucht der Busse genügend bewiesen haben".[96]

Beim Gebrauch des Banns will Hardenberg Zurückhaltung üben. Gegenüber der täuferischen Forderung nach unzweideutiger Handhabung des Banns verweist Hardenberg 1551 auf die Barmherzigkeit Christi.[97] Dieser versammelte eine Gemeinde, ohne den Bann zu gebrauchen. „Want off wy schone die kerkentucht und straffe der grouen sunden gerne int werck gestellet unde neen lieuer dinck en sagen (), soe hefft doch unse herr Christus ane den ban eyne kerke versammelt". Paulus liess von allen grossen Sündern in der korinthischen Gemeinde nur einen Unzüchtigen bannen. Darüberhinaus ist die Ausübung der Zucht vor allem eine Angelegenheit der Ermahnung, der Bestrafung von Bosheit und der Verkündung von Gottes Zorn und ewigem Verderb an die Unbussfertigen, „welches ihnen Bannes genug sein könne, wenn sie es annehmen", so Hardenberg in dem im Namen der lutherischen Pfarrerschaft Bremens aufgestellten *Gutachten* von 1551.[98] Dieser Zurückhaltung hinsichtlich des Gebrauchs des Banns und der Betonung des Wortes Gottes könnte, ausser der Konfrontation mit den Täufern, auch der Einfluss von Luther zugrunde liegen, der grundsätzlich kritisch zur Kirchenzucht stand und sich allein auf das Wort berief.[99] Im Emden des Jahres 1556 ist diese etwaige Beeinflussung allerdings nicht spürbar.

---

[94] Im *Gutachten bez.d.Täufer* von 1551 fordert Hardenberg die Beteiligung der gesamten Gemeinde an der Exkommunikation: sie hat zu geschehen „mede met der gemeente", IX, 82^r.

[95] Wie die Pharisäer und Sadduzäer (Mt 3[,7-12]) und der korinthische Sünder (2.Kor 7).

[96] *Glaubensbekenntnis plattdeutsch*, XX, 29^v-30^r.

[97] *Gutachten bez.d.Täufer*, IX, 82^r.

[98] Idem.

[99] Strohl, *Pensée*, 184f., 187f. Vgl.Nr.187, Hardenberg-Medmann, 8.8.1556, 157^r (zu Luther): „Iudico () neminem extare, qui comparari illi possit in explicatione praecipuorum dogmatum religionis nostrae, maximae quae ad iustificationem () et offitium magistratus pertinent".

Zulassung zu der Gemeinschaft des Herrn—die *absolutio* „oder Befreiung von der Sünde"—erfolgt erst nach Beweis von wahrhaftigem Verlangen nach der Gnade Gottes und vom Vorsatz zur Besserung.[100] Der seelsorgerische Zweck der Absolution wird von Hardenberg stark betont. Durch die Absolution bringt Gott dem betrübten Herzen besonderen Trost und Erquickung und erteilt Standhaftigkeit im Kampf gegen die Sünde. Zu diesem Ziel dient auch die öffentliche Bekanntmachung der Zuchtmassnahmen. Beide, Absolution und Anzeige, sollten als wertvolle Geschenke für Büsser und Gemeinde benutzt werden.[101] Von seiner pastoralen Gesinnung zeugt Hardenbergs erneuter und abschliessender Aufruf zur Beachtung von Barmherzigkeit und Bescheidenheit gegenüber dem bussfertigen Menschen. Diese Zurückhaltung ist vom Heiligen Geist geboten, wie die Geschichten von Moses Schwester Mirjam,[102] vom korinthischen Unzüchtigen,[103] von der Sünderin[104] und von Petrus[105] zeigen.[106]

4.4.2 *Kirche und christliche Obrigkeit: die Praxis*

Als Prediger in Kempen im Kölner Erzstift fordert Hardenberg 1546 seinen Kurfürsten und Erzbischof von Wied auf, gegen die Übertreter der gerade erlassenen Kempener Kirchenordnung vorzugehen. Die Wortverkündigung reiche nicht aus, wenn nicht die Rebellen (unzüchtige Priester) bestraft würden, damit sich auch die andern fürchteten [1.Tim 5,20]. Zwar stehe dem Bischof in seiner Eigenschaft als Pastor nur das geistliche Mittel des Wortes Gottes zur Verfügung, doch wo bleibe seine weltliche Gewalt als Fürst, der zur Einschüchterung der Übeltäter bestimmt sei [Röm 13,3f.; 1.Petr 2,14]?[107] Nach Pollet beweist diese Sachlage, dass Hardenberg hinsichtlich des Verhältnisses von Kirche und Staat die Konzeption der schweizerischen

---

[100] *Glaubensbekenntnis plattdeutsch*, XX, 29[r-v].

[101] *Glaubensbekenntnis plattdeutsch*, XX, 30[r-v]; 30[v]: „Der haluen de lüede, beide de bisondere affsaghe edder absolution und apenbaer underricht duijr holden, unde gerne gebruken scholden".

[102] Num 12[,3.13]: „Aber Mose war ein sehr demütiger Mensch"; „Mose aber schrie zu dem Herrn: Ach Gott, heile sie!".

[103] 1.Kor 5; 2.Kor 2 und 7.

[104] Luk 7[,36-50].

[105] Mt 26[,30-35.68-75]; Mark 14[,26-31] und 16[,7]. Merkwürdigerweise fehlt der Hinweis auf Joh 21,15ff.

[106] *Glaubensbekenntnis plattdeutsch*, XX, 30[r].

[107] Nr.58, Hardenberg-von Buchell, 26.11.[1546], s.*supra*, I.2, S.29.

und strassburgischen Reformatoren teilt.[108] Pollets Urteil bedarf im Lichte des Vorhergehenden der Nuancierung. Hardenberg vertraut die Sorge für die Zucht der Kirche an, und nicht—wie z.B. Bullinger[109]—der Obrigkeit. Hardenbergs konkretes Verhalten in Sachen des kirchlichen und weltlichen Bereichs muss daher nicht so sehr von theologischen Überzeugungen, als vielmehr von den jeweiligen kirchlich-politischen Verhältnissen bedingt worden sein, und zwar sowohl in Kempen als auch in Bremen und Emden.

In Linz und Kempen passt sich Hardenberg der gegebenen Lage des landesherrlichen Kirchenregiments an. Er erkennt das Ernennungsrecht *in ecclesiasticis* des Kurfürsten, des Amtmannes und des Magistrats an;[110] er nennt die Obrigkeit „Gottes Dienerin zur Bestrafung der Bösen" [Röm 13,4][111] und erinnert den Landesherrn im Hinblick auf den Fortschritt der Reformation an seine Pflicht zur Sanktionierung seiner Dekrete. Der Indolenz des Fürsten wegen empfiehlt Hardenberg die Stärkung seiner eigenen Gewalt als Prediger oder Delegation der kurfürstlichen Zuständigkeiten an qualifizierte Richter.[112] Rein kirchliche Zucht wäre in der Kempener, nahezu missionarischen Lage—wo auch das Presbyterium fehlt—ein zweckwidriges Mittel zur Reformation.

Auch in Bremen, wo der Rat sich 1534 prinzipiell an die Stelle des Erzbischofs als Landesherrn gesetzt hatte,[113] richtet sich Hardenberg nach dem landesherrlichen Kirchenregiment. 1551 ruft er den Rat, anlässlich der täuferischen Infiltration der Stadt, zur Wahrnehmung der *custodia utriusque tabulae* auf,[114] und 1560 fragt er verächtlich, wie der Rat die Irrlehre der Ubiquität in den Kirchen tolerieren kann, will er für *custos primae tabulae* gehalten werden.[115] Doch in Wirklichkeit befürwortet er eine kirchliche Zucht, wie er dem Rat 1551 gesteht, „(dass wir) die Kirchenzucht und Bestrafung der groben Sünden gerne ausgeführt sähen—ja, nichts lieber—, und unseren äussersten Fleiss hier weder sparen, noch sparen wollen".[116] Und gleichfalls denkt er nicht im entferntesten daran, sich in der Abendmahlskontroverse selbst der

---

[108] Pollet, *Martin Bucer* 1, 190.
[109] Hollweg, *Hausbuch*, 251-260.
[110] Nr.56, Hardenberg-von Wied, [26.7 oder bald darauf].1546, 149.
[111] Nr.58, Hardenberg-von Buchell, 26.11.[1546]: „Dei minister ad cohercionem malorum".
[112] Idem; vgl.(anders) Pollet, *Martin Bucer* 1, 189.
[113] Engelhardt, *Irrlehreprozess*, 13, 69, 120f.
[114] *Gutachten bez.d.Täufer*, 84ᵛ; s.*infra*, III.3, Anm.131f.
[115] Nr.269, Hardenberg-Domkapitel, 5.1.1560, 128.
[116] *Gutachten bez.d.Täufer*, IX, 82ʳ.

obrigkeitlichen Kompetenz unterzuordnen. Sich die verfassungsmässigen Verhältnisse zunutze machend, stellt er sich 1556 als Domprediger unter den Schutz seines direkten Landesherrn, den Erzbischof und dessen Vertreter, das Domkapitel und appelliert permanent an ein wenn auch nicht kirchliches, so doch theologisches Urteil.[117]

Letztlich widersetzt er sich der landesherrlichen Kirchenverfassung auch in Emden[118] nicht. Doch kommt er hier am meisten seinem Ideal nahe. Indem er die Bewegungsfreiheit des Coetuspräsidiums und der faktischen Superintendentur ausnützt, kann Hardenberg völlig den kirchlichen Charakter der Zucht wahren. Wo es ihm passt, erinnert er die christlichen Behörden an ihre Pflicht zur *cura religionis*; sogar ruft er sie zur Vorbildlichkeit im Gottesdienstbesuch auf. Andererseits schützt er die kirchliche Eigenständigkeit dem politischen Bereich gegenüber.

Das Verhältnis zwischen Kirche und Obrigkeit ist also ein Terrain, das für Hardenberg eine gewisse Diskrepanz aufdeckt—vor allem hinsichtlich der Kirchenzucht—zwischen Theorie und Praxis, zwischen theologischer Überzeugung und weltlich-politischer Realität, sei es im Laufe der Zeit auch in abnehmendem Masse. In der Mühe, die kirchenrechtlichen Ideale zu verwirklichen, soll er sich übrigens mit den meisten Reformatoren seines Jahrhunderts verbunden gewusst haben.

Ergebnisse II.4.4

1. Kirchenzucht ist Verordnung des Heiligen Geistes zum Zweck der auf die Heiligung gerichteten Seelsorge. Sie ist Medizin gegen das Sündigen, ist Gnadenmittel.
2. Subjekt der Kirchenzucht ist die Gemeinde als Ganzes, der die Schlüsselgewalt anvertraut ist, sowie ihre beauftragten Seelsorger—nicht die Obrigkeit. Zucht ist somit Äusserung wechselseitiger brüderlicher Aufsicht.
3. Die Zucht funktioniert als *nota ecclesiae* nebst der Lehre und den Sakramenten. Sie ist Lehr- und Lebenszucht.
4. Richtschnur für das Zuchtverfahren ist Mt 18 und 1.Kor 5: heimliche Ermahnung, Reue, Verwarnung und Bestrafung vor der Gemeinde bei Hartnäckigkeit, bei Anstoss und Ärgernis „Bindung zur Busse", Exkommunikation und Absolution.

---

[117] S.*supra*, I.3.4, I.3.5, I.3.6.
[118] S.*supra*, S.104ff.

5. Ausschliessung vom Abendmahl als Zuchtmassnahme wird von Hardenberg nicht gelehrt, jedoch in Bremen (wahrscheinlich) und in Emden von ihm praktiziert.
6. Zweck der Exkommunikation (des Bannes) ist die Wahrung der Heiligkeit der Gemeinde sowie die Gewinnung und Rettung des Sünders.
7. Konfrontiert mit dem täuferischen Radikalismus und möglicherweise unter Einfluss von Luther, resigniert Hardenberg in Bremen hinsichtlich des Gebrauchs des Bannes, und betont die Verwaltung des Wortes.
8. Absolution und Anzeige vor der Gemeinde beschaffen dem Bussfertigen wie der Gemeinde Trost und Stärkung des Glaubens.
9. Beobachtung von Barmherzigkeit und Bescheidenheit dem Reumütigen gegenüber ist göttliches Gebot.
10. Hardenbergs konkretes Verhalten in Sachen des kirchlichen und weltlichen Bereichs—im Rheinland, in Bremen und in Emden—ist nicht von theologischen Überzeugungen, sondern von den vorhandenen kirchlich-politischen Verhältnissen bedingt, und zwar des landesherrlichen Kirchenregiments. In Emden kommt er dem Ideal einer unabhängigen kirchlichen Zucht sowie einer kirchlichen Eigenständigkeit gegenüber dem politischen Bereich am nächsten.

KAPITEL 5

SAKRAMENTSLEHRE. DIE TAUFE

Einer allgemeinen Sakramentslehre hat Hardenberg keine spezielle
Darlegung gewidmet. Die Grundzüge davon sind seinen Schriften über
das einzelne Sakrament—Taufe und Abendmahl—zu entnehmen, und
zwar am besten seiner von Musculus abgeschriebenen *Summa Doctrinae*
vom 1.12.1556[1] und seiner *Brevis explicatio* vom Jahre 1564:[2] 5.1.
5.2 behandelt die Tauflehre, anhand des im II.Abschnitt als Richtschnur
hantierten *Glaubensbekenntnis plattdeutsch* [1556] und des *Gutachten
bezüglich der Täufer* [1551]. Aus systematischer Sicht sollte das
Abendmahl ebenfalls im 5.Kapitel behandelt werden. Da das jedoch das
Ausmass dieses Absatzes übersteigen würde, wird Hardenbergs Abendmahlslehre in der nächsten—historisch-systematischen—Einzelausführung
erörtert: 6.

5.1 *Sakramentslehre*

Die Sakramente oder „heiligen Zeichen oder heiligen Geheimnisse"
könnten nach der *Summa Doctrinae* definiert werden als „äusserliche
Wahrzeichen göttlicher Sachen, die wir um des Wortes Christi willen
(das ihnen auf göttliche Weise zugefügt ist) Sakramente nennen, () damit
die unsichtbare Gnade durch irgendein sichtbares Zeichen gewährt
werde".[3] Das Sakrament besteht demgemäss aus Wort, Zeichen und
Gabe. Das Wort ist das Wort Christi; die Kraft des Zeichens liegt im
Wort; die Gabe ist die Gnade. Das Sakrament ist „sichtbares Wort"
(Augustin),[4] ist Anhang zur Verkündigung („Teil oder Anhängsel des

---

[1] HB 17k, *Summa Doctrinae*, 1.12.1556. S.*supra*, I.3, Anm.184.
[2] HB 45, *Brevis explicatio*, 1564.
[3] *Summa Doctrinae*, 106; 105: „externa symbola rerum divinarum, quae propter
verbum Christi (quod eis est divinitus annexum) sacramenta vocamus, () ut invisibilis
gratia, signo aliquo visibili, praestaretur".
[4] HB 19, *Hos sequentes Articulos*, [Dez.1556], 89ᵛ.

Dienstes des Evangeliums"), durch welche Christus zu uns kommt.[5] Ihre
Aufgabe ist die Stärkung des Glaubens[6] und des Gewissens und die
Säuberung des Geistes[7]—kurz, das Sakrament ist „Heilmittel bei all
unseren Anfechtungen und Plagen, sowohl körperlicher als auch geistlicher Art".[8]

Die Einsetzungsworte Christi „enthalten die Übergabe eines himmlischen Geschenks".[9] Eingedenk Augustins „Accedit verbum ad
elementum, et fit sacramentum" („Das Wort kommt zum Element und
macht es zum Sakrament") soll der Christ das Abendmahlsbrot für den
Leib halten und es so nennen, nicht kraft der Konsekration, sondern kraft
des mit ihm verbundenen Gotteswortes: „Jenes Kommen (scil.des Wortes
zum Element) betrifft nicht unseres Wort, sondern das Wort Christi, weil
dieser einmal gesagt hat: 'Dies ist mein Leib', und: 'Das tut zu meinem
Gedächtnis'". „Bei diesen Sakramenten nämlich, sind zunächst nicht die
äusseren Sachen, sondern gerade die Worte Christi zu spüren".[10]

Das Wort bewirkt „auf wundersame Weise" eine Verwandlung des
Elementes („mutatio elementi"), zwar nicht eine wesentliche (im Sinne
der Scholastik), sondern eine konditionelle, d.h. eine ihrer Beziehung
(„condicio") und Anwendung („usus") betreffende Verwandlung, „wie
es auch die Kirchenväter verstanden haben, dass das Irdische in
Beziehung und Anwendung des Brotes so in Himmlisches verwandelt
wird, dass es für den Gläubigen schon nicht mehr allein irdisches Brot
ist, sondern in den Leib Christi übergegangen ist, und zur himmlischen
Nahrung dient—welches eine konditionelle, nicht aber eine substantielle
Verwandlung genannt werden kann".[11] „Denn wer sollte nicht staunen,
dass irdisches Brot dazu gewürdigt wurde, dass es Christi Leib genannt
werden kann? Wer sollte sich nicht wundern, dass jenes gemeine und
irdische Element des Wassers in das Bad der Wiedergeburt verwandelt

---

[5] HB 13a, *Positiones collectae*, 14./15./28.11.1556, 86^v-87^r: „pars vel appendix
ministerii Evangelii"; („quod Lutherus vocat spiritualiter eum venire").
[6] *Hos sequentes Articulos*, 89^r.
[7] HB 23, *Homilia de euch.*, 13.3.1557, 99^r.
[8] *Homilia de euch.*, 97^v.
[9] *Summa Doctrinae*, 100f.: „Verba Coenae () in se habent exhibitionem doni
Coelestis".
[10] *Summa Doctrinae*, 101.
[11] Idem. Vgl.Nr.211, Hardenberg-Domkapitel, 4.2.1557, 11f.: „des Musculi
mutation is alleine offitij et usus, Jn dem ampte und gebruke des Brodes, averst in den
Bulgario (= Theophylakt, angeführt in *Apologie* X, in: *Bekenntnisschriften*, 248) is
se substantie et elementi". Dazu ausführlicher: Nr.210, Hardenberg-Hinke,
3.2.[1557].

wird, und dass, was zum Waschen des Leibes gegeben ist, eine Reinigung der Seele und eine Abwaschung der Sünden ist?".[12]

Hardenberg wahrt damit den Gabecharakter des Sakraments. Gott gewährt in der Taufe unzweifelhaft die Vergebung der Sünden,[13] und der Christ empfängt—Christi Wort zufolge—im Abendmahl nicht Brot und Wein, sondern Christi Leib und Blut: „Nicht Brot empfang' ich, nicht Wein trink' ich, sondern den Leib Christi nehm' ich, und durch das Blut Christi werd' ich erquickt".[14] Denn alle Sakramente sind eingesetzt zum Empfang der unsichtbaren Gnade und der Gemeinschaft Christi.[15]

Hardenberg übernimmt Musculus' auf Augustin zurückgreifende Dualität von Innerlichem und Äusserlichem, Unsichtbarem und Sichtbarem und erkennt demzufolge zweierlei Empfang des Sakraments an: durch den Glauben und durch die Sinnesorgane. Der Empfang des Leibes Christi ist „nicht Sache der Augen noch des Mundes, sondern des Glaubens Empfindung, die in ihrem Urteil nicht den Augen oder dem Mund, sondern dem Wort Christi folgt, welches sie gehört hat". Die Substantialität der Elemente ist den Sinnen zu überlassen, „denn auch diese dient auf die eine oder andere Weise ('aliquo modo') dem Geheimnis des Sakraments".[16]

Ausführlich wird das Verhältnis zwischen Zeichen und Sache—anders ausgedrückt: der *modus traditionis* der Gaben—erörtert. Gegenübergestellt werden „äusserliche Wahrzeichen" und „geistliche Sachen" („externa symbola"/„res spirituales"), „sichtbare und körperliche Zeichen" und „unsichtbare geistliche Sachen" („signa visibilia et corporalia"/„invisibilia Spiritualia"). Als Vorbild dient das weltliche Leben, wo „in ernsten Angelegenheiten" nicht allein mit Worten, sondern auch mit Zeichen („externis symbolis") mit der Hand übergeben wird, was im Geist („animo") angeboten wird.[17] Zu denken wäre an den Händedruck als Bekräftigung einer Abmachung, an das Ausstrecken der Finger bei der Eidesablegung, das Reichen der Hände und den Austausch

---

[12] *Summa Doctrinae*, 101f.

[13] *Summa Doctrinae*, 104.

[14] *Summa Doctrinae*, 102: „Christus dixit, Hoc est corpus meum, hic est sanguis meus, Dicat ergo Christianus, Domini sui verba secutus, Non Panem accipio, Non vinum bibo, Sed corpus Christi sumo, et sanguine Christi recreor, Quid enim aliud de mensa Domini acciperem, quam quod ipse convivator Christus convivis suis dare se dixit? Corpus suum dedit, non panem, Sanguinem dedit, non vinum, alium cibum et alium potum, in coena Domini non agnosco".

[15] *Summa Doctrinae*, 105f., 106f.

[16] *Summa Doctrinae*, 102.

[17] Idem.

der Ringe bei der Heirat, die Darreichung des Zepters oder des
Hirtenstabs bei der Verleihung der Herrschaft oder des Bischofsamtes,
an die Aushändigung einer Handschrift bei einer Übereignung. Auch *in
religiosis* geht man so vor: die Bittenden erheben z.B. ihre Hände gen
Himmel und die Alten opferten ein Schaf als Dankbezeigung gegen
Gott.[18] „So reicht auch Gott uns (wenn er durch äusserliche Dinge mit
uns handelt, unserem Begriffsvermögen entsprechend) unsichtbare und
geistige Sachen durch sichtbare und körperliche Zeichen dar, auf
sichtbare und körperliche Weise (soviel die Zeichen anlangt)".[19] So
bekräftigte Gott den Bund mit Noah durch das Zeichen des Regenbogens,
den Bund mit Abraham durch die Beschneidung, den Bund mit Israel
durch die Blutsprengung; so bot er seine Präsenz dar („exhibuit") durch
die Bundeslade und die priesterliche und königliche Einweihung durch
das aufs Haupt gegossene Öl und die zehn abgerissenen Stücke des
Prophetenmantels, 1.Kön 11[,31].[20] Christus schenkte Kindern und
Kranken seine unsichtbare Gnade durch die sichtbare Handauflegung,
Mark 10[,16] und den Jüngern die Gabe des Heiligen Geistes durch das
Blasen seines Mundes, Joh 20[,22].[21] So gewährt („exhibet") uns
Christus durch das äusserliche Wasserbad die Wiedergeburt und die
Sündenvergebung, und durch Brot und Wein seinen Leib und sein Blut.[22]

Hardenberg verwendet, mit Musculus, den *exhibitio*-Begriff, womit
sowohl eine rein symbolische und spiritualistische als auch eine übertrie-
ben sakramentsrealistische Ansicht abgelehnt wird. Die Zeichen sind
nicht leer, die Darreichung ist nicht imaginär, die Gaben sind nicht
örtlich in den Zeichen eingeschlossen. „Und jene Darbietungen sind nicht
leer und eingebildet, sondern wahr", und zwar kraft des Wortes: „Denn
in Christus ist es Ja und Amen. Nichts ist hier nur ausgedacht, nichts ist
eitel, sei es auch, dass diese Gaben in jene Zeichen nicht örtlich
eingeschlossen werden".[23] So wohnte Gott „wahrlich" inmitten seines
Volkes, jedoch nicht örtlich im Versöhnungsdeckel der Bundeslade

---

[18] *Summa Doctrinae*, 103.
[19] Idem: „Et Deus quoque, pro nostro captu, nobiscum, ut loquitur, ita et externis
rebus agit, invisibilia nobis et Spiritualia, signis visibilibus et corporalibus, visibiliter
et corporaliter (quantum ad signa attinet) exhibens".
[20] Idem.
[21] *Summa Doctrinae*, 104.
[22] Idem.
[23] Idem: „Et istae exhibitiones non sunt inanes et phantasticae, sed verae"; „In
Christo namque est amen et ita. Nihil hic est imaginarium, nihil vanum: Licet haec
dona signis istis localiter non includantur".

eingeschlossen. Tatsächlich verlieh er die Herrschaft, das Priestertum und das Prophetenamt durch die Salbung, jedoch waren diese nicht „örtlich" in dem Öl. Jerobeam empfing wirklich das Königtum über die zehn Stämme, sei es auch, dass sie nicht in den zehn Stücken des Mantels waren. So war Christi Wohlwollen nicht örtlich in seiner Handauflegung eingeschlossen, noch der Heilige Geist auf den Hauch seines Mundes begrenzt.[24]

Ebenso „exhibieren" die Sakramente „ohne allen Zweifel" die Sünden-vergebung, den Leib und das Blut, kurz die Gemeinschaft Christi, ohne dass die Gaben örtlich in den Zeichen eingeschlossen wären, und ohne dass die *exhibitio* die Wahrheit des Leibes oder der menschlichen Natur Christi vergewaltigen würde.[25] Als altkirchliche Kronzeugen für diese Sakramentsdualität werden Chrysostomus und Bernhard von Clairvaux aufgeführt, ersterer mit seiner Gegenüberstellung von Zeichen und Gabe als „sensibile"—„intelligibile", „sinnlich wahrnehmbar"—„geistig wahr-nehmbar",[26] letzterer mit dem Vergleich des Ringes als Zeichen der Investitur einer Erbschaft mit dem Sakrament als Zeichen der „Investi-tur" der unsichtbaren Gnaden.[27]

Hardenberg präzisiert die sakramentale Verbindung zwischen Zeichen und Gabe in seiner *Brevis explicatio* vom Jahre 1564[28] als eine „unio exhibitionis".[29] Erstens sei der Begriff „unio" von Vermischung („confusio") und Vermengung („mixtio") zu unterscheiden. Im Gegen-satz zu den letzten Begriffen handelt es sich bei der „unio" um eine Verbindung von zwei Sachen, die dennoch in gewisser Hinsicht

---

[24] Idem.

[25] *Summa Doctrinae*, 104f., unter Hinweis auf Augustin, *Epistola* 57: „Immor-talitatem enim illi dedit, naturam vero non abstulit, Sicut neque divinitati detrahebat, quod praesentiam suam in Arca exhibebat".

[26] *Summa Doctrinae*, 105; Chrysostomus, *Super Mattheum*, hom.83: „()sed credamus, et oculis mentis id perspiciamus, Nihil enim sensibile nobis traditum est a Christo, sed rebus sensibilibus quidem, omnia vero quae tradidit, intelligibilia () sunt. Sic et in Baptismate per aquam, quae res sensibilis est, donum illud conceditur, Quod autem in ea conficitur, regeneratio scilicet, et renovatio, intelligibile est. Nam si tu incorporeus esses, nude tibi ipsa dona incorporea tradidisset, Quoniam vero corpori conjuncta est anima tua, in sensibilibus intelligenda tibi traduntur".

[27] *Summa Doctrinae*, 105f.; Bernhard von Clairvaux, *Sermo de Coena Domini*: „Datur anulus propter anulum absolute, et nulla est significatio: Datur ad investiendum de haereditate aliqua, et signum est, ita ut iam dicere possit, qui accipit, Anulus non valet quicquam, sed haereditas est, quam quaerebam. In hunc itaque modum, appropians passioni Dominus, de gratia sua investire curavit suos, ut invisibilis gratia, signo aliquo visibili, praestaretur. Ad hoc instituta sunt omnia Sacramenta".

[28] S.Anm.2.

[29] *Brevis explicatio*, 36a-37a.

voneinander unterschieden bleiben.[30] In der Heiligen Schrift gibt es viererlei *unio*.

1. Die erste ist die substantielle oder natürliche Union (*unio substantialis vel naturalis*), wie in der heiligen Dreieinigkeit: obwohl es drei Personen gibt, haben sie doch ein Wesen und eine Natur.

2. Die zweite ist die Personalunion (*unio personalis*). So gibt es in Christus eine Person, die in zwei Naturen besteht.

3. Drittens gibt es die Union der Darstellung (*unio praesentationis*), wobei zwei verschiedene Sachen gleichzeitig anwesend gedacht werden,[31] wie bei der Taufe Jesu. Damals war der Heilige Geist, als er auf Christus herabfuhr, so mit der Taube verbunden, dass sie als Zeichen das sichtbare Zeugnis der Gegenwart des Geistes war.[32] „Denn obwohl der Geist nach seinem Wesen allgegenwärtig ist, zeigt er diese Präsenz nicht überall. Dasselbe gilt von den Feuerflammen auf den Häuptern der Apostel".[33]

4. Letztlich kennt die Schrift die Union der Darbietung (*unio exhibitionis*), wobei die Sachen zwar, was den Ort anbelangt, getrennt bleiben, „was die Darbietung betrifft jedoch vereinigt und verbunden sind". Als Vorbild dient Joh 20[,22], wo der Geist „exhibitive" mit dem Anblasen Christi verbunden ist. „Denn obgleich der Geist nicht abwesend war, wollte Christus nicht sosehr die Präsenz als vielmehr die Exhibition des Geistes zeigen. Die Art der Präsenz ist in beiden jedoch nicht dieselbe: das Anblasen, das sinnlich wahrnehmbar ('sensibile') war, war zugleich örtlich präsent ('localiter praesens'), während der Geist nicht durch eine 'sensibilis aut localis praesentia', sondern durch die wirksame Heiligung im Inneren und durch den Glauben wahrnehmbar geschenkt wird".[34]

Zu dieser letzten *species* gehört auch die *unio sacramentalis*. Dabei werden zwei unterschiedliche und getrennte Sachen so miteinander verbunden, dass, obgleich sie weder *substantialiter* noch *personaliter* noch *praesentatione locali* eins werden, es doch eine wahrhafte *exhibitio* von beiden gibt, sei es, dass die Art ihrer Darbietung verschieden ist.[35]

---

[30] *Brevis explicatio*, 36ᵃ.
[31] Idem: „cum scilicet duae res diversae, uno eodem tempore praesentes intelliguntur".
[32] *Brevis explicatio*, 36ᵃ⁻ᵇ.
[33] *Brevis explicatio*, 36ᵇ.
[34] Idem.
[35] Idem: „Ad hanc postremam speciem referenda est quam vocamus sacramentalem unionem, ubi scilicet ita coniunguntur duae res diversae quidem et distinctae, ut quamvis nec substantialiter, nec personaliter, nec praesentatione locali unum fiant, Utriusque tamen vera sit exhibitio, licet non idem exhibitionis modus". Vgl.zu dieser

In der Taufe werden demgemäss Äusseres und Inneres miteinander
verbunden; von beiden ist die Exhibition wahrhaft, aber verschieden:
„Das eine wird äusserlich an den Leib angewendet, das andere innerlich
dem Geist zu verstehen gegeben".[36] Auch im Abendmahl gibt es diese
unio exhibitionis zwischen Zeichen und Gabe, „so dass die Darbietung
von jedem von beiden wahrhaftig ist, das eine sinnlich wahrnehmbar und
fleischlich, das andere aber geistig und nur durch den Glauben wahrnehmbar. () So findet ein für allemal im Abendmahl die wahrhaftige
Darbietung sowohl einer himmlischen, als auch einer irdischen Sache
statt. Doch ist es deswegen nicht nötig, dass jede von beiden körperlich
dargeboten wird, sondern jede für sich behält gesondert ihre Eigenschaft".[37]

Wie schon gestreift, entspricht dieser exhibitiven Zweiheit von *res* und
signum sacramenti zweierlei *modus perceptionis*: ein himmlischer,
beziehungsweise geistiger und ein irdischer, beziehungsweise körperlicher. Mit der geistigen Darbietung korreliert eine geistige Art von
Empfang: nur „innerlich im Geist durch den Glauben" ist die Gabe des
Sakraments zu empfangen, „und zwar so, dass der innerliche Mensch
sowohl körperlich als geistig durch den Glauben zur Hoffnung des
ewigen Lebens gespeist wird".[38] Die Sakramente wirken also nicht von
selbst, *ex opere operato*. Hardenberg nennt den Glauben „vorher
vorausgesetzt in den Kommunikanten" („praerequisitus in sumentibus"),[39] „das einzige Organ und Medium (), wodurch die Kraft Christi
in uns gefühlt wird".[40] Doch ist der Glaube nicht *causa efficiens*. Die
Wirkung des Sakraments hängt von der Einsetzung und der Kraft Christi
sowie der äusseren Sakramentsverwaltung ab.[41]

Dass die sakramentalen Zeichen, so fasst Hardenberg zusammen, die
„Namen" („nomina") der bezeichneten Sachen annehmen, geschieht

---

viererlei *unio*: Luther, *Vom Abendmahl Christi, Bekenntnis* (1528), in: *WA* 26,
440-442. (Den Hinweis verdanke ich Herrn Prof.Dr.W.H.Neuser).

[36] *Brevis explicatio*, 36^b-37^a.

[37] *Brevis explicatio*, 37^a: „ut utriusque vera sit exhibitio, alterius sensibilis et
carnalis, alterius vero spiritualis et tantum fide perceptibilis. () Sic in Coena vera est
et manet exhibitio tam coelestis quam terrenae rei: nec tamen ideo necesse est, ut
utrunque corporaliter exhibeatur, sed suam unumquodque per se retinet proprietatem".

[38] *Brevis explicatio*, 37^b.

[39] *Brevis explicatio*, 29^b.

[40] *Brevis explicatio*, 38^a: „sola organon et medium () quo virtus Christi in nobis
sentiatur".

[41] *Brevis explicatio*, 37^b-38^a: „Et hoc tamen interim quoque notandum est, fidem
() minime tamen per se huic cibo efficaciam talem praestare: Ea enim ab institutione
et virtute ipsiusmet Christi simul cum externo ministerio operantis pendet".

also—bezüglich des Abendmahls—nicht einer Transsubstantiation oder einer Konsubstantiation zufolge, sondern nur wegen der *exhibitio* der Gaben an die *fides* um des Wortes Christi willen.[42] „Denken und reden wir also ehererbietig über die Sakramente, doch gemäss dem Wort, das von Gottes wegen an sie verbunden ist".[43]

Ergebnisse II.5.1

1. Sakramente sind „äusserliche Wahrzeichen göttlicher Sachen" oder sichtbare Zeichen, die uns um Christi Wortes willen die unsichtbare Gnade gewähren.
2. Die Kraft des Zeichens liegt im Wort (mit Augustin: „Das Wort kommt zum Element und macht es zum Sakrament"), nicht im Wort der Konsekration, sondern der Einsetzung Christi. Dieses Wort bewirkt eine konditionelle, nicht eine wesentliche Verwandlung des Elementes.
3. Hardenberg betont den Gabecharakter des Sakraments und übernimmt dazu Augustins (sowie Chrysostomus' und Bernhards) neuplatonischen Dualismus von Zeichen und Sache, äusserlichen Wahrzeichen und geistlichen Sachen, sichtbaren und körperlichen Zeichen und unsichtbaren geistlichen Sachen, sinnlich Wahrnehmbarem und geistig Wahrnehmbarem. Er sieht dieses Verhältnis zwischen Zeichen und Gabe im säkularen und religiösen sowie im biblischen Leben vorgebildet (betreffs letzteren: Regenbogen, Beschneidung, Blutsprengung, Bundeslade, Salbung, Handauflegung, das Anblasen der Jünger durch Christus).
4. Diese Gegenüberstellung dient der Ablehnung sowohl eines reinen Symbolismus („exhibitio inanis et phantastica") als auch eines zu weit geführten Sakramentsrealismus („localis inclusio").
5. Von den vier *uniones*, die die Heilige Schrift kennt—die *unio substantialis vel naturalis* (die Dreieinigkeit), die *unio personalis* (Christi

---

[42] *Summa Doctrinae*, 106f.: „Hinc itaque est, quod Symbola illa externa, per quae res spirituales traduntur, amissis propriis, earum induant rerum nomina, quarum sunt Symbola, propterea quod ad illarum exhibitionem usurpantur. () Ita et panis iste, corpus Christi vocatur, non ob id, quod sit in illud, relicta sua substantia, transmutatus, ut papistae volunt, aut quod imaginatione carnali, corpusculum quoddam in pane localiter subsistat, sed, quia per panem, fidei nostrae distribuitur corpus Domini, et sanguis per vinum. () Vocamus Baptismum, lavacrum regenerationis, propter verbum Christi, Joan.3 (), propter verbum Spiritus Sancti ad Paulum Act.22 (). Et panem Domini vocamus corpus Domini () propter verbum Christi (), propter verbum Spiritus Sancti ex ore Pauli 1 Corinth.10 ()".
[43] *Summa Doctrinae*, 106: „auguste de illis (scil.Sacramentis) sentiamus et loquamur, sed secundum verbum quod eis est divinitus annexum".

Person), die *unio praesentationis* (der Geist als Taube), die *unio exhibitionis* (die Geistverleihung durch den Hauch Christi, Joh 20,22)— gehört die *unio sacramentalis* zwischen Zeichen und Gabe der letzten an. 6. Bei dieser *unio exhibitionis* werden zwei unterschiedliche und getrennte Sachen so miteinander verbunden, dass, obwohl sie weder substantiell noch persönlich noch was ihre örtliche Darstellung betrifft eins werden, es doch eine wahrhafte Darbietung („exhibitio") von beiden gibt, sei es, dass die Art ihrer Darbietung und Gegenwart verschieden ist. 7. Dieser exhibitiven Zweiheit von Zeichen und Sache entspricht zweierlei *modus perceptionis*: ein körperlicher und ein geistiger, mit dem Mund und mit dem Glauben. Der Glaube ist Voraussetzung des Sakramentsgenusses, allerdings nicht dessen wirkende Ursache.

5.2 Die Taufe

Die Taufe wird im *Glaubensbekenntnis plattdeutsch* im Anschluss an die Lehre von den Ämtern behandelt. Taufe ist Ausübung der von der Gemeinde delegierten Schlüsselgewalt durch die Diener. Sie steht also im Rahmen der Sündenvergebung und der Rettung.[44] Die (Kinder)Taufe vermittelt wahrhaftig die Wiedergeburt und die Erneuerung durch den Heiligen Geist (Tit 3[,5]).[45] Ihre Gabe ist dreifach: 1.die Abwaschung von allen Sünden; 2.das Begraben werden in den Tod des Herrn, zur Abtötung der Sünden und „zur seligen Auferstehung" (Röm 6[,4ff.]); und 3.die Einverleibung in und die Bekleidung mit Christus (1.Kor 12[,13]: „zu einem Leib getauft"; Gal 3[,27]: „ihr habt Christus angezogen"—die Taufe ist somit Zeichen der Einführung in die Gemeinschaft der Kirche). Durch Christus werden wir Kinder und Erben Gottes. Diese Gabe gilt Erwachsenen und kleinen Kindern.[46] Die *Begriffe* „Wahrzeichen" und „Siegel", „Bund"[47] und „Verheissung" fehlen.

Die Kindertaufe ist im *Glaubensbekenntnis* vorausgesetzt. Sie wird nur mit einigen nicht erläuterten Textverweisungen bewiesen, und zwar auf Gen 17 („und deine Nachkommen"), Mt 19[,13-15] (die Segnung der Kinder), 1.Kor 7[,14] (die Heiligung der Kinder durch christliche Eltern)

---

[44] *Glaubensbekenntnis plattdeutsch*, XV, 11^v.
[45] *Glaubensbekenntnis plattdeutsch*, XVI, 12^v. Auch: *Summa Doctrinae*, 105; *Causae*, 79^r.
[46] *Glaubensbekenntnis plattdeutsch*, XVI, 12^v.
[47] Obgleich auf Gen 17 verwiesen wird, *Glaubensbekenntnis plattdeutsch*, XV, 12^r.

und Luk 2[,21] (die Beschneidung Jesu).[48] Begründet wird die Kindertaufe allerdings in Hardenbergs *Gutachten bezüglich der Täufer* von
1551. Ihr Grund ist der eine Gnadenbund, dessen Verheissungen auch
den rettungsbedürftigen Kindern gelten. Die Kindertaufe ist das neutesta-
mentliche Äquivalent zur alttestamentlichen Beschneidung als Bundeszeichen. Hardenberg: „Wo alle Menschen, jung und alt, diesen Christus
brauchen, und ihn allein brauchen zur Seligkeit (), dürfen und müssen
deshalb die Menschen—auch die (jungen) Kinder der Gläubigen—dem
Herrn zugeführt werden, wo es möglich ist durch die Heilige Taufe".
Auch die Kleinen gehören zum Gnadenbund, „gelick alss Abrahamess
kinder mede tho der besnidinghe bhorden. () Want off dat schone soe
were, dat se nicht geloven, soe horen die kinder doch tho den bonde, und
also horen se tho den tekene dess bondess; se horen tho den Euangelio,
soe horen se tho den segele dess h.euangelii. Ja die dope iss een sichtbar
Euangelium soluest".[49]

Hardenbergs Tauflehre weist im Laufe der Zeit, bei gleichbleibender
Essenz, unterschiedliche Akzente auf.

   In der Konfrontation mit der katholischen Kirche betont Hardenberg,
einem Sakramentsautomatismus gegenübergestellt, den Unterschied
zwischen Zeichen und bezeichneter Sache. *In actione baptismi*, im Akt
der Taufe, ist der Heilige Geist anwesend, aber nicht ausser dem
verordneten Gebrauch oder ausser der Sakramentshandlung.[50] Wer das

---

[48] *Glaubensbekenntnis plattdeutsch*, XV, 12[r]. Es fehlen Apg 2,39 („euch und
euren Kindern gilt diese Verheissung") und Kol 2,11f. (die Taufe als Ersatz für die
Beschneidung). Weiter heisst es nur, dass die Diener „ock alle Kinder der geloeuigen,
und weme die doepe van der gemente gotss begert wert" taufen sollen, und dass die
Gabe der Taufe „beide () den olden, und iungen kinderen" zugedacht ist; *a.a.O.*, XV,
11[v]-12[r]; XVI, 12[r-v].
[49] *Gutachten bez.d.Täufer*, III, 81[r-v]. Die von den ausgewichenen Bremer
Predigern und Heshusen überlieferte Äusserung Hardenbergs, die Nottaufe durch
Frauen (gemeint soll sein die Hebammentaufe) sei von keiner Würde, wäre in diesem
Lichte womöglich mit Recht Hardenberg zuzuschreiben, obwohl ich sie nicht auf ihn
zurückführen konnte. S.Heshusen, *Das Jesu Christi warer Leib*, B3[b]; *Nothwendige
Entschuldigung und wahrhaftiger Bericht der verjagten Prediger zu Bremen auf die
Verleumdung ihres Gegentheils* usw., 1564, B2[b], bei: Wagner, 344. Die Bemerkung
von Engelhardt, *Irrlehreprozess*, 26, dass Hardenberg mit der Ablehnung der Nottaufe
in einer bemerkenswerten Übereinstimmung mit Calvin und im ausgesprochenen
Gegensatz zum Luthertum steht, und dies auf eine tieferliegende Verwandtschaft mit
dem Calvinschen Sakramentsdenken hindeutet, scheint mir vorschnell und dogmen-
historisch unscharf zu sein.
[50] Nr.91, [Hardenberg]-Hadrianus [Antwerpiensis?], [1548?], 223[r]: „extra
institutum usum"; „extra sacramentj actionem".

Wasser der Taufe, womit er getauft wurde, bewahren will, um es zu verehren „alsob der Heilige Geist darin eingeschlossen wäre", täuscht sich. Gott lässt sich an keine Kreatur binden ohne sein Wort,[51] d.h. ohne dass es Glauben gäbe.[52]

Der täuferischen Ansicht der Taufe als eines menschlichen Bekenntnisaktes gegenüber akzentuiert Hardenberg hingegen die Einheit von Zeichen und Sache. Die Taufe ist Zeichen des Gnadenbundes und Siegel des Evangeliums; sie ist sichtbares Evangelium.[53] Durch die Taufe wird man dem Herrn zugeführt.[54] Nicht der Glaube oder die sichtbare Wiedergeburt, sondern der Bund mit seinen Verheissungen ist hier die tragende Kraft. Gott ist nicht „lügnerisch in seiner Verheissung und Gnade".[55]

In seinem Bremer *Glaubensbekenntnis* weist Hardenberg—zur Abwehrung eines (etwa gnesiolutherischen?) Sakramentsrealismus— wiederum auf die Notwendigkeit des gläubigen Empfangs des Sakraments hin. Die Taufe ist wirksam, nur wenn sie „nach dem Befehl des Herren gegeben *und empfangen* wird".[56] Die Kindschaft und Erbe Gottes werden „ganz empfangen und eingenommen" nur von denjenigen, die die Gnade der Taufe „nicht durch darauf folgende eigene mutwillige Sünde selbst hinwerfen".[57] Auf die Taufe soll die Heiligung folgen.[58] Diese Bedingung, die die Gabe der Taufe in gewissem Sinne begrenzt, mag mit

---

[51] Idem. Diese Zeilen haben treffende Ähnlichkeit mit Melanchthon, *Responsiones ad articulos Bavaricae inquisitionis*, 1558, in: *MWA* 6, 298, 9-17.

[52] Vgl.*Summa Doctrinae*, 104f.: „Per externum aquae lavacrum, nostri regenerationem et peccatorum remissionem exhibet, () etiamsi aquae localiter non includatur". „Sic et in Baptismate per aquam, quae res sensibilis est, donum illud conceditur, Quod autem in ea conficitur, regeneratio scilicet, et renovatio, intelligibile (geistig wahrnehmbar) est" (Zitate aus Chrysostomus und Musculus).

[53] *Gutachten bez.d.Täufer*, III, 81^v.

[54] *Gutachten bez.d.Täufer*, III, 81^{r-v}.

[55] *Gutachten bez.d.Täufer*, IV, 81^v.

[56] *Glaubensbekenntnis plattdeutsch*, XVI, 12^{r-v}. Vgl.*Hos sequentes Articulos*, XII, 87^{r-v}: „Quare non additis hic, quod ego certo me addidisse memini [ex] Canone Niceno, qui inquit: 'Iterum hic quoque (ut in Baptismo) ne simus humiliter intenti ad propositum nobis panem et vinum, sed *mente eleuati in coelum fide consideremus* etc'".

[57] *Glaubensbekenntnis plattdeutsch*, XVI, 12^{r-v}.

[58] *Glaubensbekenntnis plattdeutsch*, XVI, 12^v-13^r: „Want em in der hilligen doepe alle sunde vergeuen werden, und wat van der angeborner sunde in em auerbliuet, dat wert em van der genaden wegen tho der verdoemenisse nicht tho gerekent, wan se den boesen begerten desser sueken nene stet geuen. Het wert ock die sucht in en, durch den hilligen geist gesweket, und se gesterket tegen sie dapper tho striden, und doegelic meer tho doeden, und ock vertienghe aller daetliker sunde tho verbidden".

schuld sein an der wiederholte gegnerische (übrigens unberechtigte) Beschuldigung, Hardenbergs Lehre sei wiedertäuferisch.[59]

Dieser Sicherung der Taufe gegen die Verdinglichung des Sakraments —die Spende und der Empfang der Taufe gemäss ihrer Einsetzung und die nachfolgende Heiligung—entspricht die starke Betonung des Unterrichts vor und nach der Taufe. Bei Erwachsenen erfolgt die Taufe erst nach Bekehrung, Katechismusunterricht, Konfirmation, Absage des Satans und der Welt (die Abrenuntiation), und nachdem sie „sich gänzlich der Gehorsamkeit Christi und aller Zücht der Kirche unterworfen haben".[60] Aber auch nach der Taufe soll die Getauften, „sowohl die Alten als die Jungen, als wahre Jünger des Herrn" gelehrt werden, zeitlebens die Vorschriften des Herrn zu befolgen. Vier Unterrichtungsformen werden aufgeführt: die gemeine Verkündigung; „der besondere Katechismus, das heisst, die Unterweisung, bei der die Lehre Christi mit Frage und Antwort eingeschärft wird";[61] das christliche Gespräch, und „das Zusammentragen der Gaben Gottes" (1.Kor 14[,26]: „Wenn ihr zusammenkommt, so hat ein jeder einen Psalm, eine Lehre, eine Offenbarung, eine Zungenrede, eine Auslegung").[62] Sofort wird nochmals an die Notwendigkeit erinnert, dass die unaussprechliche Gnade in der Taufe allen „verständlich und ernstlich" aus dem Wort Gottes vorgehalten werden soll, besonders bei der Spende der Taufe und bei Anfechtungen.[63]

Gesondert werden der Konfirmandenunterricht und die Konfirmation aufgeführt.[64] Wer „in unmündigem Alter" (als Kind) getauft worden ist, soll im Katechismusunterricht über den Glauben belehrt werden, um darauf vor der Gemeinde den Glauben zu bekennen. Die Konfirmation

---

[59] Vgl.*Hos sequentes Articulos*, VI, 85[v]; *Notitiae*, 23[r-v]; *supra*, I.3, Anm.400f.; Nr.300, Hardenberg-[Erastus], 30.10.1560, 246[r-v]; vgl.Heshusen, *Das Jesu Christi warer Leib*, B3[b]; Salig, *Vollständige Historie* 3, 748, 763; Wilkens, *Kirchengeschichte*, 61; Achelis, *Streitigkeiten*, 265; Spiegel, 262.

[60] *Glaubensbekenntnis plattdeutsch*, XV, 11[v].

[61] Der „Besondere Katechismus" war ein Bucersches Konzept: er sollte nach Bucer vierteljährlich gehalten werden und „diente der Vorbereitung der Taufbewerber wie der getauften Kinder zu ihrer 'zweiten Taufe' (Konfirmation) sowie der Unterweisung der Hausväter" (W.Bellardi in: *BDS* 17, 133, Anm.100); vgl.Bornert, *Culte*, 174, 501f.

[62] *Glaubensbekenntnis plattdeutsch*, XV, 12[r].

[63] *Glaubensbekenntnis plattdeutsch*, XVI, 13[r].

[64] *Glaubensbekenntnis plattdeutsch*, XVII, 13[r-v]; letzteres *in margine* bezeichnet als „Hant üp leggen den jongen lüeden". Den Begriff „Konfirmation" gebraucht Hardenberg nicht.

geschieht mit Gebet der ganzen Gemeinde und—nach dem Vorgang Christi in Mark 10[,16]—mit Handauflegung, sowie mit Abendmahlsempfang und dient „zur Beharrung im christlichen Glauben und Leben".[65]

Ergebnisse II.5.2

1. Taufe ist Ausübung der Schlüsselgewalt und steht somit in soteriologischem Rahmen.
2. Seiner Sakramentslehre gemäss wahrt Hardenberg den Gabecharakter der Taufe und lehnt er eine Wirkung *ex opere operato* ab.
3. Die Gabe der Taufe ist: Sündenvergebung, Einverleibung in und Bekleidung mit Christus, kurz: Wiedergeburt, Erneuerung durch den Geist und Gotteskindschaft.
4. Der theologische Frontwechsel hat eine unterschiedliche Akzentuation der Tauflehre Hardenbergs zur Folge:
a. Der täuferischen Ansicht der Taufe als Bekenntnisakt wird die *Einheit* von Zeichen und Sache entgegengesetzt: aufgrund der Verheissung Gottes schenkt das Zeichen tatsächlich die Wiedergeburt. Die Verheissungen des einen Gnadenbundes, wozu auch die Kleinen gehören, berechtigen die Kindertaufe (als Ersatz für die Beschneidung als alttestamentliches Bundeszeichen). Die Hebammentaufe wird anscheinend abgelehnt.
b. Der Sakramentsverdinglichung eines römisch-katholischen und gnesiolutherischen Sakramentsautomatismus bzw. -realismus gegenüber wird der *Unterschied* zwischen Zeichen und Sache betont: der Geist ist im Akt der Taufe, nicht ausser dem verordneten Gebrauch im Wasser, anwesend; die Taufe ist wirksam durch den Glauben und die notwendig folgende Heiligung. Diese—die Gabe der Taufe begrenzende—Bedingung mag der Beschuldigung Hardenbergs der Wiedertäuferei zugrunde liegen.
5. Dieser Ablehnung jedes Sakramentsautomatismus entspricht die starke Betonung des Glaubensunterrichts vor der Taufe (bei Erwachsenen) sowie nach der Taufe (bei Kindern und Erwachsenen) durch die Verkündigung, durch den „Besonderen Katechismus", durch das christliche Gespräch oder durch die Gottesdienstübung.
6. Die Konfirmation der getauften Kinder soll nach Unterricht vor der Gemeinde geschehen mit Bekenntnis, Gebet, Handauflegung und Abendmahlsempfang.

---

[65] Idem.

KAPITEL 6

DAS ABENDMAHL

6.1 *„Glaubensbekenntnis plattdeutsch", 1556*

Auf Taufe und Konfirmation folgt im *Glaubensbekenntnis plattdeutsch*
das „heilige Abendmahl Christi". Zunächst wird verhältnismässig
ausführlich die äussere Verwaltung des Abendmahls behandelt,[1] dann
kurz das Wesen des Abendmahls,[2] und zuletzt führt Hardenberg zum
Beweis seiner Rechtgläubigkeit einige Briefe von Bucer an, unter
Hinweis auf dessen Übereinstimmung mit Luther.[3]

Die Ausführung bezüglich der Abendmahlspraxis führt fünf für die
Abendmahlsfeier konstitutive Elemente auf. Zuvor wird die Normativität
der Abendmahlsfeier Christi mit seinen Jüngern behauptet. Objektive
Norm auch für die äusseren Fragen ist das Verfahren, „wie es unser
lieber Herr gehalten hat". Normativ ist gleichfalls der Gedächtnisbefehl:
„Das tut zu meinem Gedächtnis". Mit Cyprian und Deut 4[,2] und
[1]2[,32] soll zu dem Gebot des Herrn nichts dazugetan und nichts
davongetan werden.[4]
1. Erstens soll das Abendmahl in einer Versammlung der Gemeinde
gefeiert werden, und zwar mit Dienern und Abendmahlsgängern, die
durch die Früchte ihres Glaubens erkennen lassen, dass sie wahre
Christen sind (1.Kor 5[,11]; 11[,17ff.27]).[5]
2. Die Kommunikanten sollen auf den Abendmahlsgenuss vorbereitet
werden durch Vermahnung und Belehrung. Mit den von jeher üblichen
biblischen Lektionen und Gebet soll zu Erkenntnis der Sünden und Reue

---

[1] *Glaubensbekenntnis plattdeutsch*, XVIII, 13^v-16^r.
[2] *Glaubensbekenntnis plattdeutsch*, XIX, 16^r-17^r.
[3] *Glaubensbekenntnis plattdeutsch*, XIX, 17^v-27^r.
[4] *Glaubensbekenntnis plattdeutsch*, XVIII, 13^v-14^r. Vgl.Cyprian, Ep.63,10; *CSEL*
32, 708f.
[5] *Glaubensbekenntnis plattdeutsch*, XVIII, 14^r; *in margine*: „van den deneren und
disgenoten". Eine Anspielung auf die Ausübung von Abendmahlszucht? Eine
Ablehnung der römisch-katholischen Winkelmesse?

angeregt werden und zu Hunger und Durst nach Gottes Gnade und nach der seligen Gemeinschaft und dem Leben Christi.[6]

3. Gemäss der biblischen Vorschrift, beim Passah nicht mit leeren Händen vor Gott zu erscheinen und nach dem Vorbild der alten Kirche, gehört zu der Abendmahlsfeier das Opfer für die Armen, Ex 23[,15]; 34[,20.26]; Deut 16[,10f.16f.].[7]

4. Zu ihr gehört ebenfalls die Danksagung. Da diese im Namen der ganzen Gemeinde stattfindet—also von der Gemeinde mitvollziehbar sein muss—soll sie „mit ernstlichen, schriftgemässen, klaren und für die Anwesenden verständlichen Worten" gesprochen werden. Der Diener soll die Gemeinde zu diesem Dankgebet und Lobpreis anfeuern. Auf die Danksagung folgen das allgemeine Gebet, das Bittgebet und die Fürbitte (1.Tim 2[,1]).[8]

5. Aus der Stiftung des Abendmahls durch Jesus ergeben sich schliesslich als konstitutiv für die Feier: das Aussprechen der Einsetzungsworte (d.h. die Heiligung des Sakraments, der Bericht über seine Einsetzung, die Vermahnung zum gottseligen Empfang desselben) und die Spendung der beiden Elemente, „welches alles dann mit dem Lobe Gottes beschlossen werden soll, wie auch der Herr getan hat" (Mt 26[,26-30]).[9]

Massgebend neben der Stiftung durch Christus ist die Abendmahls-praxis der Apostel, der heiligen Märtyrer und der alten apostolischen Kirchen und Väter.[10] Nach Letzteren soll das Nachtmahl nur zum Gedächtnis des Todes Jesu und zur Stärkung des Glaubens und Lebens in Christus gespendet und genossen werden.[11]

Der Nutzen des Abendmahls ist die Gemeinschaft, die Christus den Seinen mit sich selbst und untereinander schenkt. Es sei „einfach" auszugehen von 1.Kor 10[,16]: „Das Brot, das wir brechen (d.h.

---

[6] *Glaubensbekenntnis plattdeutsch*, XVIII, 14[r-v]; *in margine*: „wie de dissch-genoten tho bereiden"; „gebet by den auentmale".

[7] *Glaubensbekenntnis plattdeutsch*, XVIII, 14[v]; *in margine*: „offer bi den h.auentmale".

[8] *Glaubensbekenntnis plattdeutsch*, XVIII, 14[v]-15[r]; *in margine*: „dancseggen bi den h. auentmael".

[9] *Glaubensbekenntnis plattdeutsch*, XVIII, 15[r-v]; *in margine*: „de hilligenge edder dancksaggenghe der h.Sacramente".

[10] *Glaubensbekenntnis plattdeutsch*, XVIII, 15[v]-16[r]; *in margine*: „der olden kerken gebruuck bij den Sacram.". Verwiesen wird auf Apg 2[,42ff.]; 20[,7]; 1.Kor 10[,16ff.]; 11[,17ff.]; auf Justin, Irenäus, [Pseudo-]Dionysius [Areopagita], Ambrosius, Chrysostomus, Augustin und Gregor den Grossen.

[11] *Glaubensbekenntnis plattdeutsch*, XVIII, 16[r]; *in margine*: „Dat Sa[krament] tho genieten ingesettet".

heiligen, spenden und geniessen) ist die Gemeinschaft des Leibes Christi und der Kelch die Gemeinschaft seines Blutes".[12] Im Abendmahl manifestiert sich die Gemeinde als Leib Christi: Brot und Wein sind „eine solche Gemeinschaft, durch die wir immer mehr seines Fleisches, Blutes und Gebeines werden, wir mehr in ihm bleiben und leben, und er mehr in uns, und wir in ihm ein Leib und ein Brot sind" (Eph 5[,29-32]; 1.Kor 10[,17]).[13] Mit Irenäus[14] u.a. sei im Sakrament zwischen einer irdischen und einer himmlischen Sache zu unterscheiden. Das Irdische, Brot und Wein, bleibt in seiner Natur und Substanz unverändert (auch nach Gelasius)[15]. Das Himmlische ist der wahre Leib und das wahre Blut Christi, der ganze Jesus Christus selbst, wahrer Gott und Mensch. Ohne den Himmel zu verlassen und ohne natürliche Vermischung (*naturalis mixtio*) mit und örtliche Einschliessung (*localis inclusio*) in den Elementen, gibt dieser sich „auf himmlische Weise"—der Glaube bleibt unerwähnt—zur Speise und Wohnung des ewigen Lebens und zur Vergewisserung der Auferstehung.[16] „Ich lehre, dass an solchen einfachen, Schriftgemässen[17] Bekenntnissen festzuhalten sei". Weitere „unnütze" Fragen—wie die nach der Art der Präsenz und der sakramentalen Union—sind zur Verhütung von Zank und Erbitterung dem Herrn zu überlassen.[18]

Um einer papistischen und zwinglianischen Missdeutung seiner Abendmahlsauffassung vorzubeugen,[19] führt Hardenberg darauf in seinem *Glaubensbekenntnis plattdeutsch*, auf lateinisch und plattdeutsch,[20] den Brief an, den Bucer ihm am 22.Oktober 1549 schrieb bezüglich seiner Bitte vom August 1549 um einen anständigen Prediger für die niederländische Flüchtlingsgemeinde in London.[21] Der Brief, der im Hinblick auf

---

[12] *Glaubensbekenntnis plattdeutsch*, XIX, 16[r-v].
[13] *Glaubensbekenntnis plattdeutsch*, XIX, 16[v].
[14] Irenäus, *Adversus haereses* 4, 18,5; 5, 2,2; *MSG* 7, 1028f., 1124f.
[15] Gelasius, *De duabus naturis* 3, 14; vgl.A.Thiel, *Epistolae Romanorum Pontificum* 1, 1868, 541 (vgl.*BDS* 17, 136, Anm.133).
[16] *Glaubensbekenntnis plattdeutsch*, XIX, 16[v]-17[r].
[17] *In margine* neben den oben zitierten Stellen: Luk 22[,17ff.]; Mark 14 [,22-25]; Joh 16 [=6,48ff.]; 1.Kor 11[,23-26].
[18] *Glaubensbekenntnis plattdeutsch*, XIX, 17[r].
[19] *Glaubensbekenntnis plattdeutsch*, XIX, 17[v]: „Dat auerst desse myne meninghe und leer, van den h.Sacramente, nicht papistischer, noch ock Sacramentuerachtiker wyse verstaen en werde, auerst den vromen tho merer eyndracht denen moeghe...".
[20] *Glaubensbekenntnis plattdeutsch*, XIX, 22[v]: „na mynnen ˙vermengeden auerJselschen und freesh sassischen duyssche".
[21] Nr.107, Bucer-Hardenberg, 22.10.1549; Nr.105, ders.-dens., 14.8.1549.

die Wahl des gewünschten Predigers den Kern der bucerischen Abendmahlslehre enthält, soll als Auslegungskanon für die hardenbergische
dienen.[22]

Was schrieb Bucer? Zunächst wird die ekklesiologische Bedeutung des
Sakraments betont. Im Abendmahl wie in der Taufe schenkt der Herr
sich selbst, als Gott und Mittler, und macht er uns zu Gliedern seines
Leibes.[23] Dieser Gemeinschaft wird man allein durch den einigen[24]
Glauben teilhaftig, und nicht auf irgendeine Weise unserer heutigen Welt
(„nulla ratione huius seculi"). Der Glaube umfasst und geniesst seinen
Christus und isst und trinkt ihn wahrhaft.[25] Die Natur von Brot, Wein
und Taufwasser bleibt unverändert, denn der Herr hat nicht zu den
Symbolen, sondern zu seinen Jüngern gesagt: „Nehmet, esset". Die
lutherische *localis inclusio* ist damit abgelehnt. Der Leib Christi ist
ebensowenig in den Zeichen eingeschlossen oder ans Brot geheftet, wie
der Heilige Geist an den Atem aus Christi Munde gebunden war, als
Jesus ihn seinen Jüngern schenkte, indem er sie anblies [Joh 20,22]. Die
Zeichen reichen nur etwas dar: „Exhibitiva modo[26] signa haec sunt":
„Het synt allene daerrekende h.teijkene".[27]

Dennoch, das „modo" bedeutet eine Einschränkung nach zwei Seiten
hin. Ebensogut wie es die lutherische Einschliessung ablehnt, wird damit
der zwinglianische Symbolismus abgewiesen. Die *exhibitio* oder
Darbietung der wahren Gemeinschaft Christi erfolgt „re ipsa", „met
derdaet und in der waerheit", aber „sola fide et viva".[28] Über die Art
der Präsenz und den himmlischen Ort der Regierung Christi will Bucer
nicht disputieren. Auch die Art der sakramentalen Union lässt er
unberücksichtigt. Nur soll der Gemeinde nicht ihr Haupt Christus
genommen werden und das Abendmahl *von* Christus *ohne* Christus
dargestellt werden. Die *simplicitas* von Joh 6,56 ist ihm genug: „Wer
sein Fleisch isst und sein Blut trinkt, der bleibt in ihm und er in ihm".

---

[22] *Glaubensbekenntnis plattdeutsch*, XIX, 20^v-25^r.

[23] Nr.107, Bucer-Hardenberg, 22.10.1549, 217f.

[24] *Glaubensbekenntnis plattdeutsch*, XIX, 21^r: „una fide", fehlerhaft für „viva
fide".

[25] Nr.107, s.vorvorige Anm., 217.

[26] Vgl.Pollet, *Bucer correspondance* 1, 217, Anm.5: „Ici au sens restrictif (par
opposition à: *continentia*)".

[27] *Glaubensbekenntnis plattdeutsch*, XIX, 23^r; Nr.107, Bucer-Hardenberg,
22.10.1549, 217.

[28] *Glaubensbekenntnis plattdeutsch*, XIX, 23^{r-v}: „Der haluen isset sake dat wy de
ware gemenscap Christj () hier ock in dem auentmale erkennen, alss dat se unss, *re
ipsa*, met derdaet und in der waerheit hier gegeuen werde"; Nr.107, s.vorige Anm.,
217.

„Niemand nehme mir diese Gegenwart des Herren und diese Gemeinschaft mit ihm", so Bucer in seinem Schreiben an Hardenberg.[29]
    Mit der Anführung dieser Matrize für sein eigenes Abendmahls-
verständnis beabsichtigt Hardenberg noch mehr. Noch davon abgesehen,
dass der Bucer'sche Mittelweg zwischen gnesiolutherischer Über-
bewertung und zwinglianischer Evakuation des Sakraments ihm eine
geeignete Einigungsgrundlage im Bremer Abendmahlskonflikt scheint[30]
—Hardenberg will über Bucer hinweg die Autorität Luthers und dessen
Abendmahlslehre beanspruchen, zu welcher Bucer sich in der *Wittenberger Konkordie* (1536) bekannt hatte. „Bucer ist aber der Meinung
gewesen, die der ehrwürdige und hochgelehrte Doktor Martin Luther
vertrat, gemäss dem Vertrag und der Konkordie, die sie in Wittenberg
anno 1536 oder 1537 aufgestellt haben".[31]
    An dem Nachweis dieser Übereinstimmung liegt Hardenberg viel.
Beweis ist der ungekürzt angeführte Brief Bucers vom 31.Januar 1551 an
Johann Kenkel, Bruder des Bremer Bürgermeisters Detmar Kenkel: „Mit
meinem allerheiligsten Vater Luther", so Bucer, „haben wir in Wittenberg eine einhellige Konfession aufgestellt—darin bewahre mich Gott—,
von welcher viele nicht so weit entfernt sind, wie sie um der Verschiedenheit der Worte wegen zu sein scheinen".[32] Dazu kommt Bucers
persönliche Versicherung an Hardenberg, in Strassburg (1544)[33] und
Cambridge (1550),[34] er habe gewiss auch „nach Abschluss des Vertrages

---

[29] Nr.107, s.vorige Anm., 217f.
[30] *Glaubensbekenntnis plattdeutsch*, XIX, 25^{r-v}: „und iss in sunderen dit de
meninghe dat jck van herten gerne segen dat wij prediker dess wordss und de
twysstigen kerken mochte, durch de barmherticheit godss weder toe eyner saliger
eyndracht komen want wy leyder altoe langhe gesanket hebben"; „mij dunkt, men
koene wth dessen breue ia wal verstaen woe, und welker wyse unss dat ware lijff
unserss heren, und syn ware bloet in der waerheit gegeuen werde".
[31] *Glaubensbekenntnis plattdeutsch*, XIX, 17^v-18^r.
[32] Bucer-Johann Kenkel, 31.1.1551, A in: *Glaubensbekenntnis plattdeutsch*, XIX,
18^{r-v} (lateinisch): „Cum sanctissimo patre meo Luthero constituimus Wittenbergae
consentientem confessionem, in illa servet me deus, a qua re ipsa multj non tam ab
sunt quam propter diversa verba abesse videntur"; 18^v-19^r (übersetzt „in mynen
boesen Duysche"). Vgl.*supra*, I.2, Anm.42.
[33] *Glaubensbekenntnis plattdeutsch*, XIX, 20^r: „Jck syn van godss wegen ock
gewysse dat syne meninghe nicht anderss gewest en iss soe he my vake bekant, alss
Jck met em wonde und in der kamer wass langher dan sess maenden tho Straesburg";
vgl.*supra*, S.19.
[34] *Glaubensbekenntnis plattdeutsch*, XIX, 20^{r-v}: „Ock hebbe Jck em gevraghet tho
Cantelberch alss ick daer by em wass in den 50.Jaer, off nicht de breef, soe he my
dess voerringen Jaerss gesandt hadde (= Nr.107, Bucer-Hardenberg, 22.10.1549), de
meninghe der vereyninghe (= der *Wittenberger Konkordie*) met sick en brachte, Daer
he, met godss waerheit tho antworde, wie Ick noch met leuendighe loffwerdigen tügen

keine andere Meinung gehabt noch gelehrt, obschon die Worte nicht immer übereinstimmten". Der bewusste Bucerbrief vom 22.10.1549, zu dem sich Hardenberg bekennt, bedeutet also, als Wiedergabe der Konkordienformel, die konfessionelle Beglaubigung von Hardenbergs Abendmahlsauffassung. Hardenberg stimmt der Wittenberger *Formula* zu[35] und beruft sich letzten Endes auf die ihm (1543/44) in persönlichen Unterredungen gemachten Eingeständnisse von Luther selbst.[36] Unter Anführung von Luthers Brief an die Schweizer Städte vom 1.Dezember 1537[37] ruft er dazu auf, Luthers Rat zu befolgen, sich miteinander zu vertragen, bis dass ein Gelehrtenkolloquium die Sakramentslehre auf eine einfache Formel gebracht habe.[38] Einstweilen finde er „keine Meinung einfacher, simpler und besser" als die gerade wiedergegebene,[39] die mit den Anschauungen Bucers und Luthers übereinstimmt.[40]

Nach dieser allgemeineren Übersicht anhand des *Glaubensbekenntnis plattdeutsch* ist die Frage berechtigt, wie sich Hardenberg *en détail* über das Abendmahl geäussert habe. Gehen wir jetzt auf seine Abendmahls-schriften näher ein, in chronologischer Reihenfolge.

---

bewysen kan, dat he dat nicht anderss en vüste, soe vele he sick bedenken konde, dan wt syn breef den verdrage geweten were, weer ock gewysse dat he nha den verdraghe nene ander meninghe gehat noch geleert"; vgl.*supra*, I.3, Anm.63, und *infra*, III.4.

[35] *Glaubensbekenntnis plattdeutsch*, XIX, 25ᵛ: „gewysse exhibition () und ontfanginghe, ... nicht eyn ledich idel denst, edder ledighe symbola"; dem Herrn wird „nicht unwerdigess () tho gelecht"; die Formel lehrt nichts gegen die „pure reyne eynuoldicheit" des Glaubens. Die *Wittenberger Konkordie* in: *BDS* 6,1, 114-134.

[36] *Glaubensbekenntnis plattdeutsch*, XIX, 26ʳ; vgl.*supra*, I.1, Anm.93; *infra*, III.2, Anm.55.

[37] „den welken my de Bucerus in syner kamer gewyset", *Glaubensbekenntnis plattdeutsch*, XIX, 26ᵛ-27ʳ, auch angeführt in Nr.212, Hardenberg-Domkapitel, 18.2.1557, 4f. Der Brief: *WA Br.*8, 149-153; vgl.dazu Bizer, *Abendmahlsstreit*, 208-210.

[38] *Glaubensbekenntnis plattdeutsch*, XIX, 27ʳ⁻ᵛ; Hardenberg unterstreicht in Luthers Brief die Sätze: „Doch woë wy hier inne ein den anderen nicht soe gantzelick verstonden, Soe sy idsunder dat dat beste, dat wy gegen den anderen fruntlick synnen, unde unss Juwer güedss tegen den anderen verseen, bet ter tyt, dat sick, dat drüp water sette etc." (= *WA Br.*8,152).

[39] *Supra*, S.195f.

[40] *Glaubensbekenntnis plattdeutsch*, XIX, 27ᵛ.

Ergebnisse II.6.1

1. Nach der auch für die Abendmahlspraxis normativen Einsetzung des Nachtmahls durch Christus sind für die Abendmahlsfeier konstitutiv: (a) eine Feier von wahren Christen in einer Versammlung der Gemeinde; (b) die Vorbereitung der Kommunikanten; (c) das Opfer für die Armen; (d) Danksagung und Gebet; (e) das Aussprechen der Einsetzungsworte, die Austeilung der beiden Elemente und die Lobpreisung. Die Feier dient zum Gedächtnis vom Tod Christi und zur Stärkung des Glaubens und des christlichen Lebens.
2. Der Nutzen des Abendmahls ist die Gemeinschaft, die Christus den Seinen schenkt, und zwar mit sich selbst (1.Kor 10,16: das Brot ist die *Gemeinschaft* des Leibes Christi) und untereinander (1.Kor 10,17: die Gemeinde ist der eine Leib Christi).
3. Das Abendmahl enthält ein irdisches Element und ein himmlisches Element (Irenäus): die in Natur und Substanz unveränderten Elemente und den Gottmensch Jesus Christus, der sich „himmlischerweise" zur Speise des ewigen Lebens gibt. Weitere Fragen, wie nach der Art der Präsenz und der sakramentalen Union, sind unnütz.
4. Zum Beweis seiner Rechtgläubigkeit beruft sich Hardenberg auf Bucer, dessen Mittelweg zwischen gnesiolutherischer örtlicher Einschliessung und zwinglianischem Symbolismus—nämlich die *vera communio Christi sola fide* kraft der exhibitiven Funktion der Zeichen—ihm die geeignete Einigungsgrundlage im Bremer Abendmahlskonflikt scheint.
5. Hardenbergs beachtenswert untermauerter Hinweis auf Bucers lebenslang beibehaltene Übereinstimmung mit Luther in der *Wittenberger Konkordie* von 1536, sowie Hardenbergs Berufung auf die *Formula* und auf Luther selbst sollen der weiteren konfessionellen Beglaubigung seiner Abendmahlslehre dienen.

6.2 „*Sententia de praesentia*", *[14.1.]1548*

Hardenbergs erstes Abendmahlsbekenntnis, welches er dem Bremer Rat einreichte, weil dieser ihn des Zwinglianismus beschuldigt hatte,[41]

---

[41] HB 3d, *Sententia de praesentia*, [14.1.]1548. S.*supra*, S.33. Der vollständige Text der *Sententia*: *infra*, S.472-474.

äussert sich über die Gabe des Abendmahls und die Art der Gegenwart Christi.[42] Zunächst folgt eine Wiedergabe des Inhalts.

Die Gabe des Abendmahls ist „der ganze Christus, Gott und Mensch, mit all seinen Gütern".[43] Im Abendmahl werden weder bloss geweihte Zeichen,[44] noch allein die Wohltaten Christi gegeben und empfangen.[45] Letztere könnten uns nicht nützen, als nicht zuvor Christus selber uns wirklich zuteil würde. Die Begriffe „virtus" und „substantia" werden verwendet: Christus ist der Inhalt und die Substanz („materia et substantia coenae"), seine Wohltaten sind die Kraft und die Wirkung des Abendmahls („vis et efficacia coenae"). Ganz komprimiert heisst es: „Darum lehre ich, dass die Substanz im Abendmahl an die Kraft gebunden ist" („Ideo doceo substantiam virtuti esse in coena adiunctam"). Das will besagen, wie sich herausstellen wird, dass die Partizipation an der Substanz, die Christusgemeinschaft, nicht eine ontologische, sondern eine virtuelle, durch den Heiligen Geist vermittelte, sei. „Die Gabe des Abendmahls ist also zweierlei: Christus selbst als Quelle, und dann die Wirkung seines Todes".[46]

Die wahrhafte Präsenz des ganzen Christus im Abendmahl will Hardenberg nachdrücklich betont wissen: „weil wir ohne den wahren Christus selbst keinen Anteil haben an seinen Wohltaten". Das Sakrament wäre unnütz, wenn es die „wahre Christusgemeinschaft" nicht darbieten würde. Die Gemeinschaft gilt nicht nur Christi Geist, sondern, mit Irenäus, Hilarius und dem Nizäischen Konzil, dem ganzen Christus. „Er will als Ganzes unser Eigentum sein" („Vult totus possideri"). Christus hat seinen Geist als unser Leben bezeichnet [Joh 7,37f.] und sein Fleisch als unsere Speise [Joh 6,55]. „Deshalb sollen wir seinen Leib und sein Blut essen als die eigentliche, besondere Speise". Das Abendmahl ist davon Zeugnis und Darbietung („testimonium et exhibitio").[47]

Auf die Frage nach dem Sinn der Einsetzungsworte, d.h. „auf welche Weise das Brot der Leib und der Wein das Blut des Herren sei", antwortet Hardenberg, dass Brot und Wein heilige sichtbare Zeichen

---

[42] Vgl. Wagner, 40f.; Planck, *Lehrbegriff*, 143ff.; Walte, *Mittheilungen* 1, 37f.; Neuser, 146f.

[43] *Sententia de praesentia*, 89.

[44] So Zwingli.

[45] So der junge Bullinger.

[46] *Sententia de praesentia*, 89.

[47] Idem; „Atque hactenus non video quid in suspicionem vocetur".

sind, die uns den Leib und das Blut Jesu vorweisen und darbieten („repraesentare et exhibere").[48]

Einerseits hütet sich Hardenberg vor einer materialistischen Deutung des „est" in den Einsetzungsworten. „Leib" und „Blut" sind nur Namen, die den Zeichen beigelegt sind („nomina signis attributa"). Die Elemente fungieren nur als Instrumente, durch welche die Spendung stattfindet.[49] Die Gleichsetzung von Zeichen und Sache ist eine übliche Redeweise. Hardenberg verweist auf das Bild der Taube, in der der Heilige Geist unsichtbar erschien. Doch scheute sich Johannes nicht zu sagen, er habe den Heiligen Geist selber gesehen [Joh 1,32]. In diesem Sinne kann auch das Brot mit Recht „Leib" genannt werden, aber nur weil es dessen „signum exhibitivum" sei. Christus ist nicht „physica ratione" im Brot eingeschlossen oder mit dem Brot identisch. Jede fleischliche Vorstellung sei auszuschliessen, damit die Seele in die Höhe erhoben werde („animum sursum").[50]

Anderseits hütet sich Hardenberg vor der rein signifikativen Deutung des Abendmahls. Das Brot heisst Christi „Leib", aber nicht so sehr, „weil es dies nur bezeichnet". Die Taube, die Johannes sah, war nicht eine leere Gestalt („inanis figura"), sondern ein gewisses Zeichen der Gegenwart des Heiligen Geistes. „Gleichfalls gibt es im Abendmahl ein geistliches Geheimnis, das weder mit den Augen gesehen, noch mit der Vernunft begriffen, sondern durch heilige Symbole (die allerdings für das Auge warnehmbar sind) gezeigt wird". Die Elemente sind also nicht lediglich Symbole, leer und eitel („nudus", „inanis"), sie sind verbunden mit der Wahrheit und Substanz der Zeichen: „Ita tamen ut non sit symbolum simplex et nudum, sed veritati et substantiae suae coniunctum". Das Brot ist Sakrament, „signum exhibitivum", schenkendes oder darreichendes Zeichen. Zeichen und Substanz sollen weder getrennt noch gemischt, sondern unterschieden werden, aber so, dass das eine nicht ohne das andere gewährt wird. „Darum wird die innere Substanz des Sakraments mit den sichtbaren Wahrzeichen verbunden".[51]

Es geht Hardenberg vor allem um die wirkliche Präsenz und Exhibition Christi, sowie um die wirkliche Partizipation an ihm. Das Teilhaftigwerden gilt nur für den Glaubenden, der das Sakrament nach dem vorgeschriebenen Brauch feiert. Hardenberg: „Ich glaube und lehre also, dass, wenn wir gemäss der Einsetzung des Herrn das Sakrament gläubig

---

[48] *Sententia de praesentia*, 89f.
[49] *Sententia de praesentia*, 90.
[50] Idem.
[51] Idem.

und seinem Befehl entsprechend empfangen, wir auch der Substanz des Leibes und Blutes Christi wirklich teilhaftig werden. Auf welche Weise das geschieht, das vermögen die einen besser zu erklären als die andern. Ich lehre einfach, dass wir wirklich teilhaftig werden. () Wir müssen bedenken, () dass [Christi Leib] uns jedoch auf diese Weise wirklich gegeben wird, innerlich durch die geheime und wunderbare Kraft Gottes, äusserlich durch den Diener, und dass der Heilige Geist das Band dieser Partizipation ist".[52]

Über die *manducatio impiorum* (Niessung der Gottlosen) will Hardenberg nicht disputieren: „Ich schaffe dem Herrn ein gläubiges Volk, das zum Abendmahl kommt". Die Speise ist den Gläubigen zugedacht, nicht den Ungläubigen. Ebenfalls auf die Frage der Scholastik, was eine Maus im Tabernakel frisst, will er nicht eingehen.[53] Er weiss sich im Einklang mit der altkirchlichen Tradition, aus der er abschliessend den Abendmahlskanon des Nizäischen Konzils anführt: „An dieser hochheiligen Tafel sollen wir nicht niedrig an dem vor uns ausgelegten Brot und Wein orientiert sein, sondern mit erhobenem Sinne und einem in den Himmel erhobenen Glauben darauf sinnen, dass auf diesem heiligen Tisch das heilige Lamm Gottes liegt, das der Welt Sünde trägt, das nicht wie die Opfertiere von den Priestern geopfert wird. Wenn wir seinen wirklich kostbaren Leib und sein Blut nehmen, glauben wir, dass diese die Symbole unserer Auferstehung sind".[54]

Ergebnisse II.6.2

Folgendes lässt sich bezüglich der *Sententia de praesentia* vom [14.1.]1548 feststellen.
1. Sowohl eine natürliche Präsenz Christi im Abendmahl als auch ein blosser Symbolismus werden abgelehnt.
2. Die signifikative Deutung des „est" in den Einsetzungsworten wird zu einer Exhibitiven vertieft. Die Zeichen haben eine instrumentale, exhibitive (schenkende, darreichende, darbietende) Funktion, wie die Taube, in der Johannes den Heiligen Geist sah.

---

[52] Idem; „existimemus () corpus Christi, vere tamen eo nobis dari occulta et mirabili dei virtute intrinsecus, per ministrum autem extrinsecus, Sanctum spiritum esse vinculum huius participationis".
[53] *Sententia de praesentia*, 90f.
[54] *Sententia de praesentia*, 91.

3. Die Präsenz ist Personalpräsenz: der ganze Christus ist nach beiden Naturen mit all seinen Wohltaten wirklich gegenwärtig als der Inhalt und die Substanz des Abendmahls.

4. Diese Gegenwart ist das Werk des Heiligen Geistes.

5. Sie ist vom Glauben und vom legitimen Gebrauch bedingt.

6. Die *praesentia spiritualis* (geistige Präsenz) ist virtuelle oder geistliche Präsenz: durch die verborgene und wunderbare Kraft Gottes („virtus Dei", den Heiligen Geist) als das Band der Partizipation („vinculum participationis") werden die Gläubigen der Substanz des Leibes und Blutes Christi teilhaftig („substantiae corporis Christi et sanguinis participes"). Im Hintergrund liegt der Gedanke der Einverleibung in den Leib Christi, sowie der Gedanke (obwohl die Begriffe noch fehlen) des Mehrwerts der sakramentalen Niessung über der geistlichen Niessung.

7. Hinsichtlich der Niessung der Gottlosen ist Hardenberg zurückhaltend.

6.3 *Sonstige Äusserungen vor dem Ausbruch des Ubiquitätsstreits, 1551 und 1556*

Im Herbst 1556 führt Timann die brenzische Christologie als Grundlage für seine Ubiquitätslehre ins Feld.[55] Hardenbergs Äusserungen zum Abendmahl aus dem vorangehenden Zeitraum (1548-1556) beziehen sich —zur Entkräftung der Beschuldigung, dem Zwinglianismus anzuhängen— meist auf die Schriften von für die Lutheraner für akzeptabel gehaltenen Theologen wie Bucer, Melanchthon u.a. Kurz werden hier behandelt: das *Gutachten bezüglich der Täufer*[56] (6.3.1); die teils ermittelten Geständnisse Hardenbergs vor dem Bremer Rat um Ostern 1556[57] (6.3.2), und das *Bekentenisse met korten worden*[58] (6.3.3).

6.3.1 *„Gutachten bezüglich der Täufer"*, [1551]

Der Abendmahlsparagraph des *Gutachtens* ist in diesem Sinne aufschlussreich, dass die darin gegen die täuferische Anschauung erhobenen Beschwerden auch gegen die zwinglianischen Anschauung vorgebracht werden könnten. Das Handeln der gläubigen Gemeinde bleibt beim

---

[55] Vgl.*supra*, S.51f.
[56] HB 4, [1551].
[57] Vgl.*supra*, S.49f.
[58] HB 8, [gegen Ostern 1556].

Abendmahlsgeschehen im Hintergrund, so Hardenberg im *Gutachten*. Der Gabecharakter des Abendmahls geht seinen kommemorativen und ekklesiologisch-ethischen Aspekten voran. Das Nachtmahl ist nicht nur Gedächtnismahl, ein „flüchtiges und leeres Trinken des abwesenden Christus". Es dient ebenfalls nicht lediglich als Distinktive der Welt gegenüber, „wodurch sich einfach nur die Christen von den Nichtchristen unterscheiden". Auch ist das Abendmahl mehr als nur ein Mittel zur Verstärkung und Belebung der Gemeinschaft untereinander, wodurch „die Brüder sich gegenseitig erkennen und zur Liebe reizen sollen". „Prinzipaliter und zuerst über den anderen Stücken" ist das Abendmahl, gemäss seiner Einsetzung, wirkliche Gemeinschaft mit Christus, „welche auch die Gemeinde Gottes dort in Wahrheit geniesst, isst und trinkt".[59]

6.3.2 *Bekenntnisse auf dem Bremer Rathaus, um Ostern 1556*

Bucers „Einfaltigs bedenken", 1543

Hardenbergs erste Bezugnahme gegenüber dem Rat, gegen Ostern 1556, gilt dem *Einfaltigs bedenken* von 1543,[60] dessen Abschnitt über das Abendmahl Bucer verfasst hatte.[61] Der fragliche Passus[62] enthält die folgenden Elemente: die wahre Gemeinschaft Christi wird vom Herrn selbst geschenkt; er macht uns immer mehr zu Gliedern seines Leibes; das ist ein „himmlisches Werk" und „Sache des Glaubens"; das Brot ist himmlische Speise; fleischliche Gedanken sind auszubannen:

> „Der her selbss gyfft daer syn lyff und bloet dat se in em ewich bliuen unde leuen schoelen, und he in em, daer met se ymmer vollenkomener syne geleder syn, und alle hülp by Christo süeken und van em entfaen, de sich seluest tho eygen met desser tuchenisse gijfft. Unde nha dem desse auergeuinghe und ontfanginghe dess liuess und blodess Christj eyn hemmelsch werck und eyn handel dess gelouess iss, sullen de luede alle fleisschelike gedanken wthslaen in desser geheymniss und met herteliken begerten und aller dancberheijt, desse ware hemmelsche spise unde selighe gemenscap unsers enigen heilandess und heren ontfangen und nieten".[63]

---

[59] *Gutachten bez.d.Täufer*, X, 82^{r-v}.

[60] Vgl.*supra*, S.49.

[61] HB 24, *Collectanea Buceriana*, [zw.13.4.u.23.6.1557], 33^r; Köhn, *Entwurf*, 68f.

[62] Bucer, *Einfaltigs bedenken*, Ausg.1544, 96b (Ausg.1972: 144); *Collectanea Buceriana*, 33^r.

[63] *Collectanea Buceriana*, 33^r.

Weitere Bucerzitate

Am Palmdienstag zum zweitenmal nach seinem Bekenntnis gefragt, bezieht sich Hardenberg auf die in Timanns *Farrago* angeführten Aussagen von Bucer, Melanchthon u.a.[64] Die Bucerzitate[65] fügen dem bereits Angeführten noch hinzu: Christus ist wirklich gegenwärtig mit all seinen Verdiensten, „hier in unserer Mitte";[66] nach Joh 6,56 („Wer mein Fleisch isst und mein Blut trinkt, der bleibt in mir und ich in ihm") und Joh 14,18.23 („Ich komme zu euch; mein Vater und ich werden Wohnung bei euch nehmen") ist Christus gerade als wahrer Mensch „mit uns und in uns";[67] Christi Leib und Blut werden „mit () Brot und Wein" gegeben und empfangen.[68]

Melanchthons „Confessio Saxonica", 1551 und „Examen ordinandorum", 1552

Die Berufung auf die von Melanchthon verfasste *Confessio Saxonica* von 1551 erbringt den Ausdruck „substantialiter adesse": „in usu instituto, in hac communione vere et substantialiter [adest Christus]".[69] Das besagt auch das gleichfalls angeführte *Examen ordinandorum*, dass Christus „wharhafftiglich unde wesentlich bey uns und yn uns seyn wil und wil in den Bekerten wonen (Joh 15[,14])".[70] Damit wird allerdings nicht die wesentliche Identität von Brot und Leib, sondern die Personalpräsenz Christi gelehrt. Von der Substanz des Leibes oder des Brotes ist nicht die Rede.

---

[64] S.*supra*, S.49f.
[65] Ein Zitat aus Bucers Brief an Johann Kenkel vom 31.1.1551 (s.*supra*, Anm.32), in: Timann, *Farrago*, 369; zwei Zitate aus (Hardenbergs eigener (!) Übersetzung von) dem *Einfaltigs bedenken*, dem *Simplex ac pia deliberatio*, 83, 85, in: *Farrago*, 369f.; drei Zitate aus Bucers Kommentar zu Mt 26, wovon zwei aus der Ausgabe 1553 des grossen Evangelienkommentars (1530), Stupperich, *Bibliographia Bucerana*, Nr.28b, in: *Farrago*, 250 u.370.
[66] Timann, *Farrago*, 370; Bucer, *Simplex ac pia deliberatio*, 85.
[67] Timann, *Farrago*, 250.
[68] Timann, *Farrago*, 370.
[69] *Declaratio*, 46^{r-v}; CR 28, 418; MWA 6, 130, 9f.. Vgl.*supra*, I.3, Anm.136.
[70] *Declaratio*, 46^v; CR 23, 66; MWA 6, 202, 28ff.

Die Strassburger oder „Korte Confession"

Interessant ist Hardenbergs Bezugnahme auf das im *Farrago* zitierte sgn. *Bekenntnis der Prediger zu Strassburg*,[71] in dem die Dualität von *signum* und *res signata* vertieft wird, indem Zeichen und bezeichnete Sache *sacramentaliter* miteinander verbunden werden. Es ist die Eigenschaft des Sakraments, so das *Bekenntnis*, mit den sichtbaren Zeichen die unsichtbaren Gaben mitzuteilen. Es wird auf den Unterschied zwischen mündlicher und geistlicher Niessung (*manducatio oralis* und *spiritualis*) angespielt: die Einsetzungsworte richten das Auge auf das Zeichen, den Glauben aber auf die bezeichnete Sache.[72]

Die Herkunft dieses von Timann aufgenommenen Bekenntnisses ist unklar. Es soll sich allerdings um die *Confessio Tetrapolitana* von 1530[73] handeln, denn Hardenberg bemerkt, die Schrift sei „von Bucer und den Strassburger Kirchen stammend, in Schmalkalden von Luther und allen, die dort waren, für gut befunden, auf Grund dessen die Strassburger in den Bund aufgenommen wurden".[74] Handelt es sich um eine Zusammenfassung (Timanns?) des Abendmahlsartikels?[75].

Hardenberg legt grossen Wert auf diese Strassburger Konfession. Um einige Zusätze „wegen der Deutlichkeit" erweitert—hinsichtlich der Bedeutung des Konsekrationswortes, des rechten Brauchs und des sakramentalen Charakters—hält Hardenberg sie ab 1557 unter dem Namen *Korte Confession* für die definitive Erklärung seiner eigenen Abendmahlsanschauung.[76] Im Jahre 1560 hängt er sie—mit einem Anathema über „denjenigen, der seine Confession () hinweg thut"—an die Kanzel des Domes,[77] wo Pezel sie noch 1591 gesehen hat.[78] Ihrer

---

[71] Timann, *Farrago*, 420f.

[72] Timann, *Farrago*, 420f.

[73] Stupperich, *Bibliographia Bucerana*, Nr.35; Müller, *Bekenntnisschriften*, 55-78; BDS 3, 122-134 (*De Eucharistia*).

[74] Nr.224, Hardenberg-Domkapitel, 23.6.1557, 731; vgl.*Declaratio*, 46ᵛ-47ʳ.

[75] Der vollständige Abendmahlsartikel der *Tetrapolitana* in: Pollet, *Bucer correspondance* 1, 45-54 und BDS 3, 122-134.

[76] HB 25: *Korte Confession*, [vor 23.6.1557]. Vgl.Nr.224, s.vorvorige Anm., 735, 737; HB 25d, *Confessio nach der straesbergeschen bekanteniss*, [nach 13.4.1557], 33ᵛ-34ʳ. *Declaratio*, 47ʳ: „ea ita habet nisi quod ego in principio quaedam praemisi perspicuitatis causa".

[77] Vgl.der vollständige Titel, HB 25: *Korte Confession suggestui affixa*.

[78] Moltmann, *Pezel*, 19, Anm.12; vgl.Wagner, XXXII, 293f. *Declaratio*, 47ʳ: „Hanc confessionem et Senatui tunc approbaui et prorsus pro mea habui et hodieque habeo, et saepe illam in Ecclesiam recitaui et omnibus volentibus in tabula depictam ostendi, et saepissime descriptum (vgl.HB 25a-l) petentibus distribui et utre iudico quod sit ipse sensus verborum Domini de sacra sua Coena".

Bedeutung wegen wird die *Korte Confession* hier vollständig angeführt.
Die von Hardenberg selbst stammenden Stellen sind eingeklammert.

„[Brot und wyn jm worde godss vervattet, synt im rechten gebrüke dess auentmals
dat lyff unn bloet Christj in eynen hilligen verborgenen sacramente, daer unss dat
sulvighe met allen synen verdensthen unn genaden tho eynen testamente auergeuen
wert,] wo dat de aert der Sacramente iss, datt unss mit sichtbaren tekenen de
onsichtbaren gauen godss mede gedeelt werden, durch den diener densteliker
maten, durch den heren seluest voernemelick. Dat bekennet alsoe de hillighe Paulus
door he dat brot breken gemenscap dess liuess, den kelck de gemenscap dess blodss
unserss heren noemt 1 Cor 10. Dudet alsoe dat wordeken dat (hoc) in den worden
dess heren hoc est corpus meum (Dat iss myn lyff) up twee dinghe, den ogen unn
der vernunfft uppet brot, den gelouen [(de uppet wort siet)] up dat [ware naturlike]
lyff dess heren".[79]

6.3.3 *„Bekentenisse met korten worden", gegen Ostern 1556*

Das gegen Ostern 1556 auf der Bremer Kanzel auf Verlangen abgelegte
Bekentenisse met korten worden[80] lässt sich als ein einigermassen
ergänztes Zitat des Abendmahlsparagraphen aus Bucers *Ein Summarischer vergriff* von 1548[81] identifizieren. Bucers Name wird verschwiegen; ein persönlicher Beginn und Schluss ist zugefügt („Ich glaube von
ganzem Herzen"; „Das ist meine Lehre")[82].

In der ersten Person Singular wird bekannt, dass das Brot im
Abendmahlsgeschehen die Gemeinschaft mit dem Leibe Christi sei, und
zwar mit Christus selber sowie—im ekklesiologischen Sinne—mit der
Gemeinde, indem diese bei der Abendmahlsfeier als Christi Leib offenbar
wird. Das Sakrament vereinige eine irdische und eine himmlische Sache
in sich. Die Elemente—das Irdische—blieben in Natur und Substanz unverändert. Das Himmlische—Jesus Christus in seinen beiden Naturen—
werde himmlischerweise gegeben, „doch so, dass der Herr deswegen den
Himmel nicht verlässt" und ohne *naturalis mixtio* und *localis inclusio*.[83]

---

[79] HB 25, *Korte Confession*, 33ᵛ.

[80] HB 8. Vgl.*De controversia*, 716: „Soe dede ick myne bekentenisse met korten
worden, alsoe dat se van velen ock van itliken Broetheren aff gescreven wort, daer
tegen se nicht en konden und iss de noch voer handen", so in SUB Hamburg: HB 8a.
Vgl.*supra*, I.3, Anm.134.

[81] Stupperich, *Bibliographia Bucerana*, Nr.96; *BDS* 17, (121-150) 136, „Zum
xix.". S.*infra*, III.4.2.3.

[82] HB 8, *Bekentenisse met korten worden*, 45ʳ; HB 8a, 44ʳ.

[83] HB 8, *Bekentenisse met korten worden*, 45ʳ⁻ᵛ; vgl.*BDS* 17, 136.

Auffallend sind Hardenbergs Zusätze zu diesem Bucerzitat. Einerseits spitzt er, dem lutherischen Standpunkt entgegenkommend, die wirkliche Gegenwart Christi noch einigermassen zu. Im Abendmahl handele es sich um den *wahren* Leib, das *wahre* Blut Christi, um die *wahre* Gemeinschaft.[84] Christus gebe sich „*wahrhaftig, gegenwärtig und wesentlich*" als Speise des ewigen Lebens,[85] so *gewiss* als Brot und Wein sichtlich empfangen würden.[86] Andererseits—noch nachdrücklicher—unterstreicht er, zur Verwehrung einer natürlichen Identität von Zeichen und Gabe, die Dualität im Sakrament. Das Sakrament vereinige zwei *verschiedene* Sachen in sich, die nur im *sakramentalen* Sinne miteinander verbunden seien. Dieser Tatsache entspreche *zweierlei Niessung*, „wie das die Art der Sakramente ist".[87] Brot und Wein würden in ihrer Substanz „eigentlich und wesentlich nicht" verändert, „doch nur sakramentalerweise". Christus verliesse den Himmel nicht *natürlicherweise*.[88] Der äusserliche Mensch empfinge sichtbar die geheiligten Zeichen. Christus gebe sich selber unsichtbar, und zwar zu einer Speise des neuen Menschen,[89] „durch den Dienst der Kirche, im heiligen Sakrament", „auf verborgene Weise in einem heiligen Geheimnis".[90]

Ergebnisse II.6.3

1. Ein Vergleich der Ansicht Hardenbergs aus dem Jahre 1551 und seiner Bezugnahme auf Bucer u.a. 1556 (6.3) mit der *Sententia de praesentia* von 1548 (6.2) zeigt eine unveränderte Grundposition sowie eine prägnantere Formulierung derselben auf.
2. Die Konstanten in Hardenbergs Abendmahlsanschauung bis Ostern 1556 sind:
a. die Ablehnung sowohl eines groben Realismus als auch eines reinen Symbolismus;
b. die Betonung der Personalpräsenz Christi für den Glauben mittels der exhibitiven Funktion der Zeichen;
c. der ekklesiologische Sinn der Abendmahlsfeier als Einverleibung in den Leib Christi.

---

[84] HB 8, *Bekentenisse met korten worden*, 45[r-v].
[85] HB 8a, 44[r].
[86] HB 8, *Bekentenisse met korten worden*, 45[r-v].
[87] HB 8, *Bekentenisse met korten worden*, 45[r]-46[r].
[88] HB 8a, 44[r].
[89] HB 8, *Bekentenisse met korten worden*, 45[v].
[90] HB 8a, 44[r].

3. Sowohl die Personalpräsenz (3.a) als auch die sakramentale Art der Verbindung zwischen Zeichen und Sache (3.b) werden deutlicher ausgedrückt.

a. In sprachlicher Annäherung an die gnesiolutherische Position wird—mit Melanchthon—die „wahrhafte" Präsenz Christi zu einer „wesentlichen" zugespitzt: Christus ist *substantialiter* gegenwärtig, als Person.

b. Umgekehrt wird in Ablehnung einer leiblichen Realpräsenz die Dualität im Sakrament stärker ausgeprägt: Zeichen und Gabe sind sakramentalerweise miteinander verbunden; explizit wird zweierlei Niessung gelehrt.

4. Der pneumatologische Akzent ist schwach. Ein wörtlicher Verweis auf den Heiligen Geist als den *vinculum participationis* (wie im Jahre 1548) fehlt.

5. Der Befund sub 2. bis 4. entspricht dem in 6.1 in bezug auf das *Glaubensbekenntnis plattdeutsch* (Mitte 1556) Festgestellten.

6. Der vermittelnde Standpunkt vom Bucer der *Tetrapolitana* (1530), auf welchen Hardenberg sich bezieht, vermag bis Mitte 1556, d.h. bis zum Ausbruch des sgn.zweiten Abendmahlsstreits, den lutherischen Rat von Bremen noch zufriedenzustellen.[91]

6.4 *Die Schriften um das „Bremer Bekenntnis" vom 21.10.1556*

Der vorliegende Paragraph erörtert die folgenden Schriften, insoweit sie dem jeweiligen Befund Relevantes hinzufügen.

Am 21.Oktober 1556 übergaben die Bremer Stadtprediger dem Rat ein *Abendmahlsbekenntnis*, das Luthers Konsubstantiationsformel wieder-belebte[92] (6.4.1). Hardenberg, der den *status controversiae* von der Realpräsenz zu ihrer christologischen Grundlage—der von Timann aufgeführten *brentiana ubiquitas*—verschoben hatte,[93] weigerte sich, sich auf das Bekenntnis einzulassen. Von seinem Kapitel zu einer Reaktion gezwungen, verfasste der Domprediger zu guter Letzt seine *Confessio* vom 9.November[94] (6.4.2). Er verantwortete sich wegen seiner Verweigerung der Unterschrift ausführlich in *Causae quae me absterue-*

---

[91] S.*supra*, S.49f.
[92] S.*supra*, S.53; Neuser, 164.
[93] S.*supra*, S.52f.
[94] HB 12, *Confessio*, 9.11.1556; s.*supra*, S.55.

runt ne confessioni collegarum meorum subscriberem vom Dezember[95] (6.4.3), nachdem er schon einen Monat früher eine kurzgefasste Kritik der Bremer Konfession abgegeben hatte: das *Iudicium* vom November[96] (6.4.4). Die Anklage wegen Irrlehre, anhand einiger sogenannten Predigtfragmente—die *Positiones collectae*[97] und die *Accusatio*[98] (vgl. das *Excerptum ex sermone de cena dominj*)[99] (6.4.5)—widerlegte er ausführlich in *Hos sequentes Articulos* vom Dezember[100] (6.4.6).

6.4.1 Das „Abendmahlsbekenntnis" der Bremer Stadtprediger, 21.10.1556

(1.) Der erste der vier Artikel des Bremer Bekenntnisses[101] lehrt die Identität von Brot und Leib Christi, allerdings nicht aufgrund der Ubiquität. Grundlegend ist das wörtliche Verständnis der „klaren und deudtlichen" Einsetzungsworte, die „auffs einfeltigst () on einige deutung schlecht als sie lauten an zunemen sind". Laut dieser Einsetzungsworte seien Brot und Wein im Abendmahl, „an allen orten" wo dasselbe nach Christus' Einsetzung gehalten wird, der wahrhaftige, wesentliche, gegenwärtige Leib und Blut Christi. Damit ist die *manducatio indignorum et impiorum* gegeben, „denn es stehet nicht auff Menschen wirdigkeit, sondern auff Gottes wort".[102]

(2.) Der zweite Artikel führt den Konsubstantiationsgedanken wieder ein. „In oder unter dem Brodt" (lateinisch: „in et sub pane") und im Wein hat Christus seinen wahrhaftigen Leib und sein wahres Blut „nicht allein Geistlich, sondern auch mündlich" zu essen und zu trinken hinterlassen (lateinisch: „non tantum spiritualiter sed simul ore corporis et ore cordis seu fide bibendum"). Das Abendmahl ist zu Christi Gedächtnis und zur Glaubensstärkung eingesetzt. Als Pfand des gegenwärtigen Leibes und Blutes verbürgt es den Christen das Opfer Christi, die Mitgliedschaft der

---

[95] HB 20, *Causae*, [Dez.1556]; s.*supra*, S.59.

[96] HB 16, *Iudicium*, Nov.1556; s.*supra*, S.57.

[97] HB 13, *Positiones collectae*, 14./15./28.11.1556; s.*supra*, S.56, 59.

[98] HB 14, *Accusatio*, [Nov.? 1556]; s.*supra*, S.56.

[99] HB 15, *Excerptum*, [Nov.? 1556].

[100] HB 19, *Hos sequentes Articulos*, [Dez.1556]; s.*supra*, S.59. Für eine Besprechung der ebenfalls in dem oben skizzierten Kontext entstandenen HB 11, *Themata adversus Ubiquitatem*, 5.11.1556, s.*supra*, S.123-127; und der HB 17, *Summa Doctrinae*, 1.12.1556, s.*supra*, S.181-185.

[101] Fundort: s.*supra*, I.3, Anm.158. Das *Bekandtnis* wird zitiert nach Heshusen, *Das Jesu Christi warer Leib*, D4^b-E1^b.

[102] *Bekandtnis*, Zum ersten, in: Heshusen, *Das Jesu Christi warer Leib*, D4^b-E1^a.

Kirche und die Erbschaft aller Güter: die Sündenvergebung und das ewige Leben.[103]

(3.) Die Sakramentierer werden kritisiert, „die da wollen eine figürliche rede im Abendmal haben", die die Realpräsenz verleugnen „und hie wider etliche einrede führen", die von Luther im Katechismus und anderswo widerlegt worden sind.[104]

(4.) Bezüglich der Papisten beanstandet der letzte Artikel die *communio sub una specie*, die Opferung von Brot und Wein, die Brotverehrung im Sakramentshäuschen und die Transsubstantiationslehre: „das Brod und Wein () ir natürlich wesen verlieren wider den heiligen Paulum (). Darumb ist und bleibet da Brodt und Wein".[105]

Die eigentliche Bedeutung des *Bekandtnis* ist die Wiederbelebung von Luthers Konsubstantiationslehre, die die melanchthonische Formel von der Einheit von Zeichen und Gabe *in usu*, im Abendmahls*akt*,[106] bedroht.[107]

6.4.2 „*Confessio*", *9.11.1556*[108]

Hardenbergs erste Reaktion ist genauso zurückhaltend wie aufschlussreich. Zurückhaltend, denn das Bremer *Bekandtnis* selbst bleibt unangerührt. Aufschlussreich, denn gleichwie die Stadtpfarrer zieht auch Hardenberg sich explizit auf die Einsetzungsworte zurück („So bleibe ich dennoch bei den Worten und kehre nun wieder zu ihnen zurück, als zu dem Fundament und Grund dieses seligen Geheimnisses")[109], aber deutet das *hoc est* von 1.Kor 10,16 her („das Brot ist die *Gemeinschaft* des Leibes Christi"), vom nizäischen Abendmahlskanon („mit erhobenem Sinne und einem in den Himmel erhobenen Glauben")[110] und von Bucers *Einfaltigs bedenken* her (keine „fleischlichen Gedanken", da das Abendmahl „ein himmlisches Werk und Sache des Glaubens ist")[111].[112] Obschon Hardenberg—und diese plötzliche Toleranz ist ebenfalls

---

[103] *Bekandtnis*, Zum andern, in: Heshusen, *Das Jesu Christi warer Leib*, E1ᵃ.
[104] *Bekandtnis*, Zum dritten, in: Heshusen, *Das Jesu Christi warer Leib*, E1ᵃ.
[105] *Bekandtnis*, Zum vierden, in: Heshusen, *Das Jesu Christi warer Leib*, E1ᵇ.
[106] Vgl.z.B.die *Confessio Saxonica*, supra, Anm.69.
[107] Neuser, 164f.
[108] S.*supra*, Anm.94.
[109] HB 12c, *Confessio*, 9.11.1556, 108.
[110] Zitiert in HB 3d, *Sententia de praesentia*, [14.1.]1548, 91; s.*supra*, S.203.
[111] HB 12c, *Confessio*, 9.11.1556, 108.
[112] HB 12c, *Confessio*, 9.11.1556, 109f.

auffällig—„einen Jeden bei seinem Glauben und Verstand des Geistes
reich sein lässt, sofern er mir den Herrn Christus aus seinem Abendmahl
nicht wegnimmt",[113] sagt er damit allerdings, dass laut der Heiligen
Schrift selbst die Einsetzungsworte *nicht*—wie die Bremer behaupteten—
„ohne jede Deutung" anzunehmen seien, und dass die Schrift sie nicht im
Sinne einer Identifizierung von Brot und Leib deute. Will Hardenberg
damit angezeigt haben, die Gegner brauchen ganz bestimmt die Ubiquitätslehre zur Begründung der Realpräsenz?

In der Tat besteht Hardenberg darauf—übrigens zu Unrecht—, dass das
Bekandtnis der Stadtprediger die Ubiquitätslehre voraussetzt. „Ihre
Konfession () ist so gestaltet, dass sie ohne die Ubiquität nicht bestehen
kann, und meines Erachtens ist sie nur deswegen zusammengetragen, um
die Ubiquität dadurch zu bestätigen".[114] Die Ubiquität sei „indirekt"
gelehrt,[115] „aber verschleiert, () womit sie mich fangen wollten",[116] und
zwar im ersten Artikel: „Zum ersten, gleuben, leren und bekennen wir,
auffs einfeltigst, () Das Brod und Wein im Abendmal Christi, *an allen
orten*, do dasselbige nach laut seiner eingesetzten ordnung unverendert
gehalten wird, sey der warhafftige, wesentliche gegenwertige Leib und
Blut Christi".[117]

Die inkriminierten Worte sind „an allen Orten", „woraus sie die
Ubiquität bestätigt haben wollen".[118] Nach Hardenberg sei die allgemeine Ubiquität ausser dem Abendmahlsgebrauch (die „generalis
ubiquitas extra coenae usum") hier aus Sicherheitsgründen eingeschränkt
zu der „ubiquitas in cena": „Sie (sc.die Prediger) fügen hinzu: 'An allen
Orten'. Hier wollen sie ihre *Farrago* in Schutz nehmen, aber sie weichen
dem Angriff aus und fügen deswegen hinzu: 'wo das Abendmahl Christi
gemäss dessen Einsetzung gefeiert wird'. Sie wollen also ihre Ubiquität
(von der sie bis jetzt ohne jeden Scham des Mundes voll waren)
einigermassen beschneiden, und von ihr das überflüssige und überspritz-
ende Blut abziehen. Denn bis jetzt haben sie ihre allgemeine Ubiquität
zum Fundament gemacht für ihre Ubiquität im Abendmahl".[119]

---

[113] HB 12c, *Confessio*, 9.11.1556, 108.
[114] Nr.269, Hardenberg-Domkapitel, 5.1.1560, 128.
[115] *Notitiae*, 20^v: „oblique".
[116] *De controversia*, 719: „doch dunker, () daer mede se my vangen wolden".
[117] *Bekandtnis*, Zum ersten, in: Heshusen, *Das Jesu Christi warer Leib*, D4^b.
[118] Nr.289, Hardenberg-Domkapitel, 25.7.1560.
[119] *Causae*, 77^{r-v}: „Addunt 'in omni loco' (an allen orden). Hic volunt patrocinari
Farragini suae, sed ictum declinant ideo addunt 'ubi cena Christi iuxta ipsius
institutionem celebratur'. Volunt ergo ubiquitatem suam (quam hactenus sine ullo
pudore crepabant) non nihil circumcidere et detrahere illi luxuriantem et superfluum

Hardenbergs Verdacht ist, zumindest bezüglich des *Bekandtnis*, wohl zu weit hergeholt. Zur Begründung der Realpräsenz genügt dem *Bekandtnis* ja die Berufung auf den wörtlichen Sinn der Einsetzungsworte, d.h. auf die Autorität des Wortes Gottes.[120] Nicht so sehr die Ubiquität, als vielmehr die Überräumlichkeit des Jesusleibes soll hier vorausgesetzt sein.[121]

6.4.3 „*Causae quae me absteruerunt ne confessioni collegarum meorum subscriberem*", [Dez.1556][122]

Welche Gründe, ausser den schon erwähnten, hatte Hardenberg dazu, die Unterschrift des *Bekandtnis* zu verweigern?

In seinem *Iudicium* vom November 1556[123] bringt er punktweise ganz kurz elf Gründe vor,[124] arbeitet sie aber in seiner *Causae* vom Dezember 1556 eingehend aus, weshalb ich die Besprechung der letzteren Schrift bevorzuge.

Diese Abhandlung fängt mit der Feststellung an, dass die offizielle Auffassung, das *Bekandtnis* der Prediger sei auf Verlangen des Bremer Rates entstanden, nicht stimme. Tatsächlich sei das *Bekandtnis* ein Diktat Timanns an den Rat gewesen zur Beseitigung des Konkurrenten Hardenberg. Sollte der Rat denn nach 33 Jahren nach der Einführung der Reformation in Bremen[125] noch einem „solchen Zettelchen" entnehmen, was in Bremen gelehrt wird? Übrigens hätte der Rat nicht die vierzehn Stadtprediger darüber befragen sollen—von denen einer, Dittmar Timann, noch nicht einmal ein halbes Jahr in Bremen arbeite—als wären sie es, die die Reformation damals in Bremen durchgeführt hatten. Die Ansichten von Heinrich von Zütphen kenne man doch![126]

---

sanguinem. Nam hactenus generalem suam ubiquitatem fecerunt fundamentum suae ubiquitatis in Cena".

[120] S.*supra*, Anm.102; Neuser, 159.

[121] S.*infra*, S.220, Punkt 9; vgl.*supra*, S.58., und Mahlmann, 52f. (Mahlmanns dortige Besprechung des *Bekandtnis* vom 21.10.1556 befasst sich übrigens versehentlich nicht mit diesem *Bekandtnis*, sondern mit dem Bremer Bekenntnis vom 2.8.1560 (zu diesem Bekenntnis, s.*supra*, I.3, Anm.417)).

[122] S.*supra*, Anm.95.

[123] S.*supra*, Anm.96.

[124] Die Punkte 5 bis 11 bei Neuser, 165, der gegen Ende des 7.Punktes versehentlich die Ansicht der Bremer für die von Hardenberg ausgibt.

[125] Die Reformation wurde 1522 von Heinrich von Zütphen in Bremen begründet: Rudloff, *Bonae litterae*, 205.

[126] S.vorige Anm. *Causae*, 74^r-75^r; vgl.*Iudicium*, I-III.

Ausserdem missfallen Hardenberg die nächsten sieben Aussagen, die sich alle im ersten Artikel des *Bekandtnis* befinden,[127] der folgendermassen lautet:

„Zum ersten, gleuben, leren und bekennen wir,

(1.) auffs einfeltigst,

(2.) nach laut

(3.) der klaren und deutlichen worte Christi,

(4.) die on einige deutung

(5.) schlecht als sie lauten an zunemen sind,

(6.) Das Brod und Wein im Abendmal Christi, an allen orten, do dasselbige nach laut seiner eingesetzten ordnung unverendert gehalten wird,

(7.) sey der warhafftige, wesentliche gegenwertige Leib und Blut Christi, für uns gegeben, und für uns vergossen...".[128]

(1.) Erstens ist es nach Hardenberg unangebracht zu meinen, „auffs einfeltigst" glauben, lehren und bekennen zu können über so einen kirchlichen Spaltpilz wie das Abendmahl, wozu Paulus überdies ein Urteil von „verständigen Menschen" fordert (1.Kor 10, 15). Anstatt den Gläubigen die Geheimnisse zu entfalten, halten die Prediger sie in Unwissenheit mit ihrem Lehrsatz, dass man lediglich glauben und nicht untersuchen soll. „Dass ist die Stimme des Papstes und nicht des Apostels"—wie Apg 17,11 und 1.Petr 3,15 ausweisen. Das ist das Hauptbedenken, dass die Schrift geschlossen bleibt.[129]

(2.)(5.) Dazu beanstandet Hardenberg, man meine „nach laut" der klaren Worte des Herrn lehren zu können. Wie irreführend es ist, dem Laut zu folgen und nicht dem Sinn, dem Gesagten und nicht der Bedeutung, zeigt die Geschichte der Ketzer.[130] Wie Satan gegenüber Christus in der Wüste (Mt 4[,6]), so folgte auch Arius dem Laut der Schrift als er bezüglich des Sohns anführte: „Der Vater ist grösser als ich" [Joh 14,28].[131] Die Bremer verachten Christus' Gabe der Prophetie und der Auslegung [Röm

---

[127] Die Schrift *Causae* bricht gegen Ende der Behandlung des ersten Artikels des *Bekandtnis* ab. Hardenbergs Kritik an die restlichen Artikel wird—in II.6.4.4—dem *Iudicium* entnommen.

[128] S.*supra*, Anm.117.

[129] *Causae*, 75ʳ.

[130] Idem: „sonum, non sensum et virtutem, 'rhèton', non 'dianoian', sed sonum non est sensus".

[131] *Causae*, 76ᵛ.

12,7; 1.Kor 12,10],[132] sowie die Grundsätze der seit Augustin geltenden Hermeneutik.[133]

(3.) Die Behauptung, die Einsetzungsworte seien „klar und deutlich", ist wirklichkeitsfremd, arrogant und dumm: sie widerspricht der Wirklichkeit des weltweiten Abendmahlsstreites, suggeriert, dass die Bremer klüger sind als die „berühmten Werkzeuge Gottes", die in den Abendmahlsworten eine „äusserste Schwierigkeit" bemerken, und auf sie ist die Redensart „ruchlose Unwissenheit" anwendbar. Die Unklarheit der Einsetzungsworte wird von Hardenberg anhand einer „absurditas in syllogismo" gezeigt: „1. Der substantielle Leib Christi ist für uns gekreuzigt, 2. das Brot ist der natürliche substantielle Leib Christi, 3. also: das natürliche, substantielle Brot ist für uns gekreuzigt". Der Fehler steckt im Minor, wo die Vokabel „Brot" in doppelter Bedeutung verwendet wird: als Brot „insoweit, als es Leib ist" und als Brot „in seiner Natur". Wie will man die Absurdität vermeiden, falls die Worte alle eindeutig sein sollen?[134]

(4.) Das vierte Bedenken ist theologisch wichtig. Mit der Behauptung, dass die Einsetzungsworte „on einige deutung" anzunehmen seien, wolle man den Tropus ausschliessen.[135]

Doch, erstens untergräbt man damit die eigene Konsubstantiationsformel:[136] „Sie vermeiden den Tropus nicht, [und zwar] dadurch, dass sie sagen: 'Das ist der Leib' bedeute: 'in oder unter diesem ist der Leib', oder 'mit diesem ist der Leib'. Können sie hier den Tropus ausschliessen?".[137]

Überdies bedient sich Paulus der tropischen Redeweise, indem er in 1.Kor 10,16 „Leib" für 'koinoonia' („Gemeinschaft oder Verbundenheit") substituiert. Und „Gemeinschaft mit der Sache" ist nicht „die Sache selbst". „Auf jeden Fall, auf welche Weise sie auch das Wort 'koinoonia' erklären, niemals sollen sie es schaffen, dass eine Beziehung

---

[132] *Causae*, 75^r.

[133] *Causae*, 77^r. Vgl.*Iudicium*, IX.

[134] *Causae*, 75. Vgl.*Iudicium*, V. Der Syllogismus: „1. corpus christi substantiale est pro nobis crucifixum, 2. panis est corpus christi naturale substantiale, 3. ergo panis naturalis substantialis est pro nobis crucifixus".

[135] *Causae*, 75^v-76^r. Vgl.*Bekandtnis*: „Zum dritten, wir straffen und verwerffen der Sacramentirer irthumb und ire meinung, die da wollen eine figürliche rede im Abendmal haben", s.*supra*, Anm.104.

[136] *Bekandtnis*: „Zum andern, gleuben, leren und bekennen wir, das nach dem Christus seiner Kirchen seinen warhafftigen Leib in oder unter dem brodt, nicht allein Geistlich, sondern auch mündlich zu essen, und sein wares Blut im Wein () zu trincken () hat nachgelassen", s.*supra*, Anm.103.

[137] *Causae*, 76^r.

oder eine Aktion von Verbundenheit zur Substanz werde. Mögen sie deshalb mit Paulus streiten, und mich gehen lassen. Sicher werden sie wohl oder übel gezwungen, hier einen Tropus zu erkennen".[138] Drittens ist man inkonsequent, indem man das Wort vom Brot wörtlich auffasst, aber bei dem Becherwort die Verwendung der Redefigur der Metonymie zulässt. „Oder sollen sie nun auch noch sagen (), dass der Becher—etwas, das von einem Künstler gemacht ist—die Verbundenheit oder Gemeinschaft mit Christi Blut sei, ja sogar der neue Bund? Aber sie behaupten, dies wäre nicht über den Becher gesagt worden, sondern über das, was der Becher enthält. Also lässt man schon die Metonymie zu, wobei das Gefäss für den Inhalt genommen wird". Übrigens kann auch über die „Substanz im Becher" nicht ohne Tropus geredet werden: „'koinonia' (Beziehung und Aktion) ist keine Substanz".[139] Und letztlich: wenn man einwirft, die Gemeinschaft sei nur Gegenstand der Spendung („quod distribuitur") und diese Spendung setze die Präsenz der Substanz voraus, so hat man insoweit Recht, dass Christus im Abendmahls*akt* für die Glaubenden anwesend ist, doch ist der „Akt der Spendung selber" nicht die Substanz.[140] Kurz: die „tropica locutio" ist unleugbar; Brot und Wein sind sakramentale Instrumente, durch welche diejenigen die gläubig herantreten, wirklich des Leibes und des Blutes Christi teilhaftig werden durch die Kraft des Heiligen Geistes, durch den Glauben.[141] Wer den Tropus verwirft, verurteilt sogar Luther, der die *synecdoche* in Marburg

---

[138] Idem: „Certe quocumque modo exponant nomen 'koinoneias', numquam efficient ut relatio aut actio societatis substantia sit. Litigent ergo cum Paulo et me missum faciant. Certe uelint nolint coguntur hic tropum agnoscere".

[139] *Causae*, 76[r-v]: „An fatebuntur adhuc () quod poculum, res ab artifice facta, sit societas aut communio sanguinis Christi, etiam nouum Testamentum? Sed aiunt ista non de poculo dici, verum de eo quod in poculo continetur. Jgitur iam admittunt Metonymiam qua continens pro re contenta sumitur"; „'koinonia' (relatio et actio) non est substantia".

[140] *Causae*, 76[v]. Vgl.*Iudicium*, III.

[141] *Causae*, 76[r]: „Sit itaque uelint nolint tropica locutio ut intelligamus panem et vinum instrumenta esse sacramentalia sancta, per quas accedentes fide prediti, uere participes fiant corporis et sanguinis Christj vi spiritus Sancti, per fidem, qui propterea celum non reliquit sed per diuinam suam vim nos pascit organica Sacramenta adhibens propter infirmitatem carnis nostrae donec exuti carnis infirmitate tandem sine medijs illo fruamur cum angelis ut Chrisostomus dicit". Fast gleichlautend: *Sententia de praesentia* (1548), s.*supra*, S.202f. Vgl.noch *Iudicium*, VIII; Nr.225, Hardenberg-Domkapitel, [Juni?.1557]: die Bremer meinen „dat man gantz nenen Tropum hebbe en moge, () averst ick en weet nicht wo men dan de Transsubstantiatio vermijden kann".

verwendete (des Schwertes in der Scheide und des Eisen im Feuer),[142] und dessen Begriff der sakramentalen Union die geeignete Einigungsbasis bilden sollte.[143]

(6.) Der sechste Punkt wiederholt[144] Hardenbergs (unberechtigte) Bezichtigung, das *Bekandtnis* diene nur zur Bestätigung von der diesmal auf die „ubiquitas in specie i.e. in coena" beschränkte „generalis ubiquitas etiam extra coenae usum" der *Farrago* als Grund der Real-präsenz.[145]

(7.) Wichtig ist auch Punkt 7. Der Redeweise „Das Brot ist bei dem wahren Gebrauch des Abendmahls der substantielle und gegenwärtige Leib Christi" könne beigestimmt werden, da die Zeichen ihre „Wahrheit" hätten (Augustin). Der Leib Christi ist ein „substantieller und fleisch-licher Leib", doch nur wenn man „Leib" mit Augustin (und Luther, Brenz, Melanchthon, Bucer und Musculus) als „sakramentalen Leib, im Glauben zu empfangen" („corpus sacramentale, fide recipiendum") versteht.[146] Doch findet sich diese Redeweise „wahrlich, substantiell, gegenwärtig" nicht in der Heiligen Schrift, ist aber eine Interpretation, die nicht „ohne grosse Gefahr" ist.[147] Übrigens bestreitet Hardenberg nur die Ubiquität, die natürliche Einschliessung des substantiellen Leibes und diejenige Konsubstantiation „so wie die Papisten die Transsubstan-tiation hatten".[148]

---

[142] *Causae*, 76[v]; *WA* 6, 510, 4-8; auch Brenz gebraucht die *synecdoche*, *Causae*, 76[v] (s.*infra*, III.2, Anm.271).

[143] *Causae*, 77[r]: „sint contenti unione Sacramentali quam unam statuit Lutherus non sine tropo sed ut signum sacrum ac maxime proprium trahat uocabulum et nomen rei signatae, et pax sit". Vgl.*Iudicium*, XI.

[144] S.*supra*, II.6.4.2. Vgl.*Iudicium*, X.

[145] *Causae*, 77[v]: „Farrago disputat corpus est ubique igitur in Cena ubique est. Hec Confessio (= *Bekandtnis*) scenam uertit: est omni loco in cena, quid subaudiri uelit". Hardenberg argumentiert wortklauberisch (*a.a.O.*, 77[v]-78[r]): Wenn Christi Leib „an allen orten" wo das Abendmahl nach Christus' Einsetzung gehalten wird, „essentialiter et substantialiter" anwesend sein sollte, „an non tot locis erint quot per orbem terrae erunt stomachi () (aut) carnalia ora communicantium. Erit ergo (scil.corpus Christi) aeque bene infinitum. Aut si singuli singula corpora accipiunt, iam tot substantialia corpora habebit Christus quot habent altaria per orbem uestra communicantes". Setzt das *Bekandtnis* also nicht doch die *ubiquitas generalis* der *Farrago* voraus? „Me tunc hanc Confessionis particulam crediturus, cum ipsi mihi probabunt fundamentalem suam 'pantitopiam' quam tot modis Farrago urget". Vgl.Nr.224, Hardenberg-Domkapitel, 23.6.1557, 731, 739.

[146] *Causae*, 78[r]. Vgl.*Iudicium*, VIII.

[147] *Causae*, 78[r]. Vgl.*Iudicium*, VI.

[148] *Causae*, 78[r]-79[r]. Vgl.*Iudicium*, IX.

6.4.4 „Iudicium", November 1556[149]

Die letzte Bemerkung wird verdeutlicht im *Iudicium*, dem im Hinblick
auf Hardenbergs Urteil über das Bremer *Bekandtnis* abrundend noch
einiges zu entnehmen ist.[150]

In der Tat könne Hardenberg die „harte" Redeweise „in vel sub pane"
billigen, wenn nicht Luthers Deutung nachgefolgt würde. Könnte ein
Leib ins Brot situiert werden, ohne dass es dort „in loco, in quantitate,
in qualitate, in figura et forma propria" wäre?[151]

Die im ersten Artikel des *Bekandtnis* gelehrte *manducatio impiorum*
lehnt Hardenberg ab. Obwohl der Leib Christi lebendig machend ist,
empfängt der Ungläubige die *res sacramenti* nicht. „Es stehet nicht auff
Menschen wirdigkeit, sondern auff Gottes wort"?[152] Selbstverständlich!
Aber wird der Verächter des Wortes dessen teilhaftig? „Er hört, aber er
empfängt nicht; er hat Ohren, aber keine Ohren zu hören. Ebenso hat er
einen Mund und hat dennoch keinen Mund, womit er die Sache des
Wortes und die Sache des Sakramentes nimmt, welcher Mund der Glaube
ist". Es gibt nur Glaubensspeise und das Wort ist konstitutiv.[153]

Diese Wort-Glaube-Relation wird noch betont, indem Hardenberg die
Unterscheidung von geistlicher und mündlicher Niessung des Leibes und
Blutes Christi[154] ablehnt. Wie in Joh 6 wird im Abendmahl die Gabe
„allein durch das Wort im Glauben" empfangen „a toto regenerato
homine in spiritu, anima simul et corpore", durch den ganzen wiedergeborenen Menschen, in Geist, Seele und Leib zugleich. Dabei ist der
Leib Christi nicht ein „corpus spirituale sed substantiale, verum, unum,
naturale et vitale" (nicht ein geistlicher, sondern ein substantieller,
wahrer, einzelner, natürlicher und lebendiger Leib), der allerdings
sakramentalerweise empfangen wird. Eine andere natürliche Niessung des
Leibes Christi gibt es überhaupt nicht.[155]

---

[149] S.*supra*, Anm.96.
[150] S.*supra*, (im Text bei) Anm.124 und Anm.127.
[151] *Iudicium*, IX. Vgl.Neuser, 165.
[152] *Bekandtnis*, Zum ersten, s.*supra*, Anm.102.
[153] *Iudicium*, VII.
[154] *Supra*, bei Anm.103.
[155] *Iudicium*, VIII.

6.4.5 „*Positiones collectae*", *14./15./28.11.1556;* „*Accusatio*", [Nov.? 1556]

Die endgültige Konkretisierung seiner Ansicht in dieser Phase bietet die Schrift *Hos sequentes Articulos*,[156] Hardenbergs breit darstellende punktuelle Widerlegung der 20 Irrlehren, die man aus seinen Predigten vom November 1556 hergeleitet hatte (*Positiones collectae*; *Accusatio*).[157]

Laut der von Timann gesammelten *Positiones*, insoweit sie uns interessieren, sollte Hardenberg folgendes lehren.

1. Das Brot ist nicht der wahre und wesenhafte, sondern der sakramentale und symbolische Jesusleib.

2. Der natürliche Leib wird weder durch den Diener oder das Brot gespendet noch mit dem leiblichen Munde gegessen.

4. Judas' Abwesenheit bei der Einsetzung dokumentiert die Unwahrheit der *manducatio indignorum* (Niessung der Unwürdigen).

5. Es gibt nur eine geistliche oder sakramentale Niessung des Leibes, nicht ausserdem eine körperliche.

6. Christus ist nicht mit seiner menschlichen, sondern nur mit seiner göttlichen Natur, Kraft und Gaben auf Erden anwesend, wie das Bild der Sonne, der Kerze, des Petrusleibs und der Königsherrschaft illustrieren könne.

7. Joh 3,13 gilt nur Christi göttlicher Natur.

8. Mt 28,20 („Ich bin bei euch") ebenso.

9. Die Himmelfahrt und das Sitzen zur Rechten Gottes erfordern keine Weltgegenwart nach beiden Naturen.

11. Bis zum jüngsten Tag bleibt Christus mit seiner Menschheit im Himmel.

12. Die Partizipation des Leibes geschieht „per Spiritum Sanctum e coelo".

13. Sollte das Brot der wahre, aus Maria geborene, Leib Christi sein, so könne es kein Sakrament sein.

14. Brot und Wein sind nur *testamenta*, leere Zeichen.

15. Mt 28,18 („Mir ist gegeben alle Gewalt () auf Erden") bezieht sich nicht auf Christi Präsenz auf Erden, sondern auf sein Walten durch

---

[156] S.*supra*, Anm.100.

[157] Vgl.*supra*, S.56 und 59. Die 19 von Timann aufgelisteten Irrlehren aus Hardenbergs Predigten vom 14., 15. und 28. November 1556: HB 13, *Positiones collectae*, 14./15./28.11.1556; der Zusatz von Johann Hondeman: HB 14, *Accusatio*, [Nov.? 1556].

Geist, Wort, Gaben und Kraft. Christi Leib ist „eyn Kloetz": „Christus
est apud nos, der klotz ist allein da Jm hymell".
16. Das Abendmahl ist ein Wort-Glaube-Geheimnis,[158]
20. denn an sich ist es nichts anders als „eyn armlich leppeken
brodess".[159]

Auffallend in diesem Irrlehrenkatalog—und das rechtfertigt ihre
Wiedergabe—ist, dass Timann hinsichtlich der Begründung der Realpräsenz nicht länger die Frage nach der Bedeutung der Personeinheit Christi
beiseite lässt (6-9, 11, 15), während dem *Bekanntnis* vom 21.10.1556
noch die Berufung auf den Wortlaut der Einsetzungsworte genügte.
Damit scheint es dem Domprediger—immerhin gegenüber Timann—
gelungen zu sein, der Gegenpartei die Besinnung auf die Frage nach der
christologischen Grundlage ihrer Lehre der Realpräsenz aufzuzwingen.[160]

Gruppiert man diese Bezichtigungen, so belangen sie (a) Hardenbergs
Christologie (6-9, 11, 15, 20), (b) seinen vermeintlichen Spiritualismus
(1,2,5,13), (c) sein Sakramentsverständnis (12-14) und (d) die *manducatio impiorum et indignorum* (4, 16). Was hielt Hardenberg davon?

6.4.6 „*Hos sequentes Articulos*", *[Dez.1556]*[161]

(a) Christologie (6-9, 11, 15, 20)

Dass der natürliche Jesusleib im Himmel ist, so Hardenberg in seiner
Erwiderung, lehrt die Heilige Schrift sowie das *Apostolicum* mit dem
Artikel von Christi Himmelfahrt und Wiederkunft.[162] Stephanus sah
Jesus als „Kämpfer für die Kirche" zur Rechten Gottes stehen [Apg
7,55]. Dass Christus dennoch täglich zu uns kommt in Verkündigung und

---

[158] 1-17: HB 13a, *Positiones collectae*, 66ʳ-89ʳ.
[159] *Accusatio.*
[160] Vgl.*supra*, S.51f.
[161] S.*supra*, Anm.100.
[162] *Hos sequentes Articulos*, ad 6, 85ʳ; ad 11, 87ʳ [Luk 21,27]. Hardenberg habe
den Leib da nicht eingekerkert; auf die Beschuldigung, er lehre, dass das Abendmahlsbrot nichts anders als „ein ärmlich Stückchen Brots" sei, antwortet Hardenberg,
Accusatio: „ress ita habet: Cum () uociferentur () Dat ick Christum met eyner keden
in den hemmel alss in eynen kerkener sluten wolde usw., Tunc pro summa necessitate
tandem respondj: Ick en weet van nenen kerkener noch keden. Ick spreke auerst nha
der scrifft he iss tho hemmele geuaren, unn alss ick em nha den naturliken liue in den
hemmel settede, soe dede ick dat nicht ane groeter voege dan se, de em in eyn kleyn
stuckeken brodss versluten".

Sakrament (Luthers „spiritualiter venire"),[163] geschieht kraft der Allmacht des Wortes[164] und der Einsetzung Christi.[165]

Kardinalpunkt ist Timanns Unkenntnis des patristischen „Extra" (auch in bezug auf Joh 3,13[166] und Mt 28,18 und 20). Hardenberg verweist auf seine *Themata* gegen die Ubiquität:[167] *per communicationem proprietatum* werden die Eigenschaften der göttlichen Natur Christi seiner Person zuerkannt, jedoch ohne Verletzung der Eigenschaften der Naturen.[168] Wirft man Hardenberg Nestorianismus vor,[169] so könnte man Timann des Eutychianismus beschuldigen, denn dieser hebt den Unterschied zwischen den Naturen auf, indem er was konkret von der Person Christi oder abstrakt von der einen Natur gesagt werden kann, abstrakt von der anderen oder von beiden Naturen gelten lassen will: Christus (oder seine Seele oder Gottheit) ist unbegrenzt, also ist sein Leib allgegenwärtig.[170]

Die Himmelfahrt und das Sitzen zur Rechten Gottes erfordern nach Timann eine Weltgegenwart nach beiden Naturen (9)? Die Erfüllung des Alls [Eph 1,23] trifft auf die *Person* Christi zu: „Ich sage aber dieses: Der ganze Christus hat dies getan, nicht allein seine Gottheit". Eph 1,23 wird von Eph 4,11 ausgelegt: Christus sandte seinen Geist, um alles durch das Ministerium zu leiten. Dass die *impletio omnium* keine leibliche oder räumliche sei, gehe aus Eph 4,10 hervor („Der hinabgefahren ist"): nicht ein Leib fuhr hinab, sondern Christus. „Christus ist

---

[163] *Hos sequentes Articulos*, ad 11, 86ᵛ-87ʳ.

[164] *Hos sequentes Articulos*, ad 6, 85ʳ, nach Gregorius und Origenes.

[165] *Hos sequentes Articulos*, ad 6, 85ᵛ: „Res est ex potentia verbi et institutione Christi, quod extra Coenam locum non habet".

[166] Freilich verwendet Hardenberg den „Extra"-Begriff nicht. *Hos sequentes Articulos*, ad 7, 86ʳ: „Mendatium est quod fingunt me locum de filio hominis Joa 3 De sola diuinitate interpretatum, sed de tota persona Christi illum intelligi debere dixi per communicationem Idiomatum in Concreto. Neque enim alia quam diuina natura ad nos de coelo descendit, ut apte testatur Symbolum nostrum: 'Et in unum dominum nostrum Jhesum Christum () qui () propter nostram salutem descendit de coelo. Et incarnatus est. En descendit de coelo, et ex Maria virgine incarnatus est de Spiritu Sancto'. Iuxta hanc fidei nostrae Confessionem dixi illum uti Dej patris filium descendisse et hic incarnatum, et ita ascendisse iam factum hominem. Descensum autem toti personae tribuj in Concreto personae".

[167] *Supra*, S.123-127.

[168] *Hos sequentes Articulos*, ad 8, 86ʳ; ad 15, 88ʳ⁻ᵛ.

[169] *Hos sequentes Articulos*, 89ᵛ.

[170] *Hos sequentes Articulos*, ad 6, 85ʳ⁻ᵛ; vgl.ad 11, 86ᵛ.

überall gegenwärtig, obwohl sein Leib zu jedem Zeitpunkt auf seinem eigenen Platz ist, sei es nicht immer nur auf einem Platz".[171]
Und wieso seien die Gleichnisse hier „gottlos"? Das Gleichnis der Sonne, die vom Himmel aus mit ihren Strahlen die ganze Kreatur erleuchtet, rührt von der Schrift und den Vätern her.[172] Den Ausdruck „ein Klötz im Himmel" habe er nur bezüglich der Sonne verwendet, obwohl die Umschreibung *massa* für Christi Leib nicht ungeeignet sei.[173] Übrigens habe er das Sonnengleichnis nicht in bezug auf die Realpräsenz, sondern auf die vermeintliche Allgegenwart des Jesusleibes verwendet.[174] Von Marcus Vigerius stammt das Bild von der auf dem Tisch lokalisierten Kerze, die mit ihrem Licht das ganze Haus füllt, sowie vom König, dessen Person begrenzt, dessen Herrschaft dennoch über das ganze Reich ausgebreitet ist.[175] Und was das Petrusbild anlangt: was abstrakt über seinen in Rom begrabenen Leib und über seine Seele im Himmel gesagt werden kann, trifft kraft der *communicatio proprietatum* konkret auf Petrus' Person zu: „Petrus ist im Himmel", „Petrus ist in Rom begraben".[176] Wieso sollte ein Analogieschluss von Petrus auf Christus falsch sein?[177]

---

[171] *Hos sequentes Articulos*, ad 9, 86[r-v]: „Neque negaui Christum ubique adesse, licet Corpus ipsius suo loco sit pro tempore non quidem uno semper"; 86[v]: „Tolle, inquit Augustinus, proprietatem loci, et Corpus ipsum sustuleris. Videatur *Epistola ad Dardanum*, 50.*Tracta in Joa*, et innumeri loci alij".
[172] *Hos sequentes Articulos*, ad 6, 85[r]; Mal 3,20 u. Mt 13,43; Chrysostomus, zu 1.Kor 10; Arnobius, Lyranus und Bugenhagen zu Ps 19.
[173] *Hos sequentes Articulos*, ad 15, 88[v], mit u.a. Johannes Damascenus und Melanchthon.
[174] *Hos sequentes Articulos*, ad 15, 88[v]; HB 18, *Fragmentum de euch.*, [Dez.1556/1557].
[175] „Ita Christi Corpus uno tempore et quidem uno loco, iuxta rationem vere corporis, sed tamen lumen totius personae, quod totum mundum lucet", *Hos sequentes Articulos*, ad 6, 85[r-v]; verwiesen wird auf Marcus Vigerius Cardinalis, *Ad Iulium Secundum Decorandum Christianum*, Parisiis, 1517.
[176] *Hos sequentes Articulos*, ad 6, 85[v]; a.a.O.: So war auch Paulus mit dem Geist bei den Korinthern, doch nicht leiblich [1.Kor 5,3].
[177] Idem. Hardenberg seinerseits prangert die (christologische) Unschärfe der Bremer Prediger an: Tritheismus, Monophysitismus, „melchioritische" Inkarnationslehre, Transsubstantiation, Brotverehrung und derartiger Unsinn („Alius dixit: Si Christus ad porcini stercus dixisset: Hoc est corpus meum, deberemus credere"), alles wird über die Gemeinde ausgeschüttet: *Hos sequentes Articulos*, 89[v].

(b) Spiritualismus? (1, 2, 5)

Spiritualistisch müsste Hardenbergs Abendmahlsansicht heissen, wenn sie die Gemeinschaft mit Christus auf dessen Geist oder auf die Seele des Kommunikanten begrenzen würde.

Verhinderte schon die Aussage im *Iudicium*, dass der wiedergeborene Mensch die Abendmahlsgabe „in spiritu, anima simul *et corpore*" empfange[178] eine solche Qualifikation, macht die Schrift *Hos sequentes Articulos* den Vorwurf des Spiritualismus erst recht unmöglich. Der wahre und *natürliche* Leib Christi wird im Abendmahl *mit dem Munde* gegessen: „Nie habe ich bestritten, dass der wahre und natürliche Leib Christi mit dem Munde gegessen wird, und dass dieser [Leib] durch den Diener dienstlich gespendet wird".[179] Freilich geschieht dieses „mit dem Munde essen" nicht „auf natürliche Weise" und die Spendung nicht „durch den Diener allein", „wie ein Säugling durch die Amme mit Essen gefüttert wird", da es eine Glaubenssache ist, die der Kooperation Christi und des Heiligen Geistes bedarf. Freilich gibt es einen Mund des Fleisches und einen Mund des Glaubens (Brenz), aber „was ist der Mund des Glaubens anderes als der Mund, der mit der Empfindung des Glaubens ('sensu fidei') isst?"[180]. Freilich sind das Wirken des Geistes, der Sakramentsbegriff und der Glaube als Sicherungen gegen die Verdinglichung der Gnade in Hardenbergs Konzeption vorgesehen, nichtsdestoweniger „soe ontfangen wi idt (dat ware lyff Christj) ia *ock durch den mont* de dat Sacrament nemet".[181]

Interessant ist die Art und Weise, wie er seine Ablehnung der Unterscheidung von geistlicher und körperlicher Niessung (im *Iudicium*)[182] nuanciert. Jetzt heisst es: „Ich bekräftige sowohl eine körperliche, als auch eine geistliche Niessung, aber ich füge hinzu, dass die körperliche im Sakrament geschieht".[183] Luther wird zugestimmt: „Beide Sorten Niessung sind verschieden, aber nicht gegensätzlich und werden

---

[178] *Supra*, S.219.

[179] *Hos sequentes Articulos*, ad 2, 67ʳ: „Numquam negauj ore edi uerum et naturale Christj corpus idque per ministrum distribuj ministerialiter".

[180] Idem.

[181] *Hos sequentes Articulos*, ad 2, 67ʳ⁻ᵛ. Vgl.ad 17, 89ʳ: „panis substantiam non fieri substantiam Corporis Christi naturalem, alioqui oporteret admittere papisticam transmutationem. Et *ore carnis* corpus Sacramentale accipi dico, cuius est ea ratio ut et ipsum verum Corpus sit, sed interim per illud *ore quidem sed sensu fidej* ipsam substantiam corporis dominj una percipiamus, ut Lutherus dixit".

[182] S.*supra*, Anm.178.

[183] *Hos sequentes Articulos*, ad 5, 71ᵛ-72ʳ: „affirmo et corporalem et spiritualem manducationem, sed addo corporalem in Sacramento fieri".

im Abendmahl miteinander verbunden".[184] Doch ist beiderlei Niessung
als geistlich zu bezeichnen. Nicht weil die Gemeinschaft auf Christi Geist
begrenzt ist: „Dieser Leib ist nicht Geist, sondern Fleisch und Knochen".[185] Im Abendmahl empfangen wir „den von der Jungfrau Maria
geborenen, gekreuzigten, begrabenen, auferstandenen, zum Himmel
aufgestiegenen, zur Rechten Gottes sitzenden Leib Christi, der unser
Fleisch und unser Wesen in Maria angenommen hat, () und dies wahrlich
und tatsächlich, nicht nur dem Scheine nach, nicht als sei es nur eine
Einbildung, nicht auf betrügerische Art, nicht nach dem Geist oder der
geistlichen Natur, denn ich bestreite, dass der Leib Geist sei, obwohl wir
gleichzeitig (sc.mit dem Leib) den Geist empfangen, der nicht von dem
Leib geschieden wird. Über den Leib hat er aber gesagt: 'Fasset mich an
und seht' [Luk 24,39]".[186] Die körperliche Niessung ist als geistlich zu
bezeichnen, weil der *modus edendi* geistlich ist (nämlich „im Sakrament,
nicht auf die Weise der heutigen Welt", „non modo huius seculi") und
weil die Speise besonders („precipue") dem neuen Menschen dient.[187]
Wiederum ist der Abendmahlsempfang ebenfalls nicht auf den menschlichen Geist begrenzt: „Nichtsdestotrotz essen wir auf beiderlei Weise
(scil. bei der geistlichen und körperlichen Niessung) den Leib selber, in
Joh 6 ohne Sakrament, im Abendmahl im und durch das Sakrament".[188]
Mit Bugenhagen schliesst er, „dass es derselbe Leib ist, der in Joh 6 und
im Abendmahl gegessen wird, und dass an beiden Seiten der Gebrauch
('usus') geistlich, die Sache aber leiblich ist".[189]

(c) Sakramentsverständnis (12-14)

Bekanntes wird hier geschickt zusammengefasst und ergänzt (Sakramentsbegriff, Art der Gegenwart, exhibitiver Charakter der Zeichen, Voraussetzung des Glaubens), aber auch Neues wird gegeben:

---

[184] *Hos sequentes Articulos*, ad 5, 72^r: „diuersae sed non contrarie species sunt et
in coena utreque coniunguntur". Vgl.Luther, *Vom Abendmahl Christi, Bekenntnis*
(1528), in: *WA* 26, 440-442.
[185] *Hos sequentes Articulos*, ad 5, 72^r: „Corpus illud non est spiritus sed caro et
ossa"; a.a.O.: „non quod spiritum solum percipiamus (). Certe Christus spirituale
corpus non habet nisi mysticum, illud quod Ecclesia est".
[186] *Hos sequentes Articulos*, ad 13, 87^v.
[187] *Hos sequentes Articulos*, ad 5, 72^r.
[188] Idem: „Nihilominus *utroquemodo* (scil. manducatione spirituali et corporali)
corpus ipsum commedimus, Jo 6 sine sacramento, in coena, in et per sacramentum".
[189] *Hos sequentes Articulos*, ad 5, 72^r-v.

Die Pneumatologie

Neu ist die Betonung des pneumatologischen Anteils am Vollzug der Gemeinschaft.[190] Die *participatio corporis* geschehe—zum Grauen der Bremer—„durch den Heiligen Geist vom Himmel her". Seine herkömmliche[191] Unterscheidung zwischen sowohl irdischem und himmlischem Inhalt (Brot und Leib) wie Spender des Sakraments (dem Diener und Christus), spitzt Hardenberg pneumatologisch zu. „Gewiss wage ich nicht, den Heiligen Geist und das Werk Christi vom Abendmahl auszuschliessen". Neben dem Herrn erscheint jetzt der Geist: spendet der Diener „ministerialiter", Christus *und der Heilige Geist* spenden „principaliter". „Sicher gibt der Diener—genau ausgedrückt—nichts an den Glauben, sondern an den äusserlichen Menschen. Der Heilige Geist speist den Glauben mit dem ganzen Sakrament". So tauft Johannes mit Wasser, Christus aber mit dem Geist [Mt 3,11f.]; so zeugen die Apostel, und auch der Paraklet zeugt, und der Herr wirkt mit ihnen und bekräftigt das Wort [vgl.Mk 16,20]; so pflanzt Paulus, gibt Gott aber das Gedeihen [1.Kor 3,6].[192] Basilius und Chrysostomus rufen nach dem Aussprechen der Einsetzungsworte den Geist an, „auf dass er selbst vom Himmel aus die Eucharistie erfülle und das Geheimnis der Kirche *bewirke*".[193] Das Wirken des Geistes erscheint hier als die *conditio sine qua non* für die Verwirklichung des Abendmahlsgeheimnisses.

Das Abendmahl als Geheimnis

Von dieser pneumatologischen Optik ist das Sakramentsverständnis bestimmt. Wenn das Brot auch der natürliche Jesusleib wäre, so stellte es noch kein Sakrament dar. Das Sakrament bedarf eines Mysteriums[194] eines Äusserlichen und eines Innerlichen, dessen konstitutive Elemente sind: das Wort als Leim zwischen beidem,[195] die Einsetzung Christi, die

---

[190] *Hos sequentes Articulos*, ad 12, 87[r-v].
[191] Mit Irenäus, Gelasius und Gregorius; vgl.*supra*, S.196, 207f.
[192] *Hos sequentes Articulos*, ad 12, 87[r].
[193] *Hos sequentes Articulos*, ad 12, 87[v].
[194] *Hos sequentes Articulos*, ad 13, 87[v]: „Si corpus esset ut natum est ex Maria, vel ut pependit in cruce, iam non esset sacramentum, id est mysterium tale, quale sacramentum requirit. Ibi enim panis materialis non fuit neque Coena celebrata".
[195] *Hos sequentes Articulos*, ad 17, 89[r]: „sed addam (in mysteriis), externa cum internis, visibilia cum inuisibilibus coniungi et verbi interuentu veluti glutine consotiari". Vgl.ad 14, 88[r]: „dixi in Sacramento duo esse: panem et vinum verbo

virtus Christi d.h. der Heilige Geist, der den Zeichen exhibitive Kraft verleiht, der *sanctus usus* („ausserhalb des Gebrauchs hat das Sakrament keinen einzigen Sinn") und der Glaube.[196]

Indem die Bremer das Mysterium im Sakrament leugnen, nähern sie sich der *crassitas* der Transsubstantiation,[197] die vom Brot ein *idolum* statt *sacramentum* macht,[198] wobei überhaupt kein Brot zurückbleibt.[199] Das ist nach Hardenberg der einzige und eigentliche Streitpunkt: die materielle Identifizierung durch die Bremer von Zeichen und Gabe, oder (er verwendet das Bild des Testaments, das das Legat durch die Urkunde („tabula") anbietet) von Urkunde und Legat: „Ihr bringt die Urkunden mit den Gaben durcheinander. Ich unterscheide sie. Das ist zwischen uns die einzige Kontroverse".[200]

So ist nach Hardenberg das Brot zwar der wahre, aber („insofern es der Natur und der Substanz nach Brot ist") nicht der essentielle, sondern der sakramentale Leib Christi, wenn auch im Abendmahl der natürliche substantielle Leib empfangen wird, freilich „durch die Kraft und Einsetzung Christi".[201] Er verweigerte seine Unterschrift unter die Redewendung des *Bekandtnis* „das Brot sei der wesentliche, substantielle, natürliche Leib Christi" aus grammatikalischen Gründen: Die Bestimmungen bedingen nämlich nicht nur das Prädikat, sondern durch die Kopula auch das Subjekt, womit das Brot in seiner eigenen, wesentlichen

---

comprehensa et in sacramentum Corporis Domini consecrata. Deinde ipsum Corpus Dominj seu rem ipsam sacramenti interiorem, quem exhibetur per exteriorem, ut Testamentum per Tabulas".

[196] *Hos sequentes Articulos*, ad 1, 66^{r-v}.

[197] *Accusatio*; *Hos sequentes Articulos*, ad 17, 89^r; vgl.ad 10, 86^v: „Non debere nos tam crassas et carnales rationes edendi Christi imaginari, quasi ad instar Ionae a pisce absorpti Christum glutiamus"; vgl.auch ad 1, 66^v: „in contione ab uno uestrum audiui: in missa papistica non minus esse Christj corpus quam in nostris coenis, nisi quod ibi lacerum et consputum sit utj ante pilatum stetit in passione" (dasselbe: 89^v).

[198] *Hos sequentes Articulos*, ad 17, 89^r. Vgl.Nr.196, Hardenberg-Domkapitel, 9.11.1556, 31^r: „cum interim non leuiter sed grauiter peccent, qui ex sacramentis deos faciunt".

[199] *Hos sequentes Articulos*, ad 14, 88^r: „Pugnatis pro eo, qui remanet, pane. Nam de re sacramenti bene conuenit nobis. An non uultis in coena aliud esse, quam solum Corpus dominj et sanguinem? An non etiam panis ibi sacer est?".

[200] Idem: „Vos confunditis Tabulas cum donis. Ego distinguo. Ea sola est inter nos controuersia"; *a.a.O.*: „Pugnatis pro eo, qui remanet, pane. Nam de re sacramenti bene conuenit nobis" usw., s.vorige Anm. „[Panem] dico esse instar tabularum Testamenti, quibus sane non iuxta quantitatem et localitatem includitur, sed per illud exhibetur, ut dixi iam toties".

[201] *Hos sequentes Articulos*, ad 1, 66^r.

und natürlichen Substanz der Leib Christi wäre, während es dieses nur *in sancto usu* für den Glauben ist.[202]

Der Glaube

Letzteres wird betont gegenüber der die Präsenz *in usu* bedrohenden Wiederbelebung der Konsubstantiationslehre durch das *Bekandtnis*. Das unerlässliche Korrelat auf seiten des Menschen zum pneumatologischen Moment des Abendmahls ist die *fides*.[203] Die Väter werden als Zeugen dafür angeführt, dass wir im Abendmahl ja nicht nur Christi Leib, sondern mit dem Leib auch die Gnade des Leibes, die „Speise der Unsterblichkeit" empfangen (Cyprian), das Leben essen (Augustin), den lebendig machenden Segen und das Leben von Christi Fleisch empfangen (Cyrill) oder die mystische Ankunft Christi (Basilius), die einfliessende Gnade oder den Heiligen Geist (Chrysostomus), die Gnade und die Wahrheit, ja, die Gemeinschaft der Glieder des Leibes Christi (Augustin).[204] Dies Alles wird mit dem Leib Christi gegeben, „doch ihr Aufbewahrungsort ist das Herz, das durch den Glauben erleuchtet ist".[205] Kronzeuge ist der öfters und auch hier wieder *in extenso* aufgeführte

---

[202] *Hos sequentes Articulos*, ad 1, 66^v: „quae determinationes non tantum determinant praedicatum, ut dicimus, sed cadunt etiam in copulam, ita ut sequatur panem in sua substantia propria et essentiali et naturali esse corpus Christj". Das Brot ist der Leib „non ratione suae substantiae () sed quare cum ipso corpus edendi datur". Derselbe Unterschied zwischen der adjektivischen und adverbialen Form des „essentiale" in: Nr.224, Hardenberg-Domkapitel, 23.6.1557, 738.

[203] *Hos sequentes Articulos*, u.a.: ad 2, 67^v: „idt iss auerst ein handel de den gelouen eyschet, suss en koenen wy syner leuentmakender kracht nicht genieten; idem u. ad 12, 87^r: Die Sinne können nur das Irdische empfangen, das sakramentale Brot; der Glaube oder das Herz empfängt *invisibiliter et insensibiliter* das Himmlische, Christi Leib selbst; ad 5, 72^r/ad 17, 89^r: „ut os commedat panem (), cor vero credat in pane corpus () exhiberi" (Luther); ad 10, 86^v: „Rem esse religiosam et summa mentis cordisque desiderio appetendam. Id () dixi, ut homines ad puram devotionem et fidem in sumendo sacramento hortarer"; ad 12, 87^v: „sursum corda" (Nizäa); ad 17, 89^r: „Non imaginatione carnali corpusculum quoddam carnaliter subsistat, sed quia per panem fidei nostrae distribuntur".

[204] *Hos sequentes Articulos*, ad 2, 67^v-68^r; dazu werden u.a. noch Athanasius, Hilarius, Ambrosius, Epiphanius und Hieronymus zitiert, 68^{r-v}: „Non datur () cibus et potus pro uentre aliquot horas reficiendo contra famen et sitem corporis sed datur cibus et potus animarum ut nouus homo () hinc alatur et roboretur. Sicut per baptismum renascimur ita per Sacramentum Eucharistiae pascimur et roboramur in uitam caelestem et eternam".

[205] *Hos sequentes Articulos*, ad 2, 68^r: „Sed hec omnia dari cum ipso Christj corpore, quorum omnium receptaculum esset cor fide illustratum".

Bucerbrief vom 22.Oktober 1549,[206] den Hardenberg so interpretiert, „dass er hat sagen wollen, dass der Leib Christi *sola fide* empfangen wird, () weil allein der Glaube den Leib sieht und schmeckt".[207]

(d) Manducatio impiorum et indignorum (4, 16)

Der Betonung der Wort-Geist-Glaube-Beziehung entspricht die Ablehnung der *manducatio infidelium*.[208] Doch gibt das Zugeständnis, dass der natürliche Jesusleib mit dem Mund gegessen wird,[209] der Niessung der Unwürdigen Raum.[210] Hardenberg unterscheidet zwei *gradus indignorum*. Erstens sind wir alle unwürdig, „wenn wir in uns selbst hinabsteigen". Daneben gibt es viele Unwürdige, die wie die Korinther das Sakrament tatsächlich empfangen, zwar zum Gericht des derzeitigen Lebens in Krankheit oder Tod, damit sie nicht samt der Welt verdammt werden [1.Kor 11, 29-32]. Die Gottlosen dagegen empfangen das Sakrament zum ewigen Gericht, sakramentalerweise allerdings, „sacramentotenus saltem" (Augustin).[211]

Letzteres wird auf die übliche Weise illustriert. Frommen und Gottlosen wird gleich viel gereicht, die Gottlosen speien es aus. Die Sonne bescheint den Blinden nicht anders als den, der sehen kann; Ersterer empfindet nur Wärme („calor"), kein Licht („splendor");

---

[206] Nr.107, Bucer-Hardenberg, 22.10.1549; *supra*, S.196-198 besprochen; vgl. *infra*, Anm.248.

[207] *Hos sequentes Articulos*, ad 2, 68^v; der Brief: 68^v-r. Gestreift wird auch noch Bucers Brief an Johann Kenkel vom 31.1.1551, 69^v („dicit se in ea sententia mansurum in quam cum D.D.Luthero convenit" (scil.in Wittenberg 1536), *supra*, S.198 besprochen.

[208] *Hos sequentes Articulos*, ad 2, 68^r: „gratiarum harum infideles nihil omnino percipere"; ad 16, 88^v-89^r: „propter verum usum institutum est quem discipuli domini *sequuntur*, Impij *abutuntur*".

[209] *Hos sequentes Articulos*, ad 2, 67^r, s.*supra*, S.224f.: *(b) Spiritualismus? (1, 2, 5)*.

[210] *Hos sequentes Articulos*, ad 4, 71^r. Anscheinend wird auch die *manducatio impiorum* gelehrt, Nr.224, Hardenberg-Domkapitel, 23.6.1557, 734: „en de nahdeme dat liff Christi in einem hilligen Sacrament gegeten wart, *ock muntlich*, so konent ock de unwürdigen ende unframen ethen, doch nicht in siner leventmacken, naturlicken kracht, want id is jo ein sacrament". Im gleichen Sinne: Nr.227, Hardenberg-[Domkapitel], 3.7.1557, 13. Nr.213, ders.-dens., [Febr.1557] führt integral Luthers Bemerkung über die *manducatio indignorum* an, womit dieser am 23.5.1536 auf die Zustimmung der Strassburger zur *manducatio impiorum* verzichtete (in: Bizer, *Abendmahlsstreit*, 107f.; *BDS* 6, 1, 154).

[211] *Hos sequentes Articulos*, ad 4, 71^r-v.

„dennoch empfängt er ebenso gut das Licht, sei es, dass er es fühlt und es ihm nicht nützlich ist, so wie die Wärme, die er fühlt".[212]

Nahm Judas an der Abendmahlsfeier Christi teil?[213] Hardenberg, der dem Thema einen (verlorengegangenen) Traktat widmete,[214] gibt einige Standpunkte wieder,[215] lässt selber mit Thomas und Gabriel Biel die Lösung dahingestellt sein, und bleibt bei Augustins „pulcherrima disctinctio": „Der Apostel hat mit dem Brot den Herren gegessen, Judas hat das Brot des Herren gegessen, gegen den Herren". Denn bei den Gottlosen gibt es zwar ein *uti*, aber nicht ein *frui* der *energia* von Christi Leib, „die an sich nie nicht lebendig machend ist" (Augustin). Und: „Niemand wird des Leibes Christi im Abendmahl wirklich teilhaftig, der nicht schon ausser und vor dem Abendmahl sein Glied ist" (Augustin). Die ganze Sache dient lediglich dem seelsorgerlichen Zweck, zur Busse und zum Glauben anzuspornen, um (nach Cyprian) mit der Zunge das lebendig machende Blut aus der Seite des Herrn zu lecken. Man geht ja nicht mit schmutzigen Händen auf die „ehrfurchtgebietenden Geheimnisse Christi" zu![216]

Ergebnisse II.6.4

1. Ausgangspunkt zu Hardenbergs Ansichten Ende 1556 ist das *Bekandtnis* der Bremer Stadtprediger vom 21.10.1556. Dieses Bekenntnis begründet die Realpräsenz „aufs einfältigst" auf den buchstäblichen Sinn der Einsetzungsworte „ohne einige Deutung, schlecht wie sie lauten" (i) und wiederbelebt Luthers Konsubstantiationslehre, die die melanchthonische Formel von der Einheit von Zeichen und Gabe im Akt bedroht (ii) (6.4.1).

---

[212] *Hos sequentes Articulos*, ad 4, 71^v: „tamen et splendorem aeque bene accipit, licet sentiat neque usuj sit, velutj est calor quod sentit".

[213] *Hos sequentes Articulos*, ad 4, 70^r-71^r.

[214] HB 55, *Traktat über Judas*, [vor 12.1556], s.: *Hos sequentes Articulos*, ad 4, 70^v: „Meminj me de hac re aliquem integrum tractatum scripsisse roganti amico quem edere potero si pergetis hoc modo urgere"; Nr.308, Klebitz-Hardenberg, 25.3.1561, 229^r: „Cuperem videre tuum tractatum de praesentia vel absentia Iudae [-?] contra Heshusium".

[215] Hilarius und Rubertus Lubicensis verneinend, Theophilactus und die *communis opinio* bejahend.

[216] *Hos sequentes Articulos*, ad 4, 70^r-71^r (Augustins *distinctio*: „Apostolus commedisse panem dominum, Judam panem dominj contra dominum"). Vgl.*Sententia* (1548), 90: „Ich schaffe dem Herrn ein gläubiges Volk, das zum Abendmahl kommt", s.*supra*, S.203.

2.Gegen (i) hegt Hardenberg hermeneutische Bedenken (3.). In Reaktion auf (ii) hebt er die Abendmahlschristologie (4.) und vor allem—deutlicher als zuvor—den pneumatologischen Charakter des Vollzugs der Abendmahlsgemeinschaft hervor (5.), sowie die sakramentale Eigenart des Abendmahls und die konstitutive Bedeutung des Wortes und des Glaubens (6.). Ebenfalls prägnanter als zuvor sichert er sich dabei gegen den Vorwurf des Spiritualismus ab (7.).

3.a.Gegen die Bremer Simplizität wird geltend gemacht, dass ihr hermeneutisches Prinzip
- zur römisch-katholischen *fides implicita* führt;
- den Grundsatz leugnet, dass die Schrift sich selbst erklärt, indem es 1.Kor 10,16 („das Brot ist die *Gemeinschaft* des Leibes") als Exegese der Einsetzungsworte ignoriert;
- mit der Verneinung des Zeichencharakters der Elemente zur Absurdität führt, dass das natürliche Brot gekreuzigt worden sei;
- die tropische Redeweise leugnet, womit das *Bekandtnis* die eigene Konsubstantiationsformel untergräbt, in Widerspruch mit 1.Kor 10,16 kommt (denn 'koinoonia' ist nicht Substanz) und an Inkonsequenz laboriert, indem man beim Becherwort die Metonymie zulässt;
- zur Suggestion führt, dass der Abendmahlsakt die Substanz des Jesusleibes ist (6.4.3).
b. Hardenbergs Versuch, zu beweisen, dass die Bremer die im *Bekandtnis* auf die „ubiquitas in specie" beschränkte „generalis ubiquitas" zur Begründung der Realpräsenz brauchen, erweist sich als fruchtlos, da das *Bekandtnis* nicht die Ubiquität, als vielmehr die Illokalität des Jesusleibes voraussetzt (6.4.2).
4. Mit seinen Predigten vom November 1556 vermag Hardenberg dem Gegner Timann die Besinnung auf die Frage nach der Personeinheit Christi im Zusammenhang mit der (bisher mit den Einsetzungsworten verbundenen) Begründung der Realpräsenz aufzuzwingen (6.4.5). Er wirft ihm Unkenntnis des „Extra Patristicum" und Eutychianismus vor: die Erfüllung des Alls gilt der Person, nicht der Menschheit Christi (6.4.6.a; vgl.II.2).
5. Anders als 1551 und im Sommer 1556 (6.3) ist gegenüber dem Aufkommen des Konsubstantiationsgedankens der pneumatologische Akzent jetzt stark. Das Teilhaftigwerden des Jesusleibes geschieht durch den Heiligen Geist. Der Diener spendet nur äusserlich, der Geist „lässt den Glauben weiden" und verwirklicht das Abendmahlsgeheimnis (6.4.6.c).
6.a. Diese pneumatologische Optik bedingt das Sakramentsverständnis. Das Sakrament bedarf eines Mysteriums eines Äusserlichen und

eines Innerlichen, dessen konstitutive Elemente sind: das Wort als „Leim" zwischen beidem, die Einsetzung Christi, der Geist, der heilige Gebrauch und—unter Bezug auf Bucer—der Glaube als das unerlässliche Korrelat auf seiten des Menschen zum pneumatologischen Moment des Abendmahls.

b. Damit ist das Abendmahlsbrot der wahre, nicht der essentielle, sondern der sakramentale Leib, obgleich im Abendmahls*geschehen* der natürliche substantielle Leib empfangen wird, nämlich *sacramentaliter*: *in sancto usu, per virtutem et institutionem Christi, solo verbo per fidem* (sakramentalerweise: im heiligen Gebrauch, durch die Kraft und die Einsetzung Christi, kraft des Wortes allein, durch den Glauben).

c. Dieser Betonung der (gegen die Verdinglichung in der Konsubstantiationslehre gerichteten) Wort-Geist-Glaube-Relation entspricht —in Anlehnung an Augustin—die Ablehnung der *manducatio impiorum*. Das Zugeständnis, dass der natürliche Jesusleib mit dem Mund gegessen wird, gibt der *manducatio indignorum* Raum (6.4.6.c und d).

7. Der Vorwurf des Spiritualismus könnte ihm dennoch nicht gemacht werden, da Hardenberg die Abendmahlsgemeinschaft weder auf Christi noch auf den menschlichen Geist begrenzt. „Der Leib Christi ist nicht Geist, sondern Fleisch und Knochen" und dieser natürliche Jesusleib wird im Abendmahl mit dem Munde gegessen und „in Geist, Seele und Leib zugleich" empfangen, allerdings sakramentalerweise. Wegen dieses geistlichen *modus edendi* einer Glaubensspeise ist dennoch auch die körperliche Niessung eigentlich eine geistliche (6.4.6.b).

6.5 *Konsolidierung in den Jahren 1557-1559*

Hardenbergs Schrifttum aus den Jahren 1557-1559 zeigt, dass seine Anschauung 1556 vollendet war. Die fraglichen Schriften—die *Explanatio* des *Wittenberger Gutachtens* (10.1.1557) zum Bremer *Bekandtnis*,[217] die Summa der Abendmahlslehre für die deutschen Prediger in Norwegen (*De Scheldinge*),[218] die *Homilia de eucharistia*,[219] die Korrespondenz in dem Streit um die Bindung an die Augustana, die *Collectanea Buceria-*

---

[217] HB 21, *Explanatio*, [Jan.1557].
[218] HB 22, *De Scheldinge*, Febr.1557 oder HB 22b, *Expositio Germanica*.
[219] HB 23, *Homilia de euch.*, 13.3.1557.

na,[220] sowie die *Korte Confession*[221]—kreisen um die bekannten Hauptthemen: die Ablehnung der Ubiquität und die Betonung der sakramentalen Union[222] und argumentieren wiederum mit dem hardenbergischen Verständnis der *communicatio idiomatum* und dem Hervorheben der Wort-Geist-Glauben-Relation. Wirklich Neues gibt es hier nicht. Die Bremer Abendmahlsdiskussion wurde vom Ende 1556 an ja von der Lehr- auf die Bekenntnisfrage (I.3.5) und ab 1559 von dieser Lehrnorm- auf die Lehrzuchtfrage verschoben (I.3.6). Wir können uns auf einen Überblick beschränken.

„Explanatio", *[1.1557]*; *„De Scheldinge"*, *2.1557*;[223] *„Homilia de eucharistia"*, *13.3.1557*[224]

Das vom Bremer Rat von der Wittenberger Fakultät gefragte *Gutachten* zum Bremer *Bekandtnis* (21.10.1556) vom 10.1.1557[225] ertrat faktisch den hardenbergischen Standpunkt, indem es, zur Ablehnung der dinglichen Identifikation von Zeichen und Gabe der Konsubstantiationslehre,[226] die Redeweise *panem esse essentiale Corpus* zurückwies und als Gegenformel das *cum pane sumitur* der *Augustana* (*Variata!*) nach 1.Kor 10,16 vorschlug.

Die stellenweise das *Gutachten* überinterpretierende *Explanatio*[227] und *De Scheldinge* betonen nochmals:

---

[220] HB 24, *Collectanea Buceriana*, [zw.13.4.u.23.6.1557].

[221] HB 25, *Korte Confession*, [vor 23.6.1557] oder HB 25d, *Confessio nach der straesbergeschen bekanteniss*, [nach 13.4.1557]. Erörtert: *supra*, II.6.3.2.

[222] Nr.208, Hardenberg-Domkapitel, 30.1.1557, 7, 9; 19 = Gerdes, *HM*, 125: „streite nhur jegen die Ubiquitaet, und dasz dat brodt nicht *Essentiale sed Sacramentale Corpus* sey".

[223] *Supra*, Anm.217 u.218.

[224] *Supra*, Anm.219. Diese Predigt liess sich identifizieren als ein vereinzelt leicht überarbeitetes Zitat der 50.*Homilia* über die Passionsgeschichte von Johann Brenz, vgl.Brenz, *Homiliae octoginta in duodecim posteriora capita ac in historiam passionis et resurrectionis Christi*, 1545 (Köhler, *Bibliographia*, Nr.138) (als Geschenk Hermann von Wieds an Hardenberg in BGK Emden), *Homilia L*, in: Brenz, *Opera* 5 (Köhler, *a.a.O.*, Nr. 554), 1435-1443.

[225] Gerdes, *HM*, 113-116; *CR* 9, 15-18; vgl.*supra*, S.59-61; Neuser, 169-171; Mahlmann, 56, 58f.

[226] *Explanatio* 6, 120.

[227] Vgl.*supra*, S.61f.; Neuser, 171f.

- die sakramentale, exhibitive Art der Identität zwischen Brot und Jesusleib;[228]
- das „Extra Calvinisticum" („Hardenbergianum");[229]
- den akthaften Charakter der Abendmahlsfeier;[230]
- das „sola fide", unter Ablehnung der *manducatio impiorum*[231] (denn nicht der Leib ist im Brot, sondern das Brot ist im Wort „eingeschlossen")[232];
- die ekklesiologische Idee der Einverleibung in Christus.[233]

Dieser ekklesiologische Mehrwert der sakramentalen Niessung im Nachtmahl über der geistlichen Niessung des Glaubens wird auch angedeutet in der einleuchtend um das Beispiel eines Testaments[234] angelegten *Homilia de eucharistia*. „Christi Leib und Blut können auch ausser dem Abendmahl ohne Sakrament von Brot und Wein empfangen

---

[228] *Explanatio* 3, 118: „dat brot is dat middel, dardorch uns de gemeinschop Christi () gegeven wert" (Melanchthon); 4, 118; 6, 120; *De Scheldinge* 1, 224; 2, 225: „dat Liff Christi () is averst in dem Brode, () alse dat Bloet Christi in dem Doepwater, alse de Gesundheit in der Hende Upplegginge des Herren Christi, Wente idt is und blivet wol ein Sacrament, welcher is solcher Tecken, dar uns Christus sine Gave sülvest dorch gift, doch in dem deenst der Kercken"; 226: „sed sacramentaliter, id est in sacro et abdito mysterio".

[229] *Explanatio*, 10, 122; *De Scheldinge* 3, 225: „Idt is ein waer minschlich Liff und moet up einer Tidt nicht mer dan up einer Stede (naturliker wise) wesen. Idt is averst unsem Geloven altidt iegenwardich dorch de Allmogenheit der gottlichen Natur und des Wordes. Als dat natürlike Lif nicht in einer Stede were, so en ware idt neen Lif, als Augustinus secht"; vgl.227 und Nr.208, Hardenberg-Domkapitel, 30.1.1557, 9f.

[230] *Explanatio* 5, 119: „nicht dat brot vor sick, (sondern) so is de *Actio*, dat se anders *communicationem* nöhmen, dat Sacrament". Vgl.Nr.208, s.vorige Anm., 5: „averst panis fructus in usu est sacramentum in ipso ritu gelick wie in der doepe nicht dat water vor sick sunder de daeth (ipse ritus) is dat sacrament"; auch Nr.212, ders.-dens., 18.2.1557, 7 (mit einem Zitat von Nikolaus von Lyra).

[231] *Explanatio* 4, 119; 7, 121; *De Scheldinge* 4, 225; 5, 226: „wente wan dat naturlike Liff Christi gegeven wert, dar moth idt Geist und Levent mede bringen. Wente Christi Lif wert nicht van sinem geiste gescheiden"; 6, 226: „Wi entfangen idt int Harte; wente dat is sine Stede und so leveth von ehm de hele nie Minsche".

[232] *De Scheldinge*, 226f.

[233] *De Scheldinge*, 227.

[234] *Homilia de euch.*, 95[r]ff.: „Dieser Kelch ist das neue Testament in meinem Blut" (Luk.22,20): die Worte des Testaments sind die Einsetzungsworte; die Siegel sind Brot und Wein; die Testamentsvollstrecker sind die Apostel und danach die Diener; der Erbe ist die Kirche; die Erbschaft ist der Leib und das Blut Christi, und mit ihnen: die Sündenvergebung und das ewige Leben, ja, alle himmlischen Güter; das Vermachen geschieht „in contione Euangelij tantum verbis, () in coena () celestibus signaculis", d.h.nicht „(per) nuda absentis corporis signa, sed (per) uera exhibitiuaque Sacramenta", „verbo et ordinatione dominj", „ut fide in verbum ad salutem acceptantur".

werden, durch den Glauben an das Wort des Evangeliums, aber wir sprechen über das Brot und den Wein, durch welche der Leib und das Blut Christi dargeboten und gegeben werden durch den Dienst der Kirche, unter Mitwirkung von Christus selbst und des Heiligen Geistes".[235] Die Abendmahlsgabe (die dem Bekenntnis- und Gemeinschaftscharakter des Abendmahls vorangeht)[236] ist die *communicatio* oder *participatio corporis et sanguinis*, „und zwar so, dass wir seiner mehr und mehr teilhaftig werden, Bein von seinem Bein, Fleisch von seinem Fleisch, so dass er selbst in uns, und wir unserseits mehr in ihm leben, ein Brot mit ihm sind, ein Leib, dasselbe Blut, Bein und Fleisch".[237]

Der Brennpunkt der *Homilia* ist die Einsetzung-Wort-Geist-Dienst--Glaube-Verbindung.[238] Leib und Blut Christi werden nicht berechenbar („mathematice"), sondern „auf übernatürliche und himmlische Weise" gegeben, „durch Brot und Wein, () durch die Kraft des Wortes und des Heiligen Geistes, durch den Dienst der Kirche und die Einsetzung des Herrn",[239] und werden aus Glauben, „allein durch Reue" empfangen.[240]

„*Collectanea Buceriana*", [zw.13.4.und 23.6.1557][241]

Die Sammlung *Buceriana*, die Hardenberg nach dem Eingreifen des Dänenkönigs Christians III. zu seiner Verteidigung zwischen April und Juli 1557 anlegte,[242] enthält die folgenden Schriften (alle sind Abschriften von Hardenberg):[243]

---

[235] *Homilia de euch.*, 95^r (dies nicht bei Brenz, *Opera*, 5, 1435f.; doch ähnliche Bemerkungen: 97^r = Brenz, *a.a.O.*, 1440f.).

[236] *Homilia de euch.*, 97^r: Abendmahl als „nota Christianismi" und als „Symbolum mutuae charitatis": „neque hoc est praecipuum in ratione caenae". „Quid ergo dicemus ad quem finem est praecipue instituta? Est instituta () ut Heredibus Christj distribuerentur coelestia bona".

[237] *Homilia de euch.*, 98^r. Gerade auch dieser Passus gibt es bei Brenz, *Opera* 5, 1439 nicht.

[238] *Homilia de euch.*, 95^r, 96^{r-v}, 98^r, 97^{r-v}, 99^{r-v}.

[239] *Homilia de euch.*, 96^v-98^r (fol.98 und 97 sind verwechselt). Der letzte Satzteil nicht bei Brenz.

[240] *Homilia de euch.*, 99^{r-v}. Vgl.Nr.224, Hardenberg-Domkapitel, 23.6.1557, 733.

[241] *Supra*, Anm.220.

[242] Vgl.*supra*, S.74f.

[243] Vgl.die unvollständige Aufstellung von Pollet, *Martin Bucer* 2, 197.

1. den Abendmahlsparagraphen des *Summarischer vergriff* von 1548, „Zum xix“;[244]
2. einen unbestimmbaren Passus *de eucharistia*, mit der Hinzufügung Hardenbergs: „Hec fuit doctrina mea semper“;[245]
3. das Fragment eines undatierten Briefes von Bucer an Hermann von Wied mit einer Exegese von Mt 26,11: „Mich habt ihr nicht allezeit“;[246]
4. Bucers Brief an Johann Kenkel vom 31.1.1551;[247]
5. ein Fragment von Bucers Brief an Hardenberg, vom 22.10.1549;[248]
6. idem, vom 10.4.1546;[249]
7. idem, geschrieben [vor dem 12.8.1548];[250]
8. idem, vom 24.4.1550;[251]
9. eine plattdeutsche Übersetzung Hardenbergs von Nr.1;[252]
10. den Abschnitt über das Wesen des Abendmahls aus dem *Einfaltigs bedenken* von 1543;[253] und
11. das sgn.*Bekenntnis der Prediger zu Strassburg* von 1530.[254]

Einige Bemerkungen Hardenbergs zu seiner Übereinstimmung mit Musculus, Luther, Brenz und dem Abendmahlsbekenntnis Christians III.[255] runden die *Collectanea* ab.[256]

In den Paragraphen 6.1, 6.3.2 und 6.3.3 wurden bereits die Charakteristika der Abendmahlslehre Bucers wiedergegeben, sofern sie in den von Hardenberg schon früher in Anspruch genommenen Bucerschriften —und zwar den oben *sub* 1, 4, 5, 9-11 erwähnten—zum Ausdruck

---

[244] *Collectanea Buceriana*, 28ʳ (BSB München, Clm 10351, n.12) = Beilage des Briefes Nr.79, Bucer-Hardenberg, [vor dem 12.8.1548]. Der Paragraph in *BDS* 17, 136; s.*supra*, S.208f.

[245] *Collectanea Buceriana*, 29ʳ (BSB München, Clm 10351, n.13).

[246] *Collectanea Buceriana*, 30ʳ (BSB München, Clm 10351, n.14).

[247] *Collectanea Buceriana*, 31ʳ (BSB München, Clm 10351, n.15); vgl.*supra*, I.2, Anm.42 und II.6, Anm.32.

[248] *Collectanea Buceriana*, 31ʳ-32ʳ = Nr.107, Bucer-Hardenberg, 22.10.1549; s.*supra*, S.196-198.

[249] *Collectanea Buceriana*, 32ʳ = Nr.52, Bucer-Hardenberg, 10.4.1546.

[250] *Collectanea Buceriana*, 32ᵛ = Nr.79, Bucer-Hardenberg, [vor dem 12.8.1548].

[251] *Collectanea Buceriana*, 32ʳ⁻ᵛ = Nr.109, Bucer-Hardenberg, 24.4.1550.

[252] *Collectanea Buceriana*, 32ᵛ-33ʳ; s.*supra*, Anm.244.

[253] *Collectanea Buceriana*, 33ʳ = Bucer, *Einfaltigs bedenken*, Ausg.1544, 96b. S.*supra*, S.205.

[254] *Collectanea Buceriana*, 33ᵛ-34ʳ (BSB München, Clm 10351, n.16) = Timann, *Farrago*, 420f. = HB 25d, *Confessio nach der straesbergeschen bekanteniss*, [nach 13.4.1557]; s.*supra*, S.207f.

[255] S.*supra*, I.3, Anm.315.

[256] *Collectanea Buceriana*, 33ᵛ-34ᵛ (BSB München, Clm 10351, n.16).

kamen. Stichwörter waren: Sakramentsdualität, weder örtliche Einschliessung noch Symbolismus, exhibitive Zeichen, Glaube, Einverleibung in
Christus. Der Duktus wird in den *Collectanea* komplettiert durch den
geschickten Vergleich der sakramentalen Redeweise „panis est corpus"
(„das Brot ist der Leib") mit der Sprechweise „scriptura est verbum dei"
(„die Schrift ist das Wort Gottes") oder „verbum vocale est logos ipse"
(„das gesprochene Wort ist der Logos selbst"). Die Heilige Schrift ist das
essentielle Gotteswort, insoweit sie als *organum* den essentiellen Logos
„exhibiert". Es ist der Glaube, der das ewige Wort durch das gesprochene Wort empfängt, „sed organo auditus", mittels des Gehörs. Der
lutherischen körperlichen Niessung möglichst viel entgegenkommend
heisst es analog: „So empfängt derselbe Glaube den substantiellen Leib
durch den sakramentalen Leib, aber mittels des Geschmackes im Mund.
Insofern wie auch das gesprochene Wort der Logos selbst ist, so ist das
Brot (im Abendmahl) der substantielle Leib".[257]

Hardenbergs Zustimmung im Juni 1558 zu dem *Frankfurter Rezess*
(18.3.1558) („substantialiter Christus praesens (est)", „cum pane et
vino", kein „extra usum")[258] passt in das skizzierte Bild der Konsolidierung seiner Abendmahlslehre in den Jahren 1557-1559.

Ergebnisse II.6.5

1. Die Jahre 1557-1559 zeigen eine Konsolidierung der Abendmahlslehre
Hardenbergs auf. In den Kernstücken—die Ablehnung der Ubiquität und
der essentiellen Identität von Zeichen und Sache—wird wiederum mit
dem „Extra Hardenbergianum" und dem Begriff der sakramentalen
Union argumentiert, d.h. mit der Verbindung von Wort, Zeichen, Dienst,
Akt, Geist und Glauben.
2. Die zum apologetischen Zweck angelegte Sammlung *Buceriana*
gibt—mit ihrer Betonung der exhibitiven Art der sakramentalen Verbin-

---

[257] *Collectanea Buceriana, sub* 2, 29^r: „Sic eadem fides accipit corpus substantiale
per corpus sacramentale, sed organo gustus in ore. Quatenus etiam verbum vocale est
logos ipse, eatenus est panis (in coena) substantiale corpus". *Sub* 3, 30^r, wird das
„Extra Patristicum" ausgeführt: „alterutra natura in loco est, alterutra (et ipsa persona)
per omnia super omnia in omnibus, et nullo loco capta neque detruta". *Sub* 6-8, 32^{r-v},
wird die *simplicitas* der *ratio loquendi Spiritus Sancti* befürwortet, sowie die *fidei*
absurditas, nach welcher Christus in seiner himmlischen Herrlichkeit bleibt und sich
zugleich „fidei modo oculis () in speculo et enigmate verbi et symbolorum" darreicht.
[258] *Supra*, S.76f.

dung und des ihr entsprechenden Glaubens—der theologischen Position Hardenbergs adäquaten Ausdruck.

6.6 Die Schriften aus den Jahren 1560 und 1561

Die Schriften aus den letzten Bremer Jahren, 1560 und 1561, sind Hardenbergs „Hier steh ich, ich kann nicht anders". Bis auf eine Anzahl autobiographischer Apologien bzw. Aktensammlungen[259] und Appellationen,[260] bildeten sie die Grundlage seiner Verurteilung wegen Abweichung von der *Augustana* durch den Braunschweiger Kreistag im Februar 1561. Wie sieht das konfessionelle *nec plus ultra* Hardenbergs aus? Besonders kommen in Betracht die *Responsio ad articulos Heshusii inquisitorios*[261] und die *Conquestio de Heshusio* vom Mai 1560,[262] die *Omnium ultima mea Confessio* vom August 1560,[263] die in Braunschweig eingereichte *Summaria Doctrina mea* (14.12.1560)[264] und die im Kreistag verfassten Unterlagen vom Februar 1561.[265]

Diese Abhandlungen schlagen nicht unbekannte Akkorde an, doch noch betonter als zuvor ist das Leitmotiv die *sakramentale* Beschaffenheit der wahrhaften Präsenz Christi im Nachtmahl. Das Wort *sacramentum* und seine Derivata erscheinen als der Inbegriff, der nach Hardenberg den ganzen—gezwungenermassen von seiner durch Bremen negierten christologischen und hermeneutischen Problematik entblössten[266]— Abendmahls-Dissens charakterisiert. Handelt es sich nach Ansicht der Bremer um die Frage „an corpus Christi sit in sacra coena", ob der Leib

---

[259] HB 32, *Contentio*, [8.8.1560]; HB 33, *Dem vromen Leser*, 30.10.1560; HB 34, *Notitiae*, [nach 30.10.1560]; HB 35, *Declaratio*, [gegen 25.11.1560]; HB 36, *De controversia*, [gegen 25.11.1560].

[260] HB 26, *Appellation an die Universitaeten*, 20.5.1560; HB 30, *Bedencken*, 3.8.1560; HB 41, *Appellation an Kaiserl.Majestaet*, 15.2.1561.

[261] HB 27, *Responsio ad art.Heshusii*, [22.5.1560].

[262] HB 29, *Conquestio de Heshusio*, [27.5.1560].

[263] HB 31, *Ultima mea Confessio*, [gegen 8.8.1560].

[264] HB 37, *Summaria Doctrina mea*, 14.12.1560.

[265] HB 39, *In Conf.Brem.censura*, 5.2.1561; HB 40, *Ad interr.Responsio*, 7.2.1561.

[266] Nach Hardenberg standen die „tres horridiores formulae" aus Timanns *Farrago* und aus dem Bremer *Bekandtnis* (21.10.1556) zur Diskussion: 1. die Ubiquität des Jesusleibes, 2. die essentielle Identität von Zeichen und Gabe, 3. „quod verba coenae absque ulla interpretatione accipi debent": *Summaria Doctrina mea*, 17., 115ᵛ; *Contentio*, 2ʳ⁻ᵛ, 197ʳ⁻ᵛ; *Declaratio*, 62ʳ; *De controversia*, 737f.; *In Conf.Brem.censura*, 155-157. Die Bremer Stadtprediger „quodammodo pingunt" die erste und die dritte Streitfrage: *In Conf.Brem.censura*, 157; s.*supra*, I.3, Anm.417 und 445.

Christi im Nachtmahl sei, so ist für Hardenberg mit dem Sakramentsbegriff die wahrhafte Präsenz vorausgesetzt und lautet die Frage nur
„quomodo ibi sit", auf welche Weise er dort sei.[267] Reinlutherische
Sätze, ihm von Tilemann Heshusen zur einfachen Bejahung oder
Verneinung vorgelegt, kann Hardenberg denn auch ohne Umschweife mit
„ja" beantworten, unter unerschütterlicher Beifügung des Adverbs
„sakramentlich".[268]
1. ob das Abendmahlsbrot der wahrhafte Jesusleib sei;
2. ob Leib und Blut Christi leiblich und wesentlich im Abendmahl
gegenwärtig seien;
3. ob Leib und Blut (mit Augustin und Luther) im Brot und im Wein
seien;
4. ob Christi Leib wahrhaft zugleich im Himmel zur Rechten Gottes und
auf Erden sei an allen Orten,[269] da das Abendmahl gehalten wird;[270]
5. ob der Diener nicht nur Brot, sondern auch den wahren Leib spendet;
6. ob die Christen nicht nur mit dem Glauben, geistlich, sondern auch
mit dem Mund, leiblich und wesentlich, den Leib Christi empfangen;[271]
7. ob die Ungläubigen, Unbussfertigen den Leib und das Blut Christi
zum Gericht empfangen?[272]
Körperliche Präsenz, Konsubstantiation, Illokalität des Jesusleibes,
mündliche Niessung und Niessung der Gottlosen: all diesen, seiner
Überzeugung wesensfremden Schibboleths der gnesiolutherischen
Abendmahlsanschauung stimmt Hardenberg bei im Namen seines
Sakramentsbegriffs. Dieser Begriff besitzt damit das Gewicht, das
Proprium seiner Abendmahlslehre wiederzugeben: die wahrhafte Präsenz
des Jesusleibes im Nachtmahl habe er nie geleugnet, „aber ich sage, dass
das Mittel und der Gebrauch sakramental sind, und somit geistlich, so
dass sie die Natur übersteigen".[273]
Letzteres wird weiterhin bestätigt. Die Wendung „panis est corpus
domini" ist eine indirekte Aussprache („praedicatio indirecta"),

---

[267] *Responsio ad art.Heshusii*, 138; HB 28, *Predigtfragment Heshusens*,
26.5.1560: „status controversiae est quomodo corpus dominj cum pane coheret et
quomodo de pane praedicetur corpus dominj".
[268] *Responsio ad art.Heshusii*; vgl.*supra*, I.3, Anm.393.
[269] „An allen orden": der von Hardenberg inkriminierte Ausdruck aus dem
Bekandtnis der Bremer Stadtprediger vom 21.10.1556 (*supra*, S.211-214)!
[270] Antwort: „Ja *dar* naturlick, *hyr* Sacramentlick".
[271] Antwort: „Ja *ock* lyfflick doch Sacramentlick".
[272] *Responsio ad art.Heshusii*, 136f.
[273] *Responsio ad art.Heshusii*, 138: „sed dico, medium et usum esse sacramentalem, et ita spiritualem, ut supra naturam sit".

gewissermassen tropisch oder figürlich („quodammodo[274] tropica seu figurata"), kurz, weil das Zeichen die Sache *sacramentaliter* darbietet, anders gesagt: weil es beim rechtem Gebrauch „Sacramentum" ist.[275] Der ganze Mensch empfängt den Leib des Herrn, innerlich, doch auch äusserlich „per Sacramentum seu *sacramentaliter*".[276] Die Elemente Brot und Wein sind der Leib und das Blut des Herrn, nicht durch ihre natürliche Substanz, sondern weil sie „media *sacramentalia*" sind.[277] Dieser Zentralbegriff kehrt sogar in einem der Untertitel der umfangreichster Verteidigungsschrift Hardenbergs, der *Contentio* vom August 1560, zurück: *Concionatores: Panis coenae est corpus Christi essentiale; Doctor Albertus: Panis coenae est corpus Christi sacramentaliter.*[278]

Bei der Explikation seiner Heshusen gegenüber bezogenen Position („Ja Sacramentlick") zeigen sich (nochmals,[279] also bis zum letzten Moment) als konstitutiv für Hardenbergs Sakramentsbegriff: das Wort Christi, die geheiligten Zeichen, die himmlische Gabe, der Abendmahlsakt, die Wirkung des Heiligen Geistes und als notwendiges Korrelat der menschliche Glaube. Als entscheidend erweist sich im Hintergrund die (augustinische) Dualität vom Innerlichen und Äusserlichen. Zur Adstruktion lässt sich folgendes vorbringen:

Die drei *Articuli quidam perspicui meae doctrinae* vom 27.5.1560[280]

---

[274] Klingt hier Zurückhaltung?

[275] *Predigtfragment Heshusens*, 26.5.1560. So auch *Ad interr.Responsio*, 2., 165: „et hanc formam praedicationis non vulgarem aut naturalem, sed sacramentalem esse judico". Vgl.Nr.224, Hardenberg-Domkapitel, 23.6.1557, 734: „ick segge, dat de praedicatio 'panis est corpus Christi' nicht regularis schint tho wesen, gelick ick segge 'rosa est flos'. Averst dat de praedicatio () quodammodo irregularis sey, ende derhalven sacramental".

[276] *Articuli quidam perspicui meae doctrinae ut per Dominos Capitulares Principi offeretur*, [27.5.1560], 2., in: *Conquestio de Heshusio*, 37ʳ/Nr.286, Hardenberg-Domkapitel/Erzbischof Georg, 27.5.1560, 697; auch in: *Contentio*, 194ʳ-195ʳ; *Declaratio*, 60ᵛ.

[277] *Articuli quidam perspicui meae doctrinae*, s.vorige Anm., 3., in: *Conquestio de Heshusio*, 37ʳ⁻ᵛ/Nr.286, s.vorige Anm., idem; *Contentio*, 194ᵛ; *Declaratio*, 60ᵛ-61ʳ.

[278] *Contentio*, 2ᵛ.

[279] S.*supra*, S.181-189.

[280] Die *Articuli* sind eine teilweise Zusammenfassung des Bekenntnisses, das Molanus 1556 ablegte, und das dieser wieder Hardenberg entnommen hatte, s.*supra*, Anm.276. HB 38, *Confessio mea*, [1560?], enthält fast wortwörtlich den ersten Artikel der *Articuli* und meldet (in Hardenbergs Handschrift): „Hanc confessionem Molanus discedens Brema nobis reliquit quam et ante aliquot annos Scholiarchis confessus est ex mea informatione et fateor hanc meam quoque confessionem esse" (vgl.dazu SA Bremen, 2-T.1.c.2.b.2.c.2.b.1: *Johannis Molani Colloquium mit den Scholarchen über Fragen des Abendmahls 1557*; Moltmann, *Pezel*, 36f.). Molanus' Bekenntnis als

erkennen jene Präsenz des Jesusleibes an, „die wir durch den Glauben an
das Wort erreichen () und insoweit, wie er (Jesus) mit der Gegenwart
seines Wesens bei seiner Feier anwesend ist"; Christi Leib wird
„innerlich durch den (Heiligen) Geist mittels des Glaubens und äusserlich
durch das Sakrament" empfangen; durch die Zeichen als „sakramentale
Mittel" werden wir wirklich des Leibes Christi teilhaftig; doch sind diese
Sachen „Geheimnisse des Glaubens", „weil das Wichtigste an ihnen
weder gesehen, oder geschmeckt, noch betastet, oder gespürt werden
kann"; letztlich: Christus, der, was seine Natur anlangt, den Himmel
nicht verlässt, vollbringt „dies alles () durch das Einsetzungswort und
den Heiligen Geist".[281]

Auch die knappe *Ultima mea Confessio* vom August 1560—die wir
unten wegen ihrer bisherigen Unbekanntheit *in extenso* anführen[282]—
bringt die Konstituente des Sakramentsbegriffes. Die Gabe des Abendmahls ist dreifach: 1. die (nicht durch ihre Substanz, sondern durch ihre
Aufgabe im Abendmahl in Symbole verwandelten) Elemente Brot und
Wein; 2. Christi Leib und Blut, der Herr selbst, Gott und Mensch; und
3. die Bestätigung des neuen Bundes, die Glaubensstärkung und die
Sündenvergebung.[283] Sind die Abendmahlsgaben geistlich (kein „cibus

---

Ganzes (mit der Bemerkung Hardenbergs: „Et ego () testor () hanc esse eam
doctrinam, quam et Molano et toti Ecclesiae Bremensi tradidi ()") in: Cassel,
Bremensia 2, 613-616 (dort datiert 16.10.1556).

[281] *Articuli quidam perspicui meae doctrinae*, s.Anm.276, in: *Conquestio de
Heshusio*, 37^{r-v}/Nr.286, s.Anm.276, 696f.; *Contentio*, 194^r-195^r; *Declaratio*, 60^v-61^r.

[282] HB 31a, *Ultima mea Confessio*, [gg.8.8.1560], 61^{r-v}: „His adieci omnium
ultimam meam Confessionem qua etiam istud scriptum [= HB 35, *Declaratio*] finire
volo et causam permittere Domino cuius est. 'Tria nobis donari in coena certissime
credo. Unum panem et vinum sacramentalia, quem non tam substantia quam officio
in eo usu mutantur. Secundo, Ipsum corpus et sanguinem Domini, ideoque dominum
ipsum, deum et hominem ut sedet regnatque ad dexteram patris, sed excipiendum
fruendumque, ut aeternum seruatorem nostrum vitaeque beatae et largitorem et
sustentatorem atque ideo percipiendum non sensibus aut ratione carnali, nec via nec
ratione ulla huius seculi, sed per (61^v) fidem energiamque Spiritus sancti, fruendumque non cibum ventris, verum ad augendam eam in nobis sui communionem vitamque
dei, quam donavit nobis in baptismate qua manemus et viuimus, non in nobis ipsis,
sed in ipso Domino, et ipse in nobis. Habeo itaque et illos anathemata qui nihil quam
panem et vinum absentis omnino Christi symbola in sacramento agnoscunt. Tertio.
Quod hic datur et accipitur est confirmatio noui Testamenti et fidei de gratia Dei, et
remissione peccatorum, damno itaque eos, qui dicunt Sacram coenam tantum
institutum nobis, pro nota Christianae societatis'. Ad hanc doctrinam referri volo
totam meam doctrinam omnesque meas quocunque tempore datas confessiones".

[283] In der Ablehnung der zwinglianischen *evacuatio sacramenti* (2., Schluss) und
der Abschwächung des Bekenntnischarakters des Abendmahls (3., Schluss) ist die
Confessio dem Ende des Abendmahlsparagraphen des *Frankfurter Rezesses* (18.3.1558)

ventris", keine Nahrung für den Magen), so ist auch ihre Annahme geistlich, nicht sinnlich: sie geschieht durch den Glauben und die „Energie" des Heiligen Geistes und bewirkt so die Christusgemeinschaft.[284]

Fundamental ist der dualistische Begriff der sakramentalen Union. Wie kann Christi Leib im Himmel lokalisiert und zugleich mit seiner Substanz im Abendmahl präsent sein? Bei seiner Verteidigung in Braunschweig lautet Hardenbergs Antwort an die Kreistheologen kurzweg: „durch das Wort und die heiligen Wahrzeichen".[285] Wie denn? „Mit Brot und Wein".[286] Empfangen denn auch die Gottlosen den wahren Jesusleib? Ja, *sacramentotenus*, „nur sakramentlich", „insofern er durch die Kraft der Einsetzung mit dem Brot verbunden ist".[287] Doch soll zwischen sakramentaler Darbietung und wahrer Gemeinschaft unterschieden werden:[288] bei der sakramentalen Niessung empfängt der Mund das Sakrament (und „unter dem sichtbaren Sakrament den Leib Christi"!), bei der wahrhaften oder geistlichen Niessung empfängt das Herz durch den Glauben die Sache des Sakramentes: die Vereinigung mit dem himmlischen Brot.[289]

So bleibt die Abendmahlsgabe letztendlich Glaubensspeise,[290] so bleibt das Sakrament wegen der Transzendenz der Gnade ein Mysterium, dessen Aufrechterhaltung die stärkste Triebfeder von Hardenbergs Widerstand gegen die lutherische Verdinglichung der Gnade[291] ist.

ähnlich; vgl. *supra*, I.3, Anm.352.

[284] S.vorvorige Anm.

[285] *Ad interr.Responsio*, 1., 165. Die Fragen der Theologen: *Ordinum Circuli Saxoniae Inferioris Interrogata Alberto proposita*, 6.2.1561, in: Gerdes, *HM*, 164.

[286] *Ad interr.Responsio*, 3.(*CAvar.*, *Frankf.Rez.*), 4., 166; *In Conf.Brem.censura*, 6, 156.

[287] *Ad interr.Responsio*, 2., 165f.

[288] Idem.

[289] *Ad interr.Responsio*, 5., 166f.

[290] Mit dem Nizäischen Abendmahlskanon: *In Conf.Brem.censura*, 10., 156f.

[291] Vgl.*Declaratio*, 63[r]; *Summaria Doctrina mea*, 13., 153: „Verum si quis haec et alia mea dicta, a me docta, scriptaque, ad crassam, carnalem, localem, seu physicam Christi corporis praesentiam, in coena, et manducationem, seu, cum signis commixtionem, inclusionem, sive rursum, ad haereticum, sophisticum vel Papisticum sensum perverterit detorseritve: Hunc ego evitandum judico"; *In Conf.Brem.censura*, 4., vgl.6., 156: „Cum dicunt, panem esse essentiale corpus Christi, omnino conversionem et transsubstantiationem, vel consubstantiationem, cogunt statuere"; *Ad interr.Responsio*, 4., 166.

Der neuralgische Punkt: das Sonnengleichnis

Was Hardenberg schliesslich zum Verhängnis wurde, war das bekannte Sonnengleichnis in der ihm vom Halberstädter Kreistag abverlangten Konfession vom 14.12.1560, der 14 Artikel enthaltenden *Summaria Doctrina mea*.[292] Die *Summaria* lehrt die Erfüllung des Alls durch die Person Christi (1, 4), die Lokalität seines verherrlichten Leibes (2, 3), greift dann aber—zur Illustration der Art der Gegenwart nicht nur des *totus* Christus, sondern auch des *corpus Christi* im Abendmahl—zum nächsten Beispiel (5, 6, 10):

> „Gleichwie die Sonne, an einem Ort des Himmels sichtbar und ausserdem räumlich umschlossen, selbst mit ihren Strahlen und ihrem belebenden Licht, wahrhaftig und wesentlich überall auf dem ganzen Erdboden gegenwärtig ist und dargeboten wird, so ist uns *der Leib* Christi, ja der ganze Christus, wenn er auch dem Leibe nach an einem bestimmten Ort ist, doch durch das Wort und die heiligen Wahrzeichen wahrhaft und wesentlich (nicht aber quantitativ, qualitativ oder örtlich) im Abendmahl gegenwärtig und wird uns dargeboten. () Und diese Darbietung und wahrhafte Gegenwart des Leibes Christi im Abendmahl erkennt und hat der Christ, der den Worten des Herrn glaubt, nicht weniger sicher, als die Augen die Sonne sehen und gegenwärtig haben".[293]

Es wundert nicht, dass aufgrund dieses Gleichnisses das Urteil gefällt wurde,[294] Hardenberg lehre nur eine „praesentia operativa" von Christus im Sakrament;[295] seine Behauptung der wahrhaften Präsenz Christi sei

---

[292] HB 37j, *Summaria Doctrina mea*, 14.12.1560; vgl. Planck, *Lehrbegriff*, 260-262; Wagner, 302-304; Walte, *Mittheilungen* 1, 48-51; Spiegel, 290-292.

[293] *Summaria Doctrina mea*, 5., 6., 10., 151f.: „Quemadmodum sol, uno in orbe coeli visibilis, etiamnum circumscriptus, radiis ipse suis et vivifica luce, vere et essentialiter totus ubilibet orbis et terrae praesens est et exhibetur, Ita nobis corpus Christi, imo totus Christus, etiamsi corpore circumscriptus est in loco, per verbum tamen, et sacra symbola, vere et essentialiter (non autem quantitative, qualitative aut localiter) in coena praesens adest, et exhibetur. () Et hanc corporis Christi, in coena, exhibitionem, et veram praesentiam, Christianus homo, verbis Domini credens, non minus certo agnoscit et habet, quam oculi vident, et habent solem praesentem"; vgl. Spiegel, 290f. HB 37, *a.a.O.*, 8., 114ᵛ erwähnt Marcus Vigerius: „Marcus Vigerius Cardinalis in decacordo Christiano libro septimo utitur in hac materia similibus de sole in orbe suo manentem et per lucem ac radios se in terrarum presenter exlubentem et operantem, non ficte nec figurate sed efficacissime. Utitur eodem loco simili de luna, de syderibus et accensa in edibus lucerna et multis alijs ()".

[294] Vorbereitet von Westphal im Jahre 1557, s.*supra*, I.3, Anm.330!

[295] So die Synode von Celle, 21.1.1561: Wagner, 306; Salig, *Vollständige Historie* 3, 749; Planck, *Lehrbegriff*, 265f.; Engelhardt, *Irrlehreprozess*, 100f.; vgl.*supra*, S.87f.

eine Lüge:[296] „Dieser Vergleich macht die substantielle Gegenwart des Leibes Christi im Abendmahl ganz und gar zunichte";[297] kurz, er sei ein Zwinglianer.[298]

Doch kann Hardenberg nicht der Vorwurf eines reinen Spiritualismus gemacht werden. Der ihm eigentümliche Sakramentsbegriff verhindert dies. Dass die wahrhafte Präsenz des Jesusleibes sich im Abendmahl „durch das Wort und die heiligen Wahrzeichen" realisiert,[299] bedeutet nämlich nach Hardenberg, dass „auch den Sinnen diese wahrhafte Präsenz durch die äusseren Zeichen vorgestellt wird", zwar „gewissermassen" („quodammodo"), aber doch. Es bedeutet, dass diese Präsenz „auch mit dem Munde angenommen wird", zwar „auf ihre Weise" („suo modo"), aber doch.[300] Es bedeutet, dass die wahrhafte Präsenz „nicht fiktiv oder eingebildet" sondern „wahr, reell, wesentlich" ist („weil durch das Wort Gottes bezeugt"),[301] zwar „nicht natürlich oder physisch, durch Vermischung mit den sinnlichen Zeichen, durch Einschliessung oder Ortsveränderung", aber doch.[302] Das Prädikat Spiritualismus trifft also ohne dessen Präzisierung nicht zu. Wollte Hardenberg Unsagbares sagen? Letzten Endes ist es „wegen der wundervollen sakramentalen Union zwischen den Zeichen und den Sachen des Sakraments", dass er so redet.[303] Diese wundervolle *sacramentalis unio*, die Sichtbares und Unsichtbares vereinigen will—der Nerv der Hardenberg'schen Sakra-

---

[296] *Bremensium in Hardenbergii Confessionem* [d.d.14.12.1561] *censura*, 1.-3., 10., 13., 5.2.1561, in: Gerdes, *HM*, 157-159 („denn die Sonne ist 'non veritate et essentia corporis, sed radiis et virtute seu luce vivifica' gegenwärtig", 3.*censura*; „ideo dicimus, eum Sacramentarium esse et haereticum", 18.*censura*, *a.a.O.*, 159).

[297] *Brunsvicensium Theologorum Censura in Hardenbergii Confessionem* [d.d.14.12.1561], 1., [5.2.1561], in: Gerdes, *HM*, 163: „Ea similitudo omnino tollit praesentiam substantialem corporis Christi in coena".

[298] Chemnitz, *Anatome*, C1ᵃ, C3ᵇ-C4ᵃ.

[299] HB 37j, *Summaria Doctrina mea*, 6., 151. In HB 37, *a.a.O.*, 5., 114ᵛ, heisst es kennzeichnend: „Certe in coena sacra totus Christus uere adest et utcumque (?) corpus ipsius naturaliter est in loco, tamen per institutionem et symbol[a et] uerbum et operationem spiritus sanctj in uero Ecclesiae usu [-] essentialiter (non autem quantitatiue, qualitatiue aut localiter) presens adest et re ipsa nobis certo datur exhib[itiue]".

[300] HB 37j, *Summaria Doctrina mea*, 10., 152: „Quin et sensibus, haec vera praesentia quodammodo per externa ipsa symbola objicitur, et ore suo modo sumitur". Vgl. die *supra* angeführte Wendung bezüglich der *manducatio sacramentalis* durch die *impii*: „etsi sub visibili sacramento corpus Christi accipiant", *Ad interr. Responsio*, 5., 167.

[301] *Summaria Doctrina mea*, 9., 152.

[302] *Summaria Doctrina mea*, 8., 152.

[303] *Summaria Doctrina mea*, 10., 152: „propter admirabilem illam Sacramentalem unionem inter symbola et res Sacramenti".

mentsauffassung—stellt eine Nuance dar, die im III.Abschnitt dieser Arbeit dogmengeschichtlich erforscht werden soll.

Als letztes müssen wir das jetzige Resultat nur noch im nächsten Paragraph an Hardenbergs letzter Abendmahlsschrift—der *De Ubiquitate, Scripta Duo* vom Jahre 1564—prüfen.

Ergebnisse II.6.6

1. In den seiner Verurteilung zugrunde liegenden Schriften aus den Jahren 1560 und 1561—Hardenbergs konfessioneller *nec plus ultra*—ist die sakramentale Beschaffenheit der wahrhaften Präsenz Christi noch schärfer ausgeprägt als zuvor. Mit der Bejahung gnesiolutherischer *theologoumena* wie körperlicher Präsenz, Konsubstantiation, Illokalität, mündlicher Niessung und der Niessung der Gottlosen, und zwar Bejahung *im sakramentalen Sinne*, erweist sich der Sakramentsbegriff als das Proprium der Abendmahlslehre Hardenbergs.

2. Die den Sakramentsbegriff bestimmenden Bestandteile sind: Wort Christi, geheiligte Zeichen, himmlische Gabe, Abendmahlsakt, Wirkung des Heiligen Geistes, Glaube. Entscheidend ist der im augustinischen Dualismus wurzelnde Begriff der *admirabilis sacramentalis unio* (der „wundervollen sakramentalen Union"), der den Charakter der Gabe als Glaubensspeise und des Sakraments als Mysterium wahrt.

3. Das Sonnengleichnis—Illustration der leiblichen Gegenwart im Abendmahl—ist, seiner Ablehnung durch den Braunschweiger Kreistag 1561 zum Trotz, insoweit nicht spiritualistisch, als dass es die wahrhafte Präsenz „gewissermassen auch den Sinnen" durch die Zeichen vorgestellt und „auf ihre Weise mit dem Mund" angenommen sein lässt.

6.7 „De Ubiquitate, Scripta Duo", 1564[304]

Gerade dieses Werk, wenigstens der Teil, der uns interessiert,[305] die
Brevis explicatio,[306] scheint anfangs die Qualifikation der Abendmahlslehre Hardenbergs als spiritualistisch zu rechtfertigen. Mehr als die
Hälfte[307] wird von den zehn Argumenten eingenommen, die Hardenberg
zugunsten seiner Ansicht vorbringt, die Christusgemeinschaft des
Sakraments sei „spiritualis"; sie sei keine andere als in Joh 6, nur dass
ihr ein äusserlicher Ritus als Pfand und Beweis dieser Gemeinschaft, die
Verheissung und eine spezielle Darbietung beigeordnet sind;[308] sie
impliziere den Glauben als vorausgesetzt („praerequisitus") und setze
eine Präsenz nicht mit Blick auf den Ort („quo ad locum"), sondern mit
Blick auf die Gnade („quo ad gratiam") voraus, da Christus sich, obwohl
er im Himmel bleibt, durch die Kraft des Heiligen Geistes den Gläubigen
schenkt.[309] In der Darlegung fällt die Beachtung ins Auge, die Joh 6
findet, und die zuweilen an Zwingli, aber vor allem an Bucer erinnert.[310]
Der zweite Teil, der die „fünf Hauptfragen" erörtert—die Diktion der
Einsetzungsworte, die Art der Exhibition, die sakramentale Union, die
Art des Empfangs des Jesusleibes und die Niessung der Unwürdigen[311]—stellt erst das Gleichgewicht wieder her und bestätigt das
bisherige Resultat.

Betrachten wir erst die wichtigsten—meist nicht früher benutzten—
Beweise für die *spiritualis communicatio*:
1. Joh 6 redet über Christi Fleisch und Blut im Rahmen dessen Opfers
für das Leben der Welt. Jesu Fleisch „essen" heisst hier: dieses Opfer
„mit dem Glauben beschauen und geniessen". Das „geniessen" setzt die
Einverleibung in Christus durch den Geist und die Applikation des

---

[304] HB 42, *De Ubiquitate, Scripta Duo*, 1564.
[305] Das Werk enthält: 1. HB 43, *Contra Ubiquitatem*, 1564 (= HB 11m, *Themata*,
5.11.1556 mit einer historischen Einführung); 2. E.Segebade, *Argumenta sive
Positiones contra Monotopiam quam D.Albertus Hardenbergius defendit* etc.,
[21.5.1558], s.*supra*, I.3, Anm.358; 3. HB 44, *Ad Farraginem Segebadii*, [Juni/Juli
1558]: die Erwiderung von Segebades Schrift, über die Christologie, s.*supra*, I.3,
Anm.358; 4. HB 45, *Brevis explicatio*, 1564.
[306] HB 45, *Brevis explicatio*, 1564.
[307] *Brevis explicatio*, 28ᵇ-34ᵇ.
[308] *Brevis explicatio*, 28ᵇ-29ᵃ.
[309] *Brevis explicatio*, 29ᵇ-30ᵃ.
[310] Vgl.Gollwitzer, *Joh.6 bei Luther und Zwingli*; Hazlett, *Johannes 6 bei Bucer*.
[311] *Brevis explicatio*, 34ᵇ-38ᵇ, 38ᵃ = HB 40, *Ad interr.Responsio*, 7.2.1561, 2.,
165f.

Opfers voraus. Was ist das Nachtmahl anderes als die *applicatio pretii* (des Opfers)?[312]

2. Christus bezeichnete das Abendmahl als den neuen Bund. Bei der Bundschliessung sind Fleisch und Blut nicht in materieller Hinsicht wichtig, sondern nur insofern sie für die Bestätigung des Bundes notwendig sind. Die Partizipation am Neuen Bunde geschieht durch die Gemeinschaft mit dem Leib und Blut Christi, die jedoch „nur insoweit dargeboten werden, wie sie [Zeichen und Siegel] des neuen Bundes sind".[313]

3. Dass Christus bei der Einsetzung über das zukünftige Opfer im Präsens redete, zeigt, dass die Gabe „non actu, sed virtute et efficacia" („nicht tatsächlich, sondern in ihrer Kraft und Wirksamkeit") präsent war.[314]

4. Der kommemorative Charakter des Abendmahls setzt die körperliche Abwesenheit des Herrn voraus (1.Kor 11,26: „bis er kommt").[315]

5. Dass Christus *separatim* die Exhibition seines Leibes mit dem Brot und die seines Blutes mit dem Wein verband, macht eine körperliche Verbindung zwischen Zeichen und Sache unmöglich, da Leib und Blut bei der Einsetzung und danach „in der Realität nicht getrennt" waren und sind.[316]

6. Die Lokalität des Leibes Christi während der Einsetzung verwehrt die Idee einer fleischlichen Exhibition.[317]

7. Joh 6,63 („das Fleisch ist nichts nütze") gilt von der fleischlichen Niessung.[318] Joh 6 erklärt das Abendmahl, das sich aus einer „äusseren Zeremonie" und einer „Verkündigung über die Gemeinschaft Christi" zusammensetzt. Wenn Joh 6 auch den „sakramentalen Ritus" nicht erwähnt, die Gemeinschaft mit Christi Leib und Blut („der wichtigste Teil und quasi die Seele des Abendmahls") ist darin „ausführlich und

---

[312] *Brevis explicatio*, 30[a-b].
[313] *Brevis explicatio*, 30[b]-31[a].
[314] *Brevis explicatio*, 31[b].
[315] Idem.
[316] *Brevis explicatio*, 32[a].
[317] Idem.
[318] *Brevis explicatio*, 32[a-b]: „Manifeste dicit Christus, carnis etiam suae manducationem sive communicationem carnaliter acceptam non prodesse, spiritum vero esse, qui vivificat et verba quae ipse loquitur, spiritum et vitam esse, id est, ut Augustinus interpretatur, spiritualiter esse intelligenda". So auch Zwingli, *De vera et falsa religione commentarius*, 1525, in: Z 3, 782, 25-28.

klar" behandelt. „Deswegen muss diese Verkündigung (in Joh 6)
unbedingt mit dem Abendmahl in Verbindung gebracht werden".[319]
8. Paulus' Erklärung der Einsetzungsworte in 1.Kor 10, 16 (das Brot ist
die *Gemeinschaft* des Leibes Christi) ist vom 17.Vers her auszulegen
(„So sind wir viele ein Leib"), d.h. „ratione spirituali communica-
tionis".[320] Diese Gemeinschaft ist die *societas*, „wodurch wir nämlich
Glieder seines mystischen Leibes werden, welcher die Kirche ist", die
ebenfalls in 1.Kor 1,9 (die Berufung zur Gemeinschaft des Sohnes) und
Joh 13,8 („Wenn ich dich nicht wasche, so hast du kein Teil an mir")
gemeint ist. „Und alle, die durch den Glauben zum Leib Christi
zusammenwachsen, haben Anteil an und Gemeinschaft mit seinen
Gaben".[321]

Namentlich das *sub* 7 und 8 Gesagte könnte dazu veranlassen,
Hardenberg in der spiritualistischen Tradition einzuordnen. Denn was ist
die *spiritualis communicatio* hier anders als der Glaube? Fügt das
Sakrament dem Gläubigen noch etwas hinzu? Ist das Abendmahl noch
Teil oder Anhängsel („pars vel appendix") zur Verkündigung?[322] Freilich
vermittelt die Abendmahlsgemeinschaft die Einverleibung in den
mystischen Christusleib, die Kirche. Doch gibt es hier eine Unklarheit,
da „niemand in diese Gemeinschaft [der Glieder seines mystischen
Leibes, welcher die Kirche ist], zugelassen wird, es sei denn, er ist des
Leibes und Blutes Christi teilhaftig, d.h. Glied seines Leibes, Bein von
seinem Bein, Fleisch von seinem Fleisch".[323] Damit wäre der vorausgesetzte Glaube (die „fides praerequisita") zur Christusgemeinschaft als
diese Gemeinschaft selbst umschrieben. Das Abendmahl bewirkt die
mystische Einigung mit Christus und diese geht dem Abendmahl voraus,
da sie eine Wirkung des Glaubens ist.[324] Was gibt die sakramentale
Gemeinschaft denn eigentlich, was der Gläubige nicht schon hat? Und:

---

[319] „nisi inanem et inutilem Coenam Ecclesiae relinquere volumus. Imo si
genuinam et rectam de vi et virtute Coenae sententiam tenere libet, inde eam petere
oportebit", *Brevis explicatio*, 32[a-b].

[320] Vgl.Zwingli, *Antwort über Straussens Büchlein, das Nachtmahl Christi
betreffend*, 1527, in: Z 5, 471f.

[321] *Brevis explicatio*, 32[b]-33[b].

[322] S.*supra*, II.5.1, Anm.5.

[323] *Brevis explicatio*, 33[a]: „Panem esse dicit [scil.Paulus] corporis Christi
'koinooniam', hoc est, societatem, per quam scilicet membra corporis sui mystici,
quod est Ecclesia, efficimur: in cuius societatem nemo admittitur nisi corporis et
sanguinis Christi particeps hoc est membrum de membris Christi, os de ossibus eius,
et caro de carne eius".

[324] *Brevis explicatio*, 33[b]: „et quicunque ita per fidem in Christi corpus coalescunt,
huius doni participationem habent et societatem".

ist die Abendmahlsgabe geistig oder geistlich? Es heisst, die Exhibition des Bezeichneten sei „keineswegs anders als mit der *Seele* und dem Glauben" wahrnehmbar.[325] Wo ist hier die Überzeugung, die wahrhafte Präsenz Christi werde durch die Zeichen gewissermassen *auch den Sinnen* („et sensibus") vorgestellt[326] und die Gabe werde mit der Seele *und dem Leib* („anima simul et corpore") empfangen?[327]

Aber dann wird im zweiten Teil der *Brevis explicatio* die Qualifizierung der Abendmahlsanschauung Hardenbergs als spiritualistisch unmöglich gemacht:

1. Im Zusammenhang mit der figürlichen Bedeutung der Einsetzungsworte wählend zwischen den Stilmitteln der Metonymie und der Synekdoche, bevorzugt Hardenberg die Synekdoche. Denn die Metonymie, die dem Zeichen den Namen des Bezeichneten zuteilt, bezieht sich nur auf die Ähnlichkeit von Zeichen und Sache, nicht auf die reelle Exhibition letzterer. Nach der Synekdoche—der Teilandeutung—dagegen, ist das Zeichen so mit der Sache verbunden, dass es diese mitbringt, darbietet.[328] So ist das Zeichen nicht nur darstellendes, sondern ein den Gläubigen *darbietendes* Zeichen.

2. Die Gabe ist nicht nur eine geistige. Bei der Erörterung der zweiten Hauptfrage nach der Art dieser Darbietung heisst es, dass die Darbietung und Gemeinschaft Christi im Abendmahl wahrhaft ist, „und nicht nur mit Blick auf die Kraft, sondern auch mit Blick auf die *Substanz* aufgefasst werden muss".[329] Damit gelangt Hardenberg zur Darlegung der uns bekannten, ihn kennzeichnenden Ansicht der „wundervollen sakramentalen Union" als eine *unio exhibitionis*, kraft welcher wir „der *Substanz* des Leibes und des Blutes Christi wirklich teilhaftig werden".[330]

3. Letztlich wird diese geistliche Gabe nicht nur der Seele dargeboten. Auch der Mund empfängt Christi Leib und Blut, und „die Lippen und die Zähne beissen in den Leib Christi" (allerdings „per alternationem",

---

[325] *Brevis explicatio*, 35ᵃ: „...praesentem exhibitionem, haud tamen aliter quam animo et fide perceptibilem".

[326] HB 37j, *Summaria Doctrina mea*, 10., 152; s.*supra*, Anm.300.

[327] *Iudicium*, VIII; s.*supra*, S.219.

[328] *Brevis explicatio*, 34ᵇ-35ᵃ: „Synecdoche planior est, ideo scilicet appellari panem corpus, quod illud coniunctum habeat, ac spirituali ratione percipiendum exhibeat". Vgl.Lausberg, *Rhetorik*, § 565-571 (metonymia), § 572-577 (synecdoche).

[329] *Brevis explicatio*, 35ᵇ: „et non tantum quo ad virtutem, sed etiam quo ad substantiam intelligenda".

[330] *Brevis explicatio*, 36ᵃ-37ᵃ: „III. Qualis cum pane corporis sit unio", s. *supra*, S.186f.

„wechselweise", zu verstehen)[331]. So wird der innerliche Mensch „*tam corpore* quam anima" („sowohl in Leib als auch in Seele") durch den Glauben zur Hoffnung auf das ewige Leben gespeist.[332]

Ergebnisse II.6.7

1. Die in der *Brevis explicatio* (1564) vorgetragene Abendmahlsanschauung mutet anfangs spiritualistisch an: sie setzt die Christusgemeinschaft des Sakraments derjenigen von Joh 6 gleich, bezieht Joh 6,63 auf das gegessene Fleisch, legt 1.Kor 10,16 vom 17.Vers her aus und heisst den Glauben „praerequisitus in sumentibus"—„vorausgesetzt bei den Kommunikanten"—unter scheinbarer Vernachlässigung der Glaubensstärkenden Wirkung des Sakraments. Zwar bewirkt das Abendmahl die mystische Einigung mit Christus, doch geht diese dem Abendmahl auch voraus, da sie eine Wirkung des Glaubens ist.
2. Der zweite Teil der *Explicatio* modifiziert die anfängliche Wahrnehmung: die Zeichen stellen die Sache nicht nur dar (Metonymie), sondern sie bieten sie dar (Synekdoche, Exhibition); die Personalpräsenz ist nicht so sehr geistig, als vielmehr geistlich: sie gilt auch der Substanz des Jesusleibes und wird nicht nur der Seele, sondern auch dem äusserlichen Menschen dargeboten; kraft der *unio sacramentalis exhibitionis*—der sakramentalen Union der Darbietung—wird der Glaubende so der Substanz des Leibes und Blutes Christi teilhaftig, d.h. dem mystischen Christusleib, der Kirche, einverleibt.

6.8 *Ergebnisse*

Überblicken wir den Weg, den wir bei der historisch-systematischen Erforschung der Abendmahlslehre Hardenbergs im Abschnitt II.6 zurückgelegt haben, so lässt sich zusammenfassend folgendes feststellen.
1. Hardenbergs Abendmahlsanschauung kennzeichnet sich durch eine grosse *Konsistenz*,[333] auch in dem Postulat ihrer Übereinstimmung mit

---

[331] *Brevis explicatio*, 37[b]: „per alternationem": „ut scilicet alteri tribuatur quod alterius est".
[332] Idem.
[333] Hardenbergs Geständnis in der *Contentio*, 196[v] (1560) trifft wohl zu: „Nicht weil ich meine Ansicht überhaupt ein Jota ändern wollte, habe ich so viele Bekenntnisse geschrieben".

der *Wittenberger Konkordie*, mit der *Augustana Variata* im Sinne des *Frankfurter Rezesses* (Melanchthon) und vor allem mit Bucer.

2. Grundlegend ist die dem augustinischen Denken entstammende *Dualität* von äusserlich und innerlich, sinnlich wahrnehmbar und geistig wahrnehmbar, sichtbar und unsichtbar, körperlich und geistig, Mund und Seele, Zeichen und Sache.

3. Diese Dualität bestimmt den *Sakramentsbegriff*: Sakramente sind sichtbare Zeichen, die um Christi Wortes willen die unsichtbare Gnade gewähren. Das Sakrament besteht aus Wort, Zeichen und Gabe und ist wirksam durch Geist und Glauben.

4. Hinsichtlich des *Abendmahls* bedeutet das im voraus: das Abendmahl hat Gabecharakter; Brot und Leib sind *zwei* Sachen (Irenäus); die vom Geist bewirkte Präsenz ist Spiritualpräsenz; die Vorbedingung des Glaubens schliesst die Niessung der Gottlosen aus.

5. Das Abendmahl ist Gemeinschaftsmahl (mit Christus und seinen Gliedern), Gedächtnismahl, Bekenntnismahl und Verpflichtungsmahl. Der *Gabecharakter* geht nachdrücklich den kommemorativen und ekklesiologisch-ethischen Aspekten voran.

6. Die *Gabe* ist der ganze Christus als Substanz des Abendmahls. Die Gabe ist nicht geistig, sondern geistlich: die Gemeinschaft ist weder auf Christi noch auf den menschlichen Geist begrenzt, so dass die Qualifikation „spiritualistisch" auf Hardenbergs Abendmahlslehre nicht zutrifft.

7. Entscheidend ist der Begriff der *sakramentalen Union* zwischen Zeichen und Gabe. Diese Union ist eine *unio exhibitionis*—eine Union der Darbietung—wobei das Zeichen das Bezeichnete so mit sich verbunden hat („coniunctum habet"), dass es dies nicht nur darstellt, sondern (dem Glauben und „gewissermassen" auch den Sinnen) darbietet, und zwar so, dass die Weise der Darbietung und die Art der Präsenz von beiden verschieden ist.

In dem *exhibitio*-Begriff berühren sich der augustinische Dualismus und der lutherische Sakramentsrealismus. Dieser Schnittpunkt, der Sichtbares mit Unsichtbarem verbindet, im Bewusstsein dass Gott sich wirklich den Menschen hingibt, ohne sich an die Kreatur zu binden, ist das Herz der Hardenberg'schen Abendmahlslehre und schützt gegen Verflüchtigung *und* Verdinglichung der Abendmahlsgabe. Die Aufrechterhaltung sowohl der *Realität* der Gnadengabe (kraft der Verheissung) als auch des *Mysteriumcharakters* des Abendmahls (wegen der Tranzendenz der Gnade) ist denn auch der eigentliche Beweggrund zur Ablehnung sowohl des reinen Symbolismus als auch—und vor allem—der Kreaturvergötterung des gnesiolutherischen Sakramentsrealismus.

8. Der exhibitiven Zweieinigkeit von Zeichen und Sache entspricht zweierlei *modus perceptionis*: der körperliche und der geistliche Empfang. Beide ereignen sich nicht analogisch oder simultan und parallel, sondern instrumental, d.h. sind ebenfalls exhibitiv miteinander verbunden. Die „cum pane"-Formel der *Variata* (Melanchthon) wird somit nicht nur temporal verstanden. „Per alternationem" („wechselweise"), in Analogie zur „communicatio idiomatum",[334] empfängt auch der Mund die Substanz der Abendmahlsgabe, was der *Niessung der Unwürdigen* Raum gibt.

9. Die Spiritualpräsenz kann damit als eine *praesentia substantialis* bezeichnet werden, aber dann immer nur im sakramentalen Sinne: im Akt, durch die Kraft Christi, kraft des Wortes, durch den Glauben („in usu, per virtutem Christi, verbo, per fidem"). Sie ist virtuelle, geistliche Personalpräsenz mit *ekklesiologischer Spitze*: durch die „virtus Dei" (den Geist) als das Band der Partizipation werden die Gläubigen der Substanz des Leibes und Blutes Christi teilhaftig („substantiae corporis Christi et sanguinis participes"), d.h. in den mystischen Jesusleib (die Kirche) einverleibt.

10. Schwankend—vom Kontext abhängig—ist die Betonung der *Pneumatologie* (stärker je nach Aufkommen des Konsubstantiationsgedankens, besonders nach dem Bremer *Bekandtnis* 21.10.1556); schwankend ist die Zurückhaltung angesichts der *manducatio impiorum* (vom Stillschweigen 1548 bis zur Ablehnung 1556); schwankend ist auch die *terminologische Annäherung* zur gnesiolutherischen Position (die Substantialität der Präsenz, Heshusen gegenüber 1560).

11. Hardenbergs Bestreiten (unter Zuhilfenahme des „Extra Hardenbergianum") der *allgemeinen Ubiquität*—die vermeintliche christologische Grundlage der Bremer Realpräsenzlehre—verfehlt insoweit sein Ziel, als letztere sich auf die Einsetzungsworte gründet und nicht die Ubiquität, sondern vielmehr die Illokalität voraussetzt. Doch beschleunigt Hardenberg dadurch eine Besinnung auf die lutherische Abendmahlschristologie (s.III.2.3.2).

---

[334] *Brevis explicatio*, 37[b].

DRITTER ABSCHNITT

DIE DOGMENGESCHICHTLICHE STELLUNG DER THEOLOGIE HARDENBERGS. KONTAKTE UND EINFLÜSSE

Die dogmengeschichtlichen Deutungen der von Hardenberg vertretenen theologischen Vorstellungen mussten wohl spekulativ ausfallen und widersprüchlich sein, solange eine entsprechende Analyse seines Gesamtwerkes ausstand.[1] Jetzt, da im ersten Abschnitt Hardenbergs Werdegang vom historischen Blickpunkt aus untersucht wurde (vergl. I: „Hardenbergs Biographie") und im zweiten Abschnitt seine gesamten theologischen Standpunkte systematisiert worden sind (vergl. II: „Hardenbergs Theologie"), kann die endgültige dogmengeschichtliche Lokalisierung der Hardenberg'schen Theologie begonnen werden, und zwar in historisch-systematischer Weise. Mehr oder weniger nach der Reihenfolge von Hardenbergs jeweiligen Lebensstationen werden wir—in Auseinandersetzung mit der bisherigen Forschung—die theologischen Ansichten Hardenbergs an fünf ihrer potentiellen Quellen prüfen, und zwar an: dem humanistischen Klima der *Devotio moderna* in Groningen und des Löwener *Collegium Trilingue* (III.1), dem Luthertum (III.2: Wittenberg), der schweizerischen Reformation (III.3: Zürich), der Theologie Martin Bucers (III.4: Strassburg) und schliesslich dem Denken Calvins (III.5: Genf). Damit streben wir das eigentliche Anliegen unserer Untersuchung an: die Herausarbeitung der Eigenart von Hardenbergs Theologie im grösseren Rahmen der theologischen Anschauungen der Reformation des sechzehnten Jahrhunderts.

---

[1] Elsmann, *Zwei Humanisten*, 199, Anm.26.

KAPITEL 1

DAS HUMANISTISCHE KLIMA
DER *DEVOTIO MODERNA* IN GRONINGEN UND
DES *COLLEGIUM TRILINGUE LOVANIENSE*

Dass der spätere Biograph Wessel Gansforts durch seine Erziehung und Ausbildung bei den Brüdern vom gemeinsamen Leben in Groningen und Aduard und durch sein Studium am erasmianischen *Collegium Trilingue* in Löwen vom Geist des niederländischen Reformhumanismus beeinflusst worden sein muss, ist in der Literatur *communis opinio*.[2] Unbeantwortet ist jedoch die Frage, wo und in welchem Grade dieser Einfluss sich geltend gemacht haben sollte. Die (übrigens auf der Hand liegende) These von Neuser, Hardenberg würde „geprägt von dem gelehrten Spiritualismus der Devotio moderna und den kirchlichen Reformideen J.W.Gansforts"[3] wurde von ihm nicht untermauert und bekommt damit nur hypothetischen Wert. Tiefgreifender sind die Pauschalurteile Moltmanns—jede Beweisführung fehlt dabei—, Hardenberg führe seine Anschauungen über das Abendmahl auf Wessels „mystische Reformtheologie" zurück, die Wurzeln seiner Theologie würden „in der eigenartigen Verknüpfung von niederländischem Reformgeist und zwinglianischer Reformation" liegen, Hardenbergs Theologie sei „erasmianisch-zwinglianisch" und er vertrete einen „humanistischen Kryptocalvinismus".[4] Moltmann inaugurierte damit einen neuen Trend in der Historiographie, der die sgn. „Zweite Reformation" von Bremen 1562 als eine Durchsetzung des „humanistischen Kryptocalvinismus" oder als eine „Synthese von Humanismus und Reformation" kennzeichnet, die durch „die erasmisch-zwinglianische Abendmahlslehre Hardenbergs und seiner Schüler" vorbereitet worden sei.[5]

---

[2] Vgl.nur Post, *Modern Devotion*, 598, 603.
[3] Neuser, *Hardenberg*, in: *TRE* 14, 442.
[4] Moltmann, *Pezel*, 17, 19; ders., *Hardenberg*, in: *RGG* 3, 74.
[5] Rudloff, *Bonae litterae*, 11. Vgl.nur Elsmann, *Zwei Humanisten*, 200: „...ist es sicherlich gerechtfertigt, Hardenberg als Reformhumanist zu kennzeichnen, der sich schon früh den Schweizer Reformatoren näherte und eine Symbiose aus niederländischem Reformgeist und Zwinglianismus repräsentiert"; vgl.ders., *Nathan Chytraeus*, 74f. Rudloffs These ist, dass die Synthese von Reformation und Humanismus schon in der Theologie Jakob Propsts angelegt ist, so dass „der Übergang Bremens zum

Es ist die Aufgabe des vorliegenden Abschnitts, diese Axiome kritisch zu prüfen. Welche konkreten Beweise reformhumanistischen Einflusses[6] lassen sich bei Hardenberg finden? Nacheinander überprüfen wir: die herkömmlichen Beweise (1.1), Hardenbergs eigene Geständnisse (1.2), sonstige Zeugnisse humanistischer Gesinnung (1.3) und die inhaltlich-theologische Koherenz (1.4).

1.1 Die herkömmlichen Beweise

In einem Versuch, Hardenberg in seiner „bisher wenig" gewürdigten „Stellung als Humanisten" anzuerkennen, führt Elsmann[7] zwei Zeugnisse humanistischer Grundgesinnung auf, die allerdings in der bisherigen Forschung gerade als die herkömmlichen Beweise von Hardenbergs humanistischer Prägung galten, und zwar Goswijns Präskription eines humanistischen Lektürepakets[8] und Hardenbergs durch glückliche Fügung in der Bibliothek der Grossen Kirche in Emden fast unversehrt vorhandene Büchersammlung.[9]

Philippismus und zum Calvinismus eine Vorgeschichte hat, die bis in die Anfänge der Bremer Reformation zurückreicht", *a.a.O.*, 238. Zur „Zweiten Reformation", s.Schilling, Hrsg., *Reformierte Konfessionalisierung*.

[6] Zu *Devotio moderna* und Humanismus im allgemeinen: Post, *Modern Devotion*; Kristeller, *Humanismus und Renaissance* 1, 2; Oberman, *Werden und Wertung*, 56-71 bringt *Devotio moderna* und Frühhumanismus in engste Verbindung miteinander; diese Ansicht radikalisiert bei E.Brouette/R.Mokrosch, Art.*Devotio moderna* in: *TRE* 8, 605-616, und kritisiert von Augustijn, *Erasmus en de Moderne Devotie*, 71-80; weiter: *TRE* 15, 639-661 (L.W.Spitz, Art.*Humanismus*); *TRE* 7, 220-225 (R.Stupperich, Art.*Brüder vom gemeinsamen Leben*); *HDThG* 3, 1-38; Andriessen, u.a., Hrsg., *Geert Grote*; McGrath, *Intellectual Origins*, 9-68, bes.32f.: „Humanism and the Reformation"; Bange, u.a., Hrsg., *Doorwerking*. Zum Grenzgebiet des Humanismus und der frühen Reformation in den Niederlanden: grundlegend IJsewijn, *The Coming of Humanism*; weiter: van Rhijn, *Gansfort*; ders., *Studiën*; Wolfs, „*Religionsgespräch*"; Augustijn, *Inleiding bij de heruitgave*, in: Lindeboom, *Bijbels humanisme*, v-ix (Lit.); Trapman, *De Summa*; ders., „*Sacramentaires*"; *HDThG* 3, 18-22; Akkerman/Vanderjagt, Hrsg., *Agricola Proceedings*; Spruyt, *Hoen*; ders., *Humanisme*; Wielema, *Humanisme*; Akkerman/Huisman/Vanderjagt, Hrsg., *Wessel Gansfort*.
[7] Elsmann, *Zwei Humanisten*, 198-204.
[8] Vgl.Brucherus, *Kerkhervorming*, 53f.; van Rhijn, *Studiën*, 155f.; van Dellen, *Prefectenhof*, 107f.; Post, *Modern Devotion*, 597f.; Postma, *Praedinius*, 158.
[9] Grundlegend zu diesem „lebendigen Niederschlag fleissiger humanistischer und theologischer Studien" sind die—Elsmann ebenfalls unbekannten—Aufsätze von Kochs, *Bibliothek* 1 und 2. Das Zitat: *a.a.O.* 1, 47.

Goswijns Lektürekanon

In seinem berühmten Brief vom 14.5.1529 empfahl der Wessel-*famulus* und Erasmusschüler Goswijn van Halen, Rektor des Groninger Bruderhauses, seinem Schüler Hardenberg den folgenden Lektürekanon:[10] Ovid und seinesgleichen solle er nur einmal lesen; grösseres Studium gebühre Vergil, Horaz und Terenz, insoweit Menschen unserer Lebensführung überhaupt die Dichter studieren sollten; „Ich würde wünschen, dass Du die Bibel liest, wieder und wieder liest"; um Unkenntnis der Geschichte vorzubeugen, lese er Josephus' *Historia Ecclesiastica* und die *Historia Ecclesiastica Tripartita* von Cassiodor; von den Profanhistorikern bevorzuge er Plutarch, Sallust, Thucydides, Herodot und Justin; Aristoteles und Plato könne er durchblättern; Cicero sei wichtig zur Verfeinerung des Stils; neben unserer Bibel seien „gehörige und ernsthafte Mühen" auf Augustin zu verwenden und nach ihm auf Hieronymus, Ambrosius, Chrysostomus, Gregorius, Bernhard von Clairvaux und Hugo von St. Viktor. Die Tageseinteilung von Giovanni Pico della Mirandola könne man einhalten: dieser studierte am Morgen Philosophie, verbrachte den Nachmittag mit Freunden, mit Gesundheitspflege und zuweilen mit der Lektüre von Dichtern und Oratoren, und teilte die Nacht auf zwischen Schlaf und *sacrae literae*. „Dies eine sage ich: wer nicht, während er die göttlichen Schriften liest, in seinen eigenen Augen täglich mehr und mehr unwert wird und sich selbst missfällt und sich demütigt, der liest nicht allein ohne Nutzen, aber auch mit Gefahr die göttlichen Schriften, wie es unser Wessel, ja unser teurer Wessel ständig wiederholte".[11]

Mit Recht sind diese Hinweise Goswijns als „ein humanistischer Programm" bezeichnet worden.[12] „Er bezeugt einen Humanismus, der sich auf christliche, ebenso wie auf antik-profane Autoren bezieht. Das Verhältnis zur Antike ist dabei gespalten und nicht frei von Vorbehalten. Vorbehalte in erster Linie gegen die Komödiendichter und Satiriker. Hingegen wird die Notwendigkeit einer Beschäftigung mit (Profan-) Historikern, Philosophen und bevorzugt Cicero, als stilistischem Vorbild,

---

[10] Nr.2, Goswijn van Halen-Hardenberg, 14.5.1529 (s.*supra*, I.1, Anm.28); niederländische Übersetzung in: Akkerman/Santing, *Agricola*, 15f.
[11] Nr.2, Goswijn van Halen-Hardenberg, 14.5.1529, **5[a-b].
[12] Post, *Modern Devotion*, 598; vgl.Postma, *Praedinius*, 158.

betont. Augenfällig ist die Hochschätzung der Bibel und der Kirchenväter, allen voran Augustinus".[13]

Anscheinend hat Hardenberg die Hinweise seines Lehrers befolgt.
Tatsächlich lassen sich in seinen Schriften und Briefen die Spuren der
genannten Autoren wiederfinden,[14] mit Ausnahme der Römischen
Dichter Ovid und Terenz, der Geschichtsschreiber Plutarch, Sallust,
Thucydides und Herodot, und mit Ausnahme von Aristoteles. Von
Terenz, Plutarch, Herodot und Aristoteles besass Hardenberg dennoch
mehrere Werke, wie seine Buchkollektion in der Bibliothek der Grossen
Kirche in Emden bezeugt. Über Terenz[15] und Aristoteles hörte er in
Wittenberg Vorlesungen, über die Ethik des letzteren von Melanchthon.[16]
Weitaus am zahlreichsten in seinem Schrifttum sind die Bezugnahmen auf
die Bibel und die Kirchenväter. Es ist wohl nicht verfehlt, Hardenbergs
bereits oben im Abschnitt II.1 festgestellte Kenntnis von und seine
Vorliebe für die Heilige Schrift und die Patristik im ersten Ansatz auf
reformhumanistischen Einfluss zurückzuführen.

Hardenbergs Bibliothek

Nach Elsmann ist der „mit Sicherheit deutlichste Ausweis" (mangels
anderer Beweise) für die Kennzeichnung Hardenbergs als Reformhumanist dessen Büchersammlung.[17] Unter Hinweis auf Hardenbergs Interesse
an Büchern[18] und aufgrund einer vorläufigen quantitativen und qualitati-

---

[13] Elsmann, *Zwei Humanisten*, 199. Postma, *Praedinius*, 158 nennt den
vorgerückten Charakter des Groninger Humanismus augenfällig, da neben den
römischen Autoren auch die Griechen Plutarch, Thucydides, Herodot, Plato und
Aristoteles erwähnt werden, „Autoren, die, Aristoteles ausgenommen, den meisten
westeuropäischen Intellektuellen zu diesem Zeitpunkt nur dem Namen nach bekannt
waren".

[14] Dies als Antwort auf Elsmanns Bemerkung, *Zwei Humanisten*, 199: „Wie
Hardenbergs Beschäftigung mit Teilen dieses Literaturkanons sich konkret gestaltete,
ist nur schwerlich nachzuvollziehen. Wir erfahren aus seinen Briefen—soweit sie denn
bis heute durch die Forschung analysiert worden sind—kaum etwas". Den zu
umfangreichen Beweis unterlasse ich hier.

[15] Kollegheft in BGK Emden, Hs 8° 19.

[16] Fragmente einer Vorlesung in BGK Emden, Hs 4° 9.

[17] Elsmann, *Zwei Humanisten*, 200. Vgl.*supra*, Anm.9.

[18] Elsmann erwähnt den literarischen Austausch mit dem befreundeten Erasmus-
schüler a Lasco, vgl.Nr.7, a Lasco-Hardenberg, 29.12.1540; Nr.8, ders.-dens.,
5.8.1541; Nr.17, ders.-dens., 26.7.1544; Nr.80, Hardenberg-a Lasco, 12.8.1548;
Nr.123, a Lasco-Hardenberg, 31.5.1551. Aufschlussreich ist der Brief Nr.101,
Hardenberg-Henricus [Buscoducensis?] (in Wittenberg), vom April 1549, der einen

ven Analyse der hardenbergischen Bibliothek stellt Elsmann eine nicht zu unterschätzende Anzahl von Werken und Verfassern fest, die sich „plakativ als humanistisch" kennzeichnen lassen. Er kommt zur folgenden Aufstellung:

Humanistische Autoren: Erasmus, Melanchthon, Budaeüs, Crinitus, Morus, Albrecht von Eyb, Reuchlin, Ficino, Petrarca, Guarinus etc.;

Römische Autoren: Cicero, Juvenal, Cato, Lucanus, Gellius, Vergil, Curtius, Terenz, Horaz, Martial, Asconius, Sueton, Justinus, Solinus etc.;

Griechische Autoren: Aphthonios, Plato, Aristoteles, Herodot, Isokrates, Plutarch, Diogenes Laertios, Theophrast, Diodor, Pindar, Sophokles, Proklos, Dionysios, Ptolemaios etc.;

Kirchenväter, Kirchengeschichte, christliche Spätantike: Augustinus, Eusebios, Rufinus, Gregorios von Nyssa, Hieronymus, Orosius, Arnobius, Chrysostomos, Prudentius, Theodoret, Isidor, Basileios etc.;

Grammatiken: Valla, Reuchlin, Manutius, Theodorus Gaza, Jacobus Ceporinus etc.[19]

Obwohl bestimmt nicht alle 521 Werke, die Hardenbergs Kollektion zugeschrieben worden sind,[20] auch tatsächlich zu seiner Bibliothek gehörten,[21] ist es Elsmann ohne weiteres zuzustimmen, dass diese

---

tiefen Schmerz Hardenbergs über den Verlust—bei einem Transport—einiger seiner Bücher („famuli mei") dokumentiert: „… ex dolore et perturbatione haec scripsi… Ea quae expectabam & quae charissima in ijs mihi erant perierunt omnia quae missa sunt. Famuli mei sunt preter paucos libellos inter quos nihil est pretiosum preter *Greca biblia* & *Lexikon*. Reliquos non emerem aureo. Sed ubi mihi *Thesaurus Hebrae linguae Sanctae Pagninj* (= das die rabbinische Sprachforschung benutzende hebräische Lexikon von Santes Pagninus, Lyon, 1529: *RGG* 5, 19)? ubi *Institutio christiana Caluinj*? Ubi illa elegantissima *biblia parisiensia parua*? Ubi adornatus *Magister Sententiarum* (= Lombards *Sententiae*) cum alijs penes eandem compactis? ubi alij mei libri hique non pauci? ubi bonorum virorum ad me Epistolae?".

[19] Elsmann, *Zwei Humanisten*, 203.

[20] Und zwar in der internen Liste der BGK Emden zur Vorbereitung der Ausstellung „Stadt im Wandel" im August-November 1985; die Anzahl wurde übernommen in Meckseper, Hrsg., *Stadt im Wandel* 1, 581-583. Ich vermute, dass sich auch Elsmann auf diese Emdener Liste bzw.Kartei gestützt hat. Kochs, *Bibliothek* 1, 48 zählte 1936 nur 225 Werke: 163 theologische, 33 philologische, 19 philosophische, 7 historische und 3 juristische.

[21] Nach der Ansicht des heutigen Bibliotheksleiters Pastors W.Schulz. Unter der Leitung von Dr.J.M.M.Hermans (RU Groningen) hat man angefangen, Hardenbergs Bibliothek bis 1539 von neuem zu kartieren (freundliche Mitteilung von Herrn Schulz).

erstaunlich grosse Gelehrtenbibliothek von einem eminenten humanistischen Interesse zeugt.[22]

1.2 Hardenbergs eigene Geständnisse

Bevor wir sonstige Beweise reformhumanistischer Einwirkung auf Hardenberg erforschen, ist zu fragen, inwieweit Hardenberg selber sich über sie geäussert hat. Tatsächlich hat er nur gelegentlich aber unverkennbar über einen humanistischen Nährboden referiert.
1. So lies er, als er sich im Juli 1544 auf seiner theologischen Rundreise bei einem „berühmten Gottesgelehrten" einführen wollte, sein *curriculum vitae* mit einer Verweisung auf den mit Wessel und Reuchlin befreundeten Humanisten Rudolph Agricola[23] anfangen: „Ich bin jemand, der an einem guten und ehrenvollen Ort bei seiner Familie in den Groninger Ommelanden erzogen ist, wo auch die Wiege des grossen Rudolph Agricola gestanden hat".[24]
2. Unmissverständlich ist sein Herzenserguss 1556, er danke Gott, man habe ihm von seinem siebten Jahr an „in der Nähe von Emden" „die Grundregeln der wahren Religion eingeträufelt".[25]
3. Dasselbe gilt seinem Geständnis (1544), die Schriften „unseres Erasmus und anderer Deutschen" hätten ihn in Löwen 1530-1538 von der

---

[22] Vgl.noch Kochs, *Bibliothek* 2, 47: „Der unsignierte Rest seiner Bücher zeugt von der Vielseitigkeit und dem Bildungsbedürfnis des Mannes... Auf allen Wissensgebieten hat er sich unterrichtet bis hin zur Astronomie". Sogar mathematische und medizinische Schriften besass er, so von Justus Velsius und Paracelsus.

[23] Zu ihm: van der Velden, *Agricola*; IJsewijn, *The Coming of Humanism*, Index; Akkerman/Santing, *Agricola*; Akkerman/Vanderjagt, Hrsg., *Agricola Proceedings*. Agricola, in Baflo bei Groningen geboren, war um 1490 in Aduard (*Vita Wesseli*, **4ᵃ); Hardenberg besass seine *Viri utriusque literaturae*, Basel, 1518, die *De inventione dialectica*, Köln, 1520 u.1523 und die *Lucubrationes aliquot*, Köln, 1529 (s.van der Velden, *a.a.O.*, 18-25, 165-201, 226), vgl.Kochs, *Bibliothek* 2, 34; er erbte 1535 dessen—sich in BGK Emden, Philol fol.32 befindende—Exemplar der *Pharsalia* von Lucanus (via Jakob Canter, Johannes Antonius Liber und Gerhardus van Doetinchem; vgl.Feith, *Aduard*; Post, *Bernardsklooster* 2, 150f.; Kochs, *Bibliothek* 2, 18-20; Hermans, *Agricola and his books*, 132, Anm.42) und erwähnt ihn in seiner *Vita Wesseli*, **3ᵇ, **4ᵃ, ***3ᵇ.

[24] Nr.16, Hardenberg-NN, Juli 1544: „Homo sum bono et honesto loco apud meos in Frisia Groeningensi educatus, quae mihi communis patria est cum magno illo Rudolpho Agricola".

[25] S.*supra*, I.1, Anm.29.

Scholastik zum Evangelium geführt.[26] Übrigens steht dieses Bekenntnis zu dem Rotterdamer Humanisten einzig da,[27] genau wie Hardenbergs ebenfalls vereinzelte Kritik an ihm, und zwar wegen der von Erasmus suggerierten Interzession von Sokrates.[28]

4. Ebenfalls selten ist Hardenbergs Bezug auf Wessel Gansfort. Obgleich die Abfassung der *Vita Wesseli* von seiner tiefen Ehrfurcht für ihn[29] oder womöglich sogar von seiner Kongenialität mit ihm zeugt (s.1.4), greift Hardenberg nur einmal explizit auf Wessel Gansfort zurück, und zwar zugunsten seiner eigenen Ansicht der Lokalität des Jesusleibes im Himmel und dessen gleichzeitiger Präsenz im Abendmahl kraft des Gotteswortes. In seinem Brief vom 30.1.1557 an das Domkapitel führt er Wessel wie folgt ein, allerdings mit der Hinzufügung, diese Ansicht sei die Ansicht der alten Kirche: „... denn obwohl er (Christus) *localiter*, räumlich, an einem Ort ist und den Himmel nicht verlässt, so ist er doch selbst, der wahre Gott und Mensch im Abendmahl anwesend, *non proprietate loci sed omnipotentia verbi*, d.h. nicht räumlich, aber durch die Allmacht des Wortes bietet er sich selbst dar, und wie die Kirche singt: 'Anwesend ist er und ferne, der, obwohl überall nahe, nicht fassbar ist: Abwesend ist er doch anwesend, und anwesend ist er doch abwesend', wie es Meister Wessel aus Groningen ausdrückte. Dies ist die Lehre der alten Kirche, und ich gebe sie noch allen verständigen Christen zur Beurteilung".[30] Freilich nötigt bereits diese einzelne Bezugnahme

---

[26] S.*supra*, I.1, Anm.39. Welche Erasmusschriften er meinte, ist nicht mehr herauszufinden. Die Hardenberg-Bibliothek in BGK Emden enthält u.a.die *De libero arbitrio diatribè sive collatio*, Coloniae, 1524 (Theol 8° 438) (mit Randbemerkungen Hardenbergs), doch man bedenke, dass die verdächtigen Bücher in Löwen 1539/1540 verlorengingen: *supra*, I.1, Anm.71.

[27] Abgesehen von der beifälligen Anführung von Erasmus' *laudatio Wesseli* in seiner *Vita Wesseli*, **3[b].

[28] Nr.67, Hardenberg-[Timann], [1547], 133[r]: „Legisti Erasmi praefationem in Tusculanas Questiones qui dicit se de Cicerone etiam bene sperare, de Socrate dicit: Ego fere adducor ut dicam: sancte Socrates ora pro me. Non laudo sententiam, sed tamen occasionem dedit de ea re cogitandi in collatione". Die Stelle in Erasmus' *Convivium religiosum*, in seinen *Colloquia familiaria*, 1522, in: *AS* 6, 86. Vgl.*infra*, III.3, Anm. 260. Hardenbergs Exemplar der *Colloquia familiaria*, Antverpiae, 1526, in BGK Emden, Theol 8° 464.

[29] Vgl.schon Hardenbergs „wehmütige Seufzer" (Kochs, *Bibliothek* 2, 32) aus der Groninger oder Aduarder Zeit auf dem Titelbogen von Wessels *Farrago rerum theologicarum uberrima* etc., Basileae, 1523 (in BGK Emden, Theol 4° 134): „O Wessele si viveres!". Zu diesem Werk: van Rhijn, *Gansfort*, LXVIf.; O.Clemen in *WA* 10/2, 311-316.

[30] Nr.208, Hardenberg-Domkapitel, 30.1.1557, 10f.: „... wente offte he (scil.Christus) schone localiter rumelick up einer stede is, unde den hemmel nicht vorlatet, so is he doch sulvest de ware Godt unde minsche in den aventhmale non

Hardenbergs auf Wessel zur Erforschung ihrer sachlichen Interdependenz (s.1.4), doch ist inzwischen mit der Einmaligkeit dieser Bezugnahme die massive These Moltmanns widerlegt, Hardenberg führe seine Abendmahlsanschauungen auf Wessels mystische Reformtheologie zurück.[31] Das tut Hardenberg in dem obigen (Moltmann unbekannten) Zitat bestimmt nicht.

Wie beim Bezug auf Erasmus steht auch der Zustimmung zu Wessel einige Kritik an ihm gegenüber, und zwar namentlich an seinen Zugeständnissen an die Tradition in seiner in der *Farrago rerum theologicarum* (1523) vorgetragenen Ablasslehre.[32]

5. Ein letztes Zeugnis Hardenbergs über seine geistliche Herkunft ist sein (vergeblicher) Hilferuf Anfang 1557 an die befreundeten Groninger Reformhumanisten Hiëronymus Frederiks und Regner Prädinius[33] und darauf an den humanistischen Gelehrten[34] Gerard de Mortaigne in Emden, um ihren Beistand zu seiner Verteidigung beim erwarteten Abendmahlsdisput.[35]

Von seiner innerlichen Verbundenheit mit Hiëronymus und Prädinius zeugt übrigens auch—neben dem Briefwechsel[36]—Hardenbergs Verlangen 1556, beide sollen sich (zusammen mit dem ehemaligen Prädinius-

---

proprietate loci sed omnipotentia verbi, dat is nicht rumelick dar overst durch de allemogenheit des wordes gifft he sick sulvest dar unde wie de Kercke singet 'presens est et eminus qui ubique cominus nescit comprehendi absenter presens, presenter absens', wie M.Wesselius gron. redede, dusse lehre is der olden Kercken unde geve se noch allen vorstendigen Christen tho ordelen“.

[31] *Supra*, Anm.4. Im gleichen Sinn auch Elsmann, *Zwei Humanisten*, 199: „Gelegentlich wird auch auf Wessel Gansfort zurückgegriffen“, unter Hinweis auf Moltmann, *Pezel*, 16; Neuser, 143 und *TRE* 8, 610. Auf die vermeintliche Argumentationsbasis Moltmanns kommen wir *infra* (III.1.4.1) noch zurück.

[32] Randbemerkungen Hardenbergs in Wessels *Farrago rerum theologicarum uberrima* etc., Basileae, 1523 (s.*supra*, Anm.29); vgl.Kochs, *Bibliothek* 2, 32: Hardenberg „kann nicht zugeben, dass 'die ungeschriebene Tradition ebenso zu glauben sei wie die Schrift, es sei überhaupt alles zu glauben, was ausserdem der Frömmigkeit Nahrung gebe'. Da erhebt er gegen den verehrten Meister den Vorwurf: 'Abunde satis concedis, Wessele. Memento: ne quid nimis!'“.

[33] Mellink, *Voorgeschiedenis*, 146: „Beiden waren zonder twijfel sterk door Erasmus beïnvloed“. Postma, *Praedinius*, 179 kennzeichnet Prädinius als „der grosse Rektor des Humanismus im Norden der Niederlanden“. Postma konstatiert überdies eine Verwandtschaft von Prädinius' theologischen Anschauungen mit denen von Bullinger, Oecolampadius, a Lasco und Calvin (bes.166).

[34] Postma, *Praedinius*, 176.

[35] Nr.215, Hiëronymus [Frederiks]-Hardenberg, 15.3.1557; Nr.216, [Hardenberg]-Emder [Ministerium?], [nach 15.3.1557]; s.*supra*, I.3, Anm.337-340.

[36] S.Korrespondenz, Verzeichnis der Absender und Adressaten, s.v.Frederiks.

-Schüler, dem Emder Ältesten thom Camp)[37] in Groningen für ihn einsetzen, sollte man ihn (Hardenberg) tatsächlich „zur Säuberung der Lehre" nach Groningen berufen, wie Medmann hoffe.[38] Die Intensität dieser Beziehungen zeigt sich auch noch in dem Brief, in dem thom Camp am 28.3.1559 dem Bremer Freund von dem Tod des Groninger Rentmeisters und von Prädinius' Krankheit berichtet.[39]

Inhaltlich wichtige Anspielungen auf andere bedeutende Vertreter des Reformhumanismus gibt es in Hardenbergs Schrifttum nicht,[40] nur dass Hardenberg diese Gelehrten hochschätzt, allen voran Goswijn van Halen („den vortrefflichsten und allerheiligsten Mann")[41] und von den späteren Gesinnungsgenossen Herbert von Langen („den allerbesten Mann, meinen Schutzherrn, dem allein ich nach Gott alles verdanke")[42] und Johannes Molanus („den geliebtesten aller Sterblichen").[43]

1.3 Sonstige Zeugnisse humanistischer Gesinnung

Die „boni viri": Hardenbergs Freundeskreis

Mit diesen Freundschaftsversicherungen ist allerdings ein Gebiet betreten, dem in diesem Zusammenhang gleiches Gewicht wie Hardenbergs Büchersammlung beizumessen ist: die Geflechte von Freundschafts-

---

[37] Zu ihm: Pollet, *Martin Bucer* 1, 260; Postma, *Praedinius*, 175.

[38] Nr.187, Hardenberg-Medmann, 8.8.1556, 155^r. Hardenberg war nicht begeistert: „Nam sunt nimium duri, qui illic rerum potiuntur". Zur Groninger „kruisgemeente", s.Mellink, *Voorgeschiedenis*, 151; Postma, *Praedinius*, 176. Hardenbergs Schreiben an Medmann unterstützt übrigens Postmas Annahme (180), Prädinius sei Mitglied der Groninger reformierten Gemeinde im Untergrund gewesen.

[39] Nr.253, thom Camp-Hardenberg, 28.3.1559. Vgl.dazu Mellink, *Voorgeschiedenis*, 152f.; Postma, *Praedinius*, 178. Der Brief beurkundet einen literarischen Austausch zwischen Hiëronymus und Hardenberg.

[40] Zum Verhältnis zu Melanchthon: s.III.2.2; zu a Lasco: s.III.3.1; zu Bullinger: III.3.3; zu Bucer: III.4.

[41] *Vita Wesseli*, **5^b.

[42] Nr.328, Hardenberg-Molanus, 26.4.1568. Zu diesem Bremer Domherrn und Hardenbergs Reisegefährten: Hardenbergs Briefwechsel, u.a.Nr.187, Hardenberg--Medmann, 8.8.1556, 138^r, 140^r, 152^v, 155^v, 158^v, 161^v; Lappenberg, *Geschichtsquellen*, 212; Spiegel, 89.

[43] Nr.187, Hardenberg-Medmann, 8.8.1556, 139^v: „hominem () omnium mortalium lenissimum et candidissimum", vgl.138^r („optimus Achates mihi"). Zu ihm: Korrespondenz, Verzeichnis der Absender und Adressaten; SUB Bremen, Ms.a.7, Ms.a.10-Ms.a.13; Cassel, *Bremensia* 2; Veeck, *Molanus*; Ritter/de Boer, *Molanus*; de Boer/Ritter, *Molanus*; Moltmann, *Molanus*; de Vocht, *Cornelii Valerii Epistolae*, 160-162; Elsmann, *Zwei Humanisten* (sonstige Lit.: dort Anm.8 und 10).

banden, die der bereiste Hardenberg schriftlich und mündlich mit den verschiedensten, auch humanistischen Persönlichkeiten pflegte. Hier wäre an die *sodalitates* am Löwener *Collegium Trilingue* 1530-1540 zu denken, mit einigen von deren Mitgliedern Hardenberg lebenslang verbunden blieb.[44] Bemerkenswert ist auch sein Band mit dem Kreis der Löwener evangelischen Dissidenten—Hardenberg soll ihn 1539/40 gegründet haben[45]—, in dem sich der Einfluss sowohl von Cornelis Hoens *Epistola christiana*[46] als auch (in der Person des 1543 angeklagten Paul de Rovere) von Erasmus' *Enchiridion*[47] Geltung verschaffte.[48]

Anschluss fand Hardenberg (neben allen schon erwähnten) an Petrus Medmann;[49] an den vom religiösen Humanismus geprägten Rektor Jean Sturm in Strassburg;[50] an den Schlettstädter Humanisten Beatus Rhenanus;[51] an den Sprachtheoretiker und Orientalisten Theodor Bibliander und dessen Kollegen, den Exegeten Pellikan in Zürich;[52] an den *poeta laureatus* und Arzt Vadianus;[53] an den humanistischen Vorsteher der lateinischen Schule in Andernach und Frankfurt am Main, Johann Cnipius;[54] an den der *Devotio moderna* nahestehenden Lehrer Bullingers in Köln, Johann Caesarius,[55] und, wichtiger, an Melanchthons Biographen, den hervorragenden Leipziger Humanisten und Pädagogen

---

[44] *Supra*, S.9-11 beschrieben.

[45] *Supra*, I.1, Anm.62.

[46] Und zwar via die im Löwener Kreis geliebten *Sermonen* von Niclaes Peeters: Decavele, *Dageraad* 1, 592, vgl.Spruyt, *Hoen*, 98, Anm.3; nicht via die Schrift *Dat Avontmael ons Heeren*, (in: *NAK* 51, 149-166, hrsg.v. J.Trapman), wie de Bruin, *Ketterproces*, 256 meint: Valkema Blouw, *Pseudonyms*, 268, hat nachgewiesen, dass diese Schrift erst von den Jahren 1555-1560 datiert (den Hinweis auf Valkema Blouw verdanke ich Herrn B.J.Spruyt).

[47] Van Santbergen, *Procès*, 50; Augustijn, *Erasmus*, 42.

[48] Vgl.*supra*, S.12.

[49] *Supra*, I.2, Anm.9.

[50] *Supra*, I.2, Anm.18.

[51] *Supra*, I.2, Anm.21.

[52] *Supra*, I.2, Anm.26 u.27.

[53] *Supra*, I.2, Anm.32.

[54] Zu keinem anderen hatte Cnipius einen so regen schriftlichen Kontakt wie zu Hardenberg, s.*supra*, I.2, Anm.65. Vgl.zu Cnipius' Humanismus auch Bauer, *Poullain*, 219: „Sein Humanismus konnte sich mit der lutherischen Erbsündenlehre und der damit zusammenhängenden Leugnung der Willensfreiheit nicht anfreunden, er erblickte darin Stoicismus, und nur mit Spott redete er in einem etwas frostigen Wortspiel von den Lutheranern als den *haerentibus adhuc sive coaxantibus adhuc in Stoicorum luto ranis*" (als von quakenden, noch in dem stoischen Dreck feststeckenden Froschen).

[55] S.*supra*, I.2, Anm.66; vgl.vom Berg, *Die „Brüder vom gemeinsamen Leben"*, 12, Anm.76.

Joachim Camerarius und dessen irenischen Kollegen, Alexander
Alesius.[56] Mit all diesen tauschte Hardenberg Gedanken aus, vor allem
in dem umfangreichen—seine humanistische Gelehrsamkeit atmenden, mit
abwechselnd biblischen und klassischen Zitaten und Beispielen gespick-
ten—Briefwechsel.

Philologie, Exegese, Ausbildung, Moderation

Zweifellos ein Erbe seiner erasmischen Bildung in Löwen ist Hardenbergs philologische Behandlung des Bibeltextes und seine Abneigung
gegen jede sich nicht an dem (Kon-)Text orientierende und damit
spekulative Schriftauslegung.[57] Luthers Bibelübersetzung wird von ihm
gerühmt,[58] stösst aber auch auf seine Kritik, insoweit sie nicht überall
dem grammatischen Sinn, viel weniger dem Buchstaben folgt. Luther
habe selbst gestanden, er hätte den Sinn gesucht, der der Kirche am
meisten nützen würde. „Wenn sich das aber so verhält", fragt sich
Hardenberg, „wer versichert mir ohne den Buchstaben des Textes, was
jenes Nützlichste sei?".[59] Schon Bucer habe bemerkt, Luther hätte
einiges „nicht allzu exakt" wiedergegeben.[60] So seien die Übersetzungen
von Calvin, den Zürichern, Sebastian Münster, Castellio und Pagninus
daseinsberechtigt neben der Lutherschen.[61] Hardenbergs gleichzeitige
Abneigung gegen das Stehenbleiben bei der „bloten letter" ohne
Weiterfrage nach einem tieferen Textsinn—wie er das im naiven
täuferischen und gnesiolutherischen Biblizismus antraf[62]—könnte

---

[56] *Supra*, I.3, Anm.91 u.129. Camerarius hat die in der BSB München erhaltenen
Hardenbergiana gesammelt. Beabsichtigte er die Verfassung einer Hardenberg-Biographie?

[57] Vgl.*supra*, II.1, S.120f.. Vgl.Augustijn, *Erasmus*, 163-166.

[58] Nr.187, Hardenberg-Medmann, 8.8.1556, 138ᵛ: „Scis quod Calvinus et
Philippus plurimos locos longe aliter interpretati sunt quam habet Lutheri versio, quam
hactenus tamen agnoscere optimam convenit quatenus bene ubique sententiam
germanis suis dedit"; vgl. Spiegel, 198f.; Pollet, *Martin Bucer* 1, 275.

[59] Nr.187, s.vorige Anm. 158ʳ: „Fatetur ipse se non ubique Grammaticum sensum
secutum, longe minus literam, sed quaesivisse eam sententiam, quae Ecclesiae maxime
sit profutura, sed si hoc ita habet, quis me certum faciat sine litera textus, quod illud
sit utilissimum."; vgl.Spiegel, 199; Pollet, *Martin Bucer* 1, 274f.

[60] Nr.187, s.vorige Anm., 138ᵛ; vgl.vorige Anm.

[61] Nr.187, s.vorige Anm., 157ᵛ-158ʳ; vgl.Spiegel und Pollet in vorvoriger Anm.
Zu der lateinischen Bibelübersetzung des Humanisten Castellio und der Hebraisten
Münster und Pagninus, s.bzw.: *RGG* 1, 1627; *RGG* 4, 1182f.; *RGG* 5, 19.

[62] Besonders bei den Einsetzungsworten des Abendmahls, die die Bremer „sine
ulla interpretatione" verstanden haben wollten, vgl.*supra*, S.120. S.auch *infra*,

ebenfalls an Erasmus erinnern, und zwar an dessen in seinen Fleisch-
-Geist-Gegensatz passende Unterscheidung zwischen dem buchstäblichen
und dem geistlichen Schriftsinn.[63]

Auch Hardenbergs Abscheu vor der (spiritualistischen) Geringschätzung von Ausbildung und Wissenschaft—wenn nicht seine Aversion
gegen alles Täuferische überhaupt—ist wohl einer tiefgründigen Affinität
zum Humanismus zuzuschreiben. Sein Urteil z.b. über den „Autodidak-
ten" Menno Simons und den antitrinitarischen „Schwätzer" Johannes
Campanus werden wir noch vernehmen.[64]

Ist es verfehlt die Hardenberg kennzeichnende Moderation als solche
auf das geistige Klima des Groninger Konvikts und des Aduarder
Klosters zurückzuführen? Ohne den Einfluss seines etwa schüchternen
Charakters ignorieren zu wollen: augenfällig ist sein Widerwille gegen
Radikalismus, Streitlust, Heftigkeit, Unruhe, Übermut:
Dem beweglichen Leben am Hofe des Kurfürsten Hermann von Wied
zieht er eine seinen Studien angemessenere, sesshafte Lebensweise
(„sedentaria vita") vor.[65] Luther, dem „Perikleischen Blitz", gegenüber
ist er—wie Prädinius[66]—zurückhaltend, und zwar wegen gelegentlicher
Unmässigkeit in dessen Schriften: „Hätten jene letzten Blitze[67] nicht
geleuchtet, gewiss würden wir eine ruhige Kirche haben".[68] Das jähe
Luthertum betitelt er 1544 als „neue Tyrannei und Knechtschaft in der
Lehre" und „Lutheropapismus".[69] Allzu grosser Entschiedenheit Johann
Timanns bezüglich des Heils oder der Verlorenheit der Heiden[70] setzt
Hardenberg eine *docta ignorantia* entgegen: „In dieser Sache bin ich

---

III.3.2.4. Vgl.schon Nr.1, Goswijn van Halen-Hardenberg, 23.11.1528, **4[b]: „Cupio
ex te certior fieri, unde in re Christiana sectae et haereses? () ego arbitror, quia abusi
sunt verbo Dei per carnalem suum sensum, eo quod lex spiritualis est: immo, tota
Sacra Scriptura".

[63] Dazu Payne, *Erasmus*, 44-53; Kohls, *Theologie des Erasmus* 1, 126-143;
Augustijn, *Erasmus*, 87f., 42-49.

[64] Bzw.Nr.133, [Hardenberg]-Melanchthon, [Nov./Dez.1551], s.*infra*, III.3.2.2;
Nr.54, Hardenberg-[von Wied], [Mai?.1546?], 145, s.*infra*, III.3.2.3.

[65] Nr.32, Hardenberg-Sextus a Donia, 19.3.1545; vgl.Spiegel, 64 und *supra*, I.4,
Anm.9.

[66] Diest Lorgion, *Praedinius*, 57, 85; Dankbaar, *Dubbel duël*, 42-45.

[67] Wohl Luthers *Kurzes Bekenntnis vom heiligen Sacrament*, 1544, in: WA 54,
141-167.

[68] Nr.187, Hardenberg-Medmann, 8.8.1556, 157[v]; vgl.Spiegel, 198; Pollet,
Martin Bucer 1, 274. In Nr.21, Hardenberg-A.Blarer, 28.10.1544 heisst Luther „der
ungestüme Perikles", „imperiosus Pericles".

[69] Nr.21, s.vorige Anm.: „nova Tyrannis & servitus in doctrina".

[70] S.*infra*, III.3.3.2.1.; vgl.*supra*, S.119f.

lieber skeptisch als die Gewissheit selbst".[71] Obwohl kein Pazifist befürwortet er eine milde Verhaltensregel gegenüber den Täufern: Zurückgewinnung durch Überredung und Unterricht, wenn nötig unter leichtem Zwang.[72] Seine Zurückhaltung in der Handhabung der Kirchenzucht in Bremen und Emden fiel uns schon auf,[73] ebenso wie seine Abneigung gegen das „allerscheusslichste Ungeheuer", die Monarchie, wegen ihres gewaltsamen Ursprungs und ihrer Entartung zur Tyrannei.[74] Es scheint mir vertretbar, dieses ganze moderate Verhalten als Fernwirkung des Reformhumanismus zu deuten.

Velenskýs „Petrum Romam non venisse" (Augsburg, 1520)

Bevor wir Hardenbergs Beziehung zum Reformhumanismus nach ihrem inhaltlich-theologischen Wert beurteilen, ist abrundend noch auf zwei mehr formale Zeichen humanistischer Gesinnung hinzuweisen.

Das erste Zeichen ist Hardenbergs Inanspruchnahme der Schrift des böhmischen Humanisten Oldřich Velenský (Ulrichus Velenus, um 1495 geboren), *Apostolum Petrum Romam non venisse neque illic passum* (1520).[75] Der Traktat enthielt einen radikalen Angriff auf das päpstliche Primat, indem er aufgrund einer historischen Analyse der neutestamentlichen Daten den Ausgangspunkt und die Grundlage der Primatsauffassung als falsch anprangerte: Petrus habe nie als Bischof Rom besucht und sei in Jerusalem gestorben. Indem er die historische der theologischen Analyse vorzog, reiht er sich in die prähussitisch-böhmische Tradition ein. Luther, der Theologe, urteilte über das—binnen wenigen Jahren viermal veröffentlichte—Werk: „sed non evincit" (1521). Die Frage nach der Heilsnotwendigkeit des Papsttums war ihm wichtiger als die nach Petrus' etwaigem Aufenthalt in Rom. Dennoch entnahm er Velenus, dass ein fünfundzwanzigjähriges Episkopat von Petrus in Rom, wie die

---

[71] Nr.67, Hardenberg-[Timann], [1547], 133^v: „Malo itaque scepticus in ista re esse [quam] asseuerator. () Ita tamen me non coges [-] asseuerare quod nescio, neque hactenus edoctus sum. () Nolite iudicare ante tempus".

[72] Nr.58, Hardenberg-Theodor von Buchell, 26.11.[1546]; s.ausführlicher *infra*, III.3.2.

[73] S.*supra*, S.108, 176f.

[74] *Supra*, S.167. Siehe schliesslich noch Hardenbergs kurzer Aufenthalt im bildenstürmerischen Harderwijk im Oktober 1566, *supra*, S.100f.

[75] Ein Faksimile der Ausgabe von Sylvan Otmar, Augsburg, 1520 in: Lamping, *Velenus*, 219-276. Folgendes nach Lamping, *a.a.O.*, 293-299.

Tradition es behauptete, unmöglich sei.[76] Denselben Standpunkt vertraten Bullinger, Calvin[77] und Flacius Illyricus, dessen deutsche Herausgabe von *Petrus Romam non venisse* im Jahre 1551 (ohne Erwähnung des Namens des Verfassers) die Diskussion neu belebte.[78] Nur in den Niederlanden wurden Velenus' Gedanken wirklich wachgehalten, und zwar vor allem von Anastasius Veluanus in seiner Schrift *Der Leeken Wechwyser* 1554.[79]

In einem Brief Hardenbergs vom Jahre 1551 (?) an einen Unbekannten[80] kehrt die historische Argumentation Velenskýs zurück, allerdings unter Verschweigung dessen Namens. Hardenberg schreibt, sich zu erinnern, damals „im Anfang des Römerbriefes"[81] Zweifel erhoben zu haben, ob Petrus 25 Jahre in Rom residiert habe und ob er überhaupt in Rom gewesen sei, „was ich damals weder behaupten noch leugnen wollte, sondern den Gedanken der Studierenden überliess", obwohl der Konsens der alten Kirche die Petrustradition unterstützte. Jetzt wolle er anlässlich einer Disputation darauf zurückkommen, denn es gebe mehrere Gegenargumente, „denn es gibt ein unparteiisches Buch hierüber, in Latein und Deutsch herausgegeben".[82]

Hardenbergs Brief plündert darauf Velenskýs *Petrum Romam non venisse*, allerdings mit dem entgegengesetzten Resultat, Petrus könne in Rom gewesen sein („wegen der Einhelligkeit so vieler alter Autoren") und dort sogar gestorben sein, nur sei mit Recht zu bezweifeln, ob Petrus

---

[76] Lamping, *Velenus*, 141, 175, 295.

[77] Lamping, *Velenus*, 163-165, 177, 207.

[78] Lamping, *Velenus*, 180-184, 214.

[79] Lamping, *Velenus*, 194-196. Eine Lücke in Morsink, *Veluanus*.

[80] Nr.135, Hardenberg-NN, [1551?]. Spiegel, 113f., gibt einige Auszüge aus dem Brief ohne historische oder theologische Erläuterung.

[81] D.h. bei seiner Auslegung des Paulusbriefes, sei es in Mainz, wo er 1539 „über Paulus" las (*supra*, S.11), sei es in Löwen, wo er Ende 1539/Anfang 1540 die „doctrina Pauli" predigte (*supra*, S.11f.), sei es in Bremen, wo er ab 1547 am Mittwochmittag auf dem Kapitelhause den Römerbrief erklärte (*supra*, S.33). Hardenbergs Brief setzt Vorlesungen vor „studiosis" voraus und scheint nicht allzu lange nach diesen geschrieben zu sein (an einen Einwohner von Hardenbergs Wohnsitz) und enthält ausführliche Zitate aus Calvins *Institutio*. Letzteres macht eine Anspielung auf die Bremer Vorlesungen am wahrscheinlichsten. Hardenbergs Bemerkung über eine erneute Diskussion, sowie die Tatsache, dass er anscheinend eine deutsche Velenus-Ausgabe vor sich hat (s.nächste Anm.) und Velenus' Namen nicht erwähnt, könnte auf eine Verwendung von Flacius' Ausgabe 1551 hinweisen, womit Hardenbergs Brief unter allem Vorbehalt auf etwa 1551 zu datieren wäre.

[82] Nr.135, Hardenberg-NN, [1551?], 169ʳ. Von Velenus' *Petrum Romam non venisse* gibt es u.a. zwei lateinische Ausgaben aus dem Jahre 1520 und drei deutsche Ausgaben: 1521, 1521 oder 1524 und 1551 (von Flacius Illyricus): Lamping, *Velenus*, 209-214.

25 Jahre in Rom Bischof gewesen sei.[83] Hardenberg stimmt darin mit Luther, Calvin und Flacius überein, doch fehlt bei ihm Luthers theologische Vorgehensweise.[84] Velenus' historische Beweisführung mit dem aus dem Neuen Testament gewonnenen *argumentum e silentio* ist ihm genug—was wohl eine humanistische Einstellung aufzeigt.

Es ist inzwischen bemerkenswert, dass Hardenberg etwa die Hälfte seiner Argumentation wortwörtlich und integral der Fassung entnimmt (übrigens ohne Quellenangabe), in der Calvin Velenus' Argumente, ebenfalls ohne Quellennachweis, in seiner *Institutio*[85] wiedergibt (1543--1545: VIII, 195; 1550-1554: VIII, 101f.;[86] 1559: IV, 6, 14 und 15).[87] Hardenberg schöpft also aus zwei Quellen, *verbatim* aus Calvin, paraphrasierend-zusammenfassend aus Velenský, das Ganze um einige Bemerkungen anderer Herkunft ergänzend. Unsere Beweisführung kann hier nur gestreift werden; die Verweisungen beziehen sich auf Hardenbergs Brief, Calvins *Institutio*[88] und Velenus' *Petrus Romam non venisse*:[89]

f.169^r	= *OS* 5, 100, 9-28	= Biv^a; Ci^a;
f.169^r	= *OS* 5, 100, 28-30, 32f.	= Ci^a;
f.169^v	= *OS* 5, 101, 1-5	= Dii^b;
f.169^v		= Cii^b-iii^a;
f.169^v	= *OS* 5, 101, 6-13	= Dii^a;
f.169^v	= *OS* 5, 101, 16f.	= Bi^{a-b};
f.169^v		= Ci^b;
f.169^v-170^r		= Bii^b;

---

[83] Nr.135, Hardenberg-NN, [1551?], 170^r: „Ego tamen non nego illum fuisse Romae propter tot veterum scriptorum consensum neque volo pugnare an mortuus ibi sit, sed talem ibi tantoque tempore Episcopum fuisse hoc in dubium iure vocatur, propter illos Romanensibus celi et terrae potestatem tribuunt propter sedem Petri".

[84] Lamping, *Velenus*, 175: „Luther () rejected, however, Velenský's practical scientific reason for accepting the scriptural data only as material used for proof. For Luther, the *sola scriptura* was not a scientific and experimental statement, but rather a necessity of faith. He regarded the question concerning the mediation of salvation through the papacy as of primary importance and an analysis of the historical data as no more than a support for his main purpose. He was essentially not interested in historical research of this kind". Vgl.zu Calvin und Flacius noch 177 u.207.

[85] Dazu Lamping, *Velenus*, 164 (die Verweisung auf die *Institutio* von 1536, a.a.O., Anm.50, soll ein Druckfehler sein: die Darlegung gibt es ab der dritten Auflage 1543).

[86] *CO* 29, 604f.

[87] *CO* 30, 820-822; *OS* 5, 100-102.

[88] Zitiert nach der vierten Ausgabe 1559 in *OS* 5, 98-102.

[89] S.*supra*, Anm.75.

f.170^r		$=$ Aiv^b-Bi^a;
f.170^r		$=$ Bii^b-Biii^b;
f.170^r		$=$ Biv^b;
f.170^r	$= OS$ 5, 101, 17-19	
f.170^{r-v}	$= OS$ 5, 101, 22-29	
f.170^v	$= OS$ 5, 98, 33-36	
f.170^v	$= OS$ 5, 99, 1-3	
f.170^v	vgl. OS 5, 102, 5-7.	

Im Gegensatz zu Luther hält Hardenberg Velenus' Argumentation anscheinend nicht für sekundär, sondern genügt sie ihm als Grund zur Folgerung, dass das Axiom, die Einheit der Kirche solle mit dem einen irdischen Haupt garantiert sein, nicht genügend begründet ist,[90] was allerdings, wie gesagt, als ein weiteres Zeichen von Hardenbergs Affinität zum Humanismus zu betrachten wäre.[91]

Eine Anspielung auf die „Lamentationes Petri" [Zwolle, 1521]: Hiëronymus Frederiks' „Vaticinium postremi temporis"?

Als eine letzte—formelle—Erinnerung an Hardenbergs reformhumanisti- sche Wurzel könnte das kuriose, undatierte, nicht adressierte und nicht unterschriebene Fragment (eines Briefes?) in Hardenbergs Handschrift gelten, dessen Autor unter dem Decknamen „Esdras scriba" scharfe Attacken reitet gegen „das Volk Gottes in der Kirche Jesu Christi, alle Papisten, Seelenräuber und gesalbten und rasierten Kardinäle, Pseudo- bischöfe, Kanoniker, Mönche und Priester sowie ihre Spiessgesellen, Tyranne und Windbeutel, die sich schnellstens bekehren sollen".[92]

---

[90] Nr.135, Hardenberg-NN, [1551?], 170^v: „axioma de unitate terrenj [capi]tis in Hierarchia parum habere solidi" (schwer übersetzbar: „dass das Axiom der Einheit der Kirche, als in der Hierarchie durch ihr irdisches Haupt bedingt, zu wenig begründet ist").

[91] Unser Befund stellt zugleich eine Ergänzung zu Lamping, *Velenus*, 194 dar, der bemerkt: „It can be stated that the Protestant theologians of the sixteenth and seventeenth centuries generally speaking accepted the classical tradition of the primacy of Peter (). In Protestant circles, Velenský's treatise was forgotten. It was only in the Netherlands that the ideas contained in the *Petrum Romam non venisse* were kept alive by a number of theologians", und zwar im sechzehnten Jahrhundert von dem erwähnten Anastasius Veluanus, s.*supra*, Anm.79.

[92] Nr.51, „Esdras" (Hardenberg?)-NN („cardinalibus pseudoepiscopis"), [1545?], 168^r. Vom Inhalt und Ton her liesse sich der Brief (?)—falls er von Hardenberg stammt—am besten in der Zeit des Kempener Reformationsversuches datieren, also

Der Verfasser beruft sich wie ein Prophet auf ein Mandat Gottes[93] und kündigt in einer zusammenhanglosen Ausführung das Ende der Zeit und das Gottesurteil an. In einem apokalyptischen Idiom, das sich an den Sprachgebrauch alt- und neutestamentlicher Busspediger anlehnt,[94] werden die Leser aufgefordert, „ihr Babylon" zu verlassen,[95] „den römischen Antichristen und seine Zauberer aufzugeben" und zu flüchten, „denn die Rachestunde ist hereingebrochen". „Alle Papisten, die in Deutschland wohnen, ja in ganz Europa, sollen verwirrt und entsetzt sein, da der Tag des Herren kommt, die Stunde der Finsternis über euch hereinbricht". Weder Wagen noch Verbündete, weder Bogen noch Bombarden verschaffen Erleichterung, denn „der grosse Adler" wird seine Flügel und Feder verlieren.[96]

„Esdras scriba" ist das Pseudonym, unter welchem sich auch der Verfasser der *Lamentationes Petri* (Zwolle, 1521) verbarg.[97] Diese in den Kreisen der *Devotio moderna* entstandene und dem Pastor der Groninger Martinikirche Willem Frederiks gewidmete Schrift propagierte das reformhumanistische Programm von Wiederkehr zu den *bonis litteris* und die Neubelebung der evangelischen Lehre. Erasmus und Luther sah sie Schulter an Schulter stehen im Kampf gegen die Bettelorden, die den Verfall der Kirche verschuldet hätten. Es ist durchaus möglich, dass Hardenberg diese das Groninger Milieu berührende[98] Schrift gekannt hat.

1545-1546 (*supra*, S.25-29), in der sich Hardenberg einer heftigen katholischen Opposition gegenübergesetzt sah; vgl.jedoch *infra* im Text.

[93] Nr.51, „Esdras" (Hardenberg?)-NN („cardinalibus pseudoepiscopis"), [1545?], 168[r]: „Quae ad uos scribo ex precepto dei ad uos scribo doque optionem uobis an recipere velitis nec ne".

[94] Besonders Joel, so z.B.idem: „Ululate vae vae dici, nixa enim est dies dominj, dies nubis, tempus ultionis" (vgl.Joel 1,15; 2,2); „Reddet dominus vicissitudinem super capita uestra quia nixa est dies dominj in valle ultionis et concisionis" (vgl.Joel 4,4.7.14). Anklang an Johannes dem Täufer: „Hypocritae iam securis contingit radicem antichristianae arboris" (vgl.Mt 3,10); an Petrus: „Venit finis super uos" (1.Petr 4,7) und an Jakobus: „Jtaque in foribus est iuditium ipsius" (vgl.Jak 5,9).

[95] Deckbezeichnung für die römische Weltmacht, 1.Petr 5,13; Offenb 18; idem: „Scio, en certissimo iuditio scio omnibus uobis presens exilium imminere, nisi ex animo resipiscatis et babilonem uestram relinquatis".

[96] Idem. Der Adler war das Feldzeichen der römischen Legionen; der Name bezieht sich hier auf die die Katholische Kirche schützenden Mächte.

[97] *Lamentationes Petri, autore Esdra Scriba olim, modo publico sanctorum Pronotario*, [Zwolle, 1521]. Herrn B.J.Spruyt verdanke ich eine Kopie des Exemplars der Hamburger Stadtbibliothek. Zu dieser Schrift: Clemen, *Lamentationes Petri*; Wolfs, *„Religionsgespräch"*, 40f., 44; Trapman, *De Summa*, 107f.; Spruyt, *Humanisme*, 29f.

[98] Der Verfasser kennt neben Willem Frederiks: das Fraterhaus und u.a. Goswijn van Halen und den Groninger Stadtsekretär Jelmer Canter: *Lamentationes Petri*, A4[a].

Warum er sich aber ihres Pseudonyms bedient haben sollte, ist unerfind-
lich.

Verlockend und viel wahrscheinlicher—aber mangels Beweises hier
noch nicht endgültig festzustellen—ist es, unser Fragment als einen Teil
des *Vaticinium postremi temporis* von Willem Frederiks' Sohn Hiëronymus anzusehen, das dieser Hardenberg zuschickt, und wovon thom Camp
nach Hiëronymus' Tode 1559 Hardenberg um eine Kopie bittet.[99] Thom
Camp meldet, diese von Hiëronymus zu Papier gebrachte Vision sei ihm
(thom Camp) gestohlen worden, als er Hiëronymus' Schriften sammelte
(im Hinblick auf eine Ausgabe?). Anbei sendet thom Camp ihm
Hiëronymus' *Vaticinium de aula*, das dieser kurz vor seinem Tode
abfasste, unter der Bedingung, dass Hardenberg ihm eine Abschrift der
verlorenen Vision anfertige, „in welcher dies steht: Den Tempel
ausmessen und den Vorhof draussen lassen usw.". Das verweist auf
Offenbarung 11,1f.: „Steh auf und miss den Tempel... Aber den
äusseren Vorhof des Tempels lass weg und miss ihn nicht, denn er ist
den Heiden gegeben; und die heilige Stadt werden sie zertreten zweiund-
vierzig Monate lang".

Noch abgesehen vom Ton und Inhalt unseres Fragmentes machen seine
Anspielung auf Offenb 6,9-11[100] sowie seine mögliche Selbstcharakteri-
sierung als Vision[101] es glaubhaft, es als Hardenbergs Abschrift von
Hiëronymus' „Vision des Endes der Zeit" zu identifizieren. Die Frage
muss hier und heute unentschieden bleiben. Dass sich dieses Schriftstück
in der Camerarischen Sammlung von *Hardenbergiana* befindet, ist
jedenfalls schon bezeichnend für die andauernden Beziehungen Hardenbergs zu dem nordniederländischen humanistischen Klima.

1.4 *Inhaltlich-theologische Kohärenz*

Es ergibt sich nunmehr die Aufgabe, in Hardenbergs Theologie die
rudimenta verae religionis aufzuspüren, die ihm während seiner

---

[99] Nr.253, thom Camp-Hardenberg, 28.3.1559, 54. Vgl.Mellink, *Voorgeschiedenis*, 152f.

[100] Nr.51, „Esdras" (Hardenberg?)-NN („cardinalibus pseudoepiscopis"), [1545?],
168[r]: „Clamat sanguis testium ipsius contra uos, () completum est tempus breue quod
datum est sanctis dei sub altari indutis stolis candidis, completus est hoc tempore
numerus fratrum suorum".

[101] Idem: „Appropinquauerunt dies, ut sermo omnis visionis, quis contristabitur
super uos?".

Ausbildung in Groningen und Aduard eingeträufelt sein sollen.[102] Bis auf einen einzelnen Verweis auf Wessels Abendmahlsanschauung hat Hardenberg diese *rudimenta* selbst nicht angedeutet, wie wir feststellen konnten (1.2). Der vorliegende Paragraph stellt der Hardenberg'schen Theologie einige Grundzüge von Wessels (1.4.1) und Erasmus' Denken (1.4.2)—vor allem aber ihr Abendmahlsverständnis—gegenüber.

1.4.1 *Wessel Gansforts mystische Reformtheologie*

Maarten van Rhijn hat Wessel Gansfort (†1489) charakterisiert als den ersten Vertreter eines mystisch-religiös vertieften Humanismus in den Niederlanden, der eine wissenschaftliche Formung des Geistes mit einer wahrhaftigen Frömmigkeit des Herzens zu verknüpfen suchte.[103] Mit der *Devotio moderna* verband ihn seine Spiritualität, der Hang zur Askese und Mystik, sowie das Streben nach Rückkehr zu den *antiquis scripturis*. Letzteres teilte er mit dem Humanismus, der obendrein zum Ausdruck kam in seinem linguistischen Interesse, in seinem von einem moderierten Universalismus eingegebenen Kampf gegen das Primat, sowie in seiner Kritik an Aristoteles und gelegentlich an der Scholastik.[104]

Die neueste Forschung lokalisiert Wessel in der Linie van Rhijns auf der Grenze zwischen Scholastik und Humanismus.[105] Dem Ockhamismus, den er in Paris kennenlernte, war er—mit Ausnahme seiner Theologie[106]—weniger verpflichtet als er selbst gestand; der Grundton seiner Gedanken bleibt realistisch und zwar albertistisch, in augustinischem und neu-platonischem Boden wurzelnd.[107] Ambivalent ist die Forschung in der Bewertung sowohl des humanistischen als auch des vor-reformatorischen[108] Gehaltes von Wessels Denken. Für Oberman bleibt Wessel der biblische Humanist, der die klassische Bildung dem religiösen Leben dienstbar machte.[109] Augustijn hält ihn für den spät-mittelalterlichen Autor devoter Schriften, freilich von Luther und Melanchthon annektiert, aber tatsächlich weder Vorläufer der Reforma-

---

[102] S.*supra*, Anm.25.
[103] Van Rhijn, *Gansfort*, 245.
[104] Van Rhijn, *Studiën*, 91-102.
[105] Vgl.Oberman, *Werden und Wertung*, 47-50.
[106] Van Rhijn, *Studiën*, 90, 99-102.
[107] Braakhuis, *Gansfort* . Vgl.Wielema, *Humanisme*, 10f.
[108] Ullmann, *Reformatoren 2*, 285-685: *Johann Wessel oder die reformatorische Theologie vor der Reformation*.
[109] Oberman, *Gansfort*.

tion noch biblischer Humanist.[110] Unbestritten bleibt dennoch Wessels Beitrag zur Gestaltung eines religiös-humanistischen Klimas.

Die geläufige Kennzeichnung von Wessels Lehre als „spiritualistisch"[111] bedarf hinsichtlich seiner Ansicht der Eucharistie der Nuancierung. Wir werden feststellen, dass das *proprium* der Lehre Wessels von der Eucharistie in der eigentümlichen Gleichzeitigkeit von körperlicher Präsenz und geistlicher Niessung von Christi Leib und Blut innerhalb und ausserhalb der Eucharistie liegt—eine Simultanität, die mit der Prädikat „spiritualistisch" nicht ausreichend beschrieben ist.

Bekanntlich[112] zeigt Wessels Anschauung von der Eucharistie eine realistische und eine spiritualisierende Linie auf:

In *De sacramento Eucharistiae, et audienda Missa* [ca.1521][113] wird einerseits die Realpräsenz anerkannt. Unter der Gestalt des Brotes und des Weines sind das heilige Fleisch und das heilige Blut wahrhaft gegenwärtig.[114] Das Brot ist das lebendige und lebendigmachende Brot des Lebens, voller allmächtiger Kraft.[115] Das Vertrauen der Gläubigen auf das Sakrament der Eucharistie soll gross sein, weil das Sakrament ihnen gegeben ist, damit sie wissen, dass *er* den Gelübden und Gebeten gewogen ist, „der sogar leiblich für die Sehnsüchtigen gegenwärtig sein will", er selbst, „der in Judäa, Galiläa und Samaria den Ruf und das Gebet aller erhörte, der, durch ihre Tränen bewegt, die Wünsche der Flehenden erfüllte, was wichtiger ist, der oft unaufgefordert die Elenden erbarmungsvoll tröstete".[116] Durch die Konsekration ist Jesus „corporaliter" und „sacramentaliter" gleichzeitig an mehreren Stellen gegenwärtig.[117] Die Priester haben das sakramentale Wort, dem tatsächlich der Effekt folgt.[118]

Andererseits wird eine Linie betont—und zwar viel stärker als die realistische—die vor dem Hintergrund eines augustinisch-neuplatonischen[119] Dualismus vom Inneren und Äusseren eine geistliche Niessung

---

[110] Augustijn, *Gansfort's rise*. Vgl.Visser, *Melanchthon on Gansfort*.
[111] Z.B.*HDThG* 3, 19; richtiger *a.a.O.*, 22: „spiritualisierend".
[112] Grundlegend: Ullmann, *Reformatoren* 2, 557-596; van Rhijn, *Gansfort*, 208-216; ders., *Studiën*, 40f., 74-90; auch: vom Berg, *Spätmittelalterliche Einflüsse*, 49-51.
[113] In: Gansfort, *Opera*, 655-708.
[114] Gansfort, *Opera*, 673: „veraciter", „praesentialiter".
[115] Gansfort, *Opera*, 690.
[116] Gansfort, *Opera*, 695f.: „ut sciant votis atque orationibus facilem, qui etiam corporaliter cominus esse voluit desiderantibus. Is enim ipse adest ...".
[117] Gansfort, *Opera*, 700.
[118] Gansfort, *Opera*, 693f., vgl.van Rhijn, *Gansfort*, 212f.
[119] Van Rhijn, *Studiën*, 81ff.

lehrt. Christi Leib und Blut sollen nicht nur *corporaliter*, sondern *spiritualiter* genossen werden.[120] Der Vergleich von Joh 3,36 („Wer an den Sohn *glaubt*, der hat das ewige Leben") mit Joh 6,54 („Wer *mein Fleisch isst* und mein Blut trinkt, der hat das ewige Leben") zeigt, dass das Geniessen ein Glaubensakt ist,[121] der sich durch die Kommemoration vollzieht: „Essen ist also sich zu erinnern".[122] Die in Christus glauben, essen sein Fleisch und trinken sein Blut.[123] Christus wird mit den Augen des inneren Lebens geschaut und in Liebe gegessen, nicht mit den Zähnen.[124] „Genauso wie also der innere Mensch Geist ist, und auch das Leben geistlich, so muss auch dies Brot geistlich sein und geistlich gegessen werden".[125]

Folglich ist der Effekt des äusseren sakramentalen Essens nicht an das Altarsakrament gebunden.[126] Der Priester leistet bei der Spendung nur einen äusseren Dienst; das geistliche Leben wird durch Christus allein gegeben.[127] Das sakramentale Essen ist zwar nicht bedeutungslos, aber dem geistlichen Essen untergeordnet: ohne letzteres ist ersteres zum Tode, weil es dem Gedächtnisbefehl widerstrebt; das geistliche Geniessen geschieht hingegen immer zum Leben und ist fruchtbarer als die sakramentale Niessung.[128] Damit ist die äussere Kommunion erheblich relativiert: die innere Kommunion bedarf weder des Priesters noch des Ritus noch der Gemeinschaft, sondern nur der frommen Gesinnung.[129]

Eigentümlich ist es nun, dass diese nachdrücklich hervorgehobene spiritualisierende Linie die erste realpräsentische nicht aufhebt. Die leibliche Präsenz wird nicht zu einer geistigen verflüchtigt. Für denjenigen, der seines Namens gedenkt, ist Christus „wahrhaft gegenwärtig,

---

[120] Gansfort, *Opera*, 673 (Joh 6,63).

[121] Gansfort, *Opera*, 696: „Si enim nemo vitam habet, qui non carnem eius manducat, et non bibit sanguinem eius; et credens in eum habet vitam aeternam, oportebit necessario confiteri, omnem credentem manducare carnem eius, et bibere eius sanguinem"; vgl.676, 680; 141, 143 *(De oratione)*.

[122] Gansfort, *Opera*, 677: „Manducare igitur memorari () est"; vgl.141, 147.

[123] Gansfort, *Opera*, 702: „Et qui vivit et credit in me, non morietur in aeternum. Ergo credendo in eum comeditur et manducatur caro eius, et bibitur sanguis eius". Vgl.141: „Qui enim credit, iam manducat"; 819 *(Farrago rerum Theologicarum)*.

[124] Gansfort, *Opera*, 686f.

[125] Gansfort, *Opera*, 673.

[126] Gansfort, *Opera*, 677: „Qui sic (sc.spiritualiter) manducat, habet iam fructum sacramentalis manducationis foris, quemadmodum Paulus primus anachoritarum, et plurimi post illum, etiam sine sacramentalis foris manducatione"; vgl.147-149, 696, 819.

[127] Gansfort, *Opera*, 794f.; vgl.771, 804, 843.

[128] Gansfort, *Opera*, 658f., 147f.; vgl.van Rhijn, *Gansfort*, 214.

[129] *HDThG* 3, 21.

nicht nur der Gottheit nach, sondern auch mit Fleisch und Blut, nach seiner ganzen Menschheit". „Denn wer würde daran zweifeln, dass der Herr Jesus oft leiblich bei den Gläubigen in ihrem Kampf gegenwärtig ist, ohne dass er darum den Sitz im Himmel zu Gottes Rechten verlässt? Wer wird bezweifeln, dass dies gleichzeitig ausserhalb und innerhalb der Eucharistie geschehen kann?".[130] Der ganze Christus, Gott und Mensch, ist leiblich gegenwärtig in demjenigen, der seiner gedenkt, gleichwie der Christ, der seiner gedenkt, nach seinem inneren Menschen in Christus ist.[131]

Mag der ockhamistische Gedanke der Ubiquität des Jesusleibes auf diese Vorstellung eingewirkt haben,[132] nach Wessel ist das Fleisch dennoch nichts nütze, denn der Geist ist's, der lebendig macht (Joh 6,63), d.h. „die Grösse seiner Heilstat und die unaussprechliche Liebe Christi, das ist es was lebendig macht".[133] „Gansfort hegte also weder Zweifel an der Realpräsenz des Leibes Christi noch deutete er die Einsetzungsworte um. Aber er leitete den Segen der Eucharistie allein aus der ihr zugrundeliegenden Heilstat, dem Leiden Christi aus Liebe, ab und sprach ihn nur demjenigen zu, der ihn auf geistliche Weise empfängt und sich dadurch zur Liebe entflammen lässt".[134]

Eher als „spiritualistisch" wäre Wessels Eucharistieverständnis daher als spiritualisierend und mystisch zu bezeichnen, passend im Rahmen seines Strebens nach Verinnerlichung des Gottesverhältnisses. Mit Recht hat van Rhijn dargelegt, dass Wessel nicht ohne weiteres als geistlicher Vater der „Sakramentarier" des sechzehnten Jahrhunderts bezeichnet

---

[130] Gansfort, *Opera*, 697: „Sed hoc dico, vere praesentem commemoranti nomine eius vere praesentem Dominum Iesum, non sola deitate sua, sed et carne sua, et sanguine, et humanitate tota. Quis enim dubitabit, corporaliter saepe praesentem Dominum Iesum suis fidelibus in eorum agonibus, non propter hoc dimisso in coelestibus concessu ad dexteram Patris? Quis dubitabit, ita posse hoc simul tempore fieri extra Eucharistiam, sicut in Eucharistia?".

[131] Gansfort, *Opera*, 660f., 696-698; vgl.van Rhijn, *Gansfort*, 213.

[132] So van Rhijn, *Studiën*, 89f.: nach Ockham existiert der Leib Christi quantitativ im Himmel, doch ist er zugleich allenthalben als ganzer in der Hostie vorhanden, und zwar in einer Weise, die nichts mit der quantitativen Existenz gemein hat, und ohne dass diese Gegenwart an die Hostie gebunden ist: „Corpus Christi cuicunque est praesens, est seipso immediate praesens, et per consequens illa species panis nihil ad praesentiam corporis facit, hoc est hostia". Ockham folgerte „quod corpus Christi potest esse ubique, sicut deus est ubique", wobei Christi Abendmahlsleib in schroffsten Kontrast zu dem wirklichen Leibe tritt, „ein gewisses allgegenwärtiges Etwas" ist: Seeberg 3⁴, 790f. Van Rhijn, *a.a.O.*, 90, vermutet, dass „sich auch bei Gansfort Ockhamismus und Mystik verheiratet haben".

[133] Gansfort, *Opera*, 673.

[134] *HDThG* 3, 21.

werden kann, und seine Anschauuungen ebenfalls „keineswegs ohne weiteres mit der von Erasmus, Hoen oder Zwingli übereinstimmen".[135] Mit seiner Betonung der geistigen Kommunion unter Beibehaltung der sakramentalen Kommunion und der Transsubstantiationslehre bewegt sich Wessel vielmehr auf der Linie der Waldenser und mittelalterlicher deutscher Mystiker wie Mechtild von Magdeburg, Tauler, Geert Grote, à Kempis und Dieppurch.[136]

Vergleich mit Hardenbergs Abendmahlsauffassung

Inwieweit hat Wessel terminologisch oder sachlich auf Hardenbergs Abendmahlsanschauung eingewirkt? Bekanntlich hat Bucer—Hardenbergs theologischer Protektor—nach dem Besuch des Hinne Rode in Strassburg Ende 1524 Wessel als Hauptzeuge für die symbolische Abendmahlsansicht aufgeführt. Wessel sei einer der Theologen, für welche das Brot sei „ein zeychen des leips Christi, mit dem den glaubigen der leip Cristi werd ubergeben, aber durchs wort, und also esse der mundt nur das brodt, der geyst aber den leip Cristi durch den glauben".[137]
1. Richtig daran ist, dass die Doppelheit von geistlicher Niessung und wahrhafter Präsenz, die Bucers und Hardenbergs exhibitives Abendmahlsverständnis kennzeichnet,[138] sich bei Wessel tatsächlich finden lässt, obwohl sie auch schon bei Bernhard von Clairvaux, Lombard, Thomas und bei mehreren deutschen Mystikern vorhanden war.[139] Dieser Übereinstimmung liegt wohl die augustinische dualistische Tradition zugrunde, die Wessel mit dem Humanismus und den mit vom Humanismus geprägten Reformatoren wie unter andern Bucer[140] und Hardenberg teilte, und die Hardenberg für den lutherischen Sakramentsrealismus unempfänglich gemacht haben soll.
Während jedoch dieser Dualismus für gewöhnlich, wie bei Zwingli, zu einer Radikalisierung auf eine signifikative Deutung der Abendmahlsworte hin führt, so ist die Wahrung der wahrhaften Präsenz Christi durch Wessel, Bucer und Hardenberg—und darin ihre Kongruenz—bemerkens-

---

[135] Van Rhijn, *Studiën*, 41; so auch Spruyt, *Hoen*, 69-71.
[136] Van Rhijn, *Studiën*, 83-89; zu den Waldensern: vom Berg, *Spätmittelalterliche Einflüsse*, 45-52.
[137] Capito, Bucer und die Strassburger Prediger-Dietrich, Wolfgang und Philipp von Gemmingen, 1.12.1525, in: *BCor* 2, n°.114, 53-55; vgl.n°.107, Anm.8.
[138] S.*supra*, S.196-199.
[139] Van Rhijn, *Studiën*, 82-89.
[140] Krüger, *Bucer und Erasmus*, 199-201.

wert. Bildet also die deutsch-mystische und Wessel'sche Betonung der geistlichen Niessung unter Beibehaltung der Realpräsenz sogar eine Vorstufe zu Bucers und Hardenbergs Mittelstellung zwischen lutherischem Sakramentsrealismus und schweizerischem Symbolismus?

2. Unrichtig an Bucers Annektierung von Wessel ist jedoch, dass sie Wessel eine Ansicht der sakramentalen Union zudichtet, die Wessel so nicht kannte. Freilich beruhe nach Wessel die Wirkung der Sakramente auf einer göttlichen Verheissung, kraft welcher sich Gott wie durch ein „pactum sacramentale" („einen sakramentalen Bund") zur Mitteilung der Gnaden verbunden hat, wenn das sakramentale Zeichen gespendet ist.[141] In diesem Punkt ist die—nicht nur terminologische, sondern auch sachliche—Übereinstimmung Hardenbergs und Bucers (und Luthers) mit Wessel augenfällig. Dennoch: ist die Funktion des Zeichens bei Wessel nach Bucer instrumental („ein zeychen des leips Christi, mit dem den glaubigen der leip Christi werd ubergeben"), so sind die geistliche und die sakramentale Niessung bei Wessel tatsächlich nur durch ein „sicut"--„ita" in einem symbolischen Parallelismus verbunden: „Wie der äussere Mensch mit dem Brot gespeist wird, so auch der innere".[142] Das Zeichen ist sogar entbehrlich, insoweit die *manducatio spiritualis* sich auch ausserhalb des Sakraments vollziehen kann. Das deckt einen erheblichen Unterschied zwischen Wessel und Hardenberg auf: beim letzteren wird die äussere Kommunion keineswegs abgewertet, sondern hat das Zeichen exhibitive Kraft, wird die Gabe *ministerialiter* gespendet, und ist das Sakrament Gnadenmittel.

3. Ist nach Bucer für Wessels Sakramentsbegriff das Wort konstitutiv, indem Christi Leib mit dem Zeichen, „aber durchs wort" übergeben wird, so charakterisiert das wiederum mehr Bucers und Hardenbergs als Wessels Sakramentsverständnis, nach welchem vor allem die Kommemoration die geistige und leibliche Präsenz konstituiert.

4. Allerdings fällt die Übereinstimmung in der Betonung der *necessitas fidei* und der Speise als Glaubensspeise auf. Doch, ist die *manducatio spiritualis* bei Wessel geistig-leiblich, so ist sie nach Hardenberg geistlich, d.h. nicht vom menschlichen *spiritus*, sondern vom *Spiritus sanctus* gewirkt. Dieser Unterschied liesse sich als die Differenz zwischen Spiritualismus und Pneumatologie kennzeichnen.

---

[141] Gansfort, *Opera*, 897 (*Epistolae, in Quibus de Purgatorio et Indulgentiis*); s.van Rhijn, *Studiën*, 210.

[142] Gansfort, *Opera*, 671; 676: „*Sicut* enim illa (sc.os, fauces, et stomachus exterior) accipiunt (sc.epulas), () *sic* nobis interiore homine caro illa () mente sedula meditanda".

5. Damit ist auch der Unterschied in der Frucht der *manducatio spiritualis* angegeben. Führt die geistige Kommunion bei Wessel zu einer mystischen Gemeinschaft der einzelnen Seele mit Christus, so führt die vom Heiligen Geist gewirkte Kommunion nach Hardenberg zur Einverleibung in den Leib Christi, d.h. in die Kirche. Mit der Pneumatologie ist also die Ekklesiologie gegeben: an Stelle der Christusgemeinschaft des frommen Individuums „nach dem inneren Menschen" tritt die Kirche als die Gemeinschaft der Heiligen.

6. Unterschiedlich ist auch die Ursache der körperlichen Präsenz beim geistlichen Geniessen. Mag bei Wessel die ockhamistisch gedachte Ubiquität des Leibes Christi eine solche Präsenz herbeiführen, bei Hardenberg ist die wahrhafte Präsenz (des *totus Christus* und nicht wie bei Wessel des *totum Christi*) abermals eine Wirkung des Heiligen Geistes, und zwar auf die Kirche hin.

7. An Wessel könnte sonst noch der ethische Zug in Hardenbergs Theologie erinnern, die Betonung der Heiligung und der Liebe, sowie die Vorstellung der Heiligung als ein Prozess geistlichen Fortschritts.[143] Anders als bei Wessel wird die Heiligung exklusiv unter pneumatologischem Gesichtspunkt betrachtet. Die Idee der *imitatio Christi* im Sinne der *Devotio moderna* fehlt bei Hardenberg.

Abschliessend ist auf Moltmanns bereits im Abschnitt III.1.2 widerlegtes Axiom zurückzukommen, Hardenberg führe seine Abendmahlsanschauungen auf Wessels mystische Reformtheologie zurück. Anscheinend begründet Moltmann seine Auffassung mit Hardenbergs Verwendung des „deutlich aus der spiritualistischen Tradition des Mittelalters" stammenden Sonnengleichnisses, mit dem dieser „wie Rupert van Deuz und Johann Wessel" Christi gegenwärtige Einwirkung im Abendmahl mit der Wirkung der Sonne auf der Erde verglich.[144]

Moltmann stützt sich hier offensichtlich auf Spiegel, nach welchem Hardenberg das Gleichnis über Wessel dem Abt von Deutz entlehnte, weswegen Hardenbergs Lehre „nicht um ein Haar von der Lehre Wessels verschieden" wäre.[145] Spiegel verweist auf Hardenbergs *Vita Wesseli*, in dem dieser auf Gerhard à Cloesters Gewähr berichtet, Wessel habe im Kloster zu Deutz aus den Schriften vom Abt Rupert mehrere Stellen abgeschrieben, unter anderen auch diese aus dessen *De divinis officiis* (ca.1112): „Wir empfangen die wahre Gottheit und die wahre Menschheit

---

[143] Vgl.*HDThG* 3, 20.
[144] Moltmann, *Pezel*, 20, vgl.17.
[145] Spiegel, 352-355; das Zitat auf 352.

Christi, der im Himmel sitzt und dort regiert, gerade so, wie wir fast täglich die wahre Substanz des Feuers der Sonne durch eine kleine kristallen Kugel auffangen können". Und ebenfalls diese Stelle: „In denjenigen, in welchem kein Glaube ist, kommt ausser den sichtbaren Zeichen von Brot und Wein nichts vom Sakrament, gleichwie ein Esel, wenn er seine dummen Ohren auf eine Leier richtet, zwar das Geräusch hört, aber nicht die Melodie".[146] Spiegel folgert: „Unverkennbar ist hiernach die Abendmahlslehre Ruperts von Deutz (†1135), Wessels und Hardenbergs wesentlich eine und dieselbe; alle drei nehmen an, nur der Gläubige geniesse das Sacrament, und bei allen dreien findet sich das Gleichniss von der Sonne. Rupert von Deutz ist der Erfinder, Wessel der Hüter und Fortleiter, Hardenberg der Vollender desselben".[147]

Diese Konklusion ist vorschnell.[148] Freilich begegnet uns bei Wessel eine Art Sonnengleichnis, allerdings in anderem Kontext und mit anderem Inhalt, und zwar als Illustration nicht der Art der Gegenwart der Substanz des Jesusleibes, sondern der von der Empfänglichkeit des Kommunikanten bedingten Wirkung der Eucharistie. Die Messe, so Wessel, wirkt wie die Sonne, die für alle Menschen scheint, doch welche jedermann zu seiner eigenen Sonne machen soll, dadurch dass er sich ihr zuwendet und sich von ihren Strahlen erwärmen lässt.[149]
Aber ausserdem ist das von Hardenberg verwendete Sonnengleichnis keineswegs exklusiv kennzeichnend für Wessel oder Rupert von Deutz, sondern es begegnet bei „vielen Alten und Modernen", wie Hardenberg selber bemerkt.[150] Er weist hin auf Marcus Vigerius, Chrysostomus (zu 1.Kor 10), Arnobius [d.J.], Nikolaus von Lyra und Bugenhagen (zu Ps

---

[146] *Vita Wesseli*, **2ª; Spiegel, 353f.; ders., *Zwei Bemerkungen*, 111f.

[147] Spiegel, 354. Nach Spiegel diente Hardenbergs Verweis auf Wessel und Rupert dem apologetischen Zweck, sich über den von Luther geschätzten Wessel der Protektion Luthers zu versichern. Van Rhijn, *Gansfort*, XX-XXII hat die Unhaltbarkeit dieser Ansicht nachgewiesen. Hardenberg berichtet selber, Wessel habe sich „ad eum fere modum" zur Eucharistie geäussert wie Hoen in dessen Abendmahlsbrief, Luther aber habe die Ansicht des letzteren abgelehnt: *Vita Wesseli*, **7ª.

[148] Auch in bezug auf Wessel und Rupert, s.van Rhijn, *Gansfort*, 235, Anm.2: „Auf keinen Fall ist Wessels Abendmahlslehre die von Rupert"; ders., *Studiën*, 78: Rupert bewegte sich auf der Linie der *impanatio* der späteren Konsubstantiationstheorie. Zu Deutz' Sakramentsverständnis: van Engen, *Rupert of Deutz*, 135-180, bes.136-142 (zum *De divinis officiis*). Deutz parallelisierte die sakramentale *unio* von Brot und Leib Christi mit der *unio personalis* in der Inkarnation—die Elemente sind Christi Leib „by a kind of *communicatio idiomatum*"—womit er sich dem Verdacht aussetzte, Berengars ketzerischen „Impanationismus" zu vertreten: van Engen, *a.a.O.*, 142.

[149] Van Rhijn, *Gansfort*, 215f.; vgl.Gansfort, *Opera*, 918, 12 (*Epistolae*).

[150] HB 37j, *Summaria Doctrina mea*, V, 151.

19,7).[151] Das Gleichnis kommt in Variationen auch vor bei Wyclif,[152] Zwingli,[153] Bullinger,[154] Bucer,[155] Calvin,[156] Klebitz[157] und sogar Brenz.[158] Wie wir noch feststellen werden (III.4), hat Hardenberg sein Sonnengleichnis—fast *verbatim*—Bucer entnommen. Jedenfalls dokumentiert das Gleichnis keineswegs die von Spiegel und Moltmann behauptete Abhängigkeit Hardenbergs von Wessels Sakramentsverständnis.

Schluss

1. Zusammenfassend können wir schliessen, dass die aufgefundenen sachlichen Parallelen zwischen Wessels und Hardenbergs Abendmahlslehre—und zwar hinsichtlich der Gleichzeitigkeit von wahrhafter Präsenz und geistlicher Niessung, der sakramentalen Beschaffenheit der Gnadenmitteilung und schliesslich der *necessitas fidei*—eine bestimmte Affinität Hardenbergs zu Wessel aufzeigen. Hardenbergs einmaliger Verweis auf Wessels Ansicht der Eucharistie (1.2) bestätigt diesen Befund.
2. Das verhindert nicht, dass die Unterschiede erheblich sind, und zwar in der Bewertung sowohl der *externa media* (Zeichen, Amt, Ritus), als auch der konstitutiven Rolle des menschlichen bzw. göttlichen Geistes und derer mystischen bzw. ekklesiologischen Auswirkung (Kommemoration, Ubiquität des Jesusleibes (?), geistig-mystische Christusgemeinschaft *versus* Glaubensstärkung, geistlich-wahrhafte Präsenz, Einverleibung in den mystischen Leib Christi, die Kirche).

---

[151] *Hos sequentes Articulos*, 85ʳ; HB 37, *Summaria Doctrina mea*, 114ᵛ.

[152] In seiner *De apostasia*, unter Bezug auf Ruperts *De divinis officiis*, wenn Wyclif auch den Namen des Verfassers dieses Werkes nicht kennt (Mitteilung von B.J.Spruyt).

[153] Zwingli, *Fidei ratio*, in: *SS* 4,12.

[154] Bullinger, *Sermonum Decades quinque, de potissimis Christianae religionis capitibus*, Tiguri, 1552 (HBBibl I, Nr.184), V, 9; ders., *Confessio et expositio simplex orthodoxae fidei*, Tiguri, 1566 (= *Confessio Helvetica Posterior*) (HBBibl I, Nr.433), 21 = Niesel, Hrsg., *Bekenntnisschriften*, 266, 2-6. Vgl.Greaves, *Knox*, 244; Koch, *Confessio Helvetica Posterior*, 299.

[155] Bucer, *In sacra quatuor evangelia, Enarrationes perpetuae*, 1536, 491; Bucer-a Lasco, 16.4.1545, in: Pollet, *Bucer correspondance* 1, 227 (vgl.Hopf, *Bucer's letter*); Bucer-Calvin, 14.8.1549, in: *CO* 13, 352.

[156] Calvin, *Institutio* IV, 17, 12, in: *OS* 5, 356, 2ff. Vgl.Tilemann Kragen-Eilard Segebade, 1.4.1557, A in: DSB Berlin, Ms.Boruss., fol.1165, 145; Greaves, *Knox*, 242; Bizer, *Abendmahlsstreit*, 285; Pollet, *Martin Bucer* 1, 273, n.2.

[157] Klebitz, *Confessio de coena Domini Guilielmi Kleeuitz*, 1559, in: Barton, *Um Luthers Erbe*, 207, Anm.69.

[158] Brenz, *De personali unione*, 1561, in: ders., *Christologische Schriften* 1, 10f.

3. Moltmanns These von Hardenbergs Rückgriff auf Wessels Theologie erweist sich in historischer und theologischer Hinsicht als ein Fehlschluss.

4. Es gilt nicht von der konstatierten Affinität mit Wessel ohne weiteres auf dessen Einfluss zu schliessen. Die *manducatio spiritualis* war ja schon der Scholastik geläufig.[159] Die symbolische Abendmahlsdeutung war damals in den Niederlanden weiter verbreitet[160]—Zwingli bezeichnete sie sogar als eine „Kodifikation volklicher Frommheit".[161] Die Lehre des „pactum sacramentale" begegnet schon bei Duns Scotus.[162] Dennoch wäre es unter Berücksichtigung von Hardenbergs Bildung durch Wessels Diener Goswijn van Halen unglaubhaft, bei Hardenberg überhaupt keinen Einfluss von Wessel zu vermuten. Die spiritualisierende Grundlinie in Wessels mystischem Sakramentsverständnis mag Hardenberg für die bis in die Alte Kirche zurückreichende Tradition aufgeschlossen haben, die ihn zu seinem (Bucer'schen) Mittelweg zwischen Wittenberg und Zürich führen sollte. Über den Bereich der Wahrscheinlichkeit hinaus vermögen wir uns allerdings nicht zu bewegen.

---

[159] Van Rhijn, *Studiën*, 82f.: Lanfranc, Bernhard von Clairvaux, Lombard, Thomas, Hugo von St.Viktor. Ein weiterer Verweis auf *veteres doctores* und die *moderni* in: Oberman, *„Extra"-Dimension*, 336, Anm.36.

[160] Hieronymus Aleander berichtet dem Vizekanzler Medici am 28.2.1521 vom Auftauchen der signifikativen Deutung der Abendmahlsworte im Artois und in Lille, „che teneno il vero corpo di Christo non esser in sacramento altaris, sed tantum in signum fieri, secondo l'opinione di Vichlef et di Berengario", in: Brieger, *Aleander und Luther*, 80, 26-30; vgl.Rudloff, *Bonae litterae*, 162; Spruyt, *Hoen*, 71. Auch: van Rhijn, *Studiën*, 75f.

[161] Zwingli-Valentin Krautwald/Kaspar von Schwenckfeld/die Brüder in Schlesien, 17.4.1526, in: Z 8, 568.21f.: „trivialis est [sc.sermo: die Formulierung 'significat' als Synonym für 'est') ac de vulgo sumptus, sed ideo assumptus est tam ab Honnio quam a nobis". Die Charakterisierung ist von Spruyt, *Hoen*, 111, vgl.71.

[162] Van Rhijn, *Gansfort*, 235.

1.4.2 *Der erasmische Spiritualismus*[163]

Erasmus' Spiritualismus in der Abendmahlslehre[164] unterscheidet sich von der Spiritualisierung Wessel Gansforts. Allerdings gibt es auch beim Rotterdamer Humanisten ein gleichberechtigtes Nebeneinander von Abendmahlsobjektivität und -subjektivität, indem dieser einerseits Christi leibliche Gegenwart in der Eucharistie wahrt, andererseits die höchste Glaubensaktivität fordert.[165] Allerdings rückt auch Erasmus das subjektive Glaubensanliegen übermässig in den Vordergrund, so dass das Leibliche in den Hintergrund gerät, sogar „ausgehöhlt" wird.[166] Kennzeichnet sich Wessels Spiritualisierung aber dadurch, dass die geistige Kommunion die Gegenwart der Substanz des Jesusleibes (sogar ausserhalb der Eucharistie) konstituiert, steht dagegen Erasmus' Darlegung im Rahmen seiner platonischen Grundkonzeption der Scheidung von Fleisch und Geist, und mündet sie in die Betonung der Forderung der rechten innerlichen Disposition der Gläubigen zum Sakramentsempfang.

Dieses Hauptanliegen wird im *Enchiridion militis christiani* (1503) entfaltet.[167] Laut dieser Anleitung zur Praxis des christlichen Lebens fängt die für diese Praxis fundamentale Selbsterkenntnis mit dem Bewusstsein an, der Mensch habe mit dem Leibe an der sichtbaren Welt Anteil, mit der Seele an der unsichtbaren.[168] Der Impuls für die wahre

---

[163] Wir beschränken uns in diesem Paragraphen auf Erasmus' Abendmahlsverständnis. Erasmischen Einfluss auf Hardenbergs Anwendung der philologischen Methode auf die Bibelwissenschaft stellten wir schon fest (III.1.3). Dem Thema des Universalismus und der natürlichen Gotteserkenntnis wenden wir uns im Abschnitt über „Zürich" zu (III.3.3.2.1). In der paulinischen Fassung des Sündenbegriffs, der Leugnung der Willensfreiheit (II.3.1) und der Prädestinationslehre (II.3.3) ist Hardenbergs Menschenbild dem Erasmischen entgegengesetzt, vgl.Payne, *Erasmus*, 42f., 74-84; Kohls, *Theologie des Erasmus* 1, 87-93, 152-158.

[164] Zum Abendmahlsverständnis des Erasmus: Erasmus, *Enchiridion*, „Canon quintus" in: *AS* 1, 180-240 (dort 180-202); Payne, *Erasmus*, bes.126-154; Kohls, *Theologie des Erasmus* 1, 120-122; Krüger, *Bucer und Erasmus*, 202-204; Augustijn, *Erasmus*, 45f., 129-132; vgl. ders., *Erasmus en de Reformatie*, 169-185.

[165] Augustijn, *Erasmus en de Reformatie*, 171 und Kohls, *Theologie des Erasmus* 1, 9, beide in der Wiedergabe der maschinenschriftlichen Dissertation von G.Krodel, *Die Abendmahlslehre des Erasmus von Rotterdam und seine Stellung am Anfang des Abendmahlsstreites der Reformatoren*, [Erlangen, 1955], 130, 273.

[166] Augustijn, *Erasmus en de Reformatie*, 173; ders., *Erasmus*, 130, 45. Vgl.Payne, *Erasmus*, 145.

[167] In: *AS* 1, 55-375. Eine Analyse des *Enchiridion*s in: Kohls, *Theologie des Erasmus* 1, 69-190; *HDThG* 3, 28-30; Augustijn, *Erasmus*, 40-51.

[168] Erasmus, *Enchiridion*, in: *AS* 1, 182. Vgl.Payne, *Erasmus*, 35-39.

Frömmigkeit besteht in der—fünften[169]—Regel, „von den sichtbaren Dingen, die beinahe immer unvollkommen oder neutral sind () zu den unsichtbaren vorzuschreiten".[170] Gott ist Geist und weil Ähnliches von Ähnlichem ergriffen wird,[171] gilt im Verkehr mit Gott die eine *Regula spiritus*, immer aufzusteigen „vom Leib zum Geist, von der sichtbaren zur unsichtbaren Welt, vom Buchstaben zum Mysterium, vom Gefühl zum Intellekt, vom Zusammengesetzten zum Einfachen".[172]

Auf die Eucharistie angewandt stellt diese Regel des Geistes allerdings nicht ihren objektiven Heilscharakter in Frage—so dass keine direkte Linie zum schweizerischen symbolischen Sakramentsverständnis verläuft.[173] In Übereinstimmung mit der augustinischen Tradition wird das Sakrament als Gnadenzeichen definiert, „durch deren sichtbare Zeichen die unsichtbare Gnade eingegossen wird".[174] Andererseits wird von Joh 6,63 und Joh 4,24 („Gott ist Geist") her jede einseitig dingliche und magische Sakramentsauffassung abgelehnt.[175] Christus selbst hat die mündliche Niessung verschmäht, sofern sie nicht mit der geistlichen Niessung verbunden wäre.[176] Wer täglich das Messopfer feiert, inzwischen aber nur für sich lebt, steckt noch im „Fleisch" des Sakraments. In der Eucharistie wird uns der Tod des Hauptes Christus vor Augen gehalten. Erst wer sich selbst opfert, ergreift den „Geist" des Sakraments als seinen eigentlichen Gehalt. So einer spürt ein „in Christum quodammodo transfigurari" (ein „gewissermassen zu Christus verwandelt werden"), ist ein Geist mit Christi Geist, ein Leib mit Christi Leib, d.h.ein lebendiges Mitglied der Kirche.[177]

Weder die christologischen Implikationen noch die Modalität der Verbindung der himmlischen Gabe mit den Zeichen wird von Erasmus expliziert. Christus hat sich durch die Himmelfahrt der Sphäre der *res*

---

[169] Erasmus, *Enchiridion*, in: *AS* 1, 180-240; a.a.O., 180: „Addamus et quintam regulam huic quasi subsidiariam, ut in hoc uno constituas perfectam pietatem...".

[170] Erasmus, *Enchiridion*, in: *AS* 1, 180.

[171] Erasmus, *Enchiridion*, in: *AS* 1, 230, 232, vgl.196.

[172] Erasmus, *Enchiridion*, in: *AS* 1, 240. Vgl.Kohls, *Theologie des Erasmus 1*, 119f.; Augustijn, *Erasmus*, 43-49.

[173] Kohls, *Theologie des Erasmus 1*, 121, 9 (so Krodel in Korrektur zu Walther Köhler); so auch Payne, *Erasmus*, 145-148; nach Augustijn dagegen konnten die Schweizer sich für ihre symbolische Auffassung mit Recht auf Erasmus berufen: *Erasmus en de Reformatie*, 171-173; *Erasmus vernieuwer*, 101.

[174] Kohls, *Theologie des Erasmus 1*, 121, aus dem grösseren Katechismus (1533) zitierend.

[175] Erasmus, *Enchiridion*, in: *AS* 1, 194, 196; vgl.Kohls, *Theologie des Erasmus 1*, 121.

[176] Erasmus, *Enchiridion*, in: *AS* 1, 198.

[177] Erasmus, *Enchiridion*, in: *AS* 1, 198-200. Vgl.Kohls, *Theologie des Erasmus 1*, 121, 162, 187f.

externae entzogen: Christi körperliche Gegenwart ist unnütz für das Heil.[178] Die Realpräsenz in der Eucharistie ist damit ein Mysterium und soll es bleiben.[179] Die Zeichen sind nicht leer: Leib und Blut Christi werden „quodammodo sensibus nostris" („gewissermassen unseren Sinnen") vorgestellt.[180] Mit Theophylakt ist das Brot nicht eine „figura corporis", sondern wahrer Leib, „weil das Brot auf unaussprechliche Weise ('ineffabili modo') umgewandelt wird".[181] „Das 'modo ineffabili' verlegt der nach dem 'Wie' der Umwandlung fragenden ratio den Weg und hüllt die Gegenwart Christi in das geheimnisvolle Dunkel des unergründlichen, undefinierbaren Mysteriums...".[182]

Vergleich mit Hardenbergs Abendmahlsanschauung

Mit einer gewissen Selbstverständlichkeit markiert der Name des Erasmus den theologischen Werdegang mancher Reformatoren. Verdankt auch Hardenberg ihm mehr als nur die in Löwen gewonnene Abneigung gegen die Scholastik?[183]

Ein Vergleich beider Abendmahlsanschauungen bringt treffende Ähnlichkeiten und Unterschiede.[184]

1. Von dem freilich niemals als „Fleisch-Geist" definierten Dualismus „innerlich-äusserlich" ist auch Hardenbergs Sakramentsbegriff von vornherein bestimmt.

2. Seine—u.a.von Musculus entlehnte—Sakramentsdefinition verbindet fast identisch sichtbares Zeichen mit unsichtbarer Gnade.

3. Die Verbindung der wahrhaften Präsenz mit der Forderung einer *manducatio spiritualis* ist ausser Wessels und Erasmus' auch Hardenbergs Anliegen,

---

[178] Erasmus, *Enchiridion*, in: *AS* 1, 204-206: „Christi corporea praesentia inutilis ad salutem".

[179] Van Rhijn, *Studiën*, 42; G.Krodel, s.Anm.165, zitiert bei Krüger, *Bucer und Erasmus*, 204, vgl.203.

[180] Erasmus, *Detectio praestigiarum*, in: *LB* X, D/E, angeführt von Payne, *Erasmus*, 144, 146 und Krüger, *Bucer und Erasmus*, 203.

[181] Erasmus, *Annotatio* (Mt 26,26), in: *LB* VI, 133F, zitiert bei Payne, *Erasmus*, 295, Anm.60, vgl.145 und bei Krüger, s.vorige Anm., 204.

[182] Krodel, s.*supra*, Anm.165, 126, angeführt bei Krüger, *Bucer und Erasmus*, 204.

[183] *Supra*, Anm.26. Zu Hardenbergs anti-aristotelischen Randbemerkungen in Luthers *Contra 32 articulos Lovaniensium theologistarum*, 1545 (in BGK Emden, Theol 8° 118)): Kochs, *Bibliothek 2*, 39.

[184] Vgl.hierbei z.B.*supra*, II.6.8.

4. unter gleicher Betonung der *fides* als *praerequisita*, weil die Gabe Glaubensspeise ist und nach Joh 6,63 (das vom gegessenen Fleisch gilt) das Fleisch nichts nütze ist.

5. Die Eingliederung in die Kirche als mystischen Leib Christi ist auch bei Hardenberg die—ekklesiologische—Wirkung der Mahlfeier.

6. Hinsichtlich der Art der Präsenz Christi im Abendmahl überrascht die Übereinstimmung in der Betonung des Mysterium-Charakters des Sakraments[185] und zumal (unter Ablehnung eines reinen Symbolismus) die Übereinstimmung in der Überzeugung, dass die wahrhafte Präsenz Christi „et sensibus quodammodo" („gewissermassen auch den Sinnen") vorgestellt wird (Theophylakt).[186]

Dennoch unterscheidet sich Hardenbergs Anschauung von der erasmischen vor allem dadurch, dass sein *intus/extra*-Dualismus nicht die platonische Farbe der Unvereinbarkeit[187] von „Materie" und „Geist" hat:

1. Zwar verabscheut Hardenberg Kreaturvergötterung („Artolatrie") und Verdinglichung der Gnade (die *crassitas* der Transsubstantiation), dennoch verachtet er das Äusserliche keineswegs. Mahlfeier gemäss ihrer Einsetzung und bei legitimem Gebrauch, Zeichen und Amt oder Dienst sind ihm durchaus wichtig, ja unentbehrlich. Der Aussage des Erasmus, „Christi körperliche Gegenwart habe für das Heil keinen Wert"[188] würde er so nicht beistimmen. Denn die Zeichen haben für ihn ihre Wahrheit (Augustin), so dass der natürliche Jesusleib sogar tatsächlich mit dem Mund empfangen wird. Damit steht das Mehr der sakramentalen Niessung über der geistlichen Niessung des Glaubens zur Diskussion.

2. Das bedingt den Sakramentsbegriff. Allerdings „ist das Fleisch nichts nütze", dennoch *bedient* sich der (Heilige) Geist des „Fleisches" des Sakraments, indem er das Abendmahlszeichen zum exhibitiven Zeichen macht, das dem Mund die (Substanz der) Abendmahlsgabe darbietet—und das auch ohne das restriktive *quodammodo*.[189] Das Mysterium des Sakraments ist somit zugleich das Geheimnis der *admirabilis unio sacramentalis i.e. exhibitionis*, der wundervollen sakramentalen Union der Darbietung.

3. Auch der Glaube hat wegen der unphilosophischen Prägung der Dualität von Innerlichem und Äusserlichem einen anderen Ton. Die *manducatio spiritualis* ist weniger geistig als vielmehr geistlich, weniger

---

[185] Vgl.z.B.*supra*, S.226-228.
[186] *Supra*, S.244.
[187] Augustijn, *Erasmus*, 130, 47.
[188] *Supra*, Anm.178.
[189] S.z.B.*supra*, S.224f.

spiritualistisch als vielmehr pneumatologisch, sie ist weniger ein Aufsteigen zum Immateriellen als vielmehr *fides*: vom Heiligen Geist gewirktes Vertrauen auf das Wort Christi.

4. Der Hintergrund worauf diese Unterschiede zurückzuführen sind, ist die unterschiedliche Wertung des Wirkens des Heiligen Geistes.[190] Hardenberg misst diesem sowohl eine grössere als auch eine andere (s.5) Bedeutung bei. Eine grössere Bedeutung: Erscheint der Geist in dem diesbezüglichen Abschnitt des *Enchiridions* nur als der Erwecker des Christus gleichförmigen Lebens,[191] so macht er nach Hardenberg die Zeichen, das Wort, ja das Sakrament effektiv, bewirkt die wahrhafte Präsenz Christi und bewirkt gleichfalls als „das Band des Teilhaftigwerdens" die Gemeinschaft mit der Substanz des Leibes und Blutes Christi, kurz: sein Wirken ist die *conditio sine qua non* für die Verwirklichung des Mysteriums. Das Fehlen einer Abendmahlschristologie bei Erasmus bedingt wohl mit die ungleiche Akzentuierung der Pneumatologie.

5. Dem Wirken des Heiligen Geistes wird nicht nur eine grössere, sondern auch eine andere Bedeutung beigemessen. Freilich versteht Erasmus den Geist nicht als ein selbständiges, philosophisch-objektives Prinzip, sondern ist seine Geistauffassung Teil seiner Gottesanschauung und Christologie.[192] Dennoch erscheint der Geist bei Hardenberg weniger als Inbegriff der Gegenleiblichkeit und -fleischlichkeit,[193] sondern geht er im paulinischen Sinne in die kreatürliche Welt ein. Er bindet den ganzen Menschen *anima simul et corpore* an den *totus Christus*, auch an dessen Leib, der „nicht Geist, sondern Fleisch und Knochen" ist,[194] womit Hardenbergs Abendmahlsverständnis nicht nur als unspiritualistisch, sondern als völlig pneumatologisch gekennzeichnet ist.

6. Dem entspricht die Hervorhebung des Gabecharakters, der anders als bei Erasmus[195] nachdrücklich den kommemorativen und ekklesiologisch--ethischen Aspekten vorangeht.

---

[190] Vgl. zur erasmischen Pneumatologie: Kohls, *Theologie des Erasmus* 1, 115-126.

[191] Erasmus, *Enchiridion*, in: *AS* 1, 198: „Si te sentis in Christum quodammodo transfigurari et iam minus minusque in teipso vivere, spiritui gratias age, qui solus vivificat".

[192] Kohls, *Theologie des Erasmus* 1, 116.

[193] Vgl. die von Augustijn, *Erasmus*, 46 beigestimmte Charakterisierung durch Jacques Etienne der erasmischen Theologie als „la religion du pur esprit".

[194] Vgl. z.B. *supra*, S.224f.

[195] Vgl. Krüger, *Bucer und Erasmus*, 196, 200, 204; Augustijn, *Erasmus*, 130.

Bewertung

Beurteilen wir diesen Befund, mit unter Berücksichtigung der Tatsache, dass jeglicher Verweis auf Erasmus in diesem Zusammenhang in Hardenbergs Schrifttum fehlt (1.2), so scheint es richtig, auf erasmischen Einfluss auf Hardenberg nur in diesem Sinne zu schliessen, dass Erasmus den Löwener Studenten zu einer der Quellen führte, aus welchen er auch selber schöpfte: den klassischen und den altkirchlichen. Es stellt sich nämlich heraus, dass in den Punkten, worin Hardenberg mit Erasmus übereinstimmt, beide mit der Patristik (nicht dem klassischen Altertum) übereinstimmen. Charles Béné hat—um uns beispielsweise auf Augustin zu beschränken—in seiner erschöpfenden Darstellung über Augustins Einfluss auf Erasmus nachgewiesen, dass eben die vierte und fünfte Regel des *Enchiridions* „doivent l'essentiel de leur penseé à Augustin", zuweilen „en citant textuellement le *De Doctrina Christiana*".[196]

1. So ist—wenn wir uns den aufgefundenen Parallelen zwischen Erasmus und Hardenberg zuwenden—der Dualismus vom Innern und Äussern überhaupt nicht spezifisch erasmisch. Als eine seit dem späten Mittelalter allgemein begegnende Reaktion gegen den überschwenglichen Formenreichtum der Kirche[197] geht er bekanntlich letzten Endes über Augustin auf den (Neu-)Platonismus Plotins zurück.[198]

2. Auch Erasmus' Sakramentsdefinition wurzelt in augustinischen Gedanken.[199]

3. Die Verbindung der Realpräsenz mit dem Anliegen einer geistigen Niessung des Sakraments führt Erasmus selbst auf das Synaxisverständnis der griechischen Kirchenväter zurück.[200]

4. Dass der Ausdruck *manducare spiritualiter* erasmisch sei,[201] steht im Widerspruch zu Erasmus selbst, der auf Thomas (und Paulus) zurück-

---

[196] Béné, *Érasme et Augustin*, 182f.; vgl.166-175: „Les emprunts à Augustin dans la règle cinq"; 181-183: „L'*Enchiridion* et le *De Doctrina Christiana*". Übrigens bemerkt Bouwsma, *The Two Faces of Humanism*, 52 wohl mit Recht: Erasmus „seems more Stoic than Augustinian", vgl.55, wenn Bouwsma auch seine Ausführung ernstlich abschwächt, indem er Bénés Werk völlig übergeht.

[197] Vgl.Augustijn, *Erasmus en de Moderne Devotie*, 79.

[198] Vgl.*HDThG* 1,411.

[199] Kohls, *Theologie des Erasmus* 1, 121; vgl.*HDThG* 1, 424.

[200] Kohls, *Theologie des Erasmus* 1, 121f., vgl.162, 187f.

[201] So Krüger, *Bucer und Erasmus*, 200, Anm.133.

weist.[202] Für die *necessitas fidei* beruft sich Hardenberg u.a. auf den Nizäischen Abendmahlskanon.[203]

5. Die Anschauung der Kirche als mystischer Leib Christi ist bereits der Patristik geläufig.[204]

6. Auch die Gleichsetzung von Mysterium und Sakrament lässt sich schon in der Alten Kirche finden.[205]

Es ist daher sachlich unrichtig, mit Moltmann u.a. Hardenbergs Abendmahlslehre als „erasmisch" zu bezeichnen.[206] Sie ist das nur insoweit, als sie sich durch die erasmische Anschauung für die gemeinsamen altkirchlichen Quellen aufschliessen liess. Gerade an Stelle des typisch „Erasmischen"—der platonisierenden Scheidung von Fleisch und gegenleiblich gedachtem Geist—stellt sie jedoch eine Pneumatologie, nach welcher der Geist der Kreatur nicht nur gegenübersteht, sondern sie auch in Dienst nimmt.

Schluss

Hat Hardenberg als Vertreter eines „humanistischen Kryptocalvinismus" eine „Synthese von Humanismus und Reformation" (Bremen 1562) durchzusetzen geholfen (Moltmann, Rudloff u.a.)? Dieser Ansicht sei in dieser Phase der Forschung mit Vorbehalt entgegenzutreten. Ein Humanist im buchstäblichen italienischen Sinne des Wortes[207] war Hardenberg bestimmt nicht. War er ein christlicher oder biblischer[208] Humanist? Nach Augustijn[209] tut man gut daran, die Bezeichnung „biblischer Humanist" denjenigen vorzubehalten, die den folgenden drei Merkmalen gerecht werden: 1. die Anwendung der philologischen Methode auf die Erforschung der Bibel und der Kirchenväter, 2. ihre Auswirkung auf eine neue, auf den Buchstaben der Heiligen Schrift fussende, theologische Wissenschaft und 3. die Verwirklichung eines religiösen und gesellschaftlichen Reformprogramms. Aufgrund dieser

---

[202] Erasmus, *Detectio praestigiarum*, in: *LB* X, 1562 A-1563 B, angeführt von Augustijn, *Erasmus en de Reformatie*, 182, Anm.202.

[203] *Supra*, S.203.

[204] Vgl.nur Kohls, *Theologie des Erasmus* 1, 161.

[205] Vgl.*HDThG* 1, 238.

[206] *Supra*, Anm.4f. Vgl.Einleitung, Anm.9.

[207] Kristeller, *Humanismus und Renaissance* 1; IJsewijn, *The Coming of Humanism*, vgl.282.

[208] Lindeboom, *Bijbels humanisme*; Augustijn, *Erasmus*, 96.

[209] Augustijn, *Erasmus*, 96, 163-166.

Merkmale könnte man Hardenberg wenn nötig als einen biblischen oder christlichen Humanisten betrachten, dann allerdings nur bis zu seinem Austritt aus dem Aduarder Kloster Ende 1542 oder Anfang 1543, womit er sich zu Ungunsten der Groninger Reform[210] der Reformation anschloss. Besser wäre es in Hardenberg nicht einen christlichen Humanisten, sondern den humanistisch gebildeten Christen zu sehen,[211] der seine geistliche Herkunft und Ausbildung mit den ab 1543 in Wittenberg, Zürich und Strassburg gewonnenen reformatorischen Ansichten verband und ausarbeitete, sie aber lebenslang weder verleugnen konnte, noch wollte.[212] Wenden wir uns jetzt Wittenberg zu.

Ergebnisse III.1

1. Es stellt sich heraus, dass die *communis opinio* der Literatur, dass Hardenberg vom niederländischen Reformhumanismus in Groningen, Aduard und Löwen beeinflusst wurde, sich nur auf die bekannte Präskription durch Goswijn van Halen eines humanistischen Lektürepakkets (1529) und auf die Zusammensetzung von Hardenbergs Gelehrtenbibliothek gründet (zuletzt Elsmann). Damit sind die Pauschalurteile Moltmanns, Hardenberg führe seine Abendmahlslehre auf Wessels mystische Reformtheologie zurück, und seine erasmianisch-zwinglianische Theologie wurzele in der Verknüpfung von niederländischem Reformgeist und zwinglianischer Reformation, vorerst als voreilig in Frage gestellt (1.1).

---

[210] Der Aduarder Abt Reekamp versprach sich eine „restitutio religionis" von Hardenberg; dieser machte sich auch selber Hoffnungen „de convertenda patria mea, quae iam aliquem fecerat prog[ressum]": Nr.12, Hardenberg-[a Lasco?], [vor Juni 1543], 135ʳ, s.*supra*, I.1., Anm. 80.

[211] Vgl.IJsewijn, *The Coming of Humanism*, 224 (obwohl sich auf einen früheren Zeitabschnitt beziehend): „One is used to call the phenomenon just described 'biblical' or 'Christian' humanism, but in my opinion it would be better to speak of a 'humanist Christianity'. As a matter of fact, not the *humanae* but the *christianae litterae* were the final aim of these 'humanists', to whom humanist studies and methods were only the means or the tools for the improvement and reformation of Christendom". Vgl.282: „For this reason, it is better perhaps to speak of humanist Christians than of Christian humanism. This is not merely a matter of terminology but an attempt to define the essential. In their eyes, the fundamental value was not so much a renascence of ancient literature as a renewal of Christian *pietas*, and here lies an abyss between them and the leading Italian *oratores et poetae*".

[212] Zu einer ähnlichen Entwicklung Bucers und Calvins vom Humanismus zur Reformation, vgl.McGrath, *Intellectual Origins*, 52-59; van 't Spijker, *Moderne Devotie*.

2. Hardenbergs eigene Geständnisse über eine etwaige humanistische Beeinflussung beschränken sich auf einmalige—nicht unkritische—Bezugnahmen auf Agricola, Erasmus, Wessel Gansfort, Hiëronymus Frederiks, Regnerus Prädinius und Gerard de Mortaigne, sowie auf das Eingeständnis, in Groningen und Aduard seien ihm die „Grundzüge der wahren Religion" eingetropft worden (1.2).

3. Von humanistischer Gesinnung zeugen obendrein Hardenbergs Freundeskreis; seine philologische, antispekulative und antibiblizistische Exegese; seine Abscheu vor jeder spiritualistischen Geringschätzung von Ausbildung und Wissenschaft; die ihn kennzeichnende Moderation; seine anonyme Verarbeitung der Schrift des böhmischen Humanisten Velenský, *Petrum Romam non venisse* (1520), sowie seine Anspielung auf die *Lamentationes Petri* [1521] von „Esdras scriba" (wenn es sich hier nicht eher um ein Fragment von Hiëronymus Frederiks' verloren gewähntem *Vaticinium postremi temporis* handelt) (1.3).

4.a. Die Konfrontation von Hardenbergs Abendmahlsverständnis mit dessen angeblichem Nährboden (Moltmann), dem Eucharistieverständnis Wessel Gansforts, zeigt als sachliche Parallelen die Simultanität von wahrhafter Präsenz und geistlicher Niessung, die sakramentale Beschaffenheit der Gnadenmitteilung, und die Notwendigkeit des Glaubens auf.

b. Dieser bestimmten Affinität stehen erhebliche Unterschiede gegenüber in der Bewertung der *externa media* (Zeichen, Dienst, Ritus) und der konstitutiven Rolle des menschlichen bzw. göttlichen Geistes samt ihrer mystischen bzw. ekklesiologischen Auswirkung (Kommemoration, Ubiquität des Jesusleibes (?), geistig-mystische Christusgemeinschaft bei Wessel *versus* Glaubensstärkung, geistliche Personalpräsenz, Einverleibung in den mystischen Jesusleib, die Kirche bei Hardenberg). Dieser Unterschied lässt sich letztendlich als Differenz zwischen Spiritualismus und Pneumatologie charakterisieren.

c. Dass Hardenberg vor allem mit dem Sonnengleichnis auf Wessel zurückgreift (Moltmann), trifft historisch und theologisch nicht zu.

d. Obwohl ein Schluss von Affinität auf Einfluss die weitere Dispersion spiritualisierender Abendmahlsanschauungen zu der Zeit verkennt, lässt sich eine bestimmte Wirkung von Wessel auf Hardenberg annehmen, wobei die spiritualisierende Tendenz in Wessels mystischem Sakramentsverständnis Hardenberg für die gemeinsame augustinische dualistische Tradition aufgeschlossen haben mag (1.4.1).

5.a. Mit Erasmus' spiritualistischer Abendmahlslehre hat Hardenbergs Ansicht den *intus/extra*-Dualismus gemein, was in Parallelen in Sakramentsbegriff und -definition resultiert, in Betonung des

Mysterium-Charakters des Sakraments und der Darbringung der wahrhaften Präsenz Christi *quodammodo sensibus* (gewissermassen auch den Sinnen), in der Forderung einer geistlichen Niessung, sowie in den ekklesiologischen Implikationen desselben.

b. Grundverschieden ist dennoch die Beschaffenheit dieses Dualismus, der bei Erasmus im platonischen Sinne als Scheidung von Materie und Geist gedacht ist. Bei Hardenberg erscheint der Geist nicht als Inbegriff der Gegenleiblichkeit, sondern als der in die Kreatur eingehende Geist Christi, der als *conditio sine qua non* der Verwirklichung des Mysteriums das Äusserliche auswertet, den Zeichen exhibitive Kraft verleiht, die *manducatio spiritualis* geistlich statt geistig macht, und den Gabecharakter des Sakraments hervorhebt.

c. Das Prädikat „erasmianisch" (Moltmann) ist somit auf die unspiritualistische, pneumatologische Abendmahlslehre Hardenbergs nicht anwendbar.

d. Die gegenseitige Übereinstimmung zeigt nicht Beeinflussung, sondern Verwendung gemeinsamer patristischer Quellen auf, zu welchen allerdings die erasmianische Anschauung Hardenberg geführt haben mag (1.4.2).

6. Hardenberg ist weder Humanist noch christlicher Humanist, sondern humanistisch gebildeter Christ, für den reformhumanistische Impulse wie für manche Reformatoren einen Zugangsweg zur Reformation bilden.

KAPITEL 2

WITTENBERG

Die Erforschung der dogmengeschichtlichen Stellung der Theologie Hardenbergs hat an zweiter Stelle den Einfluss des Luthertums zu prüfen, welchen Hardenberg während seines Wittenberger Studiums 1543-1544 erfuhr.[1] Chronologisch sollte die Verbindung zu a Lasco den Vorrang haben, doch wird diese aus systematischen Gründen der Erforschung des Züricher Einflusses im nächsten Kapitel zugeordnet. Im Vorliegenden schenken wir nacheinander den Kontakten mit Luther Beachtung (2.1), mit dem in der älteren Literatur als Hardenbergs theologischem Vater bezeichneten Melanchthon (2.2) und schliesslich—als Beispiel seiner Beziehungen zum aufkommenden Gnesioluthertum—mit David Chyträus und Johann Brenz (2.3).

2.1 *Luther*

Hardenbergs theologische Beziehungen zum Wittenberger Reformator hat die Literatur in zu dunklen Farben geschildert.[2] Obwohl aus dem Vorhergehenden wohl soviel klar ist, dass bei Luther nicht die Wurzeln der Theologie Hardenbergs zu suchen sind, überwiegt Hardenbergs Achtung vor Luther—auch in seiner Privatkorrespondenz—seine vereinzelte Kritik an ihm.

Ich gehe denn auch davon aus, dass sich Hardenberg neben anderen auf ihn bezog, als er 1544 schrieb, die Lektüre von Erasmus „und anderen Deutschen" hätte damals in Löwen bei ihm ein „klares Verständnis des Evangeliums" und eine Abneigung gegen die scholastische Theologie bewirkt.[3] Dass er dabei den Namen Luthers verschwieg, ist durchaus verständlich in einem Brief, der als Empfehlungsschreiben an einen schweizerischen oder oberdeutschen Theologen, oder vielleicht an

---

[1] *Supra*, I.1.3.
[2] Wagner, 345; Moltmann, *Pezel*, 17: „Zu Luther selbst hat er hier und auch später niemals ein rechtes Verhältnis gefunden"; ders., *Hardenberg*, in: *RGG* 3, 74 und in: *NDB* 7, 663: „Luther blieb ihm fremd".
[3] Nr.16, Hardenberg-NN, Juli 1544. S.*supra*, I.1, Anm.39; III.1, Anm.26.

Calvin,[4] gedacht war, und zwar in einem Moment, als deren Verhältnis zu Luther zum Äussersten gespannt war.[5] Bekanntlich kursierten in dem Löwener Dissidentenkreis um Hardenberg mehrere Lutherschriften in Übersetzung, darunter die erstmals 1528 in Antwerpen herausgegebene *Kirchenpostille* (1522ff.), sowie die von Luther beeinflussten *Sermonen* von Niclaes Peeters (Antwerpen, hrsg.zwischen 1528 und 1543).[6]

Es erstaunt gar nicht, aus einer vertraulichen Epistel an den befreundeten Medmann 1556 zu erfahren, Hardenberg bewundere Luther „als einen Werkzeug Gottes, von dem nicht mit Unrecht die Besten geurteilt haben, er sei von Gott erweckt, den Antichrist zu demaskieren, was er energisch und mit grosser Geisteskraft getan habe". „Ich meine, nach der Zeit der Apostel sei keiner mit ihm zu vergleichen in der Auslegung der Grundsätze unserer Religion, besonders was die Justifikation, die Wohltat Christi, die Busse und das Amt der Obrigkeit betrifft".[7] Mit „den Besten" soll Hardenberg übrigens u.a. Bucer gemeint haben: diesem entlehnte er seine *laudatio Lutheri*, und zwar einem[8] der Briefe Bucers, womit dieser seinen Mitarbeiter am Kölner Reformationsversuch zur Intervention in den Konflikt zwischen Wittenberg und Zürich angespornt hatte.[9]

Hardenbergs Kritik an Luther gilt dann auch hauptsächlich dessen Unversöhnlichkeit im Abendmahlsstreit, namentlich in seinem „letzten Blitz" aus dem Jahre 1544.[10] Wittenberg, und nicht Zürich oder Basel

---

[4] S.nach Nr.17, Hardenberg-Calvin, [Juli/Aug.1544].

[5] Im angeführten Schreiben heisst es bezüglich Hardenbergs Studiums in Wittenberg dann auch neutral: „e Philippi voluntate et consilio profectus sum Witebergam, ubi diligenter audiui summos illos viros, quos ea Academia hactenus habet", s.vorvorige Anm.

[6] Van Uytven, *Sociale geschiedenis*, 10, 12f., 31; de Bruin, *Ketterproces*, 251f. Zur *Postille*: Visser, *Luther's geschriften*, 78-81. Zu den *Sermonen*: de Bruin, *De Sermoenen van Niclaes Peeters*. Zu Luthers Einfluss auf die *Sermonen*: de Bruin, *Ketterproces*, 252; Trapman, Hrsg., *Dat Avontmael ons Heeren*, 153f.; Johnston, *The Sermons of Niclaes Peeters*. Hardenbergs Buchkollektion zeigt keine Lutherschriften aus der Löwener Periode (s. *supra*, I.1, Anm.41), was sich aus der Konfiskation und Verbrennung seiner der Inquisition verdächtigen Bücher erklären liesse, s.*supra*, I.1, Anm.71.

[7] Nr.187, Hardenberg-Medmann, 8.8.1556, 157[r]; vgl.Spiegel, 197; ders., *Hardenberg's Lehre vom Abendmahle*, 87; Pollet, *Martin Bucer* 1, 274.

[8] Der in der vorigen Anm. erwähnte Passus erweist sich als eine Paraphrase von Nr.52, Bucer-Hardenberg, 10.4.1546, 214, 19-24.

[9] S.vor allem Nr.26, Bucer-Hardenberg, 28.1.1545; vgl.Nr.47, ders.-dens., 27.11.1545: „D. a Lasco () apparet de Luthero sentire aequo durius et studium nostrum huic deferendi („ihm die Sache zur Entscheidung vorzulegen"?) non probare". Zu den *concordia*-Bestrebungen ausführlicher: *infra*, III.3.3.1.

[10] S.*supra*, III.1, Anm.67.

wird darum die Schuld an der Kontroverse gegeben.[11] Als wahrer
Vermittler tadelt Hardenberg umgekehrt Bucer wegen seiner nachgiebi-
gen Haltung gegenüber Luthers scharfer Kritik an der Abendmahlslehre
des *Einfaltigs bedenken* (1543):[12] „Ich gebe zu, bei Bucer etwas
Menschliches bedauert zu haben".[13] Sonst kritisiert (und entschuldigt!)
Hardenberg nur Luthers übertriebene („hyperbolische") Redeweise[14] und
seine Rechthaberei.[15]

Im übrigen vermag Hardenberg es, dem Meister die Aberrationen der
Schüler nicht anzurechnen. Denn es sind die Epigonen, nicht Luther, die
ihm fremd bleiben, und zwar wegen ihres „horribelen Missbrauchs" der
Autorität Luthers und seiner missverstandenen Schriften.[16] Die „hyperbo-
lischen Lutheraner", die mit ihrer erdichteten Konsubstantiation und
Ubiquität „auf das totale Papsttum" lossteuern,[17] halten alle Aussagen
Luthers für Orakel und vergöttern ihn: er sei nicht geringer als Petrus
und Paulus, er sei der grösste aller Propheten, ja Deutschlands einziger
Prophet, Gott habe sich Luther *sine mediis* offenbart, so dass er wie die
Apostel ohne die Heilige Schrift die Religion bestimmen könne. Ihm
müsse in bezug auf das Abendmahl gehorcht werden, auch wenn kein
Wort davon in der Schrift stände, ja Luther habe selber gestanden, „er

---

[11] *Vita Wesseli*, **7ᵇ.

[12] Neuser, *Luther und Melanchthon*, 25-43. Luther-Kanzler Brück, Anfang August
1543, in: *WAB* 10, Nr.4014, 618, 10ff.: „Es treibt lang viel geschwetz von nütz,
frücht und ehre des Sakraments, Aber von der substanz mümelt es, das man nicht sol
vernemen, was es davon halte, Inn aller masse, wie die schwermer thun (). Aber
nirgent wils heraus, ob da sey Rechter leib und blut mündlich empfangen. () Summa,
das buch ist den schwermern nicht allein leidlich, Sondern auch trostlich"; vgl.Köhn,
Entwurf, 124f. Am 5.8.1544 entlud Luther vor Melanchthon seinen Zorn über Bucer:
„Es ist ein Klappermaul... Ich will ihn *pro damnato* halten", vgl. Neuser, *a.a.O.*, 25.

[13] Nr.187, Hardenberg-Medmann, 8.8.1556, 160ʳ: „Nam nimium serviliter se
Luthero submisit, testatus se paratum vel illum locum vel totum volumen pro arbitrio
ipsius mutaturum"; vgl.Spiegel, 51; ders., *Hardenberg's Lehre vom Abendmahle*, 87f.

[14] Nr.187, s.vorige Anm., 159ʳ (zu Martin Fabri): „Est prorsus immersus in
hyperbolis Lutheri, quas puto neque te omni loco probare"; *Glaubensbekenntnis
plattdeutsch*, 26ʳ: „off he (Luther) schone vake veroersakt suss hyperbolice
auerswenkelic moste reden, umme dat itlike van der hilligen sake tho ruw, itlike tho
unverstendich redenden".

[15] Nr.187, s.vorige Anm., 159ʳ (zu dem von Medmann getadelten a Lasco): „Non
est omnium hominum pessimus ille, licet verum sit quod non patiatur aliquem ab ipso
dissentire. Sed neque Lutherus id voluit ()".

[16] Nr.187, s. vorige Anm., 143ᵛ. So mit Recht auch Pollet, *Martin Bucer* 1, 272:
„Hardenberg ne faisait pas fi de l'autorité de Luther. Cependant il était prévenu contre
tout culte exagéré décerné au Réformateur saxon".

[17] Nr.187, s.vorige Anm., 145ᵛ. Vgl.Hardt, *Venerabilis et adorabilis Eucharistia*;
Mahlmann.

wisse anderswoher, dass das mystische Brot die Substanz des Leibes Christi sei, auch wenn kein Jota davon in der Schrift gefunden würde".[18] Würde Hardenberg aus Bremen vertrieben werden, so fände keiner dort mehr eine Stelle, „es sei denn, er schwöre auf jene perikleische Blitze, wie Melanchthon sie nannte".[19] Man bedenke dennoch: „Luther war nur ein Mensch".[20]

Wenn auch nicht den Epigonen, so stimmt Hardenberg doch, wenn irgend möglich, Luther bei. In der Rechtfertigungslehre gilt Luther ihm als Kanon.[21] Vom Abendmahl heisst es: „Wie deutlich und einfach spricht Dr.Luther über das Mysterium".[22] Hardenberg macht sich bei den Kreuzverhören durch den Bremer Rat Luthers Legitimation zu eigen,[23] füllt Zettel mit Notizen aus seinen Abendmahlsschriften,[24] verteidigt den „wahren" Luther gegenüber altgläubigen Angriffen[25] und bekämpft mit zahlreichen Lutherzitaten die neuorthodoxen Verzerrungen seiner Lehre.[26]

Dieser wahre Luther ist für Hardenberg jedoch vor allem der Luther der spärlichen Konkordienäusserungen. So kommt er immer wieder zurück auf Luthers Zustimmung in Schmalkalden zur „Strassburger Konfession" (die *Tetrapolitana*, 1530),[27] auf dessen Konkordie mit Bucer

---

[18] Nr.187, s.vorige Anm., 157^{r-v}. Vgl. Spiegel, 197f.; Pollet, *Martin Bucer* 1, 274.

[19] Nr.187, s.vorige Anm., 137^v.

[20] Nr.187, s.vorige Anm., 157^r: „Sed tamen in his omnibus illum hominem fuisse".

[21] So gegenüber Osiander: *Osiander* II: „bekennen wij dat wij uth dess werdigen Manss M. Lutheri die Lere nicht scheppen koenen, off schone Osiander itliche skrivhen daer hen duden wijl"; auch: *Osiander* III, 117^{r-v}, 118^v-119^r: s.*supra*, S.132f., 136.

[22] *Causae* 7, 78^r: „Quam aperte et simpliciter de mysterio loquitur Doctor Lutherus".

[23] *Supra*, S.49f.

[24] So in: SA Bremen, 2-T.1.c.2.b.2.a; SA Bremen, 2-T.1.c.2.b.2.c.2.b.2, Convolut de 1560, No.26, urschriftlicher Anhang (aus Cyrillus, Augustin und Luther).

[25] So Nr.61, [Hardenberg]-Hadrianus [Antwerpiensis?], [1546], 171^r.

[26] So z.B.: Nr.67, Hardenberg-[Timann], [1547], 133^r; *Iudicium*, IX (im Zusammenhang mit der Konsubstantiationslehre): „O utinam non simus aliqui nimium ingrati discipuli Lutheri!".

[27] Vgl.*supra*, S.207f. (Anm.74): *signum* und *res* sind *sacramentaliter* verbunden; das Brot ist die Gemeinschaft, 1.Kor 10,16; auch in Nr.196, Hardenberg-Domkapitel, 9.11.1556, 26^r; Nr.225, ders.-dens., [Juni? 1557], 1.

in Wittenberg 1536,[28] auf die Zusammenfassung der *Konkordie*, mit der Luther am 23.5.1536 die Oberdeutschen als Brüder angenommen hatte[29] und auf Luthers Toleranz-Erklärung an die Schweizer Städte vom 1.12.1537.[30]

Es geht ihm darum zu zeigen, Luther habe die gnesiolutherischen *theologoumena* der Ubiquität (1), der Essentialität (2) und der *perspicuitas* der Einsetzungsworte (3) nie vertreten. Bei dem Verweis auf Luthers *Katechismus* im *Bekandtnis* der Bremer Stadtprediger vom 21.10.1556[31] ruft er *in margine* aus: „Ja, lasst uns an Luthers *Katechismus* festhalten und dieser Streit wird sich in Luft auflösen. Wo finden wir im *Katechismus* die Ubiquität? Wo, dass die Einsetzungsworte keiner sakramentalen Interpretation bedürfen? Wo, dass das Brot das Wesen des Fleisches Christi ist?":[32]

1) Luther lehrt nach Hardenberg die Lokalität des Leibes Christi.[33] Die *absoluta ubiquitas in genere* habe er nicht gelehrt, „sondern nur darüber disputiert, und kommt zu keinem weiteren Schluss, als 'Deswegen ist Christus überall', was doch niemand leugnet". In seiner Schrift *Dass diese Worte: 'Das ist mein Leib' noch fest stehen*[34] schliesse Luther zwar von der Ubiquität der Rechten Gottes auf

---

[28] Vgl.*supra*, S.198f. („cum pane"-Formel; *unio sacramentalis*; *manducatio indignorum*; Ablehnung der *localis inclusio* und des *extra usum*); Nr.187, Hardenberg-Medmann, 8.8.1556, 143ᵛ; Nr.203, ders.-Bugenhagen, 20.12.1556, 46ʳ; *Hos sequentes Articulos*, 69ᵛ; Nr.225, ders.-Domkapitel, [Juni? 1557], 2; vgl.Nr.196, ders.-dens., 9.11.1556, 26ʳ.

[29] Vgl.*supra*, S.59f., 67: unter Verzicht auf ihre Zustimmung zur *manducatio impiorum*. Weiter: *Fragmentum de euch.*, 90ʳ; Nr.208, Hardenberg-Domkapitel, 30.1.1557, 7; Nr.210, ders.-Hinke, 3.2.[1557], 169ʳ (Zitat der Rede Luthers); Nr.211, ders.-Domkapitel, 4.2.1557, 10f.; Nr.212, ders.-dens., 18.2.1557, 4; Nr.213, ders.-dens., [Febr. 1557] (Zitat Luthers); idem: *Contentio*, 13ʳ⁻ᵛ.

[30] Vgl.*supra*, S.198 (den *modus praesentiae* lassen wir göttlicher Allmächtigkeit befohlen sein; es sei das Beste, dass wir gegen einander freundlich seien, bis sich das trübe Wasser setze).

[31] *Bekandtnis*, „Zum dritten", in: Heshusen, *Das Jesu Christi warer Leib*, E1ᵃ; von Hardenberg angeführt in: *Contentio*, 5ᵛ-9ᵛ.

[32] *Contentio*, 7ʳ. Vgl.*Ad interr.Responsio* 4, 7.2.1561, 166: „Catechismi doctrinam ex animo amplector". Vgl.Luthers *Grosser Katechismus*, 1529, „Von dem Sakraments des Altars", in: *Bekenntnisschriften*, (543-733) 707-725. In der Tat fehlt darin die Ubiquitätslehre und wird die sakramentale Beschaffenheit der Abendmahlsgabe gewahrt (*Bekenntnisschriften*, 709, 43f.), doch wird die substantielle Realpräsenz gelehrt (a.a.O., 710, 30f.).

[33] *Hos sequentes Articulos*, ad 15, 88ʳ⁻ᵛ.

[34] *Dass diese Worte: 'Das ist mein Leib' noch fest stehen, wider die Schwarmgeister*, 1527, in: WA 23, 64-283.

diejenige des Jesusleibes, doch „wolle er das nicht kategorisch schliessen".[35]

2) Hardenberg weist auf Luthers Begriff der sakramentalen Union („nicht ohne Tropus") hin,[36] auf seine Verwendung der *synecdoche* („sogar in Marburg")[37] und auf die Hervorhebung der konstitutiven Bedeutung des Wortes und des instrumental gedachten Zeichens.[38]

3) Luther habe die Bedingung des gläubigen Empfangs betont, wie in seinem (in Timanns *Farrago* angeführten und von Hardenberg akzeptierten) Kommentar zu Galater 3,[39] in dem es heisse, nur der Glaube vereinige mit Christus: „Dies ist der wahre Glaube an Christus und in Christus, durch welchen wir Glieder seines Leibes werden, sein Fleisch und Bein".[40] Luther lehre eine mündliche Niessung „mit dem Sinne des Glaubens ('sensu fidei')";[41] er lehre auch die geistliche Niessung;[42] in der grossen Postille zum Himmelfahrtstag[43] habe er gesagt: „Wer das Zeichen hat, das wir Sakrament nennen, und nicht

---

[35] Nr.224, Hardenberg-Domkapitel, 23.6.1557, 731f.; 732: „mi duncket overst, em hebbe wat anders in den wege staen, dat he nicht schluten en wolde als nu idelcke jungern vort fahren. Godt wet wo!".

[36] S.*supra*, II.6, Anm.143; auch: *Hos sequentes Articulos*, ad 11, 86ᵛ.

[37] S.*supra*, II.6, Anm.142; auch Nr.224, Hardenberg-Domkapitel, 23.6.1557, 734; Nr.225, ders.-dens., [Juni? 1557], 3.

[38] *Hos sequentes Articulos*, ad 1, 66ʳ: „Addidi ex ultima Lutheri confessione (s.*supra*, III.1, Anm.67) () patres alicubi panem coenae uocare signum corporis Christj, sed non solum signum et inane sed exhibitiuum et offerens signum..."; *a.a.O.*, ad 1, 66ᵛ: kein „extra usum"; *a.a.O.*, ad 14, 87ᵛ: keine „signa absentis Corporis"; Nr.212, Hardenberg-Domkapitel, 18.2.1557, 8: „Der 21 predicanten von Brunswigk Confession in dem 32 Jare van Luthero approbert unde in den drucke gegeven: Dat almechtige wordt bringet tho dem Brode unde win, wat idt hefft und uthsecht, namlich dat liff unde blut Christi, unde leth de teken unvorandert bliven; wente dat Brodt unde wein des aventmals sunt salige middel unde hillige Instrumente, mit welckeren den Christgelovigen minschen, dat liff unde blut Christi genakent unde uthgedelet werden. Tantum".

[39] *Kommentar zum Galaterbrief*, 1519, in: *WA* 2, 451-618; Timann, *Farrago*, 472.

[40] Nr.216, [Hardenberg]-Emder [Ministerium?], [nach 15.3.1557], 94ʳ; auch: Nr.187, Hardenberg-Medmann, 8.8.1556, 150ʳ; *Causae*, 78ᵛ; Nr.208, ders.-Domkapitel, 30.1.1557, 8; Nr.224, ders.-dens., 23.6.1557, 726; vgl.*supra*, I.3, Anm.136.

[41] *Hos sequentes Articulos*, ad 17, 89ʳ.

[42] Ein längeres Zitat in: *Hos sequentes Articulos*, ad 5, 72ʳ; vgl.*supra*, S.224f.

[43] Vermutlich: *Evangelium am Tage der Himmelfahrt Christi* (Markus 16,14-20), 1536, aus Crucigers *Sommerpostille*, 1544 (*WA* 21, 195ff.; *WA* 22), in: *WA* 21, 383-410; eventuell: *WA* 10, I, 2.Hälfte, 266-270 oder *WA* 27, 131-141.

den Glauben, der hat leere Siegel mit einem Brief ohne Schrift".[44]
Und so weiter.

Diese selektive Inanspruchnahme Luthers kennzeichnet Hardenbergs
Berufung als einen etwas naiven Versuch, sich auf das *Placet* des
„Kirchenvaters" zu berufen. Ein etwas naiver—eher verzweifelter als
unwahrhaftiger[45]—Versuch, denn wohl nicht zu Unrecht konnten die
Gegner solche Bezugnahmen[46] wie auf den *Sermon von dem hochwürdigen Sakrament des heiligen wahren Leichnams Christi und von den
Brüderschaften* aus dem Jahre 1519[47] oder auf den *In die coenae Domini
sermo* (1521)[48] abtun mit: „Doctor Luter hadde, synt dat dat van hem
gescreven, vele weder roepen".[49] Die Sermone von den Jahren 1519 und
1521 konnten jedenfalls nicht die endgültige Fassung der Abendmahlslehre Luthers sein.[50] Etwas naiv war Hardenbergs Versuch ausserdem
auch, weil bei der sich allmählich formierenden Orthodoxie nach 1544
doch kaum ein Konkordienwille mehr zu erwarten war. Die Einheit war
der theologischen Klarheit untergeordnet.

Tatsächlich war der dogmatische Unterschied nicht gering. Was
Hardenberg sachlich von Luthers in den Auseinandersetzungen der
zwanziger Jahren mit Hoen, Karlstadt und der oberdeutschen Reformation ausgereiftem Abendmahlsverständnis[51] trennt, ist ja konkret die von
Luther ins Zentrum gerückte substantielle Realpräsenz *cum annexis*: die

---

[44] Nr.212, Hardenberg-Domkapitel, 18.2.1557, 8; Nr.216, [ders.]-Emder
[Ministerium], [nach 15.3.1557], 94ᵛ. Vgl.Hardenbergs Lutherzitate zum Glaubensanliegen in: SA Bremen, 2-T.1.c.2.b.2.a.

[45] Barton, *Umsturz*, 68 spricht von der „Serie der überaus geschickt verfassten,
bisweilen wohl nicht ohne reservatio mentalis formulierten Abendmahlsbekenntnisse":
„Von Aufrichtigkeit und Bekenntnisfreudigkeit gleich weit entfernt, ging es ihm
darum, seinen Zwinglianismus geschickt zu tarnen".

[46] *Causae*, 78ᵛ; Nr.196, Hardenberg-Domkapitel, 9.11.1556, 28ʳ; Nr.241,
ders.-Hinke, [nach 21.5.1558]; *Notitiae*, 21ᵛ; vgl.Spiegel, 181.

[47] In: *WA* 2, 742-754.

[48] In: *WA* 9, 640-649.

[49] *De controversia*, 720. Vgl.Nr.196, Hardenberg-Domkapitel, 9.11.1556, 28ʳ:
„Lutherum interea multa mutauisse in ea doctrina", und *supra*, S.54. Vgl.Althaus,
Theologie, 319f.: der Sermon 1519 betont das äussere Zeichen, die *communio*, das
Essen nicht des Leibes sondern nur das des Brotes; die Gegenwart des Leibes und
Blutes hat nur symbolische Bedeutung, die Einsetzungsworte haben überhaupt keine
Bedeutung.

[50] Vgl.Althaus, *Theologie*, 320.

[51] Dazu: Gollwitzer, *Coena Domini*; Grass, *Abendmahlslehre*, I.Teil; Althaus,
Theologie, 318-338; *TRE* 1, 106-122 (J.Staedtke, Art.Abendmahl III/3. Reformationszeit); *HDThG* 2, 46-51, 56-64.

mündliche Niessung, die Niessung der Gottlosen, die leibliche Heilswirkung des Sakraments,[52] die Ablehnung der Heranziehung von Joh 6 für die Abendmahlslehre, die ab 1526 entwickelte Ubiquitätslehre und ihre christologische Argumentation[53], sowie der Ansatz zur später so genannten Konsubstantiationslehre.

Die eigentliche Tiefe des Unterschieds liegt wohl in der Pneumatologie (und folglich in der Christologie), sowie in dem unterschiedlichen Verständnis der Beziehung von Wort und Geist. Ist für Luther die Wirklichkeit der wahrhaften Präsenz durch Christi Wort gesetzt, ist nach Hardenberg dabei ausser dem Wort dem Wirken des Heiligen Geistes konstitutive Bedeutung beizumessen. Wie sehr Luther einem nicht spiritualistischen Verständnis dieser Geisteswirkung verschlossen war, hatte sich schon 1529 in Marburg gezeigt.[54] Hardenbergs Bemerkung 1556, er habe mit dem „werdighen vader" Luther „vake mondelic van desser twijsst geredet, ock na syner grondeliker sententia en meninghe gevraget, en em nicht anders vernamen dan na desser meninghe (sc.der *Wittenberger Konkordie*), off he schone vake veroersakt suss hyperbolice auerswenkelic moste reden, umme dat itlike van der hilligen sake tho ruw, itlike tho unverstendich rededen",[55] vermochte natürlich diese Diskrepanz nicht mehr zu verhehlen.

2.2 *Melanchthon*

Vom Einfluss Melanchthons auf Hardenberg—via Vorlesungen,[56] Schriften[57] und zahlreiche briefliche[58] und persönliche Kontakte[59]—ist weniger entschieden zu sprechen, als die ältere Literatur[60] es seit Pezels

---

[52] Vgl.Althaus, *Theologie*, 337f.
[53] Grass, *Abendmahlslehre*, 57-86.
[54] Vgl.van 't Spijker, „*Gij hebt een andere geest dan wij*", 73-75; ders., *Calvinisme en Lutheranisme*, 127.
[55] *Glaubensbekenntnis plattdeutsch*, 26[r].
[56] S.*supra*, S.15.
[57] S.*supra*, I.1, Anm.41 und 43; zu den *Melanchthoniana* in Hardenbergs Bibliothek: Kochs, *Bibliothek* 2, 26f., 33, 38-40.
[58] S.*infra*, Korrespondenz, Verzeichnis der Absender und Adressaten, s.v. (1540-1560).
[59] S.*supra*, S.15 (Wittenberg, 1543-1544); S.16f. (Speyer, 1544); S.30 (Braunschweig, Mai 1547); S.44 (Wittenberg, Juli 1554); Nr.208, Hardenberg-Domkapitel, 30.1.1557, 3 (Wittenberg, Dez.1556/Jan.1557).
[60] S.*supra*, Einleitung, Anm.8; S.110.

Ausgabe des Briefwechsels Hardenbergs mit dem Wittenberger 1589[61] fast klischeehaft tat. Zu schnell bezeichnet m.E. auch Neuser noch in seiner Sonderstudie zu beider Beziehung (1967) Hardenberg als „Schüler" Melanchthons.[62] Neusers Beobachtung, im Ganzen sei die Nähe zu Melanchthon ebenso bemerkenswert wie Hardenbergs eigenständige theologische Denkweise,[63] wird der Wirklichkeit mehr gerecht (s. unten). Denn wie im Fall Luther spielt auch bei seinen Bitten um Melanchthons Rat[64] und bei seiner ständigen Berufung auf Melanchthon[65] Hardenbergs Bedürfnis eine Rolle, sich aus Selbsterhaltung unter die theologische Protektion des Magisters zu stellen,[66] wie er einmal mit einer Paraphrase eines Psalmverses eingesteht: „Solange Philippus mir günstig gesinnt ist, fürchte ich mich nicht, was auch die Menschen mir tun".[67] Das impliziert aber keine volle sachliche Übereinstimmung.

Wie wir schon feststellten, übernahm Melanchthon dieses Protektorat in zunehmendem Masse,[68] nicht ohne dass Hardenberg seine Nachgiebig-

---

[61] *Philippi Melanchthonis ad Albertum Hardenbergium epistolae. Primum editae opera et studio Christophori Pezelii*, Bremae, 1589. Vgl.Pollet, *Martin Bucer* 1, 278, Anm.2.

[62] Neuser, 148; ders., in: *HDThG* 2, 284 (1988).

[63] Neuser, 165.

[64] S.*supra*, I.3, Anm.81: zum Aepinschen Streit, Januar 1549; S.43-45: im Streit um den Emder Katechismus 1554; S.47: im Vorfeld der Kontroverse mit Timann, 1555; S.48, 50, 56, 71f., 79f.: während des Abendmahlsstreits, 1556-1560; II.3, Anm.29: zu Osianders *Von dem einigen Mittler*, 1551.

[65] S.*supra*, S.33: *Sententia de praesentia*, 14.1.1548; S.50 u.206: Melanchthons *Confessio Saxonica* (1551) und *Examen ordinandorum* (1552), Ostern 1556; S.54: 1.11.1556; S.55-57: *Confessio* und *Themata*; S.61f.: *Explanatio* des *Wittenberger Gutachtens*, Jan.1557; S.62-67: *Augustana variata*, Febr.1557; S.76f.: *Frankfurter Rezess*, März 1558; S.85f.: Melanchthons *Iudicium de controversia de coena Domini*, 1.11.1559; vgl.*Summaria Doctrina mea* 13, 14.12.1560, 115[r], s.*supra*, II.6.8, *sub* 1.

[66] Nur ein Beispiel: Nr.219, Hardenberg-Kampferbecke, 1.4.1557, 50[r]: „Et rogo te propter pietatem tuam ne a ueteri nostra amicitia discedas ego certe sciens & uolens nullam dabo occasionem quam iure te mouere debeat ut amicitiae leges rescindas. Neque enim in doctrina & religione iota unum a me mutata est neque a sententia Schole Witebergensis pilum discessi. Imo retuli nuper ex eadem praeclara meae innocentiae Testimonia".

[67] Nr.262, Hardenberg-Hyperius, 7.9.1559: „Certe quanto tempore te cum Domino preceptore philippo propitium habeo, non timebo quid faciant mihi homines"; vgl. Ps 118,6 (56,5): „Der Herr ist mit mir, darum fürchte ich mich nicht; was können mir Menschen tun?". In der Epistel meldet Hardenberg, bei Verbannung bevorzuge er Wittenberg oder Marburg als Wohnsitz.

[68] S.*supra*, S.33: Billigung der *Sententia de praesentia*, 1548; S.47: Eingriff nach der Erscheinung von Timanns *Farrago*, November 1555; I.3, Anm.188; I.3, Anm.227: Billigung der *Themata*, 1556; S.59f.: die Verfassung des *Wittenberger*

keit[69] und sein Zögern[70] kritisiert hätte. Hardenberg liess sich mit mehr Erfolg zur Anwendung der *testimonia purioris antiquitatis* aufrufen[71] als zur Moderation im Abendmahlskonflikt.[72] Er bedauerte Melanchthons Neutralität und urteilte, seine Bedrängnis verdanke Melanchthon zum Teil sich selbst, da er Freund und Feind entgegenkommen wolle (1556).[73] Hardenbergs Übereinstimmung mit dem Wittenberger soll zugenommen haben in dem Masse, wie dieser ab 1557 im Abendmahlsstreit mehr und mehr Farbe bekannte.[74] Im März 1559 geht Melanchthon so weit, mit den Kirchenvätern Brot und Wein als Symbole, 'antitypoi' oder *figura* von Christi Leib und Blut zu bezeichnen, sich damit den theologischen Begriffen der Schweizer annähernd.[75] Im November 1559[76] und im März oder April 1560—in seinem zugunsten seines Freundes verfassten *De coena Domini*[77]—nimmt er endlich offen Stellung gegen die Gnesiolutheraner, doch er verstirbt am 19.April 1560. Schon diese Begebenhei-

---

Gutachtens, 10.1.1557; S.70f., 75f.: Melanchthons Verzögerungstaktik gegenüber Christian III.; I.3, Anm.358: Billigung der *Ad Farraginem Segebadii*; besonders S.79f.: Melanchthons Absicht, mit Martyr Vermigli an der Bremer Disputation 1560 teilzunehmen, sowie die Abfassung der *De coena Domini* zugunsten Hardenbergs.

[69] Zum Interim 1548, s.*supra*, S.39-41.

[70] Bezüglich der von Heshusen geforderten Disputation mit Hardenberg, Dez.1559, s.*supra*, I.3, Anm.369. Vgl.Nr.187, Hardenberg-Medmann, 8.8.1556, 148ʳ: „Ibi Philippus sumpta animositate divina (quam illi optarem in omnibus consultationibus) respondit...", vgl.Spiegel, 48, Anm.2. Auch Nr.300, Hardenberg--[Erastus], 30.10.1560 (anlässlich Melanchthons *Iudicium*, 1.11.1559, s.*infra*, Anm.75): „Si D.Philippus antea se uel tantum declarasset quantum nunc in illo scripto, non ita laboraremus".

[71] S.*supra*, I.3, Anm.313 (1557), Anm.373 (1560). Vgl.Nr.201, Melanchthon--Hardenberg, 6.12.1556, 917, wo Hardenberg gelobt wird, er habe mit seinen *Themata* gegen die Ubiquität die „sententia universae antiquitatis" vertreten.

[72] S.*supra*, S.46 (1550); S.47 (1554/55); I.3, die Anmm.142, 156, 165, 199 u.314 (1556).

[73] Nr.187, Hardenberg-Medmann, 8.8.1556, 139ʳ.

[74] S.*supra*, S.59f. (*Wittenberger Gutachten*, 10.1.1557), S.70f., 75 (nach der Einmischung des Dänenkönigs, März 1557); II.2, Anm.9 (Vorlesung zu Kol 3,1, Juni 1557); S.85f. (in dem mit gegen die Bremer Ansicht der Realpräsenz gerichteten *Iudicium* vom 1.11.1559; vgl. *infra*, III.3.4.1); S.79f. (zum Disput mit Heshusen, Anfang 1560). Vgl.zu der Wandlung in Melanchthons Haltung in den Jahren 1557-1560: Neuser, *Auswirkung*, 54-57; ders., *Fortgang*.

[75] Melanchthon-Crato von Craffheim, 21.3.1559, in: *CR* 9, 785, vgl.Neuser, *Auswirkung*, 57. Idem: *Iudicium de coena Domini*, 1560, in: *MWA* 6, 485, 32; Nr.276, Melanchthon-Hardenberg, 9.2.1560, 1046.

[76] S.vorvorige Anm.

[77] In Abschrift in: AMS, AST 181/10, 99ʳ-101ʳ: „D.Alberto Hardebergo Witeberga missum sub mortem Domini Philippi Melanthonis"; 101ᵛ-108ʳ: „De coena Domini". Anscheinend weiss nur Pollet von diesen Unterlagen: *Martin Bucer* 1, 276, Anm.6.

ten rechtfertigen eine erneute Analyse der inhaltlichen Interdependenz der Abendmahlsauffassung Hardenbergs und Melanchthons (2.2.2).

Wie Hardenberg prägend auf Melanchthons Abendmahlschristologie eingewirkt hat, werden wir zum Schluss des vorliegenden Paragraphen ermitteln[78] (2.2.3). Zunächst untersuchen wir den etwaigen Einfluss Melanchthons auf Hardenbergs Widerlegung der osiandrischen Rechtfertigungslehre (2.2.1).

2.2.1 Rechtfertigung und Heiligung. Melanchthons „Antwort auff das Buch Herrn Andreae Osiandri von der Rechtfertigung des Menschen", 1552[79]

Dem Gutachten Hardenbergs vom Januar 1552 zu Osianders *Von dem einigen Mittler* (1551)[80] ging einen Monat früher die autoritative Widerlegung durch Melanchthon voraus.[81] Diese war sofort in Abschrift an zahlreiche Personen versandt worden.[82] Hardenberg, dem Melanchthon bereits am 12.10.1551 seine Hauptbedenken gegen Osianders nomistische Rechtfertigungslehre mitgeteilt hatte,[83] hat Melanchthons *Antwort* gesehen, wie ein Vergleich beider Gutachten zeigt.

Übte Hardenberg in philologischer, exegetischer und dogmatischer Hinsicht Kritik an Osiander mit dem Nachweis 1. „iustificare" sei nicht „iustum facere", sondern „iustum pronunciare"; 2. Röm 5 belege die Imputation und 3. Osiander verwechsle Rechtfertigung und Heiligung und verletze die Glaubensgewissheit und die Personeinheit Christi,[84] so setzt Melanchthon sofort beim letzten ein. Nach Röm 5 seien Sündenvergebung und Christi Gegenwärtigkeit im Menschen als Gnade und Gabe zu unterscheiden.[85] Beide haben wir durch Christi Verdienst und durch den Glauben, der auf den Mittler und Erlöser vertraut, auf den ganzen Christus, Gott und Mensch. Ohne die Gottheit Christi wäre das Leiden „nicht die bezalung gewesen".[86] Mit Osiander sei an der

---

[78] Vgl.*supra*, II.2, Anm.9.

[79] In: *CR* 7, 892-899; *MWA* 6, 452-461.

[80] S.*supra*, S.131-137.

[81] S.vorvorige Anm. Zu dieser Schrift: Stupperich, *Osiander*, 245-249.

[82] Stupperich, *Osiander*, 245, 247f.

[83] Nr.131, Melanchthon-Hardenberg, [7.oder] 12.10.[1551], s.*supra*, II.3, Anm.29.

[84] *Supra*, S.131-137.

[85] *MWA* 6, 454, 22-29.

[86] *MWA* 6, 454, 30.35; 455, 14-21.

göttlichen Einwohnung festzuhalten (1.Joh 4,13; Eph 3,17).[87] Dennoch gebe es einen Unterschied zwischen den Heiligen jetzt und den Heiligen nach der Auferstehung, denen die wesentliche Gerechtigkeit vorbehalten sei (Gal 5,5). Da auch nach der Wiedergeburt die Unreinheit weiter bestehe, brauchen die Heiligen die Sündenvergebung und die Gnade.[88] Indem Osiander Gerechtigkeit nenne, „was uns macht recht thun", raube er den Heiligen den Trost, dass Christus unsere Gerechtigkeit und Heiligung ist (1.Kor 1,30), und verwechsele er Ursache und Wirkung.[89]

Abgesehen davon, dass Melanchthon in seiner *Antwort* dem Ansatz der Theologie Osianders anscheinend nicht gerecht wird,[90] kehrt in dem dritten dogmatischen Abschnitt des Gutachtens Hardenbergs die melanchthonische Argumentation wieder: die Unterscheidung von Gnade und Gabe, der Textbeweis (1.Kor, 1 Joh 4, Eph 3, Gal 5), die Person-einheit und Einwohnung Christi, die Notwendigkeit der Sündenvergebung und des Trostes Christi für die Jetztzeit.[91] Melanchthons kurzen Vermerk „und ist ein wechsel *causae et effectus*"[92] baut Hardenberg geschickt zur Darlegung der Beziehung Rechtfertigung-Heiligung und zum Vorwurf der Romanisierung der Rechtfertigung aus.

Unser Schluss kann kurz sein: Fraglos atmet der dritte Teil des Gutachtens den Geist Melanchthons. Hardenberg folgt der *Antwort* bestimmt nicht sklavisch, arbeitet sie vernünftig aus und untermauert sie mit seiner originellen und sachgerechten philologisch-exegetischen Ausführung. Wie für die meisten scheint auch für ihn Melanchthon in dem osiandrischen Streit die Autorität—womit er allerdings noch nicht dessen Schüler wäre. Denn „gegen Osiander standen Philippisten und Gnesiolutheraner zusammen".[93]

---

[87] *MWA* 6, 455, 23; 456.
[88] *MWA* 6, 456, 18-36.
[89] *MWA* 6, 458, 23-27.34ff.; 459, 27-32; 460, 14-16.
[90] Stupperich, *Osiander*, 200-203, 246.
[91] S.*supra*, S.132, 135-137.
[92] *MWA* 6, 459, 32.
[93] *HDThG* 2, 128 (B.Lohse).

2.2.2 Abendmahl

Die gegenüber Luther zunehmend unterschiedlich akzentuierte Abendmahlslehre Melanchthons[94] interessiert uns erst von dem Moment ab, in dem Hardenberg mit „seinem *Praeceptor*" in theologische Verbindung tritt, also ab 1543, als der von Melanchthon und Bucer verfasste Kölner Reformationsentwurf erschien, dessen Abendmahlsartikel Melanchthon im nächsten Jahr die heftigsten Vorwürfe Luthers zuziehen sollte.[95]

Nach Neuser[96] besteht die Eigenart der Abendmahlslehre Melanchthons in diesen Jahren in den folgenden fünf Punkten:

1. Der Ubiquitätslehre Luthers wird mit Augustin die Lokalität des Jesusleibes im Himmel gegenübergesetzt, wie Zwingli und Calvin sie lehren; gegen letztere wird die Ubivolipräsenz betont: Christus kann im Abendmahl gegenwärtig sein, wenn er es will.

2. Eine Präsenz kraft des Konsekrationswortes ist als Magie zu verwerfen, denn die *promissio Christi* genügt. „Per verbum" wird zu „iuxta verbum".

3. An der *cum*-Formel der *Variata* wird festgehalten. Das „est" der Einsetzungsworte ist von 1.Kor 10,16 her auszulegen: „Das Brot ist die Gemeinschaft". Die örtliche Einschliessung der Konsubstantiationslehre sei abzulehnen.

4. Diese Punkte sind nur Konsequenz der Ansicht, dass die Präsenz eine Personalpräsenz ist: „Leib und Blut Christi sind nicht Teile Christi, sondern der ganze lebendige Herr. Als Person kann Christus im Abendmahl sein, auch wenn er zur Rechten Gottes sitzt".

5. Den Konsequenzen einer *manducatio oralis* und *impiorum* wird entgangen, indem Melanchthon eine *manducatio spiritualis* und *ceremonialis*, d.h. *in actu*, lehrt. Gegen Zwingli und Calvin lehnt er dennoch eine Bedingung der Gabe durch den Glauben ab und hält er an Luthers Anliegen fest: „Das Abendmahl kann nur Trost sein, wenn keine menschlichen Voraussetzungen erfüllt werden müssen".

Neuser schliesst: „Melanchthon steht also zwischen Luther und Calvin. Mit Luther lehrt er die Bedingungslosigkeit der Gabe, vermeidet aber dessen katholisierenden Formeln und Bräuche. Mit Zwingli und Calvin

---

[94] Dazu: *MWA* 6, 3-373: *Corpus doctrinae christianae*; Gollwitzer, *Coena Domini*, 65-96; Neuser, *Abendmahlslehre Melanchthons*; ders., *Auswirkung*; ders., *Fortgang*; Quere, *Melanchthon's Christum cognoscere*; Hardt, Venerabilis et adorabilis *Eucharistia*; *HDThG* 2, 78-80, vgl.276ff.

[95] Vgl.Neuser, *Luther und Melanchthon*, 25-34; ders., *Fortgang*, 36-39.

[96] Neuser, *Auswirkung*, 51f. Vgl.Gollwitzer, *Coena Domini*, 72-74, 82f., 95f.

distanziert er sich klar vom Katholizismus, teilt aber nicht deren Spiritualismus in der Abendmahlslehre".[97] Fortwährend stehen die Kirchenväteraussagen im Hintergrund seiner Ansicht.[98]

Melanchthons Haltung im zweiten Abendmahlsstreit zwischen Westphal und Calvin 1552-1556 wird durch die Weigerung charakterisiert, öffentlich in den Kampf einzugreifen, sowie durch die Beschränkung der Abendmahlsaussagen auf die *doctrina necessaria*.[99] Besonders in seinen Briefen begegnet uns die (Oekolampad'schen Einfluss verratende)[100] Regel „extra usum institutum nihil habet rationem Sacramentum" („ausserhalb des Gebrauchs hat das Sakrament keinen einzigen Sinn"),[101] die die Realpräsenz auf den Abendmahlsakt begrenzt und den gnesiolutherischen Brotkult ('artolatreia') diskreditiert.[102]

Im Juni 1557 vertritt Melanchthon bei der Auslegung von Kol 3,1 vor seinen Studenten das „Extra Calvinisticum", das ihm als christologische Grundlage für die Gleichzeitigkeit von Christi Sitzen zur Rechten Gottes und der Personalpräsenz im Abendmahl dienen könnte.[103] Die Veröffentlichung des Kolosserbriefkommentars im Jahre 1559 löst den wütenden Protest der Württemberger aus.[104]

Erst mit dem (posthum veröffentlichten) Heidelberger *Iudicium* vom 1.11.1559[105] greift Melanchthon offen in den Abendmahlsstreit ein. Als Auslegungskanon sollen die *verba Pauli* in 1.Kor 10,16 gelten: das Brot ist 'koinoonia' des Leibes, „das heisst: das, wodurch die Vereinigung mit Christus stattfindet, welche bei der Zeremonie geschieht, und zwar nicht ohne Überlegung".[106] Die Bremer, Heshusen, Mörlin und Sarcerius werden namentlich angegriffen wegen Verletzung der „non extra usum"-Regel durch die Kon- und Transsubstantiationslehre und das

---

[97] Neuser, *Auswirkung*, 52. Vgl.ders., *Abendmahlslehre Melanchthons*, 464-473.

[98] Vgl.Neuser, *Abendmahlslehre Melanchthons*, 398-413 (zu den Jahren 1525-1529); zu den fünfziger Jahren, s.z.B.*supra*, Anm.71.

[99] Neuser, *Auswirkung*, 53f.; ders., *Fortgang*, 45-53.

[100] Quere, *Melanchthon's Christum cognoscere*, 385.

[101] S.z.B.*Examen ordinandorum*, 1552, in: *MWA* 6, 204, 14f.; Nr.159, Melanchthon-Hardenberg, 29.8.1554, 336, vgl.ders.-Timann, 1.9.1558, in: *CR* 8, 337; Nr.220, ders.-Hardenberg, 18.4.1557, 138.

[102] Nr.169, Melanchthon-Hardenberg, 21.8.1555, 524; Nr.220, ders.-dens., 18.4.1557, 138. Vgl.Hardt, *Venerabilis et adorabilis Eucharistia*, 270-280.

[103] S.*supra*, II.2, Anm.9 und *infra*, III.2.2.3.

[104] Neuser, *Auswirkung*, 55, Anm.21.

[105] *Iudicium de controversia de coena Domini*, 1560, in: *CR* 9, 960-963 und *MWA* 6, 482-486; vgl.*supra*, I.3, Anm.427.

[106] *MWA* 6, 484, 29-31: „id est hoc, quo fit consociatio cum corpore Christi: quae fit in usu, et quidem non sine cogitatione".

„novum dogma" der Ubiquität.[107] Mit Origenes, Clemens Alexandrinus, Augustin und anderen Vätern seien die Elemente für Symbole und 'Antitypoi' zu halten.[108]

Nach Neuser bildet letzteres den Abschluss der Lehraussagen Melanchthons über die Gegenwart Christi im Abendmahl.[109] Den wirklichen Abschluss scheint mir jedoch die (in Strassburg erhaltene, bisher unbeachtete) Schrift *De coena Domini* zu bilden, eine der allerletzten Früchte seiner schriftstellerischen Arbeit, in welcher Melanchthon sogar Calvin'sche Standpunkte vertritt:

Melanchthons „De coena Domini", [1560][110]

Melanchthon verfasste die Abendmahlsschrift unmittelbar vor seinem Tod—also im März oder April 1560—zugunsten Hardenbergs in Anbetracht des bevorstehenden Bremer Disputs mit Heshusen. Sie wurde nie herausgegeben; nur von den ersten zwei Seiten findet sich ein Extrakt in Peucers Notizen vom 3.1.1561 aus den „geheimen Predigten" seines Schwiegervaters *De sacra coena*.[111]

Einerseits wiederholt der Schwanengesang Bekanntes, indem er, jetzt ohne Zurückhaltung und weitausgesponnen, gegen Westphal, Agricola und Flacius („unsere Richter"), die essentielle Identität von Zeichen und

---

[107] *MWA* 6, 484-486.

[108] *MWA* 6, 485, 27-33.

[109] Neuser, *Auswirkung*, 57.

[110] S.*supra*, Anm.78.

[111] *De sacra coena*, in: *CR* 9, 1088-1090. *CR* 9, 1089f., „III" = Extrakt von *De coena Domini*, AMS, AST 181/10, 99ʳ-101ʳ, „D.Alberto Hardebergo Witeberga missum sub mortem Domini Philippi Melanthonis". Die—vom Herausgeber bezweifelte—Authentizität von *De sacra coena* ist damit bestätigt; so mit Recht auch Pollet, *Martin Bucer* 1, 276, Anm.6. Das im *CR* vorangehende, vom Herausgeber auf den 7.4.1560 datierte *Scriptum de sacra coena* (*CR* 9, 1086f.) ist bestimmt nicht aus dem Jahre 1560, denn nach der Darlegung über das „Extra Calvinisticum" in seiner Vorlesung zu Kol 3,1 vom Juni 1557 (s.II.2, Anm.9 und *infra*, III.2.2.3) hätte Melanchthon unmöglich wie folgt von der Ubiquität reden können: „Deitas neque corpus neque sanguinem habet, et est coniuncta humanitati Christi, et est ubique humanitas Christi, et est coniunctissima divinitati, et sunt deitas et humanitas in Christo inseparabiles. Ergo Christi corpus et sanguis eiusque actiones actiones sunt ubique, iuxta haec verba: hoc est corpus meum". In *De coena Domini*, [1560] heisst es, AMS, AST 181/10, 102ᵛ: „Vnio est admirabilissima duarum naturarum in personam vnam, inseparabiliter manentibus naturae vtriusque proprijs. Jtaque &si ueram est, esse hunc IESUM Christum ubique, tamen prodigiosa oratio est de natura seorsum considerata, dicere, Corpus est ubique".

Gabe und die Ubiquität bestreitet.[112] Unter exklusiver Berufung auf die
puriora antiquitas von Paulus bis zur Ära Karls des Grossen[113] werden
betont: die Auslegung der Einsetzungsworte von 1.Kor 10,16 her („hoc
est qua fit consociatio"), die *cum pane*-Formel, die *manducatio ceremo-*
nialis („nicht ausser dem Gebrauch"), die *insertio in corpori et vivificatio*
„non sine cogitatione et fide" („nicht ohne Überlegung und Glauben"),
und der Symbol- oder ʼantityponʼ-Charakter des Zeichens: die Elemente
sind *figurae*; „Was der Mund empfängt, ist Brot" (Cyprianus).[114]

Andererseits ist es mehr als nur eine Akzentverschiebung, wenn der
Glaube in seiner applikativen Bedeutung so sehr betont wird, dass
er—mit Calvin—auf einmal als ein schon *vorher vorhanden* gedachtes
ʼorganonʼ erscheint. Denn nicht nur die *applicatio*,[115] sondern sogar die
exhibitio—das Darbieten—gilt den Gläubigen: die bezeichnete Sache
„vere *exhibetur* et applicatur credentibus".[116] Obwohl es heisst, dass der
Glaube „dazu kommen muss"[117] und die erste Aufgabe des Sakraments
die Glaubensstärkung ist,[118] sollen mit dem (Hardenberg so vertrauten)
Abendmahlskanon von Nizäa die Sinne am Abendmahlstisch—wie bei
Calvin[119]—nach oben gerichtet werden: „Lasst uns nicht auf das Brot
und den Becher achten, die auf den göttlichen Tisch ausgestellt sind,
sondern—mit durch den GLAUBEN emporgehobenen Sinnen—bedenken,
dass auf diesem Tisch das Lamm Gottes liegt".[120] Dies scheint den
Glauben, ausser als *effectus*, auch als die Gabe bedingende *causa*
vorauszusetzen, was Melanchthon allerdings, anders als Hardenberg,[121]
nie so gelehrt hatte.[122]

---

[112] AMS, AST 181/10, 99ᵛ-100ᵛ; 102ʳ; 103ᵛ-106ʳ.

[113] AMS, AST 181/10, 99ʳ.

[114] AMS, AST 181/10, 99ʳ⁻ᵛ, 101ᵛ, 106ᵛ-108ʳ.

[115] AMS, AST 181/10, 101ᵛ; 108ʳ: „& tantum illi fiant haeredes uitae aeternae,
qui promissioni credunt, uult etiam illustri testimonio uisibili *omnibus ostendere*
promissionem, & ijs applicare, qui eam *fide amplectuntur*".

[116] So im Extrakt in *De sacra coena*, in: *CR* 9, 1089.

[117] AMS, AST 181/10, 106ᵛ: „Ac ut antea diximus, fidem accedere oportere, ut
sit salutaris & uiuifica participatio"; vgl.100ᵛ: „et quo per vsum & sumptionem
externorum symbolorum, cum accedit fides, habitet in nobis".

[118] AMS, AST 181/10, 108ʳ.

[119] Vgl.Gollwitzer, *Coena Domini*, 215.

[120] AMS, AST 181/10, 106ᵛ: „Non attendamus ad panem & poculum in diuina
mensa propositum, sed mentem attollentes FIDE, cogitemus iacere in ea mensa agnum
Dei".

[121] *Supra*, S.204 sub 5 (1548); S.187 (der Glaube als „praerequisitus in sumentibus", „vorausgesetzt bei den Kommunikanten", 1564), auch S.246, 248, 250.

[122] Neuser, 147; ders., *Auswirkung*, 52, 59.

Ein Novum ist es auch, dass nicht nur der Gebrauch (*usus*), sondern eben die Präsenz Christi *spiritualis* genannt wird. Freilich wird diese Qualifikation der melanchthonischen Auffassung—nur nebenbei—den Gegnern in den Mund gelegt, dennoch wird sie nicht bestritten: „Und wenn wir auf die wahrhaftige Effektivität zu sprechen kommen, eilen sie auf die Spiritualpräsenz, auf die geistliche Effektivität und den geistlichen Gebrauch zu, weil sich die Applikation der Verheissung beim Gebrauch der Symbole durch den Glauben vollzieht".[123] Wäre damit nicht etwa die calvinische Stellung bezogen?

An Hardenbergs *Sententia de praesentia* (1548) und an Calvins *Petit traicté de la saincte cene* (1541) erinnert die Aussage, „dass wir durch den Gebrauch des Brotes und Weines wahrhaftig seines wahren und substantiellen Leibes und Blutes teilhaftig werden (). Jedoch wollen wir die Art der Darbietung und Gegenwart in keiner Weise untersuchen, weil sie tatsächlich unerforschlich ist, aber ehrerbietig glauben wir dem bezeugenden und wirklich darbietenden, wahrhaften und allmächtigen Herren":[124] „Ich glaube also und lehre", so Hardenberg, „dass wir der Substanz des Leibes und Blutes Christi wirklich teilhaftig werden. Auf welche Weise das geschieht, vermögen die einen besser zu erklären als die andern. Ich lehre einfach, dass wir wirklich teilhaftig werden".[125]

An Hardenberg erinnert der Verweis auf Irenäus, Hilarius, Nizäa und Gelasius[126] und ebenfalls das Diktum, man wolle die Einsetzungsworte „sine omni interpretatione" („ohne jede Interpretation") verstehen, „ut sonant" („nach dem Wortlaut").[127] Man bekommt den Eindruck, dass sich der Meister in dieser offenen Stellungnahme endlich zu Hardenbergs

---

[123] AMS, AST 181/10, 100ᵛ. Vgl.99ᵛ: „De hoc usu spirituali diligenter docent (sc.patres)".

[124] AMS, AST 181/10, 102ᵛ-103ʳ: „nos sumpto uero pane & uino, verissime participes fierj veri & substantialis corpis & sanguinis suj (). Qualis autem sit exhibitionis & praesentiae modus, cum sit reuera inperuestigabilis, inquirere & inuestigare nolumus, sed affirmanti & uere exhibenti ueraci & omnipotentj Domino reuerenter credimus".

[125] *Sententia de praesentia*, 90: „Credo igitur et doceo quod () nos substantiae etiam corporis Christi et sanguinis vere fieri participes. Quomodo id fiat alii aliis melius norunt explicare, ego simpliciter doceo nos vere participare"; vgl.*Petit traicté de la saincte cene*, in: *OS* 1, 529: „Nous confessons doncq tous d'un bouche, que () nous sommes vrayment faictz participans de la propre substance du corps et du sang de Iesus Christ. Comment cela se faict, les uns le peuvent mieux desduire et plus clairement exposer que les autres".

[126] Vgl.z.B.*Sententia de praesentia*, 89, s.*supra*, S.201, vgl.S.196.

[127] AMS, AST 181/10, 103ʳ, vgl.*supra*, S.215-218.

radikaleren Position bekennt.[128] Wie äussern sich beide zur gegenseitigen Abendmahlsauffassung?

Vergleich mit Hardenbergs Abendmahlsverständnis

Die Ansicht, Hardenberg hätte sich mit der Zustimmung zu den als Lehrnorm geltenden Melanchthonschriften[129] integral der melanchthonischen Abendmahlsanschauung angeschlossen,[130] ist eine Simplifizierung. Hardenbergs konkrete Bezugnahmen auf Melanchthons Abendmahlslehre beschränken sich auf:
1. Christi räumliches Sitzen im Himmel und seine Leiblichkeit („massa");[131] 2. die Interpretation des „est" durch 1.Kor 10,16 und die cum-Formel;[132] 3. die Anerkennung einer figura und der synecdoche in den Abendmahlsworten;[133] 4. die Ablehnung der trans- und konsubstantiatorischen Formeln der Augustana;[134] und 5. die „non extra usum"-Regel.[135] Es gibt mehr Zeugnisse einer Anlehnung Hardenbergs an Melanchthon[136] und seiner innerlichen Verwandtschaft mit ihm. Man

---

[128] Vgl.Gollwitzer, Coena Domini, 90: „Sobald es durch den Streit zu einer Entscheidung für einen Theologen aus der Schule Melanchthons kam, musste die verhüllte Gestalt der Lehrauffassung gerade an den umstrittensten Kontroverspunkten, die persönliche Zurückhaltung des Meisters und die Offenheit seiner Lehre gegen die Seite der Sakramentierer hin durch die Schüler zu einer Belastung werden, der er meist nur durch eindeutige Optierung für die eine oder die andere Seite sich entzog".

[129] S.die supra, Anm.65 erwähnten Schriften. Dazu noch der Abschnitt „De participatione mensae domini" der Loci comunes 1521, in: CR 1, 221f., MWA II/1, 177f., s.Nr.208, Hardenberg-Domkapitel, 30.1.1557, 22: „Nhu sin ick midt den locis () woll tho freden", so auch Nr.211, ders.-dens., 4.2.1557, 5.

[130] Vgl.Spiegel, 364; ders., Hardenberg's Lehre vom Abendmahle, 102f.

[131] Hos sequentes Articulos, ad 5, 88ᵛ („mit Damascenus und fast allen Alten"); vgl.Nr.182, Melanchthon-Hardenberg, 17.6.1556, 782.

[132] Explanatio, 118; Nr.208, Hardenberg-Domkapitel, 30.1.1557, 16; Notiz vom 17.2.1557 in SA Bremen, 2-T.1.c.2.b.2.c.2.b.1, nach Nr.211, ders.-dens., 4.2.1557; Nr.219, ders.-Kampferbecke, 1.4.1557 = fast wörtlich Nr.170, Melanchthon-Hardenberg, 14.9.1555, 538.

[133] Iudicium 11 (mit Luther und Brenz); Nr.211, Hardenberg-Domkapitel, 4.2.1557, 5f. (die Auslegung des Einsetzungsberichtes von Mt und Mk durch Lk: der Kelch ist der Bund); Nr.225, ders.-dens., [Juni? 1557] (mit Luther und Brenz). Mahlmann, 57, ist hier unscharf.

[134] Ad interr.Responsio 4, 166.

[135] Hos sequentes Articulos, ad 1, 66ᵛ (wie auch Luther); Explanatio, 119.

[136] Z.B.hinsichtlich Oekolampads unrichtiger Wiedergabe der in der Apologie X angeführten Ansicht von Theophylakt zur transelementatio: vgl.Nr.114, Melanchthon-Hardenberg, 24.7.1550 mit Nr.211, Hardenberg-Domkapitel, 4.2.1557, 12; vgl.Bekenntnisschiften, 248, Anm.2.

denke an die Personalpräsenz,[137] an die geistliche Niessung unter Ablehnung der Niessung der Gottlosen[138] und an das exhibitive Verständnis der sakramentalen Union.[139]

Dennoch sind die Unterschiede nicht zu unterschätzen:

1. Wenn Melanchthon im Februar 1548 Hardenbergs *Sententia de praesentia* beglaubigt mit der Bemerkung, sie sei „moderate et pie" („massvoll und gottesfürchtig") verfasst,[140] so hört Neuser mit Recht eine stillschweigende Einschränkung heraus.[141] Denn nach Hardenberg gilt die *participatio substantiae corporis* nur denjenigen, die das Sakrament „fideliter" empfangen.[142] „So würde Melanchthon nicht lehren. Der Glaube des Empfängers bestimmt nicht das Wesen der Gabe und begrenzt nicht die Austeilung. Der Praeceptor Germaniae hätte, indem er Hardenbergs Bekenntnis zustimmte, etwa die Position Calvins bejaht".[143] Damit hat Neuser wiederum Recht, denn tatsächlich hatte Hardenberg seine Konfession fast vollständig Calvin entlehnt (s.III.5)! Erst in seiner Schrift *De coena Domini* 1560 scheint Melanchthon dem Domprediger in diesem Punkt beizustimmen.

2. Unterschiedlich ist auch die Ansicht über die Gegenwart Christi im Abendmahl. Eine Multi- oder Ubivolipräsenz kennt Hardenberg nicht, sondern eine Spiritualpräsenz. Ebenfalls erst kurz vor seinem Tod scheint Melanchthon ihm auch hierin beizupflichten.

3. Neben dem—übrigens Musculus entlehnten—„iuxta verbum"[144] tritt bei Hardenberg das „per verbum"[145] und vor allem das „per virtutem Christi i.e. Spiritum Sanctum" („durch die Kraft Christi, d.h.durch den Heiligen Geist").[146]

---

137 *Supra*, II.6.2.
138 *Supra*, II.6.8, sub 8-10.
139 *Supra*, S.184-188. Nach der von Melanchthon aufgezeichneten Meinung Bucers sei das Zeichen ein „pactionale vehiculum seu instrumentum, cum quo exhibetur corpus" (*Melanthon de Buceri sententia de sacra coena*, 26.8.1530, in: *CR* 2, 315; vgl.*MBW* 1, 1039), vgl.Gollwitzer, *Coena Domini*, 72-74; Quere, *Melanchthon's Christum cognoscere*, 371. Gollwitzer bemerkt, *a.a.O.*, 73, Anm.1: „Melanchthon sagt ausdrücklich, dass diese über Bucers Meinung referierenden Worte auch seine eigene Anschauung treffen"; 74, Anm.1: „Von den lutherischen Melanchthonschülern wurde der pactum-Begriff fallen gelassen; nur auf reformierter Seite behielt man ihn bei, vgl. Wolfg.Musculus".
140 Nr.72, Melanchthon-Hardenberg, [6.2.1548].
141 Neuser, 147.
142 *Sententia de praesentia*, 90.
143 Neuser, 147.
144 *Supra*, S.182f.
145 Z.B.*supra*, II.6, Anm.285.
146 U.a.*supra*, II.6.2.

4. Damit ist als der entscheidende Unterschied die Wertung der Pneumatologie angedeutet. Die Personalpräsenz ist eine virtuelle, geistliche Präsenz, wonach der Heilige Geist als die wirkende Ursache und „das Band des Teilhaftigwerdens der Substanz des Leibes Christi" der eigentliche Spender des Sakraments ist.

5. Diese pneumatologische—nicht spiritualistische, sondern geistliche— Optik ermöglicht es Hardenberg, inzwischen in sprachlicher Annäherung an den lutherischen Standpunkt eine leibliche Niessung zu lehren, wonach kraft der (anscheinend stärker als bei Melanchthon ausgeprägten)[147] *exhibitiven* sakramentalen Verbindung die Substanz des Jesusleibes auch dem äusserlichen Menschen dargeboten wird.[148]

Ist es letzteres, das ihm gleichfalls die Differenzen mit Melanchthon überbrücken lässt? Hardenberg scheint sich dieser Differenzen bewusst zu sein, denn er gesteht niemals, „er habe lebenslang keinem anderen als Melanchthon gefolgt", wie er es öfters in bezug auf Bucer tun wird (s.III.4). Zugleich stellt sich heraus, dass er seinen *Praeceptor* im calvinischen und bucerischen Sinne interpretiert.[149] „Während dein Martin [Fabri] ihn für jene 'hyperbolische' Lutheraner beansprucht", so schreibt er im August 1556 verärgert an Medmann,[150] „halte ich ihn für einen Vertreter der mittleren Ansicht ('mediae sententiae patronum'), ich meine der Ansicht, die Calvin in der *Institutio* und im Korintherbrief-kommentar und die Bucer in seinem letzten Brief an mich vertritt, und welche dieser implizit auch in unserer Kölner Reformation gegeben hat, wovon er selbst mehr noch als Philippus der Autor ist".[151] Die Abend-mahlsaussagen im *Examen ordinandorum* 1552 „unterscheiden sich in nichts von denen Calvins in der Sakramentsfrage, aber die Unseren

---

[147] Nämlich nicht überwiegend nur temporell, vgl.*supra*, 184-188 und Quere, *Melanchthon's Christum cognoscere*, 363-375; vgl.Neuser, *Abendmahlslehre Melanchthons*, 435-442.

[148] *Supra*, Ergebnisse II.6.4 (sub 7), Ergebnisse II.6.6, Ergebnisse II.6.7. Vgl. Melanchthon, *De coena Domini*, [1560], in: AMS, AST 181/10, 103^v: „tamen os et dentes corpus Christi nec accipiunt corporaliter" mit Hardenberg, *Brevis explicatio*, 37^b: „ore accipi corpus et sanguinem, labia et dentes corpori Christi infigi... eas per alternationem intelligendas esse... ita tamen ut interior homo tam corpore quam anima per fidem ad vitae aeternae spem inde alatur".

[149] Vgl.Gollwitzer, *Coena Domini*, 88: „Die Schüler Melanchthons interpretierten ihn je nach der Wendung, die sie selbst nach links oder rechts gemacht hatten".

[150] Nr.187, Hardenberg-Medmann, 8.8.1556, 139^r; dieser Passus auch in Pollet, *Martin Bucer* 1, 276. Vgl.*supra*, S.51.

[151] Bucers „letzter" Brief: Nr.107, vom 22.10.1549; vgl.jedoch noch Nr.109 (24.4.1550).

wollen das lieber verbergen, als ihn (Melanchthon) zum Feind zu erklären".[152]

Um so schärfer kritisiert er Melanchthons neutrales Schweigen: Die Linke und Rechte wolle er als Freund bewahren. Es stehe zu befürchten, dass letztlich keine von beiden hören wird. Irgendwie sei er zu schlaff („nimium imbecillis"). Andere—wie Hardenberg selbst!—haben *sua culpa* bei vielen einen schlechten Ruf.[153] Ein Jahr später schreibt er an den am Wormser Religionsgespräch beteiligten Melanchthon selbst: „Bei Christus, lass dich auf jeden Fall nicht durch Angst oder Liebe bestimmter Leute von deiner Ansicht abbringen".[154] Wie indringlich er ihm ab Dezember 1559 ins Gewissen redet, stellten wir schon fest. Bemühten sich Calvin und die Strassburger Freunde in den Jahren 1554 bis 1557 vergeblich, Melanchthon zur Parteinahme zu bewegen,[155] Hardenbergs Aufforderungen erzielen eine Wirkung. Allem Anschein nach bekennt sich der Wittenberger letztendlich zu seinem ehemaligen Studenten, statt umgekehrt. Das stellt allerdings die herkömmliche Vorstellung auf den Kopf.[156]

---

[152] Nr.187, s.vorvorige Anm., 156[r]: „nihil differant à Calvinicis in causa sacramentaria, sed nostri malunt hoc dissimulare, quam illum hostem patj". Der Abendmahlsparagraph des *Examen* in: *MWA* 6, 202-206.

[153] Nr.187, s.vorige Anm., 139[r]. Vgl.162[v]: „Philippus ad me scribit more consueto sed tamen neminem vult offendere".

[154] Nr.232, Hardenberg-Melanchthon, 21.10.1557. Zum Kontext: *supra*, S.75f. Neuser, *Fortgang*, 39, 54, zeigt, dass nicht Ängstlichkeit, sondern die aristotelische Epieikeia, das Postulat der Mässigung Melanchthon bewegt.

[155] Neuser, *Auswirkung*, 53; ders., *Fortgang*, 48-53.

[156] Ausnahmen sind Moltmann, *Pezel*, 10, 19 (die „Melanchthonfreundschaft Hardenbergs () ist niemals eine schülerhafte Abhängigkeit, sondern stets eine Freundschaft gewesen, die der Entfaltung seiner eigenen Theologie und seiner Kritik an Melanchthon Raum liess") und Pollet, *Martin Bucer* 1, 275, der von einer „influence d'ailleurs restreinte de Mélanchthon" spricht; vgl.*idem*, 278 (übrigens ohne Beweisführung): „(Hardenberg) le regarde plutôt comme un ami et un confident et ne se met pas proprement à son école. Les emprunts qu'il lui fait sont destinés à servir sa propre cause".

2.2.3 *Christologie*

Bekanntlich[157] übernimmt Melanchthon in seinem Vorlesungsdiktat zu Kol 3,1 vom Juni 1557[158] die Extra-Dimension der altkirchlichen Logoschristologie (das „Extra Patristicum": die Lehre der Existenz der zweiten Person der Trinität „etiam extra carnem" der angenommenen Menschheit) zur Ablehnung der Ubiquitätslehre. Wenn Melanchthon auch den direkten Bezug auf das Abendmahl vermeidet,[159] rechtfertigt der historische Kontext der Vorlesung—Melanchthons Beteiligung am Bremer Abendmahlsstreit über Realpräsenz und Ubiquität[160]—die Feststellung, Melanchthon vertrete im Juni 1557 das sogenannte „Extra Calvinisticum".[161] Diese Wendung[162] Melanchthons bleibt bei Freund und Feind nicht unbemerkt: man sieht ihn in der Nähe Zwinglis und Calvins. Als er 1559 seine Vorlesung in Druck gibt,[163] erklärt er sich damit auch öffentlich für die calvinische Abendmahlslehre und gegen die Ubiquitätslehre des Gnesioluthertums.[164] Es stellt sich heraus, wenn das vorweg-

---

[157] Sturm, *Ursin*, 73-82; *HDThG* 2, 249.

[158] Das Diktat befindet sich im SA Bremen (nicht in der Staatsbibliothek, so Sturm), 2-T.1.c.2.b.2.a: *Aduersus Vbiquitatem Corporis Christi Philippus Melanchton in 3 Caput Ad Collocenses anno 57 in Junio.* Diese studentische Nachschrift mag von Hardenbergs Mitkämpfer Johann Slungrave (Krause, *Hyperius Briefe*, 247; Pollet, *Martin Bucer* 2, 188f.; *supra*, I.3, Anm.162) stammen, dem im Herbst 1556 vom Bremer Rat das Predigen untersagt wurde und der im Winter 1556/1557 (jedenfalls am 25.1.1557 noch) in Wittenberg weilt (Nr.205, Slungrave-Hardenberg, 25.1.1557). Dies könnte das Vorhandensein des Diktats in Bremen erklären. Hardenbergs Schreiben an Melanchthon über den 'Logos' kurz nach Melanchthons Vorlesung (s.Nr.230, Melanchthon-Hardenberg, 3.8.1557), könnte eine Reaktion auf das Diktat sein.

[159] *HDThG* 2, 249.

[160] S.*supra*, I.3.4; Melanchthon hatte das *Wittenberger Gutachten* vom 10.1.1557 verfasst.

[161] Zum Unterschied zwischen diesem lutherischen polemischen *Begriff* aus den Debatten des sechzehnten und siebzehnten Jahrhunderts über die Abendmahlschristologie und der zu Unrecht als solchen bezeichneten *Lehre* des schon der Patristik und Scholastik geläufigen „Extra Catholicum" oder „Patristicum", s.Willis, *Catholic Christology*, 8-25; vgl.Oberman, *„Extra"-Dimension.*

[162] In seiner Unionsformel auf dem Marburger Religionsgespräch von 1529 nähert sich Melanchthon dem „Extra Calvinisticum", vertritt es aber noch nicht, sondern lehrt die Multilokalisation der Menschheit Christi, s.Neuser, *Unionsformel*, bes.196-198.

[163] Im Kommentar zum Kolosserbrief, *Enarratio Epistolae Pauli ad Colossenses*; der fragliche Passus in: *CR* 15, 1270f.; vgl.die teils identischen *Dictata* [1557], in: *CR* 7, 883-885.

[164] Sturm, *Ursin*, 77, 80, 82.

nehmend gesagt werden darf, dass Hardenberg der Urheber dieses Umschwungs des Wittenbergers ist.

Der Kern der Vorlesung Melanchthons ist das lokale Verständnis der *sessio ad dextram* aufgrund der Stellen Joh 1,18 und 3,13, zweitens der klare Unterschied zwischen dem Logos Christus und dem Leib Christi, und zuletzt—unter Bezugnahme auf Lombards Formel „ubique totus est, sed non totum"—die Übernahme des „Extra Patristicum", wobei er die *communicatio idiomatum* im dialektischen Sinne auffasst.[165] Athanasius wird beigestimmt: „Der Logos ist nicht an den Leib gebunden, sondern umfängt ihn, so dass er in ihm und ausserhalb von allem und im Schosse des Vaters ist; aber alles erhält sein Leben von ihm".[166] Weil nun nach der *communicatio idiomatum* nicht *in abstracto* einer der Naturen zuerkannt werden darf, was nur *in concreto* auf die Person Christi zutrifft, sei dieser Schluss aus dem Athanasius-Zitat richtig: „überall wo der Leib ist, da ist auch der Logos", falsch jedoch die Umkehrung: „überall wo der Logos ist, da ist auch der Leib". „Irreführend ist es daher", so Melanchthon, „aus dem an sich richtigen Satz 'Christus ist überall' zu schliessen, dass auch sein Leib überall sei, denn ersteres gilt *in concreto*, letzteres *in abstracto*. Darauf soll man achten, damit das gemeine Volk nicht verführt wird und aus seinem Christus irgendein Phantasiebild macht".[167]

Schon acht Monate früher als Melanchthon hatte Hardenberg seine Abendmahlschristologie zu Papier gebracht, und zwar in seinen gegen Johannes Brenzens Ansicht der Ubiquität entwickelten und gegen Timanns *Farrago* gerichteten *Themata adversus Ubiquitatem* vom 5.11. 1556[168] zur Ablehnung der *generalis ubiquitas* „etiam extra coenae usum".[169] In dieser äusserst originellen Schrift hatte auch er, von Joh 3,13 ausgehend und auf Lombard anspielend, die Lokalität des Jesusleibes gelehrt, wie auch den Unterschied zwischen dem Logos und dem von ihm „zu eigen gemachten" Leib, sowie das „Extra-Calvinisticum",

---

[165] Melanchthon, *Aduersus Vbiquitatem* (nicht paginiert), 1f.; vgl.Sturm, *Ursin*, 73-75. Das Lombard-Zitat, Sent.III, dist.22, c.3, in: *MSL* 192, 804; Melanchthon fügt erklärend hinzu, 2: „'Totus' refertur ad hypostasin, 'totum' ad naturam". Zu Melanchthons Verständnis der *communicatio idiomatum*: Sturm, *a.a.O.*, 82-86; Mahlmann, 64-78.

[166] Melanchthon, *Aduersus Vbiquitatem*, 2: „'logos' non colligatus est Corpori sed ipse Corpus continet vt et in eo sit et extra omnia, et in sinu patris, sed omnia, vitam sustentationemque ab ipso accipiunt"; Athanasius, *De Incarnatione*, 17, in: *MSG* 25,125; vgl.Sturm, *Ursin*, 75.

[167] Melanchthon, *Aduersus Vbiquitatem*, 2; vgl.Sturm, *Ursin*, 75.

[168] S.*supra*, I.3, Anm.177, Anm.186-189; II.2.

[169] *Themata*, XVI, 100.

und hatte er die abstrakte Redeweise, die in Verkennung der *communicatio idiomatum* von der konkreten Person auf die Naturen Christi schliesst, abgelehnt: Dass der Menschensohn überall sei, bedeute nicht, dass der Mensch Christus überall sei, während es kraft der Personalunion *in concreto* von der Person Christus gesagt werden könne, dass er „mit der Gegenwart seines Wesens" allgegenwärtig sei.[170]

Ende November 1556 schickte Hardenberg die *Themata* an Melanchthon und Eber[171] und empfing—zumindest privat—ihre Zustimmung.[172] Die Wittenberger Approbation machte er sofort bekannt,[173] obwohl Melanchthon strengste Diskretion verlangt hatte.[174] Ein Vergleich dieser *Themata* Hardenbergs mit Melanchthons Vorlesung zeigt nun eine derartige Übereinstimmung, dass man Abhängigkeit vermuten sollte:

Aduersus Vbiquitatem, Juni 1557	*Themata adversus Ubiquitatem*, 5.11.1556
At in propositione 'filius hominis qui est in coelo' dictum intelligatur Communicatione idiomatum. 'Logos' semper est in coelo etiamsi corporali locatione corpus est inferius in hac nostra visibili Conversatione, de qua Jo 3 tunc dixit. () [Athanasius] Ex hoc loco Athanasij patet eam propositionem esse veram vbicunque corpus Christi est ibi et 'logos' est,	Sic dicimus (), Filius hominis, cum Nicodemo disserens in terra, eodem ipse tempore est in Coelo, () sed haec, per communicatione proprietarum, in una hypostasi, duas naturas complectentem, dicuntur.[175] () alia Verbi, alia carnis natura, quamlibet Verbum et caro unus sit Christus ().[176]

---

[170] *Themata*, I, IV-XI, 96-99; s.ausführlich: *supra*, II.2.

[171] *Supra*, I.3, Anm.177 und 190.

[172] Nr.200, Eber-Hardenberg, 5.12.1556; Nr.201, Melanchthon-dens., 6.12.1556, 917: „Prudenter fecisti, quod tantum instituisti disputationem de propositione, de qua universae antiquitatis sententiam defendis"; s.*supra*, I.3., Anm.199. Melanchthon teilte auch dem Bürgermeister von Büren sein Urteil mit, s.Nr.201, *a.a.O.*

[173] Hardenberg gab die Briefe Melanchthons und Ebers an von Büren weiter, s.*supra*, I.3., Anm.199, und meldete in seiner *Explanatio* des *Wittenberger Gutachtens* [Jan.1557], X, 122: „und hefft my Philippus ock schrifftlick und muntlick mine propositiones contra ubiquitatem approbiret, wo tho bewisen is", vgl.*supra*, I.3., Anm.227.

[174] „Te oro, ut de negotio omnium maximo cunctanter agas", s.*supra*, I.3, Anm.199.

[175] *Themata*, VIII, 98.

[176] *Themata*, IX, 98.

non autem esse veram vbicunque logos
est ibi et Corpus est,

() Falso dicitur () Corpus Christi
ubique est[177] () eo quod verbum caro
factum est.[178]

Neque in abstractum Cuiuslibet naturae
Competit Communicatio idiomatum
quae in solo concreto personae locum
habere potest.

() utriusvis naturae proprietates () ipsi
personae attribuuntur, per communicationem Idiomatum, in concreto.[179] ()

Fallatia ergo est ex eo quod recte
dicitur 'Christus est ubique' inferre
ergo et corpus eius est vbique,
alterum enim concreti est, alterum
abstracti,

Quam ergo absurde (), tam impruden-
ter nunc colligitur, Filius hominis
ubique est, Ergo humanitas ubique est.
() Utrobique enim a persona ad naturam vitiosa est collectio.[180]

quod meminisse oportet ne infer popu-
lus decipiatur et ex Christo suo nescio
quod fantasma recipiat.[181]

() ficta haec ubiquitas (), dubiam sus-
pectamque faciens () veram Christi
mortem, et () veram resurrectionem.[182]

Deutet dies auf eine Abhängigkeit Melanchthons von Hardenberg hin,
wird der Hardenberg'sche Ursprung der Anwendung des „Extra
Catholicum" in die Abendmahlschristologie zur Widerlegung der
Ubiquitätslehre möglicherweise noch dadurch bestätigt, dass die
ersterwähnte Benennung dieses „Extra"—und zwar in einem Werk des
lutherischen Theologen Hunnius vom Jahre 1592—nicht das Adjektiv
„calvinistisch", sondern „pezelianisch" führt, d.h.nach Hardenbergs
Nachfolger und Geistesverwandten, dem Bremer Superintendenten
Christoph Pezel (1539-1604) benannt wird: „dieses Ausserhalb (die
Helena der Pezel'schen Schrift)".[183]

Es scheint berechtigt, festzustellen, dass, wie in der Abendmahlslehre
(2.2.2), so auch in der Christologie nicht Melanchthon Hardenberg,

---

[177] *Themata*, X, 98.

[178] *Themata*, XVII, 100.

[179] *Themata*, V, 97; vgl.X, 98: „Tales enim praedicationes, de persona intelligi
non possunt, ut illae, quae fiunt per concretum, () dum id, quod uni naturae competit
proprie, abstractum in alteram per se consideratam, transferunt" .

[180] *Themata*, XI, 98f.

[181] Melanchthon, *Aduersus Vbiquitatem*, 2f.

[182] *Themata*, XIV, 99.

[183] Aegidius Hunnius, *Assertio Sanae et Orthodoxae Doctrinae de Persona et
Maiestate Domini (...)*, Frankfurt a.M., 1592, 191, nach Willis, *Catholic Christology*,
18f.: „Hunn did not label his adversaries as Calvinists but instead called them
'Pezeliani' who teach a Zwinglian and Nestorian doctrine. Hunn identified the
emphasis on the *extra* as characteristic of this group: 'illud Extra (Pezelianae videlicet
scriptionis Helena)'. (In der Anmerkung:) The classical reference is intended, perhaps,
to mean that the *Extra* is the doctrine for the sake of which the Pezeliani are willing
to sacrifice all else as Paris was willing to sacrifice a kingdom for Helen". Zu Pezel:
Moltmann, *Pezel*.

sondern umgekehrt Hardenberg den *Praeceptor Germaniae* letzten Endes beeinflusst und zur Hinwendung zu Genf bewegt, was allerdings von einer auffälligen theologischen Selbständigkeit und Originalität Hardenbergs zeugt. Dieser theologischen Eigenständigkeit Hardenbergs würde es entsprechen, das „Extra Calvinisticum"—weniger als „Extra Melanchthonianum"[184]—vielmehr als „Extra Hardenbergianum" zu bezeichnen, wenn der „Extra"-Begriff bei Hardenberg auch fehlt. Dies wäre aus rein historischen Gründen berechtigt und hätte sich womöglich tatsächlich durchgesetzt, wären nicht die *Themata* erst fünf Jahre nach der Veröffentlichung des Kolosserbrief-Kommentars Melanchthons, im Jahre 1564, im Druck erschienen.[185]

Die Frage, was Melanchthon dazu veranlasst haben mag, mit seinem christologischen Umschwung Kopf und Kragen zu riskieren, wird im folgenden gestreift. Die Vermutung liegt nahe, dass es seine Kritik an Brenzens, ihm über Hardenberg bekannt gewordenen Ansicht der Ubiquität ist, die dieser Wendung zugrunde liegt.

2.3 *Chyträus und Brenz*

Bei der Frage nach dem Entstehen des Bruchs in Melanchthons Anhängerschaft kann eine Inventarisation der Beziehungen Hardenbergs zu Chyträus und Brenz klärend sein. Streitpunkt ist namentlich die Abendmahlslehre (2.3.1), genauer die Christologie (2.3.2).

2.3.1 *Chyträus*

In David Chyträus (1531-1600),[186] Stütze der Universität Rostock, finden wir eine Schlüsselfigur des Übergangs von früher Orthodoxie zum Gnesioluthertum.[187] Als Student und Hausgenosse Melanchthons ein potentieller Philippist, wird Chyträus nach 1556 durch Heshusen ins

---

[184] Ein Vorschlag von Neuser in *HDThG* 2, 249: „Zurecht bezeichnet B.Mentzer die Lehre 1621 als 'Extra Calvinianum' und Th.Thumm sie 1623 als 'Extra Calvisticum', wenn sie nicht den Namen 'Extra Melanchthonianum' tragen muss".
[185] In: *Contra Ubiquitatem*, 1564, 4^b-7^a, s.Bibliographie, HB 11m.
[186] *NDB* 3, 254; *RGG* 1, 1823; *TRE* 8, 88-90; Stupperich, *Reformatorenlexikon*, 59f.; Krabbe, *Rostock*, 550-557; ders., *Chyträus*; Pressel, *Chyträus*; Schnell, *Chyträus*.
[187] *TRE* 8, 89.

gnesiolutherische Lager gezogen.[188] Der bleibende Einfluss von Heshusen auf Chyträus und Hardenbergs Abweichen (in Chyträus' Augen) von der lutherischen Abendmahlslehre sind die Ursachen für die Wende im Verhältnis zwischen Hardenberg und Chyträus. Zunächst mit ihm befreundet, distanziert sich Chyträus schliesslich völlig von seiner Abendmahlsauffassung und wirkt persönlich an seiner Verurteilung und Ausweisung aus Niedersachsen mit.

Wie die Kontakte zwischen beiden entstanden sind, ist nicht bekannt. Als Studenten in Wittenberg haben sie sich nicht getroffen: Chyträus wurde Oktober 1544 immatrikuliert,[189] ein halbes Jahr nach Hardenbergs Weggang aus Wittenberg. Möglicherweise wurden die Kontakte durch den Wirt des Chyträus in Wittenberg geknüpft.

Eine Korrespondenz bescheidenen Umfangs—wobei Hardenbergs Teil fehlt—ist vorhanden. Diese datiert aus der Zeit der Anstellung des Chyträus am *Paedagogium* in Rostock im April 1551 bis zu Heshusens Kommen nach Rostock im August 1556.[190] Das Verhältnis zwischen Chyträus und Hardenberg ist hier noch offen und herzlich. Der Briefwechsel beginnt mit einem Dank an Hardenberg für die Dienste, die dieser Chyträus im persönlichen Kontakt und nun auch schriftlich erwiesen hat. Die Diensterweisungen sind wechselseitig. Hardenberg kümmert sich um die Niederlassung des Bruders des Chyträus,[191] Chyträus sorgt für Unterkunft von Bremer Studenten,[192] Hardenberg empfängt Gelehrte aus Rostock.[193] Hardenberg ist auf der Hochzeit des Chyträus willkommen; auch Rudolph Kampferbecke,[194] Paul von Eitzen, Melanchthon und Petrus Vincentius[195] sind eingeladen, woraus ersicht-

---

[188] Chyträus-Heshusen, 25.7.1561, in: Barton, *Um Luthers Erbe*, 126, Anm.51; *TRE* 8, 88.

[189] Foerstemann, *Album* 1, 216.

[190] Zehn (in der Literatur über ihn unerwähnte) Briefe von Chyträus an Hardenberg, mit Ausnahme der Nr.150 Urschriften: s.*infra*, Korrespondenz, Verzeichnis der Absender und Adressaten.

[191] Nr.127, Chyträus-Hardenberg, 15.8.1551; vgl.David Chyträus-seinen Bruder Josua in Bremen, 8.10.1551, A in: SA Bremen, 2-ad T.1.c.2.b.2.c.2.b (N°.1).

[192] Nr.127, s.vorige Anm.; Nr.136, ders.-dens., 31.1.1552; Nr.139, ders.-dens., 1.6.1552.

[193] Nr.124, Chyträus-Hardenberg, 20.6.1551: den Mediziner Jakob Bording; zu ihm: Krabbe, *Rostock*, 521-525, 552; ders., *Chyträus*, 38f. Nr.146, Chyträus-Hardenberg, 5.3.1553: Henricus Tilingius; Nr.150, Chyträus-Hardenberg, 23.8.1553: Herman Lipman; Nr.186, Chyträus-Hardenberg, 5.8.[1556]: Theodor Somer.

[194] Zu ihm: s.*supra*, I.3, Anm.289.

[195] 1519-1581, Lateinschullehrer in Lübeck: Jöcher 4, 1630f.

lich wird, dass die Beziehungen untereinander noch gut sind.[196] Die
theologische Diskussion zwischen Hardenberg und Chyträus beschränkt
sich, was den Briefwechsel angeht, auf die Osianderfrage. Hardenbergs
Bemerkung, dass (der Osiander wohlgesinnte Herzog)[197] Albrecht von
Brandenburg ihn um sein Urteil über Osiander gefragt hat, verleitet
Chyträus dazu, dem zwanzig Jahre älteren *doctor theologiae* die Sache
sehr genau zu erklären, wofür er sich im nachhinein entschuldigt.[198] Die
hauptsächliche Kritik des Chyträus richtet sich gegen Osianders
Umkehrung von Ursache und Wirkung in der Rechtfertigung. Die
göttliche Einwohnung, die der Rechtfertigung folgt, wird von Osiander
zur kausalen Ursache dafür gemacht.[199] In der Rechtfertigung geht es um

---

[196] Nr.150, Chyträus-Hardenberg, 23.8.1553; Nr.151, ders.-dens., 5.9.1553.
Chyträus heiratete am 19.11.1553 Margarita, Tochter von Laurentius Smedes,
Bürgermeister von Rostock. Chyträus schenkt Hardenberg 1554 seine *Catechesis in
academia Rostochiana ex praelectionibus Davidis Chytraei collecta*, Rostochii, 1554,
in: BGK Emden, Theol 8° 533.

[197] Roth, *Albrecht von Preussen*; Fligge, *Albrecht von Preussen*.

[198] Nr.136, Chyträus-Hardenberg, 31.1.1552. Das fragliche *iudicium* hatte
Hardenberg damals schon vollendet: *Osiander* I-III, bzw.31.12.155[1], [Ende 1551?]
u.8.1.1552; s.*supra*, S.131-137.

[199] Nr.136, s.vorige Anm. Auch Chyträus selber wird—von seinem Herzog Johann
Albrecht von Mecklenburg—um ein Gutachten über Osianders Ansichten gebeten, das
er ihm im April 1552 zuschickt (nicht erwähnt in Stupperich, *Osiander*, 286ff. („Die
auswärtigen Urteile und ihre Bewertung in Preussen"). Krabbe, der das Gutachten in
den Archiven nicht hat herausfinden können, bemerkt, *Chyträus*, 71, Anm.**:
„Unzweifelhaft aber hat dasselbe sich auf das Entschiedenste gegen die Häresie
Osianders als eine solche, welche die kirchliche Versöhnungslehre, beziehungsweise
die Rechtfertigungslehre verderbe, ausgesprochen, gleichwie auch später Chyträus mit
grosser Entschiedenheit den Osiandrismus zurückweist". Chyträus' Brief vom
31.1.1552 bestätigt Krabbes Annahme und das rechtfertigt ein längeres Zitat aus dem
Brief, 49ᵛ: „Primum enim multi [-] articuli quj maxime & diffestes (?) disputationem
parerent si agitarentur, vt de corporali [-] mixtione Christi cum sanctis, de iustitia
[-]erus nut[-]. Deinde, sententiam Ecclesiarum nostrarum [de] Iustitia calumniose
deprauatam recitatur, [-] inquit Docere alios Nos propter fidem velut propter opus aut
donum iustos pronunciari, etiam mali nebulones ac nondum vere iusti sumus. Postea
multa & speciosa Lutheri testimonia conceruat (= conservat) in ijs materiis, de quibus
nulla ipso est controuersia, uti Quod Diuinitas in renatis per fidem habitet. Sed postea
adsuit Osiander: Hanc Diuinitatis inhabitationem, quae reuera effectus est seu [-]
quiddam & sequens et coniunctum cum iustificatione, causam Iustificationis formalem
esse. Ac praecipuum controuersiae Osiandri statum esse iudico: Quid sit Iustitia
Hominis coram deo. An essentialis inhabitatio totius diuinitatis et CHRisti corporaliter
se nobis permiscentis. An vero imputatio iustitiae propter Filium dej gratuita, cum qua
donatio Sp.Sanct. & nouae iustitiae inchoatio & Dej inhabitatio coniuncta est. (50ʳ)
Huic quaestioni adhaerent materiae, de discrimine Redemptionis & iustificationis, de
significatione vocabulorum iustitae & iustificationis, de peccato in renatis reliquo,
Quas recte et perspicue explicari refutatis sophismatibus Osiandri necesse est, Sed quo

Christi Verdienst und die Vergebung der Sünden, wie aus Römer 3 ersichtlich ist.[200] Der Standpunkt des Chyträus—der mit dem Hardenbergs übereinstimmt[201]—ist entschlossen und deutlich: Melanchthons Antwort an Osiander verdient Zustimmung,[202] Osianders Reaktion darauf Abscheu.[203] Brenzens Brief an Melanchthon über Osiander, von Melanchthon an Chyträus gesandt, schickt letzterer kommentarlos an Hardenberg weiter.[204]

Die Sympathien des Chyträus zeigen den Kurs, dem sein Denken folgt: der Kontakt mit Heshusens Anhänger Andreas Martinus tut Chyträus aussergewöhnlich gut;[205] Heshusen heisst „der Unsrige";[206] Heshusen und Georg Venetus sind „vortreffliche Theologen".[207] Mit dem Brief, der die Ankunft letzterer in Rostock vermeldet und dessen Ton merklich kühler ist als sonst, bricht die Korrespondenz bezeichnenderweise ab.[208]

Noch kein Jahr später, im Sommer 1557, während der dänischen Einmischung, finden wir beide im Gespräch über das Abendmahl. Auf der Durchreise in Bremen,[209] kritisiert Chyträus Hardenbergs mediale Auffassung des *hoc est* in den Einsetzungsworten.[210] Zu Unrecht interpretiere Hardenberg die Worte „Das ist mein Leib" als „Dies Brot ist das Mittel, durch das uns Christus mitgeteilt wird" (ein *dictum* Melanchthons!), so wie das Wort des Evangeliums das *medium* ist, durch

---

feror fiducia candoris tuj & cupiditate tibi gratificandi, oblitus excellentis prudentiae, eruditionis et pietatis tuae, [-] tenuitatis & modestiae".

[200] Nr.136, s.vorige Anm., 50ʳ, Zitat aus: Melanchthon-Chyträus, 4.1.1552, in: *CR* 7, 902.

[201] S.*supra*, S.131-137.

[202] Nr.136, s.vorvorige Anm., 50ʳ. Melanchthons *Antwort auf das Buch Herrn Andreae Osiandri von der Rechtfertigung des Menschen*, Januar 1552, in: *CR* 7, 892-902; *MWA* 6, 452-461.

[203] Nr.139, Chyträus-Hardenberg, 1.6.1552, 51ᵛ. Gemeint ist Osianders *Widerlegung der ungegrundten undienstlichen Antwort Philippi Melanthonis*, Königsberg, 1552 (Seebass, *Bibliographia Osiandrica*, 176, Nr.64); s.Stupperich, *Osiander*, 250-258.

[204] Nr.145, Chyträus-Hardenberg, 18.2.1553; Brenz-Melanchthon, 6.11.1552, in: *CR* 7, 1129f.; Melanchthon-Chyträus, 4.1.1553, in: *CR* 8, 14f.

[205] Nr.139, Chyträus-Hardenberg, 1.6.1552; zu ihm: Krabbe, *Rostock*, 506f.; Barton, *Um Luthers Erbe*, 126.

[206] Nr.145, s.vorvorige Anm.

[207] Nr.186, Chyträus-Hardenberg, 5.8.[1556]. Zu Venetus: Barton, *Um Luthers Erbe*, 124.

[208] Nr.186, s.vorige Anm.

[209] *De controversia*, 727.

[210] Chyträus-Hermann Cregel (Rektor in Celle), 8.1.1558, in: Schütz, *De vita Davidis Chytraei* 1, 153; teilweise in: Krabbe, *Chyträus*, 81f.

das Christus uns seine Wohltaten schenkt.[211] Der eigentlichen und einfachen Bedeutung der Worte zufolge seien Brot und Wein im Abendmahl der wirkliche, substantielle Leib und Blut Christi, wenn Chyträus auch die Allgegenwart des Leibes Christi *extra coenam* verwirft.[212]

Es liegt auf dieser gut lutherischen Linie, dass sich Chyträus ein Jahr später gegen den *Frankfurter Rezess* wendet,[213] im Januar 1561 gegen die philippistische Partei auf dem Naumburger Konvent[214] und Anfang Februar desselben Jahres auf dem Kreistag in Braunschweig gegen Hardenberg.[215] Schon ein Jahr zuvor lehnte Chyträus die Bitte Melanchthons ab, Heshusen von einer *theatrica disputatio* mit Hardenberg abzuhalten.[216] Die Ausweisung aus Rostock des Anhängers Hardenbergs, Rudolf Mönkhausen,[217] ist Grund genug für Hardenberg, Chyträus auf dem Treffen in Braunschweig als Gesprächspartner abzulehnen.[218] Mit der Unterzeichnung der Verurteilung des Glaubensbekenntnisses Hardenbergs in Braunschweig[219] und dem Verfassen der Akten des Kreistages[220] wirkt Chyträus persönlich an Hardenbergs Ausweisung aus Niedersachsen mit. In einer der Bremer Abendmahlskontroverse gewidmeten Sonderpublikation karakterisiert er ihn als Zwinglianer.[221]

---

[211] Diese Formulierung kehrt in Chyträus' *Bedenken* gegen den Frankfurter Rezess vom 14.8.1558 zurück und wird dort den Sakramentariern in den Mund gelegt: Krabbe, *Chyträus*, 140**.

[212] Möglicherweise meint Melanchthon dieses Treffen mit Chyträus, wenn er Hardenberg schreibt: „Tuum hospitem Davidem salsis ironiis usum esse iudico, cum ea dixit, quae narras", Nr.230, Melanchthon-Hardenberg, 3.8.1557.

[213] Krabbe, *Chyträus*, 133-145.

[214] Krabbe, *Chyträus*, 146-148.

[215] Krabbe, *Chyträus*, 148f.

[216] Melanchthon-Chyträus, 5.3.1560, in: *CR* 9, 1065f. Vgl.Nr.279, Melanchthon--Hardenberg, 29.2.1560, 1062f. Chyträus, *De motibus Bremensibus*, 264, spricht von einem „amicum et placidum colloquium".

[217] *Scriptum concionatorum Hamburgensium ad Rostochienses contra Rodolphum Monnickhusen, quondam Rostochij nunc Bremae V.D.Min.*, 3.9.1560, in: SA Bremen, 2-T.1.c.2.b.2.c.2.b.2, Convolut der 1560, No.35, und in: Greve, *Eitzen*, n.9, 44f. Vgl.Hamelmann, *De ambiguitatibus Sacramentariorum*, D8^b; Löscher, *HM* 2, 57f.; Gerdes, *SA* 4, 2, 707; Spiegel, 297.

[218] S.I.3, Anm.441; *Appellation an Kaiserl.Majestaet*, 16^r; Krabbe, *Chyträus*, 149. Hardenbergs Bitte, Mönkhausen als Notar der Besprechung in Braunschweig beiwohnen zu lassen, wird von den Kreistaggesandten abgelehnt, s.*Summarischer Bericht*, 868.

[219] Gerdes, *HM*, 161-163.

[220] S.*supra*, I.3, Anm.441.

[221] Chyträus, *De motibus Bremensibus*, das auf Kenkels *Brevis, dilucida, ac vera narratio* zurückgeht.

Hardenbergs Auffassung der Gegenwart Christi im Abendmahl ist der Grund für den Bruch zwischen beiden. Chyträus hält sie für eine grosse Gefahr für die lutherische Kirche,[222] vor allem, da sie Melanchthons öffentliche Zustimmung gefunden hat.[223] Chyträus beobachtet mit grosser Sorge die Entwicklung in Bremen nach 1561.[224] Sie ist für ihn einer der Gründe, sich gegen das Lüneburger Mandat von 1562 zu wenden: dieses Mandat bestätigt Hardenbergs Abendmahlsschau und steht *in effectu* im Gegensatz zum Braunschweiger Beschluss von 1561.[225] Es geht Chyträus—auch in der Konfrontation mit Hardenberg—um die richtige Interpretation der Auffassung Luthers der Realpräsenz im Abendmahl. Die Grenzen dafür sind in der *Formula Concordiae* von 1536 angegeben.[226] Chyträus leugnet einen Umschwung in Luthers Denken, dieser habe gegen Ende seines Lebens den Schweizern gegenüber eine versöhnliche Haltung angenommen, im Gegensatz zu Hardenbergs Behauptung.[227] Bis zu seinem Tod habe Luther an der *Formula Concordiae* festgehalten, so Chyträus,[228] und Hardenberg bewege sich ausserhalb ihrer Grenzen.[229] Die Stimme des Gewissens des Chyträus ist dann stärker als seine Neigung, Rücksicht auf Menschen zu nehmen.[230]

---

[222] Chyträus, Simon Pauli, Conrad Pistorius, *Christliches demüthiges Bedenken von dem Lüneburgischen Mandat*, A in: SA Bremen, 2-E.7.d. (datiert 2.2.1563) und SB Bamberg, J.H.Msc.Theol.6, 381/85, XXIV; Krabbe, *Chyträus*, 157f.

[223] Krabbe, *Chyträus*, 158; vgl.Chyträus-Jakob Monaw, o.J., in: Chyträus, *Epistolae*, 1109-1117, namentlich 1116f. Man kann an Melanchthons Gutachten für Friedrich III. zu dem Heidelberger Abendmahlskonflikt denken: *Iudicium de controversia de coena Domini*, 1.11.1559 (in: *CR* 9, 960-963; *MWA* 6, 482-486; s.*infra*, III.3.4.1) und an Melanchthons Versprechen, als Hardenbergs Beistand an der Bremer Disputation vom 20.5.1560 teilzunehmen (s.*supra*, Anm.68).

[224] Chyträus—den ausgewichenen Bremer Bürgermeister Detmar Kenkel, 15.7.1562, in: SA Bremen, 2-E.7.d. (dort datiert 16.7), P in: Chyträus, *Epistolae*, 25-30; vgl.Chyträus, *De motibus Bremensibus*, 266.

[225] Krabbe, *Chyträus*, 158f.

[226] Chyträus-Heshusen, 7.1.1582, in: Chyträus, *Epistolae*, 315-319.

[227] S.*supra*, S.49.

[228] Schnell, *Chyträus*.

[229] Chyträus, *De motibus Bremensibus*, 265. Chyträus überschreitet die Grenze in entgegengesetzer Richtung, wenn er 1586 gegenüber Daniël Hoffmann (*RGG* 3, 413) die *ubiquitas absoluta* verteidigt, *RE* 4, 114; *TRE* 8, 88. Vgl. auch Chyträus-Hoffmann, 1.5.1591, in: Chyträus, *Epistolae*, 764-767.

[230] Krabbe, *Chyträus*, 153 (Chyträus-Johann Albrecht von Mecklenburg, 1561, in: Chyträus, *Epistolae*, 1122f., anlässlich des Frankfurter und Naumburger Rezesses).

Hardenbergs Beziehungen zu Hermann Hamelmann (1526-1595),[231] einem anderen Schüler Melanchthons, geben ein ähnliches Bild: zunächst Übereinstimmung, die dann in das Gegenteil umschlägt. Im Jahre 1558, beim Erwerben des Lizentiates der Theologie in Rostock unter Chyträus, sieht sich Hamelmann mit seiner Kritik an der Ubiquität und der Transsubstantiation noch auf einer Linie mit Hardenberg, Melanchthon und dem *Frankfurter Rezess*.[232] Nach Melanchthons Stellungnahme 1559 und dessen Tod 1560 sind es gerade diese Punkte, derentwegen Hamelmann Hardenberg attackiert und ihn als Sakramentarier und Zwinglianer an den Pranger stellt.[233]

Der Stärkung der konfessionellen Flügel des norddeutschen Luthertums liegt die Kontroverse über das Abendmahl, näher gesehen die Christologie, zugrunde. Letzteres ist im nachfolgenden deutlich zu machen.

2.3.2. *Brenz*

Der Einfluss des Johannes Brenz (1499-1570)[234] auf die Entwicklung der norddeutschen Theologie ist von grösserem Umfang und früherem Datum, als bis heute in der Literatur angenommen wurde. *Trait-d'union* zwischen dem Reformator von Schwäbisch Hall und dem aufkommenden Gnesioluthertum im Norden ist Hardenberg. Das nötige Wissen für seinen Überraschungsangriff auf die christologische Fundierung der Bremer Ubiquitätslehre zu einem Zeitpunkt, als man sich in Bremen der christologischen Implikationen dieser Lehre noch gar nicht bewusst ist,[235] bezieht Hardenberg, wie sich herausstellen wird, von Brenz, lange bevor dieser mit seinen neuen christologischen Einsichten an die Öffentlichkeit tritt. Unter Brenzens Einfluss bewirkt Hardenberg in dieser Weise eine

---

[231] *ADB* 10, 475; *RE* 7, 385; *NDB* 7, 585f.; *RGG* 3, 49f.; *LdG*, 485; Thiemann, *Theologie Hermann Hamelmanns*; Stupperich, *Reformatorenlexikon*, 94f.

[232] Nr.243, Hamelmann-Hardenberg, 3.Sonntag Trinitatis 1558.

[233] Hamelmann, *Religionsstreitigkeiten*, 145-151; ders., *De ambiguitatibus Sacramentariorum*, B2ᵇ, B3ᵃ/ᵇ, D8ᵇ, E1ᵃ, E7ᵃ, H8ᵇ; vgl.H1ᵃ und ders., *De Sacramentariorum furoribus*, c.5, über Hardenbergs zwinglischen Universalismus. Vgl.Melanchthons negatives Urteil über Hamelmann: Nr.281, Melanchthon-Hardenberg, 30.3.1560.

[234] *RE* 3, 376-388; 23, 255f.; *ADB* 3, 314-316; *NDB* 2, 598f.; *RGG* 1, 1400f.; *TRE* 7, 170-180; Schäfer/Brecht, Hrsg., *Brenz*; Stupperich, *Reformatorenlexikon*, 43f.; *HDThG* 2, 129-132; 275-280. Nicht herangezogen: J.W.Constable, *Johann Brenz's role in the sacramentarian controversy of the sixteenth century*, Diss.phil., Ohio State University, 1967.

[235] S.*supra*, S.51-54.

326 III DOGMENGESCHICHTLICHE STELLUNG

Beschleunigung in der norddeutschen gnesiolutherischen Besinnung auf die Christologie und das Auseinandergehen der Schüler Melanchthons. Wie bekannt, sieht die Literatur Brenzens Ausbau der lutherischen Abendmahlslehre und Christologie markiert durch sein *Syngramma Suevicum* von 1525[236] und sein Kolloquium mit a Lasco in Stuttgart im Mai 1556[237] oder die Einleitung des Kapitels *De eucharistia* in seiner Verteidigung der *Confessio Virtembergica* aus dem Jahr 1557.[238] Anfänglich als Lehrling des Oecolampadius wendet sich Brenz im *Syngramma* gegen die tropische Auslegung der Einsetzungsworte, legt er Nachdruck auf die Objektivität des Worts, und unterscheidet—damit einen Ansatz zu einer Ubiquitätslehre gebend—zwischen einer Gegenwart Gottes, mit der Gott alle Dinge erfüllt, und einer Gegenwart durch das Wort im Glauben.[239] Die christologische Grundlage der Realpräsenz des Jesusleibes im Abendmahl, 1557 veröffentlicht und vor allem in seinen christologischen Schriften von 1561 und 1562[240] ausgebaut, soll Brenz 1556 zum ersten Mal vertreten haben.[241]

Sehr bemerkenswert dennoch ist ein Brief Brenzens an Hardenberg über die Gegenwart des Leibes Christi im Abendmahl, geschrieben zwischen Dezember 1544 und Ende 1546,[242] in dem einerseits auf der

---

[236] Brenz, *Frühschriften* 1, 222-278.

[237] *TRE* 7, 176; *HDThG* 2, 131; vgl.Kruske, *Sacramentsstreit*, 126-129; Hein, *Sakramentslehre*, 173ff. Die *Acta Stuttgardiensia* in: *CO* 44, 161-169 (vgl.150-160) und (teilweise) Kuyper 2, 724-730.

[238] Mahlmann, 134f.; ders., *Personeinheit Jesu mit Gott*, 191. Gemeint ist die *Apologia Confessionis illustrissimi principis ac domini d. Christophori Wirtenbergensis etc.*, und davon die *Posterior pars secundae pericopes* (Köhler, *Bibliographia*, Nr.329): *De eucharistia*, in: Brenz, *Opera* 8 (= Köhler, *Bibliographia*, Nr.571), (507-572) 507-512.

[239] Fricke, *Christologie*, 39-48; Kantzenbach, *Brenz*, namentlich 565-570; Brecht, *Frühe Theologie*, 64-89; *TRE* 7, 175; *HDThG* 2, 131.

[240] Brenz, *De personali unione duarum naturarum in Christo* (1561), *Sententia de libello D.Henrici Bullingeri* (1561) und *De maiestate Domini nostri Iesu Christi ad dextram Dei patris* (1562), in: Brenz, *Christologische Schriften* 1. Vgl.Fricke, *Christologie*, 181-206 und Mahlmann, *Personeinheit Jesu mit Gott*.

[241] Nach Caspar Peucer, so Ritschl, *Dogmengeschichte* 4, 71, noch übernommen von B.Lohse in *HDThG* 2, 131.

[242] Laut der Adresse: „Insigni pietate & eruditione viro domino Doctori Alberto Hardenbergio Frisio, *docenti Euangelion in dicione Coloniensi*, Domino & fratri suo in Christo amico", Nr.60, Brenz-Hardenberg, [zwischen Ende 1544 u.Ende 1546]. Der bisher unerwähnte Brief mag zwischen dem 1.und 22.Dezember 1545 in Regensburg geschrieben sein, vgl.Nr.49, Bucer (Regensburg)-Hardenberg u.[Val.Poullain?], 22.12.1545: „D.Brentius, Frechtus et ego expectamus, Schnepfius et Brentius tres septimanas, ego et Frechtus unam. () Habes hic frater colende, Brentii literas. Rogo scribas de ea causa aliquid...".

Linie des *Syngramma* an der Gegenwart durch das Wort festgehalten wird, aber in dem andererseits bereits alle Hauptpunkte der neuen, brenzischen christologischen Begründung der Ubiquität vorhanden sind.

Brenz hatte Hardenberg auf dessen Bitte hin schon eher, am 7.November 1544, über seine Abendmahlslehre geschrieben, nachdem Hardenberg vergeblich versucht hatte, ihn während seiner theologischen Rundreise in der zweiten Hälfte von 1544 zu besuchen.[243] Im Hinblick auf den aufflammenden Abendmahlskonflikt war Brenz in diesem Brief aber auf grosse Zurückhaltung bedacht gewesen; unter Zusendung seiner *In D.Iohannis Evangelion Exegesis* (1528)[244] hatte er nur die *manducatio impiorum* verteidigt.[245]

In seinem Brief von 1544/46 geht Brenz jedoch ausführlich auf die Sache ein. Anlass ist die Lektüre einer Schrift a Lascos „de coena dominica".[246] A Lascos Behauptung, dass der Beweis aus der Heiligen Schrift für die Vereinigung der natürlichen Substanz des Leibes Christi mit dem Abendmahlsbrot nicht zu erbringen ist, veranlasst Brenz, *ex fontibus scripturae* die Realpräsenz des Leibes und Blutes Christi im Abendmahl zu beweisen.[247] Dabei verweist er dann weder auf die Einsetzungsworte noch die *sessio ad dextram* wie im Jahre 1525, sondern auf die Christologie, wobei alle seine Aussagen in seinen späteren christologischen Schriften zu verfolgen sind.[248]

---

[243] Nr.24, Brenz-[Hardenberg], 7.11.1544. Auch dieser Brief ist in der bisherigen Literatur nicht erwähnt.

[244] Köhler, *Bibliographia*, Nr.25. Als *donum auctoris* an Hardenberg in BGK Emden; vgl.Kochs, *Bibliothek* 2, 41.

[245] Nr.24, s.vorvorige Anm., 293ᵛ, unter Bezug auf seinen tags zuvor geschriebenen Brief an Johann Engelmann, Hofprediger Herzogs Christoph in Mömpelgard (Pressel, *Anecdota Brentiana*, XXI, Nr.237). Aus dem Brief geht ferner hervor, dass Brenz auf Hardenbergs Bitte hin versucht hat, den Aduarder Abt Johan Reekamp zur Klosterreformation zu bewegen.

[246] Damit könnte gemeint sein: 1.die *Epitome Doctrinae*, Mitte 1544, in: Kuyper 1, 481-572 (vgl.Nr.19, a Lasco-Hardenberg, 31.8.1544, 581f.: „Mitto ad te doctrinae meae epitomen, ut a Bucero, et aliis istic excutiatur"); 2.die *Epistola de verbis Coenae Domini*, o.J., in: Kuyper 1, 557-572; 3.die *Epistola ante Quinquennium ad amicum quendam scripta*, April 1545, in: Kuyper 1, 467-479; 4.die *Moderatio doctrinae*, 1546, in: Dalton, *Lasciana*, 43-60; zu dieser Schrift: Hein, *Sakramentslehre*, 63-71.

[247] Nr.60, Brenz-Hardenberg, [zw.Ende 1544 u.Ende 1546], 287ᵛ.

[248] In den folgenden Anmerkungen wird zum Vergleich verwiesen auf die *Acta Stuttgardiensia* (s.Anm.237), auf die Einleitung des Kapitels *De eucharistia* in der *Apologia Confessionis* in Brenzens *Opera* 8, 507-512 (s.Anm.238) und auf die in Anm.240 erwähnten Schriften. Zu der Einleitung in der *Apologia Confessionis*, s.Mahlmann, 135-167.

Kernstück seiner Ausführung ist die Personalunion der göttlichen und menschlichen Natur Christi. Der Leib Christi ist nicht mit dem eines anderen vergleichbar, „denn Christus hat Fleisch, das mit der göttlichen Natur verbunden ist in Einheit der Person".[249] Das impliziert für Brenz die *ubiquitas absoluta* des Menschen Jesus, auch wenn er den Ausdruck selbst nicht benutzt. Es kann nicht abgestritten werden, so Brenz, dass Christi Gottheit das Abendmahlsbrot erfüllt. „Was soll denn diese Gottheit daran hindern, das Fleisch, das mit ihr in Einheit der Person verbunden ist, mit sich zu bringen?".

Die Partizipation der menschlichen an der göttlichen Natur wurzelt nicht im Fleisch, sondern im Gottsein.[250] „Der natürliche Zustand des menschlichen Fleisches verträgt es nicht, dass die göttliche Natur mit ihm in Personeinheit verbunden wird, dass das Fleisch über das Wasser des Meeres wandelt wie über trocknes Land, () dass es plötzlich aus den Augen der Menschen verschwindet und unsichtbar wird, dass es in die Höhe aufsteigt ohne Flügel oder Leitern und dergleichen mehr. Und dennoch sind all diese Dinge wahr in bezug auf das Fleisch Christi, freilich nicht kraft der eigenen Natur des Fleisches, sondern durch göttliche Kraft".[251]

Brenz führt drei Beweise aus der Heiligen Schrift an:
(1.) Nach Johannes 1,14, „Das Wort ward Fleisch", impliziert die Inkarnation die Deifikation des Menschen Jesus: *unio* und Erhöhung fallen zusammen. Der Gottessohn hat immer in der Einheit seiner Person den Menschensohn mit sich in die geistlich-himmlische Welt eingeführt: „Wir können weder nach noch vor der Auferstehung Christi einen bestimmten Ort anzeigen, wo die Menschheit Christi so ist, dass sie nicht zugleich auch an einem anderen Ort ist, was Christus selbst zu erkennen gibt, als er auf weite Entfernung sieht, dass Nathanael unter dem Feigenbaum sitzt[252] und Lazarus[253] stirbt".[254]

---

[249] Vgl.Brenz, *De personali unione*, in: *Christologische Schriften* 1, 52.

[250] Vgl.Brenz, *De personali unione*, in: *Christologische Schriften* 1, 30, 42.

[251] Nr.60, Brenz-Hardenberg, [zw.Ende 1544 u.Ende 1546], 287ᵛ-288ʳ: „Quid ergo prohiberet, quo minus ipsa Christj divinitas secum carnem, quae cum ipsa in unitate personae coniuncta est, adduceret? () Non fert hoc humana caro, sua ipsius natura, sed fert hoc, beneficio divino. Naturalis conditio humanae carnis non fert, ut divina natura cum ipsa coniungatur in unitate personae, ut ambulat super aquas maris, quasi super aridam, () ut subito ex oculis hominum evanescat, et fiat invisibilis, Ut ascendat absque alis & scalis in altum, [et] multa id genus alia; & tamen haec omnia vere sunt in carnem Christi, non quidem ex ipsa carnis natura; sed divina potentia". Vgl.Brenz, *Opera* 8, 509.

[252] Vgl.Brenz, *De maiestate*, in: *Christologische Schriften* 1, 338.

[253] Idem.

(2.) Epheser 4,10 spricht von der Erfüllung durch Christus nicht von der Schrift, sondern von dem All, „sowohl von dem was unten, als auch was oben ist, und nicht nur mit seiner Gottheit—wodurch er weder hinabgefahren noch aufgefahren ist—, sondern auch mit seiner Menschheit".[255] Zu Unrecht interpretiert Augustin Christi *ascendere* im räumlichen Sinn.[256] Christus ist in die himmlische Welt von Gott selbst eingegangen und transzendiert damit Raum und Zeit. „Er erfüllt das All nicht, so wie Rüben einen Sack füllen, sondern diese Erfüllung ist eine himmlische und göttliche, die zwar wie auch immer benannt, jedoch nicht nach menschlichem Begriffsvermögen verstanden werden kann. Es ist nicht zu fürchten, dass die Menschheit Christi sich an mehreren Orten zugleich manifestiert, weil in der himmlischen Welt, wo Christi Menschheit ist, weder Zeit noch Ort besteht".[257]

(3.) Räumliche Vorstellungen in bezug auf Christus sind auch *ante resurrectionem* ausgeschlossen. „In der geistlichen Welt ist Mathematik fürwahr nichts wert". Beweistext dafür ist Psalm 90,4, angeführt in 2.Petrus 3,8: „'Tausend Jahre sind vor dem Herrn wie ein Tag'. Warum sollen auch nicht tausend Orte für ihn wie ein Ort sein, ja, wie überhaupt kein Ort? () Dort (in der geistlich-himmlischen Welt) sind ja alle Orte wie ein Ort, ja, () selbst wie kein Ort".[258]

---

[254] Nr.60, Brenz-Hardenberg, [zw.Ende 1544 u.Ende 1546], 288[r]; 289[r]: „non possumus nec post nec ante resurrectionem Christj certum locum demonstrare, in quo humanitas Christj ita sit, ut non etiam [sit] in alio; id quod significat Christus ipse, cum vidit longe absens Nathanaelem sub ficu, et Lazarum animam agere". Vgl.Brenz, *Opera* 8, 508; *Acta Stuttgardiensia*, in: *CO* 44, 161; Brenz, *De maiestate*, in: *Christologische Schriften* 1, 336-340. Vgl.Mahlmann, *Personeinheit Jesu mit Gott*, 200-202.

[255] Nr.60, s.vorige Anm., 288[r-v]: „tam infera quam supera; impleret autem non solum divinitate, qua nec descendit, nec ascendit, verum etiam humanitate". Vgl.Brenz, *Opera* 8, 509f.; *De personali unione*, in: *Christologische Schriften* 1, 54/6.

[256] Nr.60, s.vorige Anm., 288[v]-289[r]. Vgl.Brenz, *Opera* 8, 509f; *Sententia*, in: *Christologische Schriften* 1, 136/8, 170; *De maiestate*, in: *a.a.O.* 1, 432/4.

[257] Nr.60, s.vorige Anm., 288[v]: „Non est haec impletio, qualiter rapae implent saccum, sed est coelestis & divina, quae quidem dicj utcunque, non autem humano captu compraehendj potest. Nec metuendum est ne humanitas Christj in pluribus simul locis affirmetur, cum in caelesti mundo, in quo est humanitas Christj, nec sit tempus, nec locus". Vgl.Brenz, *Opera* 8, 508, 510.

[258] Nr.60, s.vorige Anm., 288[v]-289[r]: „Jn spiritualj enim mundi nihil valet Mathematica"; „Mille annj apud Dominum perinde sunt ac unus dies. Cur non & mille loca essent in conspectu eius sicut [unus] locus? imo ne locus quidem? () Jbi enim omnia sunt unus locus, imo () ne locus quidem". Vgl.Brenz, *Opera* 8, 508-510; *Sententia*, in: *Christologische Schriften* 1, 164/6; *De maiestate*, in: *a.a.O.* 1, 404; vgl. Mahlmann, 147.

Unwiderlegbar erscheint aus diesen Texten die Omnipräsenz der menschlichen Natur Christi, und damit ist die Realpräsenz bewiesen und christologisch begründet.[259]

Die Funktion der Einsetzungsworte—als Beweis für die Realpräsenz beiseite geschoben—gilt es, zwischen der Gegenwart des Leibes und Blutes Christi „im Himmel, auf Erden, in Apfel oder Birne" und der Gegenwart im Brot und Wein des Abendmahls zu unterscheiden. Durch das göttliche Wort findet im Abendmahl eine Spendung und Exhibition zur Stärkung des Glaubens statt. „In einem Apfel oder einer Birne ist er nämlich nicht so gegenwärtig, wie er uns dort (im Abendmahl) ausgeteilt wird und durch uns zur Verstärkung des Glaubens empfangen wird. Im Brot und Wein des Abendmahls ist er aber so gegenwärtig, dass er uns dort auch dargereicht und durch uns empfangen wird. Es ist nämlich nicht von einem Apfel oder einer Birne—wie vom Brot und Wein des Abendmahls—von Gottes Seite gesagt worden: 'Nehmet, esset, das ist mein Leib', usw. In der Mahlzeit des Herrn werden darum der Leib und das Blut Christi ausgeteilt, nicht weil in ihr etwas neues—zuvor an sich abwesend, nun aber durch die Konsekration sozusagen vom Himmel herabgekommen—zu Brot und Wein hinzukomme, sondern weil ein neues Wort hinzugekommen ist, welchen Wortes Apfel und Birne entbehren. Mit Fug und Recht ist deswegen von Augustinus gesagt worden: 'Das Wort kommt zum Element () und macht es zum Sakrament'".[260]

Dieser Brief zeigt, dass Brenz nicht erst 1556 in Stuttgart[261] oder 1557 in der Einleitung seines Kapitels *De eucharistia* in der *Apologia Confessionis*[262] oder (vorläufig erst im Ansatz) 1547 in der ersten von

---

[259] Nr.60, s.vorige Anm., 289^r: „Jtaque Christus implet non solum divinitate, verum etiam humanitate sua coelum & terram. Quod cum ita se habeat, fierj non potest, quin etiam impleat panem coenae dominicae". Vgl.Brenz, *Opera* 8, 511; *Sententia*, in: *Christologische Schriften* 1, 178/180.

[260] Nr.60, s.vorige Anm., 289^{r-v}: „Jn pomo enim aut piro non est, ut ibj distribuitur nobis, & sumatur a nobis ad confirmandam fidem; jn pane autem & vino coenae sic praesto adest, ut etiam ibj nos exhibeatur & a nobis sumatur. Neque enim de pomo aut piro, sicut de pane & vino coenae, dictum est divinitus, Accipite, edite, hoc meum est corpus etc. Quare in coena dominica distribuuntur corpus et sanguis Christj, non quod in ea coena aliquid nova antea per se absentis, nunc autem per consecratione, ut vocant, e coelo delapsa, ad panem & vinum accesserit, sed quod novum verbum accesserit, quo verbo carent poma et pira, ideoque rectissime dictum est ab Augustino: Accedit verbum ad Elementum () et fit Sacramentum". Vgl.Brenz, *Opera* 8, 511f; *De personali unione*, in: *Christologische Schriften* 1, 70/2; *De maiestate*, in: *a.a.O.* 1, 472-480.

[261] S.Anm.241.

[262] So *TRE* 7, 176; *HDThG* 2, 131.

drei 1556 herausgegebenen Predigten[263] seine neue Christologie entwickelt hat. Schon ansatzweise im zweiten Druck seines Johannes--Kommentars 1528 vorhanden,[264] ist sie, wie sich herausstellt, bereits zwischen Ende 1544 und Ende 1546 ausgereift. Was 1557 veröffentlicht wird, steht bereits zehn Jahre vorher *in nuce* aufgeschrieben, wobei der Brief selbst viel von einem Entwurf für die Veröffentlichung von 1557 hat. Es ist Brenzens Konkordienwille, der ihn in diesen Jahren noch schweigen lässt,[265] bis ihm 1556 seine Neutralität von beiden Seiten Feindschaft einzubringen droht.[266]

Vor 1556 geht auch Hardenberg nicht auf den bewussten Brief ein. Seine Gefühle Brenz gegenüber sind inzwischen zwiespältig.

Als Johann Timann in seinem *Farrago* 1555 zur Unterstützung der These „Quod Christi corpus ubique sit, eo quod verbum caro factum est. Et: quod sedet ad dexteram Patris"[267] unter anderen Brenz zitiert,[268] beruft sich Hardenberg am Palmsonntag 1556 zur Verteidigung seines entgegengesetzten Standpunktes auf dieselben Zitate Brenzens,[269] mit mehr Recht als Timann.[270] Und es bleibt nicht bei dieser einen Inanspruchnahme. Um dem Bremer Rat seine eigene Rechtgläubigkeit zu

---

[263] Mahlmann, 133.

[264] *TRE* 7, 176. S.Anm.244.

[265] Nr.60, Brenz-Hardenberg, [zw.Ende 1544 u.Ende 1546], 287^r: „Jn hac autem controversia non quaeritur nunc de usu ac fine Sacramenti coenae dominicae, de quo tamen adversarij minus quam par est, aliquoties loquere videntur, sed quaeritur de ipsa panis et vinj substantia, & ut 'dialektikoos' loquar, non tractatur iam quaestio Propter quod, sed Quod est. Sentio usum coenae maxime urgendum, et mallem controversiam illam de substantia eius nunquam exortam, ac nos contentos fuisse simplicj horum verborum, Hoc est corpus meum etc.intelligentia. Sed quod nunc faciamus? Jacta est ab adversarijs alea, qui primj non solum verba coenae varijs expositionibus in alienum sensum detorquebant, verum etiam corpus Christi e coena ita aufferebant, ut hinc externo coelo affigerent, ac de Christo, in regno suo, prorsus carnalia & localia somniarent. His certe erroribus obstandum erat."

[266] Mahlmann, 134f.

[267] Titel der Seiten 225-299 von Timanns *Farrago*.

[268] Timann, *Farrago*, 226-233, 261: fünf Zitate aus dem *Catechismus pia et utili explicatione illustratus* (Francoforti, 1551) und den Kommentaren zu Lukas und Johannes (Köhler, *Bibliographia*, Nr. 197, 138, 142).

[269] *Causae*, 78^v; *Hos sequentes Articulos*, 87^v, 89^r; *De controversia*, 717; *Notitiae*, 21^v; *Declaratio*, 46^r.

[270] *De controversia*, 717: „... dess Amsterdamj Farraginem () daer he vele dingess tho samen geslagen hefft, doch nicht up de ubiquiteet ludende, daer idt eme umme tho doende wass". Mahlmann, 45 spricht über eine „unreflektierte Haltung Timanns, da er recht disparates Material zu seiner Frage zusammenträgt, ein Zeichen dafür, dass er verkannt hat, was in diesem Stadium der lutherischen Christologie möglich war".

beweisen, weist Hardenberg darauf hin, dass auch Brenz die *synecdoche* kennt[271] sowie auch den Unterschied zwischen dem Mund des Leibes, der das Brot und dem Mund des Glaubens, der Christi Leib empfängt;[272] auch führt er Brenzens Kommentar zu Johannes 6[273] und seine 50. Predigt über die Leidensgeschichte gegen die örtliche Einschliessung an.[274]

Aber inzwischen spricht Hardenberg in einem vertraulichen Schreiben an den Emder Bürgermeister Medmann vom 8.8.1556 seine Zweifel an Brenz aus.[275] Hardenberg will wissen, ob Brenz und a Lasco in ihrem Gespräch in Stuttgart, über das ihm Medmann berichtet hatte, zu einer Übereinstimmung gekommen sind. Seit einiger Zeit verspricht sich Hardenberg nicht mehr viel von Brenz. Dieser verteidigt seinen Osiandrismus[276] nicht gut. Seine Auffassung vom Abendmahl, so wie im Johanneskommentar von 1528[277] wiedergegeben („in einer schönen Exegese (), meines Erachtens gut genug"), hat er aufgegeben und durch den Gedanken ersetzt, „dass der eigentliche Leib Christi, und zwar gemäss seiner Substanz, Himmel und Erde erfüllt, und dass das Abendmahlsbrot zum natürlichen und substantiellen Leib Christi konsakriert wird", so wie er das in seinen Predigten über Lukas verteidigte.[278] Hardenberg möchte sehen, dass Brenz diese Auslegung, „die er nun täglich gibt", in Übereinstimmung mit seinen früheren Auffassungen brachte.[279]

---

[271] *Iudicium*; Nr.225, Hardenberg-Domkapitel, [6?.1557]; *Causae*, 76ᵛ: „Brentius cantheri cum vino et cunarum custo[diae] similitudine libenter utitur", z.B. in seinem Kommentar zu Johannes 6 (1528), 222ᵃ (Ausgabe 1532); vgl.Fricke, *Christologie*, 51.

[272] *Hos sequentes Articulos*, 67ʳ.

[273] S.*supra*, Anm.244; Nr.196, Hardenberg-Domkapitel, 9.11.1556, 26ʳ; *Confessio*, 107; Nr.208, Hardenberg-Domkapitel, 30.1.1557; Nr.216, [Hardenberg]--Emder [Ministerium?],[nach dem 15.3.1557], 94ʳ; *Confessio nach der straesber-gesschen bekanteniss*, 34ʳ; *De controversia*, 722.

[274] Zu Brenzens *Homilia L* = Hardenbergs *Homilia de euch.*, 13.3.1557 (HB 23): s.*supra*, II.6, Anm.224, 234ff.und *infra*, Anm.288.

[275] Nr.187, Hardenberg-Medmann, 8.8.1556, 151ᵛ-152ʳ.

[276] Pressel, *Anecdota Brentiana*, Nr.CLXXXIIIf., CXC, CXCIIf.; Fricke, *Christologie*, 107-111; Bizer, *Confessio Virtembergica*, 94-117; Kantzenbach, *Stadien*, 263-265; ders., *Anteil*, 116-127; *TRE* 7, 177f. Über Melanchthon (*CR* 8, 14f.) und Chyträus (Nr.145, Chyträus-Hardenberg, 18.2.1553) empfing Hardenberg Brenzens Brief über Osiander an Melanchthon vom 6.11.1552 (in: Pressel, *Anecdota Brentiana*, Nr.CLXXXV und *CR* 7, 1129f.).

[277] S.Anm.244.

[278] S.II.6, Anm.224.

[279] Nr.187, Hardenberg-Medmann, 8.8.1556, 152ʳ.

Noch deutlicher äussert sich Hardenberg über Brenz im Herbst 1556 gegenüber von Büren.[280] Dieser hatte bei dem Versuch, in dem im Herbst 1556 erneut aufflammenden Abendmahlsstreit zwischen Timann und Hardenberg zu vermitteln, den ersteren um den Beweis aus der Heiligen Schrift für seine Ubiquitätslehre gebeten[281] und als Antwort darauf von Timann ein Manuskript Brenzens zugeschickt bekommen[282]—aller Wahrscheinlichkeit nach die Einleitung zu dem 1557 veröffentlichten Abendmahlstraktat[283]—mit der Bemerkung: „So schicke ich diesen Doktor (). Hörst Du ihn nicht, so wirst Du auch mich nie hören".[284]

In seinem Brief an von Büren vom Okt./Nov.1556 geht Hardenberg darauf ein. Er hebt Brenzens christologische Argumente für die Ubiquität des Leibes Christi hervor und charakterisiert sie als *plumbea imo plumea argumenta*—bleischwere, nein federleichte Argumente—, indem er dazu aus dem Original des an ihn gerichteten Briefes Brenzens aus der Zeit zwischen den Jahren 1544/46 zitiert. Brenzens Schlussfolgerung, dass Christi Gottheit kraft der Personalunion sein Fleisch in das Abendmahlsbrot einbringe, beruht auf einer zu schmalen und untauglichen Basis. Christus wandelte über das Wasser? Petrus auch! Christus ist aufgefahren, damit er alles erfülle, Epheser 4,10? Auf dass „er alles in allen bewirke, und ohne ihn nichts getan, gesprochen oder gedacht werde", wie Luther sagt! Tausend Jahre sind vor dem Herrn wie ein einziger Tag, und deshalb: „in der himmlischen Welt ist weder Zeit noch Ort"? *Inepta argumenta*! Und andere Argumente hat Brenz nicht. Mögen diese

---

[280] Nr.191, Hardenberg-von Büren, [Okt./Nov.1556]—aufgrund des Inhalts und einer Notiz auf der Rückseite des Briefes betreffs des Erbes von Hardenbergs Frau (wozu Hardenberg in der dritten Woche vom Oktober 1556 nach „Friesland" reiste: *De controversia*, 719) zu datieren zwischen September und 23.11.1556. Dieser Brief blieb bis heute unbemerkt.

[281] Von Büren-Timann, [Okt./Nov.1556], in: SUB Bremen, Ms.a.10, n.53.

[282] Timann-von Büren, [Okt./Nov.] 1556, in: SA Bremen, 2-ad T.1.c.2.b.2.c.2.b (N°.1); P in: Planck, *Lehrbegriff*, 155, Anm.221 und in: Wagner, 69, Anm.d.

[283] Mahlmann, 197f., s.*supra*, Anm.238.

[284] Timann-von Büren, [Okt./Nov.1556], in: Wagner, 69, Anm.d und Planck, *Lehrbegriff*, 155, Anm.221: „Ideo mitto eum Doctorem (). Quem si non audieris, neque me unquam audies". Zu den Auseinandersetzungen zwischen von Büren und Timann: von Büren-Melanchthon, 23.11.1556, A in: SA Bremen, 2-T.1.c.2.b.2.c.2. a.1, 1.Convolut, P in: Gerdes, *MG* 3, 374-382; der in Anm.285 erwähnte Brief; weiter: *De controversia*, 717f.; Planck, *Lehrbegriff*, 155f., 160-163; Wagner, 69-76; Spiegel, 173ff.; Rottländer, 14-16; Neuser, 157f.; Mahlmann, 196-198. Hardenbergs in Anm.280 erwähnte Brief wirft neues Licht auf diese Sache.

Sophismen von Büren nicht von seiner Meinung abbringen!, so Hardenberg im Herbst 1556.[285]

Hardenbergs (nur gegenüber den befreundeten Medmann und von
Büren gebrochenes) Stillschweigen in der Öffentlichkeit zu Brenzens
neuer Christologie und sein gleichzeitiges Anführen der Autorität des
frühen Brenz, kennzeichnen diesen Appell als Verheimlichungstaktik.[286]
Es geht Hardenberg darum, sich die relative Sicherheit innerhalb der
Reihen der Melanchthonschüler zu sichern. Seine Kritik an Osiander[287]
hatte diese Stellung bestärkt. Offene Kritik an Brenz oder das gegeneinander Ausspielen des frühen gegen den späten Brenz würde dieser
Stellung schaden. Daher kann Hardenberg, kaum ein halbes Jahr nach
seinen kritischen Äusserungen gegenüber Medmann und von Büren, in
einer Predigt über das Abendmahl seiner Kritiker wegen („propter
captatores") Brenz als seinen Wortführer auftreten lassen, indem er mit
Erwähnung seines Namens dessen 50. Homilie über Lukas bis auf einige
Auszüge integral zitiert.[288] Auf derselben Linie liegt das Ersuchen an
Melanchthon vom 21.Oktober 1557, sich der Mühe zu unterziehen,
Brenz sich ihnen anschliessen zu lassen: dieser hat nämlich noch immer

---

[285] S.Anm.280. Von Bürens Antwort an Timann, in der er Brenzens Schriftberuf
kritisiert und in der Hardenbergs Bemerkung zu des Petrus Gang übers Wasser
zurückkehrt, bei: Wagner, 70-75; Spiegel, 174f. Das Petrus-Argument kommt
übrigens—dem Augustin entlehnt—auch bei Brenz vor: *De personali unione* (1561),
in: *Christologische Schriften* 1, 66; *Sententia* (1561), in: *Christologische Schriften* 1,
138.

[286] Nach Neuser, 156, ist Hardenbergs Berufung auf die in Timanns *Farrago*
angeführten Theologen als eine Reaktion auf Timanns neue Interpretation der
consensus ecclesiae zu verstehen, die sich nicht nur auf die Kirchenväter, sondern
auch auf die zeitgenössischen rechtgläubigen Theologen (und unter ihnen Luther als
ersten) bezieht: „Es ist die Situation der zweiten Generation, die nun selbst schon
wieder evangelische Väter besitzt und sich auf sie beruft. () Dann aber ist es
verständlich, dass Hardenberg sich durch ein eigenes Bekenntnis nicht von Timanns
'Wolke von Zeugen' erdrücken lassen will. Er sucht ebenfalls Bundesgenossen und
führt ebenfalls einen Consensus ecclesiae ins Treffen. Es ist ein Kampf der Autoritäten
und also nicht unbedingt ein solcher des Verheimlichens und Versteckens.". In bezug
auf Hardenbergs Berufung auf Brenz bedarf Neusers Standpunkt einer Nuancierung,
wie aus dem folgenden (oben im Text) hervorgehe. Kenkels Mitteilung, dass
Hardenberg an Bucer in England geschrieben hatte, „se callere ita suam sententiam
proferre, ut etiam minime offenderentur, qui revera diversum statuerunt" (Hamelmann, *De ambiguitatibus Sacramentariorum*, D8^b; auch bei Hospinian, angeführt bei
Schmid, *Kampf der lutherischen Kirche*, 186 und übernommen von Wagner, 45 und
in *RE* 7,412) ist nicht verifizierbar.

[287] S.*supra*, II.3.2.

[288] Predigt am 13.3.1557: HB 23, *Homilia de euch.*, 13.3.1557; Brenzens *Homilia
L* in: Brenz, *Opera* 5, 1435-1443, vgl.*supra*, Anm.274.

einen gewissen Einfluss in Bremen, auch wenn er nicht mehr allzu gut angeschrieben ist.[289] Recht bemerkenswert ist das sehr ausführliche Zitat aus Brenzens Kommentar zu Johannes 6, womit Hardenberg im August 1560 seine an den Bremer Rat gerichtete Bittschrift um ein unparteiisches Kolloquium abschliesst, und die er mit der Bemerkung „Hanc ego Albertus Hardenberg semper secutus sum et sequor etiam nunc" einleitet.[290]

Das alles wirft ein neues Licht auf Brenzens Einfluss auf das norddeutsche Luthertum und dabei auch auf die Rolle Hardenbergs.

Mahlmanns Bemerkung, dass Brenz im Norden einerseits zu den Autoritäten gehört, auf die man sich ständig beruft, dass aber andererseits seine vermittelnde Haltung gegenüber Osianders Rechtfertigungslehre für eine gewisse Entfremdung sorgt,[291] verlangt eine Ergänzung. Über Brenzens Osiandrismus schweigt man lieber, so schreibt nämlich Hardenberg an Medmann 1556,[292] so wie man auch lieber über Melanchthons Übereinstimmung mit Calvin in bezug auf das Sakrament schweigt. *Shibboleth* für die wahre Gefolgschaft Luthers wird mehr und mehr die gnesiolutherische Auffassung der Realpräsenz. Personen wie Melanchthon und Brenz hat man da lieber nicht gegen sich, so schreibt Hardenberg. Zusammen wollen sie Front machen gegen die Schwärmer, wie Hardenberg einer ist.[293]

In diese Frontenbildung passt auch die neue Christologie Brenzens. Timann verwendet sie 1556, sei es in seiner Privatkorrespondenz[294] und beiläufig. Timanns Tod im Februar 1557 steht dem Durchbruch im Weg. Aber Brenzens eigentlicher Einfluss kommt nicht durch Timann zur Geltung, sondern durch Hardenberg, und zwar *incognito*, als dieser Ende Oktober 1556 die Bremer Abendmahlsauffassung und ab dem 5. November Timanns Ubiquitätslehre in ihrer durch diesen weder begriffenen

---

[289] Nr.232, Hardenberg-Melanchthon, 21.10.1557, 350.
[290] *Contentio*, 199^r-203^r; das Zitat: Brenz, *In D.Iohannis Evangelion Exegesis* (s.Anm.244), in: Brenz, *Opera* 6, 856-858, 859f.
[291] Mahlmann, 131.
[292] Nr.187, Hardenberg-Medmann, 8.8.1556, 156^r.
[293] Nr.187, s.vorige Anm., 156^r: „Dominj Philippi Examen ordinandorum opinor te nunc habere. () Videbis in illo (si diligenter expendas) quae nihil differant a Calvinicis in causa sacramentaria, sed nostri malunt hoc dissimulare, quam illum hostem patj, ut et ad Brentij Osiandrismum tacent, quem scribit Gallus satius esse non amicum ferre quam hostem pati. Sciunt illos non idem docere quod ipsi vellent, sed ad eos cauti esse didicerunt. Omnes ferri possunt etiam papistae et Anabaptistae et Davidicj et Serveticj et Libertinj tantum ut agmen conservetur magnum contra indiabolatos swärmeros, ita enim eos appellant".
[294] S.*supra*, Anm.282 und 284.

noch entfalteten[295] und durch die Bremer Prediger selbst verworfenen[296] christologischen Grundlage angreift. Mahlmann, der mit Recht die Verschiebung des *status controversiae* von der Realpräsenz zu ihrer christologischen Voraussetzung hin durch Hardenberg signalisiert,[297] vernachlässigt die Frage, woher Hardenberg die Kenntnis der christologischen Grundfragen nimmt. Hardenberg muss diese aus externer Quelle geschöpft haben und diese Quelle kann nur Brenzens sorgfältig bewahrtes[298] Schreiben aus den Jahren 1544/46 sein.

Nur so ist Hardenbergs Angriff auf die „allgemeine Ubiquität des Leibes Christi, sogar ausser dem Gebrauch des Abendmahls"[299] zu erklären, während die Bremer Prediger (in ihrem Bekenntnis vom 21.10.1556) und Timann (in seiner *Farrago*) eine *praesentia essentialis illocalis* lehrten, und zwar nur auf Grund der Einsetzungsworte.[300]

Nur so versteht man auch Chemnitzens Verlegenheit in seiner *Anatome propositionum Alberti Hardenbergii de coena Domini* (1561) über die Herkunft der Missdeutung Hardenbergs der Bremer Auffassung der Realpräsenz als eine Ubiquität des Leibes Christi „in Holz und in Steinen", während dies nicht gelehrt wurde:[301] „Mit der gleichen Lästerung gibt das demagogische Geschreibsel—das unter Bekanntgabe seiner Mithilfe herausgegeben ist[302] ()—in Artikel 7 vor, dass die Bremer einen neuen Glaubensartikel bildeten, über die Ubiquität des Leibes

---

[295] Vgl.Mahlmann, 48.

[296] Bremer Rat—die Theologen von Wittenberg, 22.12.1556, in: Gerdes, *HM*, 112; *CR* 8, 929.

[297] Mahlmann, 48-56.

[298] Nr.191, Hardenberg-von Büren, [Okt./Nov.1556].

[299] *Causae*, 77^{r-v}: „Nam hactenus generalem suam ubiquitatem fecerunt fundamentum suae ubiquitatis in Cena"; *Themata* 16, 100: „Cum autem tam nulla fronte generalis Corporis Christi ubiquitas, etiam extra coenae usum, doceretur, Deinde, pro concionibus fere quotidie diceretur, totum fundamentum doctrinae catholicae de coena dominica collabi, et tradi Swermeris, nisi ubiquitas retineretur, Scripsi haec Themata"; vgl.*Contentio*, 31^v.

[300] Vgl.Mahlmann, 57.

[301] Vgl.Mahlmann, 54f.

[302] Chemnitz meint nicht „eine weitere Schrift Hardenbergs, nicht mit den 'Themata' identisch" (so Mahlmann, 54, Anm.55), sondern die durch Hardenbergs Anhänger veröffentlichte *Der Christlichen Gemene*, 1560 (s.HB 33, *Dem vromen Leser*).

Christi in Holz und in Steinen, usw.".[303] Der Ausdruck „in Holz und in
Steinen" war Hardenberg bekannt aus dem bewussten Brief Brenzens.[304]

Mit diesem Brief war Hardenberg ein Instrument in die Hand gegeben,
mit dem er die gnesiolutherische Abendmahlslehre entwurzeln konnte,
indem er die Schwäche ihrer christologischen Grundlage aufzeigte. Mit
seiner Weigerung, Sache und Ursache voneinander zu trennen,[305] drängt
Hardenberg (nicht Melanchthon)[306] bereits 1556 den lutherischen
Theologen die Besinnung auf eine Fragestellung auf, die die Kontroverse
im lutherischen Lager verschärft und das Auseinandergehen der Schüler
Melanchthons beschleunigt.[307] Damit spielt nicht nur Brenz, sondern
auch Hardenberg eine grössere Rolle in den ersten norddeutschen
Diskussionen über „das neue Dogma der lutherischen Christologie", als
ihm bisher schon zugeschrieben wurde.[308]

---

[303] Chemnitz, *Anatome*, B2[b]: „Simili calumnia tribunitium scriptum titulo adiutorii
ipsius editum () articulo 7 fingit Bremenses condere novum articulum fidei, de
ubiquitate corporis Christi in ligno et in lapidibus etc."; vgl.*Der Christlichen Gemene*,
B2[a]-B3[a].

[304] Nr.60, Brenz-Hardenberg, [zw.Ende 1544 u.Ende 1546], 289[r]: „At hoc modo
dicet iterum quispiam, impleret etiam ligna, lapides, poma & pira? Ergo ne licemus
eum vescj corpore Christj, qui vescitur pomo? Minime omnium. Hic enim consideran-
dum est, quod Christus humanitate sua, quae est cum divina natura in unitate personae
coniuncta, aliter nobis est in coelo, in terra, in pomo aut piro, aliter in pane coenae
dominicae". Die Fortsetzung des Zitates in Anm.260.

[305] *Themata* XVIII, 100; Nr.197, Hardenberg-[Domkapitel], [nach dem
9.11.1557], 69[r]: „Sze mothenn am erstenn vam grunde mit mij stridenn"; vgl.*supra*,
I.3, Anm.189.

[306] So Mahlmann, 56f., 59-61, 175f., 189. Mahlmann ignoriert die Kontakte
Hardenbergs und von Bürens mit Melanchthon (vgl.*supra*, Anm.284; *infra*, III.3,
Anm.235), wenn er bemerkt: „Es ist also sicher, dass Melanchthon den Eucharistie-
-Traktat Brenzens kannte und sich indirekt gegen ihn wandte, wenn er die ihm
anstössige Behauptung der Präsenz Jesu „in ligno, in lapide" unrichtig seinen
norddeutschen Schülern unterstellte" (175f.) und: „(Melanchthon) subsumierte () die
der Abendmahlslehre implizite Christologie der Norddeutschen unter eine explizite
christologische These, die er, soweit ich sehe, nur aus Brenzens Einleitung zum
Eucharistie-Traktat geschöpft haben kann" (189). Vgl.ders., *Personeinheit Jesu mit
Gott*, 89f., 247ff.

[307] Vgl.Mahlmann, 55f.: „Chemnitz zeigt freilich (in seiner *Anatome*, WJ) mit
diesem Versuch, die erweiterte Fragestellung durch die bei Hardenberg mit ihr
beabsichtigten Folgen zu diskreditieren und damit die ursprüngliche sichtbar zu
erhalten, indirekt, dass Hardenberg mit seiner These 'Neque volo has duas materias
separari aut disiungi ab invicem' doch eine Fragestellung begründet hat, die nötigte,
Timanns Versuch, eine Tradition lutherischer Christologie innerhalb der Abendmahlslehre aufzuweisen, sachgemäss auszuarbeiten".

[308] Durch Mahlmann, 196-204 (Brenz) und 49-61, 117 (Hardenberg). Für
Brenzens spätere Beziehungen zu Bremen sei noch hingewiesen auf seine—nicht in
Köhler, *Bibliographia*, erwähnte—Schrift vom 15.11.1562 für Johann Esich, einer der

Ergebnisse III.2

1. Dass *Luther* Hardenberg fremd geblieben sein soll (Moltmann), lässt sich schon angesichts von seinem vermuteten Anteil an Hardenbergs Heterodoxie in Löwen nicht bekräftigen. Darüber hinaus steht es im Widerspruch zu den panegyrischen Äusserungen in Hardenbergs Privatkorrespondenz. Kritik fordert nur Luthers Attitüde im Abendmahlsstreit heraus, besonders einmal mehr die abusive Inanspruchnahme und Vergötterung seiner Autorität durch die Epigonen zugunsten der Topoi der Ubiquität, der Essentialität und der Durchsichtigkeit der Einsetzungsworte. Hardenbergs selektive Berufung auf Luther—vor allem den Luther der Konkordien—zur Einholung des *Placet* des Magisters, kann die theologische Diskrepanz untereinander nicht verschleiern, die sich vor allem auf das Verständnis der substantiellen Präsenz und der Beziehung von Wort und Geist bezieht und letztendlich in der Pneumatologie wurzelt (2.1).

2.a. Die von Neuser (1967, 1980) wieder aufgegriffene herkömmliche These, Hardenberg sei *Melanchthon*-Schüler gewesen, honoriert einseitig beider theologische Nähe, verkennt aber 1. die Lebensnotwendigkeit des Ersteren, sich Melanchthons Legitimation zu erwerben; 2. Hardenbergs Neigung zu einer reformierten Melanchthon-Interpretation; 3. seine, letztlich leidenschaftliche Kritik an Melanchthons Nachgiebigkeit und Neutralismus; und 4. Melanchthons endgültige Annäherung an die radikalere, Calvin nahestehende Lehrweise seines Freundes (2.2).

b. Die Tatsache, dass sich Hardenbergs *Gutachten* (1552) zu Osianders *Von dem einigen Mittler* (1551) als eine kreative Verarbeitung und Weiterbildung von Melanchthons *Antwort* auf Osiander (1552) herausstellt, macht Hardenberg noch nicht zum Melanchthon-Schüler, da sich gegen Osiander Philippisten und Ultralutheraner in der Anerkennung der Autorität Melanchthons einig sind (2.2.1).

1562 ausgewichenen gnesiolutherischen Bremer Bürgermeister: *D.Joh.Berentij Consilium cur et quomodo exilium, res ad patiendum tolerandumque difficilis, a christianis hominibus patienter, pie et forti animo propter verbi divini constantem professionem perferendum sit, Scriptum ad Clarissimum prudentissimumque Virum Dominum Johannem Esijchium, Consulem Bremensem, a Sacramentariis in exilium projectum*, Bremae, 1579, erwähnt in J.Ph.Cassel, *Acta Eristica Bremensia in causa de Re Sacramentaria inter Doct.Alb.Hardenbergium et Adversarios ipsius*, HS, o.J., in: SA Bremen, 2-ad T.1.c.2.b.2.c.2.b.6, und in: Hamelmann, *Religionsstreitigkeiten*, 156.

c. Die Übereinstimmung der Abendmahlslehre Hardenbergs mit derjenigen Melanchthons (1.) ist ebenso bemerkenswert wie der Unterschied zwischen beiden (2.), sowie die Ausrichtung der Letzteren in
Richtung Hardenberg (3.).
1. An Melanchthon erinnern Personalpräsenz und geistliche Niessung.
Auf ihn bezieht sich Hardenberg im Hinblick auf Lokalität, *cum*-
-Formel, *figura* und *synecdoche* in den Einsetzungsworten, Ablehnung
katholisierender Formeln der *Augustana*, und *non extra usum*-Regel.
2. Unmelanchthonisch sind Vorbedingung des Glaubens, Spiritualpräsenz statt Multi- und Ubivolipräsenz, „per verbum" neben „iuxta
verbum", Wertung der Pneumatologie (der Geist als Sakraments-
spender als „causa efficiens et vinculum participationis substantiae
corporis Christi") und stärkere Ausprägung der exhibitiven Art der
sakramentalen Union.
3. Den (von Neuser auf 1559 fixierten) Abschluss der Lehraussagen
Melanchthons über die Gegenwart Christi im Abendmahl bildet die in
Anbetracht der Bremer Disputation mit Heshusen für Hardenberg
verfasste, bis jetzt unveröffentlichte Schrift *De coena Domini* [März/
April 1560], die die Vorbedingung des Glaubens und die Spiritualpräsenz lehrt. Anscheinend ist es der hardenbergische Streit, der den
Wittenberger zur endgültigen Parteinahme bewegt, wobei der Meister
sich zum ehemaligen Studenten bekennt (2.2.2).
d. Das Vorlesungsdiktat zu Kol 3,1 vom Juni 1557 (*Aduersus
Vbiquitatem*), in dem Melanchthon das „Extra Calvinisticum" vertritt,
lehnt sich an Hardenbergs *Themata adversus Ubiquitatem* vom
5.11.1556 an. Aus historischen Gründen sollte das „Extra Calvinisticum" als „Extra Hardenbergianum" bezeichnet werden (2.2.3).
e. Hardenberg ist Freund im Einflussbereich, nicht im eigentlichen
Sinne Schüler Melanchthons. Seine Eigenständigkeit resultiert in
Einwirkung in entgegengesetzter Richtung, und zwar in der Abendmahlslehre und der Christologie, sowie in Melanchthons endgültiger
Stellungnahme im Abendmahlsstreit, womit er indirekt die Profilierung
des Philippismus beschleunigt.
3. Hardenbergs Beziehung zu den Lutheranern *Chyträus* und *Brenz*
illustriert, wie sehr der Stärkung des konfessionellen Luthertums im
Innern die Kontroverse über das Abendmahl (a), genauer über die
Christologie (b), zugrunde liegt (2.3).
a. Chyträus, Schlüsselfigur im Übergang von Frühorthodoxie zum
Gnesioluthertum, entwickelt sich vom Freund, Korrespondent
(1551-1556) und Gleichgesinnten in der Osianderfrage zum Opponenten und Feind, der den Abtrünnigen in einer Sonderpublikation als

Zwinglianer an den Pranger stellt. Kritischer Punkt ist Hardenbergs melanchthonische, mediale Interpretation des *hoc est* in den Einsetzungsworten (1557) (2.3.1).

b. Aus einem bisher unbeachteten Schreiben Brenzens an Hardenberg aus den Jahren 1544-1546—einer Vorausnahme von dessen erst 1556 verbreiteten Christologie, die die Realpräsenz auf die *ubiquitas absoluta* der menschlichen Natur Christi mittels der Personalunion begründet—entlehnt Hardenberg sein Wissen, als er Ende 1556, in Reaktion auf Timanns Bezug auf Brenz und mit Verheimlichung seiner eigenen Kritik an demselben, die Bremer Abendmahlsansicht und Timanns Ubiquitätslehre in ihrer durch Timann weder begriffenen noch entfalteten und durch die Bremer selbst verworfenen aber impliziten christologischen Grundlage angreift (und zwar der *generalis ubiquitas*), während die Bremer nur die Illokalität auf Grund der Einsetzungsworte lehren. Mit dieser Verschiebung des *status controversiae* von der Realpräsenz zu ihrer christologischen Voraussetzung unter der Verweigerung, beide voneinander zu trennen, drängt Hardenberg—nicht Melanchthon (Mahlmann)—den Lutheranern die Besinnung auf eine Fragestellung auf, die die Kontroverse verschärft und die Entstehung eines deutschreformierten Kirchentums vorantreibt. Damit stellt sich heraus, dass sowohl Brenz als auch Hardenberg einen grösseren Einfluss auf die Entwicklung des norddeutschen Luthertums haben, als ihnen bisher schon beigemessen wurde (2.3.2).

KAPITEL 3

ZÜRICH

Die seit Moltmanns Monographie zu Christoph Pezel und dem Calvinismus in Bremen (1958) herkömmliche Inanspruchnahme Hardenbergs „für
die zwinglianische Variante des Reformiertentums"[1] macht es verständlich, dass im vorliegenden Kapitel einer der Schwerpunkte unserer
dogmenhistorischen Untersuchung liegen soll.

Dem Einfluss a Lascos, dem Hardenberg als ersterem seine zwinglia-
nische Position verdanken soll,[2] ist der erste Paragraph gewidmet (3.1).
Der nächste Abschnitt, über Hardenbergs Einstellung zu den Radikalen,
mag an dieser Stelle als Fremdkörper erscheinen, bringt uns aber in
Berührung mit a Lasco und Bullinger (3.2) und bildet so einen Übergang
zu Hardenbergs Beziehungen zu Zwingli, Bullinger und den Züricher
Predigern (3.3). Eine Evaluierung der aufgrund des bisher unbekannten
Briefwechsels herauszuarbeitenden theologischen Kontakte mit den
Heidelberger Zwinglianern Erastus und Klebitz ergänzt das Ganze (3.4).

3.1 *A Lasco*

Hardenbergs Beziehungen zu a Lasco[3] kennzeichnen sich durch
Ambivalenz, sowohl historisch als auch theologisch. „Ich habe mit
diesem Manne verkehrt", gesteht Hardenberg 1556, „wie Mütter mit
ihren Kindern umgehen, die sie bis aufs Blut gereizt haben: je mehr sie
sich erinnern, welches Leid sie um sie erduldet haben, desto mehr haben
sie sie lieb, ja desto zärtlicher lieben sie sie. Ich habe ihn ja, wenn auch
nicht völlig, so doch zum Teil, in Christus gezeugt, als wir vor mehr als
zwanzig Jahren uns miteinander über die Lehre der Schrift besprachen...
Ich liebe und verehre ihn, obschon ich seinethalben viel gelitten habe,

---

[1] H.Fast in: Meckseper, Hrsg., *Stadt im Wandel* 1, 581-583.
[2] Bertheau, *Hardenberg*, 412, 35-39; Barton, *Umsturz*, 68; Taddey, *Hardenberg*,
94.
[3] Übersicht der Literatur zu a Lasco in: Gassmann, *Ecclesia Reformata*, 441-443;
TRE 20, 448-451 (M.Smid, *Laski*).

und nicht nur hier und jetzt, sondern auch zu Löwen und anderswo".[4] Dieser Herzenserguss zeugt von der Einheit im Gegensatz, die ihre seit Frankfurt 1539 bestehende und durch Briefe und Treffen in Mainz, Löwen, Emden, Bonn, Bremen und England gepflegte Freundschaft[5] kennt. Nach dem Konflikt um den Emder Katechismus von 1554, der in a Lascos mit von Hardenberg erwirktem Fortgang aus Ostfriesland resultiert,[6] ist die Kluft zwischen beiden grösser[7] als die heimliche Sehnsucht, sie zu überbrücken.[8]

Auch ihr theologisches Verhältnis ist ambivalent. Theologische Gesprächsthemen worüber sich beide einig sind, sind die Kirchenzucht,[9] a Lascos *Defensio adversus Mennonem Simonis* (1545),[10] der *consensus ecclesiae*,[11] das Interim[12] und die Ansichten Osianders und Aepins.[13]

---

[4] Nr.187, Hardenberg-Medmann, 8.8.1556, 147[v]. Zu Löwen: *supra*, S.12-14.

[5] S.*supra*: zu Frankfurt am Main, Mainz, Löwen 1539/40 und Emden 1540: S.12-14; Bonn, Frühjahr 1545: S.21 u.*infra*, III.3.2.2; Bremen, Oktober 1549-März 1550 und Dezember 1553: S.34; England, September 1550: S.38. Überdies: Bremen, Mai 1548: Nr.74, Hardenberg-NN in Danzig, [nach 8.5.1548]; Bremen, April 1549: Nr.97 und 98, Hardenberg-Melanchthon, 12.4.1549 und Nr.99 und 100, a Lasco-Hardenberg, [12.4.] und 13.4.1549.

[6] *Supra*, S.43-45.

[7] A Lasco-Molanus, [vor August] 1556, zitiert in: Nr.187, Hardenberg-Medmann, 8.8.1556, 152[r] mit Hardenbergs Kommentar, *a.a.O.*: „tamen ego illum () non desinam observare, licet non colam magnam amicitiam cum eo externis notis", vgl.Spiegel, 151.

[8] Nr.201, Melanchthon-Hardenberg, 6.12.1556; Nr.237, ders.-dens., 2.4.1558; Nr.238, Brassius-dens., 11.5.1558; Nr.250, Melanchthon-dens., 26.1.1559. Im April 1555 nehmen Hardenberg und Molanus a Lascos Söhne Jan und Hiëronymus auf: vgl.Nr.167, a Lasco-Hardenberg, [Mai.1555], 710 und Bartel, *Laski*, 171; Prädinius' Tod am 18.4.1559 macht ihre geplante Ausbildung in Groningen rückgängig: Nr.253, thom Camp-Hardenberg, 28.3.1559, 55. A Lasco schenkt Hardenberg seine *Responsio ad Westphali epistolam*, Basileae, 1560 (Kuyper 1, 271-344), in: BGK Emden, Theol 8° 474.

[9] Nr.17, a Lasco-Hardenberg, 26.7.1544; Nr.53, ders.-dens., 16.5.1546, 606; s.*infra*, III.3.2.1; zu Hardenberg: *supra*, S.173ff.

[10] *Infra*, III.3.2.2. Hardenbergs Exemplar der *Defensio* in: BKG Emden, Theol 8° 447.

[11] Nr.34, Hardenberg-Vadianus, 22.3.1545, 406; Nr.35, ders.-Bullinger c.s., 23.3.1545, 1410[r-v], 1411[r]; Nr.55, a Lasco-Hardenberg, 15.6.1546; Nr.57, ders.-dens., 30.9.1546; Nr.70, ders.-dens., 29.1.1548, 613; Nr.117, Hardenberg-Bucer, 7.9.1550.

[12] Nr.78, a Lasco-Hardenberg, 28.7.1548; Nr.80, Hardenberg-a Lasco, 12.8.1548; Nr.84, ders.-dens., [nach 5.9.1548]; vgl.*supra*, S.35-41.

[13] Nr.128, a Lasco-Hardenberg, 23.8.1551, 663. Hardenberg zu Osiander und Aepin: *supra*, S.41-43.

Hinsichtlich der Seligkeit der Heiden,[14] des Abendmahls und der in der *Epitome doctrinae ecclesiarum Phrisiae Orientalis* (1544) angeschnittenen Fragen (s.unten) und der von Gellius Faber 1554 eingeschlagenen *via media*[15] scheiden sich die Geister—doch abgesehen vom letzten Punkt nicht so weit, dass der Gegensatz die Einheit sprengen würde.

Privatäusserungen Hardenbergs aus der Zeit nach dem Bruch 1554/55 bestätigen dieses Bild. Gegenüber Medmann, der „dem Sarmaten" seither die Freundschaft aufgekündigt hat, tritt er entschieden für „seinen Adligen" ein: a Lasco sei noch nicht so übel, nur solle man nicht mit ihm uneinig sein.[16] Nicht Selbstsucht sondern Eifer habe a Lasco in Emden bewogen: es sei genug, dass er jetzt in sicherer Entfernung sei.[17] Auch Hardenberg selbst stimme nicht in allem mit a Lasco überein; dessen kuriose Gewohnheit, sich die Freiheit herauszunehmen, Neuerungen einzuführen, habe er immer missbilligt, doch wenn a Lasco sündige, sündige er aus Liebe zum Guten.[18]

„In der Auslegung der Abendmahlsworte haben wir stets eine gewisse Meinungsverschiedenheit gehabt", so schreibt Hardenberg 1559 an die Bremer Ketzerjäger, „und noch scheinen wir nicht die ähnlichen Worte zu gebrauchen, aber muss ich deswegen das Damnamus abgeben?".[19] Hardenberg stimme Bucers Versicherung[20] bei, a Lasco wolle kein Abendmahl ohne Christus und die unterschiedliche Formulierung der

---

[14] Nach Nr.12, a Lasco-Hardenberg, [vor 17.9.1543]; vgl.*ErKZ* 21/22, 1859, 166-170: *Die Prädestinationslehre a Lascos*; Bartels, *Prädestinationslehre in Ostfriesland*, 323-336. Hardenbergs Ansicht zum Thema: *supra*, II.3.3 u.*infra*, III.3.3.2.1.

[15] S.Anm.6.

[16] Nr.187, Hardenberg-Medmann, 8.8.1556, 159[r-v]; Medmann hatte Hardenberg „non sine dente" über a Lasco geschrieben: 140[r]-141[v], 143[r-v], 156[v]-157[r] *sparsim*. Vgl.a Lascos Brief an Medmann, 6.7.1555, in: Kuyper 2, 713. Zur Beziehung zwischen beiden auch: Dalton, *a Lasco*, 452f.; Klugkist Hesse, *Medmann*, 332f. und Rauhaus, *Emder Katechismus*, 84.

[17] Nr.187, s.vorige Anm., 143[r-v].

[18] Nr.187, s.vorige Anm., 156[v].

[19] Nr.267, [Hardenberg]-[Bremer Stadtprediger], [1559?], 116[r-v]. So auch Nr.187, ders.-Medmann, 8.8.1556, 143[r]: „Neque enim obscurum mihi esse potest (sc.a Lasco), hoc ergo tibi responsum, habe me formas dicendi quas ille habet non nimium probare". A Lasco hatte damals schrittweise den Übergang zu Calvin und dem *Consensus Tigurinus*, 1549, vollzogen, endgültig in der *Purgatio*, 1556 (in: Kuyper 1, 243-268) und in der *Declaratio de coena* aus Anlass der Stuttgarter Verhandlungen mit Brenz, 1556 (in: *CO* 44, 150-155; Dalton, *Lasciana*, 70-75); vgl.Hein, *Sakramentslehre*, 166-183, bes.170-183; *HDThG* 2, 283; *TRE* 20, 450, 12ff. Ob Hardenberg diese Schriften a Lascos kannte, ist mir nicht bekannt.

[20] Bucer-Johann Kenkel, 31.1.1551, s.*supra*, I.2, Anm.42.

Niessung Christi im Abendmahl sei nur eine Frage des *modus loquendi*.[21] „Das ist mir genug", so Hardenberg, „dass er Christus nicht aus dem Abendmahl fortnimmt, wenn er auch gesteht, dass sein Leib bis zur Wiederkunft im Himmel bleibt, während wir uns im Abendmahl wirklich an seinem Leib und Blut laben, durch das Sakrament, im Glauben. Soll ich es noch deutlicher sagen? So lehre ich auch[22] (). Der Name des Herrn sei gepriesen, dass ich mich bis auf den heutigen Tag des berühmten Barons nicht schäme. Ich habe es mir immer als grosses Glück angerechnet, dass ich seinen Umgang habe benutzen und geniessen können".[23]

Es liegt von beiden Männern eine wechselseitige Kritik vor, die genaueren Aufschluss über beider theologische Stellungnahme gibt. Es sind die Kritiken zu a Lascos Summe der Lehre der ostfriesischen Kirche[24] und seiner Schrift gegen Menno Simons[25] und zu Hardenbergs erstem Bremer Abendmahlsbekenntnis.

Es fällt Hardenberg schwer, so entnehmen wir einer Epistel an Bullinger und die Züricher Prediger vom März 1545, aufgrund der *Epitome* a Lascos *genus doctrinae* zu bestimmen.[26] Denn Wittenberg warne vor der *Epitome*,[27] während a Lasco in seiner Lehre der Providenz wieder mit Melanchthon übereinstimme.[28] A Lascos Abendmahlslehre sei ins Gerede gekommen; Hardenberg konstatiert Übereinstimmung mit

---

[21] Nr.187, s.vorvorige Anm., 143^v; Nr.267, s.vorvorige Anm., 116^r.

[22] Vgl.Nr.204, Hardenberg-[von Büren], [Dez.1556]: „Dicebant (sc.Bremenses) me a domino a Lasco depravatum quod mendatum est. Nam ego in hac sentenia supra 15 annos fui. Neque hactenus mutare illam possum".

[23] Nr.267, s.vorvorige Anm., 116^r.

[24] *Epitome doctrinae ecclesiarum Phrisiae Orientalis*, ungedruckt, 1544, in: Kuyper 1, 481-557.

[25] *Defensio verae semperque in ecclesia receptae doctrinae de Christi incarnatione adversus Mennonem Simonis, Anabaptistarum doctorem*, Bonnae, 1545, in: Kuyper 1, 1-60.

[26] Nr.35, Hardenberg-Bullinger/Züricher Ministerium, 23.3.1545. Vgl.Nr.37, ders.-Calvin, 24.3.1545.

[27] Nr.35, s.vorige Anm., 1411^{r-v}. Albrecht von Preussen, dem a Lasco die *Epitome* im Juni 1544 übersandt hatte (Nr.17, a Lasco-Hardenberg, 26.7.1544, 575; Nr.19, ders.-dens., 31.8.1544, 582), hatte Wittenberg um Auskunft gebeten. Melanchthon kritisierte den Unterschied *peccatum veniale/mortale* und die Sündlosigkeit der Heidenkinder: Melanchthon-Albrecht von Preussen, in: *CR* 5, 574-576, vgl.Melanchthons *Iudicium de libro Lascii* vom 15.7.1545, in: *CR* 5, 792f. S.auch Kruske, *Sacramentsstreit*, 61f.

[28] Nr.35, s.Anm.26, 1410^v.

Zürich,[29] während nach Bucer a Lasco dem Sakrament eine stärkere Wirkung beimessen sollte.[30] Hardenberg versieht a Lascos Lehre der Erbsünde mit einem Fragezeichen, ebenso seine Ansicht über die Strafe Adams, über den Unterschied zwischen dem ewigen Tod und der Hölle und über die Kinder der Ungläubigen.[31] A Lasco unterscheide zwischen der Sünde Adams und der Todsünde; die Hölle sei nur denen zugedacht, die in Todsünde gefallen seien.[32] Alle Kinder der Welt bekommen das Heil, wenn a Lasco das auch abschwäche.[33] Hardenberg missbilligt a Lascos *doctrinae genus* nicht. „Es gibt (in der *Epitome*) viel Frommes und Gelehrtes".[34] „Doch, weil er von der gewohnten Lehrweise der Kirchen einigermassen abzuweichen scheint, habe ich ihn angespornt, soviel er kann, die *recepta forma* zu wahren".[35]

Auch gegen vereinzelte Formulierungen in der *Defensio adversus Mennonem Simonis* könnten Bedenken angeführt werden. Die Argumentation hierin sei zum Teil von Hardenberg.[36] Mit Bezug auf die Formulierung, die von a Lasco selbst stamme, fragt sich Hardenberg, ob a Lasco nicht zu weit gegangen sei, als er den Eindruck erwecke, das Fleisch Christi sei der Sünde unterworfen, „peccato obnoxia, h.e. peccabilis"[37] —eine Formulierung, die nach Hardenberg nur für einen guten Gelehrten ohne Schwierigkeiten zu verstehen sei.[38] Die Spitzfindigkeiten der Täufer sollen a Lasco dazu gebracht haben, alle Widersprüche der Heiligen Schrift miteinander in Einklang zu bringen. So sei ein *doctrinae medium*

---

[29] Vgl.Nr.23, Hardenberg-A.Blarer, [zw.7.u.19].11.[1544], 319: „Sunt in ea quaedam, quae non omnibus placent (). Est in Tigurinorum sententia de eucharistia".

[30] Nr.35, s.Anm.26, 1410ʳ, 1411ʳ.

[31] Nr.35, s.Anm.26, 1410ʳ⁻ᵛ.

[32] Adams Sünde war ein „peccatum veniale", nicht ein „peccatum actuale, mortuale seu voluntarium, contemptus et odium Dei": *Epitome*, Kuyper 1, 495-497; Christus ist nicht für die Todsünde gestorben, *a.a.O.*, 498, 506. Inwieweit dies der Freiheit von Adams Wille widerstrebt, macht a Lasco nicht deutlich, so Hein, *Sakramentslehre*, 10f.

[33] Nr.35, s.Anm.26, 1410ʳ⁻ᵛ; vgl.Nr.23, s.Anm.29, 319. *HDThG* 2, 282f.: „Aber bei a Lasco hat die Bezeichnung der Erbsünde als Krankheit nicht nur den Sinn, Kinder und Heiden von der ihnen anhängenden Verdammung freizusprechen. Ausdrücklich ist sein Ziel nicht, das Heil der Heidenkinder zu lehren; diese Ansicht besitze keinen Schriftgrund. Die Abschwächung der Erbsünde und die Unterscheidung der verzeihlichen Sünden schaffen Raum für eine menschliche Aktivität. () A Lasco ist Semipelagianer, er hängt einem humanistischen Moralismus an".

[34] Nr.23, s.Anm.29, 319.

[35] Nr.35, s.Anm.26, 1410ᵛ. Vgl.Melanchthon-Albrecht von Preussen, 15.7.1545, in: *CR* 5, 791: „Hardenberg, der () selb Missfallen hat an diesem Buch".

[36] Nr.34, Hardenberg-Vadianus, 22.3.1545, 406.

[37] Vgl.*Defensio adversus Mennonem Simonis*, in: Kuyper 1, 9f.

[38] Nr.35, s.Anm.26, 23.3.1545, 1410ᵛ; vgl.Fast, *Bullinger und die Täufer*, 51.

entstanden, das durch keinen Bibeltext zu erschüttern sei. Diese Lehrweise sei nach Hardenbergs Meinung zwar sicher, aber nur wenn man es gut verstehe.[39]

Es ist offensichtlich, dass sich Hardenberg in der Aporie angesichts des in der *Epitome* vorgetragenen Heilsuniversalismus und Synergismus auf Melanchthons Seite schlägt, während er sich in diesem Gegensatz weiter um die Einheit bemüht, indem er Zürich zu einer Beurteilung a Lascos zu bewegen versucht, „wegen der Unversehrtheit der Kirchen", „denn es ist nötig, dass die Lehre einhellig ist".[40]

Aufgrund Hardenbergs 1559 zu a Lascos Verteidigung den Bremern gemachten, von Bucer (1551) entlehnten Geständnisses, die unterschiedliche Beantwortung der Frage, wie wir Christus im Abendmahl geniessen, sei zwischen a Lasco und ihm nur eine Sache des *modus loquendi*,[41] soll nicht auf Hardenbergs Übereinstimmung mit dem frühen a Lasco geschlossen werden. Obwohl sich in a Lascos Anschauungen 1543/44 Gedanken finden, die ausser erasmischen und zwinglischen auch bucerische, melanchthonische und calvinische Einflüsse aufweisen;[42] obwohl ihn der Kontakt in den Jahren 1544-46 mit Bucer[43] und Calvin[44]

---

[39] Nr.35, s.Anm.26, 1411[r]: „Furiosae Anabaptistarum Argutiae eum ad tale doctrinae genus propulerunt quod omnia scripturae anticimena concilet, et id se adsecutum esse sperat, habere scilicet se tale doctrinae medium quod nulla pugnantia textus convellet".

[40] Nr.35, s.Anm.26, 1410[v]-1411[r].

[41] S.Anm.21.

[42] Hein, *Sakramentslehre*, 61.

[43] Bucer-a Lasco, 16.4.1545, in: Pollet, *Bucer correspondance* 1, 222-234, dazu: Hopf, *Bucer's letter*; a Lasco-Bucer, 23.6.1545, in: Kuyper 2, 591f.; ders.-dens., [2?.3.1546], in: Kuyper 2, 604f.; vgl.Hein, *Sakramentslehre*, 72-74. Hardenberg ist *trait-d'union* zwischen Bucer und a Lasco: Nr.27, Bucer-Hardenberg, 21.2.1545; Nr.35, Hardenberg-Bullinger/Züricher Ministerium, 23.3.1545, 1411[r]; Nr.40, Bucer-Hardenberg, 17.4.1545; Nr.41, ders.-dens., 29.5.1545. Hein, *a.a.O.*, 98, übertreibt übrigens a Lascos Einklang mit Bucer 1546, indem er aus a Lascos Brief an Bullinger/Pellikan, 23.3.1546 (in: Kuyper 2, 602) die Zustimmung a Lascos zu Bucers *exhibitio*-Begriff anführt, a Lascos Zusatz aber auslässt, er wolle die bucerische *exhibitio* nur „per modum obsignationis" verstehen. Für sein Kirchenordnungswerk erfuhr a Lasco starke Impulse von Bucer: *TRE* 20, 450, 20, vgl.Bartels, *Kirchenpolitische Ideen*, 363f.

[44] Nr.37, Hardenberg-Calvin, 24.3.1545, 50. Zu diesem Brief: Rutgers, *Calvijns invloed*, 61f.; Hein, *Sakramentslehre*, 74f. (dogmatisch unscharf, s.nächste Anm.); *infra*, III.5. Zu Calvins Haltung a Lasco gegenüber: Jensen, *Calvin und Laski*.

veranlasst, eine Spiritualpräsenz Christi im Abendmahl zu lehren[45]
und obwohl er sich in den fünfziger Jahren fast ganz an Calvins
Abendmahlsauffassung anlehnt,[46] verhindert dennoch a Lascos ablehnen-
de Begutachtung von Hardenbergs *Sententia de praesentia* vom
14.1.1548[47] einen solchen Schluss.

Bereits vor 1548 soll sich Hardenberg des anfangs grundsätzlich
bullingerischen Gepräges der Abendmahlsanschauung a Lascos bewusst
gewesen sein. Am 24.März 1545 berichtet er Calvin, a Lasco halte die
Sakramente für eine „Versiegelung des göttlichen Willens uns gegenüber" („obsignatio divinae erga nos voluntatis") und er lehne die
Vorstellung ab, sie seien „Kanäle und Instrumente der Gnade".[48] Brenz
vertraut Hardenberg etwa 1546 als seine Beurteilung an, dass für a Lasco
das Brot nur Zeichen des abwesenden, nicht des gegenwärtigen Jesusleibes sei, da (ihm zufolge) die Heilige Schrift keine Verbindung des
natürlichen Leibes Christi mit dem Brot lehre.[49] Unmissverständlich ist
a Lascos eigenes Geständnis an Hardenberg vom 30.9.1546, er erkenne
das Geheimnis der wirklichen Gemeinschaft des Leibes und Blutes Christi
an, nur, die Frage „auf welche Weise dies geschieht" sei unnütz. „Mir
genügt jenes Essen des Leibes und Blutes Christi, von welchem der Herr
selbst uns mit eigenen Worten bezeugt, dass es zu unserem Heil
ausreiche [Joh 6], während er daran die Verheissung des ewigen Lebens
knüpft, ohne ein einziges anderes Essen zu erwähnen (). Darum: dieses
und kein anderes Essen erneuere ich in meinem Herzen durch den
Gebrauch des Abendmahls, und ich besiegle in meinem Herzen den
Glauben daran nach Christi Einsetzung, damit er mir nie genommen

---

[45] Hein, *Sakramentslehre*, 97 (beigestimmt in *HDThG* 2, 283) interpretiert den
frühen Lasco zu sehr im calvinischen Sinne („alles das atmet calvinischen Geist"),
wenn er seine Behauptung, a Lasco habe schon im März 1545 „die Gegenwart Christi
im Abendmahle" anerkannt, auf die Mitteilung Hardenbergs an Calvin vom März
1545 (Nr.37, s.vorige Anm., 50) gründet: „Omnino putat satius esse ut sacramentaliter loquamur de praesentia coenae, quam ut statuamus corporalem aliquam praesentiam physicam" (Hein, *a.a.O.*, 75). Hardenberg will nur betonen, dass a Lasco und
er eine natürliche Realpräsenz ablehnen; übrigens seien die Sakramente für a Lasco
nur Siegel des göttlichen Willens uns gegenüber und entbehren des instrumentalen
Charakters (so Hardenberg an Calvin, *a.a.O.*, 40), was eher an Bullinger als Calvin
erinnert.
[46] Hein, *Sakramentslehre*, 154ff., 166-183; *TRE* 20, 450, 14ff.; *supra*, Anm.19.
[47] Nr.70, a Lasco-Hardenberg, 29.1.1548.
[48] Nr.37, Hardenberg-Calvin, 24.3.1545, 40; vgl.vorige Anm. Hardenbergs eigene
Ansicht ist hier noch nicht ausgereift, vgl.auch a Lascos ebenfalls im Namen Hardenbergs an Bucer gerichtete Frage vom 23.6.1545 nach dem „Mehr" des Abendmahls
über den Glauben, in: Kuyper 2, 591f.; hierzu ausführlicher *infra*, S.420-422.
[49] Nr.60, Brenz-Hardenberg, [zw.Ende 1544 u.Ende 1546], 287ᵛ.

werde—und daran habe ich genug".[50] Die Gabe des Abendmahls ist
somit keine andere als die *obsignatio* (Versiegelung) des im Glauben
schon Gegebenen.

Es wundert nicht, dass Hardenbergs Abendmahlsbekenntnis vom
14.1.1548 auf a Lascos Kritik stösst.[51] Zunächst lobt a Lasco die
Unterscheidung zwischen äusserlicher und innerlicher Abendmahlsgabe,
zwischen Zeichen und himmlischem Geheimnis, Mund und Glaube.
Ebenfalls positiv bewertet er die Interpretation der Begriffe Fleisch und
Blut von Joh 6 her:[52] die Konfession stelle das Heil in Christus sicher.[53]
Er kritisiert aber Hardenbergs Verwendung des *exhibitio*-Begriffs und
sein Verständnis der *unio sacramentalis*, welches zu einer substantiellen
Realpräsenz führen würde:
1. Die *exhibitio* der in Joh 6 verheissenen Heilsgüter sei bereits am
Kreuz geschehen. „Hätte Christus das Brot seines Fleisches für das Leben
der Welt uns im Abendmahl dargereicht, wozu hätte es dann noch seines
Kreuzes und seines Todes bedurft? () Was bei Johannes verheissen wird,
wird uns im eigentlichen Sinne nicht im Abendmahl geschenkt, sondern
ist einmal am Kreuz gegeben worden". Das Abendmahl sei davon
sigillum und *contestatio*, Siegel und Zeugnis. A Lasco vermisst den
Begriff *recordatio*, Gedächtnis.[54]
2. Die *unio* zwischen Gabe und Zeichen lasse sich nicht mit der
Verbindung des Heiligen Geistes mit der Taube bei Christi Taufe
vergleichen. Geist und Substanz des Jesusleibes stünden nicht gleich.
Weil der Geist nach der Existenzweise seiner Gottheit alle Dinge erfülle,
sei er substantiell in der Taube. Von der Substanz des verklärten Leibes
Christi besässen wir nur die Aussage des Osterevangeliums: „Er ist nicht
hier" [Mt 28,6]. Das Gleichnis von der Taube würde eine Präsenz der
Substanz des Jesusleibes „unter oder mit dem Brot" herbeiführen.[55]
Ihm—a Lasco—gelte, so heisst es in demselben Brief, als kanonische
Auslegung der Einsetzungsworte nur diejenige, die sich an Christi eigene
Worte hält; was die Heilige Schrift weiter berichte, sei ihm so wenig
Gotteswort, als was der Satan bei der Versuchung gesprochen habe.[56]

---

[50] Nr.57, a Lasco-Hardenberg, 30.9.1546, 608f.
[51] Nr.70, a Lasco-Hardenberg, 29.1.1548, 613: „Haud scio, an quatuor pedibus
currere possit". Vgl.*supra*, S.200-204. Eine Zusammenfassung der Kritik bei Neuser,
147.
[52] Nr.70, s.vorige Anm., 29.1.1548, 613.
[53] Nr.73, a Lasco-Hardenberg, 19.2.1548, 615.
[54] Nr.70, a Lasco-Hardenberg, 29.1.1548, 613f.; Neuser, 147. Vgl.*supra*, S.201f.
[55] Nr.70, s.vorige Anm., 614. Vgl.*supra*, S.202, vgl.184f.
[56] Nr.70, s.vorige Anm., 612.

Neuser ist zuzustimmen, dass wir hier a Lasco auf der theologischen
Linie Bullingers, also eines vertieften Zwinglianismus, finden.[57] Das
Abendmahl ist Gedächtnismahl. Die Zeichen haben besiegelnde Kraft,
nicht exhibitive (Hardenberg). Die Abendmahlsgabe ist nur die *obsignatio*
der geschehenen Heilstat Christi, nicht die Partizipation an der Substanz
des Leibes und Blutes Christi (Hardenberg).[58] Die *manducatio spiritualis*
ist nichts anders als der Glaube selbst; der Gläubige empfängt im
Abendmahl nicht mehr, als er vordem schon besass.
Unter Berücksichtigung dieses Gegensatzes wäre das Fundament für die
gangbare Zurückführung der Hardenberg'schen Abendmahlslehre auf die
vorausgesetzte Einwirkung des frühen a Lascos wohl allzu schmal.

3.2 *Die Radikalen*

Hardenbergs Kontakte mit den Radikalen[59]—nur diejenigen zu Menno
Simons sind in der Literatur bekannt[60]—bringen uns in Berührung vor
allem mit a Lasco und Bullinger. Der vorliegende Abschnitt enthält eine
Inventarisierung der fraglichen Kontakte und eine Besprechung von
Hardenbergs *Gutachten für den Rat von Bremen bezüglich der Täufer*
[1551].[61]

3.2.1 *Friesland, 1542-1544*

Dem theologischen Radikalismus stand Hardenberg stets abgeneigt
gegenüber. Ein erstes Zeichen davon datiert von 1542.[62] Die Existenz

---

[57] Neuser, 148; ders., *Hardenberg*, in: *TRE* 14, 443. Zu Bullingers *Confessio
Helvetica prior*, 1536, und *Wahrhafftes Bekanntnuss*, 1545: *infra*, III.3.3.2.2.

[58] Erst 1556 stimmt a Lasco das „fieri participes" bei: *Declaratio de coena*, 1556,
in: *CO* 44, 151; Dalton, *Lasciana*, 71. Vgl.Hein, *Sakramentslehre*, 180f.

[59] Diesen Namen benutze ich als Kollektivum für Täufer, Spiritualisten,
Schwärmer und Antitrinitarier; vgl.Balke, *Doperse Radikalen*, 1-5.

[60] Zu Hardenbergs Beziehungen zu Menno Simons: Vos, *Menno Simons*, 33, 74,
84, 321; Krahn, *Menno Simons*, 59, 62-64; ders., *Hardenberg*, 657f.; ders., *Dutch
Anabaptism*, 170f., 187-189; Brandsma, *Menno Simons*, 69f., 103 (deutsche Ausgabe:
66f., 98); Meihuizen, *Menno Simons*, 41.

[61] HB 4, *Gutachten bez.d.Täufer*, [1551].

[62] Bereits 1528 spornt Goswijn van Halen, Rektor des Groninger Fraterhauses,
Hardenberg an, ihm über den Ursprung von Sekten und Ketzereien im Christentum
zu schreiben. Goswijn kritisiert im erasmischen Geist ihren Gebrauch der Heiligen
Schrift: sie missbrauchen die Schrift durch eine fleischliche Auslegung, während die

von vielerlei Sekten und Ketzereien im Lager der Reformation lässt ihn als Klosterbewohner zögern, für diese Reformation öffentlich Partei zu ergreifen. Ist es ratsam, so fragt er sich,[63] einer Kirche zu dienen, „die nur wenige zählt, die Lutheraner heissen, während die meisten in ihr Sakramentarier, Papisten, Anabaptisten, Frankoniten,[64] Arianer oder Davidisten[65] genannt werden: eine Kirche, die Giftmischer ohne Zahl birgt und tausend unausrottbare Sekten?".

Das Bild, das Hardenberg hier von der Entwicklung der Reformation in den nördlichen Niederlanden der vierziger Jahre zeichnet, stimmt mit der Wirklichkeit überein. Bis 1544, dem Krisenjahr des niederländischen Anabaptismus, nimmt der theologische Radikalismus dort eine vorherrschende Rolle ein.[66] Das angrenzende Ostfriesland ist—nach dem Tod des anti-reformatorisch gesinnten Herzogs Karl von Gelre im Jahre 1538 und des Grafen Enno II. 1540, unter dessen toleranterer Witwe, der Gräfin Anna—ein wahrer Zufluchtsort für Täufer.[67] Bemühungen a Lascos (von 1543 bis 1549 Superintendent der ostfriesischen Kirche), sie durch Dispute zurückzugewinnen, schlagen fehl.[68] Ein unter dem Druck der Maria von Ungarn, Regentin der Niederlande, ausgefertigtes Mandat zur Ausweisung aller Täufer aus Ostfriesland weiss a Lasco noch abzuschwächen, indem die Ausweisung von einer durch ihn und seine

---

Schrift geistlich ist: Nr.1, Goswijn van Halen-Hardenberg, 23.11.1528,   **4[b].
Hardenbergs Reaktion auf Goswijns Bitte ist nicht bekannt.

[63] Nr.12, Hardenberg-[a Lasco?], [vor 6.1543], 136[r]; vgl.Spiegel, 29f.

[64] Anhänger von Sebastian Franck (1499-1542). Zu ihm: *RGG* 2, 1012f.; Williams, *Radical Reformation*, 457-465; *ME* 2, 363-367; *TRE* 2, 307-312. Zu Francks Einfluss im nordniederländischen Gebiet: Becker, *Nederlandsche vertalingen*; ders., *Francks latijnse brief*, 198; Ohling, *Aus den Anfängen*; ten Doornkaat Koolman, *Oostfriesland*, 89; *TRE* 2, 309.

[65] Davidjoristen. Zu David Joris (1501-1556): Bainton, *David Joris*; *RGG* 3, 857f.; *ME* 2, 17-19; Stayer, *Davidite*. Zijlstra, *David Joris*, weist nach, dass David Joris zwischen 1536 und 1539 der wichtigste täuferische Führer in den Niederlanden war.

[66] Mellink, *Wederdopers*, bes. 241-269, 393ff., 419. Vgl.ders., *Täufertum*; ders., *Voorgeschiedenis*, bes.144; ders., *Friesland*; Woltjer, *Friesland*, 78-122; Jansma, *Rise of the Anabaptist Movement*.

[67] Müller, *Ostfriesland*, 19; ten Doornkaat Koolman, *Oostfriesland*; *ME* 2, 194-200 (s.v. Emden); *ME* 2, 120 (s.v. East-Friesland); Krahn, *Dutch Anabaptism*, 177f.; Nauta, *Emden toevluchtsoord*.

[68] Zu a Lascos Unterredung mit Davidjoristen am 22.1.1544: ten Doornkaat Koolman, *Oostfriesland*, 92; Krahn, *Dutch Anabaptism*, 179; Dalton, *a Lasco*, 235-239. Zu seiner Debatte mit Menno Simons vom 28-31.1.1544: Vos, *Menno Simons*, 72-82; Krahn, *Menno Simons*, 59-61; ders., *Dutch Anabaptism*, 179f.; ten Doornkaat Koolman, *a.a.O.*; Bornhäuser, *Menno Simons*, 36-38; Dalton, *a Lasco*, 239-244.

Kollegen durchgeführten Glaubensprüfung abhängig gemacht wird (1544). Einige Prominente gehen fort, unter ihnen Menno Simons und Dirk Philips; ihre Anhänger bleiben zurück, formen eigene Gemeinschaften und erleben eine Zeit der Blüte.[69]

Diese Verhältnisse spiegeln sich in Hardenbergs Korrespondenz, und sind teils überhaupt nur bekannt aus ihr. In einem Brief vom 26.7.1544 an Hardenberg schildert a Lasco die Auswirkungen der Forderung der Regentin. Gegen die vielen und verschiedenartigen Sektierer, die seit ihrer Verfolgung aus den Niederlanden hereingeströmt sind, tritt die ostfriesische Behörde mit grosser Strenge auf. Sie fürchtet die kaiserlichen Sanktionen mehr als die göttliche Strafe für ihre Nachlässigkeit und fehlende Sorgfalt, mit der sie nun alle Fremden über einen Kamm schert und sowohl die Unruhestifter als auch ruhige Täufer über die Grenzen treibt. Sie säubert die Kirche „nicht wegen Gott, sondern wegen des Kaisers".[70] Auf Drängen a Lascos hin hat die Gräfin allerdings zugestimmt, dass diejenigen, die von ihm ein Leumundszeugnis bekommen, im Land bleiben dürfen. Die Prüfung all der vielen Anfragen fordert nun viel von seiner Zeit. Die Situation bestimmt für ihn die Notwendigkeit der Einführung einer *forma disciplinae* in der Emder Kirche: die Kirche wird die Sekten nie loswerden, solange sie gegen andere streng ist, aber gleichzeitig eigenen Unzulänglichkeiten gegenüber nachsichtig bleibt.[71]

Im selben Brief weist a Lasco seinen Freund auf die vielen Opfer von Caspar von Schwenckfeld hin, den er als den Gesetzlosen aus Paulus' Brief an die Thessalonicher kennzeichnet.[72] Auch schickt er ihm eine Abschrift seines Briefes an David Joris über den Perfektionismus.[73] Dessen Anmassung, der von den Propheten versprochene Immanuel zu sein, nennt a Lasco Blasphemie.[74]

A Lasco lädt Hardenberg ein, eine Berufung nach Emden in Erwägung zu ziehen: nirgends könne er mit mehr Erfolg arbeiten als dort.[75] Aber

---

[69] Müller, *Ostfriesland*, 22-24; Krahn, *Dutch Anabaptism*, 180-182.

[70] Nr.17, a Lasco-Hardenberg, 26.7.1544, 574.

[71] Nr.17, s.vorige Anm., 574f. Vgl.*ML* 2, 621f.; *ME* 3, 296; Dankbaar, *Ouderlingenambt*, 46f.

[72] Nr.17, s.vorige Anm., 577. Zu Schwenckfeld (1498-1561): *RGG* 5, 1620f.; *ME* 4, 1120-1124.

[73] A Lasco korrespondierte mit David Joris in der ersten Hälfte von 1544, vgl.Nippold, *David Joris*; Dalton, *a Lasco*, 235-239; Bainton, *David Joris*, 53f.; Kuyper 2, 566-568, der fragliche Brief: 570-573.

[74] Nr.17, a Lasco-Hardenberg, 26.7.1544, 577.

[75] Nr.17, s.vorige Anm., 576.

wenig kampflustig, wie Hardenberg ist, sagt ihm die Konfrontation mit militanten Gegnern nicht zu. Während der Besuche bei Bullinger und Blarer im September und Oktober 1544 verschweigt Hardenberg ihnen gegenüber seine Abneigung gegen die *furiae anabaptistarum* nicht.[76] „Was habe ich zu suchen", schreibt er an Ambrosius Blarer, „in jener allerelendsten Brutstätte alles Bösen, die so viele Ketzereien, Sekten und Schismen zählt wie Köpfe?". Wenn man es schon mit a Lasco, dessen Weggang ansteht,[77] nicht aushalten kann, wird man ihn sicher nicht brauchen können: „Ich scheine von Natur aus eindeutig für eine ruhige Art des Lehrens bestimmt zu sein".[78] So hat a Lascos Information über die Entwicklung in Ostfriesland eine entgegengesetzte Wirkung.

3.2.2 Bonn, 1544-1545

Wenn sich Hardenberg Ostfriesland nicht als Arbeitsgebiet wünscht, so ist das Bistum Köln—wo Erzbischof Hermann von Wied ihn vom Frühjahr 1544 bis Ende 1546 als theologischen Berater im Dienst zu halten weiss—nicht weniger als Emden ein Zentrum täuferischer Radikalen.[79] Hardenberg kommt vielfältig mit ihnen in Berührung.

Vom Mai/Juni 1544 an ist Menno Simons in Köln und gewinnt viele Anhänger.[80] In einem am 22.3.1545 aus Bonn an Vadianus geschriebenen Brief meldet Hardenberg, wie Menno, „vom einfachen Landpfarrer zum Bischof der Sektierer geworden", alle Gemeinden im Umkreis

---

[76] Bullinger-Vadianus, 28.9.1544, in: Arbenz/Wartmann 6, 1, 349; Nr.21, Hardenberg-A.Blarer, 28.10.1544.

[77] Nr.19, a Lasco-Hardenberg, 31.8.1544; a Lasco-Bullinger, 31.8.1544, in: Kuyper 2, 588.

[78] Nr.21, s.vorvorige Anm.: „natura plane ad quietum docendi genus appositus videor".

[79] Krahn, *Dutch Anabaptism*, 183, nennt das Gebiet zwischen Lüttich, Aachen, Köln und Kleve „the seedbed for Anabaptism". Vgl.zu Köln: Stiasny, *Strafrechtliche Verfolgung*, 3-28; *ME* 1, 642f. (s.v. Cologne).

[80] Nr.17, a Lasco-Hardenberg, 26.7.1544, 576. Zu Mennos Aufenthalt im Bistum Köln: Vos, *Menno Simons*, 83-87; Krahn, *Menno Simons*, 62-64; ders., *Dutch Anabaptism*, 182-189; *ME* 3, 586 (s.v. Menno Simons); Brandsma, *Menno Simons*, 69-73; Meihuizen, *Menno Simons*, 40-43; Bornhäuser, *Menno Simons*, 38-41; Bornhäuser bezeichnet die Jahre 1544-1546 als „den Höhepunkt der Wirksamkeit Mennos" (39). Vielleicht wurde Menno von der Toleranz des Erzbischofs angezogen, der nach dem Vorbild seines Beraters Bucer in den Täufern eher Wirrköpfe als Verbrecher sah, vgl.Goeters, *Die Rolle des Täufertums*, 230f.; Stiasny, *Strafrechtliche Verfolgung*, 24.

infiziert.[81] Hardenberg tadelt vor allem sein Unwissen. Menno ist das Musterbeispiel jener Art Menschen, die ungelehrt und ohne irgendwelche Einsicht oder nur als Autodidakt das Kloster verlassen, um dann der Kirche grossen Schaden zuzufügen, so schreibt er später an Melanchthon. So hat Menno, den Hardenberg noch als Priester gekannt hat, „nachdem er aufhetzende Bücher wild drauflos gelesen hatte, und nachdem er ohne Verständnis und methodischen Unterricht die Heilige Schrift zur Hand genommen hatte, so viel Schaden angerichtet bei Friesen, Belgiern, Batavern, Menapiern, Sachsen, Cimbern, ja in ganz Deutschland, Frankreich, Britannien und den umliegenden Ländern, dass die Nachkommen nicht genug Tränen haben werden, um dies zu beweinen".[82]

Hardenberg überredet a Lasco, den er gerade zuvor von Emden aus in Bonn bei von Wied eingeführt hat, an Ort und Stelle seine Antwort an Menno über die Inkarnation zu publizieren,[83] die *Defensio adversus Mennonem Simonis* (Bonn, 1545).[84] Auf Ansuchen seines Freundes sendet Hardenberg die *Defensio* an Calvin, zu dem a Lasco freundschaftliche Beziehungen sucht.[85] Auch Bullinger, die Prediger von Zürich und Beatus Rhenanus und Vadianus, bei denen er ein halbes Jahr zuvor zu Gast war, erhalten ein Exemplar von Hardenberg. Auch mit ihnen möchte a Lasco persönlich in Verbindung treten, aber im Augenblick (März 1545) ist er nach Ostfriesland zurückgerufen worden, um dort den Unschuldigen unter den Sektierern, die im Auftrag des Hofes von Brabant vertrieben werden sollen, zu Hilfe zu kommen.[86] Ausser über

---

[81] Nr.34, Hardenberg-Vadianus, 22.3.1545, 406. Vgl.Rembert, „*Wiedertäufer*", 499, Anm.1.

[82] Nr.133, [Hardenberg]-Melanchthon, [Nov./Dez.1551]. Vgl.Spiegel, 117; Krahn, *Hardenberg*, 657f.; ders., *Dutch Anabaptism*, 171. Ein agressiver Antiklerikalismus war der „Sitz im Leben" für das Denken Mennos: Goertz, *Der fremde Menno Simons*.

[83] Nr.37, Hardenberg-Calvin, 24.3.1545, 50.

[84] A Lasco, *Defensio verae semperque in ecclesia receptae doctrinae de Christi incarnatione adversus Mennonem Simonis, Anabaptistarum doctorem*, in: Kuyper 1, 1-60; in Antwort auf Menno Simons, *Een korte ende klare belijdinghe ende schrifteliicke aenwijsinghe van der menschwerdinghe onses lieven Heeren Jesu*, in: Menno Simons, *Opera Omnia*, 517-542 (Horst, *Bibliography*, 94, Nr.47). Hardenbergs Exemplar der *Defensio* in: BGK Emden, Theol 8° 474. Vgl.Dalton, *a Lasco*, 241-243; Vos, *Menno Simons*, 73-80; Voolstra, *Het Woord is vlees geworden*, 149-160.

[85] Nr.37, s.vorvorige Anm., 50. Vgl. Rutgers, *Calvijns invloed*, 61f., 104f.; Balke, *Doperse Radikalen*, 205f.

[86] Nr.33, Hardenberg-Beatus Rhenanus, 22.3.1545, 529; Nr.34, ders.-Vadianus, 22.3.1545, 406; Nr.35, ders.-Bullinger/Züricher Prediger, 23.3.1545, 1410[v]. Auch Ambrosius Blarer empfängt von a Lasco ein Exemplar der *Defensio*, das er wiederum

die Inkarnation hat a Lasco zur Widerlegung von Menno Simons auch einige Überlegungen zur Berufung, zur Taufe und zur Erfüllung des Gesetzes zu Papier gebracht, aber auf Hardenbergs Rat hin publiziert er probeweise nur den Teil über die Inkarnation. Im Hinblick auf eine *consensio doctrinae* will Hardenberg lieber erst das Urteil der Züricher Kollegen abwarten, die er drängt, bald zu antworten, denn ihrem Urteil werde sich a Lasco gerne beugen, und könne später noch immer publiziert werden.[87]

Berücksichtigt man den Erfolg von Mennos Auftreten, so erstaunt es nicht, dass a Lasco und Hardenberg dagegen sind, als Menno im Laufe des Jahres 1545 mit den Bonner Predigern in einen Disput treten will. Eigenem Zeugnis zufolge erhält Menno vom Prediger Heinrich Zell die schriftliche Mitteilung, dass auf Anraten a Lascos und Hardenbergs der Disput nicht stattfinden wird. Gegen ihn sind drei Anklagen eingereicht, die Menno „om des besten willen" verschweigt.[88]

Von den Radikalen, mit denen er es in Bonn im Frühjahr 1545 zu tun hat, nennt Hardenberg neben Menno Simons die Davidjoristen, die Anabaptisten und die „deutschen" Schwenckfeldianer. Calvin legt er am 24.3.1545 die Frage vor, wie der Gedanke der Transsubstantiation vermieden werden kann, wenn man annimmt, dass Christi Leib auf natürliche Weise beim Abendmahl anwesend ist. Leistet man dann nicht der Idololatrie und Blasphemie der Davidjoristen, der Ketzer und vor allem der Schwenckfeldianer Vorschub, sowie ihrem Spiel mit der menschlichen Natur Christi und der täuferischen Leugnung der *participatio Christi nostrae carnis*? Hardenberg fürchtet ihre „schreckliche Torheit".[89]

Vor allem die Anhänger Schwenckfelds scheinen ihm viel zu schaffen zu machen. Vadianus bittet er mit Nachdruck, ihm seine *Antilogia ad Gasparis Schwenkfeldii argumenta conscripta* (Zürich, 1540) zu schicken. Norddeutschland zählt zwar mehr verrückte Schwätzer, so Hardenberg, aber Schwenckfeld bringt selbst sie noch zum Schwanken.[90]

---

an Hardenberg weiterreicht, s.die Inschrift im Exemplar der BGK Emden, *supra*, Anm.84.

[87] Nr.34, s.vorige Anm., 406; Nr.35, s.vorige Anm., 1410ᵛ-1411ᵛ. Vgl. Fast, *Bullinger und die Täufer*, 51f. Vgl.auch *supra*, S.346.

[88] Menno Simons, *Opera Omnia*, 235ᵃ; II:12ᵃ u.515ᵇ; II:321ᵃ. Vgl.Vos, *Menno Simons*, 84; Krahn, *Menno Simons*, 64; Krahn, *Dutch Anabaptism*, 188; Brandsma, *Menno Simons*, 70.

[89] Nr.37, Hardenberg-Calvin, 24.3.1545, 49f.

[90] Nr.34, Hardenberg-Vadianus, 22.3.1545, 406.

Das Bild, das Hardenberg im März 1545 von der deutschen Kirche zeichnet, ist düster. Die Raserei der Sekten ist heftig:[91] in ganz Norddeutschland ist der Wahnsinn auf dem Siedepunkt angelangt; in Holland, Brabant, Flandern und Westfriesland entstehen täglich die verschrobensten Sekten, die noch nie vorher das Licht der Welt erblickten.[92] Auch die Verfolgung durch Karl V. ist heftig. So wird die Kirche von zwei Seiten her angegriffen: durch den Satan in den Sekten und durch den Kaiser mit seinen Verfolgungen. „So hängt Christus noch immer mitten zwischen den Räubern!".[93]

3.2.3 Kempen, 1545

Vor Karfreitag 1545 wird Hardenberg durch Hermann von Wied im Rahmen dessen Reformprogramms zum Prediger in Linz und Kempen ernannt.[94] In Kempen war einige Monate zuvor ein täuferisches Glaubensbekenntnis erstellt und der Obrigkeit angeboten worden. Am 28. März wurden im Zusammenhang damit einige Täufer verhört und wieder freigelassen. Dieses bis dato älteste rheinische Credo betraf die Inkarnation, Taufe, Abendmahl, *ministerium*, Obrigkeit und Gewaltlosigkeit. Ganz im Geiste Menno Simons' wurde der kämpferische Anabaptismus abgewiesen und die Legitimität der Obrigkeit bezeugt.[95]

Mit den Kempener Täufern kommt Hardenberg direkt in Berührung. In einem Brief vom 26.11.1546 an Theodor von Buchell, Privatsekretär von Wieds, beschreibt er sie als schweigsame, bescheidene Leute, die geheime Treffen abhalten.[96] Von ihrer Seite her drohe kaum Gefahr, von Seiten der Priester und einiger Mitglieder des Rates desto mehr.[97] Die meisten Täufer, vor allem die Halsstarrigen unter ihnen, seien durch sein

---

[91] Nr.33, Hardenberg-Beatus Rhenanus, 22.3.1545, 530.

[92] Nr.34, s.vorvorige Anm., 407; Nr.35, Hardenberg-Bullinger/Züricher Prediger, 23.3.1545, 1410^r.

[93] Nr.34, s.vorige Anm., 407f.: „Ita scilicet adhuc pendet Christus inter medios latrones"; Nr.35, s.vorige Anm., 1411^v. In beiden Briefen ein ausführlicher (teils Augenzeugen-)Bericht der Verfolgungen.

[94] S.*supra*, S.22-29.

[95] Goeters, *Die Rolle des Täufertums*, 230f.; Krahn, *Dutch Anabaptism*, 188f.; Peters, *von Rennenberg*, 107; Bauman, *Gewaltlosigkeit*, 102.

[96] Nr.58, Hardenberg-von Buchell, 26.11.[1546], in Antwort auf einen Brief von Wieds an Hardenberg „de Anabaptistis et reliquis huius Ecclesiae adversariis". Vgl.Spiegel, 69-72; auch: Rembert, „*Wiedertäufer*", 155f.; *ME* 3, 164f. (s.v. Kempen).

[97] S.*supra*, S.26 und 27-29.

Zutun zur Gemeinde zurückgekehrt, so Hardenberg.[98] Einige haben sich durch die Lektüre eines besonders für sie verfassten Schriftchens Hardenbergs überzeugen lassen.[99] Er hofft, für sie noch mehr zu Papier zu bringen und eine grosse Gruppe jenseits der Maas zu erreichen, von denen schon einige zurückgekehrt sind. Eines der Themen, die zur Diskussion stehen, ist vermutlich die Kindertaufe. Bucer jedenfalls rät Hardenberg in diesem Zusammenhang zur Lektüre seiner Verteidigung der Kindertaufe gegen Bernhard von Münster (Rothmann).[100]

Hardenberg bittet via von Buchell um das Herüberkommen eines gewissen Schneiders Philipp und eines Webers Johannes aus Bonn.[101] Als ehemalige Täufer, die die täuferischen „Mysterien" und die täuferische Denkweise von innen her kennen, können sie Hardenberg einen grossen Dienst erweisen, denn nur mit Gelehrsamkeit erreicht man bei diesem einfachen Volk nichts.[102] Hardenberg erachtet es als nützlich, wenn den Täufern mehr Freiheit gestattet wird. Einige werden dann lieber seine Predigten hören kommen und sich rascher zur Bekehrung finden. Andere, die die Gottesdienste meiden und Mahnungen kein Gehör schenken, müssen vielleicht abgeschreckt werden. Vier von ihnen sind durch den Amtmann (Wilhelm von Rennenberg) herbeigerufen und

---

[98] Nr.58, s.vorvorige Anm.; Nr.47, Bucer-Hardenberg, 27.11.1545. Ein Nachhall in *De controversia*, 733: „weder doeper (), daer en ick doch van Godss wegen vele bekeert hebbe und tho rechte gebracht", und in *Notitiae*, 23^v: „quo Anabaptismi accusabatur Albertus, quem tamen fortissime expugnaverat primum in dioces.coloniensis postea etiam Bremae".

[99] Nr.58, s.vorige Anm. Diese Schrift Hardenbergs habe ich nicht aufspüren können: HB 53, *Traktätchen für die Täufer*, 1546. Dass nach Varrentrapp, *von Wied*, 248 (so Pollet, *Martin Bucer* 1, 269) Hardenberg sogar den Anführer der Täufer bekehrt haben sollte, gründet auf einen Lesefehler Pollets.

[100] Nr.47, Bucer-Hardenberg, 27.11.1545: „Vellem videres illud scriptum. Est in octavo, sed deest mihi[;] exemplum Abrincensem tibi teneto". Gemeint ist Bucers *Quid de baptismate infantium iuxta scripturas Dei sentiendum, excussis quaecumque vel pro hac observatione, vel contra eam, adferri solent. Epistola ad quendam hac in re impulsum, Martini Buceri*, Argentorati, 1533 (in: *SMTG* 1, 8-35): Stupperich, *Bibliographia Bucerana*, Nr.42; ein Exemplar (wahrscheinlich von Hardenberg) in: BGK Emden, Theol 8° 41. E.Kochs (BGK Emden, Hs. Fol.37, Nr.21) bemerkt zum Namen „Abrincensis": „Johann Abring war ein Freund Bucers in Groningen". Gemeint ist jedoch der französische Bischof Robert von Arranches, gegen welchen Bucer seine *Defensio adversus axioma catholicum () Roberti Episcopi Abrincensis* (1534) schrieb (Stupperich, *a.a.O.*, Nr.45; in: BGK Emden, Theol 8° 500, vgl.*infra*, III.4, Anm.132). Die oben vorgeschlagene Interpunktion verdanke ich Dr.M.de Kroon.

[101] Nr.58, Hardenberg-von Buchell, 26.11.[1546].

[102] Zu Unrecht bemerkt Niepoth, *Evangelische*, 16, „dass Hardenberg sich der Spitzel gegen sie bediente".

wegen ungeschicklichen Benehmens bei von Wied angezeigt worden; sie weigern sich, zu widerrufen, sind ungebildet, können nicht einmal deutsch lesen. Kann Hardenberg sie durch Gottes Gnaden nicht zurückgewinnen, dann müsse eine härtere Linie angeschlagen werden, „denn ich sehe, dass eine Bestrafung ('vexatio') den Ohren Verstand gibt". Hardenberg hält hiervon nicht viel, überlässt die Entscheidung aber von Buchell.[103]

Hardenbergs Aufenthalt in Kempen fällt mit einem Besuch des Antitrinitariers Johannes Campanus[104] bei von Wied zusammen, dem dieser nach Matthäus 26,52 den Gebrauch von Waffen verbietet. Hardenberg warnt von Wied, diesem arroganten Mann nicht sein Ohr zu leihen.[105] Mit vielen Beispielen aus dem Alten und Neuen Testament sowie aus der Geschichte erinnert Hardenberg von Wied daran, dass die Obrigkeit als Dienerin Gottes das Schwert nicht umsonst trage. Christi an Petrus gerichtete Mahnung, das Schwert nicht gegen die *ordinaria potestas* zu erheben, muss vor dem Hintergrund des Gehorsams Christi dem Vater gegenüber, die Schrift zu erfüllen, und sich für die Seinen zu opfern, verstanden werden. Campanus ist ein Träumer und Aufschneider. Seine schemenhaften Prophetien erinnern Hardenberg an das Altweibergeschwätz der Strassburger Prophetin Barbara Krob.[106] So bildete sich Campanus einst ein, als er vor dem Eisgang der Maas in einer Mühle in Maaseik Zuflucht suchte, wo er ein Buch schrieb, er (Campanus) sei die Frau aus Offenbarung 12, auf der Flucht vor dem Drachen Maas, die Mühle sei die Wüste und das Buch sei das Kind, das die Frau gebar. Sein Aufenthalt in Maaseik sei bereits in Psalm 120[,5] prophezeit worden: „Weh mir, dass ich weile in Mesek"![107]

---

[103] Nr.58, s.vorvorige Anm.

[104] Zu ihm: Rembert, „*Wiedertäufer*", 633 s.v; *ME* 1, 499f.; *RGG* 1, 1605; Becker, *Francks latijnse brief*, 197, Anm.1, 199, Anm.3 (Lit.); *TRE* 7, 601-604; Séguenny, Hrsg., *Bibliotheca dissidentium* 1.

[105] Nr.54, Hardenberg-[von Wied], [Mai?.1546?]. Vgl.Spiegel, 73f.; Rembert, „*Wiedertäufer*", 268f.

[106] Zu Barbara von Fellben, Frau von Hans Rebstock oder Crophano: zur Linden, *Melchior Hofmann*, 206, 313, 435-437, 450; Hulshof, *Doopsgezinden te Straatsburg*, 119, 203; *BRN* 7, 125; Bainton, *David Joris*, 16, 43, 45, 118, 190; *ME* 1, 232; Zijlstra, *David Joris*, 133-136; Deppermann, *Melchior Hoffman*, 373 s.v.; Pollet, *Martin Bucer* 2, 145, Anm.1.

[107] Nr.54, Hardenberg-[von Wied], [Mai?.1546?], 145: „et quod ex psalmo interpretatur heu mihi quod incolatus meus cum Mesoch, id scilicet David de ipso vaticinatus est quod habitet in Maseka". Das Wortspiel Mesoch/Mesek-Maseka/Maaseik ist Pollet (s.vorige Anm.) entgangen.

Im Augenblick ruft Campanus dazu auf, sich nicht mit Frauen zu beflecken, um dem Lamm, das kommen wird, folgen zu können. Campanus gehört zu den Menschen, „die alles in Unruhe bringen und sich alles erlauben", die das Gesetz mit dem Evangelium vermischen. Von Wied solle sich nicht von diesem Phantasten zum besten halten lassen![108]

Ende 1546 verlässt Hardenberg das Bistum Köln.

3.2.4 Bremen, 1547-1551. „Gutachten für den Rat von Bremen bezüglich der Täufer", [1551][109]

In den Jahren nach 1546 wird die Verbindung zu den Radikalen etwas geringer, allerdings verschwinden sie nicht gänzlich aus Hardenbergs Gesichtsfeld. So macht ihn a Lasco auf das Erscheinen einer Schrift Calvins gegen die Anabaptisten aufmerksam.[110] Melanchthon gegenüber äussert Hardenberg sich im August 1548 zur enormen Zunahme von Sekten in Löwen, Antwerpen und Flandern.[111] Man trachte dort einander nach dem Leben. Die Kirche habe von der „mohammedanischen" Sekte der Davidjoristen, von den Anaplasti[112] und den unzähligen anderen Sekten mehr Gefahr zu fürchten als von anderen Tyrannen. Einige von ihnen wendeten sich für immer von der reformierten Religion ab, andere leugneten Christus oder die Auferstehung, unterschieden nicht zwischen Gutem und Bösem, und dies alles heisse dann „christliche Freiheit".[113] Die Berichte über die Aktivitäten der Täufer setzen sich überall durch. Aus Wittenberg schreibt ein besorgter Paul Eber an Hardenberg, welche Bedrohung von den neuen täuferischen Unruhen in den südlichen Niederlanden ausgehe.[114] Hardenberg seinerseits macht sich Sorgen über

---

[108] Nr.54, s.vorige Anm.

[109] HB 4, *Gutachten bez.d.Täufer*, [1551]. Vgl.Spiegel, 109-111.

[110] Nr.64, a Lasco-Hardenberg, 11.10.1547. Gemeint ist *Briève Instruction pour armer tous bons fideles contre les erreurs de la secte commune des Anabaptistes*, Genève, 1544, in: *CO* 7, 45-142; vgl.Balke, *Doperse Radikalen*, 182-197.

[111] Nr.82, [Hardenberg]-Melanchthon, [13.8.1548].

[112] Eine Umschreibung der Anhänger des Gedankens der *restitutio* (gr.'anaplassein' = wiederherstellen)? Zum Begriff *restitutio*: Meihuizen, *Restitutie*; Balke, *Doperse Radikalen*, 203, Anm.135 (Lit.).

[113] Nr.82, s.vorvorige Anm. Meint Hardenberg diejenigen, die er anderswo „Libertiner" nennt? Vgl.*Gutachten bez.d.Täufer*, 80^v und Nr. 187, Hardenberg--Medmann, 8.8.1556, 156^r.

[114] Nr.129, Eber-Hardenberg, 9.9.1551, 709.

die Wirkung, die Osianders Rechtfertigungslehre auf die Radikalen hat.
Mit Osianders Auffassung über die *justitia propria* machen Anabaptisten
und Davidjoristen sich stark.[115] Osianders *Von dem einigen Mittler*
(1551) über die Rechtfertigung ist von den Davidjoristen begeistert
aufgenommen worden: das Werk wird begierig gelesen und man fertigt
eifrig Abschriften an. So gibt Osiander den Sekten ungewollt Anlass, die
Lehre der Kirche anzugreifen.[116]
   Die letzte direkte Konfrontation mit den Radikalen findet 1551 statt.

Der Anlass zum Gutachten

Im Jahre 1551 wird die Stadt Bremen von einer Welle täuferischer
Einflüsse überschwemmt. In einem Bericht, der auf Verlangen[117] des
Rates von Bremen im Namen der Prediger durch Hardenberg in
Niederdeutsch angefertigt wird, ist die Rede von „onbeweerde luede",
die die „sympelen eynvoldighen" in der Gemeinde mit allerlei Neuerungen in Verwirrung bringen.[118] Viele der folgsamsten und frömmsten
Gemeindemitglieder haben sie bereits für sich zu gewinnen verstanden.
Über die Identität der Unruhestifter und den Inhalt der Neuerungen
allerdings ist man bei den Predigern im Unklaren, „denn anstatt
regelmässig zu uns zu kommen, erschweren sie unseren Dienst und
lästern über unsere Personen, und verunglimpfen sie ohne allen Grund".
Man hat jedoch gehört, dass sie in der Nähe der Wiedertäufer zu suchen
sind und die täuferische Lehre verteidigen.[119]
   Von Aktivitäten der Täufer in Bremen um das Jahr 1551 ist aus keiner
weiteren Quelle etwas bekannt. Nach der Ausfertigung des Ediktes gegen
die Täufer im Jahre 1534[120] und des Mandates der nördlichen Hansestädte gegen Anabaptisten, Sakramentarier und Katholiken in Hamburg
vom 15. April 1535,[121] zeugt nichts mehr von einer Beziehung zwischen

---

[115] Nr. 133, [Hardenberg]-Melanchthon, [Nov./Dez. 1551]; *Osiander* III, 117ᵛ.
[116] *Osiander* III, 117ᵛ. Vgl. *supra*, II.3, Anm. 33.
[117] Diese Bitte soll verstanden werden vor dem Hintergrund verschiedener
Reichstagsabschiede, die Anabaptisten und Sakramentarier vom Religionsfrieden
ausschlossen.
[118] *Gutachten bez. d. Täufer*, 80ʳ.
[119] Idem.
[120] In der Bremer Kirchenordnung von 1534 wurde dem Rat der Stadt der Schutz
der evangelischen Lehre gegen „Sacramentschender, swermers, rotten geisters"
aufgetragen. Der Rat kam dieser Forderung in einem Mandat ohne Bedenken nach,
s. Kühtmann, *Bremische Kirchenordnung*, 130.
[121] Krahn, *Dutch Anabaptism*, 222.

Bremen und den Täufern. Dagegen ist bekannt, dass Städte wie
Hamburg, Lübeck, Wismar, Rostock, sowie das Gebiet von Schleswig-
-Holstein Begegnungsstätten für die Täufer waren.[122] Menno Simons
hielt sich hier nach seinem Weggang aus dem Bistum Köln auf. Er traf
1546 in Lübeck mit David Joris zusammen, besuchte 1549 Preussen, war
1552 wieder in Lübeck, 1553 und 1554 in Wismar, wo er mit Marten
Mikron debattierte[123] und 1554 rühmte er sich, niemand im ganzen
Ostseeraum sei getauft denn durch ihn.[124] Der östliche Teil der
Nordseeküste und die gesamte Ostseeküste bis nach Danzig hin waren in
diesen Jahren Zufluchtsgebiete für die flüchtigen Täufer aus den
Niederlanden.[125] Es ist nicht undenkbar, dass es sich um eine Gruppe
(Hardenberg spricht von „etlichen Leute") derartiger Flüchtlinge aus den
Niederlanden handelt, die auf der Durchreise nach Osten 1551 in der
Hafenstadt Bremen Station macht.[126]

Die Haltung der Prediger

Hierzu befragt, gibt Hardenberg dem Rat der Stadt Bremen zu verstehen,
er stehe einem Disput mit diesen Leuten sehr skeptisch gegenüber wegen
ihres Eigensinns, ihrer Unbelehrbarkeit und ihres naiven Biblizismus.
„Wir haben die Erfahrung am eigenen Leibe zu spüren bekommen (wie
auch viele andere bewährte Prediger), dass mit den Wiedertäufern kein
Disputieren hilft. Sie lassen sich nicht zurechtweisen und sind dennoch
ungelehrt (). Sie nehmen etliche Stücke aus den apostolischen Schriften
nach dem blossen Buchstaben. Dabei vertragen sie weder eine bewährte
Auslegung, noch Argumente, die aus den Schriften abgeleitet sind. Und
solch unverständiges Getöse halten sie für grosse, wahrhaftige Weisheit.
() Deshalb erwarten wir nicht viel Frucht von Disputen, weil sie die
Schrift weder mit Vernunft, noch mit Verstand, gebrauchen wollen und
können".[127] „Ihre Ungelehrtheit und Plumpheit macht sie kühn, so dass

---

[122] Krahn, *Dutch Anabaptism*, 220-229; Dollinger, *Mennoniten in Schleswig-Hol-stein.*
[123] Krahn, *Menno Simons in Deutschland*; Brandsma, *Menno Simons*, 81-86;
Dankbaar, *Marten Mikron.*
[124] Meihuizen, *Menno Simons*, 46; Bornhäuser, *Menno Simons*, 41.
[125] Penner, *Ansiedlung*; ders., *Mennoniten.*
[126] Vgl.Nr.111, Hardenberg-Melanchthon, 10.5.1550, 308: „Certe hactenus hic
est pium hospitium omnium miserorum, quorum nunc non tam copia magna, quam
turba ingens quotidie ad nos accurrit. Video hoc portendere aliquid certi, quod
scribere non audeo".
[127] *Gutachten bez.d.Täufer*, 80[r-v].

sie rufen, sie hätten gewonnen, wo sie den Grund der Sache noch nicht richtig verstanden haben. () Es ist mit diesen Leuten genug disputiert worden, in allen Städten und Ländern, wo Gottes Wort gelehrt wird".[128] Wenn der Rat dennoch einen Disput fordert, werden die Prediger dem nicht aus dem Wege gehen, „weil wir, gottlob, unsere Lehre (als Gottes Lehre) schon zu beweisen wissen".[129] Da die Täufer aber diese Lehre verleumden, „und mehrere Artikel verdammen, die wir hier ungefähr 30 Jahre aus Gottes Wort (und nach bewährtem Grund aus diesem Wort abgeleitet) gelehrt haben, wie auch die Wittenberger Kirche und Schule, die Augsburger Konfession und alle bewährten Kirchen und Gemeinden in Deutschland", sollte die Obrigkeit selbst ihnen die Frage vorlegen, ob sie sich zusammen mit den Kirchen an die Lehre der Kirchen halten wollen und gehalten haben.[130] Der Rat ist ja immerhin mit der *custodia utriusque tabulae* beauftragt.[131] Der Rat hat die Verpflichtung, diese Leute zu ermahnen, die Herde nicht zu täuschen. Die Prediger, im Namen Gottes und des Rates als Hirten der Herde angestellt, sollen die Gemeinde warnen. „So wollen wir die Sache dieser Leute Gott und dem Amte Euer Ehren anbefohlen haben und uns (als diejenigen, die die Warnungen an die Kirche nicht gescheut haben) vor Gott unschuldig wissen an dem Verderb der Seelen".[132]

Die theologische Darlegung

Für den Rat folgen dann die wichtigsten Punkte, insgesamt 22, in denen die täuferische Lehre im allgemeinen—bei aller internen Verschiedenheit[133]—in Widerspruch zur Lehre der christlichen Kirchen steht. In

---

[128] *Gutachten bez.d.Täufer*, 84[r-v].
[129] *Gutachten bez.d.Täufer*, 80[v].
[130] *Gutachten bez.d.Täufer*, 80[r]. Vgl.Anm.117 und Chytraeus, *De motibus Bremensibus*, 261.
[131] *Gutachten bez.d.Täufer*, 84[v]. Vgl.Kühtmann, *Bremische Kirchenordnung*, 129-131.
[132] *Gutachten bez.d.Täufer*, 84[v].
[133] *Gutachten bez.d.Täufer*, 80[r]: „Unde synt die wederdoper under sich vaste oneynss unde werden nicht wth harent twe off drie gehouden, die ouereyn stemmen"; 80[v]-81[r]: „Soe synne desse navolgende stucken die principaelsten daer inne die gemene wederdoper den christeliken kerken unde lere tho wederen synt: itlike in alle dessen stucken; itlike in vele meren; itlike in eynen parte want se ere dinghen soluest gans oneynss () gevonden worden. Soe synt daer ock ander grupen me () wth ontstanden, alss Dauidianer, Libertiner, swertge[esten]" („Schwertgeister" = Batenburger, s.Mellink, *Voorgeschiedenis*, 146).

ziemlich willkürlicher Folge werden genannt: Christologie, Rechtfertigung und Heiligung, Bund und (Kinder-)Taufe, Kirche, Zucht, Abendmahl, Amt, Eigentum, Kirche und Staat, Altes Testament, Eid, Schwert
und christliche Freiheit.[134] Nicht alle Themen werden gleich ausführlich
behandelt; manche werden zwei- bis dreimal angesprochen. Die
Behandlung von Bund und Taufe, Zucht und Abendmahl nimmt den
meisten Platz ein. Bei der Wiedergabe des eigenen Standpunktes fehlt
manchmal ein apologetischer Ton nicht; offensichtlich ist man auf
Angriff bedacht.

Ausgangspunkt ist das Bekenntnis zur Menschwerdung Christi.
Gegenüber der melchioritisch-mennistischen Auffassung der Inkarnation
als einer Fleischwerdung durch Maria (statt aus Maria), sagt Hardenberg
—mit Hinblick auf die wirkliche Erlösung des Menschen durch den neuen
Adam[135]—mit Chalcedon, dass Christus wahrhaftiger ewiger Sohn Gottes
und wahrhaftiger natürlicher Mensch in einer Person ist. Er ist aus
unserer Natur geboren, aus unserem Fleisch und Blut, ist uns in allem
gleich geworden mit Ausnahme der Sünde, eine wahrhaftige Frucht aus
dem Leibe Marias, woraus er durch den Heiligen Geist Fleisch geworden
ist.[136]

Bei der Besprechung der Rechtfertigung und der Heiligung werden das
sola fide und das *sola gratia* stark betont. Durch Christi Sühnetod kann
wieder von einem gnädigen Gott und Vater die Rede sein, der aus Gnade
Menschen retten will. Nur durch den Glauben wird man der Erlösung
von den Sünden teilhaftig. Nur durch den Glauben wird man vor Gott
„fromm geachtet und selig". Ausser Christus gibt es keine Rettung, und
eine andere Möglichkeit, zur Seligkeit zu gelangen als durch den Glauben
und die Gnade, gibt es nicht.

Es wird sorgfältig zwischen Rechtfertigung und Heiligung unterschieden,
wobei der Schwerpunkt bei der ersteren liegt. Damit wird die täuferische
Vermischung von beiden und die Betonung der Sichtbarkeit des
Glaubens[137] abgelehnt. In Bremen wird gelehrt, dass „alle guten Werke,
Kreuze und was sonst von den Christen Gutes vollbracht wird, in der
Sache unserer Rechtfertigung und Seligkeit nicht anders in Rechnung zu
stellen seien, denn als löbliche Frucht des Glaubens. Und dass dort, wo

---

[134] Zu den täuferischen Ansichten zu diesen Themen, s.u.a.: Wessel, *Leerstellige
strijd*; Meihuizen, *Menno Simons*; die diesbezüglichen Artikel in *ME*; Keeney,
Development; Bornhäuser, *Menno Simons*; Friedmann, *Theology*.
[135] *Supra*, Anm.134; ausserdem: Voolstra, *Het Woord is vlees geworden*.
[136] *Gutachten bez.d.Täufer*, I, 81^r.
[137] *Supra*, Anm.134; ausserdem: Voolstra, *Vrij en volkomen* (Lit.: 19, Anm.1).

keine guten Werke folgen, kein Glaube ist, doch dass der Glaube allein
Christus ergreife und uns seiner teilhaftig macht und also selig".
Die Möglichkeit, bereits in diesem Leben die Vollkommenheit zu
erlangen, sowie der Gedanke der Sündenlosigkeit nach Glauben und
Wiedergeburt[138] wird ebenfalls abgelehnt. Es wäre eine Geringschätzung
des Kreuzes, behauptete man, Christus hätte nur für die Erbsünde und
nicht auch für die „Sünde der Welt" bezahlt,[139] „und dass deswegen in
den Gemeinden keine tägliche und ewige Vergebung der Sünden durch
Christus sei, auch nicht für diejenigen, die nach Taufe und Wiedergeburt
wieder gefallen sind".[140]
   Es ist bezeichnend, dass die Auseinandersetzung über Rechtfertigung
und Heiligung zu den Themen Kindertaufe und Bund führt, welche wir
übrigens bereits oben im Abschnitt II.5.2 dargelegt haben.[141] *In nuce*
wird gelehrt, dass die Kindertaufe nicht auf den Glauben oder die
sichtbare Wiedergeburt,[142] sondern auf die Gnade und die Verheissungen
des einen Gnadenbundes fusst: „Und es ist Unverstand, dass die
Wiedertäufer dagegen rufen, sie (die Kinder) glaubten nicht; denn wenn
das auch so wäre, dass sie nicht glaubten, so gehören die Kinder doch zu
dem Bunde und haben also Recht auf das Zeichen des Bundes".[143]
   Diese Einheit des Bundes wird von Hardenberg noch einmal unterstrichen, als die Einheit vom Alten und Neuen Testament zur Sprache
kommt. Die Täufer verwerfen das Alte Testament, weil sie „lieber zur
Hölle fahren, als dass sie zugeben wollen, dass unsere Kinder ebenso
Abrahams Kinder sind, wie die der Juden, und dass ebenso wie jene zum
Bund gehörten und also Recht auf das Bundeszeichen—die Beschnei-
dung—hatten, so auch unsere Kinder Recht auf das Bundeszeichen des
Neuen Testaments—die Taufe—haben".[144] Gott lügt nicht. Die sich als
Erwachsene wiedertaufen lassen, tun Unrecht, „machen durch die zweite

---

[138] Die Beschuldigung, auf Grund der Gnaden eine Sündenlosigkeit zu behaupten,
haben die Täufer in der mennistischen Tradition leidenschaftlich zurückgewiesen.
Hoffman und David Joris dagegen lehrten doch einen gewissen Antinomismus als
Ende des Heiligungsgeschehens; s. Voolstra, *Vrij en volkomen*, 10, 20.
[139] Zur täuferischen Erbsündenlehre: Wessel, *Leerstellige strijd*, 147ff.; van 't
Spijker, *Gereformeerden en Dopers*, 41-43.
[140] *Gutachten bez.d.Täufer*, II, III, XIII, 81^r, 82^v-83^r.
[141] Für eine ähnliche Korrelation zwischen den Fragen von Rechtfertigung und
Heiligung, und Bund und Kindertaufe, siehe das Gespräch zwischen Reformierten und
Täufern in Emden im Jahre 1578: van 't Spijker, *Emden (1578)*; ders., *Gereformeerden en Dopers*, 47-51.
[142] *Supra*, Anm.134; ausserdem: Goertz, *Taufe*, 85-88.
[143] *Gutachten bez.d.Täufer*, III, 81^{r-v}.
[144] *Gutachten bez.d.Täufer*, XIX, 83^v.

Taufe der ersten Schande, erklären Gott zum Lügner in seiner Verheissung und Gnade".[145]

Kurz kommt die täuferische Auffassung von der Gemeinde als sichtbare heilige Brautgemeinde der Wiedergeborenen zur Sprache.[146] Die Täufer stören die Gemeinde Gottes und verachten und lästern den Dienst der Prediger, die Lehre und die Sakramente. Sie enthalten sich der Sakramente und bringen andere dazu, dies zu tun. Sie kehren elitär und exklusiv der Gemeinde den Rücken und kommen zusammen „in Winkeln und geheimen Plätzen". Die Bremer Prediger erfüllen in ihren Augen nicht die von ihnen selbst verkündete Anforderung nach Vollkommenheit. So beurteilen die Täufer die Kirche und ihre Lehre nach ihren Mitgliedern anstatt nach dem Wort, das Christus dort selbst verkündigt. Es gibt ganz bestimmt Gemeinden Gottes, in denen das Wort und die Sakramente rein bedient und verwaltet werden.[147]

Im Zusammenhang mit der Heiligkeit der Kirche wird vom Gebrauch des Banns gesprochen. Die Täufer rufen, „dass dort, wo kein öffentlicher Bann ist, auch keine Gemeinden Gottes seien": die Heiligkeit der Gemeinde fordere eine unzweideutige Handhabung des Banns.[148] Auf Hardenbergs zurückhaltende Verweisung auf die Barmherzigkeit von Christus, der eine Gemeinde versammelte ohne den Bann zu gebrauchen, gingen wir schon oben näher ein.[149]

Die Zucht funktioniert in Bremen auch beim Abendmahl, das ja eine heilige Mahlzeit ist, ein wahres Sakrament und eine wahre Gemeinschaft mit dem wirklichen Leib und Blut Christi, die von der Gemeinde gemäss den Einsetzungsworten wahrhaftig empfangen und genossen werden. Mit dieser Formulierung wendet sich Hardenberg gegen die täuferische Auffassung des Abendmahls als lediglich eines Gedächtnis-, Bekenntnis- und Gemeinschaftsmahls zur Reizung der brüderlichen Liebe.[150] Diese wirkliche Liebe, derer sich die Täufer rühmen, zeigt sich übrigens bei ihnen nicht: um der Sünde anderer und der eigenen vermeintlichen Vollkommenheit willen, verachtet man die Gemeinde und die Sakramente. Solche Leute können nicht als Glieder der Kirche, noch weniger als Glieder Christi anerkannt werden.[151]

---

[145] *Gutachten bez.d.Täufer*, IV, 81ᵛ.
[146] *Supra*, Anm.134.
[147] *Gutachten bez.d.Täufer*, V-VIII, XVII, 81ᵛ-82ʳ, 83ʳ.
[148] *Gutachten bez.d.Täufer*, IX, 82ʳ. Vgl.*supra*, Anm.134.
[149] S.176.
[150] *Supra*, Anm.134; s.weiter *supra*, II.6.3.1, S.204f.
[151] *Gutachten bez.d.Täufer*, IX-XI, 82ʳ⁻ᵛ.

Nach der ausführlicheren Besprechung der Themen Gemeinde, Zucht und Abendmahl werden in gedrängter Form noch elf weitere Punkte angesprochen, von denen ein Teil bereits zuvor im *Gutachten* angeschnitten wurde. Dieser Aufbau gibt dem Ganzen etwas Unzusammenhängendes. Eine Erklärung für die benutzte Methode wird später gegeben.

In bezug auf das Amt wird der subjektiven Auffassung der Täufer entgegengehalten, dass die, die sich in das Amt drängen, ohne durch die Gemeinde oder namens der Gemeinde durch die Obrigkeit dazu berufen zu sein, keine anerkannten Prediger sind, sondern „Störer und schädliche Verderber", denen kein Gehör geschenkt werden darf.[152]

Die Täufer bilden eine schädliche neue Sekte, die die Einheit der Kirchen zerreisst, die alte Ketzereien neu belebt,[153] und die selbst neue Ketzereien hervorbringt.[154]

Die Kindertaufe ist nicht durch den Papst eingesetzt worden; sie kommt von Gott und ist seit apostolischer Zeit in den Kirchen in Gebrauch.[155]

Der Besitz von Eigentum ist den Christen und auch den Predigern nicht verboten und steht nicht im Widerspruch zu dem Vorbild und der Lehre der Apostel.[156]

Christen, die ordentlich in ein Obrigkeitsamt berufen werden, dürfen dieses Amt ausüben „als einen wahren und heiligen Gottesdienst". Die Täufer rufen, „dass kein Christ zur Obrigkeit gehören dürfe, wobei sie wohl darauf hinaus wollten, dass sie so beide, Pastoren und Obrigkeit, aus dem Weg räumen könnten und selbst an deren Stelle treten". Die christliche Obrigkeit ist nicht nur zum Dasein berechtigt, ihr muss auch nach der Lehre von Petrus, Paulus und Christus selbst mit reinem Gewissen gefolgt werden.[157]

Die Berufung auf das Alte Testament wird in diesem Zusammenhang von den Täufern abgelehnt. Sie konzentrieren sich einseitig auf das Neue Testament. Christus hat es anders gelehrt. Hardenberg gesteht ein, dass „wir nun nicht mehr unter dem selben Landrecht, und auch nicht mehr unter den Figuren und dem Fluch des Gesetzes ständen", hält aber aufrecht, dass „unser lieber Herr und die Apostel all ihre Lehre darauf gestützt haben, und dass das Alte Testament durch das Neue ausgelegt,

---

[152] *Gutachten bez.d.Täufer*, XII, 82ᵛ. *Supra*, Anm.134.
[153] Gestrichen im Manuskript: „alss Nouatj, auxentij, pelagij, Donatij, C[a?]tarorum unde anderen meer", *Gutachten bez.d.Täufer*, 83ʳ.
[154] *Gutachten bez.d.Täufer*, XIV, 83ʳ.
[155] *Gutachten bez.d.Täufer*, XV, 83ʳ.
[156] *Gutachten bez.d.Täufer*, XVI, 83ʳ. Vgl.Keeney, *Development*, 135f.
[157] *Gutachten bez.d.Täufer*, XVIII, 83ʳ. Vgl.Keeney, *Development*, 128-132.

und das Neue Testament durch das Alte bekräftigt wird, und Christus uns noch am heutigen Tage auf die Schrift weist, womit er das Alte Testament meint, das von ihm zeugt. Ja er verweist sie alle auf Mose und die Propheten". Mose und Christus können nicht gegeneinander ausgespielt werden. Auch auf dem Gebiet der Ethik erweist sich die Idee der Einheit des Bundes in der Kontroverse mit den Täufern als fundamental.[158]

Unrecht ist dann auch die Verweigerung des Gehorsams gegenüber der Obrigkeit und der Eidesleistung. Sowohl die Ehre Gottes als auch das Wohl und Wehe des Nächsten stehen dabei auf dem Spiel. Zu Unrecht berufen die Täufer sich auf Matthäus 5,34: „Ich aber sage euch, überhaupt nicht zu schwören". Dieses Wort Christi bezieht sich auf falsche, leichtfertig geschworene und ähnliche Eide, die einem Christen nicht ziemen.[159]

Auch die Berufung auf Matthäus 5,21—„Du sollst nicht töten"—um der Obrigkeit den „göttlichen" Gebrauch des Schwertes zu verbieten, ist fehl am Platz („grober Unverstand"), „denn das ist von eigenem Mutwillen gesagt", damit niemand selber Richter spiele. Die christliche Obrigkeit hat die Pflicht, ihre Untertanen soweit als möglich gegen alle Gewalt und Unrecht zu schützen. Wer von der Obrigkeit zur Ausübung dieser Pflicht gerufen wird, ist Gehorsam schuldig.[160]

Der letzte Punkt betrifft die Art der christlichen Freiheit. Diese ist nicht fleischlich, sondern geistlich. Die Täufer suchen eine „leibliche Freiheit unter dem Schein der christlichen Religion". Hardenberg opponiert gegen ein gesetzliches Missverständnis des Unterschiedes zwischen Gemeinde und Welt. Die Täufer machen aus einer Dualität einen Dualismus und greifen damit dem Eschaton vor.
Hardenberg spitzt dies zu auf die Frage der Forderung und Bezahlung von Schulden, Zins und Zoll. „So etwas gehört zum Reich dieses Lebens, das heisst, zur 'Polizei' (Ordnung), die von Gott in Christus nicht zerstört oder verändert worden ist, sondern er hat jeden bei seinem Landrecht gelassen. Darum lehren wir, dass die Christen nach Landessitte um Schulden, Zinsen oder Zoll mahnen dürfen, dass sie es geben,

---

[158] *Gutachten bez.d.Täufer*, XIX, 83ᵛ. Vgl.*supra*, Anm.134.
[159] *Gutachten bez.d.Täufer*, XX, 83ᵛ. Vgl.*supra*, Anm.134; ausserdem: Bouterse, *De boom*, 131f., 146-148.
[160] *Gutachten bez.d.Täufer*, XXI, 83ᵛ-84ʳ. Vgl.*supra*, Anm.134; ausserdem: Bauman, *Gewaltlosigkeit*; Stayer, *The Sword*, 283-328; Bouterse, *De boom*, 127-130, 139-141, 159-162.

fordern und bezahlen dürfen, und zwar jeder nach seinem Mass und der Ordnung des Landes, wo er sesshaft ist".[161]

Die Schlussfolgerung lautet, dass mit den Täufern keine Bruderschaft gehalten werden kann. Von der anderen Seite her ist man genau so wenig darauf aus. Im Gegenteil, die Prediger werden als falsche Propheten und „Seelenmörder" gescholten und man verachtet die Gottesdienste, das Wort und die Sakramente. Die Prediger werden mit diesen Leuten nicht in Disput treten, eingedenk Titus 3,10 und 2.Timotheus 2,14: „Einen ketzerischen Menschen meide, wenn er einmal und noch einmal ermahnt ist. *Idem*: Streite nicht mit Worten, was zu nichts nütze ist, sondern den Hörern nur zum Verderben gereicht"—es sei denn, es käme jemand mit lauteren Absichten auf sie zu.[162]

3.2.5 *Einflüsse: Humanismus, a Lasco, Bucer und Bullinger*

Hardenbergs Haltung dem Radikalismus gegenüber scheint von vier Faktoren bestimmt zu sein, und zwar vom Einfluss, der vom Humanismus und von seinen Kontakten zu a Lasco, Bucer und Bullinger ausging.

Hardenbergs Abkehr von jedem Radikalismus ist wohl an erster Stelle aus seiner Affinität zum Humanismus zu erklären. Für die militanten Täufer ist Hardenberg zu sehr der Liebhaber der Ruhe, für die friedlichen Täufer ist er zu sehr ein Mann der Wissenschaft.[163]

Ein zweiter Faktor wird Hardenbergs Umgang mit a Lasco sein, dem Befürworter der Zurückgewinnung der ruhigen Täufer auf dem Wege des Disputes, eventuell unter Einsetzen leichten Zwanges. Dessen Einstellung kann dazu beigetragen haben, dass Hardenberg, der anfänglich den Kontakt mit den Täufern nicht sucht, ihnen schliesslich nicht aus dem Weg geht. In Kempen mit Täufern konfrontiert, begibt er sich aus seiner pastoralen Verantwortung heraus mit ihnen ins Gespräch, sowohl mündlich als auch schriftlich, wobei er Massnahmen zur Abschreckung weder empfiehlt noch ablehnt.

Dabei bewegt er sich dann gleichzeitig auf der Linie Bucers, der als theologischer Berater des Erzbischofs von Wied bei dessen Reformationsversuch ebenfalls für die Überzeugung der Täufer auf dem Wege des

---

[161] *Gutachten bez.d.Täufer*, XXII, 84^r.
[162] *Gutachten bez.d.Täufer*, XXII, 84^v.
[163] S.ausführlicher *supra*, S.266-268.

Gesprächs und des Unterrichts ist, sei es auch unter leichtem Zwang.[164] Hardenbergs Auftreten den Kempener Täufern gegenüber stimmt mit dem überein, was durch Bucer in seinem (von Hardenberg 1544 ins Lateinische übersetzten) Reformationsentwurf für von Wied, dem *Einfaltigs bedenken* (1543), in bezug auf die Täufer vorgesehen war.[165]

Schliesslich muss als bestimmender Faktor der Einfluss Bullingers genannt werden.[166] Die Frage ist nämlich angebracht, aus welcher Quelle Hardenberg seine Information über die Täuferbewegung und ihre Lehre bezogen hat, vor allem, wenn man an sein *Gutachten für den Rat von Bremen bezüglich der Täufer* von 1551 denkt. Hardenberg gab diesen Ratschlag nicht anhand eines zuvor von den Täufern bei ihm oder der Bremer Obrigkeit abgelegten Glaubensbekenntnisses, wie wir sahen. Über die genaue Identität der Eindringlinge und den Inhalt ihrer Erneuerungen, die sie propagieren, glaubt er im Unklaren zu sein. Sich verlassend auf die Mitteilung Dritter, dass sie „den Wiedertäufern nahestehen", gibt Hardenberg dann einen Überblick über die wichtigsten täuferischen Auffassungen. Hardenberg kann dabei die Information benutzt haben, die er selbst, also aus erster Hand, während seiner Kontakte mit Täufern erfahren hatte, vor allem im Bistum Köln. Man kann auch an a Lascos Antwort an Menno Simons über die Inkarnation denken, die, was die Argumentation angeht, zum Teil von Hardenberg stammt, sowie an Hardenbergs eigene Schrift, die für die Täufer in Kempen bestimmt war. Hardenberg kann auch manches Werk anderer, die Täufer betreffend, zu Rate gezogen haben: von Zwingli, Oecolampadius, Bucer, Rhegius, Melanchthon, Calvin oder von Vertretern der Täufer selbst.[167] Sicher ist, dass er mündliche Informationen von

---

[164] Wappler, *Kursachsen*, 77-82; Bornkamm, *Martin Bucers Bedeutung*, 13-16; Goeters, *Die Rolle des Täufertums*, 230; Stalnaker, *Anabaptism*; vgl.Yoder, *Troubles aux Pays-Bas*. Krahn, *Dutch Anabaptism*, 117 redet von einem „semirigid program of education and coercion". Melanchthon hat weitgreifendere Ansichten über Sanktionen gegen die Täufer: Oyer, *Lutheran Reformers*, 140-178.
[165] Bucer, *Einfaltigs bedenken*, 1544², Warnung und bevelch wider die yrthumb der Widerteuffer, lxxij^b-lxxv^a (Ausgabe 1972, von Wied, *Einfaltigs Bedenken*: 110-113). Die vorgeschriebene Verfahrensweise ist: wiederholte Untersuchung („ein gewiss Examen"), eventuell Verhaftung, bei Verweigerung der Widerrufung Anzeige bei der Obrigkeit, worauf Verbannung oder Körperstrafe folgen können. Vgl.noch Goeters, *Die Rolle des Täufertums*, 230; Stiasny, *Strafrechtliche Verfolgung*, 24.
[166] Fast, *Bullinger und die Täufer*, schenkt dieser Beziehung keine Beachtung.
[167] Einige Titel in Oyer, *Lutheran Reformers*. Vgl.supra, Anm.100.

Schweizer Reformatoren im Herbst 1544 erhielt. So sprach er über die
Täufer mit Ambrosius Blarer und Bullinger.[168]

Bei letzterem war Hardenberg an der richtigen Adresse. Dreizehn
Jahre früher, 1531, hatte dieser eine ziemlich umfangreiche, gegen die
Täufer gerichtete Publikation erscheinen lassen: *Von dem unverschampten
fräfel*.[169] Die Vermutung liegt nahe, dass Bullinger dieses Werk
Hardenberg geschenkt hat, so wie er es später mit weiteren seiner
Publikationen auch tun wird.[170] Jedenfalls hat Hardenberg dies Buch
gekannt: es stellt sich heraus, dass mehr als die Hälfte seines *Gutachten
bezüglich der Täufer* diesem Buche entnommen ist. Ein Vergleich der
Inhaltsangabe des *Gutachten für den Rat von Bremen* mit den Kapitel-
überschriften von *Von dem unverschampten fräfel* zeigt, dass Hardenberg
nach der Besprechung von Christologie, Rechtfertigung und Heiligung,
Bund und Taufe, Kirche, Zucht und Abendmahl, bei den restlichen elf
Punkten beinahe integral Bullingers *Von dem unverschampten fräfel*
gefolgt ist, manchmal bis in einzelne Formulierungen hinein. Aus einer
Übersicht (vorne in Bullingers Werk) der „Schlussreden wider die
gemeynen widertöufferischen leer und artickel" sind mehrere Punkte
nahezu im Ganzen übernommen worden. Dies erklärt schliesslich auch
die Wiederholungen in Hardenbergs *Gutachten*, die dem Ganzen einen
unzusammenhängenden Charakter geben.

*Vergleich des Gutachtens mit Bullingers „Von dem unverschampten
fräfel"*

Gutachten bezüglich der Täufer	*Von dem unverschampten fräfel*
Inhaltsangabe	Kapitelüberschriften und Schlussreden
I Christologie	
II Rechtfertigung und Heiligung	
III Kindertaufe und Bund	
IV Wiedertaufe	
V Verachtung der Gemeinde	
VI Verachtung der Lehre und der Sakramente	

---

[168] Bullinger-Vadianus, 28.9.1544, in: Arbenz/Wartmann 6,1,349; Nr.21,
Hardenberg-A.Blarer, 28.10.1544.

[169] HBBibl I, Nr.28: *Von dem unverschampten fräfel, ergerlichem verwyrren, unnd
unwarhafftem leeren der selbsgesandten Widertöuffern, vier gespräch Bücher. zuo
verwarnenn den einfalten...*, Zürich, 1531; vgl.Fast, *Bullinger und die Täufer*, 77f.

[170] S.infra, Anm.193. Übrigens fehlt *Von dem unverschampten fräfel* in Hardenbergs Nachlass in BGK Emden.

VII   Reine Bedienung von Wort und
Sakramenten
VIII   Exklusivismus
IX   Gebrauch des Banns; Abend-
mahl
X/XI Abendmahl
XII   Berufung ins Amt, gegen die-
jenigen, die in das Amt eindrin-
gen

I,5   Von der berüeffung zum predig
ampt wider die selbsgesandten

XIII Christus hat nicht nur für die
Erbsünde bezahlt

I,7   Das Christus nit nur für die
alten oder erbsünd gelitten habe

„Thom xiij leren wij dat het
valsche lererss unde viande dess
crucess Christi sint die daer
leren off geweren Christus
hebben allene voer de erffsunde
genoech gedaen, unde dat der
haluen nicht dagelike unde
ewighe vergeuinghe der sunden
in der gementen en sy, durch
Christum ock voer de genighe
die na Dope unde wedergeborte
weder gevallen synt. Jtem soe
achten wy () ock voer verlei-
derss al die gene die unsen
eygenen werken () unse recht-
verdicheyt voer gode tho scri-
ven.

Schlussrede 4: Nit minder
valsche propheten sind ouch die,
die nit one verachtung des crüt-
zes Christi redend, Christus
habe nun die erbsünd hingenom-
men, und tägliche verzyhung der
sünden dem abschlahend, der
eynest gereyniget wider fallt,
oder die grechtigkeit unsern
wercken zuogebend.

I,8   Das der sünder ze gnaden kum-
me, so dick er kumpt, und das
niemants one sünd sye

I,9   Das die säligkeyt und gerech-
tikeit nit der wercken, sunders
allein des gloubens syge
I,10 Das die seelen nach verlassnem
lyb nit schlaffend, sunder mit
Christo läbend

XIV Die Sekte der Täufer zerreisst
die Einheit der Kirchen

I,6   Von eynigkeit der Kilchen,
wider das zertrennen unnd
teylen der Kätzern
Schlussrede 6: Deren widertouff
ist ouch nit uss Gott, sunder ein
nüwe rottung wider Christenliche eynigkeit, und ein ernüwe-
rung der kätzeryen Novati,
Auxentij und Pelagij.

Thom xiiij soe achten wy int
gemene die wederdoper alss
eyne schadelike nije secte, de de
enicheit der kerken tho snidet,
daer durch unde mede vele
scadeliker ketter vernijet werden
alss Nouatj, auxentij, pelagij,
Donatj () unde anderen meer
vanwth ontsprongen synt.

XV Kindertaufe

Thom xv leren wy, dat der
christenen kinderdope nicht van
den paweste nyes ingesettet en
sy, dan dat se van gode sy unde
van der apostelen tyden aff in
der kerken gewont sy.

Vgl.XII

XVI dat die christenen ock die predicanten wol eygen guet hebben
moegen

XVII Thom xvj (sic!) leren wy, dat
die wederdoper nicht wth lieue
dan hate unde nyte die pastoren
unde predicanten () lasteren,
verdammen, dat se alsoe dat
volck tho sick () rilen unde
anhang vinden moegen.

XVIII Das Obrigkeitsamt

II,1 Darumb ist je widertouff wider
Gott und nüt dann ein nüwes
rotten wider die Christenlichen
eynigkeit

II,2 Das der kindertouff uss Gott sye

II,3 Das der Kindertouff von der
Apostlen zyt biss uff uns
gewäret habe
Schlussrede 7: Der Kindertouf
aber ist uss Gott, hat ye und ye
syd der zyt der Apostlen biss uff
uns gewärt und ist nit erst von
Bäpsten erdacht.

(II,4 Von der gmeynsame, eygnem,
husshaltung, sorg und barm-
hertzigkeyt)

(II,5 Wider die umbschweyffenden
Klapperer die sich unberüefft am
volck weydent)

II,6 Das die predicanten eygens,
huss und hoff, mit Gott, besitzen
mögend

II,7 Von der arbeyt eines Predicanten, ob er ouch zu lyplicher
arbeit genötet möge werden

II,8 Das die predicanten jre bsoldung
vom Euangelio mit Gott unnd
eeren ynnemend

II,9 Das der Widertöufferisch verunglimpffen wider die predicanten
ein nydig verbunstig geschwätz
sye

Schlussrede 11: Hierumb ist dat
Widertöufferisch verunglimpffen
nützid dann ein nydig verbunstig
geschwätz, damit sy sych
rüemend, und die hyrten wider
ire schaff verwyrrind, damit sy
jnen glouben entzühend, und sy,
die Widertöuffer, alleyn glouben
habind.

III,1 Das ein Christ ouch möge ein
Oberer sin

III,2 Das der gwalt der Christenheyt
guet und nodt sye

III,3 Das dem Gwalt sölle gehorsamet
werden

III,4 Ob es sich gebüre der Oberkeyt
widersprechen. Und wider die,
so jro widerbällend

Thom xvij leren wy Dat die
Christenen die ordentlick
gekoren worden christelick unde
wol mogen auerricheyden
wesen, unde ock dat ordentlike
ampt bedienen alss eynen waren
hilligen godssdenst. () Soe leren
wy mit waerheyt dat eyne
christelike ouerricheyt nicht
allene wesen en mach, sunder
ock gueder consientie unde dat
men () gehoersam wesen sal, na
sant peter unde paulus lere, Ia
na Christj lere seluest.

Schlussreden 12/13: Jtem alle
Christen so ordenlich erwelt
werdend, mögend mit Gott
Oberer syn; diewyl der gwalt
ein dienerin Gottes ist.

Sömlicher gwalt ist der
Christenheyt guot und not,
darumb sol im gehorsamet
werden nach lut Christi, Petri
und Pauli.

XIX   Berufung aufs Alte Testament;
Einheit des alten und neuen
Bundes

XX   Ablegen des Eides

III,5   Das ein Christ möge und sölle
eyd schweeren

III,6   Wider die lesterer des Eyds, der
pündtnussen unnd gselschafften

III,7   Von zymlicher zytlicher fröud,
wider der Widertöufferen
glychssnete ernsthaffte

III,8   Von dem Kilchgang unnd den
Templen, wider das
Widertöufferisch verschliessen

Vgl. VI en VIII

III,9   Von dem schwärt, töden, oder
straffen, und kriegen der
Oberkeit

XXI   Gebrauch des Schwertes

XXII   die christelike vrijheyt nicht
vleslich en iss dan gestelich

IV,1   Das Christenliche fryheyt nit ein
fleyschliche fryheyt sye

Thom xxj Leren wij dat Na den
die christelike vrijheyt nicht
vleslich en iss dan gestelich dat
daer omme alle die daer lifflike
vryheyt onder schin der
christeliker Religion sueken,
unde voerwenden, onrecht doen.

Schlussrede 17: So ist
Christenliche fryheyt nit ein
lybliche fryheyt, darumb alle,
die im Euangelio lyblichen nutz
suochend, sind Simons des
zouberers gsellen.

Bezahlung von Schuld, Steuern
und Zoll

IV,2   Das ein Christ bezalen sölle,
was er yederman schuldig ist

Der haluen wy leren, dat de
christenen moegen na landess
gebruke schulde, tynst unde tolle
manen, geuen eyschen betalen
en ider na syner mate unde
ordeninghe landess daer inne
men geseten ()
want sulck ding behoret onder
dat rike dessess liuenss, dat iss
onder die got in Christum nicht
vernichtet noch verandert en
hefft dan eynen ieden by synen
lantrecht gelaten.

Schlussrede 18: Darumb erlernet
man im Euangelio Christi nitt,
das ein Christ weder zynss noch
zähenden schuldig sye, sunder
das man yedermann bezalen sol,
was man schuldig ist.

Schlussrede 19: Und stadt die
verwaltung und ordnung der zyt-
lichen gütern an der oberkeyt,
welche Christlich handlet, wenn
sy nach der regel handlet, Was
du wilt das dir beschähe, thu
einem andern ouch...
Vgl.144^a: Gründlicher berycht
vonn dem handel der Zynsen,
wider die verwornen uffrü-
rischen Sect der Widertöuffern.
Vgl.172^a: Von dem unnder-
scheid der Zähendenn, unnd ob
man inn ouch schuldig sye zuo
bezalenn. Jtem vom valschen
unnd rechtem bruch der
Zähenden.

Folgerung (der Anfang davon):
Nu hebben die wederdoper noch vele
meer dingess daerinne se den reynen
lere tho wederen synt, welker men hier
nicht alle antigen en kan. Soe en synt
se het seluest onder sich ock in nenen
dinghen eenss, dan vallen vant eyne int
ander al under eynen schyn van
vollenkomenheyt.()

Folgerung (der Anfang davon):
Das sind myne Schlussreden, darinn,
als ick vermeyn, die gemeynen jro
irrungen verschlossen sind. Und weisst
hieby, das sunst nit müglich ist, jre
jrrthumb all ze erschöpffen, dann diewyl sy nit einen geyst der wahrheyt
habend, ist keyn wunder, ob sy schon
von einer yrrthumb inn die ander
fallend.()

Zitat Titus 3,10 und 2.Timotheüs 2,14

Zitat Titus 3,10 (8^b/9^a)

Mit diesem Vergleich, der einen deutlichen Einfluss Bullingers auf
Hardenberg zeigt, jedenfalls was seine Haltung in bezug auf den
Radikalismus angeht, erfolgt ein Übergang zum nächsten Abschnitt.[171]

---

[171] Nissen, *Bullingers vroegste tractaat tegen de Dopers*, entdeckte eine
handschriftliche niederländische Übersetzung von *Von dem unverschampten fräfel* in
der Koninklijke Bibliotheek in Den Haag, von ihm um 1540-1545 datiert. Den
unbekannten Übersetzer sucht Nissen unter den mit Bullinger verbundenen
niederländischen Reformatoren wie Mikron und a Lasco, die beide mit Menno Simons
debattierten. Ein Einblick in die Handschrift (hs. 131 G 46) lehrte mich, dass die
Übersetzung nicht von Hardenbergs Hand geschrieben ist.

3.3 *Zwingli, Bullinger und das Züricher Ministerium*

Die zeitgenössische kirchliche Mode hat Hardenberg seiner Abendmahlslehre wegen als Zwinglianer oder „Sacramentsschwermer" stigma-
tisiert.[172] Schon 1547, als Hardenberg Pfarrer in Einbeck ist, verbindet
man, wie wir sahen,[173] seinen Namen mit dem von Zwingli, worauf er
Einbeck verlässt. Im vorliegenden Paragraphen wird die Legitimität
dieses Urteils untersucht, anhand einer Auflistung der Kontakte mit
(3.3.1) und der Wirkung von (3.3.2) Zwingli, Bullinger und den
Schweizer Predigern.

3.3.1 *Kontakte*

Es ist unverkennbar, dass Hardenberg mit der schweizerischen Reformation sympathisiert. Das erweist sich beispielsweise schon in seiner
Hoffnung, Gwalthers Herausgabe der *Opera* Zwinglis in Zürich
1544-1545 werde vielen nützen.[174] Und darin, dass er nicht Basel oder
Zürich, sondern Wittenberg für die Entstehung der Abendmahlskontro-
verse verantwortlich macht.[175]
Hardenbergs theologische Rundreise zwischen Juni und Dezember
1544 nach Strassburg, Schlettstadt, Basel, Bern, Zürich, Sankt Gallen,
Konstanz, Memmingen, Augsburg, Ulm, Reutlingen und Tübingen,
bringt ihm wesentliche theologische Verbindungen.[176] Besonders die mit
Ambrosius Blarer, Bullinger und Bucer—Abschnitt III.4 behandelt die
Beziehung zu Bucer gesondert—werden ihm wichtig. Sie sind intensiv,

---

[172] Vgl.z.B.Nr.286, Hardenberg-Domkapitel/Erzbischof Georg, 27.5.1560, 91^r:
„Dominica sequenti hoc et alia horrenda dixit Doctor Heshusen: Doctor albert hefft
vergangen donnerdage gepredicket dat lyff Christj welker in der krubben gelegen hefft
en sy nicht im auentmael rumelick und eyn wahrafftich lijff moet eyner tyt eyne stede
hebben und en kan eyner tyt nicht meer dan up eyner stede syn. () Wat willen de
Rottengeister de Sacramentschender de Swinglianer () seggen wth erer philosophia der
vernufft? Se scholden Christus worde geloeuen". Zu der Kennzeichnung „Sacramentsschwermer", s. Trapman, *„Sacramentaires"*; ders., *Afscheid*; Augustijn, *Anabaptisme*;
ders., *Sacramentariërs*; Duke, *„Sacramentsschenderen"*; Zijlstra, *Anabaptisme*.
[173] *Supra*, S.30.
[174] Nr.35, Hardenberg-Bullinger/Züricher Ministerium, 23.3.1545, 1410^r.
Gemeint ist: Zwingli, *Opera D.Huldrychi Zvinglii, partim quidem ab ipso Latine
conscripta, partim vero e vernaculo sermone in Latinum translata: omnia novissime
recognita, et multis adiectis, quae hactenus visa non sunt 1-4*, Tiguri, 1544f. (Finsler,
Nr.105a).
[175] *Vita Wesseli,* **7^b.
[176] *Supra*, S.17-19.

sehr herzlich, zeitweise sentimental.[177] Bullinger betrachtet Hardenberg, der sich allzu bescheiden[178] mit seiner Lebensgeschichte gemeldet hatte,[179] anfangs als Freund und Geistesverwandten a Lascos: „Ein Freund und Bruder ist der Herr a Lasco, Freunde und Brüder sind auch alle, die meines a Lascos Freunde und Brüder sind, wieviele es auch sein mögen. Dich liebe ich nicht weniger als ihn (). Liebe Du mich auch () und schreibe mich in Dein *album amicorum*".[180] Hardenberg ist in der zweiten Hälfte vom September 1544 Bullingers persönlicher, willkommener Gast. Während des Aufenthaltes und der sonstigen Besuche kommt die ganze Glaubenslehre zur Sprache. Bullinger stimmt Hardenbergs Ansichten zu, auch hinsichtlich des Abendmahls.[181] Bullingers Bitte an Vadianus[182] und Blarer,[183] Hardenberg näher zu instruieren „in studio

---

[177] Vgl.Nr.36, Hardenberg-Bullinger, 23.3.[1545]: „Mi anime, mi o mi Bullingere, salve millies ac decies millies. () Hunderttausend gutternacht meyn alder liebste her brutter in god".

[178] Nr.20, Bullinger-Hardenberg, 5.9.1544: „queso abstineas ab illis ceremonijs et extenuationibus () et () alijs formulis plus quam aulicis".

[179] Nach Nr.17, Hardenberg-Bullinger, 6.8.1544, E in: Nr.20, Bullinger-Hardenberg, 5.9.1544. Bullingers Brief zeigt, dass Hardenberg schon früher einmal—vor 24.6.1544, über einen gewissen Josephus—mit Bullinger Kontakte aufzunehmen versucht hatte (S.2) und dass er in Strassburg einige Züricher empfangen hatte: „Ago autem tuae humanitati gratias quod adolescentes Tigurinos tam amice acceperis et consilio tuo instruxeris" (S.7). Hardenberg schrieb in seinem verlorengegangenen Brief über seinen Aufenthalt mit a Lasco in Löwen; über seinen Austritt aus dem Kloster (Bullinger vergleicht ihn mit Mose, der die Belohnung für einen grösseren Reichtum achtete als die Schätze Ägyptens (Aduards), Hebräer 11,24-26, S.3); über seine Abneigung gegen das Hofleben (Bullinger, S.4: „Non abhorruit ab aula Ezechiae Isaias, non ab impijssimi Achabi familitio Abdias, et profuerunt suo ministerio sanctis plurimum") und gegen die Reichstage (Bullinger, S.4f.: „Quid enim aliud sunt Comitia, sicuti hodie celebrantur, quam mundi colluvies? Ex his ergo aliquid puritatis et sijnceritatis expectare, est ex cloaca aliqua (des veniam oro parabolae parum mundae) expectare vivam et limpidam aquam, cum urinam oletum et nescio quas sordes profundat. Jmo experti sunt multi boni viri maxima rerum temporariarum iactura, iactura item temporis, res religionis non posse ullis promovere consilijs et comitijs. Evangelica praedicatione ad ritum et morem apostolicum anunciata plantatur, conservatur, provulgitur et ampliatur regnum dei et sanctorum").

[180] Nr.20, s.vorige Anm., S.2 und 7. A Lasco hatte sich Bullinger schon am 14.3.1544 brieflich bekanntgemacht, s. Kuyper 2, 568f.; sein zweiter Brief an Bullinger folgt dem von Hardenberg, am 31.8.1544, in: Kuyper 2, 585-589.

[181] Bullinger-Blarer, 28.9.1544, in: Schiess 2, 301f.; ders.-Vadianus, 28.9.1544, in: Arbenz/Wartmann 6, 349.

[182] Bullinger-Vadianus, 28.9.1544, in: Arbenz/Wartmann 6, 349; vgl.Nr.34, Hardenberg-dens., 22.3.1545, 408.

[183] Bullinger-Blarer, 28.9.1544, in: Schiess 2, 301f.: „Ora fratrem () ut ipsum confirmet in vera et orthodoxa de coena Domini sententia". In der Tat unterhielt sich Thomas Blarer mit Hardenberg über das Abendmahl; s.*Vita Wesseli*, **6^b-7^b; vgl.

pietatis et in confessione veri", war, wenn es an den Blarern läge,
unnötig, so sehr steht Hardenberg mit ihnen im Einklang.[184] Vadianus
lobt ihn gleichermassen.[185] Aber gegen Ende seiner Rundreise ist
Hardenberg dennoch verwirrt über die Sakramentsfrage, denn so schreibt
er an Blarer: „Während meiner Reise habe ich den Auffassungen darüber
von fast allen einzeln genau nachgeforscht. Von den meisten aber habe
ich solches erfahren, dass ich weder bestreiten darf noch vor Dir
verbergen kann, dass ich nun bei weitem unsicherer bin als zuvor. Nur
davon bin ich—so hoffe ich—in meinem Gewissen ausreichend sicher,
dass die heilige Mahlzeit (ich meine das im Leib des Herren geheiligte
Brot und den Wein) an nichts anderem gemessen werden müsse, als an
dem Ziel, dem diese Mahlzeit auf Grund der Worte des Herren selbst
hauptsächlich dienen soll. Und mit den Augen auf dieses Ziel gerichtet,
billige ich ihr nur zu, was dieses Ziel betrifft und ihm dient. Wozu dient
es denn schon, dieser Mahlzeit Dinge zuzurechnen, die nichts mit den
Sakramenten zu tun haben, die im Gegenteil ihren Gebrauch auf den
Kopf stellen?".[186]
Laut eines Briefes an Calvin, in welchem Hardenberg um Aufklärung
über dessen Standpunkt bittet, bereitet ihm in der „grossen Dissonanz der
Ansichten" vor allem die zum—wie es ihm scheint—lutherischen
Standpunkt neigende Anschauung Sulzers in Bern und Bucers Schwierigkeiten: „Ich vernehme, dass es eine natürliche Präsenz gibt, aber nicht
auf die Weise dieser Welt, allerdings eine geistige und doch eine
wahrhafte und natürliche Präsenz. Aber weil ich das nicht verstehe, weiss
ich nicht, wie ich das meinen Zuhörern auslegen soll".[187] Inzwischen

Spiegel, 47.

[184] Blarer-Bullinger, 8.10.1544, in: Schiess 2, 304f.; Bullinger-Blarer,
10.10.1544, in: Schiess 2, 307-309.

[185] Vadianus-Blarer, 2.10.1544, in: Arbenz/Wartmann 7, 110 (Schiess 2, 303).

[186] Nr.23, Hardenberg-Blarer, [zw.7.u.19.]11.[1544], 319: „... caussa sacramentaria, de qua fere omnium ac singulorum sententias in profectione mea expiscatus sum,
sed a plerisque ita instructus, quod negare non debeo neque apud te dissimulare, ut
longe nunc incertior sim atque prius, nisi quod sperem me satis esse certum alioqui
in conscientia mea, scilicet cum sacram illam coenam, illum inquam panem in corpore
domini sanctificatum et vinum in sanguine eius, non aliunde metiar quam ab eo fine,
ad quem potissimum institutam esse coenam ipsius domini verba testantur, ac defixis
in illum oculis id tribuam, quod ad eum attinet pertinetque finem. Quorsum enim
attinet ea huic coenae attexere, quae ad sacramenta nihil pertinent, imo vero invertunt
etiam usum ipsorum?".

[187] Nr.37, Hardenberg-Calvin, 24.3.1545, 48f.: „Audio esse naturalem
praesentiam sed non modo huius saeculi, esse spiritualem quidem sed veram tamen et
naturalem. Sed hoc ego quum non assequar, non video quomodo auditoribus meis
proponere debeam". Vgl.infra, S.421f., 467.

zeigt Hardenbergs Bemerkung, wie sehr—trotz der *Wittenberger Konkordie* 1536 und der unionistischen Anstrengungen Bucers—die Übereinstimmung in der Abendmahlslehre im Augenblick der Veröffent-lichung von Luthers *Kurzem Bekenntnis vom heiligen Sakrament* (1544) in Oberdeutschland und in der Schweiz noch fehlt.[188]

Unter den von ihm konsultierten Kirchen hegt Hardenberg am meisten Sympathie für die von Zürich und Konstanz.[189] Ein vorläufiges Angebot von Blarer, eine offene Stelle in Konstanz anzunehmen, zieht er in ernstgemeinte Erwägung. Denn in Preussen, Pommern und Ostfriesland, wo er ebenfalls um Hilfe gerufen wird, schrecken die „Sklaverei in der Lehre" und der „Lutheropapismus" ihn ab. Seiner Übereinstimmung mit Blarer wegen käme er am liebsten nach Konstanz und zwar endgültig.[190]

Die Korrespondenz, die nach seiner Rundreise entsteht, lässt gleichfalls erkennen, dass die Kontakte ihm ernst sind. A Lasco, Brenz und Pellikan werden—wie schon früher Bullinger—gebeten, den Aduarder Abt Johann Reekamp zur Reform seines Klosters zu veranlassen.[191] Hardenberg verlangt und bekommt von Gwalther eine Abschrift der Vorlesungen Biblianders über die Apokalypse.[192] Man beschenkt ihn mit Werken von

---

[188] Pollet, *Martin Bucer* 1, 266. Mit Recht bemerkt Pollet, *a.a.O.*: „Il semble que, à l'encontre des intentions de son auteur, le *Kurzes Bekenntnis* de Luther, qui parut sur ces entrefaites, ait plutôt contribué à cristalliser l'opinion adverse sur le point où elle différait le plus de Wittenberg". Dieselbe Bemerkung bei Hollweg, *Hausbuch*, 340.

[189] Nr.23, s.*supra*, Anm.186, 319; Aquilomontanus-thom Camp, 25.4.1545, O in: SA Zürich, E II 338, 1415ʳ.

[190] Nr.21, 22 und 23, Hardenberg-Blarer, 28.10., 29.10.1544 und [zw.7.u.19.]11.[1544]. Laut Nr.23 hat Blarer sein Angebot widerrufen.

[191] Bullinger-Reekamp, 24.6.1544, A (mit eigenhändiger Überschrift) in: SA Zürich, E II 345, 264-275; (vgl.a Lasco-Bullinger, 31.8.1544, in: Kuyper 2, 586; Nr.20, Bullinger-Hardenberg, 5.9.1544, S.2; ders.-Vadianus, 5.9.1544, in: Arbenz/Wartmann 6, 337f.); Nr.17, a Lasco-Hardenberg, 26.7.1544, 576; Nr.24, Brenz-[Hardenberg], 7.11.1544; Nr.39, Hardenberg-Pellikan, 25.3.[1545], 688.

[192] Nr.25, Gwalther-Hardenberg, 5.12.1544. Es handelt sich um eine Abschrift der Nachschrift Gwalthers von Biblianders Apokalypse-Vorlesung (vom 10.November 1543 bis 27.September 1544), und zwar um das sich in BGK Emden, Hs 4° 5 befin-dende umfangreiche, bisher nicht identifizierte Manuskript *Annotationes in Apocalyp-sin*, Dez.1544 (1ʳ-412ᵛ). Die irrtümlicherweise von der älteren Literatur behauptete Autorschaft Hardenbergs dieser *Annotationes* fusst wahrscheinlich auf der Bemerkung auf 1ʳ, nach der Eintragung von Hardenbergs urschriftlichem Eigentumsvermerk: „Hinc *suum* Commentarium describere incepit die 10.decembris 1544 et absolvit ultimo decembris 1544 adeoque intra mensis spatium et quod deest". Diese Bemerkung ist von der Hand von E.F.Harkenroht (18.Jahrh.) geschrieben (diese Information verdanke ich dem Emder Bibliothekar Herrn W.Schulz); die Daten

eigener Hand.[193] Vertraulich schreibt Hardenberg aus Bonn über das Missgeschick, welches die Reformation des Kölner Erzbistums verfolgt, über seinen Wunsch, den Dienst bei von Wied zu beenden[194] und über

---

befinden sich auf 2^r („10.Decembr.1544", statt richtig 1543) und 411^r (Abschreibdatum, statt des Vorlesungs-Schlussdatums: „Ulti: decemb: Anno d(omi)ni 1544"). Das Manuskript, das Marginalien Hardenbergs enthält, ist von einer bisher unbekannten Hand geschrieben. Biblianders Name befindet sich—mit schwarzer Tinte ganz durchgestrichen, aber mit Infrarot leserlich—auf 185^r: „ANNOTATIONVM IN APOCALYPSIM EX ORE D. [Theodor.Bibliandri] Collectarum, Pars Secunda. 1544". Auch der Name der Züricher Kirche auf 2^r („Tigurina Eccl.") ist weggekratzt; hat Hardenberg die schweizerische Herkunft der Schrift vertuschen wollen? K.J.Rüetschi (Luzern) hat diese aus Hardenbergs Besitz stammende Vorlesungsnachschrift unter der Nummer „RGM 151.4" in sein „Verzeichnis der handschriftlichen Werke Rudolf Gwalthers", in: ders., *Gwalther* aufgenommen.
Die Apokalypse-Vorlesung diente Bibliander als Vorlage zu seiner *Relatio fidelis*, 1545: *Ad omnium ordinum reip. Christianae principes, viros, populumque Christianum, Relatio fidelis Th.B.: quod a solo Verbo filioque Dei tum exacta cognitio praesentium temporum et futurorum, atque ipsius etiam Antichristi, maximae pestis totius orbis, tum recta optimaque moderatio reipublicae et totius vitae Christianae petenda sit...*, Basileae, 1545 (Hardenbergs eigenes Exemplar: BGK Emden, Theol 4° 249); vgl.Egli, *Analecta* 2, 61-68. Nicht nur in Frankfurt (Egli, *Analecta* 2, 64), sondern bis nach Emden hat man Interesse für die *Relatio fidelis*: ein begeisterter a Lasco möchte das Werk herausgeben: Nr.35, Hardenberg-Bullinger/die Züricher Prediger, 23.3.1545, 1511^v.
[193] In BGK Emden als *dona auctoris*: Myconius' in I.2, Anm.22 erwähnte Ausgabe des Briefwechsels zwischen Oecolampadius und Zwingli; Bullinger, *Ad Ioannis Cochlei de canonicae scripturae et catholicae ecclesiae authoritate libellum responsio*, 1544 (HBBibl I, Nr.159) (Theol 4° 177); *In Sacrosanctum Evangelium secundum Marcum Commentariorum lib.VI*, 1545 (HBBibl I, Nr.170) (Theol 2° 117); [Joh.Sturm], *Diallacticon*, 1557 (Theol 8° 469) (vgl.Nr.232, Hardenberg-Melanchthon, 21.10.1557). Womöglich auch: Leo Jud/Caspar Megander, *Farrago annotationum in Genesim (ex ore Zwingli) exceptarum*, Tiguri, 1527 (Theol 8° 32); Bullinger, *In Acta Apostolorum Commentariorum Libri VI*, 1535^2 (HBBibl I, Nr.44) (Theol 2° 119); Gwalther, *Argumenta omnium tam V.quam N.T.capitum*, 1543 (Theol 8° 125); ders., *Monomachia Davidis et Goliae*, o.J. (Theol 8° 125); s.auch *supra*, Anm.86. Als Geschenk Bullingers an Hardenberg auch Flacius' Psalmenkommentar, 1550 (Theol 8° 50), und als Geschenk (1552) seines Bremer Freundes Hermann Clüver (Mitglied des Domkapitels: Lappenberg, *Geschichtsquellen*, 218) Bullingers *In Sacrosanctum Evangelium secundum Matthaeum Commentariorum libri XII*, 1542 (HBBibl I, Nr.144) (Theol 2° 108). S.auch thom Camp-Bullinger, 7.10.1544, O in: SA Zürich, E II 355, 108^r-109^v.
[194] Nr.21-23, s.*supra*, Anm.190; Nr.33, Hardenberg-Beatus Rhenanus, 22.3.1545; Nr.34, ders.-Vadianus, 22.3.1545; Nr.35, ders.-Bullinger/Züricher Ministerium, 23.3.1545; Nr.39, ders.-Pellikan, 25.3.[1545]; Bullinger-Myconius, 1.5.1545, O in: SA Zürich, E II 342, 128.

Bucers Bitte an ihn, im Konflikt zwischen Bullinger und Luther zu vermitteln.[195]

Seine Abneigung gegen den Lutheropapismus und seine Sympathie für Zürich halten Hardenberg nicht davon ab, in diesem Konflikt tatsächlich als Anwalt der Einheit aufzutreten. Bullinger hatte Hardenberg schon am 5.September 1544 unterrichtet über Luthers Angriff gegen Zwingli in seinem *Kurzen Bekenntnis vom heiligen Sakrament* (1544)[196] und zwar in gemässigten Worten: „Aber dies haben wir Gott, dem Richter, und seiner heiligen Kirche überlassen (). Wir fahren inzwischen fort in unserer Mittelmässigkeit und Einfalt, vieles vertragend und das Unrecht versteckend".[197]

Möglicherweise ist das der Grund dafür, dass Hardenberg Bucers Aufforderung vom 28.1.1545, Bullinger zu beruhigen, nicht sofort, sondern erst am 23.März Folge leistet. Es scheint ihm undenkbar, so schreibt er dann ohne Nennung von Bucers Namen an Bullinger—im Moment noch nicht unterrichtet über das Erscheinen von dessen Erwiderung, dem *Warhafften Bekanntnuss*, in demselben Monat[198]—, dass Bullinger „mit finsterer Miene und schroffer Wildheit" die kirchliche Uneinigkeit fördern würde, wie man behauptet. „Ich finde dies allerdings nicht in Euren Schriften, viel weniger noch in Euren Gesprächen, weswegen ich es nicht lassen kann, Eure Rechtschaffenheit zu verteidigen, welche mir gerade in diesem Punkt so gut bekannt ist. Aber während ich das tue, komme auch ich in Verdacht".[199]

Es kommt noch hinzu, dass sich Hardenberg davor fürchtet, die Züricher zu kränken. Sein anfangs an Bullinger und die Prediger von Zürich gerichtetes Schlichtungsschreiben[200] adressiert er aus diesem Anlass nach einiger Überlegung nur an Bullinger.[201] Unverhüllt bringt er seine Zuversicht zu ihm zum Ausdruck: „Dass Ihr soviel wie möglich für die

---

[195] Nr.26, Bucer-Hardenberg, 28.1.1545, 211; Nr.34, Hardenberg-Vadianus, 22.3.1545, 408.

[196] Luther, *Kurzes Bekenntnis vom heiligen Sakrament*, 1544, in: *WA* 54, 141-167; Lit.in Dankbaar, *Zürcher Bekenntnis*.

[197] Nr.20, Bullinger-Hardenberg, 5.9.1544, S.5.

[198] Bullinger, *Warhaffte Bekanntnuss der dieneren der kilchen zuo Zürych*, 1545 (HBBibl I, Nr.161).

[199] Nr.36, Hardenberg-Bullinger, 23.3.[1545].

[200] Nr.35, Hardenberg-Bullinger/Züricher Ministerium, 23.3.1545.

[201] Nr.36, Hardenberg-Bullinger, 23.3.[1545]: „Epistolam quam vides ad omnes ministros scripsi, sed postea mihi visum est indignum ut *tales nugae* ad alios perveniant. Itaque tu mihi eos saluta diligenter et literas lectas combure". Seinen Kollegen zeigt Hardenberg zwei Tage darauf seine Verbundenheit: Nr.38, Hardenberg-die Prediger von Zürich, 25.3.1545.

schwankende Kirche, in der Ihr unbestritten den ersten Platz einnehmt, sorgen sollt, soll sicher sein. Ich bekenne dies unverhohlen vor jedem möglichen Sterblichen. Ich kann doch, und muss auch nicht gegen mein Gewissen handeln".[202] Sollte Bullinger Luther doch entgegnen wollen, dann bescheiden,[203] denn Hardenberg ist der Ansicht, dass die Beurteilung der Schrift Luthers eher die Aufgabe der Kirchen als eines einzelnen sei.[204] Er erinnert Bullinger an Galater 5,15: „Wenn ihr euch aber untereinander beisst und fresst, so seht zu, dass ihr nicht einer vom andern aufgefressen werdet".[205]

Hardenberg liegt viel an der „concordia inter fratres". Auf seine Bitte wird sich von Wied für die wünschenswerte Übereinstimmung in der Lehre mittels eines Konventes einsetzen, wozu auch die Schweizer eingeladen werden sollen, nötigenfalls auch zu Lasten des Erzbischofes selber, so Hardenberg am 23. März.[206] Damit kommt er gewissermassen der Bitte zuvor, die ihm aus Zürich zugeht in einem Brief vom 14. März, der den seinigen vom 23. kreuzt. Bei dieser Gelegenheit übersendet man ihm das *Warhaffte Bekanntnuss* mit der Bitte, seinen Einfluss bei den (Erz)bischöfen von Köln und Münster[207] geltend zu machen, „damit man unsere Bücher nicht verurteile, sie nicht auf die Liste der verbotenen Schriften setze, oder die Lektüre davon durch öffentliche oder mehr heimliche Edikte verhindere".[208] Man erkennt die Autorität Luthers

---

[202] Nr.36, Hardenberg-Bullinger, 23.3.[1545]: „Vestrum certe erit, quo ad eius fieri queat, consulere nutanti Ecclesiae in qua praecipuum facile locum tenetis. Quod equidem non dissimulanter confiteor apud quoscumque etiam mortalium. Neque enim contra conscientiam possum aut debeo".

[203] Idem.

[204] Nr.35, Hardenberg-Bullinger/Züricher Ministerium, 23.3.1545, 1410ʳ: „Hortati sunt me quidam uti vos rogarem ne quid ad Luteri scriptum responderetis, sed dixi causam esse inspiciendam quae, si bona sit, premi non debet, si quid desideretur tamen praestare ut Ecclesiae censura proponatur".

[205] Nr.36, Hardenberg-Bullinger, 23.3.[1545].

[206] Nr.36, s.vorige Anm.: „Quod tamen tibi solum dictum velim, ne si non sortiatur effectum, putent alii fratres a me fictum esse".

[207] Dieser, Franz von Waldeck, hatte Hardenberg gerade (vergebens) gebeten, in seinen Dienst zu treten: Nr.30, Hardenberg-Syburg, 15.3.1545.

[208] Nr.29, Züricher Ministerium-Hardenberg, 14.3.1545, 130ʳ, 131ʳ. Das Zitat geht weiter: „Nec enim periculum est aliquod, nec quicquam coeptae reformationi officere possunt. Ut enim simplicitati per omnia, ita modestiae quoque studuimus. Nec desunt ubique locorum, qui veritatem agnoscunt et profitentur: quos nostrorum librorum proscriptio plus terrere, quam coeptum reformationis studium exhilarare posset. Norunt hi Pauli sententiam, qui omnia probare et quod bonum est retinere iubet. Neque tanta est animorum nostrorum insolentia, quod omnia nostra privata authoritate pro divinis oraculis cuiquam hominum obtrudere velimus. Ecclesiarum vere fidelium iudicia libenter sustinemus, et quisquis tandem nos meliora edocere potuerit,

an—„ein grosser Mann und ein nicht zu verschmähender Dienstknecht im Hause des Herren", wenn seine Schriften auch nicht alle „Werke des Geistes" sind—, jedoch soll seinem unbesonnenen Drang zum Exkommunizieren Einhalt geboten werden. Wenn es Luther erlaubt ist, nach eigenem Ermessen Glaubensartikel abzufassen, liegt der Weg zur konfessionellen Willkürr offen da. Dieser Weg führt zum Zwang des Papismus zurück.[209]

Von Hardenbergs Streben nach Bewahrung der Freundschaftsbande mit Zürich zeugen auch seine Bemühungen um Intensivierung der Beziehungen zwischen a Lasco und Zürich. Im Dezember 1544 übersendet er auf a Lascos Bitte dessen ungedruckt gebliebene *Epitome doctrinae ecclesiarum Phrisiae Orientalis* (1544),[210] und im März 1545 seine *Defensio adversus Mennonem Simonis* (1545)[211]—auf Wunsch auch noch die *Erotemata*[212]—in einem Versuch, Zürich zu einer Beurteilung a Lascos zu bewegen „wegen des Erhaltes der Kirchen", „denn es ist nötig, dass in der Lehre Übereinstimmung herrscht". A Lasco erwarte Antwort von Zürich. „Sollte sich in der Lehre irgendetwas neues zeigen, so würde ich es lieber auslöschen, als gewissen Dickköpfen eine Schwäche zu bieten".[213]

Mit seinen Einigungsversuchen hat Hardenberg nur zum Teil Erfolg. In der Tat kommt zwischen Zürich und Bucer einerseits und a Lasco andererseits ein Meinungsaustausch zustande.[214] Zwischen Hardenberg und Zürich dagegen bricht der Briefwechsel plötzlich ab.[215] Ist nur die Inanspruchnahme als Linzer und Kempener Prediger im Jahre 1545 daran schuld, oder auch der Einfluss Bucers auf Hardenberg? Bucer ist

---

nos gratos sentiet. Tam iusta ergo petentibus te nequaquam defuturum esse speramus. Scis enim nullius hominis authoritatem tantam esse, quin maior esse debeat divinae veritatis existimatio".

[209] Nr.29, s.vorige Anm., 129ᵛ-130ʳ.
[210] In: Kuyper 1, 481-557; von a Lasco am 31.8.1544 an Hardenberg in Strassburg gesandt zur Weitergabe an Bucer und Bullinger: Nr.19, a Lasco-Hardenberg, 31.8.1544, 582 und a Lasco-Bullinger, 31.8.1544, in: Kuyper 2, 586. Vgl.Nr.23, Hardenberg-Blarer, [zw.7.u.19.]11.[1544]; Blarer-Bullinger, 19.11.1544, in: Schiess 2, 320; Blarer-Bullinger, 10.8.1545, in: Schiess 2, 377.
[211] In: Kuyper 1, 1-60; vgl.*supra*, S.344-346 und 353f.
[212] Welche Schrift Hardenberg hier im Auge hat, ist mir nicht deutlich.
[213] Nr.35, Hardenberg-Bullinger/Züricher Ministerium, 23.3.1545, 1410ʳ-1411ʳ.
[214] Kuyper 2, 590-592, 594-596, 602-605; Pollet, *Bucer correspondance* 1, 222-234; Hopf, *Bucer's letter*.
[215] Hardenbergs Reaktion auf die Züricher Bitte, Anwalt des *Warhafften Bekanntnuss* zu sein, ist somit unbekannt. Der von von Wied verfolgte Konvent mit den Schweizern findet nicht statt.

Hardenberg gegenüber verstimmt und besorgt über die Polemik aus Zürich; a Lascos Meinung über Luther sei unangemessen.[216]

Damit sind die Bande mit der Schweiz jedoch keineswegs ein für allemal abgebrochen. Dafür sind sie zu fest. So unterhält man die Freundschaft z.B. mit Buchgeschenken.[217] Die Art und Weise, wie Martyr Vermigli neun Jahre darauf die Beziehungen mit Hardenberg erneuert, zeugt von wirklicher Verbundenheit.[218] Geradeso gesteht Hardenberg in Bremen offen ein, er wolle nicht die *Wittenberger Konkordie*, sondern nur deren Zusammenfassung unterschreiben, mit der Luther am 23.5.1536 die Oberdeutschen als Brüder anerkannt hatte.[219]
1557 heisst es im Antrag an das Emder Ministerium um Mortaignes Beistand beim bevorstehenden Abendmahlsdisput, Mortaigne solle die Lehre der Züricher in Bremen nicht zu rigoros verfechten, „denn wir werden sie nicht bekommen können, solange ihnen (den Bremern) nicht erst die Ubiquität und die Konsubstantiation abgestritten wird".[220]
Als Jean Sturm ihm 1557 seine Abendmahlsschrift *Diallacticon* (1557) mit dem angehängten Werk Bertrams *De corpore et sanguine Domini ad Carolum Magnum* zuschickt,[221] scheinen diese Schriften Hardenberg „keine schlechte Methode" zur Wiederherstellung der Eintracht zu bilden; die Gnesiolutheraner jedoch gestatten keine einzige Mässigung.[222]
Bullinger ist seit dem *Warhafften Bekanntnuss* und seiner gegen Westphal und Timann gerichteten *Apologetica Expositio* (1556)[223] *persona non grata* in Deutschland;[224] seine Schriften sind in Sachsen verboten;[225] er kann sich nicht in Bremer Sachen mischen. Heshusens Vorschlag an Hardenberg, sich auf dem Disput, welchen Heshusen 1560 in Bremen haben will, von Bullinger (neben Calvin und den Emdener)

---

[216] Nr.26, Bucer-Hardenberg, 28.1.1545; Nr.47, ders.-dens., 27.11.1545.

[217] S.*supra*, Anm.193.

[218] Nr.161, Martyr Vermigli-[Hardenberg?], 29.10.[1554].

[219] Nr.211, Hardenberg-Domkapitel, 4.2.1557, 10f.; vgl.*supra*, I.3, Anm.275 u.215; III.2, Anm.29.

[220] Nr.216, [Hardenberg]-Emder [Ministerium?], [nach 15.3.1557], 93ʳ: „nam illam non poterimus obtinere nisi contingat prius excuti illis ubiquitatem et consubstantiationem". Zum Kontext: *supra*, S.74f.; vgl.III.1, Anm.34.

[221] *Supra*, Anm.193.

[222] Nr.232, Hardenberg-Melanchthon, 21.10.1557, 349f.

[223] HBBibl I, Nr.315.

[224] Schulze, *Stellung*.

[225] Johann Friedrich von Sachsen-Philipp von Hessen, 26.4.1545, in: Pollet, *Bucer correspondance* 1, 240f.; Erastus-Bullinger, 24.4.[1565], O in: SA Zürich, E.II.361, 52.

sekundieren zu lassen,[226] ist dann auch ebenso zynisch wie aufschlussreich.

Die Kontakte mit Zürich verlaufen auf Umwegen, namentlich über
Erastus und Klebitz.[227] Als Erastus Bullinger in die Herausgabe von
Melanchthons *Iudicium de controversia de coena Domini* (November
1559) für Friedrich III. einzubeziehen sucht und dazu einen Brief
Hardenbergs an ihn weiterleitet,[228] beantwortet Bullinger ihn nicht, um
Hardenberg nicht zu gefährden.[229] Ebenso erweist sich die Hoffnung auf
ein von Philipp von Hessen geplantes Religionsgespräch mit Bullingers
Beteiligung im Jahre 1560 als eitel.[230] An Hardenbergs Schicksal,
namentlich im Abendmahlsstreit in Bremen, nimmt man dennoch sicher
Anteil; auf Hardenbergs Verurteilung im Februar 1561 reagieren die
Schweizer bewegt.[231] Acronius stellt ihm einen Monat später noch zwei

---

[226] Alexander Bruchsal-Joachim Westphal, 23.12.1559, in: Sillem, *Westphal* 2,
408; s.*supra*, I.3, Anm.377.

[227] S.*infra*, III.3.4.

[228] Erastus-Bullinger, 8.10.1560, O in: SA Zürich, E II 361, 83-83b u.361,7.

[229] Nr.302, Erastus-Hardenberg, 11.11.1560.

[230] S.*infra*, Anm.327.

[231] S.in chronologischer Reihenfolge: Bullinger-Myconius, 1.5.1545, O in: SA
Zürich, E II 342, 128[r-v]; Medmann-Bullinger, 4.2.1547, O in: SA Zürich, E II 338,
1439[r-v]; ders.-dens., 10.9.1547, O in: SA Zürich, E II 338, 1440[r-v]; thom Camp-Pel-
likan, 26.2.1548, O in: ZB Zürich, Ms F 47, 154[r]-155[v]; Gabriël N.N.-Bullinger,
9.4.1550, O in: SA Zürich, E II 441, 347 (Gabriël, ein Ostfriese in Strassburg, Bote
zwischen Zürich und Ostfriesland: vielleicht identisch mit „Gabriel van Straesborch",
in: Schilling, *Kirchenratsprotokolle* 1, 46 (18.u.25.4.1558); ein „Gabriel coriarius
Argentinensis" begegnet in: thom Camp-Zürcher Prediger, 8.8.1549, O in SA Zürich,
E II 337, 430-433; diese Hinweise verdanke ich Herrn K.J. Rüetschi); Martyr
Vermigli-Calvin, 23.9.1555, in: Gerdes, *HM*, 26, Anm.[a] und *CO* 15/16, 787-789;
Johann Cnipius-Claus Bromm, 4.3.1557, in: Steitz, *Cnipius*, 231; Micron-Bullinger,
8.3.1557, in: *CO* 16, 421-423; ders.-dens., 28.2.1558, in: Gerretsen, *Micronius*,
Bijl.VI, XIf.; Hubert Languet-Calvin, 15.3 und 7.9.1558, in: *CO* 17, 88-92 und
305-307; ders.-Ulrich Mordeisen, 27.11 und 21.12.1560, 28.2. und 17.3.1561, in:
Languetus, *Epistolae*, 78-80, 80-82, 104-106, 106f.; Johann Cnipius-Bullinger, 12.4.
und 16.9.1560, O in: SA Zürich, E II 347, 724-726 u. 716f.; Hyperius-Bullinger,
27.9.1560 und 14.9.1562, in: Krause, *Hyperius. Briefe*, 130-137, 188-195;
Joh.Sturm-N.N., [kurz nach dem Februar 1561], A in: AMS, AST 327/I/64, S.113;
Rod.N.N. (in Marburg)-Gwalther, 10.9.1561, O in: SA Zürich, E II 346a, 444[r-v];
Bullinger-Calvin, 7.7.1562, in: *CO* 19, 481-483 („Eiectus est Albertus *noster*. Mox
orta est seditio. Ea composita *nostri* coeperunt esse superiores", 482); Nikolaus
Rollius-Bullinger, 13.11.1562, in: Goeters, *Abendmahlsstreit*, 117f.; zu Erastus-von
Büren, Erastus-Bullinger, Klebitz-Bullinger, Klebitz-Johann Flinner und Klebitz-von
Büren: s.*infra*, Anm.351, 352, 368, 371; Vgl.auch Joh.Pincier-Joh.Wolph, 25.3.1564,
s.Moltmann, *Pezel*, 22, Anm.24.

formae confessionis der Baseler Kirche über das Abendmahl zu.[232]

Auch später verschwindet Hardenberg nicht aus dem Gesichtskreis: Jean Sturm und Claudius Buchlinus, ein Senator aus Strassburg, treffen ihn 1562 im Kloster Rastede im Rahmen der Aktion des Grafen Christoph von Oldenburg zur Entlastung der Hugenotten.[233] Bullinger wird während seiner Abendmahlskontroverse mit Brenz (ab 1560)[234] wiederholt auf Hardenbergs Bekämpfung der *brentiana ubiquitas* aufmerksam gemacht. So weckt Matthias Schenck Bullingers Interesse für die Lektüre des Briefwechsels zwischen Hardenberg und Melanchthon, den er bei Joachim Polybius gesehen hat, und der einen frühzeitigen Widerstand in Sachsen gegen Brenzens Ubiquitätsbegriff erkennen lässt.[235] Auch Ambrosius Blarer ist Bullinger gegenüber sehr eingenommen von Hardenbergs gegen Eilard Segebade gerichteten Publikation von 1564 über das Abendmahl, wegen ihrer Widerlegung der brenzischen Ubiquitätslehre.[236]

Der letzte Kontakt ist ein Brief Hardenbergs an Bullinger—der vorletzte der noch vorhanden ist—von 1571, also drei Jahre vor seinem Tode.[237] Darin erinnert sich Hardenberg dankbar an Bullingers Gastfreundschaft und an ihren Briefwechsel, bestellt ihm den Abschiedsgruss[238] und bringt seine Freude darüber zum Ausdruck, „dass ich Dich, und andere gute Männer hinter mir zurücklasse, die der ins Wanken kommenden Kirche zur Hilfe kommen können".[239]

---

[232] Nr.306, Johannes Acronius Frisius-Hardenberg, 12.3.1561. Beide *formae* in: BSB München, Clm 10351, n.17/18, 35ʳ-36ᵛ. Acronius—aus dem friesischen Akkrum—war ein Schüler von Hardenbergs Freund Prädinius (Postma, *Praedinius*, 171) und wurde 1549 Professor für Mathematik und Logik in Basel (*ADB* 1, 41).

[233] Nr.320, Hardenberg-[von Büren], [1562]; s.*supra*, S.95.

[234] Dazu Schulze, *Stellung*, 300-314. Vgl.Mahlmann, *Personeinheit Jesu mit Gott*, Reg.s.v.Bullinger.

[235] Matthias Schenck (Augsburg)-Bullinger, 4.4.1562, O in: SA Zürich, E II 346a, 478ʳ.

[236] Blarer-Bullinger, 7.5.1564, in: Schiess 3, 811f.; HB 44, *Ad Farraginem Segebadii*, 1564.

[237] Nr.336, Hardenberg-Bullinger, 15.8.1571, durch Vermittlung eines gewissen Luter Fredericus Conradius.

[238] Nr.336, s.vorige Anm., 540ʳ: „...antequam hinc abiam... Certe talis quod nihil mihi expectandum sit nisi sepulchrum () et vix semivivum corpus non patitur me perscribere".

[239] Idem: „quod te et alios bonos viros post me relinquam, qui labascenti Ecclesiae opitulentur". November 1571 empfängt Hardenberg noch Rudolf Gwalther junior in Emden: Rudolf Gwalther d.J. (Emden)-Rudolf Gwalther d.Ä., 10.11.1571, O in: ZB Zürich, Ms S 125, 57. Vgl.auch noch Johann Ewich (Bremen)-[Bullinger], 14.12.1570, O in: SA Zürich, E II 346a, 556ʳ⁻ᵛ.

3.3.2 *Einflüsse*

Jetzt soll die Frage beantwortet werden, inwieweit Hardenberg in seinem
Denken mit der schweizerischen Reformation (namentlich mit Bullinger)
geistesverwandt war oder von ihr beeinflusst wurde.

Staedtke macht Hardenberg ohne weiteres zum Schüler Bullingers,
wenn er bemerkt, „die Umwandlung Bremens in eine reformierte Kirche
() (sei) im wesentlichen das Werk des Bullingerschülers Hardenberg, der
in ständigem Kontakt mit Zürich stand".[240] Locher stellt ihn in einer
Inventarisierung der Fern- und Nachwirkungen der Zwinglischen
Reformation als Kryptozwinglianer dar.[241] Beide beziehen sich auf
Moltmann, der in bezug auf Hardenberg eine „theologische Annäherung
an die Zürcher Theologie Bullingers" postuliert, wovon sein Briefwechsel
„einen umfangreichen Beweis" erbringe. Moltmann versäumt jedoch
diese (daher axiomative) These zu untermauern.[242]

Unbestreitbar liegt Anlass zur Annahme einer gewissen theologischen
Übereinstimmung vor, wenn diese auch nicht bloss aus dem Briefwechsel
zu schliessen ist. In drei Punkten wird die Interdependenz untersucht:
1. in der Lehre der Gotteserkenntnis und der Seligkeit der Heiden
(3.3.2.1),
2. in der Abendmahlslehre (3.3.2.2) und
3. in der Prädestinationslehre (3.3.2.3).
4. Auf Bullingers Einfluss auf Hardenbergs Ansichten zu den Radikalen
wurde bereits hingewiesen (oben, 3.2.5) (3.3.2.4).

---

[240] Staedtke, *Bullingers Bedeutung*, 19f. So auch H.Fast, in: Meckseper, Hrsg.,
Stadt im Wandel 1, 581-583: „(Bullinger,) der ihn für die zwinglianische Variante des
Reformiertentums gewann".
[241] Locher, *Zwinglische Reformation*, 634. Vgl.Rudloff, *Bonae litterae*, 11 („die
erasmisch-zwinglianische Abendmahlslehre Hardenbergs").
[242] Moltmann, *Pezel*, 18. Locher, *Zwinglische Reformation*, 634, Anm.103, beruft
sich zugleich auf Barton, *Umsturz*, 68, der sich dennoch gleichfalls auf Moltmann
verlässt. Pollet, *Martin Bucer* 1, 266, bemerkt: „Dans quelle mésure Hardenberg se
rangea-t-il alors aux idées de Bullinger, sur la cène notamment, il est difficile d'en
décider".

3.3.2.1 *Gotteserkenntnis und Seligkeit der Heiden*

Kaum in Bremen (1547), wird Hardenberg von seinem Kollegen Timann der Sympathie für Zwinglis Ansicht der Gotteserkenntnis und der Seligkeit erwählter Heiden[243] beschuldigt.[244] Die Beschuldigung ist nicht grundlos.

Zwinglis von Luther 1544 scharf getadelter[245] Universalismus ist Hardenberg bekannt[246] und wird keineswegs von ihm abgelehnt. Plato habe in Ägypten die Heilige Schrift gelesen, möglicherweise auf Veranlassung seines Lehrmeisters Sokrates, so schreibt Hardenberg an Timann einen Tag nach ihrer Auseinandersetzung.[247] „Ohne Zweifel steht fest, dass bei Sokrates eine grosse, sichere Gotteserkenntnis zu finden war".[248] Unter ständigem Bezug auf Augustin[249]—über Zwingli schweigt er sich selbstverständlich aus—und sich beziehend auf Römer 1,19 und 9,11.16.18 (die Erwählung, den Nerv der Zwinglischen Ansicht)[250] hält Hardenberg es für möglich, dass gute Menschen „durch innere oder äussere Eingebung" zur Erkenntnis Gottes gelangen.[251] Jesaja 55,11 („So ist mein Wort: es kehrt nicht wieder leer zu mir zurück") treffe nicht nur auf das Gesetz und die Propheten, sondern auf

---

[243] Zwingli, *Christianae fidei expositio*, 1531 (Finsler, Nr.100), in: *SS* 4, 42-78; ders., *De providentia*, 1530 (Finsler, Nr.94), in: *Z* 6/3 (*CR* 93/3), 214-217; vgl. Locher, *Theologie Zwinglis*, 54-61; Pfister, *Seligkeit erwählter Heiden*; *HDThG* 2,181-183; Stephens, *Theology of Zwingli*, 124-127.

[244] *Supra*, S.32f. Dieselbe Bezichtigung eines zwinglischen Universalismus bei Hamelmann, *De Sacramentariorum furoribus*, c.5.

[245] Luther, *Kurzes Bekenntnis vom heiligen Sakrament*, 1544, in: *WA* 54, 141-167.

[246] Hardenberg besass sowohl Zwinglis *Christianae fidei expositio* als auch sein *De providentia* (in: BGK Emden, Theol 8° 528 und Theol 8° 376) und kannte Zwinglis Ansichten auch aus Luthers in der vorigen Anmerkung erwähnten Schrift und aus Bullingers Erwiderung derselben, *Warhaffte Bekanntnuss der dieneren der kilchen zuo Zürych*, 1545 (HBBibl I, Nr.161), s.Nr.29, Ministerium Clerici Zürich-Hardenberg, 14.3.1545, 129ʳ, 130ʳ und Cnipius-Bullinger, 12.4.1560, O in: SA Zürich, E.II.347, 724.

[247] Nr.67, Hardenberg-[Timann], [1547], 133ʳ.

[248] Idem: „Certe in Socrate magnam quandam dei cognitionem fuisse constat". Das Zitat geht weiter: „quem ego non audeo asserere tam probrosam mortem solius gloriae mundanae studio perpessum, nam propter Unici Dei confessionem et superstitionis gentilitiae contemptum bibit venenum; cui si quid defuit id fuit ignoratio Christi, si tamen illum in totum ignoravit".

[249] Augustin, *De civitate Dei* 18, 23 und 47, in: *MSL* 41, 579-581 und 609; *Ad Euodiam*, Epistola 99; *Tractatus adversus Judaeos*, in: *MSL* 42, 51-64 oder *Declamatio contra Iulianum*, in: *MSL* 44, 750f.

[250] *HDThG* 2, 183.

[251] Nr.67, Hardenberg-[Timann], [1547], 132ʳ. Vgl.*supra*, S.119f.

jedes Verfahren, auf jede Methode und Eingebung des Heiligen Geistes zu.[252]

Ob die „boni homines" auch die Seligkeit erhalten, soll dem Urteil des barmherzigen Gottes überlassen werden.[253] Ebenso wie bei Zwingli ist bei Hardenberg Gottes Barmherzigkeit bereits im Gottesbegriff selbst verankert, übrigens ohne dass Gott als „summum bonum" bezeichnet wird: „'Es liegt an Gottes Erbarmen' [Röm 9,16]. Sicherlich scheint dies nicht nur zur Entäusserung Christi beizutragen, sondern auch zu seinem Ruhm, wenn er einige aus den Völkern an sich gezogen hat". Christus ist der Weg. „Niemand kann ja auf einem anderen Weg zu Gott kommen, als durch ihn, der der Weg, die Wahrheit und das Leben ist" (Joh 14:6, häufig von Zwingli angeführt). Die Heiden glauben nicht an Christus, „aber was wäre, wenn Gott auf dem einen oder anderen erbärmlichen Weg diejenigen zu einer gewissen Kenntnis von Christus geleitet hätte, die doch nicht das ganze Geheimnis seiner Inkarnation gekannt hätten?".[254] Es ist nicht nur an die meisten Israeliten zu denken („Es ist zu befürchten, dass sehr wenige unter den Juden hierüber vollständige Kenntnis gehabt haben"), sondern auch an Aussenstehende, wie den Edomiter Hiob, Abimelekh, Naaman, Melchisedek, Jethro und Nebukadnezzar, auch an Hermes Trismegistos[255] und die Sibyllen von Cumae,[256] deren *Oracula* „nicht nur alltägliche Zeugnisse über Gott, sondern auch ausdrückliche Voraussagen über den einzigen Heiland der Welt, Jesus Christus" zu lesen geben. „Sicher hätte Gott ihnen die Frucht und das Heil seines Christus auf andere Weise darstellen können".[257]

Bullinger steht positiv zur Seligkeit der Heiden, sofern sie in der Heiligen Schrift vorkommen, zurückhaltend aber—wie Augustin und Luther—wo es heidnische Philosophen anbelangt.[258] Seine Achtung vor Sokrates, Plato, Hermes Trismegistos und den Sibyllen zeigt, dass

---

[252] Nr.67, s.vorige Anm., 133^v.

[253] Nr.67, s.vorige Anm., 132^r.

[254] Idem: „sed quid si deus aliqua miserabila via ad aliquam Christi eos cognitionem traxisset, qui tamen non totum misterium de incarnatione ipsius sciverint?".

[255] *RGG* 3, 265.

[256] *RGG* 6, 14f. Hardenberg stützt sich hier mehr auf Augustin (*De civitate Dei* 18, 23, 2, in: *MSL* 41, 580) als auf Zwingli, der den Sibyllinen kritischer gegenüberstand, s.Pfister, *Seligkeit erwählter Heiden*, 100, 120.

[257] Nr.67, Hardenberg-[Timann], [1547], 132^{r-v}. Das letzte Zitat: „Certe potuisset deus Christi sui fructum et salutem illis aliis modis exponere".

[258] Bullinger, *Warhafftes Bekanntnuss*, 19a; vgl.Pfister, *Seligkeit erwählter Heiden*, 114-121, besonders 114 und 119f.; Dankbaar, *Zürcher Bekenntnis*, 104f.

Hardenberg in diesem Punkt stärker vom Humanismus beeinflusst ist als Bullinger.

Allerdings will Hardenberg nicht so weit gehen wie a Lasco, der einen mit dem Synergismus verbundenen Heilsuniversalismus lehrt.[259] Ebenfalls nicht so weit wie Erasmus, der fast geneigt war zu sagen: „Heiliger Sokrates, bitte für mich".[260] Anders als Erasmus[261] und a Lasco behandelt Hardenberg das—vom Humanismus übernommene— Thema antihumanistisch: nicht anthropozentrisch-synergistisch, sondern theozentrisch. Die Seligkeit der Heiden fusst nicht auf ihrer natürlichen Frommheit oder Humanität, sondern auf Gottes Erbarmen in Christus. Nur diejenigen werden erlöst, die erwählt worden sind, d.h. die Gott zu einer gewissen Christuserkenntnis heranzieht. Darin stimmt Hardenbergs Anschauung völlig, bisweilen wörtlich, mit der von Zwingli überein.[262]

---

[259] Nr.23, Hardenberg-Blarer, [zw.7.u.19.]11.[1544], 319; Nr.35, Hardenberg--Bullinger/Zuricher Ministerium, 23.3.1545, 1410ᵛ. S.a Lasco, *Epitome doctrinae ecclesiarum Phrisiae Orientalis*, 1544, in: Kuyper 1, 504, 507f.; a Lasco-NN, 17.9.1543 und a Lasco-Melanchthon, 2.11.1543, in: Kuyper 2, 562f., 564.

[260] Nr.67, Hardenberg-[Timann], [1547], 133ʳ. Erasmus, *Convivium religiosum*, 1522, in: *AS* 6, 86, s.*supra*, III.1, Anm.28.

[261] Pfister, *Seligkeit erwählter Heiden*, 104-114, 118f.

[262] S.*supra*, Anm.243 und 246. Neusers Urteil in *HDThG* 2, 236, „dass ausser Bucer und a Lasco niemand Zwingli auf dem Weg gefolgt ist, () die Seligkeit der Heiden zu lehren", bedarf also der Ergänzung.

3.3.2.2 *Abendmahlslehre*

Zwinglianisch?

Ein grundlegender Versuch, Hardenbergs Abendmahlslehre als zwinglia-nisch zu demaskieren, wird vierzehn Jahre später, im Jahre 1561, von Chemnitz unternommen.[263] Anhand vier von Luther entlehnten Kriterien (bezüglich der Lokalität des Jesusleibes, des leiblichen Mundes und was dieser empfängt, der Niessung der Gottlosen und der tropischen Auslegung der Einsetzungsworte) analysiert Chemnitz die Hardenberg'-schen Thesen vom 17. Dezember 1560, die zu seiner Verurteilung auf dem Kreistag in Braunschweig führten.[264] Hardenbergs Vergleich—der ihm zum Verhängnis wurde—der *praesentia* und *exhibitio* Christi im Abendmahle mit der *praesentia et exhibitio* der Sonne, die zwar im Himmel lokalisiert aber zugleich durch ihre Strahlen auf Erden vorhan-den ist, ist nach Chemnitz bis zum Wortlaut Zwinglis *Catechismus Anglicus*[265] entnommen, wie er mit dem nachstehenden Vergleich nachzuweisen glaubt.

Hardenberg	Zwingli
(V) „Quemadmodum sol, uno in orbe coeli visibilis, etiamnum circumscrip-tus, radiis ipse suis et vivifica luce, vere et essentialiter totus ubilibet orbis et terrae praesens est et exhibetur, (VI) Ita nobis corpus Christi, imo totus Christus, etiamsi corpore circumscrip-tus est in loco, per verbum tamen, et sacra symbola, vere et essentialiter (non autem quantitative, qualitative aut localiter) in coena praesens adest, et exhibetur. (...) (X) Et hanc corporis	„Quod ad corpoream Christi hic in terris praesentiam attinet, sic Christi corpus praesens est nostrae fidei, ut sol cum cernitur praesens est oculo, cuius corpus tametsi corporaliter oculum non contingat, atque hic in terris praesens praesenti non adsit, tamen corpus solis praesens est visui, etiam reluctante intervalli distantia. Sic Christi corpus, quod in gloriosa eius ascensione nobis sublatum est, quod-que reliquit mundum, et ad patrem

---

[263] Chemnitz, *Anatome.* Zu Zwinglis Abendmahlslehre, s.: Gäbler, *Zwingli*, 80-90; Locher, *Grundzüge*; ders., *Zwinglische Reformation*, 221-224; *HDThG* 2, 193f.; Locher, *Zwingli's Thought*; Stephens, *Theology of Zwingli*, 218-259.

[264] Chemnitz, *Anatome*, C1ᵃ-C7ᵃ; Hardenbergs Thesen (seine *Summaria Doctrina mea*) sind angeführt auf A4ᵇ-A7ᵃ.

[265] Die Frage, welche Zwinglischrift hier gemeint ist, habe ich bis jetzt nicht beantworten können. Es gibt ein Sonnengleichnis in der *Fidei ratio* (1530) (in: *SS* 4,12 = *Z* 6/1, 807, 13-15 mit Anm.3), aber dieses hat Chemnitz offensichtlich nicht gemeint. Auch ein Blick in die modernen englischen Ausgaben, sowie in die Literatur (Locher, *Zwinglis Einfluss in England und Schottland*, mit reichem Literaturverzeich-nis; Shaw, *Zwinglianische Einflüsse in der Schottischen Reformation*) half nicht weiter. Den Hinweis auf die Literatur verdanke ich Herrn Prof.Dr.F.Büsser, Zürich.

Christi, in coena, exhibitionem, et veram praesentiam, Christianus homo, verbis Domini credens, non minus certo agnoscit et habet, quam oculi vident, et habent solem praesentem, Quin et sensibus, haec vera praesentia quodammodo per externa ipsa symbola objicitur, et ore suo modo sumitur, propter admirabilem illam Sacramentalem unionem inter symbola et res Sacramenti".[266]

abijt, ore nostro abest, etiam cum sacrosanctum corporis et sanguinis eius sacramentum, ore nostro excipimus, fides tamen nostra versatur in coelis, ac intuetur solem illum iustitiae, ac praesens praesenti in coelis, haud aliter illi adest, ac visus adest corpori solis in coelis aut sol in terris visui".[267]

Eine direkte Beziehung zwischen beiden Zitaten gibt es hier dennoch nicht. Die für Hardenbergs Anschauung charakteristische *vera praesentia et exhibitio* durch Wort und Sakramente und die wundervolle sakramentale Union zwischen Zeichen und Sache fehlen im zweiten Zitat. Bei Zwingli empfängt der Mund nur das Sakrament, während der Glaube im Himmel die Sonne der Gerechtigkeit bloss schaut („intuetur"). Für Hardenberg gilt, dass der *totus Christus essentialiter* im Abendmahl „praesens adest et exhibetur () et ore suo modo sumitur", präsent ist und dargeboten wird und mit dem Mund auf seine Weise empfangen wird. Der Vorwurf des zwinglianischen Spiritualismus könnte Hardenberg also nicht gemacht werden. Es kommt noch hinzu, dass das Sonnengleichnis nicht exklusiv zwinglisch ist, sondern—wie wir sahen[268]—von „vielen Alten und Neuen" verwendet wird, wie auch von Bucer, dem Hardenberg das Bild entlehnte.

Die Kennzeichnung der Abendmahlslehre Hardenbergs als zwinglianisch hat sich die Jahrhunderte hindurch behauptet.[269] Moltmann hat sie ohne nähere Argumentation wiederum aufgestellt[270] und auf seine Gewähr ist sie seither Gemeingut geworden.[271] Der Vergleich der beiden

---

[266] *Summaria Doctrina mea*, V, VI, X, 151f. (übersetzt *supra*, II.6, Anm.293); Chemnitz, *Anatome*, A5ª-A6ª.

[267] Chemnitz, *Anatome*, C3ᵇ-C4ª. S.vorvorige Anm.

[268] *Supra*, S.280-282.

[269] Meyers *Enzyklopädisches Lexikon* 11, s.v.„Hardenberg" („Reformator zwinglischer Prägung"); Meyers *Lexikon*, 594; Rotermund, *Lexikon* 1, 158f.; Janssen, *Praepositus*, 179; Schmid, *Kampf der lutherischen Kirche*, 186-194; Spiegel, 196f. („etwas () zu Zwingli hinneigend"); Bertheau, *Hardenberg*, 412; von Bippen, *Bremen* 2, 166; van Uytven, *Sociale geschiedenis*, 27.

[270] Moltmann, *Pezel*, 10, 19, 21f.; ders., *Hardenberg*, in: *RGG* 3, 74; ders., *Hardenberg*, in: *NDB* 7, 663.

[271] Engelhardt, *Irrlehreprozess*, 19ff., 24; Gassmann, *Ecclesia Reformata*, 247; Barton, *Umsturz*, 67ff.; Taddey, *Hardenberg*, 490; Locher, *Zwinglische Reformation*, 634; Krause, *Hyperius. Briefe*, 247; Krumwiede, *Kirchengeschichte*, 21f., 78;

Zitate lehrt dennoch, dass diese Kennzeichnung, wenn sie nicht näher nuanciert wird, nicht zutrifft.

Bullingerianisch? Bullingers Abendmahlslehre

Lässt sich Hardenbergs Abendmahlslehre als bullingerianisch bezeichnen? In Erwiderung dieser Frage sei hier ein Grundriss der Abendmahlslehre Bullingers[272] gegeben, wobei auf die Unterschiede zwischen dem frühen Bullinger (1), dem Bullinger der *Confessio Helvetica prior* (1536)[273] und des *Warhafften Bekanntnusses* (1545) (2) und dem sich Calvin genäherten Bullinger (*Consensus Tigurinus*, 1549; *Apologetica Expositio*, 1556; *Confessio Helvetica Posterior*, 1566)[274] (3)[275] geachtet werden soll.

(1.) Der *frühe* Bullinger teilt Zwinglis figuratives Verständnis des Abendmahls, aber nicht aufgrund dessen neuplatonisch-augustinischen Dualismus von Zeichen und Sache, sondern aufgrund einer heilsgeschichtlichen Schau des Abendmahls als historische Ablösung des Passahmahls als *figura Christi*. Das Abendmahl als Figur auf Christus hin ist nicht leer, sondern hat einen geistlichen Gehalt. Wie Zwingli lehnt der frühe Bullinger eine Realpräsenz Christi ab, doch lehrt er die *spiritualis manducatio*.[276]

(2.a) In der *Confessio Helvetica prior* 1536—in der lateinischen Form unter dem Einfluss Bucers und Capitos lutherfreundlich formuliert—ist der augustinische Dualismus von Zeichen und Bezeichnetem Ausgangspunkt geworden. Die Sakramente sind jetzt nicht nur Zeichen christlicher Gesellschaft, sondern auch Wahrzeichen göttlicher Gnaden. Brot und Wein bieten den Gläubigen die wahre Gemeinschaft des Leibes und Blutes Christi dar. Das Abendmahl mahnt den Gläubigen das Kreuz Christi mit den Augen des Glaubens zu sehen. Wegen der Preisgabe der lutherfreundlichen Formulierung in der deutschen Fassung unter Einfluss

---

Stupperich, *Reformatorenlexikon*, 95; Rudloff, *Bonae literae*, 11.

[272] Vgl.dazu: Hollweg, *Hausbuch*, 338-347; Staedtke, *Theologie*, 234-254; Koch, *Confessio Helvetica Posterior*, 267-284, 293-327; Dankbaar, *Zürcher Bekenntnis*; Locher, *Grundzüge*; ders., *Bullinger und Calvin*, 28-31; Schulze, *Stellung*; TRE 7, 382; *HDThG* 2, 205, 208, 233-235.

[273] HBBibl I, Nr.659.

[274] Bzw.HBBibl I, Nr.624, 315 und 433.

[275] Kolfhaus, *Verkehr*; Rüegg, *Beziehungen*; Locher, *Bullinger und Calvin*; Rorem, *Calvin and Bullinger*.

[276] Nach Staedtke, *Theologie*, 234-254 und *HDThG* 2, 205.

von Leo Jud, kommt die *Helvetica prior* letztlich doch noch nicht über die zwinglische Lehre der *manducatio spiritualis* hinaus.[277]

(2.b) Dasselbe betrifft das *Warhaffte Bekanntnuss*. Konstitutiv für dessen Abendmahlsanschauung sind die Betonung des den Glauben stärkenden kommemorativen Charakters des Abendmahls, des Gemeinschafts- und Bekenntnischarakters, die Ablehnung der Realpräsenz und die Lehre einer Spiritualpräsenz. Die ekklesiologischen und ethischen Implikationen des Abendmahls gehen hier noch ihrem Gabecharakter voran.

Die Unterscheidung *signum-res* impliziert keine *evacuatio sacramenti*: Brot und Wein sind keine *nuda symbola*, leeren Wahrzeichen. Das Nachtmahl ist „nit ein Bauernzaech, in dem wir allein brot fraessind und wyn suffind"; die Gläubigen empfangen im Abendmahl „die gueter, die mit dem hingegebenen lyb und vergossen blut Christi erworben sind: die gnad und gunst Gottes, verzyhung der sünden, vereinigung mit Gott, und gemeinschaft mit Christo, und erbschafft aller siner gueteren".[278] Leib und Blut sind nicht substantiell zu betrachten, sondern als ein verkürzter Ausdruck für alles, was Christus durch seinen Tod für uns erworben hat und im Abendmahl darbietet.[279] Der Gläubige empfängt im Abendmahl nicht mehr, als er vorher durch die Verkündigung des Evangeliums schon besass.[280] Die *spiritualis manducatio* ist nichts anders als der Glaube selbst. Die geistliche Niessung bezieht sich nicht körperlich auf Christi Leib und Blut, sondern auf die Applikation der durch Christi Leib und Blut in dem Tod erworbenen Heilsgüter.

Diese Applikation erfolgt durch den Glauben.[281] Es ist Calvin, der Bullinger darauf hinweisen wird, dass der Glaube nicht eine eigene Leistung, sondern das Werk Gottes durch den Heiligen Geist ist. Seine Selbständigkeit Calvin gegenüber wahrt er jedoch durch Beibehaltung der Behauptung, dass das Abendmahl dem Gläubigen nicht mehr schenkt, als er vordem durch Verkündigung und Glauben schon besass.[282]

---

[277] Nach *HDThG* 2, 208.

[278] Bullinger, *Warhafftes Bekanntnuss*, 76b, 71b, zitiert bei Dankbaar, *Zürcher Bekenntnis*, 109, 113.

[279] Dankbaar, *Zürcher Bekenntnis*, 113.

[280] Bullinger, *Warhafftes Bekanntnuss*, 72, 75b, 76, bei Dankbaar, *Zürcher Bekenntnis*, 114f.

[281] Bullinger, *Warhafftes Bekanntnuss*, 71b: „Der selb gloub macht eigentlich und warlich die güter () den gloeubigen gegenwürtig (). Solcher gloub () spysst und erhalt die gloeubigen zu dem ewigen laeben", bei Dankbaar, *Zürcher Bekenntnis*, 113.

[282] Dankbaar, *Zürcher Bekenntnis*, 114f.

(3.) In der *Confessio Helvetica Posterior*—einer Zusammenfassung der Theologie Bullingers—ist Zwinglis Sakramentsbegriff verlassen.[283] Der Gabecharakter des Abendmahls geht jetzt den ekklesiologischen und ethischen Aspekten voran. Die Sakramentsdefinition setzt ein mit zwinglischen und nähert sich dann calvinischen Begriffen. Durch die Sakramente will Gott in der Kirche die Wohltat der Erlösung Christi *in memoria retinere* (in Erinnerung halten), *renovare* (erneuern), *obsignare* (besiegeln), äusserlich *repraesentare* (vergegenwärtigen), innerlich *praestare* (gewähren), *oculis contemplanda subicere* (den Augen zum Beschauen dargeben), um so den Glauben durch das Wirken des Heiligen Geistes in den Herzen zu *roborare et augere* (zu stärken und zu vermehren). Die Kommemoration ist hier zur Gabe geworden; der Glaube wird gefördert und gestärkt.

Bullinger teilt Zwinglis sakramentalen Dualismus und signifikative Deutung noch, aber vertieft diese, weil er Zeichen und Bezeichnetes *sacramentaliter* miteinander verbindet.[284] Indem er jedoch Zwinglis Dualismus vom inneren und äusseren Wort beibehält, vermag er—im Gegensatz zu Calvin—nicht das *verbum* in seine Sakramentslehre zu integrieren. Das Wort bleibt Konsekrationswort, funktioniert nicht als Heilsmittel, ist entweder *verbum nudum* (*signum*) oder *res* des *signums*, deren Empfang schon Glauben voraussetzt. „'Promissio' ist () die Verheissung Gottes, aber nicht zugleich ein Wortgeschehen".[285] Das Verkündigungswort ist so—anders als bei Calvin—nicht konstitutiv für das Sakrament. Die Speisung des Leibes und die der Seele werden durch ein *sicut/ita* miteinander verbunden in einem symbolischen Parallelismus.[286] Die Vereinigung mit Christus, die diese sakramentale Niessung bringt, geht darum nicht über die der geistlichen Niessung hinaus. Die eigentliche Niessung Christi vollzieht sich ausserhalb der sakramentalen

---

[283] Folgendes nach *HDThG* 2, 233-238. Die Besprechung der Zweiten Helvetischen Konfession ist der des sachlich übereinstimmenden aber weniger einflussreichen *Consensus Tigurinus* (1549) vorgezogen, vgl.McLelland, *Sakramentslehre*, 368f.; *HDThG* 2, 272-274.

[284] Das Abendmahl ist eine *coena mystica*, wo Christus sakramental und geistlich präsent ist, so Bullinger in seiner *Apologetica Expositio*, 22, unter Bezugnahme auf sein für den dänischen König Christian III. verfasstes *De gratia Dei iustificante nos propter Christum*, Zürich, 1554 (HBBibl I, Nr.276), wo er die Realpräsenz nachdrücklich hervorhebt: Schulze, *Stellung*, 293.

[285] *HDThG* 2, 237. Vgl.McLelland, *Sakramentslehre*, 372f.

[286] Gerrish, *Reformed Confessions*, 239 (bei Zwingli in einem symbolischen Memorialismus; bei Calvin in einem symbolischen Instrumentalismus); ders., *John Calvin and the Reformed Doctrine of the Lord's Supper*, in: McCormick Quarterly 12 (1969), 96f., angeführt von Greaves, *Knox*, 243, vgl.241.

Niessung, dort nämlich, wo an Christus geglaubt wird. Das Proprium der sakramentalen Niessung ist die Vollzugseinheit von geistlicher Niessung und äusserem Geschehen des Abendmahls.[287]

Bei Calvin hingegen werden die leibliche Speise und die Stärkung der Seele durch ein *simul* in einem symbolischen Instrumentalismus miteinander verbunden. Die sakramentale Union kommt für den Glauben durch Wort und Geist zustande. Diese geben den Zeichen spendende Kraft, so dass die Zeichen den schwachen Glauben stärken können. Das Zeichen ist auch *pignus*, Pfand, das das Bezeichnete darbietet. Damit ist das Sakrament ebensosehr Heilsmittel wie das Wort. Die sakramentale Niessung hat ein „Mehr" über die Verkündigung und den Glauben, weil sie eine Gemeinschaft mit dem *Leibe* Christi ist, eine *participatio substantiae corporis et sanguinis Christi*.[288]

Vergleich mit Hardenbergs Abendmahlsauffassung

Wenn wir nun Hardenbergs Abendmahlslehre—namentlich wie sie in seinem ersten Bekenntnis, der *Sententia de praesentia* (1548)[289] zutage tritt—mit dem Abendmahlsverständnis Bullingers vergleichen, so stimmen diese darin überein, dass in beider Front gegen Rom und Wittenberg die Realpräsenz abgelehnt, dagegen eine Spiritualpräsenz gelehrt wird. Hardenberg teilt den augustinischen Dualismus. Auch er weist die ultralutherische Beschuldigung einer *evacuatio sacramentorum* zurück. Das Abendmahl bietet nicht nur geweihte Wahrzeichen, sondern die wahrhafte Gemeinschaft Christi dar.

Aber danach sind die Unterschiede erheblich. Nicht nur geht der Gabecharakter des Abendmahls bei Hardenberg von Anfang an voran; nicht nur fehlen die Begriffe *recordatio* (Gedächtnis) und *obsignatio* (Versiegelung); nicht nur hält er schon von Anfang an den Glauben nicht für ein eigenes Werk, sondern für das Werk des Geistes—vor allem jedoch ist es beachtenswert, dass bei Hardenberg die Gemeinschaft Christi nicht im zwinglianischen Sinne als spiritualistisch bezeichnet werden kann. Die signifikative Deutung wird ja zu einer exhibitiven vertieft: das Brot wird Leib genannt, „nicht so sehr, weil es das bedeutet,

---

[287] Koch, *Confessio Helvetica Posterior*, 306f.; McLelland, *Sakramentslehre*, 370-372, 383f., 388.

[288] Calvin, *Petit traicté de la saincte cene*, Geneve, 1541, *OS* 1, 503-530; ders., *Institutio* IV, 17, bes. 5-12, 24, 31-33, 42: *OS* 5, 346ff.

[289] S.*supra*, S.200-204.

sondern eher weil es uns ihn sicher darbietet" („cum id non tam significet, quod certe nobis exhibeat"). Die Niessung Christi geschieht nicht nur parallel und analog, sondern instrumental. Die Zeichen sind *attributa, instrumenta*. Sie repräsentieren und bieten dar. Das Zeichen ist ein *signum exhibitivum*, darbietendes Zeichen.[290]

Die Gabe des Abendmahls ist der „ganze Christus, Gott und Mensch, mit all seinen Gütern". Hardenberg verwendet—dem lutherischen Standpunkt entgegenkommend—den von Bullinger immer abgelehnten Substanz-begriff. Christus ist die „materia et substantia" des Abendmahls. Doch meint er kein ontologisches Verständnis der Substanz, sondern ihre *virtus*, Kraft: „Darum lehre ich, dass im Abendmahl die Substanz an die Kraft gebunden ist. Zweierlei wird uns daher im Abendmahl gegeben: Christus selbst als Quelle, und dann auch die Wirkung seines Todes". Die Gemeinschaft betrifft nicht nur den Geist Christi; die Gläubigen werden „der Substanz des Leibes und Blutes Christi teilhaftig". Der Geist ist dabei das „Band des Teilhaftigwerdens".[291] Der Gläubige empfängt in der *manducatio sacramentalis* somit mehr, als er vordem im Glauben schon besass. An dieser Anschauung hält Hardenberg die Jahre hindurch fest: der Wiedergeborene empfängt die Gabe „in spiritu, anima et corpore", „in Geist, Seele und Leib"; der Jesusleib ist kein „corpus spirituale sed substantiale", „kein geistlicher, sondern substantieller Leib".[292]

Es ist klar, dass in bezug auf Hardenbergs Abendmahlsverständnis kaum von Beeinflussung durch Bullinger die Rede sein kann. Wie aus dem erwähnten Briefwechsel[293] hervorgeht, wird die Übereinstimmung, sofern vorhanden, während Hardenbergs Besuche in der Schweiz 1544 nicht *erreicht*, sondern sie *kommt an das Licht*. Diese Übereinstimmung betrifft die Ablehnung der Realpräsenz und des fleischlichen Essens vom Jesusleibe; sie betrifft auch die Überzeugung, dass die Einsetzungsworte nicht *carnaliter*, *substantialiter*, *naturaliter* oder *corporaliter*, sondern als *figura* und *spiritualiter* verstanden werden sollen, sowie die Ansicht, dass an der *simplicitas et puritas* der apostolischen Lehre festgehalten werden

---

[290] *Sententia de praesentia*, 89f. Vgl.Nr.224, Hardenberg-Domkapitel, 23.6.1557, 733: „Dith will ick ock () vor Got ende in der warheit gesecht hebben, 'dat ick min levedage nicht einig gewest bin mit den jene, de alleine *analogiam* stellen tuschen den brode ende liff Christi im H.Avontmahl ()'".

[291] *Sententia de praesentia*, 89f.

[292] Vgl.*supra*, II.6.8, sub 6.

[293] S.*supra*, S.375-377.

muss.[294] Zweifellos stimmt Hardenberg 1544 auch mit Bullingers Ablehnung der leiblichen Allgegenwart Christi überein, sowie mit dessen Überzeugung, dass die *communicatio idiomatum* sich auf Christi Person bezieht, dass sie keine *confusio naturarum* (Vermengung der Naturen) impliziert, und dass die Anschuldigung des Nestorianismus gegen ihn unberechtigt ist.[295] Diese Übereinstimmung besteht dank der gemeinsamen Front gegen das aufkommende Gnesioluthertum. Sie ist allerdings bereits vor Hardenbergs Besuchen in Zürich und Konstanz entstanden, und zwar im Umgang mit dem humanistischen Erbe, mit Melanchthon und a Lasco und, wie sich unten noch zeigen wird, unter dem Einfluss Bucers und Calvins.

Angesichts der Unterschiede zwischen seiner Abendmahlsanschauung und der von Bullinger, ist Hardenberg dann auch viel mehr in die Nähe von Calvin und Bucer zu stellen als von Bullinger. Denn nicht nur befindet sich Hardenberg mit seiner *Sententia* von 1548 im Voranstellen des Gabecharakters des Abendmahles und im Betonen des Glaubens als eine pneumatologische Kategorie *eher* als Bullinger im calvinischen Einflussbereich. Im Hervorheben der instrumentalen und exhibitiven Funktion der Zeichen, welche an der Substanz des Leibes und Blutes Christi beteiligen, so dass von einem „Mehr" des Abendmahls über den Glauben hinaus die Rede sein muss, befindet sich Hardenberg zugleich *in viel grösserem Masse* als Bullinger im bucerischen und calvinischen Einflussbereich. Es ist daher unbegreiflich, dass Moltmann und andere Hardenbergs Abendmahlslehre als zwinglianisch haben klassifizieren können. Hardenbergs Abendmahlslehre ist weder zwinglianisch, noch spätzwinglianisch noch bullingerianisch.[296]

---

[294] Nr.20, Bullinger-Hardenberg, 5.9.1544, S.1; Bullinger, *Warhafftes Bekanntnuss*, 15b, 80b, zitiert bei Dankbaar, *Zürcher Bekenntnis*, 110.

[295] Bullinger, *Warhafftes Bekanntnuss*, 123b, 63b/64, zitiert bei Dankbaar, *Zürcher Bekenntnis*, 110, 112. Vgl.Locher, *Bullinger und Calvin*, 11f.

[296] Im Licht des Vorstehenden scheint es ebenfalls nicht gerechtfertigt, aufgrund der einen (in der Literatur übrigens unbekannten) Aussage Hardenbergs gegenüber Emden, Mortaigne solle in Bremen „die Lehre der Züricher" nicht zu rigoros verfechten, „denn diese werden wir nicht vertreten können, es sei denn, wir hätten jenen (sc.den Bremer Stadtpredigern) erst die Ubiquität und die Konsubstantiation abgestritten" (*supra*, Anm.220), Hardenberg als Kryptozwinglianer zu kennzeichnen. „Zürich" erscheint hier mehr ein Sammelbegriff des dem lutherischen entgegengesetzten Standpunktes als eine dogmatische Feinbestimmung zu sein; ausserdem beruft sich Hardenberg im selben Brief vor allem auf Bucer.

3.3.2.3 *Prädestinationslehre*

Im Jahre 1593 wird Hardenbergs Name in Nordholland mit Bullingers Prädestinationslehre[297] in Zusammenhang gebracht. Brandt teilt mit, dass Clement Maertenssoon, Pfarrer in Hoorn, und Cornelis Meynertssoon Spruit, Pfarrer in Berkhout, in diesem Jahr unter Verdacht einer unlauteren Prädestinationslehre eine Verteidigung aufsetzen, in der sie sagen, „dat sy, soo veel de Predestinatie aenging, het lieten blijven by de soete verklaering van Bullingerus, niet begeerende daer hoger in te vliegen, noch te klimmen, maer dat se 't met den hooghgeleerden Albertus Hardenberg, eertijdts Dienaer tot Embden, hielden, die in sekre predikatie over 't negende capittel tot den Romainen, van Esau, seide: Ik wil liever blijven by den wortel van den boom, dan hoog klimmen, om niet gevaerlijk met een' tak van boven neder te vallen".[298]

An erster Stelle steht, dass die Nachricht von Hardenbergs Reserve angesichts der Verwerfung (Röm 9,13: „Jakob habe ich geliebt, aber Esau habe ich gehasst") authentisch sein soll. Wir sahen, dass Hardenberg in seiner *Praelectio de praedestinatione* die *damnatio* nur im Vorübergehen streift und die Frage nach einer *praedestinatio ad damnationem* bewusst nicht ausführt: „Hier ziehe ich die Vorhänge zu".[299]

Zweitens: eine Beziehung zwischen Hardenberg und Bullinger ist in dieser Hinsicht sicher nicht ausgeschlossen. Zweifellos hat der *pastor primarius* von Emden Bullingers Prädestinationslehre gekannt, zum Beispiel aus dessen *Decades*,[300] von denen die niederländische Übersetzung 1563 in Emden erschienen war.[301] Auf Hardenbergs durch Mässigung gekennzeichnetes theologisches Denken dürfte Bullingers

---

[297] Dazu: van 't Hooft, *Bullinger*; Gooszen, *Praedestinatie*; Hollweg, *Hausbuch*, 286-338, 440-449; Walser, *Prädestination*; Koch, *Confessio Helvetica Posterior*, 88-105; Jacobs, *Erwählung*; Locher, *Bullinger und Calvin*, 23-28; *HDThG* 2, 230f.

[298] Brandt, *Historie der Reformatie* 1, 793f., angeführt in van 't Hooft, *Bullinger*, 13 und Hollweg, *Hausbuch*, 118; vgl.Reitsma/van Veen, *Acta* 1, 226f. Über diesen Clement Maertenssoon erwähnt Brandt, *Historie der Reformatie* 1, 550 ferner, dass er oft erklärte, „dat hij van den aanvangk sijner dienst , aangaande de predestinatie, geen ander gevoelen gehadt, noch geleert hadde, dan dat van Melanchthon; en 't selve van Albertus Hardenbergh, Melanchthons leerling (een van d' allereerste Predikanten der reformatie tot Embden) geleerdt te hebben".

[299] *Supra*, II.3.3 und dort Anm.94.

[300] HBBibl I, Nr.184.

[301] HBBibl I, Nr.198.

christologisch-aposteriorische, mehr praktisch-pastorale als systematische Behandlung der Prädestination[302] Anziehungskraft ausgeübt haben.

Tatsächlich gibt es eine Übereinstimmung zwischen beider Ansichten, die bemerkenswert ist. Hardenbergs—im *Glaubensbekenntnis plattdeutsch* und in der *Praelectio de praedestinatione* ausgeführte—Prädestinationslehre ist christologische, teleologische und aposteriorisch gestaltete Erwählungslehre. Prädestination ist Erwählung in Christus, auf den Glauben und auf die Heiligung hin, derer Gewissheit im Lebensvollzug des Christusvertrauens und der Gleichgestaltung mit Christus besteht. Mit gleichen Worten ist durchaus auch Bullingers Prädestinationslehre qualifiziert.[303]

Faktisch stellt sich heraus, dass Hardenbergs *Praelectio de praedestinatione* neunzigprozentig ein Text Bullingers ist, und zwar dessen Kommentar zu 1.Tim 2,4. Ohne Bullinger namhaft zu machen, hat Hardenberg den Text wortwörtlich Bullingers *In omnes apostolicas epistolas () Pauli XIIII et VII canonicas commentarii* (Zürich, 1537) entnommen[304] und ihn nahtlos in ein—in der ersten Person Singular stehendes—eigenes Exposé übergehen lassen, womit er das Ganze als eigenes Werk ausgibt. Hardenbergs Prädestinationslehre ist somit im wörtlichen Sinne bullingerisch.

Bemerkenswert ist in diesem Zusammenhang noch—als späte Frucht Züricher Tradition?—die christozentrische Stellungnahme der Bremer Theologen an der Dordrechter Synode 1618/19 im Streit um die Prädestination zwischen Supra- und Infralapsariern.[305]

3.3.2.4 *Die Radikalen*

Vollständigkeitshalber sei noch hingewiesen auf Hardenbergs Abhängigkeit von Bullinger in seinen Ansichten zu den Radikalen. Wie in 3.2.5 gezeigt wurde, hat Hardenberg—offensichtlich dazu neigend, von vorhandenem Material frei Gebrauch zu machen—mehr als die Hälfte seines *Gutachtens für den Rat von Bremen bezüglich der Täufer* (1551)

---

[302] Hollweg, *Hausbuch*, 338; Walser, *Prädestination*, 131; Koch, *Confessio Helvetica Posterior*, 90-98, 104; *HDThG* 2, 320.

[303] S.vorige Anm.

[304] HBBibl I, Nr.84-98: *In omnes apostolicas epistolas, divi videlicet Pauli XIII et VII canonicas, commentarii Heinrychi Bullingeri* etc., Tiguri (1537ff.), 1549, 564-566 = HB 9, *Praelectio de praedest.*, [1.Hälfte der fünfziger Jahre?], 176ʳ-177ᵛ.

[305] Locher, *Zwinglische Reformation*, 635; vgl.Iken, *Dordrecht*; Hollweg, *Hausbuch*, 130-142, 322-338.

Bullingers *Von dem unverschampten fräfel* (1531) entnommen. Es ist kurios, dass sich durch dieses *unverschampte* Plagiat Hardenbergs der Einfluss Bullingers, dessen Denken in Deutschland suspekt ist und dessen Schriften in Sachsen verboten sind,[306] bis in den Rat der lutherischen Stadt Bremen bemerkbar macht. Es ist ein bemerkenswerter Beweis für Bullingers „unvergleichlichen Einfluss auf die Ausformung des Täufer-bildes" und von seinem „Beitrag zur () Widerlegung der täuferischen Lehre".[307]

Zusammenfassung

Zusammenfassend lässt sich folgendes feststellen.
1. Hardenberg pflegt gute Beziehungen zu den Schweizern, strebt einen Konsens mit ihnen an und erwartet noch 1571 viel von Zürich für den Fortschritt der Reformation (3.3.1).
2. Hardenberg verarbeitet Gedankengut Zwinglis (die Lehre der Gotteserkenntnis und der Seligkeit erwählter Heiden, 3.3.2.1) und Bullingers (die Prädestinationslehre, 3.3.2.3; die Ansicht zu den Täufern, 3.3.2.4; *nicht* dessen Abendmahlslehre, 3.3.2.2).
3. Beides lässt eine deutliche Verbindungslinie und eine gewisse Geistes-verwandtschaft zwischen Hardenberg und den Schweizer Reformatoren erkennen.
4. Diese Verbindungslinie und diese Verwandtschaft werden durch Hardenbergs Kontakte mit den Zwinglianern Erastus und Klebitz noch betont, wie sich im nächsten Absatz zeigen wird.

3.4 *Erastus und Klebitz*

Das Überwechseln Tilemann Heshusens als berufener Superintendent im Dezember 1559 von Heidelberg nach Bremen[308] lässt Kontakte zwischen Hardenberg und zwei ehemaligen Gegnern Heshusens in Heidelberg, Erastus und Klebitz, entstehen.

---

[306] S.*supra*, Anm.224f.
[307] *TRE* 7, 382.
[308] S.*supra*, S.78.

Thomas Erastus (1524-1583)[309]—gebürtiger Schweizer, theologisch gebildeter Arzt, Schüler und Freund Bullingers, seit 1558 Professor an der Heidelberger Universität, als Rektor und Mitglied des Kirchenrates direkt an der Verbannung Heshusens aus Heidelberg im September 1559 beteiligt—steht Hardenberg bei dessen Konfrontation mit Heshusen bei. In einer Korrespondenz, die sich über die Jahre 1560-1568 erstreckt,[310] berät und informiert er Hardenberg und unterstützt dessen Versuche, nach seiner Verbannung aus Bremen auf seinen Posten zurückzukehren (3.4.1).

Wilhelm Klebitz (1533-1568)[311] aus Namitz, Diakon und Hilfsprediger Heshusens, zu dessen Gegner geworden und gleichzeitig mit ihm aus der Pfalz verbannt, unterstützt Hardenberg ebenfalls in der Kontroverse mit Heshusen. Er sucht Hardenberg von Emden aus in Bremen auf und schenkt ihm einige seiner Schriften zum Heidelberger Konflikt[312](3.4.2).

---

[309] Wesel-Roth, *Erastus*; weiter: *RE* 5, 444-446; *ADB* 6, 180-182; *RGG* 2, 537; *NDB* 4, 560; Bonnard, *Eraste*; Heckel, *Cura religionis*, 67-71; Kressner, *Ursprünge*, bes. 86f., 125; Hermann, *Probleme*; Mittler, *Baden*, 319f.; Barton, *Um Luthers Erbe*, 196-225; Benrath, *Bullinger und Erastus*; Baker, *Bullinger's „Tractatus de excommunicatione"*.

[310] Acht—in der Literatur über ihn unerwähnte—autographische Briefe des Erastus an Hardenberg und ein bisher nicht als solcher bekannter abschriftlicher Brief Hardenbergs an Erastus; s.Korrespondenz, Verzeichnis der Absender und Adressaten.

[311] Immer noch unentbehrlich: van Schelven, *Klebitius*, rezensiert von C.P.Burger jr. in: *Het Boek. Tweede reeks van het Tijdschrift voor Boek- en Bibliotheekwezen* 12, 1923, 318-320; weiter: Zedler, 869; Jöcher, 451; Planck, *Lehrbegriff*, 329ff.; Ortloff, *Grumbachsche Händel* 4, 324-341; *ADB* 16, 67; H.Degering, *Kleine Mitteilung*, in: *Zentralblatt für Bibliothekswesen* 39, Leipzig, 1922, 344; *NNBW* 7, 711-713; Hollweg, *Augsburger Reichstag*, 15 *et sparsim*; Barton, *Um Luthers Erbe*, 196-225.

[312] Die Quellen: zwei in der Literatur unerwähnte Briefe von Klebitz an Hardenberg: Nr.294, [Aug.1560] und Nr.308, 25.3.1561; einen dritten machte ich ausfindig in der BSB München: Nr.309, 27.4.[1561]. Es stellte sich heraus, dass die BSB München noch zwei Briefe von Klebitz enthält, sehr wahrscheinlich an Hardenberg gerichtet: Nr.295, [1560] und Nr.307, [vor 25.3.1561], wie auch drei Schriften von Klebitz unter Clm 10351, n.51, n.54 und n.55. N.51, 226^v/235^r findet man in Klebitz, *Modesta responsio*, E6^a-7^b zurück. All dieses Material der BSB München ist urschriftlich. Weitere Quellen noch: Klebitz-Joh.Flinner, 19.8.60 (zu Flinner: Volz, *Briefwechsel Mathesius*, 247, Anm.7), A in: BGK Emden, Hs fol.37, Nr.67; Klebitz-Daniël von Büren, 27.4.1561, O in: BSB München, Clm 10359, n.79. Die mangelhafte Beschreibung im *Catalogus bibliothecae monacensis*, 191, Clm 10351, n.51-56 ist wie folgt zu verbessern: n.51, fol.226^v/235^r : Wilhelmi Klebitii theses theologicae; n.51, fol.227^{r-v} : Eiusdem epistola ad Anonymum (Hardenbergium?), [ante 25.mart.1561] (non integra); n.52, fol.228^{r-v} : Eiusdem epistola ad Hardenbergium, 27 april.[1561] („Demonstratio quod papistae sint sacramentiperdae"); n.53, fol.229^{r-v}: Eiusdem epistola ad Hardenbergium, 25 mart.1561; n.54, fol.230^{r-v}/234^r: Quaestiones ab eodem propositae; n.55, fol.231^{r-v}: Vera Exordia controuersiae Sacramentariae Heydelbergae agitatae, eodem auctore; n.56, fol.232^r:

3.4.1 *Erastus*

Der Kontakt mit Erastus entsteht über Michael Diller,[313] den krypto-calvinistischen Hofprediger des Kurfürsten Friedrich III. Ihn hatte Hardenberg im Januar 1560 um Rat gefragt bezüglich seines Planes, den Disput, den Heshusen von ihm forderte, nicht in Bremen, sondern in Heidelberg stattfinden zu lassen.[314] Schon vorher hatte Hardenberg hierzu Melanchthon konsultiert und bei dieser Gelegenheit seine Unbekanntheit mit der Heidelberger Universität und ihren Professoren zu verstehen gegeben: ausser Diller kennt er dort niemanden.[315] Diller lässt Hardenbergs Brief durch Erastus beantworten.

Dieser rät Hardenberg, den er ausser aus dessen Brief nur via Pantaleon Blasius[316] kennt, von einem Kommen nach Heidelberg ab.[317] Friedrich III. wird einen Disput mit Heshusen nicht gestatten, da der gerade erreichte Friede dadurch zu sehr in Gefahr geriete. Erastus charakterisiert Heshusen als einen geldsüchtigen, starrsinnigen, leicht entflammbaren Mann; er ist ein unerfahrener und durch seinen Jähzorn leicht zu manipulierender Disputant; seine Predigten sind zwar wort-, aber nicht inhaltsreich.[318] Erastus skizziert Heshusens Widerstand bei der Promotion des Stephan Sylvius[319] (März 1559) und seinen Konflikt mit

---

Eiusdem epistola ad Anonymum (Hardenbergium), [1560?] („Quid obijci possit praeterea Tilemanno"); (fol.233 def.).

[313] Vgl.*supra*, I.3, Anm.370. Zu Diller: Biundo, *Geistliche*, 86; *RE* 4, 658-662; *RGG* 2, 196; *LdG*, 267; *NDB* 3, 719.

[314] Nach Nr.274, Hardenberg-Diller, [Jan.1560].

[315] Nr.265, Hardenberg-Melanchthon, 21.12.1559; vgl.Nr.266, ders.-Eber, 21.12.1559.

[316] 1556-1559 Prediger in Heidelberg, anfangs Wortführer der Geistesverwandten Heshusens, später Parteifreund der Reformierten; zu ihm: *supra* I.1, Anm.42.

[317] Nr.275, Erastus-Hardenberg, 4.2.1560.

[318] Vgl.Salig, *Vollständige Historie* 3, 741, Anm.x; Wilkens, *Hesshusius*, 79; Spiegel, 243f. Eine ähnliche Charakteristik in Erastus-Bullinger, 8.10.1560, O in: SA Zürich, E II 361, 83-83b/361,7; vgl.Baum, *Beza* 2, 131-134; Wesel-Roth, *Erastus*, 128, Anm. 11; Benrath, *Bullinger und Erastus*, 90.

[319] Zu ihm: *CE* 6, 300; van Buijtenen, *Vitus van Oldehove*, 91-93; zum Konflikt über die Promotion: de Wal, *Nederlanders*, 42f.; Wesel-Roth, *Erastus*, 18-22; Woltjer, *Friesland*, 92f.; Barton, *Um Luthers Erbe*, 200-202. Bartons Bemerkung, Heshusen handelte beim Aufstellen der Thesen für Sylvius „nicht gegen die Sitte" („Doch war es durchaus üblich, über die Thesen angesehener Professoren zu disputieren", 200, Anm.29) wird nicht unterstützt vom folgenden Zitat des Erastus: „Tilemannus Heshusius praetervidi homo ingenij, me Rectore, *contra quam leges scholae nostrae ferrent*, Stephanum Sijlvium Frisium suo more et arbitratu ad propositiones quasdam defendendas publice cum urgeret, sui sibi infortunij occasionem peperit", Nr.275, Erastus-Hardenberg, 4.2.1560.

Klebitz[320] anlässlich dessen, in Heshusens Augen, zwinglianischer Auffassung der Rechtfertigung und des Abendmahls (März-September 1559). Hardenberg weiss nun, mit wem er es zu tun bekommt! Erastus rät ihm, offensiv vorzugehen. Da von Heshusen nicht zu erwarten sein wird, dass er sich wirklich auf einen Disput mit Hardenberg einlässt, muss Hardenberg selbst die Initiative ergreifen und ihm den Disput anbieten unter der Bedingung, dass kompetente Schiedsrichter aus Wittenberg, Leipzig, Frankfurt oder Heidelberg dabei anwesend sind. „Tu ne cede malis, sed contra audentior ito" (Vergil).[321] Erastus, der sich übrigens in Heshusens Tatkraft irrt,[322] ist hier offensichtlich zu einem öffentlichen Verfechter der reformierten Sache geworden, der seine Mitkämpfer dazu aufruft, ebenfalls die Verteidigungsstellung zu verlassen.[323]

Als Hardenberg ihn sechs Monate später (Aug./Sept.1560) im Hinblick auf seinen Prozess vor dem Halberstädter Kreistag um die Zusendung des Gutachtens Melanchthons für Friedrich III. bezüglich des Heidelberger Abendmahlskonflikts bittet,[324] entspricht Erastus dieser Bitte gerne.[325] Sobald Hardenberg für einen zuverlässigen Boten sorgen kann, wird er ihm eine vom Original kopierte und korrigierte versiegelte Abschrift zusenden. Eine grosse Anzahl von Exemplaren („damit Du sie weit und breit verteilen kannst") soll folgen. Hardenbergs Brief wird an Bullinger weitergeschickt, der ebenfalls eine Anzahl Abschriften des Gutachtens Melanchthons erhält: wenn Bullinger das *Iudicium* mit einem Vorwort versieht und in Zürich publiziert, wird Melanchthon als Zeuge für die reformierte Abendmahlslehre auftreten können.[326] Das Gerücht, dass Landgraf Philipp von Hessen Pläne für ein allgemeines protestantisches Religionsgespräch mit Bullinger, Musculus, Martyr, Calvin und anderen

---

[320] Vgl.BSB München, Clm 10351, n.51, 54 u.55, s.*supra*, Anm.312; Seisen, *Heidelberg*, 83-88; Kluckhohn, *Friedrich*, 46-56; van Schelven, *Klebitius*, 84-90; Wesel-Roth, *Erastus*, 21-24; Hollweg, *Augsburger Reichstag*, 6-8; Barton, *Um Luthers Erbe*, 195ff.

[321] Nr.275, Erastus-Hardenberg, 4.2.1560 („Weiche nicht dem Übel, sondern stelle dich ihm").

[322] Der Disput fand statt—ohne Hardenberg—am 20.u.21.Mai 1560, s.*supra*, S.82.

[323] Vgl.Benrath, *Bullinger und Erastus*, 93.

[324] Nach Nr.295, Hardenberg-Erastus, [Aug./Sept.1560]. Das Gutachten: *Iudicium de controversia de coena Domini* (Cal.Nov.1559), 1560, in: *CR* 9, 960-963; *MWA* 6, 482-486. Vgl.*infra*, Anm.332.

[325] Nr.299, Erastus-Hardenberg, [Okt.1560].

[326] Erastus-Bullinger, 8.10.1560, O in: SA Zürich, E II 361, 83-83b u.361,7; vgl.Benrath, *Bullinger und Erastus*, 90f.

hege, stimmt Erastus hoffnungsvoll.[327] Friedrich III. wird nichts dagegen
haben;[328] Erastus selbst wird das Seinige dazu tun, die Pläne zu verwirklichen.[329]

Das Versprechen, Hardenberg mehrere Exemplare des *Iudicium*
Melanchthons zu schicken, scheint Erastus nicht gleich eingelöst zu
haben. Unter grösstem Zeitdruck („premit me extrema necessitas") lässt
Hardenberg ihn am 30.Oktober per Eilboten daran erinnern.[330] Sein
Prozess vor dem Kreistag in Halberstadt ist auf den 24. oder 25.
November festgesetzt. Man beschuldigt ihn, den Brief Melanchthons an
den Kurfürsten gefälscht zu haben. Möge Erastus ihm umgehend eine
Anzahl gedruckter Exemplare zusenden oder sonst Friedrich III.
ersuchen, ihm eine eigenhändig geschriebene Echtheitsbescheinigung über
Melanchthons Brief auszustellen und zu schicken.[331] Eine deutsche
Übersetzung und eine gleichzeitige deutsch-lateinische Ausgabe ist
unumgänglich: „Die Frommen stellen hieran die höchsten Erwartungen".[332] Hardenberg fühlt sich von Universität und Kollegen im Stich
gelassen. Auch von Melanchthon: hätte dieser sich eher in diesem Sinne
geäussert, brauchte Hardenberg sich jetzt nicht auf die Schlachtbank („ad
lanienam") vorzubereiten. Aber er ist bereit, zu sterben.

Zusammen mit dem Wunsch „Beurteile mich nicht auf Grund der
Lügen dieses Armleuchters"—so gut kennen sie sich noch nicht!—schickt
Hardenberg die letzte Veröffentlichung Heshusens gegen ihn[333] an
Erastus, mit der Frage, ob er Heshusen entgegnen muss oder nicht. Am
liebsten sähe er, dass sein alter Freund, der niederländische Arzt Justus
Velsius[334] („Er hat Gaben, die sowohl der Kirche als dem Staat von
Nutzen sein können") oder jemand aus Erastus' Kreis diese Aufgabe
erledigte. Ihm selber fehlt es an Geschick beim Schreiben, an Gelehrsam-
keit und an Zeit. Ausserdem wird Erastus einen Verleger bereit finden

---

[327] Vgl.Erastus-Bullinger, s.vorige Anmerkung; Wesel-Roth, *Erastus*,33; Benrath,
Bullinger und Erastus, 91.

[328] Das Gegenteil ergab sich im nächsten Jahr, Wesel-Roth, *Erastus*, 33;
vgl.*supra*, Anm.230.

[329] Nr.299, Erastus-Hardenberg, [Okt.1560].

[330] Nr.300, Hardenberg-[Erastus], 30.10.1560.

[331] Hardenberg kannte den Kurfürsten aus Löwen, s.*supra*, I.1, Anm.46.

[332] Die Herausgabe hatte inzwischen stattgefunden—nach Widerstand des Senats,
auf Befehl des Kurfürsten—in der letzten Woche vom September 1560: Seisen,
Heidelberg, 95, Anm.34; Wesel-Roth, *Erastus*, 29. Die deutsche Übersetzung erschien
gleichzeitig.

[333] Heshusius, *Das Jesu Christi warer Leib*, 1560.

[334] Zu ihm: *supra*, I.1, Anm.49.

müssen, denn in Bremen ist ihm der Zugang zu allen Druckereien verwehrt.[335]

Die so begehrte Ausgabe der Schrift Melanchthons empfängt Hardenberg postwendend, sowohl lateinisch als auch deutsch.[336] In sehr herzlichem Ton versucht Erastus, dem in die Enge getriebenen Hardenberg Mut zu machen: Blutvergiessen brauche Hardenberg nicht zu fürchten, höchstens Entlassung oder Verbannung. Schlimmstenfalls könne er flüchten und zum Beispiel das Angebot Philipps von Hessen annehmen, in dessen Dienst zu treten.[337] Bei Verbannung müsse Hardenberg beim Kurfürsten von Sachsen, bei der protestantischen Obrigkeit, bei den Universitäten und bei einer Generalsynode oder einem Konzil Berufung einlegen. Eine schriftliche Intervention Friedrichs III. werde nichts nützen, umso mehr die Vereinigung der Kräfte. So stehe eine Herausgabe von—zumeist an Bullinger gerichteten—Briefen Melanchthons bevor.[338] Hardenberg solle Erastus die Briefe, die er von Melanchthon besitze, ebenfalls zur Publikation überlassen! Durch weitere Korrespondenz ergänzt, werde das Resultat diejenigen überzeugen, denen das Wort von Menschen schwerer wiege als das Wort Gottes.[339] Heshusens Publikation („jene Tilemannsche Rhapsodie") müsse Hardenberg zunächst selbst zu widerlegen versuchen, in gemässigten Worten. Velsius müsse er sich aus dem Kopf schlagen: dieser sei aus Heidelberg weggezogen, habe die Gemeinde in Frankfurt terrorisiert und kehre nun in Mainz den heiligsten Propheten heraus, „kurzum, er ist Sektierer geworden". Wenn Hardenberg von niemandem Hilfe erhalte, werde Erastus selbst eine Wider-

---

[335] Nr.300, Hardenberg-[Erastus], 30.10.1560.

[336] Nr.302, Erastus-Hardenberg, 11.11.1560. Vgl.Spiegel, 286-288; 336.

[337] Über dieses Angebot ist nichts bekannt. Eber (Nr.297, Eber-Hardenberg, 6.10.1560) und Caspar Peucer (Nr.298, Peucer-Hardenberg, 7.10.[1560]) reden über eine Berufung nach *Heidelberg*, worüber ebenfalls nichts—auch in der Korrespondenz mit Erastus—bekannt ist. Irrtümlicherweise schliesst Pollet, *Martin Bucer* 2, 194, aus den Briefen von Eber und Peucer, man berufe Hardenberg nach *Marburg* als Nachfolger des Hyperius; Pollets Kritik an Prüser, *Bremen und Marburg*, 224 ist daher nicht berechtigt.

[338] Bullinger selber hatte Erastus um Herausgabe in Heidelberg gebeten, wurde aber von ihm abgewiesen im Zusammenhang mit dem erwarteten Widerstand seitens der Universität: Erastus-Bullinger, 30.10.1560, O in: SA Zürich, E II 361, 85a; vgl.Wesel-Roth, *Erastus*, 25. Erastus erwartet offenbar, dass die Herausgabe jetzt doch—anderswo?—erfolgt.

[339] Erastus verwirklichte diesen Plan nicht. Benrath, *Bullinger und Erastus*, 99 bemerkt (bezüglich Erastus' Konkordanzpläne): „Man muss bezweifeln, ob Erast der Mann war, derartige Gedanken auch nur einer wirklichkeitsnahen Planung, geschweige denn einer Verwirklichung zuzuführen. Man sieht ihn hier gewiss an einer Grenze seiner Begabung angelangt".

legung schreiben. Wegen eines Verlegers könne Hardenberg sich immer an ihn wenden.[340]

Die verbleibende Korrespondenz datiert aus der Periode, die Hardenberg im Kloster Rastede verbrachte, nachdem er durch den Kreistag verurteilt worden war (1561-1564/65). Neben von Büren und Molanus ist Erastus Hardenbergs nahezu einziger Korrespondent in diesen Jahren. Der Kontakt zwischen beiden ist nicht intensiv, aber vertraut. Erastus redet Hardenberg gehoben an mit „instar patris observandissime", bietet ihm Obdach in Heidelberg an,[341] zeigt herzliche Wertschätzung seiner Veröffentlichung zur Ubiquität,[342] meldet genauso unumwunden den Erfolg, den seine eigene Abendmahlsschrift hat und die er Hardenberg empfiehlt[343] und schreibt offenherzig über seine Polemik über das Abendmahl, die er mit dem Tübinger Philosophen Jacob Schegk[344] und dem lutherischen Superintendenten von Strassburg, „Esel" Johannes Marbach, führt.[345] Auch versucht er Hardenberg als politischen Informanten für Friedrich III. in Anspruch zu nehmen.[346]

Der rote Faden in der Korrespondenz ist der Fortschritt in reformierten Angelegenheiten. Erastus' Blick richtet sich dabei in alle Richtungen: nach Dänemark, Schleswig-Holstein und auf die Kursachsen, wo man eher Wert auf politische als religiöse Dinge lege;[347] auf die Pfalz, wo Friedrich III. als ein theokratischer Fürst Klöster reformiere, und wo man in eine fruchtlose Polemik mit Württemberg über die Ubiquität verwickelt sei,[348] und nach Frankreich, wo die Zahl der Gläubigen schnell wachse.[349]

Erastus schenkt Bremen seine besondere Aufmerksamkeit. Hardenberg muss an seinen Platz zurück, um dort seine Rolle als Vorposten wieder

---

[340] Nr.302, Erastus-Hardenberg, 11.11.1560.

[341] Nr.312, Erastus-Hardenberg, 11.9.1561.

[342] Nr.321, Erastus-Hardenberg, 3.6.1565. Gemeint: HB 42, *De Ubiquitate, Scripta Duo*, 1564.

[343] Nr.313, Erastus-Hardenberg, 23.3.1562. Gemeint ist: *Gründlicher Bericht wie die Wort Christi: das ist mein leib zu verstehen seien*, Heidelberg, 1562; vgl.Wesel-Roth, *Erastus*, 32f.

[344] Nr.315, Erastus-Hardenberg, 10.12.[1562]. Zu Schegk: *RGG* 5, 1393; Wesel-Roth, *Erastus*, 38f., 67.

[345] Nr.322, Erastus-Hardenberg, 8.9.1565. Zu ihm: *TRE* 22, 66-68; Wesel-Roth, *Erastus*, 37f., 86f., 89.

[346] Nr.315, Erastus-Hardenberg, 10.12.[1562].

[347] Nr.312, Erastus-Hardenberg, 11.9.1561. Vgl.Spiegel, 320.

[348] Nr.321, Erastus-Hardenberg, 3.6.1565.

[349] Nr.313, Erastus-Hardenberg, 23.3.1562.

einzunehmen.[350] „Ich sähe sehr gerne, dass Du dorthin zurückberufen wirst", ist ein Wunsch, der sich wie ein Refrain in seinen Briefen wiederholt. Erastus setzt sich persönlich dafür ein und bespricht die Frage mit von Büren,[351] Bullinger[352] und dem Sekretär Christophs von Oldenburg, Jost Pollitz.[353] Er weiss Friedrich III. hierbei mit einzubeziehen.[354] Immerhin geht es in Bremen und in der Pfalz um dieselbe Angelegenheit:[355] die Wahrheit. Diese muss unumwunden bezeugt werden („offen und explizit, unumwunden und eindeutig"); die Geschichte in der Pfalz hat wohl gezeigt, dass die „via media" zu nichts führt.[356] Von Hardenbergs Appell an den Kaiser[357] ist in diesem Fall nichts zu erwarten. Hardenberg muss seinem Anliegen einen grösseren Bekanntheitsgrad geben durch eine schriftliche Darlegung des Konflikts.[358] Detmar Kenkels Wiedergabe dieses Konflikts[359] erfordert eine Erwiderung, die dann in der Pfalz verbreitet werden muss.[360]

Immer wieder spricht Erastus seine positiven Erwartungen in Hinblick auf die Reichstage aus.[361] Die Lösung muss aus dieser Richtung kommen. Es lebt die Hoffnung bei ihm, ein Appell eines Reichstages, Friedrichs III. und Hardenbergs selbst an den Kaiser werde seine Rückkehr nach Bremen ermöglichen. Dies solle die günstige Entwick-

---

[350] Vgl.Moltmann, *Pezel*, 18f.

[351] Fünf Briefe des Erastus an von Büren (ausser dem ersten: Autographe) in: SUB Bremen, Ms.a.10: n.64, 26.6.[1561]; n.40, 26.12.[1563]; n.62, 22.1.[1566]; n.46, 3.6.[1566]; n.47, [Apr.?].[1569].

[352] [Erastus]-[Bullinger], [Ende Januar 1562, oder Beilage zu 11.2.1562], O in ZB Zürich, Ms.S 103, 69 (nicht erwähnt in Benrath, *Bullinger und Erastus*, 132; den Hinweis verdanke ich Herrn K.J.Rüetschi, Zürich); Erastus-Bullinger, 25.5.[1562], O in: SA Zürich, E II 345, 732; 29.4.[1563]: E II 345, 738 u.740; 24.4.[1565]: E II 361, 52.

[353] Erastus-Bullinger, 29.4.[1563], s.vorige Anm. Vgl.Bremer Domkapitel-Jost Pollitz, 8.3.1563, A in: SA Bremen, 2-T.1.c.2.b.2.c.2.a.1.

[354] Nr.315, Erastus-Hardenberg, 10.12.[1562]; ders.-Bullinger, 24.4.[1565], s.vorvorige Anm.; ders.-von Büren, 22.1.[1566], s.Anm.351.

[355] Vgl.Erastus-von Büren, 26.6.[1561], s.Anm.351, 114[r]: „In eadem vobiscum navigamus id est mare, procellas et flutus, qui nobis impendent, sunt non minus terribiles et horrendae ut aliud non dicam".

[356] Nr.313, Erastus-Hardenberg, 23.3.1562.

[357] HB 41, *Appellation an Kaiserl.Majestaet*, 15.2.1561.

[358] Erastus-von Büren, 26.6.[1561], s.*supra*, Anm.351; vgl.Spiegel, 318-320.

[359] Kenkel, *Brevis, dilucida, ac vera narratio*, 1565; die deutsche Ausgabe: *Kurtze, klare und warhafftige Histori*, 1566.

[360] Erastus-von Büren, 22.1.[1566], s.*supra*, Anm.351.

[361] U.a.Erastus-Bullinger, 24.4.[1565], s.*supra*, Anm.352; Nr.321, ders.-Hardenberg, 3.6.1565; Nr.322, ders.-dens., 8.9.1565.

lung, die die Kirche in Norddeutschland durchmacht, stimulieren.[362] Erastus unterstützt und koordiniert die Bemühungen von Bürens, Hardenbergs Verurteilung von 1561 auf dem Reichstag von Augsburg (1566) in Vorschlag zu bringen. Erastus wirkt dabei als Verbindungsmann zwischen Bremen und Friedrich III.[363] Ob die Angelegenheit in Augsburg wirklich behandelt wurde, ist nicht bekannt. Jedenfalls ist Erastus über das Ergebnis des Reichstags sehr enttäuscht: Versprechen sind nicht eingehalten worden, der Beschluss über die Uneinigkeit im eigenen protestantischen Haus ist aufgeschoben worden. „In all unseren Erwartungen sind wir betrogen worden", so schreibt er enttäuscht an von Büren.[364]

Nach Augsburg verliert sich die Spur der Beziehungen zwischen Erastus und Hardenberg. Dieser ist inzwischen ab 1565 als Prediger in Sengwarden und ab 1567 als solcher in Emden tätig. 1568 bricht in Heidelberg der Streit über die Einführung der Kirchenzucht nach Genfer Vorbild aus. Es ist nicht undenkbar, dass Erastus' Einsichten und Haltung in diesem Konflikt[365] mit schuld sind am Zurückgang des Kontaktes mit dem *pastor primarius* des reformierten Emden. Allerdings fehlt hierfür jeder Hinweis.

Hardenbergs Kontakte mit Erastus unterstreichen, wie offen er der Schweizer Reformation gegenübersteht, so wie dies auch schon aus den guten Beziehungen, die er zu Bullinger *cum suis* unterhielt, hervorgeht.[366] In Erastus findet er, als der Konflikt in Bremen gipfelt, einen engagierten und hilfreichen Mitstreiter. Es ist vielsagend, dass er dankbar von der Unterstützung—freilich anfänglich nicht selbst gesucht—und dem Rat eines Mannes Gebrauch macht, der sich seinerseits in zunehmendem Masse an Bullinger anlehnt.[367] Vor allem Erastus' Anstrengungen im Zuge der Förderung der reformierten Sache zugunsten Hardenbergs Rückkehr nach Bremen zeigen klar dessen Rückhalt in Zürich.

---

[362] Erastus-Bullinger, 24.4.[1565], s.*supra*, Anm.352.
[363] *Supra*, Anm.354. Nicht erwähnt in Hollweg, *Augsburger Reichstag*.
[364] Erastus-von Büren, 3.6.[1566], s.*supra*, Anm.351: „Fefellerunt nos omnes spes nostrae". Auffälligerweise schweigt Erastus über das positivere Ergebnis des Reichstags, auch Bullinger gegenüber, vgl.Benrath, *Bullinger und Erastus*, 108.
[365] Wesel-Roth, *Erastus*, 43-81; Hermann, *Probleme*, 461-472; Heckel, *Cura religionis*; Baker, *Bullinger's „Tractatus de excommunicatione"*.
[366] *Supra*, III.3.3.
[367] Benrath, *Bullinger und Erastus*.

3.4.2 *Klebitz*

Zum Teil läuft die Linie Zürich-Bremen via Klebitz.[368] Klebitz tritt noch bevor der Heidelberger Abendmahlskonflikt ausbricht—früher als

---

[368] S.*supra*, Anm.311f. Von der herangezogenen Korrespondenz und Klebitzens *Modesta responsio* aus lässt sich Klebitzens Biographie folgendermassen ergänzen:
1. Klebitzens Brief an Johann Flinner (zu ihm: *supra*, Anm.312) vom 19.8.1560 (A in: BGK Emden, Hs fol.37, Nr.67) und an Hardenberg vom [August 1560] (Nr.294) zeigen, dass Klebitz in diesem Monat noch in Emden ist (vgl.van Schelven, *Klebitius*, 94f.).
2. Van Schelvens Annahme, *Klebitius*, 94, dass der Emder Kirchenrat Bedenken gegen Klebitz hegt, trifft zu. Obwohl die Emder Prediger den Bannspruch Heshusens vom 6.9.1559 über Klebitz verwerfen (vgl.auch Klebitzens *Modesta responsio*, F5[b]), erheben sie aufgrund seiner Schriften eine Klage gegen Klebitz bei Christoph von Oldenburg, wobei sich Klebitz jedoch von Gellius Faber und Cornelis Cooltuyn unterstützt weiss (Nr.308, Klebitz-Hardenberg, 25.3.1561).
3. Aus Emden wird Klebitz im Juli 1560 von Christoph von Oldenburg für ein Gespräch nach Bremen gebeten, wo er sich vom Makel zu befreien sucht, den, wie er annimmt, Heshusen auf ihn gewofen hat. In Bremen besucht er von Büren und wohnt bei Hardenberg (Nr.294, Klebitz-Hardenberg, [August 1560]; ders.-Flinner, 19.8.1560, in: s.*supra*, Punkt 1; ders.-von Büren, 27.4.1561, in: BSB München, Clm 10359, n.79). Mit beiden bleibt Klebitz in Verbindung. Seine *Modesta responsio*, sein *Viel irrige und zenkische Sacramentheusle* und seine *Victoria veritatis* zeugen von seinem Bremer Aufenthalt; das Vorwort der ersten Schrift ist datiert: „1.8.[1560] Bremen".
4. Im März und April 1561 hat Klebitz mit seiner Familie seinen Wohnsitz in Zwolle auf dem Landgut der adligen „Iuffer de Weeda" (Nr.308, Klebitz-Hardenberg, 25.3.1561; Nr.309, ders.-Hardenberg, 27.4.[1561]; ders.-von Büren, 27.4.1561, in: s.*supra*, Punkt 3; Nr. 307, Klebitz-[Hardenberg?], [vor 25.3.1561]).
5. In Zwolle verfasst Klebitz drei Traktate: *Iudas ischarioth ende sijne brodere*; *Wat in der Scrifft heijte Christi fleysch eten. Wat die gemeenschap des lijffs Christi sij et warumb het brod die gemeinschap des lijffs Christi genumet werde*; *Olfft eenen Christenen erlouet sij van eenen Affgoden diener het auentmeal under beijde gestalt te entfangen*. Er besucht die Bibliothek von Deventer (Nr.309, Klebitz-Hardenberg, 27.4.[1561]; Nr.307, Klebitz-[Hardenberg?], [vor 25.3.1561]).
6. Offensichtlich hat van Schelven nicht von Klebitzens *Modesta responsio* Notiz genommen, der noch folgendes zu entnehmen ist: Klebitz ist aus Namitz (nicht Wesel) gebürtig, ist ein Sohn von Wolff Klebitz und Gertrudt Notens (H4[a]); macht am 22.4.1555 mit Erfolg Examen der Philologie in Basel, worauf man ihm in Württemberg Zugang zum Diakonat verschaft (H2[a]-3[b]); heiratet am 28.8.1555 in Marpach Maria, Tochter des 1553 verstorbenen Iacobus Saurerius, Prediger in Erbstet; übernimmt nach dem Tod seiner Schwiegermutter 1556 die Pflege ihrer fünf zurückbleibenden Kinder (H2[a]); studiert nach eigenem Zeugnis zwei Jahre in Wittenberg, arbeitet in Osthofen für einen gewissen Casparus und in Dalsheim für Johannes Hofmann (H4[a]), bekommt am 21.12.1557 von Jacob Andreae und Lucas Osiander ein Arbeitszeugnis für eineinhalb Jahr Diakonat in Göppingen (H1[a]) und kommt letztlich auf die Empfehlungen des Petrus Martyrs („qui praeceptor meus fuit Argentinae") nach Heidelberg (H5[a]).

Erastus—mit Bullinger in Kontakt.[369] Anlass dazu ist die Disputation zur Erlangung des Bakkalaureats in der Theologie am 15.April 1559, in der Klebitz eine melanchthonische Abendmahlslehre verteidigt und die der Anlass für den bekannten Konflikt mit Heshusen ist.[370] Die Briefe, die daraufhin nach Zürich gehen, haben neben Hardenbergs Situation in Bremen und den Entwicklungen um die Person Heshusens nicht zuletzt Klebitzens eigene penibele Lebensumstände zum Inhalt.[371] Nach seiner Verbannung aus der Pfalz am 16.September 1559 gibt sich Klebitz—in Heidelberg durch Erastus und Boquinus[372] als „agent provocateur" eingesetzt,[373] nach seiner Verurteilung jedoch nicht mehr von ihnen unterstützt[374]—grosse Mühe, irgendwo anders eine Stellung zu finden.[375] Diese Existenznot und sein Ressentiment gegen Heshusen scheinen die Motive für das Unterhalten von Kontakten mit Hardenberg zu sein.

---

[369] Nicht erst im August 1559 (so Benrath, *Bullinger und Erastus*, 90), sondern schon am 25.April 1559, s.Klebitz-Bullinger, 25.4.1559 (in: SA Zürich, E II 350,7), in: van Schelven, *Klebitius*, 129f. Vgl.Hollweg, *Augsburger Reichstag*, 10; Benrath, *Bullinger und Erastus*, 89.

[370] *Supra*, Anm.320.

[371] Klebitz-Bullinger: 18.8.1559, in: ZB Zürich, F 42, 167; ders.-dens., 5.4.1560 (in: SA Zürich, E II 347, 718), in: van Schelven, *Klebitius*, 130f.; ders.-dens., 10.4.1560 (in: SA Zürich, E II 347, 732), in: van Schelven, *Klebitius*, 131; Bullinger-Klebitz, 20.3.1560, in: SA Weimar, Ernestin. Gesamtarchiv Reg. N 639, 1a/b, s.Koch, *Bullinger und die Thüringer*, 315, Anm.1. Bullinger sandte 1559 auf Klebitzens Veranlassung Empfehlungsschreiben an Friedrich III., an die Grafen Eberhard und Georg von Erbach, an Probus, Ehem, Erastus, Balduinus und Xylander nach Heidelberg, s.Bullinger, *Diarium*, 60. Der Brief an die Grafen von Erbach, 4.11.1559, in: ZB Zürich, S 96, 30, s.Benrath, *Bullinger und Erastus*, 90; das Konzept in: SA Zürich, E II 346a, 416-418, s.Hollweg, *Augsburger Reichstag*, 10-12.

[372] Prof.der Theologie; *ADB* 3,150; *RE* 3, 320f.; *NDB* 2, 492; *RGG* 1, 1364f.

[373] Barton, *Um Luthers Erbe*, 199, 202f.

[374] Vgl. Klebitz, *Quaestiones propositae à Wilhelmo Klebitio*, in: BSB München Clm 10351, n.54, 233^v-234^r: „Erasto: 1. Nonne 2 die octobris anni 59 rector et senator Ecclesiasticus fuisti? 2. Nonne sigillo uniuersitatis eodem die Wilhelmi disputationem obsignasti? 3. Nonne propter patriae tuae defensionem Wilhelmum periclitatum animaduersisti? 4. Nonne Tilemannus Caluinistum et Bullingeristum Wilhelmum appellatum saepe audiuisti? 5. Nonne contra conscientiam confessionem Wilhelmi Tigurinae Ecclesiae aduersari dixisti? 6.Nonne Wilhelmum consilijs tuis perdidisti. 7.Nonne quondam nebulonem et [...]um Pantaleonem nominasti. 8. Nonne tandem in gratiam Pantaleonis Wilhelmum diffamisti? 9.Nonne commensales Wilhelmi proditores habuistj". Vgl.Erastus' Meinung über Klebitz in seinem Brief an Hardenberg vom 11.11.1560 (Nr.302), 87^r: „() Klebitius, de quo nemo melius est meritus me, quem acerbissime tamen et improbissime persequitur. Jngratiorem hominem per omnem anteactam uitam non uidi", und Erastus-Bullinger, 8.10.1560, in: SA Zürich, E II 361, 83-83b/361,7, wozu Baum, *Beza*, 132f. u.Benrath, *Bullinger und Erastus*, 90.

[375] Van Schelven, *Klebitius*, 90ff.

Diese Kontakte scheinen mehr oder weniger zufällig zu entstehen. Als Klebitz im Sommer 1560 von Christoph von Oldenburg zu einer Unterredung nach Bremen beschieden wird, wird er dort von Hardenberg als Gast eingeladen.[376] In einem Versuch, von dessen guten Beziehungen zu Graf Christoph zu profitieren, bittet er Hardenberg, zu seinen Gunsten beim Grafen zu intervenieren: Beschwerden aus dem Kreis der Emder Prediger bedrohten seinen Broterwerb.[377]

Man ist geneigt, zum Teil in diesem Licht die Schenkung an Hardenberg und von Büren von einigen Traktaten von eigener Hand über die *Augsburger Konfession*, das Abendmahl und die Kontroverse darüber in Heidelberg zu sehen.[378] Andererseits beabsichtigt Klebitz, Hardenberg Material für dessen Widerlegung von Heshusens gegen den Bremer „Rottengeist" gerichten *Das Jesu Christi warer Leib* aus 1560 zukommen zu lassen. Heshusen fasse, so Klebitz, im Gegensatz zur alten Kirche und Luther, die Einsetzungsworte des Abendmahls nicht im übertragenen Sinne oder als übliche, sondern als unübliche Sprechweise auf, wobei dieser sich auf Melanchthon berufe, der eine „inusitata praedicatio" im Lehrstück der hypostatischen Vereinigung anerkenne. So wie der 'logos' mit dem Fleisch vereinigt ist, so sollte nach Heshusen der Leib Christi hypostatisch mit dem Brot verbunden sein.[379] Der wesentliche Leib Christi halte sich jedoch, so Klebitz, an einem Ort auf, nämlich im Himmel, was nicht impliziere, dass Brot und Wein lediglich leere Zeichen sind. Zwischen Zeichen und bezeichneter Sache bestehe eine geistige Union, nicht in der Hand des Dieners sondern im Herzen des Kommunikanten, nicht „extra nos" sondern „in nobis". Der Jesusleib werde nicht „in pane, sub pane, cum pane, circumcirca panem", sondern „in corde, sub corde, cum corde, circumcirca cor" empfangen. Christus sei uns nicht nur *propinquus* (in der Nähe), sondern *intimus* (in uns drinnen): er wohne durch den Glauben in unseren Herzen, auf geistige Weise (denn er sei wahrhaftig Gott), nicht via „impanatio" oder „subpanatio" (denn er sei ausser wahrhaftiger Gott auch wahrhaftiger

---

[376] S.*supra*, Anm.368, Punkt 3.

[377] Nr.308, Klebitz-Hardenberg, 25.3.1561, 229ʳ. Hardenbergs Reaktion ist nicht bekannt.

[378] In Hardenbergs Nachlass befinden sich Klebitzens *Victoria veritatis*, 1561 (BGK Emden, Theol 4° 447, *donum auctoris*) und in der Klebitzianasammlung in BSB München, Clm 10351, n.51, 54, 55 drei Pamphlete, s.*supra*, Anm.312; vgl.Nr.308, s.vorige Anm., 229ʳ.

[379] Nr.294, Klebitz-Hardenberg, [Aug.1560], 401ʳ. Dieselbe Passage in Klebitzens *Modesta responsio*, D7ᵇ-8ᵃ.

Mensch).[380] Die Frage, ob das Brot nach der Konsekration heiliger sei als vorher, sei dumm; wiege die Heiligung eines Menschen nicht die von tausend Broten auf? Und was halte Hardenberg von der Bemerkung Luthers, die Worte „der für euch gegeben wird" seien die wichtigsten des Abendmahls, während sie bei Matthäus und Markus nicht zu finden sind?[381]

In einem einzelnen Brief macht Klebitz noch auf Heshusens Abkehr vom *Frankfurter Abschied* aufmerksam, von ihm nach Flacius Illyricus „das samaritanische Interim" genannt; Heshusen halte Diller für einen seiner Verfasser und Graf Eberhard von Erbach mache er für das Streichen der Worte „in et sub pane" verantwortlich.[382]

Klebitzens Standpunkt tritt in diesen für Hardenberg bestimmten Briefen und Pamphleten als reformiert, nicht rein-zwinglianisch und stark anti-lutherisch[383] zutage.[384] Für Hardenberg sind dies keine unbekannten Töne, die ihn da erreichen.[385] Seine Bereitschaft, ein weiteres Treffen mit Klebitz in Bremen zustande kommen zu lassen, um über die Abendmahlsfrage *en détail* weitersprechen zu können,[386] zu einem Zeitpunkt—Mitte 1560—als das Bremer Drama zur Lösung kommt, zeigt, dass er sich in diesen Ansichten auch wiederfindet, und dass er nicht

---

[380] Nr.294, s.vorige Anm., 401[r-v]; Klebitz, *Theses theologicae*, in: BSB München, Clm 10351, n.51, 226[v]; ders., *Vera Exordia controuersiae Sacramentariae Heydelbergae agitatae*, in: BSB München, Clm 10351, n.55, 231[r-v].

[381] Nr.309, Klebitz-Hardenberg, 27.4.[1561].

[382] Nr.295, Klebitz-[Hardenberg], [1560]. Der *Frankfurter Rezess* vom 18.3.1558 —dem ein Gutachten Melanchthons zugrunde lag—in: *CR* 9, 489-507.

[383] Ständig betont Klebitz, die lutherische Theologie sei noch entarteter als die papistische; s.vor allem Nr.307, Klebitz-[Hardenberg?], [vor 25.3.1561] und Nr.309, Klebitz-Hardenberg, 27.4.[1561] (zu einem lutherischen Prediger in Heino, bei Zwolle).

[384] Vgl.Bullinger-Calvin, 30.10.1559, in: *CO* 17, 665: „Guilhelmus utcunque nostras partes est tutatus". Vgl.auch Barton, *Um Luthers Erbe*, 202, 207.

[385] Klebitz weist öfters auf seine Übereinstimmung mit Hardenberg hin, vgl.*Modesta responsio*, D8[a]; I1[a-b] (Dr.Albert lehrt nicht „panem esse Corpus significatum, sed Panem Corpus significans esse asserit. Scholastici in Schola Bremensi sciunt aliud esse activum et aliud esse passivum. () Separent se à Calvinistis et Tigurinis"); *Victoria veritatis*, E3[a]; H4[b]. Klebitzens Bakkalaureatsthesen vom 15.4.1559 (vgl.*Modesta responsio*, F4b[a]) sind—der *Wittenberger Konkordie* 1536 und dem *Frankfurter Rezess* 1558 entsprechend—mit Irenäus' Worten formuliert, die auch Hardenberg häufig anwendet (s.z.B.*supra*, S.196, 207f.): das Abendmahl enthält zwei Sachen, eine Irdische und eine Himmlische; das Irdische ist das Brot und der Wein, das Himmlische ist der Leib und das Blut Christi; das Irdische wird mit dem leiblichen Mund genossen, das Himmlische mit dem Mund der Seele, d.h. mit dem Glauben.

[386] Nr.294, Klebitz-Hardenberg, [Aug.1560], 402[r].

befürchtet, dass seine Gegner dies erkennen.[387] Seine Kontakte mit Erastus und Klebitz zeigen, dass er sich in der Frontbildung gegen das streitbare Luthertum und den rechten Melanchthonianismus auch auf die Seite Zürichs stellen will. Sie zeigen gleichzeitig, wie sehr diese Front eine Einheit bildet, eine Einheit, die die Nuancierungen innerhalb der reformierten Reformation übersteigt.

Ergebnisse III.3

1. Die seit Moltmann (1958) herkömmliche Einordnung Hardenbergs in den Zwinglianismus (Engelhardt, Staedtke, Barton, Locher, Rudloff) erweist sich in bezug auf den vermeintlichen Urheber der Züricher Orientierung Hardenbergs, *Johann a Lasco*, als Fehlurteil (3.1). Das vom Emder Katechismusstreit von 1554 unterbrochene Verhältnis zwischen Hardenberg und a Lasco ist von Anfang an kritisch-affektiv, sowohl persönlich als auch theologisch, und lässt sich am besten als „Einheit im Gegensatz" kennzeichnen.

a. Einig sind sich beide im interimistischen und osiandrischen Streit, sowie in Fragen bezüglich Täufer, Zucht und des kirchlichen Konsenses.

b. Der Gegensatz entspringt aus der Abweichung a Lascos—nach Hardenbergs Ansicht—von der „gewohnten Lehrweise der Kirchen", wie diese sich z.B.in a Lascos Spekulationen („curiosa novandi licentia") manifestiert in der in seiner *Epitome doctrinae* (1544) vorgetragenen (Erb-)Sündenlehre, dem Heilsuniversalismus und dem inhärenten Synergismus, in welchen Punkten sich Hardenberg auf Melanchthons Seite schlägt.

c. Schon Anfang 1545 ist sich Hardenberg der Differenz zur (zu diesem Zeitpunkt) grundsätzlich bullingerischen Abendmahlsansicht a Lascos bewusst, in der den Sakramenten nur obsignative statt instrumentale Kraft zugedacht ist. Umgekehrt beanstandet a Lasco Hardenbergs pneumatologisch-exhibitives Verständnis der sakramentalen Union —in dessen erstem Bremer Abendmahlsbekenntnis von 1548—, das zur substantiellen Realpräsenz führen würde. A Lascos Begriffen *recordatio* (Gedächtnis), *contestatio* (Zeugnis) und *sigillum* (Siegel) steht bei Hardenberg die wahrhafte *exhibitio* gegenüber. Ist die

---

[387] Hardenbergs Gastfreundschaft gegenüber Klebitz brachte ihm seitens des Bremer Rates die Beschuldigung des Zwinglianismus ein, s.Klebitz-Flinner, 19.8.1560, A in: BGK Emden, Hs fol.37, Nr.67.

Abendmahlsgabe bei jenem nur die *obsignatio* (Versiegelung) der am Kreuz geschehenen Heilstat Christi, ist sie bei diesem die *participatio* an der Substanz des Leibes und Blutes Christi.

d. Das gegensätzliche Gepräge gerade beider Abendmahlslehren macht das Fundament für die gangbare Zurückführung des Ansatzes der Theologie Hardenbergs auf ein vorausgesetztes Einwirken des frühen a Lascos zu schmal. Die spätere Übereinstimmung in der Abendmahlslehre resultiert aus a Lascos Annäherung an Calvin (1549, 1556), welche übrigens die Literatur vordatiert hat (Hein: 1545).

2. Von (u.a.) Züricher Beziehungen zeugt Hardenbergs Einstellung zu den *Radikalen* (3.2). Ist seine Abkehr vom theologischen Radikalismus auf Affinität zum Humanismus zurückzuführen (a), so verrät sein praktisches Verhalten gegenüber den Radikalen den Einfluss a Lascos (und Bucers) (b) und seine theologische Stellungnahme zu ihnen vor allem denjenigen Bullingers (c).

a. Reformhumanistische Abneigung gegen „eine Kirche, die Giftmischer ohne Zahl und tausend unausrottbare Sekten birgt", ist schuld an Hardenbergs Zögern, sich der Reformation anzuschliessen (1542/43), sowie an seiner Ablehnung 1544 einer Berufung zu dem nordniederländischen Zufluchtsort für Täufer, „jener allerelendsten Brutstätte alles Bösen", Emden (3.2.1).

b. Konfrontiert mit Menno Simons, Davidjoristen, Anabaptisten und Schwenckfeldianern in Bonn 1544-1545, sowie mit Täufern mennonitischen Geistes in Kempen 1545, richtet sich Hardenberg—nicht ohne Erfolg—nach den moderaten Verhaltensregeln a Lascos und Bucers (d.h.Zurückgewinnung der ruhigen Täufer durch Überredung und Unterricht, wenn nötig unter leichtem Zwang), unter Anrufung ihrer und Vadians theologischer Hilfe. Vor Phantasten wie dem Antitrinitarier Johannes Campanus warnt er entschieden (3.2.2; 3.2.3).

c. Das *Gutachten bezüglich der Täufer* [1551]—eine theologische Widerlegung der täuferischen Lehre in 22 Punkten, welche Hardenberg im Namen der Prediger auf Verlangen des Bremer Rates verfasst anlässlich einer Welle täuferischer Einflüsse in Bremen, möglicherweise von Passanten niederländischer Herkunft—ist zu mehr als der Hälfte Bullingers Täuferschrift *Von dem unverschampten fräfel* (1531) entnommen und zeugt abermals von Bullingers unvergleichlichem Einfluss auf die Ausformung des Täuferbildes, in Hinblick nicht nur auf Hardenberg, sondern auch auf Prediger und Rat der lutherischen Stadt Bremen (3.2.4; 3.2.5).

3. Hardenbergs von gewisser Geistesverwandtschaft zeugenden Beziehungen zu *Zwingli, Bullinger und dem Züricher Ministerium* (3.3) liegt in

historischer Hinsicht sein Besuch der Region in der zweiten Hälfte von 1544 zugrunde. Diese theologische Orientierungsreise, die ihm Freunde und fast einen Ruf nach Konstanz, aber keine Aufklärung der Abendmahlsfrage einbringt, sowie seine Abneigung gegen den in Luthers *Kurzem Bekenntnis* 1544 gipfelnden Lutheropapismus, bringen gegenseitige Sympathie und Verbundenheit. Diese kommen u.a. in seiner Intervention im Konflikt zwischen Zürich und Wittenberg zum Ausdruck, sowie in seiner Weigerung, die *Wittenberger Konkordie* 1536 zu unterschreiben, es sei denn in der Fassung, mit der Luther den Oberdeutschen die Bruderhand reichte. Wenn der Briefwechsel mit Zürich nach 1545 auch unterbrochen ist—anscheinend aus religiös-politischen Gründen—und erst ab 1559 über die Heidelberger Zwinglianer Erastus und Klebitz fortgesetzt wird, bezeigen die Kontakte dauernde gegenseitige Anerkennung und theologische Offenheit (3.3.1).

4. Theologische Affinität mit und Abhängigkeit von der Schweizer Reformation zeigt sich in den folgenden Punkten:

a.	Hardenbergs Lehre der Gotteserkenntnis und Seligkeit erwählter Heiden, die humanistischer als diejenige Bullingers, doch nicht (wie bei Erasmus und a Lasco) anthropozentrisch-synergistisch, sondern theozentrisch gestaltet ist, stimmt bisweilen wörtlich mit der von Zwingli überein (3.3.2.1).

b.	Hardenbergs Prädestinationslehre—im Jahre 1593 in Nordholland mit derjenigen Bullingers assoziiert—ist mit dessen christologisch, teleologisch und aposteriorisch gestalteten Erwählungslehre faktisch identisch. Hardenbergs *Praelectio de praedestinatione* ist denn auch Bullingers Kommentar zu 1.Tim 2,4 entlehnt (3.3.2.3).

c.	Ebenfalls auf Bullinger geht Hardenbergs Täuferbild zurück (s.*supra*, 2.c) (3.3.2.4).

5.a.Der erstmals von Chemnitz 1561 gemachte Versuch, anhand des (nicht exklusiv zwinglischen) Sonnengleichnisses, Hardenbergs Abendmahlsansicht als zwinglischen Spiritualismus anzuprangern, scheitert am Hardenberg'schen Kredo: *totus Christus vere et essentialiter praesens adest et exhibetur et ore suo modo sumitur propter sacramentalem unionem.*

b.Trotz der gemeinsamen Verwurzelung im neuplatonisch-augustinischen Dualismus und der gemeinsamen Ablehnung des gnesiolutherischen Sakramentsrealismus weicht Hardenbergs pneumatologisch-exhibitives Abendmahlsverständnis erheblich von demjenigen Bullingers ab, indem in jenem der Gabecharakter vorangeht, die Begriffe *recordatio* und *obsignatio* fehlen, die Niessung nicht nur parallel und analog sondern instrumental geschieht, weil die Zeichen

repraesentant et exhibent (vergegenwärtigen und darbieten), und
indem unter Verwendung des von Bullinger abgelehnten Substanz-
begriffes die Virtualpräsenz gelehrt wird (das Teilhaftigwerden der
Substanz des Leibes Christi durch das Band des Heiligen Geistes, der
gläubige Empfang des substantiellen Jesusleibes in Geist, Seele und
Leib), so dass die sakramentale Niessung über die geistliche
Niessung hinausgeht.

  c. Es ist somit falsch, mit Moltmann *c.s.* Hardenbergs Abendmahlslehre
    als zwinglianisch oder bullingerianisch zu kennzeichnen (3.3.2.2).

6. Hardenbergs Anschluss 1560 im Rahmen der Frontbildung gegen das
Gnesioluthertum an Heidelberg und über sie an Zürich—indem er auf
dem Tiefpunkt der Bremer Tragödie gegenüber Heshusen öffentlich
Kontakte mit den Zwinglianern und ehemaligen Opponenten Heshusens
in Heidelberg, *Erastus und Klebitz*, aufnimmt (3.4)—bildet ein frühes
Indiz des Konfessionswechsels des kursächsischen Philippismus.

a. Der Bullinger-Schüler Erastus wandelt sich vom Beistand Hardenbergs in der Konfrontation mit Heshusen (u.a. durch Vermittlung der
   Stellungnahme Melanchthons im Heidelberger Abendmahlskonflikt
   1560) zum engagierten Anwalt des Reformiertentums und zum
   Stellvertreter Melanchthons als Hardenbergs Vertrauensmann, der
   sich bis zum Augsburger Reichstag von 1566 um dessen Rückkehr
   als reformierter Vorposten nach Bremen bemüht (3.4.1).

b. Die vorübergehenden Kontakte mit dem Querulanten Klebitz, dessen
   Existenznot und dessen Ressentiment gegen Heshusen ihn mit einer
   Traktatensammlung eigener Hand nach Bremen zu führen scheinen,
   illustrieren nur, wie sehr die Einheit im Rahmen der anti-lutherischen
   Frontbildung die Nuancierungen innerhalb der reformierten Reformation übersteigt, und ebenfalls wie sehr der Theologe Hardenberg
   trotzdem in der Abendmahlslehre—Herz seiner Theologie—mit der
   Betonung von Pneumatologie und Heilsmitteln einen Kurs halten
   kann, der an Zürich vorbei führt (3.4.2).

KAPITEL 4

STRASSBURG: BUCER

Bis auf eine Ausnahme wird die einschlägige Literatur Hardenbergs theologischen Beziehungen zu Bucer nicht gerecht.[1] Nur weiss sie darum, dass beide sich trafen und anfreundeten, zusammenwirkten und im Briefwechsel standen. Der Briefwechsel—fünfzehn Briefe von Bucer, einer von Hardenberg[2]—ist noch unerforscht. Nur nebenbei und mit mehr oder weniger Recht haben Chemnitz (1561),[3] Gerdes (1756),[4] Schweckendieck (1859),[5] Spiegel (1869)[6] und Neuser (1967)[7] theologische Affinität vermutet.

Erst J.V.Pollet hat 1958 den fraglichen Beziehungen Beachtung geschenkt mit der Veröffentlichung von drei Briefen Bucers an Hardenberg, darunter ein Resümee seiner Abendmahlsauffassung, das Hardenberg mit der Unterschrift versah: „Dieses alles ist Wort für Wort von

---

[1] Das gilt ebenfalls für die Bucerliteratur. Die Biographien erwähnen Hardenberg am Rande oder überhaupt nicht, vgl.Baum, *Capito und Butzer*; Anrich, *Bucer*; Eells, *Bucer*, 360, 372, 416, 498, 503; Wendel, *Bucer*; Erichson, *Bucer*, 59; Greschat, *Bucer*, 214.

[2] Wenigstens neun andere Briefe, mindestens drei von Bucer und sechs von Hardenberg, sind verloren gegangen. S.Korrespondenz, Verzeichnis der Absender und Adressaten.

[3] Chemnitz, *Anatome*, D2^b-D3^a, führt mit Recht die 4.*propositio* der *Summaria Doctrina mea*, die die *impletio omnium* durch die *Person* Christi besagt, auf Bucers gleichlautenden Kommentar zu Mt 26 zurück (*In sacra quatuor Evangelia, Enarrationes perpetuae*, 1553, angeführt in Timann, *Farrago*, 250).

[4] Gerdes, *HM*, 14: die *Sententia de praesentia*, [14.1.]1548 (*supra*, S.200-204) stimme „ut plurimum" mit dem *Einfaltigs bedenken*, 1543 (*supra*, S.205) überein. Dies trifft nur zum Teil zu.

[5] Schweckendieck, 13, 32 (Bucer bediente sich des Sonnengleichnisses), 61 (Hardenberg setzte „seine Bekenntnisse über das Abendmahl aus Aussprüchen von Butzer und Musculus zusammen, () um von seinen Gegnern desto sicherer ihre Anerkennung zu erlangen").

[6] Spiegel, *Hardenberg's Lehre vom Abendmahle*, 87 (die Ansicht der Spiritualpräsenz zeige Verwandtschaft mit Wessel und Bucer auf); 99 (Hardenberg bezog sich auf Bucers Auslegung von Mt 26,11 („mich habt ihr nicht allezeit") zur Widerlegung der Ubiquitätslehre).

[7] Neuser, 156: Hardenbergs Verhalten gegenüber a Lasco im Katechismusstreit 1554 beweist, dass er „kein Zwinglianer war, sondern in die Nähe Martin Bucers einzureihen ist".

Bucer geschrieben, dem ich, Albert, so weit ich konnte, gefolgt bin. Nie habe ich in Bremen eine andere Lehre verkündigt",[8] aus welchem Grund Pollet Hardenberg wohl etwas voreilig als „fügsamen" „avocat de la tradition bucérienne en matière eucharistique" bezeichnete.[9] Bucers Bitte vom 22.10.1549 um Hardenbergs Vermittlung in der Wahl eines Pfarrers für die niederländische Exulantengemeinde in London, wozu Bucer seine theologischen Präferenzen zusammenfasste, hielt Pollet für „un indice de plus que Bucer voyait en Hardenberg, plus qu'un allié, un disciple, sur qui il pouvait continuer à compter dans le désarroi général".[10]

Nur von wenigen gefolgt[11] untermauerte Pollet seine These erst 1985 in seiner Studie über Bucers Beziehungen zu den Niederlanden, dem Kurfürstentum Köln und Norddeutschland.[12] Freilich enttäuscht das Resultat. Unter Hinweis auf den mutmasslichen Einfluss des Strassburger Aufenthaltes von 1544 und der Übersetzungsarbeit für Bucer im Rahmen der Kölner Reformation, auf Bucers religiös-politische Anweisungen während der Linzer und Kempener Tätigkeit 1545/46[13] und auf das von Hardenberg angelegte Dossier von Bucerbriefen,[14] stellt Pollet folgendes fest:

1. Hardenberg bedient sich bucerischer Terminologie, besonders in der *Summaria Doctrina mea* (1560);[15]
2. hinsichtlich der wahrhaften Präsenz Christi im Abendmahl bezieht er sich auf die Zeugnisse Bucers;[16]
3. bei der Ablehnung der Ubiquitätslehre verwendet er die von Bucer bevorzugte Stelle Joh 12,8, „mich habt ihr nicht allezeit";[17]

---

[8] Kontrasigniert von Petrus Medmann: Nr.52, Bucer-Hardenberg, 10.4.1546, 214: „Haec omnia ad verbum Bucerus, quem ego Albertus secutus sum quanta omnino proprietate potui, neque aliam ego doctrinam Bremae proposui unquam".

[9] Pollet, *Bucer correspondance* 1, 208, 219.

[10] Pollet, *Bucer correspondance* 1, 209, vgl.318, Anm.1.

[11] Léonard, *Histoire du Protestantisme* 1, 176, Anm.3; Smid, *Ostfriesische Kirchengeschichte*, 183; W.Janse, *Hardenberg en Bucer. Albert Hardenbergs Avondmaalsleer in het licht van zijn kontakten met Martin Bucer*, Apeldoorn, 1982 (maschinenschriftlich; in *TRE* 14, 444 irrtümlich als „Diss.theol." angeführt).

[12] Pollet, *Martin Bucer* 1 und 2, leider von zahlreichen Ungenauigkeiten verunziert.

[13] Pollet, *Martin Bucer* 1, 268f., vgl.188-190. S.*supra*, S.17-20, 22-30.

[14] Pollet, *Martin Bucer* 2, 197; von mir *Collectanea Buceriana* genannt, s.dazu: *supra*, 235-237.

[15] Pollet, *Martin Bucer* 1, 273.

[16] Pollet, *Martin Bucer* 1, 275: „Affirmatif sur la présence même du Christ à la cène, il s'abstenait avec Bucer d'en déterminer les modalités".

[17] Pollet, s.vorige Anm., mit Verweis auf Spiegel, s.*supra*,Anm.6. Die Stelle soll Mt 26,11 sein.

4. die Schrift *De Ubiquitate* (1564) systematisiert die bucerische Anschauung.[18]

Pollet pflichtet Moltmann bei, als etwaiger Kryptocalvinist sei Hardenberg grosse Bedeutung beizumessen: „Hardenberg ferait donc figure de précurseur plutôt que de théologien attardé". Dennoch sei Bucers Anteil in der theologischen Ausrichtung Hardenbergs viel grösser als Moltmann glaube. „En fait Hardenberg ne cessa de se réclamer du théologien strasbourgeois et toute son ambition semble avoir été de maintenir, un peu paradoxalement d'ailleurs, sa doctrine dans le nord à une époque où partout ailleurs et à Strasbourg même, elle s'était effacée pour faire place à des conceptions religieuses plus tranchées et irréductiblement opposées entre elles".[19]

Es wird sich herausstellen, dass die Einflüsse des Strassburger Theologen auf diese „figure dans le sillage de Bucer"[20] noch wesentlicher und die Beweismittel dazu noch umfangreicher sind, als Pollet schon meinte. Die vorliegende Darlegung gliedert sich folgendermassen:

4.1: Kontakte:
4.1.1: Treffen;
4.1.2: Briefwechsel.
4.2: Wirkung:
4.2.1: Kenntnis von Bucers Schriften;
4.2.2: Hardenbergs eigene Geständnisse; der Wert seiner Bezugnahmen;
4.2.3: Anonyme Inanspruchnahmen;
4.2.4: Systematischer Vergleich beider Abendmahlslehren.
4.3: Schluss.

4.1 *Kontakte*

4.1.1 *Treffen*

1541 besucht Hardenberg von Aduard aus Hermann von Wied in Bonn. Dass er schon bei dieser Gelegenheit Bucer getroffen haben soll,[21] ist unwahrscheinlich. Von einem Aufenthalt Bucers in Bonn im Jahre 1541 ist nichts bekannt. In den ersten Wochen dieses Jahres ist dieser beim

---

[18] Pollet, s.vorige Anm.; für *De Ubiquitate* bezieht er sich auf die Wiedergabe derselben in Spiegel, *Hardenberg's Lehre vom Abendmahle*, 98ff.

[19] Pollet, *Martin Bucer* 1, 278f.

[20] Pollet, *Martin Bucer* 1, 264.

[21] Schweckendieck, 13. Zu Hardenbergs Reise: *supra*, I.2, Anm.4.

Abschluss des Religionsgespräches in Worms zugegen, am 22.Januar kommt er in Strassburg an und zieht einen Monat später weiter zur Teilnahme am Religionsgespräch nach Regensburg. Erst am 8. oder 9. August kehrt er nach Strassburg zurück,[22] um wahrscheinlich erst am 27.1.1542[23] der Einladung des Kölner Erzbischofes zu folgen.[24] Dass Bucer schon Ende 1541 nach Bonn gereist sein soll,[25] wird durch die neuere Forschung nicht bestätigt: was sich ab August 1541 ereignet, ist unbekannt; greifbar wird erst die Tatsache, dass Bucer, der Einladung Hermanns von Wied folgend, am 5.2.1542 in Buschhofen eintrifft, in Begleitung von Johann Sturm.[26] Vom Dezember 1542 bis zum 25.August 1543 bleibt Bucer im Kölner Erzbistum, um von Wieds Reformations-pläne auszuführen.[27] Hardenberg tritt erst im Frühjahr 1544 in Hermanns Dienste.[28]

Speyer und Strassburg, 1544

Die Vermutung, dass Hardenberg zum ersten Mal 1544 auf dem Reichstag in Speyer mit Bucer in Verbindung tritt, der sich zwischen dem 13. und 20.3.1544 in Speyer aufhält,[29] wird durch Hardenbergs Bemerkung vom Juli 1544 gestützt, dass er Bucer *näher* („proprius") kennen lernen wolle,[30] was ein früheres Treffen voraussetzt.[31] Melan-chthon rät Hardenberg in einem Brief vom 25.3.1544, bestimmte Angelegenheiten mit von Buchell, Medmann und Bucer—dessen Hilfe Medmann anrufe—zu beraten.[32] Wahrscheinlich ist also Bucer wieder nach Speyer zurückgekehrt, wo Hardenberg ihn dann zum ersten Mal treffen konnte.

---

[22] Eells, *Bucer*, 285, 287f., 307; Rott, *Correspondance*, 99.

[23] Eells, *Bucer*, 311; Rott, *Correspondance*, 99.

[24] Conrad Hubert-A.Blarer, 10.2.1542, in: Schiess 2, 102f.

[25] Schweckendieck, 16; Spiegel, 39; Drouven, *Reformation*, 111f., mit Verweis auf L.Ennen, *Geschichte der Stadt Köln. Meist aus den Quellen des Kölner Stadt-Archivs* 4, Köln/usw., 1880, 405f.

[26] Köhn, *Entwurf*, 39f.; Franzen, *Bischof*, 73ff.; ders., *Kelchbewegung*, 19; Hatzfeld, *Gropper*, 223.

[27] Varrentrapp, *von Wied*, 125-218; Eells, *Bucer*, 321-337; Köhn, *Entwurf*, 44-60; Franzen, *Bischof*, 69-111.

[28] *Supra*, I.2, Anm.1.

[29] Eells, *Bucer*, 345f.; vgl.Rott, *Correspondance*, 99.

[30] Nr.16, Hardenberg-NN, Juli 1544.

[31] *Supra*, I.2, Anm.8 und 9.

[32] Nr.14, Melanchthon-Hardenberg, 25.3.[1544].

Hardenbergs ausgezeichnet dokumentierter Aufenthalt im Hause Bucers und seine Zusammenarbeit mit ihm, in der zweiten Hälfte des Jahres 1544 im Rahmen der Reformversuchen von Wieds,[33] führen zu gegenseitiger Wertschätzung und Freundschaft. Bucer schreibt u.a. an Ambrosius Blarer, dass Hardenberg sich seiner Empfehlung durch Melanchthon und den Erzbischof als würdig erwiesen hat[34] und er nennt ihn einen sehr gelehrten Mann, standfest, fromm und sehr rechtschaffen,[35] stark in der Predigt,[36] begabt mit geistlicher Einsicht, Bescheidenheit, Sanftmut und Friedensliebe,[37] jemanden, der durch seine frommen Gespräche und sein heiliges Leben ein nicht alltäglicher Trost und eine besondere Ermutigung ist.[38] Bucer schenkt ihm ein Exemplar seiner soeben erschienenen Polemik gegen Latomus,[39] leiht ihm Geld und schenkt es ihm später.[40] Hardenberg spricht seinerseits fortan von „meinem Freund Bucer".[41]

Gesprächsthema zwischen den beiden in Strassburg ist unter anderem die Abendmahlslehre. Hardenberg übernimmt von Bucer dessen Nachdruck auf die Notwendigkeit von Einfachheit in der Abendmahlslehre: als er in einem Brief an Calvin vom 24.3.1545 dafür plädiert, bei der Interpretation der Einsetzungsworte so dicht wie möglich an der Quelle zu bleiben, benützt er dieselben Bilder und Worte, die Bucer drei Wochen später a Lasco gegenüber verwendet. „Über die Abendmahlsworte", so Hardenberg, „besteht kein einziger Zweifel, aber was ihre Interpretation betrifft, ist es mir immer am sichersten erschienen, in allen Bereichen der kirchlichen Lehre nicht so sehr irgendeine Baubeschreibung oder den Bauleiter zu prüfen, als vielmehr das Fundament der Sache, und die Brunnen unserer Lehre bei den Propheten und Aposteln

---

[33] *Supra*, S.17-22; II.6, Anm.33.

[34] Bucer-A.Blarer, 9.9.1544, in: Schiess 2, 290.

[35] Bucer-Bullinger, 9.9.1544, O in: SA Zürich, E II 348, 442.

[36] Bucer-Melanchthon, 9.9.1544, in: Linde, *Brief Bucer's an Melanchthon*, 314.

[37] Bucer-von Wied, 3.11.1544, O in: AMS, AST 153/48, 135^r-v.

[38] Nr.47, Bucer-Hardenberg, 27.11.1545. Vgl.Hardenbergs Epitaph (*supra*, I.1, Anm.5): „Hunc () Bucerus amavit".

[39] Stupperich, *Bibliographia Bucerana*, Nr.78: *Scripta duo adversaria D. Bartholomaei Latomi LL.Doctoris, et Martini Buceri theologi* etc., Argentorati, 1544, in: BGK Emden, Theol 4° 181, „sodali chariss[imo]".

[40] Nr.47, s.vorvorige Anm.

[41] Vgl.Nr.37, Hardenberg-Calvin, 24.3.1545, 48.

zu suchen. Wenn wir die finden, so ist es leicht, den Bau zu beurteilen".[42]

Bis dahin ist Hardenberg der Meinung zugeneigt, dass im Abendmahl der wahre Christus empfangen wird, „aber durch ein geistliches Zubringen" („spirituali convectione"), durch den Glauben; eine Ansicht die er ebenfalls Calvin zuschreibt.[43] Er ist jedoch, durch die Vielzahl der in der Schweiz und Süddeutschland gehörten Meinungen durcheinander gekommen.[44] Die nähere Darlegung, die Bucer ihm in Strassburg über Calvins Auffassung bietet—das „Mehr" der sakramentalen Niessung im Vergleich zur geistlichen Niessung des Glaubens, sowie die sakramentale Gemeinschaft mit der Substanz des Leibes und Blutes Christi—kommt ihm verdächtig (lutherisch) vor. Hardenbergs Sprachgebrauch ist hier noch nicht dogmatisch ausgerichtet: „Stimmt es, was Sulzer und Bucer behaupten", so legt er Calvin im obenerwähnten Schreiben vor, „dass Sie sagen, mit dem in den Leib Christi geheiligten Brot geschehe ein Wunder und die Gegenwart im Abendmahl sei eine andere als diejenige im Wort, an das man glaubt?".[45] Die Doppelheit von Spiritualpräsenz und wahrhafter Gegenwart Christi scheint ihm vorerst ein zum Transsubstantiationismus neigendes Paradox. „Ich vernehme, dass es eine natürliche Gegenwart gibt, aber nicht auf die Weise dieser Welt; allerdings eine geistige und doch eine wahrhafte und natürliche Gegenwart. Aber weil ich das nicht verstehe, weiss ich nicht, wie ich das meinen Zuhörern auslegen soll". Unterscheiden sich die Sakramente so sehr voneinander? Kann die Gegenwart des Jesusleibes im Abendmahl wirklich zugleich sakramental und natürlich genannt werden?[46] Zusammen mit a Lasco stecke Hardenberg momentan in demselben Schlamm: soll Calvin sie dort mit demselben Strick herausziehen! Sei es denn nicht genug zu sagen, „das Brot im Abendmahl sei in diesem Sinn der Leib Christi, dass Christi

---

[42] Nr.37, s.vorige Anm., 49: „... non tam structurae apparatum ullum, aut illius ministrum etiam, quam potius fundamentum capitis spectare, ac doctrinae nostrae fontes in prophetis et apostolis quaerere. Quos si reperiamus, iam facile structuram sit iudicare"; vgl.Bucer-a Lasco, 16.4.1545, in: Pollet, *Bucer correspondance* 1, 223, 7-9: „Convenit inter nos potius fundamentum quam apparatum structurae, architectum quam ministrum spectandum fontesque quam rivos in cunctis Christi doctrinae capitibus requirendos esse".

[43] Nr.37, s.vorige Anm., 48.

[44] Nr.23, Hardenberg-Blarer, [zw.7.u.19.]11.[1544], s.*supra*, III.3, Anm.186; Nr.37, s.vorige Anm., 49.

[45] Nr.37, s.vorige Anm., 48.

[46] Nr.37, s.vorige Anm., 48s.; vgl. *supra*, III.3, Anm.187.

Leib tatsächlich unsere Speise sei"?—Worte, aus denen die Stimme Bucers gehört werden kann.[47]

Hat Calvin diesen Brief eines suchenden Hardenbergs im Gegensatz zu dessen früheren Briefen an ihn[48] beantwortet?[49] Drei Monate später wendet sich a Lasco in Hardenbergs Namen mit denselben Fragen an Bucer: wenn das Brot nicht mehr als „animae cibus" (Seelenspeise) sei und es die Gemeinschaft mit Christus schon vor dem Abendmahl gäbe, was wäre dann der Unterschied zwischen „besiegeln" und „geben"? Und welcher Art wäre die „unio pacti" (die Union des Bundes)?[50] Laut des Briefwechsels, der zwischen beiden entsteht, begibt sich Hardenberg, anders als a Lasco,[51] in diesem Jahr noch auf der Linie Bucers.[52]

Bremen, April 1549?; Cambridge, 1550

Unter der Bedrohung des Interims verlässt Bucer Strassburg im Frühjahr 1549. Der Einladung des englischen Erzbischofs Cranmer folgend, setzt er seinen Fuss am 23.April auf englischen Boden, wo er, in Cambridge zum *regius professor* ernannt, bis zu seinem Tod am 28.Februar (oder ersten März) 1551 bleibt.[53] Ob sein Vorhaben, von Strassburg aus über Bremen zu reisen,[54] in Erfüllung geht, ist unbekannt. Am 14.8.1549 berichtet er Hardenberg von seiner Übersiedlung nach England.[55] Bei Hardenbergs Reise(n) nach England[56] zwischen Februar oder Oktober

---

[47] Nr.37, s.vorige Anm., 50: „ita panem in coena esse corpus Christi, ut corpus Christi est vere cibus noster"; Pollet, *Martin Bucer* 1, 268: „On voit () par sa lettre à Calvin (), que Hardenberg lui-même parlait alors de la cène en des termes assez voisins de ceux qu'employait Bucer, sinon même directement empruntés à ce dernier". *A.a.O.*, 268, Anm.5: „Cibus animae, terme bucérien".

[48] Nach Nr.17 und 20.

[49] S.*supra*, I.2, Anm.104.

[50] A Lasco-Bucer, 23.6.1545, in: Kuyper 2, 592; s.auch *supra*, III.3, Anm.50.

[51] S.*supra*, S.346f.

[52] Vgl.Nr.47, Bucer-Hardenberg, 27.11.1545: „Et valde me recreavit, quod simplicitatem illam de Eucharistia tueris inter fratres".

[53] Eells, *Bucer*, 401-414; Hopf, *Bucer and the English Reformation*, 28.

[54] *Supra*, I.3, Anm.58.

[55] Nr.105, Bucer-Hardenberg, 14.8.1549.

[56] Kenkel, *Kurtze, klare und warhafftige Histori*, B1[b]; Gerdes, *HM*, 16; Salig, *Vollständige Historie* 3, 722; Spiegel, 155f. Kurios ist Heshusen, *Das Jesu Christi warer Leib*, Eij[a]: Hardenberg reiste nach England, aber nicht mit der Absicht, Bucer zu treffen, „wie denn vielen Christen bewust ist, das er () zu Strassburg wider den Bucerum disputiret. Ist auch der ursachen in Engelandt gezogen, das er sich an den grossen Sacramentirer Petrum Martyrem hengete".

1549 und April 1550 verpassen sich die beiden Freunde zweimal um Haaresbreite.[57] Anfang September 1550 trifft man sich ganz kurz, in der—nicht erfüllten—Hoffnung, das Gespräch in einem späteren Moment fortsetzen zu können „über einige heikle Fragen", unter welchen die Abendmahlslehre.[58]

4.1.2 Briefwechsel

1545

Fast zwei Drittel des erhalten gebliebenen Briefwechsels stammen aus dem Jahre 1545 und handeln vornehmlich von der Reformation im Erzbistum Köln, den Unionsbestrebungen mit den Schweizern und a Lasco, und dem zweiten Regensburger Kolloquium.[59]

Bucer ist besorgt über den Fortschritt des Reformationswerkes in der Umgebung Kölns. Hardenberg muss sich um die zügige und korrekte Drucklegung seiner *Refutatio* gegen Groppers Angriff auf das *Einfaltigs bedenken* kümmern (28.1.; 21.2.). Zu Bucers Freude bleibt Hardenberg im Dienst von von Wied, sonst wäre sein Platz mehr denn je beim Erzbischof zu Münster. Es geht um den Fortgang der Reformation in Deutschland (21.2.; 17.4.).

Ernstlich verärgert und besorgt ist Bucer über die Abendmahls--Polemik, die Zürich gegen Luther begonnen habe.[60] Das Auflodern des

---

[57] Cranmer meldet Melanchthon am 10.2.1549: „Nostri Germani, qui nobiscum sunt, rogant, ut adducas tecum Doctorem Albertum Hardenbergium, ut Jonas referet tibi nostro nomine", in: *Epistolae Tigurinae*, 13f. Am 14.8. und 22.10.1549 bittet Bucer (Nr.105 u.107) Hardenberg um einen Prediger für die niederländische Exulantengemeinde in London. Am 24.4.1550 schreibt Bucer an Hardenberg (Nr.109): „Valde me cruciat, quod bis tam prope convenimus et nondum tamen datum est convenire et colloqui. Utinam unum mensem possim apud vos esse".

[58] Nr.117, Hardenberg-Bucer, 7.9.1550, „ex Lambeto ad Londinum", in Begleitung von Herbert von Langen. Der Kontakt fehlt in der Literatur über Bucers Aufenthalt in England, vgl. Harvey, *Bucer*; Lang, *Butzer*; Hopf, *Bucer and the English Reformation*; ders., *Bucer und England*; Pollet, *Bucer correspondance 1*, 249-300; Vogt, *Bucer*; Pauck, *Reich Gottes*.

[59] Im Text verweise ich nur auf die Daten der folgenden Briefe: Nr.26, Bucer-Hardenberg, 28.1.1545; Nr.27, ders.-dens., 21.2.1545; Nr.40, ders.-dens., 17.4.1545; Nr.41, ders.-dens., 29.5.1545; Nr.42, ders.-dens., 10.6.1545; Nr.46, ders.-dens., 4.11.1545; Nr.47, ders.-dens., 27.11.1545; Nr.48, ders.-dens., 4.12.1545; Nr.49, ders.-dens.und [Valérand Poullain?], 22.12.1545.

[60] Bizer, *Abendmahlsstreit*, 229ff.; Pollet, *Bucer correspondance 2*, 277ff., bes.291-296; Dankbaar, *Zürcher Bekenntnis*; *supra*, III.3, Anm.216.

Sakramentsstreites giesst Öl auf das Feuer der Glaubensverfolgungen in den Niederlanden (28.1.). Es ist unerträglich, dass die Leiter der Reformation, die schon seit zwanzig Jahren nicht im Stande sind, einen Konsens über das Abendmahl zu erreichen, leichten Herzens ertragen, dass Christi Gegenwart im Abendmahl (durch die Schweizer) geleugnet werde.[61] Das Fehlen einer Übereinstimmung habe politische Folgen. Der Feind, der ständig darauf aus ist, einen Keil zwischen die Süddeutschen und Schweizer und den Rest von Deutschland zu treiben, werde wohl von dieser Uneinigkeit profitieren. Hardenberg solle Bullinger zur Ruhe mahnen (28.1.).[62] Die Schweizer Freunde schätzen Hardenberg doch sehr (4.11.).[63] Von Zürich will Bucer alles ertragen, solange er nicht öffentlich gezwungen wird, sein Amt zu verteidigen (27.11.).

Bucer möchte gerne mit a Lasco über die Sakramente sprechen; er zweifelt nicht daran, dass sie schliesslich auf denselben Standpunkt kommen würden (21.2.). Auf Hardenbergs Bitte schreibt er a Lasco einen traktathaften Abendmahlsbrief[64] und schickt Hardenberg eine Abschrift, die für einen breiteren Kreis bestimmt ist. Wenn es Hardenberg gefällt, kann er sie den Brüdern vorlesen (17.4.; 29.5.). „Er disputiert auf fromme Weise und ist verträglich gegenüber seinem Opponenten", heisst es Ende 1545 über a Lasco. Dieser urteilt härter über Luther als nötig wäre. Zu seinem Bedauern hat Bucer den Polen nicht besucht, als dieser im Mai auf der Durchreise zum Wormser Reichstag in Heidelberg Station machte.[65] Bucer will gerne mit ihm im Gespräch bleiben, wird aber seine Meinung nicht zurückhalten (27.11.).

Unterstützung und zahlreiche Ratschläge erhält Hardenberg für seine Reformen in Linz und Kempen, und seine Arbitrage in der wallonischen Exulantengemeinde zu Wesel (10.6.; 4.11.; 27.11.; 4.12.).[66] Die poli-

---

[61] Vgl.Bucer-die Züricher Prediger, 9.4.1545: „Nunc quia videmini rem in eucharistia non Christum, ut Confessio habebat Basiliensis, sed memoriam tantum Christi revera absentis, quod alii quidam vestrum aperte scripserunt, facere", angeführt in Pollet, *Bucer correspondance* 1, 211, Anm.5. Dieselbe Klage in Bucer-Bullinger, 21.1.1545, in: Pollet, *a.a.O.*, 233; auch in Bucer-A.Blarer, 25.2.1545, in: Schiess 2, 349.

[62] S.*supra*, S.378-382. Vgl.Bucer-Bullinger, 8.11.1544, in: *Bibliotheca Bremensis* 5, Cl.III, Fasc.VI, 1068-1071.

[63] „Amore et studio Tui accendisti fratres omnes, quos in tua peregrinatione invisisti, ut, quoties ad me scribunt, cupidissime de Te rogant et Tibi omnia felicissime cedere precentur".

[64] Bucer-a Lasco, 16.4.1545, s.*supra*, III.3, Anm.43.

[65] A Lasco-Pellikan/Bullinger/thom Camp, 9.6.1545, in: Kuyper 2, 590f.; Dalton, *a Lasco*, 287.

[66] Dazu: *supra*, S.22-29.

tische Dimension wird keinen Moment aus den Augen verloren. Hardenberg muss Bucer bei Rennenberg einführen, einem Befürworter der Reformation in Kempen. Die Niederlage von Braunschweig[67] bietet einen gottgewollten Ausweg (4.11.; 27.11.).

Bucer ist skeptisch über das bevorstehende Religionsgespräch in Regensburg.[68] „Was wir besprechen werden, mit wem und mit welchem Ziel, weiss ich nicht" (27.11.). „Beurteile mal ruhig das ganze Religions-gespräch nach euerem Wortführer Billick. Gott aber hat oft aus schlecht begonnenen Sachen durch gute Menschen etwas Gutes für die Seinen zu Stande gebracht" (4.12.). Ende Dezember warten die Protestanten noch immer auf die Delegierten der anderen Partei. Mit Neuigkeiten über die Eröffnung des Trienter Konzils und über den Waffenstillstand des Kaisers mit den Türken und die daraus folgenden Konsequenzen für den Religionsfrieden[69] endet dieser Teil der Korrespondenz, den Pollet bezeichnet als „une des meilleures sources que nous possédions sur les événements de cette année troublée, qui précède la guerre de Smalkalde en même temps qu'elle nous renseigne sur les dispositions d'âme de Bucer quand il eut à leur faire face".[70]

1546

Vom Jahre 1546 stammt nur das gegen die Züricher Standpunkte im Abendmahlsstreit gerichtete Resümee der bucerischen Abendmahlslehre vom 10. April, das Hardenberg mit der Bemerkung unterschrieb, so habe er in Bremen immer gelehrt.[71]

Auffallend darin ist Bucers Vorliebe, mit biblischen Ausdrücken umzugehen. Hardenberg möge diese *simplicitas* weiterhin verwenden, die ihm schon in der Vergangenheit heilsam erschienen ist: „Sie soll ja wahrlich in Gottes Kirche Bestand haben, während die Spitzfindigkeiten der Züricher sich packen werden".

Das Herz des Abendmahls ist die wundervolle Gemeinschaft Gottes mit den Menschen: Gott ist Mensch geworden, er ist unser Haupt, wir sind Glieder seines Leibes. Bucer attackiert alle spiritualistischen wie auch

---

[67] Heinrich der Jüngere, Herzog von Wolfenbüttel-Braunschweig, am 19.10.1545 von Philipp von Hessen in Ziegenhain gefangengesetzt: *HdG* 8, 185f.

[68] Pollet, *Martin Bucer* 1, 269: „dernière chance d'apaisement"; vgl. Eells, *Bucer*, 372-383.

[69] *HdG* 8, 185f.

[70] Pollet, *Martin Bucer* 1, 270.

[71] Nr. 52, Bucer-Hardenberg, 10.4.1546; die Unterschrift: *supra*, Anm. 8.

materialistischen Vorstellungen, die Christus im Himmel oder im Sakrament lokalisieren möchten. Diese Vorstellungen sind Phantasien des Fleisches. Das Abendmahl ist nur aus dem Gotteswort zu erkennen und nur durch den Glauben aufzunehmen. Das Amt—das „ministerium vitae aeternae"—hat dabei eine zentrale Funktion inne. Durch das Amt ereignet sich die Einverleibung in Christus, wird Christus in die Herzen geschrieben, werden uns gemäss Joh 6 Christi Fleisch und Blut zur wahren Speise und zum wahren Trank gegeben.[72] Mit der Negation des Amtes korreliert die Negation der Gegenwart Christi im Sakrament.[73] Der Heilige Geist, „der richtig wie sonst keiner über diese Geheimnisse spricht", sagt deutlich, dass durch Brot und Kelch der Leib und das Blut, ja Christus selbst gegeben und empfangen werden.

Über die *fidei absurditas*, die die Folge dieser biblischen *ratio loquendi* ist, muss nicht hinausgegangen werden. Dieselbe Torheit des Glaubens findet sich im Bekenntnis, dass Christus zugleich wahrhaftiger Mensch und wahrhaftiger Gott ist, und dass das Wort Fleisch ward, sowie dass wir seine Glieder sind und in ihm bleiben und er in uns (Joh 6,56). Es ist die Torheit des *Glaubens*, dass wir ihn anrufen, der in der himmlischen Herrlichkeit bleibt, während er im Spiegel und im Geheimnis des Wortes und Zeichens sich den Augen des Glaubens darbietet, wobei wir die Beschränkung auf einen Ort als eine Sache von dieser Welt, die er verlassen hat, aus unseren Gedanken verbannen.[74] Möge Hardenberg diese Worte des Geistes festhalten.

Der Brief endet mit einer—von Hardenberg noch zehn Jahre später paraphrasierten[75]—*laudatio Lutheri* an die Adresse von „manchen" (gemeint sind die Züricher), die sich von der Abkehr von Luther mitreissen lassen. „Es steht fest, dass Gott ihn sehr geliebt hat, und dass er uns kein heiligeres und wirksameres Werkzeug des Evangeliums geschenkt hat". Luther hatte Fehler, schwere sogar, aber warum wird er dann verachtet, während bei uns noch viel schlimmere Mängel ertragen werden? Gott „hat keinem Sterblichen einen mächtigeren Geist und eine göttlichere Kraft verliehen, um seinen Sohn zu verkündigen und den Antichristen zu schlagen". Wer Luther gering achtet, dem wird es am Tag des Gerichtes schlecht ergehen.[76]

---

[72] Nr.52, s.vorige Anm., 213.

[73] Nr.52, s.vorige Anm., 213f.

[74] Nr.52, s.vorige Anm., 214, 10-13: „et fidei modo oculis sese in speculo et aenigmate verbi et symbolorum exhibentem, inclusionem loci, ut rem mundi, quem reliquit, ab animo meo removeam".

[75] *Supra*, III.2, Anm.7 und 8.

[76] Nr.52, s.vorvorige Anm., 214f.

1548-1550

Die restlichen sechs Briefe, aus den Jahren 1548 bis 1550, kreisen um die Themen des Interims, der englischen Reformation und der Notwendigkeit der Reinheit in Kirchenleitung und Abendmahlslehre. Hardenberg scheint, was letztere betrifft, ganz auf Bucer hin orientiert zu sein.[77]

Das Interim hält Bucer für eine göttliche Vergeltung der menschlichen Undankbarkeit, und vor allem der Verwahrlosung der kirchlichen Zucht. Seine Weigerung, die Freiheit aufzugeben, das ganze *regnum Christi* zu verkündigen, bringt Bucer dazu, Strassburg zu verlassen (16.12.1548; 14.8.1549).

Den Zustand der Reformation in England nennt Bucer beklagenswert, vergleichbar mit der Situation in Italien: wenig Kenntnis, kaum Unterricht, Mangel an Predigern, während die Felder zur Ernte reif sind. Nicht nur muss das Evangelium gepredigt werden, sondern auch die Zucht gewahrt werden (14.8.1549). Obwohl es acht Monate später heisst, dass in England allmählich viele einigen Begriff von dem *regnum Christi* bekommen (22.4.1550), fällt seine Aufgabe Bucer anscheinend doch schwer: Hardenberg macht ihm immerhin das Angebot, nach Bremen herüber zu kommen, wo er auf eine bessere Stelle warten kann (7.9.1550). Umgekehrt hält Bucer vergeblich Ausschau nach einem neuen Standort für Hardenberg, dessen „Einfalt und Aufrichtigkeit in der Abendmahlsfrage" er aufs neue lobt; von einem gewissen Angebot Hermann von Wieds hält Bucer nichts (24.4.1550).

Die Forderung, die Zucht zu üben, muss auch an den künftigen Prediger der 600 bis 800 Mitglieder zählenden niederländischen Gemeinde in London gestellt werden, den Bucer Hardenberg wiederholt zu suchen bittet (14.8.1549; 22.10.1549). Der Prediger, niederländischer Sprache, muss „im Königreich Gottes beschlagen und der Zucht Christi zugetan" sein. Bucer schreibt, dass er die Gemeinde über die wahre Pflicht eines Lehrers des Evangeliums unterrichtet habe, und zur Zucht ermahnt habe, „ohne die kein einziger treuer Diener Christi in Ruhe seinen Dienst wahrnehmen kann"; ebenso habe er die Gemeinde zum Katechismusunterricht angehalten, worauf sie ihr Einverständnis erklärt habe. Mit Blick auf die zu stellenden Anforderungen an die Gefühle des zu fragenden Predigers über das Abendmahl, gibt Bucer nochmals

---

[77] Im Text wird wiederum nur auf die Daten der Briefe verwiesen: Nr.79, Bucer-Hardenberg, [vor 12.8.1548]; Nr.88, ders.-dens., 16.12.1548; Nr.105, ders.-dens., 14.8.1549; Nr.107, ders.-dens., 22.10.1549; Nr.109, ders.-dens., 24.4.1550; Nr.117, Hardenberg-Bucer, 7.9.1550.

eine—später von Hardenberg wie ein Katechismus zitierte—Zusammenfassung seiner Abendmahlsanschauung. Hierin tauchen einige Kern-
begriffe aufs neue auf: *simplicitas, communio Christi sola fide, exhibitiva
signa non sine Christo*. Oben, auf Seite 196ff., haben wir sie bereits
wiedergegeben (22.10.1549).

Bucers letzter Brief an Hardenberg (24.4.1550) ist von einem kranken
Mann geschrieben: unzusammenhängend, voll von plötzlichen Übergän-
gen und Wiederholungen. Um sein Leben—so Bucer—werde gefürchtet;
Beine und Hände sind fast gelähmt; er kann kaum schreiben. Es quält
ihn, dass sie sich zweimal so knapp verpasst haben. Sein schlechter
Gesundheitszustand hindert ihn momentan, Hardenberg die gefragte
ausführlichere Darlegung der Abendmahlslehre nach den Briefen von
Paulus zu senden: „Über den Kommentar musst Du nicht besorgt sein.
Du kannst selbst sehen, was der Heilige Geist lehrt" (24.4.1550).

Hardenberg hält diese Darlegung jedoch für sehr wünschenswert mit
Blick auf seine Erklärung des ersten Korintherbriefes in Bremen, „denn
ich selbst bin nicht zu einem Kommentar im Stande, der zu meiner
Zuhörerschaft passen würde", so schreibt er aus London, auf dem
Heimwege nach einem Besuch in Cambridge (7.9.1550). Bucer schätze
ihn zu hoch ein—so Hardenberg—und müsse ihn nicht mit sich selbst
vergleichen, der mehr gesegnet sei als Hardenberg. „Verschaff mir
darum ein bischen von Deinem unvergleichlichen Öl und Wein, so dass
meine Fackel wenigstens noch mit einigem Mittelmass im Haus des
Herren brenne, sonst würde sie sicher verlöschen. Ich beschwöre Dich
stets aufs neue: Weise meine Bitte nicht ab, hilf mir auf's Eifrigste,
indem Du mir den Kommentar zu Paulus diktierst!".[78] Die Abschriften
von Bucers Kollegediktat, welche Bucers Gehilfen „zum besseren
Verständnis der heiligen Mahlzeit des Herren" für Hardenberg begonnen
hatten, hat Hardenberg, in der Eile das Schiff zu erreichen, vergessen
(„zu meinem äussersten Bedauern"). Möge Bucer sie nachsenden, via a
Lasco oder den Bremer Kaufmann Johann Kenkel! Den Kopisten will
Hardenberg bezahlen, was immer Bucer angemessen scheint. Der Nutzen
für die Kirchen wird die Mühe aufwiegen, die es Bucer kosten wird
(7.9.1550).

---

[78] Von Bucers Hand erschien 1536 ein Kommentar zum Römerbrief, gemeint als
erster Teil einer Erklärung des *corpus paulinum*: Stupperich, *Bibliographia Bucerana*,
Nr.55 (Nr.55a: 1562²); zum Epheserbrief: 1527 (Nr.17). Tremellius edierte 1562 die
Vorlesungen zu Epheser, die Bucer 1550 und 1551 in Cambridge gehalten hatte:
Nr.112. Vgl.Harvey, *Bucer*, 47f.

Ob Bucer auf diese Bitte eingeht, ist unbekannt. Auf eine vergleichbare Frage, die Hardenberg zwei Jahre früher gestellt hatte, sandte Bucer die Summe der Lehre der Strassburger Kirche, den *Summarischer vergriff*,[79] anscheinend zur Genugtuung Hardenbergs: 1556 präsentiert dieser den Abendmahlsparagraphen des *Vergriffs* als sein eigenes *Bekentenisse met korten worden*, womit er den Bremer Rat zufriedenstellen kann: „Sie konnten nichts dagegen hervorbringen".[80]

4.2 Wirkung

Hardenbergs schon wiederholt verzeichnete Bezugnahme auf die *sentencia Buceri* rechtfertigt an erster Stelle eine knappe Inventarisation seiner:

4.2.1 Kenntnis von Bucers Schriften

„Einfaltigs bedenken", 1543

Dem uns namentlich interessierenden Abendmahlsartikel des von Hardenberg 1544 ins Lateinische übersetzten Reformationsentwurfs für das Kölner Erzstift[81] hat schon Köhn Beachtung geschenkt;[82] den Kern desselben haben wir oben wiedergegeben.[83]

Infolge Bucers Anliegen, der römischen Messe die schriftgemässe Abendmahlsfeier entgegenzustellen, liegt der Schwerpunkt des Artikels nicht auf der *substantia*, sondern auf der *administratio* des Abendmahls, nicht auf dem Was, sondern auf dem Wie und Wozu.[84] Aus der Stiftung des Abendmahls durch Christus ergibt sich nach Bucer als konstitutiv und normativ für die Abendmahlsfeier aller Zeiten: 1. die Feier nur mit wahren Jüngern, woraus die Notwendigkeit und die Pflicht zur Abendmahlszucht hervorgeht: das Abendmahl ist „ein himlisch werck" und „handel des glaubens", das zum „sursum corda" auffordert;[85] 2. die

---

[79] Stupperich, *Bibliographia Bucerana*, Nr.96; in *BDS* 17, 121-150.

[80] S.*supra*, II.6.3.3, und *infra*, III.4.2.3.

[81] Bucer, *Einfaltigs bedenken*, (1543) 1544², 77, 93ᵇff. (Ausgabe 1972: von Wied, *Einfältiges Bedenken*, 116, 139ff.); Auszüge in Richter, *Kirchenordnungen* 2, 36, 41ff. Die Übersetzung: HB 2, *Simplex deliberatio*, 1545, s.*supra*, S.19f.

[82] Köhn, *Entwurf*, 124-129. Auch schon Varrentrapp, *von Wied*, 185-187.

[83] S.205.

[84] Köhn, *Entwurf*, 124.

[85] Bucer, *Einfaltigs bedenken*, 1544², 94ᵃ, 95ᵃ, 96ᵃ⁻ᵇ (Ausgabe 1972: 141f., 144).

Erteilung von Lehre und Ermahnung; 3. das Sprechen von Danksagungen; 4. die Feier gemäss den Einsetzungsworten, was u.a. die Austeilung unter beiderlei Gestalt impliziert und 5. das Gedächtnis des Todes Jesu.[86] Es kennzeichnet seine theologische Haltung, dass Bucer die Fragen nach dem *modus praesentiae*, nach der Art der sakramentalen Union und nach der Niessung der Gottlosen als menschliche Spekulation unberücksichtigt lässt.[87]

Aus den beiläufigen Äusserungen ergibt sich als das Wesen des Abendmahls die Gemeinschaft des Leibes und Blutes Christi (1.Kor 10,16).[88] Die Gläubigen sollen nicht daran zweifeln, „dass uns der Herr daselbig sein heiligmachendes fleisch und blut () mit den sichtbaren zeychen () warlich darreicht und übergibt".[89] Die Frucht dieser Gabe ist zweierlei: die Gemeinschaft, die Christus den Gläubigen mit sich selbst und untereinander schenkt, indem er sie in seinen Leib, die Kirche, einverleibt,[90] und zweitens das Verdienst Christi: Sündenvergebung, Gotteskindschaft, Teilhabe am Gnadenbund, der Heilige Geist und ewiges Leben zur Stärkung des Glaubens und des neuen Lebens.[91]

Diese Gaben werden weder *ex opere operato* noch *ex opere operantis* empfangen, sondern nur aus der Kraft Gottes und dem Verdienst Christi, „nach seinem Wort, in rechtem Glauben".[92] Unentbehrlich dabei ist das Amt: obwohl das Abendmahl das Werk Christi ist, wirkt dieser mittelbar, „durch den Dienst der Kirchen".[93] Augenfällig im Ganzen ist schliesslich die normative Bedeutung, die die Heilige Schrift, sowie die illustrative Bedeutung, die die Alte Kirche für Bucer hat, sowohl in theologischen als auch in praktischen Fragen.[94]

„Bestendige Verantwortung", 1545

Ein Drittel der 143 Kapitel von Bucers—durch Hardenberg unter dem Titel *Constans defensio* ins Lateinische übersetzten—Erwiderung von

---

[86] Bucer, *Einfaltigs bedenken*,1544², 94^bff.(Ausgabe 1972: 142ff.); vgl.Köhn, *Entwurf*, 126-129.
[87] Vgl.Köhn, *Entwurf*, 124f.
[88] Bucer, *Einfaltigs bedenken*, 1544², 93^b (Ausgabe 1972: 139).
[89] Bucer, *Einfaltigs bedenken*, 1544², 102^a, vgl.96^b (Ausgabe 1972: vgl.144).
[90] Bucer, *Einfaltigs bedenken*, 1544², 94^b (Ausgabe 1972: 140f.).
[91] Bucer, *Einfaltigs bedenken*, 1544², 96^a (Ausgabe 1972: 143f.).
[92] Bucer, *Einfaltigs bedenken*, 1544², 77 (Ausgabe 1972: 116).
[93] Bucer, *Einfaltigs bedenken*, 1544², 96^a, 102^a (Ausgabe 1972: 143, 151f.).
[94] Vgl.Köhn, *Entwurf*, 129.

Groppers Angriff auf das *Einfaltigs bedenken*, der *Bestendige Verantwortung* (1545),[95] berührt das Sakrament und das Abendmahl.[96] Bucer widerlegt dort die Beschuldigung von katholischer Seite, in seinem Reformationsentwurf habe er eine neue *forma administrandi* des Abendmahls eingeführt, indem er „auss der Heiligen Schrifft, und war Catholischer Lehre, und haltung der Algemeinen Christlichen Kirchen" (so der Titel) nachweist, gerade die katholische Kirche habe sich der Einführung einer der Schrift und der Alten Kirche entgegengesetzten *forma administrationis* schuldig gemacht.[97] Nur beiläufig äussert er sich über das Wesen des Abendmahls.

Norm ist für Bucer „der übliche Sprachgebrauch" der Heiligen Schrift, besonders in 1.Kor 10 und 11. Der Transsubstantiationslehre gegenüber behauptet er, das Brot sei die „Gemeinschaft des Leibes Christi, sozusagen dasjenige, was durch diese Zeichen dargereicht und empfangen wird". Die Abendmahlsgabe ist also zweierlei, irdisch und himmlisch, sichtbar und unsichtbar: Brot und Wein, und Leib und Blut des Herrn. So gibt es eine „Darreichung und Darbietung ('traditio et exhibitio') unsichtbarer Sachen durch sichtbare Zeichen", analog zu Christi Spende des Geistes an die Jünger [Joh 20,22]. Als Christus seine Jünger anblies, empfingen sie zwei Sachen: das Zeichen des Blasens und den Heiligen Geist „mit oder unter dem Zeichen des Blasens". „Sicher ist es mit der Sprechweise der Heiligen Schrift nicht unvereinbar, zu sagen", so schliesst Bucer, „dass unter oder mit Brot und Wein Leib und Blut Christi gegeben werden".[98]

Die Symbole des Abendmahls sind also keineswegs „nur nackte und leere Zeichen": sie bieten die „Substanz und das Wesen, Christus den Herren selbst" dar. Die Veränderung der Elemente ist nicht wesentlich, sondern geistig und sakramental. Diese Umwandlung wird vom Heiligen Geist bewirkt ohne Verlust der natürlichen Eigenschaften der Elemente. So lehrte es schon die Alte Kirche, wie Papst Gelasius 487 gegenüber Eutyches und Nestorius: „Die Substanz () und Natur des Brotes und Weines hören nicht auf zu bestehen. Und obwohl Brot und Wein dort durch die Wirksamkeit und Kraft des Heiligen Geistes in eine göttliche

---

[95] Bucer, *Bestendige Verantwortung*, 1545: Stupperich, *Bibliographia Bucerana*, Nr.86. Die Übersetzung: HB 50, *Constans defensio*, 1613: Stupperich, *a.a.O.*, Nr.86a. S.*supra*, S.19f. Im Nachstehenden ist die lateinische Ausgabe benutzt worden.

[96] Die Kapitel 29 und 52 behandeln das Sakrament im allgemeinen (Bucer, *Constans defensio*, 121, 168-173), die Kapitel 66-107 das Abendmahl im besonderen (Bucer, *a.a.O.*, 196-346).

[97] Bucer, *Constans defensio*, 168.

[98] Bucer, *Constans defensio*, 196-198.

Substanz verwandelt werden, behalten sie doch die Eigenschaft ihrer Natur", wie die zwei Naturen unter Beibehaltung ihrer Eigenschaften einen Christus bilden.[99] Tatsächlich handelt es sich bei der Veränderung („transmutatio") des Brotes und Weines um unsere Transposition („transpositio") in den Leib Christi. Nicht die Elemente, sondern wir verwandeln uns in Christus, werden eins mit seinem Fleisch und Blut.[100]

Dem römisch-katholischen Ritualismus gegenüber wird die Notwendigkeit des gläubigen oder geistigen Empfangs des Sakraments stark betont. Der Herr hat seine Gnade nicht an äusserliche Zeremonien gebunden. „Der Geist ist's, der lebendig macht; das Fleisch ist nichts nütze" (Joh 6,63). Weil Christus im Abendmahl auf keine andere Weise als im Evangelium empfangen wird, nämlich „geistlich (), das heisst wahrhaft mit einem gläubigen Geist", kann die Kirche das Sakrament notfalls entbehren.[101]

„De veritate corporis Christi in eucharistia, Epistola d.Martini Buceri ad quendam amicum": Bucer an a Lasco, 16.4.1545

Detaillierter als die vorigen Publikationen ist das eucharistische Traktat, das Bucer am 16.4.1545[102] auf Hardenbergs Verlangen[103] im Interesse a Lascos schrieb. So präzisiert Bucer in diesem Schreiben die *unio sacramentalis* als eine *unio pacti exhibitivi*, eine fortschrittliche Formel, womit Bucer die Distanz zu a Lasco eher vergrösserte als verkleinerte.[104] Hardenbergs Bekanntheit mit Bucers Brief—wovon er eine Abschrift empfing—rechtfertigt die Aufmerksamkeit für dessen Inhalt.

Subjekt des Abendmahls ist Christus; der amtliche Dienst der Kirche ist Medium. Das Abendmahl ist ganz Gabe und Werk des Herrn: seine Worte und Symbole sind die Worte und Symbole nicht nur des Dieners, sondern des Herrn selbst.[105] Die Abendmahlsgaben sind Christus selbst

---

[99] Bucer, *Constans defensio*, 198-200.

[100] Bucer, *Constans defensio*, 201-203.

[101] Bucer, *Constans defensio*, 244-246.

[102] Bucer-a Lasco, 16.4.1545, in: Pollet, *Bucer correspondance* 1, 222-234; zum Brief: Pollet, *a.a.O.* 1, 219-221; Hopf, *Bucer's letter*. A Lascos Antwort vom 23.6.1545 in: Kuyper 2, 591f. Zu a Lascos Beziehungen zu Bucer: *supra*, III.3, Anm.43.

[103] Nr.40, Bucer-Hardenberg, 17.4.1545; Nr.41, ders.-dens., 29.5.1545.

[104] A Lasco-Bucer, 23.6.1545, in: Kuyper 2, 592: „De pacti unione nondum satis assequor omnia, neque nunc expendere illa licet"; vgl.Pollet, *Bucer correspondance* 1, 219f.; Hopf, *Bucer's letter*, 67f.

[105] Bucer-a Lasco, 16.4.1545, in: Pollet, *Bucer correspondance* 1, 223f., 228.

und die Gemeinschaft aus 1.Kor 10,16 (mit Christus) und aus 1.Kor 10,17 (mit den Gläubigen), kurz: die Gabe ist die ekklesiologisch gestaltete Inkorporation in oder *unio mystica* mit Christus.[106]

Die Sakramentsdefinition zeigt den Unterschied zwischen Bucer und a Lasco auf. Misst Letzterer den Sakramenten nur eine „Kraft zur Versiegelung der göttlichen Verheissungen und zur Bezeugung der Gesellschaft im Herrn der Kommunikanten untereinander ('vim obsignandi et testandi')" bei, hat das Sakrament nach Bucer „Kraft zur Darbietung Christi selber ('vim exhibendi'), allerdings durch die Kommunion". Freilich mündet die Gemeinschaft des Leibes (1.Kor 10,16) in die Gemeinschaft der Gläubigen untereinander: „so sind wir viele ein Leib", 1.Kor 10,17. Doch wessen Leib sind sie? Christi Leib. Darum ist das Brot die „communicatio et perceptio" des Jesusleibes und setzt das „percipere" der Gläubigen ein „dare", „adesse" und „praebere", kurz ein „exhibere" Christi voraus.[107]

Das *dari* geschieht mit dem Brot oder durch das Brot, nur kraft der sakramentalen Union, „wie auch Luther sagt". „Diese Union muss man sich hier weder als eine natürliche, noch als eine sinnliche, noch als eine örtliche vorstellen, noch als irgendeine andere Einheit, die es in dieser Welt geben könnte". Bucer definiert die sakramentale Union als eine „unio pacti" scil. „exhibitivi" und verweist zur Illustration auf die Einheit zwischen dem Heiligen Geist und dem Hauch Christi [Joh 20,22], sowie zwischen den zehn Stücken des Mantels, die der Prophet Ahija dem Jerobeam gab und der tatsächlichen Gewalt über die zehn Stämme, die Jerobeam damit empfing [1.Kön 11,29ff.]. Eine gleiche *unio* gibt es zwischen Handauflegung und Gottesgabe [1.Tim 4,14; 2.Tim 1,6], Treueversprechen und Händedruck, ja zwischen „allen darbietenden Zeichen und den unsichtbaren, ungreifbaren Sachen, die durch sie dargeboten und dargereicht werden" wie Liebe, Glaube, Recht, Eigentum, Würde und Dienst. Wer so gemäss der Einsetzung des Herrn das Abendmahlsbrot empfängt, empfängt wahrlich Christus selbst.[108]

Die Präsenz Christi ist pneumatologisch. Leiblich ist Christus zur Rechten Gottes. Er verliess die Welt [Joh 16,28], „das heisst, jene Form des Lebens, die den Sinnen und der Vernunft zugänglich und dem Bösen unterworfen ist". Dennoch ist die Präsenz nicht geistig: „Siehe, ich bin bei euch, hat er gesagt, nicht nur: meine Kraft, meine Tätigkeit, mein

---

[106] Bucer-a Lasco, 16.4.1545, in: Pollet, *Bucer correspondance* 1, 224, 228, 233f. Den Begriff *unio mystica* verwendet Bucer nicht.

[107] Bucer-a Lasco, 16.4.1545, in: Pollet, *Bucer correspondance* 1, 224.

[108] Bucer-a Lasco, 16.4.1545, in: Pollet, *Bucer correspondance* 1, 224f., 228f.

Geist, mein Leben, sondern *ich* bin bei euch alle Tage bis an der Welt Ende" [Mt 28,20], und zwar durch den Heiligen Geist.[109] Führt diese Anschauung der Art der Gegenwart zur Vorstellung eines „corporis infiniti aut distracti locis"? Nein, meint Bucer. Alles Philosophieren über eine „mutatio localis" oder eine „distractio" oder „expansio corporalis" und über Begriffe wie „definitive" und „circumscriptive" sei abzulehnen. Als wahrer Mensch hat Christus einen wahrhaften begrenzten Leib, der in der himmlischen Herrlichkeit ist, und der auf keine weltliche Weise mit den Elementen verbunden oder darin eingeschlossen wird. Wer die Transsubstantiation und die örtliche Einschliessung lehrt, will es besser wissen als Gott und verwirft die Gewalt des Geistes.[110] Seine leibliche Himmelfahrt hindert Christus nicht daran, „dass er in einzelnen Mahlzeiten den Augen, dem Mund und dem Magen des Glaubens präsent dargeboten wird". Bucer verwendet das Gleichnis der Sonne, die trotz ihrer bestimmten Stelle am Himmel von allen Augen gesehen und von allen Ländern zu bestimmten Zeiten empfangen wird („percipitur et habetur"). So ist auch Christus im Himmel und zugleich im Abendmahl gegenwärtig.[111]

Letzteres gilt nur für den Glauben. Nur wer mit Christus lebendig gemacht und mit ihm im Himmel eingesetzt worden ist [Eph 2,5f.], empfängt den Leib Christi, und zwar—eben wegen der exhibitiven Union zwischen Zeichen und Sache des Abendmahls—„nicht durch den Verstand, nicht durch die Sinne, sondern nur durch den Glauben, () nicht als Nahrung für den Magen, sondern für den inwendigen neuen Menschen, als Nahrung zum ewigen Leben". Gerade weil der Inhalt des Sakraments—die Einverleibung in Christus—eine Sache nicht der Natur sondern der Gnade, nicht der Welt sondern des Himmels, nicht der Vernunft sondern des Geistes ist, „kann die Gemeinschaft mit Christus geglaubt, aber nicht begriffen werden".[112] Die Niessung der Gottlosen ist ausgeschlossen. „Wer nicht Jünger Christi wird, verletzt den

---

[109] Bucer-a Lasco, 16.4.1545, in: Pollet, *Bucer correspondance* 1, 225f., vgl.229f.
[110] Bucer-a Lasco, 16.4.1545, in: Pollet, *Bucer correspondance* 1, 226f., 229.
[111] Bucer-a Lasco, 16.4.1545, in: Pollet, *Bucer correspondance* 1, 227[13-17]: „() ut ipse recte dicatur recipi et haberi, quum sol uno coeli loco comprehensus, tamen corporis oculis in eodem hemisphaerio degentium omnium conspicitur, singulis agris percipitur et habetur suis temporibus? Radii solis, inquies, non sol. At quis non dicit, sol nobis ortus est? Idem admittitur vel excluditur hoc loco, non radii".
[112] Bucer-a Lasco, 16.4.1545, in: Pollet, *Bucer correspondance* 1, 226, 229.

exhibitiven Bund und empfängt und isst nicht, was ihm angeboten wird.
Daher erreicht ihn nichts von diesem Sakrament".[113]

Der Unterschied zu Luther besteht darin, dass dieser zwar die *exhibitio*
lehrt, aber den *modus exhibitionis* nicht definiert und schon zufrieden ist,
so meint Bucer, wenn die Elemente nicht für „leere Zeichen des
abwesenden Christus" gehalten werden, während der *modus* nur dem
Herrn selbst bekannt ist.[114] Für die Züricher sind Brot und Wein nur
„Zeichen zum Gedächtnis des abwesenden Christus, nicht auch darbietende Zeichen", was nach Bucer übrigens im Widerspruch zur *Confessio
Helvetica Prior* 1536 steht.[115] Selber will Bucer die *via media* beschrei-
ten, auf der Hut sein vor den Einseitigkeiten sowohl der Papisten als
auch der Epikureer und Fanatiker, die den sakramentalen Zeichen und
dem Amt der Kirche zuviel, beziehungsweise zu wenig Bedeutung
beimessen.[116] Das Schriftprinzip ist alles beherrschend: das „Philosophieren mit Bezug auf Gottes Wort" soll vermieden werden; in Anbetracht
der Ehre des Wortes Gottes, der Gewissensruhe und der Förderung der
Kirche ist nur an den Worten des Herrn, an der Sprache des Heiligen
Geistes festzuhalten, und zwar „simplicissime".[117]

*Evangelienkommentar und „Tetrapolitana", 1530; „Ein Summarischer
vergriff", 1548*

Auf die Hardenberg bekannten und von ihm in Anspruch genommenen,
in Timanns *Farrago* angeführten Ausschnitte aus Bucers Evangelienkommentar von 1530 (zu Mt 26) und dem sgn.*Bekenntnis der Prediger
zu Strassburg* (anscheinend der *Tetrapolitana*, 1530) wurde bereits oben
inhaltlich eingegangen: II.6.3.2.[118]

Den von ihm im Namen der Strassburger Prediger angefertigten, auf
den 2.7.1548 datierten Interims-Bedacht *Ein Summarischer vergriff der
Christlichen lehre und Religion die man zu Strasburg hat nun in die
xxviij.jar gelehret,*[119] übersandte Bucer seinem Bremer Freund kurz nach

---

113 Bucer-a Lasco, 16.4.1545, in: Pollet, *Bucer correspondance* 1, 232.
114 Bucer-a Lasco, 16.4.1545, in: Pollet, *Bucer correspondance* 1, 230.
115 Bucer-a Lasco, 16.4.1545, in: Pollet, *Bucer correspondance* 1, 231.
116 Bucer-a Lasco, 16.4.1545, in: Pollet, *Bucer correspondance* 1, 232.
117 Bucer-a Lasco, 16.4.1545, in: Pollet, *Bucer correspondance* 1, 229, 231-233.
118 S.206-208, *sub: Weitere Bucerzitate* und *Die Strassburger oder „Korte
Confession".*
119 Stupperich, *Bibliographia Bucerana*, Nr.96, in: *BDS* 17, 121-150.

der Veröffentlichung.[120] Den Abendmahlsparagraphen dieser in 29 Artikeln enthaltenen *Summa* evangelischer Lehre nahm Hardenberg in seine Sammlung *Buceriana* (1557) auf, genauso wie eine plattdeutsche Übersetzung desselben.[121] Gegen Ostern 1556 hatte er diesen schon unter dem Titel *Bekentenisse met korten worden* dem Bremer Rat als seine eigene Konfession vorgelegt. Für eine Darstellung des Inhalts sei auf den Abschnitt II.6.3.3 verwiesen.[122]

Des Grafen Christophs von Oldenburg und Hardenbergs Bibliothek

Vom Jahre 1561 bis zum Jahre 1564/65 wohnte Hardenberg im Oldenburger Kloster Rastede des Grafen Christophs, wo er seine *Brevis explicatio* der Bremer Abendmahlskontroverse 1564 publizierte.[123] Laut eines Inventars verfügte die reichhaltige Klosterbibliothek unter anderem über „Bucerus in Paulum",[124] womit Bucers Kommentar zum Epheserbrief (1527), zum Römerbrief (1536, 1562²) oder seine in Cambridge 1550/51 vorgetragenen *Praelectiones* zu Epheser (1562) gemeint sein kann.[125] Die Annahme, dass sich Hardenberg in seinen Rasteder Jahren mit diesen Werken Bucers—und darin mit der objektivierenden Tendenz in Bucers Sakramentsanschauung[126]—bekannt gemacht hat, liegt auf der Hand, rechtfertigt jedoch keine Folgerungen von Bedeutung.

Welche Werke von Bucer haben zu Hardenbergs Privatbesitz gehört? Die heutige Bibliothek der Grossen Kirche zu Emden, in der die durch Hardenberg vererbte[127] Büchersammlung noch immer einen wichtigen Bestandteil bildet, zählt insgesamt zwanzig Bucerschriften. In sieben davon hat Hardenberg seinen Namen oder einige Annotationen eingetra-

---

[120] Nr.79, Bucer-Hardenberg, [vor 12.8.1548], 32^v (vgl.*supra*, Anm.79), von Hardenberg selbst fälschlich auf 1550 datiert; Nr.81, Hardenberg-NN, [12.8.1548]; Nr.82, [ders.]-Melanchthon, [13.8.1548]; vgl.*Notitiae*, 21^v.

[121] *Collectanea Buceriana* 1 und 9, 28^r und 32^v-33^r; der Paragraph in *BDS* 17, 136; vgl. *supra*, II.6, Anm.244 und 252.

[122] S.*supra*, S.208f.

[123] S.*supra*, S.92.

[124] NsSA Oldenburg, Best.20-6 B Nr.2, *Inventar über den zu Rastede vorgefundenen Nachlass des Grafen Christopher, insbesondere Bücher*, 6. Zur Bibliothek: *supra*, I.4, Anm.11.

[125] Stupperich, *Bibliographia Bucerana*, bzw.Nr.17, Nr.55/55a, Nr.112. Vgl. *supra*, Anm.78.

[126] Zur Sakramentslehre im Römerbriefkommentar und in den Epheserdiktaten: Lang, *Evangelienkommentar*, 258-269; Stephens, *Holy Spirit*, 217-220.

[127] Kochs, *Bibliothek* 1, 47f. Zu Hardenbergs Bibliothek: *supra*, S.265-261.

gen. Von den restlichen Schriften waren—unter Berücksichtigung der Art und Weise des Annotierens und des Unterstreichens—wahrscheinlich drei in Hardenbergs Besitz; zwei gehörten dem ehemaligen Ratgeber Hermann von Wieds, dem Emder Bürgermeister Petrus Medmann;[128] von sieben ist der Besitzer nicht mehr mit Bestimmtheit zu ermitteln;[129] eine Schrift erschien nach Hardenbergs Tod.[130]

Die folgenden sieben Bucerschriften gehörten mit Bestimmtheit der Buchkollektion Hardenbergs:

1. der Zefanjakommentar, *Tzephaniah, quem Sophoniam, vulgo vocant () commentario explanatus*, 1528;[131]

2. die *Defensio adversus axioma catholicum () Roberti Episcopi Abrincensis*, [1534];[132]

3. die zweite Auflage des Kölner Reformationsentwurfs, des *Einfaltigs bedenken*, 1544;[133]

4. die *Scripta duo adversaria* von Latomus und Bucer, 1544;[134]

5. die *Bestendige Verantwortung* des Reformationsentwurfs, 1545;[135]

6. der Neudruck der dritten Ausgabe des grossen Evangelienkommentars, *In sacra quatuor Evangelia, Enarrationes perpetuae*, 1553;[136]

---

[128] Stupperich, *Bibliographia Bucerana*, Nr.25: *Psalmorum libri quinque () explanatione elucidati*, [1529]; Nr.41: *Furbereytung zum Concilio*, 1533.

[129] Stupperich, s.vorige Anm., Nr.25d, 55, 59, 68, 69, 73, 109. Nach der Ansicht des ehemaligen Bibliotheksleiters der Grossen Kirche in Emden, Dr.H.Fast, könnte man dennoch davon ausgehen, dass alle in der BGK Emden vorhandenen Werke Bucers, wenn nicht anders angegeben, von Hardenbergs Bibliothek stammen. Nach Nr.187, Hardenberg-Medmann, 8.8.1556, 150[r], beschenkte Bucers Frau oder Witwe Hardenberg mit mehreren Werken ihres Mannes: „quaedam vetera scripta quae edita sunt, quae tantum ob viri memoriam mihi datas ab uxore ipsius mecum tuli".

[130] Stupperich, s.vorige Anm., Nr.115: *Scripta Anglicana*, 1577.

[131] Stupperich, s.vorige Anm., Nr.22; BGK Emden, Theol 8° 71.

[132] Stupperich, s.vorige Anm., Nr.45; BGK Emden, Theol 8° 500 (ein Geschenk Bucers: Nr.47, Bucer-Hardenberg, 27.11.1545; vgl.*supra*, III.3, Anm.100).

[133] Stupperich, s.vorige Anm., Nr.74a; BGK Emden, Theol fol 177 (ein Geschenk von von Wied, vgl.*supra*, I.2, Anm.40).

[134] Stupperich, s.vorige Anm., Nr.78; BGK Emden, Theol 4° 181 (*donum auctoris* 1544, s.*supra*, Anm.39). Kurios ist es, dass sich die Unterstreichungen in dieser Schrift nahezu ganz auf das Kapitel *De Coelibatu Sacerdotum* beschränken. In der Besprechung von Mt 19,12 („Wer es fassen kann, der fasse es!") hat Hardenberg nachdrücklich die Bemerkung hervorgehoben, das Zölibat sei nur für denjenigen, der ihm gewachsen ist. Hardenberg war noch unverheiratet, als er das Buch empfing, korrespondierte aber mit seiner Zukünftigen. Über seine Schwierigkeiten mit dem Zölibat schrieb Hardenberg an den Dekan des Münsteraner Kapitels: Nr.30, Hardenberg-Syburg, 15.3.1545, 685.

[135] Stupperich, s.vorige Anm., Nr.86; BGK Emden, Theol fol 177 (ein Geschenk von von Wied, s.vorvorige Anm.).

[136] Stupperich, s.vorige Anm., Nr.28b; BGK Emden, Theol fol 104.

7. der *Libellus vere aureus de vi et usu sacri ministerii*, 1562.[137]
Die folgenden drei Schriften gehörten, wenn auch nicht mit Bestimmtheit, so doch aller Wahrscheinlichkeit nach der Buchkollektion Hardenbergs:
1. *Quid de baptismate infantium iuxta scripturas Dei sentiendum*, 1533;[138]
2. *Von der waren Seelsorge*, 1538;[139]
3. die *Novissima confessio () de coena domini, excerpta de () enarrationibus in sacra quatuor evangelia... praemissa () formula concordiae*, 1562.[140]
Drei dieser insgesamt zehn Werke weisen unverkennbare Spuren von Studium auf, und zwar gerade die Schriften, die ganz oder teilweise vom Abendmahl handeln: die *Defensio adversus axioma catholicum* (1534), die *Novissima confessio de coena domini* (1562) und die *In sacra quatuor Evangelia, Enarrationes perpetuae* (1553):

„Defensio adversus axioma catholicum", 1534

In der Schrift von 1534[141] unterstrich Hardenberg Bucers Wiedergabe der Abendmahlsanschauungen Zwinglis und Luthers. *In margine* ist Zwinglis Standpunkt von Hardenberg folgendermassen zusammengefasst: „Für die Betrachtung des Glaubens und für den Mund des Glaubens ist der Leib gegenwärtig".[142] Als Bucer danach auf die Unzulänglichkeit dieser Ansicht für Luther hinweist, notiert Hardenberg Bucers Urteil am Rande: „Die Bedeutung dieser Worte kann nämlich sein, dass an einen abwesenden Christus geglaubt wird". Weiter unterstreicht Hardenberg die für Bucer charakteristische Anschauung der Gegenwart Christi: Christus (in Joh 6), sowie Paulus und die *Patres*, Hilarius, Chrysostomus, Cyrillus und andere versichern, „dass der Herr Jesus in uns wohnt und lebt, nicht nur durch Glauben und Liebe allein, als wäre er abwesend, sondern auch natürlich, fleischlich und körperlich, weil er seine Natur und sein Fleisch mit uns teilt, uns zu seinen eigenen Gliedern macht und uns dies alles im heiligen Abendmahl darbietet". Anderswo hebt Hardenberg die Worte

---

[137] Stupperich, s.vorige Anm., Nr.110; BGK Emden, Theol 8° 746.
[138] Stupperich, s.vorige Anm., Nr.42; BGK Emden, Theol 8° 41. Vgl.*supra*, III.3, Anm.100.
[139] Stupperich, s.vorige Anm., Nr.59; BGK Emden, Theol 4° 354.
[140] Stupperich, s.vorige Anm., Nr.109; BGK Emden, Theol 8° 470.
[141] *Supra*, Anm.132.
[142] Das Werk ist nicht paginiert. „Fidei contemplatione et ore fidei adest Corpus".

hervo: „Eine Masse mit Christus sind wir nicht nur durch den Glauben, sondern tatsächlich macht Christus uns zu seinem Leib".

„Novissima confessio de coena domini", 1562

Die 1562 zusammen mit der *Wittenberger Konkordie* (1536) heraus-gegebene Anthologie über das Abendmahl aus Bucers Evangelien-kommentar 1553[143] war Hardenberg grösstenteils schon bekannt, im Gegesatz zu der Erläuterung der *Wittenberger Konkordie*, die Bucer in Strassburg gegeben hatte, und die ebenfalls in diesem Auswahlband gedruckt wurde.[144] Anscheinend hat Bucers Bemerkung in dieser *Declaratio* über die *manducatio impiorum* Hardenbergs Aufmerksamkeit auf sich gezogen. Wenn das Abendmahl, schreibt Bucer, gemäss der Einsetzung Christi gefeiert wird, empfangen alle Leute in der Kirche das „vollständige Sakrament", d.h.das Sakrament selbst und den Inhalt des Sakraments, wenn es auch unter den Dienern oder den Kommunikanten Unwürdige und Ungläubige gibt, „so wie Judas beim ersten Abendmahl anwesend war, obwohl die Kirche immer davon überzeugt gewesen ist, dass diese wegen ihres Unglaubens von dem Heiligen ferngehalten werden müssen".[145] Die letzten Zeilen unterstrich Hardenberg und versah sie mit einem Notabene.

„In sacra quatuor Evangelia, Enarrationes perpetuae", 1553

Die weitaus meisten Zeichen intensiver Verwendung weist der Neudruck der dritten Ausgabe des grossen Evangelienkommentars auf, die *In sacra quatuor Evangelia, Enarrationes perpetuae* vom Jahre 1553.[146] Beson-ders in der *Praefatio*, in den *Retractationibus*—über die Taufe bei Mt 3 und über das Abendmahl bei Mt 26—und in der Auslegung von Mt 26 hat Hardenberg ganze Seiten mit vertikalen Strichen versehen, viele Stellen Satz für Satz hervorgehoben, Kernpunkte und Stichwörter am Rande übernommen oder markiert.

---

[143] *Supra*, Anm.140.

[144] Bucer, *Novissima confessio*, A5ᵃ-A7ᵃ. Bucers Erläuterungen in: *BDS* 6,1; vgl.Bizer, *Abendmahlsstreit*, 167-171.

[145] Bucer, *Novissima confessio*, A6ᵃ⁻ᵇ: „uti Iudas interfuit coenae primae. De quorum tamen perfidia Ecclesiae constiterit, hi arceri his sacris debent".

[146] *Supra*, Anm.136.

In der *Praefatio* sind unter anderem folgende Sätze unterstrichen: „Oekolampad hat genau gelehrt, dass Sakramente Wahrzeichen der Gnade seien, dass sie das Gewissen und den Glauben verstärkten und Instrumente des Geistes Christi seien" (*in margine*: „Sakramente als Wahrzeichen der Gnade, usw.");[147] „Sie erkennen, dass in der Kirche wahrhaftig sein Leib und Blut gegeben werden, das heisst nicht nur Worte oder Wahrzeichen, sondern zugleich auch die Sache selbst, nämlich die Gaben Gottes, welche die Worte verheissen, und zwar: durch die Absolution die Sündenvergebung, durch die Taufe die Wiedergeburt und die Einverleibung in Christus, im Abendmahl den eigentlichen wahren Leib und das Blut Christi, das heisst den Herren selber, wahren Gott und wahren Menschen"; „Wir bezeugen (), dass wir weder irgendeine natürliche Vereinigung von Christus mit dem Brot annehmen, noch irgendeine örtliche Einschliessung, noch irgendeinen dauerhaften Aufenthalt ausserhalb des Sakramentsgebrauches" (*in margine*: „keine einzige natürliche Vereinigung von Christus mit dem Brot/keine einzige örtliche Einschliessung/kein einziger dauerhafter Aufenthalt ausserhalb des Sakramentsgebrauches")[148]; „Welchen Grund sollten wir haben, um zu bestreiten, dass Christus im heiligen Abendmahl wirklich in uns besteht und sich zur Speise darbietet? () Das Abendmahl ist wahrlich eine Handlung und Sache des Glaubens, eine Angelegenheit des neuen Bundes, ein Geheimnis des Himmelreiches (). Darum müssen hier jene Gedanken über eine Umwandlung oder eine örtliche Einschliessung und über jede Form dieser Weltlichkeit verworfen werden"; „Was zaudern wir zu erkennen und zu bekennen, dass sie (Leib und Blut) für uns anwesend sind, und dass wir den ganzen Christus selbst gegenwärtig haben, den wahren Gott und den wahren Menschen?" (*in margine*: „Wir bekennen, dass der ganze Christus im Abendmahl gegenwärtig ist")[149]; „Die heiligen Väter sprechen von sakramentalen Zeichen, von Zeichen also, aber sie verstehen darunter exhibitive Zeichen, durch welche dasjenige besteht und quasi in die Hände gegeben wird, was diese Zeichen bezeichnen" (*in margine*: „exhibitive Zeichen")[150]; „Warum () sollten auch wir selbst nicht glauben und einfältig bezeugen, dass es im Abendmahl zwei Sachen gibt: die eine himmlisch, Christi Leib und Blut

---

[147] Die *Praefatio* ist nicht paginiert. „Sacramenta enim esse symbola gratiae, et conscientiam fidemque confirmare, et instrumenta Spiritus Christi, diligenter docuit (scil. Oecolampadius)". *In margine*: „Sacramenta gratiae symbola etc.".

[148] *In margine*: „nulla naturalis unitio Christi cum pane/nulla inclusio localis/nulla extra usum Sacramenti durabilis permanentia".

[149] *In margine*: „Christum praesentem totum fatemur in Sancta Coena".

[150] *In margine*: „signa exhibitiua".

selbst, der Herr selbst; die andere irdisch, das Brot und der Wein, die hier als nackte Zeichen des abwesenden Christus gegeben werden, aber mit welchen der Leib und das Blut des Herren, ja der Herr selbst besteht, gegeben und empfangen wird" (*in margine*: „zwei Sachen im Abendmahl";[151] „Niemand wird darum auf Gewähr der heiligen Väter sagen, dass Christus im Abendmahl abwesend ist, oder dass hier nur nackte Wahrzeichen gegeben werden".

Obige Inventarisation von Hardenbergs Bekanntschaft mit Bucers Schrifttum lässt schon im voraus eine sachliche Interdependenz zwischen beiden Theologen vermuten. Diese soll in den nächsten Teilen des vorliegenden Paragraphen nachgewiesen werden.

4.2.2 *Hardenbergs eigene Geständnisse; der Wert seiner Bezugnahmen*

Bei der sich im Licht des bisherigen Befunds aufdrängenden Frage nach dem Ausmass des Bucer'schen Einflusses auf Hardenbergs Theologie, ist zunächst auf Hardenberg selber zu hören. Dieser hat sich bezüglich des Inhalts seiner Theologie, besonders seiner Abendmahlslehre, nachdrücklich auf den Strassburger bezogen, und zwar am meisten auf ihn, im Vergleich zu seinen anderen geistlichen Vätern.

Hardenberg an NN und an a Lasco, August 1548

Hardenbergs erstes Geständnis einer sachlichen Beziehung zu Bucer datiert vom August 1548. Auf Hardenbergs Verlangen[152] hatte Bucer seinem Bremer Freund in einem ausführlichen Schreiben vom Anfang desselben Monates[153] seine Abendmahlsanschauung dargelegt[154] unter Bezug auf das *Einfaltigs bedenken* und frühere Korrespondenz und unter Beifügung seiner neuesten Schrift, des *Summarischer vergriff* (Juli 1548).[155] Diese Summa der Glaubenssätze der Strassburger Kirche bezeichnet Hardenberg sofort—einem Anonymus gegenüber—als

---

[151] *In margine*: „duae res in Eucharistia".
[152] Nach Nr.78, Hardenberg-Bucer, [vor 12.8.1548].
[153] Nr.79, Bucer-Hardenberg, [vor 12.8.1548].
[154] Nr.80, Hardenberg-a Lasco, 12.8.1548: „() Bucerus qui hoc mense ad me scripsit longam Epistolam (). Nam est ibi expressa ipsius sententia de Caena".
[155] S.*supra*, Anm.79 und Anm.120.

„unbedingt gottesfürchtig und christlich", notwendig zur Verteidigung „unserer aller Lehre".[156] Bucers Brief leitet Hardenberg am 12.8.1548 an a Lasco weiter;[157] im Begleitschreiben bemerkt er anlässlich der Härte mancher Leute (vermutlich in Bremen): „Darum, obwohl sie [Bucers Brief] lesen mochten, wünschte ich, dass Bucer jenen nicht verdächtig würde, und dass sie nicht wüssten, dass ich in Einbeck über dieselbe Sache [sc.das Abendmahl] eine Kontroverse gehabt hatte, weil die Ansicht meines [Kollegen] Dietrich nicht die Meine war".[158] Es frappiert, dass Hardenberg bereits nach dem ersten Abendmahlstreffen in Bremen (Januar 1548)[159] bei dem Strassburger Halt sucht und findet und eine gewisse Verwandtschaft feststellt, die jedoch in Bremen vorerst noch unbemerkt bleiben soll.

Das „Einfaltigs bedenken", die Auslegung von Mt 26 und das „Strassburger Bekenntnis"

Ganz offen sind Hardenbergs Bezugnahmen auf Bucer nach dem Ausbruch des zweiten Bremer Abendmahlsstreites, acht Jahre später. Um Ostern 1556 zweimal zum Bremer Rat beschieden, bekennt er sich öffentlich zum Kölner Reformationsentwurf,[160] zu Bucers Kommentar zu Mt 26 hinsichtlich der Stiftung des Abendmahles, sowie zum sgn. *Bekenntnis der Strassburger Prediger*.[161] Er wird nicht müde, diese Tatsache immer wieder in Erinnerung zu bringen.[162]

An der Abendmahlslehre „unseres" *Einfaltigs bedenken* hält er aufs Entschiedenste fest, in seiner *Confessio* vom 9.11.1556,[163] gegenüber Bugenhagen,[164] in seiner Privatkorrespondenz mit Medmann,[165] in den

---

[156] Nr.81, Hardenberg-NN, [12.8.1548].

[157] Nr.80, Hardenberg-a Lasco, 12.8.1548: „() longam Epistolam, quam ad te mitto ea conditione ut postea ad me remittas. *Nam* est ibi expressa ipsius sententia de Caena. () Epistolam Buceri ad signum A leges. Et istic et E[-?] ad signum B leges". Der Brief ist nicht erhalten.

[158] Nr.80, s.vorige Anm., vgl.Spiegel, 76f. Zu der Beschuldiging Hardenbergs des Zwinglianismus in Einbeck: *supra*, S.30.

[159] S.*supra*, S.33.

[160] S.*supra*, S.49, 205.

[161] S.*supra*, S.207f.

[162] Z.B.Nr.196, Hardenberg-Domkapitel, 9.11.1556, 25ᵛ-26ʳ; *Confessio*, 107; Nr.216, [Hardenberg]-Emder [Ministerium?], [nach 15.3.1557]; Nr.224, ders.-Domkapitel, 23.6.1557, 726; Nr.225, ders.-dens., [Juni? 1557], *sparsim*.

[163] *Confessio*, 109f.

[164] Nr.203, Hardenberg-Bugenhagen, 20.12.1556, 46ʳ.

Collectanea Buceriana—immer habe er gemäss der „Mässigkeit" der „Kölner Reformation" gelehrt.[166] Den Text des fraglichen Abendmahls-artikels schreibt er öfter ab.[167]

Bringt das *Bedenken* noch nicht die „ultima mens" des Strassburgers zum Ausdruck,[168] kommt das *Bekenntnis der Prediger zu Strassburg* nach Hardenbergs Meinung an das Eigene der Abendmahlslehre Bucers heran, und hält Hardenberg es—um einiges erweitert und unter dem Namen *Korte Confession*, sogar *suggestui affixa*: „an die Kanzel gehangen"—für die geeignete Kurzfassung seiner eigenen Abendmahlsanschauung.[169] Die Zahl der Verweise auf dieses Bekenntnis[170] und der Abschriften von diesem Bekenntnis[171] in Hardenbergs Schrifttum ist Legion. „Dies ist mein, Albert Hardenbergs, Bekenntnis und wird es bleiben, ich würde denn eines Besseren unterrichtet", so heisst es;[172] „Ich habe es ganz für das Meine gehalten, und halte es so bis auf den heutigen Tag".[173]

Collectanea Buceriana

Das Zusammenstellen, zwischen April und Juni 1557, einer apologetisch bezweckten Sammlung von elf Bucerfragmenten—darunter sechs Briefe, eine Darlegung des „Extra Patristicum" und der Abendmahlsartikel des *Summarischer vergriff*—wird hier nur erwähnt;[174] eine Übersicht und eine kurze Inhaltsangabe wurden oben S.235-237 schon gegeben. Einem der Fragmente, einem Exposé zur exhibitiven Art der sakramentalen Union, fügt Hardenberg hinzu: „Dies ist immer meine Lehre gewe-sen".[175] „Aus all diesen Arbeiten und dergleichen mehr habe ich hier

---

[165] Nr.187, Hardenberg-Medmann, 8.8.1556, 139[r], 160[r] („Illam ego amplector"), 161[r].

[166] *Collectanea Buceriana*, 33[r-v].

[167] In: *Confessio*, 109f. (und HB 12b); *Collectanea Buceriana* 10, 33[r]; *De controversia*, 715.

[168] Nr.187, Hardenberg-Medmann, 159[r]; 160[r]: Bucer habe dort „caute et circumcise" operiert.

[169] S.*supra*, 207f.; HB 25, *Korte Confession suggestui affixa*, [vor 23.6.1557].

[170] Z.B.Nr.224, Hardenberg-Domkapitel, 23.6.1557, 731f., 735, 737.

[171] S.HB 25, 25a, 25b, 25c, 25d, 25e, 25g, 25t.

[172] *Collectanea Buceriana*, 33[v]-34[r]: „Dyt iss myn albertj hardenberch bekentenisse unn wert se bliuen, ick en worde dan eyness beteren underrichtet".

[173] *Declaratio*, 47[r]: „prorsus pro mea habui et hodieque habeo".

[174] S.*supra*, S.74f.

[175] *Collectanea Buceriana* 2, 29[r]: „Hec fuit doctrina mea semper"; s.*supra*, S.236.

meine Lehre von den Sakramenten gemässigt und verkündigt",[176] so schliesst er die Blütenlese ab; „Ich habe jedoch meine Lehre immer aus diesen meinen Bekenntnissen, die ich oben angeführt habe, geschlossen und sie darauf gegründet. () Daran halte ich mich noch immer".[177]

Bucers Briefe

Ein unmissverständliches Zeichen von Hardenbergs Meinung über Bucers Bedeutung für sein theologisches Denken ist die Art und Weise, wie Hardenberg mit den an ihn gerichteten Abendmahlsbriefen Bucers umgeht, sie bewahrt, kopiert, übersetzt, verteilt, glossiert und sich auf sie beruft. Uns begegnete schon die Unterschrift, mit der Hardenberg Bucers briefliches Resümee seiner Abendmahlslehre vom 10.4.1546 versah: „Dies alles ist Wort für Wort von Bucer geschrieben, dem ich, Albert, nach besten Kräften gefolgt bin. Nie habe ich in Bremen eine andere Lehre verkündigt".[178] Schon wegen dieser einzigen *subscriptio* meinte Pollet, wie wir sahen, Hardenberg als „Anwalt der Bucer'schen Tradition in Abendmahlssachen" darstellen zu dürfen.[179] Es lassen sich jedoch noch bessere Zeugnisse zur Unterstützung dieses Standpunktes vorbringen:

22.10.1549

Mehr noch als das Schreiben vom April 1546[180] bildet Bucers Darlegung vom 22.10.1549[181] einen prominenten Zug in Hardenbergs theologischem Selbstporträt. Charakteristisch ist die Art und Weise, wie sich Hardenberg einmal dem Emder Ministerium gegenüber theologisch profiliert: „Ich habe bis jetzt die Meinung vertreten, die der Herr Bucer mir eigenhändig im Jahre 49 hinterlassen hat", so schreibt er und führt darauf *in extenso* erst den Brief vom 22.10.1549, dann Bucers Brief an

---

[176] *Collectanea Buceriana*, 33ʳ: „Wth dessen allen unn der geliken meer hebbe ick myne leer hier van den Sacramente gematiget unn geuoeret".

[177] *Collectanea Buceriana*, 34ᵛ: „Ick hebbe auerst myne leer altyt gesloten unde gegrundet up desse myne bekantenisse die ick hier voer gestellet hebbe. () Daer stae ick noch up".

[178] Unterschrift bei Nr.52, Bucer-Hardenberg, 10.4.1546, 214; s.*supra*, Anm.8.

[179] Pollet, *Bucer correspondance* 1, 208; vgl.*supra*, Anm.9.

[180] Nr.52, Bucer-Hardenberg, 10.4.1546, inhaltlich *supra*, S.425f. wiedergegeben.

[181] Nr.107, Bucer-Hardenberg, 22.10.1549; eine Inhaltsangabe *supra*, S.197f.

Johann Kenkel vom 31.1.1551[182] und schliesslich sein Schreiben vom
10.4.1546 auf.[183]

Insgesamt sechsmal nimmt er die Epistel vom 22.Oktober in seinen
Schriften auf,[184] legt sie auf dem Rathaus den Bürgermeistern vor,[185]
sendet sie dem Grafen Christoph von Oldenburg, Martin Fabri, Petrus
Medmann.[186] „Willst Du, dass ich Dir mit einem Wort *meine, nein,
Bucers* Abendmahlsanschauung darlege?", so fragt er den befreundeten
Medmann und lässt ungekürzt Bucers Brief folgen.[187] „Ich gebe Dir
offen zu, dass ich mich völlig auf diesen Brief verlasse".[188] „Diese in
seinem an mich gerichteten Brief dargelegte Ansicht Bucers vertrete ich,
und ich weiss vor dem Angesicht des Herrn, dass sie fromm, heilig,
katholisch, wahr und göttlich ist, und ich werde für sie kämpfen, allein
und mit anderen, nicht weil sie von Bucer, sondern weil sie von Christus
und Paulus herrührt (). Der Herr bewahre mich bei ihr! () Ich fürchte
mich nicht: was kann mir ein Mensch tun [Ps 118,6]? Wenn ich schwach
bin, so bin ich stark in Christus [2.Kor 12,10]. Diese Ansicht vertrete ich
mit der allergrössten Überzeugung".[189]

---

[182] Bucer-Johann Kenkel, 31.1.1551, in: Pollet, *Martin Bucer* 2, 198.

[183] Nr.216, [Hardenberg]-Emder [Ministerium?], [nach 15.3.1557], 93^r-94^r: „Ego
hactenus tutatus sum sententiam quam D.Bucerus mihi sua manu adscripsit anno 49";
der Brief geht weiter: „His Buceri sententijs (quas asscripsi) soleo addere Lutheri
unam" (et alia), vgl.*supra*, III.2, Anm.39 u.40.

[184] S.die Fundorte im Verzeichnis der Korrespondenz, Nr.107, Bucer-Hardenberg,
22.10.1549. Nr.52, Bucer-Hardenberg, 10.4.1546: nur zweimal.

[185] Nr.187, Hardenberg-Medmann, 8.8.1556, 150^r: „Et adeo quidem ut illam
ipsam et praelegerem in senatu cum eo vocatus essem, et consulj Kenkelo legendam
[-] dederim qui eam domum secum tulit sed iuditium suum non indicavit"; *Hos
sequentes Articulos*, 68^v: „Statuo autem uos ipsos iudices an non idem hoc uoluerit
Doctor Martinus Bucerus in Epistola sua (quam sua manu eaque neminj imitabili) ad
penultimam omnium scripsit anno 1549 quam plerique uestrum apud me legerunt et
adhuc legere possunt, quam et consules in Senatu habuerunt et a multis bonis viris
descripta est, cuius sententiam ego cum hoc mea conuenire existimo"; Nr.211,
Hardenberg-Domkapitel, 4.2.1557,11 („dat gelove unde lere ick ock").

[186] Nr.187, Hardenberg-Medmann, 8.8.1556, 137^v, 149^v, 158^v, 160^r.

[187] Nr.187, s.vorige Anm., 160^r-v; Hardenberg fährt fort, 160^v-161^r: „Haec
verbatim Bucerus. Ubi audis illum non tunc primum cum hanc Epistolam ad me
scriberet sed et antea me huius suae sententiae fecisse participem, ut et revera fecit,
et exacte fecit".

[188] Nr.187, s.vorige Anm., 149^v: „Ego tibi libere fateor me illa Epistola plane niti
inde".

[189] Nr.187, s.vorige Anm., 152^v: „Habeo ego eam Buceri sententiam, quae est in
illa ipsius ad me Epistola quam scio coram domino piam, sanctam, catholicam, veram
et divinam esse, pro qua pugnabo et solus et cum alijs, non quod Buceri, sed quod
Christj et Pauli sit, et volo et plene et integre intelligi et dextre etiam, quemadmodum
ipsemet mihi postea explicauit anno 1550 in aedibus suis praesente domino Herberto

Was ihm so wichtig an der Epistel aus Cambridge ist, ist—wie er selbst andeutet—die Betonung des „vere dari" des Leibes und Blutes Christi, des „percipere una et sola fide" und der Einverleibung in den Leib Christi durch die „virtus Christi" (die Kraft Christi, den Heiligen Geist), die wie der Glaube „von keiner örtlichen Störung oder Distanz" gehindert wird.[190]

31.1.1551

Würde man *ihn* nicht ertragen, wenn er solche Worte verwenden würde, so schreibt Hardenberg im Hinblick auf den Oktoberbrief, dennoch wurden sie von demjenigen verwendet, der sich tatsächlich zu Luthers Abendmahlslehre bekannt hatte, und zwar in der *Wittenberger Konkordie* 1536: Bucer.[191] Vor allem zum Nachweis dieser Übereinstimmung Bucers mit Luther—und darüber hinaus zur Inanspruchnahme der Autorität Luthers—dient Hardenbergs Bezug[192] auf Bucers öfters erwähnten Brief an den Bremer Kaufmann Johann Kenkel vom 31.1.1551, laut welchen Bucer noch am Lebensabend über die *Concordia* erklärte: „Darin bewahre mich Gott".[193] Auch diesen Brief, der „wie sein Testament" die „allereigenste Ansicht Bucers" enthält,[194] legt Hardenberg dem Bremer Rat vor,[195] kopiert[196] und übersetzt[197] ihn. Kurz: Bekennt sich Hardenberg schon 1544 zu Bucer als zu seinem Betreuer,[198] bleibt Bucer für ihn der Prophet, dessen Öl, wie wenig

---

à Langen. In eam me conservet dominus, contra illam adh[uc] dico: non timebo, quid faciat mihi homo? Jn me infirmus sum, in Christo fortis [-?] esse; eam sententiam persuasissimam habeo".

[190] Nr.187, s.vorige Anm., 149^v. Vgl.*Hos sequentes Articulos*, 68^v: „Ego illam (sc.epistolam) ita interpretor quod uoluerit dicere sola fide corpus percipi, non quod non ore quo in sacramento, sed quod fides id uideat et gustet sola".

[191] *Hos sequentes Articulos*, 69^r-v.

[192] Nr.196, Hardenberg-Domkapitel, 9.11.1556; *Causae*, 78^v; Nr.210, Hardenberg-Hinke, 3.2.[1557].

[193] Bucer-Johann Kenkel, 31.1.1551, in: Pollet, *Martin Bucer* 2, 198.

[194] Nr.187, Hardenberg-Medmann, 8.8.1556, 159^r, 144^v.

[195] Nr.196, Hardenberg-Domkapitel, 9.11.1556, 26^r.

[196] In: Nr.187, s.vorvorige Anm., 143^r-v; *Glaubensbekenntnis plattdeutsch*, XIX, 18^r-v; *Collectanea Buceriana* 4, 31^r.

[197] *Glaubensbekenntnis plattdeutsch*, XIX, 18^v-19^r.

[198] Nr.16, Hardenberg-NN, Juli 1544: „Facile enim milito sub tanto duce (Bucerum dico) cum quo studia mea communico".

auch, Wunder wirkt (vgl.2.Kön 4,1-7).[199] „Gott sei ewig Dank, dass er
sich herabgelassen hat, mich durch diesen Mann aus der tiefsten Seelen-
not zu erretten!".[200]

Der letztere Herzenserguss bezieht sich wohl auf die existentiell erlebte
Abendmahlskontroverse zwischen Zürich und Wittenberg und auf die als
Ausweg aus dem Dilemma erlebte Stellungnahme Bucers. Hardenberg
gesteht ein: „All seine (sc.Bucers) Schriften leuchten so ein, dass jedes
Kind sie verstehen kann. Sie schliessen jede Deviation aus, derer die
Sakramentarier, sowohl zur Linken, als auch zur Rechten, sich schuldig
zu machen pflegen. Mit den Linken meine ich diejenigen, die die
Geheimnisse Gottes im Sakrament zu sehr schmälern; mit den Rechten
diejenigen, die die Elemente beeinträchtigen",[201] dass heisst die
Gnesiolutheraner und die Zwinglianer. Bucer ist für Hardenberg
(übrigens mit Melanchthon und Calvin) der „mediae sententiae patronus"
in der Abendmahlskontroverse, der „Vertreter der mittleren Ansicht",[202]
dessen Mittelweg die geeignete Einigungsgrundlage bildet.[203] Hardenbergs Berufung auf den ökumenisch gesinnten Strassburger Theologen,
die übrigens den Bezug auf andere Theologen weit übersteigt, will in
erster Linie dem von ihm angestrebten kirchlichen Konsens dienstbar
sein.

An zweiter Stelle ist Hardenbergs Inanspruchnahme Bucers offensichtlich nicht ohne Eigennutz, insoweit sie seinem Versuch dienen soll, sich
zur konfessionellen Beglaubigung seiner Abendmahlslehre über den Bucer

---

[199] Nr.117, Hardenberg-Bucer, 7.9.1550: „Tu de oleo incomparabilis doni et dolij
tuj nobis aliquantulum ministra".
[200] Nr.187, Hardenberg-Medmann, 8.8.1556, 161^r: „Ego vero deo gratias ago in
eternum duraturas (ut spero) quod per illum virum ex anxietate animi mei altissima
dignatus sit me extrahere".
[201] Nr.187, s.vorige Anm., 161^r: „Te autem oro vel ut Confessionem nostri
principis (= das *Einfaltigs bedenken*) vel omnia Buceri scripta (quae ad hanc causam
faciant) () limites. Haec enim tam sunt perspicua, ut vel pueri intelligere possint,
excluduntque omnem exorbitationem quam utrique Sacramentarij dextri et sinistri
invehere solent. Sinistros voco qui nimium elevant dei mysteria in Sacramento; dextros
vero qui elementa ipsa vertunt in minima. Scio posse cum bona conscientia consistere
qui hanc sententiam recta fide apprehendit".
[202] Nr.187, s.vorige Anm., 139^r, vgl.137^v (über die „Buceri moderatio"); *supra*,
S.313.
[203] *Glaubensbekenntnis plattdeutsch*, 25^r: (nach Anführung von Bucers Brief vom
22.10.1549) „und iss in sunderen dit (sc.die Bucer'sche Ansicht) de meninghe dat jck
van herten gerne segen dat wij prediker des wordss und de twysstigen kerken mochte,
durch de barmherticheit godss weder toe eyner saliger eyndracht komen want wy
leyder altoe langhe gesanket hebben".

der Konkordien (von Schmalkalden 1530 und von Wittenberg 1536) hinweg unter die Protektion Luthers und Melanchthons zu stellen, wie wir oben auf S.198f. schon sahen. Bucer „ist doch derjenige, der in dem Brief—seinem 'Testament'—, den er als letzten geschrieben hat, sagt, dass er bei der Ansicht bleiben wird, in der er mit dem Herren Dr. Luther zur Übereinstimmung gekommen ist".[204] Hardenbergs Hinweise auf Bucers Teilnahme an der *Konkordie* 1536[205] sprechen für sich.

Dennoch ist Hardenbergs Anschluss an Bucer weitaus mehr als nur Eigeninteresse oder nur ein Suchen von Bundesgenossen im Kampf der Autoritäten um den in der *Farrago* seines Gegenspielers Timann ins Treffen geführten *consensus ecclesiae*.[206] Von innerlicher Verwandtschaft mit Bucer zeugen nämlich die anonymen Entlehnungen, die uns, bei genauem Vergleich beider Schriften, bei Hardenberg begegnen, auch nach seiner Verurteilung von 1561, als die etwaige Notwendigkeit, sich hinter anderen zu verstecken, verschwunden war. Dies wird sich im nächsten Absatz zeigen.

4.2.3 *Anonyme Inanspruchnahmen*

Hardenberg hat öfter Texte oder Gedanken anderer Theologen als Produkt eigener Inspiration ausgegeben, wenn man so will: Plagiat begangen. Wir erinnern uns die Verarbeitung von Velenskýs *Petrus Romam non venisse*, von Gedankengut Zwinglis in Hardenbergs Ansicht der Gotteserkenntnis und der Seligkeit der Heiden, von Bullinger im *Gutachten bezüglich der Täufer* und die direkte Übernahme von Bullingers Kommentar zu 1.Tim 2,4 in Hardenbergs *Praelectio de praedestinatione*. Im nächsten Kapitel über die Beziehungen zu Calvin wird uns noch ein bemerkenswerter Fall von Plagiat begegnen. Die Zahl und das Ausmass der Entlehnungen von Bucer übertreffen jedoch alles andere. In ihm soll sich Hardenberg am meisten erkannt haben. An vier zentralen Stellen in Hardenbergs Schrifttum lassen sich anonym verarbeitete Texte Bucers finden.

---

[204] *Hos sequentes Articulos*, ad 2, 69^v.

[205] *Hos sequentes Articulos*, ad 2, 69^v; *Causae* 7, 78^v; Nr.209, Hinke-Hardenberg, 3.2.[1557]; Nr.225, ders.-Domkapitel, [Juni?.1557]; *Glaubensbekenntnis plattdeutsch*, 18^{r-v}, 20^{r-v}. In der Sammlung *Hardenbergiana* in SA Bremen, 2-ad T.1.c.2.b.2.c.2.b (N°.1) begegnen uns drei Erläuterungen (dazu: *supra*, Anm.144) der *Konkordie* durch Bucer, und eine in HAB Wolfenbüttel, Cod-Guelf.8.6.Aug.2°, 567^{r}ff., alle in Abschrift.

[206] Neuser, 156.

„Bekentenisse met korten worden", [gg.Ostern 1556] = „Ein Summa-rischer vergriff", „Zum xix. ", 1548

Die Herkunft von Hardenbergs auf Verlangen des Bremer Rates um Ostern 1556 in der Sonnabendpredigt abgelegten Abendmahlsbekennt-nis[207] deuteten wir schon oben, S.208f. und S.435f. an. Ein Vergleich der Texte des *Bekentenisse* und des Neunzehnten der 29 Strassburger Glaubenssätze vom Jahre 1548, die Bucer seinem Freund im August 1548 auf seinem Hilferuf zugesandt hatte, lehrt, dass Hardenberg seine Konfession—mit Änderung der ersten Person Plural in die erste Person Singular, um einige Zusätze ergänzt und in niederdeutscher Überset-zung—*verbatim* dem *Summarischer vergriff* entnahm.[208]

Bekentenisse met korten worden[209]	*Ein Summarischer vergriff*, „Zum xix"[210]
„Van den h.Sacramente des Waren Liues unde Blodes geloue ick uth grunde mines harten,	„Zum xix.ist unser glaub und lehre vom h. Sacrament des leibs und bluts des Herren an im selb, das man davon einfaltig glauben und halten solle,
So alse de here suluest unde sine hilligen Apostelen dar uan spreken unde tugen, dat dat brodt dat wy bre-ken unde hilligen, uthdelen unde geneten na des heren beuehl, is in den rechten gebruke de ware gemeinschap des lyues Christi, dat vor uns gegeuen is. Unde de Kelck is de gemenschap synes blodes, dat vor uns vorgaten is. Unde is sulck ein gemeinschap, dar-dorch wi alle tidt mer unde mher synes fleisches und gebentes worden, Ia dat wy mher in ehn und he mher in uns leueth, unde wy in ehn ein lyff und brödt sint.	wie der Herre selb und sein h.Apostel davon zeüget: Das nemlich das brot, das wir da brechen—das ist: heiligen, ausspenden und niessen, wie uns der Herr befolhen—, ist die gemeinschafft des leibs Christi, der für uns gegeben, und der kelch die gemeinschafft seines bluts, das für uns vergossen ist; Und ein solche gemeinschafft, dadurch wir immer mehr seines fleisches, gebluts und gebeins werden, mehr in im und er in uns bleibe und lebe und wir in im ein leib und ein brot sind, also das wir alda mit dem h.bischof und martyr Ireneo und allen alten Apostolischen kirchen und vättern zwei ding im h.Sacrament bekennen:
Also dat ick in den H.Sacramente bekenne unde loue twe vorscheidene dinge, uth welckeren dat H.Sacrament vor einiget is.	

---

[207] HB 8, *Bekentenisse met korten worden*, [gegen Ostern 1556]. Zum Kontext: s.*supra*, S.49.
[208] In einigen autobiographischen Notizen vom Ende 1560 gibt er dies zu: *Notitiae*, 21[v].
[209] HB 8. Die Satzzeichen habe ich gesetzt.
[210] Stupperich, *Bibliographia Bucerana*, Nr.96; in: *BDS* 17, (121-150), 136.

Dat eine is erdesch, we de hilligen olden Veder spreken, Noemlick dat gehilligede Sacramentlicke brodt unde win, de in erer eigenschup der natur unde substantie nicht vorandert en werden. Dat ander is Hammelsch, Noemlick dat warhe lyff und blodt Christi, ia Christus suluest, wahre godt unde minsche, de sick uns dar so gewisse gifft, unsichtlick to einer spise unses vornienden mynschen, als de uthwendige minsche sichtlick dat gehilligede brodt und win entfangen. Doch by also dat de here darumme den hemmel nicht ehn vorleth, ock mit dem Brode unde Wine nicht naturlick vormenget, noch rhumelick darin geschlaten ehn werdt.

Sunder sick unser dar hemmelscher wyse gifft tho einer spise und drancke des ewigen leuendes unde der saligen uperstandinge.

Glikerwisse auerst als dar de twe vorscheidene dinge sint im h.Sacramente, So sint dar ock twe manern van ethen, de weden de arth der Sacramenten is".

ein irdischs brot und wein, die in irer natur und substantz, wie der fromme Bapst Gelasius i. recht bekennet, onverenderet bleiben; Und ein himlischs, der ware leib und das ware blut Christi, das ist unser Herre Christus selb, gantz warer Gott und mensch,

Der den himel drumb nit verlasset, auch mit dem brot und wein nit natürlich vermischet noch reümlich darein geschlossen wirt,

sonder sich uns da himlischer weise gibt zur speis und auffenthalt des ewigen lebens und zur versicherung der seligen auferstendtnus.

Bei solcher einfaltigen, schrifftlichen bekandtnussen lehren wir zu bleiben sein".

„Ultima mea Confessio", [gg.8.8.1560] = „Exomologesis, sive confessio de S.Eucharistia aphoristicos scripta", Th.52, 1550

Als sich Hardenberg im November 1560 mit einem Rehabilitationsgesuch an Domkapitel, Erzbischof, Fürsten und Ständen richtete,[211] schloss er es mit der Wiedergabe einer *omnium ultima mea confessio* ab, mit dem Wunsch: „An dieser Lehre will ich meine gesamte Lehre und alle meine—wann auch immer gegebenen—Bekenntnisse gemessen haben".[212] Der nachstehende Vergleich zeigt, dass die Struktur dieser *Ultima confessio* der *Conclusio* der 54 für a Lasco geschriebenen Thesen oder

---

[211] HB 35, *Declaratio*, [gegen 25.11.1560].

[212] HB 31a, *Ultima mea Confessio*, [gegen 8.8.1560]; „Ad hanc doctrinam referri volo totam meam doctrinam omnesque meas quocunque tempore datas confessiones". Der Text dieser Konfession ist oben, II.6, Anm.282 abgedruckt.

Aphorismen entlehnt ist: *Exomolegesis, sive confessio D.Mart.Buceri de S.Eucharistia in Anglia aphoristicos scripta, Anno 1550.*[213] Möglicherweise empfing Hardenberg diese im Sommer 1549 fertiggestellte[214] Schrift bei seinem Besuch in Cambridge Anfang September 1550 oder in Antwort auf sein Gesuch vom 7.9.1550.[215]

Ultima mea Confessio	*Exomologesis*
	Cf.Th.5:
	„Et praeberi hic atque percipi tria affirmat, symbola, panem et vinum, Corpus et sanguinem Domini, et Confirmationem novi Testamenti atque remissionis peccatorum".
	Th.52, *Conclusio*:
„Tria nobis donari in coena certissime credo.	„Itaque constare existimo in Eucharistia tres res dari et accipi a rite communicantibus mensa Domini:
Unum panem et vinum sacramentalia, quem non tam substantia quam officio in eo usu mutantur.	Panem et vinum in se nihil demutata, sed symbola tantum facta verbis et instituto Domini,
Secundo, Ipsum corpus et sanguinem Domini ()	Corpus ipsum et sanguinem Domini, ut his magis et perfectius communicemus communicatione regenerationis ()
Tertio. Quod hic datur et accipitur est confirmatio noui Testamenti et fidei de gratia Dei, et remissione peccatorum".	Et, confirmationem hinc novi testamenti, remissionis peccatorum, et adoptionis nostri in filios Dei".

Das Sonnengleichnis, 1560 = „In sacra quatuor evangelia, Enarrationes perpetuae", 1536 (zu Mt 26)

Die bekannte Illustration der körperlichen Gegenwart Christi im Abendmahl mit der simultanen Gegenwart der Sonne(nstrahlen) im Himmel und auf Erden zeigte sich auf dem Braunschweiger Kreistag 1561 als der neuralgische Punkt der Hardenberg'schen Abendmahlslehre, dessentwegen sie endgültig als spiritualistisch anathematisiert wurde.[216] Sollte

---

[213] 1561 in einem Sammelband ausgegeben (Stupperich, *Bibliographia*, Nr.105d), 1577 von Conrad Hubert in *Scripta Anglicana* (Bucer, *SA*) (Stupperich, *a.a.O.*, Nr.115) abgedruckt, S.538-545. Zu diesen Aphorismen ausführlicher: *infra*, Anm.235. Ich benutzte die *SA*.

[214] Bucer-Calvin, 14.8.1549, in: *CO* 13, 359: „Mitto theses quasdam datas nuper amico cuidam (sc.a Lasco)"; vgl.Pollet, *Bucer correspondance* 1, 282, Anm.3.

[215] Nr.117, Hardenberg-Bucer, 7.9.1550.

[216] S.*supra*, S.88, 243-245.

Hardenberg nach Chemnitz das Gleichnis Zwingli entlehnt haben,[217] nach Spiegel und Moltmann über Wessel Gansfort und Rupert von Deutz der spiritualistischen Tradition des Mittelalters,[218] tatsächlich ist der fragliche Passus aus Hardenbergs *Summaria Doctrina mea* (14.12.1560) *verbatim* identisch mit Bucers Kommentar zu Mt 26,28 in dem grossen Evangelienkommentar vom Jahre 1536. In Hardenbergs Privatexemplar der Ausgabe von 1553 ist diese Stelle noch unterstrichen.[219]

Summaria Doctrina mea, V/VI, X[220]	*In sacra quatuor evangelia, Enarrationes perpetuae*, 1536[221]
„Quemadmodum sol, uno in orbe coeli visibilis, etiamnun circumscriptus, radiis ipse suis et vivifica luce, vere et essentialiter totus ubilibet orbis et terrae praesens est et exhibetur, Ita nobis corpus Christi, imo totus Christus, etiamsi corpore circumscriptus est in loco, per verbum tamen, et sacra symbola, vere et essentialiter (non autem quantitative, qualitative aut localiter) in coena praesens adest, et exhibetur. Et hanc () exhibitionem, et veram praesentiam, Christianus homo, verbis Domini credens, non minus certo agnoscit et habet, quam oculi vident, et habent solem praesentem".	„Attamen ut sol vere uno in loco coeli visibilis circumscriptus est, radiis tamen suis praesens vere et substantialiter exhibetur ubilibet orbis, ita Dominus etiam si circumscribatur uno loco coeli arcani et divini, id est, gloriae Patris, verbo tamen suo et sacris symbolis vere et totus ipse Deus et homo, praesens exhibetur in sacra coena, eoque substantialiter, quam praesentiam non minus certo agnoscit mens credens verbis his Domini et symbolis, quam oculi vident et habent solem praesentem demonstratum et exhibitum sua corporali luce".

„Glaubensbekenntnis plattdeutsch", [Mitte 1556] = „Ein Summarischer vergriff", 1548, in niederdeutscher Übersetzung

Einen letzten, verblüffenden Fall literarischen Diebstahls und einen unumstösslichen Beweis des bucerischen Gepräges der Theologie

---

[217] S.*supra*, S.389-391.

[218] S.*supra*, S.280f.

[219] Stupperich, *Bibliographia Bucerana*, Nr.288: *In sacra quatuor Evangelia, Enarrationes perpetuae*, 1553³, 185ᵇ, in: BGK Emden, Theol fol 104.

[220] HB 37j, *Summaria Doctrina mea*, 14.12.1560, 151f.

[221] Stupperich, *Bibliographia Bucerana*, Nr.28a: Ausgabe 1536, 491; vgl.*BDS* 6,1, 366³¹-368². Hardenberg kannte das Sonnengleichnis auch aus Bucers Brief an a Lasco, 16.4.1545, in: Pollet, *Bucer correspondance* 1, 227¹³⁻¹⁷, angeführt: *supra*, Anm.111.

Hardenbergs bildet das einzige systematisch-theologische Werk einigen Umfangs (68 S.), das Hardenberg hinterliess: das unpublizierte *Glaubensbekenntnis plattdeutsch*, das wir als Gerüst unserer Darstellung der Theologie Hardenbergs im zweiten Abschnitt dieser Arbeit verwendeten.[222]

Hardenberg gibt diese Schrift, die sich auf Grund inhaltlicher Kriterien auf Mitte 1556 datieren lässt,[223] als eigenes Werk aus: „Ick bekenne und lere", „Ick geloue und lere", „Myn geloue und lere iss", „Desse myne meninghe und leer".[224] Den Abendmahlsabschnitt spickt er mit Abschriften und Übersetzungen von Briefen Luthers und Bucers und mit Reflexionen über seine Unterhaltungen mit beiden in Wittenberg, Strassburg und Cambridge.[225] Das Werk will eine Rechenschaft und Schuldlosigkeitserklärung sein, eine Pazifikationsbasis bieten.[226] Aus nichts geht hervor, dass diese als persönliches Bekenntnis präsentierte Schrift in Wahrheit eine—um eigene Zusätze ergänzte—wortwörtliche niederdeutsche Übersetzung der 29 Artikel von Bucers *Summarischer vergriff* ist, dessen Abendmahlsparagraphen sich Hardenberg schon Ostern 1556 anonym bedient hatte. Zum Beweis geben wir hier nur beider Inhaltsverzeichnisse:

Glaubensbekenntnis plattdeutsch[227]		*Ein Summarischer vergriff*[228]	
I.	Woe her alle leer tho nemen sy.	i.	Waher alle lehre zu nemen.
II.	Die erkantenisse gotss und Christj.	ii.	Die erkantnus Gottes und Christi.
III.	Erkentenisse des menschen.	iii.	Erkantnus des menschens.

---

[222] S.die Vorbemerkung zum II.Abschnitt, Hardenbergs Theologie, *supra*, S.117.

[223] *Supra*, I.3, Anm.148.

[224] Z.B.*Glaubensbekenntnis plattdeutsch*, 3ʳ, 6ᵛ, 13ʳ, 16ʳ, 17ᵛ.

[225] *Glaubensbekenntnis plattdeutsch*, 17ᵛ-28ʳ; s.die Darstellung *supra*, S.194-199.

[226] *Glaubensbekenntnis plattdeutsch*, 27ʳ-28ʳ: „(Soe vele secht die werdighe vader luterus.) Nu bidde ick umme got () dat men dessen raet doch in dessen boesen, swinden tijden volgen wolde, und eyn den anderen in der lieue verdraghen ter tyt dat man mochte tho samen koemen in eyn algemeyn colloquium der christgelerden predicanten, und daer () eyne clare christelike eynvoldighe und scrifftelike forme stellen, daer allen kerken und vrome christelike lererss mochte () mede tho vreden wesen, wyl myn arme ellende biddent hier nicht helpen, und iss de torne godss soe auer unss verwerket, dat wy ia den anderen beten und vreten wilt, soe wil ick hier dannoch myne unschult gedaen hebben, und desse meninghe gestellet, want ick desse tyt nene einuoldiger simpeler und beter en vinde, doch en wil jck nemande voeordelen".

[227] HB 10, *Glaubensbekenntnis plattdeutsch*, [Mitte 1556].

[228] Stupperich, *Bibliographia Bucerana*, Nr.96, in: BDS 17, 121-150.

IV.	Ware row weder de Sunde.	iiii.	Ware rewe der sünden.
V.	Unse Rechtferdinghe und verloesinghe.	v.	Unser erlösung und rechtfertigung.
VI.	De ware geloue.	vi.	Der ware glaube.
VII.	Dat vertrauwent op got.	vii.	Das vertrawen uff Gott.
VIII.	Doedinghe dess olden Adammess.	viii.	Tödtung des alten Adams.
IX.	Gebreck an aller unser gerechticheit.	ix.	Gebrechlicheit un[d] mangel an aller unserer gerechtigkeit.
X.	Beloninge der güeden werke.	x.	Belonung guter wercken.
XI.	De christelike gemeende.	xi.	Die Christliche gemeinde.
XII.	Van den erwelen der deneren in der gemente.	xii.	[Die Leitung der Gemeinde.]
XIII.	Episkopos et presbyteros.	xiii.	[Die Leitung der Gemeinde.]
XIV.	Die dieners hebben euen groet gewalt.	xiiii.	[Die Leitung der Gemeinde.]
XV.	Doepe.	xv.	[Die Taufe.]
XVI.	Wat de doepe sy beide olden und kinderen.	xvi.	[Die Taufe.]
XVII.	Hant üp leggen den jongen lüeden.	xvii.	[Die Konfirmation.]
XVIII.	Vom hilligen auentmale Christi.	xviii.	Vom heiligen Abendmal.
XIX.	Wat dat Sacrament in sick seluen sij.	xix.	[Das Abendmahl.]
XX.	Boettucht der christen.	xx.	Die buszucht.
XXI.	Van den h.ehestant.	xxi.	Von der heiligen Ehe.
XXII.	Dagelike versamlinge.	xxii.	[Die täglichen Versammlungen.]
XXIII.	Sonnendagss feyr.	xxiii.	Von feirtagen.
XXIV.	Gedechtenisse der hilgen.	xxiiii.	Gedechtnussen der Heilgen.
XXV.	Van waren christeliken vasten.	xxv.	Von Christlichem fasten.
(Hier bricht das Bekenntnis ab.)		xvi.	Von besuchung der krancken.
		xvii.	Von den Verscheidenen.
		xviii.	[Die Gemeinschaft der Kirchen.]
		xix.	Von der oberkeit.

In seiner Einleitung zur Neuausgabe des *Summarischer vergriff* bemerkt W.Bellardi in bezug auf die Schrift: „Über ihre Nachwirkungen in der Bekenntnisentwicklung des Protestantismus kann man nur Vermutungen aussprechen, solange nicht genaue Einzeluntersuchungen angestellt sind".[229] Mit der Identifikation des *Glaubensbekenntnis plattdeutsch* kommen wir einer dieser Nachwirkungen des *Vergriff* auf die Spur, und zwar im nordwestdeutschen Raum in der konfessionellen Entwicklung des

[229] *BDS* 17, 115.

Melanchthonianismus zum deutschen Reformiertentum: über Hardenberg und obendrein über den Grafen Christoph von Oldenburg und den Hamburger Superintendenten Joachim Westphal.

In einer autobiographischen Darstellung der Bremer Abendmahls-kontroverse vom November 1560 gesteht Hardenberg nämlich: als Graf Christoph, Senior des Domkapitels, seinen Domprediger beim Ausbruch des Streits—um Ostern 1556—um „eine Summe der christlichen Lehre" gebeten hätte, „so gab ich ihm eine der Kirchen in Strassburg", und als „seiner Gnaden begehrte, ich solle sie in das Sächsische übertragen lassen", so habe er, Albert, sie durch (den Bremer Notar) Johann Ristede übersetzen lassen.[230] Mit dem Abendmahlsartikel dieser für Christoph bestimmten Summe bereitete Hardenbergs Hausgenosse Elard Segebade seinem Gastgeber darauf die bekannte Tragödie,[231] indem Segebade sich des Artikels bemächtigte und ihn Westphal zuschanzte, worauf dieser die—angeblich von Hardenberg selber stammende[232]—Schrift in grossem Umfang verteilte. Offensichtlich bildete die von Graf Christoph verlangte sächsische Übersetzung der „Summe der kerken tho Strasberg" die Vorlage zu Hardenbergs *Glaubensbekenntnis plattdeutsch*.

Dies wirft neues Licht nicht nur auf den Grafen, dessen Qualifikation als „zum Zwinglianismus tendierend"[233] im Licht seiner Beziehungen zu Hardenberg schon der Berichtigung bedurfte: in der von Hardenberg vorgelegten Summe öffnet er sich dem direkten Einfluss Bucers. Darüber hinaus bringt unser Befund neues Licht in den Bremer Abendmahlsstreit, indem sich herausstellt, dass das von Segebade entwendete und von Westphal verteilte Schriftchen Hardenbergs—einer der Katalysatoren im Streit—tatsächlich vom Strassburger Reformatoren herrührt.

So lässt sich in Antwort auf die Aporie Bellardis der *Summarischer vergriff* als eine der Komponenten der reformierten Konfessionalisierung in Sachsen bestimmen, womit zugleich das Kolorit des Philippismus um eine neue Schattierung bereichert ist.[234]

---

[230] *De controversia*, 710f.

[231] *Supra*, S.68f.

[232] Als sich herausstellte, dass das Schriftchen zu seinen Ungunsten wirkte, leugnete Hardenberg seine Urheberschaft: Nr.224, Hardenberg-Domkapitel, 23.6.1557, 725: „Nu weren der Predicanten thwe vorhen all tegen my hen to Hamborgh gewest, ende mi met einer fremden schrifft verclaget, als scholde se de mine sin, wie se nicht en was"; Nr.187, ders.-Medmann, 8.8.1556, 147^v: „cartam () quasi meam".

[233] Krumwiede, *Glaube und Politik*, 29, im Zusammenhang mit der von Christoph geplanten Entlastungsaktion für die Hugenotten, s.*supra*, S.95f.

[234] Ergänzung zu Koch, *Philippismus*, 67-73: „Das Eigenprofil des Philippismus".

4.2.4 *Systematischer Vergleich beider Abendmahlslehren*

Das Vorstehende macht einen systematischen Vergleich der Abendmahlslehren Bucers und Hardenbergs zur Prüfung etwaiger Interdependenz
geradezu überflüssig, es sei denn, man möchte noch feststellen, dass auch
mit der von Bucer selber für repräsentativ gehaltenen Fassung seiner
Abendmahlsanschauung—laut seines Testaments:[235] die *Retractatio de
Coena Domini*, 1536[236] und die *Exomologesis sive confessio de S.Eucha-
ristia*, 1550[237]—Hardenbergs Abendmahlslehre tatsächlich völlig
kongruiert. Die *Retractatio* war Hardenberg bekannt, die *Exomologesis*
offenkundig auch.

„Retractatio de Coena Domini", 1536; „Exomologesis", 1550

In der *Retractatio* verantwortet Bucer die Änderung in seinem Denken
infolge seiner Kontakte mit Luther. Luther und Zwingli werden

---

[235] *D.Martini Buceri piae memoriae testamento*, 23.1.1548, in: Bucer, *SA*, den
ersten Seiten, nicht paginiert; auch in: Harvey, *Bucer*, 162-170. Vgl.Baum, *Capito
und Butzer*, 569-574. Die fragliche Stelle lautet: „Item de praesentia Christi in sacra
coena, et vi atque efficacia Domini in verbo, et sacramentis: quibus de rebus fidem
meam professus sum in Retractationibus meis in Matthaeum, ampliusque conscribere
coepi ad doctissimum, ac generosum Dominum a Lasco", in: Bucer, *SA*; Harvey,
Bucer, 165. Im Kodizill vom 22.2.1551 beharrt Bucer auf den im Jahre 1548
Festgelegten: Bucer, *SA*; Harvey, *Bucer*, 171. Bisher war nur eine an a Lasco
gerichtete Schrift Bucers bekannt, und zwar die durch Bucers Tod unvollendete
Responsio Buceri ad I.a.Lasco, in: Pollet, *Bucer correspondance* 1, 285-296. Störend
ist der Fehler Pollets, *a.a.O.* 1, 284, als er meint, dass Bucers Bemerkung „ampliusque conscribere coepi ad doctissimum () Dominum a Lasco" aus dem Kodizill vom
Jahre 1551 stammt; dann könnte sich das „coepi" nur auf die unvollendete *Responsio*
(1551) beziehen (Bucer fing erst einige Wochen vor seinem Tod mit dem Schreiben
der *Responsio* an: a Lasco-Bullinger, 10.4.1551, in: Kuyper 2, 648). Bucers
Bemerkung stammt jedoch aus dem Testament von 1548. Nun geht aus dem Schluss
der *Responsio* (1551) hervor, dass diese geschrieben wurde „in expansione *Aphoris-
mum* eius de sacramento eucharistiae" (Pollet, *a.a.O.* 1, 296); mit Recht meint Pollet,
a.a.O., damit soll auf die *Exomologesis, sive confessio de S.Eucharistia in Anglia
aphoristicos scripta*, 1550 verwiesen sein. Laut eines Briefes Bucers an Calvin vom
14.8.1549 („Mitto theses quasdam datas nuper amico cuidam (sc.a Lasco)", in: *CO*
13, 359) wurde die 54 Thesen zählende *Exomologesis* wahrscheinlich im Sommer 1549
vollendet, so dass es glaubhaft ist, dass Bucer 1548 in seinem Testament diese Schrift
gemeint hat. Jedenfalls drückt sie Bucers Auffassung prägnant aus, wie auch Harvey,
Bucer, 55 bemerkt.
[236] Bucer, *In sacra quatuor evangelia, Enarrationes perpetuae*, 1536, 483-492;
auch in Bucers *Novissima confessio*, 1562 (s.*supra*, Anm.140), C3ª-D1ª.
[237] S.*supra*, Anm.213.

rehabilitiert. Luther verdankt er eine positivere Achtung vor den Gnadenmitteln,[238] mit Zwingli betont Bucer das Werk Christi durch den Heiligen Geist im Abendmahl.[239] Die Schrift ist kennzeichnend für Bucers von Hardenberg gelobte *via media* zwischen beiden.

Die *Exomologesis* zeigt, wie sehr das Abendmahl für den Strassburger Mysterium Christi ist, wofür nur die Anwendung der Worte des Heiligen Geistes geeignet ist.[240] These 41 fasst den Kern seiner Anschauung zusammen: „Auf Grund hiervon meine ich, dass es deutlich ist, dass es mit der göttlichen Schrift übereinstimmt und unserer Verehrung würdig ist für Gott und seine Schriften, ja, für die ganze alte Kirche, wenn wir sagen (uns schickend in die Worte des Herren, der Apostel und der alten Kirche):

(1.) dass gegeben und empfangen wird

(2.) der wahre Leib und das wahre Blut des Herren, das ist Christus selbst, Gott und Mensch,

(3.) dass gegeben wird durch das Wort und die Wahrzeichen,

(4.) jedoch empfangen wird durch den Glauben,

(5.) und dass er gegeben und empfangen wird, damit wir mehr und mehr in ihm bleiben und leben, und er in uns".[241]

In allen Teilen dieser Definition und ihrer Ausarbeitung stimmt Hardenberg mit Bucer völlig überein. Zum Beweis dafür sei auf die Überblicke über Hardenbergs Sakraments- und Abendmahlslehre in II.5 und II.6 (Ergebnisse) verwiesen.

(1.) Die Begriffe „gegeben und empfangen werden" beziehen sich auf das aktive und passive Element im Abendmahlsgeschehen; Christus ist Subjekt, der „wichtigste und wirksame Spender"; das Amt ist Diener.[242] Der Empfang und die Gemeinschaft der Gläubigen ist von der legitimen Spendung bedingt.[243] A Lascos Begriff Versiegelung („obsignatio") fehlt; im Vergleich zum Geben und Empfangen („dare et accipere") im Evangelium gibt es im Abendmahl auch ein Bestärken und Wachsen

---

[238] Bucer, *In sacra quatuor evangelia, Enarrationes perpetuae*, 1536, 484f.

[239] Bucer, *In sacra quatuor evangelia, Enarrationes perpetuae*, 1536, 485.

[240] Bucer, *Exomologesis*, Th.1-4, 9f., 12-14, 16, 25, 28, 31f.; ders., *SA*, 538-541.

[241] Bucer, *Exomologesis*, Th.41; ders., *SA*, 543: „Ex his existimo perspicuum esse, Scripturae divinae esse consentaneum, et dignum religione nostra in Deum et Scripturas eius, inquam totam veterem Ecclesiam ut (accommodantes nos verbis Domini, Apostoli, et veteris Ecclesiae) dicamus, dari et accipi corpus et sanguinem Domini verum, id est, Christum ipsum Deum et hominem; dari autem verbo et symbolis; percipi vero fide; et dari eum et percipi, ut plenius maneamus et vivamus in eo, et ille in nobis".

[242] Bucer, *Exomologesis*, Th.43f.; ders., *SA*, 543.

[243] Bucer, *Exomologesis*, Th.8, 43; ders., *SA*, 539, 543.

(„confirmare et augeri").[244] Vgl.*supra*, II.6.2 *sub* 5 und 6; II.6.7; II.6.8 *sub* 9.

(2./5.) Die Gabe des Abendmahls ist die Gemeinschaft nicht nur mit Christi Gaben (Zürich), sondern mit Christus selbst, Gott und Mensch.[245] Ihre Frucht ist die Gemeinschaft mit Christus und allen Heiligen: die Vereinigung mit seinem Leib.[246] Die Christologie der *Exomologesis* ist orthodox-chalcedonensisch; das „Extra Patristicum" wird gelehrt;[247] betreffs des Ortes des Leibes Christi soll man sich an die Schlichtheit des Gotteswortes halten.[248] Vgl.*supra*, II.6.8 *sub* 5, 6, 9, 11.

(3./4.) Die Erörterung des dritten und vierten Elements enthält das Eigene der Bucer'schen Abendmahlsauffassung. Die Gegenwart Christi ist nicht eine „Gegenwart des Ortes, des Sinnes, der Vernunft, der Erde, sondern eine Gegenwart des Geistes, des Glaubens und des Himmels". Im Abendmahl werden zwei Sachen gegeben und empfangen: eine irdische—die Symbole—und eine himmlische—der Leib, das Blut und die Gemeinschaft Christi (Irenäus). Von der himmlischen Sache sind die irdischen Sachen die exhibitiven Zeichen (vgl.Joh 20,22).[249]

Das Abendmahl ist nicht *ex se*, sondern nur *fide* effektiv: Christus wird „nicht durch die Sinne, nicht durch die Vernunft, sondern durch den Glauben" empfangen.[250] Der Dualität Zeichen/Sache entspricht zweierlei Niessung, die eine körperlich, die andere geistlich. Denn der Herr ist nicht fleischlich und natürlich, sondern wahrhaft und substantiell gegenwärtig.[251] Das Demonstrativum *hoc* in den Einsetzungsworten verweist auf zweierlei: „die Sinne auf das Brot, den Geist auf Christi Leib".[252] Die sakramentale Union ist eine *coniunctio pacti sc. exhibitivi*; ausser dem Gebrauch und ohne Glauben fällt diese Verbindung weg. Die *manducatio impiorum* gibt es also nicht; die *indigni* empfangen das Abendmahl zu ihrem Gericht.[253] Vgl.nur *supra*, II.5.1 und II.6.8 *sub* 2-4, 7f., 10.

Es gelingt Bucer nicht, präzise zu definieren, worin die *unio sacramentalis* zwischen Zeichen und exhibierter Sache besteht. Mit Bornert ist

---

[244] Bucer, *Exomologesis*, Th.42; ders., *SA*, 543.
[245] Bucer, *Exomologesis*, Th.5, 41, 52; ders., *SA*, 538, 543-545.
[246] Bucer, *Exomologesis*, Th.7f.; ders., *SA*, 538f.
[247] Bucer, *Exomologesis*, Th.15, 17-19, 36; ders., *SA*, 539f., 542.
[248] Bucer, *Exomologesis*, Th.27, 30; ders., *SA*, 541.
[249] Bucer, *Exomologesis*, Th.20, 45, 53f.; ders., *SA*, 540, 543, 545.
[250] Bucer, *Exomologesis*, Th.9, 22, 33f.; ders., *SA*, 539f., 542.
[251] Bucer, *Exomologesis*, Th.38-40, 46; ders., *SA*, 542-544.
[252] Bucer, *Exomologesis*, Th.50; ders., *SA*, 544.
[253] Bucer, *Exomologesis*, Th.47-49; ders., *SA*, 544.

das als die „transcendance d'un mystère inexprimable" zu bezeichnen.[254]
Das Meritum der Bucer'schen *exhibitio*-Lehre besteht nach ihm in dem
Versuch, zu „articuler un signifiant fini avec un signifié infini". Wegen
der Verheissung Christi wird die „distinction" zwischen Sichtbarem und
Unsichtbarem keine „dissocation"; umgekehrt verhindert die Transzendenz der Gnade, dass ihre gegenseitige Integration eine „connexion
absolue" wird.[255] Eben das haben wir oben, II.6.8 *sub* 7, als das Herz
auch der Hardenberg'schen Abendmahlslehre herausgestellt.

4.3 *Schluss*

Unser Schluss kann kurz sein.
1. Im Licht der mündlichen und brieflichen Kontakten Hardenbergs mit
Bucer, laut seiner Kenntnis des Schrifttums Bucers sowie aufgrund
sowohl seiner eigenen Zeugnisse wie unseres Vergleichs seiner Schriften
und Theologie mit denjenigen Bucers, d.h.auf Grund von sowohl
subjektiven wie objektiven Kriterien erscheint nicht nur Hardenbergs
Abendmahlslehre, sondern auch das Konzept seiner ganzen Theologie als
völlig bucerisch. Beim Strassburger Freunde findet Hardenberg Kanon
und Matrix seiner Theologie. Dies soll nicht nur seinem Bedürfnis
dienen, sich unter die Protektion jenes Theologen zu stellen, der sich
einmal mit Luther einverstanden erklärt hat, sondern zeugt vor allem von
tatsächlicher Geistesverwandtschaft mit und Abhängigkeit von ihm.
2. Dieser Befund rechtfertigt den Untertitel unserer Studie: *Profil eines
Bucer-Schülers.*
3. In seiner Studie über die Tätigkeit des Emder Presbyteriums 1557-
-1562 stellt Schilling fest, dass in Emden die Theologie Bucers—und
zwar in der Person Gellius Fabers, der eine Bucer verwandte Grundposition vertrat—im Moment des aufziehenden orthodoxen Konfessionalismus
längerzeitig keine Chancen der Selbstbehauptung hatte.[256] Dieser Schluss
lässt sich jetzt leicht berichtigen, was Emden anbetrifft und darüber
hinaus auch hinsichtlich Bremen und Sachsen. Der Differenzierung der
Melanchthonschülerschaft, der Bildung des sgn.Kryptocalvinismus in
Sachsen, dem Übergang der Stadt Bremen zum reformierten Kirchentum
sowie der Konsolidierung der flexiblen, konfessionell relativ offenen

---

[254] Bornert, *Culte*, 321.
[255] Bornert, *Culte*, 321f.
[256] Schilling, *Kirchenzucht*, 323f.

Grundhaltung des Emder Ministeriums vor dem Antritt Menso Altings liegt—über Albert Hardenberg—wesentlicher Einfluss Bucers zugrunde.

Konfrontieren wir Hardenberg zum Schluss im nächsten Kapitel noch mit einem anderen von Bucer beeinflussten Theologen: Calvin.

Ergebnisse III.4

1. J.V.Pollet wurde als Erster und bisher Einziger der Abendmahlslehre Hardenbergs gerecht, als er—allerdings vorschnell und ohne schlagende Beweisführung—Hardenberg als „avocat de la tradition bucérienne en matière eucharistique" und als „plus qu'un allié, un disciple" bezeichnete (1958, 1985). Der vorangehende Abschnitt erbringt den Beweis für die Richtigkeit der These Pollets.
2. Richtungweisend für Hardenbergs Werdegang ist der Aufenthalt von mehr als einem Vierteljahr in Bucers Hause ab Juni 1544, nachdem sich die beiden wahrscheinlich im März desselben Jahres auf dem Speyerer Reichstag kennengelernt hatten. In Strassburg wird Hardenberg Bucers hochgeschätzter Freund, der ihm bei der Übersetzung und Veröffentlichung einiger Schriften zur Kölner Reformation (*Einfaltigs bedenken* und *Bestendige Verantwortung*) zur Hand geht. Das ganze Spektrum der Theologie wird diskutiert, besonders auch die Abendmahlslehre Calvins und Bucers, wobei Hardenberg von seinem Freund die Forderung nach der *simplicitas doctrinae* übernimmt. Nach vergeblichen Versuchen treffen sich beide nur noch im September 1550 in Cambridge (4.1.1).
3. Dem Strassburger Aufenthalt folgt ein intensiver schriftlicher Gedankenaustausch (25 Briefe, wovon 16 erhalten) über die Kölner Reformation, die Unionsbestrebungen mit der Schweiz und a Lasco, das zweite Regensburger Kolloquium, Hardenbergs Reformen in Linz und Kempen und seine Arbitrage in Wesel (1545: 9 Briefe), über Bucers Abendmahlslehre (1546: 1 Brief), sowie über das Interim, die englische Reformation, die Kirchenzucht und das Abendmahl (1548-1550: 6 Briefe). Der Briefwechsel stellt Hardenberg als Bucers Vertrauensmann in religiös-politischen Angelegenheiten dar, als seinen Vorposten im Rheinland, als Vermittler in Richtung Zürich und als einen in der Abendmahlslehre ganz nach Strassburg und Cambridge orientierten Anhänger (4.1.2).
4. Dieser Orientierung entspricht eine weitgehende Bekanntschaft mit Bucers Schrifttum. Sind Hardenberg u.a. als Übersetzer der Kölner Schriften die Umrisse der Theologie Bucers im allgemeinen geläufig,

kennt er als Benutzer von etwa 15 anderen Werken—von denen er 11 Stück besitzt—die Details der exhibitiven, pneumatologischen Abendmahlslehre Bucers insbesondere (4.2.1).

5. Hardenbergs Zustimmung zu Bucers *Summarischer vergriff* (1548), seine offenen Bezugnahmen (1556) auf den Kölner Reformationsentwurf, auf Bucers Kommentar zu Mt 26 und auf das als Kurzfassung seiner eigenen Abendmahlsanschauung ausgegebene *Bekenntnis der Strassburger Prediger*, die Zusammenstellung der apologetisch bezweckten *Collectanea Buceriana* (1557), sowie seine Behandlung von Bucers—für die Kodifikation einer geradewegs von Christus und Paulus herrührenden Abendmahlslehre gehaltenen—Abendmahlsbriefen (1546/48/49/51), bilden die unmissverständliche theologische Selbstdarstellung als Bucer-Schüler. Hardenbergs zahlreiche Einverständniserklärungen mit der als Einigungsgrundlage in der Abendmahlskontroverse erlebten vermittelnden Stellungnahme des „Vertreters der mittleren Ansicht" („mediae sententiae patronus") sind insoweit nicht ohne Eigeninteresse, als sie seinem Versuch dienen sollen, sich zur konfessionellen Beglaubigung seiner Abendmahlslehre über den Bucer der Konkordien hinweg unter die Protektion Luthers und Melanchthons zu stellen (4.2.2).

6. Von tatsächlicher innerlicher Verwandtschaft mit dem Strassburger zeugen darüber hinaus Hardenbergs anonyme Entlehnungen aus Bucers Werken, und zwar:

- in seinem *Bekentenisse met korten worden*, [1556] (eine niederdeutsche Übersetzung von Bucers *Ein Summarischer vergriff*, „Zum xix", 1548);
- in seiner *Ultima mea Confessio* [1560] (entspricht Bucers *Exomologesis*, Th.52, 1550);
- im bekannten Sonnengleichnis, 1560 (entspricht Bucers *In sacra quatuor evangelia*, 1536, zu Mt 26,28);
- und vor allem in dem als persönliche Rechenschaft präsentierten systematisch-theologischen *Glaubensbekenntnis plattdeutsch*, [1556] (eine niederdeutsche Übersetzung von Bucers *Ein Summarischer vergriff*, 1548).

Indem Westphal 1556 den Abendmahlsparagraphen dieses letzten *Glaubensbekenntnisses*—einen der Katalysatoren im Bremer Abendmahlsstreit—in grossem Umfang verteilt, macht sich über Hardenberg direkter Einfluss Bucers in der reformierten Konfessionalisierung Sachsens geltend (4.2.3).

7. Ein systematischer Vergleich lehrt, dass auch mit der von Bucer selber für repräsentativ gehaltenen Fassung seines pneumatologisch-ekklesiologischen sowie exhibitiven Abendmahlsverständnisses—die *Retractatio de*

Coena Domini, 1536 und die *Exomologesis*, 1550—Hardenbergs Abendmahlslehre völlig kongruiert (4.2.4).

8. Diese aufgrund subjektiver und objektiver Kriterien gewonnene Erkenntnis hinsichtlich des bucerischen Gepräges in Gehalt und Gestalt von Hardenbergs Theologie im allgemeinen und seiner Abendmahlsanschauung insbesondere, rechtfertigt den Untertitel dieser Studie: *Profil eines Bucer-Schülers* (4.3).

KAPITEL 5

GENF: CALVIN

Angesichts des Einflusses, den Bucer auf Calvin ausübte,[1] liegt eine
gewisse Übereinstimmung *in theologicis* zwischen Calvin und dem
Bucer-Schüler Hardenberg auf der Hand. In gedrängter Form werden
nacheinander zur Sprache gebracht: das Urteil der Literatur (5.1), die
Kontakte (5.2), der Briefwechsel (5.3) und das theologische Verhältnis
zwischen Hardenberg und Calvin (5.4).

5.1 *Das Urteil der Literatur*

Die—überwiegend ältere—Literatur hat vereinzelt, und zwar mit mehr
Entschiedenheit als Argumentation, einen Anschluss Hardenbergs an den
genferischen Theologen angenommen. Am prononciertesten ist die
Ansicht von Rutgers (1898), Hardenberg habe sich bei seinem Austritt
1543 „mit grosser Entschiedenheit" Calvin angeschlossen und blieb „sein
Freund und Geistesverwandter, auch als Prediger in Bremen und
Emden".[2] Obwohl sich beiden nicht persönlich kannten, sei Calvin für
Hardenberg „der Lehrmeister und Führer wie kein andrer" gewesen. Nur
Hardenbergs in den *CO* ediertes Konsultationsschreiben an Calvin vom
24.3.1545 soll dies begründen.[3] Wie Rottländer (1892)[4] bezeichnet van
Schelven (1911) Hardenbergs Konfession vom Jahre 1548 als „wesentlich
reformiert". Hardenberg „war bestimmt der schweizerischen Reformation
zugetan. Dass er dabei vor allem bullingerianisch, mehr oder weniger

---

[1] Ein Überblick über die Literatur zu Calvins Beziehung zu Bucer bis 1960 in:
Hartvelt, *Verum corpus*, 158-164. Nach 1960: van 't Spijker, *De ambten*, 317-321;
ders., *Prädestination bei Bucer und Calvin*; ders., *Influence of Bucer on Calvin*; ders.,
Lehre vom Heiligen Geist; de Kroon, *Predestinatie*; ders., *Bucer und Calvin*; Neuser,
Bucers Bedeutung, 81; Augustijn, *Calvin in Strasbourg*.
[2] Rutgers, *Calvijns invloed*, 11, ohne Beweisführung (übersetzt). Vgl.Niepoth,
Evangelische, 27: „Während seiner Bremer Zeit und späterhin blieb er ihm treu
verbunden", unter Bezug auf Müller-Diersfordt, *Calvinismus*.
[3] Rutgers, *Calvijns invloed*, 103; Nr.37, Hardenberg-Calvin, 24.3.1545.
[4] Rottländer, 11f., aufgrund einer partiellen Übereinstimmung mit dem *Consensus
Tigurinus*, 1549.

anti-calvinistisch gewesen sein sollte, stimmt nicht. Bereits 1545 stimmte er ganz mit Calvin überein".[5] Schon Planck (1798) hatte—dogmengeschichtlich wenig nuanciert—festgestellt, Hardenberg habe den Mittelweg zwischen Luther und Zwingli beschritten, „den Kalvin erfunden und damahls schon so manche deutsche Theologen gebilligt".[6] Schmid (1868)[7] und Hardenbergs Biograph Spiegel (1869)[8] kamen tatsächlich noch nicht über diese Beobachtung hinaus.[9]

5.2 Kontakte

Anders als im Fall Bucer ist es zu einer Begegnung zwischen Calvin und Hardenberg (gegen die anfängliche Absicht des Letzteren)[10] nie gekommen. Ihr Kontakt beschränkt sich auf eine äusserst spärliche Korrespondenz—zwei Briefe von Calvin, einen von Hardenberg, einige verlorengegangene unbeantwortete Briefe an Calvin[11]—sowie auf die Lektüre einiger Schriften Calvins.

Hardenbergs Bibliothek enthält zehn Werke Calvins, unter welchen den *Libellus de coena Domini*, 1545 (= *Petit traicté de la saincte cene*, 1541),[12] den *Catechismus, sive Christianae religionis institutio*, 1538

---

[5] Van Schelven, *Hardenberg*, 1024f. (übersetzt). In *BWPGN* 3, 507 heisst Hardenberg Geistesverwandter Calvins.

[6] Planck, *Lehrbegriff*, 170, Anm.236; zu diesen Theologen zählt Planck u.a. a Lasco, Bucer und Musculus, *a.a.O.*, 202.

[7] Schmid, *Kampf der lutherischen Kirche*, 191-194: „die Erklärungen Hardenbergs laufen alle auf die Schweizerische Lehre hinaus", wie im *Consensus Tigurinus* enthalten. Hardenberg vertrat den Kryptocalvinismus.

[8] Spiegel, 327: „nicht die lutherische, sondern die melanchthonische Anschauung finden wir bei ihm" (scil.Hardenberg). „Dass aber, wie Melanchthon und Kalvin, so auch Hardenberg und Kalvin wesentlich Eins waren in ihren Anschauungen vom Abendmahle, ist ebenfalls kaum zu bezweifeln und so tritt uns in Hardenberg ein Unionstheolog im Reformationszeitalter entgegen, der das Unglück hatte, seiner Zeit voraus zu sein".

[9] Das gilt ebenfalls für die auch übrigens fehlerhaften Lexikon-Artikel von: Franzen, *Hardenberg* (1960), 5 („Zu Luther fand er kein Verhältnis, sondern fühlte sich J.Calvin verbunden"); Jellema, *Hardenberg* (1974), 450 („Calvinistic views") und Suelzer, *Hardenberg* (1979), 1609 („Crypto-Calvinist doctrine").

[10] Nr.37, Hardenberg-Calvin, 24.3.1545, 49: „Pars magna meae illius aestivae profectionis (scil.Ende 1544) erat ut cum doctis super ea quaestione conferrem, at quidem tecum hoc non segniter".

[11] S.Korrespondenz, Verzeichnis der Absender und Adressaten.

[12] In BGK Emden, Theol 8° 447, mit Randbemerkungen Hardenbergs und a Lascos und einer Widmung an Ambrosius Blarer; in: *OS* 1, 499-530.

(= *Instruction et confession de foy*, 1537)[13] und den *Catechismus Ecclesiae Genevensis*, 1542/1545,[14] sowie die zweite Ausgabe der *Institutio*, 1539.[15] Aus dem Baseler *Catechismus* 1538 und der *Institutio* gewinnt Hardenberg die Einsicht, dass Christus im Sakrament vom Gläubigen wahrhaft, doch geistig empfangen wird, so gesteht er Calvin im März 1545.[16] Die *Institutio* gefällt ihm sehr („valde placet"), meldet er im August 1548 a Lasco, dessen Exemplar er geliehen hat;[17] er will es keineswegs ungelesen zurückgeben.[18] Zu seinem grossen Bedauern verliert Hardenberg im April 1549 sein eigenes Exemplar.[19] Freilich wird die *Institutio* nur einmal (und zwar anonym) in Hardenbergs Schrifttum angeführt.[20]

Andere Calvinschriften aus Hardenbergs Sammlung sind die *Responsio ad Sadoletum*, von 1539,[21] die Schriften gegen Servet, von 1554,[22] Pighius, von 1543[23] und Heshusen, von 1561,[24] sowie die Kommentare

---

[13] In: BGK Emden, Theol 8° 528, mit Inschrift: „ex donatione Driandri Hispanj 1541" (Francisco de Enzinas); in: *OS* 1, 378-432.

[14] In: BGK Emden, Theol 8° 529; in: *OS* 2, 59-151.

[15] In: BGK Emden, Theol fol 126, mit Marginalien a Lascos und Hardenbergs; vgl.Kochs, *Bibliothek* 2, 23, 37; in: *CO* 1.

[16] Nr.37, Hardenberg-Calvin, 24.3.1545, 48: „Quam videbar mihi satis aperte ex Institutione tua didicisse, deinde et ex Catechismo tuo in quo lego verum Christum sumi in coena sed spirituali convectione qua homo fidelis sit contentus. Id ego pro oraculo habebam...".

[17] Nr.80, Hardenberg-a Lasco, 12.8.1548: „Calvinum tuum tibi brevi remittam nunc non quod mihi valde placet".

[18] Nr.84, Hardenberg-a Lasco, [nach 5.9.1548]: „deinde remitterem quam primum cum Calvino tuo qui propter negotia mea hactenus me tardat".

[19] Nr.101, Hardenberg-Henricus [Buscoducensis?], 4.1549, s.*supra*, III.1, Anm. 18.

[20] In seiner Erörterung der Frage „an Petrus Romam venisse", Nr.135, Hardenberg-NN, [1551?], zitiert er aus der Ausgabe von 1559 Calvins Wiedergabe von Velenskýs *Petrum Romam non venisse*, 1520, s.*supra*, S.270f.

[21] In: BGK Emden, Theol 8° 528, in: *OS* 1, 437-489.

[22] *Defensio orthodoxae fidei de sacra trinitate, contra prodigiosos errores Michaelis Serveti Hispani*, 1554 (*CO* 8, 453-644), in: BGK Emden, Theol 8° 442.

[23] *Defensio sanae et orthodoxae doctrinae de servitute et liberatione humani arbitrii adversus calumnias Alberti Pighii Campensis*, 1543 (*CO* 6, 225-404), in: BGK Emden, Theol 4° 187, Geschenk des Basilius Revellius (Revetrius?) auf dem Speyerer Reichstag 1544; vgl.Kochs, *Bibliothek* 2, 40.

[24] *Dilucida explicatio sanae doctrinae de vera participatione carnis et sanguinis Christi in sacra coena ad discutiendas Heshusii nebulas*, 1561 (*CO* 9, 457-524), mit Widmung von Beza: „D.D.Alberto Hardenbergio Sebast.Theo d.d.", in: BGK Emden. Vgl.Kochs, *Bibliothek* 2, 42; Baum, *Beza* 2, 131ff.

zum Johannesevangelium und dem 1.Korintherbrief.[25] Überdies war
Hardenberg die *Defensio sanae et orthodoxae doctrinae de sacramentis*
gegen Westphal, 1555[26] bekannt. Ob und in welchem Masse Hardenberg
diese Schriften tatsächlich benutzte, ist bis auf einigen Ausnahmen nicht
bekannt: nahezu jede Reminiszenz fehlt bei ihm.

5.3 *Briefwechsel: Würdigung und Distanz*

Der Briefwechsel, soweit erhalten, zeugt gelegentlich von unverhüllter
Achtung vor Calvin.

Bekanntlich[27] verhält sich Hardenberg in seiner Epistel vom 24.3.1545
Calvin gegenüber äusserst gelehrig: er möge Calvins Ansicht zur
Abendmahlsfrage vernehmen („vehementer cupiebam"), „denn ich hoffe
in meinem Gott, dass ich alles was Sie mir schreiben werden, leicht
glauben und lehren werde. Und sollte es passieren, dass ich eure Ansicht
nicht verstehe, so will ich doch meine Sinne gefangen geben und
glauben, was ich von Euch lernen werde".[28] Calvin ziehe a Lasco und
ihn, Albert, mit einem Seil aus dem Schlamm der Abendmahlsanschauungen, in dem beide festsitzen.[29] Auffallend ist der Schluss des
Schreibens: „Dies ist nur für Euch geschrieben, mein Calvin: ich will
nämlich lieber heimlich lernen und hören, als in der Kirche unter
irgendeinen Verdacht einer neuen Lehre zu kommen. Ich weiss, dass
diese Frage heute leicht Ärgernis erregt, aber doch muss ich es
lernen".[30]

---

[25] *In evangelium secundum Iohannem commentarius*, 1553 (*CO* 47,1-458), in:
BGK Emden, Theol fol 109; *Commentarii in priorem epistolam Pauli ad Corinthios*,
1546 (*CO* 49, 293-574), in: BGK Emden, Theol 8° 108, mit Eigentumsvermerk
Hardenbergs vom 13.7.1565, doch ihm schon 1556 bekannt: Nr.187, Hardenberg-
-Medmann, 8.8.1556, 139ʳ.

[26] *Defensio sanae et orthodoxae doctrinae de sacramentis eorumque natura, vi,
fine, usu et fructu*, 1555, in: *OS* 2, 259-287; Nr.187, Hardenberg-Medmann,
8.8.1556, 154ʳ: „De Westphali scripta tecum sentio. Doctor Lambertus ad me misit
Calvinj Responsionem quam etiam ubi voluit ostendi (). Et iam illam Daniel (scil.von
Büren) legit".

[27] Rutgers, *Calvijns invloed*, 103-105. Vgl.*supra*, S.420-422, 463.

[28] Nr.37, Hardenberg-Calvin, 24.3.1545, 49.

[29] Nr.37, s.vorige Anm., 50: „Quare recte facies si nos, qui in eodem haeremus
luto, una resti extrahas".

[30] Nr.37, s.vorige Anm., 50: „Haec tibi soli scripta sint, mi Calvine: malo enim
clam discere et audire quam ullam dare de me novi dogmatis in ecclesia suspicionem.
Scio invidiosam nunc rem hanc quaestionem, sed tamen discenda est".

Wenn auch bemerkenswert, sollen diese Geständnisse—teils Höflichkeitsfloskeln—nicht vorschnell zur Feststellung eines Meister-Schüler-
-Verhältnisses verleiten dürfen, oder zum Schluss, Hardenberg sei
Kryptocalvinist gewesen.[31] Hardenbergs Bitte um Geheimhaltung lässt
sich verstehen vor dem Hintergrund der aufflammenden Abendmahlskontroverse und der Stigmatisierung des ketzerischen, d.h. nicht-lutherischen Standpunktes als „calvinistisch".[32] In der Dissonanz der Abend-
mahlsansichten („magna dissonantia sententiarum") mit der ihm
lutherisch anmutenden Auslegung konfrontiert, die Sulzer und Bucer von
Calvin haben, mag Hardenberg nur die Aussage seiner Gewährsleute in
Genf selbst nachprüfen. Mit Calvin lehre er, Albert, eine wahrhafte
Spiritualpräsenz für den Glauben, aber wieso sollte diese zugleich eine
natürliche Präsenz „aber nicht auf die Weise dieser Welt" sein?[33]—eine
Frage, die Hardenberg mit Recht auf der Seele brannte, da das Wort
„natürlich" ein der Ansicht Calvins terminologisch unangemessenes
Adjektiv ist. Übrigens wurde schon oben, S.421f., näher auf Harden-
bergs Aporie angesichts der Gleichzeitigkeit von Spiritualpräsenz und
wahrhafter Gegenwart eingegangen und festgestellt, dass Hardenbergs
Abendmahlsauffassung im März 1545 noch nicht zur Ansicht ausgereift
war, „dass die Gegenwart im Abendmahl eine andere ist als im Wort, an
welches geglaubt wird".[34]
Die *docilitas* jedoch, mit der Hardenberg in seinem Schreiben vom März
1545 Calvin entgegenkommt, ist dieselbe wie die, mit der er bei seiner
Herbstreise 1544 an die oberdeutschen und schweizerischen Theologen
herangetreten war. Hardenbergs Schreiben an Calvin ist nur einer der
neun Briefe, die er innerhalb derselben Woche (19.-25.3.1545) an Sextus
a Donia, Bucer, Beatus Rhenanus, Vadianus, Bullinger, die Züricher
Prediger und Pellikan schreibt,[35] denen er ebenfalls offen gegenübersteht.

---

[31] Vgl.Rutgers, *supra*, Anm.3; Schmid und Suelzer, *supra*, Anm.7 und 9.

[32] Vgl.(freilich ein Jahrzehnt später) Peter Bokelmann-Westphal, 29.11.1556, in:
Sillem, *Westphal* 1, 251-254 (s.*supra*, I.3, Anm.330), sowie Tilemann Kragen-Elard
Segebade, 1.4.1557, in: SA Bremen, 2-ad T.1.c.2.b.2.c.2.b (N°.2), die Calvin und
Hardenberg in einem Atem als den Prototyp des Häretikers schildern.

[33] Nr.37, s.Anm.28, 48f.: „Id ego pro oraculo habebam donec Simon Sulserus ()
mihi diceret te fateri, miraculum contingere circa panem in corpore Christi
sanctificatum, at aliam esse in coena praesentiam quam in verbo credito. Idem asserit
amicus et hospes meus D. Bucerus. Sed ego hoc non intelligo et puto doctrinam quam
simplicissimam in ecclesia exstare debere. Audio esse naturalem praesentiam sed non
modo huius saeculi, esse spiritualem quidem sed veram tamen et naturalem. Sed hoc
ego quum non assequar, non video quomodo auditoribus meis proponere debeam".

[34] Nr.37, s.Anm.28, 48.

[35] Nr.32-39.

Ob Calvin Hardenbergs Brief—im Gegensatz zu den drei vorangehenden an ihn[36]—beantwortet hat, ist nicht sicher, aber wahrscheinlich.
Denn Medmann gegenüber erwähnt Hardenberg 1556, Calvin habe
einmal an ihn über das Abendmahl geschrieben,[37] was sich am besten mit
der Korrespondenz vom Jahre 1545 in Zusammenhang bringen lässt.[38]
Tatsache ist, dass der Kontakt nicht in theologische Beziehungen zu
Calvin resultiert. Schon im Juni 1545 führt Hardenbergs Weg wieder zu
Bucer, mit dem ein intensiver Gedankenaustausch fortgesetzt wird
(s.III.4).

Erst im November 1560 kommt eine erneute—und wiederum einmalige—Verbindung zu Calvin zustande, als dieser nach Intervention
eines Freundes dem Domprediger den Rücken stärkt und auf Wunsch
eine „summa breviter collecta" (eine kurze Zusammenfassung) der
Abendmahlskontroverse an ihn schickt, die als „vera pacificationis ratio"
dienen könnte.[39] Ob diese (ebenfalls in einem Brief vom selben Datum
an Olevian erwähnte)[40] *Summa* mit dem undatierten *Breve et clarum
doctrinae de coena Domini compendium*[41] zu identifizieren sei, wie die
Herausgeber der *CO* mutmassen,[42] oder ob wir in diesem *Breve
compendium* Calvins Antwort auf Hardenbergs Brief vom 24.3.1545
haben,[43] lässt sich nicht entscheiden. Auf jeden Fall hat das *Compendium*
keine merkbaren Spuren in Hardenbergs Schrifttum hinterlassen.

Im Brief vom November 1560 erklärt Calvin sein langjähriges Stillschweigen mit einem Verweis auf Hardenbergs Fähigkeit zur Selbsthilfe
und auf den Abstand zwischen Genf und Bremen: „Und da der Abstand
zwischen unseren Wohnorten verhinderte, sich gegenseitig zu schreiben,

---

[36] Nach Nr.17, Hardenberg-Calvin, [Juli/August 1544], zwei Briefe; nach Nr.20,
ders.-dens., [Sept.1544].

[37] Nr.187, Hardenberg-Medmann, 8.8.1556, 143[r]: „Postea scribis in literis tuis
te Calvinj Epistolam quam aliquando de Eucharistia dominica ad me scripsit non
habere neque vidisse, saltem me illius aliquoties mentionem domi meae de ea fecisse.
Non dubito hoc ita esse".

[38] Nr.50, Calvin-Hardenberg, [1545?]. Vgl.*supra*, I.2, Anm.104.

[39] Nr.301, Calvin-Hardenberg, 5.11.1560, 234: „sed facere non potui quin ab
amico tuo quodam admonitus, gratum tibi fore officium si tibi scriberem, illius ac tuo
simul voto obsequerer. Quod vero significavit ille idem te cupere, summam totius
controversiae breviter collectam tibi mitto, in qua videor simpliciter mihi complexus
quaenam futura sit vera pacificationis ratio". Vgl.*supra*, I.3, Anm.433.

[40] Calvin-Olevian, 5.11.1560, in: *CO* 18, 237: „Brevem huius controversiae
definitionem nuper composui, quae forte propediem edetur".

[41] Calvin, *Breve et clarum doctrinae de coena Domini compendium*, o.O.u.J., in:
CO 9, 680-688.

[42] *CO* 18, 237, Anm.10; vgl.*CO* 9, LI.

[43] Nr.50, Calvin-Hardenberg, [1545?], E: Nr.187, 143[r]; P?: *CO* 9, 680-688.

habe ich bis jetzt von jeder persönlichen Dienstleistung abgesehen".[44] Ob
Hardenberg diese Distanz nur im geographischen Sinn erfahren hat, steht
dahin. Vielsagend vielleicht ist die Tatsache, dass er, wie er Medmann
1556 eingesteht, des Abendmahlsbriefes, den Calvin einmal an ihn
geschrieben hat,[45] verlustig gegangen ist,[46] was sich wohl scharf abhebt
vom sorgfältigen Aufbewahren und Kopieren der sämtlichen Bucerbriefe,
die er empfing. Doch soll dies nicht überinterpretiert werden.

Trotzdem behält Hardenbergs Respekt die Oberhand. Melanchthon
gegenüber heisst Calvin 1549 „ein kraftvoller Mann grosser Geistes-
stärke".[47] An der lutherischen Hetzkampagne gegen Calvin (und
Vermigli) will sich Hardenberg nicht beteiligen.[48] Er hält Calvin—wie
Melanchthon und Bucer—für einen Vertreter der *via media*, einen
„mediae sententiae patronum".[49] Im Sommer 1555 verspricht er sich
noch Heil von einer Pazifikationsformel und einem Glaubensbekenntnis
aus Strassburg und Genf[50]—übrigens vergeblich.[51] Von Calvins
verlorengegangenem Abendmahlsbrief vom Jahre 1545 (?) gesteht

---

[44] Nr.301, Calvin-Hardenberg, 5.11.1560, 234.

[45] *Supra*, Anm.43.

[46] Nr.187, Hardenberg-Medmann, 8.8.1556, 143[r].

[47] Nr.98, Hardenberg-Melanchthon, 12.4.1549: „Ago tibi gratias pro muneribus
tuis Calvinum legere. Is fortis vir est et magno animo". Vgl.Nr.120, NN (in
Hamburg)-[Hardenberg?], 20.12.1550, 185[v]: „Calvinus nostri seculi non vulgare
lumen".

[48] Vermigli-Calvin, 23.9.155, in: *CO* 15/16, 789: „Additque in te praecipue illos
debacchari, et iam adversum te suffragia colligi. () Is autem bonus vir in summo est
odio, quod ut caeteri faciunt in nos clamare nolit".

[49] Nr.187, s.Anm.46, 139[r]. Ausführlicher: *supra*, S.313.

[50] Nach Nr.169, Hardenberg-Vermigli, 29.8.1555; Vermigli-Calvin, s.vorvorige
Anm., 789: „iudicaret esse utile si communi nostrarum ecclesiarum voluntate scriptum
ad filios ecclesiae Saxoniae ederetur, quo calumnia haec purgaretur, reddereturque
ratio quam simplicissime fidei nostrae. () ait se iudicare id multum posse prodesse,
praesertim si ecclesiarum subscriptiones haberentur"; Nr.172, Vermigli-Hardenberg,
25.9.1555: „Oras ut aliquam formam tibi consiliam, aut mitigationis aut consensus".

[51] Auf eine entsprechende Frage hin verweist Vermigli den Domprediger auf seine
Oxforder Disputation 1549 (s.*infra*, Anm.58), auf seinen dem *Second Book of
Common Prayer* (1552) vorangegebenen Brief, sowie auf Calvins *Defensio sanae et
orthodoxae doctrinae de Sacramentis* gegen Westphal, 1555: Nr.172, s.vorige Anm.:
„Oras ut aliquam formam tibi consiliam, aut mitigationis aut consensus. Nullam
charissime in Christo habeo, satis quod uiderim, in tractatione, disputatione, ac
epistola, ad Reverendissimum Cantuariense libro praefixa exposuj. Praeterea dominus
Caluinus in consensu quem edidit nostrarum ecclesiarum huc anno, adeo se demisit,
adeo rem commode aperuit, ut mihi non sit in animo in praesentia quippiam addere".
Vgl.Anderson, *Peter Martyr*, 186, 378. Ein Vergleich der Abendmahlsanschauungen
Bucers, Calvins und Martyrs bei McLelland, *Visible Words*, 272-281.

Hardenberg 1556 Medmann gegenüber, dass er „eine deutliche Ansicht" enthielt.[52] „Ich bekenne Dir, mein Medmann, als mein enger Freund, offen, dass ich bis jetzt in bezug auf diese Lehre nichts Deutlicheres, Feststehenderes, Heiligeres und Frommeres gelesen habe, ob es all den Narren, die dort bei Euch oder anderswo herumschwatzen, behagt oder misfällt".[53] Es erschreckt ihn, als Medmann zweifelt, ob diese Lehre überhaupt noch in Emden Gewicht habe.[54] „Vermöge der höchsten Gaben Gottes hat er („bonus Calvinus")[55] mit grösster Fähigkeit, Gründlichkeit und Klarheit verknüpft—weshalb ich mich desto mehr entrüste über den Dummkopf (scil.Timann), der sich nicht gescheut hat, ihn in der Predigt in der Kirche einen tollen aber stummen Hund zu nennen".[56] Bezeichnend ist es schliesslich wohl, wie schon früher erwähnt, dass Heshusen Ende 1559 dem Domprediger den Vorschlag macht, sich beim Bremer Disput (Mai 1560) auch Calvins Hilfe zu versichern.[57] Erwähnenswert ist auch Hardenbergs allerdings spärlicher Kontakt zu Vermigli[58] und—erst 1561 und indirekt—mit Beza.[59]

---

[52] Nr.187, Hardenberg-Medmann, 8.8.1556, 143ʳ: „sed doleo ex animo mihi perijsse illam Epistolam in qua perspicua erat sententia de qua nunc tantopere digladiantur docti pariter et indoctj, quibus ego omnibus opto et ipsi mihi in primis, ut ita semel edamus Christj carnem, ut illum in nobis vere manentem habeamus et ipsi in eo vere maneamus".

[53] Nr.187, s.vorige Anm., 143ʳ: „Ego mi Medmanne tibi intimo amico meo libenter fateor, me hactenus in illa sententia nihil perspicatius, solidius, sanctius, pientius legisse, placeat, displaceat omnibus morologis qui vel istic vel alibi garriunt".

[54] Idem: „Sed illud me terret etiam quod scribis te dubitare ecquid pondus sit habitura (scil.sententia) apud vestros".

[55] Nr.187, s.vorige Anm., 139ᵛ.

[56] Nr.187, s.vorige Anm., 161ʳ: „qui gravitatem et perspicuitatem coniunxit summa arte pro donis maximis quae a domino habet..."

[57] Bruchsal-Westphal, 23.12.1559, in: Sillem, *Westphal* 2, 408; vgl.*supra*, III.3, Anm.226.

[58] Hardenberg besuchte Vermigli im Herbst 1544 während dessen ersten Aufenthalts in Strassburg 1542-1547, s.*supra*, I.2, Anm.19. Ob Hardenberg „der ursachen in Engelandt gezogen, das er sich an den grossen Sacramentirer Petrum Martyrem hengete" (Heshusen, *Das Jesu Christi warer Leib*, Eijᵃ), lässt sich nicht bestätigen. Von dem erhaltenen Briefwechsel enthält Nr.161, Vermigli-[Hardenberg?], 29.10.[1554] private und politische Nachrichten; Nr.172, ders.-dens., 25.9.1555 ist eine Antwort auf die verlorengegangene Bitte Hardenbergs vom 29.8.1555 (nach Nr.169) um eine *forma mitigationis aut consensus* im Bremer Abendmahlsstreit (*supra*, Anm.50). Der Brief Nr.172 enthält Vermiglis Sicht der sächsischen kirchlichen Lage, eine Zusammenfassung seiner Abendmahlsanschauung, sowie Auskünfte über Westphal, Timanns *Farrago* und die Strassburger Kirche. Vermigli schenkte Hardenberg seine *Disputatio de eodem Eucharistiae Sacramento*, 1549 (s.*supra*, Anm.51), in: BGK Emden, Theol 4° 195. Hardenberg besass ausserdem Vermiglis *Tractatio de Sacramento Eucharistiae*, 1552 und *In Epistolam S.Pauli*

5.4 *Das theologische Verhältnis*

Dass der Kontakt mit Calvin in den vierziger Jahren offensichtlich nicht
erfolglos geblieben ist—präziser: dass Hardenberg sich in Calvin
wiedererkannt hat oder von ihm beeinflusst worden ist—kommt bei
erneuter Betrachtung von Hardenbergs erstem Abendmahlsbekenntnis,
der *Sententia de praesentia* vom [14.1.] 1548 (II.6.2) ans Licht. Schwebt
Hardenberg im März 1545 angesichts der (von Calvin gelehrten)
unterschiedlichen Präsenz Christi im Verkündigungswort und im
Abendmahl in Ungewissheit, hat er in der *Sententia* 1548 diese Aporie
überwunden. Calvinische Begriffe, wie diese z.b.in der knappen, mit von
Bucer unterschriebenen *Confessio fidei de eucharistia*, 1537[60] vorkommen, kehren in Hardenbergs *Sententia* wieder, wie die „communicatio
non minus carni et sanguini quam spiritui i.e.toti Christo" (Gemeinschaft
nicht weniger mit dem Fleisch und Blut als mit dem Geist, d.h. mit dem
ganzen Christus), die „exhibitio spiritus efficacia" (wirksame Darbietung
des Geistes), die „participatio substantiae" (das Teilhaftigwerden der
Substanz) und der Heilige Geist als „vinculum nostrae participationis"
(das Band unseres Teilhaftigwerdens).[61] Hatte Neuser schon darauf
aufmerksam gemacht, mit der *Sententia* komme der Autor Calvin nahe,[62]
hat Hardenberg tatsächlich seine für den Bremer Rat bestimmte Konfession 1548 ganz Calvin entlehnt, und zwar *verbatim* dessen *Petit traicté
de la saincte cene*, 1541, wie der nachstehende Vergleich lehrt:

Apostoli ad Romanos Commentarii, 1560, in: BGK Emden, bzw.Theol 8° 393 und
103.

[59] Und zwar durch Buchgeschenke: Beza, *Dialogi duo de vera communicatione
corporis et sanguinis Domini, adversus Tilemanni Heshusii somnia*, 1561, in: BGK
Emden, (mit Inschrift: „D.D.Alberto Hardenberg Sebast.Theod.d.d."); Boquinus,
*Iudicii Philippi Melancthonis de coena Domini iusta defensio, adversus iniustam vim
T.Heshusij*, 1562, in: BGK Emden, Theol 4° 197 (mit Inschrift: „D D Alberto
hardebergio d d Sebast Theod.") und Calvins *Dilucida explicatio* gegen Heshusen,
1561, s.*supra*, Anm.24.

[60] Calvin, *Confessio fidei de eucharistia*, 1537, in: *OS* 1, 433-436. Es bleibt
dahingestellt, ob diese Schrift nicht eher von Bucer als von Calvin verfasst wurde.

[61] *OS* 1, 435; vgl.*Sententia de praesentia*, 89f.; s.auch *supra*, *Ergebnisse II.6.2*.

[62] Neuser, 147: „etwa die Position Calvins"; vgl.schon Rottländer und van
Schelven (*supra*, Anm.4 und 5): „wesentlich reformiert".

Sententia de praesentia[63]

Petit traicté de la saincte cene[64]

Agnosco et doceo in Sacra Coena
[nobis] non tantum symbola consecrata, sed et totum Christum Deum et
hominem cum omnibus bonis suis vere
dari et a nobis accipi,
neque enim bona Christi ad nos perti-
nerent neque prodessent, nisi prius
ipse noster fuerit, ideo primum psum
nobis in coena offerri oportet.

Mais pource que les biens de Iesus
Christ ne nous appartiennent de rien,
sinon que premierement il soit nostre,
il fault que en premier lieu il nous soit
donné en la Cene, à ce que les choses
() soient vrayment accomplies en nous.
Pour ceste cause i'ay coustume de
dire, que la matiere et substance des
Sacrements d'est le Seigneur Iesus:
l'efficace sont les graces et benedicti-
ons que nous avons par son moyen. ()
Il fault doncq que la substance soit
conioincte avec (). () deux choses nous
sont presentées en la Cene: à sçavoir
Iesus Christ comme source et matiere
de tout bien: puis apres, le fruict et
efficace de sa mort et passion.[65]
() comment se doivent entendre ces
parolles, () se pourra vuider sans
grande difficulté, si nous retenons bien
le principe que i'ay n'agueres mis
(scil.que nous ne pouvons parvenir à la
iouissance d'un tel fruict que en
participant à son corps et son sang).Il
n'est pas seulement question que nous
soyons participans de son Esprit: mais
il nous fault aussi participer à son
humanité ().

Et propterea dici potest Christum esse
materiam et substantiam coenae, bene-
ficia autem Christi esse vim et efficaciam coenae [in margine: de tertio h.e.
de fructu in fine audiemus].
Ideo doceo substantiam virtuti esse in
coena adiunctam. Itaque duo nobis in
coena offeruntur, ipse Christus ut fons,
deinde et efficacia mortis ipsius, quod
et verba coenae ostendunt.

Quomodo autem exponam ipsa verba
coenae intelliget prudentia vestra, si
cogitet me dixisse, quod sine ipso vero
Christo non participemus beneficiis ipsius, nam sacramentum esset inutile, si
in eo veram Christi communicationem
offerri negaremus, quod ipse iudico a
veritate valde alienum. Neque hoc agi-
tur ut cum spiritu ipsius modo sed cum
ipso toto Christo communicemus ut et
Ireneus et Hilarius aliique loquuntur et
ipsum concilium Niceanum.
Cum enim se donat nobis vult totus
possideri. Itaque ipse dicit et spiritum
suum vitam esse nostram et carnem
ipsius cibum esse nostrum.

Car quand il se donne à nous, c'est à
fin que nous le possedions entiere-
ment. Pour ceste cause, comme il est
dit, que son Esprit est nostre vie, aussi
luy mesme de sa bouche prononce que
sa chair est vrayement viande, son
sang vrayement breuvage.

---

[63] HB 3d, *Sententia de praesentia*, 89-91 (der vollständige Text), korrigiert nach HB 3c.

[64] *OS* 1, 499-530, Zitate namentlich auf 507-509 u.529f. Hardenberg besass die lateinische Ausgabe 1545 (*supra*, Anm.12); mir stand nur die französische zur Verfügung.

[65] *OS* 1, 507.

Ergo oportet nos et corporis et sanguinis sui ut propriis et peculiaribus cibariis nostris vesci. Eius vero rei testimonium et exhibitionem habemus in coena cum dicitur de pane ut accipiamus et commedamus ipsius carnem esse, de calice ut bibamus ipsius esse sanguinem. Atque hactenus non video quid in suspicionem vocetur,
sed si iam quaeratur, quo modo panis sit corpus Domini et sanguis vinum: Respondebo panem et vinum (proprie loquendo) esse signa sancta visibilia, quae corpus et sanguinem Domini nobis repraesentant et exhibent. Corporis autem et sanguinis nomina eis attributa esse, quod veluti instrumenta sint, quibus dominus ea nobis distribuit.
Haec autem forma loquendi frequens est et rei consentanea. Simile enim fere est in specie columbae, in qua invisibilis apparet Spiritus Sanctus, ibique Johannes non veretur dicere se ipsum Spiritum Sanctum vidisse; sciebat enim illam visionem non esse inanem [figuram], sed certum signum praesentiae Spiritus Sancti.

Ita in coena Sacra est mysterium spirituale, quod oculis non videtur nec ingenio comprehenditur, sed sacris symbolis (quae sub oculorum sensum cadunt) ostenditur.

Ita tamen ut non sit symbolum simplex et nudum, sed veritati et substantiae suae coniunctum. Merito igitur panis appellatur corpus, cum id non tam significet, quod certe nobis exhibeat. Libenter igitur concedo corporis Christi nomen ad panem transferri, quod eius sacramentum sit, et signum exhibitivum.

() pour avoir nostre vie en Christ, noz ames soient repeues de son corps et son sang, comme de leur propre nourriture. Cela doncq nous est nomméement testifié en la Cene, quand il nous est dit du pain, que nous le prenions et mangeons, et que c'est son corps; que nous beuvions du calice, et que c'est son sang. ()
Maintenant, si on demande à sçavoir neantmoins si le pain est le corps () et le vin son sang, nous respondrons que le pain et le vin sont signes visibles, lesquelz nous representent le corps et le sang: mais que ce nom et tiltre de corps et de sang leur est attribué, pource que ce sont comme instruments par lesquelz le Seigneur Iesus nous les distribue.
La raison de ceste forme et maniere de parler est tres convenable.
() un exemple bien propre en chose semblabe[66] (): la figure d'une columbe. Sainct Iean Baptiste) dit qu'il a veu le sainct Esprit descendre. () nous trouverons qu'il n'a veu que la columbe, veu que le sainct Esprit en son essence est invisible. Toutesfois, sçachant que ceste vision n'estoit pas une vaine figure, mais un signe certain de la presence du S.Esprit, il ne doubte pas de dire qu'il l'a veu ().
Ainsi () [c']est un mystere spirituel, lequel ne se peut voir à l'oeil, ne comprendre en l'entendement humain. Il nous est doncq figuré par signes visibles, selon que nostre infirmité requiert,
tellement, neantmoins que ce n'est pas une figure nue, mais conioncte avec sa verité et substance. C'est doncq à bon droict que le pain est nommé corps, puis que non seulement il le nous represente, mais aussi nous le presente. Pour tant, nous concederons bien que le nom du corps de Iesus Christ est transferé au pain, d'autant qu'il en est Sacrament et figure.

---

[66] *OS* 1, 508.

Ut enim sacramentalia signa non oportet separari a sua substantia: ita neque confundi debent sed distingui suo modo eo scil. modo ne alterum sine altero constituatur.

Interior ergo substantia sacramenti visibilibus symbolis coniungitur. Credo igitur et doceo quod cum iuxta Domini institutum sacramentum fideliter et ex ipsius mandato percipimus nos substantiae etiam corporis Christi et sanguinis vere fieri participes. Quomodo id fiat alii aliis melius norunt explicare, ego simpliciter doceo nos vere participare, sed carnalem imaginationem excludo ut animum sursum erigamus,

nec existimemus Dominum Jesum physica ratione inclusum in panem aut panem identice esse id quod corpus Christi, vere tamen eo nobis dari occulta et mirabili dei virtute intrinsecus, per ministrum autem extrinsecus, Sanctum spiritum esse vinculum huius participationis.

Mais nous adiousterons () que les Sacremens () ne se doivent et ne peuvent nullement estre separez de leur verité et substance. De les distinguer à ce qu'on ne les confunde pas () est () necessaire. Et les diviser pour constituer l'un sans l'aultre, il n'y a ordre. () la substance interieure du Sacrement est conioncte avec les signes visibles.[67] Nous confessons doncq (), que en recevant en Foy le Sacrement, selon l'ordonnance du Seigneur, nous sommes vrayment faictz participans de la propre substance du corps et du sang de Iesus Christ. Comment cela se faict, les uns le peuvent mieux desduire et plus clairement exposer que les autres. Tant y a que d'une part il nous fault, pour exclurre toutes phantasies charnelles, eslever les cueurs en hault au ciel, ne pensant pas que le Seigneur Iesus soit abaissé iusque là, de estre enclos soubz quelques elemens corruptibles. D'aultre part, () l'efficace de ce sainct mystere () se faict par la vertu secrete et miraculeuse de Dieu, et que l'Esprit de Dieu est le lien de ceste participation [, pour laquelle causse elle est appellée spirituelle].[68]

Non autem intelligo verum corpus Domini pane dari nisi cum adsit legitimus usus. De infidelibus non disputo: paro autem Domino plebem fidelem, quae accedat, nam ipsorum est, non impiorum proprius cibus, qui nihil credunt, sed omnia contemnunt, ut neque disputo, quid mus arrodat in aedicula. Firmiter autem credo, credidi et credam, in omne aevum, quae canon sacrosancti Nicaeni concilii de praesentia corporis Christi in coena tradidit, ut videre est apud Theodoretum et alios Ecclesiasticae hystoriae scriptores.[69] Verba synodi haec sunt. In hac sacrosancta mensa ne simus humiliter intenti ad propositum nobis panem et vinum, sed mente elevata et exaltata in coelum fide consideremus situm esse in sacra illa mensa agnum Dei tollentem peccata mundi, qui non victimarum more a sacerdotibus sacrificatur. Et nos vere pretiosum illius corpus et sanguinem sumentes credimus haec esse nostrae resurrectionis symbola.[70]

---

[67] *OS* 1, 509.

[68] *OS* 1, 529f.

[69] Vgl.*OS* 1, 522: „D'avantage, cela a esté tousiours observé en l'Eglise ancienne, que devant que celebrer la Cene, on exhortoit solennellement le peuple de lever leurs cueurs en hault, pour denoter qu'on ne se devoit arrester au signe visible, pour bien adorer Iesus Christ".

Calvin verfasste seinen *Petit traicté* (1541) während seines Aufenthalts 1538-1541 in Strassburg,[71] wo er eingehend von Bucer beeinflusst wurde,[72] auch in der Abendmahlslehre.[73] Der *Traicté* beabsichtigt, eine vermittelnde Stellung zwischen Luther und Zwingli zu beziehen.[74] Wenigstens terminologisch nähert er sich der Anschauung Luthers mit der prägnanten—freilich nicht erstmaligen[75]—Verwendung des *substantia*--Begriffes (die *participatio* „de la propre substance du corps et du sang"), obwohl die Betonung der *virtus e substantia* und des Officiums des Heiligen Geistes als „lien de ceste participation" ihn wieder von Luther entfernt.[76] Man könnte vermuten, dass dieser wohl von Bucer entlehnte[77] lutherfreundliche Substanz-Begriff Calvins den Domprediger dazu veranlasst hat, sich 1548 (natürlich anonym) dem lutherischen Stadtrat gegenüber dieser Unionsschrift Calvins zu bedienen. Es ist nicht umsonst, sondern wohl aus Eigennutz, dass er dabei den Schlusssatz des *Traicté* („pour laquelle causse elle [sc. ceste participation] est appellée spirituelle") auslässt, womit er die Diskussion um die lutherische Alternative, die Präsenz und Gemeinschaft sollen entweder *spiritualis* oder *realis* (statt *carnalis*) sein,[78] vermeidet.

Dass sich inzwischen der Bremer Rat—Timann sogar—Hardenbergs Plagiat von Calvin 1548 gefallen lässt,[79] ist um so mehr augenfällig im Licht der Tatsache, dass in demselben Jahr der Bremer Bürgermeister

---

[70] Anm.63.

[71] Vgl.Hartvelt, *Verum corpus*, 161. Die Herausgeber der *OS* 1, 500 jedoch: „anno 1537".

[72] Augustijn, *Calvin in Strasbourg*: „As early as April 1539 Bucer had won Calvin over, and in May Calvin defended the Wittenberg Concord and Bucer's *Retractationes*"; „In (a) dialectical way Bucer became Calvin's mentor in Strasbourg"; vgl.*supra*, Anm.1.

[73] Pannier, *Calvin à Strasbourg*, 54: „Sa doctrine de la Sainte Cène était au fond celle de Bucer"; Hartvelt, *Verum corpus*, 160-164.

[74] *OS* 1, 526-529; vgl.Hartvelt, *Verum corpus*, 161; *HDThG* 2, 264.

[75] So die landläufige Meinung (auch bei Hartvelt, *Verum corpus*, 161), auf Grund der Ablehnung des Begriffes in der *Institutio* 1536, *OS* 1, 142. Dennoch redet Calvin schon in derselben Ausgabe 1536 von einem „unam nobiscum substantiam fieri", *OS* 1, 137; s.dazu Niesel, *Calvins Lehre*, 50, Anm.103.

[76] Vgl.Loofs, *Dogmengeschichte*, 890f., beigestimmt von Hartvelt, *Verum corpus*, 161. Zum Begriff *substantia* bei Calvin: Grass, *Abendmahlslehre*, 248ff.; Niesel, s.vorige Anm.; Hartvelt, *a.a.O.*, 164-190; Rogge, *Virtus und Res*; *HDThG* 2, 264f.

[77] Hartvelt, *Verum corpus*, 162-164.

[78] Vgl.Chemnitz, *Anatome*, B7[b]-B8[a]: Oekolampad, Calvin und Hardenberg „non abhorruisse ab adverbio substantialiter, quatenus opponitur fictitio et imaginario. () Quia non est fictum seu imaginarium, quando filius Dei spiritualiter in coena efficaciam seu vigorem absentis sui corporis exhibet".

[79] S.*supra*, I.3, Anm.14 und 15.

Dietrich Vasmer mit der Lektüre der *Institutio* Calvins beim Rat den höchsten Verdacht erregt und seine Stellung gefährdet.[80] Der Schluss liegt nahe, dass es nicht der konfessionellen Weitherzigkeit der Bremer, sondern eher ihrem Mangel an dogmatischer Einsicht zuzuschreiben ist,[81] dass das calvinische Abendmahlsbekenntnis 1548 in Bremen gutgeheissen wird. Von der Betonung der wahrhaften Gegenwart, der „communicatio non cum spiritu aut beneficiis ipsius modo, sed cum ipso toto Christo" (der Gemeinschaft nicht nur mit seinem Geist oder seinen Wohltaten, sondern mit dem ganzen Christus selbst) und des „esus substantialis" (des substantiellen Essens) beruhigt, scheint man den eigentlichen Kontroverspunkt—den *modus* der wahrhaften Gegenwart Christi, den *modus manducationis*, ihren pneumatologischen Charakter[82]—einfach nicht als solchen erkannt zu haben.

Vergleichen wir Hardenbergs Abendmahlslehre mit derjenigen Calvins, so stimmen beide auch nach 1548 im wesentlichen überein, wenn Hardenberg auch die Lokalität des Jesusleibes im Himmel und das *sursum corda*—wie Bucer[83]—weniger betont und erst später seine anfängliche Zurückhaltung hinsichtlich der *manducatio impiorum* zugunsten einer kategorischen Ablehnung—wie Calvin[84]—fahrenlässt. Freilich fehlen nach 1548 weitere Zitate von Calvin bei Hardenberg. Doch enthält z.B. der folgende Passus aus Hardenbergs *Causae* von 1556 Elemente, die als gut calvinisch (und bucerisch) gelten sollen, und zwar die Kraft des himmlischen Christus, die *participatio corporis* durch das Wirken des Heiligen Geistes, die instrumentale Funktion der Sakramente und der Glaube: „Es gibt also, ob man will oder nicht, eine figürliche Redeweise, so dass wir begreifen, dass Brot und Wein heilige, sakramentale Instrumente sind, durch welche diejenigen, die mit Glauben begabt hinzutreten, wahrlich des Leibes und Blutes Christi teilhaftig werden, durch die Kraft des Heiligen Geistes, durch den Glauben. Christus verlässt darum den Himmel nicht, sondern durch seine göttliche Kraft nährt er uns, unter Anwendung der Sakramente als Hilfsmittel wegen der Schwachheit unseres Fleisches, bis dass wir (nachdem wir die Schwach-

---

[80] Nr.80, Hardenberg-a Lasco, 12.8.1548: „Calvinum tuum tibi brevi remittam, nunc non [-] quod mihi valde placet. Consul Vasmarus eum legit et commendat (?) quem tamen nostri hinc fere exploserunt [-], ita fecerunt suspectum ut plane loco movendus videretur".

[81] Vgl.Rottländer, 12.

[82] Vgl.Hartvelt, *Verum corpus*, 170.

[83] Z.B.Nr.52, Bucer-Hardenberg, 10.4.1546; Bucer, *Exomologesis*, Th.25-27, 30: in: ders., *SA*, 541.

[84] Calvin, *Institutio* IV, 17, 33: *OS* 5, 392-394.

heit des Fleisches abgelegt haben) ihn endlich ohne Mittel geniessen mit den Engeln, wie Chrysostomus sagt".[85]

Schluss

Ob Hardenberg im Jahre 1548—unter Bucers Einfluss—in Calvin nur den Bundesgenossen erkennt (den „mediae sententiae patronum"), dessen Unionsformel ihm willkommen ist, oder ob er ihm tatsächlich neue Erkenntnisse entnimmt, ist nicht mit Bestimmtheit zu entscheiden. Wenn der Weg auch ab Mitte 1544 (definitiv im Juni 1545) zu Bucer führt, so ist die Entlehnung aus Calvins *Petit traicté* im Januar 1548 doch bemerkenswert. Es lässt sich denken, dass der Bucer-Schüler Hardenberg die Unionsschrift Calvins ergreift wegen ihres *substantia*-Begriffes, der ihm wenigstens terminologisch eine Brücke zu der „wesentlichen Präsenz" der *Wittenberger Konkordie* 1536[86] zu schlagen scheint. Selbstverständlich kann in Bremen auf Calvin—besonders nach dem Brandmarken von Vasmer 1548—nicht verwiesen werden. Dass sich jedoch Hardenberg später auch nicht anonym der Schriften Calvins bedient—anders als im Fall Bucer, aus dem Hardenberg anonym Gerüst und Fleisch seiner Theologie entlehnt—rechtfertigt den Schluss, Hardenberg sei ein Schüler Bucers gewesen, nicht Calvins; mit Letzterem habe er sich jedoch geistesverwandt gefühlt.
Die Tatsache, dass zwischen Calvin und Hardenberg kein Meister-Schülerverhältnis entsteht, scheint eher historisch als theologisch bedingt zu sein. Das gewünschte Treffen kommt 1544 einfach nicht zu Stande; ebenfalls komt es nicht zu einem richtigen Briefwechsel, und zwar beide male durch Calvins Zutun. Ihre Wege kreuzen sich nicht, sind jedoch über Bucer verbunden.

---

[85] *Causae*, 76ʳ: „Sit itaque uelint nolint tropica locutio ut intelligamus panem et vinum instrumenta esse sacramentalia sancta, per quae accedentes fide prediti, uere participes fiant corporis et sanguinis Christj vi spiritus Sancti, per fidem, qui propterea celum non relinquit sed per diuinam suam vim nos pascit organica Sacramenta adhibens propter infirmitatem carnis nostrae donec exuti carnis infirmitate tandem sine mediis illo fruamur cum angelis ut Chrisostomus dicit".

[86] „Demnach halten und leren sie, das mit dem brot und wein, warhafftig und wesentlich zu gegen sey und dargereicht und empfangen werde der leib und das blut Christi", in: *BDS* 6,1, 121-123.

Ergebnisse III.5

1. Der von der vorwiegend älteren Literatur behauptete Anschluss Hardenbergs an Calvin ist eine dogmatische Simplifikation (Hardenberg als kryptocalvinistischer Unionstheolog zwischen Luther und Zwingli; Planck, Spiegel) und eine geschichtliche Überinterpretation (auf Grund des einen Konsultationsschreibens an Calvin von 1545; Rutgers, van Schelven) (5.1).

2. Hardenberg und Calvin begegnen einander nicht. Ihr Briefwechsel stagniert frühzeitig und führt nicht zu theologischen Beziehungen. Die Lektüre der Schriften Calvins, von denen Hardenberg etwa zehn Stück besitzt, hinterlässt keine Reminiszens, bis auf ein anonymes Zitat aus der von Hardenberg hochgeschätzten *Institutio* und ein umfangreiches Plagiat aus dem *Petit traicté de la saincte cene* (1541) (5.2).

3. Eher als eine bedingungslose Beifallsbezeugung ist Hardenbergs Brief vom 24.3.1545 eine mit Höflichkeitsfloskeln gespickte Bitte um Aufklärung der Abendmahlsansicht Calvins, als Ersatz für den unterbliebenen Besuch bei Calvin während der Herbstreise 1544. Der Brief bekundet Hardenbergs Aporie angesichts der calvinischen Simultanität von Spiritualpräsenz und wahrhafter Gegenwart, die ihm ein zum Transsubstantiationismus neigendes Paradox zu sein scheint (5.3, Anfang).

4.a. Diese Aporie ist 1548 überwunden, im ersten Abendmahlsbekenntnis (der *Sententia*), das sich als eine Entlehnung aus Calvins—während dessen Strassburger Aufenthalts (1538-1541) unter Bucers Einfluss entstandener—Unionsschrift *Petit traicté de la saincte cene* (1541) erweist. Hardenberg mag dieses Traktat wegen ihres *substantia*--Begriffes zur Annäherung an die lutherische Anschauung benutzt haben.

   b. Die Zustimmung zu dieser calvinischen *Sententia* durch den Bremer Rat—in Verkennung des eigentlichen Kontroverspunktes: die pneumatologische Modalität des Abendmahlsgeschehens—weist ein dogmatisches Defizit auf Bremer Seite auf.

   c. Wenn er auch—mit Bucer—zurückhaltender als Calvin ist, hinsicht lich der Lokalität des Jesusleibes und des *sursum corda* und (anfänglich) hinsichtlich der Niessung der Gottlosen, stimmt Hardenberg auch nach 1548 mit Calvins Abendmahlslehre doch im Kern (die *participatio substantiae corporis Spiritus efficacia*, das Teilhaftigwerden der Substanz des Leibes durch die Wirkung des Geistes) überein (5.4).

5. Dieser theologischen Kongruenz steht eine historische Distanz gegenüber. Trotz Hardenbergs Achtung vor Calvin als *mediae sententiae patronus* (Vertreter der mittleren Ansicht) und dessen Abendmahlslehre und trotz seiner Hoffnung auf ihn hinsichtlich der Unionsbestrebungen unterbleibt jeder Kontakt mit Genf, bis auf den Höhepunkt des Bremer Konflikts, als Calvin—zu spät—eine Summe seiner Abendmahlslehre an Hardenberg schickt (5.3).

6. Unter Berücksichtigung des Umstandes, dass jedes auch anonyme Zurückgreifen auf Calvin bei Hardenberg fehlt, gibt es zwischen beiden zwar Geistesverwandtschaft, aber kein Meister-Schülerverhältnis, was eher historisch als theologisch bedingt ist. Beider Wege verlaufen parallel; jedoch sind sie über Bucer verbunden.

VIERTER ABSCHNITT

SCHLUSS

Jetzt, da wir die drei Aufgaben unserer Studie erledigt haben, und zwar die historische (die Darstellung der Biographie Hardenbergs), die systematische (die Darlegung der Theologie Hardenbergs), sowie die historisch-systematische (die dogmengeschichtliche Ortsbestimmung des Hardenberg'schen Denkens), können wir bezüglich unseres Hauptanliegens, der Profilierung von Albert Hardenberg als Theologe im Rahmen der Reformation des sechzehnten Jahrhunderts, folgendes resümierend feststellen.

Hardenberg ist nicht der *Melanchthonschüler* der älteren und neuerdings wieder beigestimmten Forschung (Spiegel; Neuser), sondern der Freund im Einflussbereich Melanchthons, der dessen Schutzes bedarf und ihn geniesst, die Zurückhaltung Melanchthons jedoch gelegentlich leidenschaftlich kritisiert. Die Übereinstimmung in der Rechtfertigungs- und Abendmahlslehre (im Sinne der *Confessio Augustana variata*) hindert Hardenberg nicht daran, in letztere seine eigenen pneumatologisch-exhibitiven Akzente zu legen und die Notwendigkeit des Glaubens und die Spiritualpräsenz zu lehren.

Hardenberg ist denn auch nicht jene Schlüsselfigur in der Bewegung des Kryptocalvinismus oder der sogenannten „zweiten Reformation" —„jenes Überganges von Melanchthonschülern zum Calvinismus und zum deutschreformierten Kirchentum"—, der als Melanchthonschüler über den *späten Melanchthon* zum calvinischen Reformiertentum überwechselt (Moltmann). Anscheinend veranlasst—genau umgekehrt— Hardenberg Melanchthon zur endgültigen reformierten Fassung sowohl seiner Abendmahlslehre (1560: Vorbedingung des Glaubens; Spiritualpräsenz) als auch seiner Abendmahlschristologie (1557: „Extra Calvinisticum" oder besser „Hardenbergianum"). Anscheinend ist Hardenberg es, der Melanchthon letztendlich zur anti-gnesiolutherischen Stellungnahme im Abendmahlsstreit bewegt. In *dieser* Weise ist er Schlüsselfigur und treibt indirekt die Profilierung des Philippismus voran.

Von der Stellung aus, die Hardenberg nach Moltmann in dieser Bewegung bezog, ist übrigens Einspruch zu erheben gegen die seit Moltmanns Pezel-Buch (1958) übliche Bezeichnung dieser Einführung des reformierten Bekenntnisses am Ende des sechzehnten Jahrhunderts als einer „zweiten Reformation".[1] Hardenberg bestreitet keineswegs die Kontinuität zwischen lutherischer und reformierter Konfession, beruft

---

[1] Mit Neuser, *„Zweite Reformation"*.

sich sogar möglichst viel auf *Luther*, freilich—in Bucers Stil—auf den Luther der Konkordienäusserungen. Dass Luther Hardenberg fremd geblieben sein soll (Moltmann), ist eine geschichtliche Mystifikation.

Ist Hardenberg nicht Melanchthonschüler, so ist er ebenfalls nicht der in seiner Abendmahlsanschauung von *Wessel Gansfort* und *Erasmus* geprägte, humanistische Adept der Schweizer Reformation (Moltmann; Engelhardt; Staedtke; Barton; Locher; Rudloff). Freilich ist er *Humanist*, besser gesagt: in Kreisen der *Devotio moderna* humanistisch gebildeter Christ, wie sein evangelisches Dissidententum in Löwen 1539/1540, seine Gelehrtenbibliothek, sein Freundeskreis, seine Gelehrsamkeit, sein exegetisches Verfahren und die Verarbeitung humanistischen Stoffes beweisen. Dennoch geht seine Abendmahlslehre nicht auf Erasmus zurück, und ebensowenig auf Wessel. Mag die Wessel'sche Spiritualisierung Hardenberg für die augustinische Tradition aufgeschlossen haben, und mag Erasmus ihn zu den Quellen der Patristik geführt haben, so lässt sich der Unterschied zwischen ihren Anschauungen als Differenz zwischen Spiritualismus und Pneumatologie kennzeichnen, zwischen geistig und geistlich, mit allen sich daraus ergebenden Folgen für die Bewertung des Äusseren und der Ekklesiologie.

Auch *Zwingli- oder Bullingerschüler* ist Hardenberg nicht. Pflegt er herzliche Beziehungen zu Zürich und entlehnt er Zwingli seine Ansichten über die Gotteserkenntnis und Seligkeit erwählter Heiden, Bullinger seine Prädestinationslehre und seine theologische Widerlegung der Täuferlehre, so fehlt die Übereinstimmung jedoch in der Abendmahlslehre, dem Herz seiner Theologie. Dem symbolischen Memorialismus Zwinglis sowie dem symbolischen Parallelismus Bullingers steht bei Hardenberg ein symbolischer Instrumentalismus gegenüber. Der Gabecharakter geht voran; an die Stelle von *recordatio* (Gedächtnis) und *obsignatio* (Versiegelung) treten *exhibitio* (Darbietung) und *participatio* (Teilhaftigwerden) der *substantia* (diesen Begriff lehnt Bullinger ab) des Leibes Christi, kraft der Wirkung des Pneumas. Auf Hardenbergs Lehre des gläubigen Empfangs des substantiellen Jesusleibes „in Geist, Seele und Leib" trifft das Adjektiv „spiritualistisch" bestimmt nicht zu.

Dieses pneumatologisch-exhibitive Abendmahlsverständnis Hardenbergs trennt ihn auch von dem anfänglich in der Abendmahlslehre bullingerianisch geprägten *a Lasco*, was die gebräuchliche Zurückführung des Ansatzes von Hardenbergs Theologie auf das angebliche Einwirken des frühen a Lascos (Barton) in Frage stellt. Allem Anschein nach findet übrigens in Mainz 1539 nicht Hardenberg über a Lasco, sondern der Pole über Hardenberg den Weg zur Reformation. Beider Verhältnis ist ihr

Leben lang nur allzusehr ambivalent, sowohl persönlich als auch theologisch.

Die Ansicht, Hardenberg gehe den Mittelweg zwischen Wittenberg und Zürich, „den Kalvin erfunden" (Planck; Spiegel), bedarf dogmengeschichtlicher Nuancierung. Hardenberg ist jedenfalls nicht *Calvins Schüler* (Rutgers), der integralen Entlehnung seines ersten Bremer Abendmahlsbekenntnisses (1548) aus Calvins Unionsschrift *Petit traicté de la saincte cene* (1541)—wohl wegen ihres Substanzbegriffs—zum Trotz. Dieses bemerkenswerte Plagiat zeugt von Geistesverwandtschaft, aber unter Berücksichtigung des (eher historisch als theologisch bedingten) Fehlens sonstiger relevanter Kontakte, Referenzen oder Reminiszenzen nicht von einem Meister-Schüler-Verhältnis.

Die seit Moltmann übliche Einordnung Hardenbergs in den *Kryptocalvinismus* muss am kaum „verborgenen" Charakter des unlutherischen Duktus des hardenbergischen Lehrbegriffs scheitern. Nie ist der Domprediger bestrebt, seine „Anschauungen als mit der Augsburgischen Konfession übereinstimmend zu erweisen und dabei calvinistische Gedanken zu 'verbergen', um nicht den Rechtsschutz von 1555 zu verlieren",[2] wie gerade seine beharrliche Verweigerung, sich auf die Augsburger verpflichten zu lassen zeigt, was auch immer ihn dazu veranlasst haben mag. Er ist nicht der Taktiker, der „gern andere, Anerkannte, für sich sprechen lässt", und dem „es nicht so sehr um die Verteidigung einer Position, als um eine Negation" geht.[3] Diese anderen sind neben Luther: Melanchthon, Brenz, Bucer und Musculus, unionsfreundliche Theologen, die Hardenbergs Gegner Timann ohne Reflexion in seiner *Farrago* (1555) zusammengetragen hatte. Hardenberg führt gerade sie an, nicht aus Liebe zur Verheimlichung, sondern um den Ankläger mit seinen eigenen Waffen zu schlagen.

Weitaus am meisten beruft sich Hardenberg auf *Bucer*, doch dokumentiert die Inanspruchnahme seiner Autorität am wenigsten Taktik, sondern tatsächliche konsistente Dependenz. Im Anschluss an Pollet haben wir feststellen können, wie Hardenberg infolge intensiver Kontakte im Herbst 1544 in Strassburg (als Bucers Übersetzer) und darauf folgender brieflicher Beziehungen, zu Bucers Vertrauensmann und religiös-politischem Vorposten im Rheinland, zum Vermittler zwischen Wittenberg

---

[2] *TRE* 20, 123, 41-43 (H.Junghans, Art.*Kryptocalvinisten*).

[3] Schröder, *Erinnerung*, 26. Ganz zu Unrecht, *a.a.O.*, 25f.: „Zum grundsätzlichen Verständnis der Problemkonstellation trägt deshalb die detaillierte Analyse seiner Äusserungen und Bekenntnisse, wie sie für eine neue Hardenberg-Monographie wünschenswert bleibt, nur mittelbar etwas aus. Denn Hardenberg taktiert".

und Zürich, und zum ganz nach ihm orientierten Theologen wächst. Dass sein ganz öffentliches und ständiges—freilich anachronistisches—Bezugnehmen auf Bucers pneumatologische Abendmahlsanschauung, sowie sein Zusammenstellen von Bucer-Kollektaneen, nicht nur dazu dient, sich die Legitimation des Unionstheologen anzueignen, zeigen die anonymen Entlehnungen aus Bucers Evangelienkommentar (1536), dem *Summarischer vergriff* (1548) und der *Exomologesis* (1550). Diese zeugen allerdings von einer innerlichen Verwandtschaft mit der Theologie des Strassburgers, die nicht nur in seiner Abendmahlslehre zum Ausdruck kommt, sondern—wie aus Hardenbergs als eigenes Werk ausgegebenen niederdeutschen Übersetzung des *Summarischer vergriff* [1556] hervorgeht, dessen Abendmahlsparagraph als Katalysator auf die Bremer Abendmahlsstreit wirkt—auch im Konzept seiner ganzen Theologie, und zwar in seiner Anschauung von Offenbarung, Trinität und teils Christologie, von Soteriologie (Glaube und Werken, Rechtfertigung und Heiligung, Gesetz und *syllogismus practicus*), von Themen des christlichen Lebens, von Ekklesiologie (Gemeinde, Amt, Kirchenzucht), Sakramentslehre und Taufe. Mit Bucer hat er als Grundzüge seiner Theologie den Ansatz im Augustinismus, die positive Bewertung der äusseren Mittel, sowie die Betonung der Pneumatologie gemein.

Theologische Eigenständigkeit geht aus Hardenbergs Ansichten zur Ehe und zur Legitimität der obrigkeitlichen Gewalt hervor, vor allem aber aus seiner gegen den brenzischen Ubiquitätsbegriff gerichteten Abendmahlschristologie, in welcher er in selbständiger Verarbeitung der altkirchlichen und scholastischen Christologie das „Extra Calvinisticum (besser: Hardenbergianum)" entwickelt. Hardenberg, nicht Melanchthon, ist es, der damit den Bremern und über sie hinaus dem Norddeutschen Luthertum die Besinnung auf eine Fragestellung aufdrängt, die die Gestaltung des deutschreformierten Kirchentums beschleunigt.

Zum Schluss: die Tatsache, dass Hardenberg Anschluss an Theologen unterschiedlicher Ausrichtung finden kann, wie an Luther, Brenz, Musculus, Zwingli, Bullinger, Melanchthon, Bucer und Calvin, und dass er sich nach Melanchthons Tod mit Erastus und Klebitz zu verständigen weiss, zeugt weniger von Eklektizismus als von der die Nuancierungen innerhalb der reformierten Reformation übersteigenden Einheit in der Ausbildung der Konfessionen im ausgehenden sechzehnten Jahrhundert. Dass dieser Gestaltung der Konfessionsgrenzen in Niedersachsen, und in geringerem Masse in Ostfriesland, in der Person Albert Hardenbergs ein wesentlicher Einfluss Martin Bucers zugrunde liegt, möge als bedeutsames Resultat dieser Studie gelten.

ANHANG

BIBLIOGRAPHIE

Siglen

[...]	ohne Datum, Absender oder Adressat
[?]	Jahreszahl/Datum unsicher
A	Abschrift
Ä	mit Änderungen
Ae	eigenhändige Abschrift
E	Erwähnung
F	Fragment
HB	Hardenberg Bibliographie
K	Konzept
O	Original
P	Publikation
R	Regestum
Ü	Übersetzung
zw.	zwischen

1545

23.3	23.3.1545
[] 23.3	23.3.[1545]
[]	[1545]
[?]	[1545?]

HB 1, *Protestatio ad Appellationem,* 18.11.1544

1. *Protestatio et Apostolorum Responsio reverendissimi Archiepiscopi Coloniensis ad Appellationem Cleri & Universitatis,*
P: [Coloniae], 18.11.1544 (= Schlüter, *Publizistik,* Nr.53: Veröffentlichung der Protestation Hermanns von Wied gegen die Appellation des Klerus und der Universität mit einer Antwort darauf)

S.21 der vorliegenden Arbeit.

HB 2, *Simplex deliberatio*, 1545

2. *Nostra Hermanni ex gratia Dei Archiepiscopi Coloniensis, et Principis Electoris, & simplex ac pia deliberatio, etc.,*
P: Bonnae, 1545 (= Stupperich, *Bibliographia Bucerana*, Nr.74c: Hardenbergs Übersetzung von Martin Bucer, *Von Gottes genaden unser Herman Ertzbischoffs zu Cöln, unnd Churfürsten etc. einfaltigs bedenken (...)*, Bonn, 1543 (= Stupperich, *a.a.O.*, Bibl.Nr.74))

S.19f. der vorliegenden Arbeit.

HB 3, *Sententia de praesentia*, [14.1.]1548

3. *Sent[ent]ia de praesentia corporis dominj in cena quam Senatuj obtuli in hanc formam anno 1548 cum iam concionatores Bremae me persequi cepissent*, [Bremen], [14.1.]1548
Ae: BSB München, Clm 10351, n.11, 24^{r-v}
3a.   A: BSB München, Clm 10351, n.11, 25^r-26^r
3b.   A: SA Bremen, 2-ad T.1.c.2.b.2.c.2.b (N°.1)
3c.   AeÄ: BSB München, Clm 10351, n.20, 39^v-41^v
3d.   P von 3c: mit dem Titel *Confessio ad senatum*: Spiegel, *Hardenberg's Lehre vom Abendmahle*, 89-91

S.33, 200-204, 471-476 der vorliegenden Arbeit.

HB 4, *Gutachten bez.d.Täufer*, [1551]

4. *Gutachten für den Rat von Bremen bezüglich der Täufer*, Bremen, [1551]
Ae:BSB München, Clm 10351, n.22, 80^r-84^v
(Titel im *Catalogus bibliothecae monacensis*, Collectio Cameriana, Vol.I, n.22: *Schreiben Hardenbergs an den Rath zu Bremen (unterz.Pastor und prediker der Kerken tho Bremen) betr.die Irrlehren durch die in der Stadt Bremen die einfältigen irre gemacht würden)*

S.42f., 358-373, 398f. der vorliegenden Arbeit.

HB 5, *Osiander* I, 31.12.155[1]

5. *Juditium de libro Andreae Osiandri*, [Bremen], 31.12.155[1]
AF[1]: SA Bremen, 2-ad T.1.c.2.b.2.c.2.b (N°.1)

S.41-43, 131-137 der vorliegenden Arbeit.

---

[1] Enthält 2 Fol. Es handelt sich um eine Abschrift einer von Hardenbergs Hand geschriebenen Vorlage von HB 7, *Osiander* III. Oben an f.1 steht die Bemerkung: „Hier nach ist das Weitere ganz unleserlich. Das Ganze enthält 11 Seiten in Folio und das Meiste ist durchstrichen so dass man nicht weiss ob und was daran noch gelten soll oder nicht".

HB 6, *Osiander* II, [Ende 1551?]

6. *Antwort op dess Osiandri boeck wass von eynen Erbaren Rade aver antwordet*, [Bremen], [Ende 1551?]
    AF: SA Bremen, 2-ad T.1.c.2.b.2.c.2.b (N°.1)

    S.41-43, 132f. der vorliegenden Arbeit.

HB 7, *Osiander* III, 8.1.1552

7. *Sententiae pastorum et contionatorum Bremensium de libro Andreae Osiandri, quem de materia iustificationis scripsit*, [Bremen], 8.1.1552
    (= Titel des *Catalogus bibliothecae monacensis*, Collectio Cameriana, Vol.I, n.30)
    Ae: BSB München, Clm 10351, n.30, 117^r-120^r

    S.41-43, 132 der vorliegenden Arbeit.

HB 8, *Bekentenisse met korten worden*, [gg.Ostern 1556]

8.   *Bekentenisse met korten worden*, [Bremen], [gegen Ostern 1556]
     A: BSB München, Clm 10351, n.20, 45^{r-v}
8a. AÄ: SUB Hamburg, Sup.ep.107, n.XXXVI, 44^r

     S.49, 208f., 449f. der vorliegenden Arbeit.

HB 9, *Praelectio de praedest.*, [1550-1555?]

9. *Praelectionis fragmentum de peccato originali et de praedestinatione*, [?], [1.Hälfte der fünfziger Jahre?]
    OF: BSB München, Clm 10351, n.41, 176^r-177^v

    S.138-145, 397f. der vorliegenden Arbeit.

HB 10, *Glaubensbekenntnis plattdeutsch*, [Mitte 1556]

10. *Glaubensbekenntnis plattdeutsch*, [Bremen], [Mitte 1556]
     OF: BGK Emden, Hs 8° 7, [1^r-34^r]
     (= Titel aus dem Katalog der BGK Emden)

     S.51, 117-200, 452-455 der vorliegenden Arbeit.

HB 11, *Themata*, 5.11.1556

11.   *Themata, sive Positiones, adversus Ubiquitatem corporis Christi, in Farragine Johannis Amsterodami plus XXXVIII locis repetitam*, [Bremen], 5.11.1556
      Ae: SA Bremen, 2-T.1.c.2.b.2.c.2.b.1, *Declarationes et Confessiones*, 4-8
11a. Ae: SA Bremen, 2-ad T.1.c.2.b.2.c.2.b (N°.2), 13^v-15^v, 6.11.1556
11b. Ae: BSB München, Clm 10351, n.20, 42^r-44^r

11c. A: HAB Wolfenbüttel[2], Cod.Guelf.8.6.Aug.20, 565^r-567^r
11d. A: NsSA Stade, Rep.5b Fach.140, Nr.9, 91^r-92^v
11e. A: UB København, E.Don.var.123, 40, 2^v-5^v, 95^r-100^r
11f. AÄ: DSB Berlin, Ms.Boruss.fol.1165, 26-30, 6.11.1556
11g. A: NsHSA Hannover, Celle Br.22 Nr.29a (= HB 32, *Contentio*, [8.8. 1560]), 32^r-36^v
11h. Ae: SA Bremen, 2-T.1.c.2.b.2.c.2.b.1, *Declarationes et Confessiones*, 20ff. (= 11 deutsch)
11i. A: NsHSA Hannover, Celle Br.22 Nr.29a (= HB 32, *Contentio*, [8.8. 1560]), 48^v-56^r (deutsch)
11j. A: NsSA Stade, Rep.5b Fach.140, Nr.9, 95^v-97^v (= 11 deutsch)
11k. A: DSB Berlin, Ms.Boruss.fol.1165, 7-13 (= 11 deutsch)
11l. A von 11m: BSB München, Clm 10351, n.28, 101^r-103^r
11m. P: HB 43, *Contra Ubiquitatem*, 4^b-7^a
11n. P: mit HB 17j, *Summa Doctrinae*, o.O., 1566, 4^0
11o. P: *Nottwendige verantwortung*
11p. P: Gerdes, *HM*, 96-100

S.55-58, 123-127, 316-319 der vorliegenden Arbeit.

HB 12, *Confessio*, 9.11.1556

12. *Confessio*, [Bremen], 9.11.1556
    Ae: SA Bremen, 2-T.1.c.2.b.2.c.2.b.1, *Declarationes et Confessiones*, 2f.
12a. A: NsSA Stade, Rep.5b Fach.140, Nr.9. 102^v-103^v
12b. A: NsHSA Hannover, Celle Br.22 Nr.29a (= HB 32, *Contentio*, [8.8. 1560]), 44^v-48^v
12c. P: Gerdes, *HM*, 107-110 (Titel: *Confessio (quam per Deputatos Capituli Senatui Bremensi tradi curavit)*)

S.54, Anm.168; 55, 212-214 der vorliegenden Arbeit.

HB 13, *Positiones collectae*, 14./15./28.11.1556

13. *Positiones collectae, ex concionibus Doctoris Alberti Hardenberch Anno 1556 14 et 15 die Nouembris*, [Bremen], 14./15./28.11.1556
    A: HAB Wolfenbüttel, Cod.Guelf.8.6.Aug.20, 551^v-556^r
13a. A: BSB München, Clm 10351, n.21/23 (= HB 19, *Hos sequentes Articulos*, [12.1556]), 66^r-72^r(Ae)/85^r-89^r(A)
13b. A: NsHSA Hannover, Celle Br.22 Nr.29a (= HB 32, *Contentio*, [8.8. 1560]), 142^r-148^r

S.56, Anm.183; 220f. der vorliegenden Arbeit.

HB 14, *Accusatio*, [Nov.? 1556]

14. *Accusatio Hardenbergii spectans ad sententiam de cena domini cum ipsius responsione*, [Bremen], [Nov.? 1556]

---

[2] Nach Pollet, *Martin Bucer* 2, 186: Wolfenbüttel, 64.5 Extravagantes (46).

A: BSB München, Clm 10351, n.21 [Fortsetzung], 73^v
(= Titel des *Catalogus bibliothecae monacensis*, Collectio Cameriana, Vol.I, n.21)

S.56, Anm.183; 220f. der vorliegenden Arbeit.

HB 15, *Excerptum*, [Nov.? 1556]

15. *Excerptum ex sermone de cena dominj*, [Bremen], [Nov.? 1556]
     O?, mit Unterschrift in Hardenbergs Hand: BSB München, Clm 10351, n.37, 165^r-167^v
     (Titel im *Catalogus bibliothecae monacensis*, Collectio Cameriana, Vol.I, n.37: *Excerptum ex sermone de cena domini, de quo H.hoc adscripsit: Hanc scripturam circumferunt ubique mei calumniatores quasi ex uno aliquo meo sermone excerptam*)

     S.211, Anm.99 der vorliegenden Arbeit.

HB 16, *Iudicium*, Nov.1556

16. *Iudicium de confessione concionatorum Bremensium d.d. 21.10.1556*, [Bremen], Nov.1556
     A: SA Bremen, 2-ad T.1.c.2.b.2.c.2.b (N°.1)

     S.57, Anm.195; 219 der vorliegenden Arbeit.

HB 17, *Summa Doctrinae*, 1.12.1556

17. *Summa Doctrinae, de coena Domini, quam obtuli Senatui Bremensi, per Dominos de Capitulo Summo*, [Bremen], 1.12.1556
     (= Titel des *Catalogus bibliothecae monacensis*, Collectio Cameriana, Vol.I, n.19)
     Ae: SA Bremen, 2-T.1.c.2.b.2.c.2.b.1, *Declarationes et Confessiones*, 9-19
17a. A: SA Bremen, 2-ad T.1.c.2.b2.c.2.b (N°.2), 7^r-13^v
17b. A: BSB München, Clm 10351, n.19, 47^v-51^v
17c. A: NsSA Stade, Rep.5b Fach.140, Nr.9. 92^v-95^r
17d. A: UB København, E.Don.var.123, 40, 95ff.
17e. A: SA Bremen, 2-T.1.c.2.b.2.c.2.a.1 (deutsch)
17f. A: NsHSA Hannover, Celle Br.22 Nr.29a (= HB 32, *Contentio*, [8.8. 1560]), 37^r-44^v
17g. A: NsHSA Hannover, Celle Br.22 Nr.29a (= HB 32, Contentio, [8.8. 1560]), 56^r-68^r (deutsch)
17h. A: NsSA Stade, Rep.5b Fach.140, Nr.9. 98r-102r (deutsch)
17i. A: DSB Berlin, Ms.Boruss.fol.1165, 13-25 (deutsch)
17j. P von 17: mit HB 11n, *Themata*, o.O., 1566, 4^0
17k. P von 17: Gerdes, *HM*, 100-107 (falsch: 28.11.1556)

     S.56, 181-185, 188 der vorliegenden Arbeit.

HB 18, *Fragmentum de euch.*, [Dez.1556/1557]

18. *Fragmentum de eucharistia*, [Bremen], [Dez.1556/1557]
   O: BSB München, Clm 10351, n.24, 90^r

HB 19, *Hos sequentes Articulos*, [Dez.1556]

19. *Albertus Hardenbergus hos sequentes Articulos repperit Wittenbergae missos ab aduersarijs suis ut egre illi facerent quos malitiosissime depravatos presenti scriptura statuit refellere*, [Wittenberg], [Dez.1556]
   A: BSB München, Clm 10351, n.21/23, 66^r-72^r(Ae)/85^r-89^v(A)
19a. A: NsHSA Hannover, Celle Br.22 Nr.29a (= HB 32, *Contentio*, [8.8.1560]), 142^r-186^v

   S.56, Anm.183; 59, Anm.212; 221-232 der vorliegenden Arbeit.

HB 20, *Causae*, [Dez.1556]

20. *Causae quae me absteruerunt ne confessioni collegarum meorum subscribe-rem*, [Wittenberg], [Dez.1556]
   AF: BSB München, Clm 10351, n.21 [Fortsetzung], 74^r-79^v

   S.59, Anm.213; 214-218 der vorliegenden Arbeit.

HB 21, *Explanatio*, [Jan.1557]

21. *Explanatio Judicii Wittebergensis*, [Bremen], [Jan.1557]
   A: SA Bremen, 2-ad T.1.c.2.b.2.c.2.b (N°.1)
21a. A: NsHSA Hannover, Celle Br.22 Nr.29a (= HB 32, *Contentio*, [8.8.1560]), 14^r-17^v
21b. A: DSB Berlin, Ms.Boruss.fol.1165, 151-154 (Titel: *Declaratio responsi Wittenbergensium ad Senatum*)
21c. A: UB København, E.Don.var.123, 40, 47^v-50^r
21d. P: *DB* 5, 227-231
21e. P: Gerdes, *HM*, 116-124 (Titel: *Explanatio Judicii Wittebergensis, una cum Replica Concionatorum Bremensium*)

   S.61, 232-235 der vorliegenden Arbeit.

HB 22, *De Scheldinge*, Febr.1557

22. *De Scheldinge hier to Bremen angefangen von dem heiligen Sacrament des wahren Lives und Blodes unsers Herrn Jesu Christi ist diese*, [Bremen], Febr.1557
   A: SA Bremen, 2-ad T.1.c.2.b.2.c.2.b (N°.2), 67^v-69^v
22a. A: DSB Berlin, Ms.Boruss.fol.1165, 125-127 (Titel: *Causae dissidii*), [Febr.] 1557
22b. *Expositio Germanica doctrinae suae de S.Coena, Concionatoribus Norvagis transmissa sub titulo...* (folgt: 22), [Bremen], Febr. 1557
   AÄ: UB København, E.Don.Var.123, 40, 1^r-2^r

22c.   P von 22b.: *DB* 5, 224-227 = (in HS) SUB Bremen, Brem.b.697, 92-97

       S.75, 232-235 der vorliegenden Arbeit.

HB 23, *Homilia de euch.*, 13.3.1557

23.   *Homilia de eucharistia*, [Bremen], 13.3.1557
      OF: BSB München, Clm 10351, n.27, 95^r-99^v

      S.232-235 der vorliegenden Arbeit.

HB 24, *Collectanea Buceriana*, [zw.13.4.u.23.6.1557]

24.   *Collectanea Buceriana*, [Bremen], [zwischen 13.4.und 23.6.1557]
      O: BSB München, Clm 10351, n.12-16, 28^r-34^v

      S.75, 235-237, 443f. der vorliegenden Arbeit.

HB 25, *Korte Confession*, [vor 23.6.1557]

25.   *Korte Confession suggestui affixa*, [Bremen], [vor 23.6.1557]
      Ae: BSB München, Clm 10351, n.16A, 33^v
25a. Ae: SA Bremen, 2-T.1.c.2.b.2.c.2.b.1 (= Brief Nr.224, Hardenberg-Dom-
      kapitel, 23.6.1557, 737)
25b. Ae: SA Bremen, 2-T.1.c.2.b.2.c.2.b.1, *Declarationes et Confessiones*, 1
25c. Ae: im Brief Nr.216, [Hardenberg]-Emder [Ministerium?], [nach 15.3.
      1557], 94^v
25d. *Confessio Alberti Hardenbergii nach der straesbergeschen bekanteniss alss*
      de in dem ffarragine gestellet, [Bremen], [nach 13.4.1557]
      Ae: HB 24, *Collectanea Buceriana*, [zw.13.4.u.23.6.1557], 33^v-34^r (BSB
      München, Clm 10351, n.16)
25e. A: BSB München, Clm 10351, n.20 (= HB 35, *Declaratio*, [gg.25.11.
      1560]), 47^r
25f. A: SA Bremen, 2-T.1.c.2.b.2.c.2.b.2, Convolut de 1560, No.22
25g. A: NsHSA Hannover, Celle Br.22 Nr.29a (= HB 32, *Contentio*, [8.8.
      1560]), 141^r-v, 26.4.1558
25h. A: BSB München, Clm 10351, n.11, 26^v, 27^r (deutsch)
25i. A: SA Bremen, 2-ad T.1.c.2.b.2.c.2.b (N°.1)
25j. A: UB København, E.Don.Var.123, 40, 2^r-v (lateinisch)
25k. A: UB København, E.Don.Var.123, 40, 91^v
25l. A: DSB Berlin, Ms.Boruss.fol.1165, 160f.
25m. P: Timann, *Farrago*, 420f.
25n. P: Heshusen, *Das Jesu Christi warer Leib*, C3^b
25o. P: *Nottwendige verantwortung*, Beil.I, Q1^b
25p. P: Salig, *Vollständige Historie* 3, 737
25q. P: Gerdes, *HM*, 150
25r. P: Gerdes, *SA* 4, 2, 737
25s. P: Meiners, *Oostvrieschlandt* 1, 453
25t. P: Cyprianus, *Epistolae*, 24 und *CR* 9, 349 (= Brief Nr.232, Hardenberg-
      -Melanchthon, 21.10.1557, lateinisch)

25u.   P: Wagner, 294, Anm.x

S.75, Anm.347; 207f., 233, 443 der vorliegenden Arbeit.

HB 26, *Appellation an die Universitaeten*, 20.5.1560

   26.   *Dr Albert Hardenberg Appellation und Protestation an die Universitaeten*
         Wittenberg, Leipzig, Heidelberg und Marpurg, auch an Erzbischoff Georg
         zu Bremen wider die Bremischen Prediger seine Feinde, Bremen, 20.5.1560
         A: SUB Bremen, Brem.b.698, 2^r-9^v
         (Notarielles Schriftstück, der Notare Joh.Ristede und Christ. Hippstede; „Ex
         autographo Embdano")
   26a., 26b. und 26c. A: SA Bremen, 2-ad T.1.c.2.b.2.c.2.b (N°.1)

   S.82 der vorliegenden Arbeit.

HB 27, *Responsio ad art. Heshusii*, [22.5.1560]

   27.   *Responsio ad articulos Heshusii inquisitorios*, [Bremen], [22.5.1560]
         A: SA Bremen, 2-T.1.c.2.b.2.c.2.b.2, Convolut de 1560, No.5 (mit ur-
         schriftlichen Anmerkungen Hardenbergs)
   27a. P: Gerdes, *HM*, 136-138

   S.82, 238f. der vorliegenden Arbeit.

HB 28, *Predigtfragment Heshusens*, 26.5.1560

   28.   *Predigtfragment Heshusens*, [Bremen], Dominica nha der hemmelfart
         (=26.5.) 1560, (mit Anmerkungen Hardenbergs)
         O (von Hardenberg): SA Bremen, 2-T.1.c.2.b.2.c.2.b.2, Convolut de 1560,
         No.8
   28a. AF: SA Bremen, 2-ad T.1.c.2.b.2.c.2.b (N°.1)

   S.82 der vorliegenden Arbeit.

HB 29, *Conquestio de Heshusio*, [27.5.1560]

   29.   *Conquestio de Tilemanno Heshusio*, [Bremen], [27.5.1560]
         Ae: BSB München, Clm 10351, n.19, 37^r-38^v
         (= FÄ vom Brief Nr.286, Hardenberg-Domkapitel/Erzbischof Georg, 27.5.
         1560 und F einer Himmelfahrtspredigt Heshusens, 23.5.1560)

   S.82, 238, 240f. der vorliegenden Arbeit.

HB 30, *Bedencken*, 3.8.1560

   30.   *Bedencken D. Albert Hardenberges up den gedanen vorslach der verordente*
         des Neddersassischen Kreyssess, [Bremen], 3.8.1560 (in Gegenwart des
         Notars Johann Ristede)
         O: SA Bremen, 2-T.1.c.2.b.2.c.2.b.2, Convolut 5, No.9 (gleicht Nr.291,
         Hardenberg-Domkapitel, 3.8.1560)

30a. A: NsSA Stade, Rep.5b Fach.140, Nr.9, 104^{r-v} und 144^{r-v} (mit urschriftlicher Unterschrift Hardenbergs)
30b. A: SA Bremen, 2-T.1.c.2.b.2.c.2.b.2, Convolut 5, No.12b
30c. A: SA Bremen, 2-T.1.c.2.b.2.c.2.b.2, Convolut de 1560, No.25 (mit urschriftlichem Nachtrag Hardenbergs)
30d. A: SA Bremen, 2-T.1.c.2.b.2.c.2.b.2, Convolut de 1560, No.26
30e. P: Greve, *Eitzen*, 129, Additamenta, 129f.

S.84 der vorliegenden Arbeit.

HB 31, *Ultima mea Confessio*, [gg.8.8.1560]

31. *Omnium ultima mea Confessio*, [Bremen], [gegen 8.8.1560]
A: NsHSA Hannover, Celle Br.22 Nr.29a (= HB 32, *Contentio*, [8.8.
1560]), 195^{v}-196^{r}
31a. A: BSB München, Clm 10351, n.20 (= HB 35, *Declaratio*, [gg.25.11.
1560]), 61^{r-v}

S.241f., 450f. der vorliegenden Arbeit.

HB 32, *Contentio*, [8.8.1560]

32. *Contentio. Concionatores Bremenses: Corpus Christi est ubique, Doctor
Albertus: Corpus Christi est sursum in Coelo*, [Bremen], [8.8.1560]
O: NsHSA Hannover, Celle Br.22 Nr.29a, 1^{r}-204^{r}
(von der Hand eines Sekretärs, mit urschriftlichen *marginalia* Hardenbergs;
oben an der Titelseite: „Albertus Hardenbergius Sacrae Theol. Doctor.
Manu propria")

S.84, Anm.418; 85, Anm.424f. der vorliegenden Arbeit.

HB 33, *Dem vromen Leser*, 30.10.1560

33. *Albertvs Herdenberg dem vromen Leser genade unnde vrede dorch Jesum
Christum*, Bremen, 30.10.1560
P: als Nachwort in: *Der Christlichen Gemene*, [Emden?], 1560, D2^{a-b}

S.86, Anm.429 der vorliegenden Arbeit.

HB 34, *Notitiae*, [nach 30.10.1560]

34. *Notitiae autobiographicae de Alberto Hardenbergio ab ipso conscriptae*,
[Bremen], [nach 30.10.1560]
OF: BSB München, Clm 10351, n.10, 20^{r}-23^{v}

S.85, Anm.424 der vorliegenden Arbeit.

HB 35, *Declaratio*, [gg.25.11.1560]

35. *Declaratio Hardenbergii hoc spectans ut in integrum restituatur*, (an
     Domkapitel, Erzbischof Georg, Fürsten und Stände) [Bremen], [gegen
     25.11.1560]
     A: BSB München, Clm 10351, n.20, 39^r-65^r (falsch: 1548)

     S.85, Anm.424f.; 450, Anm.211 der vorliegenden Arbeit.

HB 36, *De controversia*, [gg.25.11.1560]

36. *D. Hardenbergii Autographum De controversia Sacramentaria Bremensi*,
     [Bremen], [gegen 25.11.1560]
     A: SA Bremen, 2-T.1.c.2.b.2.c.2.a.1, 698-741
     (= Spiegel, 169: „Selbstbiographie")
36a. A aus dem 18.Jahrh.: *Dr. Albert Hardenbergs Geschichte von Ihm selbst
     beschrieben von der Zeit seiner Ankunft an bis zum Halberstadischen
     Kreyss-Tage 1560 d.25 Nov. angesetzet*, in: DSB Berlin, Ms.Boruss.
     fol.1165, 1^r-24^v
36b. A: SA Bremen, 2-T.1.c.2.b.2.c.2.a.1 (deutsche Übersetzung)

     S.85, Anm.424 der vorliegenden Arbeit.

HB 37, *Summaria Doctrina mea*, 14.12.1560

37. *Summaria Doctrina mea, Alberti Hardenbergii, de Ubiquitate & coena
     Domini*, [Bremen], 14.12.1560
     Ae: BSB München, Clm 10351, n.29, 114^r-115^v, 14.[12].1560 (17 Punkte)
37a. A: NsSA Stade, Rep.5b Fach.140, Nr.9., 161^r u. 163^v-164^r (mit urschriftl.
     Unterschrift Hardenbergs)
37b. A: NsSA Stade, Rep.5b Fach.140, Nr.9., 162^r-163^r
37c. A: SA Bremen, 2-T.1.c.2.b.2.c.2.b.2, Convolut of 1560, No.46
37d. A: SA Bremen, 2-T.1.c.2.b.2.c.2.b.2, Convolut Nr.5, No.19
37e. A: SA Bremen, 2-ad T.1.c.2.b.2.c.2.b, (N°.1)
37f. A: SA Bremen, 2-ad T.1.c.2.b.2.c.2.b, (N°.1) (deutsch)
37g. A: LA Schleswig-Holstein, Abt.7 Nr.931, 3
37h. A: SB Bamberg, J.H.Msc.Th.6, Nr.XXXI, 155^v-156^v
37i. P: Chemnitz, *Anatome*, 1561, A4^b-A7^a
37j. PÄ: Gerdes, HM, 150-153, 17.12.1560 (14 Punkte)

     S.86, Anm.436; 243-245, 451f. der vorliegenden Arbeit.

HB 38, *Confessio mea*, [1560?]

38. *Confessio mea*, [Bremen], [1560?]
     O: SA Bremen, 2-T.1.c.2.b.2.c.2.a.1, 828

     S.240, Anm.280 der vorliegenden Arbeit.

HB 39, *In Conf.Brem.censura*, 5.2.1561

39. *In Confessionem Bremensium censura*, [Braunschweig], 5.2.1561
   A: NsSA Wolfenbüttel, 2 Alt 14878, 13^r-14^v
39a. A: SA Bremen, 2-T.1.c.2.b.2.c.2.b.1
39b. P: u.a. Gerdes, *HM*, 154-157

S.88, Anm.445; 238, 242 der vorliegenden Arbeit.

HB 40, *Ad interr. Responsio*, 7.2.1561

40. *Ad interrogata Ordinum Responsio*, [Braunschweig], 7.2.1561
   A: SA Bremen, 2-T.1.c.2.b.2.c.2.b.2, Convolut de 1560, No.47
40a. A: SA Bremen, 2-ad T.1.c.2.b.2.c.2.b (N°.1)
40b. P: *Nottwendige verantwortung*, Beil.O, R2^b-R3^b
40c. P: Gerdes, *HM*, 165-167

S.88, Anm.449; 242 der vorliegenden Arbeit.

HB 41, *Appellation an Kaiserl. Majestaet*, 15.2.1561

41. *Dr Albert Hardenbergs Appellation und Protestation, wider Timanni Buch Farrago und das angestellte Colloquium, auf den Abschied des Niedersaech-sischen Kraises zu Braunschweig, an Kaiserliche Majestaet etc.*, Bremen, 15.2.1561
   A: SUB Bremen, Brem.b.698, 10^r-19^r („Ex autographo Embdano")
41a. A: SA Bremen, 2-ad T.1.c.2.b.2.c.2.b (N°.1)

S.89, Anm.456; 406 der vorliegenden Arbeit.

HB 42, *De Ubiquitate, Scripta Duo*, 1564

42. *De Vbiquitate, Scripta Dvo Adversaria Doct.Albert Hardenbergij & Elardi Segebadij, concionatorum Bremensium, Item Albert Hardenbergij, breuis & aperta controuersiae de evcharistia explicatio*,
   P: Myloecii, Petrus Fabricius, 1564 (Bl.1^a-38^b)
42a. A (handschriftliche Vorlagen): s.Nr.43a und 44a

S.92, Anm.20; 246-250 der vorliegenden Arbeit.

HB 43, *Contra Ubiquitatem*, 1564

43. *Contra falso nominatam corporis Christi Vbiquitatem. Doct. Alberti Harden-bergij scriptum*, 1564
   P: HB 42, *De Ubiquitate, Scripta Duo*, 1564, 3^a-7^b
43a. A: BSB München, Clm 10351, n.28, 101^r-103^r

S.92, Anm.20 der vorliegenden Arbeit.

HB 44, *Ad Farraginem Segebadii*, 1564

44. *Responsio D.Alberti Hardenbergii ad praemissam Farraginem Eilardi Segebadij, in qua 'tèn pantachousian' corporis Christi defendere conatur, 1564*
P: HB 42, *De Ubiquitate, Scripta Duo*, 1564, 14^a-28^a

44a. A^3: BSB München, Clm 10351, n.28, 103^r-111^r

S.77, 92, 123-125, 246, Anm.305; 385 der vorliegenden Arbeit.

HB 45, *Brevis explicatio*, 1564

45. *D. Alberti Hardenbergii brevis et aperta controuersiae de Eucharistia explicatio*, 1564
P: HB 42, *De Ubiquitate, Scripta Duo*, 1564, 28^b-38^b

S.92, 185-189, 246-250 der vorliegenden Arbeit.

HB 46, *Summarischer Bericht*, 22.3.1566

46. *Doct. Alberti Hardenbergs Summarischer Bericht der in seiner Sache zu Braunschweig und sonst vorgegangenen Handlungen, an Kaiserl. Maj. Maximilian II überschikket A.1566, Sengwarden, 22.3.1566*
A (von Daniel von Büren): SA Bremen, 2-E.7.d, 849-885
(= Beilage bei Brief Nr.323, Hardenberg-Kaiser Maximilian II., 22.3.1566)

46a. A: SA Bremen, 2-E.7.d

HB 47, *Zeugnis f. E.Kühl*, 23.3.1570

47. *Zeugnis für Eberhard Kühl*, Emden, 23.3.1570
A: SUB Bremen, Ms.a.10, Nr.75

S.99, Anm.76 der vorliegenden Arbeit.

HB 48, *Notizen zu Lukas 22,39-46*, [?]

48. *Exegetisch-homiletische Notizen zu Lukas 22,39-46*, [Bremen], [?]
O: HB 10, *Glaubensbekenntnis plattdeutsch*, [Mitte 1556], 1^{r-v}

HB 49, *Carmen ad Westphalum*, [?] (?)

49. *Ad Joachimum Westphalum Caluinomastigem Rodolphus Daginus Enuadianus*, [?], [?] (?)
O: BSB München, Clm 10351, n.40, 175^r

---

^{3} Laut Nr.246, Seb.Theod.Winshemius-Hardenberg, 20.7.1558, wahrscheinlich im Juni/Juli 1558 (nach dem 21.5.) geschrieben.

HB 50, *Constans defensio*, 1613

50. *Constans defensio, ex s.scriptvra, et vera catholica doctrina, atque observatione Vniversalis Christianae Ecclesiae Deliberationis de Christiana Reformatione, Quam Reuerendissimus in Deo Pater, Princeps et Dominus D.Hermannvs Archiepiscopus Coloniensis, et Princeps Elector, etc. iam ante publicauit*, etc.
   P: Genevae, 1613; Basileae, 1618
   (= Stupperich, *Bibliographia Bucerana*, Nr.86a: Hardenbergs Übersetzung von Martin Bucer, *Bestendige Verantwortung (...) des Bedenckens vonn Christlicher Reformation* etc., [Bonn], 1545 (= Stupperich, *a.a.O.*, Nr.86))

50a. Handschriftliche Vorentwurfe zur lateinischen Übersetzung, [Strassburg/ Bonn], [Ende 1544/Anfang 1545]
   O: BGK Emden, Fol.4

   S.19 der vorliegenden Arbeit.

HB 51, *Vita Wesseli*, 1614

51. *Vita Wesseli Groningensis conscripta ab Alberto Hardenbergio S. Theologiae Doctore: sed mutila*, 1614
   O: BSB München, Clm 10351, 1^r-18^v
   PÄ: *M.VVesseli Gansfortii Groningensis (...) Opera quae inveniri potuerunt omnia* etc., Groningae, 1614 (Nachdr.Nieuwkoop, 1966)

   S.93 der vorliegenden Arbeit.

Desunt:

HB 52, *Vorlesungen zu Röm.*, [1547ff.?]

52. *Vorlesungen „in Pauli epistolam ad Romanos"*, [Bremen?], [1547ff.?]
   E: Brief Nr.135, Hardenberg-NN, [1551?], 169^r

   S.33, Anm.9; 269 der vorliegenden Arbeit.

HB 53, *Traktätchen für die Täufer*, 1546

53. *Traktätchen für die Täufer in Kempen*, Kempen, 1546
   E: Brief Nr.58, Hardenberg-Theodor von Buchell, 26.11.[1546]

   S.26, 356 der vorliegenden Arbeit.

HB 54, *Gutachten über Christi Höllenfahrt*, 1550/1551?

54. *Gutachten über Christi Höllenfahrt*, Bremen, 1551/1551?
   E: Brief Nr.224, Hardenberg-Domkapitel, 23.6.1557, 729

   S.41f. der vorliegenden Arbeit.

HB 55, *Traktat über Judas*, [vor Dez.1556]

55.   *Traktat über Judas*, [?], [vor Dez.1556]
E: HB 19, *Hos sequentes Articulos*, [Dez.1556], 70^v;
vgl.Brief Nr.308, Klebitz-Hardenberg, 25.3.1561, 229^r

S.230, Anm.214 der vorliegenden Arbeit.

HB 56, *Testimonia vet.eccl.*, [1560]

56.   *Duo libri papiri ubi Hardenberg ex sacris literis et doctrina veteris ecclesiae
oppugnat falsam Ubiquitatem*, [Bremen], [1560]
E: Brief Nr.285, Hardenberg-Erzbischof Georg, 11.5.1560, 149^r; HB 35,
Declaratio, 62^v

S.85, Anm.425 der vorliegenden Arbeit.

Zu Unrecht Hardenberg zugeschrieben:

Ann. in Apocalypsin, Dez.1544

Annotationes in Apocalypsin, [Zürich], Dez.1544
HS in: BGK Emden, Hs 4° 5
= Abschrift von NN einer Nachschrift Rudolf Gwalthers der Apokalypse-
-Vorlesung von Theodor Bibliander, (10.12.1543 - 27.9.1544), Vorlage zu
Biblianders *Relatio fidelis*, Basileae, 1545

S.377f., Anm.192 der vorliegenden Arbeit.

Büchlein auf Pergament, [15.Jahrh.?]

Büchlein auf Pergament (über den Ablass), [15.Jahrhundert?], mit Vorbemerkung Hardenbergs
HS in: BGK Emden, Hs 8° 18

KORRESPONDENZ

1528

–	[?]	Goswijn v.Halen-H („multas epistolas")	E: *Vita Wesseli,* $^{**}4^a$
1	23.11	Goswijn v.Halen-H	Ae: BSB München, Clm 10351, n.1, 4^v-6^r; P: *Vita Wesseli,* $^{**}4^a$-$^{**}5^a$

1529

2	14.5	Goswijn v.Halen-H	O: BSB München, Clm 10357, n.3; Foto von O in RA Groningen, Kloosterarchief Inv. Nr.57 Reg.Nr.1020, beschrieben durch H.O.Feith, Reg.Feith 1529 Nr.40; AÄe: BSB München, Clm 10351, n.1, $6^{r\text{-}v}$; PÄ: *Vita Wesseli,* $^{**}5^{a\text{-}b}$
–	[?] 13.12	H-Goswijn van Halen	E: Nr.4
–	[]	H-Willem Sagarus	E: Nr.3
–	[]	Willem Sagarus-H	E: Nr.3
3	25.12	Willem Sagarus-H	Ae: BSB München, Clm 10351, n.1, 10^v; P: *Vita Wesseli,* $^{**}7^b$-$^{**}8^a$

1530

4	[?]	Goswijn v.Halen-H	Ae: BSB München, Clm 10351, n.1, 6^v-7^r; P: *Vita Wesseli,* $^{**}5^b$

1531-1539

1540

–	[?]	Dionisus NN-H	E: Nr.5
–	[?]	Dionisus NN-H	E: Nr.5
5	[?]	[H]-Dionisus NN	A?F: BSB München, Clm 10351, n.57, 236^{r-v}
–	[]	H-a Lasco	E: Nr.6
6	[Mitte]	a Lasco-H	P: Kuyper 2, 551-553
7	29.12	a Lasco-H	P: Kuyper 2, 553f.

1541

–	[]	H-a Lasco	E: Nr.8
8	5.8	a Lasco-H	P: Kuyper 2, 554f.
9	[Ende]	a Lasco-H	P: Kuyper 2, 555
–	[]	Franz von Waldeck-H	E: Bemerkung Hardenbergs (1556) in Euclid, *Elementa*, in: BGK Emden, Hs 4° 14

1542

10	12.5	a Lasco-H	P: Kuyper 2, 556
–	[]	H-a Lasco	E: Nr.11
11	[] 26.7	a Lasco-H	P: Kuyper 2, 556f.

1543

–	[1540-Juni 1543]	Melanchthon-H (mehrere Briefe)	E: Nr.15; Campan, *Enzinas* 1, 11
–	[1540-Juni 1543]	NN („innumeri boni viri")-H	E: Nr.15
–	[]	Francisco de Enzinas-H	E: Campan, *Enzinas* 1, 11
–	[]	H-Melanchthon	E: Campan, *Enzinas* 1, 13

12	[][vor Juni]	H-[a Lasco?]	O: BSB München, Clm 10351, n.34, 135^r-136^r
–	[vor 23.7]	H-a Lasco	E: a Lasco-Truytje Syssinge, 23.7.1543, P: Kuyper 2, 557f.
–	[vor 23.7]	H-Truytje Syssinge	E: a Lasco-Truytje Syssinge, 23.7.1543, P: Kuyper 2, 557f.
–	[vor 17.9]	a Lasco-H	E: a Lasco-NN, 17.9.1543, P: Kuyper 2, 562f. (?)
13	[zw.6.1543 u. 3.1544]	H-Rudger NN	OF: BSB München, Clm 10351, n.31,121^r-124^r

1544

–	[vor 25.3]	H-Melanchthon	E: Nr.14
14	[] 25.3	Melanchthon-H	P: *CR* 5, 340f. (*MBW* Nr.3490)
15	[][30.4]	Melanchthon-H	P: *CR* 5, 344f. (*MBW* Nr.3542)
16	Juli	H-NN	A: SA Bremen, 2-ad T.1.c.2.b.2.c.2.b (N°.1)
–	[vor 26.7]	a Lasco-H	E: a Lasco-Truytje Syssinge, 25.8.1544, P: Kuyper 2, 578-580
–	[vor 26.7]	H-a Lasco	E: Nr.17; a Lasco-Truytje Syssinge, 25.8.1544, P: Kuyper 2, 578-580
17	26.7	a Lasco-H	P: Kuyper 2, 574-578
–	[Juli/Aug.]	H-Calvin	E: Nr.37
–	[Juli/Aug.]	H-Calvin	E: Nr.37
–	[6.8]	H-Bullinger	E: Nr.20
18	[][11.]8	Melanchthon-H	P: *CR* 5, 468 (*MBW* Nr.3654)
19	31.8	a Lasco-H	P: Kuyper 2, 581f.
20	5.9	Bullinger-H	O: ZB Zürich, Ms.Z XI, 309

–	[Sept.]	H-Calvin	E: Nr.37
–	[zw.28.9 u. 7.10]	Bullinger-H	E: thom Camp-Bullinger, 7.10.1544, O: SA Zürich, E.II.355, 108^r-109^v
–	14.10^1		
–	[zw.8 u.28.10]	H-Melanchthon	E: Nr.21
21	28.10	H-A.Blarer	O: München, Clm 10359, n.19; A: ZB Zürich, Ms.S 56, Nr.34-35
22	29.10	H-A.Blarer	A: ZB Zürich, Ms.F 43, 605^{r-v}; P: Schiess 2, 312-314
–	[Sept./Nov.]	NN-H (einige Briefe)	E: Nr.37
–	[Anfang.11]	A.Blarer-H	E: Nr.23
23	[] [zw.7 u. 19].11	H-A.Blarer	A: ZB Zürich, Ms.F 43, 604^v- -605^r; Ms.S 56, Nr.34-35; P: Schiess 2, 318f.
–	[Herbst]	H-Brenz	E: Nr.24
24	7.11	Brenz-[H]	A: AMS, AST 181/40, 293^{r-v}
–	[Dez.]	H-Minist.Cler.Zürich	E: Nr.25 u.35
25	5.12	Rudolf Gwalther-H	O: SUB Bremen, Ms.a.10, n.5
	1545		
26	28.1	Bucer-H	P: Pollet, *Bucer correspondance* 1, 210-212

---

^{1} Der in Hessels 2, 1-3 veröffentlichte Brief von Bucer-NN (Utenhove/Harden-berg), 14.10.1544, ist nicht an Hardenberg adressiert (so auch Denis, *Églises d'étran-gers*, 154, Anm., tatsächlich aus teils untauglichem Grund: „On voit mal comment une lettre destinée à Hardenberg serait parvenue à Londres, où il n'a jamais sé-journé.", denn Hardenberg war jedoch zweimal in London: am 7.9.1550 (s.Nr.117, Hardenberg-Bucer, 7.9.1550; *supra*, I.3, Anm.63) und vom 16.-bis Ende.12.1562 (s.Nr.316-319; *supra*, S.95)). Bucer gratuliert nämlich dem Adressaten zu seiner Gemeinde und bittet ihn seiner im Gemeindegebet zu gedenken. Hardenberg wird erst 1545 an einer Gemeinde angestellt (*supra*, S.22) und ist am 14.10.1544 im Rahmen seiner Rundreise unterwegs von Oberdeutschland nach Strassburg (*supra*, S.19).

–	[Febr.]	H-Bucer	E: Nr.27
27	21.2	Bucer-H	A: AMS, AST 153/53, 162; BNU Strasbourg, Th.B., XV, 19, 20 (1544)
28	9.3	H-Utenhove	P: Gerdes, *SA* 3, 680f.; Hessels 2, 3-8
29	14.3	Ministerium Clerici Zürich-H	K: ZB Zürich, Ms.F 41, 129^r-131^v
–	[um 14.3]	Bullinger-H	E: Cnipius-Bullinger, 12.4. 1560, O in: SA Zürich, E.II.347, 724-726 (?)
30	15.3	H-Syburg	K: SUB Bremen, Ms.a.10, n.6; P: Gerdes, *SA* 4, 2, 682-685
31	18.3	a Lasco-H	P: Kuyper 2, 589f.
–	[Febr./Mrz.]	Sextus a Donia-H	E: Nr.32
32	19.3	H-Sextus a Donia	O: BSB München, Clm 10359, n.27
–	[19.3]	H-Bucer	E: Nr.40
33	22.3	H-Beatus Rhenanus	P: Horawitz/Hartfelder, 528-530
34	22.3	H-Vadianus	P: Arbenz/Wartmann 6, I, 405-409
35	23.3	H-Bullinger/ Minist.Cler.Zürich	O: SA Zürich, E.II.338, 1410^r-1411^v;
36	[] 23.3	H-Bullinger	O: SA Zürich, E.II.338, 1412^{r-v}
37	24.3	H-Calvin	P: *CO* 12, 48-50
38	25.3	H-Minist.Cler.Zürich	O: SA Zürich, E.II.338, 1427^{r-v}
39	[] 25.3	H-Pellikan	O: ZB Zürich, MS.F 47, 246^{r-v}; P: Gerdes, *SA* 4, 2, 686-688
40	17.4	Bucer-H	A: AMS, AST 153/57, 167
–	[Mai]	H-Bucer	E: Nr.42 (?)

41	29.5	Bucer-H	A: AMS, AST 153/58, 167; BNU Strasbourg, Th.B.XVI, 68
42	10.6	Bucer-H	A: AMS, AST 153/59, 169
–	[vor 7.7]	H-a Lasco	E: Nr.43
43	7.7	a Lasco-H	P: Kuyper 2, 592f.
–	[vor 15.7]	Melanchthon-H	E: Melanchthon-Herzog Albrecht von Preussen, 15.7.1545, P: *CR* 5, 790-792 (*MBW* Nr.3949)
44	22.7	a Lasco-H	P: Kuyper 2, 594
45	[] 25.8	H-NN	P: *HZwTh* 1, 1868, 110
46	4.11	Bucer-H	A: AMS, AST 153/60, 169
–	[vor 27.11]	H-Bucer	E: Nr.47
47	27.11	Bucer-H	A: AMS, AST 153/61, 171-172; PF: Pfenninger, Hrsg., *Magazin* 2, 188
48	4.12	Bucer-H	A: AMS, AST 153/62, 172
49	22.12	Bucer-H u.[Val.Poul- lain?]	A: AMS, AST 153/63, 172
50	[?]	Calvin-H	E: Nr.187, 143ʳ P?: *CO* 9, 680-688
51	[?]	„Esdras" (H?)-NN („cardinalibus pseudo- episcopis") (?)	OF: BSB München, Clm 10351, n.38A,168ʳ

1546

–	[vor 10.4]	H-Bucer	E: Nr.52 (?)
52	10.4	Bucer-H	P: Pollet, *Bucer correspondance* 1, 213-215; AFe: *Collectanea Buceriana*, (BSB München, Clm 10351, n.15), 32ʳ;

			AFe: Nr.216, [H]-Emder [Ministerium?], [nach 15.3.1557], 94^r
–	[vor 16.5]	a Lasco-H	E: Nr.53
53	16.5	a Lasco-H	P: Kuyper 2, 605f.
54	[?] [Mai?]	H-[von Wied]	P: Pollet, *Martin Bucer* 2, 143-149 PF: *QGT* 16, 184
–	[vor 15.6]	H-a Lasco	E: Nr.55
55	15.6	a Lasco-H	P: Kuyper 2, 607f.
–	[vor Nr.55]	von Wied-H	E: Nr.56
56	[26.7 oder bald darauf]	H-von Wied	P: Krafft, *Reformationsgeschichte*, 170f.; Pollet, *Martin Bucer* 2, 149f.
57	30.9	a Lasco-H	P: Kuyper 2, 608-610
–	[vor 26.11]	von Wied-H	E: Nr.58
58	[] 26.11	H-Theodor von Buchell	O: BSB München, Clm 10359, n.15
59	[?]	[H]-[von Wied?]	O: BSB München, Clm 10351, n.47, 218^r
60	[zw.Ende 1544 u.Ende 1546]	Brenz-H	A: AMS, AST 181/40, 287^r-289^v
61	[]	[H]-Hadrianus [Antwerpiensis?]	OF: BSB München, Clm 10351, n.38C, 171^r-172^r
62	[?]	[H]-[Hadrianus [Antwerpiensis?]]	O: BSB München, Clm 10351, n.48, 219^r-220^r

1547

–	[nach 24.5]	Melanchthon-H	E: Bemerkung in AMS, AST 181/39, 256^{r-v} (= Melanchthon-Joh.Oberburger, 24.5.1547, P: *CR* 6, 543-546; *MBW* Nr.4750)
63	7.6	a Lasco-H	P: Kuyper 2, 610

–	[vor 10.9]	Medmann-H	E: Medmann-Bullinger, 10.9.1547, P: Pollet, *Martin Bucer* 2, 180f.
–	[11.10]	a Lasco-H	E: Nr.64
64	11.10	a Lasco-H	P: Kuyper 2, 611
65	1.11	Melanchthon-H	P: *CR* 6, 716f. (*MBW* Nr.4943)
66	[]	H-Johann Selst	O: SUB Bremen, Ms.a.10, n.12
67	[]	H-[Timann]	O: BSB München, Clm 10351, n.33, 132^r-133^v
–	[?]	Theodor NN-H	E: Nr.68
68	[?]	H-Theodor NN	O: BSB München, Clm 10351, n.32, 125^r-131^r

1548

69	[nach 14.1]	H-Melanchthon	A: BSB München, Clm 10351, n.11, 24^v (*MBW* Nr.5032: [nach 17.1])
–	[Jan.]	H-a Lasco	E: Nr.70
70	29.1	a Lasco-H	P: Kuyper 2, 612-615
71	[] 6.2	Melanchthon-H	P: *CR* 7, 543 (*MBW* Nr.5050)
72	[] [6.2]	Melanchthon-H	A: *Declaratio*, 39^r; BSB München, Clm 10351, n.11, 24^v (*MBW* Nr.5051)
–	[vor 19.2]	H-a Lasco	E: Nr.73
73	19.2	a Lasco-H	P: Kuyper 2, 615f.
–	[vor 8.5]	NN (in Strassburg)-H	E: Nr.74
74	[] [nach 8.5]	H-NN (in Danzig)	OF: BSB München, Clm 10351, n.36, 164^{r-v}
75	[] 14.5	Melanchthon-H	P: *CR* 6, 906f. (*MBW* Nr.5161)
76	19.7	a Lasco-H	P: Kuyper 2, 616f.; *CO* 13, 12

–	[vor 28.7]	Medmann-H (mehrere Briefe)	E: Nr.78, 79 u.81; vgl.nach Nr.63
77	28.7	Cranmer-H	PF: *Epistolae Tigurinae*, 12
78	28.7	a Lasco-H	P: Kuyper 2, 617
–	[vor 12.8]	[Henricus] Buscoducensis-H	E: Nr.80
–	[vor 12.8]	Konrad [Weichart]-H	E: Nr.80
–	[vor 12.8]	H-Bucer	E: Nr.79 (?)
79	[] [vor 12.8]	Bucer-H	AFe: *Collectanea Buceriana* (BSB München, Clm 10351, n.15), 32^v; mit Beilage, idem, n.12, 28^r
80	12.8	H-a Lasco	O: BSB München, Clm 10359, n.20
81	[] [12.8]	H-NN	O: BSB München, Clm 10359, n.17B
82	[] [13.8]	[H]-Melanchthon	K: BSB München, Clm 10359, n.25 (*MBW* Nr.5259)
83	[vor 5.9.]	H-[Johann Rolwagen]	O: SA Bremen, 2-T.1.c.2.b.2. c.2.a.1, nach 828
–	[nach 5.9]	H-NN	E: Nr.84
84	[] [nach 5.9]	H-a Lasco	OF: BSB München, Clm 10351, n.35B, 163^r
85	16.9	H-Franciscus Sevenkolen und Anthonius ab Hella	O: SUB Bremen, Ms.a.10, n.7
86	20.10	H-Hiëronymus Frederiks	O: BSB München, Clm 10359, n.22
87	10.11	H-[Germerus]	O: BSB München, Clm 10359, n.23
88	16.12	Bucer-H	A: AMS, AST 153/65, 174; BNU Strasbourg, Th.B.XIX, 120; PÜ: Horning, *Briefe*, 22f.

89	[]	H-Mitglied d.Domkapitels	A: SA Bremen, 2-ad T.1.c.2.b.2.c.2.b (N°.1)
90	[]	H-[Johann Rolwagen]	O: SUB Bremen, Ms.a.10, 10
91	[?]	[H]-Hadrianus [Antwerpiensis?]	O: BSB München, Clm 10351, n.49, 221^r-224^v
-	[?]	Hiëronymus Frederiks-H	E: Nr.253
-	[?]	H-Hiëronymus Frederiks	E: Nr.253

1549

-	[kurz vor 21.1]	NN (in England)-H	E: Nr.92
-	[21.1]	H-NN (in England)	E: Nr.92
92	21.1	H-Melanchthon	A: SA Weimar, Reg.O.403, 1^r-3^v; P: *CR* 7, 307-309 (*MBW* Nr.5418)
-	[vor 25.1]	H-Melanchthon	E: Nr.93
93	25.1	Melanchthon-H	P: *CR* 7, 318 (*MBW* Nr.5425)
-	[zw.5.1547-1.3.1549]	Bucer-H (mehrere Briefe)	E: Nr.105
-	[vor Mitte März]	„Brabanti"-H	E: Nr.95
94	[] 18.3	Melanchthon-H	P: *CR* 7, 351f. (*MBW* Nr.5481)
95	[zw.18-29.3]	H-Melanchthon	O: SUB Bremen, Ms.a.10, n.11 P: Gerdes, *SA* 4, 2, 688-695 (nach *MBW* Nr.5500 irrtümlicherweise Teildruck aus Ms.a.10, 11.*u.15* (s.jedoch *infra*, Nr.97)
96	[] 29.3	Melanchthon-H	P: *CR* 7, 356f. (*MBW* Nr.5488)
97	12.4	H-Melanchthon	K: SUB Bremen, Ms.a.10, n.15
98	12.4	H-Melanchthon	K: BSB München, Clm 10359, n.24 (*MBW* Nr.5500)
99	[12.4]	a Lasco-H	P: Kuyper 2, 622f.

100	13.4	a Lasco-H	P: Kuyper 2, 623
–	[vor April]	H-NN	E: Nr.101
–	[vor April]	NN-H	E: Nr.101
101	April	H-Henricus [Buscoducensis?]	O: SUB Bremen, Ms.a.10., n.4
102	[] 4.5	Melanchthon-H	P: *CR* 7, 404f. (*MBW* Nr.5519)
–	[Juni/Juli]	Medmann-H	E: Nr.103
–	[Juli]	H-Medmann	E: Nr.103
103	[] Juli	H-[Christoph von Oldenburg]	O: BSB München, Clm 10359, n.21
104	1.8	a Lasco-H	P: Kuyper 2, 628
105	14.8	Bucer-H	P: *Epistolae Tigurinae*, 351-353
106	26.9	a Lasco-H	P: Kuyper 2, 632f.
107	22.10	Bucer-H	Ae: Nr.187, H-Medmann, 8.8.1556, 160^v; Nr.216, [ders.]-Emder [Ministerium?], [nach 15.3.1557], 93^{r-v}; AFe: *Collectanea Buceriana* (BSB München, Clm 10351, n.15), 31^r-32^r; *Hos sequentes Articulos* (BSB München, Clm 10351, n.21), 68^v-69^r; idem, n.35, 160^v; *Glaubensbekenntnis plattdeutsch* (BGK Emden, Hs 8° 7), 20^v-22^r; P: Pollet, *Bucer correspondance* 1, 216-218

1550

–	[Anfang]	H-Melanchthon	E: Nr.110
–	[Anfang]	H-Buscoducensis	E: Nr.110 (?)
–	18.2	H-Bucer	E: Nr.109
–	[Febr./Mai]	H-Melanchthon	E: Nr.111

–	[Febr./Mai]	H-Melanchthon	E: Nr.111
108	13.3	H-Domkapitel	A: SA Bremen, 2-ad T.1.c.2.b.2.c.2.b (N°.1)
109	24.4	Bucer-H	A: AMS, AST, 153/68, 185-186; AFe: *Collectanea Buceriana* (BSB München, Clm 10351, n.15), 32^{r-v}
–	[vor 30.4]	H-Melanchthon	E: Nr.110
110	[] 30.4	Melanchthon-H	P: *CR* 8, 475 (*MBW* Nr.5781)
111	10.5	H-Melanchthon	P: Bindseil, 307-309; (*MBW* Nr.5796); AÄ: AMS, AST, 158/1, Epist.XVI saec.V, 5f.
–	[vor 28.5]	H-Bucer	E: Nr.112 (?)
–	[vor 28.5]	H-Eber	E: Nr.113
112	28.5	Melanchthon-H	P: *CR* 7, 605f. (*MBW* Nr.5812)
113	28.5	Eber-H	P: Gerdes, *SA* 4, 2, 706-708
–	[vor 24.7]	H-Melanchthon	E: Nr.114 (?)
114	24.7	Melanchthon-H	P: *CR* 7, 634f. (*MBW* Nr.5861)
115	[] 25.8	Melanchthon-H	P: *CR* 7, 649f. (*MBW* Nr.5886)
116	[] 29.8	Melanchthon-H	P: *CR* 7, 650 (*MBW* Nr.5891)
117	7.9	H-Bucer	O: CCC Cambridge, Ms 119, 271-272, n.98
118	[] 14.11	Melanchthon-H	P: *CR* 7, 504 (*MBW* Nr.5953)
–	[vor 12.12]	H-a Lasco	E: Nr.119
119	12.12	a Lasco-H	P: Kuyper 2, 644
–	[vor 20.12]	[H?]-NN (in Hamburg)	E: Nr.120
120	20.12	NN (in Hamburg)-[H?]	O: BSB München, Clm 10351, n.45A, 183^r-189^v mit beigefügtem *Tractatus de coena Domini*, n.45B, 190^r-212^v

1551

–	[weit vor 20.6]	H-Chyträus	E: Nr.124
–	[Anfang]	H-Sarcerius	E: Nr.121
121	20.4	Sarcerius-H	A: AMS, AST 181/40, 294^v
–	[vor 1.5]	H-Melanchthon	E: Nr.122
122	1.5	Melanchthon-H	P: *CR* 7, 781f. (*MBW* Nr.6074)
123	31.5	a Lasco-H	P: Kuyper 2, 652f.
124	20.6	Chyträus-H	O: SUB Bremen, Ms.a.10, n.17
–	[Mai/Juli]	H-Melanchthon	E: Nr.125
–	[Mai/Juli]	H-Melanchthon	E: Nr.125
–	[vor Juli]	H-Herman [Lenth]	E: Nr.126
–	[Juni/Juli]	a Lasco-H	E: Nr.125 (?)
–	7.7	H-a Lasco	E: Nr.128
125	26.7	H-Melanchthon	P: Bindseil, 321f. (*MBW* Nr.6146)
126	Juli	thom Camp-H	P: *KHA* 2, 1859, 49-55
–	[Juli]	H-Chyträus	E: Nr.127
127	15.8	Chyträus-H	O: SUB Bremen, Ms.a.10, n.18
128	23.8	a Lasco-H	P: Kuyper 2, 663f.
–	[vor 9.9]	H-Eber	E: Nr.130
–	[vor 9.9]	H-Eber	E: Nr.130
129	9.9	Eber-H	P: Gerdes, *SA* 4, 2, 708-712
130	11.10	Eber-H	O: SUB Bremen, Ms.a.10, n.19b
131	[7.oder] 12.10	Melanchthon-H	P: *CR* 7, 846 (*MBW* Nr.6232)

132	17.11	H-den Senior des Bremer Domkapitels	O: SUB Bremen, Ms.a.10, n.13
133	[] [Nov./Dez.]	[H]-Melanchthon	K: BSB München, Clm 10359, n.16 (*MBW* Nr.6269)
–	[24.12]	H-Chyträus	E: Nr.136
–	[?]	Johannes NN (Cnipius?)-H	E: Nr.134
134	[?]	H-Johannes NN (Cnipius?)	O: BSB München, Clm 10359, n.17A
135	[?]	H-NN	O: BSB München, Clm 10351, n.38B, 169^r-170^v

1552

136	31.1	Chyträus-H	O: SUB Bremen, Ms.a.10, n.20
137	12.4	H-Eber	O: FB Gotha, Chart.A 123, 140^v-141^r
138	1.5	Melanchthon-H	P: *CR* 7, 989f. (*MBW* Nr.6429)
139	1.6	Chyträus-H	O: SUB Bremen, Ms.a.10, n.21
–	[vor 3.7]	H-Melanchthon	E: Nr.140
140	[] 3.7	Melanchthon-H	P: *CR* 7, 1019f. (*MBW* Nr.6484)
141	[] 26.10	Melanchthon-H	P: *CR* 7, 1115f. (*MBW* Nr.6616)
142	11.11	Chyträus-H	O: SUB Bremen, Ms.a.10, n.22
–	[vor 11.12]	H-Melanchthon	E: Nr.143
143	[] 11.12	Melanchthon-H	P: *CR* 7, 1147-1149 (*MBW* Nr.6671)

1553

–	[1550-1553?]	Heshusen-H	E: Nr.181; vgl.Nr.145
–	[1550-1553?]	H-Heshusen	E: Nr.181; vgl.Nr.145
–	[vor 18.2]	H-Hieremia Lovaniensis	E: Nr.144

144	18.2	H-Marten Johansones	O: SUB Bremen, Ms.a.10, n.23
145	18.2	Chyträus-H	O: SUB Bremen, Ms.a.10, n.24
146	5.3	Chyträus-H	O: SUB Bremen, Ms.a.10, n.25
147	25.4	Sarcerius-H	AF: AMS, AST, 181/39, 255^v
–	15.5	H-Melanchthon	E: Nr.148
148	18.5	H-Melanchthon	O: BSB München, Clm 10359, n.18
149	24.6	Melanchthon-H	P: *CR* 8, 113f.
–	[zw.4.7 u. 31.10]	Melanchthon-H	E: Bemerkung in AMS, AST 181/39, 259^r (= Melanchthon-Cranmer, 4.7.1553, P: *CR* 8, 119f.)
150	23.8	Chyträus-H	A: SA Bremen, 2-ad T.1.c.2.b.2.c.2.b (N°.1)
151	5.9	Chyträus-H	O: SUB Bremen, Ms.a.10, n.26
–	[vor 31.10]	H-Melanchthon	E: Nr.152 (?)
152	31.10	Melanchthon-H	P: *CR* 8, 167f.
153	12.12	a Lasco-H	P: Kuyper 2, 694
–	23.12	H-a Lasco	E: Nr.155
154	25.12	a Lasco-H	P: Kuyper 2, 695

1554

155	1.1	a Lasco-H	P: Kuyper 2, 696f.
–	[Jan.-März]	H-a Lasco	E: Nr.157
–	[Jan.-März]	H-a Lasco	E: Nr.157
–	[Jan.-März]	H-a Lasco	E: Nr.157
156	1.3	Melanchthon-H	P: *CR* 8, 232f.
157	28.3	a Lasco-H	P: Kuyper 2, 699f.
158	[?] 1.5	Melanchthon-H	P: *CR* 8, 270

159	29.8	Melanchthon-H	P: *CR* 8, 336
160	[] [Sept.]	a Lasco-H	PF: Kuyper 2, 707
161	[] 29.10	Martyr Vermigli-[H?][2]	O: SB Zofingen, *Epistolae Autographae () ad Musculos aliosque scriptae*, MS I, 24^{r-v}; A: AMS, AST 159/23a, 93f.;[3] BNU Strasbourg, Th.B.XXI, 93
–	[kurz vor 23.12]	Melanchthon-H	E: Nr.164
–	[kurz vor oder am 23.12]	H-Melanchthon	E: Nr.164
162	23.12	H-Camerarius u.Alesius	O: BSB München, Clm 10359, n.14
–	24.12	a Lasco-H	E: *Bibliotheca Bremensis* 6, 156
163	26.12	Melanchthon-H	P: *CR* 8, 395

1555

164	[] [5.1]	Camerarius-H	O: BSB München, Clm 10359, n.28
165	9.1	Camerarius-H	A: BGK Emden, Hs.fol.37, Nr.32
–	[] [bis Apr.]	H-a Lasco	E: Nr.167
–	[] [bis Apr.]	a Lasco-H	E: Nr.167
–	[] [bis Apr.]	H-a Lasco	E: Nr.167
166	31.3	Melanchthon-H	P: *CR* 8, 451f.
167	[] [Mai]	a Lasco-H	P: Kuyper 2, 708-710
–	[vor 21.6]	H-Melanchthon	E: Nr.168

---

[2] Nach Donnelly/Kingdon, *Bibliography of Martyr Vermigli*, Register Epistolarum Vermilii, 172, ist Wolfgang Musculus der Adressat. Vgl.nächste Anmerkung.

[3] Nach dem „inventaire supplémentaire dactylographié" von Jean Rott von AMS, AST ist der Brief an Hardenberg adressiert „ou autre du Rhin inférieur, non Musculus comme identification au crayon".

168	21.6	Melanchthon-H	P: *CR* 8, 504
169	21.8	Melanchthon-H	P: *CR* 8, 524f.
–	29.8	H-Martyr Vermigli	E: Nr.172; vgl.Martyr Vermigli-Calvin, 23.9.1555, P: *CO* 15/16, 787-789
–	[vor 14.9]	H-Melanchthon	E: Nr.170
170	14.9	Melanchthon-H	P: *CR* 8, 537-539
171	16.9	Georg Maior-H	AF: AMS, AST 181/39, 255^v
172	25.9	Martyr Vermigli-H	O: BNCVE II Roma, Fondo Autografi, Busta 153, n.23
173	*die brumae*.12	Melanchthon-H	P: *CR* 8, 626f.
–	1555	Johann Cnipius-H	E: Johann Cnipius-Claus Bromm, 4.3.1557, P: Steitz, *Cnipius*, 231

1556

–	[Ende Jan.]	Petrus Delenus-H	E: Nr.187
–	[Ende Jan.]	H-Petrus Delenus	E: Nr.179 u.187
–	[vor [?] 20.2]	H-Melanchthon	E: Nr.174
174	[?] 20.2	Melanchthon-H	P: *CR* 8, 676f.
–	[vor 5.3]	H-Melanchthon	E: Nr.175
175	5.3	Melanchthon-H	P: *CR* 8, 681f.
–	[vor *die aequin*.3]	H-Melanchthon	E: Nr.176 (?)
176	*die aequin*.3	Melanchthon-H	P: *CR* 8, 690f.
177	19.3	Melanchthon-H	P: *CR* 8, 696
–	[vor Nr.178]	H-Alesius	E: Nr.178
178	[] [um Ostern]	Alesius-H	A: AMS, AST 181/39, 274^v
–	[um Ostern]	Detmar Kenkel-H	E: u.a. *Fragmentum de euch.*, 90^r; *De controversia*, 717

179	20.4	Petrus Delenus-H	P: *NAK* 8, 1911, 74-80
180	23.4	Melanchthon-H	P: *CR* 8, 736
181	Pfingstmontag	Heshusen-H	P: Gerdes, *SA* 4, 2, 701-704
–	[vor 17.6]	Georg Maior-H	E: Nr.183
–	[vor 21.6]	H-Eber	E: Nr.185
182	17.6	Melanchthon-H	P: *CR* 8, 782
183	17.6	Eber-H	O: SUB Bremen, Ms.a.10, n.27
184	20.6	Melanchthon-H	P: *CR* 8, 786
185	21.6	Eber-H	P: Gerdes, *SA* 4, 2, 712f.
–	[] [1.Jahres-hälfte]	H-Medmann	E: Nr.187
–	[?]	H-Christoph von Olden-burg	E: Nr.187
–	[vor 8.8]	Lambertus NN-H	E: Nr.187
–	[vor 8.8]	Holstenius-H	E: Nr.187
–	[vor 8.8]	Medmann-H	E: Nr.187
–	[vor 8.8]	Bernardus Gymnasiarcha-H	E: Nr.187
–	[vor 8.8]	H-Martinus Fabri	E: Nr.187; Martinus Fabri-Timann, 20.8.1556, A: SA Bremen, 2-ad T.1.c.2.b.2. c.2.b (N⁰.2), 74^v-75^r
–	[vor 8.8]	Martinus Fabri-H	E: Nr.187
–	[Anfang.8]	Rat von Stade-H	E: Nr.187
–	[?] [vor 8.8.]	H-Theod.NN	E: Nr.198
186	[] 5.8	Chyträus-H	O: SUB Bremen, Ms.a.10, n.38
187	8.8	H-Medmann	O: BSB München, Clm 10351, n.35, 137^r-162^v
–	[vor 1.9]	H-Melanchthon	E: Nr.188 (?)
–	[kurz vor 1.9]	Melanchthon-H	E: Nr.188

188	1.9	Melanchthon-H	P: *CR* 8, 834f.
189	7.9	Melanchthon-H	P: *CR* 8, 845
–	[vor 25.9]	H-Melanchthon	E: Nr.190
190	25.9	Melanchthon-H	P: *CR* 8, 854-856
191	[] [Okt./Nov.]	H-von Büren	O: SA Bremen, 2-T.1.c.2.b.2.c.2.a.1
192	13.10	Melanchthon-H	P: *CR* 8, 870f.
193	[] [kurz vor 21.10]	H-Domkapitel	A: *Contentio*, 18^r-22^v
194	27.10	Melanchthon-H	P: *CR* 8, 891f.
195	[] [7.11]	H-Bremer Rat	A: SA Bremen, 2-ad T.1.c.2.b.2.c.2.b (N°.1)
196	9.11	H-Domkapitel	A: *Contentio*, 23^r-31^r
197	[] [nach 9.11]	H-[Domkapitel]	A: *Contentio*, 68^v-70^v
198	[?] 15.11	Theod.NN-H	O: SUB Bremen, Ms.a.10, n.263
–	[vor 23.11]	H-Eber/Melanchthon	E: Nr.200 u.201 (?); von Büren-Melanchthon, 24.11. 1556, P: Gerdes, *MG* 3, 382
199	[] [1.12]	H-[Domkapitel]	A: SA Bremen, 2-T.1.c.2.b.2.c.2.b.1, Decl.& Conf., 9f.
200	5.12	Eber-H	P: Salig, *Vollständige Historie* 3, 731, Anm.o (lateinisch); A: SA Bremen, 2-ad T.1.c.2.b.2.c.2.b (N°.1), datiert 7.9.1557 (deutsch)
201	6.12	Melanchthon-H	P: *CR* 8, 917f.
–	[vor 14.12]	H-Georg Lauterbeck	E: Nr.202
–	[vor 14.12]	Georg Lauterbeck-H	E: Nr.202
–	[vor 14.12]	H-Georg Lauterbeck	E: Nr.202

202	14.12	Georg Lauterbeck-H	A: HAB Wolfenbüttel, Cod.Guelf.8.6 Aug.2°, 577^{r-v}
–	[vor 20.12]	H-Melanchthon	E: Nr.203
203	20.12	H-Bugenhagen	A: SA Bremen, 2-ad T.1.c.2. b.2.c.2.b (No.2), 46^{r-v}
204	[] [Dez.]	H-[von Büren]	O: SA Bremen, 2-T.1.c.2.b.2. c.2.a.1, nach 828

1557

205	25.1	Joh.Slungrave-H	O: SUB Bremen, Ms.a.10, n.31
206	26.1	Melanchthon-H	P: *CR* 9, 74f.
207	26.1	Eber-H	P: Gerdes, *SA* 4, 2, 713-715
208	30.1	H-Domkapitel	A: SA Bremen, 2-T.1.c.2.b.2. c.2.b.1; SA Bremen, 2-ad T.1.c.2.b.2.c.2.b (No.2), 55^v-67^v; NSA Stade, Rep.5b Fach.140, Nr.9, 79^r-88^r; *Contentio*, 72^v-97^r; PF: Gerdes, *HM*, 124f.
209	3.2	Hinke-H	A: SA Bremen, 2-ad T.1.c.2.b.2.c.2.b (N°.1), mit Bemerkungen Hs
210	[] 3.2	H-Hinke	O: NSA Stade, Rep.5b Fach.140, Nr.9, 169^r-170^v
211	4.2	H-Domkapitel	A: SA Bremen, 2-T.1.c.2.b.2.c.2.b.1
212	18.2	H-Domkapitel	A: SA Bremen, 2-T.1.c.2.b.2.c.2.b.1
213	[] [Febr.]	H-Domkapitel	A: SA Bremen, 2-ad T.1.c.2.b.2.c.2.b (N°.1)
–	[vor 4.3]	H-Johann Cnipius (mehrere Briefe)	E: Johann Cnipius-Claus Bromm, 4.3.1557, P: Steitz, *Cnipius*, 231
214	9.3	Melanchthon-H	P: *CR* 9, 115
–	[vor 15.3]	H-Hiëronymus Frederiks	E: Nr.215

215	15.3	Hiëronymus [Frederiks]-H	O: BSB München, Clm 10359, n.29
216	[] [nach 15.3]	[H]-Emder [Ministerium?]	O: BSB München, Clm 10351, n.26, 93^r-94^v
217	16.3	H-Domkapitel	A: SA Bremen, 2-ad T.1.c.2.b.2.c.2.b (N°.1)
-	[30.3]	H-Domkapitel	E: Nr.218
218	31.3	[H]-NN	AF: SA Bremen, 2-ad T.1.c.2.b.2.c.2.b (N°.1)
219	1.4	H-Rudolph Kampferbecke	A: SA Bremen, 2-ad T.1.c.2. b.2.c.2.b (N°.2), 50^r-51^v
-	[kurz nach 13.4]	H-Domkapitel	E: *Declaratio*, 52v-53^r
220	18.4	Melanchthon-H	P: *CR* 9, 137f.
-	[vor 1.5]	H-Eber	E: Nr.222
-	[vor 9.5]	H-Melanchthon	E: Nr.221
221	9.5	Melanchthon-H	P: *CR* 9, 154
222	12.5	Eber-H	P: Gerdes, *SA* 4, 2, 715-718
223	11.6	Melanchthon-H	P: *CR* 9, 167
224	23.6	H-Domkapitel	P: Gerdes, *SA* 4, 2, 724-740
225	[] [Juni?]	H-Domkapitel	AF: SA Bremen, 2-ad T.1.c.2.b.2.c.2.b (N°.1)
226	[] [Juni?]	H-deutsche Prediger in Norwegen (Bergen?)	P: *DB* 5, 178, 221-223.
227	3.7	H-[Domkapitel]	A: SA Bremen, 2-T.1.c.2. b.2.c.2.b.1, Decl.& Conf.; *Contentio*, 129^r-131^r
228	3.7	H-[Domkapitel]	A: SA Bremen, 2-T.1.c.2. b.2.c.2.b.1, Decl.& Conf.; *Contentio*, 131^v-136^v
229	21.7	Eber-H	O: SUB Bremen, Ms.a.10, n.32
-	[vor 3.8]	H-Melanchthon	E: Nr.230

230	3.8	Melanchthon-H	P: *CR* 9, 192
231	10.9	Melanchthon-H	P: *CR* 9, 264f.
–	[vor 21.10]	Joh.Sturm-H	E: Nr.232
232	21.10	H-Melanchthon	P: *CR* 9, 348-350 (O: 25.10: FB Gotha, Chart.A 123, 166^{r-v})
233	14.11	Melanchthon-H	P: *CR* 9, 365 (mit Nachschrift von Eber)
234	26.12	Melanchthon-H	P: *CR* 9, 400f.
235	[] 26.12	Eber-H	O: SUB Bremen, Ms.a.10, n.33 (O: 26.12.58)

1558

–	[vor Palm-sonntag]	Eber-H	E: Nr.236
236	Palmsonntag	Eber-H	O: SUB Bremen, Ms.a.10, n.34
237	2.4	Melanchthon-H	P: *CR* 9, 514f.
238	11.5	Hermann Brassius-H	O: BSB München, Clm 10359, n.147
239	16.5	Melanchthon-H	P: *CR* 9, 555f.
240	[] 16.5	Peucer-H	O: SUB Bremen, Ms.a.10, n.100
241	[] [nach 21.5]	H-Hinke	A: SA Bremen, 2-ad T.1.c.2.b.2.c.2.b (N°.1)
242	9.6	H-Domkapitel	A: SA Bremen, 2-ad T.1.c.2.b. 2.c.2.b (N°.1); SA Bremen, 2-T.1.c.2.b.2.c.2.b.1, Conv.de 1558, No.1
243	3.Sonntag Trin.	Hamelmann-H	P: Gerdes, *SA* 4, 2, 704f.
–	[vor 4.7]	H-Melanchthon	E: Nr.244
–	[vor 4.7]	H-Seb.Theod.Winshemius	E: Nr.244 u.246
244	4.7	H-Eber	P: *CR* 9, 572f.

245	20.7	Melanchthon-H	P: *CR* 9, 575
246	20.7	Seb.Theod.Winshemius-H	A: AMS, AST 181/40, 295ʳ
247	18.9	Melanchthon-H	P: *CR* 9, 616f.
–	[Aug./Okt.]	H-Melanchthon	E: Nr.248
–	[Aug./Okt.]	H-Melanchthon	E: Nr.248
248	14.11	Melanchthon-H	P: *CR* 9, 659f.
249	17.11	Eber-H	P: Gerdes, *SA*, 4, 2, 718f.
–	[Herbst 1556/ 1558]	Hyperius-H (mehrere Briefe)	E: Nr.262

1559

–	[vor 26.1]	H-Melanchthon	E: Nr.250 (?)
250	26.1	Melanchthon-H	P: *CR* 9, 733f.
251	6.2	Melanchthon-H	P: *CR* 9, 735
252	20.3	Melanchthon-H	P: *CR* 9, 783f.
253	28.3	thom Camp-H	P: *KHA* 2, 1859, 53-55
–	[] [vor 6.4]	H-Melanchthon	E: Nr.254
254	[] 6.4	H-Eber	P: Cyprianus, *Epistolae*, 22
255	20.4	Melanchthon-H	P: *CR* 9, 806f.
256	29.5	Melanchthon-H	P: *CR* 9, 827
257	1.6	Eber-H	O: SUB Bremen, Ms.a.10, n.37
258	11.7	H-Eber	P: *CR* 9, 838f.
–	[vor 25.7]	H-Melanchthon	E: Nr.260 (?)
259	24.7	Eber-H	O: SUB Bremen, Ms.a.10, n.36
260	25.7	Melanchthon-H	P: *CR* 9, 845f.
261	3.9	Melanchthon-H	P: *CR* 9, 910f.

–	[vor 7.9]	Hyperius-H	E: Nr.262
262	7.9	H-Hyperius	O: BSB München, Clm 10359, n.26
263	14.11	Melanchthon-H	P: *CR* 9, 971f.
264	14.12	H-Domkapitel	O: NSA Stade, Rep.5b Fach 140, Nr.9, 106ʳ
–	[um 14.12]	H-Seb.Theod.Winshemius	E: Nr.265
265	21.12	H-Melanchthon	P: *CR* 9, 993-995[4]
266	21.12	H-Eber	P: *CR* 9, 995f.
267	[?]	[H]-[Bremer Stadt-prediger]	OF: BSB München, Clm 10351, n.29, 116ʳ⁻ᵛ

1560

268	1.1	Melanchthon-H	P: *CR* 9, 1022f.
269	5.1	H-Domkapitel	P: Gerdes, *HM*, 126-130
270	5.1	Melanchthon-H	P: *CR* 9, 1027
271	5.1	Molanus-H	P: Cassel, *Bremensia* 2, 564-566
272	8.1	Hyperius-H	P: Krause, *Hyperius Briefe*, 120f.
273	12.1	Melanchthon-H	P: *CR* 9, 1029f.
274	13.1	Eber-H	P: Gerdes, *SA* 4, 2, 719-721
–	[] [Jan.]	H-Diller	E: Nr.275
275	4.2	Erastus-H	P: Mieg, *Monumenta pietatis* 1, 345
276	9.2	Melanchthon-H	P: *CR* 9, 1046f.
–	[vor 15.2]	Molanus-H	E: Nr.277
277	15.2	Molanus-H	P: Cassel, *Bremensia* 2, 566-568

---

[4] E: in Nr.273, im Gegensatz zu Spiegel, 244.

278	28.2	Melanchthon-H	P: *CR* 9, 1062
279	29.2	Melanchthon-H	P: *CR* 9, 1062f.
280	15.3	Molanus-H	P: Cassel, *Bremensia* 2, 569--571; Crecelius, *Commentariolus*, 8f.
281	30.3	Melanchthon-H	P: *CR* 9, 1080f.
–	[vor 12.4]	H-Joh.Cnipius (mehrere Briefe)	E: Cnipius-Bullinger, 12.4.1560, O: SA Zürich, E.II.347, 724
–	[] [26.4]	H-Theologen in Wittenberg	E: Nr.282
282	[] [26.4]	H-Segebade ab Huda	O: NSA Stade, Rep.5b Fach.140 Nr.9, 134^{r-v}
–	[2.5]	H/von Büren-Christoph von Oldenburg	E: Nr.283
283	2.5	Christoph von Oldenburg-H/von Büren	A: SA Bremen, 2-T.1.c.2.b.2.c.2.b.2, Convolut de 1560, n.3
–	7.5	H-Domkapitel	E: SA Bremen, 2-ad T.1.c.2.b.2.c.2.b.6: Cassel, *Acta Eristica*, 43^v
284	7.5	Sebastianus [Theod.Winshemius]-H	O: SUB Bremen, Ms.a.10, n.45
–	[] [10.oder 11.5]	Bischof v.Bremen/Minden/ Verden (=Erzbischof Georg)-H	E: Nr.285
285	11.5	H-Bischof v.Bremen/ Minden/Verden	A: NSA Stade, Rep.5b Fach.140, Nr.9, 149^r-150^r
286	27.5	H-Domkapitel/Erzbischof Georg	P: Gerdes, *SA* 4, 2, 695-698; FÄe: BSB München, Clm 10351, n.19, 37^r-38^r; n.25, 91^r-92^v
287	20.6	H-Ludeloff von Varendorff	A: SA Bremen, 2-ad T.1.c.2.b.2.c.2.b (N°.1)
288	24.6	H-Eber	P: Cyprianus, *Epistolae*, 26

–	[Juni/Aug.]	H-Hyperius	E: Hyperius-Bullinger, 27.9. 1560, P: Krause, *Hyperius Briefe*, 134
289	25.7	H-Domkapitel	A: SA Bremen, 2-T.1.c.2.b.2.c.2.b.2, Convolut de 1560, n.23
290	[] [3?.8]	H-Domkapitel	O: SA Bremen, 2-T.1.c.2.b.2.c.2.b.2, Conv.n.5, n.10
291	3.8	H-Domkapitel	O: SA Bremen, 2-T.1.c.2.b.2.c.2.b.2, Convolut de 1560, n.28
292	[zw.27.5.u. 10.8]	H-Domkapitel/Erzbischof Georg	AF: *Contentio*, 195^v; BSB München, Clm 10351, n.20 (= *Declaratio*), 61^{r-v}
293	10.8	H-Domkapitel	A: SA Bremen, 2-T.1.c.2.b.2.c.2.b.2, Convolut de 1560, n.29; Zusammenfassung in: Conv.n.5; beide mit eigenhändiger Unterschrift Hs
294	[] [Aug.]	Klebitz-H	O: SUB Bremen, Ms.a.10, n.261, 401^r-402^v
295	[] [?]	Klebitz-[H]	O: BSB München, Clm 10351, n.56, 232^r
–	[] [Aug./Sept.]	H-Erastus	E: Erastus-Bullinger, 8.10.1560, O: SA Zürich, E.II.361, 83a-83b u.361,7
–	[um 27.9]	Hyperius-H	E: Hyperius-Bullinger, 27.9. 1560, P: Krause, *Hyperius Briefe*, 134
–	[vor 1.10]	H-Molanus	E: Nr.296
296	1.10	Molanus-H	P: Cassel, *Bremensia* 2, 574-576
297	6.10	Eber-H	P: Gerdes, *SA* 4, 2, 721f.
298	[] 7.10	Caspar Peucer-H	O: SUB Bremen, Ms.a.10, n.99

299	[] [Okt.]	Erastus-H	O: SUB Bremen, Ms.a.10, n.65
300	30.10	H-[Erastus]	A: SA Zürich, E.II.346a, 426^r-427^r
301	5.11	Calvin-H	P: *CO* 18, 233f.
302	11.11	Erastus-H	O: SUB Bremen, Ms.a.10, n.49
303	6.12	Molanus-H	P: Cassel, *Bremensia* 2, 576-579
304	28.12	Molanus-H	A: SUB Bremen, Ms.a.7, n.78 und Ms.a.11, n.218
305	[] [?]	H-Theologen in der Pfalz	A: ZB Zürich, Ms.S 98, Nr.46

1561

306	12.3	Joh.Acronius Frisius-H	AF: BSB München, Clm 10351, n.18, 36^{r-v}
307	[] [vor 25.3]	Klebitz-[H?]	OF: BSB München, Clm 10351, [n.51B], 227^{r-v}
308	25.3	Klebitz-H	O: BSB München, Clm 10351, n.53, 229^{r-v}
309	[] 27.4	Klebitz-H	O: BSB München, Clm 10351, n.52, 228^{r-v}
310	[Juni]	H-von Büren	A: SA Bremen, 2-ad T.1.c.2.b.2.c.2.b (N°.1)
311	10.7	von Büren-H	O: SUB Bremen, Ms.a.10, n.52
–	[] [vor 11.9]	H-Erastus	E: Nr.312
312	11.9	Erastus-H	O: SUB Bremen, Ms.a.10, n.54

1562

–	[Jan.]	Petrus Delenus-H (?)	E: van Schelven, *Kerkeraads--Protocollen*, 281 (zu 8.1.1562)
313	23.3	Erastus-H	O: SUB Bremen, Ms.a.10, n.58
–	[vor 15.7]	H-Molanus	E: Nr.314

314	15.7	Molanus-H	A: SUB Bremen, Ms.a.7, n.120; a.12, n.42
315	[] 10.12	Erastus-H	O: SUB Bremen, Ms.a.10, n.56
316	16.12	[H]-[Cecil]	R: *Calendar, 1562*, 5, 563f., Nr.1273
317	19.12	H-Cecil	R: *Calendar, 1562*, 5, 571, Nr.1290
318	[Ende.12]	[H/Joh.Drosto]-Cecil	R von A: *Calendar, 1562*, 5, 333, Nr.729 (in *Calendar* datiert: [Oktober])
319	[Ende.12]	H/Joh.Drosto-Cecil	R: *Calendar, 1562*, 5, 333, Nr.730 (in *Calendar* datiert: [Oktober])
320	[]	H-[von Büren]	O: SUB Bremen, Ms.a.10, n.14

1563-1564

1565

–	[] [vor 24.4]	H-Erastus	E: Erastus-Bullinger, 24.4.[1565], O: SA Zürich, E.II.361,52
–	[] [vor 3.6]	H-Erastus	E: Nr.321
321	3.6	Erastus-H	O: SUB Bremen, Ms.a.10, n.63, 112^{r-v}
322	8.9	Erastus-H	O: SUB Bremen, Ms.a.10, n.66, 116^r

1566

| 323 | 22.3 | H-Kaiser Maximilian II. | A: SA Bremen, 2-E.7.d, 849-855 (Beilage: *Summarischer Bericht*, 858-885) |

1567

| – | [vor 1.7] | H-Molanus | E: Nr.324 |

324	1.7	Molanus-H	P: Cassel, *Bremensia* 2, 592-594
–	[kurz vor 31.10]	H-Molanus (?)	E: Nr.325
325	31.10	Molanus-H	P: Cassel, *Bremensia* 2, 594-597

1568

326	13.1	Molanus-H	P: Cassel, *Bremensia* 2, 597-600
–	[vor 5.2]	H-Molanus	E: Nr.327
327	5.2	Molanus-H	P: Cassel, *Bremensia* 2, 604-607
328	26.4	H-Molanus	A: SUB Bremen, Ms.a.7, n.322; Ms.a.12, n.149
329	5.5	Henricus Paulinus-H und die Prediger in Emden und Ostfriesland (*Praefatio*)	P: Paulinus, *Oratio de vita Colthunii*, A2^{a-b}
330	16.5	Molanus-H	A: SUB Bremen, Ms.a.7, n.191; Ms.a.12, n.141
–	[nach 7.6]	H-Graf Edzard II. (?)	E: Schilling, *Kirchenratsprotokolle* 1, 313 (7.6.1568)
–	[vor 17.9]	H-Nicolaus Sterckenburch (?)	E: Nr.331
–	[vor 17.9]	H-Molanus (?)	E: Nr.331
331	17.9	Molanus-H	A: SUB Bremen, Ms.a.7, n.195; Ms.a.12, n.145
–	[nach 27.12]	H-Gräfin Anna (?)	E: Schilling, *Kirchenratsprotokolle* 1, 333 (27.12.1568)

1569

–	[nach 7.2]	H-Rat von Emden	E: Schilling, *Kirchenratsprotokolle* 1, 338 (7.2.1569)
332	16.2	H-Hermann Schomaker	O: SUB Bremen, Ms.a.10, n.69
–	[vor 12.3]	Hermann Schomaker-H	E: Nr.333

333	12.3	H-Hermann Schomaker	O: SUB Bremen, Ms.a.10, n.70
–	[vor 12.8]	Hermann Schomaker-H	E: Nr.334
334	12.8	H-Hermann Schomaker	O: SUB Bremen, Ms.a.10, n.73

1570

| – | [vor 20.11] | Gräfin Anna-H/Kirchen-rat von Emden | E: Schilling, *Kirchenratsproto-kolle* 1, 398f. (20.11.1570) |

1571

| 335 | 1.3 | Molanus-H *(Praefatio)* | P: Molanus, *Querela*, 4 |
| 336 | 15.8 | H-Bullinger | O: SA Zürich, E.II.345, 540^{r-v} |

1572

| 337 | 17.1 | H-Hermann Schomaker | O: SUB Bremen, Ms.a.10, n.76 |

Nicht zu datieren:

338	[zw.1547-1556?] [Weih-nachten]	Jacobus Grevenstein-H	O: BSB München, Clm 10351, n.58, 237^{r-v}, mit beigefügter Predigt v.Grevenstein, O, o.J., 238^{r}-242^{v}
339	[zw.1547-1561]	H-NN	O: BSB München, Clm 10351, n.50, 225^{r-v}
340	[zw.1547-1561] 24.5	H-Gerhard NN	O: SUB Bremen, Ms.a.10, n.9 (Empfehlungsschreiben für Joh.Osnaburgentis)

VERZEICHNIS DER ABSENDER UND ADRESSATEN

Die Zahlen verweisen auf die Nummern der Briefe.

Alesius, Alexander:
  an: 162, nach 177
  von: 178
Anna, Gräfin:
  an: nach 331 (?)
  von: nach 334
[Antwerpiensis?], Hadrianus:
  an: 61, 62, 91
Beatus Rhenanus:
  an: 33
Bergen, deutsche Pfarrer in:
  an: 226
Bernardus Gymnasiarcha:
  von: nach 185
Blarer, Ambrosius:
  an: 21-23
  von: nach 22
„Brabanti":
  von: nach 93
Brassius, Hermann:
  von: 238
Bremen, Domkapitel:
  an: 108, 193, 196, 197, 199, 208,
  211-213, 217, nach 217, nach 219,
  224, 225, 227, 228, 242, 264, 269,
  nach 283, 286, 289-293
Bremen, Domkapitel, Mitglied des:
  an: 89
Bremen, Domkapitel, Senior des:
  an: 132
Bremen, Erzbischof Georg:
  an: 285, 286, 292
  von: nach 284
Bremen, Rat:
  an: 195
Bremen, Stadtprediger:
  an: 267
Brenz, Johann:
  an: nach 23
  von: 24, 60
Bucer, Martin:
  an: nach 26, nach 32, nach 40, nach
  46, nach 51, nach 78, nach 107,

nach 111, 117
  von: 26, 27, 40-42, 46-49, 52, 79,
  88, nach 93, 105, 107, 109
Buchell, Theodor von:
  an: 58
Bugenhagen, Johann:
  an: 203
Bullinger, Heinrich:
  an: nach 17, 35, 36, 336
  von: 20, nach 20, nach 29
Büren, Daniel von:
  an: 191, 204, 310, 320
  von: 311
Buscoducensis:
  an: nach 107
Buscoducensis, Henrik:
  an: 100 (?)
  von: nach 78
Calvin, Joh.:
  an: nach 17 (2 x), nach 20, 37
  von: 50, 301
Camerarius, Joachim:
  an: 162
  von: 164, 165
Camp, Gerard thom:
  von: 126, 253
Cecil, Staatssekretär William:
  an: 316-319
Chyträus, David:
  an: nach 120, nach 126, nach 133
  von: 124, 127, 136, 139, 142, 145,
  146, 150, 151, 186
Cnipius Andr., Johann:
  an: 134?, nach 213, nach 281
  von: nach 133?, nach 173
Cranmer, Thomas:
  von: 77
Delenus, Petrus:
  an: nach 173
  von: nach 173, 179, nach 312
Diller, Michael:
  an: nach 274

Donia, Sextus a:
an: 32
von: nach 31
Eber, Paul:
an: nach 111, nach 128 (2 x), 137, nach 181, nach 198, nach 220, 244, 254, 258, 266, 288
von: 113, 129, 130, 183, 185, 200, 207, 222, 229, 233, 235, nach 235, 236, 249, 257, 259, 274, 297
Edzard II., Graf:
an: nach 330 (?)
Emden, Rat von:
an: nach 331
Enzinas, Francisco de:
von: nach 11
Erastus, Thomas:
an: nach 295, 300, nach 311, nach 320 (2 x)
von: 275, 299, 302, 312, 313, 315, 321, 322
Fabri, Martinus:
an: nach 185
von: nach 185
Frederiks, Hiëronymus:
an: 86, nach 91, nach 214
von: nach 91, 215
Frisius, Joh.Acronius:
von: 306
Germerus:
an: 87
Grevenstein, Jacobus:
von: 338
Gwalther, Rudolf:
von: 25
Gymnasiarcha, s.Bernardus
Hadrianus, s.Antwerpiensis
Halen, Goswijn van:
an: nach 2
von: vor 1, 1, 2, 4
Hamelmann, Hermann:
von: 243
Hella, Anthonius ab:
an: 85
Heshusen, Tileman:
an: nach 143
von: nach 143, 181
Hinke, Joachim:
an: 210, 241
von: 209

Holstenius:
von: nach 185
Hyperius, Andreas:
an: 262, nach 288
von: nach 249, nach 261, 272, nach 295
Johansones, Marten:
an: 144
Kampferbecke, Rudolph:
an: 219
Kenkel, Detmar:
von: nach 178
Klebitz, Wilhelm:
von: 294, 295, 307-309
a Lasco, Johannes:
an: nach 5, nach 7, nach 10, 12, nach 12, nach 16, nach 42, nach 54, nach 69, nach 72, 80, 84, nach 118, nach 124, nach 153, nach 155 (3 x), nach 165 (2 x)
von: 6, 7, 8-11, nach 12, nach 16, 17, 19, 31, 42, 43, 44, nach 52, 53, 55, 57, 63, nach 63, 64, 70, 73, 76, 78, 99, 100, 104, 106, 119, 123, nach 124, 128, 153-155, 157, 160, nach 162, nach 165, 167
Lauterbeck, Georg:
an: nach 201 (2 x)
von: nach 201, 202
Lenth, Herman:
an: nach 124
Lovaniensis, Hieremia:
an: nach 143
Maior, Georg:
von: 171
Maximilian II., Kaiser:
an: 323
Medmann, Petrus:
an: nach 102, nach 185, 187
von: nach 63, nach 76, nach 102, nach 185
Melanchthon, Phil.:
an: nach 11, nach 13, nach 20, 69, 82, 92, nach 92, 95, 97, 98, nach 107 (3 x), nach 109, 111, nach 113, nach 121, nach 124 (2 x), 125, 133, nach 139, nach 142, nach 147, 148, nach 151, nach 161, nach 164, nach 167, nach 169, nach 173, nach 174, nach 175, nach 187, nach 189, nach 198, nach 202, nach 220, nach 229,

232, nach 243, nach 247 (2 x), nach
249, nach 253, nach 258, 265
von: nach 11, 14, 15, 18, nach 43,
nach 62, 65, 71, 72, 75, 93, 94, 96,
102, 110, 112, 114-116, 118, 122,
131, 138, 140, 141, 143, 149, nach
149, 152, 156, 158, 159, nach 161,
163, 166, 168-170, 173-177, 180,
182, 184, nach 187, 188-190, 192,
194, 201, 206, 214, 220, 221, 223,
230, 231, 233, 234, 237, 239, 245,
247, 248, 250-252, 255, 256, 260,
261, 263, 268, 270, 273, 276, 278,
279, 281
Molanus, Johannes:
    an: nach 295, nach 313, nach 323,
    nach 324, nach 326, 328, nach 330
    von: 271, nach 276, 277, 280, 296,
    303, 304, 314, 324-327, 330, 331,
    335
NN:
    an: 16, 45, 81, nach 83, nach 100,
    135, 218, 339
    von: nach 22, nach 100
NN, „cardin.pseudoepisc.":
    an: 51
NN, „innumeri boni viri":
    von: nach 11
NN, Dionisus:
    an: 5
    von: nach 4 (2 x)
NN, Gerhard:
    an: 340
NN, Johannes:
    an: 134
    von: nach 133
NN, Lambertus:
    von: nach 185
NN, Rudger, Student in Wittenberg:
    an: 13
NN, Theodor „1.":
    an: 68
    von: nach 67
NN, Theodor „2.":
    an: nach 185
    von: 198
NN, (in Danzig):
    an: 74
NN, (in England):
    an: nach 91
    von: nach 91

NN, (in Hamburg):
    an: nach 119
    von: 120
NN, (in Strassburg):
    von: nach 73
Oldenburg, Christoph von:
    an: 103, nach 282
    von: 283
Paulinus, Henricus:
    von: 329
Pellikan, Konrad:
    an: 39
Peucer, Caspar:
    von: 240, 298
Pfalz, Theologen in der:
    an: 305
Rolwagen, Johann:
    an: 83, 90
Sagarus, Willem:
    an: nach 2
    von: nach 2, 3
Sarcerius, Erasmus:
    an: nach 120
    von: 121, 147
Schomaker, Hermann:
    an: 332-334, 337
    von: nach 332, nach 333
Segebade ab Huda, Propst des Anscha-
riuskapitels:
    an: 282
Selst, Johann:
    an: 66
Sevenkolen, Franciscus:
    an: 85
Slungrave, Johann:
    von: 205
Stade, Rat von:
    von: nach 185
Sterckenburch, Nicolaus:
    an: nach 330
Sturm, Jean:
    von: nach 231
Syburg:
    an: 30
Syssinge, Truytje:
    an: nach 12
Timann, Johann:
    an: 67
Utenhove, Jan:
    an: 28; vgl.Anm.1 nach 20

Vadianus, Joachim:
  an: 34
Varendorff, Ludeloff von:
  an: 287
Vermigli, P.Martyr:
  an: nach 169
  von: 160, 172
Waldeck, Bf.Franz von:
  von: nach 9
Weichart, Konrad:
  von: nach 78

Wied, Hermann von:
  an: 54, 56, 59
  von: nach 55, nach 57
Winshemius, Seb.Theod.:
  an: nach 243, nach 264
  von: 246, 284
Wittenberg, Theologen in:
  an: nach 281
Zürich, Prediger von:
  an: nach 24, 35, 38

QUELLEN UND LITERATUR

QUELLEN

Niedersächsisches Staatsarchiv Aurich

Rep.135, Nr.21, 1^{r-v}: Unico Manninga-Grafen Edzard II. und Johann, 11.5.1565 (A);
——, Nr.22, 2^r-3^r: Unico Manninga-Grafen Edzard II., Christoph und Johann, 10.6.1566 (O).

Staatsbibliothek Bamberg

J.H.Msc.Theol.6, 385/31, Nr.XXIX, 154^{r-v}; XXX, 155^r; XXXI, 155^v-156^v; XXXII, 157^{r-v}; XXXIII, 158^v-160^r; XXXVII, 163^r-164^v; LXIV, 297^r-298^r: Briefe, Schriften und Akten zum Bremer Abendmahlsstreit (A).

Deutsche Staatsbibliothek Berlin

Ms.Boruss.fol.1165, 1^r-24^v: *Dr.Albert Hardenbergs Geschichte von Ihm selbst beschrieben von der Zeit seiner Ankunft an bis zum Halberstadischen Kreyss--Tage 1560 d.25 Nov.angesetzet*, [18.Jahrhundert] (= HB 36a, *De controversia*, [Bremen], [gg.25.11.1560]) (A);
——, S.1-318: *Eines Ungenannten Hardenbergische Geschichte bis 1563*, [18.Jahrhundert], (A; O in: SA Bremen, 2-ad T.1.c.2.b.2.c.2.b (N°.2)).

Universitätsbibliothek Bonn

Gg 65^{rara} (1545): Hardenbergs Exemplar von Bucer, *Bestendige Verantwortung*, 1545, mit Eigentumsvermerk Hardenbergs und handschriftlichen Marginalien.

Staatsarchiv Bremen

2-E.7.d: *Religiöse und politische Streit- und Schmähschriften, Schmähgedichte u.s.w. der beiden Theile; auch sonst hieher Gehöriges, und auf die Religionsstreitig-keiten der deutschen Protestanten unter sich von 1562-68 in dieser Zeit Bezug hat* (O,A);
2-E.7.e: *Historische Bearbeitungen* (O,A);
2-T.1.c.2.b.2.a: *Streitigkeiten der Protestanten unter sich, vornemlich über die Lehre vom Abendmahl: Generalia et diversa* (O,A);
2-T.1.c.2.b.2.c.2.a.1: *Dr.Albert Hardenberg, dessen im Dom geführtes Lehramt und die dadurch veranlassten Unruhen: Generalia, diversa* (O,A);
2-T.1.c.2.b.2.c.2.b.1: *Dr.Albert Hardenberg, dessen im Dom geführtes Lehramt und die dadurch veranlassten Unruhen: Akten von 1544-1561, Diversa und Acta bis 1559* (O,A);
2-T.1.c.2.b.2.c.2.b.2: *Dr.Albert Hardenberg, dessen im Dom geführtes Lehramt und die dadurch veranlassten Unruhen: Akten von 1544-1561, Acta von 1560 u.1561* (O,A);

2-ad T.1.c.2.b.2.c.2.b (N°.1): *Hardenbergische Unruhen und Streitigkeiten* [16./17. Jahrhundert] (A);

2-ad T.1.c.2.b.2.c.2.b (N°.2): *Eines Ungenannten Nachricht von den Hardenbergischen Unruhen, Erster Band, 1555-1563*, [16.Jahrhundert] (O);

2-ad T.1.c.2.b.2.c.2.b.6: J.Ph.Cassel, *Acta Eristica Bremensia in causa de Re Sacramentaria inter Doct.Alb.Hardenbergium et Adversarios ipsius*, [18.Jahrhundert] (O);

2-U.1.a.1: *Wechselschreiben mit dem Grafen und der Regierung zu Oldenburg 1490-1603* (O,A).

Staats- und Universitätsbibliothek Bremen

Brem.a.492: S.Bock, *Historia, welche sich mit D.Alberto Hardenberg 1547 zugetragen*, o.O., [16.Jahrhundert] (O);

Brem.a.581: J.Renner, *Bremische Chronik*, 2.Theil (1511-1583);

Brem.a.588: D.Düsing, *Anmerkungen zur Bremischen Geschichte*, o.O.u.J. (O);

Brem.a.590: [D.Kenkel], *Chronicon Kenkelii oder Historia, welche sich mit Dr.Albert Hardenberg, vom Jahre 1547 zugetragen, und was daraus entstanden, bis zu dem Presburgischen Decret, so fast bei Ende des 1563.Jahres ergangen*, o.O., [Ende 16.Jahrhundert) (A) (A auch in NsSUB Göttingen, Hs 4° Hist. 388/389);

Brem.a.591: *Chronica Bremensis*, 1ster Theil von 1555 bis 1599, o.O.u.J.;

Brem.b.264, Nr.5: Johann Esich, *Epitaphium auf A.Hardenbergs Tod*, 1574 (O);

Brem.b.521: D.Kenkel, *Gespräche vom Bremischen Lermen*, Oldenburg, 1562 (A?) (A u.a.auch in Brem.b.703; SA Bremen, 2-E.7.d);

Brem.b.588: *Varia ad Historiam Ecclesiasticam Reipubl.Brem.* (A);

Brem.b.680: *Concionatorum Bremensium Nomina & Insignia quae haberi potuerunt ab Ao MDXXII ad MDCXC*, [Bremen], 1690 (O);

Brem.b.698: *Varia* zum Bremer Abendmahlsstreit (A);

Brem.b.751: J.C.Büsing, *Index omnium in Schola Bremensi a prima ejus fundatione docentium Praeceptorum, qui ex superstitibus documentis erui potuerunt*, o.O.u.J. (O);

Brem.c.992: *Verzeichnis der Schriften für und gegen Hardenberg*, o.O.u.J.;

Ms.a.7, Nr.78, 120, 191, 195, 322: Briefwechsel Molanus-Hardenberg (A);

Ms.a.10, Nr.4-41, 44-58, 62-66, 69, 70, 73, 75, 76, 99, 100, 261, 263: Briefe von, an und über Hardenberg (O,A);

Ms.a.11, Nr.218 (= Ms.a.7., Nr.78) (A);

Ms.a.12, Nr.42, 141, 145, 149: Briefwechsel Molanus-Hardenberg (A).

Corpus Christi College Cambridge

Ms 119, 271-272, n.98: Hardenberg-Bucer, 7.9.1550 (O).

Bibliothek der Grossen Kirche zu Emden

Fol.4: Vorentwurfe Hardenbergs zu seiner lateinischen Übersetzung von Bucers *Bestendige Verantwortung*, [Bonn], 1545: HB 50, *Constans Defensio*, Genevae, 1613, [Strassburg/Bonn], [Ende 1544/Anfang 1545];

Hs 4° 5: *Annotationes in Apocalypsin*, Dez.1544 [= Abschrift von NN einer Nachschrift Rudolf Gwalthers der Apokalypse-Vorlesung Theodor Biblianders (10.12.1543-27.9.1544), Vorlage zu Biblianders *Relatio fidelis*, Basileae, 1545];

Hs 4° 8: Bernhardt van Hoevell, *Fragen und Antworten über das Abendmahl* (= Titel des Katalogs), 15.6.[1563] (O);

Hs 4° 9: Eine Schrift theologischen Inhalts (unvollständig) [= Kollegheft Hardenbergs mit Vorlesungen von Melanchthon und Kaspar Cruciger d.Ä., von Hardenbergs und Joh.Cavonius' Hand, [Wittenbergae], [zw.6.1543 u.3.1545]];
Hs 4° 16: *In epistolam Pauli ad Romanos cap.1-12*, o.O.u.J. [= Kollegheft Hardenbergs(?)];
Hs 8° 7: = HB 10, *Glaubensbekenntnis plattdeutsch*, [Bremen], [Mitte 1556] (OF);
Hs 8° 18: Büchlein auf Pergament (über den Ablass), [15.Jahrhundert?], mit Vorbemerkung Hardenbergs;
Hs 8° 19: *Auscultationes Ioanni Cavonii, famuli et fidelis amici mei* (i.e.Hardenbergii), *quas Wittenbergae excepit ex ore professorum. Etc.*, [Wittenbergae], [zw.6.1543 u.3.1545] (O);
Hs 8° 20: Theologisch-religiöse Fragen. Aus dem Besitz von A.Hardenberg = Kollegheft Hardenbergs (?) (vorn in der HS: „Scripsit hec M.Nicolaus de Buscoducis");
Hs 8° 21: Theologisch-religiöse Fragen II. Aus dem Besitz von A.Hardenberg = Kollegheft Hardenbergs (?) (u.a.Brenz, Melanchthon, Justus Menius);
Hs fol 37: *102 Briefe (zur ostfr.Reformations-Geschichte) die Pastor Lic.E.Kochs abgeschrieben hat*; handschriftliche Bemerkungen Hardenbergs in mehreren Büchern und Manuskripten seiner Bibliothek.

Forschungsbibliothek Gotha

Chart.A 93, 59ʳ-60ᵛ: *Declarition dar innen bewisen das doctor Albertus proposition der rechten warenn maynung der Augspurgischen Confessionn vom Abentmall des Herrn zuwider sein*, [5.2.1561], (FA) (= Ü von *Bremensium in Hardenbergii Confessionem censura*, 5.2.1561, in: Gerdes, *HM*, 157-161);
——, 90ʳ-92ʳ: *Der Stadt Bremen Ausschreiben das D.Alberti Hardenbergers Meinung von der gegenwärttigkeit des Leibes und Bluts im H.Abendmahl moge erörttert werden*, 24.12.1560 (A) [an den dänischen König und die Fürste und Städte des Kreises] (zwei Abschriften in: SA Bremen, 2-ad T.1.c.2.b.2.c.2.b (N°.1));
Chart.A 123, 140ʳ-141ʳ: Hardenberg-Paul Eber, 12.4.1552 (O);
Chart.A 125, 56ʳ-57ʳ: Paul Eber-Paul Pretorius, 9.1.1561 (O);
Chart.A 276, 129ʳ-131ʳ: *Declaratio Theologorum inferioris Saxoniae de controversiis Alberti et pastorum Bremensium*, [Anfang Febr.1561] (A).

Niedersächsische Staats- und Universitätsbibliothek Göttingen

Hs 4° Hist.388: Herbort Schene und Gerd Rynesberch, *Bremer Chronica*, Bd.II: Fortsetzungen bis 1563, o.O.u.J., = [D.Kenkel], *Chronicon Kenkelii oder Historia, welche sich mit Dr.Albert Hardenberg, vom Jahr 1547 zugetragen usw.*, o.O., [Ende 16.Jahrh.] (A) (auch in SUB Bremen, Brem.a.590);
Hs 4° Hist.389: = Hist.388, 1800-1801 (A).

Rijksarchief in de provincie Groningen, Groningen

Kloosterarchief Inv.Nr.57 Reg.Nr.1020: Goswijn van Halen-Hardenberg, 14.5.1529 (Foto von O; O in BSB München, Clm 10357, n.3);
Reg.Feith 1529 Nr.40: Beschreibung durch H.O.Feith der vorigen Unterlage.

Staats- und Universitätsbibliothek Hamburg

Sup.ep.107, n.XXXVI, 44^r: *Bekenntnis Hardenbergs* (= HB 8a, *Bekentenisse met korten worden*, [Bremen], [gg.Ostern 1556]) (A).

Niedersächsisches Hauptstaatsarchiv Hannover

Celle Br.22 Nr.29a, 1^r-204^r: Bremische Sachen belangendt Doctor Albertum Hardenberg, 1556.1557 (= HB 32, *Contentio*, [Bremen], [8.8.1560]) (O);
Celle Br.22 II.Nr.7: *Instruktion der Kreisgesandtschaft des Braunschweiger Kreistages*, 20.6.1560 (O);
Stade Br.6 Fach 1 Nr.5 u.6: *Abschied des Braunschweiger Kreistages*, 20.6.1560 (O).

Det Kongelige Bibliotek København

Ms E don.var.123, 4°, 1-180: *Acta et Scripta ad controversiam Alberti Hardenbergii sacramentariam Bremensem spectantia*, [16./17.Jahrhundert?], (A).

Rigsarkivet København

TKUA Tyskland Bremen A I, 29, Ausl.Reg.1556/57: Christian III.-Bremer Rat, 16.6.u.25.7.1557 (A); *vice versa*, 27.6., 5.7.u. 28.12.1557 (O);
TKUA 1, Ausl.Reg.1558/59: *Breve fra Borgemestre og Raad til Kongerne Christian III, Frederik II og Christian II*, 1537-97, 25^v-29^v: Christian III.-Bremer Rat, 18.1.1558 (A);
TKUA Tyskland Bremen A II, 33: *Akter og Dokumenter vedrørende de politiske forhold i Staden Bremen*, 1532-1759: Kreditiv von Bürgermeister und Rat in Bremen für Corde Wachmann und Jacob Louwen, u.die Instruktion für diese Gesandten, 20.3.1558 (O).

Landeshauptarchiv Koblenz

F.A.213: *Repertorium des Pfarrarchivs Linz*, o.J.

Hessisches Staatsarchiv Marburg

Politisches Archiv Landgraf Philipps, Best.3, Nr.1416: Akten des Landgrafen Philipp März 1561, 180^r-181^r (A);
——, Nr.1570: Akten des Landgrafen Philipp 1560-1561, 76^{r-v}, 78^r-89^v (A);
——, Nr.2820: Akten des Landgrafen Philipp Jan.-Apr.1561, 192^v-194^v, 196^r-199^v, 306^r-307^v, 258^r-259^r, 263^r-264^r (O,A);
——, Nr.3093: Akten des Landgrafen Philipp; des Statthalters, Kanzlers und der Räte zu Kassel, Jan.-Mai 1561, 154^r-155^r (O).

Bayerische Staatsbibliothek München

Collectio Camerariana, Vol.1 = Clm 10351, n.1-59, 1^r-242^v: Briefwechsel und Schriften von Hardenberg, Klebitz u.a. (O,A);
——, Vol.7 = Clm 10357, n.3: Goswijn van Halen-Hardenberg, 14.5.1529 (O; Foto von O in RA Groningen, s.*supra*);
——, Vol.9 = Clm 10359, n.14-29, 79, 147: Briefwechsel Hardenbergs u.a.(O, A).

Niedersächsisches Staatsarchiv Oldenburg

Best.20-3 Nr.34 Bl.1^v-2^r: 2.Testament des Grafen Christoph von Oldenburg (O);

Best.20-6 B Nr.1-9: Kataloge der Bibliothek des Grafen Christoph von Oldenburg (O);

Best.120: Urkunden (O) (A davon: Best.296-13 Nr.2, S.49-58, 65-71, 77-85);

Best.296-2 Nr.6 S.657: Quittung Claus von Rottorf (A).

Biblioteca Nazionale Centrale Vittorio Emanuele II Roma

Fondo Autografi, Busta 153, n.23: Martyr Vermigli-Hardenberg, 25.9.1555 (O).

Landesarchiv Schleswig-Holstein

Abt.7, Akten der Herzöge von Schleswig-Holstein-Gottorf, Nr.931: *Religionsstreitig-keit zwischen der Stadt Bremen und dem Prediger Albert Hardenberg, verhandelt vor dem Kreistag, 1560-1561* (O,A).

Mecklenburgisches Landeshauptarchiv Schwerin

Acta Eccl., Generalia, Nr.1544: *Bekantenisse vom Heiligen Nachtmall des Heren Jesu Christi, gestellet dorch die Dieners gottlichs Worts in den vier Karspill Kirchen zu Bremen, aus Furderung der Gesandten der Fursten und Stedte des loblichen Nidersechsischen Kraises*, o.O., 1560 (A);

———: *Die Handelunge, welche zue Braunschweig geschen der Uneinheit halber der Predicanten zu Bremen, wie es vorabschiedet*, o.O., 1561 (A);

———: *Controversia Bremensi anno 1561 den 3.Februarii inter Doctorem Albertum calvinianum et caeteros theologos augustanae confessionis, ubi a legatis principum inferioris Saxoniae dictus Albertus condemnatus est, ut ex urbe Brema intra dies 14 discedat, nec in toto inferioris Saxoniae circulo locum ullum habeat*, o.O., [2.1561] (A).

Niedersächsisches Staatsarchiv Stade

Rep.5b Fach.140, Nr.9: *Religionsstreitigkeiten in der Stadt Bremen 1481-1589*, 1^r-502^v, davon 63^r-170^v: Akten und Briefe (auch von Hardenberg) zum Bremer Abendmahlsstreit, 1556-1561 (O,A);

Rep.32 IV -1- : *Teile von Handakten des stadtbremischen Gesandten am Kaiserhof*: Bericht über die Vorgänge um Hardenberg, 1-31 (A).

Archives Municipales Strasbourg

Archives de Saint Thomas (AST), 153/53-68, 161ff.: *Bucer-Hardenbergio XIV Epistolas: 1544, 21 febr. et sqq.annis* (A); 137/12; 153/48; 153/94; 158/1; 159/23a; 165/20; 181/10; 181/39-40; 327/I/64: Documents concernant et correspondance de Hardenberg (A); 181/10: Melanchthon, *De coena Domini*, 1560 (A).

Bibliothèque Nationale et Universitaire Strasbourg

Thesaurus Baumianus, XV 19-20; XVI 36, 54, 68, 71, 117, 127, 132, 157; XIX 120; XX 177; XLIX 61: Correspondance de Hardenberg (A).

Staatsarchiv Weimar

Reg.O.403, 1^r-3^v: Hardenberg-Melanchthon, 21.1.[1549] (A).

Herzog August Bibliothek Wolfenbüttel

Cod-Guelf.8.6.Aug.2°, 408ʳ-411ʳ: *Abschied in der Religionssache zwischen den predicanten zu Bremen vnd Doctore Alberto Hardenberg auff dem nehesten Craistag der Nidersechsischen Stende zu Brunschweig auffgerichtet*, 4.2.1561 (A) (vgl.Gerdes, *HM*, 168-171: *Brunsvicense decretum in causa A.Hardenbergii*, 8.2.1561);

——, 504ʳ-505ᵛ: *Jvdicivm datvm D.Eilardo Segebado & Christiano Emptis, ministris Ecclesiae Bremensis, de duabus quaestionibus*, Magdeburgi, 2.9.1558 (A);

——, 551ᵛ-556ʳ, 565ʳ-567ʳ, 577ʳ⁻ᵛ: Briefwechsel und Schriften von Hardenberg (A).

Niedersächsisches Staatsarchiv Wolfenbüttel

2 Alt 1962, 1ʳ-2ᵛ: *Furnemeste puncte und Artikell, darjn der hauptstreit ist zwischen den Predigern der Stadt Bremen und Doctor Albert Hardenberg, so auff den Abscheit, Anno Sechtzig am Virden Augusti zu Bremen, beiden theilen gegeben, hirbeuor den Verordenten des Niddersechsischen Kreisses ist zugeschickt worden*, [4.8.1560] (A) (A auch in SB Bamberg, J.H.Msc.Theol.6, 385/81, Nr.XXXVII, 163ʳ-164ᵛ);

2 Alt 14878, 13ʳ-16ᵛ: AÄ von den Schriften in: Gerdes, *HM*, 154-161.

Stadtbibliothek Zofingen

Pa 14: *Epistolae Autographae variorum eruditione celebrium virorum saec.XVI ad Musculos aliosque scriptae*, MS I, 24ʳ⁻ᵛ: Martyr Vermigli-[Hardenberg?], 29.10.[1554] (O).

Staatsarchiv Zürich

E.II.338, 1410ʳ-1411ᵛ, 1412ʳ⁻ᵛ, 1427ʳ⁻ᵛ; 345, 540ʳ⁻ᵛ; 346a, 426ʳ-427ʳ: Briefwechsel Hardenbergs (O,A);

E.II.338, 1415ʳ⁻ᵛ, 1440ʳ-1441ʳ; 342, 124ʳ⁻ᵛ, 125ʳ⁻ᵛ, 128ʳ⁻ᵛ; 345, 732, 738, 740; 345a, 738ʳ⁻ᵛ; 346a, 444ʳ⁻ᵛ, 475ʳ⁻ᵛ, 478ʳ⁻ᵛ, 556ʳ⁻ᵛ; 347, 716ʳ-717ᵛ, 718ʳ⁻ᵛ, 724-726ᵃ, 732; 348, 442ʳ⁻ᵛ; 355, 108ʳ-109ᵛ; 361, 52ʳ⁻ᵛ, 83aʳ-83bᵛ; 361/7; 382, 979ʳ-980ᵛ: Briefwechsel (O).

Zentralbibliothek Zürich

Ms.Z. XI 309; Ms.F 41, 129ʳ-131ᵛ; Ms.F.43, 604ᵛ-605ᵛ; Ms.F.47, 246ʳ⁻ᵛ: Briefwechsel Hardenbergs (O,K,A);

Simmlersche Sammlung, Ms.S 56, Nr.34-35; Ms.S 57, Nr.24-25, 26; Ms.S 98, Nr.146; Ms.S 124, Nr.139: Briefwechsel Hardenbergs (A); Ms.S 103, 69: [Erastus]-[Bullinger], [Ende Jan.1562, oder Beilage zu 11.2.1562] (O).

S.auch: Bibliographie, Siglen

ADB	Allgemeine deutsche Biographie 1-56, Leipzig, 1875-1912
AGAU	Archief voor de Geschiedenis van het Aartsbisdom Utrecht, Utrecht, 1875-1957
AGKKN	Archief voor de geschiedenis van de Katholieke Kerk in Nederland, Zeist, 1958ff.
AKG	Arbeiten zur Kirchengeschichte, Berlin/New York
AMS, AST	Archives Municipales Strasbourg, Archives du Chapitre de Saint Thomas
ARG	Archiv für Reformationsgeschichte
ASD	Opera omnia Desiderii Erasmi Roterodami recognita et adnotatione critica instructa notisque illustrata, Amsterdam/New York/Oxford, 1969ff. (vgl.Erasmus *AS*)
BCor	Martini Buceri Opera omnia, Series III: Correspondance, Hrsg.J.Rott, Leiden, 1979ff.
BDS	Martin Bucers Deutsche Schriften (Martini Buceri Opera omnia, Series I), Hrsg.R.Stupperich, Gütersloh, 1960ff.
BG	Bonner Geschichtsblätter
BGK	Bibliothek der Grossen Kirche (Emden)
BGLRK	Beiträge zur Geschichte und Lehre der Reformierten Kirche, Neukirchen-Vluyn, 1937-1974
BHR	Bibliotheca Humanistica & Reformatorica, Nieuwkoop
BHT	Beiträge zur Historischen Theologie, Hrsg.G.Ebeling, Tübingen, 1929--1936, 1950ff.
BJb	Bremisches Jahrbuch, Bremen, 1863ff.
BLGNP	Biografisch Lexicon voor de geschiedenis van het Nederlandse Protestantisme, Hrsg.D.Nauta u.a., Kampen, 1978ff.
BMHG	Bijdragen en mededeelingen van het Historisch Genootschap
BNCVE II	Biblioteca Nazionale Centrale Vittorio Emanuele II (Roma)
BNU	Bibliothèque Nationale et Universitaire (Strasbourg)
BRN	Bibliotheca Reformatoria Neerlandica 1-10, F.Pijper/S.Cramer, Hrsg., 's-Gravenhage, 1903-1914
BSB	Bayerische Staatsbibliothek (München)
BSIH	Brill's Studies in Intellectual History, Hrgs.A.J.Vanderjagt, Leiden
BVGO	Bijdragen voor Vaderlandsche Geschiedenis en Oudheidkunde
BWKG	Blätter für württembergische Kirchengeschichte, Stuttgart
BWPGN	Bie, J.P.de/Loosjes, J., Biographisch Woordenboek van Protestantsche Godgeleerden in Nederland, 's-Gravenhage, o.J.
CA	Confessio Augustana
CCC	Corpus Christi College (Cambridge)
CDI	Corpus documentorum inquisitionis haereticae pravitatis Neerlandicae 1-5, P.Fredericq, Hrsg., 's-Gravenhage, 1989-1902
CE	Christelijke Encyclopedie, Kampen, 1956-1961^2, Nachdr.1977

CO	Corpus Reformatorum, Joannis Calvini Opera Quae Supersunt Omnia, Hrsg.G.Baum, E.Cunitz, E.Reuss, Brunsvigae/Berolini, 1863-1900
CR	Corpus Reformatorum, Philippi Melanthonis Opera Quae Supersunt Omnia, Hrsg.C.G.Bretschneider, Halis Saxonum/Brunsvigae, 1834--1860
CSEL	Corpus Scriptorum Ecclesiasticorum Latinorum, Wien
DAN	Documenta Anabaptistica Neerlandica, Leiden, 1975ff.
DB	Dänische Bibliothec oder Sammlung Von Alten und Neuen Gelehrten Sachen aus Dännemarck 5, Copenhagen/Leipzig, 1744
DBnr	Doopsgezinde Bijdragen nieuwe reeks, Uitgave Doopsgezinde Historische Kring, Amsterdam
DSB	Deutsche Staatsbibliothek (Berlin)
ELC	The Encyclopedia of the Lutheran Church, Hrsg.J.Bodensieck, Minneapolis, 1965
Erasmus *AS*	Erasmus von Rotterdam, Ausgewählte Schriften. Ausgabe in acht Bänden lateinisch und deutsch, Hrsg.W.Welzig, Darmstadt, 1967-1980
ErKZ	Evangelisch-reformierte Kirchenzeitung, Erlangen
FB	Forschungsbibliothek (Gotha)
FGLP	Forschungen zur Geschichte und Lehre des Protestantismus, Hrsg. P.Althaus, K.Barth, K.Heim, München, 1927ff.
FKDG	Forschungen zur Kirchen- und Dogmengeschichte, Göttingen
FS	Festschrift
GV	Gronings(ch)e Volksalmanak
HAB	Herzog August Bibliothek (Wolfenbüttel)
HB	Hardenberg Bibliographie
HBBibl I	Beschreibendes Verzeichnis der gedruckten Werke von Heinrich Bullinger (Heinrich Bullinger Werke, Abt.I. Bibliographie, 1), von J.Staedtke, Zürich, 1972
HBLS	Historisch-Biographisches Lexikon der Schweiz 1-7 u.Suppl., Neuenburg, 1921-1934
HdG	Handbuch der deutschen Geschichte/Gebhardt, 9.Taschenbuch Ausg. nach der 9. neubearb.Auflage, Hrsg.H.Grundmann, 1-22, München, 1973-1980
HDThG	Handbuch der Dogmen- und Theologiegeschichte 1-3, Hrsg.C. Andresen, Göttingen, 1980-1984 (Ungekürzte Studienausgabe, 1988)
HE	Hospitium Ecclesiae: Forschungen zur Bremischen Kirchengeschichte, Bremen
HSA	Hessisches Staatsarchiv (Marburg)
HZwTh	Hilgenfelds Zeitschrift für wissenschaftliche Theologie, Leipzig, 1868ff.
JbDTh	Jahrbücher für Deutsche Theologie, Gotha
JbGHO	Jahrbuch für die Geschichte des Herzogtums Oldenburg
JbGKAE	Jahrbuch der Gesellschaft für Kunst und Altertümer zu Emden, Emden, 1912ff.
JbGNKG	Jahrbuch der Gesellschaft für Niedersächsische Kirchengeschichte
JbWB	Jahrbuch der Wittheit zu Bremen, Bremen-Hannover, 1957ff.
JTS	The Journal of Theological Studies
KB	Kerkhistorische Bijdragen
KHA	Kerkhistorisch Archief, verzameld door N.C.Kist en W.Moll, 1-4, Amsterdam, 1857-1866
KHB	Kerkhistorische Bijdragen

L(H)A   Landes(haupt)archiv

LB   Desiderii Erasmi Roterodami Opera omnia emendatiora et auctiora 1-10, Lugduni Batavorum 1703-1706, Nachdr.Hildesheim, 1961-1962

LASLK   Leben und ausgewählte Schriften der Väter und Begründer der lutherischen Kirche

LdG   Lexikon der deutschen Geschichte. Personen, Ereignisse, Institutionen. Von der Zeitwende bis zum Ausgang des 2.Weltkrieges, Hrsg.G.Taddey, Stuttgart, 1979

LThK   Lexikon für Theologie und Kirche 1-14, Freiburg, 1957-1968[2]

MBW   Melanchthons Briefwechsel. Kritische und kommentierte Ausgabe. Im Auftrag der Heidelberger Akademie der Wissenschaften hrsg.von H.Scheible 1-6, Stuttgart-Bad Cannstatt, 1977-1988

ME   Mennonite Encyclopedia, Scottdale, Pa., 1955-1959

MEKRh   Monatshefte für Evangelische Kirchengeschichte des Rheinlandes, Verein für Rheinische Kirchengeschichte

MGB   Mennonitische Geschichtsblätter, Weierhof (Pfalz), 1936-1940, 1949ff.

ML   Mennonitisches Lexikon, Frankfurt a.M., 1913-1967

MRhKg   Monatshefte für Rheinische Kirchengeschichte

MSG   J.P.Migne, Patrologiae cursus completus, series graeca 1-161, Paris, 1857-1866

MSL   J.P.Migne, Patrologiae cursus completus, series latina 1-221, Paris, 1841-1864

MWA   Melanchthons Werke in Auswahl 1-7/2, Hrsg.R.Stupperich, Gütersloh, 1951-1975

NAK   Nederlandsch archief voor kerkgeschiedenis, 's-Gravenhage, 1902ff.

NDB   Neue deutsche Biographie, Berlin, 1953ff.

Ns(H)SA   Niedersächsisches (Haupt)Staatsarchiv

NsSUB   Niedersächsische Staats- und Universitätsbibliothek (Göttingen)

NKZ   Neue Kirchliche Zeitschrift, Hrsg.W.Engelhardt, Erlangen/Leipzig, 1889ff.

NNBW   P.C.Molhuysen, P.J.Blok, Nieuw Nederlandsch Biografisch Woordenboek, Leiden, 1911-1937, Nachdr.Amsterdam 1974

NZHT   Niedner's Zeitschrift für die historische Theologie, 1859ff.

NZsystTh   Neue Zeitschrift für systematische Theologie und Religionsphilosophie

OGE   Ons Geestelijk Erf, Antwerpen

OS   Joannis Calvini, Opera Selecta, Hrsg.P.Barth, G.Niesel, Monachii, 1926-1954, Nachdr.1963

QFGR   Quellen und Forschungen zur Geschichte der Reformation, Gotha, 1884ff.

QGT 16   Quellen zur Geschichte der Täufer, XVI: Elsass IV.Teil, Stadt Strassburg 1543-1552 (Quellen und Forschungen zur Reformationsgeschichte 54), Gütersloh, 1988

Quaerendo   Quaerendo. A quarterly journal from the Low Countries devoted to manuscripts and printed books, Amsterdam, 1971ff.

RA   Reichsarchiv

RE   Realencyklopädie für protestantische Theologie und Kirche 1-24, Leipzig, 1896-1913[3]

Reg.   Register

RGG   Die Religion in Geschichte und Gegenwart. Handwörterbuch für Theologie und Religionswissenschaft 1-7, Tübingen, 1956-1965, Nachdruck 1986

RGST	Reformationsgeschichtliche Studien und Texte, Hrsg.E.Iserloh, Münster
RHPhR	Revue d'Histoire et de Philosophie Religieuses
RKZ	Reformierte Kirchenzeitung, Wuppertal-Elberfeld-Barmen
RU	Reichsuniversität
RVJB	Rheinische Vierteljahrsblätter: Mitteilungen des Instituts für geschichtliche Landeskunde der Rheinlande und der Universität Bonn, 1931ff.
RW	Rondom het Woord, Theologische etherleergang NCRV
SA	Staatsarchiv
SB	Staatsbibliothek
SDGSTh	Studien zur Dogmengeschichte und systematischen Theologie, Hrsg. F.Blanke, A.Rich, O.Weber
SGTK	Studien zur Geschichte der Theologie und der Kirche, Hrsg.N.Bonwetsch u.R.Seeberg
SHCT	Studies in the History of Christian Thought, Hrsg.H.A.Oberman, Leiden
SHIT	Studies in the History of Intellectual Thought, Hrsg.A.J.Vanderjagt, Leiden
SMRT	Studies in Medieval and Reformation Thought, Hrsg.H.A.Oberman, Leiden
SMTG	Schriften der münsterischen Täufer und ihrer Gegner
SS	Huldreich Zwinglis Werke. Erste vollständige Ausgabe durch Melchior Schuler und Joh.Schulthess 1-8, Suppl., Zürich, 1828-1842, 1861
SUB	Staats- und Universitätsbibliothek
SVRG	Schriften des Vereins für Reformationsgeschichte, Gütersloh, 1883-1939, 1951ff.
SVRhKg	Schriftenreihe des Vereins für Rheinische Kirchengeschichte
TARWPV	Theologische Arbeiten aus dem rheinischen wissenschaftlichen Prediger-Verein, Hrsg.F.Evertsbusch, Elberfeld, 1873ff.
TEH	Theologische Existenz Heute, Hrsg.K.G.Steck, G.Eichholz, München
Th.B.	Thesaurus Baumianus
ThLZ	Theologische Literaturzeitung
THR	Travaux d'Humanisme et Renaissance, Genève
TR	Theologia Reformata
TRE	Theologische Realenzyklopädie 1ff., Berlin/New York, 1977ff.
TZ	Theologische Zeitschrift
UB	Universitätsbibliothek
UKG	Untersuchungen zur Kirchengeschichte, Hrsg.R.Stupperich
VIEGM	Veröffentlichungen des Instituts für Europäische Geschichte Mainz, Wiesbaden
WA	D.Martin Luthers Werke. Kritische Gesamtausgabe 1-58, Weimar, 1883ff., Abt.Werke
WAB	D.Martin Luthers Werke. Kritische Gesamtausgabe 1-15, Weimar, 1883ff., Abt.Briefe
WdF	Wege der Forschung, Wissenschaftliche Buchgesellschaft, Darmstadt
Z	Huldreich Zwinglis Sämtliche Werke, Hrsg.E.Egli, G.Finsler, W.Köhler, O.Farner, F.Blanke, L.von Muralt, E.Künzli, R.Pfister, J.Staedtke, F.Büsser, *CR* 88ff., Berlin, 1905, Leipzig 1908-1941, Zürich, 1959ff.
ZB	Zentralbibliothek (Zürich)
ZBRG	Zürcher Beiträge zur Reformationsgeschichte

ZHT	Zeitschrift für die historische Theologie
ZKG	Zeitschrift für Kirchengeschichte
ZsTh	Zeitschrift für systematische Theologie, Gütersloh, 1923-1939
Zwingliana	Zwingliana: Mitteilungen zur Geschichte Zwinglis und der Reformation, Zürich, 1897ff.

LITERATUR

Die Literatur wird mit dem kursiven Teil des Titels angeführt.

Abel Eppens tho Equart, Der Vresen *Chronicon*, Werken van het Historisch Genootschap 26, 27, Hrsg.J.A.Feith/H.Brugmans, Amsterdam, 1911

Abschiedt in der Religionssach, zwischen den Predicanten zu Bremen unnd Doctor Alberto Hardenberg, auff nechstgehaltenem NiderSechsissischen Craisstag zu brunswig offentlich publiciret, den 8.Februa., o.O., 1561

Achelis, J., Ein Beitrag zu den Hardenbergischen *Streitigkeiten*, in: *BJb* 39, 1940, 254-266

Akkerman, F., *Onderwijs* en geleerdheid in Groningen tussen 1469 en 1614, in: G.A.van Gemert/J.Schuller tot Peursum-Meijer/A.J.Vanderjagt, Hrsg., 'Om niet aan onwetendheid en barbarij te bezwijken'. Groningse geleerden 1614-1989, Hilversum, 1989, 13-29

——/Huisman, G.C./Vanderjagt, A.J., Hrsg., *Wessel Gansfort* (1419-1489) and Northern Humanism (*BSIH* 40), Leiden, 1994

——/Santing, C.G., Rudolf *Agricola* en de Aduarder academie, in: *GV* 1987, 6-28

——/Vanderjagt, A.J., Rodolphus *Agricola* Phrisius 1444-1485. *Proceedings* of the International Conference at the University of Groningen 28-30 October 1985 (*BSIH* 6), Leiden, 1988

Althaus, P., Die *Theologie* Martin Luthers, Gütersloh, 1962

Anderson, M.W., *Peter Martyr*. A Reformator in exile (1542-1562). A chronology of biblical writings in England & Europe (*BHR* 10), Nieuwkoop, 1975

Andriessen, J., u.a., Hrsg., *Geert Grote* & Moderne Devotie. Voordrachten gehouden tijdens het Geert Grote congres, Nijmegen 27-29 september 1984 (Publicaties van het centrum voor Middeleeuwse Studies 1; *OGE* 59, 1985, 2/3), Nijmegen, 1985

Anrich, G., Martin *Bucer*, Strassburg, 1914

Arbenz, E./Wartmann, H., Hrsg., Die Vadianische Briefsammlung der Stadtbibliothek St.Gallen, St.Gallen, 1890-1908 (Abk.: Arbenz/Wartmann)

Augustijn, C., *Erasmus en de Reformatie*. Een onderzoek naar de houding die Erasmus ten opzichte van de Reformatie heeft aangenomen, Amsterdam, 1962

——, *Erasmus*. Vernieuwer van kerk en theologie, Baarn, 1967

——, *Inleiding bij de heruitgave*, in: Lindeboom, *Bijbels humanisme*, v-ix

——, *Erasmus*, Baarn, [1986]

——, *Anabaptisme* in de Nederlanden, in: *DBnr* 12-13, 1986-1987, 13-28

——, *Erasmus en de Moderne Devotie*, in: Bange, u.a., Hrsg., *Doorwerking van de Moderne Devotie*, 71-80

——, *Sacramentariërs* en dopers, in: *DBnr* 15, 1989, 121-127

——, Wessel *Gansfort's rise* to celebrity, in: Akkerman/Huisman/Vanderjagt, Hrsg., *Wessel Gansfort*, 3-22

——, *Calvin in Strasbourg*, in: Neuser, Hrsg., *Calvinus Sacrae Scripturae Professor* (im Druck)

Bainton, R.H., *David Joris*. Wiedertäufer und Kämpfer für Toleranz im 16.Jahrhundert, Leipzig, 1937

Baker, J.W., In defense of magisterial discipline: *Bullinger's „Tractatus de excommunicatione"* of 1568, in: Gäbler/Herkenrath, *Heinrich Bullinger 1504-1575* 1, 141-159

Balke, W., Calvijn en de *doperse Radikalen*, Amsterdam, 1973

Bange, P., u.a., Hrsg., De *doorwerking* van de Moderne Devotie, Windesheim 1387-1987. Voordrachten gehouden tijdens het Windesheim Symposium Zwolle/Windesheim 15-17 oktober 1987, Hilversum, 1988

Bartel, O., Jan *Laski*, Berlin DDR, 1964

Bartels, P., Die *Prädestinationslehre in* der reformirten Kirche von *Ostfriesland* bis zur Dordrechter Synode, mit besonderer Beziehung auf Johann a Lasco, in: *JbDTh* 5, 1860, 313-352

——, Die *kirchenpolitischen Ideen* Johannes a Lasco's, mit besonderer Beziehung auf die niederländische Synode zu Emden A.1571, in: *ErKZ* 21, 1871, 353-369

Barton, P.F., *Um Luthers Erbe*. Studien und Texte zur Spätreformation. Tilemann Heshusius (1527-1559) (*UKG* 6), Witten, 1972

——, *Umsturz* in Bremen, in: G.Fitzer, Hrsg., Geschichtsmächtigkeit und Geduld, Sonderheft Evangelischer Theologie, FS der Evangelischen theologischen Fakultät der Universität Wien, 1972, 66-76

——, Der erwählte Bremer Superintendent *Heshusius* und die lutherische Spätreformation, in: *HE* 10, 1976, 21-36

Bauer, K., Valérand *Poullain*. Ein kirchengeschichtliches Zeitbild aus der Mitte des sechzehnten Jahrhunderts, Elberfeld, 1927

Baum, J.W., Theodor *Beza* nach handschriftlichen und anderen gleichzeitigen Quellen dargestellt 2, Leipzig, 1851

——, *Capito und Butzer*, Strassburgs Reformatoren, Elberfeld, 1860

Bauman, C., *Gewaltlosigkeit* im Täufertum. Eine Untersuchung zur theologischen Ethik des oberdeutschen Täufertums der Reformationszeit (*SHCT* 3), Leiden, 1968

Bautz, F.W., *Hardenberg*, in: Biographisch-Bibliographisches Kirchenlexikon, Bearb./Hrsg.F.W.Bautz, Hamm, 1977, 523-526

Bax, W., Het *Protestantisme* in het bisdom Luik en vooral te Maastricht 1505--1557, 's-Gravenhage, 1937

Becker, B., *Nederlandsche vertalingen* van Sebastian Francks geschriften, in: *NAK* 21, 1928, 149-160

——, Fragment van *Francks latijnse brief* aan Campanus, in: *NAK* 46, 1964/1965, 197-205

Beghyn, P.J., Franciscus *Sonnius* als Inkwisiteur. Een bijdrage tot zijn biografie (1543-1557), in: Bossche Bijdragen, Bouwstoffen voor de geschiedenis van het bisdom 's-Hertogenbosch 30, Afl.2 en 3, o.O., 1971

Bekenntnisschriften der evangelisch-lutherischen Kirche, Die. Herausgegeben im Gedenkjahr der Augsburgischen Konfession 1930, Göttingen, 1952²

Béné, Ch., *Érasme et* Saint *Augustin* ou influence de Saint Augustin sur l'humanisme d'Érasme (*THR* 103), Genève, 1969

Benrath, G.A., Die Korrespondenz zwischen *Bullinger und* Thomas *Erastus*, in: Gäbler/Herkenrath, Hrsg., *Heinrich Bullinger 1504-1575* 2, 87-141

Berg, H.-G.vom, *Spätmittelalterliche Einflüsse* auf Bullingers Theologie, in: Gäbler/Zsindely, Hrsg., *Bullinger-Tagung 1975*, 43-53

——, Die *„Brüder vom gemeinsamen Leben"* und die Stiftschule von St.Martin zu Emmerich. Zur Frage des Einflusses der devotio moderna auf den jungen Bullinger, in: Gäbler/Herkenraht, Hrsg., *Heinrich Bullinger 1504-1575* 1, 1-12

Bertheau, C., *Hardenberg*, in: *RE* 7, 408-416

Beste, J., Geschichte der Braunschweigischen Landeskirche von der Reformation bis auf unsere Tage, Wolfenbüttel, 1889

Beuys, B., Und wenn die Welt voll Teufel wär. Luthers *Glaube* und seine Erben, Reinbeck bei Hamburg, 1982

Bibliotheca Historico-Philologico-theologica, Amstelodami, 1720ff. (Abk.: *Bibliotheca Bremensis*)

Bindseil, H.E., Philippi Melanchthonis epistolae, iudicia, consilia, testimonia aliorumque ad eum epistolae quae in Corpore Reformatorum desiderantur, Nachdr.der Ausgabe Halis Saxonum, 1874 (Abk.: Bindseil)

Bippen, W.von, *Bericht* Daniels von Büren über die bremische Vorgänge im Januar 1562, in: *BJb* 17, 1895, 181-193

——, Geschichte der Stadt *Bremen* 2, Bremen, 1898

——, Die Abbildungen der Schlacht bei *Drakenburg*, in: Jahrbuch der bremischen Sammlungen 1/2, 1908, 34-40

Biundo, G., Die evangelischen *Geistlichen* in der Pfalz seit der Reformation (Pfälzisches Pfarrerbuch) (Genealogie und Landesgeschichte. Publikationen der Zentralstelle für Personen- und Familiengeschichte, Hrsg.H.F.Friederichs, 15), Neustadt a.d.Aisch, 1968

Bizer, E., Studien zur Geschichte des *Abendmahlsstreit*s im 16.Jahrhundert (Beiträge zur Förderung christlicher Theologie, 2.Reihe 46), Gütersloh, 1940, Nachdr.Darmstadt 1972

——, *Confessio Virtembergica*. Das württembergische Bekenntnis von 1551 (*BWKG* 7), Stuttgart, 1952

Boehmer, E., Bibliotheca Wiffeniana. *Spanish Reformers* of two centuries from 1520. Their lives and writings, according to the late Benjamin B.Wiffen's plan and with the use of his materials 1, Strassburg/London, 1874

Boer, W.de/Ritter, F., Die Briefe des bremischen Rektors Johannes *Molanus* aus den Jahren 1557-1577, in: *JbGKAE* 20, 1920, 194-231

Bonnard, A., Th.*Eraste* et la Discipline ecclésiastique, Lausanne, 1894

Bornert, R., La Réforme Protestante du *Culte* à Strasbourg au XVIe siècle (1523--1598). Approche sociologique et interprétation théologique (*SMRT* 28), Leiden, 1981

Bornhäuser, Chr., Leben und Lehre *Menno Simons'*. Ein Kampf um das Fundament des Glaubens (etwa 1496-1561) (*BGLRK* 35), Neukirchen-Vluyn, 1973

Bornkamm, H., *Martin Bucers Bedeutung* für die europäische Reformationsgeschichte, Gütersloh, 1952

Bothmer, K.von, Die Schlacht vor der *Drakenburg* am 23.Mai 1547. Eine historisch-militärische Studie, in: Niedersächsisches Jahrbuch für Landesgeschichte 15, 1938, 85-104

Bouterse, J., *De boom* en zijn vruchten. Bergrede en Bergredechristendom bij Reformatoren, Anabaptisten en Spiritualisten in de zestiende eeuw, Kampen, [1986]

Bouwmeester, G., Johannes *à Lasco*. Een uitverkoren instrument Gods, 's-Gravenhage, 1956

Bouwsma, J., *The Two Faces of Humanism*. Stoicism and Augustinianism in Renaissance Thought, in: Oberman/Brady, Hrsg., *Itinerarium Italicum*, 3-60

Braakhuis, H.A.G., *Gansfort* between Albertism and Nominalism, in: Akkerman/Huisman/Vanderjagt, *Wessel Gansfort*, 30-43

Brandsma, J.A., *Menno Simons* van Witmarsum. Voorman van de Doperse beweging in de lage landen, Drachten, 1960 (deutsche Übersetzung: Maxdorf, 1983²)

Brandt, G., *Historie der Reformatie* en andre kerkelyke geschiedenissen, in en omtrent de Nederlanden 1, Amsterdam, (1671) 1677²

Brecht, M., Die *frühe Theologie* des Johannes Brenz (*BHT* 36), Tübingen, 1966

Brenz, J., *Operum* reverendi et clarissimi theologi, D.Ioannis Brentii (...) 1-8, Tubingae, 1576-1590

——, *Frühschriften*, Hrsg.M.Brecht, G.Schäfer, F.Wolf (Johannes Brenz, Werke. Eine Studienausgabe, Hrsg.M.Brecht und G.Schäfer), Tübingen, 1970ff.

——, Die *christologischen Schriften*, Hrsg.v.Th.Mahlmann (Johannes Brenz, Werke. Eine Studienausgabe, Hrsg.M.Brecht und G.Schäfer), Tübingen, 1981ff.

Brieger, Th., *Aleander und Luther* 1521. Die vervollständigten Aleander-Depeschen nebst Untersuchungen über den Wormser Reichstag (*QFGR* 1), Gotha, 1884

Brigden, S., *London* and the Reformation, Oxford, 1989

Brucherus, H.H., *Gedenkboek* van Stad en Lande etc., Groningen, 1792

——, Geschiedenis van de opkomst der *Kerkhervorming* in de provincie Groningen etc., Groningen, 1821

Brugmans, H., De kroniek van het klooster *Aduard*, in: *BMHG* 23, 1902

Bruin, C.C.de, Beschouwingen rondom het Leuvense *ketterproces* van 1543, in: *RW* 9, 1967, 249-259

——, *De Sermoenen van Niclaes Peeters*, in: Feestbundel uitgegeven ter gelegenheid van het 75-jarig bestaan van het kerkhistorisch gezelschap S.S.S., Leiden, 1977, 7-49

Bucer, M., *In sacra quatuor evangelia, Enarrationes perpetuae* (...), Basileae, 1536 (Stupperich, *Bibliographia Bucerana*, Nr.28a)

——, *In sacra quatuor Evangelia, Enarrationes perpetuae* (...), [Genevae], 1553 (Stupperich, *Bibliographia Bucerana*, Nr.28b)

——, *Confessio Tetrapolitana*, 1530 (vgl.Stupperich, *Bibliographia Bucerana*, Nr.35), in: Müller, *Bekenntnisschriften*, 55-78 und *BDS* 3, 13-185

——, *Defensio adversus axioma catholicum*, id est criminationem R.P.Roberti Episcopi Abrincensis (...), [Argentorati, 1534] (Stupperich, *Bibliographia Bucerana*, Nr.45)

——, Von Gottes genaden unser Hermans Ertzbischoffs zu Cöln, unnd Churfürsten etc. *einfaltigs bedenken*, warauff ein Christliche, in dem wort Gottes gegrünte Reformation (...) anzurichten seye, [Bonn, 1543] (Stupperich, *Bibliographia Bucerana*, Nr. 74); [Bonn], 1544² (Stupperich, *a.a.O.*, Nr.74a); s.auch: Wied, H.von

——, Nostra Hermanni ex gratia Dei Archiepiscopi Coloniensis, et Principis Electoris, et *simplex ac pia deliberatio*, qua ratione, Christiana et in verbo Dei fundata Reformatio (...) tantisper instituenda sit (...), Bonnae, 1545 (Stupperich, *Bibliographia Bucerana*, Nr.74c)

——, *Bestendige Verantwortung* (...) des Bedenckens vonn Christlicher Reformation (...), [Bonn], 1545 (Stupperich, *Bibliographia Bucerana*, Nr.86)

——, *De veritate corporis Christi in eucharistia*, Epistola d.Martini Buceri ad quendam amicum 16.4.1545, in: Pollet, *Bucer correspondance* 1, 222-234

——, *Constans defensio* (...) Deliberationis de Christiana Reformatione (...), Genevae, 1613 (Stupperich, *Bibliographia Bucerana*, Nr.86a)

——, *Ein Summarischer vergriff* der Christlichen lehre und Religion, die man zu Strasburg hat nun in die xxviij.jar gelehret (...), o.O., 1548 (Stupperich, *Bibliographia Bucerana*, Nr.96); in: *BDS* 17, 121-150

——, *D.Martini Buceri piae memoriae testamento*, in: ders., *Scripta Anglicana* (den ersten Seiten)

——, *Responsio Buceri ad I.a Lasco*, [1551], in: Pollet, *Bucer correspondance* 1, 285-296

——, *Exomolegesis*, sive confessio D.Mart.Buceri de S.Eucharistia in Anglia aphoristicos scripta, Anno 1550, in: Nova vetera quatuor eucharistica scripta (...), Argentorati, 1561 (Stupperich, *Bibliographia Bucerana*, Nr.105d), auch in: ders., *Scripta Anglicana*, 538-545

——, *Novissima confessio* Martini Buceri, de coena domini, excerpta de ipsius enarrationibus in sacra quatuor evangelia (...), Lipsiae, 1562 (Stupperich, *Bibliographia Bucerana*, Nr.109)

——, Martini Buceri *Scripta Anglicana* fere omnia (...), Basileae, 1577 (Stupperich, *Bibliographia Bucerana*, Nr.115) (Abk.: *SA*)

Buijtenen, M.P.van, St.*Vitus van Oldehove*, Episoden uit de strijd om Leeuwardens Kerk 1146-1580, in: *AGAU* 68, 1949, 91-93

Bullinger, H., *Heinrich Bullingers Diarium* der Jahre 1504-1575, Hrsg.E.Egli, Basel, 1904

——, *Von dem unverschampten fräfel*, ergerlichem verwyrren, unnd unwarhafftem leeren der selbsgesandten Widertöuffern, vier gespräch Büecher, zuo verwarnenn den einfalten (...) Ein guoter bericht vonn Zinsen. Ouch ein schöne underwysung von Zähenden, Zürich, 1531 (HBBibl I, Nr.28)

——, *In omnes apostolicas epistolas (...) Pauli XIIII et VIII canonicas commentarii* (...), Tiguri, 1537ff. (HBBibl I, Nr.84-98)

Burnett, A.N., *Simon Sulzer* and the Consequences of the 1563 Strasbourg Consensus in Switzerland, in: *ARG* 83, 1992, 154-179

Calendar of State Papers, Foreign Series, of the Reign of Elizabeth, *1562*, preserved in the State Paper Department of Her Majesty's Public Record Office (Hrsg.J.Stevenson) 5, London, 1867, Nachdr.Liechtenstein, 1966

Calvin, Joh., s.Siglen, *CO*; *OS*

Campan, Ch.-Al., Hrsg., Mémoires de Francisco de *Enzinas*, Texte latin inédit avec la traduction française du XVIe siècle en regard 1543-1545, Bruxelles/La Haye, 1, 1862; 2, 1863

Cassel, J.Ph., *Bremensia*. Bremische historische Nachrichten und Urkunden ans Licht gestellet 1, 2, Bremen, 1766-1767

Catalogus codicum latinorum *bibliothecae* regiae *monacensis*, II, 1, Monachii, 1874, Nachdruck Wiesbaden, 1968

Chemnitz, M., *Anatome* propositionum Alberti Hardenbergii de coena Domini, quas exhibuit ordinibus Saxoniae inferioris in conventu Brunsvigensi. Additae sunt etiam propositiones ministrorum ecclesiae Bremensis etc., Islebii [1561]

Chytraeus, D., Davidis Chytraei theologi ac historici eminentissimi, Rostochiana in Academia Professoris quondam primarii *Epistolae* (...) Nunc demum in lucem editae A Davide Chytraeo Authoris filio, Hanoviae, 1614

——, Narratio historica *de motibus Bremensibus* ab Alberto Hardenbergio excitatis, [nach 1565], in: *DB* 5, 256-266

Clemen, O., Hinne *Rode* in Wittenberg, Basel, Zürich und die frühesten Ausgaben Wesselscher Schriften, in: *ZKG* 18, 1898, 346-372

——, Die *Lamentationes Petri*, in: *ZKG* 19, 1899, 431-448

Corpus Constitutionum Oldenburgicarum Selectarum (...), Hrsg.J.C.von Oetken, Oldenburg, o.J.

Coussemaker, E.de, *Troubles réligieux* du XVIe siècle dans la Flandre Maritime 1560-1570, Documents originaux 1: Ville et Chatellenie de Bailleul, Bruges, 1876

Crecelius, W., De codice epistolarum Iohannis Molani, Rectoris olim Duisburgensis, *Commentariolus*, Elberfeld, 1870

Crome, L.G., Ursprung und Fortgang der Reformation in *Einbeck*. Aus einer alten handschrifftlichen Nachricht, Göttingen, 16.April 1783

Cyprianus, E.S., Clarorum Virorum *Epistolae* XCVII e Bibliothecae Gothanae Autographis, Lipsiae, 1714

Dalton, H., Johannes *a Lasco*. Beitrag zur Reformationsgeschichte Polens, Deutschlands und Englands, Gotha, 1881, Nachdr.Nieuwkoop, 1970

——, Beiträge zur Geschichte der evangelischen Kirche in Russland 3: *Lasciana* nebst den ältesten evangelischen Synodalprotokollen Polens 1555-1561, Berlin, 1898

Dankbaar, W.F., Martin *Bucers Beziehungen* zu den Niederlanden (Kerkhistorische Studiën behorende bij het *NAK* 9), 's-Gravenhage, 1961

——, De reformatiepoging van bisschop *Frans van Waldeck* (1543-1548) en de situatie in de Groninger Ommelanden, in: *NAK* 17, 1965-1966, 137-165

——, Over de voorgeschiedenis van het *ouderlingenambt*, bepaaldelijk in Oost-Friesland, in: Opstellen aangeboden aan Professor dr.D.Nauta bij zijn afscheid als hoogleraar aan de Vrije Universiteit te Amsterdam op 7 juni 1968, Leiden, 1968, 38-53 (= *NAK* 48, 1968, 166-181 = Dankbaar, *Hervormers en Humanisten*, 125-140)

——, Das *Zürcher Bekenntnis* (1545) und seine niederländische Übersetzung (1645), in: Gäbler/Herkenrath, Hrsg., *Heinrich Bullinger 1504-1575*, 85-108 (= ders., *Hervormers en Humanisten*, 101-123)

——, *Hervormers en Humanisten*. Een bundel opstellen, Amsterdam, 1978

——, *Dubbel duël* te Groningen: Luther contra Erasmus en Praedinius contra Luther, in: ders., *Hervormers en Humanisten*, 35-45

——, Hrsg., *Marten Mikron*. Een waerachtigh verhaal der t'zammensprekinghen tusschen Menno Simons ende Martinus Mikron van der mensch-werdinghe Iesu Christi (1556) (*DAN* 3/*KHB* 10), Leiden, 1981

Decavele, J., De *Dageraad* van de Reformatie in Vlaanderen (1529-1565) 1 (Verhandelingen van de Koninklijke Academie voor wetenschappen, letteren en schone kunsten van België, Klasse der letteren 37, 76), Brussel, 1975

Dellen, R.van, Van *Prefectenhof* tot Prinsenhof. Geschiedenis rond het Martinikerkhof te Groningen, Groningen/Batavia, 1947

Delprat, G.H.M., *Verhandeling* over de Broederschap van G.Groote en over den invloed der Fraterhuizen op den wetenschappelijken en godsdienstigen toestand, voornamelijk van de Nederlanden na de veertiende eeuw, Arnhem, 1856²

Denis, Ph., Les *églises d'étrangers* en pays Rhénans (1538-1564) (Bibliothèque de la Faculté de Philosophie et Lettres de l'Université de Liège 242), Paris, 1984

——, *Jacques de Bourgogne*, seigneur de Falais, in: Séguenny, Hrsg., *Bibliotheca dissidentium* 4, 9-52

Deppermann, K., *Melchior Hoffman*. Soziale Unruhen und apokalyptische Visionen im Zeitalter der Reformation, Göttingen, 1979

Der Christlichen Gemene, so ym Dhome tho Bremen Predige hören Getüchenisse, vann der unschüldt unnde Lehre des Hoichgelärtenn Doctoris Alberti Hardenbergensis Lerer darsüluest, [Emden?], 1560

Diesner, P., Erasmus *Sarcerius,* der Reformator der Grafschaft Wied, 1543/44, in: *MRhKG* 26, 1932/1, 3-9

Diestelmann, Th., Die *letzte Unterredung* Luthers mit Melanchthon über den Abendmahlsstreit, o.O., 1874

Diest Lorgion, J.J., Geschiedenis van de *Kerkhervorming* in Friesland, Leeuwarden, 1842

——, Bijdrage tot de geschiedenis van het *Fraterhuis* te Groningen, in: *GV* 1851, 105

——, Geschiedkundige *beschrijving* der stad Groningen 1, 2, Groningen, 1852/1857, Nachdr.1974

——, Regnerus *Praedinius,* Groningen, 1862

Dollinger, R., Geschichte der *Mennoniten in Schleswig-Holstein,* Hamburg und Lübeck, Neumünster in H., 1930

Donnely, J.P./Kingdon, R.M., A *Bibliography of* the Works of Peter *Martyr Vermigli* (Sixteenth Century Essays & Studies 13), Missouri, 1990

Doornkaat Koolman, J.ten, De Anabaptisten in *Oostfriesland* ten tijde van Hermannus Aquilomontanus (1489-1548), in: *NAK* 46, 1964/1965, 87-99

Drouven, G., Die *Reformation* in der Cölnischen Kirchenprovinz zur Zeit des Erzbischofes und Kurfürsten Hermann V, Graf zu Wied, Neuss/Cöln, 1876

Duke, A.C., Van *„sacramentsschenderen",* „sacramentisten" en „die van de bont", in: *DBnr* 15, 1989, 129-134

Ebertrein, J.Ch., Kritik von Crome, *Einbeck,* in: Hamburger unparthaiischer *Correspondent,* Beilage zu Nr.176, 4.Nov.1783

Eells, H., Martin *Bucer,* New Haven, 1931, Nachdr.New York, 1971

Egli, E., *Analecta* Reformatoria 1 u.2, Zürich, 1899/1901

Elsmann, Th., Albert Rizäus Hardenberg und Johannes Molanus in Bremen. *Zwei Humanisten* im konfessionellen Zeitalter, in: Akkerman/Huisman/Vanderjagt, Hrsg., *Wessel Gansfort,* 195-209

——, Reformierte Stadt und humanistische Schule: *Nathan Chytraeus* in Bremen (1593-1598), in: ders., Hrsg., Nathan Chytraeus 1543-1598. Ein Humanist in Rostock und Bremen, Quellen und Studien, Bremen, 1991, 71-93

Enciclopedia universal illustrada Europeo-Americana, Barcelona, o.J.

Engelhardt, H., Der *Irrlehreprozess* gegen Albert Hardenberg (1547-1561), Frankfurt a.M., [1961]

——, Das *Irrlehreverfahren* des niedersächsischen Reichskreises gegen Albert Hardenberg 1560/61, in: *JbGNKG* 61, 1963, 32-62

——, Der *Irrlehrestreit* zwischen Albert Hardenberg und dem Bremer Rat (1547--1561), in: *HE* 4, 1964, 29-52

Engen, J.H.van, *Rupert of Deutz* (Publications of the UCLA Center for Medieval and Renaissance Studies 18), Berkeley/Los Angeles/London, 1983

Epistolae Tigurinae de rebus potissimum ad Ecclesiae Anglicanae Reformationem pertinentibus conscriptae A.D.1531-1558, Parker Society, Cantabrigiae, 1848, Nachdr.New York/London, 1968

Erasmus, Desiderius, s.Siglen, Erasmus *AS; ASD; LB*

Erichson, E., Martin *Bucer,* Strasbourg, [1951²]

Esdras Scriba, s.*Lamentationes Petri*

Etienne, J., Un théologien louvaniste, Ruard *Tapper* (1487-1559). Notice biographique, in: Scrinium Lovaniense E.Van Cauwenbergh, (Université de Louvain. Recueil de travaux d'histoire & philologie 24), Leuven, 1961, 381-392

Fast, H., Heinrich *Bullinger und die Täufer*. Ein Beitrag zur Historiographie und Theologie im 16.Jahrhundert, Weierhof (Pfalz), 1959

Feith, H.O., Twee brieven van *Gerardus tom Campo*, betreffende eenige hervormingsgezinden uit de 16e eeuw in Oostfriesland en Groningen, in: *KHA* 2, 1859, 49-55

——, Het Klerkenhuis en het *Fraterhuis* te Groningen, in: Bijdragen tot de geschiedenis en oudheidkunde, inzonderheid van de provincie Groningen 6, 1869, 1-24; 7, 64ff.

Feith, J.A., De *rijkdom* der kloosters van Stad en Lande, in: *GV* 1902, 1-36

——, Een boek uit de abdij van *Aduard*, in: *GV* 1903, 216-222

Ficker, J., Thesaurus Baumianus. Verzeichnis der Briefe und Aktenstücke, Strassburg, 1905

Finsler, G., Zwingli-Bibliographie. Verzeichnis der gedruckten Schriften von und über Ulrich Zwingli, Zürich, 1897, Nachdr.Nieuwkoop, 1962 (Abk.: Finsler)

Fligge, J.R., Herzog *Albrecht von Preussen* und der Osiandrismus 1522-1568, Bonn, 1972

Foerstemann, C.E., *Album* Academiae Vitebergensis 1, Lipsiae, 1841

Forsthoff, H., Rheinische *Kirchengeschichte* 1: Die Reformation am Niederrhein, Essen, 1929

Franzen, A., Die *Kelchbewegung* am Niederrhein im 16.Jahrhundert, Münster, 1955

——, *Hardenberg*, in: *LThK* 5, 5

——, *Bischof* und Reformation, Erzbischof Hermann von Wied in Köln vor der Entscheidung zwischen Reform und Reformation, Münster, 1972[2]

Fricke, O., Die *Christologie* des Johann Brenz im Zusammenhang mit der Lehre vom Abendmahl und der Rechtfertigung (*FGLP* 3), München, 1927

Friedmann, R., The *Theology* of Anabaptism, Scottdale, 1975[2]

Frijhoff, W., Het Gelders *Antichrist-tractaat* (1524) en zijn auteur, in: *AGKKN* 28, 1986, 192-217

Gabbema, S.A., Illustrium et *clarorum virorum epistolae*, selectiores superiore et hoc seculo scriptae, distributae in centurias tres (...), Harlingae Frisorum, 1669[2]

Gachard, M., Correspondance de *Philippe II* sur les affaires des Pays-Bas; publiée d'après les originaux conservées dans les Archives Royales de Simancas 2, Bruxelles/Gand/Leipzig, 1851

Gäbler, U., Huldrych *Zwingli* im 20.Jahrhundert. Forschungsbericht und annotierte Bibliographie 1897-1972, Zürich, 1975

——/ Herkenrath, E., Hrsg., *Heinrich Bullinger 1504-1575*. Gesammelte Aufsätze zum 400.Todestag, 1: Leben und Werk; 2: Beziehungen und Wirkungen (*ZBRG* 7 u.8), Zürich, 1975

——/ Zsindely, E., Hrsg.im Auftrag des Instituts für Schweizerische Reformationsgeschichte, *Bullinger-Tagung 1975*. Vorträge, gehalten aus Anlass von Heinrich Bullingers 400.Todestag, Zürich, 1977

Gansfort, Wessel, *Opera*, Facsimile of the Edition Groningen 1614, Nachdr. Nieuwkoop, 1966

Gassmann, B., *Ecclesia Reformata*. Die Kirche in den reformierten Bekenntnisschriften (Ökumenische Forschungen, Hrsg.H.Küng/J.Ratzinger, I. Ekklesiologische Abt.4), Freiburg/Basel/Wien, 1968

Gerdes, D., Miscellanea Groningana in miscellaneorum Duisburgensium continuationem publicata 3, 3, Groningae, 1742 (Abk.: Gerdes, *MG*)

——, *Historia Reformationis*, sive Annales Evangelii seculo XVI, passim per Europam renovati doctrinaeque reformatae (...), (Anh.:) Monumenta Antiquitatis ad illustrandam Historiam Reformationis Ecclesiasticam facientia 3, Groningae/Bremae, 1749

——, Scrinium Antiquarium sive Miscellanea Groningana nova ad Historiam Reformationis Ecclesiasticam praecipue spectantia (...), Groningae/Bremae, [1748]-1763 (Abk.: Gerdes, *SA*)

——, Historia Motuum Ecclesiasticorum in Civitate Bremensi sub medium seculi XVI ab a.1547-1561 tempore Alberti Hardenbergii suscitatorum etc., Groningae/Bremae, 1756 (Abk.: Gerdes, *HM*)

Gerretsen, J.H., *Micronius*. Zijn leven, zijn geschriften, zijn geestesrichting, Nijmegen, 1895

Gerrish, B.A., The Lord's Supper in the *Reformed Confessions*, in: Theology Today 23, 1966, 224-243

Gilly, C., *Spanien* und der Basler Buchdruck bis 1600: Ein Querschnitt durch die spanische Geistesgeschichte aus der Sicht einer europäischen Buchdruckerstadt (Basler Beiträge zur Geschichtswissenschaft 151), Basel-Frankfurt a.M., 1985

Gilmont, J.-F., Jean *Crespin*. Un éditeur réformé du XVIe siècle (*THR* 186), Genève, 1981

——, La *Réforme* et le livre: l'Europe de l'imprimé (1517-1570), Paris, 1990

Goertz, H.J., Das doppelte Bekenntnis in der *Taufe*, in: Goertz, Hrsg., *Die Mennoniten*, 70-99

——, *Der fremde Menno Simons*, in: Horst, *Dutch Dissenters*, 160-176

——, Hrsg., *Die Mennoniten* (Die Kirchen der Welt 8), Stuttgart, 1971

——, Hrsg., *Umstrittenes Täufertum 1525-1975*. Neue Forschungen, Göttingen, 1975

Goeters, J.F.G., Zum Weseler *Abendmahlsstreit* von 1561-1564, Fünf Briefe des Weseler Predigers Nikolaus Rollius an den Antistes der Zürcher Kirche Heinr.Bullinger, in: *MEKRh* 2, 1953, 85-90, 117-127, 135-145

——, *Die Rolle des Täufertums* in der Reformationsgeschichte des Niederrheins, in: *RVJB* 24, 1959, 217-236

Gollwitzer, H., *Coena Domini*. Die altlutherische Abendmahlslehre in ihrer Auseinandersetzung mit dem Calvinismus, dargestellt an der lutherischen Frühorthodoxie. Mit einer Einführung zur Neuausgabe v.D.Braun (Theologische Bücherei, Systematische Theologie 79), (1937), Nachdr.München, 1988

——, Zur Auslegung von *Joh.6 bei Luther und Zwingli*, in: W.Schmauch, Hrsg., In Memoriam Ernst Lohmeyer, Stuttgart, 1951, 143-168

Goossens, Th.J.A.J., Franciscus *Sonnius* in de Pamfletten, Bijdragen tot zijne biografie, 's-Hertogenbosch, 1917

Gooszen, M.A., Aanteekeningen ter toelichting van den strijd over de *Praedestinatie* in het Gereformeerd Protestantisme. Heinrich Bullinger, in: Geloof en Vrijheid 43 (1909), 1-42, 393-454

Grass, H., Die *Abendmahlslehre* bei Luther und Calvin, Gütersloh, 1954[2]

Greaves, R.L., John *Knox*, the Reformed Tradition, and the Sacrament of the Lord's Supper, in: *ARG* 66 (1975), 238-255

Greschat, M., Martin *Bucer*. Ein Reformator und seine Zeit 1491-1551, München, 1990

Greve, A., Memoria Pauli ab *Eitzen* doctoris theologi et superintendentis Hamburgensis instaurata etc., Hamburgi, 1744

Hall, B., *John à Lasco* 1499-1560. A Pole in Reformation England (Friends of Dr.Williams's Library 25), London, 1971

Hamelmann, H., Narratio historica *de ambiguitatibus*, fallaciis et technis *Sacramentariorum*, in quibus cernere licet, quod non tantum Sacrae scripturae et Sacramentis Domini nostri Iesu Christi, verum etiam Christo homini suam vim et potentiam detrahant, o.O., 1581

——, *De Sacramentariorum furoribus*, portentosis et seditiosis conatibus aliisque vertiginosis et abominandis opinionibus (quibus se similes prioris Ecclesiae haereticis faciunt) atque ipsorum lapsibus et interitu horrendo, etc. Historica Narratio, o.O., 1581

——, *Opera genealogico-historica* de Westphalia et Saxonia inferiori. Partim ex mss.authoris congesta ab E.C.Wasserbach, Lemgow, 1711

——, Herm.Hamelmanns Erzählung der durch Alb.Hardenberg veranlassten *Religionsstreitigkeiten* in Bremen vom Anfange derselben bis aufs Jahr 1570, mit einem Vorbericht, kurzen Anmerkungen und einem Anhange von J.C.O., in: Pratje, *Bibliothek* 5, 141-156

Hardt, T.G.A., *Venerabilis et adorabilis Eucharistia*. Eine Studie über die lutherische Abendmahlslehre im 16.Jahrhundert, Hrsg.J.Diestelmann (*FKDG* 42), Göttingen, 1988

Hartgerink-Koomans, M., Het geslacht *Ewsum*. Geschiedenis van een jonkersfamilie uit de Ommelanden in de 15e en 16e eeuw, Groningen/Djakarta, 1938

Hartvelt, G.P., *Verum corpus*. Een studie over een centraal hoofdstuk uit de avondmaalsleer van Calvijn, Delft, 1960

Harvey, A.E., Martin *Bucer* in England, Marburg a.L., 1906

Hatzfeld, L., Dr.*Gropper*, die Wetterauer Grafen und die Reformation in Kurköln 1537/47, in: Archiv für Kulturgeschichte 36, Münster/Köln, 1954

Hauschild, W.-D., *Theologiepolitische Aspekte* der lutherischen Konsensusbildung in Norddeutschland, in: W.Lohff/L.W.Spitz, Widerspruch, Dialog und Einigung. Studien zur Konkordienformel der Lutherischen Reformation, Stuttgart, 1977, 41-64

Haussleiter, J., Die geschichtliche Grundlage der *letzten Unterredung* Luthers und Melanchthons über den Abendmahlsstreit, in: *NKZ* 9, 1898, 831ff.; 10, 1899, 455ff.

Hazlett, I., The Development of Martin Bucer's Thinking on the Sacrament of the Lord's Supper in its historical and theological Context 1523-1534, Vervielf. Mskr., 1977

——, Zur Auslegung von *Johannes 6 bei Bucer* während der Abendmahlskontroverse, in: M.de Kroon/F.Krüger, Hrsg., Bucer und seine Zeit. Forschungsbeiträge und Bibliographie. FS für R.Stupperich (*VIEGM* 80), Wiesbaden, 1976, 74-87

Heckel, J., *Cura religionis*, ius in sacra, ius circa sacra, in: Kirchenrechtliche Abhandlungen, Heft 117/118 (FS Ulrich Stutz), Stuttgart, 1938, Sonderausgabe Darmstadt, 1962[2]

Hein, K., Die *Sakramentslehre* des Johannes a Lasco, Berlin, 1904

Heinemeyer, W., Bearb., Politisches Archiv des Landgrafen Philipp des Grossmütigen von Hessen. Inventar der Bestände 3 und 4 (Veröffentlichungen der Historischen Kommission für Hessen und Waldeck 24,1 und 24,2: Quellen und Darstellungen zur Geschichte des Landgrafen Philipp des Grossmütigen), Marburg, 1959

Heppe, H., *Dogmatik* des deutschen Protestantismus im sechzehnten Jahrhundert 1-3, Gotha, 1857

Hermann, R., Die *Probleme* der Exkommunikation bei Luther und Thomas Erastus, in: *ZsTh* 23, 2, 1955, auch in: ders., Gesammelte Studien zur Theologie Luthers und der Reformation, Göttingen, 1960, 446-472

Hermans, J.M.M., Rudolph *Agricola and his books*, with some remarks on the scriptorium of Selwerd, in: Akkerman/Vanderjagt, *Agricola Proceedings*, 123-135

Herminjard, A.-L., *Correspondance* des Réformateurs dans les pays de langue française. Recueillie et publiée avec d'autres lettres relatives à la Réforme et des notes historiques et biographiques 1-9, Genève, 1866-1897, Nachdr. Nieuwkoop, 1966

Heshusius, T., *Das Jesu Christi warer Leib* und Blut im heiligen Abendmal gegenwertig sey wider den Rottengeist zu Bremen Doc.Albert Hardenberg, Magdeburg, 1560

Hessels, J.H., Ecclesiae Londino-Batavae Archivum 2, Epistulae et Tractatus cum Reformationis tum Ecclesiae Londino-Batavae Historiam Illustrantes (1544--1622), Cantabrigiae, 1889 (Abk.: Hessels)

Heyne, B., Über die Entstehung kirchlicher Eigenart in Bremen, in: *HE* 1, 1954, 7-21

——, Zur Entstehungsgeschichte der Bremischen Evangelischen Kirche, in: *HE* 4, 1964, 7-28

Hille Ris Lambers, C.H., De *Kerkhervorming* op de Veluwe 1523-1578. Bijdrage tot de geschiedenis van het Protestantisme in Noord-Nederland, Barneveld, [1890]

Hirsch, E., Die Theologie des Andreas *Osianders* und ihre geschichtlichen Voraussetzungen, Göttingen, 1919

Hofstede de Groot, P., Geschiedenis der *Broederenkerk* te Groningen. Eene bijdrage tot de geschiedenis der Hervorming en der Roomschgezinde gemeente in deze stad, Groningen, 1832

Hollweg, W., Heinrich Bullingers *Hausbuch*. Eine Untersuchung über die Anfänge der reformierten Predigtliteratur (*BGLRK* 8), Neukirchen Kreis Moers, 1956

——, Der *Augsburger Reichstag* von 1566 und seine Bedeutung für die Entstehung der Reformierten Kirche und ihres Bekenntnisses (*BGLRK* 17), Neukirchen--Vluyn, 1964

Hooft, A.J.van 't, De theologie van Heinrich *Bullinger* in betrekking tot de Nederlandsche Reformatie, Amsterdam, 1888

Hopf, C., Martin *Bucer and the English Reformation*, Oxford, 1946

——, Martin *Bucer's letter* to John à Lasco on the Eucharist, in: *JTS* 48, 1947, 64-70

——, Martin *Bucer und England*. Sein Beitrag zur englischen Reformationsgeschichte, in: *ZKG* 71, 1960, 82-100

Horawitz, A./Hartfelder, K., Briefwechsel des Beatus Rhenanus, Leipzig, 1886, Nachdr.Nieuwkoop, 1966 (Abk.: Horawitz/Hartfelder)

Horning, W., *Briefe* von Strassburger Reformatoren, ihren Mitarbeitern und Freunden über die Einführung des „Interims" in Strassburg (1548-1554), Strassburg, 1887

Horst, I.B., A *Bibliography* of Menno Simons (ca.1496-1561), Nieuwkoop, 1962

——, Hrsg., The *Dutch Dissenters*. A Critical Companion to their History and Ideas. With A Bibliographical Survey of Recent Research Pertaining to the Early Reformation in the Netherlands (*KB* 13), Leiden, 1986

Hulshof, A., Geschiedenis van de *Doopsgezinden te Straatsburg*, Amsterdam, 1905

IJsewijn, J., *The Coming of Humanism* to the Low Countries, in: Oberman/Brady, Hrsg., *Itinerarium Italicum*, 193-304

Iken, J.F., *Die erste Epoche* der Bremischen Reformation 1522-1529, in: *BJb* 8, 1876, 40-113; 9, 1877, 55-59
___, Die Wirksamkeit des *Christoph Pezelius* in Bremen 1580 bis 1604, in: *BJb* 9, 1877, 1-54
___, Bremen und die Synode zu *Dordrecht*, in: *BJb* 10, 1878, 11-83
___, *Der Consensus* Ministerii Bremensis Ecclesiae *von 1595*, in: *BJb* 10, 1878, 84-105
___, Das Bremische *Gymnasium Illustre* im 17.Jahrhundert, in: *BJb* 12, 1883, 1-34
___, *Heinrich von Zütphen*, Halle, 1886
___, Die Entwicklung der *bremischen Kirchenverfassung* im 16.und 17.Jahrhundert, in: *BJb* 15, 1889, 1-29
___, *Die niederdeutsche Sprache* als Kirchensprache zu Bremen im 16.Jahrhundert, in: *BJb* 17, 1895, 47-76
Jacobs, P., Die Lehre von der *Erwählung* in ihrem Zusammenhang mit der Providenzlehre und der Anthropologie im Zweiten Helvetischen Bekenntnis, in: Staedtke, Hrsg., *Glauben und Bekennen*, 258-277
Jansma, L.G., The *Rise of the Anabaptist Movement* and Societal Changes in the Netherlands, in: Horst, *Dutch Dissenters*, 85-104
Janssen, H.Q., Jacobus *Praepositus*, Luthers leerling en vriend geschetst in zijn lijden en strijden voor de hervormingszaak, Amsterdam, 1862
___, De Kerkhervorming in *Vlaanderen*, historisch geschetst meest naar onuitgegeven bescheiden 1, Arnhem, 1868
Jedin, H., Fragen um Hermann *von Wied*, in: Historisches Jahrbuch der Görres--Gesellschaft 74, München/Freiburg, 1955, 687-699; auch in: ders., Kirche des Glaubens, Kirche der Geschichte. Ausgewählte Aufsätze und Vorträge 1, Freiburg/Basel/Wien, 1966, 347-359
___, Hrsg., *Handbuch* der Kirchengeschichte 1-7, Freiburg/Basel/Wien, 1962ff./ 1985
Jellema, D., *Hardenberg*, in: The New International Dictionary of the Christian Church, Hrsg.J.D. Douglas, Grand Rapids, 1974, 450
Jensen, R., *Calvin und Laski* (Nach Calvins Briefen), in: *RKZ* 86, 37, 1936, 289-292
Jöcher, C.G., Hrsg., Allgemeines Gelehrten-Lexikon; Forts.u.Erg. J.C.v.Adelung, u.a., Leipzig, 1750-1897, Nachdruck Hildesheim, 1959ff. (Abk.: Jöcher)
Johnston, A.G., *The Sermons of Niclaes Peeters*: Partially Unmasked, in: *NAK* 64, 1984, 123-143
Jongh, H.de, *L'ancienne faculté* de théologie de Louvain au premier siècle de son existence (1432-1540). Ses débuts, son organisation, son enseignement, sa lutte contre Érasme et Luther, Louvain, 1911, Nachdr.Utrecht, 1980
Joosting, J.G.Ch., *Stadsambtenaren* van Groningen (1525-1550), in: *GV* 1894, 81-88
___, De kerkelijke *indeeling* van Groningen, in: *GV* 1919, 90-108
Kantzenbach, Fr.W., *Stadien* der theologischen Entwicklung des Johannes Brenz, in: *NZsystTh* 6, 1964, 243-273
___, Johannes *Brenz* und der Kampf um das Abendmahl, in: *ThLZ* 89, Nr.8, 1964, 561-580
___, Der *Anteil* des Johannes Brenz an der Konfessionspolitik und Dogmengeschichte des Protestantismus, in: Reformatio und Confessio, FS für W.Maurer, Hrsg. Fr.W.Kantzenbach u.G.Müller, Berlin und Hamburg, 1965, 113-129
Kawerau, G., Der *Briefwechsel* der Justus *Jonas* (Geschichtsquellen der Provinz Sachsen und angrenzender Gebiete 17), Halle, 1884, 1885

Keeney, W.E., The *Development* of Dutch Anabaptist Thought and Practice from 1539-1564, Nieuwkoop, 1968

Kenkel, D., *Brevis, dilucida, ac vera narratio*, de initiis et progressu contro- versiae, Bremae a Doct. Alberto Hardenbergio motae. Opposita recentis Scripto eiusdem Hardenbergii, de ubiquitate et Coena domini, o.O., 1565

——, *Kurtze, klare und warhafftige Histori* und erzelung von dem anfang und erwei- terung des Zwispalts zu Bremen durch D. Albertum Hardenberg erwecket, Zu einem gegenbericht auff das new schreiben ·gemelts D.Alberti Hardenbergs von der Ubiquitet und vom Nachtmal des Herrn (...) verteutschet durch Hartman Beiern Prediger zu Franckfort am Main, [Franckfort am Main], 1566

Klebitius, W., *Confessio de coena Domini Guilielmi Kleeuitz*, 1559, in: Barton, *Um Luthers Erbe*, 207, Anm.69

——, *Modesta responsio* Baccalaurei ad themata doct.Merlini et magistri Stosselii et ad argumenta D.Heshusii et M.Georg.Cunii, in qua christiana de sacra synaxi doctrina, defenditur (...), Basileae, 16 Sept.1560

——, *Viel irrige und zenkissche Sacramentheusle*, 2. Das eynige Ware Sacramentheus- lein. 3. Wo itz etliche Geleerten den Leib unde das heylige Blut Iesu Christi haben. 4.Wo eyn frommer Christ den Leib und das Bluth seynes Herren Iesu Christi haben unde bewaren sol. 5. Was in der Heyligen schrift heisse, Christi fleisch essen, und des Herren Iesu Christi Bluth drincken. 6. Ein Gefangner und ein frommer Ketzermeyster. Sampt eyner vorrede, an Pfaltz- graff Frederich de frommen (...) Adiectum est Ultimum Iudicium Philippi Melanthonis, de controversia Coenae (...), o.O., [1560]

——, *Victoria veritatis* ac ruina papatus Saxonici. Responsio Wilh.Klebitii necessaria ad argumenta D.Tilemanni Heshusii (...), Friburg., 1561

Klose, W., Jacobus Spreng, genannt *Probst*, in: *NZHT* 2, 1860, 289-299

Kluckhohn, A., *Friedrich* der Fromme, Kurfürst von der Pfalz, der Schützer der reformirten Kirche 1559-1576, Nördlingen, 1879

Klugkist Hesse, H., Leben und Werken des Petrus *Medmann*, geheimen Rates des Kurfürsten Hermann von Wied. Zugleich ein neuer Beitrag zur Biographie Adolf Clarenbachs, in: *MRhKg* 26, 1932, 11, 321-341

Koch, E., Die Theologie der *Confessio Helvetica Posterior* (*BGLRK* 27), Neu- kirchen-Vluyn, 1968

——, *Bullinger und die Thüringer*, in: Gäbler/Herkenrath, Hrsg., *Heinrich Bullinger 1504-1575* 2, 315-330

——, Der kursächsische *Philippismus* und seine Krise in den 1560er und 1570er Jahren, in: Schilling, Hrsg., *Reformierte Konfessionalisierung*, 60-77

Kochs, E., Die *Bibliothek* der grossen Kirche in Emden 1 u.2, in: *JbGKAE* 24, 1936, 42-54; 25, 1937, 18-53

[——], Vier Jahrhunderte *Coetus* der reformierten Prediger Ostfrieslands. Ein Quer- schnitt durch die reformierte Kirche Ostfrieslands und ein Beitrag zur Verfas- sungsgeschichte der reformierten Kirche, [Emden], [1943] (Maschinenschriftl. Manuskript, 1973 fotomech.vervielfältigt)

Köhler, W., *Bibliographia* Brentiana, Beiträge zur Reformationsgeschichte, Berlin, 1904

Köhn, M., Martin Bucers *Entwurf* einer Reformation des Erzstiftes Köln. Unter- suchung der Entstehungsgeschichte und der Theologie des „Einfaltigen Bedenckens" von 1543 (*UKG* 2), Witten, 1966

Kohls, E.-W., Die *Theologie des Erasmus* 1,2 (*TZ* Sonderband I,1 und I,2), Basel, 1966

Kolfhaus, W., Der *Verkehr* Calvins mit Bullinger, in: Calvin-Studien, FS zum 400. Geburtstage Calvins, Leipzig, 1909, 27-125

Krabbe, O., Die Universität *Rostock* im fünfzehnten und sechzehnten Jahrhundert, Rostock, 1854

——, David *Chyträus*, Rostock, 1870

Krafft, C., Aufzeichnungen des schweizerischen Reformators *Bullinger* über sein Studium zu Emmerich und Köln, (1516-1522) und dessen Briefwechsel mit Freunden in Köln, Erzbischof Hermann von Wied etc. Ein Beitrag zur niederrheinisch-westfälischen Kirchen-, Schul- und Gelehrtengeschichte, Elberfeld, 1870

——, *Briefe Melanthons*, Bucers und der Freunde und Gegner derselben, bezüglich der Reformation am Rhein zur Zeit des Churfürsten und Erzbischofs Hermann von Wied, in: *TARWPV* 2, 1874, 12-91

——, Zur rheinischen *Reformationsgeschichte* unter dem Erzbischof Hermann von Wied, in: *TARWPV* 8 u.9, 1889, 152-172

——, Die *Reformationsordnung von Kaiserswerth* unter dem Churfürsten Hermann von Wied vom 27.7.1546 mit geschichtlichen Erläuterungen und Excursen, in: *TARWPV* 10, 1891, 100-124

Krafft, K./Krafft, W., *Briefe und Documente* aus der Zeit der Reformation im 16.Jahrhundert nebst Mittheilungen über Kölnische Gelehrte und Studien im 13.und 16.Jahrhundert, Elberfeld, [1876]

Krahn, C., *Menno Simons* (1496-1561). Ein Beitrag zur Geschichte und Theologie der Taufgesinnten, Karlsruhe, 1936, Nachdr.Newton, 1982

——, *Menno Simons in Deutschland.* Sein Wirken in Nordwestdeutschland und Westpreussen, in: *MGB* 1, 1936, 13-16

——, *Hardenberg*, in: *ME* 2, 657f.

——, *Dutch Anabaptism.* Origin, spread, life and thought (1450-1600), The Hague, 1968

Krause, G., Hrsg., Andreas Gerhard *Hyperius. Leben*, Bilder, Schriften (*BHT* 56), Tübingen, 1977

——, Andreas Gerhard *Hyperius. Briefe* 1530-1563 (*BHT* 64), Tübingen, 1981

Kressner, H., Schweizer *Ursprünge* des anglikanischen Staatskirchentums (*SVRG* 170), Gütersloh, 1953

Kristeller, P.O., *Humanismus und Renaissance* 1: Die antiken und mittelalterlichen Quellen; 2: Philosophie, Bildung und Kunst, München, o.J.

Kroon, M.de, Bucer en Calvijn over de *predestinatie*, in: W.de Greef, u.a., Hrsg., Congresbundel 1989, Reformatie-Studies, Kampen, 1990, 48-86

——, Martin *Bucer und* Johannes *Calvin.* Reformatorische Perspektiven. Einleitung und Texte, Göttingen, 1991

Krüger, F., *Bucer und Erasmus.* Eine Untersuchung zum Einfluss des Erasmus auf die Theologie Martin Bucers (bis zum Evangelien-Kommentar von 1530) (*VIEGM* 57), Wiesbaden, 1970

Krumwiede, H.-W., *Glaube und Politik.* Ein Oldenburger Beispiel aus dem 16.Jahrhundert, in: *JbGNKG* 71 (1973), 21-30

——, *Kirchengeschichte.* Geschichte der evangelischen Kirche von der Reformation bis 1803, in: H.Patze, Hrsg., Geschichte Niedersachsens 3, 2, Hildesheim, 1983, 1-216

Kruske, R., Johannes a Lasco und der *Sacramentsstreit*. Ein Beitrag zur Geschichte der Reformationszeit (*SGTK* 7,1), Leipzig, 1901, Nachdr.Aalen, 1972

Kückelhahn, L. Johannes *Sturm*, Strassburg's erster Schulrector, Leipzig, 1872

Kühtmann, A., Die *Bremische Kirchenordnung* von 1534, in: *BJb* 8, 1876, 114-143

Kuyper, A., Hrsg., Joannis a Lasco Opera tam edita quam inedita, 1, 2, Amstelo-dami/Hagae-Comitum, 1866 (Abk.: Kuyper)

Laak, L.van, Aus dem Werdegang der Stadt *Linz* in Kurkölnischer Zeit, Neuwied--Linz, 1922

Lamentationes Petri, autore Esdra Scriba olim, modo publico sanctorum Pronota-rio, cum annotationibus seu additionibus Iohannis Andreae, [Zwolle, 1521]

Lamping, A.J., Ulrichus *Velenus* (Oldřich Velenský) and his Treatise against the Papacy (*SMRT* 19), Leiden, 1975

Lang, A., Der *Evangelienkommentar* Martin Butzers und die Grundzüge seiner Theologie (*SGTK* 2,2), Leipzig, 1900, Nachdr.Aalen, 1972

——, *Butzer* in England, in: *ARG* 38, 1941, 230-239

Languetus, H., Arcana seculi decimi sexti, H.Langueti *epistolae* secretae, Halle, 1710

Lappenberg, J.M., *Geschichtsquellen* des Erzstifts und der Stadt Bremen, Bremen, 1841, Nachdr.Aalen 1967

Lasco, Joh.a, s.Kuyper

Lausberg, H., Handbuch der literarischen *Rhetorik*. Eine Grundlegung der Litera-turwissenschaft, München, 1973²

Leitsmann, E., Überblick über die Geschichte und Darstellung der pädagogischen *Wirksamkeit* der Brüder des gemeinsamen Lebens, Leipzig, 1886

Lenz, M., Hrsg., Briefwechsel Landgraf Philipp's des Grossmüthigen von Hessen mit Bucer 2, (Publicationen aus den K.Preussischen Staatsarchiven 28), Leipzig, 1887 (Abk.: Lenz)

Léonard, É.G., *Histoire* Générale *du Protestantisme* 1: La Réformation, Paris, 1961

Lindeboom, J., Het *bijbels humanisme* in Nederland. Erasmus en de vroege reformatie, Leeuwarden, 1982 (Herdruk met nieuwe inleiding van de uitgave Leiden 1913)

Linde, F., Ein *Brief Bucer's an Melanchthon*, in: *ZKG* 3, 1879, 312-315

Linden, F.O.zur, *Melchior Hofmann*, Teylers Godgeleerd Genootschap, NS, 11, 1, 1885

Lipgens, W., Kardinal Johannes *Gropper* (*RGST* 75), Münster, 1951

——, *Neue Beiträge* zum Reformationsversuch Hermanns von Wied (Annalen des historischen Vereins für den Niederrhein 149/150), Köln, 1951

Locher, G.W., Die *Theologie* Huldrych *Zwinglis* im Lichte seiner Christologie 1: Die Gotteslehre, Zürich, 1952, Nachdr.1969

——, *Grundzüge* der Theologie Huldrych Zwingli's im Vergleich mit derjenigen Martin Luthers und Johannes Calvins, in: ders., Huldrych Zwingli in neuer Sicht. Zehn Beiträge zur Theologie der Zürcher Reformation, Zürich/Stutt-gart, 1969, 173-274

——, *Streit unter Gästen*. Die Lehre der Abendmahlsdebatte der Reformatoren für das Verständnis und die Feier des Abendmahles heute (Theologische Studien 110), Zürich, 1972

——, *Zwingli's Einfluss in England und Schottland*—Daten und Probleme, in: *Zwingli-ana* 14/4, 1975/2, 145-209

——, *Bullinger und Calvin*—Probleme des Vergleichs ihrer Theologien, in: Gäbler/Herkenrath, Hrsg., *Heinrich Bullinger 1504-1575* 2, 1-33

——, Die *Zwinglische Reformation* im Rahmen der europäischen Kirchengeschichte, Göttingen/Zürich, 1979

——, *Zwingli's Thought*. New Perspectives (*SHCT* 25), Leiden, 1981

Löscher, V.E., Ausführliche Historia Motuum zwischen den Evangelisch-Lutherischen und Reformirten, In welcher der gantze Lauff der Streitigkeiten biss auf ietzige Zeit Actenmässig erzehlet usw.2, Franckfurt und Leipzig, 1723 (Abk.: Löscher, *HM*)

Loofs, F., Leitfaden zum Studium der *Dogmengeschichte*, Halle a.S., 1906[4]

Luther, M., s.Siglen, *WA*; s.auch *Bekenntnisschriften*

Mahlmann, Th., Das neue Dogma der lutherischen Christologie. Problem und Geschichte seiner Begründung, Gütersloh, 1969 (Abk.: Mahlmann)

____, *Personeinheit Jesu mit Gott*. Interpretation der Zweinaturenlehre in den christologischen Schriften des alten Brenz, in: Schäfer/Brecht, Hrsg., *Brenz*, 176-265

McGrath, A., The *Intellectual Origins* of the European Reformation, Oxford/New York, 1987

McLelland, J.C., The *Visible Words* of God. An Exposition of the Sacramental Theology of Peter Martyr Vermigli A.D.1500-1562, Edinburgh/London, 1957

____, Die *Sakramentslehre* der Confessio Helvetica Posterior, in: Staedtke, Hrsg., *Glauben und Bekennen*, 368-391

Meckseper, C., Hrsg., *Stadt im Wandel*. Kunst und Kultur des Bürgertums in Norddeutschland 1150-1650, 1, Stuttgart-Bad Cannstadt, 1985

Meier, J.G., De D.Alberto Hardenbergio, sacri Bremensium dissidii face atque tuba (...), in: Pratje, *Bibliothek* 5, 411-500

Meihuizen, H.W., *Menno Simons*, ijveraar voor het herstel van de Nieuw-testamentische gemeente 1496-1561, Haarlem, 1961

____, Het begrip *restitutie* in het Noordwestelijk Doperdom, Haarlem, 1966

____, Die *Mennoniten* in Europa, in: Goertz, Hrsg., *Die Mennoniten*, 159-183

Meiners, E., *Oostvrieschlandt*s kerkelyke geschiedenisse of een historisch en oordeelkundig verhaal etc., Groningen, 1, 1738; 2, 1739

Melanchthon, Ph., s.Siglen: *CR*, *MWA*; s.auch Bindseil

Mellink, A.F., De *Wederdopers* in de Noordelijke Nederlanden 1531-1544, Groningen/Djakarta, 1954, Nachdr.Leeuwarden, 1981

____, Das niederländisch-westfälische *Täufertum* im 16.Jahrhundert. Zusammenhänge und Verschiedenheiten, in: Goertz, Hrsg., *Umstrittenes Täufertum 1525-1975*, 206-222

____, (Bearb.), *Friesland* en Groningen (1530-1550) (*DAN* 1/*KHB* 6), Leiden, 1975

____, Uit de *voorgeschiedenis* van de Reformatie te Groningen, in: [ders.], *Historisch bewogen*, 139-158

[___], *Historisch bewogen*. Opstellen over de radicale reformatie in de 16e en 17e eeuw, aangebonden aan Prof.Dr.A.F.Mellink bij zijn afscheid als hoogleraar in de sociaal-religieuze geschiedenis aan de RU te Groningen, Groningen 1984

Mentz, F., *Bibliographische Zusammenstellung* der gedruckten Schriften Butzers (Separatabzug aus F.Mentz/A.Erichson, Zur 400jährigen Geburtsfeier Martin Butzer's), o.O.u.J. [1891]

Merzdorf, J.F.L.Th., Bibliothekarische *Unterhaltungen*, Oldenburg, 1844

Meyers *Enzyklopädisches Lexikon* 11, Mannheim/Wien/Zürich, 1974

Meyers Grosses Personen*lexikon*, Hrsg.Bibliographisches Institut, Mannheim/ Zürich, 1968

Mieg, L.C., Hrsg., *Monumenta pietatis* et litteraria virorum in re publica et literaria illustrium, selecta. (...) Collectanea Palatina 1, 2, Francofurti ad Moenum, 1701

Miller, E.W./Scudder, J.W., *Wessel Gansfort, life and writings*, New York/ London, 1917

Mittler, O., Geschichte der Stadt *Baden* 1, Aarau, 1962

Moeller, B., Die Reformation in Bremen, in: *HE* 17, 1973, 51-73

Mörlin, J., *Contra sententiam* illam D.Alberti *Hardenbergii*, propositiones D.Ioachimi Morlini, in: Chemnitz, *Anatome*, I6^b-K8^a

Moes, E.W., Iconographia Batava. Beredeneerde lijst van geschilderde en gebeeldhouwde portretten van Noord-Nederlanders in vorige eeuwen 1, Amsterdam, 1897 (Nr.3159)

Molanus, J., *Querela* hujus temporis Ecclesiae crudeliter oppressae, o.O., 1571

——, *Confessio* Johannis Molani Rectoris Scholae Bremensis *de S.Coena* A.1557, in: Cassel, *Bremensia* 2, 556-563

——, Johannis Molani *sententia de S.Coena, cum confirmatione* Alberti *Hardenbergii* (4.Nov.1556), 16 oktober [?], in: Cassel, *Bremensia* 2, 613-616.

——, Les *quatorze livres* sur l'histoire de la ville de Louvain du docteur et professeur en théologie Jean Molanus, Hrsg.P.F.X.de Ram, 1, 2, Bruxelles, 1861

Moltmann, J., Johannes *Molanus* (1510-1583) und der Übergang Bremens zum Calvinismus, in: *JbWB* 1, 1957, 119-141

——, Christoph *Pezel* (1539-1604) und der Calvinismus in Bremen, Bremen, 1958

——, *Hardenberg*, in: *RGG* 3, 74

——, *Hardenberg*, in: *NDB* 7, 663

Moreau, É.de, *Histoire* de l'Église en Belgique 5: L'Église des Pays-Bas 1559- -1633, Bruxelles, 1952

Morsink, G., Joannes Anastasius *Veluanus*. Jan Gerritsz.Versteghe, levensloop en ontwikkeling, Kampen, 1986

Mülhaupt, E., Die Kölner *Reformation*, in: *MRhKg* N.F.11, 1962, 73-93

——, Rheinische *Kirchengeschichte*. Von den Anfängen bis 1945 (*SVRhKg* 35), Düsseldorf, 1970

Müller, E.F.K., Die *Bekenntnisschriften* der reformierten Kirche, Leipzig, 1903

Müller, H., Hermann *von Wied*, Seine Stellung innerhalb der deutschen Reformation, in: *MRhKg* N.F.1, 1952, 161-172

Müller, J.P., Die Mennoniten in *Ostfriesland* vom 16. bis zum 18. Jahrhundert 1, Emden/Borkum/Amsterdam, 1887

Müller-Diersfordt, D., Der *Calvinismus* am Rhein. Seine Entstehung und Bedeutung, in: *MEKRh* 1954, 3/4-1955, 7/8

Nachlässe in den Bibliotheken der Bundesrepublik Deutschland (Die), Bearb.v. L.Denecke, 2.Aufl. v.T.Brandis (Verzeichnis der schriftlichen Nachlässe in deutschen Archiven und Bibliotheken 2), Boppard am Rhein, 1981

Nachlässe in den deutschen Archiven (Die), (mit Ergänzungen aus anderen Beständen) 1, 2, Bearb. W.A.Mommsen (Verzeichnis der schriftlichen Nachlässe in den deutschen Archiven und Bibliotheken 1, 2; Schriften des Bundesarchivs 17/2), Boppard am Rhein, 1983

Nanninga Uitterdijk, J., Geschiedenis der voormalige Abdij der Bernardijnen, te *Aduard*, Groningen, 1870, Nachdr.1973

Nauta, D., *Emden toevluchtsoord* van ballingen, in: ders., u.a., Hrsg., *Synode van Emden*, 7-21

——/ Dooren, J.P.van/Jong, O.J.de, Hrsg., De *Synode van Emden* oktober 1571. Een bundel opstellen ter gelegenheid van de vierhonderdjarige herdenking, Kampen, 1971

Nauta, G.A., Waar studeerden de *Groningers* vóór de stichting hunner academie?, in: *GV* 1910, 169-195

Neuser, W.H., *Luther und Melanchthon*—Einheit im Gegensatz. Ein Beitrag zum Melanchthon-Jubiläum 1960 (*TEH*, N.F. 91), München, 1961

——, Eine unbekannte *Unionsformel* Melanchthons vom Marburger Religionsgespräch 1529, in: *TZ* 21, 1965, 181-199

——, Hardenberg und Melanchthon. Der Hardenbergische Streit (1554-1560), in: *JbGNKG* 65, 1967, 142-186 (Abk.: Neuser)

——, Die *Abendmahlslehre Melanchthons* in ihrer geschichtlichen Entwicklung (1519-1530) (*BGLRK* 26, 2), Neukirchen-Vluyn, 1968

——, Die Aufnahme der Flüchtlinge aus England in *Wesel* (1553) und ihre Ausweisung trotz der Vermittlung Calvins und Melanchthons (1556/57), in: Weseler Konvent 1568-1968. Eine Jubiläumsschrift (*SVRhKg* 29), 1968, 28-49 (auch in: *MEKRh* 17, 1968, 28-49)

——, Melanchthons Abendmahlslehre und ihre *Auswirkung* im unteren Donauraum, in: *ZKG* 1, 1973, 49-59

——, Die Versuche Bullingers, Calvins und der Strassburger, Melanchthon zum *Fortgang* von Wittenberg zu bewegen, in: Gäbler/Herkenraht, Hrsg., *Heinrich Bullinger 1504-1575* 2, 35-55

——, *Hardenberg*, Albert Rizaeus (ca.1510-1574), in: *TRE* 14, 442-444

——, Die Erforschung der „*Zweiten Reformation*"—eine wissenschaftliche Fehlentwicklung, in: Schilling, Hrsg., *Reformierte Konfessionalisierung*, 379-386

——, *Bucers Bedeutung* für Kirche und Theologie heute, in: F.van der Pol, Hrsg., Bucer en de kerk. Congresbundel 1991, Reformatie-Studies, Kampen, 1991, 67-83

——, *Bucers konfessionelle Position*, in: C.Krieger/M.Lienhard, Hrsg., Martin Bucer and Sixteenth Century Europe, Actes du colloque de Strasbourg, 28-31 août 1991 (*SMRT* 52-53), Leiden, 1993, 2, 693-704

——, Hrsg., *Calvinus Theologus*. Die Referate des Europäischen Kongresses für Calvinforschung vom 16.bis 19.September 1974 in Amsterdam, Neukirchen-Vluyn, 1976, 85-111

——, Hrsg., *Calvinus Servus Christi*. Die Referate des Internationalen Kongresses für Calvinforschung vom 25.bis 28.August 1986 in Debrecen, Budapest, 1988

——, Hrsg., *Calvinus Sacrae Scripturae Professor*. Die Referate des fünften Internationalen Kongresses für Calvinforschung vom 20.bis 23.August 1990 in Grand Rapids (im Druck)

Niepoth, W., *Evangelische* im Kempener Raum (Schriftenreihe des Landkreises Kempen-Krefeld 6), Kempen, 1958

Niesel, W., Calvin wider *Osianders Rechtfertigungslehre*, in: *ZKG* 46, 1928, 410-430

——, *Calvins Lehre* vom Abendmahl, München, 1930, 1935[2]

——, Das Calvinische *Anliegen* in der Abendmahlslehre, in: ders., Gemeinschaft mit Jesus Christus. Vorträge und Voten zur Theologie, Kirche und ökumenischen Bewegung, München, 1964, 132-135 (1932)

——, Hrsg., *Bekenntnisschriften* und Kirchenordnungen der nach Gottes Wort reformierten Kirche, Zürich, 1948[3]

——, Die *Theologie Calvins*, München, 1957[2]

Niessen, J., Der *Reformationsversuch* des Kölner Kurfürsten Hermann V.von Wied (1536-1547), in: *RVJB* 15/16, 1950/51

Nippold, F., *David Joris* von Delft, in: *ZHT* 33, 1863, 1, 150-162

Nissen, P.J.A., Een nederlandse vertaling van Heinrich *Bullingers vroegste tractaat tegen de Dopers*, in: *NAK* 66-2, 1986, 190-200

Nottwendige verantwortung und bestendiger beweiszlicher gegenbericht des Rahts und Gemeinde der Stadt Bremen, widder die unchristliche ungegründete, derselbigen Widderwertigen, dero Aussgetrettenen gewesenen des Rahts daselbst, hin unnd widder gesprengete verleumdung, Und in sonderheit, widder die meuchlings abgetruckte Ehrenrührige lesterliche Schriffte Dithmar Kenckels gewesenen BurgermeistersS, [Bremen], 1566

NN, Etwas von den *Hardenbergischen Unruhen*, zur Reformations-Geschichte der Stadt Bremen, von 1547 bis 1556, in: Pratje, *Bibliothek* 3, 683-812

Oberman, H.A., Die „*Extra*"-*Dimension* in der Theologie Calvins, in: H.Liebing/ K.Scholder, Hrsg., Geist und Geschichte der Reformation, Festgabe Hanns Rückert zum 65.Geburtstag dargebracht von Freunden, Kollegen und Schülern (*AKG* 38), Berlin, 1966, 323-356

——, *Werden und Wertung* der Reformation. Vom Wegestreit zum Glaubenskampf, Tübingen, 1977

——, Wessel *Gansfort*: 'Magister Contradictionis', in: Akkerman/Huisman/Vanderjagt, Hrsg., *Wessel Gansfort*, 97-121

——/ Brady, Th.A., Jr., Hrsg., *Itinerarium Italicum*. The Profile of the Italian Renaissance in the Mirror of its European Transformations. Dedicated to Paul Oskar Kristeller on the occasion of his 70th birthday (*SMRT* 14), Leiden, 1975

Oebels, G., Joh.*Gropper* und die Kölner Reformbestrebungen bis 1541, Köln, 1544

Ohling, G., *Aus den Anfängen* der Reformation. Ein Brief des Sebastian Franck aus Donauwörth an die Oldersumer Gemeinde, in: Ostfriesland, Norden, 1954

Oncken, H., Graf *Christoph von Oldenburg* im Fürstenkriege von 1552. Feldrechnungen von März bis Oktober 1552, in: *JbGHO* 6, 1897, 49-98

Ortloff, F., Geschichte der *Grumbachschen Händel* 1-4, Jena, 1868-1870

Osiander, A., *Von dem Einigen Mittler* Jhesu Christo und Rechtfertigung des Glaubens. Bekantnus, Königsperg, 1551

Oyer, J.S., *Lutheran Reformers* against Anabaptists. Luther, Melanchthon and Menius and the Anabaptists of Central Germany, The Hague, 1964

Pannier, J., *Calvin à Strasbourg*, Strasbourg, 1925

Pascal, G., Jean de *Lasco*, baron de Pologne, évêque catholique, réformateur protestant, 1499-1560. Son temps, sa vie, ses oeuvres, Paris, 1894

Pauck, W., Das *Reich Gottes* auf Erden. Utopie und Wirklichkeit. Eine Untersuchung zu Butzers „De Regno Christi" und zur englischen Staatskirche des 16.Jahrhunderts, Berlin/Leipzig, 1928

Paulinus, H., *Oratio de vita*, doctrina, et obitu reverendi, et ornatissimi viri, D.Cornelii *Colthunii*, fidelis ministri, doctrinae sacrae, in Ecclesia Embdana, dicta Embdae, in coetu clarissimorum, et doctissimorum virorum, Embdae, 1568

Payne, J.B., *Erasmus*. His theology of the sacraments, Richmond, Va., 1970

Penner, H., *Ansiedlung* mennonitischer Niederländer im Weichselmündungsgebiet von der Mitte des 16.Jahrhunderts bis zum Beginn der preussischen Zeit, Weierhof, 1940

——, Die ost- und westpreussischen *Mennoniten* in ihrem religiösen und sozialen Leben in ihren kulturellen und wirtschaftlichen Leistungen 1, 1526-1772, Weierhof, 1978

Peters, L., Wilhelm *von Rennenberg* (†1546). Ein rheinischer Edelherr zwischen den konfessionellen Fronten (Schriftenreihe des Kreises Viersen 31), Kempen, 1979

Pettegree, A., *Emden* and the Dutch Revolt. Exile and the Development of Reformed Protestantism, Cambridge, 1992

Pfenninger, J.C., Hrsg., Christliches *Magazin* 2, 1779

Pfister, R., Die *Seligkeit erwählter Heiden* bei Zwingli, Zollikon-Zürich, 1952

Piel, A., Geschichte des ältesten *Bonner Buchdrucks*. Zugleich ein Beitrag zur rheinischen Reformations-Geschichte und -Bibliographie, Bonn/Leipzig, 1924, Nachdruck Nieuwkoop, 1965

Pijper, F., Jan *Utenhove*. Zijn leven en zijne werken, Leiden, 1883

Planck, G.J., Geschichte der Entstehung, der Veränderungen und der Bildung unseres protestantischen *Lehrbegriffs* vom Anfang der Reformation bis zu der Einführung der Konkordienformel 5, I, Leipzig, 1798

Pollet, J.V., Martin *Bucer*. Études sur la *correspondance* 1, 2, Paris, 1958, 1962

——, Julius *Pflug*. Correspondance 1-5, Leiden, 1969-1982

——, *Martin Bucer*. Études sur les relations de Bucer avec les Pays-Bas, l'Électorat de Cologne et l'Allemagne du nord avec de nombreux textes inédits, 1, 2, Leiden, 1985

Post, R.R., Het Sint *Bernardsklooster* te Aduard. Ene bijdrage tot de geschiedenis der kloosters in de provincie Groningen, in: AGAU 47, 1922, 168-277 (1); 48, 1923, 1-236 (2)

——, De *Moderne Devotie*. Geert Groote en zijn stichtingen (Patria Vaderlandsche Cultuurgeschiedenis in Monografieën, Hrsg.J.H.Kernkamp, 22), Amsterdam, 1940¹, 1950²

——, *Kerkelijke verhoudingen* in Nederland vóór de Reformatie van ca.1500 tot ca.1580, Utrecht/Antwerpen, 1954

——, The *Modern Devotion*. Confrontation with Reformation and Humanism (SMRT 3), Leiden, 1968

Postma, F., *Viglius* von Aytta als humanist en diplomaat 1507-1549, Zutphen, 1983

——, Regnerus *Praedinius* (ca 1510-1559), zijn school en zijn invloed, in: AGKKN 32, 1990, 153-181 (= Regnerus Praedinius (c.1510-1559), seine Schule und sein Einfluss, in: Akkerman/Huisman/Vanderjagt, Hrsg., *Wessel Gansfort*, 291-324)

Pratje, J.H., Bremische und Verdische *Bibliothek* 3, Hamburg, 1757; 5, Hamburg, 1760

——, Die Herzogthümer *Bremen und Verden*. Oder vermischte Abhandlungen zur Erläuterung der Politischen- Kirchen- Gelehrten- und Naturgeschichte wie auch der Geographie dieser beiden Herzogthümer 6, Bremen, 1762

Pressel, Th., David *Chyträus* nach gleichzeitigen Quellen (LASLK 8), Elberfeld, 1862

——, *Anecdota Brentiana*. Ungedruckte Briefe und Bedenken von Johannes Brenz, Tübingen, 1868

Prüser, F., *Bremen und* die Universität *Marburg* im ersten Jahrhundert ihres Bestehens, in: BJb 31, 1928, 181-267

——, Allgemeine Geschichte: Stadt und Staat Bremen, in: Heimatchronik der freien Hansestadt Bremen, bearb.v.F.Prüser, Hrsg.im Auftrage des Kuratoriums für deutsche Heimatpflege e.V., Bonn, Köln, 1955, 9-228

Quere, R.W., *Melanchthon's Christum cognoscere*. Christ's efficious Presence in the Eucharistic Theology of Melanchthon (BHR 22), Nieuwkoop, 1977

Rauhaus, A., Untersuchungen zu Entstehung, Gestaltung und Lehre des Kleinen *Emder Katechismus* von 1554, Braunschweig, o.J. (Göttinger Dissertation, 1977)

Reitsma, J./van Veen, S.D., *Acta* der provinciale en particuliere Synoden, gehouden in de noordelijke Nederlanden gedurende de jaren 1572-1620, 1-8, Groningen, 1892-1899

Rembert, K., Die „*Wiedertäufer*" im Herzogtum Jülich. Studien zur Geschichte der Reformation, besonders am Niederrhein, Berlin, 1899

Reussens, E./Kuyl, P.D./De Ridder, C.B., *Analectes* pour servir à l'histoire ecclésiastique de la Belgique, publiés sous la direction de Mgr De Ram, 1, 2, Louvain/Bruxelles, 1864, 1865

Rhijn, M.van, Wessel *Gansfort*, 's-Gravenhage, 1917

——, *Studiën* over Wessel Gansfort en zijn tijd, Utrecht, 1933

Richter, A.L., Die evangelischen *Kirchenordnungen* des sechzehnten Jahrhunderts 2, (Weimar, 1846), Nachdr.Nieuwkoop, 1967

Riemer, I., Rollen- und Platteneinbände im Stadtarchiv Bonn, in: *BG* 12, 1958, 145

Ritschl, O., *Dogmengeschichte* des Protestantismus 1-4, Göttingen, 1908-1927

Ritter, F., Der Tod *Enno Cirksenas* von Emden in Paris i.J.1545, in: Upstalsboom-
-Blätter für ostfriesische Geschichte und Heimatkunde, Hrsg. v.d.Gesellschaft für bildende Kunst und vaterländische Altertümer zu Emden 1, 1911/
1912, 30-33

——/Boer, W.de, Hrsg., Briefe des Rektors Johannes *Molanus* an den Bremer Domherrn Herbert von' Langen aus den Jahren 1560-1575, in: *BJb* 36, 209-258

Roelfsema, E.H., De Fraters en het *Fraterhuis* te Groningen, in: *GV* 1920, 28-39

Rogge, J., *Virtus und Res*. Um die Abendmahlswirklichkeit bei Calvin, Stuttgart, 1965

Roosbroeck, R.van, *Emigranten*. Nederlandse vluchtelingen in Duitsland (1550-
-1600), Leuven, 1968

Rorem, P., *Calvin and Bullinger* on the Lord's Supper (Alcuin/GROW Liturgical Study 12), Bramcote Nottingham, 1989

Rotermund, H.W., *Lexikon* aller Gelehrten, die seit der Reformation in Bremen gelebt haben, nebst Nachrichten von gebohrnen Bremern, die in andern Ländern Ehrenstellen bekleideten 1, Bremen, 1818

——, *Das gelehrte Hannover* oder Lexikon von Schriftstellern und Schriftstellerinnen, gelehrten Geschäftsmännern und Künstlern die seit der Reformation in und ausserhalb den sämtlichen zum jetzigen Königreich Hannover gehörigen Provinzen gelebt haben und noch leben, aus den glaubwürdigsten Schriftstellern zusammen getragen 2, Bremen, 1823

Roth, E., Herzog *Albrecht von Preussen* als Osiandrist, in: *ThLZ* 1953, 1, 55-64; Nachdr.in: Wirkungen der deutschen Reformation bis 1555, Hrsg. W.Hubatsch (*WdF* 203), Darmstadt, 1967, 286-304

Rott, J., *Correspondance* de Martin Bucer. Liste alphabétique des correspondants (Association des Publications de la Faculté de Théologie Protestante de l'Université des Sciences humaines de Strasbourg, Bulletin 1), Strasbourg, 1977

——, *Investigationes* Historicae. Églises et Société au XVIe siècle. Gesammelte Aufsätze zur Kirchen- und Sozialgeschichte. Articles rassemblés et réédités par Marijn de Kroon et Marc Lienhard, 2 (Société savante d'Alsace et des Régions de l'Est. Collection „Grandes Publications" 32), Strasbourg, 1986

Rottländer, C., Der Bürgermeister Daniel von Büren und die Hardenbergischen Religionshändel in Bremen (1555-1562). Ein Beitrag zur Bremischen Geschichte, Göttingen, 1892 (Abk.: Rottländer)

Rudloff, O., *Bonae litterae* et Lutherus: Texte und Untersuchungen zu den Anfängen der Theologie des Bremer Reformators Jakob Probst (*HE* 14), Bremen, 1985

Rüegg, A., Die *Beziehungen* Calvins zu Heinrich Bullinger und der von ihm geleiteten Zürcherischen Kirche, in: Universitas Turicensis Academiae Genevensi 1559-1909, Zürich, 1909, 73-92

Rüetschi, K.J., Rudolf *Gwalther* (Walther, Gualtherus Tigurinus, Walthard) 1519-1586. I.Hauptteil: Verzeichnis der handschriftlichen und gedruckten Werke, Quellen und Literatur, o.O.u.J. (Maschinenschriftl.)

Rüthning, G., *Oldenburgische Geschichte*, Bremen, 1911

Rutgers, F.L., *Calvijns invloed* op de Reformatie in de Nederlanden voor zoveel die door hemzelven is uitgeoefend, Leiden, 1901², Nachdr.Leeuwarden, 1980

Salig, C.A., *Vollständige Historie* der Augspurgischen Confession und derselben Apologie 3, Halle, 1735

Santbergen, R.van, Un *Procès* de religion à Louvain, Paul de Rovere (1542-1546), Bruxelles, 1953

Schäfer, G./Brecht, M., Hrsg., Johannes *Brenz* 1499-1570. Beiträge zu seinem Leben und Wirken, in: *BWKG* 70, 1970

Schelven, A.A.van, De nederduitsche *vluchtelingenkerken* der XVIe eeuw in Engeland en Duitschland in hunne beteekenis voor de Reformatie in de Nederlanden, 's-Gravenhage, 1908

——, *Hardenberg*, in: *NNBW* 1 (1911), 1023-1026

——, Petrus *Delenus* en Albertus Hardenberg, in: *NAK*, 8 (1911), 74-80

——, *Kerkeraads-Protocollen* der Nederduitsche Vluchtelingen-kerk te Londen 1560-1566, Amsterdam, 1921

——, Willem *Klebitius*, in: *BVGO* 5, 10, 1923, 80-133

Schiess, Tr., Briefwechsel der Brüder Ambrosius und Thomas Blaurer 2, 1509--1548, Freiburg i. Br., 1910 (Abk.: Schiess)

Schilling, H., Niederländische *Exulanten* im 16.Jahrhundert. Ihre Stellung im Sozialgefüge und im religiösen Leben deutscher und englischer Städte (*SVRG* 187, 78/79), Gütersloh, 1972

——, Reformierte *Kirchenzucht* als Sozialdisziplinierung? Die Tätigkeit des Emder Presbyteriums in den Jahren 1557-1562, in: W.Ehbrecht/H.Schilling, Hrsg., Niederlande und Nordwestdeutschland. Studien zur Regional- und Stadtgeschichte Nordwestkontinentaleuropas im Mittelalter und in der Neuzeit (Städteforschung A 15), Köln/Wien, 1983, 261-327

——, Hrsg., Die *reformierte Konfessionalisierung* in Deutschland—Das Problem der „Zweiten Reformation". Wissenschaftliches Symposion des Vereins für Reformationsgeschichte 1985 (*SVRG* 195), Gütersloh, 1986

——, Die „*Zweite Reformation*" als Kategorie der Geschichtswissenschaft, in: ders., Hrsg., *Reformierte Konfessionalisierung*, 387-437

——, Hrsg., Die *Kirchenratsprotokolle* der reformierten Gemeinde Emden 1557-1620, 1: 1557-1574, 2: 1575-1620, bearb.von H.Schilling und K.-D.Schreiber (Städteforschung C 3,1 und 2), Köln/Wien, 1989 und 1992

Schillings, A., *Matricule* de l'Université de Louvain 4, Bruxelles, 1961

Schlüter, Th., Die *Publizistik* um den Reformationsversuch des Kölner Erzbischofs Hermann von Wied aus den Jahren 1542-1547. Ein Beitrag zur rheinischen Reformationsgeschichte und -Bibliographie, (Msch.schrift), Bonn, 1957

Schmid, H., Der *Kampf der lutherischen Kirche* um Luthers Lehre vom Abendmahl im Reformationszeitalter, Leipzig, 1868

Schmidt, C., La vie et les travaux de Jean *Sturm*, Strasbourg, 1855, Nachdr. Nieuwkoop, 1970

Schnell, H., Ein Zeugnis des Rostocker Theologen David *Chyträus* über den Abendmahlsstreit, in: *NKZ* 11, 1900, 175-180

Schottenloher, K., Hrsg., Bibliographie zur deutschen Geschichte im Zeitalter der Glaubensspaltung 1517-1585, 1-6, Leipzig, 1933-1940; 7, Stuttgart, 1966

Schröder, R., *Erinnerung* an den Bremer Abendmahlsstreit um Albert Hardenberg, in: *HE* 11, 1978, 13-34

Schüler, H., *Reformation* und Gegenreformation am Mittelrhein (*SVRhKg* 8), Düsseldorf, 1959

Schütz, O.F., *De vita Davidis Chytraei*, Theologi, Historici et Polyhistoris Rostochiensis Commentariorum Libri quatuor (...), Hamburgi, 1720-1728

Schuitema Meijer, A.T./van Dijk, E., Inventaris van de archieven van het Klerken- of *Fraterhuis* te Groningen en de daarmee samenhangende stichtingen, Uitg.Gemeentearchief Groningen, 1973

——/ van der Veen, W.K., Historie van het *Archief* der stad Groningen, Uitg. Gemeentearchief Groningen, 1977

Schulze, A., Bullingers *Stellung* zum Luthertum, in: Gäbler/Herkenrath, *Heinrich Bullinger 1504-1575* 2, 287-314.

Schwarz, K., Übersicht über die Bestände des Staatsarchivs der freien Hansestadt Bremen (Veröffentlichungen aus dem Staatsarchiv der freien Hansestadt Bremen, Hrsg.W.Lührs, 48), Bremen, 1982

Schwarz Lausten, M., König *Christian III.* von Dänemark und die deutschen Reformatoren, 32 ungedruckte Briefe, in: *ARG* 66, 1975, 151-182

——, *Religion* og Politik. Studier i Christian IIIs forhold til det tyske rige i tiden 1544-1559, København, 1977

Schwarzwälder, H., Die Geschichte des *Zauber- und Hexenglauben*s in Bremen 1, in: *BJb* 46, 1959, 156-233

——, Geschichte der freien Hansestadt *Bremen* 1, Bremen, 1975

Schweckendieck, W., Dr.Albert Hardenberg. Ein Beitrag zur Geschichte der Reformation, in: Jahresbericht über das Gymnasium zu Emden, Emden, 1859 (Abk.: Schweckendieck)

Seckendorf, V.L., *Commentarius* historicus et apologeticus *de Lutheranismo* (...), Francofurti/ Lipsiae, 1692

Seebass, G., Das reformatorische Werk des Andreas *Osiander* (Einzelarbeiten aus der Kirchengeschichte Bayerns, Hrsg.v.Verein für Bayerische Kirchengeschichte, 44), Nürnberg, 1967

——, *Bibliographia Osiandrica*. Bibliographie der gedruckten Schriften Andreas Osianders d.Ä. (1492-1552), Nieuwkoop, 1971

Seeberg, R., Lehrbuch der Dogmengeschichte 1-4, Graz, 1953/4[4] (Abk.: Seeberg)

Seelen, J.H.à, *Philocalia epistolica* (...), Lubecae, 1728

Séguenny, A., Hrsg., *Bibliotheca dissidentium*. Répertoire des non-conformistes religieux des seizième et dix-septième siècles, 1 und 4, Bibliotheca Bibliographia Aureliana LXXIX und XCV, Baden-Baden, 1980 und 1984

Seisen, D., Geschichte der Reformation zu *Heidelberg* von ihren ersten Anfängen bis zur Abfassung des Heidelberger Catechismus, Heidelberg, 1846

Sepp, C., Kerkhistorische *Studiën*, Leiden, 1885

Shaw, J., *Zwinglianische Einflüsse in der Schottischen Reformation*, in: *Zwingliana* 17/5, 1988/1, 375-400

Sillem, C.H.W., Briefsammlung des Hamburgischen Superintendenten Joachim *Westphal* aus den Jahren 1530 bis 1575, 1, 2, Hamburg, 1903

Simons, Menno, *Opera Omnia* Theologica, of alle de Godtgeleerde Wercken van Menno Symons, Amsterdam, 1681

Smid, M., *Ostfriesische Kirchengeschichte* (J.Ohling, Hrsg., Ostfriesland im Schutze des Deiches. Beiträge zur Kultur- und Wirtschaftsgeschichte des Ostfriesischen Küstenlandes 6), Pewsum, 1974

Smidt, J.-V./Smidt-Oberdieck, E., Porträtgalerie Emder Pastoren 1550-1850, Leer, 1971

Spiegel, B., D. Albert Rizäus Hardenberg. Ein Theologenleben aus der Reformationszeit, Bremen, 1869 (Separat-Abdruck aus *BJb* 4, 1868) (Abk.: Spiegel)

____, *Zwei Bemerkungen* zu dem Leben Albert Hardenbergs, in: *HZwTh* 1, 1868, 108-110

____, *Hardenberg's Lehre vom Abendmahle*, in: *HZwTh* 12, 1869, 85-103

Spijker, W.van 't, *De ambten* bij Martin Bucer, Kampen, 1970 (Nachdr.1987)

____, *Stromingen* onder de reformatorisch gezinden te Emden, in: Nauta, u.a., Hrsg., *Synode van Emden*, 50-74 (= Spijker, W.van 't, Geest, Woord en Kerk. Opstellen over de geschiedenis van het gereformeerd protestantisme, Kampen, 1991, 150-174)

____, *Prädestination bei Bucer und Calvin*. Ihre gegenseitige Beeinflussung und Abhängigkeit, in: Neuser, Hrsg., *Calvinus Theologus*, 85-111

____, „*Gij hebt een andere geest dan wij*". Luther tot Bucer te Marburg, zondag 3 oktober 1529, in: Uw knecht hoort. Theologische opstellen aangeboden aan W.Kremer, J.van Genderen en B.J.Oosterhoff, Amsterdam, 1979, 65-83

____, Het gesprek tussen Dopers en Gereformeerden te *Emden (1578)*, in: Doopsgezinde Bijdragen, Uitgave Doopsgezinde Historische Kring 7, 1981, 51-65

____, *Calvinisme en Lutheranisme* (1550-1580), in: C.Graafland u.a., Hrsg., Luther en het gereformeerd protestantisme, 's-Gravenhage, 1982, 119-155

____, The *Influence of Bucer on Calvin* as becomes evident from the Institutes, in: John Calvin's Institutes: His Opus Magnum. Proceedings of the Second South African Congress for Calvin Research July 31-August 3, 1984, Potchefstroom, 1986, 106-132 (= ders., De *invloed van Bucer op Calvijn* blijkens de Institutie, in: ders., Geest, Woord en Kerk. Opstellen over de geschiedenis van het gereformeerd protestantisme, Kampen, 1991, 94-113)

____, *Gereformeerden en Dopers*. Gesprek onderweg, Kampen, 1986

____, Invloed van de *Moderne Devotie* in de reformatie te Straatsburg?, in: Bange, u.a., Hrsg., *Doorwerking*, 135-149

____, Die *Lehre vom Heiligen Geist* bei Bucer und Calvin, in: Neuser, Hrsg., *Calvinus Servus Christi*, 73-106

Spruyt, B.J., Cornelis *Hoen* en zijn Epistola christiana: Dissentisme op het grensvlak van het noordelijk humanisme en de vroege reformatie in de Nederlanden, Doctoraalscriptie RU Utrecht (Masch.schr.), 1989

____, *Humanisme*, Evangelisme en Reformatie in de Nederlanden, 1520-1530, in: W.de Greef u.a., Hrsg., Reformatie in meervoud. Congresbundel 1990, Reformatie-Studies, Kampen, 1991, 26-54

____, *Hinne Rode* (c.1480-c.1539): het leven en de ontwikkeling van de dissidente rector van het Utrechtse fraterhuis, in: H.ten Boom/E.Geudeke/H.L.Ph.Leeuwenberg/P.H.A.M.Abels, Hrsg., Utrechters entre-deux. Stad en Sticht in de eeuw van de reformatie 1520-1620. Vierde verzameling bijdragen van de Vereniging voor nederlandse kerkgeschiedenis, Delft, 1992, 21-42

Staedtke, J., Die *Theologie* des jungen Bullingers (*SDGSTh* 16), Zürich, 1962

____, Hrsg., *Glauben und Bekennen*. Vierhundert Jahre Confessio Helvetica Posterior. Beiträge zu ihrer Geschichte und Theologie, Zürich, 1966

——, *Reformation* und Zeugnis der Kirche. Gesammelte Studien, Hrsg.D.Blaufuss (*ZBRG* 9), Zürich, 1978

——, *Bullingers Bedeutung* für die protestantische Welt, in: ders., *Reformation*, 11-27

Staehelin, E., Briefe und Akten zum Leben *Oekolampads* 2, Leipzig, 1934, Nachdr.New York/London, 1971

Stalnaker, J.C., *Anabaptism*, Martin Bucer and the shaping of the Hessian protestant church, in: Journal of medical history (Chicago) 48, 1976, 4, 601-604

Stayer, J.M., Anabaptists and *the Sword*, Lawrence, 1973[2]

——, *Davidite* vs.Mennonite, in: Horst, *Dutch Dissenters*, 143-159

Steitz, G.E., M.Johannes *Cnipius* Andronicus, Schulmeister zu den Barfüssern 1550-1562, der theologische Vertreter des Melanchthonianismus in Frankfurt. Nebst ungedruckten Briefen Melanchthon's, Bucer's, Cnipius' u.A., in: Archiv für Frankfurts Geschichte und Kunst, N.F.1, Frankfurt a.M., 1860, 167-250

——, Dr.Gerhard *Westerburg*, der Leiter des Bürgeraufstandes zu Frankfurt a.M. im Jahre 1525, in: Archiv für Frankfurts Geschichte und Kunst, N.F.5, Frankfurt a.M., 1872, 1-215

Stephens, W.P., The *Holy Spirit* in the theology of Martin Bucer, Cambridge, 1970

——, The *theology of* Huldrych *Zwingli*, Oxford, 1986

Stiasny, H.H.Th., Die *strafrechtliche Verfolgung* der Täufer in der Freien Reichsstadt Köln 1529 bis 1618, Münster, 1962

Storkebaum, W., Graf *Christoph von Oldenburg* (1504-1566). Ein Lebensbild im Rahmen der Reformationsgeschichte, Oldenburg, 1959

Strohl, H., La *Pensée* de la Réforme, Neuchatel/Paris, 1951

Stupperich, M., *Osiander* in Preussen 1549-1552 (*AKG* 44), Berlin/New York, 1973

Stupperich, R., *Bibliographia Bucerana*, in: *SVRG* 160, Gütersloh, 1952

——, *Melanchthons Gedanken zur Kirchenpolitik* des Herzogs Moritz von Sachsen (nach bisher unveröffentlichten Papieren aus den Jahren 1546/53), in: Reformatio und Confessio, FS für W.Maurer, hrsg.v. Fr.W.Kantzenbach u. G.Müller, Berlin und Hamburg, 1965, 84-97

——, *Reformatorenlexikon*, Gütersloh, 1984

Sturm, E.K., Der junge Zacharias *Ursin*. Sein Weg vom Philippismus zum Calvinismus (1534-1562) (*BGLRK* 33), Neukirchen-Vluyn, 1972

Suelzer, M.J., *Hardenberg*, in: Encyclopedic Dictionary of Religion, Hrsg. P.K.Meagher, u.a., Washington, D.C., 1979, 1609

Taddey, G., *Hardenberg*, in: *LdG*, 490

Thiemann, E., Die *Theologie Hermann Hamelmanns*, Bethel, 1959

Timann, J., *Farrago* sententiarum consentientium in vera et catholica doctrina de coena Domini, quam firma assensione et uno spiritu iuxta divinam vocem ecclesiae Augustanae confessionis amplexae sunt, sonant et profitentur; ex apostolicis scriptis, praeterea ex orthodoxorum tam veterum quam recentium perspicuis testimoniis, contra sacramentarios dissidentes inter se opiniones, diligenter et bona fide collecta, Francoforti, 1555

Trapman, J., De *Summa* der Godliker Scrifturen (1523), Leiden, 1978

——, Le rôle des „*sacramentaires*" des origines de la réforme jusque'en 1530 aux Pays-Bas, in: *NAK* 63,1, 1983, 1-24

——, *Afscheid* van de sacramentariërs?, in: *DBnr* 15, 1989, 143-147

——, Hrsg., *Dat Avontmael ons Heeren*, in: *NAK* 51, 1970-1971, 149-166

Ullmann, C., *Reformatoren* vor der Reformation, vornehmlich in Deutschland und den Niederlanden, 1, Hamburg, 1841; 2, Hamburg, 1842

Uytven, R.van, Bijdrage tot de *sociale geschiedenis* van de Protestanten te Leuven in de eerste helft der XVIe eeuw, in: Mededelingen van de Geschied- en Oudheidkundige Kring voor Leuven en omgeving 3, 1, 1963, 3-38

Valkema Blouw, P., The Van Oldenborch and Vanden Merberghe *pseudonyms* or Why Frans Fraet had to die, in: *Quaerendo* 22, 1992, 165-190, 245-272

Varrentrapp, C., Hermann *von Wied* und sein Reformationsversuch in Köln, Leipzig, 1878

Veeck, O., Geschichte der *Reformierten Kirche Bremens*, Bremen, 1909

——, Johannes *Molanus*, 1510-1583, Rektor der lateinischen Schule in Bremen, ein reformierter Theologe, in: *ZKG* 34, 1913, 514-538

Veen, J.S.van, Een brief van Franciscus *Sonnius*, in: *AGAU* 37, 1911, 156f.

Velden, H.E.J.M.van der, Rodolphus *Agricola* (Roelof Huusman). Een Nederlandsch humanist der vijftiende eeuw, Leiden, 1911

Velenský, O., (Velenus, Ulrichus), In hoc libello gravissimis certissimisque, et in sacra scriptura fundatis racionibus variis probatur: Apostolum *Petrum Rhomam non venisse*, necque illic passum, etc., [Augsburg, 1520], Nachdr. in: Lamping, *Velenus*, 219-276

Verheyden, A.L.E., Le *Martyrologe Protestant* des Pays-Bas du Sud au XVIme Siècle, Bruxelles, 1960

Verzeichnisz sämtlicher Bücher, die auf dem Saal der grossen Kirche zu Emden vorhanden sind, Emden, 1, 1836; 2, 1837; 3, 1852

Visser, C.Ch.G., *Luther's geschriften* in de Nederlanden tot 1546, Assen, 1969

Visser, D., Among the good teachers: *Melanchthon on* Wessel *Gansfort*, in: Akkerman/Huisman/Vanderjagt, Hrsg., *Wessel Gansfort*, 142-53

Vocht, H.de, *History* of the foundation and the rise of the Collegium Trilingue Lovaniense 1517-1550, 1-4, (Humanistica Lovaniensia 10-13), Louvain, 1951-1955

——, *Cornelii Valerii* ab Auwater *Epistolae* et carmina, published from the Original Drafts, with Introduction and Notes by H.de Vocht (Humanistica Lovaniensia 14), Louvain, 1957

Vogt, H., Martin *Bucer* und die Kirche von England, [Münster], 1968

Vogt, O., Hrsg., Dr.Johannes Bugenhagens *Briefwechsel*, Stettin, 1888-1890

Volz, H., Zum *Briefwechsel* des Luther- und Melanchthonschülers Johannes *Mathesius*, in: H. Liebling/K.Scholder, Hrsg., Geist und Geschichte der Reformation. Festgabe Hanns Rückert zum 65.Geburtstag dargebracht von Freunden, Kollegen und Schülern (*AKG* 38), Berlin, 1966, 239-254

Voolstra, S., *Het Woord is vlees geworden*. De melchioritisch-menniste incarnatie-leer, Kampen, [1982]

——, *Vrij en volkomen*. Rechtvaardiging en heiliging in dopers perspectief, Kampen, 1985

Vos, K., *Menno Simons* 1496-1561. Zijn leven en werken en zijne reformatorische denkbeelden, Leiden, 1914

Wagner, E., Doctor Albert Hardenbergs im Dom zu Bremen gefüretes Lehramt und dessen nächsten Folgen, Bremen, 1779 (Abk.: Wagner)

Wal, J.de, *Nederlanders*, studenten te Heidelberg, Leiden, 1886

Wallace, R.S., Calvin's Doctrine of the Word and the Sacrament, Edinburg/London, 1953

Walser, P., Die *Prädestination* bei Heinrich Bullinger im Zusammenhang mit seiner Gotteslehre (*SDGSTh* 11), Zürich, 1957

Walte, A., *Mittheilungen* aus der bremischen Kirchengeschichte zur Zeit der Reformation 1-4, in: *ZHT* 34, 1864, 3-110 (1); 36, 1866, 399-434 (2); 42, 1872, 50-159, 448-468, 546-646 (3); 43, 1873, 163-202 (4)

Wappler, P., Die Stellung *Kursachsen*s und des Landgrafen Philipp von Hessen zur Täuferbewegung, Münster, 1910

Weerda, J.R., Nach Gottes Wort *reformierte Kirche*. Beiträge zu ihrer Geschichte und ihrem Recht. Mit einem Geleitwort von R.Smend aus dem Nachlass herausgegeben von A.Sprengler-Ruppenthal (Theologische Bücherei 23), München, 1964

Wegener, C.F., Hrsg., Samling af Kong Christian den Tredies breve, navnlig til anseete Tydske Reformatorer, in: *Aarsberetninger* fra det Kongelige Geheimearchiv 1, Kjöbenhavn, 1852-1855, 215-296

Wendel, F., Martin *Bucer*, Strassbourg, [1951]

Wesel-Roth, R., Thomas *Erastus*. Ein Beitrag zur Geschichte der reformierten Kirche und zur Lehre von der Staatssouveränität (Veröffentlichungen des Vereins für Kirchengeschichte in der evang.Landeskirche Badens 15), Lahr/Baden, 1954

Wessel, J.H., De *leerstellige strijd* tusschen Nederlandsche Gereformeerden en Doopsgezinden in de zestiende eeuw, Assen, [1945]

Wied, H.von, *Einfältiges Bedenken*. Reformationsentwurf für das Erzstift Köln von 1543. Übersetzt und herausgegeben von H.Gerhards und W.Borth, Düsseldorf, 1972

Wielema, M.R., Wessel Gansfort, Rudolf Agricola en het noordelijk *humanisme*, in: Documentatieblad van de werkgroep Sassen. Tijdschrift voor de geschiedenis van de wijsbegeerte in Nederland 1, Nov.1989, 3-20

Wilkens, C.A., Tilemann *Hesshusius*. Ein Streittheolog der Lutherskirche. Vornehmlich nach handschriftlichen Quellen, Leipzig, 1860

——, Zur Bremischen *Kirchengeschichte* des 16.Jahrhunderts, in: *BJb* 3, 1868, 42-68

Williams, G.H., The *Radical Reformation*, Philadelphia, 1962

Willis, E.D., Calvin's *Catholic Christology*. The Function of the so-called Extra Calvinisticum in Calvin's Theology (*SMRT* 2), Leiden, 1966

Wilmius, Joh., *Chronicon* rerum Kempensium. Ins Deutsche übertragen von Msgr.Dr.Dr.Felix Rütten unter dem Titel 'Nachrichten aus Pfarre und Stadt Kempen', Bearb.u.Hrsg.J.Hermes, Krefeld, 1985

Wolfs, S.P., Das Groninger „*Religionsgespräch*" (1523) und seine Hintergründe, Utrecht/Nijmegen, 1959

Wolters, A., Reformationsgeschichte der Stadt *Wesel*, bis zur Befestigung ihres reformirten Bekenntnisses durch die Weseler Synode, Bonn, 1868

Woltjer, J.J., *Friesland* in hervormingstijd (Leidse historische reeks 7), Leiden, 1962

Yoder, J.H., Les *troubles aux Pays-Bas* dans le miroir Strassbourgeois, in: Horst, *Dutch Dissenters*, 117-124

Zedler, J.H., Grosses vollständiges Universal-Lexikon 12, Halle/Leipzig, 1735, Nachdr.Graz, 1961 (Abk.: Zedler)

Zeimet, J., Die Cistercienserinnenabtei *St.Katharinen* bei Linz am Rhein (Germania Sacra, Abt.Rhenania Sacra, Serie B Rhenania Sacra Regularis, I B) Augsburg/Köln, 1929

Zijlstra, S., *David Joris* en de doperse stromingen (1536-1539), in: [Mellink], *Historisch bewogen*, 125-138

——, *Anabaptisme* en sacramentarisme, in: *DBnr* 15, 1989, 135-142

Zuidema, W., Wilhelmus *Frederici*, Persona van Sint-Maarten te Groningen
(1489-1525) en de Groninger staatkunde van zijn tijd, Groningen, 1888
Zwingli, H., s.Siglen, *SS*; *Z*

NAMEN-, ORTS- UND SACHREGISTER

Aachen, 352
Abel, 168
Abendmahl, 194-252
— *administratio*, 429, 431
— Akt, 230f., 240-242, 245
— Bekenntnischarakter, 241
— Christologie, 123, 231, 288, 316, 486
— Feier, 26, 34
— Gabe (Gabecharakter), 201, 251, 288, 293f., 396, 431, 458, 484
— Geschehen, 232
— Gleichnisse, 72
— Nutzen, 195, 200
— Praxis, 194f., 200
— Streit, 48, 70, 84, 198, 455, 470
— täuferische Anschauung, 204
— Zucht, 194, 364
Abimelech, 169, 173, 387
Ablass, 263
Abraham, 118, 134, 184, 190, 363
Abrenuntiation, 192
Abring, Johann, 356
Absolution, 175-177
Achab, 171, 375
Achelis, J., 2, 192
Ackum, 97
Acronius, Joh., 383f.
actio, 234
Adam, 117, 128, 135, 137, 146, 149, 152-155, 158f., 345, 362, 454
adductio, 153-156
adiaphora, 40
administratio legitima, 457
Adolf, Herzog von Holstein, 70
Adonia, 169
Aduard, 5-14, 17, 112, 130, 256, 261f., 267, 274, 291f., 377, 418
Ägypten, 375, 386
Aepin, Johannes, 42, 342
Aepinscher Streit, 35, 302
Agricola, Johann, 35, 92, 292, 308
Agricola, Rudolph, 261
Ahija, 433

Akkerman, F., 5, 7, 257f., 261
Akkrum, 384
Alarich II., 170
Albrecht III., Graf von Mansfeld, 35, 40
Albrecht, Herzog von Brandenburg, 321
Albrecht, Herzog von Preussen, 42, 131, 344f., 508
Alcibiades, 94
Aleander, Hieronymus, 283
Alesius, Alexander, 44, 48, 266
Alexander d.Gr., 170
Alkmaar, 100
Alte Kirche, 48, 120f., 123, 283, 289f., 410, 430f.
Althaus, P., 300f.
Alting, Menso, 107, 109, 113, 460
Ambrosius, 121, 134, 139f., 144, 151, 195, 228, 258
Amsterdam, 100
Amt, 163-165, 282, 365, 426, 430, 457, 486
Anabaptisten (s.auch: Täufer), 125, 133, 335, 413
Anaplasti, 358
Andernach, 22, 265
Anderson, M.W., 469
Andreae, Jacob, 408
Andriessen, J., 257
animae cibus, 422
Anna, Gräfin von Oldenburg, 31, 44, 81, 105f., 350f.
Anrich, G., 416
Anscharius, St., (Anschariuskapitel), 80, 97f.
Antichrist, 35f., 157, 272
Antike, 258, 260
Antiochus IV. Epiphanes, 172
Antitrinitarier, 349
antitypoi, 303, 308
Anton I., Graf von Oldenburg, 82, 98
Antwerpen, 104, 295, 358

Antwerpiensis, Hadrianus, 11, 147, 156-158, 190, 297
Apeldoorn, XV
Aphthonius, 260
Apollos, 164
Aquilomontanus, H., 377
Aquino, Thomas von, 278, 283, 289
Arbenz, E., 18f., 352, 369, 375-377, 507
Archelaus, 169
Arianismus, 56, 350
Aristobul, 169
Aristokratie, 167, 172
Aristoteles, 258-260, 274, 286
Arius, 215
Armenpflege, 165
Arnobius (d.J.), 223, 260, 281
Arranches, Bischof Robert von, 356, 437
Artois, 283
Asconius, 260
Assur, 36
Assurbanipal, 170
Athalja, 172
Athanasianum, 48
Athanasius, 121, 228, 316f.
Augsburg, 54, 268, 374, 407
— *Apologie*, 49, 63f., 88
— *Apologie*, Art.10, 65
— *Confessio Augustana* (*Invariata*), 1530, 49, 60, 63, 66, 77, 84, 87f., 91, 107, 311, 361, 410, 485
— *Confessio Augustana* (*Variata*), 1540, 60, 66f., 72, 89, 251f., 483
— *Formula Reformationis*, 18.7.1548, 35
— Interim, 1548, s.Interim
— Reichstag von 1566, 97, 113, 406f., 415
— Religionsfrieden 1555, 25, 63f., 73, 91, 485
— Religionsverwandter, 63, 68
— Zweideutigkeit der *Augustana*, 66
August, Kurfürst von Sachsen, 74f.
Augustijn, C., 257, 265-267, 274f., 284f., 287-290, 374, 463, 475
Augustin, 32, 67, 121, 133, 139f., 142, 144, 149, 181-183, 185, 188, 195, 216, 218, 223, 228, 230, 232, 234, 239, 258-260, 287, 289, 297, 306, 308, 330, 334, 386f.

— *De doctrina christiana*, 289
— *Enchiridion*, 289
Augustinismus, 486
Aurich, 106, 537
Ausbildung, 266f.
Ausschliessung vom Abendmahl, 175, 180
Auxentius, Bischof von Mailand, 365, 370

Babel, 168, 173
Babylon, 272
Backhuisen, Joachim, 76
Baflo, 261
Bailleul, s.Belle
Bainton, R.H., 350f., 357
Baker, J.W., 400, 407
Bakker, Cornelis, 100
Bakker, Jan de, s.Pistorius, Johannes
Baldewijn (aus Naarden), 100
Balduinus Nordenus, 97
Balduinus, 409
Balke, W., 349, 353, 358
Balzer, B.D., XV
Bamberg, 537
Bange, P., 257
Bann, 175-177, 180
Barfüsser, 28
Bartel, O., 2, 12, 14, 34, 43, 342
Bartels, P., 343, 346
Barton, P.F., 1, 13, 32f., 75, 78, 82, 90f., 98, 111f., 282, 300, 320, 322, 341, 385, 390, 400-402, 409, 411f., 484
Basel, 18, 74, 261, 295, 374, 384, 465
— *formae confessionis* über das Abendmahl, 384
Basileios, 260
Basilius d.Gr., 121, 226, 228
Batenburger, 361
Bauer, K., 10f., 26f., 265
Baum, J.W., 401, 409, 416, 456, 465
Bauman, C., 355, 366
Bax, W., 12, 23
Bayreuth, 11
Becker, B., 350, 357
Becker, Konrad, aus Stade, 79
Beghyn, P.J., 9
Beharrung, 147, 149
Beichte, 28
Bekenntnisfrage, 63f., 77

Bekenntnismahl, 251, 364
Bekenntnisverpflichtung, 67
Bellardi, W., 192, 454f.
Belle, 96
Belmer, L., 48, 87, 103
Benrath, G.A., 400-404, 406f., 409
Bentheim, Grafschaft, 69
Béné, Ch., 289
Berengar, 281, 283
Berg, H.-G. vom, 265, 275, 278
Bergen, deutsche Prediger in, 75
Bergh, Niclas von, 24
Berkhout, 397
Berlin, 537
Bern, 18, 374
Bernardinerkloster in Aduard,
    s.Aduard
Bernardus Gymnasiarcha, 51
Berossos, 168
Bertheau, C., 2, 110, 341, 390
Bertram, 382
Beschneidung, 190, 193
Besold, Hiëronymus, 74
Beuys, B., 112
Beyer, Hartmann, 22
Beza, Theodor, 92, 465, 470f.
Bibliander, Theodor, 18, 265, 377f.
— Relatio fidelis, 1545 (Vorlage zu),
    378, 502
Biblizismus, 119, 122, 266, 360
Biel, Thomas und Gabriel, 230
Bildersturm, 100f.
Billick, Eberhard, 35, 425
Bindseil, H.E., 514f.
Bippen, W. von, 1f., 30, 90, 390
Biundo, G., 9, 401
Bizer, E., 67, 199, 229, 282, 332,
    423, 439
Blancicampianus, Frid. Nausea, 9
Blarer, Ambrosius, 13, 15f., 18-21,
    170, 267, 345, 352f., 369, 374-
    -377, 381, 384, 388, 419-421, 424,
    464
Blarer, Thomas, 18, 375f.
Bobert, Arend von, 52, 54
Bock, Franz, 22
Boehmer, E., 10
Boer, W.de, 102, 264
Bokelmann, Peter, 5, 73, 467
Bonn, 20-23, 342, 352-355, 378, 413,
    418f., 537

Bonnard, A., 400
Boquinus, P., 409, 471
Bording, Jakob, 320
Borken, Johann von, 82
Bornert, R., 458f.
Bornhäuser, Chr., 350, 352, 360, 362
Bornkamm, H., 368
Bosverken, Jan, 12
Bothmer, K. von, 30
Bourgogne, Jacques de, Herr von
    Falais, 10f.
Bouterse, J., 366
Bouwmeester, G., 11
Bouwsma, J., 289
Braakhuis, H.A.G., 274
Brabant (Hof von Brabant), 12-14, 21,
    353, 355
Brandsma, J.A., 349, 352, 354, 360
Brandt, G., 99, 100, 397
Brassius, Hermann, 10, 76, 102, 342
Braunschweig, 20, 30, 37, 59, 69, 83,
    86-88, 94, 98, 238, 242, 244f.,
    299, 301, 323f., 425
— Kreistag, Juni 1560, 83
— Kreistag, Februar 1561, 69, 86-88,
    94, 98, 238, 244f., 323f., 389, 451
— Münztag, August 1560, 85
— Polizeimassregel, 89
Brecht, M., 325f.
Brem, Martin, 20
Bremen, 22, 30, 32-113, 171, 175,
    178, 180, 190f., 214, 227, 256,
    268f., 297, 315, 322-325, 335,
    337, 341f., 358-367, 382f., 385f.,
    396, 398-401, 404f., 407-411, 413,
    415, 422, 425, 427f., 442, 444,
    459, 463, 468, 470, 476, 486,
    537f.
— Bekandtnis der Stadtprediger vom
    21.10.1556, 53, 59, 62, 66, 69, 84,
    210-232, 238, 252, 298
— Bekantnis vom heiligen Nachtmal, .
    2.8.1560, 84
— Bremensium Concionatorum Confes-
    sio, 22.12.1560, 86
— Bremensium in Hard. Confessionem
    censura, 5.2.1561, 88, 244
— Bürgermeister, 41, 445
— Christologie, 60
— Consensus, 1595, 91

— der Prediger in Bremen Bedencken über den Franckfurdischen Rezess, 76
— Disput, 20 u. 21.5.1560, 78-82, 303, 308, 324, 401f., 470
— Dom, 71, 91, 121, 207
— Domgemeinde, 86
— Domherr, 44, 264
— Domkapitel, 7, 8, 30, 33, 41, 43, 50-58, 60-70, 72-76, 78f., 82-84, 89, 178, 182, 199, 207, 213, 217f., 227-229, 233-235, 240, 262, 297-301, 311, 332, 337, 374, 378, 382, 395, 406, 442f., 446, 448, 450, 455, 496, 498
— Erzbischof Georg, 78, 82, 85, 496, 498, 502
— Erzbistum, 83
— Gesandte, 82
— Geschäftsverkehr, 37
— handelspolitische Sanktionen, 70
— Handelssperre, 91
— hospitium, 37
— Interpretation der Augustana, 67
— Jurisdiktion des Rates, 53
— Kapitelhaus, 138
— Kirchenordnung von 1534, 359
— Kompetenzfrage, 77
— Lateinschule, 90
— politische Lage, 63, 70
— Rat, 31, 33, 82, 131, 170, 178, 200, 204f., 297, 331, 335f., 349, 358-368, 398f., 413, 429, 436, 442, 445f., 449, 471, 475, 478
— Replica Concionatorum Bremensium, 61-63, 65f.
— Scholarche, 93
— Sieg der Gnesiolutheraner, 77
— (Stadt)Prediger, 13, 32-113 (passim), 120, 132, 190, 214, 223, 230, 238f., 336, 343, 364, 396
— Sundzollprivilegien, 70
— Täufer in, 1551, 359-361
— Ubiquitätslehre der Bremer, 325-338
— Umsturz 1562, 90, 93
— Zahlungsverbindlichkeit, 36
— Übergang zum reformierten Kirchentum, 90
Brenz, Johann, 39, 50-52, 54, 58, 92, 112, 204, 218, 224, 233, 235f.,
282, 294, 311, 316, 319, 322, 325-340, 343, 347, 377, 384, 485f.
— 50. Homilia über die Passionsgeschichte, 332, 334f.
— Apologia Confessionis, 1557, 326, 330
— brentiana ubiquitas, 52, 57, 210, 325-338, 384, 486
— Christologie, 52, 325ff.
— De eucharistia, Manuskript 1556, 51f.
— In D.Iohannis Evangelion Exegesis, 1528, 327, 331f.
— Osiandrismus, 332, 335
— Syngramma Suevicum, 1525, 326f.
Brieger, Th., 283
Brigden, S., 39
Bromm, Claus, 22, 29, 383, 519, 522
Brouette, E., 257
Brucherus, H.H., 7, 9, 257
Bruchsal, Alexander, 79f., 383, 470
Bruderhaus (Groningen), s.Groningen
Brugmans, H., 7
Bruin, C.C. de, 12, 265, 295
Brück, A.Ph., 11, 296
Brüder vom gemeinsamen Leben (s.auch: Devotio moderna), 12, 256
Brüssel, 12
— Hof von Brabant, s.Brabant
Bucer, Martin, XV, 2, 10f., 16-27, 38f., 43, 45, 50f., 55, 74f., 92, 109, 112f., 192, 194, 196-199, 204-208, 210, 218, 229, 232, 236, 255, 264, 266, 278f., 282f., 291, 295-297, 306, 312-314, 326f., 334, 342f., 345-347, 352, 356, 367f., 374, 377, 379, 381f., 388, 390f., 396, 413, 416-464, 467-469, 471, 475-479, 484-486, 490, 501, 506
— Abendmahlslehre, 196f., 200, 425f., 429ff., 438-441, 448ff., 456-460
— Bestendige Verantwortung, 1545, 20f., 430-432, 437, 460
— Constans defensio, 1613, 19f., 430-432
— De veritate corporis Christi in eucharistia, 16.4.1545, 432-435
— Defensio adversus axioma catholicum, 437f.

— *Einfaltigs bedenken*, 1543, 16, 19, 55, 205, 212, 236, 296, 368, 423, 429f., 437, 441-443, 447, 460f.
— Evangelienkommentar, 1530, 435
— Evangelienkommentar, 1553, 435, 437, 439-441, 451f., 461, 486
— *Exomologesis*, 1550, 450f., 456f., 461f., 486
— Frau oder Witwe, 437
— in Bremen 1549?, 38, 422
— Kommentar zu Zefanja, 437
— Kommentar zum Epheserbrief, 1527, 436
— Kommentar zum Römerbrief, 1536, 1562, 436
— *Libellus vere aureus de vi et usu sacri ministerii*, 1562, 438
— *Novissima confessio de coena domini*, 1562, 438f.
— *Praelectiones* zu Epheser, 1562, 436
— *Quid de baptismate infantium*, 1533, 356, 438
— *Refutatio*, 423
— *Retractio de Coena Domini*, 1536, 456f., 461
— *Scripta duo adversaria*, 1544, 437
— *Simplex deliberatio*, 1545, 20
— *Summarischer vergriff*, 1548, 68, 208, 236, 429, 435f., 441, 443, 449f., 452-455, 461, 486
— Testament, 456
— *Von der waren Seelsorge*, 1538, 438
— Zitate, 206f., 209
Buchell, Theodor von, 16f., 24-29, 173, 177f., 268, 355-357, 419, 501
Buchlinus, Claudius, 95, 384
Budaeus, 9, 260
Büren, Daniel von, 34, 51-55, 57-60, 62, 68, 75, 81f., 90-95, 98, 103, 317, 333f., 336f., 344, 383f., 400, 405-408, 410, 466, 500, 521
Büsser, F., 389
Bugenhagen, Johann, 45, 47, 58-61, 64, 67, 69, 92, 223, 225, 281, 298, 442
Buijtenen, M.P. van, 401
Bullinger, Heinrich, 2, 6, 10, 12f., 17-19, 22f., 29, 80, 83, 97f., 104, 112, 138, 140f., 178, 201, 263--265, 269, 282, 341f., 344, 346f.,

349, 352f., 355, 367-399, 400-404, 406f., 409, 411, 413-415, 420, 424, 448, 456, 467, 484, 486, 506f., 510, 527f., 530
— Abendmahlslehre, 389-396
— *Apologetica Expositio*, 1556, 382, 391
— *Decades*, 397
— *In omnes apostolicas epistolas commentarii*, 1537, 398
— *Von dem unverschampten fraefel*, 1531, 369-373, 399, 413
— *Warhafftes Bekanntnuss*, 1545, 379f., 382, 391f.
Bullingerianismus, 341-415, 463
Bund, 363f.
Burger Jr., C.P., 400
Burnett, A.N., 18
Buschhofen, 419
Buscoducensis, Henricus, 6, 30, 70f., 98, 259, 465
Buscoducensis, Nicolaus, 27
Busse, 128-131, 149

Caesarius, Johannes, 23, 265
Calvin, Johannes, 10, 18, 27, 38f., 73, 80, 92, 96, 108f., 111, 124, 190, 263, 266, 269f., 282, 291, 295, 306-309, 312-314, 335, 338, 343f., 346f., 353f., 358, 376, 382, 383, 391-394, 396, 402, 413, 420-422, 447f., 451, 456, 460, 463-479, 486, 519
— *Breve et clarum doctrinae de coena Domini compendium*, 86, 468, 485
— *Catechismus Ecclesiae Genevensis*, 1545, 465
— *Catechismus*, 1538, 464
— *Confessio fidei de eucharistia*, 1537, 471
— *Defensio sanae et orthodoxae doctrinae de sacramentis*, 1555, 466
— *Institutio*, 1539, 260, 270, 313, 465, 476, 478
— *Instruction et confession de foy*, 1537, 465
— Korintherbriefkommentar, 313
— *Libellus de coena Domini*, 1545, 464
— *Petit traicté de la saincte cene*, 1541, 310, 394, 464, 471-479, 485

— *Responsio ad Sadoletum*, 1539, 465
— *Summa controversiae de eucharistia
breviter collecta*, 1560, 86, 468,
479
Calvinismus, 2, 90, 107, 257, 341
Cambridge, 198, 422, 428, 436, 446,
451, 453, 460, 538
Camerarius, Joachim, 44, 266
Camerinensis, Rudolphus, 94
Camp, Gerhard thom, 7, 17f., 102,
264, 273, 342, 377f., 383, 424,
506
Campan, Ch.-Al., 10, 12-14, 504
Campanus, Johannes, 35, 120, 267,
357f., 413
Canter, Jakob, 261
Canter, Jelmer, 272
Canterbury, Erzbischof von, s.Cran-
mer, Thomas
Capito, W., 278, 391
Carineus, Nicolas, aus Jennelt, 94
Casparus N.N., 408
Cassander, Georg, 10, 18
Cassel, J.Ph., 93, 241, 264, 338, 526-
-529, 531
Cassiodor, 124, 258
Castellio, 171, 266
Casteren, Gerlach van, 8
Cato, 260
Cavonius, Johannes, 10, 26
Cecil, William, Staatssekretär, 95,
112, 170
Celle, 59, 87, 243
Ceporinus, Jacobus, 260
Chalcedon, 56, 124, 362, 458
Chemnitz, Martin, 87, 244, 336f.,
389, 390, 414, 416, 452, 475, 498
— *Anatome*, 1561, 336
Chiemsee, Berthold von, 9
Christian III., König von Dänemark,
36, 66f., 70-72, 74-76, 235f., 303,
393
— Abendmahls-Tabula seiner Hoftheo-
logen, 71
— Abendmahlsbekenntnis, 71
Christologie, 61, 112, 123-127, 204,
221, 301, 315, 319, 325f., 339f.,
362, 486
— das neue Dogma der lutherischen,
326-338

Christoph von Braunschweig-Lüne-
burg, 78
Christoph, Graf von Oldenburg, 23,
30, 37, 68, 72, 74, 81, 92, 95-99,
170, 384, 406, 408, 410, 436, 445,
455
— Testament, 98
Christoph, Herzog, 327
Christusgemeinschaft, 201, 225, 282
Chrysostomus, 121, 133, 185, 188,
191, 195, 217, 223, 226, 228, 258,
260, 281, 438, 477
Chyträus, David, 22, 42, 74, 80, 87,
294, 319-325, 332, 339, 361
— *De motibus Bremensibus*, o.J., 323
— zu Osiander, 321f.
Chyträus, Josua, 320
Cicero, 94, 258, 260, 262
Clairvaux, Bernhard von, 149, 185,
188, 258, 278, 283
clandestina cohabitatio, 152-156, 158
Cleberdus, 36
Clemen, O., 93, 262, 272
Clemens Alexandrinus, 308
Cloester, Gerhardus à, 7, 280
Clüver, Hermann, 20, 378
Cnipius Andronicus, Johann, 22, 29,
47, 265, 383, 386, 507, 519, 522,
527
Coetus, 106, 107
Coetuspräsident, 179
commemoratio, 282
communicatio idiomatum, 69, 124,
126, 233, 252, 316f., 396
communicatio proprietatum, 222f.
communicatio spiritualis, 246-250
concordia, 40, 382
Condé, L. de, 95
Confessio
Confessio Belgica, 107
Confessio Gallicana, 107
Confessio Helvetica posterior, 1562,
91, 391, 393
Confessio Helvetica prior, 1536, 391,
435
Confessio Saxonica, 1551, 63-65, 206,
212
Confessio Tetrapolitana, 1530, 207,
210, 297, 435, 448, 461
Confessio Virtembergica, 1557, 326
Conradius, Luter Fredericus, 384

consensus, 346, 354
consensus ecclesiae, 342, 447f.
Consensus Tigurinus, 391, 464
Constable, J.W., 325
contestatio, 348, 412
Cooltuyn, Cornelis, 100, 105, 408
Coppin, Nicolas, 9, 13
Corpus doctrinae Philippicum, 91
corpus non spirituale sed substantiale, 395
corpus sacramentale, 218
corpus spirituale, 219
corpus substantiale, 218f.
Coussemaker, E. de, 96
Crafftheim, Crato von, 303
Cranmer, Thomas, 38f., 422f., 517
Crecelius, W., 527
Cregel, Hermann (aus Celle), 322
Crespin, Jean, 10
Crinitus, 260
Crome, L.G., 29f.
Cruciger d.Ä, Kaspar, 15, 299
Cuk, Heinrich, 94
cum-Formel, 311
Cuno, Caspar, 11
cura religionis, 171, 179
Curtius, 260
Curtius, V., Superintendent von Lübeck, 87
custodia utriusque tabulae, 178, 361
Cyprian, 121, 194, 228, 230, 309
Cyprianus, E.S., 495, 525, 527
Cyrillus, 121, 228, 297, 438

Dänemark, 34, 45, 72, 405
— Theologen aus, 74
dänische Einmischung, 73
Dalsheim, 408
Dalton, H., 12, 156, 327, 343, 349--351, 353, 424
Damascenus, Johannes, 223, 311
Damman, Willem, 96
damnatio, 142-145
Daniel, 143
Dankbaar, W.F., 16, 267, 351, 360, 379, 387, 392, 396, 423
Danzig, 37f., 342, 360
Darius, 170
Davemann, Gerhard, 97
David, 94, 143, 153, 169, 357
David N.N., 323

Davidjoristen (Davidisten), 119, 133, 335, 350, 354, 358f., 361, 413
Decavele, J., 10, 96, 265
Deckers, M., 20
Degering, H., 400
Dekalog, 42
Delenus, Petrus, 94, 102
Dellen, R. van, 257
Delprat, G.H.M., 6f.
Demokratie, 167, 169, 173
Demut, 147, 149
Denis, Ph., 10, 506
Depperman, K., 357
descensus ad inferos, 42
Despauterius, Johannes, 9
Determinismus, 139, 145
deutsche Prediger in Norwegen (Bergen), 61, 70, 73, 232
deutsches Reformiertentum (deutschreformiertes Kirchentum), 2, 91, 325-338, 340, 415, 461, 483-486
Deutschland, 361, 382, 399, 423f.
Deutz, Rupert von, 23, 280-282, 452
— *De divinis officiis*, [ca.1112], 280f.
Deventer, 408
Devotio moderna, 6, 256-293, 484
Diakonat, 164
Dieppurch, P., 278
Diesner, P., 22
Diest Lorgion, J.J., 5-9, 267
Diestelmann, Th., 49
Dietrich NN (Prediger in Einbeck), 30, 442
Dijk, E. van, 7
Diller, Michael, 79, 401, 411
Dina, Jakobs Tochter, 154
Diodor, 260
Diogenes Laertios, 260
Dionisus, 13, 19
Dionysius, 195, 260
Dionysios (von Halikarnassos?), 169
Dissidententum, evangelisches, 112
Doetichem, Gerhardus van, 261
Dollinger, R., 360
Donatus d. Gr., 365, 370
Donia, Sextus a, 11, 18, 20f., 267, 467
Donnelly, J.P., 518
Doornkaat Koolman, J. ten, 350
Dordrecht, Synode 1618/19, 91, 398
Drakenburg, Schlacht bei, 30

Dreieinigkeit, 186, 188
Drenthe, 21
Drosto, Johann, 95
Drouven, G., 16, 19, 419
Dryander, s.Enzinas, Francisco de
Dualismus, 188, 226f., 245, 278, 286f., 292f., 414
Dualität im Sakrament, 209f.
Dualität, 183, 207, 240, 251
Düsing, D., 1
Duisburg, 86, 93
Duisburger Schule, 93
Duke, A.C., 374
Duncanus, Martinus Kempen, 13, 23f., 26
Duns Scotus, Joh., 283
Duraemontanus, s.Durimontanus
Durandus, Wilhelm, 35
Durimontanus (oder Duraemontanus), 5

Eber, Paul, 9, 15f., 22, 44, 50, 57f., 62, 64, 69f., 75-79, 81, 83, 87, 317, 358, 404, 524
Eberhard, Graf von Erbach, 409, 411
Ebertrein, J.Ch., 29f.
Edzard II., Graf von Ostfriesland, 98f., 105f.
Eells, H., 16f., 416, 419, 422, 425
Egli, E., 18
Ehe, christliche, 151-159, 486
Ehebruch, 157
Ehem, C., 409
Ehescheidung, 151, 156-158
Ehre Gottes, 145
Eid, 150, 171, 173, 366
Eigentum, 150, 365
Einbeck, 29f., 32, 374, 442
Einsetzungsworte, 57, 88, 212, 221, 246
Einverleibung in den Leib Christi, 189, 193, 204, 209, 234, 248, 282, 287, 292, 426, 430, 432, 434, 446
Eitzen, P. von, 79f., 87, 320
Ekklesiologie, 160-180, 252, 280, 292f., 484, 486
Eklektizismus, 486
Elbing (West-Preussen), 100
Elburg, 99-101
electio, 138-145, 149, 162, 163, 387, 388

Elisabeth I., Königin von England, 94f.
Elsass, 17
Elsmann, Th., 2, 111, 255-257, 259f., 263f., 291
Emden, 14f., 21, 30, 43f., 74, 80, 86, 90, 93, 98, 101-103, 109, 151, 170f., 174f., 178-180, 261, 263, 268, 342f., 351-353, 363, 382, 384, 396f., 407f., 413, 459, 463, 470, 538f.
— Arbeitsfeld des Presbyteriums, 104--105
— Drost, 98f., 107
— Grosse Kirche, 104, 109, 257, 259, 436f.
— grosser Katechismus von 1546, 43
— Hausvisitation, 101
— innerhalb der nicht-lutherischen Reformation, 102
— Katechismus von 1546, 43
— Katechismus von 1554, 43f., 342
— Katechismusstreit, 412
— Kirchenrat, 74, 99, 105, 109, 408
— Krankentröstung, 101
— Ministerium, 74, 263, 299f., 332, 382, 442, 444f., 460, 495, 509, 513
— ostfriesischer Coetus, 99, 105
— Prediger, 408, 410
— Presbyterium, 104, 459
— Superintendent, 105f., 113, 179
— Synode 1571, 107
Engelhardt, H., 1, 30f., 54, 63-65, 68, 70, 75, 78, 82f., 85-89, 94, 111, 178, 190, 243, 390, 412, 484
Engelmann, Johan (aus Mömpelgard), 327
Engen, J.H. van, 281
England, 37, 39, 94, 96, 342, 422f., 427, 451, 456
— englische Bündnispolitik, 94
— Reformation in, 30, 38, 427, 460
Ennen, L., 419
Enno II., Graf von Ostfriesland, 350
Enzinas, Francisco de, 10, 14, 39, 465
Enzinas, Jaime de, 10
Ephraim, 169
Epiphanius, 121, 228
Eppens tho Equart, Abel, 8
Erasmianismus, 111, 291, 293

Erasmus van Rotterdam, Desiderius, 6, 8, 91, 258-263, 267, 272, 274, 278, 284-294, 346, 388, 414, 484
— *Enchiridion militis christiani*, [1503], 265, 284, 288
Erastus, Thomas, 9f., 66, 79, 81f., 85f., 91-93, 96-98, 111-113, 192, 303, 341, 382f., 399-407, 409, 412, 414f., 486, 528, 530
Erb, Matthias, 24
Erbschuld, 128
Erbstet, 408
Erbsünde, 128, 345
Erfurt, 74
Erichson, E., 416
Erlösung, 130f., 134f.
Erneuerung des Ebenbildes Gottes, 146, 149, 160, 163
Erniedrigung Christi, 43
Erwählung, s.*electio*
Erzbischof Georg, von Bremen, s.Bremen
Esau, 153, 159, 168, 397
Esdras scriba, 271-273, 292
Esich, Johann, 5, 337
Essen, Hans von, 81
essentialis als adjektivum und adverbium, 228
essentialiter, 390
Essentialität, 55, 64, 66, 75, 88, 227, 237, 298, 338
Ethik, 366
Etienne, J., 9, 288
Euclides, 15, 23, 504
Eusebios, 260
Eutyches, 48, 124, 431
Eutychianismus, 125, 222, 231
Eva von In- und Kniphausen, von Rennenberg, 15, 97, 99f., 102
Eva, 152f., 155, 158
evacuatio sacramentorum, 241, 394
evangelische Dissidenten, 12, 265
Ewich, Johann, 384
Ewsum, Christoph van, 8, 74
ex opere operato, 187, 193
Examen, 99
Exegese, 266f.
exhibitio (*exhibitio*-Begriff), 187f., 201, 203, 226-228, 234, 249-251, 287, 293, 312f., 339, 348, 390, 394, 396, 412, 428, 431, 433, 459,

471, 484
Exkommunikation, 175f., 179f.
expiatio animarum, 130
externa media, 282, 287, 292, 484, 486
Extra Calvinisticum, 124, 126, 234, 307, 315-319, 339, 483, 486
Extra Hardenbergianum, 123f., 126, 234, 237, 252, 315-319, 339, 483, 486
Extra Melanchthonianum, 124, 315--319
Extra Patristicum, 124, 126, 222, 231, 237, 315-319, 443, 458
extra nos, 137
extra usum, 58, 76, 458
Eyb, Albrecht von, 260
Ezechiel, 375

Faber, Gellius, 43, 102, 106, 343, 408, 459
Faber, Martin, IV
Fabri, Martinus, 22, 51, 296, 313, 445, 520
Fabricius, G., 44
Fabricius, Petrus, 499
Fast, H., 341, 345, 354, 368f., 385, 437
Fasten, 158
Fastentage, 150
Fathschild, Georg, 30
Feith, H.O., 7, 503
Feith, J.A., 7, 8, 261
Fellben, Barbara von, 357
Ferdinand I., König, 75
Ficino, M., 260
fidei absurditas, 426
fides implicata, 231
figura und *synecdoche* in den Einsetzungsworten, 311
Finsler, G., 374
Flandern, 96, 355, 358
Fleisch-Geist-Dualismus, 290
Fligge, J.R., 321
Flinner, Johann, 383, 400, 408, 412
Florensoon, Ruige, 100
Floris, Willem (aus Haarlem), 100
Fockinck, Mozes, 94
Foerstemann, C.E., 15, 101, 320
Forsthoff, H., 16, 22f., 26, 28
Franck, Sebastian, 350

Franke, Johan, 106
Frankfurt a.d. Oder, 74, 77, 83
Frankfurt am Main, 11, 13, 22, 47, 156, 265, 318, 342, 402, 404
— Reichstag, 1562, 95
— Rezess, 1558, 76f., 84, 89, 91, 237, 241, 251, 323-325, 411
Frankoniten, s.Franck, Sebastian
Frankreich, 405
Franzen, A., 16, 419, 464
Frecht, Martin, 326
Frederiks, Hiëronymus, 7f., 15, 35, 37, 74, 151, 263, 273, 292
— *Vaticinium postremi temporis*, 271--273, 292
— *Vaticinium de aula*, 273
Frederiks, Willem, 272f.
Frei, Felix, 18
Freiheit, christliche, 366f.
Freimaurerei, 11
Fricke, O., 326, 332
Friedmann, R., 362
Friedrich I. Barbarossa, 172
Friedrich III., Kurfürst von der Pfalz, 10, 79, 84f., 95, 324, 383, 401--403, 405, 407, 409
Fries, Johannes, 18
Friesland, 5, 333, 349-352
Frijhoff, W., 11
Frühhumanismus, 257
Fusipedius, Johann Adolph, 98, 107f.

Gabbema, S.A., 10, 14
Gabe, 240-242, 245, 288, 348
Gabriël N.N., 383
Gabriël van Straesborch, 383
Gachard, M., 9, 12
Gäbler, U., 18, 389
Galiläa, 275
Gallus de Valeta, Johannes, 8
Gallus, Nikolaus, 335
Gassmann, B., 11f., 111, 341, 390
Gaza, Theodorus, 260
Gebet, 147, 149, 161f.
Gedächtnis der Heiligen, 150, 158
Gedächtnismahl, 251, 349, 364
Gegenleiblichkeit und -fleischlichkeit, 288, 293
Gegenreformation, 94
Geist, Heiliger, 83, 118f., 121f., 129--131, 136, 141, 145-150, 161-163, 165, 173, 177, 179, 184, 186, 189f., 193, 197, 201f., 204, 217, 220, 222-224, 226f., 235, 240f., 242, 245, 280, 282, 288, 292f., 301, 348, 362, 387, 392-395, 426, 428, 431, 433f., 457, 471, 475f.
— als *causa efficiens* und *vinculum participationis substantiae corporis Christi*, 203, 204, 210, 252, 288, 313, 471, 473
Gelasius, 121, 196, 226, 310, 431, 450
Gelehrtenkolloquium, 199
Gelehrtenkonvent, 58, 60
Gellius, 260
Gelmerus Petri, 97
Gelre, 25f., 29
Gelre en Zutphen, Archief v.h. Hof v., 101
Gemeinde, 364, 486
Gemeinschaftsmahl, 251, 364
Gemmingen, Dietrich von, 278
Gemmingen, Philipp von, 278
Gemmingen, Wolfgang von, 278
generalis ubiquitas, s.*ubiquitas generalis*
Genf, 86, 108, 255, 319, 394, 407, 463-479
Gent, 74
Georg von Braunschweig-Lüneburg, Erzbischof von Bremen, 75, 78, 83, 85, 240, 374
Georg, Fürst von Anhalt, 17
Georg, Graf von Erbach, 409
Gerdes, D., 1f., 8, 10, 48, 50, 53-55, 57f., 60f., 63-66, 70, 76, 83, 86, 88f., 102, 110, 233, 242, 244, 323, 333, 336, 383, 416, 422, 492-496, 498f., 507, 512, 514f., 520, 522--528
Gerechtigkeit, 132-137
Germain, St., Edikt von, 1562, 95
Germerus, 7, 15, 170
Gerretsen, J.H., 383
Gerrish, B.A., 393
Gesandtschaften Ende 1556/Anfang 1557, 69
Gesetz, 148, 354, 486
Gesetz und Evangelium, 118, 128, 131
Gheylaerts, Dirk, 12
Gilly, C., 10

Gilmont, J.-F., 10
Glaube, 32, 128-131, 139-141, 144--146, 149, 162f., 187f., 193, 217, 227f., 231f., 240-242, 245, 248, 287, 394-396, 426, 434, 446, 458, 486
— *causa efficiens* des Sakramentsgenusses, 187, 189
— Gewissheit, 135-137, 148f.
— *praerequisitus in sumentibus*, 187, 246, 250, 287, 309
— Speise, 219, 242, 245, 287
— Stärkung, 195, 200, 250, 282, 292, 430
— Vorbedingung, 204, 309f., 312, 339, 483
Gnade, 130, 139f., 149
Gnadenbund, 118, 121, 190f., 193
Gnadenmittel, 122, 160, 174, 179, 292, 457
Gnapheus, Wilhelm, 81, 156
Gnesioluthertum, 112, 120, 294, 325--339, 396, 447
Göppingen, 408
Goertz, H.J., 353, 363
Goeters, J.F.G., 23, 352, 355, 368, 383
Göttingen, 539
Gollwitzer, H., 111, 246, 300, 306, 309, 311-313
Goossens, Th.J.A.J., 9
Gooszen, M.A., 397
Gotha, 539
Gottesdienst oder Andachtsübung, 161
Gottesebenbildlichkeit, 128, 130f.
Gotteserkenntnis, natürliche, 284
Gotteserkenntnis und Seligkeit erwählter Heiden, s.Seligkeit erwählter Heiden
Gotteskindschaft, 131
Granvelle, Antoine de, 25
Grass, H., 49, 300f., 475
Gratianus, 172
Greaves, R.L., 282, 393
Gregorios von Nyssa, 260
Gregorius I., 121, 195, 222, 226, 258
Greifswald, 21, 74
Greschat, M., 416
Greve, A., 84, 323, 497
Grevenstein, Anton, 48, 91, 532
Grindall, Bischof, 95

Groningen, 5-8, 74, 104, 112, 255f., 261-264, 267, 272, 274, 291f., 342, 356, 539
— Bruderhaus, 5-7, 258
— *Devotio moderna*, 256
— Fraterhaus, 349
— Kruisgemeente, 264
— Maartenschool, St., 6
— Ommelanden, 5, 7f., 261
— Reform, 291
— Religionsgespräch 1523, 7
Gropper, Johannes, 19f., 35, 423, 431
Grote, Geert, 278
Grote, L., 1
Gualtherus, Cornelius, 10
Guarinus, 260
Gwalther, Rudolf d.Ä., 18, 66, 374, 377f., 383f., 502
Gwalther, Rudolf d.J., 384
Gymnasiarcha, s.Bernardus

Haag, Den, 373
Haarlem, 100
Hadrian VI., Papst, 6
Hadrianus, s.Antwerpiensis
Häretikerverfolgung, 171, 173
Halberstadt, 86-89
— Kreistag, 25.11.1560, 86, 402f.
Halen, Goswijn van, 6-8, 93, 257f., 264, 267, 272, 283, 291, 349f.
— Lektürekanon, 257-259
Halen, Johannes van, 8
Halle, 166
Hamburg, 35, 41-43, 45, 59, 68-70, 73, 79, 323, 359f., 455, 469, 540
— Kaufmann, Freund Hardenbergs, 42, 46
— Konvent, 73
Hamelmann, Hermann, 30, 69, 323, 325, 334, 338, 386
Hamor der Hiwiter, 154
Handauflegung, 163, 165, 184f., 193
Hannover, 540
Hans, Herzog von Schleswig-Holstein, 70
Hanse, 91
Hansestädte, 74
Hardenberg
— Abendmahlschristologie, 56, 123--127
— als Prediger, 17

— Anhängerschaft, 62, 68
— Arbitrage in Wesel 1545/46, 26f., 460
— Arbitrage zwischen Bullinger und Luther, 379-382
— Austritt 1543, 14
— Autobiographie, 85
— Bedrohung mit Mord, 72
— Bekenntnisbindung, 63-77
— Berufung an Wittenberg, 55f., 72
— Beschuldigung der Wiedertäuferei, 192f.
— Bibliothek, 13, 257, 259-261, 291, 484
— Bilderstürmerei, 24f.
— Briefe von und an, s.korrespondenz, Verzeichnis der Absender und Adressaten
— Bruch mit Wittenberg, 80
— Coetuspräsident, 99, 106
— Drucklegung Kölner Reformationsschriften, 19
— Druckverbot in Bremen, 404
— Ehe, 14
— Eheberatung, 105
— Einsetzung als Domprediger, 1547, 30f., 54
— Entlassung und Ausweisung, 1561, 87
— Familie, 5f.
— Familienwappen, 6
— Feldpredigerschaft, 30f., 96, 170
— Finanzen, 98, 103
— Frau (s.auch: Syssinge, Truytje), 333
— Geburtsjahr, 5
— Gelübde bei seiner Promotion, 48, 63
— Hausfriedensbruch, 72
— in Bucers Hause, 1544, 19, 198, 420-422, 460, 470
— in Cambridge, 1550, 198, 422f.
— in Elburg, 1566, 99f.
— in England, 470
— in England, 1549/50, 39, 422
— in England, 1562, 95
— in Flandern, 1562/63, 96
— in Harderwijk, 1566, 99-101
— Kanzelredner, 32
— Ketzerprozess, 1539/40, 11f.
— Kirche im Ausland, 94
— Kirche und christliche Obrigkeit, 105f., 107-109, 165ff.
— Kirchenverband, 104
— Kirchenverfassung, 107
— Kirchenvisitation, 98f.
— Kirchenzucht, 105, 108, 173ff.
— Kolleghefte Wittenberg, 15
— Konkordienwille, 42
— Konsensbeweisführung, 54
— Kopplung vom Aufbau ans Fundament, 57f.
— Lehrfrage, 52
— Lehrzucht, 105
— Lektionen, lateinische, 33, 102
— Meuchelmord, 83
— moderatio doctrinae, s.Moderation
— Musculuszitat, 55f.
— Name, 5
— Prädikantenprüfung, 99, 108
— Promotion 1539, 11, 13
— reformatorische Einflüsse, 9-11
— Rehabilitation 1556, 50
— Reise 1544, 17-20, 374-377, 414, 467, 478
— Reise nach Wittenberg 1556/1557, 59
— Rückberufung nach Bremen, 93, 405-407, 415
— Rufe, 21, 30f., 39, 44, 93f., 96, 100, 102, 351, 377
— schweizer Freunden, 66
— Silentium 1556, 50
— Sittenzucht, 105
— Sozialfürsorge, 105
— Spiritualismus, 83
— Stadtgericht, 5
— subsannator der CA, 89
— Superintendent, 29, 98f., 105
— tenuis confessio, 54f.
— Toleranz, 109, 212
— turbator publicae pacis, 89
— Übersetzungsarbeit, 19, 460
— Verschiebung des status controversiae, 52, 325-337
— Verteidigungsschriften, 85
— Wappen, 11
— Wende zur Reformation, 8f., 13
— Zweinaturenlehre, 56, 123
— Zwinglianismus, 30, 32, 74, 82, 87, 89, 385ff.
Hardenberg, Gerhard, 6

Harderwijk, 100f., 170, 268
Hardt, T.G.A., 296, 306, 307
Harkenroth, E.F., 5, 377
Harmen, lange, 81
Hartfelder, K., 18, 507
Hartgerink-Koomans, M., 8
Hartvelt, G.P., 463, 475f.
Harvey, A.E., 423, 428, 456
Hattem, 100f.
Hatzfeld, L., 16, 419
Hauschild, W.-D., 76, 78
Haussleiter, J., 49
Havemann, Christian, 77
Hazaert, Pieter, 96
Haze, Hendrik, 100
Hazlett, I., 246
Hebammentaufe, 190, 193
Hebrich von Gödens, von Kniphausen, 97
Heckel, J., 400, 407
Hedio, K., 24
Hegeman, Jacob, 100
Hegius, Alexander, 6
Heidelberg, 66, 74, 79, 81, 85, 91, 93, 112f., 341, 399-412, 414f., 424
— Abendmahlskonflikt, 324
— Universität, 79, 83, 400f.
Heil
— der Heidenkinder, 345
— Mittel, 415
— Prozess, 146f., 149
— Universalismus, 140, 346, 388, 412
Heilige Schrift, 118-122
Heiligung, 130, 132, 135-137, 139-141, 144-150, 160-162, 165, 174, 179, 191, 193, 304f., 486
Hein, K., 45, 326f., 343, 345-347, 349, 413
Heino, 411
Heinrich d.J., Herzog von Braunschweig-Wolfenbüttel, 85, 425
Heinrich IV., 172
Helena, 318
Henrich, R., XV
Heppe, H., 110
Herkenrath, E., 18
Hermann, R., 400, 407
Hermans, J.M.M., 260f.
Hermeneutik, 159, 216, 231
Hermes Trismegistos, 141, 387
Herminjard, A.-L., 10

Herodot, 258-260
Heshusen, Tileman, 32, 50, 53, 77-80, 82-87, 92, 171, 190, 192, 211-213, 230, 238-240, 252, 298, 303, 307f., 319f., 322-324, 339, 374, 382, 399, 400-403, 409-411, 415, 422, 465, 470f., 495f.
— als Superintendent Bremens berufen, 78
— auf der Bremer Kanzel, 82
— Das Jesu Christi warer Leib, 1560, 83, 92, 410
Hessels, J.H., 10, 22, 506f.
Hessen, Philipp von, 17, 24-26, 28, 76f., 80, 84
Heteren, Otto von, 100
Hexerei, 171
Heyden, Gaspar van der, 96
Heynken, 96
Hierarchie, 164f.
Hieronymus, 121, 228, 258, 260, 264
Hilarius, 121, 201, 228, 310, 438, 472
Hildesheim, Bischof, s.Teutleben
Hille Ris Lambers, C.H., 100
Hillers-Nagel, U., XV
Hiltebrand, Johann, 19
Himmelfahrt, 221f.
Hinke, Joachim, 59, 66f., 77, 182, 298, 300, 446, 448
Hinte, Martin van, 106
Hiob, 387
Hippstede, Christ., 496
Hirsch, E., 131
Hiskia, 36, 375
Hölle, 345
Hoen, Cornelis, 278, 281
— Epistola christiana, 265, 300
Hof van Brabant, s.Brabant
Hoffman, Melchior, 363
Hoffmann, Daniël, 324
Hoffmann, Johannes, 408
Hoffnung, 145f., 149
Hofstede de Groot, P., 7
Holland, 355
Hollweg, W., 178, 377, 391, 397f., 400, 402, 407, 409
Holstein, 74
Holstenius, 51
Hondeman, Johann, 56, 220
Honsbergen, Joost van, 12
Hooft, A.J. van 't, 397

Hoorn, 397
Hopf, C., 20, 282, 346, 381, 422f.,
    432
Horatius, 94, 258, 260
Horawitz, A., 18, 507
Horaz, 258
Horning, W., 511
Horst, I.B., 353
Hosea, 143
Hospinian, R., 334
Hubert, Conrad, 419, 451
Hugenotten, 94f., 113, 172, 384, 455
— Entlastungsaktion für die, 95
Huijskens, Theodoricus, 13, 23f., 26
Huisman, G.C., 257
Hulshof, A., 357
Humanismus, 6, 111f., 120, 255-293,
    367, 388, 413f., 484
Hunnius, Aegidius, 318
Hutter, Peter, 26
Hyperius, Andreas, 10, 83, 86, 96,
    302, 383, 404, 528

IJsewijn, J., 7, 8, 257, 261, 290f.
Iken, J.Fr., 398
Illokalität, 58, 231, 245, 252, 340
Illyricus, M.Flacius, 69, 74, 77f., 80,
    269f., 308, 378, 411
imitatio Christi, 280
Immanuel, 351
impletio omnium, 222, 231, 243, 416
Imputation, 132-137
Inkarnation, 223, 353f., 362
Inquisition, 29
Inspiration, 118
Instrumentalismus, symbolischer,
    393f., 396, 484
Interim, Augsburger, 1548, 35-41,
    303, 342, 412, 422, 427, 460
— Karikatur des, 35
— Leipziger, 40f.
Irenäus, 121, 195f., 201, 226, 251,
    310, 411, 449, 458, 472
Irrlehrenkatalog, 221f.
Isidor, 260
Ismael, 153, 159, 168, 173
Isocrates, 260
Israel (Israeliten), 94, 169, 173, 184,
    387
Italien, 11, 427

iustitia, 132-137, 359

Jakob, 154, 397
Jacobs, P., 397
Jakobus, 272
Janse, W., 417
Jansma, L.G., 350
Janssen, H.Q., 11, 37, 96, 390
Jedin, H., 2, 16, 35
Jehu, 171
Jellema, D., 464
Jemgum, 107
Jena, 74, 83
Jensen, R., 346
Jerobeam, 169, 185, 433
Jerusalem, 172, 268
Jesaja, 36
Jethro, 387
Jöcher, C.G., 320, 400
Johann Albrecht, Herzog von Meck-
    lenburg, 321, 324
Johann, Graf von Nassau, 91
Johann, Graf von Ostfriesland, 98f.,
    105
Johannes, 202f., 226, 331, 348
Johannes der Taüfer, 272, 473
Johannes N.N., 6
Johannes N.N. (in Larrelt), 107
Johannes N.N. (Weber aus Bonn), 356
Johnston, A.G., 295
Jona, 227
Jonas, Justus, 17, 166, 423
Jongh, H. de, 9
Joosting, J.G.Ch., 7
Joram, 172
Joris, David, 350f., 360
Joseph (in Ägypten), 39, 153, 168,
    170
Josephus, 258, 375
Josua, 169, 173
Jud, Leo, 378, 392
Juda, Könige von, 36
Judäa, 275
Judas Iskariot, 142, 220, 230, 408,
    439
Juden, 109, 142, 387
Junghans, H., 13, 485
Junginger-Arns, C., XV
Justin, 121, 195, 258, 260
Juvenal, 260

Kain, 167f., 170, 173
Kampferbecke, Rudolph, 6, 60f., 66, 68f., 72, 126, 302, 311, 320
Kantzenbach, Fr.W., 326, 332
Karel van Egmond, Herzog von Gelre, 8, 11, 350
Karl V., Kaiser, 22, 24f., 36, 355
Karl, der Grosse, 309
Karlstadt, A.B. von, 300
Katechismus, Besondere, 192f.
Katechismusunterricht, 192f., 427
Katharer, 365
Katholizismus, 28, 40
Kawerau, G., 17
Keeney, W.E., 362, 365
Kempen, 11, 22-30, 112, 171, 173, 177f., 271, 355-358, 367f., 381, 413, 417, 424f., 460
— Kirchenordnung, 28, 177
— täuferisches Glaubensbekenntnis, 28.3.1545, 355
Kenkel, Detmar (Bürgermeister), 32--34, 50, 53, 56, 62, 64, 77, 102f., 171, 198, 323f., 334, 406, 422
Kenkel, Johann (Kaufmann), 20, 51, 198, 206, 229, 236, 343, 428, 445f.
Ketzer, 46
Kinder der Ungläubigen, 345
Kindertaufe, 82, 189f., 193, 356, 363, 365
Kindschaft Gottes, 130, 145
Kingdon, R.M., 518
Kirche, 157, 159-180, 250, 252, 282, 287, 290, 292, 364
— und Obrigkeit, 109, 165-180, 362, 365
Kirchenordnung, 29, 170
kirchenrechtliche Problematik, 78
Kirchenregiment, landesherrliches, 170f., 178-180
Kirchenväter, 48, 79, 195, 228, 259f., 289, 303, 308, 311, 334
Kirchenverband, 104
Kirchenverfassung, 17
Kirchenvisitation, 98
Kirchenzucht (s.auch: Zucht), 29, 151, 166, 173-180, 268, 351, 364, 407, 427, 486
Klassiken, 92
Klebitz, Wilhelm, 66, 86, 92, 111f.,

230, 282, 341, 383, 399f., 402, 408-412, 414f., 486, 502
Klebitz, Wolff, 408
Klein-Midlum, 107
Kleve, 352
Klötz im Himmel, 221, 223
Klose, W., 33
Kluckhohn, A., 402
Klugkist Hesse, H., 16f., 101, 108, 343
Kniphausen, 101
Kniphausen, Tido von, 15, 74, 97
Knobelsdorf, Eustachius von, 10
Koblenz, 23, 540
Koch, E., 68, 138, 140f., 171, 282, 391, 394, 397f., 409, 455
Kochs, E., 5-10, 13, 15, 23f., 98, 106f., 257, 260-263, 286, 301, 327, 356, 436, 465
Köhler, W., 51, 285, 326f., 331, 337
Köhn, M., 16, 19f., 205, 296, 419, 429f.
Köln, 10f., 16f., 21f., 24-26, 29f., 49, 51, 112, 117, 177, 233, 261, 265, 295, 306, 313, 352, 356, 358, 360, 368, 378, 380, 417, 419, 429, 443, 460
Kohls, E.-W., 267, 284f., 288-290
Kolfhaus, W., 391
Konfessionalisierung, reformierte, 400--407, 411f., 455, 459
Konfessionalismus, 119, 121
Konfirmation, 192f.
Konkordien, 297
— Bestrebungen, 377-380
Konkordienformel, 1580, 91
Konkordienwille, 300
Konkubinat, 26
Konrad (Weichart?), s.Weichart?
Konsekration, 182, 188
Konsens, 399, 412
Konstantin, 172, 414
Konstanz, 21, 377, 396
Konsubstantiation, 50, 74, 188, 210--212, 216, 218, 228, 230f., 239, 245, 296, 301, 382
Kopenhagen, 74, 75, 540
— Universität (*Academia Hafniensis*), 72f.
Kornelius, 164
Krabbe, O., 319-324

Krafft, C., 23, 25, 28, 509
Krafft, K., 24
Krafft, W., 24
Kragen, Tilemann, 282, 467
Krahn, C., 349-355, 359f., 368
Krause, G., 10, 83, 315, 383, 390, 526, 528
Krautwald, Valentin, 283
Kreistagsverhandlungen, 78
Kressner, H., 400
Kristeller, P.O., 257, 290
Krob, Barbara, Strassburger Prophetin, 357
Krodel, G., 284-286
Kroon, M. de, XV, 356, 463
Krüger, F., 278, 284, 286, 288f.
Krumwiede, H.-W., 90f., 94-96, 390, 455
Kruske, R., 43, 45, 326, 344
Kruys, Heinrich, 24
Kryptocalvinismus, 2, 91, 111, 256, 290, 418, 459, 464, 467, 478, 483, 485
Kryptozwinglianismus, 91, 111, 396
Kückelhahn, L., 18
Kühtmann, A., 359, 361
Kule, Heinrich, 94f.
Kultus, 161
Kursachsen, 405, 415
Kuyll, Evert, 99
Kuyll, Johan, 99
Kuyper, A., 6, 15, 34, 43, 45, 326f., 342-347, 352f., 375, 377, 381, 388, 422, 424, 432, 456, 504ff.
Kyros, 170

Laak, L. van, 22, 24f.
Lactantius Firmianus, 169
Lalaing, Philipp von, 29
Lambertus, 51, 466
Lamech, 153, 159, 167
Lamentationes Petri, [1521], 271-273, 292
Lamping, A.J., 268-271
Lanfranc, 283
Lang, A., 423, 436
Langen, Herbert von, 32, 44, 103, 264, 423, 445f.
Languet, Hubert, 92f., 383
Lappenberg, J.M., 36, 264, 378
Larrelt, 107

Lasco, Hiëronymus a, 342
Lasco, Jan a, 342
Lasco, Johannes a, 6f., 10-15, 17, 19-24, 30-40, 42-46, 102, 106, 110, 130-132, 155, 259, 263f., 282, 291, 294-296, 326f., 332, 341-349, 350-354, 358, 367f., 373, 375, 377f., 381f., 388, 396, 412-414, 416, 420-424, 428, 432-435, 441f., 450-452, 456f., 460, 464-466, 476, 484, 505
— Abendmahlslehre, 34
— Confessio de nostra cum Christo Domini communione, [1554], 45
— De Sacramentis tractatio, 1552, 43
— Defensio adversus Mennonem Simonis, 1545, 342, 345, 353, 381
— Epitome doctrinae ecclesiarum Phrisiae Orientalis, 1544, 343f., 346, 381, 412
— Erotemata, 381
Latomus, Bartholomeus, 26, 420, 437
Lausberg, H., 249
Lauterbeck, Georg, 51, 69
Lazarus, 328
Leben, christliches, 150-159, 486
Leben, ewiges, 131
legitimus usus, 204, 227
Lehrfrage, 63, 89
Lehrgesetzlichkeit, 78
Lehrnorm, 77
Lehrurteil, 87
Lehrzucht, 77
Leipzig, 44, 74, 81, 83, 265, 402
— Interim 1548, s.Interim
Leitsmann, E., 7
Lemgow, Gemeinde von, 37
Lenth, Herman, 102, 170
Lenz, M., 17, 25, 28
Leo I., 121
Léonard, É.G., 417
Lesdorp, Nicolaas, 6
Levi, 134
Liber, Johannes Antonius, 261
Libertiner, 358, 361
Liebe, 145f., 149, 364
Lille, 283
Linde, F., 21, 420
Lindeboom, J., 5-8, 257, 290
Linden, F.O. zur, 357

Linz am Rhein, 22-30, 112, 178, 355, 381, 417, 424, 460
Lipgens, W., 16, 19
Lipman, Herman, 320
localis inclusio, 184f., 196, 218, 332
Locher, G.W., 12f., 18, 111, 385f., 389-391, 396-398, 412, 484
Löscher, V.E., 86f., 89, 323
Löwen, 8-14, 100, 112f., 155f., 255f., 261f., 265f., 269, 286, 291, 294f., 338, 342, 358, 375, 403, 484
— Kreis evangelischer Dissidenten, 12, 265, 295
Logos, 316-318
Lohse, B., 305, 326
Lokalität, 220, 243, 311, 316, 434, 458, 476, 478
Lombard, 11, 124, 260, 278, 283, 316
London, 95f., 112f., 428, 506
— Bischof, 95
— Lambeth, 423
— niederländische Flüchtlingsgemeinde, 39, 94, 196, 417, 423, 427
Loofs, F., 475
Louwe, Jakob, 62
Lucanus, 260f.
Ludwig der Bayer, Kaiser, 172
Lübeck, 38, 59, 69f., 73, 320, 360
Lüneburg, 59, 69f., 73, 94, 324
Lüttich, 352
Lukas, 331f., 334
Luther, Martin, 1, 15, 32, 50f., 54f., 58, 62, 67, 88, 92, 110, 119, 132f., 136f., 147, 176, 180, 182, 187, 198-200, 207, 210, 212, 217--219, 222, 224f., 228-230, 236, 239, 266f., 270-272, 274, 279, 281, 286, 294-301, 302, 306, 311, 321, 324, 334, 338, 377, 379-382, 386f., 389, 410f. 414, 423f., 426, 433, 435, 438, 445f., 448, 453, 456f., 459, 461, 464, 475, 478, 484-486
— Brief an die Schweizer Städte vom 1.12.1537, 199
— *Dass diese Worte: 'Das ist mein Leib' noch fest stehen*, 1527, 298
— Katechismus, 88, 298
— Kirchenpostille, 1522ff., 295
— Kleiner Katechismus, 91
— *Kurzes Bekenntnis vom heiligen*

Sakrament, 1544, 377, 379, 414
— letzte Unterredung mit Melanchthon über den Abendmahlsstreit, 49
— *Sermon in die Coenae dominicae* 1521, 300
— *Sermon von den hochwürdigen Sakrament*, 1519, 300
— Toleranz-Erklärung an die Schweizer Städte 1.12.1537, 298
— Ubiquitätslehre, 45
— Zusammenfassung der *Wittenberger Konkordie*, 23.5.1536, 59, 67, 298, 382
Lutheropapismus, 20, 267, 377, 379, 414
Luthertum, 91, 119, 255, 412
— Stärkung der konfessionellen Flügel, 325
Luzern, 378
Lyra, Nikolaus von, 234, 281
Lyranus, 223

Maartenschool, St. s.Groningen
Maas, 356f.
Maaseik, 357
Macchabeus, Johannes, 74
Maertenssoon, Clement (aus Hoorn), 397
Magdeburg, 37, 59, 69, 83
— Erzbischof, 81, 87
Magdeburg, Mechtild von, 278
Mahlmann, Th., 1, 52, 58, 60f., 126, 131, 214, 233, 296, 311, 316, 326f., 329, 331, 333, 335-337, 340, 384
Mainz, 8-14, 269, 342, 404, 484
Major, Georg, 15, 30, 50, 58, 166, 173
Makkabäer, 172
Malvenda, P.de, 10
Manasse, 169
manducatio, zweierlei, 207, 209f., 219
manducatio carnalis, 224, 247
manducatio corporalis, 220, 225, 232, 458
manducatio impiorum, 59, 71, 88, 203f., 211, 219, 221, 229f., 232, 234, 239, 245, 251f., 301, 430, 434, 439, 458, 476, 478
manducatio indignorum, 72f., 211, 220f., 229f., 232, 246, 252, 458

manducatio oralis, 71, 239, 245, 249f., 252, 301
manducatio sacramentalis, Mehrwert über der *manducatio spiritualis*, 204
manducatio sacramentalis, 33, 220, 234, 242, 287, 395, 415, 421
manducatio spiritualis, 220, 224f., 232, 234, 283, 286f., 289, 293, 312, 349, 415, 421, 458
Manninga, Unico, 98f., 106, 108, 170
Mansfeld, 30f., 69
Manuskript von Brenz, 51f.
Manutius, 260
Marbach, Johannes, 405
Marburg, 74, 80, 83, 86, 96, 217, 299, 301f., 315, 404, 540
Margaretha van Parma, Generalstatt-halterin, 9, 12
Maria, 123, 153, 220, 222, 225f., 362
Maria von Ungarn, Regentin der Niederlande, 350
Markus, 311, 411
Marpach, J., 408
Martial, 260
Martinus, Andreas, 322
massa, 223, 311
materia et substantia des Abendmahls, 33, 201, 204
Maurissen, Gerrit, 100
Mauritius, 172
Maxentius, 172
Maximilian II., Kaiser, 48, 67, 97, 170, 500
Maximus, 172
McAlpine, John, s.Macchabeus, Joh.
McGrath, A., 257, 291
McLelland, J.C., 393f., 469
Mecheln, 96
Mecklenburg, 73f.
Meckseper, C., 111, 260, 341, 385
Medici, Vizekanzler, 283
Medmann, Petrus, 7, 10f., 13, 15-17, 21-23, 25, 29, 35, 44, 50, 55, 64, 67-69, 74, 92, 101f., 105, 120, 170f., 174, 176, 264-267, 295f., 298f., 303, 313, 332, 334f., 342f., 358, 383, 417, 437, 442f., 445-447, 455, 466, 468-470, 510, 513
Megander, Caspar, 18, 378
Meihuizen, H.W., 349, 352, 358, 360, 362

Meiners, E., 5, 99, 495
Meiners, Tade, 97
Meinertzhagen, Johann, 22
Meissen, 69
Melanchthon, Philippus, 1, 2, 9f., 13-17, 20f., 30, 33, 35, 37-50, 52, 54-62, 64f., 68-72, 75-81, 85, 89-90, 101, 110f., 113, 120, 124, 126, 132f., 167, 171, 191, 204, 206, 210, 218, 234, 251f., 259f., 264-267, 274, 294-297, 301-320, 322-326, 332-335, 337-340, 342, 344-346, 353, 358-360, 368, 382, 384, 388, 396f., 401-404, 410-412, 415, 419f., 423, 436, 447f., 461, 464, 469, 483-486, 495, 508f., 517, 521
— Abendmahlslehre, 306-311, 339
— *Aduersus Vbiquitatem Corporis Christi*, Juni 1557, 315-319, 339
— *Antwort auff das Buch Herrn Andreae Osiandri*, 1552, 304f., 338
— Autoritätsverlust, 62
— Christologie, 315-319
— *Consilium* zum Interim, 40
— *De coena Domini*, März/April 1560, 80, 303, 308-313, 339
— *De sacra coena*, 308
— der frühe Melanchthon, 62
— der Melanchthon der Variata, 62
— der späte Melanchthon, 483
— *Examen ordinandorum*, 1552, 206, 313
— *Iudicium de controversia de coena Domini*, 1.11.1559, 85, 303, 307, 383, 402-405
— Kolosserbrief-Kommentar, 319
— *Loci communes*, 63, 65
— *Scriptum de sacra coena*, [vor 6.1557], 308
— Sympathie für die Schweizer, 80
— Tod, 19.4.1560, 78, 80f., 113
— Zwinglianismus, 80, 315-318
Melanchthonianismus, 2, 110f., 338, 412, 455, 483
— melanchthonische Linke, 111
Melchisedek, 387
Mellink, A.F., 7, 74, 263f., 273, 350, 361
Memmingen, 19, 374

Memorialismus, symbolischer, 393, 484
Mening, Marcus, 91
Menschenbild, 284
Mentz, F., 20
Mentzer, B., 319
Merzdorf, J.F.L.Th., 92
Mesek, 357
Messgewänder, 27
Metonymie, 217, 231, 249f.
Metz, 95
Meyenburg, 171
Meyer, W.F., 98
Meyer, 390
Meynertssoon Spruit, Cornelis (aus Berkhout), 397
Micron, Marten, 360, 373, 383
Midlum, 108
Mieg, L.C., 526
ministerium (Amt, Dienst), 208f., 224, 226, 235, 432, 457
Mirjam, 177
Mittler, O., 400
Modenkar, 6
Modenkar, Gerhard, 6
Moderation, 44f., 47, 50, 52, 58, 71, 79, 266-268, 292, 303, 352, 382, 397
modus edendi, 225, 232
modus exhibitionis, 246, 435
modus manducationis, 476
modus perceptionis, 246
modus perceptionis, zweierlei, 187, 189, 252
modus praesentiae, 196, 200f., 225, 243, 287, 429, 434, 476
modus traditionis, 183
Mölln, 69, 87
Mömpelgard, 327
Mönkhausen, Rudolph, 87, 323
Mörlin, J., 74, 78-80, 84, 87, 307
— anonyme Schrift, 69
Mokrosch, R., 257
Molanus, Johannes, 5, 9, 23, 44, 86, 90, 93, 98, 103, 109, 240, 241, 264, 342, 405, 532
Molinaeus, C., 8
Moltmann, J., 2, 11, 13, 33, 63, 65f., 90, 96, 103, 111, 207, 240, 256, 263f., 280, 282f., 290-294, 314, 318, 338, 341, 383, 385, 390, 396,

406, 412, 415, 418, 452, 483-485
Monarchie, 167f., 172f., 268
Monaw, Jakob, 324
Monophysitismus, 223
Montanismus, 56
Mordeisen, Ulrich, 92f., 383
Moreau, E. de, 96
Morsink, G., 269
Mortaigne, Gerard de, 74f., 102, 263, 292, 382, 396
Morus, Th., 260
Mose, 118, 135, 152, 169, 177, 366, 375
Mühlhaupt, E., 16, 22
Müller, E.F.K., 207
Müller, H., 16
Müller, J.P., 350f.
Müller-Diersfordt, D., 22, 463
München, 110, 166, 540
Münster, 7, 21, 380, 423, 437
Münster, Bernard von, (Rothmann), 356
Münster, Sebastian, 266
Multitivolipräsenz, 312
Munter, Andreas, 8
Mus, David, 91
Musaeus, Simon, 90
Musculus, Wolfgang, 39, 50, 55f., 58, 181-184, 191, 218, 236, 286, 312, 402, 416, 464, 485f., 518
mutatio elementi, 182, 188
mutatio offitii et usus, 65, 182
mutatio substantiae et elementi, 65, 182
Myconius, Oswald, 18f., 378, 383
Mysterium (Geheimnis), 153, 202, 209, 215, 226, 231, 242, 245, 251, 287, 290, 293, 348, 426, 432, 457
Mythen und Sagen, 169

Naaman, 387
Nächstenliebe, 148
Namitz, 400, 408
Nanninga Uitterdijk, J., 7
Nathanael, 328
naturalis mixtio, 196
Naumburg, 323f.
Nauta, D., 350
Nauta, G.A., 5, 8, 15
Naves, 25
Nebukadnezar, 170, 172, 387

necessitas fidei, 202, 204, 282, 290, 309, 312, 339
Nestorianismus, 56, 222
Nestorius, 124, 431
Nettesheim, Agrippa von, 169
Neu-Platonismus, 289
Neuser, W.H., XV, 1f., 27, 34, 43--47, 49f., 53-55, 57, 59-66, 68, 70--72, 76, 80, 111-113, 124, 187, 201, 210, 212, 214, 219, 233, 256, 263, 296, 302f., 306-309, 312-315, 319, 333f., 338f., 348f., 388, 416, 448, 463, 471, 483
Neuwied, 19
Nicea, 55, 191, 201, 203, 212, 228, 242, 290, 309f., 472, 474
Nicodemus, 125, 317
Niederlande(n), 91, 99, 269, 274, 350f., 358, 360, 417, 424
Niedersachsen, 58, 69, 74, 320, 323, 486
— Kreis, 69, 78, 83-85, 89, 94, 97
— Landstände, 90
— Predigerkonvent, 69
Niepoth, W., 22f., 25, 28f., 356, 463
Niesel, W., 131, 282, 475
Niessen, J., 16
Nieuwkerke, 96
Nieuwpoort, 96
Nimrod, 168, 173
Ninus, 170
Nippold, F., 351
Nissen, P.J.A., 373
Noah, 68, 168, 184
Noch ene vormanige an Koningen, Forsten und herenn, 166
Noetveld (Noetvild), Johannes, 6, 8
Noetveld (Noetvild), Nicola(u)s, 6, 8
Nomismus, 135, 137
non extra usum-Regel, 311
Norddeutschland, 113, 354, 355, 407, 417
Nordholland, 397, 414
Nordseeküste, 360
Norwegen, Bergen (deutsche Prediger in), 75
Norwich, 104
notae ecclesiae, 174, 179
Notens, Gertrudt, 408
Nottaufe, 190
Novatian, 365, 370

Nürnberg, 74

Obadja, 375
Oberburger, Joh., 509
Oberdeutschland, 17-20, 59, 111, 382, 506
Oberman, H.A., XV, 257, 274, 283, 315
Obrigkeit, 28f., 105, 108, 150, 163, 165-173, 357, 361f., 365, 486
obsignare, obsignatio, 347-349, 394, 413f., 422, 457, 484
Ochino, Bernardino, 36, 39
Ockham, W. von, 277
Oebels, G., 16
Oecolampadius, Johannes, 9, 18, 92, 263, 307, 311, 326, 368, 378, 475
Oegstgeest, XV
Offenbarung, 118-122, 486
Offenbarungsuniversalismus, 119, 122
Ohling, G., 350
Oldenburg, 540f.
Olevianus, C., 468
Omnipräsenz, 330
Oncken, H., 98
Origenes, 121, 222, 308
Orosius, Paulus, 169, 260
Ortloff, F., 400
os carnis, 224, 252
os fidei, 224
Osiander, Andreas, 42, 117, 126f., 131, 133, 137, 297, 302, 304f., 321f., 332, 334f., 338f., 342, 359
— *Von dem einigen Mittler*, 1551, 131-137, 304, 338, 359
Osiander, Lucas, 408
Osiandrischer Streit, 35, 43, 305, 339, 412
Osnaburgentis, Joh., 532
Ostfriesland, 37, 43, 45, 97f., 342, 350, 352f., 377, 383, 486
— landesherrliches Kirchenregiment, 107
— *moderatio doctrinae*, 44
Osthofen, 408
Ostsee (Ostseeküste), 69, 360
Otmar, Sylvan, 268
Overijssel, 5, 8
Ovid, 258f.
Oxford, 469
Oyer, J.S., 368

pactum sacramentale, 283
Paermanios (Paermannus), 5
Pagninus, Santes, 260, 266
Pannier, J., 475
Pantaleon Blasius, 9, 401
Papsttum, 268
Paracelsus, 261
Parallelismus, symbolischer, 393, 484
Paris, 274
participatio, 484
participatio Christi nostrae carnis, 354
participatio (substantiae) corporis et sanguinis Christi (Christi Spiritus efficacia), 201f., 204, 220, 235, 252, 349, 413, 471, 475f.
Pascal, G., 14f., 43
Pastorat, 164
Patristik, 121, 259, 289f., 293, 484
Pauck, W., 423
Pauli, Simon, 324
Paulinus, Henricus, 105, 531
Paulus, 11, 89, 133-135, 143, 147, 164, 176, 188, 208, 212, 216f., 223, 226, 248, 269, 289, 296, 307, 309, 351, 380, 428, 436, 438, 445, 470
Payne, J.B., 267, 284-286
Peeters, Nicolaes, 265
— *Sermonen*, zwischen 1528 u.1543, 295
Pelagianismus, 142
Pelagius, 365, 370
Pellikan, Conrad, 6, 18, 21, 265, 346, 377f., 383, 424, 467
Penner, H., 360
per alternationem, 249f., 252
Perikles, 15, 267
Personalpräsenz, 204, 209, 252, 292, 312
Personalunion, 125-127, 186, 188, 221, 231, 328, 333
perspicuitas der Einsetzungsworte, 216, 298, 338
Peters, L., 15, 22, 25, 355
Petrarca, 260
Petrus, 140f., 164, 177, 220, 223, 268f., 271f., 296, 333f., 357, 365, 372
Petrus, Nicolaus, 7
Petrustradition, 269
Pettegree, A., 101

Peucer, Caspar, 76f., 81, 308, 326, 404
Pezel, Christoph, 90f., 207, 301, 318, 341, 483
Pezeliani (pezelianisch), 318
Pfalz, 91, 400, 405f., 409
Pfenninger, J.C., 508
Pfister, R., 386f.
Pflug, Julius, 40
Pharisäer, 176
Philipp der Grossmütige, Landgraf von Hessen, 382f., 402, 404, 425
— Doppelehe, 17
Philipp N.N. (Schneider aus Bonn), 356
Philippismus, 91, 111, 257, 337-339, 415, 455, 483
Philips, Dirk, 351
Philologie, 266f., 284, 290
Philosophe, heidnische, 387
Phocas, 172
Pico della Mirandola, Giovanni, 258
Piel, A., 20
pietas, 291
Pighius, Albertus, 465
pignus, 246
Pijper, F., 10
Pilatus, 227
Pincier, Joh., 96, 383
Pindar, 260
Pistorius, Conrad, 324
Pistorius, Johannes (Bakker, Jan de), 8, 13, 22, 156
Plagiat, 448, 452
Planck, G.J., 1, 51, 73, 82, 90, 201, 243, 333, 400, 464, 478, 485
Plato, 141, 258-260, 386f.
Platonismus, 293
Plotin, 289
Plümer, E., 29
Plutarch, 258-260
Pneumatologie (s.auch: Heiliger Geist), 145-150, 226, 231, 252, 279, 280, 288f., 290, 301, 313, 338f., 396, 414f., 433, 476, 478, 483f., 486
Pollet, J.V., 1f., 10f., 13, 16-20, 22-30, 35, 40, 80, 91, 101, 112, 172, 178, 197, 207, 235, 264, 266f., 282, 295-297, 302f., 308, 313-315, 346, 356f., 377, 381f., 385, 404,

416-418, 421-425, 432-435, 444--446, 451f., 456, 460, 485, 492, 506, 508-510, 513
Pollitz, Jost, 81, 406
Polybius, Joachim, 384
Pommern, 377
Post, R.R., 6-8, 256-258, 261
Postma, F., XV, 5-7, 9, 16, 74, 257--259, 263f., 384
Poullain, Valérand, 11, 17, 23, 27, 326, 423
Prädestination, 138-145, 284, 385, 397f., 399, 414, 448, 484
Prädinius, Regnerus, 5, 7, 9, 74, 263f., 267, 292, 342, 384
Praepositus, s.Frei, Felix
Präscienz, 142, 145
praesentia corporalis, 66, 239, 245
praesentia essentialis illocalis, 336
praesentia essentialis, 477
praesentia in ligno et in lapidibus, in pomo aut in piro, 330, 336f.
praesentia naturalis, 467
praesentia realis, s.Realpräsenz
praesentia spiritualis, 204, 251f., 310, 312, 339, 347, 376, 394f., 421, 432, 467, 478, 483
praesentia substantialis, 88, 252, 300, 338
Predigtfragmente, 211
Presbyterialverfassung, 164f.
Pressel, Th., 319, 327, 332
Pretorius, Paul, 81, 87
Preussen, 42, 69, 321, 360, 377
Priestertum aller Gläubigen, 161f.
Primat, päpstliches, 268
Probst, Jakob, 32, 34, 36f., 49, 52, 54f., 78, 256
Probus, C., 409
Proclos, 260
Protestatio Wormatia, 21.9.1557, 76
Prudentius, 260
Prüser, F., 404
Ptolemaios, 260

Quakenbrügge, Johann, 48
Quere, R.W., 306f., 312f.
quodammodo et sensibus, 244, 249, 251, 287, 293

Radikalen (s.auch Anabaptisten; Täu-fer), 108, 341, 349-373, 385, 398, 413
Radikalismus, täuferischer, 137, 180
Radtslach, 72f.
Rastede, 90, 92-95, 98
— Klosterbibliothek, 92
— Oldenburger Kloster in, 92, 384, 405, 436
Rauhaus, A., 43, 343
Reael, Laurens Jacobsz, 99
Realpräsenz, 57, 69, 71, 77, 296f., 348, 394, 412
— Begründung der, 58f., 231
— christologische Voraussetzung der, 61, 325-338
Rebstock, Hans (oder Crophano), 357
Rechtfertigung, 32, 41, 128-137, 149, 297, 304f., 483, 486
— Rechtfertigung und Heiligung, 135-137, 362f.
recordatio, 348, 394, 412, 414, 484
Reekamp, Johannes, 6f., 291, 327, 377
Reformhumanismus, 8, 16, 111-113, 255-293, 413
Regensburg, 74, 326
— Religionsgespräch, 1541, 419
— Religionsgespräch, 1546, 423f., 425, 460
Rehabeam, 172
Reinerss, Johan, 81
Reitsma, J., 397
Rembert, K., 353, 355, 357
Rennenberg, Wilhelm von, 25, 356, 425
repraesentare, 202
reprobatio, 139, 142-145
restitutio Papismi, 40
Reuchlin, Johannes, 13, 260f.
Reusens, E., 9
Reutlingen, 19, 374
Revellius, Basilius, 465
Rhegius, Urbanus, 368
Rheinland, 180, 460, 485
Rhenanus, Beatus, 16-18, 21, 170, 265, 353, 355, 378, 467
Rhijn, M. van, 6-8, 93, 257, 262, 274-281, 283, 286
Richter, A.L., 429
Riesen der Vorzeit, 167f.
Rietbroek, W.P.J., XV

Ring (*anulus*), 185
Ristede, Johann, 455, 496
Ritschl, O., 326
Ritter, F., 102, 264
Ritus, 282
Ritzer, Ritzes, s.Rizaeus
Rizaeus, 5
Rod. N.N. aus Marburg, 383
Rode, Hinne, 8, 278
Rodigius, 39
Roelfsema, E.H., 7
Roesmals, Antoinette van, 12
Rogge, J., 475
Rollius, Nikolaus, 23, 383
Rolwagen, Joh., 35f., 85
Rom, 268-270, 394, 541
Romulus, 170
Roosbroeck, R. van, 100f.
Rorem, P., 391
Rostock, 74, 83, 87, 319-323, 325, 360
Rotermund, H.W., 29, 390
Roth, E., 321
Rott, J., 18, 419, 518
Rottländer, C., 1, 31, 50, 54f., 57, 70, 74, 76, 78f., 82f., 87, 89f., 92, 333, 463, 471, 476
Rottorf, Claus von, 98
Rovere, Paul de, 12, 265
Rubertus Lubicensis, 230
Rudger, N.N., 15, 166-170
Rudloff, O., 32, 90, 111, 214, 256, 283, 290, 385, 391, 412, 484
Rüegg, A., 391
Rüetschi, K.J., XV, 18, 378, 383, 406
Rufinus, 260
Rutgers, F.L., 99f., 346, 353, 463, 466f., 478, 485

Sabinnerinnen, 170
Sachsen (s.auch Niedersachsen), 382, 384, 459, 461, 469
Sachsen, Herzöge, 73
Sachsen, Johan Friedrich von, 382
Sachsen, Kurfürst, 404
sacramentaliter, 83f., 219, 232
Sadduzäer, 176
Sadoletus, J., 465
Sagarus, Willem, 8
Sakrament, 33, 181-252
— Automatismus, 190, 193
— Begriff, 238-242, 245, 251, 286f.
— Definition, 181f., 286, 433
— Gabecharakter des (s.auch Gabe; Abendmahl), 183f., 188, 251
— Lehre, 181-189, 486
— Realismus, 188, 191, 193, 251, 279
— Verständnis, 221, 225-229, 231
Sakramentalität, 282
Sakramentarier, linke und rechte, 447
Salig, C.A., 1, 32, 53, 171, 192, 243, 401, 422, 495, 521
Sallust, 258, 259
Salomo, 169, 172
Samaria, 275
Sampson, Thomas, 20
Samuel, 94
Sanders, J.H., XV
Sankt Gallen, 374
Santbergen, R. van, 9, 12, 265
Santing, C.G., 7, 258, 261
Sarcerius, Erasmus, 22
Satisfaktion, 123, 130f., 137
Saul, 169
Saurerius, Iacobus, 408
Saurerius, Maria, 408
Schäfer, D., 325
Schaumberg, Adolf von, 29
Schegk, Jacob, 405
Schelven, A.A. van, 30, 94, 96, 100, 400, 402, 408f., 463f., 467, 478, 529
Schenck, Matthias (aus Augsburg), 384
Schenebergensis, Adamus Petris, 101
Schieckel, 98
Schiess, Tr., 19, 375f., 381, 384, 419f., 424, 506
Schildere, Clays de, 96
Schilling, H., 15, 27, 98f., 101-109, 119, 151, 175, 257, 383, 459, 531f.
Schillings, A., 8
Schleswig-Holstein, 283, 360, 405, 541f.
Schlettstadt, 18, 265, 374
Schlüsselgewalt, 174, 179, 189, 193
Schlüter, Th., 16, 19-22, 25, 489
Schmalkalden, 30, 88, 207, 297, 425, 448
Schmid, H., 46, 334, 390, 464, 467
Schmidt, C., 18

Schnell, H., 319, 324
Schnepf, Erhard, 326
Schöneberg, Heinrich (Starckenborch), 101, 108
Schöneberg, Sixtus, 108
Schöpfung, 152
Scholarche, 240
Scholastik (scholastische Theologie), 9, . 49, 182, 203, 262, 283, 294
Schomaker, Hermann, 87, 103
Schoock, M., 100
Schrift, Heilige, 158, 171, 237, 430, 435
— alleinige Verbindlichkeit der, 64f., 67f., 121
— Einheit der, 121
— und Bekenntnis, 67
Schröder, R., 1f., 111f., 485
Schüler, H., 16
Schütz, O.F., 322
Schuitema Meijer, A.T., 7
Schulz, W., 260, 377
Schulze, A., 382, 384, 391, 393
Schutte, Martin, 69
Schwäbisch Hall, 325
Schwärmer, 46, 349
Schwarz Lausten, M., 69f., 72, 74f.
Schwarzwälder, H., 1, 90, 171
Schweckendieck, W., 1f., 5, 7, 10f., 15, 20, 50, 60, 102, 106, 110, 117, 416, 418f.
Schweiz, die, 17-20, 177, 255, 341--415, 369, 381f., 395, 421, 460
Schweizer, 32, 86, 102, 111f., 303, 324, 423f.
Schwenckfeld, Caspar von, 283, 351, 354
— Anhänger von, 354, 413
Schwerin, 541
Schwert, 150, 172, 357, 366
Schwert der Kirche, 172
Schwertgeister, 361
Scriptura ipsius interpres, 120
Seckendorf, V.L., 24
Seebass, G., 131, 133, 322
Seeberg, R., 41, 277
Seelsorge, 163-165, 174
Segebade, Elard, 47, 68, 77, 92, 123, 125, 246, 282, 303, 384, 455, 467
— *Argumenta sive Positiones Contra Monotopiam*, 21.5.1558, 77, 92

Segebade ab Huda, Propst des Anschariuskapitels, 80
Segerus, Franciscus, 156
Segerus, Petrus, 156f.
Séguenny, A., 10, 357
Seisen, D., 402f.
Sekten, 349f., 358, 365
Selbsterkenntnis, 128
Seligkeit erwählter Heiden, 32f., 119, 123, 141, 267, 343, 385-388, 399, 414, 448, 484
Selst, Johann, 32f.
Semipelagianismus, 345
Sengwarden, 90, 93, 97f., 407
Sepp, C., 10
Servet, Michaël, Anhänger von, 335
sessio ad dexteram, 48, 220, 222, 316
Severus, 124
Shaw, J., 389
Sibculo, Zisterzienserkloster, 8
Sibyllen von Cumae, 141, 387
Sichem, 154, 159
sichtbares Evangelium, 191
Siegel, 347f., 412
Sigismund, Erzbischof von Magdeburg, 85, 87
signum exhibitivum, 202, 209, 395, 458
Sillem, C.H.W., 5, 73, 79, 80, 383, 467, 470
Simler, J., 23
Simon der Zauberer, 372
Simonides, Aggeus, 97
Simons, Gerard, 26
Simons, Menno, 267, 342, 344, 349--355, 360, 368, 373, 413
simplicitas (simplicitas doctrinae), 27, 126, 133, 395, 425, 427f., 458, 460
Simson, 155, 159
simul iustus ac simul peccator, 147
Sklèrorios, 5
Sleidanus, Johannes, 11, 18, 92
Slungrave, Johann, 22, 54, 315
Smedes, Laurentius (aus Rostock), 321
Smedes, Margarita (aus Rostock), 321
Smid, M., 12, 43, 105-107, 109, 341, 417
sodalitates, 265
Sokrates, 32, 141, 262, 386-388
Solinus, 260

Somer, Theodor, 320
Sonnengleichnis, 69, 86, 88, 220, 223, 243-245, 280-282, 292, 389f., 414, 416, 434, 451f.
Sonnius, Franciscus, 9
Sonntagsheiligung, 161
Sophokles, 260
Sorbonne, Theologen der, 72
Soteriologie, 128-159, 486
Souter Liedekens, 12
Spätantike, christliche, 260
Spekulation, 142, 412
Speyer, 16
— Augustinerkloster, 17
— Reichstag 1544, 16f., 301, 419, 460, 465
Spiegel, B., 1, 2, 9, 11, 13-16, 20, 22, 24-26, 28, 30-36, 40-44, 46-51, 53-55, 57-59, 62, 64, 68, 70, 75f., 82-84, 86f., 89-94, 97, 99f., 103, 110f., 113, 117, 192, 243, 264, 266f., 269, 280-282, 295-297, 303, 311, 323, 333f., 342, 353, 355, 357f., 390, 401, 404-406, 416-419, 422, 442, 452, 464, 478, 483, 485, 490, 498, 526
Spijker, W. van 't, XV, 18, 102, 107, 110, 291, 301, 363, 463
Spiritualismus, 12, 119, 122, 221, 224, 231f., 244, 246-250, 251, 256, 279, 284-291, 292, 390, 394, 414, 452, 484
Spiritualisten, 349
Spiritualpräsenz (spiritualiter), s.praesentia spiritualis
Spitz, L.W., 257
Spruyt, B.J., XV, 8, 14, 105, 257, 265, 272, 278, 282f.
St. Maartenschool, s.Groningen
Staat, 154, 165-173
Staatsformen, 167ff., 172
staatskirchliche Reform, 166
Stade, 79, 541
— Landtag, 73
Staedtke, J., 111, 300, 385, 391, 412, 484
Stalnaker, J.C., 368
Stayer, J.M., 350, 366
Steitz, G.E., 13, 22f., 29, 383, 519, 522
Stephens, W.P., 386, 389, 426, 436

Stevens, Sara, 108
Stiasny, H.H.Th., 352, 368
Stockx, Goris, 12
Stoicismus, 265
Storkebaum, W., 30, 82, 92, 94f., 98
Strassburg, 11, 17-21, 37-39, 112f., 178, 198, 207, 255, 265, 278, 291, 308, 314, 374f., 381, 383, 405, 408, 416-462, 469f., 475, 478, 485, 506, 541
— Bekenntnis der Prediger, 1530 (s.auch Confessio Tetrapolitana), 50, 68, 119, 207f., 233, 236, 435, 442f.
— französische Fremdlingsgemeinde, 27
Strassburger, 229
Strohl, H., 176
Stupperich, M., 131, 134, 304f., 321f.
Stupperich, R., 16, 18f., 35, 40, 42, 111, 206-208, 257, 319, 325, 356, 391, 420, 428f., 431, 435-438, 449, 451-453, 490, 501
Sturm, E.K., 315f.
Sturm, Jean (Johann), 17f., 95, 124, 265, 378, 382, 383f., 419
— Diallacticon, 1557, 382
Stuttgart, 326, 330, 332, 343
substantia coenae, 201, 204, 251, 395
substantia corporis, 232, 249f., 252, 313, 394f., 475, 477
substantialiter, 47, 395, 458
substantialiter adesse, 206, 210
Substantialität der Präsenz, 252
Substanz, 202, 217, 228, 287f., 348, 395f., 413, 415, 421, 429, 432, 475, 477f., 484f.
Süddeutschland, 421, 424
Südliche Niederlanden, 94, 96, 113
Suelzer, M.J., 464, 467
Sünde, 128-131, 147, 284, 345, 412
Sündenvergebung, 133
Sueton, 260
suggestio, interna et externa, 119, 122
Sulzer, Simon, 18, 421, 467
Summepiskopat, 106
summum bonum, 123, 126, 387
Supra- und Infralapsarier, 398
sursum corda, 202f., 476, 478
Syburg, 7, 13, 19-21, 380, 437
syllogismus, 216

syllogismus practicus, 148f., 150, 486
Sylvius, Stephan, 401
Symbol, 240-242, 308
Symbolismus, 188, 203, 209, 251, 279, 287
Synaxis, 289
synecdoche, 217, 249f., 332
Synergismus, 346, 388, 412, 414
Syssinge, Frans, 15
Syssinge, Truytje, 15, 98, 505

Taddey, G., 341, 390
Täufer (s.auch Anabaptisten; Radikalen), 26, 35, 43, 117, 137, 175f., 178, 190f., 193, 267f., 345, 349--373, 399, 412, 414, 484
Tammhausen, Hillert zu, 97
Tammhausen, Tomme zu, 97
Tapper, Ruard, 9, 12f.
Taube, 186, 189, 202f., 348
Taufe Jesu, 186
Taufe, 128, 146, 181, 187f., 189-193, 354, 486
Tauler, J., 278
Terenz, 258-260
terminologische Annäherung zur gnesiolutheranischen Position, 210, 252
Tertullian, 121
Testament, Altes und Neues, 118, 227, 234, 365f.
testimonia purioris antiquitatis, 303
Teutleben, Valentin, Bischof von Hildesheim, 17
Theodor N.N., 8, 13, 50, 152-156, 159
Theodoret, 121, 260, 474
Theologenkonvent, 50
Theologie, 118, 121
Theophrast, 260
Theophylaktos, 65f., 121, 182, 230, 286f., 311
Thessalonicher, 351
Thiel, A., 196
Thiemann, E., 325
Thucydides, 258f.
Thumm, Th., 319
Thüringen, 69
Tiletanus, Judocus, 9, 12
Tilingius, Henricus, 320
Timann, Dittmar, 214
Timann, Johann, 20, 22, 32-34, 37,
    45ff., 112, 119, 123, 125, 127, 141, 204, 206f., 210, 214, 220--222, 231, 236, 238, 262, 267f., 297, 299, 302, 307, 316, 331, 333--337, 340, 382, 386-388, 416, 435, 448, 470, 475, 485, 495, 520
— Abendmahlslehre, 52
— Angriff auf Hardenberg, 45f.
— Brenzens Manuskript, 1556, 333
— *Farrago*, 1555, 45-52
— Konsensbeweisführung, 47, 54
— zum Interim, 37
Titus, 169
Tod, ewiger, 345
Tönis-in-der-Gagelfläche, St., 28
Torrentinus, Hermannus, 7
Toul, 95
transmutatio, 432
— der Elemente, 431
Transsubstantiation, 64, 66, 188, 212, 217f., 223, 227, 287, 354
Transsubstantiationismus, 421, 478
Transzendenz der Gnade, 251, 459
Trapman, J., 257, 265, 272, 295, 374
Tremellius, 428
Trente, 64, 425
Trinitätslehre, 123-127, 486
Tritheismus, 223
tropica locutio, 217, 231, 476
tropus, 216-218
Tübingen, 19, 74, 83, 374, 405
Türken, 134, 172, 425
Tylomannus Eppingus, 42
Tyrannenmord, 171f., 173

ubiquitas absoluta, 324, 340
ubiquitas generalis, 57f., 213, 218, 231, 252, 316, 325-338, 340
Ubiquität, 44-46, 48-50, 52-59, 61f., 64, 66, 69, 72, 74f., 77, 79, 88, 92, 112, 123, 125f., 204, 213f., 218, 233, 237, 252, 277, 282, 296, 298, 301, 315-319, 325-338, 382, 396, 405, 416f., 434
Ubivolipräsenz, 312
Überräumlichkeit des Jesusleibes (s.auch Illokalität), 59, 214
Ullmann, C., 93, 274, 275
Ulm, 19, 374
unio, 185-187

unio exhibitionis (s.auch *exhibitio*), 187, 189, 249, 251, 287, 443
unio mystica, 433
unio pacti, 422
unio pacti exhibitivi, 432f., 434
unio personalis, s.Personalunion
unio praesentationis, 186, 189
unio sacramentalis, 88, 185-187, 189, 196, 200, 218, 233, 237, 242, 244--246, 249, 251, 287, 312, 348, 390, 430, 432f., 443, 458
unio sacramentalis exhibitionis, 185-187, 250
unio substantialis vel naturalis, 186, 188
Unionsbestrebungen, 381, 383, 404--407, 423f., 479
Universalismus, 284, 325, 386
Unwandelbarkeit Gottes, 152, 159
usus legis, 148
Utenhove, Jan, 10, 21, 34, 95, 102, 506
Uytven, R. van, 12f., 295, 390

Vadianus, Joachim, 11, 18f., 21, 156, 265, 342, 345, 352-354, 369, 375--377, 379, 413, 467
Väterzitaten, 71
Val, Pierre du, 12
Valke, Jooris, 96
Valkema Blouw, P., 265
Valla, Laurentius, 260
Vanderjagt, A.J., XV, 257, 261
Varendorff, Ludeloff von, 83
Varrentrapp, C., 16, 21, 356, 419, 429
Vasmer, Dietrich, 33, 475-477
Veeck, O., 264
Veen, J.S. van, 9
Veen, S.D. van, 397
Velden, H.E.J.M. van der, 5f., 261
Velenský, Oldřich (Velenus, Ulrichus), 268-271, 292, 448, 465
Velsius, Justus, 10, 261, 403f.
Veluanus, Anastasius, 100, 271
— *Der Leeken Wechwyser*, 1554, 269
Venekamp, M.G.E., XV
Venetus, Georg, 322
Verden, 91
Verdienst Christi, 134
Verdinglichung der Gnade, 242

Verdun, 95
Vergil, 94, 258, 260
Verheimlichungstaktik, 334f., 340
Verheyden, A.L.E., 96
Vermigli, Petrus Martyr, 17f., 39, 47, 80, 92, 303, 382, 383, 402, 408, 422, 469f., 519
Vernunft, 129
Verpflichtungsmahl, 251
Verschiebung des *status controversiae*, 325-337
Verspottung des Sakraments, 72
Versöhnung, 134f.
Vertrauen, 129-131
Vespasian, 169
via media, 113, 198, 200, 279, 283, 343, 406, 435, 447, 461, 469, 485
— in Ostfriesland, 43-45
Vigerius, Marcus, 223, 243, 281
Vikariat St. Johannes Evangelistae, 99
Viktor, Hugo von St., 258, 283
Vilvoorde, Gefängnis, 12
Vincentius, Petrus, 320
Virtualpräsenz, 201, 204, 252, 313, 415
virtus (*virtus Christi*), 227, 252, 395, 446
— *e substantia*, 201, 475
Virvesius, Alfonsus, 10
Visser, C.Ch.G., 295
Visser, D., 275, 295
vita monastica, 92
Vocht, H. de, 5, 9-11, 264
Voet, Johan, 100
Vogt, H., 423
Vogt, O., 60
Vollebier, Dietrich, 25
Vollendung, 130
Volz, H., 400
Vonk, J.J., XV
Vonk-Klein Haneveld, D.M., XV
Voolstra, S., 353, 362f.
Vorherbestimmung, 138-145
Vorsehung, 152, 344
Vos, K., 349f., 352-354
Vulgarius, s.Theophylaktos

Wagner, E., 1f., 19, 31, 33f., 41, 48, 51, 53f., 57, 64, 70, 78, 82f., 87, 110, 171, 190, 201, 207, 243, 294, 333f., 496

Wahl der Kirchendiener, 163
Wal, J. de, 401
Waldeck, Franz von, 16, 21, 380
Waldenser, 278
Walser, P., 397, 398
Walsum, Grafschaft Bentheim, 69
Walte, A., 1f., 90, 201, 243
Wappler, P., 368
Wartmann, H., 18f., 352, 369, 375-
-377, 507
Weeda, Iuffer de, 408
Weerda, J.R., 102
Wegener, C.F., 70
Weichart, Konrad, 38
Weimar, 541
Welt, sichtbare, 150, 158
Wendel, F., 416
Werke, gute, 147-149, 486
Wesel, 22-30, 112, 400, 408
— Arbitrage, 424
— Gutachten, 60
— wallonische Flüchtingsgemeinde,
11, 26f., 424
Wesel-Roth, R., 400-405, 407
Wessel Gansfort, Johann, 6f., 93, 256,
258, 261-263, 274-284, 286, 291f.,
416, 452, 484
— De sacramento Eucharistiae, et
audienda Missa, [ca.1521], 275
— Farrago rerum theologicarum,
1523, 263
Wessel, J.H., 362f.
Westerburg, Gerhard, 23
Westfriesland, 8, 355
Westphal, Joachim, 43-45, 68, 74, 79,
80, 243, 307f., 382f., 455, 461,
466f., 469f.
— Confessio fidei de eucharistiae
sacramento, 1557, 73
— Farrago confuseanarum () opinio-
num, 1552, 45
Widerstandsrecht, 166, 171, 173
Wied, Hermann von, 16f., 19-24, 27-
-30, 35, 117, 120f., 147, 166, 170-
-172, 177f., 233, 236, 267, 352f.,
355, 357f., 367f., 378, 380f.,
418f., 420, 423, 427, 429, 437,
489
Wiedergeburt, 128-131, 162, 189, 193
Wiederkunft, 221
Wiedertäuferei, 56

Wielema, M. R., 257, 274
Wilkens, C.A., 10, 33, 53, 63, 82,
90, 192, 401
Willensfreiheit, 128, 131, 140, 284
Williams, G.H., 350
Willis, E.D., 315, 318
Willum, blinde, 108
Wilmius, Aegidius, 29
Wimmarius, Johannes, 13, 23, 26
Winhemius, Heinrich, 29
Winkelmesse, 194
Winshemius, Seb.Theod., 77, 79-81,
500
Wismar, 360
wissenschaftliche Schriftauslegung, 120
Witte, Ernst, 100
Wittenberg, 10, 15, 39, 44f., 57-62,
67, 69, 71, 74f., 79-81, 83, 91, 93,
101, 111-113, 166, 173, 198, 229,
255, 259, 283, 291, 294-340, 344,
358, 361, 374, 377, 394, 402, 408,
414, 447, 453, 485
— Gutachten vom 10.1.1557, 59f.,
62f., 65, 233, 303, 315
— Konkordie, 1536, 47, 67, 198f.,
200, 251, 298, 301, 324, 377, 382,
411, 414, 439, 446, 448, 475, 477
Witz, Katharina von der, 97
Woerden, 156
wörtliche Interpretation der Ein-
setzungsworte, s.perspicuitas der
Wolf, Reinier, 100
Wolfenbüttel, 542
Wolfs, S.P., 7, 257, 272
Wolph, Joh., aus Zürich, 96, 383
Wolters, A., 26
Woltjer, J.J., 350, 401
Woltzeten, 108
— Pastor von, 98
Wormer (in Nordholland), 23
Worms, 20-22, 74f., 77
— Kolloquium, 1557, 71, 74-76
— Reichstag 1545, 20-22, 424
— Religionsgespräch 1541, 75, 132,
314, 419
Wort, 182f., 188, 219, 231, 240-242,
245
Wort und Geist, 301, 338
Wouters, s.Gualtherus, Cornelius
Württemberg, 41, 73, 307, 405, 408
Wyclif, J., 282f.

Xylander, W., 409

Yoder, J.H., 368

Zauberei, 171
Zedler, J.H., 400
Zeichen, 183f., 188, 203, 245, 282,
　348, 431
Zeimet, J., 22, 25
Zell, Heinrich, 354
Zeremonien, 40
Ziegenhain, 425
Zijlstra, S., 350, 357, 374
Zillesen, 28f.
Zins und Zoll, 150, 366
Zölibat, 157
Zofingen, 542
Zomere, Lowijs de, 96
Zucht (s.auch Kirchenzucht), 160-162,
　164f., 356, 367f.,412f., 460
Zürich, 66, 112f., 255, 265f., 283,
　291, 294, 341-415, 423-425, 447,
　458, 460, 467, 484-486, 542
— Ministerium, 6, 18, 21, 374-399,
　413f.
— Prediger von, 17, 341, 344, 346,
　353, 355, 379, 383, 424

Züricher, 426, 435
Zütphen, Heinrich von, 64, 214
Zuidema, W., 7
Zusammenkunft der Gemeinde, 161f.
Zwei-Reiche-Lehre, 150
Zweinaturenlehre, 123, 126
„zweite" Reformation, 112, 256f., 483
zweiter Abendmahlsstreit, 43
Zwingli, Huldrych, 33, 55, 66, 76,
　201, 246-248, 278, 282f., 306,
　315, 341, 346, 368, 374-399,
　413f., 438, 448, 452, 456f., 464,
　475, 478, 484, 486
— Abendmahlslehre, 389f.
— Briefwechsel mit Oecolampadius,
　18, 92
— Catechismus Anglicus, 389
— Opera, 1544/45, 374
Zwinglianer, 46, 111, 447
Zwinglianismus (zwinglianisch), 12,
　27, 56, 95f., 111, 200, 204, 244,
　256, 291, 300, 340-416, 442, 455
Zwolle, 5, 92, 408
— Agnietenberg, 8
— Augustinerkloster, 8

BIBELSTELLENREGISTER

Gen 1,27: 152
Gen 2,18: 151
Gen 2,22: 153, 156
Gen 2,23: 155
Gen 2,24: 156
Gen 4,7: 168
Gen 4,23: 167
Gen 9,6: 167
Gen 10: 168
Gen 10,8: 168
Gen 10,9: 168
Gen 16,12: 168
Gen 17: 189
Gen 34: 154
Gen 40,23: 103
Gen 48,22: 169
Gen 49,17: 169

Ex 23,15: 195
Ex 34,20.26: 195

Num 12,3.13: 177

Deut 4,2: 194
Deut 12,32: 194
Deut 16,10f.16f.: 195
Deut 24,1-5: 151

Ri 9: 169

2.Sam 18,3: 94
2.Sam 21,17: 94

1.Kön 11,29ff.: 433
1.Kön 11,31: 172, 184

2.Kön 4,1-7: 447
2.Kön 9,6-8: 172
2.Kön 11,2.16: 172
2.Kön 12,10: 445
2.Kön 18,15f.: 36

Psalm 2: 82, 159
Psalm 2,8: 154
Psalm 19: 223

Psalm 19,7: 281
Psalm 33: 159
Psalm 33,9: 152
Psalm 56,5: 302
Psalm 68: 56
Psalm 90,4: 329
Psalm 115,1: 143
Psalm 118,6: 302, 445
Psalm 120,5: 357
Psalm 143,2: 143
Psalm 145,17: 143

1.Makk 1,20: 172
1.Makk 6,7f.: 172

Jes 10,5: 170
Jes 36-38: 36
Jes 46: 161
Jes 55,11: 119, 386
Jes 56,2: 161
Jes 57,1: 109
Jes 58: 161
Jes 64,5: 149

Jer 17,19-27: 161
Jer 25,9: 170, 172

Ezech 20: 161

Dan 2: 170
Dan 2,21: 170
Dan 7: 167, 170
Dan 9,7: 143
Dan 13,23: 37

Hos 13,9: 143
Hos 13,11: 169

Joel 1,15: 272
Joel 2,2: 272
Joel 4,4.7.14: 272

Mal 2,10-16: 151
Mal 3,20: 223

Mt 1: 123
Mt 1,10.18: 153
Mt 3: 439
Mt 3,7-12: 176
Mt 3,10: 272
Mt 3,11f.: 226
Mt 4,6: 215
Mt 5,21: 366
Mt 5,34: 366
Mt 8,9: 165
Mt 10,33: 154
Mt 11,11: 165
Mt 11,17: 82
Mt 13,43: 223
Mt 14: 56
Mt 16,18f.: 165
Mt 18: 174f., 179
Mt 18,4.18: 165
Mt 18,17: 175
Mt 19: 159
Mt 19,1-12: 151
Mt 19,6: 153
Mt 19,9: 157
Mt 19,12: 437
Mt 19,13-15: 189
Mt 20,25f.: 167, 173
Mt 22,21: 171
Mt 23,37: 143
Mt 25: 148
Mt 26: 55f., 206, 416, 435, 439, 442,
    451, 461
Mt 26,11: 236, 416f.
Mt 26,26-30: 195
Mt 26,28: 452, 461
Mt 26,30-35.68-75: 177
Mt 26,52: 172, 357
Mt 26,56: 142
Mt 28,6: 348
Mt 28,18: 220, 222
Mt 28,19: 123
Mt 28,20: 220, 222, 434

Mark 2,20: 150
Mark 10,16: 184, 193
Mark 14: 55
Mark 14,22-25: 196
Mark 14,26-31: 177
Mark 16,7: 177
Mark 16,14-20: 299
Mark 16,20: 226

Luk: 332, 334
Luk 1: 123
Luk 2,21: 190
Luk 3: 123
Luk 6: 148
Luk 7,36-50: 177
Luk 7,50: 130
Luk 17,10: 149
Luk 18: 137
Luk 18,13f.: 134
Luk 21,27: 221
Luk 22: 55
Luk 22,17ff.: 196
Luk 22,20: 234
Luk 22,31: 140
Luk 22,39-46: 500
Luk 24,39: 225
Luk 24,43ff.: 118

Joh: 331, 466
Joh 1: 123
Joh 1,9: 119
Joh 1,12: 140
Joh 1,14: 328
Joh 1,18: 316
Joh 1,32: 202
Joh 3: 188, 222, 317
Joh 3,5: 129
Joh 3,13: 124, 220, 222, 316
Joh 3,36: 276
Joh 4,24: 285
Joh 5,18: 152
Joh 5,24: 130
Joh 5,39: 118
Joh 6: 33, 219, 225, 246-248, 250,
    301, 332, 335, 347f., 426, 438
Joh 6,40: 130
Joh 6,48ff.: 196
Joh 6,54: 276
Joh 6,55: 126, 201
Joh 6,56: 197, 206, 426
Joh 6,63: 247, 250, 276f., 285, 287,
    432
Joh 7,37f.: 201
Joh 10: 165
Joh 12,8: 417
Joh 13,8: 248
Joh 13,35: 148
Joh 14,6: 387
Joh 14,18.23: 206
Joh 14,21: 148

Joh 14,28: 215
Joh 15: 126, 130
Joh 15,5.8.16: 148
Joh 15,14: 206
Joh 15,22: 119
Joh 16,28: 433
Joh 20,22f.: 163, 184, 186, 189, 197,
431, 433, 458
Joh 21,15ff.: 177
Joh 21,17: 172

Apg 1,14: 162
Apg 2: 161, 165
Apg 2,1.41ff: 162
Apg 2,39: 190
Apg 2,41ff.: 161
Apg 2,42ff.: 195
Apg 4,12: 130
Apg 4,32ff.: 161
Apg 5,31: 130
Apg 6: 164f.
Apg 6,3-6: 163
Apg 7,55: 221
Apg 10,26: 164
Apg 10,43: 130
Apg 14,23: 164
Apg 16,4: 165
Apg 16,31: 129
Apg 17,11: 215
Apg 20,7: 195
Apg 20,17.28: 165
Apg 20,28: 163f.
Apg 22: 188

Röm: 428, 436
Röm 1,19: 119, 386
Röm 3: 123
Röm 3: 128, 322
Röm 3,4.19: 140
Röm 4: 123, 137
Röm 4,6-8: 133
Röm 4,11: 33
Röm 4,25: 137
Röm 5: 123, 128, 134, 137, 304
Röm 5,16: 135
Röm 5,18f.: 135
Röm 6: 128, 147
Röm 6,4ff.: 189
Röm 7: 146f.
Röm 8: 129f., 136, 147
Röm 8,23: 136

Röm 8,29: 141f.
Röm 8,33f.: 133, 137
Röm 9: 397
Röm 9,11.16.18: 386
Röm 9,13: 397
Röm 9,16: 140, 387
Röm 9,22f.: 129
Röm 11,33: 140
Röm 11,33.36: 143
Röm 12: 161
Röm 12,3: 140
Röm 12,7: 215f.
Röm 13,1: 171
Röm 13,3f.: 177
Röm 13,4: 29, 170, 178
Röm 15,4: 118

1.Kor: 229, 305, 428, 466
1.Kor 1,9: 248
1.Kor 1,30: 133, 147, 305
1.Kor 1,31: 130, 140, 145, 149
1.Kor 2,2: 133
1.Kor 3,6: 226
1.Kor 3,6-9: 164
1.Kor 4,1.6: 164
1.Kor 5: 177, 179
1.Kor 5,3: 223
1.Kor 5,6: 175
1.Kor 5,11: 194
1.Kor 7: 151, 159
1.Kor 7,2: 154
1.Kor 7,4: 157
1.Kor 7,13: 157
1.Kor 7,14: 189
1.Kor 7,39: 151
1.Kor 10: 55, 151, 188, 208, 223,
281, 431
1.Kor 10,15: 215
1.Kor 10,16: 55, 63, 65, 195, 200,
212, 216, 231, 233, 248, 250, 297,
306f., 309, 311, 430, 433
1.Kor 10,16ff.: 195
1.Kor 10,17: 196, 200, 248, 250, 433
1.Kor 11: 55, 431
1.Kor 11,17ff.27: 194f.
1.Kor 11,23-26: 196
1.Kor 11,26: 247
1.Kor 11,29-32: 229
1.Kor 12: 161
1.Kor 12,10: 216
1.Kor 12,11: 143

1.Kor 12,13: 189
1.Kor 14: 161
1.Kor 14,26: 192

2.Kor 2: 177
2.Kor 4,3: 143
2.Kor 7: 176f.

Gal 2,6.8: 164
Gal 2,10: 164
Gal 3: 123, 299
Gal 3,27: 189
Gal 5: 305
Gal 5,5: 136, 305
Gal 5,6: 146
Gal 5,15: 380

Eph: 428, 436
Eph 1,4: 139
Eph 1,5f.: 133, 137
Eph 1,23: 222
Eph 2,3f.: 129
Eph 2,5f.: 434
Eph 2,8f.: 130
Eph 2,10: 139, 145f.
Eph 3: 305
Eph 3,16f.: 129, 136
Eph 3,17: 305
Eph 4,10: 222, 329, 333
Eph 4,11: 163, 165, 222
Eph 4,13: 160
Eph 4,15: 163, 165
Eph 4,16: 161
Eph 4,24: 130
Eph 5: 153, 159
Eph 5,23.28: 151
Eph 5,29-32: 196
Eph 5,32: 154, 158

Phil 1,1: 164
Phil 2,7: 103
Phil 2,13: 149
Phil 3,8: 147
Phil 3,13f.: 147
Phil 3,20: 136

Kol: 307
Kol 2,11f.: 190
Kol 3: 124
Kol 3,1: 124, 303, 307f., 315-319,
   339

Kol 3,15: 151
Kol 3,16: 161

1.Tim 2,1: 195
1.Tim 2,4: 138-140, 143, 145, 398,
   414, 448
1.Tim 3: 163-165
1.Tim 4,14: 433
1.Tim 5,20: 29, 177

2.Tim 1,6: 433
2.Tim 2,4: 145
2.Tim 2,14: 367, 373
2.Tim 3,15-17: 118
2.Tim 3,16: 29
2.Tim 4,16: 29

Tit 1: 163-165
Tit 3,4f.: 129
Tit 3,5: 189
Tit 3,10: 367, 373

Hebr 11,24-26: 375
Hebr 12,14f.: 163
Hebr 13,4: 151

Jak 2: 149
Jak 5,9: 272

1.Petr 1,2: 141
1.Petr 2,13: 171
1.Petr 2,14: 29, 177
1.Petr 3,15: 132, 215
1.Petr 3,19: 119
1.Petr 4,7: 272
1.Petr 5,3.5: 164
1.Petr 5,13: 272

2.Petr 1,20f.: 118
2.Petr 3,8: 329

1.Joh 1: 146
1.Joh 2,2: 130
1.Joh 4: 305
1.Joh 4,13: 136, 305

Offenb: 377f.
Offenb 6,9-11: 273
Offenb 11,1f.: 273
Offenb 12: 357
Offenb 18: 272

Studies in the History of Christian Thought

EDITED BY HEIKO A. OBERMAN

1. McNEILL, J. J. *The Blondelian Synthesis.* 1966. Out of print
2. GOERTZ, H.-J. *Innere und äussere Ordnung in der Theologie Thomas Müntzers.* 1967
3. BAUMAN, Cl. *Gewaltlosigkeit im Täufertum.* 1968
4. ROLDANUS, J. *Le Christ et l'Homme dans la Théologie d'Athanase d'Alexandrie.* 2nd ed. 1977
5. MILNER, Jr., B. Ch. *Calvin's Doctrine of the Church.* 1970. Out of print
6. TIERNEY, B. *Origins of Papal Infallibility, 1150-1350.* 2nd ed. 1988
7. OLDFIELD, J. J. *Tolerance in the Writings of Félicité Lamennais 1809-1831.* 1973
8. OBERMAN, H. A. (ed.). *Luther and the Dawn of the Modern Era.* 1974. Out of print
9. HOLECZEK, H. *Humanistische Bibelphilologie bei Erasmus, Thomas More und William Tyndale.* 1975
10. FARR, W. *John Wyclif as Legal Reformer.* 1974
11. PURCELL, M. *Papal Crusading Policy 1244-1291.* 1975
12. BALL, B. W. *A Great Expectation.* Eschatological Thought in English Protestantism. 1975
13. STIEBER, J. W. *Pope Eugenius IV, the Council of Basel, and the Empire.* 1978. Out of print
14. PARTEE, Ch. *Calvin and Classical Philosophy.* 1977
15. MISNER, P. *Papacy and Development.* Newman and the Primacy of the Pope. 1976
16. TAVARD, G. H. *The Seventeenth-Century Tradition.* A Study in Recusant Thought. 1978
17. QUINN, A. *The Confidence of British Philosophers.* An Essay in Historical Narrative. 1977
18. BECK, J. *Le Concil de Basle (1434).* 1979
19. CHURCH, F. F. and GEORGE, T. (ed.) *Continuity and Discontinuity in Church History.* 1979
20. GRAY, P. T. R. *The Defense of Chalcedon in the East (451-553).* 1979
21. NIJENHUIS, W. *Adrianus Saravia (c. 1532-1613).* Dutch Calvinist. 1980
22. PARKER, T. H. L. (ed.) *Iohannis Calvini Commentarius in Epistolam Pauli ad Romanos.* 1981
23. ELLIS, I. *Seven Against Christ.* A Study of 'Essays and Reviews'. 1980
24. BRANN, N. L. *The Abbot Trithemius (1462-1516).* 1981
25. LOCHER, G. W. *Zwingli's Thought.* New Perspectives. 1981
26. GOGAN, B. *The Common Corps of Christendom.* Ecclesiological Themes in Thomas More. 1982
27. STOCK, U. *Die Bedeutung der Sakramente in Luthers Sermonen von 1519.* 1982
28. YARDENI, M. (ed.) *Modernité et nonconformisme en France à travers les âges.* 1983
29. PLATT, J. *Reformed Thought and Scholasticism.* 1982
30. WATTS, P. M. *Nicolaus Cusanus.* A Fifteenth-Century Vision of Man. 1982
31. SPRUNGER, K. L. *Dutch Puritanism.* 1982
32. MEIJERING, E. P. *Melanchthon and Patristic Thought.* 1983
33. STROUP, J. *The Struggle for Identity in the Clerical Estate.* 1984
34. 35. COLISH, M. L. *The Stoic Tradition from Antiquity to the Early Middle Ages.* 1.2. 2nd ed. 1990
36. GUY, B. *Domestic Correspondence of Dominique-Marie Varlet, Bishop of Babylon, 1678-1742.* 1986
37. 38. CLARK, F. *The Pseudo-Gregorian Dialogues.* I. II. 1987
39. PARENTE, Jr. J. A. *Religious Drama and the Humanist Tradition.* 1987
40. POSTHUMUS MEYJES, G. H. M. *Hugo Grotius, Meletius.* 1988
41. FELD, H. *Der Ikonoklasmus des Westens.* 1990
42. REEVE, A. and SCREECH, M. A. (eds.) *Erasmus' Annotations on the New Testament.* Acts — Romans — I and II Corinthians. 1990
43. KIRBY, W. J. T. *Richard Hooker's Doctrine of the Royal Supremacy.* 1990
44. GERSTNER, J. N. *The Thousand Generation Covenant.* Reformed Covenant Theology. 1990
45. CHRISTIANSON, G. and IZBICKI, T. M. (eds.) *Nicholas of Cusa.* 1991
46. GARSTEIN, O. *Rome and the Counter-Reformation in Scandinavia.* 1553-1622. 1992
47. GARSTEIN, O. *Rome and the Counter-Reformation in Scandinavia.* 1622-1656. 1992
48. PERRONE COMPAGNI, V. (ed.) *Cornelius Agrippa, De occulta philosophia Libri tres.* 1992
49. MARTIN, D. D. *Fifteenth-Century Carthusian Reform.* The World of Nicholas Kempf. 1992

50. HOENEN, M. J. F. M. *Marsilius of Inghen*. Divine Knowledge in Late Medieval Thought. 1993
51. O'MALLEY, J. W., IZBICKI, T. M. and CHRISTIANSON, G. (eds.) *Humanity and Divinity in Renaissance and Reformation*. Essays in Honor of Charles Trinkaus. 1993
52. REEVE, A. (ed.) and SCREECH, M. A. (introd.) *Erasmus' Annotations on the New Testament*. Galatians to the Apocalypse. 1993
53. STUMP, Ph. H. *The Reforms of the Council of Constance (1414-1418)*. 1994
54. GIAKALIS, A. *Images of the Divine*. The Theology of Icons at the Seventh Ecumenical Council. With a Foreword by Henry Chadwick. 1994
55. NELLEN, H. J. M. and RABBIE, E. *Hugo Grotius – Theologian*. Essays in Honour of G. H. M. Posthumus Meyjes. 1994
56. TRIGG, J. D. *Baptism in the Theology of Martin Luther*. 1994
57. JANSE, W. *Albert Hardenberg als Theologe*. Profil eines Bucer-Schülers. 1994

E. J. BRILL — P.O.B. 9000 — 2300 PA LEIDEN — THE NETHERLANDS